领导关怀

2016 年 9 月 27 日—28 日，自治区党委书记彭清华（左四）到天等县调研脱贫攻坚等工作，自治区党委常委、秘书长范晓莉，自治区副主席张秀隆陪同　　　　　（广西日报记者　黄　克　摄）

2016 年 2 月 19 日，自治区党委常委、常务副主席唐仁健（前左二）到崇左调研　（陈文圣　摄）

2016年6月1日，自治区党委常委、宣传部部长黄道伟（前左二）到龙州县上龙乡政府调研"两学一做"学习教育活动开展情况

（陈文圣　摄）

2016年8月26日，广西军区司令员肖运洪（前右二）、政委姜英宇（左一）到宁明县寨安乡那练村调研精准扶贫工作，并察看希望小学建设情况

（农超武　摄）

2016 年 7 月 14 日—15 日，自治区副主席张秀隆（前中）率调研组到崇左调研糖业发展和甘蔗"双高"
基地建设工作
（陈文圣　邓俊宇　摄）

2016 年 5 月 5 日，国家发改委党组成员、副主任胡祖才（左三）到友谊关口岸调研，自治区副主席张
晓钦（右二）陪同
（农超武　摄）

市领导活动剪影

2016年6月15日，市委书记刘有明（前右一）、市长孙大光（前右二）、市政协主席苏志球（前右四）、市人大常委会副主任黄卫革（前右三）到崇左人民会堂一楼大厅观看崇左市查处发生在群众身边的"四风"和腐败问题专项工作成果巡展　　　　　　　　　　　　（李鸿熙　摄）

2017年1月4日，参加全市经济工作会议走会考察的市委书记刘有明（前右四）、市长孙大光（前右三）、市政协主席黄卫革（前右二）、市人大常委会副主任谭燕玲（前右一）等与会人员到宁明县爱店口岸参观考察　　　　　　　　　　　　（陈文圣　农超武　摄）

2016年11月15日，崇左市举行重大项目集中开（竣）工活动，市委书记刘有明（左二）、市长孙大光（右二）出席并现场参观金梧桐果品加工基地

2016年12月2日，市委书记刘有明（前右二）、市长孙大光（前右一）到中越德天·板约国际旅游合作区大阳谷景区了解项目进展情况

（农超武 摄）

2016年11月16日，市委书记刘有明（右三）到天等县调研扶贫产业发展、党建等工作情况，到贫困户家中面对面了解帮扶进展情况 （农超武 摄）

2016年12月9日，市委书记刘有明（前中）到中粮屯河（崇左）糖业有限公司了解榨季生产情况 （农超武 摄）

2016 年 6 月 27 日，市长孙大光（中）到龙州县下冻镇走访慰问困难党员　　　　　（邓俊宇　摄）

2016年7月5日，市长孙大光（前右二）检查东盟大道建设及项目用地规划情况

2016 年 10 月 10 日，崇左市政协主席黄卫革（前左二）到扶绥县东罗镇都充村调研精准扶贫工作

2016 年 12 月 13 日，崇左市人大常委会副主任谭燕玲（前左二）召集驻崇左自治区人大代表开展年终集中视察 （陆智军 摄）

开 放 合 作

2016年2月23日，崇左市与越南谅山省举行会谈。市委书记刘有明（前右）与谅山省委书记陈士清（前左）分别代表双方签署《会谈纪要》

（李鸿熙 摄）

2016年2月24日，崇左市与越南高平省代表团在崇左人民会堂举行友好交流座谈会，双方与会代表合影

（李鸿熙 陆镰太 摄）

2016年3月31日，市委书记刘有明（前左二）率党政代表团赴南宁市考察学习，自治区党委常委、南宁市委书记王小东（前右二）等领导一同考察南宁火车东站建设情况 　　　　　（农超武　摄）

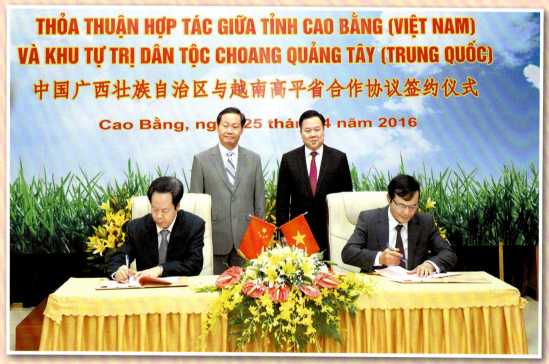

2016年4月25日，市委书记刘有明（前左）与越南高平省人民委员会副主席阮忠草（前右）在越南高平签署《中国广西崇左市与越南高平省关于农业综合开发合作谅解备忘录》，自治区党委书记彭清华（后排左）、越南高平省委书记阮皇英（后排右）出席签约仪式 　　　　　（农超武　摄）

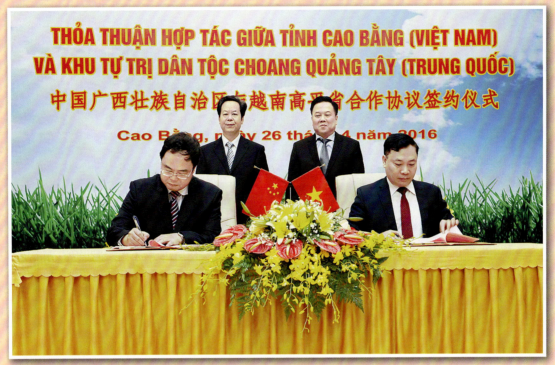

2016年4月26日,《中国广西龙州县和越南高平省经济区管理委员会共同加强双方边民互市贸易点（口岸）建设的谅解备忘录》签署，市委书记刘有明（后排左）、越南高平省委书记阮皇英（后排右）出席签约仪式

（农超武　摄）

2016年5月9日，崇左市与广西大学签署《崇左市人民政府　广西大学深化战略合作协议》。自治区政协副主席、广西大学党委书记刘正东（后排右六），崇左市委书记刘有明（后排左六）出席签约仪式

（农超武　摄）

2016 年 5 月 11 日，泰国九属会馆首长访问团到崇左考察访问，市委书记刘有明（前排右四）会见访问团一行

（李鸿熙　摄）

2016 年 5 月 23 日，崇左市与南宁海关签署《工作会商制度议定书》　　　　　　（农超武　摄）

2016年7月12日，市委书记刘有明（前右一）率团考察东兴边贸中心，防城港市委书记金湘军（前右二）陪同
（农超武 摄）

2016年8月25日，越南谅山省委副书记、省人民委员会主席范玉赏（左一）率代表团到崇左考察访问，与市委书记刘有明（右一）进行会谈
（农超武 张朝广 摄）

2016年9月12日，第十三届中国－东盟博览会崇左市"一带一路·开发开放·共荣共赢"凭祥重点开发开放试验区推介会暨项目签约仪式在南宁举行，签约项目42个，投资总额258.67亿元

（李鸿熙　农超武　摄）

2016年9月13日，崇左市人民政府与中粮屯河股份有限公司签署《崇左食糖仓储物流中心项目建设协议》。市委书记刘有明（后排右五），中粮集团党组成员、副总裁迟京涛（后排左五）出席签约仪式

（农超武　摄）

2016年10月17日—20日，市委书记刘有明（左九）率崇左代表团访问越南谅山、河内、胡志明等省市，深化经贸、交通、跨境合作区等多领域交流合作，崇左代表团到访谅山省合影　　　　（农超武　摄）

2016年10月20日—22日，市委书记刘有明率崇左代表团访问柬埔寨。10月22日市委书记刘有明（前左）与省长通萨温（前右）分别代表崇左市和腊达那基里省签署双方缔结国际友好省市关系协议书
　　　　　　　　　　　　　　　　　　　　　　　　　　　　（农超武　摄）

2016年10月22日—26日，市委书记刘有明（中）率崇左代表团访问泰国，开展园区合作、项目建设、物流通道建设等多领域交流合作。崇左代表团与泰国工业部副部长蓬差（右四）会谈后合影

（农超武　摄）

2016年12月11日，（中国）友谊关—（越南）友谊口岸国际货物运输专用通道试运行

（罗承品　摄）

崇左年鉴
CHONGZUO NIANJIAN
2017

崇左市地方志编纂委员会　编

国家图书馆出版社

图书在版编目(CIP)数据

崇左年鉴 . 2017 / 崇左市地方志编纂委员会编 . —
北京：国家图书馆出版社，2017.10
ISBN 978-7-5013-6273-8

Ⅰ . ①崇… Ⅱ . ①崇… Ⅲ . ①崇左—2017—年鉴
Ⅳ . ① Z526.73

中国版本图书馆 CIP 数据核字(2017)第 244952 号

国家图书馆出版社官方微信

书　　名　崇左年鉴(2017)
著　　者　崇左市地方志编纂委员会　编
责任编辑　耿素丽
特邀编审　夏红兵
设　　计　南宁市佳彩广告设计有限公司

出　　版　国家图书馆出版社(100034 北京市西城区文津街 7 号)
　　　　　(原书目文献出版社　北京图书馆出版社)
发　　行　010-66114536　66126153　66151313　66175620
　　　　　66121706(传真)　66126156(门市部)
E - mail　nlcpress@nlc.cn(邮购)
Website　www.nlcpress.com →投稿中心
经　　销　新华书店
印　　刷　深圳市精一瑞兰印刷有限公司
版　　次　2017 年 10 月第 1 版　　2017 年 10 月第 1 次印刷

开　　本　889 × 1194(毫米) 1/16
印　　张　38.75
字　　数　1234 千字

书　　号　ISBN 978-7-5013-6273-8
定　　价　200.00 元

编 辑 说 明

一、根据国务院《地方志工作条例》第五条和《广西壮族自治区实施〈地方志工作条例〉办法》的有关规定,依法编纂《崇左年鉴》。《崇左年鉴》是由崇左市人民政府领导,崇左市地方志编纂委员会组织编纂的地方综合性年鉴。《崇左年鉴》每年出版一卷,旨在为各级领导决策提供可靠的参考依据,为各行各业的工作提供咨询信息,为社会各界和海外人士了解和研究崇左提供最新的基本情况,为编纂与续修地方志书积累资料。

二、《崇左年鉴(2017)》记载的是2016年崇左市经济和社会发展的基本情况。

三、本年鉴采用分类编辑法,栏目设类目、分目和条目3个层次,以条目为主体,部分条目设子目。全书条目统一用黑体字加"【 】"表示,条目下的子目标题用楷体字。本卷分35个类目,依次是:特载、大事记、总述、中共崇左市委员会、纪检·监察、崇左市人民代表大会、崇左市人民政府、政协崇左市委员会、民主党派·工商联、群众团体、法制、军事、工业、农业·农村、城建·环保、交通运输、邮政·信息、商贸业、旅游业、经济管理、财政·税务、银行·保险、招商引资·园区经济、口岸管理、教育、科学、文化·体育、医疗卫生·计划生育、社会生活、县(市、区)、人物、统计资料、附录、索引、彩色图片专辑(分置于卷首、卷中、卷末)。

四、本年鉴记述的内容(含文字、图片)均由市直各部门、各单位以及各县(市、区)政府办公室、地方志办公室提供,并经撰稿单位负责人审核。

五、本年鉴的统计资料均使用法定计量单位。主要数据以市统计局提供和公开的为准,某些专业性数据由主管部门提供。

六、因考虑到事件的延续性,本年鉴的特载、文件选编和彩色图片专辑不受年度限制。

七、为便于读者查阅,本年鉴有双重检索系统,卷首设目录,卷末有索引;索引按条目的汉语拼音字母顺序排列。

崇左市地方志编纂委员会

主 任　孙大光　　市长

副主任　李振唐　　市委常委、宣传部部长、副市长

委 员　罗 彪　　市委秘书长、办公室主任　　　　　冯月珍　　市民政局局长

　　　　钟海光　　市人大常委会秘书长　　　　　　　农朝日　　市农业局局长

　　　　兰瑞书　　市人民政府秘书长　　　　　　　　蒋京华　　市科技局局长

　　　　黄 巧　　市政协秘书长　　　　　　　　　　李 明　　市档案局局长

　　　　陆德宁　　市地方志办公室主任　　　　　　　晏国桂　　崇左军分区政治部副主任

　　　　覃作标　　市发改委主任　　　　　　　　　　孙国梁　　扶绥县县长

　　　　赵志敏　　市工信委主任　　　　　　　　　　玉明金　　大新县县长

　　　　孙建书　　市财政局局长　　　　　　　　　　麦成柱　　天等县县长

　　　　陆帮长　　市人力资源和社会保障局局长　　　黄一碧　　宁明县县长

　　　　邹 勇　　市教育局局长　　　　　　　　　　钟 磊　　龙州县县长

　　　　陆汉新　　市文化新闻出版广电局局长　　　　孙睿君　　凭祥市市长

　　　　王其苏　　市统计局局长　　　　　　　　　　王耀雷　　江州区区长

《崇左年鉴》编辑部

主编兼主任　　陆德宁

副 主 编　　麻固强　　李有权

编 　 辑　　黄朝勇　　吴梦　　黄适清　　卢新骑

图 片 策 划　　陆德宁　　麻固强　　李有权　　黄朝勇　　吴梦

　　　　　　　潘博文

工 作 人 员　　王凤玉

《崇左年鉴(2017)》编写组

（排名不分先后）

中共崇左市委办公室
李兵 赵猛 何安阳
罗云燕

中共崇左市委组织部
赵昱智 谢添 王岳

中共崇左市委宣传部
甘忠义

中共崇左市委统战部
李春杰 姚华剑 闭伟宁
梁艳华 何流

中共崇左市委台湾工作办公室
方文宏 陈玉红 黄忠辉

中共崇左市直属机关工作委员会
赵龙 宋海莉

中共崇左市委政策研究室
陈仕兵

中共崇左市委党史研究室
陈光钧

中共崇左市委、崇左市人民政府信
访局
陆翠柳 冼晓芳

中共崇左市委党校、崇左市行政学院
莫裕红 李科

中共崇左市委老干部局
韦桂德 何珊 陆秀华

崇左市机构编制委员会办公室
李永盛 黄炳刚

崇左市精神文明建设委员会办公室
黄悦 肖茂英

中共崇左市纪律检查委员会、崇左
市监察局
梁坤兴 郭鹏 罗翠莉

崇左市督查考评局
农克强 韦宗安

崇左市人大常委会办公室
农日东 陆智军 黄达亮

崇左市人民政府办公室
林永毅 喻丛林 卜国良
陆勇 油存杰 农旋

崇左市人力资源和社会保障局
黄飞跃 肖伟

崇左市民政局
冯月珍 许承斌

崇左市民族宗教事务委员会
赵恒镇 许善金 刘军

崇左市少数民族语言文字工作委
员会
梁振标 隆艳英

崇左市外事侨务办公室
梁冠文 卢东霞 马巧华
宛风庆 毛荣新

崇左市边防委员会办公室
王康华 黎芷君

崇左市政务服务中心管理办公室
翁家尊 张景舒 卢亮杏

崇左市机关事务管理局
李锦钰 邓郑聪

中共崇左市委、崇左市人民政府接
待办公室
韦忠贤 李咏梅

崇左市地方志编纂委员会办公室
陆德宁 麻固强 李有权
黄朝勇 吴梦

崇左市驻南宁管理处
马锦军 何艳飞 农晓晔
何子倩

崇左市驻北京联络处
罗传礼 黄勇军

崇左市政协办公室
黎崇军 陈文宽 黄才怡
农娟芬

崇左市工商业联合会（商会）
黄宁静 吴桂成

中国国民党革命委员会崇左市总
支部
潘小玉

中国民主同盟龙州县、崇左市支部
凌小将 梁志忠

中国民主建国会崇左市总支部
唐世亮

中国民主促进会崇左市总支部
黄元甫

中国农工民主党崇左市委员会
农海波 卢艳春 苏青峰

中国致公党龙州县、崇左市支部
林田 农凯

崇左市总工会
王雪宁 苏瑜芳

共青团崇左市委员会
杨志玲 黄福平

崇左市妇女联合会
吕丽卿 黄意玲 龙玉芳
肖婷

崇左市文学艺术界联合会
农恒云 赵先平

崇左市科学技术协会
梁华强 陈燕

崇左市红十字会
胡洪源

崇左市残疾人联合会
翟小禹 陆栎文

崇左市慈善总会
程永平 赵迎娣

崇左市归国华侨联合会
陈龙 黄明德 凌涛

崇左市法制办公室
苏文龙 罗锦玲

中共崇左市委政法委（综治办）
闭建华 孙如静 覃敏慧

崇左市中级人民法院
　　潘增雷　张燕燕
崇左市人民检察院
　　蒙慧兰　黄嫣
崇左市公安局
　　李优遥
崇左市司法局
　　黄映虹　杨武高
崇左市调处办
　　黄少荣
崇左军分区
　　张松军　彭威
武警崇左市支队
　　陈传平　刘芳辉
武警崇左市边防支队
　　劳以文　张晋香　王文巍
　　董初材　经新
武警崇左市消防支队
　　秦华兵　毛雨宏
崇左市人民防空办公室
　　李志远
崇左市规划管理局
　　韦宝源　农正华　苏霓
崇左市住房和城乡建设委员会
　　潘军　孙伟
崇左市环境保护局
　　黄敏香
崇左市工业和信息化委员会
　　陆伟和　凌椿来　林广茂
　　贾耀锋　卢书荣　曹林
　　周绍松　王丽娇　周青增
崇左市二轻工业联社
　　黄及君　胡国富
崇左供电局
　　黄重阳　苏小兰
崇左市农业局
　　编写组16人
崇左市糖业发展办公室
　　梁子洪　黄忠宁
崇左市水产畜牧兽医局
　　何芬　潘生铮
崇左市林业局
　　宁雪霞

崇左市水利局
　　赖增忠　丘先雄
崇左市水库移民工作管理局
　　徐贵明　方桃玉
崇左市农业机械化管理局
　　李建孙　农欣覃毅
崇左市扶贫开发领导小组办公室
　　农贵新
南宁铁路局南宁车务段
　　陈姿颖
崇左火车站
　　卢青红
凭祥火车站
　　农桂安
南宁铁路局南宁货运中心崇左营业所
　　钟海捷
崇左市交通运输局
　　廖立洪
桂西公路管理局
　　黄星海　苏云　李如华
　　黄能
南宁海事局左江海事处
　　杨智鹏
崇左市邮政管理局
　　刘冬梅
崇左市信息化工作办公室
　　黄素林　黄智运
中国邮政集团公司崇左市分公司
　　李立妙　古丹丹
中国电信崇左分公司
　　谭晓华
中国移动通信集团广西有限公司崇左分公司
　　黄正
中国联合网络通信有限公司崇左分公司
　　韦荣森
崇左市无线电管理处
　　冯志向　邓秋萍
崇左市商务局（口岸办公室）
　　农蔚鹏　农丹妮　滕柳婵
　　黄生弟　叶丽丽
崇左市粮食局
　　陆宁　黄蕾

崇左市烟草专卖局（公司）
　　谢永堂
广西壮族自治区盐业公司崇左分公司
　　洪宏明
中石化销售有限公司广西崇左石油分公司
　　冯立勇　罗丙宗
中石油天燃气股份有限公司广西崇左销售分公司
　　王禹　李妃宏　曾丽春
崇左市供销合作联社
　　陈学绣　黄秋丽
崇左市工商行政管理局
　　李玲
崇左市旅游发展委员会
　　黄锦玉
崇左市财政局
　　许其乐
崇左市国家税务局
　　李悟何
崇左市地方税务局
　　张志新
中国银行业监督管理委员会崇左监管分局
　　何文俊　张晓红　雷华朝
　　何玮
中国人民银行崇左市中心支行
　　刘建华　黄玥
中国工商银行崇左分行
　　马耀威
中国农业银行崇左分行
　　莫海坤　覃秀江
中国建设银行股份有限公司崇左分行
　　李平　蒙庆强
中国银行股份有限公司崇左支行
　　杨劼
中国农业发展银行崇左市分行
　　雷天舒
广西北部湾银行崇左支行
　　肖念松
中国邮政储蓄银行崇左市分行
　　黄丽凝

广西农村信用社联合社南宁办事处
姚德刚
崇左保险行业协会
黄素华　黄凯逆
中国人民财产保险股份有限公司
崇左市分公司
赵小芳
华安财产保险股份有限公司崇左
中心支公司
陈群艳
北部湾财产保险股份有限公司崇
左分公司
农　沁
中国人寿保险股份有限公司崇左
分公司
韦晓菲
中国人民人寿保险股份有限公司
崇左分公司
李光月
中国平安人寿保险股份有限公司
崇左中心支公司
黄　婷
崇左市投资促进局
黄泽娴
广西凭祥综合保税区
黄诗杰
中泰崇左产业园(市城市工业区)
管委会
徐立培
崇左市凭祥边境经济合作区管委会
苏琳媛
崇左市广西中国－东盟青年产业
园管委会
黄　培
崇左市发展和改革委员会
陆秋枫　零培将
崇左市国有资产监督管理委员会
吴佳凝
崇左市国土资源局
陆升建
崇左市统计局
市统计局编写组
崇左市审计局
王素云　周海明

崇左市物价局
黄祥叶
崇左市住房制度改革委员会办公室
张建军
崇左市住房公积金管理中心
陆里丽　罗　圆
崇左市质量技术监督局
项锡晨
崇左市食品药品监督管理局
吴良梅
崇左市安全生产监督管理局
张全宇
凭祥海关
张　静
水口海关
康佳宁
凭祥出入境检验检疫局
邓　敏
水口出入境检验检疫局
段宵宵
崇左市教育局
韦鸿飞　王　赛　赵利群
黄鸿波　黄龙海　农家荣
刘本全　黄建慧　梁月莉
陆伟荣　王英宇
广西民族师范学院
韦永恒　韦茂斌　言秀华
黄健毅
南宁地区教育学院
黄　红　冯　毅
广西城市职业学院
吴体夫　邓荣宴
广西理工职业技术学院
张建虹　张　跃　黎　潇
广西崇左东盟国际职业教育学院
许宋汤　李金清　黄　东
杨胜卫　杜千乘　韦政君
梁　亮
崇左市科学技术局
黄婷婷　李方方
崇左市气象局
潘汉海　何永成　傅俊霖
赵品建　詹莹玉　许　勇
崇左市水文水资源局
张　钢　罗立华

崇左市地震局
方　锋　黄启旭　玉燕平
农会安
崇左市文化新闻出版广电局
凌其冲　黄　英
左江日报社
梁　莉
崇左市档案局
李　明　孟立荣　农美华
崇左市体育局
李永红　王云丽
崇左市卫生和计划生育委员会
冯发辉　农雪梅　葛雅静
崇左市疾病预防控制中心
言经利　邱志诚
崇左市卫生监督所
黄延昌　罗丹丹
广西壮族自治区民族医院
韦英海　黄　琦　吕超晔
崇左市人民医院
黎佳鑫　黄伟林
崇左市中医壮医医院
周学芝　黄瑜婷
崇左市妇幼保健院
蓝　静　赵杨平
国家统计局崇左调查队
吴世生　韦长智　宁世候
崇左市老龄委办公室
文清林　梁彩霞　廖线光
扶绥县
何耀杰
大新县
玉明金　黄　轩　唐颖恒
覃文学　张如茵
天等县
黄永川　罗　薇　黄　铸
龙州县
黄革忠　吕　毅
宁明县
吕吉波　黄柳健
凭祥市
李玉斌　韦有群
江州区
徐　毅　廖　理　颜春扬

数字崇左·2016

行政区域面积:17332 平方千米

行政区划:7 个县(市、区) 41 个镇 34 个乡 3 个街道办事处 754 个村委会 92 个社区居委会

总人口:250.54 万(男 132.25 万人,女 118.29 万人)

边境线长:533 千米

海拔(最高峰):1358 米

平均气温:22.3℃

日照时数:1719 小时

平均降水量:1218.4 毫米

年无霜期:330 多天

森林面积:94.89 万公顷(森林覆盖率 54.71%)

主要矿产储量:锰矿 1.65 亿吨 膨润土矿石 6.4 亿吨 铝金属量 7.46 亿吨 铝土矿 9854 万吨

野生动物资源:4 纲 34 目 114 科 696 种

国家一级保护动物 14 种:白头叶猴 黑叶猴 熊猴 林麝 云豹 蟒蛇等

野生植物资源:234 科 1123 属 3071 种

国家一级保护植物 7 种:望天树 叉叶苏铁 水杉 石山苏铁等

地区生产总值:766.20 亿元

第一产业:167.69 亿元

第二产业:310.69 亿元

第三产业:287.82 亿元

人均地区生产总值:37161 元

固定资产投资(不含农户):831.41 亿元

财政收入:58.20 亿元

公共财政预算收入:40.76 亿元

地方财政一般公共预算支出:204.88 亿元

农田有效灌溉面积:37.20 千公顷

农业机械总动力:256.98 万千瓦

耕地面积(市统计):51.94 万公顷

粮食作物播种面积:12.35 万公顷

粮食产量:52.50 万吨

甘蔗种植面积:28.07 万公顷

甘蔗产量:2418.56 万吨

成品糖产量:464.15 万吨

园林水果产量:59.14 万吨

肉类产量:12.42 万吨

水产品产量:7.49 万吨

农林牧渔业总产值:257.60 亿元

规模以上工业总产值:747.06 亿元

规模以上工业主营业务收入:617.12 亿元

规模以上工业利润总额:105.14 亿元

发电量:24.96 万千瓦时(水力发电 15.40 万千瓦时,火力发电 9.56 亿千瓦时)

社会用电量:55.94 亿千瓦时(其中农村用电量 1.09 亿千瓦时)

辖区内铁路里程数:165 千米(营业里程 165 千米)

铁路旅客发送量:109 万人次

铁路货运发送量:121.8 万吨

境内公路里程:7278.17 千米(高速公路通车里程 316.93 千米)

内河有等级航道：512.5 千米

货运周转量（公路）：53.79 亿吨千米

客运周转量（公路）：14.94 亿人千米

邮政业务总量：2.43 亿元

电信业务总量：35.67 亿元

固定电话用户：9.9 万户

移动电话用户：147.4 万户

互联网宽带用户：21.6 万户

非公有制实体：84562 户（注册资金 366.77 万元）

外贸投资企业：84 户（投资总额 6.25 亿美元）

个体工商户：69459 户（注册资金 50.99 亿元）

私营企业：12335 户［注册资本（金）375.97 亿元］

农民专业合作社：2684 户（出资总额 25.58 亿元）

进出口贸易总额：185.74 亿美元（进口 77.11 亿美元

　　出口 108.63 亿美元）

边境贸易成交额：1036.25 亿元

实际利用外资：1784 万美元

国内旅游接待人数：1991.76 万人次

国内旅游消费：173.58 亿元

入境旅游接待人数：38.29 万人次

国际旅游（外汇）消费：1.39 亿美元

社会消费品零售总额：131.34 亿元

金融机构本外币各项存款余额：700.13 亿元

　　其中：人民币各项存款余额：699.48 亿元、住户存款

　　453.17 亿元

金融机构本外币各项贷款余额：399.24 亿元

　　其中：人民币各项贷款余额：390.23 亿元

城镇居民人均可支配收入：26605 元

城镇居民人均消费性支出：15953 元

农村居民人均纯收入：9801 元

农村居民人均生活消费支出：6429 元

城镇新增就业：1.56 万人

城镇登记失业率：2.98%

普通高等学校：6 所，在校生 4.35 万人

中等职业学校：15 所，在校生 1.75 万人

普通高中：12 所，在校生 3.11 万人

普通中学：75 所，在校生 7.09 万人

普通小学：313 所，教学点 607 个，在校生 17.19 万人

幼儿园：504 所　在园幼儿 7.68 万人

卫生机构数：1427 个

医院：29 家

卫生机构床位数：8153 张

卫生机构人员数：15455 人

出版报纸日发行量：3.4 万份

文化馆：8 个

博物馆：5 个

图书馆：7 个

文化站：78 个

无线广播电台：7 座

无线电视台：2 座

目 录

MULU

纪检·监察

交通运输

邮政·信息

财政·税务

□编辑　吴　梦

做好两篇大文章　打好四大攻坚战
为与全国全区同步全面建成
小康社会而努力奋斗

——2016 年 8 月 30 日在中国共产党崇左市
第四次代表大会上的报告

市委书记　刘有明

2016 年 8 月 30 日，中共崇左市第四次代表大会在崇左人民会堂召开。图为市委书记刘有明代表中共崇左市第三届委员会向大会作报告

同志们：

现在，我代表中国共产党崇左市第三届委员会向大会作报告。

中国共产党崇左市第四次代表大会，是在全面建成小康社会进入决胜阶段召开的一次重要会议。大会的主题是：高举中国特色社会主义伟大旗帜，以邓小平理论、"三个代表"重要思想、科学发展观为指导，深入学习贯彻习近平总书记系列重要讲话精神，牢固树立创新、协调、绿色、开放、共享发展理念，凝聚干事创业的精气神，全力做好口岸经济、文化旅游发展两篇大文章，打好产业转型升级、农村全面脱贫、新型城镇化、基础设施建设四大攻坚战，为与全国全区同步全面建成小康社会而努力奋斗。

确定这一主题，是时代的要求、人民的期盼。我们要紧紧围绕这一主题，适应新常态，肩负新使命，实现新跨越。

一、过去五年工作回顾

市第三次党代会以来的五年，是我市各项工作基础不断夯实、经济社会平稳较快发展的五年。五年来，面对错综复杂的发展环境和经济下行压力增大的严峻形势，在党中央的亲切关怀和自治区党委的正确领导下，市委团结带领各级党组织和广大党员干部群众，深入贯彻落实党的十八大和十八届三中、四中、五中全会精神，以及自治区党委重大决策部署，攻坚克难，真抓实干，全市经济建设、政治建设、文化建设、社会建设、生态文明建设和党的建设都取得新的成效，顺利完成了市第三次党代会和"十二五"规划确定的各项目标任务，为全面建成小康社会打下了坚实基础。

五年来，经济发展稳中有进。"十二五"时期，全市地区生产总值年均增长 9.7%，人均地区生产总值达 3.34 万元，经济发展总体迈进中等收入阶段；财政收入年均增长 9.6%，固定资产投资、规模以上工业总产值、外贸进出口总额、社会消费品零售总额等指标均实现翻一番以上。经济结构进一步优化，三次产业比重由 2010 年的 29∶38∶33 调整优化为 2015 年的 23∶40∶37。糖、锰支柱产业链进一步拉长，园区建设取得新成效，现代服务业发展步伐加快，"发现山水崇左·圆梦别样桂林"文化旅游发展战略扎实推进,"十二五"期间,全市接待游客数量和旅游总消费分别年均增长18.5%、28.7%。县域经济实力明显增强。非公有制经济蓬勃发展。项目建设力度加大,固定资产投资年均增长28.3%,增幅位居全区前列。

五年来,沿边开放步伐明显加快。外贸进出口总额连年排名全区第一,"十二五"时期年均增速达40.1%,成为全国边境小额贸易第一大市。"十二五"期间,引进区外招商引资项目到位资金是"十一五"时期的1.36倍,全口径实际利用外资是"十一五"时期的2.4倍。开放合作平台建设取得明显成效,广西凭祥重点开发开放试验区获国务院批复设立,龙州水口口岸获国务院批复扩大开放,南宁—崇左—凭祥对外开放经济带上升为国家发展战略,中越凭祥—同登跨境经济合作区等纳入国家"一带一路"总体规划。区域交流合作不断深化,先后与泰国、越南、老挝等12个国家的19个省(府、市、县)签订国际友好城市协议书或意向书。坚持以改革促进开放,率先在全区实施权力清单和责任清单"两单合一"改革,积极开展农村土地承包经营权确权登记颁证试点工作,凭祥综合保税区管理体制改革顺利完成。沿边金融综合改革深入推进,跨境人民币结算量全区第一。

五年来,城乡面貌焕然一新。基础设施进一步完善,交通基础设施累计投资242亿元,是"十一五"时期的4倍,新增公路总里程533公里,水利、能源、信息等基础设施不断夯实。累计投入70亿元推进中心城区城市建设,一大批城建项目建成使用,成功承办第七届广西(崇左)园林园艺博览会,城市功能日趋完善,城市框架进一步拉开,中心城区建成区从2010年的22平方公里扩大到32平方公里。南宁—崇左城镇带和沿边城镇带建设加快推进,小城镇建设"书记工程"、特色名镇名村、城乡风貌改造和棚户区改造工程深入实施,美丽广西乡村建设深入开展,人居环境持续改善,全市城镇化率达36.3%,比2010年提高6.5个百分点。荣获"中国白头叶猴之乡"、"国家珍贵树种培育示范市"、"中国木棉之乡"、"广西森林城市"、"广西园林城市"等称号。扶绥、大新、天等、龙州四个县荣获"中国长寿之乡"称号,凭祥成功创建广西特色旅游名县。

五年来,社会事业全面发展。民生投入加大,重点民生领域财政累计投入532亿元,是"十一五"时期的3倍,年均增长19.1%,基本公共服务均等化水平明显提高。扶贫开发成效显著,贫困发生率由37.5%下降到18.2%,累计减贫40.31万人。城乡居民收入增速加快,城镇居民可支配收入年均增长9.6%,农民人均纯收入年均增长12.4%。就业政策全面落实,城镇就业新增10.9万人,农村劳动力转移就业29.7万人。社会保障水平不断提高,城乡居民基本养老保险参保率、新农合参合率、城镇基本医疗保险参保率均在95%以上。教育事业加快发展,凭祥市、龙州县先后通过国家、自治区教育均衡发展评估验收,全市学前三年毛入园率、义务教育巩固率、高中阶段毛入学率稳步提高。文化品牌打造取得新成效,经过十三年的不懈努力,左江花山岩画文化景观成功列入世界遗产名录,实现了广西世界文化遗产零的突破,填补了中国岩画类世界文化遗产的空白,增强了崇左民族自豪感、民族自信心和文化自觉性。

五年来,团结和谐稳定大局更加巩固。人大依法履职更加到位,地方立法工作顺利开展,人大代表和人大常委会作用进一步发挥。政协履职更加充分,政治协商的制度化、规范化、程序化水平不断提高,基层协商民主试点工作扎实有效。统战、宗教、侨务、外事、对台工作取得新成绩,最广泛的爱国统一战线不断巩固壮大。民族团结进步创建深入开展,2个单位荣获"全国民族团结进步模范集体"称号。双拥共建取得好成效,荣获"全国双拥模范城"称号。工青妇等群团组织工作全面加强,群团组织的桥梁和纽带作用进一步发挥。基层群众自治制度不断完善,人民群众民主参与的积极性进一步提高。法治崇左、平安崇左建设成果丰硕,依法治市、执法监督工作得到加强,荣获"2011—2015年全国法治宣传教育先进城市"称号,政法综治维稳工作继续走在全区前列,全市群众安全感连续4年排名全区第一,社会稳定动态八项工作综合总分连续5年排名全区第一。

五年来,党的建设取得新成效。创先争优活动、党的群众路线教育实践活动、"三严三实"专题教育取得预期效果,"两学一做"学习教育深入开展。基层理论大众化建设工程扎实推进,打造了"大榕树课堂"、常委宣讲团、理论山歌传唱等宣传品牌。创新实施干部考察"两评价一测评一印证"模式,干部考核评价体系进一步完善。基层党组织进一步夯实,打造了"千屯组织规范化建设"、"第一书记产业联盟"、"微企党建联盟"、"温馨便民之家"、"村民关切回应站"等一批党建工作品牌。党风廉政建设"两个责任"落到实处,正确运用监督执纪"四种形态",严惩了一批违反党规党纪和中央八项规定精神的行为,深入查处了发生在群众身边的"四风"和腐败问题,教育、制度、监督并重的惩治和预防腐败体系日益完善,崇左清正廉洁的政治生态得到巩固发展。

这些成绩的取得，来之不易，这是党中央、自治区党委正确领导的结果，是历届市委班子接力创业、不懈努力的结果，是全市共产党员和广大干部群众同心同德、艰苦奋斗的结果，是各民主党派、工商联、无党派人士、人民团体、离退休老同志和社会各界人士齐心协力的结果，是人民解放军、武警驻崇部队和口岸联检部门大力支持的结果。在这里，我代表中国共产党崇左市第三届委员会，向所有为崇左发展进步做出贡献的同志们和朋友们，表示衷心的感谢和崇高的敬意！

在回顾总结工作成绩的同时，我们也清醒认识到发展中存在的困难和问题。主要是：产业结构不尽合理，传统支柱产业发展遇到困难，战略性新兴产业少，现代服务业较为落后，发展方式有待进一步转变；特色优势没有得到充分发挥，开放广度深度不够，口岸经济质量和结构有待提高与优化，文化旅游潜力有待进一步挖掘；基础设施薄弱，城乡发展不协调，基本公共服务水平与人民群众新期待还有不少差距；农村贫困面大程度深，脱贫攻坚任务艰巨，保障和改善民生工作仍需加大力度；干部作风有待改进，一些领导干部思想不够解放，干事创业劲头不足，不敢担当，不善抓落实，等等。对这些问题，我们必须高度重视，认真加以解决。

回顾过去五年，我们深刻地体会到，做好崇左工作，必须立足区位、发挥优势、扩大开放，增强动力活力，以大开放促进大发展；必须坚持以人为本、改善民生，把增进民生福祉作为一切工作的出发点和落脚点，让人民群众有更多获得感；必须牢固树立发展是第一要务、稳定是第一责任的意识，把和谐稳定作为发展的前提和保障，用法治思维和法治方式化解矛盾纠纷，推进社会治理，巩固发展民族团结、边疆稳定的大好局面；必须坚持苦干实干、狠抓落实，凝心聚力、团结创业，以良好作风促进各项工作落到实处，充分激发各方面的积极性和创造性；必须坚持党要管党、从严治党，把纪律和规矩挺在前面，严格落实"两个责任"，不断提升各级党组织的凝聚力、号召力和战斗力。这些工作体会，既是过去五年实践的经验总结，也是未来五年必须遵循的重要原则，务必长期坚持、不断完善。

二、今后五年工作目标和总体要求

今后五年，是崇左抓住机遇、加快发展、赶超跨越、后来居上的重要时期。从国际国内环境来看，有利因素增多，机遇大于挑战。国家深入实施"一带一路"倡议，打造中国－东盟自由贸区升级版，东盟国家与中国经济联系将更加紧密，有利于我们继续深化与东盟的开放合作。中央赋予广西"三大定位"，连续出台一系列支持中西部发展和革命老区振兴的政策，北部湾经济区、珠江—西江经济带、左右江革命老区振兴三个国家战略规划深入实施，为我市加快发展提供了多重叠加的发展机遇。同时，我们也清醒地看到，全国是在工业化后期、广西是在工业化中期进入新常态，而崇左正处于工业化初期向中期过渡阶段，与其他老城市、先进城市相比，崇左各项基础设施、公共服务设施还很薄弱，正处于爬坡过坎、补齐短板的艰苦创业阶段。我们必须准确分析世情、国情、区情的发展态势，科学把握崇左发展所处的历史方位和阶段性特征，审时度势，趋利避害，保持战略定力，增强发展自信，抢抓新机遇，应对新挑战，实现新发展。

日前，国务院正式批复设立广西凭祥重点开发开放试验区，明确提出要将试验区建设成为中越全面战略合作的重要平台、中国－东盟自由贸区升级版的先行区、西南沿边经济发展的增长极、桂西南新的区域经济中心、睦邻安邻富邻的示范区和沿边开发开放的排头兵。重点构建"一核、三区、三基地"的空间格局，"一核"，就是以凭祥市为核心，建设面向东盟高度开放的国际经贸商务中心和跨国企业总部基地，"三区"，就是打造沿边经济合作区、国际旅游合作区和边境新型村镇建设先行区，"三基地"，就是建设国际产能合作示范基地、加工贸易合作基地、临空产业合作基地。广西凭祥重点开发开放试验区的发展规划、定位，实际上就是整个崇左的发展规划、定位，为今后五年发展指明了方向，提出了明确要求。

根据我市所处的发展阶段和国家给予的发展定位，今后五年工作的总体要求是：高举中国特色社会主义伟大旗帜，以邓小平理论、"三个代表"重要思想、科学发展观为指导，深入学习贯彻习近平总书记系列重要讲话精神，树立五大发展理念，紧紧围绕"五位一体"总体布局和"四个全面"战略布局，落实自治区"十三五"规划和自治区第十一次党代会工作部署，做好"两篇大文章"，打好"四大攻坚战"，全面完成"十三五"规划目标，与全国全区同步全面建成小康社会。

今后五年，我们要努力实现"三个上新台阶"、"四个显著提升"的工作目标：

"三个上新台阶"，就是综合经济实力上新台阶，到2020年，全市地区生产总值突破1000亿元，年均增长8%，人均地区生产总值基本达到自治区平均水平，与全国平均水平的差距进一步缩小；工业发展上新台阶，规模以上工业总产值突破1300亿元，年均增长14%，产业园区的支撑作用更加明显，三次产业结构进一步优化；口岸经济发展上新台阶，外贸进出口持续走在全区前列，总额突破2500亿元，年均增长14%，口岸加工业快速发展，全方位开放合作格局基本形成。

"四个显著提升"，就是文化旅游产业对经济发展拉动作用显著提升，到2020年，全市旅游接待总人数突破3500万人次，年均增长17%，实现旅游总消费突破400亿元，年均增长26%，生态环境质量进一步优化，"山青水绿天蓝"生态宜居品牌进一步打响；人民生活水平显著提升，全体居民人均可支配收入年均增长9%以上，全市34.18万贫困人口全部脱贫销号、287个贫困村全部脱贫出列、4个贫困县全部脱贫摘帽；新型城镇化水平显著提升，城镇空间结构和功能布局更趋完善，常住人口城镇化率达到46%；社会文明程度显著提升，全市各族人民思想道德素质、科学文化素质、健康素质明显提高，精神文化生活更加丰富，政法综治维稳工作继续保持全区领先水平，社会更加和谐稳定。

实现上述目标，我们必须坚定不移地做到：

——突出产业发展的主旋律。把产业转型升级作为永恒主题，大力实施糖业、锰业"二次创业"，全力培育口岸加工业、新材料产业等新动能，加快转方式调结构。这是我们与全国全区同步全面建成小康社会的根本支撑。

——坚持绿色发展的生命线。在保护中发展，在发展中保护，大力推进生态文明建设，最大限度地巩固好发挥好崇左的生态优势，真正把生态优势转变为经济优势。这是我们与全国全区同步全面建成小康社会的内在要求。

——激发开放发展的强劲动力。充分发挥我市独特的区位优势，主动融入"一带一路"倡议，加快建设广西凭祥重点开发开放试验区，构建面向东盟开放合作新格局。这是我们与全国全区同步全面建成小康社会的根本出路。

——增强城镇发展的牵引力。以新型城镇化为龙头，建设山水园林城市，推进中心城区完善提升工程，实施大县城战略，培育特色城镇，统筹城乡发展，实现城乡发展一体化。这是我们与全国全区同步全面建成小康社会的强大引擎。

——强化共享发展的理念。加大脱贫攻坚力度，确保居民人均收入水平与经济发展水平同步增长，提高公共服务均等化水平，让全市人民在共建共享发展中有更多获得感。这是我们与全国全区同步全面建成

小康社会的客观要求。

实现与全国全区同步全面建成小康社会，是民心所向、使命所系。全市各级党组织和全体共产党员要紧紧依靠广大干部群众，扎实工作，不辱使命，奋力实现这一宏伟目标！

三、发挥优势、补齐短板，全面落实各项战略任务

今后五年，崇左发展的战略任务是，做好"两篇大文章"，打好"四大攻坚战"。提出这一战略任务，是适应经济发展新常态，贯彻五大发展理念，落实自治区"四大战略"、"三大攻坚战"总体部署的必然要求，是崇左突出发展重点、厚植发展优势、补齐发展短板的现实需要。

（一）打造南宁—崇左—凭祥对外开放经济带，做好口岸经济发展大文章

口岸是崇左最大的优势、最大的特色、最大的潜力。要把口岸经济作为开放发展的重要引擎，作为今后五年崇左产业发展的突破口和新增长点来加快培育，按照建设沿边经济合作区和国际产能合作示范基地、加工贸易合作基地、临空产业合作基地的目标，找准定位、突出特色、错位发展，推动"通道经济"向"口岸经济"转变，实现大口岸、大物流、大产业，形成南宁—崇左—凭祥对外开放经济带，全面提升开放型经济发展水平。

全力做大口岸加工业。立足边境特色产业定位，发挥跨境劳务合作优势，大力发展贸易加工型、劳动密集型、资源加工型、保税加工型产业，以贸易带加工，以加工稳贸易、繁荣贸易，实现贸易与加工同步推进、相辅相成，形成"一业为主、多业并举"、"一岸一品"的发展格局。紧紧抓住国家批复设立广西凭祥重点开发开放试验区的重要契机，加快建设凭祥边境经济合作区、中泰产业园、凭祥综合保税区、龙州水口、宁明爱店、大新岩应三个边境经济合作区、中国－东盟扶绥空港经济区、中国－东盟青年产业园，建设中国－东盟边境贸易国检试验区，把这些园区作为口岸经济发展的主体园区来打造，提升口岸加工业发展水平。

大力发展商贸物流业。依托中国—中南半岛经济走廊国际物流大通道，建立健全现代物流体系，大力发展跨境物流业、保税物流业，推动边境商贸物流业大发展。积极推进免税购物区、食糖储备及交易中心、中国－东盟矿产品集散中心、中国－东盟现代农产品交易中心以及凭祥家具城、珠宝城、轻纺城、水果城等一批具有区域性国际影响力的大型商贸物流专业市场建设，努力把崇左打造成为陆路东盟商品交易中心。依托口岸加工区、产业集聚区、货物集散地和

交通枢纽,探索推广市场采购贸易模式,推进浦寨、弄怀一体化建设,实行"一线放开、二线管住",构建口岸经济物流带和口岸物流圈。抢抓国家"互联网+"战略以及自治区实施"电商广西、电商东盟"工程机遇,加快推进中国–东盟(凭祥)电商产业园等平台建设,加快发展跨境电子商务。大力促进外贸结构调整,积极发展服务贸易,培育外贸新增长点,加快外贸优化、转型升级。

积极优化口岸经济发展环境。按照"大口岸"、"大通关"的要求,加强口岸基础设施建设,围绕一类口岸争取通高速路、至少通一级路,二类口岸至少通二级路的目标,加快高铁、高速公路的建设和沿边公路的升级改造,把沿边各口岸和互市点联通起来,加快边境物流通道建设,打通陆路东盟互联互通大通道。加快口岸现代化通关设施建设,改善沿边口岸电子网络基础环境,打造"崇左智慧边境线",实现电子化通关。创新口岸管理体制机制,探索"一站式"快速通关模式,推进国际贸易"单一窗口"和"两国一检"通关试点,提高贸易便利化水平。加快推进口岸升格和扩大开放,力争到2020年一类口岸全部升级为国际性口岸,二类口岸升级为一类口岸,有条件的边民互市区提升为二类口岸。

(二)抓住左江花山岩画文化景观成功申遗的重大契机,做好文化旅游发展大文章

崇左最靓丽的名片是生态,文化旅游资源底蕴深厚。我们要充分发挥生态优势,坚持绿色发展,用好左江花山岩画文化景观这一世界级"金名片",做好文化旅游发展大文章,打造国际旅游合作区和边境旅游试验区,建设成为国际知名的文化旅游胜地。

加快文化旅游业提档升级。围绕广西旅游发展大局和"发现山水崇左·圆梦别样桂林"文化旅游发展战略,以建设全域旅游的理念,统筹规划,整合资源,努力实现全市旅游景点景区点面相连、内外相结、共同发展。着力抓好左江花山岩画文化景观的宣传、保护和管理,打造以花山岩画为龙头的民族文化品牌和左江百里生态旅游带,建设以凭祥和德天为核心的边关风情旅游带,以扶绥龙谷湾、乐养城和大新明仕田园、安平国际旅游度假区等景区为核心的养生休闲旅游基地,规划建设一批特色旅游小镇,把崇左城区打造成全市的游客集散中心。全力推进德天瀑布、左江花山岩画文化景观、红木文博城、蝴蝶谷等一批5A级景区建设,加快国家森林公园、国家级旅游度假区、国际旅游合作区、生态乡村旅游等重点项目建设,打造一批旅游精品线路。重点推进中越德天·板约国际旅游合作区、

友谊关–友谊国际旅游合作区、龙州红色旅游国际合作创建区、宁明公母山跨境旅游合作区建设,申报设立崇左边境旅游试验区,推动境内旅游与跨国旅游有机结合起来。积极引进实力强、品牌优、市场广的大企业参与精品景点景区建设。推进广西特色旅游名县创建工作,抓好国家全域旅游示范区建设。发展健康养生养老休闲产业,促进旅游与健康养生、中医药产业整合发展。

积极推进文化与旅游融合发展。文化是旅游的灵魂,旅游是文化的载体。崇左历史文化底蕴深厚、民族文化特色鲜明,文化旅游融合发展大有可为。要占领骆越文化制高点,深入挖掘骆越文化、左江壮族文化、边关红色文化和自然生态文化内涵,塑造崇左"千古岩画、红色边关、跨国瀑布、风情左江"旅游文化形象,以多种形式打响"骆越根祖·岩画花山"文化品牌。加快物质文化遗产和非物质文化遗产的保护、开发、利用,对天琴、花山舞、花山拳、壮乡高腔诗蕾、打榔舞、左江壮族民歌等骆越文化进行深度挖掘,做好花山实景演出,创作以花山岩画为题材的各种艺术作品,努力将花山文化打造成广西品牌、中国品牌、世界品牌。

努力完善文化旅游配套设施。针对当前我市文化旅游发展"一流资源、二流开发、三流服务"的状况,切实完善提升旅游配套服务功能,努力破解文化旅游发展瓶颈。围绕"吃、住、行、游、购、娱"旅游六要素,在旅游交通、宾馆酒店、旅游商品研发和旅游标识系统建设上加大力度,提高旅游服务质量和水平。重点加快旅游景点景区与干线公路之间的旅游道路建设,实现5A级景区通高速公路、4A和3A级景区通二级公路的目标。加大旅游产品开发力度,培育做大旅游商品经济。

以生态建设推动文化旅游发展。良好的自然生态环境,是文化旅游发展的"绿色福利"。要严守生态红线,以改善环境质量为核心,以景点景区总体规划为龙头,以没有大的开发宁愿先保护起来为理念,高水准规划、高起点建设,大力推进大气、水、土壤防治,努力把崇左的生态保护好、发展好,打造生态宜居家园。

(三)打好产业转型升级攻坚战,主动适应经济发展新常态

加快传统优势产业转型升级。糖、锰两大传统支柱产业是崇左发展的根基,必须咬住不放,下大力气优化升级。推进糖业"二次创业",建成201万亩甘蔗"双高"基地,抓好蔗糖企业兼并重组,大力推进蔗糖产品精深加工,建设糖业大型仓储物流中心和销售平台,打

造全国蔗糖循环经济示范基地。大力实施锰业"二次创业",加快生态型锰业项目、锰系新材料项目、动力电池产业项目建设,加快电力体制改革,打造全国重要生态型锰业产业基地。大力发展新型建材、中高端林产林化等特色资源产业。抓住市场前景好、潜力大、引领性强的行业和技术,加快培育战略性新兴产业,建设生物质发电、风电、太阳能光伏发电等新能源项目,加快推进南国铜业、中信大锰三元新材料、中铝稀土、湘桂酵母、龙州氧化铝等重大项目建设,着力培育新能源、新材料、新型装备制造业等新兴产业,形成新的经济增长点。

加快发展现代农业。转变农业发展方式,加大现代特色农业(核心)示范区和农业科技示范区建设力度。调整优化农业产业结构,充分利用甘蔗尾、甘蔗叶及玉米、木薯等橘秆饲料资源丰富的优势,大力发展肉牛等草食动物养殖业,促进种植业和养殖业协调发展。加大"小块并大块"耕地整治力度,加快土地流转步伐,积极培育新型农业经营主体,形成专业合作社、家庭农场、种养大户和龙头企业多元经营主体发展新格局。培育新型职业农民队伍。扩大与东盟农业合作。加强农业基础设施建设,提升农业支撑能力。

提速发展现代服务业。重点发展现代物流业、信息服务业、电子商务、沿边金融、教育培训服务业、旅游与体育运动休闲业、健康养老服务业、房地产等产业。加快电子商务服务体系建设,培育以电子商务为主的"互联网+"经济,加快发展农村和跨境电子商务。加快推进服务业聚集区建设,促进服务业规模集聚和提质发展。

集中力量推进园区建设。坚持基础设施先行,按照高起点规划、分步实施的原则,抓好园区道路、水电、供气、信息、给排水、污水处理、标准厂房等基础设施建设,提升园区产业集聚水平。做大做强现有各类重点园区,建设崇左高新技术产业开发区,协调发展县域工业集中区,促进园区差异化特色发展。创新园区管理体制机制,优化园区发展软环境。强化园区招商,发挥各工业园区承接产业转移重要平台的作用,使各园区成为招商引资的排头兵。到2020年,全市园区工业产值力争突破千亿元。

大力实施创新驱动战略。把发展的基点放在创新上,推进制度创新、科技创新、文化创新、人才创新等各方面创新,加快形成以创新为引领的经济体系和发展模式。加强技术创新,重点攻克糖业、锰业、新材料、生态环保等重点领域关键共性技术。强化企业创新主体地位和主导作用,构建以企业为主体、市场为导向、产学研相结合的技术创新体系。加强创新平台建设,重点建设科技企业孵化器和各类工程技术研发中心。大力推进大众创业、万众创新,积极扶持小微企业加快发展,营造实体经济创新发展的良好氛围。

(四)打好农村全面脱贫攻坚战,让全市人民过上更加幸福美好的生活

农村贫困人口脱贫是保障和改善民生的关键,是实现与全国全区同步全面建成小康社会最艰巨的任务。必须抓住关键点,找准突破口,精准发力,坚决打赢农村全面脱贫攻坚战,全面完成2016年11.61万人脱贫销号,71个贫困村脱贫出列;2017年12.33万人脱贫销号,110个贫困村脱贫出列,大新县、龙州县脱贫摘帽;2018年10.24万人脱贫销号,106个贫困村脱贫出列,宁明县、天等县脱贫摘帽的艰巨任务。

突出抓好产业扶贫。产业是贫困群众稳定脱贫的关键所在。要因地制宜,发挥优势,谋划培育一批特色优势产业,重点抓好"种、养、贸、游、工"五大产业,带动绝大多数贫困户脱贫。抓好种植业扶贫,加快推进甘蔗"双高"基地建设,大力发展水果、桑蚕、坚果、食用菌、中药材等种植业。抓好养殖业扶贫,推广"公司+合作社+农户"模式,推进养殖小区建设,大力发展牛、羊等草食动物养殖。抓好边贸扶贫,建设扶贫移民边贸城,组织贫困户通过加入边民互助组、边贸合作社发展边境贸易脱贫致富。抓好旅游扶贫,深入实施"五个一批"旅游脱贫工程。抓好工业扶贫,大力发展边贸加工业和生产性服务业,建设农民工返乡创业园,鼓励致富能人回乡创业,加大职业技能培训力度,引导劳务输出,提高贫困群众转移就业和自主创业能力,促进贫困群众就业创业、增收致富。

创新脱贫攻坚体制机制。扶持培育龙头企业和专业合作社,实现所有贫困户全覆盖,提高扶贫产业组织化、专业化水平,促进贫困群众增收。积极引导非公有制人士和新社会阶层人士参与脱贫攻坚。创新资金投入机制,加大财政涉农资金整合使用力度,提高使用效益。创新易地扶贫搬迁方式,与产业开发、园区建设、城镇化建设、旅游产业发展等有机结合起来,确保搬得出、稳得住、能致富。创新扶贫小额信贷使用方式,放宽贷款使用范围,放大贷款使用效益。有序引导贫困农户进行土地承包经营权、林权流转,以联合、合作、入股等多种形式,参与农业产业化经营、旅游资源开发等,增加资产性收益。大力推进社会救助体系建设,助力脱贫攻坚。

强化脱贫攻坚责任落实。严格落实"不脱贫不调整、不摘帽不调离"的工作纪律,强化县级脱贫攻坚的主体责任,全面落实责任、权力、资金、任务"四到县"制度。认真落实各级党政主要负责人作为本级脱贫攻坚第一责任人的责任,以及各行业部门主要负责人的行业扶贫第一责任人责任。认真落实干部帮扶机制和抓党建促脱贫攻坚责任,建立健全贫困户脱贫"双确认"台账,在宣传落实好扶贫政策、帮助贫困户找准脱贫路子、激发贫困群众内生动力等方面发挥更大作用。从严督查考核,建立健全脱贫摘帽竞争激励机制,确保脱贫攻坚工作落到实处。

(五)打好新型城镇化攻坚战,加快建设山水园林城市

城镇化是现代化的必由之路。崇左作为新建城市,城镇化发展空间巨大。必须坚持特色立城、特色建城、特色兴城的理念,立足山水园林的自然条件和绿色发展的大趋势,把山水特色、园林功能和人文底蕴结合起来,努力把崇左建设成为显山露水、依山傍水、近山亲水、千米一园、百米一景、推窗见绿的山水园林城市,让崇左的山更青、水更绿、城更美、人民生活更加幸福。

实施中心城市完善提升工程。以壮大经济实力、提升服务功能、集聚吸纳人口、改善人居环境为重点,完善城市基础设施,壮大城市产业规模,提高城市综合承载能力。实施经济实力提升行动,加快产城融合,大力发展糖业、现代矿业、高新技术产业、口岸加工业等特色产业集群,加快发展金融、商贸、物流、会展、文化、教育、科技、医疗卫生等现代服务业,优化功能分区和产业布局,提高产业规模与集聚效益,增强城市综合实力。实施服务功能提升行动,加强城市道路、园林绿化、环境卫生、水电管网、商贸服务、城市亮化美化等城市配套设施建设,完善城市功能。抓好左江沿岸整治和开发,打通老城区和新城区相连的路网体系,推动新老城区同步建设、相得益彰、相互促进,构建布局合理、设施配套、功能完备、安全高效的城市体系。改革城市管理体制,推进城市治理精细化。实施城市品质提升行动,深入挖掘崇左历史底蕴和文化内涵,在城市建设中融入"骆越、东盟、生态"等独具特色的文化元素,凸显崇左边关特色、地方特色、民族特色和文化特色。加大城区水系规划建设力度,实施江、河、湖、库连通工程,提高城市水生态文明建设水平。完善城区森林公园和公共绿地系统规划,朝着国家森林城市、园林城市的目标,努力建设成为森林公园最多或面积最大的中等城市。实施城市人气提升行动,以规划建设石景林·水口湖·龙峡山5A级景区为龙头,在市区及周边地区规划建设一批4A级景区,把市区建成全市的游客集散中心,提升城市人气;新建一批城区大中小学校,积极引进市外有实力的科研院校、企业到崇左办学,加快教育园区建设,以优质的教育资源聚集人气;加快中泰产业园和城南新区的联动发展,以产城融合带旺人气,提升城南新区发展活力。

实施大县城战略。与广西凭祥重点开发开放试验区规划相衔接,修编完善各县(市、区)城市总体规划,加快县城提质扩容,建设扶绥、凭祥两个市级副中心城市,统筹推进大新、宁明、天等、龙州四县县域城镇化发展,增强城镇功能和综合承载力。加快凭祥国家中小城市改革试点建设,实施凭祥、宁明、龙州一体化发展,推进扶绥空港—吴圩空港融合发展。加大城镇基础设施、公共服务设施、文化旅游设施的建设力度,进一步完善城镇功能配套,提升城镇吸纳聚集人口水平。

实施中心镇、特色镇示范工程。立足各乡镇产业基础和发展状况,打造一批交通枢纽带动型、工贸产业带动型、文化旅游带动型、边关风貌型特色城镇。突出边境特色和民族特点,推进中越边境绿色生态长廊、边境小城镇建设,形成具有旅游休闲、商贸物流、特色产品加工等功能的边境特色村镇先行区。加快完善城镇基础设施,大力推进农民就地就近城镇化。继续实施百镇示范建设和小城镇建设"书记工程",积极推进棚户区改造、城乡风貌改造和名镇名村建设。

深入推进美丽广西乡村建设。在巩固提升清洁乡村、生态乡村建设基础上,持续推进宜居乡村、幸福乡村建设,打造田园牧歌、青山绿水、温馨和谐的美丽乡村。推进产业富民、服务惠民、基础便民专项活动,实现生产发展、农民富裕。深入开展环境秀美、生活甜美、乡村和美专项活动,以培养新型农民、优良家风和文明新风为重点,扎实推进文明村镇和绿色村屯创建,提高农民文明素质和农村文明程度。深入挖掘农村生活内涵、传统记忆和文化传承,塑造特色民居建筑,营造农村特色风情,打造一批有韵味、有特点的特色民族村寨。

(六)打好基础设施建设攻坚战,为经济社会发展提供强大支撑

基础设施是服务城乡居民生活、支撑经济发展、彰显城市活力的重要载体,做好口岸经济和文化旅游发展"两篇大文章",打好产业转型升级、农村全面脱贫和新型城镇化攻坚战,基础设施建设必须先行。

要加大投入,推进湘桂铁路南宁至凭祥段扩能改造、云桂沿边铁路防城港经崇左至文山段、崇左—水口高速公路、隆安—硕龙高速公路、南宁新江经扶绥至中泰产业园一级公路等一批路网建设,完善"通边达海、互联互通"陆路东盟国际大通道。提升左江通航能力，推进通用机场建设，完善客货站场，加快构建现代综合交通运输体系。加快左江治旱驮英水库及灌区工程等水利基础设施建设，完善主要江河防洪体系，提高民生水利发展水平。推进水电、光伏、风力、生物质能源基础设施建设，构筑多元、稳定、经济、清洁的现代能源支撑体系。实施一批重大信息化工程，提高城市基础设施智能化管理水平。大力推进教育、卫生、公共服务等基础设施建设，切实改善人民群众生产生活条件。继续实行四家班子成员联系重大项目制度，建立完善"一个项目，一套班子，一张清单"工作机制，加快推进重大基础设施项目建设，夯实全面建成小康社会的发展基础。

四、弘扬主旋律、增强新动力，推进民主法治和社会事业全面发展

与全国全区同步全面建成小康社会，需要统筹推进全面深化改革、宣传思想文化、法治建设、平安建设、民主政治建设和社会各项事业发展，增强发展活力，营造良好环境，凝聚各方力量，形成推动经济社会发展的强大合力。

推进全面深化改革，释放发展动力活力。坚持以经济体制改革为重点，着力推进财税体制、金融体制、投融资体制、国有企业、商事制度、流通体制、分配制度、户籍制度、国有农林场等改革，推进供给侧结构性改革。加快构建开放型经济新体制，在沿边金融、口岸开放、市场监管、跨境劳务合作等重点领域和关键环节先行先试，大胆创新，探索沿边开发开放新模式。深化行政管理体制、行政执法体制、司法体制改革，下好行政审批制度改革先手棋，进一步转变政府职能，持续推进简政放权、放管结合、优化服务，强化权力运行制约和监督，提高政府效能，激活市场活力和社会创造力。深化以农村土地制度改革为重点的综合改革，加快推进农村土地确权登记颁证工作，依法推进土地经营权有序流转，加快培育新型农业经营体系。统筹推进教育文化体制、科技体制、医药卫生体制、社会保障制度、社会管理体制、生态环境保护管理体制、人才培养引进使用机制和党的建设制度等改革，坚决清除妨碍社会生产力发展的体制机制障碍，为发展提供持续动力。

加强宣传思想文化工作，汇聚改革发展正能量。坚持团结稳定鼓劲、正面宣传为主，强化正确舆论导向，巩固壮大主流思想舆论，为改革发展稳定营造良好氛围。落实意识形态工作责任制，抓好思想理论阵地建设和管理，确保各类宣传思想文化阵地可管可控。

加强精神文明建设，扎实推进社会主义核心价值观宣传教育，全面开展自治区文明城市创建活动，持久开展群众性精神文明创建和全社会道德实践，重视和加强未成年人思想道德建设，深入开展爱国主义和国防教育，大力培育传承良好家风家教、校风校训、企业精神和乡贤文化，全面提升城市文明程度和市民文明素质。推进民族特色文化传承创新，发挥"花山奖"的激励作用，全力推出独具崇左特色、崇左风格、崇左气派的精品力作。充分挖掘地方民族特色文化资源，丰富崇左花山文化节内涵，全面提升花山文化的影响力和引领力。加快市体育中心建设，承办好2018年全区第十四届少数民族传统体育运动会。加强对外宣传工作，推进与东盟各国文化交流合作，让崇左故事更加动人，让崇左声音更加响亮，让崇左形象更加美好。

强化法治和平安建设，营造良好发展环境。全面推进崇左法治建设，加强市委对地方立法工作的领导，依法行使城市管理、环境保护、历史文化保护等方面的地方立法权，推进行政决策法治化、科学化和民主化。积极稳妥推进司法体制改革各项工作，健全司法权力运行机制，坚持严格执法、公正司法，规范司法行为，提高司法公信力。加快建设覆盖城乡居民的公共法律服务体系，实施"七五"普法，开展法治创建活动，争创全国、全区法治建设模范城市。深入推进依法治市，完善党委领导、政府主导、社会协同、公众参与、法治保障的社会治理体制，推进系统治理、依法治理、综合治理、源头治理。深入开展平安崇左建设，加强反暴力恐怖、边境管控和维护政治安全、金融安全、网络安全、公共安全等六大领域风险预警预控工作，健全打防管控一体化运作的立体化社会治安防控体系。健全依法维权和化解矛盾纠纷机制，确保群众切身利益得到有效维护。贯彻落实总体国家安全观，完善党政军警民联合管边控边工作体系，加大中越边境物防、技防等基础设施建设，确保南疆国门稳固安宁。

加强民主政治建设，巩固团结奋进的良好局面。坚持完善发展人民代表大会制度，进一步发挥人大代表的作用，支持和保障人大及其常委会依法履行职能，加强重点领域的地方立法，加强对"一府两院"的工作监督和法律监督，对关系改革发展稳定大局及群众切身利益、社会普遍关注的重大问题进行重点监督。坚持和完善中国共产党领导的多党合作和政治协商制度，贯彻落实《中国共产党统一战线工作条例（试行）》，深入推进政党协商和民主协商，支持人民政协围绕团结和民主两大主题，深入开展立法协商、行政协商、民主协商、参政协商、社会协商，推进政治协商、民主监督、参政议政制度建设。巩固和壮大最广泛的爱国统一战线，全面贯彻党的民族、宗教、对台和港澳及外事侨务政策，促进全市各党派、各民族、各阶层、各界人士的团结和谐。坚持基层群众自治制度。支持工会、共青团、妇联等人民团体和各类群众团体开展工作。坚持党管武装，贯彻军民深度融合发展战略，加强国防动员和后备力量建设，进一步做好双拥共建工作，巩固和发展军政军民团结。

全面推进社会各项事业发展，让全市人民有更多获得感。坚持优先发展教育，以提高教育质量为中心，大力发展学前教育，推动义务教育均衡发展，普及高中阶段教育，建立完善现代职业教育体系，积极发展高等教育，努力办好特殊教育，积极引进民办教育，加强教师队伍建设，优化教育环境，努力打造一批广西教育品牌。千方百计扩大就业，认真落实就业创业扶持政策，扎实开展创业培训，提升大众创业、万众创新能力，统筹做好高校毕业生、城镇就业困难人员等各类群体就业工作。深入实施城乡居民收入倍增计划，不断增加城乡居民收入。完善社会保障体系，基本实现法定人员全覆盖。深入推进保障性住房建设，改善人居环境。完善城乡居民最低生活保障机制，实现应保尽保。积极推进健康崇左建设，深化医药卫生体制改革，推进公立医院综合改革，加强重大疾病、重大疫情防控体系建设。坚持计划生育基本国策，全面实施一对夫妇可生育两个孩子政策，促进人口长期均衡发展。

五、全面从严治党，深入推进党的建设新的伟大工程

实现今后五年各项目标任务，关键在党，关键在干部。要树立"抓好党建是最大政绩"的理念，落实全面从严治党主体责任，保持党的先进性和纯洁性，不断提升党员干部队伍的执政能力和领导水平。

加强思想建设，营造解放思想、敢于担当的浓厚氛围。思想是行动的先导和动力，只有解放思想，才能推动改革开放不断向前发展。要把理想信念教育作为思想建设的战略任务，深入学习马克思列宁主义、毛泽东思想、邓小平理论、"三个代表"重要思想、科学发展观，深入学习贯彻习近平总书记系列重要讲话精神，不断提高广大党员干部的思想觉悟和理论水平，坚定道路自信、理论自信、制度自信、文化自信，增强政治意识、大局意识、核心意识、看齐意识，始终做到心中有党、心中有民、心中有责、心中有戒。深入推进学习型、创新型党组织建设，坚持勤于学习、善于学习、继续学习，加快知识更新，加强实践锻炼，做到崇尚创新、注重协调、倡导绿色、厚植开放、推进共享，以发展新理念引

领经济发展新常态。强化党员干部的创新意识、开放意识，破除惯性思维和路径依赖，面对新常态带来的结构调整、科技变革带来的转型升级，更加注重发挥市场的主体作用，研究新情况、解决新问题，勇于探索、勇于变革、勇于实践，走出一条新路，创造新的业绩，迈上新的台阶。

强化干事导向，着力打造一支想干事、能干事、干成事的干部队伍。事业兴衰，唯在用人；用人之要，重在导向。要坚持德才兼备、以德为先用人标准，树立崇尚实干、敢于担当、廉洁自律的用人导向，切实把政治坚定、实绩突出、作风过硬、群众公认的干部选拔到各级领导岗位。坚持"干"字当头，大力选拔使用想干事、能干事、干成事的干部，着力推进干部能上能下，让想干事的有机会、能干事的有舞台、干成事的有地位，营造干事创业的浓厚氛围。注重在推进"两篇大文章"、"四大攻坚战"的主战场考验干部、识别干部、发现干部，重用敢抓善成的干部，褒奖贡献突出的干部，支持一身正气的干部，鼓励踏实肯干的干部，使崇左成为有志之士展现才华、成就事业、实现理想的一方热土。强化"三个区分开来"意识，建立健全包容机制、容错机制、试错机制，让领导干部轻装上阵、大胆实践、勇于创新。加大培养选拔优秀年轻干部力度，重视培养选拔女干部、少数民族干部、党外干部。带着深厚感情做好老干部工作，充分发挥离退休老干部的政治优势、经验优势、威望优势。认真落实从严管理干部要求，强化干部日常监督管理。深入实施"人才强市"战略，深化人才发展体制机制改革，引进、培养一批经济社会发展急需的紧缺专业人才，充分激发各类人才的创新创业活力。

压实基层党建工作责任，加强基层党组织建设。完善市、县、乡党委书记抓基层党建工作述职评议考核制度，统筹推进农村、社区、"两新"组织、机关、学校等领域党建工作，增加基层党建工作考核权重。加大整顿软弱涣散基层党组织工作力度，选派年轻机关干部担任软弱涣散村和贫困村党组织第一书记，加强村级组织党群服务中心建设。大力推进新经济组织和新社会组织党建工作。进一步加强和改进离退休干部职工党支部建设。加强和改进党员发展教育管理服务工作，提高发展党员质量。推进基层党建工作信息化，落实党员干部直接联系服务群众制度，不断增强基层党组织的影响力和凝聚力。

持之以恒推进作风建设，形成一线抓落实的良好风气。坚持抓常、抓细、抓长，巩固拓展执行中央八项规定精神、党的群众路线教育实践活动、"三严三实"

专题教育成果,深入开展"两学一做"学习教育,使党员干部作风有明显转变。现在,大的战略和思路,中央和自治区都已经非常明确,关键是抓好落实,而抓落实成为整个工作链条中最薄弱的环节。要强化"实干就是能力,落实才是水平"、"只问结果,不问过程"的理念,坚持"实干+创新",大力实施抓落实一把手工程,各级各部门主要领导要把90%以上的精力放在抓落实上,以"往前站"的担当、"向我看"的自信、"带着干"的作风,深入企业和项目建设一线,以钉钉子精神抓好落实。建立健全清单管理制度,完善工作清单、项目清单、责任清单、时间清单,确保事事有人管、件件得落实。进一步完善大督查格局,健全督效问责机制,推动督查常态化、失职问责常态化。

加强反腐倡廉建设,巩固发展良好政治生态。良好的政治生态是崇左的宝贵财富,必须倍加珍惜、发扬光大。要全面落实党风廉政建设党委主体责任和纪委监督责任,严格实行"一岗双责",层层压实责任,层层传导压力。坚持把纪律和规矩挺在前面,认真学习贯彻《中国共产党廉洁自律准则》《中国共产党纪律处分条例》《中国共产党问责条例》等党内法规,落实民主集中制各项制度,严肃责任追究,加强和规范党内政治生活,正确把握和运用好监督执纪"四种形态",对苗头性、倾向性问题抓早抓小、及时提醒、及时纠正。坚持零容忍惩治腐败,有案必查、有腐必惩,始终保持反腐败高压态势,努力构建不敢腐、不能腐、不想腐的长效机制。巩固深化集中查处发生在群众身边的"四风"和腐败问题专项工作成果,加强扶贫领域监督执纪问责,维护群众切身利益。强化党内监督,深化纪律检查体制改革,加快市、县纪委派驻机构全覆盖,推动日常监督经常化、常态化。建立完善巡察机制,发挥巡察"利剑"作用,不断巩固发展崇左良好的政治生态。

同志们,十三年的艰苦创业,我们收获了丰硕的成果,分享了成功的喜悦,但崇左的基础还很薄弱,家底还不殷实,正处于艰苦创业阶段。我们必须增强加快发展、赶超跨越的责任感和使命感,增强逆水行舟、不进则退、慢进也是退的紧迫感和危机感,大力发扬"九牛爬坡、个个出力"的拓荒牛精神,大力发扬敢于担当、攻坚克难的实干家精神,大力发扬团结拼搏、苦干实干的崇左精神,以"人一之,我十之;人十之,我百之"的干劲,凝聚干事创业的精气神,奋力谱写崇左发展新篇章。让我们更加紧密地团结在以习近平同志为总书记的党中央周围,在自治区党委的正确领导下,不忘初心、继续前进,为与全国全区同步全面建成小康社会而努力奋斗!

2016年崇左市政府工作报告

——2016年2月25日在崇左市第三届人民代表大会第七次会议上

市长　孙大光

各位代表:

现在,我代表市人民政府,向大会作政府工作报告,请予审议,并请市政协委员和其他列席会议的同志提出意见。

一、2015年和"十二五"工作回顾

2015年,面对经济下行压力持续加大的不利影响,我们坚决贯彻落实中央、自治区和市委关于稳增长、促改革、调结构、惠民生、防风险各项决策部署,主动适应新常态,努力化解下行压力,保持了经济社会持续健康发展,经济运行总体平稳、稳中有进、稳中有好。初步统计,全市地区生产总值增长8%,财政收入增长2.7%,固定资产投资增长26.1%,规模以上工业增加值增长7.7%,外贸进出口总额增长16.9%,社会消费品零售总额增长10.1%,城镇居民可支配收入增长6.4%,农民人均纯收入增长7.8%。一年来,我们狠抓重点、突破难点,推动经济社会发展呈现新特点、新亮点。一是外贸逆势增长,进出口总额占全区近四成,保持全区第一,实现了外贸进出口总额、边境贸易成交额两个1000亿元人民币的目标;二是投资拉动持续有力,固定资产投资增速高于全区8.3个百分点,位居全区第一;三是左江花山岩画文化景观申报世界文化遗产作为2016年中国唯一申报项目,顺利通过国际专家组现场考察评估,迈出了关键性一步;四是"双高"糖料蔗基地建设全面铺开,建设面积占全区近40%;五是成功承办第七届广西(崇左)园林园艺博览会,唱响"壮乡情·崇左美"主题;六是工业园区体制改革成效显现,落户项目增多,园区焕发新活力;七是崇左至水口高速公路开工建设,通边达海的综合交通网络加快构建;八是凭祥市通过广西特色旅游名县评估验收,龙州、扶绥、凭祥现代特色农业(核心)示范区获自治区授牌;九是凭祥市和龙州县分别通过国家、自治区义务教育均衡发展评估验收;十是平安建设继续位居全区前列,群众安全感排名全区第一。

随着2015年主要目标任务的完成,我市"十二五"

胜利收官，为"十三五"发展奠定了坚实基础。

（一）**综合实力跃上新台阶。**"十二五"末，全市地区生产总值达到682.82亿元，年均增长9.7%。财政收入75.15亿元，年均增长9.6%。规模以上工业增加值221.78亿元，年均增长14.2%。人均地区生产总值3.34万元，经济发展总体迈进中等收入阶段。

（二）**深化改革激发新活力。**市本级累计取消、下放和调整行政审批事项365项，目前保留事项242项，53个部门公布了行政审批事项清单，"一窗式"审批让群众办事便捷、效率提速。"先照后证"、"三证合一"、"一照一码"等商事制度改革落地实施，部分证件当日即可办结。在全区率先开展农村土地承包经营权确权登记颁证试点工作，累计完成土地确权登记12.67万亩，激活了农村土地资源。凭祥口岸关检合作"三个一"改革稳步实施，凭祥海关货物平均通关作业时间由原来约20分钟减少到8分钟左右。创新开展边民互市贸易改革，实现边境贸易货物落地加工增值。园区管理体制改革取得新突破，市城市工业区项目审批效率大大提高，凭祥综合保税区管理体制改革进展顺利，凭祥市与保税区一体化进程加快推进。沿边金融综合改革深入开展，中国（广西凭祥试验区）东盟货币服务平台启动运行，跨境人民币结算量全区第一。全市投资环境总体满意度在全区排名由原来第10位攀升到2015年第3位。改革的深入推进，有效激发了社会创业创新热情和经济发展活力。

（三）**开放合作构建新格局。**北部湾经济区、珠江—西江经济带、左右江革命老区"三大国家战略"覆盖崇左全境。南宁—崇左—凭祥对外开放经济带上升为国家发展战略，凭祥重点开发开放试验区、中越凭祥—同登跨境经济合作区等纳入国家"一带一路"总体规划，凭祥综合保税区企业进出口总额位列全国35个综保区第12名。对外贸易领先全区，外贸进出口总额连续6年排名广西第一；边境小额贸易进出口总额跃居全国地级市首位，成为中国边境贸易第一大市。区域合作、国际友城深化发展，与国际国内合作日益紧密。今日崇左，已经从边陲"末梢"，发展成为面向东盟开放合作的前沿。

（四）**产业转型迈出新步伐。**三次产业结构由2010年的29.3∶38∶32.7优化调整为22.7∶40.3∶37，第二、第三产业比重分别提高2.3百分点、4.3个百分点。园区建设提档升级，全市有7个园区获国家和自治区认证。产业结构持续优化，糖业产品由原来的白砂糖、酵母、酒精、纸浆4种初级产品增加到精炼糖、酵母抽提物、焦糖色素等11种糖及关联产品。东亚、湘桂、南华等糖业循环经济产业园初具规模，制糖、生物肥、生物发电等多条蔗糖循环经济产业链不断延伸。锰业产品从原来的硅锰合金、电解金属锰2种初级加工产品增加到电解二氧化锰、高纯电解锰粉、锰酸锂等11种中级及以上深加工产品。中铝稀土分离生产线等项目投料试产，南国铜业等项目建设进展顺利，新的工业经济增长点加快形成。红木加工基地一期实现竣工，荣获"国家珍贵树种培育示范市"和"中国红木之都"称号。强优企业不断发展壮大，名牌产品和著名商标大幅增长。产业转型步伐加快，工业化进程加速推进。

（五）**项目投资再掀新高潮。**覆盖各领域的一批打基础、利长远的项目全方位齐头并进，项目建设规模持续扩大，2015年全市共实施项目2369个，比2010年增加456个，其中超亿元项目75个，比2010年增加18个。项目投资强劲增长，"十二五"期间，全市固定资产投资累计2540亿元，每年增速均高于20%，位居全区前列。崇左至钦州高速公路建成通车，崇左至靖西高速公路加快建设，左江崇左至南宁宋村Ⅲ级航道建成复航，城乡电网不断完善。今日崇左，发展基础更加牢固，发展后劲更加充足。

（六）**城乡建设彰显新风貌。**城镇化率提高到36.28%，比2010年提高6.48个百分点。中心城区建成区从2010年的22平方公里扩大到32平方公里。城市建设三年大会战、建市十周年献礼工程全面完成，星级酒店、崇左壮族博物馆、崇左人民会堂、"八大住宅区"、园博园等一批城建项目建成使用，城市道路从2010年的46公里增加到121.73公里，中心城市基础设施及绿化、美化明显改善。城市管理体制不断理顺，城市综合管理和服务水平明显提升。南崇城镇带、沿边城镇带建设取得新进展，"书记工程"、特色名镇名村、城乡风貌改造等建设取得良好成效，荣获"广西园林城市"称号。今日崇左，城市建设日新月异，乡村面貌焕然一新。

（七）**现代农业呈现新亮点。**粮食产量保持稳定，特色种养增产增效。甘蔗种植面积保持在400万亩以上，产糖量保持在200万吨左右，"双高"糖料蔗基地建设效果良好，"中国糖都"地位巩固提升。农业经营方式加快转变，"小块并大块"耕地整治经验在全国推广，累计发展农业企业382家，农民专业合作社1465个，家庭农场56家，均比"十一五"大幅增加。肉牛肉羊规模养殖走在全区前列。甘蔗综合机械化水平全区第一。农业基础设施不断加强，驮英水库及灌区工程项目将于今年实现开工建设。农业经济发展空间更为广阔，农民增收致富渠道不断拓宽。

（八）生态建设取得新成效。节能减排任务全面完成。全部县城建成污水垃圾处理设施，城镇生活垃圾无害化集中处理率88%，污水处理率86%，城市空气质量优良天数比例96.7%。规范河道采砂、网箱养鱼整治效果明显，主要河流监测断面水质达标率、城市集中式饮用水水源地水质达标率均为100%。全市生态环境持续优良，美丽广西乡村建设成效显著，森林覆盖率提高到54.71%，荣获"中国白头叶猴之乡"、"中国木棉之乡"、"广西森林城市"等称号。"发现山水崇左·圆梦别样桂林"旅游发展战略全面打响，被列为首批"全国红色旅游国际合作创建区"，接待游客数量和旅游总收入分别年均增长19%、30%。今日崇左，山更青、水更绿、天更蓝、景更靓、人居环境更美好。

（九）社会事业得到新提升。城镇居民可支配收入和农民人均纯收入分别年均增长9.6%、12.4%，城乡差距进一步缩小。累计投入151亿元实施51件为民办实事工程。落实18.72亿元建设1863个教育项目，全市学前三年毛入园率、义务教育巩固率、高中阶段毛入学率分别提高16个、4个、7个百分点。每万人口发明专利拥有量比2010年增长24倍。18家县级公立医院实施改革，全面实行药品零差率销售，诚信计生基本实现全覆盖。城镇就业、农村劳动力转移就业累计新增10.9万人和29.7万人。城乡居民基本养老保险参保率、新农合参合率、城镇基本医疗保险参保率分别达到98.5%、99.6%、95%。建成农村人饮工程1668处，解决71.13万人口饮水不安全问题。精准识别工作全面完成，累计减贫40.31万人，贫困发生率从37.5%下降到14.1%。精神文明、双拥共建、民族团结进步创建深入开展。社会治安综合治理连续6年保持全区第一名，成为广西平安建设的一面旗帜。今日崇左，社会大局和谐稳定，人民群众安居乐业。

（十）政府建设实现新加强。全面推进依法行政，积极建设法治政府。推进政府职能转变和机构改革。106个市直部门公开部门预算和"三公"经费预算。认真执行市人大常委会的决议和决定，自觉接受人大、政协和社会监督，人大代表建议和政协委员提案办结率100%。严格执行中央八项规定，扎实开展党的群众路线教育实践活动和"三严三实"专题教育，深入整治"四风"，促进政府机关和干部作风明显转变，廉政建设和反腐败斗争取得新成效，政府公信力和执行力不断提高。

五年来，我市统计、法制、调处、审计、水库移民、国有资产监督管理、质量技术监督、新闻出版、广播电视、体育、侨务、供销合作、二轻、宗教、涉台事务、机关事务管理、接待、驻邕管理、驻京联络、地震、人防、边防、税务、无线电管理、气象、水文、消防、海关、海事、检验检疫、档案、保密、国家安全、老龄、红十字会、地方志等工作取得新进展。保险、邮政、通信、石油、烟草、盐业等行业和工会、共青团、妇联、工商联、科协、文联、侨联、残联、社科联等群团组织在经济社会发展中发挥了重要作用，做出了积极贡献。

各位代表！"十二五"时期是我市攻坚克难、开拓进取、砥砺奋进的五年，是经济大发展、社会大进步、民生大改善的五年。"十二五"的发展证明，做好政府工作必须坚持改革开放，以改革促进开放，以开放倒逼改革，不断增强发展动力活力；必须坚持积极作为，务实推进"四大建设"、"五个打造"、"两加"、"两成"，积极寻求新突破，推动新发展；必须坚持绿色发展，既要金山银山，更要绿水青山，走绿色生态、可持续发展之路；必须坚持稳中求进，主动适应经济发展新常态，确保调速不减势、量增质更优；必须坚持依法行政，加快职能转变，建设人民满意的法治政府；必须坚持民生至上，让发展成果更多地惠及广大群众，赢得人民信赖与支持。

各位代表！五年成就来之不易。这是自治区党委、政府和市委正确领导的结果，是历届党委、人大、政府、政协打下良好基础的结果，是全市人民群策群力、共克时艰的结果，是社会各界大力支持帮助的结果。在此，我谨代表市人民政府，向全市各族人民，向人大代表、政协委员，向各民主党派、工商联、无党派人士、各人民团体，向驻崇左人民解放军、武警部队官兵，向所有关心支持崇左发展的社会各界，表示崇高的敬意和衷心的感谢！

同时，我们也清醒地看到，受多重因素影响，我市发展中仍有不少矛盾和困难，主要是：经济总量不大，经济结构不合理，工业基础仍然薄弱，与全国全区同步全面建成小康社会压力较大；土地、资金等要素供需矛盾突出；公共资源配置不尽合理，在入学、就医、养老等方面与群众的需求仍有差距；全市仍有34.18万贫困人口，补齐民生短板和脱贫攻坚任务艰巨；政府职能仍需加快转变，各领域改革工作有待进一步深化。对于这些矛盾和困难，我们将积极采取有效措施，努力加以克服和解决，决不辜负全市各族人民的期望。

二、"十三五"的奋斗目标和主要任务

"十三五"时期是我市与全国全区同步全面建成小康社会的决胜期，是加快构建"一带一路"重要门户前沿城市、实现"两加"、"两成"的关键阶段。我们要紧紧把握"一带一路"建设重大机遇，充分发挥"三区叠加"政策优势,抢机遇、再开放、强落实,再谱崇左发展新篇章。

根据《中共崇左市委员会关于制定国民经济和社会发展第十三个五年规划的建议》,市人民政府在广泛征求人大代表和政协委员、各地各部门以及社会各界意见的基础上,制定了《崇左市国民经济和社会发展第十三个五年规划纲要(草案)》(以下简称《纲要草案》),整个起草过程充分体现了科学、民主决策的要求,是集体智慧的结晶。《纲要草案》共分 3 大板块 15 篇 58 章。导语和第一篇构成第一板块,分析"十三五"发展环境,明确指导思想、基本原则和主要目标。第二篇至第十四篇构成第二板块,就经济社会发展各领域进行全面部署。第十五篇为第三板块,提出保障措施。在这里向各位代表着重报告三个方面内容:

(一)关于"十三五"发展总体要求

加力开放合作,加快南崇经济带建设,把崇左建设成为与全国全区同步全面实现小康社会、成为面向东盟开放合作的新高地,这是市委"十三五"规划建议提出的"两加"、"两成"目标。根据这个目标,我市"十三五"发展的总体要求是:全面贯彻党的十八大和十八届三中、四中、五中全会,以及自治区党委十届六次全会和市委三届六次全会精神,按照"四个全面"战略布局的要求,根据自治区党委"两个建成"的目标要求,抢抓新机遇,奋力大发展,着力发展五大支柱产业,打好十大重点战役,实现"两加"、"两成"任务目标。

这一总体要求,主要是围绕中央"四个全面"战略布局、"五大发展理念"和自治区"三大定位"、"两个建成",结合新形势和我市发展实际,强化对国家、自治区战略的落实,确保中央、自治区党委决策部署在崇左落地生根。

(二)关于"十三五"发展目标

根据上述总体要求,《纲要草案》提出了经济发展、创新驱动、民生福祉、资源环境 4 大类 30 项发展目标,其中最主要的综合性指标是地区生产总值年均增长 8% 以上,城乡居民人均收入年均增长 9%。提出这一目标,主要基于以下考虑:一是既要确保翻番的要求,更要缩小发展差距。根据测算,到 2020 年我市地区生产总值和居民收入实现比 2010 年翻一番,"十三五"需分别年均增长 4.4%、7.2%。从发展基础条件看,实现这个速度没有问题。但我市作为后发展欠发达地区,需要进一步缩小与全国全区平均水平的差距,跟上全国全区发展步伐,必须把握"努力实现一个高于全区平均水平的增长速度"的原则,保持必要的增长速度。为此提出地区生产总值年均增长 8% 以上,争取高于

全国 1.5 个百分点、全区 0.5 个百分点。二是既要考虑发展潜力,也要考虑支撑条件。要实现 8% 以上的年均增长目标,从支撑条件看,一、二、三产需分别年均增长 3%、8.5%、11%。根据测算,"十三五"期间我市经济潜在增长率在 7.5—8.5% 之间,一、二、三产有望分别增长 3.3%、10%、12%。从发展趋势看,固定资产投资年均增长 17%,外贸进出口总额年均增长 13%,社会消费品零售总额年均增长 10%,都是有条件、有基础的,经过努力是可以实现的。三是既要稳增长,又要加快调结构。未来五年,新常态经济发展面临速度换挡、结构调整、动力转换等节点,"五大发展理念"对发展提出了更高要求,必须改变过去粗放型的发展方式、增长方式,注重从创新驱动着力,加快转方式、调结构,提高经济发展质量和效益。要统筹稳增长与调结构的关系,追求经济增长要为调结构、促转型、推进结构性改革留出空间。

综合考虑"十三五"时期我市发展环境、政策导向、增长潜力、发展趋势,提出地区生产总值年均增长 8% 以上的目标,统筹兼顾了发展速度、发展质量、发展方式等方面要求,总体上是科学合理、积极可行的,有利于把着力点引导到结构性调整、提质增效上来,实现有质量、有效益、可持续的增长。

(三)关于"十三五"重点任务

根据市委关于"十三五"规划建议,《纲要草案》提出坚持"五大发展理念",狠抓创新驱动战略、开放带动战略、双核驱动战略、绿色发展战略、三大攻坚战等"五个落实",发展"糖矿贸红绿"五大支柱产业,打好基础设施战役、产业园区战役、脱贫攻坚战役、老区振兴战役、甘蔗"双高"战役、矿业开发战役、红木产业战役、文化旅游战役、边境贸易战役和新型城镇化战役等"十大重点战役",着重抓好以下重点任务。

——建设面向东盟开放合作新高地。构建服务"一带一路"战略的全方位开放格局,形成陆路东盟大通道、西南地区出海大通道,建立以崇左为主中心,以扶绥、凭祥为副中心,以南宁—崇左—凭祥对外开放经济带、沿边经济合作和边境新型村镇建设带为轴线,辐射崇左市域全境的"三核两带"开放发展空间骨架。建立健全开放合作平台,大力建设凭祥重点开发开放试验区,加快推进中越凭祥－同登跨境经济合作区、凭祥综合保税区、中泰(崇左)产业园等开放合作平台,提升开放服务水平。把崇左培育成为政策活、通道畅、集聚力强、辐射面广的增长区域。

——大力推进产业优化升级。围绕"糖矿贸红绿"五大支柱产业,不断优化产业结构。糖业方面,促进糖

业"二次创业",科学合理布局、高标准建设200万亩"双高"糖料蔗基地。推动制糖业技术改造升级,力争建成全国重要的糖产品精深加工基地。加快建设崇左食糖交易中心。矿业方面,推进锰业高端化、生态化发展,建设南国铜循环产业园、广西重要新型稀土材料产业基地,加快生态铝产业开发利用。边境贸易方面,深入实施加工贸易倍增计划,构建崇左百里边境加工贸易带,提升和扩大对外贸易。红木产业方面,推进珍贵树种培育示范带建设和红木产业加工基地建设,积极发展林木加工产业。绿色产业方面,大力实施"发现山水崇左·圆梦别样桂林"旅游发展战略,积极融入广西旅游"三区一带"发展格局,建设边关风情旅游带核心区。发展新能源产业、新型装备制造业、生物制药产业等新兴产业。逐渐摆脱经济支柱单一、产业层次低的困境,加快开辟多业并举、创新发展的新路子。

——提速发展现代服务业。大力发展商贸服务业,完善城乡商贸服务体系。培育以电子商务为主的"互联网+"经济,建设跨境电商产业园。大力拓展"互联网+"应用领域,推动"互联网+"医疗服务、教育培训等领域拓展。做强金融保险业,务实推进沿边金融服务领域开放,创新开展跨境人民币业务。积极发展健康养老产业等服务业,加快建设4个自治区服务业聚集区,培育20个以上市级服务业聚集区。加快形成新经济形态,拓展发展新动能,打造经济增长新一极。

——加快农业现代化步伐。稳定粮食播种面积在180万亩、总产量53万吨左右。打造"一乡一业"、"一村一品"特色产业,加快建设现代特色农业(核心)示范区。扩大与东盟农业合作。推进农业产业化经营,加大"小块并大块"耕地整治力度,推动土地使用权流转,形成家庭农场、专业合作社、种养大户和龙头企业多元经营主体发展新格局。完善支农惠农政策,不断提升农业机械化水平,积极发展政策性农业保险和"互联网+"农业。建设特色明显、示范引领的优势区域。

——打好新型城镇化战役。以人的城镇化为核心,合理定位中心城市、大县城和特色城镇带的功能,提升城镇化发展质量。"十三五"期间,实现城镇新增人口28万人,全市常住人口城镇化率达到46%。强化中心城市集聚辐射功能,打造面向东盟的国际区域性中心城市,到2020年,中心城市人口达到30万人。实施大县城战略,打造凭祥、扶绥两个副中心城市,支持大新、宁明、天等、龙州四县推进县域城镇化。统筹城乡一体化发展,构建个性鲜明、功能完善、城乡互动、生态宜居的城镇化发展新格局。

——打好基础设施建设战役。完善综合运输网络,力争到2020年全市铁路总里程达到370公里,公路总里程突破8000公里,实现1000吨级航道直通粤港澳,建成2个以上通用机场,构建东西轴线、南北轴线、左江国际航运带、通用机场多节点的综合交通运输骨架。完善民生水利基础体系,提高城乡水利防灾减灾能力。加强水资源工程建设,确保城乡供水安全。加快信息基础设施建设,进一步提高全市网络覆盖率和传输能力。构筑基础更牢、效率更高的新优势。

——打好脱贫攻坚战役。推进特色产业富民、扶贫移民搬迁、农村电商扶贫、教育劳务创业、基础设施建设、科技文化医疗扶贫、金融扶贫、社会扶贫、生态补偿和产权收益脱贫、政策兜底和关爱服务等脱贫攻坚"十大行动",提前一年完成脱贫"摘帽",到2019年34.18万贫困人口全部脱贫,返贫率控制在3%以下,287个贫困村、4个贫困县全部脱贫摘帽。健全"4321"帮扶机制,实现帮扶对象全覆盖。全面完成脱贫攻坚任务,与全国全区同步进入小康社会。

——保障和改善民生福祉。大力发展教育事业,促进教育协调发展。实施"全民健康"重大战略,打造"健康崇左"。坚持计划生育基本国策,实施"全面两孩"政策。促进体育事业发展。深入实施就业优先发展战略,城镇登记失业率控制在4.2%以内。拓宽城乡居民增收渠道,提高城乡居民收入水平。完善社会保障、社会救助和福利体系,推进机关事业单位养老保险制度改革,实施全民参保登记计划。健全城乡住房保障体系,"十三五"期间建设城镇保障性住房2.3万套。把崇左建设成为人民安居乐业、百姓安康幸福的国门福地。

——彰显文化繁荣发展实力。培育和践行社会主义核心价值观,加快形成崇左城市精神。深入开展文明行业、文明单位、文明村镇等创建活动。加强社会征信制度建设,着力打造"诚信崇左"。提高公共文化供给能力,实施文化惠民活动。加强文化遗产保护管理,推进花山申遗工作,加快太平府故城修复保护。培育文化产业主体,加大文化创意。深度开发骆越根祖文化等内涵和价值,促进文化产业化发展。以先进文化美化全市人民干事创业的精神家园,以高尚精神鼓舞全市人民攻坚克难成就大业。

——加快建设生态宜居家园。实施主体功能区战略,强化空间布局引领。大力发展生态经济,用循环经济理念指导产业结构调整,推进产业生态化发展。建设资源节约型社会,加强资源节约与高效利用,大力推进节能减排。加强生态建设和环境保护,加大对重点领域的生态保护,实行最严格的环保执法制度。加大环境治理和监测,从源头上防治污染和保护生态。不断探索全市上下热爱美好家园、呵护美好家园、建设美好家园的新路子。

——释放全面深化改革红利。推进供给侧、需求侧双向发力,扩大要素供给,提高经济增长质量和效益。优化需求侧管理,保持投资稳定增长。深化投融资体制改革,充分发挥市场在资源配置中的决定性作用。创新政府和社会资本合作机制,激活社会资本投资活力。深化行政体制改革,加快建立健全权力清单、责任清单。深化商事制度改革,推进"证照分离"改革等工作。深化行政机构改革,探索建立行政审批局。深化财税金融体制改革,建立全面规范、公开透明预算制度。加快推动沿边金融综合改革,推动开展跨境人民币业务。深化国有企业改革,支持民营经济发展。以改革释放更多红利,激发社会活力,为科学发展提供体制机制保障。

——提升创新驱动发展推力。加强科技体制机制建设,强化企业创新主体地位,构建以企业为主体、市场为导向、产学研相结合的技术创新体系。提升创新能力水平,制定完善加快实施创新驱动发展的政策,建设一批知识产权优势企业。深入实施人才强市战略,统筹推进各类人才队伍建设,积极引进高层次人才,优化人才队伍结构;完善招才引智平台,健全人才工作机制。让人才充分施展,让智慧充分涌流,形成千帆竞发、百舸争流的创新发展新局面。

——促进边疆和谐稳定发展。推进法治政府、法治社会建设。加强民主政治建设,自觉接受监督。加强廉政建设,坚决纠正损害群众利益的不正之风。不断深化平安崇左建设,积极推进社会治理创新,保障人民群众生命财产安全。推进边疆和谐建设,深入实施"爱民固边"工程,健全国防动员体系。深入开展民族团结进步创建活动。努力营造富民兴边、富民强边的发展环境。

各位代表!"十三五"发展蓝图已经绘就,前进号角已经吹响。全市各族人民团结一致、万众一心,击鼓奋进、顽强拼搏,一定能够与全国全区共同迈入小康社会,开创更加美好的明天!

三、2016年的主要目标与重点工作

今年是"十三五"的开局之年,也是全面建成小康社会决胜阶段的开局之年。今年我市经济社会发展的主要预期目标是:地区生产总值增长8.5%,财政收入增长7%,规模以上工业增加值增长10%,固定资产投资增长20%,社会消费品零售总额增长10%,进出口总额增长13%,居民人均可支配收入增长9%,居民

消费价格涨幅控制在3%以内,城镇登记失业率控制在4.2%以内,城镇新增就业1.4万人。以上目标,主要是从"十三五"目标和全面实现小康社会的大背景以及今年经济形势更为严峻复杂的情况出发,从积极稳妥、统筹兼顾等方面考虑,确保年度目标在合理区间内与阶段目标协调一致。在实际工作中,我们将全面贯彻落实"五大发展理念",狠抓"五个落实",打好"十大重点战役",提振发展信心,积极主动作为,努力实现"十三五"开好局、起好步。我们将重点抓好以下工作:

(一)狠抓全面深化改革,增强发展动力活力

积极推动结构性改革。按照优化存量、引导增量、有效减量的要求,加快去产能、去库存、去杠杆、降成本、补短板,推进供给侧结构性改革,提高全要素生产率。去产能方面,加快企业兼并重组,加大力度淘汰落后产能,严格控制增量,防止新的产能过剩。去库存方面,推进户籍制度改革,加快农民工市民化,建立购租并举的住房制度,实施公廉并轨管理制度,推进棚户区改造货币化安置和保障性安居工程"以租代建"、"以购代建"模式相结合,实施11841套棚户区改造,促进商品房去库存量。降成本方面,落实减税降费让利等政策,降低企业生产经营成本。

加快政府职能转变。进一步加大简政放权力度,最大限度减少审批环节和审批事项,4月底前公布政府部门权力清单和责任清单。深化商事制度改革,推进电子营业执照和全程电子化登记管理。加强各级政务服务中心建设,开工建设市电子政务公共服务体系平台项目。继续落实公务用车制度改革,筹备开展事业单位、国有企业公务用车制度改革工作。

深化投融资体制改革。推进投资项目在线并联审批监管平台建设,争取年内上线运行。支持发行企业债券,为项目建设提供稳健资金支持。加强政府性债务管理,规范发展政府投融资平台。加强市公共资源交易平台管理,探索建立县级公共资源交易中心。

深化财税金融体制改革。深化预算管理制度改革,进一步加大预决算公开力度,完善政府预算体系,深入推进"营改增"改革,探索中期财政规划管理。加快沿边金融综合改革,继续深化跨境人民币结算业务,在凭祥市建设互市贸易结算中心。

深化相关体制机制改革。深化农村改革,在6个县(区)、33个乡镇、327个村(社区)开展农村土地确权登记颁证工作,加快土地流转和"小块并大块"耕地整治。加快园区管理体制改革,推进中国－东盟青年产业园扩区及管理体制改革,推动市城市工业区体制改革落实到位,并扩大到市、县两级各园区。深化华侨农

林场体制改革。统筹推进开放合作、国有企业、供销合作社等其他领域改革。

（二）狠抓开放带动，打造对外开放升级版

搭建高水平开放合作平台。加快南宁—崇左—凭祥对外开放经济带建设，推进凭祥重点开发开放试验区、龙州边境经济合作区申报和建设，推动中越凭祥-同登跨境经济合作区尽快获得两国政府批准建设。积极配合北部湾自由贸易试验区崇左区块申报建设。加快凭祥综合保税区二期建设，推进凭祥市与保税区一体化发展。加快推进中泰（崇左）产业园和中越德天·板约跨国旅游合作区建设，促进跨境产业合作。

大力发展口岸经济。加强口岸、边民互市点基础设施建设，推动爱店一类口岸通过国家验收。继续推进硕龙、科甲、平而关口岸升格和友谊关、水口口岸扩大开放，配合推进北部湾"六市一关"工作和广西国际贸易"单一窗口"建设，提高通关效率。打好边境贸易战役，培育对外贸易优势企业。实施凭祥浦寨（弄怀）、龙州水口边民互市区试点改革，进一步扶持发展壮大边民互助组，通过"互助组＋边民＋企业＋金融"等运作模式开展互市贸易。探索发展旅游贸易和市场采购贸易，扩大对外贸易份额。深入实施加工贸易倍增计划，推动通道经济向口岸经济转型升级。

拓展区域合作空间。主动融入"一带一路"建设，大力实施"双核驱动、三区统筹"战略，在服务国家、自治区战略中提升开放型经济发展水平。加强与东盟等国家交流合作，加快国际产能合作，主动承接商贸、金融、高新技术等产业转移。继续开展国际友城合作交流，拓展对外开放合作渠道。实施精准招商，力争全市区外招商引资项目到位资金260亿元以上。

（三）狠抓转型升级，加速新旧动能转换

大力推进创新驱动发展。积极参与实施中国制造2025、"互联网＋"行动。突出企业创新主体地位，引导支持企业进行技术、产品、业态等方面创新，加快培育发展一批名牌产品及高新技术示范企业。启动和推进自治区级崇左锰及新材料高新区建设，完善广西锰业千亿元产业研发中心等自治区级创新平台，培育扶持中粮糖业、中铝稀土等市级创新平台。

推动园区提质发展。打好产业园区战役，加快完善园区道路、供水供气、排污等基础设施和标准厂房建设，不断提升园区承载能力。加大南崇经济带沿线园区建设力度，明确各园区产业定位，引导项目向园区集中发展，培育优势产业集群。

稳定和提升传统优势产业。糖业方面，大力实施糖业"二次创业"，发展蔗糖循环经济和深加工，重点推进金冠等项目竣工投产，力争崇左东亚生物质能发电、湘桂活性干酵母工程等项目开工建设。锰业方面，打好矿业开发战役，改造提升生态型锰精深加工，推动中信大锰镍钴锰酸锂三元材料生产线等项目竣工投产，推进新振锰业中低碳锰铁合金生产等项目加快建设，推进中信大锰天等电解金属锰扩建技改项目、布东产业园动力车间项目上半年开工建设。红木方面，打好红木产业战役，深入推进珍贵树种培育示范带建设，推动红木产业基地一、二期36个项目全部投产；加快发展红木电商，扩大红木销售渠道。建材业方面，推动东泥水泥项目竣工投产，力争南方水泥专用码头项目10月前开工建设。

培育发展新产业。加快南国铜业项目建设，力争年内竣工投产。加快龙州氧化铝、龙州中恒万华不锈钢等项目前期工作，力争年内开工建设。推动中铝稀土分离生产线项目扩大生产，力争中铝稀土催化剂项目开工建设。大力发展林产业，推进龙赞东盟国际林业循环经济产业园一期8个项目竣工投产，二期18个项目开工建设。加快发展坚果加工产业，推动昆仑物流坚果加工等项目加快建设。

培育和引进强优企业。引导和支持现有企业通过技术改造、兼并重组、招商引资等方式，加大对中小企业的扶持，培育发展和引进一批优势企业。力争到今年底，全市规模以上工业企业达到160家以上，拥有主营业务收入超亿元企业90家以上，超10亿元企业14家以上，超30亿元企业2家以上。

提速发展现代服务业。加快建设服务业发展平台，推动凭祥综合保税区等4个服务业集聚区建设取得突破。加快电子商务服务体系建设，推动跨境电子商务健康快速发展。大力发展现代物流业，加快中越边境中药材商贸物流中心等项目建设。推动崇左市农副产品交易中心上半年竣工使用，加快中国-东盟（凭祥）农副产品专业市场等项目建设，打造一批城市综合体、购物中心和特色商业街区。大力发展生态服务业，加快推动中国乐养城建设。优化消费市场环境，力争年内实现新增限上企业30家，全年社会消费品零售总额超130亿元。

加快发展现代农业。狠抓粮食生产，确保粮食播种面积稳定在183万亩、粮食总产量50万吨以上。坚持甘蔗生产不动摇，开展糖料蔗价格指数保险试点工作，提高种蔗积极性，力争甘蔗种植面积达420万亩。打好甘蔗"双高"战役，确保完成年度36万亩"双高"糖料蔗基地建设任务。加快现代特色农业（核心）示范区建设，推动区、市、县、乡四级示范区规划创建。大力发展"菜篮子"、水果、中药材、养殖等特色效益农业。积极发展休闲生态观光农业，培育光伏农业、农产品定制等新业态。大力培育新型农业经营主体，力争年内新增农民专业合作社100家以上、家庭农场16家以上。

(四)狠抓投资拉动,夯实经济社会发展基础

打好项目前期工作攻坚战。市本级财政安排5000万元以上资金作为重大项目前期工作经费,加快推动一批项目前期工作,尽快实现开工建设。打好老区振兴战役,积极谋划争取更多的重大项目、重大工程、重大事项纳入国家和自治区规划盘子。

全力推动重大项目建设。组织推进市层面统筹推进134个重大项目的建设工作,努力扩大有效投资,力争完成投资150亿元。统筹用好各类资金,支持重点产业、重大基础设施和重点区域、重点领域发展。打好基础设施战役,着力推进一批重大基础设施项目建设。公路方面,推动崇左至靖西高速公路、德保至天等二级公路年内建成通车;推进崇左至水口高速公路、南宁新江至崇左扶绥一级公路、驮卢至大新、大塘至渠黎二级公路等项目加快建设;推动水口至驮隆中越界河公路二桥等跨境交通项目尽快开工建设;加快隆安至硕龙高速公路前期工作,推进崇左至爱店高速公路规划论证工作。大力推进农村公路建设,力争年内实现100%建制村修通水泥(沥青)路。铁路方面,力争湘桂铁路南宁至凭祥段扩能改造项目今年开工建设。水运水利方面,推动扶绥将军岭作业区一期工程实现正常运营,加快崇左港中心港区濑湍作业区建设。加快渠珠水利枢纽工程、左江治旱黑水河灌区等项目前期工作,力争驮英水库及灌区工程项目6月前开工建设。机场建设方面,加快推进大新、龙州通用机场前期工作,力争早日开工建设。能源方面,推动崇左市110kV电网、天等县牛头岭风电场等项目开工建设,加快推进农网升级改造工程建设。

(五)狠抓城镇化建设,促进城乡统筹发展

科学编制城乡规划。推进崇左市城市总体规划修编和中心城区抗震防灾、保护性建筑等专项规划编制,完善各县(市)总体规划修编和控制性详细规划编制。加快特色乡镇规划编制,优化城镇空间布局和规模结构,加强重点区域城市设计,提高规划建设水平。

加快中心城市建设。打好新型城镇化战役,继续做好园博园完善、运营等工作,提升园区建设管理水平。加快崇左大桥、市体育中心、环城西路、天然气管道工程等项目建设,推动龙腾湖风情街一期、金融中心竣工使用。加大旧城区改造力度,推动左江两岸综合整治工程上半年开工建设。大力发展公共交通,提升城市服务功能。推进国家级园林城市创建工作。力争中心城区建成区面积增加2平方公里以上,全市城镇化率提高1.5个百分点。

抓好县城和特色城镇建设。加快县城扩容提质,不断增强县城聚集能力。积极融入国家口岸城镇建设体系,促进中心城市与口岸城镇联动发展。加快桐棉镇、堪圩乡、水口镇、夏石镇4个边境乡镇特色新型城镇化建设,深入实施山圩镇、渠旧镇、下雷镇、雷平镇、水口镇、驮卢镇6个广西百镇建设项目。继续抓好乡土特色建设示范等工作。

完善城市管理服务。深入推进文明城市创建工作,不断提高城市文明水平。积极推动城市执法体制改革,提高城市管理和公共服务水平。深入开展"两违"综合治理,不断改善市容市貌。

(六)狠抓生态建设,推动绿色发展

提升旅游品牌。大力实施"发现山水崇左·圆梦别样桂林"旅游发展战略,打好文化旅游战役。继续推进左江花山岩画文化景观申遗工作,确保申遗成功,打造世界级文化旅游品牌。推进边关风情旅游带建设,加快重大旅游项目建设,确保扶绥龙谷湾景区年内开园运营。加大旅游资源整合开发力度,进一步融入北部湾大旅游圈,继续推进中越友谊关—友谊国际旅游合作区建设。继续抓好特色旅游名县、名镇创建和A级景区创建工作,确保大德天景区成功创建5A级景区。力争年内接待游客总人数和旅游总收入分别增长11.8%、20%。

加强生态建设。加强白头叶猴自然保护区等生态涵养地和林地资源保护,增强生态承载能力。加强造林绿化,力争森林覆盖率提高到54.75%,成功创建"国家森林城市"。深入推进美丽广西乡村建设,建成自治区级示范村屯绿化265个,一般村屯3075个。让青山常在,让绿水长流,为崇左发展留下宝贵绿色财富,更好造福子孙后代。

强化环境治理。加强环保基层能力建设。全面加强大气污染防治和环境监测,开工建设一批乡镇、村屯污水处理、垃圾处理设施项目等。强化节能减排工作,进一步控制污染物排放。深入开展环保专项整治,杜绝重特大环境污染事件发生。继续巩固河道采砂、网箱养鱼管理工作,建立健全长效机制,推动常态化管理。

(七)狠抓精准扶贫,打好脱贫攻坚战役

强化精准管理。充分运用精准识别成果,加快建立扶贫大数据管理平台,市县乡村四级建立"挂图作战、清单管理、滚动集成、精准摘帽"精准管理模式,实现扶贫对象信息科学化、精准化和动态化管理。

抓好精准施策。全力推进脱贫攻坚"十大行动"，确保全年减贫9万人、29个贫困村脱贫"摘帽"。实施产业扶贫，在贫困县培育5个以上、面上县培育2个以上覆盖面广、辐射带动能力强的优势特色产业。加快推进边贸扶贫，增加边民经营性收入。大力发展电商扶贫，通过电商推销农产品增加收入。实施"雨露计划"扶贫培训，提升扶贫对象自我发展能力。加快扶贫生态移民搬迁工作，年内完成搬迁2938人。加快扶贫综合示范点建设，各县（市、区）建设1～2个示范点。

创新精准帮扶。每个县（市、区）开展2个或2个以上资产性收益扶贫试点，鼓励将财政专项扶贫资金和其他涉农资金投入设施农业、养殖、乡村旅游等项目，增加群众收入。深入推进"百企帮百村"活动，实现287个贫困村"村企共建"全覆盖。强化扶贫责任，落实"4321"干部帮扶机制，动员社会各界力量参与精准帮扶。

（八）狠抓公共服务，持续增进人民福祉

优先发展教育事业。深入实施教育"双百"工程，筹措3亿元以上资金推进"以教促增"项目建设。积极实施第二期学前教育三年行动计划。大力推进义务教育均衡发展，推动龙州县通过国家验收，宁明、大新、天等通过自治区级评估验收。全面实施基础教育质量提升工程，推进义务教育学校标准化建设和普通高中建设，推进民师院附属中学创建自治区示范性高中。继续深化职业教育教学改革，扎实推进边境国门职业教育园区二期工程建设。

促进大众创业就业。落实创业就业政策，扎实开展创业培训，提升大众创业能力。统筹做好高校毕业生、城镇就业困难人员等各类群体就业工作，新增农村劳动力转移就业2.8万人。推进跨境劳务合作，打造边境劳务合作示范区。

完善社会保障体系。推进社会保险基金征缴和"全民参保登记"工作，城乡居民基本养老保险参保率达98%以上。加快全市社会保险"五险合一"和城乡低保信息系统建设。加快推进机关事业单位养老保险制度改革工作。进一步完善城乡最低生活保障制度，统筹扶贫标准和低保标准有效衔接，推动社会保障由制度全覆盖到人群全覆盖。进一步加强空巢老人和留守儿童关爱服务保障工作。实施300个农村饮水巩固提升工程，改善9万人农村居民饮水条件。

加快发展卫生计生文体事业。深化医药卫生制度改革，全面推进县级公立医院综合改革。坚持计划生育基本国策，稳妥有序实施"全面两孩"政策，打造诚信计生升级版。继续推行文化惠民政策，抓好村级公共服务中心和广播电视村村通工程建设，完成100个农村电影院建设。深入开展群众体育活动。

加强和创新社会治理。加快社会治安立体化防控体系建设，实行网格化管理、社会化服务，健全基层综合服务管理平台。加快社会稳定风险评估机制建设。严密防范和依法惩治各类违法犯罪活动，严厉打击涉恐涉枪涉毒走私等跨国、跨区域犯罪活动。健全矛盾纠纷精准排查和精细化解机制，加强信访、安全生产、食品药品安全监管等工作。加强社会信用体系建设，推进崇左信用信息平台建设。

继续实施为民办实事工程。筹措资金50亿元，抓好社保、健康、教育、水利、扶贫、安居、农补、生态、文化、交通等一批惠民项目。

各位代表！民族团结是各族人民的生命线，大力推进民族团结进步创建活动，巩固民族团结。加强宗教工作，依法管理宗教事务，促进宗教和谐。加强人才工作，抓好人才小高地提升工程，积极引进一批急需紧缺专业高层次人才。推动军民深度融合发展，做好国防教育、民兵预备役等工作，加强国防动员、国防后备力量建设和人民防空工作。深入开展双拥共建，加快全国双拥模范城创建工作。发展老龄事业，依法保障妇女儿童和残疾人的合法权益，支持工会、共青团、妇联等群团组织开展工作。

各位代表！做好今年和"十三五"时期经济社会发展各项工作，必须以新的面貌、新的作风加强政府自身建设，尽快提高新常态下推动发展的能力和水平。坚持依法行政，强化依法执法，不断提高行政效能和服务水平。自觉接受人大及其常委会监督和人民政协民主监督，定期向人大及其常委会和政协报告工作，切实做好人大代表建议和政协委员提案办理工作。认真听取各民主党派、工商联、无党派人士、人民团体和社会各界人士的意见，健全依法决策机制，强化决策监督，推进责任政府建设。全面推进政务公开，提高政府公信力和执行力。全面落实从严治党要求，巩固"三严三实"专题教育成果，进一步改进作风，形成长效机制。严格落实党风廉政建设主体责任，履行好"一岗双责"，持之以恒纠正"四风"，坚持不懈推进党风建设和反腐败工作。

各位代表！新形势催人奋进，新目标鼓舞人心。让我们紧密团结在以习近平同志为总书记的党中央周围，在市委的领导下，改革创新、锐意进取，团结奋进、真抓实干，向着与全国全区同步全面建成小康社会的目标奋勇前进！

崇左市人大常委会工作报告

——2016 年 2 月 25 日在崇左市第三届人民代表大会
第七次会议上

市人大常委会副主任　黄卫革

各位代表：

我受市人大常委会委托，向大会报告 2015 年主要工作和 2016 年主要任务，请予审议。

2015 年工作回顾

2015 年，在市委的正确领导和自治区人大的指导下，市人大常委会全面贯彻落实党的十八大和十八届三中、四中、五中全会，以及习近平总书记系列重要讲话精神，以邓小平理论、"三个代表"重要思想、科学发展观为指导，深入贯彻自治区党委十届五次、六次全会和市委三届五次、六次全会精神，坚持党的领导、人民当家作主、依法治国有机统一，围绕市委"适应新常态稳中求进，奋力推进'两加''两成'工作"的决策部署，依法行使职权，年内共召开 1 次人代会、6 次常委会会议、12 次主任会议，审查批准决算和预算调整方案，听取和审议"一府两院"专项工作报告 12 项，做出相关决议、决定 9 项，发出审议意见书 10 份；开展执法检查 5 项，专题调研 7 项；依法任免地方国家机关工作人员、人民陪审员 189 人次；办理代表建议 60 件。全面完成了市三届人大六次会议确定的各项任务，为全市改革发展稳定做出了积极贡献。

一、牢牢把握正确政治方向，着力营造全面深化改革的法治环境

常委会紧紧围绕市委全面深化改革的决策部署，抓住事关崇左科学发展、跨越发展、转型发展的重大问题，找准切入点，依法行使各项职权，使市委的决策意图得到准确体现，使人民群众的意愿和要求得到及时反映，使人大的各项工作围绕市委的中心工作来开展，确保人大工作保持正确的政治方向，有力地促进了市委重大决策部署的贯彻落实。

——扎实推进立法准备工作。根据党的十八届四中全会关于赋予设区的市地方立法权的新要求，在市委的领导下，常委会未雨绸缪做好立法前期准备工作，

成立了市人大常委会法制工作委员会、立法研究室。

自治区十二届人大常委会第二十次会议审议通过，决定授予崇左等 7 市地方人大立法权。常委会及时组织起草了《崇左市立法条例（草案）》《崇左市人大常委会立法工作流程》等相关制度，在机构设置、立法人才队伍培养、制度构建上做好各项前期准备工作，为行使好地方立法权、进一步深化法治崇左建设奠定了坚实基础。

——服务和促进全市改革发展稳定大局。一是推进重大改革措施落实。常委会坚持服务改革、推动改革，为改革提供法制保障。年初，协助制定了《崇左市民主法治领域和社会体制改革专项小组 2015 年工作要点》，结合贯彻实施《中共崇左市委员会关于全面推进崇左法治建设的实施意见》，研究制定了《崇左市人大常委会 2015 年民主法制领域和社会体制改革工作要点》，并认真贯彻实施。二是推进深化行政审批制度改革。按照国务院提出的行政审批制度改革要求，常委会积极支持市政府新一轮精简行政审批事项。年内，受自治区人大常委会委托，常委会组织调研组对我市政府依法行政情况开展专题调研，支持政府精简行政审批事项，改革公共资源交易管理体制，建立权力清单、责任清单，破除影响发展的体制机制障碍。三是推进基层医疗卫生机构综合改革。针对医疗卫生机构综合改革进程中出现的新情况新问题，常委会组织调研组对我市基层医疗卫生机构工作进行专题调研，提出要提高基层医疗服务能力，加大人才培养和引进力度，改善诊疗设施，完善基本药物目录增补机制，不断巩固和拓展医改成果。

——着力化解矛盾维护稳定。常委会以构建"和谐信访"为载体，依法办理群众来信来访，推动涉法涉诉信访纳入法治轨道解决，积极主动化解转型过程中的突出社会矛盾。年内，共受理各类信访件 83 件次，其中来访 50 批 83 人次，来信 35 件，均已交办、转办、督办完结，办结率达 100%，为维护信访群众合法权益，化解社会矛盾纠纷，促进社会和谐稳定发挥了积极作用。

二、围绕市委重大决策部署，着力提高监督实效

一年来，常委会紧紧围绕市委重大决策部署，从事关改革发展稳定大局、社会普遍关注和人民群众切身利益的热点难点问题入手，综合运用听取和审议专项工作报告、专题询问、执法检查、工作调研、代表视察等形式，扎实开展监督工作。

——加强财经工作监督。突出加强对财政预算编制、执行、决算，特别是加强对公共预算、政府性基金预

算、社保基金预算、国有资本经营预算以及政府性债务收支的全口径监督工作。年内,安排听取和审议了崇左市2014年财政决算、2014年度财政预算执行及其他财政收支审计工作报告,批准了2014年财政决算;听取和审议了崇左市2015年上半年计划和财政预算执行情况报告、2015年市本级财政预算调整方案的报告,批准了2015年市本级财政预算调整方案。进一步强化对部门预算草案的审查监督,提高部门预算编制的科学化精细化水平。强化财政专项资金使用和管理的监督,跟踪督查《财政预算专项支出绩效管理情况的调研报告的审议意见》落实情况,充分发挥绩效评估和审计监督功能,提高财政资金使用效益。开展《中华人民共和国税收征管法》执法检查,督促政府积极培植税源,进一步健全协税护税综合机制。开展工业和信息化发展专项资金安排和使用情况专题调研,督促政府提高我市工业和信息化发展创新创造能力,促进工业结构调整和升级创新。配合自治区人大常委会开展我市2015年上半年国民经济和社会发展计划、预算执行情况专题调研,加强对预决算执行情况的监督,建议政府认真落实稳增长、促改革、调结构的各项政策措施,抓好重大项目建设,加强财政收支管理,扶持实体经济发展,切实提高发展质量和效益。

——加强重点工作监督。"发现山水崇左·圆梦别样桂林",建设边关风情旅游带是自治区党委、政府对崇左市旅游发展提出的要求。为促进我市边关风情旅游带建设,常委会在深入调研的基础上,听取和审议市政府关于开展边关风情旅游带建设情况报告,提出了以打造边关风情旅游带为纽带,加大旅游资源的整合开发力度等意见、建议,督促政府以左江花山岩画文化景观申报世界文化遗产为契机,抓紧抓好全市旅游发展总体规划修编工作。

常委会结合听取和审议市政府关于农业产业化发展情况的报告,开展专题调研,提出加快蔗糖产业升级发展等意见建议,督促政府进一步加大甘蔗"双高"基地建设力度,把发展农业产业化作为发展现代农业、促进农民增收的重要举措,进一步夯实了支柱产业发展和农民增收基础。

习近平总书记在参加十二届全国人大三次会议广西代表团审议时指出,要依法管控边境秩序、维护地区安全稳定。为落实习总书记讲话精神,全面了解和掌握我市边境管理和开放情况,常委会组织调研组就我市边境管理和开放情况进行专题调研,督促政府认真研究解决边境基础设施建设滞后、边境管控任务剧增与力量不足的矛盾等突出问题。

2015年是项目建设的决战之年,针对我市项目建设推进缓慢的严峻形势,常委会组织调研组开展了农村饮水安全项目建设专题调研。针对项目配套资金投入不足、工程竣工后续管理工作滞后、项目使用率参差不齐等问题,逐项提出改进意见、建议,督促市、县两级政府认真排查项目进度情况,找出项目进度慢的原因,针对性地制定改进措施,全力加快项目建设。

——加强法律监督。常委会以加强法律法规全面贯彻实施为着力点,全面落实依法治市工作部署,进一步加大执法司法专项调研、执法检查和规范性文件备案审查工作力度,支持"一府两院"依法行政、公正司法,不断优化全市执法司法环境。

为进一步加强我市传染病防治工作,落实防控责任,提高重点传染病防治能力和水平,切实保障人民群众身体健康和生命安全,常委会开展了《中华人民共和国传染病防治法》执法检查。针对传染病防治机构基础设施比较薄弱,全市疾控机构硬件建设达不到国家标准、实验室设备配置不足、装备老化以及传染病防治联防联控作用还需进一步强化等问题,有针对性地提出了进一步健全传染病防治体系建设、完善传染病防治长效机制的意见建议。

为贯彻落实中央关于人民陪审员制度改革部署,加快推进我市人民陪审员制度改革试点工作,常委会开展了《全国人大常委会关于完善人民陪审员制度的决定》执法检查。针对全市人民陪审员履职条件和履职保障有待改善、人民陪审员的代表性和广泛性有待进一步提高、人民陪审员"陪而不审"现象有待进一步改进等突出问题,常委会要求市县两级法院认真总结经验,切实加强人民陪审员工作规范化建设,认真落实人民陪审员倍增计划,加强经费保障和业务培训,健全陪审工作机制,扩大陪审案件范围,使人民陪审员制度改革试点真正落到实处,让更多的人民群众直接参与和监督法院的司法活动,维护社会公平正义。

常委会在开展《社区矫正实施办法》执法检查的基础上,听取和审议了市政府关于推进落实《社区矫正实施办法》情况的报告,在充分肯定工作成绩的同时,针对我市社区矫正工作中存在社会认知度不高、人力不足、执法保障不够完善、监管效果有待提升等问题,提出了进一步健全保障机制、积极稳妥规范地推进社区矫正工作等意见建议。

常委会在深入调研的基础上,听取和审议了市人民检察院关于深化检务公开工作情况的报告,并提出了加强队伍建设和财政投入、健全检务公开机制等意见、建议,推进检察院更好为人民司法、为大局服务。

年内,常委会还配合全国人大常委会执法检查组到我市开展《中华人民共和国水污染防治法》执法检查;协助自治区人大常委会开展《中华人民共和国森林法》执法检查,跟踪检查《中华人民共和国消防法》、《中华人民共和国刑事诉讼法》、《中华人民共和国科技进步法》执法检查报告的审议意见整改落实情况,保障法律法规在我市的全面贯彻实施。

——发挥专题询问的独特作用。常委会紧盯民生关切热点难点,在开展《中华人民共和国食品安全法》执法检查及听取和审议市政府专项报告的基础上,就全市食品安全工作开展专题询问。为切实掌握全市食品安全领域现状,确保专题询问不搞形式,不走过场,推动食品安全问题有效解决,常委会高度重视,专门成立了工作小组,制定了工作方案,举办了新修订的《中华人民共和国食品安全法》知识讲座,组织2个执法检查组深入全市7个县(市、区),围绕食品安全的主要环节和涉及的重点场所、群众关心的热点问题进行了检查。通过现场随机查看、听取汇报、座谈交流、发放调查问卷等方式,查找问题,听取意见建议,确保专题询问有的放矢。专题询问会上,常委会委员们从地摊小贩管理到农村红白喜事卫生监管,从学校师生饮食安全到市场安全监管等当前全市食品安全工作中10个热点、难点问题询问了市食药监局等8个职能部门。通过专题询问,督促政府及其职能部门进一步增强责任意识、担当意识,依法加强食品的安、检、管工作,着力解决人民群众重点关注的问题。为确保专题询问达到畅达民意、促进工作的目的,专题询问会结束后,常委会结合询问情况向市政府提出专项工作报告审议意见,对今后如何开展食品安全工作提出具体的意见、建议,并要求限期研究处理。

年内,常委会对上年开展重大项目建设专题询问会所提问题的整改落实情况进行跟踪督查,有力地推动市农副产品交易中心、市儿童医院等项目建设。

三、依法行使重大事项决定权和人事任免权,着力推动市委重大决策部署的贯彻落实

依法决定重大事项并督促推动贯彻落实,是常委会工作的重要职责。围绕市三届人大六次会议做出的6项工作报告决议,常委会通过听取和审议"一府两院"专项工作报告等形式,推动各项报告提出的年度目标任务的落实。同时,组织开展上半年计划和预算执行情况专题调研,听取和审议了上半年计划和预算执行情况的报告。此外,对上年常委会会议做出的8项审议意见,组织6个督查组进行跟踪督办,确保审议意见提出的意见、建议切实整改落实到位,实现了

决而有行、行而必果;围绕市委重大决策部署和工作重点,组织代表开展"十三五"规划编制情况专题调研和2015年度全市经济社会发展情况视察,提出意见建议,为市委决策部署提供参考;围绕稳增长、促发展,常委会通过了关于批准2014年本级财政决算的决议、关于批准调整2015年市本级财政预算的决议,建议政府加强财政收支管理,扶持实体经济发展,切实提高发展质量和效益;围绕科学编制"十三五"规划,常委会安排听取和审议了市政府关于崇左市"十三五"规划编制有关重大问题的报告,提出了进一步完善规划纲要的意见、建议,最大限度地凝聚各方面的共识和力量,使制定的规划更加科学务实、更加符合崇左实际,为本次代表大会审查批准"十三五"规划纲要做好必要准备。

常委会坚持党管干部原则与依法任免国家机关工作人员有机统一,把加强党的领导、充分发扬民主、严格依法办事有机结合起来,严格依法任免程序,规范人事任免工作,切实行使好人事任免职权,为国家机关工作的顺利开展提供了有力的组织保障。年初圆满完成人代会的选举任务,年内先后任免或决定任免国家机关工作人员39人次,任命人民陪审员150名,首次组织新任命人员举行向宪法宣誓仪式。加强对县(市、区)人大开展代表补选工作指导,对18名代表的代表资格进行了审查。

四、更加注重联系和服务代表,着力夯实人大工作基础

常委会把代表工作作为人大的基础性工作来抓,以提高代表综合素质和履职能力为抓手,健全工作机制,做好服务保障,进一步加强和改进代表工作。

——创新代表培训模式。在举办市三届人大代表第五期履职培训班时,采取课堂教学与现场观摩相结合的方式,组织参训代表前往全市各现场培训点进行学习观摩,提高代表培训工作实效性和针对性。

——畅通代表知情知政渠道。坚持邀请代表列席常委会会议。年内邀请代表参与常委会执法检查、专题调研等工作共158人次,形成12个执法检查报告、调研报告,提出了很多建设性意见,进一步扩大代表对常委会工作的参与。建立常委会组成人员联系代表制度,加强常委会组成人员同代表的联系,倾听和收集代表的意见建议。通过为代表免费寄送《崇左人大》内部刊物,维护运行好崇左人大网站等方式,及时向代表通报全市经济社会发展和常委会工作情况,不断拓宽代表知情知政渠道。

——强化代表履职服务保障工作。指导基层人

大加强代表活动中心和代表之家等平台建设,积极为代表履职创造条件。继续落实没有固定工资收入的市三届人大代表履职补贴,为代表履职提供保障。积极协助做好驻崇左的全国人大代表和自治区人大代表服务工作,组织开展年中专题调研和年底联合视察活动,组织参加全国人大和自治区人大举办的履职学习,组织崇左团代表出席自治区十二届人大四次会议,做好代表议案建议的收集整理等各项准备工作和会务服务工作。

——提高代表建议办理质量。及时交办市三届人大六次会议及闭会期间代表提出的建议、意见,认真抓好代表建议、意见的督办和落实工作,扩大代表重点建议督办面,切实推进问题的实际解决。在办结答复的 60 件代表建议中,所提问题得到解决或基本解决的 53 件(包括建议意见已被采纳、已经列入计划、正在组织实施、已经完全解决等),占 88.33%;所提问题需要呈报或等待上级审批、有待下一步解决的有 7 件,占11.67%,与上一年相比,代表所提意见、建议已经解决或基本解决率有所提高。

五、认真践行"三严三实",着力提升履职能力水平

常委会以开展"三严三实"专题教育为契机,认真贯彻落实全区、全市人大工作会议精神,持之以恒地加强自身建设,积极推动人大工作与时俱进,履职能力和水平得到了进一步的提升。

——认真组织开展专题教育。按照中央和自治区党委、市委的统一部署,扎实开展"三严三实"专题教育,并把践行"三严三实"与提高人大依法履职水平结合起来,与联系服务代表和群众结合起来,与推进人大工作创新实践结合起来,精心组织,有序推进,高标准完成专题党课、学习研讨、深入基层调研、召开专题民主生活会等环节,采取主动深查细照,主动多方征求意见,把"不严不实"摆准、摆实、摆具体,并就"不严不实"方面存在的问题抓好整改落实和立规执纪工作。

——扎实推进学习型机关建设。坚持常委会党组中心组学习制度,结合人大工作实际,深入学习贯彻党的十八大和十八届三中、四中、五中全会,以及习近平总书记系列重要讲话精神,学习《中华人民共和国立法法》等知识,组织开展边境管理、边关风情旅游带建设《中华人民共和国税收征管法》和《中华人民共和国食品安全法》专题辅导讲座等,进一步提高机关干部业务水平。进一步加强调查研究,坚持带着问题、带着主题,围绕全市改革、发展、民生热点,形成了 7 篇调研报告,为常委会履职和市委、市政府决策提供了重要参考。持续加大人大制度和人大工作宣传力度,依托

《常委会公报》《崇左人大》内部刊物、人大网站等载体,及时反映履职重点、监督成效、基层实践和代表先进事迹等,积极推进常委会履职工作公开、信息透明,人大工作影响力进一步提升。

——加强作风和廉政建设。一年来,常委会领导积极参与和服务市委"两加"、"两成"和"十个促增"等中心工作,主动深入所联系的县(市、区)和部门指导开展甘蔗"双高"基地建设、园博园等重大项目建设、精准扶贫等工作,推进各项工作开展。严格执行中央八项规定和市委有关规定,认真落实党风廉政建设责任制,认真开展领导干部违规多占住房清理和办公用房面积超标整改等工作,不断加强机关作风建设,严格控制"三公"经费支出,"三公"经费比上年明显下降。

——积极协助配合上级人大开展工作。先后配合全国人大重点督办代表建议调研组、水污染防治法执法检查组到我市开展调研和执法检查,配合自治区人大到我市开展《广西壮族自治区企业工资集体协商条例(草案)》立法调研和开展社会养老保障体系建设等调研,承办全区人大信访工作会议等。对上述每一项活动,常委会都认真制定实施方案、周密安排,提前踩点搞好衔接,确保上述调研活动顺利开展并达到预期目的。此外,受自治区人大常委会委托,常委会先后组织政府有关部门完成了《广西壮族自治区乡村清洁条例(草案)》等 12 部条例法规修改意见征集反馈工作。

——有效促进基层人大工作同步提升。常委会强化全市人大工作"一盘棋"思想,召开全市加强县乡人大工作和建设会议,对新形势下我市加强县乡人大工作和建设进行了部署,明确了县乡人大工作和建设的总体要求、基本原则。通过召开会议及邀请列席常委会会议、组织学习培训和考察调研等方式,加强对基层人大的联系指导,在开展执法检查、工作监督、督办议案建议、代表活动等方面与基层人大密切配合,上下联动,共同推动人大工作水平整体提升。

——积极开展对外交流。常委会发挥地方人大对外交往的优势和特点,开展同国外地方议会和友好城市的交往交流。接待了韩国京畿道乌山市议长文英根为团长的参访团,并与之进行深入交流,扩大了崇左的国际影响。同时,常委会加强人大系统交流联系,派员参加区内外人大系统的联席会议和学习培训,做好各级各市人大到我市的考察交流工作,切实加强与区内外地方人大常委会的联系和交流,相互学习借鉴,不断提高工作水平。

2016 年主要任务

2016年是实施"十三五"规划、全面建成小康社会决胜阶段的开局之年,是市、县、乡三级人民代表大会集中换届之年,做好本届人大常委会任期最后一年的工作,意义重大。按照市委工作总体部署,市人大常委会2016年工作总体要求是:全面贯彻党的十八大和十八届三中、四中、五中全会精神,深入学习贯彻习近平总书记系列重要讲话精神,贯彻落实自治区党委十届六次全会和市委三届六次全会精神,坚持党的领导、人民当家做主、依法治国有机统一,按照"四个全面"战略布局和自治区党委"两个建成"的目标要求,在中共崇左市委领导下,认真履行宪法和法律赋予的职权,充分发挥地方国家权力机关的作用,着力推动创新发展、协调发展、绿色发展、开放发展、共享发展,为崇左"十三五"开好局、起好步做出应有的贡献。

一、围绕中心服务大局,进一步行使好法定职权

找准人大工作与市委决策、政府工作、群众关切的结合点和切入点,综合运用多种监督方式,推动崇左改革发展重点领域难点问题的解决。重点围绕"十三五"规划纲要的实施加大监督工作力度,全力推动"一府两院"依法行政、公正司法,提升运用法治思维和法治方式深化改革、化解矛盾、推动发展、维护稳定的能力。

依法行使地方立法权。坚持党对立法工作的领导,充分发挥人大在立法中的主导作用,按照市委关于全面深化改革、全面推进崇左法治建设的部署要求,以及2016年立法工作计划,从全局和长远来谋划和推进立法工作,启动《左江流域生态环境保护条例》《花山岩画文化景观保护条例》立法调研。切实做好立法的制度建设和队伍建设,积极完善科学立法、民主立法机制,统筹推进立法工作,确保本市的重大改革决策于法有据,为全面深化改革营造良好法治环境。

依法决定重大事项。对关系经济社会发展全局性、根本性、长远性和与人民群众切身利益相关的重大事项,依法做出决定决议,并加强实施情况监督检查,确保决定决议贯彻落实。

开展全口径财政预决算审查监督。年内计划听取和审议2015年度市本级财政决算(草案)、2015年度市本级预算执行及其他财政收支的审计工作、2016年上半年国民经济和社会发展计划执行、2016年上半年本级财政预算执行等专项工作报告。

强化法律监督和工作监督。开展《中华人民共和国审计法》执法检查,听取和审议市政府关于2015年度环境状况和环境保护目标完成情况的报告、关于《崇左城市总体规划(2002—2020)局部调整(2008)》实施情况的报告,结合审议专项工作报告,开展中心城区城市总体规划执行工作专题询问,促进城市建设依法有序健康推进。听取和审议市政府关于2015年度法治政府建设情况的报告、关于"六五"法制宣传教育工作情况的报告,并就开展"七五"法制宣传教育做出决议,启动"七五"普法工作,推进依法治市。开展羁押场所有关情况、甘蔗"双高"基地建设、边境宗教、推进义务教育均衡发展等专题调研,形成高质量的调研报告,提出建设性和可操作性的建议,及时和政府及有关部门沟通协调,推动调研成果转化运用。跟踪检查2015年常委会会议做出的10份审议意见落实情况,加大督促落实和跟踪问效力度。健全规范性文件备案审查制度,加强与报备机关的沟通协调,加大主动审查力度。

做好人事任免工作。坚持党管干部原则和人大常委会依法任免有机统一,不断改进完善人事任免工作程序和方法,按照全国、自治区人大部署要求,完美宪法宣誓制度,凡经人大及其常委会选举或者决定任命的国家工作人员正式就职时公开向宪法宣誓。坚持把任免权与监督权的行使结合起来,进一步完善任后监督机制,注重结合监督工作、代表建议办理等工作,加强对任命干部任前、任中、任后履职情况的了解,督促其强化法律意识,真正做到依法行政、公正司法,为全市经济社会发展提供有力的组织保证。

二、加强和改进代表工作,进一步提升服务保障水平。切实维护人大代表的主体地位,进一步提升联系代表、服务代表的工作水平

增进与代表和群众的紧密联系。坚持常委会组成人员联系人大代表制度,密切与代表的联系,丰富代表联系形式,及时为代表寄送常委会公报、《崇左人大》内部刊物。继续邀请基层代表列席常委会会议和参加执法检查、视察调研等活动,扩大代表对常委会工作的参与度。增进与代表和群众的紧密联系,促进市人大代表更好地接受原选举单位和人民群众的监督。组织代表围绕改革发展重大问题和人民群众关注热点问题开展专题调研,充分发挥"代表活动中心"和"代表之家"等平台作用,促进基层人大代表活动正常化、制度化、规范化。

改进代表议案建议的提出和督办工作。支持和鼓励代表针对熟悉行业和领域,提出议案建议。协助驻崇左全国和自治区人大代表提出议案建议。完善代表建议督办机制,加强对代表议案建议办理情况的跟踪督查,深入开展代表建议办理"回头看"工作。继续选择综合性强、涉及面广、问题反映比较集中的代表建议,由常委会领导牵头带领相关专门委员会进行重点督办,将市人大常委会督办与市政府督查相结合。完善办理考核评价机制,拓宽公众参与渠道,进一步提高议案建议的办成率和代表的满意率。

进一步提高服务保障水平。继续抓好履职培训,引导代表以小组为单位开展学习和专题自学,不断提升履职意识和履职水平。强化代表履职服务保障,继续落实好无固定工资收入的代表履职补贴。

三、精心组织市县乡人大换届选举,进一步推动全市民主政治建设进程

严格按照《中华人民共和国选举法》规定,在自治区人大指导和市委的领导下,认真组织和指导开展2016年市县乡三级人大换届选举工作。加强调查研究,制定下发换届选举工作的有关指导文件,及时研究解决选举工作中的重大问题,加强换届选举工作培训,规范选举程序,严肃选举纪律,确保换届选举工作依法有序进行并圆满完成。

四、强化作风能力建设,进一步提高依法履职水平

认真学习习近平总书记系列重要讲话精神,加强党的政治纪律和政治规矩教育,始终坚持党对人大工作的领导,将党的领导、人民当家做主和依法治国有机统一起来,坚持重大事项向市委请示报告制度,保证人大工作正确政治方向。巩固和拓展"三严三实"专题教育成果,进一步加强组织纪律、工作纪律和廉洁纪律建设,进一步发挥专门委员会作用。继续加强对外交往工作,加强与各级人大的联系,密切工作协同。认真贯彻中发〔2015〕18号和桂发〔2015〕12号文件精神,进一步加强对县乡人大工作和建设的指导,增强人大工作整体实效。加强和改进人大宣传工作,继续办好《崇左人大》内部刊物和崇左人大网站,认真做好人大信访工作。继续坚持开展执法检查、视察调研前举办辅导讲座或业务培训,加大干部教育培养力度,发挥好机关参谋助手和服务保障作用,不断提升人大机关工作水平,努力打造一支理想坚定、政治可靠、业务精湛、作风优良、廉洁勤政的人大干部队伍。

各位代表,"两个百年"目标激励我们砥砺前行,全面振兴革命老区的使命时不我待。让我们以"四个全面"战略布局为引领,在中共崇左市委的坚强领导下,进一步坚持和完善人民代表大会制度,以勇于担当的责任意识和奋发有为的工作激情,锐意进取,扎实工作,为我市实现与全国全区同步全面建成小康社会而努力奋斗!

中国人民政治协商会议
崇左市委员会常务委员会工作报告

——2016年2月24日在政协崇左市第三届委员会第六次会议上

市政协主席　苏志球

2016年2月24日,政协崇左市第三届委员会第六次会议在崇左召开

各位委员:

我代表中国人民政治协商会议崇左市第三届委员会常务委员会,向大会报告工作,请予审议。

一、2015年工作回顾

2015年是全面完成"十二五"规划的收官之年,也是我市政协事业创新发展的重要一年。一年来,在市委的坚强领导下,在市人大、市政府的大力支持下,政协崇左市委员会及其常委会深入贯彻中共十八大和十八届三中、四中、五中全会精神,按照"四个全面"战略布局,深入贯彻习近平总书记系列重要讲话精神,深入贯彻全区和全市政协工作会议精神,落实"懂政协、会协商、善议政"要求,紧紧围绕市委关于适应新常态稳中求进、抢机遇再开放强落实工作部署,广泛团结参加人民政协各党派团体和各族各界人士,坚持团结和民主两大主题,履行政治协商、民主监督、参政议政职能,紧扣全市改革发展献计出力,为全面完成全年各项目标任务、实现"十二五"圆满收官做出了积极贡献。

(一)加强思想理论建设,夯实共同思想政治基础

加强思想理论建设,坚持正确政治方向。常委会深入学习贯彻中共十八大和十八届三中、四中、五中全会精神，以及习近平总书记系列重要讲话精神，准确把握中共中央治国理政新思想新论断新要求，进一步明确政协工作前进方向，毫不动摇坚持中国共产党的领导。全年共举办集体学习9次，安排中心发言36人次。市政协中心学习组在左江日报先后发表了题为《主动适应新常态 奋力助推新发展》和《把握精神实质 凝神聚焦发力》两篇学习体会文章，集中反映了市政协学习中共中央2014年经济工作会议、2015年全国"两会"及习近平总书记参加广西代表团审议时的重要讲话精神的认识成果，表明了市政协贯彻落实中共崇左市委关于"适应新常态稳中求进、奋力推进'两加''两成'工作"指导思想的思想自觉和行动自觉。

（二）主动适应新常态，奋力助推稳增长

去年，面对经济下行压力持续加大的影响，我们牢牢把握"稳增长、促改革、调结构、惠民生"工作大局，坚持发展是第一要务、稳增长是重中之重，以贯彻中共崇左市委关于适应新常态稳中求进的指导思想作为围绕中心、服务大局的主题主线，落实市委、市政府关于以改促增、以农促增、以多促增、以城促增、以贸促增、以美促增、以扶促增、以服促增、以教促增、以老促增的"十个促增"部署要求，充分发挥政协联系面广、智力密集等优势，引导广大政协委员及委员企业在稳增长促发展中发挥生力军作用。市政协领导班子全力配合市委、市政府抓好园博园建设、甘蔗"双高"基地建设、左江航道航标建设等重点项目建设。以助推"十个促增"为主要内容，深化"委员行动工程"，引导广大政协委员和委员企业抢抓"一带一路"新机遇，在助推"糖、矿、贸、红、绿"五大支柱产业发展中建功立业展示风采。有的委员着眼于实现农民增收企业增效，大力推进甘蔗"双高"基地建设；有的委员积极应对市场价格低迷的严峻挑战，加大力度，加快锰系列新产品开发步伐；有的委员抢占东盟市场，做大做强面向东盟的对外贸易；有的委员着力练好内功，谋划红木产业新发展；有的委员致力于崇左园博园建设，助力做大做强崇左文化旅游产业。全市广大政协委员和委员企业为稳增长目标任务的全面完成，实现崇左"十二五"规划圆满收官，做出了积极贡献。

（三）积极协商议政，建言献策"十三五"规划

2015年，我们认真落实习近平总书记关于"懂政协、会协商、善议政"要求，牢牢把握人民政协性质定位，切实将协商民主寓于履行职能全过程、贯穿于开展工作各方面，找准政协履职的重点和着力点，紧紧围绕科学编制"十三五"规划，确定"加快崇左市城镇化建设和发展"、"加快发展崇左口岸经济"、"加快崇左锰产业转型升级"三大议政性常委会议协商议题，深入调研，充分协商，达成新共识。关于完善城市定位和规划、优化发展思路、创新发展举措、推动产城融合和旅城互动、搭建大众创业万众创新平台、创新城镇化投融资机制等加快崇左城镇化发展的建议；关于构建税收减免和资金信贷等政策支持体系、加快互联互通基础设施建设、创新口岸经济便利化机制等加快口岸经济发展的建议；关于积极争取上级政策支持和资金帮助、实施优惠扶持措施、降低锰业用电成本、加大人才引进力度等加快崇左锰产业转型升级的建议，为崇左"十三五"规划的制定和实施提供了有价值的参考。

（四）开展专题调研，助推《左右江革命老区振兴规划》实施

去年，我们把助推《左右江革命老区振兴规划》的实施，作为围绕中心、服务大局的重要抓手，献计出力。组织调研组分赴滇、黔、桂三省（区）的百色、河池、文山、黔西南州、黔南州、黔东南州等市（州）进行考察，形成了专题调研报告，对实施《左右江革命老区振兴规划》提出建议，得到时任市委书记黄克的批示肯定。同时，利用自治区政协召开的相关专题协商会及三省（区）八市（州）政协主席联席会议等平台，针对左右江革命老区发展滞后、贫困人口多、财力薄弱、崇左因建市时间短城镇化建设任务特别重等实际，提出减少或减免老区重大项目建设地方配套资金、给予老区尤其崇左以重大项目建设用地政策优惠、加快推进南宁至凭祥铁路扩能改造、规划建设防城—崇左—百色—文山铁路项目、规划建设文山—百色—崇左—防城港沿边高等级公路等建议，成为会议重要共识和滇、黔、桂三省（区）八市（州）政协联合助推的重大项目。

（五）坚持履职为民，助推民生改善、生态建设和精准扶贫

去年，我们通过提案和提案办理，有效助推了旧城区改造建设、师资队伍建设和教育事业发展等群众普遍关心的热点问题的解决。与此同时，充分发挥人民政协作为协商民主重要渠道和专门协商机构作用，就"左江流域水环境保护"、"发挥农林场优势促进地方经济发展"、"利用甘蔗叶秸秆发展圈养山羊业"、"发展崇左生态休闲养生旅游"、"以左江沿岸为重点发展竹子产业"、"依靠教育科技推动扶贫工作"等专题深入调研，开展议政建言，为加快我市经济发展、保障和改善民生、加强水环境保护、促进生态建设等提出了许多有参考价值的意见建议。我们全力助推打好精准扶贫攻坚战。从市政协主席、副主席到各位常委，除深入所联系的扶贫点开展调研、指导做好精准识贫工作外，按照市委的统一部署要求，市、县两级政协机关共抽调干部80多人参与驻村开展精准识贫工作，落实精准扶贫、精准脱贫各项工作措施。去年，全市各级政协委员、委员企业及政协机关干部职工在助推教育扶贫活动中捐款97.09万元，结对帮扶366名贫困家庭学生。市政协参加单位争取上级单位教育扶贫资金、社会慈善机构捐款92.18万元，用来改善6所村小教学环境。市政协领导通过广西协力扶助基金会争取到加拿大文化更新研究中心捐款100万元，用于改善龙州县金龙中学教学条件和教学环境。

（六）助推文化崇左建设，促进文化与旅游融合发展

旅游是文化的载体，文化是旅游的灵魂。去年，我们把助推崇左文化建设、促进文化与旅游融合发展，作为稳增长、调结构、惠民生的重要任务来落实。编辑出版了《红色南疆》一书，并被评为崇左市首届社会科学优秀成果奖一等奖；为自治区政协《回忆西部大开发》（广西卷）、《广西抗战史料选编》提供稿件40篇；完成市政协《崇左壮族民间故事集》组稿431篇，发挥存史、资政、团结、育人功能。全力助推左江花山文化景观申遗工作，通过委员提案和专题协商等方式，为助推花山申遗发挥了重要作用。

（七）加强委员培训管理，更好发挥委员主体作用

去年，我们把尊重和保障委员民主权利，完善委员联络制度，加强委员管理和学习培训，为委员履职尽责创造条件作为基础性重要工作来抓，充分发挥委员主体作用。在深入调查研究、考察借鉴外地经验的基础上，制定了《政协崇左市委员会关于委员管理的规定》。组织部分委员到延安开展学习培训，教育引导广大委员珍惜自身荣誉，恪守宪法法律，自觉践行社会主义核心价值观，锤炼道德品行，改进工作作风，切实发挥在本职工作中的带头作用、界别群众中的代表作用，不负重托，不辱使命。先后举办了3期市政协委员培训班，培训200多人。全年共开展界别（小组）活动16次，围绕"生态乡村建设"、"现代农业核心示范区建设"、"市政协助推教育扶贫活动"，以及文化、科技、卫生"三下乡活动"和"生态休闲养生旅游"、"港台资企业发展情况"、"口岸经济发展情况"等十多个课题开展履职活动，参与委员360人次。

（八）推动工作创新，协商民主取得新成效

我们坚持以创新理念推动政协工作，努力做到在继承中创新、在创新中发展、在发展中提升，推动政协工作常做常新。一是扩展协商领域，扎实推进政协基层协商民主建设。从2014年10月试点工作启动以来，全市7个县（市、区）共确定60多个协商议题，开展60多场次协商会、恳谈会或征求意见会，有效促进了一批涉及农村基础设施建设、土地小块并大块整合、乡村集镇建设、村屯环境保护、生态建设、学校选址、扶贫开发等基层群众普遍关心的热点难点问题的解决。大新县政协总结提炼的"积极争取各方支持，让基层协商民主有'优'的环境；科学确立协商课题，让基层协商民主有'实'的内容；积极探索协商形式，让基层协商民主有'好'的途径；促进协商成果转化，让基层协商民主有'真'的效果"等做法体会，在全区市、县政协工作经验交流会上作典型经验介绍。二是探索协商议政新方式，先后由市政府和市政协联合召开政协重点提案办理协商会和加快崇左城镇化建设和发展专题协商会。通过深入协商，达成广泛共识，有力助推了老城区改造建设、教师队伍建设、加快农村土地承包经营权确权工作及崇左城镇化建设。既彰显了政协工作的创新性，又彰显了人民政协协商民主的特色和优势。

（九）开展"三严三实"专题教育，深入推进作风建设和履职能力建设

我们把开展"三严三实"专题教育作为思想政治建设、作风建设和履职能力建设的重要载体，高度重视，认真谋划，精心组织，扎实推进。在开展专题教育中坚持把学习放在首位、贯穿始终。在认真调研、精心准备的基础上进行专题研讨。大家紧密联系个人思想和工作实际，从修身之本、为政之道、成事之要的高度，增强践行"三严三实"的思想自觉和行动自觉。坚持聚焦不严不实突出问题、狠抓整改。坚持以知促行、知行合一，以专题教育推动市政协全年各项工作任务的全面完成。

各位委员，过去一年我们取得的成绩，是自治区政协亲切关怀、悉心指导的结果，是市委高度重视、加强领导的结果，是市人大和市政府大力支持的结果，是全市各级党委、政府和社会各界热情帮助、大力支持的结果，是政协各参加单位、全市各级政协组织、广大政协委员和政协机关团结协作、共同努力的结果。在此，我代表市政协常委会表示衷心的感谢！

在肯定成绩的同时，我们也清醒地看到工作中的不足。主要是：有的专题调研还不够深入，有的协商议政活动效果还不够好，有的建言质量需要进一步提高，民主监督有待进一步加强等。真诚希望各位委员对常委会工作提出批评和建议，以利于我们把工作做得更好。

二、2016年工作部署

2016年是我市与全国全区同步全面建成小康社会决胜阶段的开局之年，是推进我市政协事业创新发展的重要一年。市政协工作的总体思路是：全面贯彻中共十八大和十八届三中、四中、五中全会精神，深入学习贯彻习近平总书记系列重要讲话精神，贯彻落实自治区党委十届六次全会和市委三届六次全会精神，按照"五位一体"总体布局和"四个全面"战略布局要求，牢固树立和自觉践行创新、协调、绿色、开放、共享五大发展新理念，落实"懂政协、会协商、善议政"要求，围绕把崇左建成"面向东盟开放合作新兴城市，'一带一路'有机衔接重要门户前沿城市"的定位，助力做好发展口岸经济和文化旅游发展"两篇文章"，打好产业转型升级、基础设施建设、农村脱贫和新型城镇化建设四大攻坚战，切实履行政治协商、民主监督、参政议政职能，更好地协调关系、汇聚力量、建言献策、服务大局，为实现我市"十三五"良好开局贡献智慧和力量。

（一）加强思想政治建设，打牢共同思想政治基础，坚持坚定正确的政治方向

把加强思想政治建设、提高政治把握能力摆在首位，认真组织委员深入学习贯彻落实中共十八大和十八届三中、四中、五中全会精神，以及习近平总书记系列重要讲话精神，贯彻落实自治区党委十届六次全会和市委三届六次全会精神，组织开展主题鲜明、形式多样、务实有效的系列学习活动，引导广大政协委员打牢共同思想政治基础，毫不动摇地坚持中国共产党的领导，用共同奋斗目标、共同历史使命和共同文化传承，广泛凝聚改革共识、发展共识、法治共识、反腐败共识和价值观共识，为协调推进"四个全面"战略布局汇聚起强大正能量；引导广大政协委员深刻认识适应新常态、把握新常态、引领新常态是贯穿发展全局和全过程的大逻辑，牢固树立和自觉践行创新、协调、绿色、开放、共享的发展新理念，把握历史发展新机遇，紧紧围绕市委、市政府关于全市改革发展重大决策部署建言献策。

（二）紧扣"十三五"规划实施献计出力，助推我市经济社会持续健康发展

贯彻落实《中共崇左市委员会关于制定国民经济和社会发展第十三个五年规划的建议》，紧扣我市"十三五"规划和各相关专项规划的实施参政议政、建言献策。围绕壮大发展"糖、矿、贸、红、绿"五大支柱产业，打好产业转型升级、基础设施建设、农村脱贫、新型城镇化建设四大攻坚战，以及发展崇左优势特色产业、边境地区持续开展兴边富民工程等方面，找准市政协围绕中心、服务大局的工作重点和着力点，为实现我市"十三五"发展良好开局献计出力。

（三）积极建言践行，助推精准扶贫精准脱贫

贯彻落实市委关于脱贫攻坚战役的部署要求，把助推精准扶贫、精准脱贫作为政协履职的重中之重，以"建言践行"为抓手，以"委员行动工程"为载体，在扶贫攻坚中主动作为、发挥作用。着力助推产业扶贫，围绕发展革命老区特色优势产业、推进打造滇、黔、桂三省（区）八市（州）民族文化旅游示范区、发展生态产业等问题协商议政。着力助推移民扶贫，积极探索扶贫移民搬迁的有效途径，为助推扶贫移民搬得出、稳得住、可发展、能致富献计出力。着力助推教育扶贫，扎实开展政协参加单位结对帮扶、委员结对帮扶活动，用知识和技能终结贫困现象代际传递。引导委员和委员企业支持贫困地区基础设施建设、推进特色产业富民行动、加强生态环境治理、参与公益慈善事业，为贫困地区经济社会发展添助力、增合力。

（四）加强政协协商民主建设，努力提高协商成效

认真组织实施年度协商工作计划。认真开展专题协商、对口协商、界别协商、提案办理协商，进一步拓宽协商领域。紧紧围绕"懂政协、会协商、善议政"要求，积极推进工作创新，不断提高人民政协履行政治协商、民主监督、参政议政的水平和实效。

（五）强化民主监督职能，促进我市改革发展各项举措落到实处

加强和改进政协民主监督，以专委会为依托，以会议、调研、视察、提案、社情民意反映、大会发言、新闻报道等为载体，围绕"十三五"规划、专项规划实施和重大改革举措落实情况，就祛除群众身边的腐败、强化基层监督体系建设、生态建设和环境保护、重大民生项目资金监管、重点提案督办等，开展监督性、批评性活动，如实反映情况，坦率提出批评和建设性意见，促进相关工作的改进和加强。

（六）做好市政协四届一次全会筹备工作，确保市政协换届圆满成功

2016年是市政协换届年，做好四届一次全会筹备工作，确保会议圆满成功，是市政协三届委员会的重要工作职责。要按照市委的部署要求，认真做好市政协四届一次全会筹备工作。做好新一届委员产生工作，使新一届委员既具有较强的代表性、影响力和参政议政能力，又有责任担当意识，积极履职尽责。

各位委员！美好的蓝图激励着我们，光荣的使命召唤着我们。让我们更紧密地团结在以习近平同志为总书记的中共中央周围，高举中国特色社会主义伟大旗帜，在市委的坚强领导下，解放思想，开拓创新，求真务实，为实现"十三五"良好开局而努力奋斗！

大 事 记

DASHIJI

□编辑 黄朝勇

2016 年大事记

1 月

1 日 新和、大新、下雷 3 个收费站撤销，崇左市二级公路全部实现免费通行。

6 日 自治区人大常委会副主任荣仕星到崇左调研园博园保护和利用工作情况。

11—12 日 全国政协常委、民进广西区委会主委陈自力到崇左专题调研甘蔗"双高"基地建设情况。

13 日 全区人大外事侨务工作座谈会在崇左市召开。自治区人大常委会副主任、民革广西区委会主委刘新文出席。

16 日 全国人大外事委员会副主任、民革中央副主席、社会和法制委员会主任修福金到崇左调研，并在崇左召开民革十二届中央社会和法制委员会第四次全体会议。自治区人大常委会副主任、民革广西壮族自治区委会主委刘新文出席。

19 日 自治区副主席张秀隆到天等县开展春节慰问和春耕备耕活动。

20 日 自治区副主席张晓钦到大新县开展 2016 年春节前慰问活动，并与当地干部群众一起修水利。

20—22 日 自治区党委常委、宣传部部长黄道伟到龙州县开展扶贫调研和慰问活动，并参加"兴水利、种好树、优生态、惠民生"主题活动。

21 日 中国公安部在凭祥市友谊关零公里处将一名越南通缉的越籍重大毒品通缉在逃犯移交给越南公安部。

23—24 日 崇左市各地气温骤降，最低气温降至 1—4℃，部分山区出现 0℃以下低温天气，多地出现雨夹雪天气，为 2000 年以来首次。此次雨夹雪天气最

低气温小于 0℃的有 4 个乡镇，最低值出现在宁明县那楠乡，为零下 0.4℃，宁明县桐棉乡和天等县上映乡、把荷乡等地为零下 0.2℃（区域自动气象站监测数据）。

28 日 广西农业科学院与崇左市人民政府共建崇左分院签约仪式在南宁举行。

29 日 自治区政协副主席彭钊到中信大锰矿业有限责任公司看望慰问科技人才。

2 月

1 日 崇左市委召开全市领导干部会议。自治区党委组织部常务副部长宋晓天出席并宣布自治区党委决定：黄克不再担任中共崇左市委书记、常委、委员职务；刘有明任中共崇左市委委员、常委、书记。

4 日 自治区党委常委、广西军区政治委员白念法到宁明县那练村检查指导精准脱贫工作，并开展新春慰问活动。

13 日 2016 年春节假期期间，崇左市共接待游客 67.44 万人次，同比增长 16.31%；旅游收入 2.17 亿元，同比增长 36.12%。

16 日 崇左市委召开 2016 年工作务虚会，提出全市未来几年的战略任务是要做好"两篇大文章"（发展口岸经济和文化旅游）、打好"四大攻坚战"（产业转型升级、基础设施建设、农村脱贫和新型城镇化）。

19 日 自治区党委常委、自治区常务副主席唐仁健到崇左调研企业产业发展和精准扶贫工作。

23 日 市委书记刘有明、市长孙大光在崇左会见到访的越南谅山省省委书记陈士清，双方举行会谈，并签署《会谈纪要》。

24 日 崇左市党政领导与越南高平省代表团在崇左人民会堂举行友好交流座谈会，崇左市委书记刘有明、越南高平省省委书记阮皇英出席并分别代表双方签署《会谈纪要》。

3月

1日 自治区副主席张秀隆率自治区有关部门领导到崇左主持召开办公服务会,就崇左市涉农和珠西规划实施项目推进工作进行沟通对接。

2日 自治区学习《中华人民共和国反恐怖主义法》主题宣传月启动仪式在凭祥举行。自治区党委常委、政法委书记、政协副主席温卡华,自治区副主席、公安厅厅长胡焯,自治区国保总队总队长陈国等出席。

4日 第七届广西园林园艺博览会总结大会暨会旗交接仪式在崇左举行。

7日 自治区党委常委、自治区副主席蓝天立到崇左调研左江花山岩画文化景观申报世界遗产工作情况。

15日 市委书记刘有明会见到崇左考察的泰国法政大学副校长、泰国工业部部长助理蓬差,就加快推进中泰(崇左)产业园投资建设有关事宜交换意见。

17日 广西马铃薯产业精准扶贫现场会在江州区驮卢镇召开。

17—19日 出席在南宁举行的第十九届海峡两岸旅游行业联谊会的300多名大陆和台湾成员组成考察团到崇左考察。

22日 自治区人民检察院检察长崔智友到崇左专题调研"十三五"时期检察工作发展规划及《中华人民共和国人民检察院组织法》修改工作。

24日 "十三五"时期,广西壮族自治区选举乡镇党代表先行点——扶绥县渠黎镇笃邦村召开党员大会,按程序选出镇党代表6名。

△ 环保部环评中心领导和专家到驮英水库及灌区工程进行现场查勘。

31日 市委书记刘有明、市长孙大光率团到南宁、百色考察学习,深化交流合作。

4月

3—4日 自治区党委常委、政法委书记、政协副主席温卡华到龙州、凭祥等地调研检查"平安清明"工作,并开展清明节祭扫活动。

6—11日 以"民族文化传承与发展——骆越根祖·岩画花山申遗及其文化产业发展"为主题的第十九届全国省市社科院文化(文学)研究所所长论坛暨联席会议在宁明举行,来自全国20多个省(市、自治区)社科院的40多名文化(文学)研究所所长、研究员等专家学者出席,共同为花山申遗和骆越根祖文化的传承与发展"把脉"。

7日 自治区高级人民法院院长黄克率队到崇左调研一季度人民法院工作及人民陪审员制度改革试点等情况。

9日 2016年崇左花山文化节暨广西"壮族三月三"民族体育欢乐节开幕式在崇左市行政中心广场举行。

10—13日 由中国美术家协会、自治区党委宣传部和自治区文联主办的"美丽南方·广西"——中国美术名家走进广西采风创作团到大新县开展采风创作活动,来自全国各地的20余位美术家深入德天瀑布、明仕田园等景区景点进行采风。

13日 环境保护部环评司勘察组到驮英水库及灌区进行现场勘查。

13—15日 中共中央委员、全国政协常委、社会和法制委员会主任孟学农率调研组到崇左市专题调研禁毒工作社会化推进情况。自治区党委常委、政法委书记、政协副主席温卡华参加调研。

14日 崇左·龙州骆越文化座谈会在龙州举行,来自广西骆越文化研究会、广西文物考古研究所、广西大学、广西民族大学、广西艺术学院、广西民族师范学院等单位的文化专家学者出席,从各层面、各学科领域就骆越文化的挖掘、传承、保护和发展,以及如何对接"中国–东盟"和"一带一路"等进行深入探讨。

18日 市长孙大光、广西电网有限责任公司总经理揣小勇分别代表市政府与广西电网有限责任公司签订《崇左市"十三五"电网发展战略合作框架协议》,合力为崇左经济社会发展做好电力供应保障。

19日 崇左市第一部地方性法规——《崇左市立法条例》公布实施。

△ "十三五"时期,广西第一个乡镇换届党代会——中国共产党扶绥县渠黎镇第十六次代表大会在渠黎镇召开。自治区党委组织部常务副部长宋晓天到场全程观摩指导。

21日 自治区党委常委、自治区副主席蓝天立到崇左调研旅游开发等相关工作。自治区人大常委会副主任荣仕星一同调研。

25日 市委书记刘有明与越南高平省人民委员会副主席阮忠草在越南高平签署《中国广西崇左市与越南高平省关于农业综合开发合作谅解备忘录》。自治区党委书记彭清华和越南高平省委书记阮皇英出席见证。

25—26日 自治区副主席张秀隆到崇左调研扶

贫工作,并召开驮英水库及灌区工程推进会。

26 日　随广西代表团出访越南高平省的崇左市代表团与高平省党政领导进行工作会谈,签署《中国广西龙州县与越南高平省开展跨境红色自驾游合作谅解备忘录》《中国广西龙州县与越南高平省经济区管理委员会关于建立双边经济合作区建设定期会晤机制的谅解备忘录》《中国广西龙州县和越南高平省经济区管理委员会共同加强双方边民互市贸易点(口岸)建设的谅解备忘录》。

27 日　文化部调研组到凭祥调研边境文化建设工作。

28—29 日　自治区人大常委会副主任、党组书记危朝安到崇左调研《中共广西壮族自治区委员会〈转发中共广西壮族自治区人大常委会党组关于加强县乡人大工作的实施意见〉的通知》贯彻落实基本情况,以及在贯彻实施中遇到的困难和问题。

△　由全国热带农业科技协作网、中国热带农业科学院、中国热带农业科学院热带生物科技研究所联合举办的全国首届甘蔗种业科技交流会在崇左举行。

5月

5 日　崇左市拖拉机理论考试首次采用无纸化考试系统。

5—6 日　国家发展改革委党组成员、副主任胡祖才到崇左调研交通基础设施建设、"多规合一"试点工作、特色镇和边境口岸城镇建设等情况。自治区副主席张晓钦陪同。

9 日　市长孙大光与广西大学校长赵艳林在南宁签署《崇左市人民政府、广西大学深化战略合作协议》。自治区政协副主席、广西大学党委书记刘正东和市委书记刘有明出席签约仪式。

10 日　全国人大常委会副委员长、民建中央主席陈昌智到崇左调研自然保护区相关法规制度实施、自然保护区建设及开发利用等工作。自治区人大常委会副主任刘新文陪同。

△　全国政协常委、中国民间商会副会长、中国泛海控股集团董事长卢志强到崇左考察产业扶贫工作,了解龙州泛海医疗养生城项目规划情况。自治区政协副主席、工商联主席磨长英陪同考察。

△　自治区副主席陈刚率队到崇左检查崇靖高速公路建设情况,听取广西交通投资集团有关项目建设情况汇报。

11 日　泰国潮州会馆主席黄迨光率泰国九属会馆首长访问团访问崇左。

16 日　民政部优抚安置局、中央军委后勤保障部运输投送局联合调研组到崇左调研督导军用供应站军供工作。

18 日　预计总投资 30 亿元、规划面积约 67 公顷的凭祥市叫隘国际边贸城开工建设。该项目为自治区"十三五"规划建设重点项目之一,位于凭祥市友谊镇,与越南文朗县那行互市点对接,主要投资开发建设边境通商口岸。

21 日　万达集团董事长王健林率考察组到崇左考察万达医疗养生城项目安平选址点。自治区政协副主席、工商联主席磨长英参加考察。

21—22 日　由广西民族师范学院边疆少数民族文化研究中心主办的第一届广西边疆少数民族文化论坛在广西民族师范学院举办。中央民族大学、广西师范大学、广西民族大学等区内外高校、研究机构近 70 名专家学者出席探讨广西边疆少数民族文化相关问题。

23 日　崇左市事业单位登记管理局向市国有资产监督管理委员会颁发全市首张机关统一社会信用代码证书,崇左市机关、群体统一社会信用代码赋码工作正式启动。

27—29 日　2016 年"海外媒体聚焦崇左'一带一路'建设"活动举行,来自越南、印尼、柬埔寨、老挝、马来西亚、泰国、日本、澳大利亚等多个国家以及香港、台湾地区主流媒体记者汇集崇左,采访崇左融入"一带一路"战略成效。

30 日　总投资 118.51 亿元、有"中国醉美边关风情路"之称的崇左至靖西高速公路建成通车。该路全长约 147 公里、双向 4 车道、设计时速 100km/h,有桥梁 109 座、隧道 33 座,桥隧里程比例逾 22%。

30—31 日　崇左举办全市厅、处级领导干部学习贯彻中共十八届五中全会精神专题研讨班,深入学习贯彻中共十八届五中全会和自治区党委十届六次全会精神,专题学习研讨市委提出的做好"两篇大文章"、打好"四大攻坚战"战略任务,讨论《崇左市口岸经济大发展三年行动计划》《崇左市文化旅游大发展三年行动计划》《崇左市工业产业转型升级三年攻坚行动计划》《崇左市基础设施建设三年攻坚行动计划》。

6月

1 日　崇左市新成立的首家儿童福利机构——崇

左市儿童福利院暨广西安琪之家崇左校区投入使用。该院位于山秀路北段,主要收养孤儿、弃婴和无家可归残疾儿童、流浪儿童,兼医疗、康复、护理、特殊教育为一体。

1—3日 自治区党委常委、宣传部部长黄道伟到崇左调研"两学一做"学习教育和精准脱贫工作情况,并考察宁明花山景区。

2日 崇左市江州区万亩玫瑰花产业项目签约。该项目位于江州区新和镇和驮卢镇,由中天玫瑰集团有限公司投资建设,采取"公司＋基地＋农民种植专业合作社＋种植大户"的经营模式,计划总投资3.6亿元,建设用地总面积2000公顷。

6日 广西东泥天等水泥有限公司日产4000吨熟料新型干法水泥生产线项目竣工投产。该项目为2016年自治区层面统筹重点推进项目,总投资5.9亿元。

△ 崇左市农贸市场开业。该市场共有摊位476个、内铺41个,主要销售畜禽肉品、水果蔬菜、水产品等各类农副产品。

7日 "十三五"时期,广西第一个县(市、区)党代会——中国共产党凭祥市第十三次代表大会完成各项既定议程,闭幕。自治区党委组织部常务副部长宋晓天到会观摩指导。

14日 交通运输部、公安部、安全监管总局联合督查组到崇左专项督查"道路运输平安年"和交通运输"安全生产月"活动开展情况。

△ 自治区国土资源厅党组书记、厅长陈建军与市长孙大光分别代表自治区国土资源厅、崇左市人民政府签订《关于共同推进崇左市国土资源工作促进崇左市经济社会发展的合作备忘录》,双方决定自2016年起,在未来5年内,就推进耕地提质改造(旱改水)项目建设、构建耕地异地代补新机制、构建耕地保护新机制、打造沿边城镇带核心城市土地利用模式、推进崇左市矿产资源勘查开发、加快崇左市地质灾害治理、强化崇左市国土资源信息化建设等事项进一步加强合作。

16日 全国重点稀土企业现场会在崇左召开。工业和信息化部原材料工业司巡视员、稀土办主任贾银松出席。

22日 鼎龙国际旅游度假区项目签约仪式在扶绥县举行。项目总投资100亿元,位于南宁空港扶绥经济区,规划用地10平方公里,以"野生动物园、东盟文化之窗、欢乐世界、水上乐园、海洋王国、国际大马戏、养生度假、风情小镇、文化创意、生态度假酒店"等主题构成集科研、教育、休闲娱乐等于一体的世界级一站式旅游度假胜地。

22—23日 自治区人大常委会副主任高雄到崇左调研县乡两级人大换届选举工作。

23日 "广西农业项目合作洽谈暨科技成果展示对接会"在南宁开幕。崇左市在大会开幕式项目签约环节上集中签约涉农项目20个,总投资34.57亿元。

△ 崇左市在大新县举行"6·26"国际禁毒日中越联合销毁毒品暨万人拒毒签名大会,现场焚烧销毁毒品57.28千克。

25日 中共中央统战部副部长、国家民委主任、党组书记巴特尔到崇左调研贯彻落实中央民族工作会议精神情况。自治区副主席黄世勇陪同。

26日 著名旅游演出导演梅帅元率花山文化考察组到崇左调研花山文化,探讨花山的保护、旅游开发建设等。

27日 崇左市旅游产品工程项目资源整合、招商引资、开发建设及运营管理投融资平台——左江花山投资(集团)股份有限公司筹备组办公室挂牌成立。

28日 中信大锰矿业有限责任公司大新锰矿分公司布东锰深加工系列项目一期工程开工建设。该项目纳入《左右江革命老区振兴规划》,是崇左工业产业转型升级三年攻坚战的十大重要项目之一,全市锰业实现转型升级的关键"战役",产能包括12万吨/年电解金属锰、8万吨/年锰酸锂级电解二氧化锰、150万吨/年碳酸锰选矿,以及1亿块/年蒸压砖等,规划总投资41.86亿元。

△ 自治区人大常委会调研组到崇左调研2016年上半年国民经济和社会发展计划、预算执行情况。

28—29日 自治区副主席张晓钦到凭祥市、大新县调研口岸建设、外贸发展和扶贫开发等工作,并走访慰问大新县昌明乡东风村板扭屯老党员和困难党员。

29日 公安边防部队边境管控体系建设推进会在凭祥召开,公安部边防管理局、国家边海防委员会、财政部国防司和公安部治安管理局、技术侦查局、科技信息化局,全国陆地、沿海18个边防总队,广西军区、自治区政法委、公安厅、财政厅、边海防办以及崇左市、凭祥市等单位领导共100多人出席。

△ 崇左市召开2016年度脱贫摘帽推进大会,贯彻落实中央扶贫开发工作会议和自治区2016年度脱贫摘帽推进大会精神,强调要确保完成全年11.61万人、71个贫困村的脱贫摘帽任务,坚决打赢"十三五"脱贫攻坚开局之战。

30日 交通运输部副部长戴东昌到崇左调研公路、口岸、水运等方面建设情况。

7月

3—18日 自治区组织开展"桂粤合作"驻点招商大行动,崇左市派出由市本级、7个县(市、区)、中泰(崇左)产业园管委会、中国–东盟青年产业园管委会、凭祥边境经济合作区管委会以及凭祥综合保税区管委会组成12个招商小分队分赴广州、深圳、珠海、东莞、中山和汕头等地开展一系列招商活动,走访企业288家,对接洽谈项目142个,签订合作意向项目2个。

6日 人民日报、中央电视台、中国日报、中央人民广播电台、中国文物报、广西日报、广西电视台等中央、自治区主流媒体就花山岩画申遗成功对崇左的意义、如何平衡旅游开发和环境保护之间的关系等方面问题到崇左采访。

△ 自治区人民检察院检察长崔智友到崇左调研上半年基层检察工作情况以及对司法体制改革和检察改革的意见建议。

6—7日 自治区党委副书记李克到大新、天等、龙州等县调研脱贫攻坚、乡村建设等工作推进情况,并以普通党员的身份参加龙州县上龙乡民权村党总支部与自治区党委办公厅第二党支部联合举行的"两学一做"学习教育讨论会,并给大家讲党课。

9日 第五届中国创新创业大赛广西赛区初赛暨崇左市首届科技创业大赛在广西民族师范学院音乐厅举行。悟物团队的《植保无人机》项目和广西众益生物科技有限公司的《100吨/年剑麻皂素产业化》项目分别获得团队组、企业组第一名。

11日 国务院批复同意位于中国和越南边境的广西龙州水口公路口岸扩大开放,口岸性质为国际性常年开放公路客货运输口岸。

△ 部分驻桂全国人大代表和驻崇左自治区人大代表到崇左市就扶贫攻坚等工作开展2016年年中专题调研。广西高级人民法院党组书记罗殿龙、院长黄克,广西人民检察院检察长崔智友等人大代表出席。

△ 自治区人大常委会副主任刘新文率队到崇左专题调研外贸进出口稳定增长工作。

12日 市委书记刘有明率团到防城港市考察学习其发展口岸经济先进经验。

13日 市长孙大光率团赴土耳其伊斯坦布尔参加第40届世界遗产大会。15日,左江花山岩画文化景观入选世界遗产名录,实现中国岩画文化遗产、广西岩画文化遗产、广西世界文化遗产零突破。

13—14日 市长孙大光率团赴捷克开展访问交流活动。

14—15日 自治区副主席张秀隆到崇左调研糖业发展和甘蔗"双高"基地建设工作。

17—21日 市长孙大光率团赴日本访问交流,与长野县诹访市、茅野市相关部门和广岛县竹原市三井金属公司相关负责人进行友好会谈,考察了解当地旅游产业、城市建设、新能源动力等情况。

18—19日 自治区政协副主席李彬到崇左开展"加强广西与东盟网络互联互通,助推中国–东盟信息港建设"专题调研。

19日 市委书记刘有明会见到访崇左的泰国驻南宁总领事馆总领事蔡乐·蓬蒂窝拉卫。

26日 国家质检总局批复同意在龙州水口口岸立项建设进境水果指定口岸。

27—28日 自治区党委常委、自治区副主席蓝天立率全区城市工作会议暨年中工作会议第四组代表到崇左参观考察。高雄、荣仕星、黄日波、李彬、刘君、高枫等自治区领导参加。

29日 国务院批准凭祥市友谊关口岸开展口岸签证业务。

8月

2日 国务院以国函〔2016〕141号文批复《国家发展改革委关于批准设立广西凭祥重点开发开放试验区的请示》,同意设立广西凭祥重点开发开放试验区。该试验区范围包括崇左市下辖的凭祥市以及宁明、龙州、大新、江州、扶绥县(区)部分区域,国土面积1279平方公里,与越南谅山、高平、广宁等3省10县接壤,边界线长533公里,沿线有国家一类口岸4个(友谊关、凭祥铁路、爱店、水口)、国家二类口岸3个(硕龙、平而、科甲)、边民互市贸易点14个,以及广西凭祥综合保税区。

△ 在青海省西宁市举行的首届绿色发展论坛暨2016年西宁城市发展投资洽谈会"一带一路"友好城市签约仪式上,崇左市长孙大光与西宁市长张晓容代表两市签订友好城市合作协议。

8日 崇左市在浙江省义乌市举行崇左市特色食品加工业项目推介座谈会,邀请浙江尖峰健康科技、浙江舒尼美食品、义乌一鸣食品、浙江正味食品、浙江中科宏寿医药、义乌傅翕食品、金华妙客食品等约50家企业代表参加。

9 日　崇左市人民政府与太平洋建设集团有限公司召开座谈会，双方签订战略合作框架协议书，将按照"政府主导、社会参与、市场运作、平等协商、风险分担、互利共赢"的原则，合作开展崇左市政公共服务设施等方面基础设施项目建设，投资规模约30亿元。

9—10 日　自治区党委常委、组织部部长喻云林到宁明观摩指导宁明县十六届人大一次会议，强调要加强党的领导，严格程序、规范操作，进一步严肃换届纪律，确保市级换届工作圆满完成。

10 日　中越首条边民通关自助查验通道在崇左市边防支队浦寨边境检查站启用。

14—17 日　市委书记刘有明率队赴北京考察，拜会中粮集团、中国泛海集团、中铝公司、中国农业发展集团等企业高层领导和中国农业产业化龙头企业协会、中国食品工业协会等行业协会，以及世界著名美籍华人画家周氏兄弟，争取支持，助推发展。

16 日　广西全区推进化解信访积案工作经验交流会在凭祥市召开。自治区副主席、自治区信访工作联席会议召集人胡焯出席。

△　国家林业局核查组到崇左实地核查创建国家森林城市工作。

18 日　2016年广西糖业发展暨全区"双高"糖料蔗基地建设年中现场会在崇左召开，自治区副主席张秀隆出席。次日举行广西优质高产高糖糖料蔗基地建设培训会。

24 日　崇左市卫生执法代表团和越南高平省卫生执法代表团在越南高平省举行工作会谈，签订《越南高平省与中国广西壮族自治区崇左市卫生执法合作交流会议纪要》。

25 日　越南谅山省委副书记、省人民委员会主席范玉赏率团到崇左考察口岸建设、边境贸易等情况。市委书记刘有明在崇左会见范玉赏一行。

25—26 日　自治区政协常委、民族和宗教委员会主任余兴祥率队到崇左专题调研"积极探索扶贫移民搬迁的有效途径"。

26 日　广西凭祥综合保税区产业配套区（二期）工程项目开工建设。自治区副主席张晓钦出席启动仪式。该工程总投资18亿元，分轻工、机电加工、东盟特色资源加工3个产业园，以保税加工为主要功能，同时开展公路铁路保税联运、大宗货物中转配送等业务。

△　自治区副主席张晓钦主持召开广西凭祥重点开发开放试验区协调推进会，传达国务院关于同意设立广西凭祥重点开发开放实验区的批复精神和国家发展改革委印发试验区实施方案的工作要求，研究协调推进广西凭祥重点开发开放实验区建设。

△　广西军区司令员肖运洪少将、政委姜英宇少将到宁明县寨安乡那练村开展精准扶贫调研和现场办公。

△　中国岩画学会会长王建平到崇左开展中国岩画考察调研工作。

30—31 日　中国共产党崇左市第四次代表大会在崇左人民会堂召开。大会审议并通过刘有明代表中国共产党崇左市第三届委员会向大会作题为《做好两篇大文章，打好四大攻坚战，为与全国全区同步全面建成小康社会而努力奋斗》和梁日端代表中国共产党崇左市第三届纪律检查委员会向大会作题为《坚持全面从严治党，聚焦监督执纪问责，推动党风廉政建设和反腐败斗争迈向新台阶》的工作报告。会议选举产生中国共产党崇左市第四届委员会书记、副书记、常务委员，其中书记刘有明，副书记孙大光、何良军，常务委员习晓军、梁旭辉、李振唐、雷冬荣、蓝晓、秦昆、赵丽、梁日端；批准中国共产党崇左市第四届纪律检查委员会第一次全体会议选举产生的中国共产党崇左市纪律检查委员会书记、副书记、常务委员，其中书记梁日端，副书记黄能显、农进勇、黄海光。

9月

1—2 日　市长孙大光率队赴湖南省长沙市拜会中南大学党委书记高文兵、校长张尧学，加强市校合作，签订《崇左市人民政府、中南大学关于材料冶金领域合作框架协议》和《崇左市人民政府、中南大学联合研究院合作协议》。

1—6 日　市委书记刘有明、市长孙大光率团到柳州、桂林、贺州、梧州、贵港5个市实地考察旅游开发、产业发展、城市建设等工作。

6 日　自治区政府召集广西出入境检验检疫局、崇左市政府等有关部门举行新闻通报会，宣布全国第一个国检试验区——凭祥（卡凤）国检试验区通过广西预验收并上报国家质检总局，筹建完成正式启动。10日，第5届中国－东盟质检部长会议为之揭牌。

6—8 日　自治区政协副主席、工商联主席磨长英率自治区政协委员视察团到崇左开展"深化华侨农林场改革"专题视察活动。

9 日　国家质检总局党组书记、局长支树平率调研组到中国－东盟边境贸易凭祥国检试验区调研。自治区副主席张晓钦陪同。

△ 泰国工业联合会秘书长吉迪·当吉马尼萨达率泰国全国工业院（全国工业联合会）考察团一行 34 人到崇左考察凭祥物流园区和中泰产业园物流产业情况。

10 日 第 13 届中国－东盟博览会·龙州县口岸经济和文化旅游发展推介座谈会暨项目签约仪式在南宁举行，集中签订招商引资项目 9 个、总投资 33.5 亿元。

△ 广西城市职业学院崇左校区开工建设，项目总投资 6 亿元，规划占地约 67 公顷、建设总面积 30 万平方米。

11 日 由崇左市人民政府与泰国莫拉限府共同主办，中国－泰国崇左产业园、泰国莫拉限府经济特区、泰国泰中罗勇工业园、泰国暹罗东方工业园联合承办的 2016 年中泰"两国四园"联合推介活动在南宁举行。

12 日 第 13 届中国－东盟博览会签约仪式在南宁举行。崇左市签约投资合作项目 12 个，其中国内合作项目 8 个、总投资 54.3 亿元，国际合作项目 4 个、总投资 3.76 亿美元。

△ 第 13 届中国－东盟博览会·扶绥县现代物流与应急产业发展论坛暨投资推介会在南宁举行，签约项目 15 个、总投资 49.46 亿元，项目涉及现代物流、应急产业、旅游文化、新能源、食品、农村电商等领域。

△ 市长孙大光在南宁会见澳大利亚莫里市代表团，洽谈坚果产业、文化旅游、矿产业等方面的合作，现场签订《开展国际农业发展合作谅解备忘录》。

13 日 市长孙大光、中粮屯河股份有限公司董事长夏令合分别代表崇左市与中粮集团在南宁签署《崇左食糖仓储物流中心项目建设协议》。该项目总投资 2.3 亿元，储糖规模 50 万吨／年。

14 日 广西左江治旱驮英水库及灌区工程可研报告获国家发改委批复建设，总投资 66.31 亿元，其中中央财政补助 35.74 亿元。

18—20 日 中国人民政治协商会议崇左市第四届委员会第一次会议在崇左人民会堂召开。会议选举产生新一届领导班子，其中主席黄卫革，副主席蓝锋杰、农海波、许扬辉、文晓林、吴爱红、雷海良、吴强、李照广。

19 日 在延安召开的国家森林城市建设座谈会上，国家林业局授予崇左市"国家森林城市"称号。

19—21 日 崇左市第四届人民代表大会第一次会议在崇左人民会堂召开。会议选举产生崇左市第四届人民代表大会常务委员会主任、副主任、秘书长、委员，其中主任刘有明，副主任谭燕玲、玉如锋、唐玉玲、

万崇兴、蓝大煌、吴兆荣；选举产生崇左市人民政府市长、副市长、中级人民法院院长、人民检察院检察长，其中市长孙大光，副市长梁旭辉、李振唐、劳宁军、朱中卫、陆辉、黄覃梅、陈锋，中级人民法院院长梁月奎，市人民检察院检察长黄继平。

25—26 日 崇左市人民政府与中国热带农业科学院签订《崇左市人民政府与中国热带农业科院合作框架协议书》，在甘蔗、木薯、坚果、果树、食用菌等农业新品种、新技术和新成果等领域进行合作。

27 日 2016 年西部和东北地区高层次人才援助项目——动力电池正极材料新技术研发及高端技术人才培养项目在崇左市启动。

27—28 日 自治区党委书记彭清华到天等县调研农村脱贫攻坚工作开展情况。自治区党委常委、秘书长范晓莉，自治区副主席张秀隆及崇左市主要领导参加调研。

10 月

9—10 日 自治区党委常委、宣传部部长黄道伟到龙州县开展精准扶贫调研，并到下冻镇峡岗村村委开展接访活动。

10—15 日 以中国人民解放军原总政治部歌剧团团长、中国歌剧研究会主席、中国音乐剧协会会长、中国音乐家协会理事王祖皆为领队的 7 位国内词曲作家到崇左进行花山原创歌曲创作采风。

17—19 日 上海云锋基金考察组到崇左考察旅游资源投资。

17—20 日 市委书记刘有明率团出访越南谅山省、河内市和胡志明市。

18 日 崇左市在清华大学举办人才招聘推介会，向来自清华大学、北京大学、中国人民大学、山东大学、济南大学等 20 所高校的 200 多名学子介绍崇左市经济社会发展概况和人才政策，重点引进综合管理、经济、旅游、农业、水利、林业、城市规划、教育、卫生、新技术、新能源等方面的高层次人才。

19—20 日 受台风"莎莉嘉"环流影响，崇左市出现大雨到暴雨，局部大暴雨并伴有 8 级阵风天气，全市有 14 个乡镇出现大暴雨，45 个乡镇出现暴雨，17 个乡镇出现大雨。强降水主要集中在宁明、扶绥、江州 3 县（区），最大降雨点为扶绥东门镇那江村，降雨量 181.2 毫米。

20—22 日 市委书记刘有明率团访问柬埔寨，

并与腊达那基里省签订缔结国际友好省市关系协议书。

22—26日　市委书记刘有明率团访问泰国曼谷和罗勇府。

25日　自治区人大常委会党组书记、副主任危朝安到宁明县调研《广西壮族自治区古树名木保护条例（草案）》立法和《广西壮族自治区旅游条例》实施情况。

27日　广西左江治旱驮英水库及灌区工程开工建设大会在宁明县那堪镇召开，自治区副主席张秀隆宣布项目正式开工。左江治旱驮英水库及灌区工程是左江流域控制性枢纽工程，以灌溉用水为主，兼顾发电等综合利用，灌区范围涉及江州区、扶绥县、宁明县共21个乡镇127个行政村，灌溉面积5.6万多公顷。

△　自治区副主席张秀隆率自治区有关部门负责人到崇左召开稳定农业增长和珠西规划实施办公服务会。

28日　广西骆越文化高端论坛在崇左举行，围绕骆越文化遗产高地和国家"一带一路"倡议中心论题展开学术交流。自治区党委原副书记、广西桂学研究会会长潘琦，中国岩画学协会会长王建平，自治区社科联主席沈德海，广西民族大学党委书记朱华以及来自区内外的30多位专家学者出席。

11月

2日　广西大学校长赵艳林率队到崇左调研广西大学附属中学崇左校区项目建设等情况。

3日　大新县举行招商项目集中签约仪式，与7家企业签约项目7个，总投资额74.48亿元。其中，大新县全域旅游投资开发运营项目计划投资50亿元，大新县盾安风力发电项目计划投资18亿元，大新县明仕长留山居项目计划投资2亿元。

7—8日　宁明籍著名画家周氏山作到崇左考察花山文化。

7—10日　中南大学党委原常务副书记、教授徐建军就做好崇左高新技术产业开发区总体规划和可行性研究报告编制工作到崇左考察调研。

8日　自治区人大常委会副主任杨道喜到崇左调研南宁至崇左铁路客运专线项目情况。

8—9日　广西2016年边贸扶贫现场推进会在龙州县召开。

9—10日　全国政协原副主席陈宗兴到崇左考察"健康中国、广西生态文明建设、美丽乡村建设"的经验和做法。自治区政协副主席彭钊陪同。

9—12日　市委书记刘有明率队赴北京、洛阳开展招商引资活动，拜会中铝公司董事长葛红林并与中铝公司、杭州锦江集团举行三方高层会谈，拜会中信国安集团高层，实地考察正大蛋业、中铝洛阳铜业、北方易初摩托车等重大项目，加快推动相关项目布局落地崇左。

15日　崇左市举行总投资89.56亿元、主要涉及口岸加工业、新能源产业和园区基础设施建设等领域的51个重大项目集中开竣工活动。其中，主会场——中泰产业园开工金梧桐果品加工基地、广西金亚新能源电动车加工项目、龙赞林产业园路网3个项目，总投资13.5亿元。

16—18日　驻桂十二届全国人大代表到崇左开展边境地区脱贫攻坚工作情况集中视察活动。自治区人大常委会副主任杨道喜参加。

17日　经自治区质监局组织的专家组代表国家验收鉴定，江州区成为全国首个甘蔗种植综合标准化示范区。

20日　崇左市与广西新发展交通集团有限公司

2016年10月28日，广西骆越文化高端论坛与会领导专家合影

在南宁签订战略合作框架协议,双方将在交通基础设施、城市(园区)综合体开发、商贸物流和旅游资源开发以及股权合作等领域进行合作。

24日 崇左市与农行广西分行在南宁签订战略合作备忘录。

29日 市长孙大光与厅长赵波分别代表崇左市人民政府、自治区司法厅在崇左市人民会堂签订《共建"法治崇左"框架协议》。

29—30日 自治区政协副主席、工商联主席磨长英到崇左调研精准扶贫工作。

12月

5日 崇左市与中国出口信用保险公司签署战略合作协议,就推进外贸进出口产业转型升级等方面加强合作。

7日 崇左市与广西城市职业学院签订崇左校区建设项目合作协议。广西城市职业学院崇左校区(扩建)项目总投资约7.5亿元,占地面积约70公顷,总建筑面积30万平方米,包括教学楼、图书馆、学生宿舍、实训基地等配套设施,计划2017年9月前全部建成,实现招生办学。

8日 崇左市与广西铁路投资集团有限公司签订《崇左市人民政府、广西铁路投资集团有限公司战略合作框架协议》。

9日 崇左市与广西艺术学院签订合作框架协议,就做好崇左文化旅游发展大文章展开合作。

10日 中国-东盟红木产品发展趋势论坛暨"海南黄花梨与越南黄花梨区别与识别国际学术研讨会"在凭祥举行。

11日 2016年广西·凭祥中越边关旅游节暨第24届中越商品交易会在凭祥开幕。全国政协委员、原国家人社部副部长、国务院农民工领导小组办公室主任杨志明,自治区人大常委会副主任荣仕星,越南谅山省代表团,中国驻越南大使馆参赞刘三振、柬埔寨副国务秘书郝莫尼洛、越南驻南宁总领事馆总领事范清平、柬埔寨驻南宁总领事馆总领事努西瓦塔、老挝人民民主共和国代总领事孔法占·展达翁、缅甸联邦共和国驻南宁总领事馆领事凯素琳、马来西亚驻南宁总领事馆副领事华尔特·费南迪,广西有关部门领导、国内外企业客商代表以及崇左市、凭祥市领导、干部职工与群众代表等出席开幕式。

△ (中国)友谊关-(越南)友谊口岸国际货物运输专用通道试运行。

12日 北京山水盛典文化产业有限公司与左江花山投资股份有限公司签署《左江花山音画夜游和大型实景演出项目合作协议》。

16日 越共中央委员、外交部常务副部长裴青山率越南地方外办主任代表团到崇左考察访问。市委书记刘有明会见裴青山一行,中国驻越南大使馆公使衔参赞郗慧参加。

17日 中国-东盟(崇左)区域性金融服务中心暨企业总部基地金融中心写字楼(简称"金融中心")全面竣工,易大集团总部入驻办公(金融中心39层),金融中心开始试运营。

20日 《左江花山岩画文化景区(宁明段、龙州段)旅游总体规划》通过专家评审。

21—23日 全国政协副主席刘晓峰到崇左开展"界河沿岸生态保护与水土流失防护"专题调研。自治区政协副主席彭钊、刘君陪同。

22—23日 广西贵州云南推进左右江革命老区振兴规划实施联席会议第一次会议代表到崇左实地调研左右江革命老区尤其是边境地区如何利用国家"一带一路"等倡议契机加快发展情况。

23日 崇左市举行总投资22.4亿元共5个项目的集中开工仪式。其中,凭祥-宁明贸易加工区产业大道全长16.4公里,项目总投资13.8亿元,设计路面宽50米,双向6车道;工业污水处理厂项目总投资9752万元,近期污水处理能力为2万立方米,远期是8万立方米;第二水厂项目总投资2.67亿元,近期日供水能力5万立方米,远期22万立方米;标准厂房项目总投资3.57亿元,一期标准厂房建设面积4.9万平方米,二期7.7万平方米;南友高速花山互通项目投资1.2亿元。

△ 崇左市国有资产监督委员会、崇左市水利投资有限责任公司与国开发展基金有限公司达成国开发展基金投资合同协议,落实国家开发银行国家专项建设基金13.12亿元用于支持广西左江治旱驮英水库及灌区工程项目建设,为崇左建市以来获得的单项合同额度最高国家专项建设基金支持。

△ 左江花山岩画文化景区获批为国家AAAA级旅游景区。

28日 崇左市工商局核发崇左市首份全程电子化登记营业执照。全程电子化登记管理可充分发挥"互联网+政务服务"优势,营业执照申请人通过互联网申请,工商人员通过网上受理、网上审核方式核发,完成"零接触、零跑腿、零费用"工商登记服务,节省办照时间,实现便捷、高效工作目标。

总述

ZONGSHU

□编辑　李有权

基本情况

【地理位置】　崇左市位于祖国西南边陲，地处北纬21°35′~23°22′、东经106°33′~108°06′之间，东北部与南宁市相邻，东部与钦州市毗邻，东南部与防城港市相接，西北部与百色市相邻，西及西南部与越南接壤，处于华南经济圈、西南经济圈和东盟经济圈交汇的中心地带，处在"南宁—谅山—河内—海防—广宁"经济走廊的大通道上，造就了崇左"沿边近海连东盟"得天独厚的区位优势和地缘优势。全市国境线全长533公里，占广西陆地与越南接壤国境线总长的53.78%，是广西陆地边境线最长的地级市；有一类口岸4个（友谊关、凭祥、水口、爱店）和二类口岸3个（平而、科甲、硕龙）以及边民互市点14个（大新县：德天、硕龙、岩应；龙州县：那花、布局、水口、科甲；宁明县：北江、爱店、板烂；凭祥市：油隘、弄尧、叫隘、平而），构成崇左多层次的沿边开放合作平台；中国在陆路边境线上设立的第一个综合保税区——广西凭祥综合保税区，是国内首个与境外真正实现"贴边发展，互连互通，无缝对接"的综合保税区，是中国口岸功能最全、流程最顺畅、信息化程度最高的综合保税区，也是中国-东盟陆路边境线上面积最大、通关最便捷的口岸作业区。

崇左市沿边近海连东盟，交通便捷，市政府所在地为崇左市江州区，距南宁吴圩国际机场90公里，距自治区首府南宁市120公里，距越南首都河内230公里，湘桂铁路穿境而过，是"河内—北京—莫斯科"国际铁路联运的必经之路。2005年12月28日，南宁至友谊关高速公路建成开通，南友高速公路于友谊关与越南的一号公路对接。从凭祥市到越南河内陆路里程约2个小时，进入越南和东南亚各国非常便捷。崇左市与防城港、钦州港相邻。2012年12月31日，崇左至钦州高速公路建成通车，崇左到钦州高速公路里程180公里，到防城港高速公路里程185公里，成为崇左连接北部湾沿海最便捷的陆路大通道；2016年5月30日，崇左至靖西高速公路建成通车，结束了大新县、天等县不通高速公路的历史，云南至北部湾最便捷的西南出海大通道全线贯通。流经境内的左江河道全部通航，300吨的船只可达南宁、贵港、梧州、广州直到港澳。

【自然资源】

土地资源　2016年崇左市土地总面积17332平方公里，其中耕地面积51.98万公顷，占土地总面积的29.99%，人均耕地面积高于广西平均水平；园地面积4.55万公顷，占土地总面积的2.63%；林地面积75.12万公顷，占土地总面积的43.34%；草地面积6.44万公顷，占土地总面积的3.71%；城镇村及工矿用地面积4.45万公顷，占土地总面积的2.57%；交通运输用地面积2.61万公顷，占土地总面积的1.51%；水域及水利设施用地面积4.29万公顷，占土地总面积的2.47%；其他土地面积23.89万公顷，占土地总面积的13.79%。全市有3.23万公顷的国有农林场土地可以盘活，土地后备资源丰富。

矿产资源　崇左市地处桂西矿产资源富集区南段，矿产资源较为丰富，已发现的矿种有煤、锰、铁、钨、铋、铜、铅、锌、金、银、锑、汞、铝、镍、钴、锗、镓、镉、稀土、铀、磷、重晶石、水晶、黄铁矿、独居石、建筑用灰岩、水泥用灰岩、砂岩、粘土、硅石、玻璃用白云岩、花岗岩、大理石、方解石、膨润土、高岭土等36种，已完成勘查工作并查明资源储量的矿区（矿段、井田）60处，正在实施勘查的矿产地72处，优势较为明显、具备规模化开采条件的矿种包括锰、膨润土、铁、铝土矿、石灰石等5个矿种。至2016年年底，全市保有资源储量：煤炭0.82亿吨，锰矿1.65亿吨，褐铁矿矿石量0.87亿吨，金金属量6133千克，铅金属量7.46万吨、锌金属量29.52万吨、稀土矿氧化物1.10万吨、膨润土矿石量 6.40 亿吨、磷矿石量 0.28 亿吨、铝土矿 0.99 亿吨。

水资源 崇左市水资源较为丰富，人均拥有可利用水量 5636 立方米（全国人均水量为 2200 立方米）。崇左市地处亚热带，气候湿润，雨量充沛，2016 年崇左市平均降雨量为 1211 毫米。辖区河系发达，河流众多，流域集水面积在 200 平方公里以上的河流有左江、明江、黑水河、驮卢河、派连河、客兰河、汪庄河、下雷河、明仕河、双侠河等 31 条。市内最大河流左江流经龙州、宁明、崇左市区、扶绥县。市辖区内多年平均水资源总量 103.5 亿立方米。全市有大、中、小型水库 241 座，其中库容 1 亿立方米以上的大型水库 2 座，1000 万立方米以上的中型水库 15 座，小型水库 224 座，总库容 19.4 亿立方米左右。水库水质基本符合饮用水标准。

动物资源 全市已知的陆栖脊椎野生动物共 4 纲 34 目 696 种，其中：国家一级保护有白头叶猴、黑叶猴、云豹等 14 种；国家二级保护有猕猴、穿山甲、冠斑犀鸟等 89 种。广西重点保护，有扫尾豪猪、红耳鹎、花姬蛙等 115 种。白头叶猴分布于扶绥县、江州区、龙州县、宁明县境内，137 群 1069 只（含 17 只独猴），其中崇左白头叶猴自然保护区有 126 群 975 只（岜盆片 79 群 599 只、板利片 47 群 376 只）；广西弄岗国家级自然保护区有 11 群 94 只。

植物资源 崇左市森林植被主要有山地常绿、落叶、阔叶混交林和针阔叶混交林及山顶矮林。境内有广西弄岗保护区、崇左白头叶猴保护区、广西恩城保护区 3 个国家级自然保护区；有左江佛耳丽蚌自然保护区、广西下雷水源林保护区、西大明山水源林保护区、

广西青龙山保护区 4 个自治区级自然保护区。2016 年，全市林业用地面积 100.60 万公顷（含中直、区直单位，下同），占国土总面积的 57.99%，全市森林面积 94.89 万公顷，占林业用地 94.33%，森林覆盖率 54.71%。全市已知的野生维管束植物共 234 科 1123 属 3071 种。其中，国家一级保护有望天树、叉叶苏铁、水杉等 7 种；国家二级保护，有蚬木、海南风吹楠、桫椤等 35 种。广西重点保护有观光木、金丝李、凹脉金花茶、海伦兜兰等 183 种。古树名木主要树种有蚬木、木棉、小叶榕、高山榕、圆柏、龙眼、荔枝、樟树、苦丁茶、扁桃、杜果、杨桃、黄连木、盆架子、海南蒲桃、见血封喉、人面果、枫香树等。

旅游资源 崇左市历史文化悠久，旅游资源丰富。主要旅游景点有世界八大斜塔之一的崇左归龙斜塔；崇左石景林以及世界珍稀动物白头叶猴保护区——弄官生态公园；国内具有国际意义的陆地生物多样性 14 个关键地区之一的地跨龙州、宁明的陇瑞—弄岗国家级自然保护区；国家重点名胜景区，代表壮族先祖文化的宁明花山岩画群；亚洲第一的大新德天跨国瀑布景区，明仕田园风光；中国九大名关中的唯一边关凭祥友谊关等。此外，还有古老神秘的边关历史文化景观：大小连城、边关古炮台、红八军纪念馆等。其中宁明花山岩画为代表的左江花山岩画文化景观列入世界遗产名录，大新德天跨国瀑布景区、凭祥友谊关、凭祥红木文博城为国家 4A 级旅游景区，形成独具特色的"南国边关风情游"旅游线路。

【气候】 2016 年崇左市主要气候特点：年平均气温略偏高，年平均降雨量偏少 4%；年日照时数略偏

多。主要气候事件有台风、暴雨、低温雨雪冰冻、冰雹、大风和干旱等，气象灾害属中等年份。

气温 2016 年崇左市年平均气温 22.3℃，比历年偏高 0.3℃。1—2 月平均气温偏低，4 月、6 月、7 月、10 月、12 月平均气温偏高，其余月份正常。极端最高气温 39.7℃，2016 年 6 月 3 日出现在宁明县；极端最低气温 0.5℃，2016 年 1 月 24 日出现在凭祥市。

降水 2016 年崇左市平均降雨量 1211 毫米，与常年相比偏少 4%，属正常年份。年内，降雨量时间分布不均匀，与常年同期相比，1 月异常偏多，2 月异常偏少，8 月和 10 月偏多 3～6 成，3 月、5 月、7 月和 12 月偏少 3～5 成，其余月份为正常。

日照 2016 年崇左市年日照时数为 1719 小时，与历年平均相比略偏多。各县（市、区）日照时数介于 1551～1812 小时之间。与常年同期相比，2 月、6 月、10 月和 12 月偏多 2～6 成，1 月、3 月和 11 月偏少 2～4 成，其余月份为正常。

【水文】 2016 年，非汛期 1—3 月份崇左市辖区的累计降雨及江河天然来水较历年同期，除大新县略偏少外，其余各县（市、区）偏多 1 成至 1 倍，最大日降雨量为 68.5 毫米，属偏丰水年景；汛期雨季来临时间出现属正常，4—9 月份，辖区内各江河主要控制站降水量在 910.8～1538.9 毫米之间，汛期降水总量与历年同期相比，除龙州站、崇左站分别偏多 76.3%、1.89% 外，其余各控制站点的降水量均偏少 1 成左右或持平于多年同期均值，属偏枯水年景。非汛期 10—12 月，辖区江河主要控制水文站的降水量与多年同期均值比较，龙州站、大新站、平而站偏少 1 到 3 成，

2016年崇左市乡镇级以上行政区划表

县 (市、区)	镇		乡		街道办	
	个	名　称	个	名　称	个	名　称
全　市	41		34		3	
凭祥市	4	凭祥、友谊、上石、夏石				
江州区	6	新和、驮卢、濑湍、江州、那隆、左州	2	罗白、板利	3	太平、江南、石景林
扶绥县	8	新宁、渠黎、渠旧、柳桥、东门、山圩、中东、东罗	3	龙头、岜盆、昌平		
大新县	5	桃城、雷平、下雷、全茗、硕龙	9	龙门、五山、昌明、榄圩、福隆、那岭、恩城、宝圩、堪圩		
天等县	6	天等、龙茗、进结、向都、东平、福新	7	都康、宁干、驮堪、进远、上映、把荷、小山		
宁明县	7	城中、明江、海渊、爱店、那堪、桐棉、亭亮	6	寨安、峙浪、东安、板棍、北江、那楠		
龙州县	5	龙州、下冻、水口、金龙、响水	7	八角、上降、彬桥、武德、逐卜、上金、上龙		

其余各控制站点的降水量均偏多1到5成，属平水年景。综合崇左市辖区全年降雨情况分析，与多年均值基本持平，属平水年景。整个汛期各主要江河来水量与历年同期相比，偏少1至5成，各江河最高洪峰水位低于历年最高水位均值，属偏枯水年景。

2016年，对崇左市辖区内6条主要河流21处水质断面进行监测评价，涵盖了重要水功能区，重点饮用水源地，跨设区市河流交界断面等重要水域。根据《地表水环境质量标准》(GB 3838-2002)和《地表水资源质量评价技术规程》(SL 395-2007)，采用单因子法进行评价，21个国、省控重要水功能区水质达标率为100%。其中，达到Ⅰ类水标准水功能区5个，占总数23.8%；达到Ⅱ类水标准水功能区16个，占总数76.2%。全年共监测1个重点饮用水源地，水质类别为Ⅱ类。全年共监测1个跨市交界河流段面，水质类别为Ⅱ类。

【行政区划】 2016年，崇左市辖7个县(市、区)75个乡镇(41个镇、34个乡)、3个街道办事处、754个村民委员会、92个社区居民委员会。

【人口·民族】 2016年年底全市户籍总户数71.09万户，比上年增加2141户；全市总人口250.54万人(男性132.25万人、女性118.29万人)；人口自然增长率7.16‰。崇左是以壮族为主体的少数民族聚居地区，除壮族、汉族、瑶族为世居民族外，还有苗、侗、京、土家、仫佬、布依、黎、毛南、回、彝、水、仡佬、满、傣、白、蒙古、朝鲜等17个散居少数民族。壮族人口224.35万人，占全市总人口的89.55%。

经济和社会发展

【概况】 2016年全市实现地区生产总值766.2亿元，比上年增长8.2%。其中，第一产业增加值167.69亿元，增长3.4%；第二产业增加值310.69亿元，增长7.9%；第三产业增加值287.82亿元，增长11.5%。三次产业结构调整为21.9∶40.5∶37.6，对GDP的贡献率分别为9.4%、38.7%、51.9%。规模以上工业总产值完成747.06亿元，增长12.8%；规模以上工业增加值完成251.97亿元，增长7.1%。全社会固定资产投资831.40亿元，增长20.2%，其中项目投资完成766.97亿元，增长18.6%，房地产投资完成64.43亿元，增长43.7%。在项目投资中更新改造完成260.46亿元，增长22.3%。财政收入58.20亿元，其中一般公共财政预算收入40.76亿元，一般公共预算支出202.87亿元。社会消费品零售总额131.34亿元，比上年增长10.01%。外贸进出口总额185.74亿美元，其中出口总额108.63亿美元，进口总额77.11亿美元。城镇居民人均可支配收入26605元，增长8%；农村居民人均可支配收入9801元，增长9.9%。万元地区生产总值能耗下降3.03%。

【工业经济】 2016年全市工业总产值完成766.20亿元，增速在全区排第 5 位;规模以上工业总值完成 747.06 亿元,增速在全区排第 6 位;全年规模以上工业增加值完成 251.97 亿元,增速在全区排第 9 位,全年工业对 GDP 增长贡献率达到 28.3%。全市规模以上工业完成营业收入超亿元有 88 家;年内全市亏损企业 30 家,比上年同期减少 5 家,主营业务收入 617.12 亿元,同比增长 5.7%,利润总额 105.14 亿元,同比下降 4.8%,税金总额 21.54 亿元,同比下降 5.0%。制糖、锰、电力、水泥制造、化工等传统支柱产业巩固发展,其中 2016—2017 榨季全市累计入厂原料蔗 1475.57 万吨,产糖 182.85 万吨。工业固定资产投资完成 213.01 亿元,更新改造投资完成 260.46 亿元,制造业投资完成 149.19 亿元,规模以上工业万元增加值能耗下降 3.03%。全年全市在建 3000 万元以上工业项目 427 个,计划总投资 273.6 亿元,2016 年累计完成投资 174.8 亿元。其中,新开工 3000 万元以上工业项目 326 个,竣工项目 101 个。规模以上工业综合能源消费量为 343.32 万吨标准煤,同比增长 3.86%。

【农业和农村经济】 2016 年,全市粮食作物种植面积 12.35 万公顷,总产量 52.5 万吨。甘蔗种植面积 28.07 万公顷,总产量 2417.31 万吨。果园 3.80 万公顷,产量 58.79 万吨。全市林业用地面积 100.60 万公顷(含中直、区直单位,下同),占国土总面积的 57.99%,全市森林面积 94.89 万公顷,占林业用地 94.33%,森林覆盖率 54.71%。全年共完成植树造林 1.2 万公顷,完成森林抚育 1.38 万公顷。在植树造林面积中,新增珍贵树种种植面积 0.21 万公顷;林业重点工程造林 0.41 万公顷;工程封山育林面积 0.39 万公顷。全

市水产品总产量 7.49 万吨,肉类总产量 12.42 万吨。全市肉猪出栏 117.25 万头,存栏 118.28 万头;牛出栏 9.73 万头,存栏 31.76 万头;山羊出栏 10.57 万只,存栏 8.53 万只;家禽出栏 1372.97 万羽,存栏 583.02 万羽。

2016 年,全市农机总动力 269.70 万千瓦,农用拖拉机拥有量 11.6 万台。完成机耕面积 11.6 万公顷,机种面积 5.4 万公顷,机收面积 2.15 万公顷。全市耕种收综合机械化水平达 55.5%,甘蔗耕种收综合机械化水平达 61.2%,水稻耕种收综合机械化水平达 73.8%。

【交通运输业】 2016 年,崇左市公路总里程 7278 公里,其中高速公路 313 公里,一级公路 13 公里,二级公路 771 公里。全市所有乡镇通水泥(沥青)硬化路面;所有行政村已通公路(含等外公路)。

2016 年,全市拥有营运客车 1271 辆,客位 32577 位。其中,载客汽车 969 辆,客位 31067 位;出租汽车 302 辆,客位 1510 位。公共汽车 374 辆;营运货车 13241 辆,载重 73897 吨。全市完成公路客运量 1317 万人,客运周转量 14.94 万人公里,公路货运量 3932 万吨,货运周转量 53.79 万吨公里。

2016 年,全市客运班线共 281 条,其中至广东省、贵州省等跨省班线 49 条,至钦州、南宁、防城港、百色、贵港等省内跨市班线 79 条。农村客运班线 132 条,农村客车 474 辆,行政村通班车率 85.15%。

2016 年,崇左市有等级航道 542.5 公里,完成三级航道主体工程建设 182 公里,六级航道 199 公里(其中的 98 公里规划建设为三级航道)、七级航道 161.5 公里。其中通水路的有扶绥县、江州区、龙州县、宁明县、凭祥市、大新县共 35

个乡镇。设有 5 个港区:崇左中心港区、扶绥港区、龙州港区、宁明港区、凭祥港区。至年底,全市有水运企业 2 家,旅游船舶 3 艘 292 客位,货船 15 艘载重 4853 吨,客圩渡船 90 艘 3280 客位,批准设立渡口 44 道。全市水路运输完成货运量 28.2 万吨,同比增长 7.3%;完成货物周转量 328.6 万吨公里,同比增长 5.3%;水路运输完成客运量 1.18 万人,同比增长 19.7%;完成旅客周转量 35.39 万人公里,同比增长 19.6%。

【建筑与房地产业】 2016 年全市有各类建筑业总承包、专业承包、建筑装饰装修设计与一体化及劳务分包企业共 83 家,其中总承包资质企业 52 家,专业承包资质企业 23 家,建筑装饰装修设计与一体化资质企业 4 家,劳务分包企业 4 家。全年完成房地产开发投资 64.43 亿元,商品房新开工面积 87.58 万平方米,商品房续建面积 202.38 万平方米,商品房竣工面积 97.68 万平方米。其中市本级(含江州区)完成房地产开发项目投资 11.58 亿元,商品房新开工面积 34.62 万平方米,商品房续建面积 62.94 万平方米,商品房竣工面积 42.83 万平方米。全市新建商品房实际登记销售 137.12 万平方米,其中商品住房实际登记销售面积 123.05 万平方米。商品房销售均价 3804 元/平方米,其中商品住房销售均价为 3237 元/平方米。其中:市本级(含江州区)商品住房销售均价为 3524 元/平方米。

【住宿和餐饮业】 2016 年,崇左市引导住宿餐饮企业及时转变经营方式,改变营销策略,调整产品结构,促进住宿餐饮业营业额恢复性增长。年内,全市住宿餐饮企业

4715家,营业额28.4亿元,同比增长11.2%。

【非公有经济】 2016年,全市非公有制实体84562户,全市非公有制实体注册资金366.77万元;全市实有私营企业12335户,从业人员100853人,注册资本(金)375.97万元;外资企业84户,注册资本6.25亿美元;个体工商户69459户,从业人员132100人,注册资金50.99万元;农民专业合作社2684户,出资总额25.58亿元,成员总数18649人。全市注册资本100万~500万元的私营企业2711户,注册资本501万~1000万元的私营企业681户,注册资本1001万~1亿元的私营企业474户,亿元以上的私营企业17户。非公有制经济发展规模不断扩大。

【财政银行保险】 2016年,全市财政收入58.20亿元,比上年下降22.6%。其中全市一般公共预算收入40.76亿元,比上年下降18.7%。全市一般公共预算非税收入159482万元,非税占比39.2%,与2015年年底42.5%相比下降了3.3个百分点。全市一般公共预算支出累计完成2048759万元,比上年增长10.7%,完成全市测算调整预算数的98.5%,比自治区财政厅要求多出8.5个百分点,比自治区平均增速高0.7个百分点。其中,稳增长八项支出完成135.2亿元,增长4.1%;教育、科学技术、文化体育传媒、社会保障和就业、医疗卫生、农林水事务、住房保障等涉及民生支出合计166.9亿元,增长14.3%,民生支出增幅比一般公共预算支出增幅高出3.6个百分点,民生支出占一般公共支出比重为81.5%,较上年提高2.6个百分点。

崇左市银行业金融机构15家,网点总数262个,银行从业人员3262人。全市各项存款余额700.13亿元,比年初增加92.90亿元,增幅15.30%;各项贷款余额390.24亿元,比年初增加17.11亿元,增幅4.95%,增速排全自治区第6;不良贷款余额13.21亿元,比年初减少4.66亿元,不良贷款率3.38%;实现利润5.41亿元,同比增加1.68亿元。

2016年年末,崇左市共有保险市级分公司和中心支公司11家、支公司有36家、营销服务部45个,4家专业保险代理机构,1家保险行业协会。全市保险销售及中介从业人员5559人。全年共实现保费收入10.83亿元,同比增长24.2%,保险深度1.47%,保险密度435元。全年各保险公司总赔付(给付)支出4.1亿元,同比增长29.81%。全年贡献税收7882.98万元,其中缴纳营业税及附加1049.46万元,个人所得税1194.46万元,代缴车船税3946.89万元,其他税款1692.16万元。2016年交强险救助基金526.86万元。

固定资产投资和项目建设

【概况】 2016年,全市投资保持较快增长,固定资产投资完成831.41亿元,增长20.2%,比全区12.8%的增速高7.4个百分点,增速排全区第二位。重大项目建设加快推进,133个市级以上层面重大项目完成投资132.4亿元,实现开工项目27个,其中自治区层面重大项目完成投资56.8亿元,完成年度计划的105%。左江治旱驮英水库及灌区工程、广西湘桂酵母科技有限公司年产20000吨活性干酵母建设工程项目、天等牛头岭风电场、崇左市濑湍污水处理厂及配套排污管网工程、凭祥市边境贸易货物物流中心(中越跨境)货物专用通道、中国－东盟青年产业园农副产品加工区路网建设项目、宁明海渊农副产品集散中心项目、广西甘蔗高产高效现代化集成技术中心项目等一批项目实现开工,广西东泥天等水泥有限公司4000吨/日熟料新型干法水泥生产项目、广西龙州中越小商品商贸物流项目、中越边境中药材商贸物流中心项目(宁明爱店)、广西扶绥龙谷湾旅游休闲度假区项目等实现竣工。全市积极推进重大项目前期工作,市本级财政全年共安排1.48亿元前期工作经费,重点推进中央预算内投资项目、左右江革命老区三年行动计划项目、做好"两篇大文章"打好"四大攻坚战"项目、国家专项建设债券项目的前期工作。

社会事业

【教育事业】 2016年,崇左市有幼儿园504所,专任教师2932人,在园人数76756人;小学313所,教学点607个,专任教师9613人,在校生171922人;普通初中75所(其中九年一贯制学校10所),专任教师4934人(其中九年一贯制专任教师585),在校生70912人;普通高中12所,专任教师1723人,在校生31145人;中等职业学校15所,专任教师630人,在校生17463人;特教学校5所,专任教师90人,在校生548人;大学6所,专任教师1872人,在校学生3.70万人。全市参加中考37868人,其中八年级21062人,九年级16806人;参加全国普通高考报名14925人;参加高等教育自学考试15780

科次；全自治区普通高中学业水平考试104245科次；成人高考成报考人数为4493人。全市小学校园面积665.18万平方米，生均面积38.69平方米，校舍面积167.92万平方米，生均面积9.77平方米；普通初中校园面积320.88万平方米，生均面积45.25平方米，校舍面积111.8万平方米生，生均面积15.77平方米；普通高中校园面积86.9万平方米，生均面积27.9平方米，校舍面积46.81万平方米，生均面积15.03平方米。学前教育三年毛入园率为85%，九年义务教育巩固率91%，高中阶段教育毛入学率为85%。全市教育经费总收入38.95亿元，增长0.33%。其中，国家财政性教育经费收入36.18亿元，增长0.33%；事业收入2.58亿元，增长1.17%。教育经费总支出37.42亿元，比上年减少0.42%。其中财政补助支出33.56亿元，比上年减少3.56%。

【科技事业】 2016年，全市共受理科技项目86个，立项36个，获市本级财政支持329万元，实现全市科研经费零的突破。印发《崇左市本级技术研究与开发经费管理办法》，设立市本级科技研发基金，同时明确2016年度项目经费额度和分配标准。组织开展2014—2015年崇左市科学技术奖评审工作，18个项目分别获2014—2015年度崇左科学技术进步奖一、二、三等奖，2个项目分别获得2014—2015年度崇左市科学技术发明奖二、三等奖。崇左市"超微细磷酸铁制备及应用组织全国科技活动周崇左市活动"获广西技术发明奖三等奖；"剑麻新品种选育和产业化技术集成示范应用"获广西科技进步奖三等奖。全市发明专利申请量650件，同比增长17.75%，发明专利授权量114件，同比增长80.95%，每万人拥有发明专利0.88件，同比增长76.21%，授权量和每万人拥有量的增长率均排名全自治区第一。中信大锰矿业有限责任公司、中铝广西有色崇左稀土开发有限公司等一批重点企业日益重视专利创造和应用，共引进科技成果项目7个。组织执法人员开展民生领域的执法行动，查出38个标识不规范、专利失效、生产厂家与专利权人不符等涉嫌假冒专利产品并给予立案，有效打击专利侵权、假冒行为。组织农村科技特派员173人到服务对象所在地开展实地科技服务，开展各类技术培训活动42期，培训农民2118人次，发放技术资料4940份，解决技术问题35项。创新科技培训方式，打造《农村科技新视界》电视培训品牌，已播出38期次，受益群众近20万人次，通过网站发布科技实用信息486条，通过崇左科技微信公众号发布农业技术26条。组织已获得广西农业科技园立项的龙州科技局和扶绥科技局进一步完善广西农业科技园区规划方案，组织天等县科技局和江州区科技局开展广西第三批农业科技园区申报认定并获得批准。组织9家企业参加2016年广西高新技术企业认定工作动员暨业务培训会。开展科技项目策划申报、技术咨询、技术转移、创业服务、信息及知识产权保护、人才培训等科技创新服务250项次，培训新型农村专业人才1500人。年内，6家企业通过高新技术企业认定。全市共有9家高新技术企业。

【文化事业】 2016年，全市有村级公共服务中心446座，有群众艺术馆或文化馆8个，图书馆7个，文化站78个，其中市本级有群众艺术馆1个、图书馆1个；各县（市、区）共有群众艺术馆或文化馆7个，图书馆6个，乡镇文化站78个；有馆藏文物920件，有非物质文化遗产名录125项；2016年春节、元宵节期间，全市7个县（市、区）举办各种文艺演出、山歌歌会、摄影展等文化活动共2000场次，观众200万人次；3月，中央及自治区应补助的公共文化场馆（站）免费开放经费715.2万元划拨到位，其中市级群众艺术馆、图书馆各48万元，共96万元；县级13个文化馆、图书馆每个19.2万元，共249.6万元；77个乡镇文化站每个4.8万元，共369.6万元；是月，组建崇左花山合唱团，成员来自崇左市各行各业的音乐爱好者，经过半年多的声乐培训，合唱团成员演唱水平得到提高。9月11日，崇左花山合唱团参加"南宁国际民歌艺术节2016本色花山·大地飞歌晚会"演出。在《大地飞歌》、《蝴蝶吻花山》、《藤缠树》、《大地之约》等节目中担当合唱；7月，自治区级2016年非物质文化遗产保护专项资金，包括非遗传承基地建设、传承基地（中心）传承活动经费、传承人传习活动经费三部分共66.65万元下拨各县（市、区）。年内，全市有8个项目纳入自治区级非物质文化遗产保护名录；市文新广电局做好太平府故城修缮等各项工作，争取到市财政安排前期工作经费30万元和本体测绘费68.8万元；与住建、旅发等部门联合开展传统民居调查工作，对传统建筑保存较好的村落进行维修，补充完善第四批中国传统村落申报材料；全市征集文物线索1000件，已认定为文物的有853件（套），其中石瓷器370件，铜铁器114件，民俗文物369件（套），录入国家文物普查系统571件（套）；年内，博物馆接待国内外参观团队300个，团队、散客及社会教育人数 12 万人次；全市文化执法部门出动检查人员 11504 人次，检查各类文化经营单位 4688 家次，其中检查游艺娱乐场所 269 家次，歌舞娱乐场所 920 家次，网吧 2069 家次，书报刊经营单位 1052 家次，音像出版物经营单位 669 家次，印刷经营单位 931 家次，责令违规经营改正 36 家次，警告违规经营 20 家次，没收非法出版物 753 册，没收非法音像出版物 776 张，罚款 22500 元，没收违法所得 654 元；崇左市图书馆藏书量 20 万册，全部藏书均采用《中华人民共和国图书法》分类，编制有图书目录 4 套，期刊目录 2 套。全年全馆总接待读者 95352 人次，其中借阅报刊文献 41263 人次，书刊文献外借 65286 册。举办各种讲座、展览、培训活动 30 次，参与活动人数 23613 人次。大力推进精品创作，创作、排演一大批反映崇左地方文化特色的节目。如小品《计生趣事儿》《登记》；舞蹈《晨曦·月下》《心中的党旗》；歌曲《我在花山等你来》《花山之恋》《爱在南方》《壮家妹》等 30 个文艺作品。其中歌曲《我在花山等你来》在庆祝花山申遗成功期间隆重推出，网络点播率达到 9 万次；《花山之恋》《爱在南方》参加全国"美丽南方"歌曲征集中被录用"美丽南方 100 首优秀歌曲"选集；同时，《我在花山等你来》《花山之恋》还被录入"唱响广西"原创音乐 CD 专辑中。

【体育事业】　2016 年，全市举办群众体育赛事 96 场，参加人数 6.8 万人次。主要赛事有"体育总会杯"篮球赛、"乒协杯"乒乓球赛、"网协杯"网球赛、"广西体育彩票共享杯"新春气排球赛、乒乓球混合团体赛、2016 年"奥瑞特杯"广西跳绳王民间争霸赛崇左区比赛、

2016 年"我爱足球"中国足球民间争霸赛暨广西足球民间争霸赛崇左赛区比赛、在扶绥县举办 2016 年广西"拔群杯"篮球赛崇左赛区预赛、第四届广西万人气排球赛崇左赛区比赛、2016 年崇左市全民健身运动会、第八届广西体育节崇左市全民健身活动开幕式暨"全民健身、健康广西"百万人健身走活动等；2016 年 4 月 7 日至 9 日承办广西"壮族三月三"民族体育欢乐节，有 14 个地级市、广西民族大学、广西体育专科学校以及云南、贵州代表队参赛，领队、教练、运动员共 606 人。同时，设置板鞋王、陀螺王、抛绣球 3 个群众性参与项目，吸引当地群众和游客参与；7 月 27 日—29 日组队参加在防城港举办的广西壮族自治区大众跆拳道锦标赛，获个人比赛 3 枚金牌、3 枚银牌、3 枚铜牌；8 月 8 日，第八届广西体育节崇左市全民健身活动开幕式暨"全民健身　健康广西"百万人健身走活动在崇左市行政中心广场举行，市直和江州区干部职工、群众 3000 人参加。全民健身活动持续到 11 月 18 日，全市累计 15000 人参加健身活动；10 月至 11 月，举办崇左市老年人第一届体育健身运动会，共有 8 支代表队近 1000 名运动员参加；组团参加广西第二届全民健身运动会 9 个项目比赛，代表团人数 162 名，获 4 个二等奖、7 个三等奖；组队参加 2016 年度广西青少年锦标赛，参加人数共 207 人，获 10 枚金牌、11 枚银牌、7 枚铜牌；年内组织 117 名体育苗子参加全区注册，注册项目有男女篮球、田径、武术散打、武术套路、射击、乒乓球、跆拳道、帆板、羽毛球等。向上级输送体育苗子 16 人，比上年增加 10 人。争取到上级项目资金 75 万元建设 2 个乡镇

篮球场，7 个村级篮球场。全市体育固定资产投资全年完成 5.9 亿元。体育彩票年销售额完成 1.108 亿元，完成年度任务的 113.10%，同比增幅 96.60%。筹集体彩公益金 495 万元。

【卫生事业】　2016 年，崇左市有卫生机构总数 1427 家，其中医院 29 家（综合医院 19 家，中医院 10 家），疾病预防控制中心 8 家，卫生监督所 8 家，妇幼保健院 7 家，社区卫生服务机构 7 家，乡镇卫生院 91 家，专科疾病防治站（所）5 家，采供血机构 3 家，门诊部和诊所 373 个，村卫生室 806 个。全市医疗机构床位数 8153 张，比上年减少 88 张。医院床位数 4911 张，比上年减少 120 张；妇幼保健院为 544 张。全市医疗卫生机构在岗人员总数 15455 人，比上年增加 457 人；卫生技术人员 10721 人，比上年增加 330 人；执业医师和执业助理医师 3380 人，比上年增加 127 人；注册护士 4481 人，比上年增加 167 人。乡镇卫生院在岗人员数 3178 人，比上年增加 93，乡镇卫生院卫生技术人员数 2573 人，比上年增加 29 人。乡镇卫生院执业医师和执业助理医师 687 人，乡镇卫生院注册护士 849 人。全市医疗卫生机构总诊疗人次数为 849.07 万人次。比上年减少 20.69 万人次。全市医疗卫生机构住院人数为 291847 人，比上年减少 12908 人。医师人均每日担负诊疗人次为 10.10 人次。全市病床使用率为 67.32%。全市门诊平均每诊疗人次医疗费用为 85.40 元，住院病人人均医疗费用为 4198.70 元。医疗卫生机构房屋总建筑面积 89.44 万平方米，其中业务用房面积 60.66 万平方米；万元以上设备有 6402 台，总价值 9.33 亿元。其中，10 万元以下 4714 台；50 万～99 万

元 220 台;100 万元以上 127 台。(以上数据不含广西民族医院;以常住人口 206.92 万人计算)

【新闻出版与广播电视】 2016 年,《左江日报》共编发 345 期,发行 34000 份,与上年基本持平。崇左电视台《崇左新闻》栏目共播出新闻 3010 条,《百姓关注》播出新闻 1306 条。上送广西电视台播出 331 条,中央电视台播出 16 条;《崇广新闻》共制作播出 281 期,播出新闻 1967 条,《壮语新闻》制作播出 233 期,播出新闻 1398 条,上送广西人民广播电台播出新闻 196 条。全市加强网络试听节目监管,坚持净化声屏,督促各级广播电视播出机构播出社会主义核心价值观公益广告 876 次,年内开展非法卫星地面接收设施专项整治 1 次,依法拆除非法安装卫星地面接收设施天面 316 面,高频头 135 个;电影放映 9048 场次,观众累计 74 万人。全市广播电视村村通工程项目建设任务 9 座乡镇广播电视无线发射台站(其中 7 座为 2016 年绩效考评任务,2 座为 2017 年绩效考评任务),工程配套资金 720 万元,其中中央、自治区级配套资金 585 万元,市本级配套资金 72 万元,各县各 63 万元,至年底,全市 7 座无线发射台站已全部竣工。全市兴边富民项目建设主要是为 0～20 公里贫困村 3590 户贫困户免费发放液晶数字电视接收设备。全市广播、电视人口综合覆盖率分别为 95.9% 和 97.5%。

精神文明建设

【概况】 2016 年,崇左市精神文明建设工作以培育和践行社会主义核心价值观为主线,深化自治区文明城市创建工作,开展群众性精神文明创建活动和公民思想道德建设活动,培育文明风尚,为推动全市经济社会持续健康发展提供精神力量和道德支撑。

【公民思想道德建设】 2016 年全市共有 16 人入围中国好人候选人。何雪琼等 5 个家庭获 2016 广西"最美家庭"称号。2016 年春节前夕,广泛开展关爱慰问道德模范和"身边好人"活动。市本级和各县(市、区)把走访慰问自治区、市道德模范纳入四家班子领导 2016 年春节期间走访慰问活动总体安排。全市累计走访慰问各级道德模范 329 人,其中人市级以上道德模范 106 人、县级道德模范 223 人,市县两级走访慰问财物合计 20 万元。9 月 20 日,举办崇左市第十四个全国"公民道德宣传日"主题活动,深入贯彻《公民道德建设实施纲要》,组织志愿者开展志愿服务活动,为文明城市创建工作增添正能量。

【精神文明创建】 大新县桃城镇等 4 个乡镇获评第十六批自治区文明乡镇,扶绥县渠黎镇笃邦村等 4 个村获评第十六批自治区文明村,崇左市委党校等 15 个单位获评第十六批自治区文明单位,崇左市质量技术监督局、崇左市军分区教导队等 3 个共建对子获评第十六批自治区军(警)民共建精神文明先进单位。扶绥县东门镇等 97 个镇(村)继续保留自治区文明村镇称号,市委办等 119 个单位继续保留自治区文明单位称号。组织开展第八批崇左市文明村镇、文明单位、军(警)民共建精神文明先进单位评选工作和第一至七批崇左市文明村镇、文明单位、军(警)民共建精神文明先进单位复核工作。召开崇左市文明单位创建工作培训会,加强对各县和市直文明单位创建工作指导。组织开展"和谐建设在基层"2016(丙申)年"文化惠民——免费书写赠送春联"活动,组织全市各级书法家、书法协会成员到各地开展"文化惠民——免费书写赠送春联"活动,为基层群众免费赠送春联;向自治区报送 50 幅春联,其中选送的作品获金奖 2 幅、银奖 2 幅、铜奖 7 幅。3 月 31 日,承办"缅怀革命先烈、弘扬核心价值观"——2016 年广西"我们的节日·清明"主题活动。9 月 8 日,承办以"传承文明团圆中秋"为主题的 2016 广西"我们的节日·中秋"主题活动。组织参加第四届自治区"讲文明树新风"公益广告征集评选活动,崇左市推荐的《好青年》获平面类三等奖。持续推进志愿服务制度化,扶绥县新宁镇吉阳小学甘冠胜和天等县天等镇中心小学黄鲁郑获评 2016 年自治区优秀志愿者,扶绥县爱心义工协会获评 2016 年自治区优秀志愿服务组织。市文明办、中国人民银行崇左市中心支行、市发改委、市教育局、团市委联合组织开展 2016 年崇左市"征信杯"征文比赛,共有 36 篇优秀征文作品获表彰。

【文明城市创建活动】 扎实开展自治区文明城市创建工作。加强文明城市创建工作交流,组织相关市直部门负责人和凭祥、扶绥、大新、天等、江州等 5 个县(市、区)文明城市创建工作负责人赴南宁、柳州、来宾 3 个市学习考察文明城市创建先进做法和管理经验;召开全市文明城市创建工作专题培训会,邀请自治区文明办专家进行专题讲解,进一步提高各地各单位开展文明城市创建工作业务水平；集中开展城市基础设施提升行动、市容管理提升行动、交通秩序提升行动、发展环境提升行动、未成年人思想道德建设提升行动、创建氛围提升行动、文明素质提升行动、志愿服务提升行动、档案管理提升行动、美丽乡村建设提升行动等"十大提升攻坚行动"；认真做好市本级文明城市年度测评迎检工作，指导凭祥、天等、大新、扶绥县（市）文明城市创建工作。其中，凭祥市2016年文明城市测评成绩在横县、东兴、平果等4个县（市）全国文明城市提名城市中排名第二，天等县在鹿寨、蒙山等8个自治区县级文明城市中排第三。

【未成年人思想道德建设】　结合清明节、六一、七一、国庆节等重要的时间节点开展"清明祭英烈"系列主题活动、关爱留守儿童活动、"童心向党"歌咏活动和向国旗敬礼活动，积极引导未成年人培育和践行社会主义核心价值观。组织第二届崇左市"美德少年"、"十佳少先队员"开展以"看家乡巨变、扬传统美德"为主题的"崇左美德少年励志行"主题实践活动，走访广西民族师范学院、园博园、青少年生态文明教育基地等，激发少年儿童弘扬传统美德，励志奉献家乡的热情。5月19日，举行崇左市纪念"5·20"广西第十二个未成年人思想道德建设宣传日暨"学习和争做美德少年，践行社会主义核心价值观"巡讲巡演活动启动仪式。建好管好用好乡村学校少年宫，做好2016年度6所新建乡村学校少年宫项目学校建设的指导工作，着重将花山文化、天琴文化、山歌等民族传统文化融入乡村学校少年宫当中，并不断扩大辐射范围。组织举办第四届崇左市乡村学校少年

宫素质教育技能竞赛，全市38所已建成的乡村学校少年宫项目学校近240名师生组队参加，并在全区乡村学校少年宫素质教育技能竞赛中获得一等奖1个、三等奖1个，市文明办连续4年获"优秀组织奖"。举办全市乡村学校少年宫科技辅导员培训班，邀请自治区科技馆专家对100名科技辅导员就如何培养学生对科学的兴趣、有效开展科学课和对学生进行科学辅导等问题进行专题辅导。崇左市"美德银行"、红领巾讲解员、花山拳等品牌在自治区2016年度中央专项彩票公益金支持乡村学校少年宫项目建设负责人培训会上以专题片的形式得到展示。通过美德银行、家庭教育指导进"大榕树课堂"、"留守儿童"关爱"空巢老人"的"三大品牌"活动，不断拓展提升家庭、学校、社会"三位一体"的未成年人教育结构体系，形成牢固的未成年人心理健康保护圈，让未成年人健康快乐成长，取得良好成效。动员部署5个全国文明单位和124个自治区文明单位为未成年人办好事实事，年内自治区级以上文明单位为未成年人办好事实事423件，投入资金176.3万元。

【科技、文化、卫生"三下乡"活动】
　　2016年1月14日，市委宣传部、市文明办、市科技局、市卫生计生委在龙州县下冻镇联合举办崇左市2016年文化科技卫生"三下乡"暨"书香崇左"全民阅读活动。
　　科技下乡方面：选派服务全市贫困村科技特派员173人，组织农村科技特派员到服务对象所在地开展实地科技服务，开展各类技术培训活动42期，培训农民2118人次，发放技术资料4940份，解决技术问题35项。创新科技培训方式，打造《农村科技新视界》电视培训

品牌，播出38期次，受益群众近20万人次。组织医学会和护理学会开展健康科普下乡村、进社区、学校活动共7场，参加人数9200人次，发放宣传资料1000份；开展讲座2次，参加人数200人次。
　　文化下乡方面：2016年，全市共开展惠民演出活动230场。组织开展"崇左市健身操（舞）大赛"等重要活动，与市花山艺术传承创作中心联合分别到社区、乡镇等单位进行送戏下基层演出70场，春节期间，以开展文化下基层活动为契机，开展"带一本好书回家活动"，向返乡务工人员、青少年儿童赠送共2600多册图书。开展农家书屋图书更新和"书香农家　文化惠民"图书展销、赠送活动。全市农家书屋出版物更新村点265个，全部完成图书配送工作。
　　卫生下乡方面：全市共成立医疗服务队334组，开展义诊6510次，为农村居民进行议诊服务12万人次。举办健康知识宣讲815次，开展现场应急救助教学活动151次。提高医务人员的沟通能力，做好医疗机构的投诉管理，充分发挥医疗纠纷第三方调解作用，年内共成功调解医疗纠纷68起。全市开展三级医师查房238.19万次，疑难病例讨论1100次，死亡病例讨论708次，医疗事故发生率降低了68.33%。
　　　　　　　　　　（肖茂英）

崇左市政治机构党派团体事业单位及领导人

中共崇左市委员会
书　记　黄　克　2013.01—
　　　　　　　　　　2016.01
　　　　刘有明　2016.01—

副书记	孙大光	2013.01—		办公室主任			副市长	梁旭辉 2014.04—
	冯学军	2014.02—			吴兆荣	2010.04—		李振唐 2014.03—
		2016.05				2016.06		吴爱红（女）2006.11—
	何良军	2016.05—			罗彪	2016.06—		2016.09
市委常委	黄克	2013.01—		副主任	李想（女）	2013.10—		劳宁军 2015.11—
		2016.01				2016.06		雷海良 2011.09—
	刘有明	2016.01—			赵东圣	2014.05—		2016.09
	孙大光	2013.01—			黄星	2016.12—		李红骏（挂职）2014.01—
	冯学军	2014.02—		**崇左市人大常委会**				2016.01
		2016.05		主任	黄克	2013.02—		李国春（挂职）2014.01—
	何良军	2016.05—				2016.01		2016.01
	习晓军	2013.08—			刘有明	2016.01—		朱中卫 2015.07—
	梁旭辉	2011.08—		副主任	黄卫革	2011.09—		陆辉 2014.06—
	谭燕玲（女）	2006.09—				2016.09		李平（挂职）2016.01—
		2016.05			谭燕玲（女）	2016.09—		黄覃梅 2016.09—
	李振唐	2014.02—			雷庆多	2010.02—		陈锋 2016.09—
	钟畅姿（女）	2009.11—				2016.09	秘书长	兰瑞书 2013.02—
		2016.01			玉如锋	2015.02—	副秘书长	翁家尊 2009.12—
	雷多荣	2011.08—			许扬辉	2006.02—		林永毅 2016.07—
	钟山	2014.05—				2016.09		黄榜荣 2010.04—
		2016.05			方青	2010.02—		2016.07
	蓝晓	2013.05—				2016.01		麦成柱 2013.04—
	王启平（挂职）	2015.12—			唐玉玲（女）	2016.09—		2016.06
		2016.12			万崇兴	2013.02—		周兵 2014.04—
	杨新（挂职）	2016.02—			蓝大煌	2016.09—		李剑 2013.06—
	张誉夫	2016.05—			吴兆荣	2016.09—		2016.08
		2016.06		秘书长	农敏福	2010.02—		黄德隆 2016.06—
	梁日端（女）	2016.06—				2016.09		农鹏辉 2016.06—
	赵丽（女）	2016.06—			钟海光	2016.09—		苏静（女）2009.12—
	秦昆	2016.06—		副秘书长	黄海滨	2016.10—		梁志红 2013.04—
秘书长	蓝晓	2013.05—			来燊烈	2015.09—	办公室主任	
		2016.06			李生康	2011.09—		翁家尊 2013.04—
	罗彪	2016.06—				2016.09		2016.07
副秘书长	吴兆荣	2007.05—			农日东	2016.07—		林永毅 2016.07—
		2016.06			秦鹏亮	2016.01—	副主任	滕振敏 2014.08—
	马群	2011.10—			李福荣	2016.01—		2016.07
	王雪宁（女）	2013.03—			黄昭杰	2011.09—		陈志鹏 2015.05—
		2016.07				2016.09		蒋先汝 2016.06—
	赵猛	2010.02—			吕天球	2011.09—	**政协崇左市委员会**	
	伍启明	2014.11—		办公室主任			主席	苏志球 2015.02—
		2016.09			吕天球	2011.09—		2016.09
	黄权英	2012.04—		副主任	陆智军	2014.02—		黄卫革 2016.09—
	凌盛南	2013.10—		**崇左市人民政府**			副主席	苏志球 2006.11—
	何黎明	2016.06—		市长	孙大光	2013.02—		2015.02

蓝锋杰　2014.02—
农海波　2011.09—
唐玉玲（女）2006.11—
　　　　2016.09
黎志敏　2011.09—
　　　　2016.09
许扬辉　2016.09—
文晓林　2016.09—
吴爱红（女）2016.09—
雷海良　2016.09—
黄育升　2009.02—
　　　　2016.02
梁太平　2015.02—
梁振云　2015.02—
吴　强　2016.09—
李照广　2016.09—
秘书长　谭冠堂　2015.02—
　　　　　　2016.09
　　　　黄　巧　2016.09—
副秘书长　邓　坚　2015.01—
　　　　冯耀辉　2016.08—
　　　　胡绍旺　2016.09—
　　　　周献能　2015.02—
　　　　　　2016.09
　　　　叶仙鹏　2015.07—
　　　　　　2016.09
　　　　阮桂年　2015.02—
　　　　　　2016.09
办公室主任　邓　坚　2015.01—
副主任　梁甫山　2010.07—
　　　　　　2016.09
　　　　黎崇军　2015.09—

中共崇左市纪律检查委员会

书　记　钟　山　2014.05—
　　　　　　2016.05
　　　　张誉夫　2016.05—
　　　　　　2016.06
　　　　梁日端（女）2016.06—
副书记　黄能显　2010.01—
　　　　潘增雷　2011.08—
　　　　　　2016.06
　　　　农进勇　2012.06—
常　委　廖琦春　2011.08—
　　　　　　2016.01

吴丽兰（女）2006.09—
　　　　2016.06
黄海光　2016.06—
伍　春　2016.06—
韦奇科　2011.08—
邓文杰　2011.08—
　　　　2016.06
苏开欢　2016.08—
农海艳　2016.06—
梁坤兴　2016.08—

崇左市绩效考评领导小组办公室

主　任　涂广宁　2009.12—
副主任　农克强　2010.10—

崇左市督查考评局

局　长　涂广宁　2013.05—
副局长　农克强　2013.10—
　　　　余云凤（女）2015.05—
　　　　蒋先汝　2015.09—
　　　　　　2016.06

中共崇左市委组织部

部　长　钟畅姿（女）2009.11—
　　　　　　2016.01
　　　　蓝　晓　2016.01—
副部长　李永盛　2008.12—
　　　　　　2016.10
　　　　陆帮长　2012.09—
　　　　韦桂德（女）2012.12—
　　　　农尚文　2014.05—
　　　　赵昱智　2014.05—
部务委员　唐家弟　2014.05—
　　　　农向国　2014.11—

**中共崇左市非公有制经济组织和
社会组织工作委员会**

书　记　李永盛　2015.01—
　　　　　　2016.10
副书记　秦祖明　2014.07—

中共崇左市委老干部局

局　长　韦桂德（女）2011.09—
副局长　黄志平　2010.10—
　　　　何　珊（女）2014.05—

中共崇左市委宣传部

部　长　李振唐　2014.03—
副部长　苏　川（女）2010.07—
　　　　阮立平　2012.04—

莫海俊　2015.05—
部务委员　黄建辉　2013.10—
　　　　　　2016.06
文明办主任
　　　　黄　悦（女）2010.07—

中共崇左市委统战部

部　长　谭燕玲（女）2006.09—
　　　　　　2016.06
　　　　何良军　2016.06—
副部长　许胜任　2014.03—
　　　　李春杰　2009.12—
　　　　农志夫　2014.11—
　　　　　　2016.06
　　　　冯丹萍（女）2016.06—

**中共崇左市委员会台湾工作办公室
（崇左市人民政府台湾事务办公室）**

主　任　方文宏　2014.05—

中共崇左市委政法委员会

书　记　雷多荣　2011.08—
副书记　邓瑞卿　2012.04—
　　　　韦绍政　2014.10—
　　　　黄映虹（女）2015.09—
　　　　　　2016.07
　　　　伍启明　2016.07—

崇左市中级人民法院

党组书记　王　卡　2009.12—
　　　　　　2016.06
　　　　梁月奎　2016.06—
院　长　王　卡　2010.02—
　　　　　　2016.05
　　　　梁月奎　2016.09—
副院长　潘增雷　2016.06—
　　　　李勇民　2010.02—
　　　　　　2016.06
　　　　林　田　2009.12—
　　　　韦简浩　2010.03—
　　　　李其陆　2016.08—

崇左市人民检察院

党组书记　黄继平　2014.01—
检察长　黄继平　2014.02—
副检察长　黄世根　2015.11—
　　　　李扬海　2004.08—
　　　　潘小玉（女）2011.11—
　　　　凌少锋　2016.03—

崇左军分区
司令员　习晓军　2010.09—
政治委员　顾成祥　2013.04—
副司令员　夏丹峰　2014.11—
副政治委员　叶远平　2011.04—
参谋长　刘礼智　2014.09—
政治部主任　谈汪洋　2009.08—
保障部部长　沈瑞萍　2015.01—

中共崇左市委员会保密委员会（崇左市国家保密局）
主任（局长）黄明贵　2013.10—
副主任（副局长）
　　　　　　施常春　2013.10—

中共崇左市委员会督查室
主任　凌盛南　2010.07—

中共崇左市委员会、崇左市人民政府信访局
局长　马群　2011.10—
副局长　梁子军　2015.09—
　　　　梁海云（女）2011.10—
　　　　罗华荣（女）2014.05—

中共崇左市委政策研究室（中共崇左市委全面深化改革领导小组办公室）
主任　农日东　2015.01—
　　　　　　　2016.07
　　　　黄爱东　2016.07—
副主任　麦成柱　2014.03—
　　　　　　　　2016.06
　　　　韦向东　2015.12—
　　　　覃文吉　2015.05—
　　　　　　　　2016.06
　　　　蒙锡欣　2014.04—
　　　　易锴　2016.06—

崇左市机构编制委员会办公室
主任　黄爱东　2009.11—
　　　　　　　2016.07
　　　　李永盛　2016.10—
副主任　农乐春　2010.02—
　　　　黄秋红　2013.05—

中共崇左市直属机关工作委员会
书记　王英武　2006.04—
　　　　　　　2016.07
　　　　赵龙　2016.07—

副书记　丁威扬　2009.12—
　　　　林森　2010.11—

崇左市应急管理办公室（应急指挥中心）
主任　麦成柱　2014.08—
　　　　　　　2016.06
副主任　刘志强　2010.11—

崇左市政府督查室
主任　黄德隆　2016.06—
　　　　蒋先汝　2015.12—
　　　　　　　2016.06

崇左市调解处理土地山林水利纠纷办公室
主任　程汉任　2014.06—

崇左市法制办公室
主任　周兵　2014.04—
副主任　苏文龙　2014.08—

崇左市金融工作办公室
主任　徐朝松　2015.03—
　　　　　　　2016.06
　　　　许家恺　2016.06—
副主任　黄东军　2016.06—

崇左市糖业发展办公室
主任　农鹏辉　2016.06—
副主任　刘登科　2016.06—
　　　　姚娇芬　2016.06—

崇左市发展和改革委员会
党组书记　覃作标　2012.12—
主任　覃作标　2011.07—
副主任　李力　2015.12—
　　　　冯春明　2010.04—
　　　　胡然　2010.10—
　　　　　　　2016.11

崇左市铁路建设办公室
主任　陆辉　2015.01—
副主任　李新崇　2010.05—

崇左市北部湾经济区和东盟开放合作办公室
主任　陆辉　2015.01—
副主任　周黄忠　2013.10—
　　　　农新华（女）2013.10—

崇左市物价局
局长　梁小波　2013.10—

崇左市粮食局
党组书记　高武建　2013.10—
局长　高武建　2013.10—
副局长　江庆和　2012.09—
　　　　方文滔　2013.10—

崇左市工业和信息委员会
党组书记　温志标　2013.03—
　　　　　　　　　2015.11
　　　　赵志敏　2016.07—
主任　李元和　2013.02—
　　　　　　　2016.07
　　　　赵志敏　2016.07—
副主任　白小强　2015.09—
　　　　吴道新　2016.10—
　　　　姚荣军　2016.10—
　　　　覃万宁　2010.10—
　　　　　　　2016.06

崇左市教育局
党委书记　邹勇　2015.05—
局长　邹勇　2015.05—
副局长　许宋汤　2013.10—
　　　　韦鸿飞　2010.12—
　　　　黄创新　2013.10—
　　　　梁培生　2016.06—

崇左市科学技术局
党组书记　覃常华　2009.12—
　　　　　　　　　2016.06
　　　　徐朝松　2016.06—
局长　蒋京华（女）2013.10—
副局长　梁冠文　2015.09—
　　　　　　　　2016.11
　　　　陆锋　2012.05—

崇左市民族和宗教事务委员会
党组书记　赵龙　2015.01—
　　　　　　　　2016.07
　　　　赵干　2016.07—
主任　赵龙　2015.03—
　　　　　　2016.07
　　　　赵干　2016.07—
副主任　骆幼宁　2015.02—
　　　　　　　　2016.06
　　　　赵恒镇　2016.06—
　　　　韦蓉（女）2015.02—
　　　　潘金春（女）2015.02—

崇左市公安局

党委书记　朱中卫　2014.05—
局　　长　朱中卫　2014.04—
副局长　　吕　文　2014.07—
　　　　　罗　超　2009.09—
　　　　　许胜武　2012.09—
　　　　　吴桂河　2010.10—
　　　　　吕海昌　2012.09—
　　　　　　　　　2016.09

崇左市公安局交通警察支队

支队长　　黄拥军　2015.03—
政　委　　黄彩毅　2012.12—

崇左市监察局

局　　长　黄能显　2012.08—
副局长　　吴丽兰(女)2010.02—
　　　　　　　　　2016.06

崇左市民政局

党组书记　冯月珍(女)2016.07—
局　　长　冯月珍(女)2013.10—
副局长　　程永平　2004.09—
　　　　　周钾钢　2013.10—
　　　　　邓鸿蝶　2014.08—

崇左市司法局

党组书记　邓超宇　2010.11—
　　　　　　　　　2016.07
　　　　　黄映虹　2016.07—
局　　长　邓超宇　2010.12—
　　　　　　　　　2016.07
　　　　　黄映虹　2016.07—
副局长　　韦宁忠　2013.08—
　　　　　　　　　2016.12
　　　　　梁志伟　2012.02—
　　　　　梁燎源(女)2010.02—

崇左市财政局

党组书记　孙建书　2015.09—
局　　长　孙建书　2011.07—
副局长　　高爱群(女)2010.08—
　　　　　赵国军　2011.06—
　　　　　梁树建　2013.11—

崇左市人力资源和社会保障局

党组书记　陆帮长　2012.09—
局　　长　陆帮长　2010.11—
副局长　　黄松儒　2010.03—
　　　　　温　敬　2012.05—
　　　　　黄飞跃　2010.04—

　　　　　王合义　2015.05—

崇左市国土资源局

党组书记　李　兵　2012.04—
局　　长　李　兵　2012.04—
副局长　　阮福光　2010.06—
　　　　　黄振山　2010.06—
　　　　　许多欢　2014.02—

崇左市环境保护局(环境保护委员会办公室)

党组书记　阮高利　2014.07—
局长(主任)阮高利　2013.10—
副局长(主任)
　　　　　雷小龙　2015.05—
　　　　　蒙亚东　2013.10—
　　　　　陆海威　2015.09—

崇左市住房和城乡建设委员会

党组书记　林永毅　2010.05—
　　　　　　　　　2016.07
　　　　　邓超宇　2016.07—
主　　任　林永毅　2010.07—
　　　　　　　　　2016.07
　　　　　邓超宇　2016.07—
副主任　　潘　军　2010.10—
　　　　　卜国雄　2012.06—
　　　　　　　　　2016.06
　　　　　何日明　2015.12—
　　　　　　　　　2016.10
　　　　　阮新建　2016.07—

崇左市交通运输局

党组书记　农　化　2014.03—
　　　　　　　　　2016.06
　　　　　陆文嵘　2016.06—
局　　长　农　化　2011.11—
　　　　　　　　　2016.06
　　　　　陆文嵘　2016.06—
副局长　　周竞霞(女)2013.10—
　　　　　姚　杰　2010.02—
　　　　　　　　　2016.06
　　　　　唐国坚　2013.10—
　　　　　黄勤勇　2016.06—
　　　　　李　军(兼)2015.05—
　　　　　　　　　2016.06

崇左市水利局

党组书记　农集勇　2010.04—
　　　　　　　　　2016.06

　　　　　陈光恩　2016.06—
局　　长　农集勇　2010.05—
　　　　　　　　　2016.06
　　　　　陈光恩　2016.06—
副局长　　廖德标　2004.09—
　　　　　　　　　2016.06
　　　　　赖增忠　2016.06—
　　　　　何群先　2016.06—
　　　　　梁俊刚　2010.10—
　　　　　　　　　2016.06
　　　　　苏友华　2012.09—

崇左市农业局

党组书记　农朝日　2012.09—
局　　长　农朝日　2011.11—
副局长　　林坤宁　2016.06—
　　　　　李蔚农　2006.07—
　　　　　　　　　2016.06
　　　　　曹泽光　2013.10—
　　　　　赵振豪　2012.09—
　　　　　陆素妮(女)2013.10—

崇左市水产畜牧兽医局

党组书记　梁煜周　2013.10—
　　　　　　　　　2016.10
　　　　　农朝日　2016.10—
局　　长　梁煜周　2010.03—
　　　　　　　　　2016.10
　　　　　黎　萍　2016.11—
副局长　　黄继宗　2004.09—
　　　　　梁碧军(女)2009.12—

崇左市林业局

党组书记　钟海光　2014.03—
　　　　　　　　　2016.07
　　　　　张卫东　2016.07—
局　　长　钟海光　2011.07—
　　　　　　　　　2016.06
　　　　　张卫东　2016.06—
副局长　　黎　萍(女)2013.10—
　　　　　　　　　2016.10
　　　　　朱　舟　2010.02—
　　　　　覃兴广　2015.09—

崇左市商务和口岸管理委员会

党组书记　黄一碧　2015.01—
　　　　　　　　　2016.06
　　　　　冯华勇　2016.07—
主　　任　黄一碧　2015.03—

		2016.06
	麦建军	2016.07—
副主任	冯华勇	2015.03—
		2016.07
	仲国桃（女）	2015.02—
	卢富民	2015.02—

崇左市文化新闻出版广电局

党组书记	陆汉新	2015.01—
局　长	陆汉新	2015.01—
副局长	潘振东	2015.01—
		2016.07
	崔方文	2015.01—
	谢小玲（女）	2015.01—
	卢素珍（女）	2015.01—

崇左市体育局

局　长	黄智庭	2010.04—
副局长	吴谦	2009.01—

崇左市卫生和计划生育委员会

党组书记	甘晓燕（女）	2015.01—
主　任	甘晓燕（女）	2015.01—
副主任	冯发辉	2015.01—
	王斌	2015.01—
	陶志丹	2015.01—

崇左市审计局

党组书记	裴希明	2011.06—
		2016.07
	李剑	2016.07—
局　长	裴希明	2011.07—
		2016.08
	李剑	2016.07—
副局长	黄财政	2004.09—
	伍春	2006.10—
		2016.06
	冯艺刚	2010.02—
		2016.06
	韦青培	2016.06—

崇左市外事侨务办公室

党组书记	李剑萍（女）	2014.12—
		2016.10
	梁冠文	2016.11—
主　任	李剑萍（女）	2013.10—
		2016.10
	梁冠文	2016.11—
副主任	卢冬霞	2015.09—

	马巧华（女）	2012.09—

崇左市旅游发展委员会

党组书记	冯波	2015.12—
主　任	冯波	2016.02—
副主任	黄贵书	2015.02—
	赵小葵（女）	2015.02—
	王建华	2016.06—

崇左市安全生产监督管理局

党组书记	陈光忠	2006.09—
		2016.06
	凌焕忠	2016.06—
局　长	李照广	2009.12—
		2016.10
	凌焕忠	2016.10—
副局长	刘祚兵	2014.06—
	梁慧（女）	2015.05—

崇左市食品药品监督管理局

党组书记	陈修荣	2015.01—
		2016.07
	赵登飞	2016.07—
局　长	陈修荣	2015.01—
		2016.07
	赵登飞	2016.07—
副局长	廖国光	2009.02—
	闭业范	2009.03—
	赵登飞	2012.09—
		2016.07
	黄志宁	2015.05—

崇左市统计局

党组书记	莫津培	2011.06—
		2016.07
	王其苏	2016.07—
局　长	莫津培	2011.07—
		2016.08
	王其苏	2016.08—
副局长	王其苏	2007.12—
		2016.07
	黄文东	2010.02—
	黄凤红（女）	2012.12—

崇左市扶贫开发领导小组办公室

党组书记	张卫红（女）	2014.07—
主　任	张卫红（女）	2014.08—
副主任	潘辉化	2007.05—
	覃志雄	2010.10—

	邓耀京	2016.06—

崇左市规划局

党组书记	丁山	2011.06—
局　长	丁山	2010.05—
副局长	徐忠民	2008.09—
		2016.10
	陈玺	2008.11—
	韦宝源	2015.05—

崇左市工商行政管理局

党组书记	黄国夫	2015.11—
局　长	黄国夫	2016.01—
副局长	何兰香（女）	2005.10—
	韦德璋	2012.01—
	黄志文	2014.06—

崇左市质量技术监督局

党组书记	林武文	2011.05—
局　长	林武文	2014.01—
副局长	秦林山	2009.05—
	黄爱玉	2013.03—
	覃日明	2015.03—

崇左市人民政府国有资产监督管理委员会

党工委书记	黄民伟	2013.03—
主　任	黄民伟	2013.04—
副主任	卢静	2010.01—
		2016.08
	黄玉龙	2014.12—
	黄汉英	2016.08—

崇左市人民防空办公室

党组书记	温志标	2015.11—
主　任	温志标	2015.12—
副主任	梁青林	2012.06—

崇左市边防委员会办公室

党组书记	韦日才	2011.10—
主　任	韦日才	2011.11—
副主任	王康华	2013.05—
	卢明庆	2012.09—

崇左市国家税务局

党组书记	梁绍英	2006.09—
		2016.11
	李环海	2016.11—
局　长	梁绍英	2006.09—
		2016.11
	李环海	2016.11—

副局长　　钟　火　2008.10—
　　　　　陶国春（女）2003.08—
　　　　　黄尚志　2008.10—
　　　　　韦　春　2010.10—

崇左市地方税务局

党组书记　李临福　2014.07—
局　　长　李临福　2014.07—
副局长　　蒋　宁　2012.08—
　　　　　赵卫东　2011.11—
　　　　　农仁辉　2016.07—

崇左市总工会

党组书记　黄汉英　2013.05—
　　　　　　　　　2016.07
　　　　　王雪宁　2016.07—
主　　席　雷庆多　2012.03—
　　　　　　　　　2016.10
　　　　　蓝大煌　2016.11—
副主席　　黄汉英　2013.07—
　　　　　　　　　2016.07
　　　　　梁文聪　2003.12—
　　　　　龙志锋（女）2012.08—

共青团崇左市委员会

书　　记　黄绍西　2012.04—
　　　　　　　　　2016.06
　　　　　杨志玲（女）2016.07—
副书记　　杨志玲（女）2014.05—
　　　　　　　　　2016.07
　　　　　梁金海　2014.05—

崇左市妇女联合会

党组书记　吕丽卿（女）2013.10—
主　　席　吕丽卿（女）2013.12—
副主席　　黄意玲（女）2009.04—
　　　　　王　薇（女）2013.12—

崇左市科学技术协会

主　　席　田芳颖（女）2013.10—
副主席　　陈桂军　2015.04—
　　　　　梁华强　2011.01—

崇左市文学艺术界联合会

党组书记　农恒云　2015.09—
主　　席　农恒云　2015.11—

崇左市残疾人联合会

党组书记　李春凤（女）2013.05—
理事长　　李春凤（女）2013.07—

副理事长　李　青（女）2015.07—

崇左市工商业联合会

党组书记　许胜任　2014.03—
主　　席　麦建军　2015.03—
　　　　　　　　　2016.07
　　　　　吴爱红　2016.10—
副主席　　邓元花（女）2016.03—

崇左市归国华侨联合会

主　　席　邓国忠　2014.07—
副主席　　陈　龙　2010.03—

崇左红十字会

会　　长　李振唐　2015.01—
副会长　　曾　斌　2012.10—

崇左市社会科学界联合会

主　　席　苏　川（女）2011.12—
副主席　　黄德世　2010.06—

中国农工民主党崇左市委会

主　　委　农海波　2013.12—
副主委　　卢艳春（女）2013.12—

崇左市驻南宁管理处

主　　任　马锦军　2014.08—
副主任　　叶金山　2015.12—
　　　　　许勇智　2014.12—

中共崇左市委员会党史研究室

主　　任　秦达俊　2013.01—
副主任　　朱佳文　2012.03—
　　　　　李　杰　2013.05—

中共崇左市委员会党校

校　　长　冯学军　2014.03—
　　　　　　　　　2016.06
　　　　　何良军　2016.06—
常务副校长　李　勤　2013.01—
副校长　　李志华　2003.09—
　　　　　　　　　2016.04
　　　　　杨峰玉　2016.10—
　　　　　许光林　2010.02—
　　　　　农　飞　2015.12—
校务委员　莫裕红（女）2010.02—

崇左市档案局（馆）

党组书记　李　明　2013.10—
局（馆）长　李　明　2013.10—
副局（馆）长
　　　　　罗珍邦　2004.09—
　　　　　孟立荣　2016.06—

　　　　　秦　兵（女）2015.01—
　　　　　　　　　2016.06

左江日报社

社　　长　郑孟阳　2009.11—
副社长　　邓武宏　2004.09—
　　　　　陆明翔　2005.08—
副总编　　邓武宏　2009.11—
　　　　　黄小芳（女）2007.11—

崇左市农业机械化事业局（农业机械化管理中心）

党组书记　彭　坚　2015.01—
局长（主任）彭　坚　2015.03—
副局长（副主任）
　　　　　农万忠　2003.10—
　　　　　李建孙　2015.05—

崇左市机关后勤服务中心（机关事务管理局）

主任（局长）何世平　2014.09—
副主任（副局长）
　　　　　蒙祖华　2010.02—
　　　　　　　　　2016.02
　　　　　张剑峰　2013.10—
　　　　　　　　　2016.06
　　　　　肖志财　2016.06—
　　　　　李锦钰　2016.02—

中共崇左市委员会、崇左市人民政府接待办公室

主　　任　冯明春　2015.05—
副主任　　韦忠贤　2013.10—

中泰产业园（崇左市城市工业区）管理委员会

党工委书记　冯耀辉　2014.07—
　　　　　　　　　2016.04
　　　　　赵　波　2016.04—
主　　任　冯耀辉　2013.05—
　　　　　　　　　2016.05
　　　　　何少伟　2016.05—
副主任　　吴道新　2009.09—
　　　　　胡小丽（女）2010.02—
　　　　　邹华玲　2016.06—
　　　　　叶永斌　2013.10—
　　　　　思勇军　2013.11—
　　　　　盘和林　2014.12—
　　　　　农庆立　2016.06—

崇左市凭祥边境经济合作区管理委员会

党工委书记	邱明宏	2013.01—2016.06
	刘 勇	2016.06—
主 任	凌焕忠	2011.07—2016.06
	甘华杰	2016.07—
副主任	肖志财	2009.12—2016.06
	劳日勇	2012.05—
	何月甫	2013.11—2016.06
	叶乘伟	2016.07—
	农冬梅	2016.07—
	农海军	2016.07—
	覃万宁（兼）	2016.06—
	史朝阳（兼）	2016.06—

崇左市广西中国－东盟青年产业园管理委员会

党工委书记	蓝大煌	2011.10—2016.06
	黄云革	2016.06—
主 任	张卫东	2014.08—
	胡 然	2016.11—
副主任	冯少华	2010.08—
	姚荣军	2006.10—2016.10
	黄 毅	2011.06—

崇左市投资促进局

局 长	方 锋	2013.04—2016.11
	黄雨初	2016.11—
副局长	黄雨初	2013.05—2016.11
	陆华丹（女）	2013.10—
	蒙祖华	2016.02—

崇左市供销合作联社

党组书记	黄雨初	2016.01—2016.10
	覃大兴	2016.10—
理事会主任	覃大兴	2016.11—
理事会副主任		
	梁本英	2012.11—2016.01
	梁伸安	2016.01—
监事会主任	覃建宽	2012.11—
监事会副主任	陆民华	2012.11—

崇左市地震局

局 长	赵 干	2014.06—2016.08
	方 锋	2016.11—
副局长	黄启旭	2014.12—

崇左市二轻城镇集体工业联合社

党组书记	高 康	2015.12—2016.06
	黎志华	2016.06—
主 任	高 康	2015.12—2016.06
	黎志华	2016.06—
副主任	黄及君	2010.01—2016.07
	韦 院	2016.06—

崇左市驻北京联络处

| 主 任 | 罗传礼 | 2015.05— |
| 副主任 | 黄勇军 | 2014.09— |

崇左市政务服务监督管理办公室

党组书记	黄榜荣	2008.12—2016.07
	翁家尊	2016.07—
主 任	黄榜荣	2010.01—2016.07
	翁家尊	2016.07—
副主任	黄三山	2015.12—
	汤善发	2014.11—

崇左市地方志编纂委员会办公室

| 主 任 | 陆德宁 | 2004.03— |
| 副主任 | 麻固强 | 2011.06— |

崇左市水库移民工作管理局

| 局 长 | 黄精强 | 2011.11— |
| 副局长 | 韦保健 | 2010.10— |

崇左市左江治旱灌区工程管理局

| 局 长 | 滕振敏 | 2016.07— |
| 副局长 | 黎忠祁 | 2016.09— |

崇左市老龄工作委员会办公室

| 主 任 | 文清林 | 2014.08— |
| 副主任 | 零永祥 | 2013.10— |

崇左市气象局

党组书记	郑宏翔	2014.10—
局 长	郑宏翔	2014.10—
副局长	李 革	2008.07—
	廖胜石	2011.08—

南宁地区教育学院

党委书记	覃 泽	2013.10—
院 长	李贵卓	2014.08—
副院长	苏 力	2005.03—
	蓝玉龙	2013.10—

崇左市城市建设投资有限责任公司

董事长	覃大兴	2014.08—2016.10
	徐忠民	2016.10—
总经理	黄海滨	2014.08—2016.10
副总经理	黎登勇	2013.12—
	黄凤姣（女）	2014.09—
	梁本英	2016.01—
	李海晴	2016.06—
	李洪锡	2016.10—

崇左市建卓资产经营有限公司

党委书记	何日明	2016.10—
董事长	肖 音	2014.09—2016.08
	吴力强	2016.10—
总经理	吴力强	2013.11—2016.10
	何日明	2016.10—
副总经理	廖宏兵	2010.01—
	陆业安	2016.06—
	方 奇	2013.01—

崇左市建设投资有限责任公司

董事长	高 康	2004.12—
总经理	高 康	2004.12—
	赵宣福	2016.02—
副总经理	张 天	2016.06—

崇左市交通投资有限公司

董事长	黄云海	2014.08—
总经理	黄云海	2014.08—
副总经理	柳孟云	2013.11—

崇左市左江花山投资股份有限公司

| 董事长 | 肖 音 | 2016.08— |
| 总经理 | 赵宣福 | 2016.08— |

崇左市矿业投资开发有限公司
总经理 覃荣 2014.12—
副总经理 李俊 2013.01—
广西民族师范学院
党委书记 梁远海 2014.11—
院 长 武波 2014.02—
副院长 韦永恒 2009.07—
 李星华 2014.11—
 韦友欢 2014.11—
广西崇左东盟国际职业教育学院
党委书记 许宋汤 2015.12—
院 长 许宋汤 2013.11—
 2016.02
 李金清(女)2016.02—
副院长 李金清(女)2013.11—
 2016.02
 黄荣勤 2013.11—
 韦涛 2013.11—
 2016.04
 黄兆鹏 2014.12—
广西民族医院
党委书记 何伟生 2002.02—
 2016.05
 张 云(女)2016.05—
院 长 叶海洪 2010.08—
 2016.05
 农文政 2016.05—
崇左市人民医院
党委书记 吴晓秋 2013.05—
院 长 吴晓秋 2015.12—
崇左市卫生监督所
所 长 韦光武 2007.05—
崇左市疾病预防控制中心
主 任 言经利 2007.05—
崇左市妇幼保健院
院 长 蓝 静(女)2007.11—
崇左市复退军人医院
党总支书记 陈阳 2013.05—
院 长 陈阳 2010.02—
广西弄岗国家级自然保护区管理局
局 长 王爱龙(女)2014.12—
崇左市凤凰山林场
党委书记 陆翔 2014.07—
场 长 陆翔 2014.08—

崇左市事业单位登记管理局
局 长 黄秋红(女)2013.05—
蕾雨宾馆
总经理 肖音 2013.12—
 2016.08
 何日明 2016.10—
崇左市信息化办公室
主 任 赵志敏 2013.05—
 2016.07
崇左市社会保险事业局
局 长 农朝宏 2014.06—
崇左市就业服务中心
主 任 卢成苏 2012.09—
崇左市住房制度改革委员会办公室
主 任 黄云波 2009.01—
崇左市市容环境卫生管理处
主 任 农荣武 2015.12—
崇左市房产管理局
局 长 黄国晓 2013.11—
崇左市园林绿化管理处
主 任 吴日美 2015.05—
崇左市民族经济发展资金管理处
主 任 吉先林 2010.12—
崇左市财政投资评审中心
主 任 卢毅成 2015.09—
崇左非税收入征收管理局
局 长 周 莹(女)2013.06—
崇左市政府性投资审计办公室
主 任 韦青培 2013.11—
 2016.06
 梁海珠 2016.06—
崇左市人民政府发展研究中心
主 任 朱厚岩 2014.12—
 2016.06
崇左市公路管理处
处 长 江寿武 2007.11—
崇左市港航管理处
处 长 唐国坚 2012.09—
 2016.06
 何月甫 2016.06—
崇左市道路运输管理处
处 长 李志良 2009.01—
崇左市科学技术情报研究所
所 长 方镣英 2009.01—

崇左市蚕种场
场 长 黄元青 2005.03—
崇左市农村经济经营管理站
站 长 李志强 2005.03—
崇左市农业科学研究所
所 长 赵干贤 2012.09—
 2016.06
 覃勇 2016.06—
崇左市农村能源生态办公室
主 任 黄肖梅(女)2015.12—
崇左市住房公积金管理中心
主 任 许元成 2013.11—
崇左市少数民族语言文字工作委员会
主 任 梁振标 2013.10—
广西崇左市白头叶猴国家级自然保护区管理局
局 长 吴坚宝 2014.12—
崇左市环境监察支队
支队长 陆冠勇 2014.12—
崇左市高级中学
校 长 梁铭之 2009.01—
崇左市军供站
站 长 王政军 2009.01—
广西花山国家级风景名胜区管理局
局 长 韦欣 2010.11—
崇左市土地储备中心
主 任 邹华玲 2011.01—
 2016.06
崇左市党员干部现代远程教育管理办公室
主 任 农向国 2010.07—
中共崇左市委员会讲师团
团 长 赵东山 2015.09—
崇左市电视台
台 长 欧文华(女)2016.11—
崇左市壮族博物馆
馆 长 韦宁 2016.08—
崇左市文化市场综合执法支队
队 长 陆海波 2013.10—
崇左计量测试研究所
所 长 丘冬平 2009.09—
 (市委组织部干部二科)

中共崇左市委员会

ZHONGGONG CHONGZUOSHI WEIYUANHUI

□编辑 卢新骑

重要会议

【中共崇左市委2016年工作务虚会】 2016年2月16日，市委召开2016年工作务虚会，主要内容是围绕如何结合崇左实际，贯彻落实好中共中央提出的"创新、协调、绿色、开放、共享"五大发展理念；如何结合崇左实际，实施好自治区"四大战略"、"三大攻坚战"重大部署；如何落实好市委三届六次全会提出的发展壮大"五大支柱产业"；如何选准突破口和着力点，打好"十三五"规划开局之战，实现崇左市"十三五"规划良好开局等内容进行讨论发言。市四家班子成员，市中级人民法院院长、市人民检察院检察长；市人大常委会、市政府、市政协秘书长，市直和中区直驻崇左各有关单位各1名主要领导参加会议。

【崇左市换届工作会议】 2016年2月23日，市委召开崇左市换届工作会议，主要内容是传达贯彻广西市县乡领导班子换届工作会议精神，安排部署崇左市市、县(市、区)、乡镇领导班子换届工作。会议强调，市县乡领导班子换届工作是全市各族人民政治生活中的一件大事，要进一步统一思想，明确目标，狠抓落实，高标准、高质量完成全市换届工作，为实现"十三五"规划目标提供坚强的组织保证。会议要求，要科学谋划，找准发展定位，把中央、自治区和市委、市政府的决策部署具体化，绘出一幅思路清晰、措施扎实的好蓝图。坚持标准，突出崇尚实干、敢于担当、廉洁自律的导向，选出一批忠诚干净担当的好干部。优化配置，综合考虑年龄、经历、性别、民族、党派等方面因素，配出一个结构优、功能强的好班子。严明纪律，加强换届风气监督，换出心齐、气顺、劲足的好面貌。加强组织领导，强化责任落实，深入细致做好思想政治工作，坚持换届工作与其他工作统筹推进，确保换届工作与中心工作"两不误"。崇左市换届工作领导小组及办公室成员；各县(市、区)党委书记，组织部部长，各县(市、区)人大、政协分管换届工作的副主任、副主席；市直各有关单位负责人参加会议。

【学习贯彻中共十八届五中全会精神专题研讨班】 2016年5月30日—31日，市委举办全市厅、处级领导干部学习贯彻中共十八届五中全会精神专题研讨班，会期2天。研讨班围绕落实《崇左市口岸经济大发展三年行动计划》《崇左市文化旅游大发展三年行动计划》《崇左市工业产业转型升级三年攻坚行动计划》《崇左市基础设施建设三年攻坚行动计划》等4个三年行动计划实施方案，深入开展学习研讨。崇左市在职厅级领导干部，市直各单位，各县(市、区)、中泰产业

2016年2月23日，中共崇左市委书记刘有明在崇左市换届工作会议上讲话

园(市城市工业区)副处级以上领导(含非领导职务)参加研讨班。

【打赢脱贫攻坚战动员暨脱贫摘帽推进大会】 2016年6月29日，市委、市政府召开崇左市打赢脱贫攻坚战动员暨2016年度脱贫摘帽推进大会。会议传达贯彻自治区2016年度脱贫摘帽推进大会精神，部署全市2016年贫困人口、贫困村脱贫摘帽工作，动员全市上下进一步统一思想和行动，明确攻坚责任，强化工作措施，坚决打好"十三五"规划脱贫攻坚开局之战。市四家班子成员，各县(市、区)党委、政府主要领导，扶贫办主任；各乡(镇、街道)党委书记、乡(镇、街道办)长(主任)参加会议。

【崇左市开放发展暨口岸经济工作会议】 2016年7月30日，市委、市政府召开崇左市开放发展暨口岸经济工作会议，主要内容是深入贯彻落实中共十八大和十八届三中、四中、五中全会精神，以及习近平总书记关于广西开放发展"三大定位"的重要指示精神，全面落实中共中央、国务院系列重要文件精神及广西开放发展暨招商引资工作会议精神，研究部署当前及今后一个时期崇左市对外开放、口岸经济发展和招商引资工作。市四家班子成员及各县(市、区)党委、政府主要领导，党委副书记、政府常务副县(市、区)长，凭祥海关、水口海关、凭祥出入境检验检疫局、水口出入境检验检疫局、友谊关边防检查站、水口关边防检查站、浦寨边境检查站、弄怀边境检查站主要负责人参加会议。

【2016年崇左市年中工作会议】 2016年7月31日，市委、市政府召开2016崇左市年中工作会议，采用集中开大会和分组讨论相结合的方式召开。主要内容是传达自治区年中工作会议精神，总结2016年上半年工作，分析当前经济形势，研究部署下半年工作。市四家班子成员，各县(市、区)党委、政府主要领导，党委副书记、政府常务副县(市、区)长，各有关单位主要负责人参加会议。

【凭祥重点开发开放试验区专题学习会】 2016年8月19日，市委、市政府在崇左召开凭祥重点开发开放试验区专题学习会，主要内容是深入学习《国务院关于同意设立广西凭祥重点开发开放试验区的批复》《广西凭祥重点开发开放试验区建设实施方案》和自治区开放发展大会暨招商引资工作会议相关材料，《国务院关于加快沿边地区开发开放的若干意见》《国务院关于支持沿边重点地区开发开放若干政策措施的意见》等国家及自治区关于沿边开发开放相关政策文件，积极探索崇左市如何利用国家政策优势，进一步开展试验区建设，掀起全市开发开放建设新高潮。在家的市四家班子成员；市直和中区直驻崇左各有关单位主要领导参加会议。

【中共崇左市第四次代表大会】 2016年8月29日—31日，市委召开中国共产党崇左市第四次代表大会。崇左市第四次党代会代表出席会议；崇左市第四次党代会来宾、列席人员列席会议。大会审议并通过了第三届市委工作报告和第三届市纪委工作报告；选举产生中共崇左市第四届委员会委员、候补委员和中共崇左市第四届纪律检查委员会委员。

【中国共产党崇左市代表会议】 2016年9月21日，市委召开中国共产党崇左市代表会议。会议选举崇左市出席中国共产党广西壮族自治区第十一次代表大会代表。崇左市第四次党代表大会代表出席会议。

【左江花山岩画成功申报世界文化遗产总结暨文化旅游发展大会】 2016年10月14日，市委、市政府召开崇左市左江花山岩画文化景观成功申报世界文化遗产总结暨文化旅游发展工作大会。主要内容是进一步总结经验，鼓励先进，推动左江花山岩画遗产的保护管理工作，促进崇左文化旅游发展。市四家班子成员，各县

2016年9月21日，中国共产党崇左市代表会议召开

（市、区）党委、人民政府主要领导和旅游局局长，扶绥县、江州区、宁明县、龙州县申遗办主任；与申遗相关的乡镇（街道）、村（社区）代表参加了会议。会议对崇左市左江花山文化景观审议过程中的先进集体和先进个人进行了通报表扬。

【城市工作暨新型城镇化攻坚会议】 2016年11月29日，市委、市政府召开崇左市城市工作暨新型城镇化攻坚会议，主要内容是传达学习中央城市工作会议、广西2016年中工作暨城市工作会议精神，总结分析崇左市城市工作以及新型城镇化建设情况，研究部署今后加强城市规划建设管理以及新型城镇化建设工作。市四家班子领导成员，各县（市、区）党委、政府主要领导，市直和中区直驻崇左各有关单位各有关企事业单位主要负责人参加会议。

【中共崇左市四届二次全体会议】 2016年11月30日，市委召开中国共产党崇左市第四届委员会第二次全体会议。会议传达中共十八届六中全会及中国共产党广西壮族自治区第十一次代表大会精神，中共崇左市委书记刘有明向大会作市委常委会工作报告。大会讨论并通过《崇左市做好"两篇大文章"打好"四大攻坚战"中培养、发现和使用干部实施办法（试行）》和《中共崇左市第四届委员会第二次全体会议公报（草案）》。市委委员、候补委员出席会议，市纪委委员，不是市委委员、候补委员或市纪委常委的市四家班子成员，市委、市政府主要部门，群团组织及企业、学校主要负责人，崇左市第四次党代会代表中部分基层负责人列席会议。

重大决策

【国有企业全面深化改革】 2016年4月15日，市委、市政府出台《关于崇左市国有企业全面深化改革的实施意见》。《意见》明确了改革的总体目标是：完善国有资产监管体制，全面完成国有企业公司制改革，加快国资国企重组整合，积极扩大开放合作，全面加强企业党的建设。《意见》的主要任务是：一是完善国有资产监管体制；二是积极发展混合所有制经济；三是优化国有经济布局结构；四是完善现代企业制度；五是加快国有企业重组整合；六是强化监督防止国有资产流失；七是加强和改进党对国有企业的领导。《意见》还对相关配套政策和组织保障进行了进一步的明确。

【深化供销合作社综合改革】 2016年9月21日，市委、市政府出台《关于深化供销合作社综合改革的实施意见》。《意见》明确了崇左市深化供销合作社综合改革的目标为：

到2020年，通过深化综合改革，把全市供销合作社系统打造成为与农民联结更紧密、为农服务功能更完备、市场化运行更高效的合作经济组织体系，成为服务农民生产生活的生力军和综合平台，成为党和政府密切联系农民群众的桥梁纽带，切实在全市农业现代化建设中更好地发挥作用。《意见》明确，崇左市的供销合作社改革从创新供销合作社组织体系，创新供销合作社服务体系，创新供销合作社经营体系，创新供销合作社合作方式，创新供销合作社农村金融体系，创新联合社治理机制等6个方面来开展工作。

【引进和管理高层次人才】 2016年10月10日，市委、市政府出台《崇左市高层次人才引进和管理办法（试行）》。出台《办法》的主要目的在于进一步深化人才发展体制机制改革，实施"人才强市"战略，加强全市高层次人才的引进和管理工作，优化人才队伍结构，为全市经济社会发展提供人才支撑和智力保障。《办法》共有五章二十四条，分别对人才类别、引进

2016年5月21日，万达集团董事长王健林（前中）到崇左市考察大新县安平医养城基地项目，市委书记刘有明（前右一）等领导陪同考察

方式、待遇、管理等4个方面内容进行了明确的规定。同时在附则中明确，《办法》适用于市直行政机关（仅限定向选调生、聘用制公务员）、事业单位、高等院校、企业（包括非公制企业）等部门和单位。

【切实做好招商引资工作】 2016年10月11日，市委、市政府出台《关于切实做好招商引资工作的意见》。《意见》确定的工作目标为：到2020年，全市招商引资内外资累计到位资金1500亿元。《意见》指出，要务实开展科学精准招商，即：要加强项目策划，完善信息平台，加强宣传推介，深化区域合作，推进园区发展，鼓励部门招商，实施专业小分队招商，实施驻点招商，实施委托招商，强化县域招商，强化园区招商，注重引才引智。同时明确要大力优化投资环境，并对完善体制机制和政策保障方面的内容进行了细化。

【在做好"两篇大文章"打好"四大攻坚战"中培养干部】 2016年12月1日，市委印发《崇左市在做好"两篇大文章"打好"四大攻坚战"中培养发现和使用干部实施办法(试行)》。"两篇大文章"：即是做好口岸经济发展大文章和文化旅游发展大文章；"四大攻坚战"：即是打好工业产业转型升级攻坚战，打好基础设施建设攻坚战，打好农村全面脱贫攻坚战，打好新型城镇化建设攻坚战。《实施办法》根据《党政领导干部选拔任用工作条例》等有关规定，经中共崇左市第四届委员会第二次全体会议审议通过，分为总则、培养锻炼、导向引领、发现识别、结果运用、容错纠错、责任落实及附则共八章二十一条，《实施办法》坚持客观公正、注重实绩、务实管用的原则，强化"实

干就是能力，落实才是水平"的理念，重用有担当精神、创新精神、拼搏精神和钉钉子精神的干部，切实把党和人民需要的好干部精心培养起来、及时发现出来、合理使用起来。树立了在实干中选人、选实干的人的用人导向。

【加快牛羊养殖业发展】 2016年12月16日，市委、市政府出台《关于加快牛羊养殖业发展的决定》。《决定》指出，要全面贯彻落实市委、市人民政府做好"两篇大文章"，打好"四大攻坚战"战略部署，充分利用全市丰富的甘蔗尾梢等秸秆资源，紧密结合当前精准扶贫、产业扶贫工作，着力引进和培育龙头企业，重点扶持养殖专业大户、养殖合作社和贫困养殖户，打造和壮大牛羊养殖业，培育经济新增长点。《决定》明确的工作目标是：力争到2020年，全市牛羊饲养量达100万头（只）以上（其中，牛70万头，羊30万只），年均增长11.6%以上，牛羊养殖业产值13.5亿元以上。《决定》对重点工作、政策扶持、保障措施等3个方面内容进行明确和细化。

重要工作部署

【贫困县脱贫摘帽、贫困村脱贫计划】 2016年2月28日，市委办、市政府办印发《"十三五"时期贫困县摘帽、贫困村脱贫出列倒排计划》（以下简称《计划》）《计划》明确全市贫困县脱贫摘帽时间安排为：2017年：大新县；2018年：天等县、龙州县；2019年：宁明县。同时，《计划》还将《"十三五"时期崇左市各县（市、区）贫困村脱贫出列倒排工期计划表》一并印发，要求各县（市、区），各定点帮扶责任单位、

扶贫开发领导小组各专责小组、贫困村党组织第一书记要进一步提高思想认识，切实把精准帮扶、实现精准脱贫目标作为当前最大的政治任务、最大的民生工程和最大的发展机遇来抓，要充分运用精准识别成果，围绕各年度贫困县脱贫"摘帽"、贫困村脱贫出列目标，加强政策研究，落实"挂图作战、清单管理、滚动集成、精准摘帽"的精准管理模式，加大扶贫宣传力度，创新扶贫工作方式，整合各方资源，科学安排项目资金，逐县逐村突破，一户一户脱贫，确保全市2019年全面实现脱贫目标。

【各级党委、纪委履行党风廉政建设】 2016年5月6日，市委办公室印发《崇左市各级党委（党组）履行党风廉政建设主体责任和纪委（纪检组）履行监督责任清单》。《清单》从党风廉政建设主体责任和党风廉政建设监督责任两方面进行细化。在党风廉政建设主体责任中，明确了党委（党组）领导班子责任、党委（党组）主要负责人责任、党委（党组）其他班子成员责任3部分的内容。在党风廉政建设监督责任中，明确了纪委（纪检组）领导班子责任、纪委书记（纪检组长）责任、其他纪检监察干部责任等3部分内容。

【口岸经济大发展三年行动计划】 2016年7月8日，市委办、市政府办印发《崇左市口岸经济大发展三年行动计划(2016年—2018年)》。《计划》制定的发展目标为：到2018年，全市外贸进出口总额实现1800亿元（290亿美元），年均增长13%，力争完成2000亿元（300亿美元）。全市边境加工业产值达到300亿元以上。口岸升格与扩大开放取得新突破，力争原双边口

岸升格为国际口岸并扩大开放,符合条件的原二类口岸升格为一类口岸,条件具备的边民互市点向新设口岸发展,条件具备的边境地区新设立边民互市贸易点,更多符合条件的口岸成为特殊商品进口指定口岸。2016—2018 年,全市口岸货运吞吐量年均增长 20% 以上。《计划》确定的重点任务为:一是科学合理规划,有序推进口岸经济健康发展。二是加强重点园区建设,搭建口岸经济发展平台。三是以加工产业为重点,推动口岸经济发展转型升级。四是加强口岸基础设施建设,夯实口岸经济发展基础。五是加强口岸交通基础设施建设,提高口岸开放合作水平。六是深化边民互市贸易改革,推动边境贸易转型升级。七是深化沿边金融改革创新,构建现代金融服务体系。八是狠抓口岸项目建设,保持口岸经济投资持续扩大。《计划》还明确了保障措施以及计划总表、年度工作清单等内容。

【文化旅游大发展三年行动计划】
2016 年 7 月 22 日,市委办、市政府办印发《崇左市文化旅游大发展三年行动计划(2016 年—2018 年)》(以下简称《计划》)。《计划》的总体目标是,到 2018 年,全市接待旅游人数达 2500 万人次,年均增长 16.2%;旅游总收入达到 300 亿元,年均增长 31.5%。创建 5 家国家 5A 级景区、1 个国家森林公园、1 个国家级旅游度假区,新增国家 4A 级景区 13 家,新增四星级以上旅游饭店 9 家、广西四星级以上乡村旅游区 12 家、广西四星级以上农家乐 7 家,凭祥市、大新县成功创建国家全域旅游示范县(市),大新县、龙州县、宁明县成功创建广西特色旅游名县,扶绥县进入广西特色旅游名县创建县。《计划》明

确,未来三年,主要从以下几个方面推进文化旅游工作:一是着力抓好"七个战略重点";二是加快推进重点旅游项目建设;三是加快推进旅游品牌创建工作;四是完善文化旅游配套设施;五是创新旅游产业发展资金筹措方式;六是强化文化旅游发展保障。《计划》还明确了相关工作清单。

【崇左市 2016 年脱贫攻坚行动】
2016 年 8 月 9 日,市委办、市政府办印发《崇左市 2016 年脱贫攻坚行动实施方案》。《实施方案》明确了 2016 年脱贫攻坚行动的目标任务和重点工作。《实施方案》还指出,要围绕贫困人口"八有一超"、贫困村"十一有一低于"脱贫摘帽标准和要求,按照缺什么补什么的原则,整合资金、项目,精准管理、精准帮扶、精准脱贫,确保贫困对象如期全面脱贫。《实施方案》对 2016 年脱贫攻坚行动的资金投入进行了初步的测算,明确了相关保障措施和工作清单。

【基础设施建设三年攻坚行动计划】
2016 年 8 月 12 日,市委办、市政府办印发《崇左市基础设施建设三年攻坚行动计划》(以下简称《计划》)。《计划》确定的主要目标是:三年时间投入 370.8 亿元,实施 73 项基础设施建设项目。其中,2016 年投入 45.1 亿元,2017 年投入 146 亿元,2018 年投入 179.7 亿元。重点工作是:一是加快综合交通体系建设;二是完善水利基础设施体系;三是加快信息基础设施建设;四是提升能源基础设施水平;五是推进民生基础设施建设。《计划》还制定相应的保障措施和工作清单。

【工业产业转型升级三年攻坚行动计划】 2016 年 8 月 19 日,市

委办、市政府办印发了《崇左市工业产业转型升级三年攻坚行动计划(2016—2018 年)》。《计划》确定的主要目标是:通过三年攻坚行动,全面推进产业、园区、企业转型升级,全市工业经济总量跨入千亿元,工业产业转型取得明显成效,为"十三五"规划末构建有崇左特色的现代工业产业体系奠定坚实基础。《计划》明确,崇左市将从糖业"二次创业"、现代矿业、口岸加工业、建材业、其他产业等行业入手,开展产业转型升级攻坚工作。主要措施是:一是以重点项目建设为抓手,加快工业转型发展;二是以激活企业动力为抓手,引领崇左工业产业转型升级;三是以园区平台建设为抓手,推动崇左工业产业集聚发展;四是以降低生产成本为抓手,搭建崇左工业产业要素平台。《计划》还明确了组织保障和相关工作清单。

【新型城镇化建设三年攻坚行动计划】 2016 年 9 月 8 日,市委办、市政府办印发《崇左市新型城镇化建设三年攻坚行动计划(2016—2018 年)》。《计划》明确的城镇化建设主要指标为:三年期间,全市城镇化率在 2015 年 36.3% 的基础上,年均增加 1.5 个百分点以上;全市城镇人口至 2018 年末达到 93 万人;全市的建制镇污水处理率、建制镇生活垃圾无害化处理率、城镇建成区绿化覆盖率,分别达到 78.85%、86.86% 和 47.58%;全市城镇公共供水普及率达到 95.8%。全市城市家庭宽带接入能力在 2016、2017 和 2018 年期间分别达到 25 MbDs、30 MbDs 和 40 MbDs。《计划》明确的重点工作为:一是积极打造"一主二副两带"城镇体系格局;二是大力实施中心城市提升工程;三是积极实施大县城战略;四是大力推

进重点乡镇和特色镇示范工程;五是强化突显城镇化"新型"发展特色。《计划》还明确工作要求和相关工作清单。

【创建国家园林城市】 2016 年 9 月 18 日,市委办、市政府办印发《崇左市创建国家园林城市工作实施方案》(以下简称《实施方案》)。《实施方案》确定的工作目标为:力争 2016 年 9 月前各项指标达到或超过国家园林城市标准,如期申报国家园林城市。力争 2017 年崇左市创建国家园林城市成功。主要任务是:一是修编城市绿地系统规划。二是努力实施 5 项重点工程。即:实施城市绿地建设增绿工程;实施市政设施建设改造工程;实施生态环境建设改造工程;实施人居环境建设工程;实施社会保障工程。《实施方案》还明确了各单位工作职责和工作进度安排、保障措施等。　　　　　(何安阳)

组织工作

【概况】 2016 年,崇左市组织部门共有干部职工 267 人。其中,中共崇左市委组织部在职干部职工 44 人,新成立崇左市领导干部考核评价与考试测评办公室;7 个县(市、区)组织部门有干部职工 89 人,乡镇(街道)党(工)委组织委员 78 人,市本级和各县(市、区)非公有制经济组织和新经济组织党工委 8 人,全市党员干部现代远程教育系统 48 人。2016 年,市委组织部全面贯彻落实中共十八大和十八届三中、四中、五中、六中全会精神,深入贯彻落实中共中央总书记习近平系列重要讲话精神和治国理政新理念新思想新战略,认真贯彻落实自治区第十一次党代会和崇

左市第四次党代会精神,突出全面从严治党主线,保持政治定力,提高政治站位,服务中心大局,扎实推进"两学一做"学习教育,圆满完成市县乡领导班子集中换届工作,着力推进抓党建促脱贫攻坚工作,统筹推进领导班子、干部队伍、人才队伍、基层党组织和党员队伍建设,为全市做好"两篇大文章"、打好"四大攻坚战"战略任务,实现"十三五"规划开好局起好步提供了坚强组织保证和智力支撑。

【"两学一做"学习教育】 2016 年,崇左市委组织部以尊崇党章、遵守党规为基本要求,以"学做在支部,规范中提升"为主线,以"固定党日 +"为载体,精心组织开展"两学一做"学习教育。抓好领导干部这个"关键少数",在全市各级党组织严格落实领导干部双重组织生活制度,每个党员不论职务高低,都严格落实"三会一课"、双重组织生活等制度,以普通党员身份参加所在党支部活动,在所属党支部、到联系贫困村讲党课,带头宣讲中共十八届六中全会精神。全市各级党组织共举办党课 1.51 万场次。在崇左党建网新增"'两学一做'学习教育"、"两学一做"知识在线考试板块等专栏,创建"崇左党员云课堂"手机 App,引导党员群众随时关注、点播、学习。深入实施"党随千里"工程,依托在北京、上海、广东、南宁等地建立党组织 46 个,组织外出党员参加流入地组织生活,通过"崇左党员云课堂"、短信课堂、流动党员 QQ 群、微信群、"12371"党员咨询服务电话等平台,每月给流动党员骨干寄送《党课》等学习资料,引导流动党员参加学习教育,及时跟进掌握流动党员的工作生活状态及思想动向。创新推行"固定党日 +"制度,把每

月的第一个星期三统一定为全市"固定党日 +"活动日,以支部为基本单位组织集中活动 2 小时以上,开展缴纳党费、诵读党章、研学党规党情、落实组织生活、民主议事、实行民主公开等 6 项规定动作,并鼓励基层党组织做好"+"的文章,把活动内容与宣传党的路线方针政策相结合,与群众发展生产、脱贫致富相结合,与党组织建设的相关制度相结合,通过开展"驻村蹲点"、"支部联建"和在职党员"双报到"等活动,使固定党日活动的内容更加丰富、形式更加多样。扎实开展"佩戴党徽亮身份,服务群众当先锋"活动,提倡党员在工作时间以及参加入党宣誓、"三会一课"、党员志愿服务等党内活动时佩戴党徽,引导全市各行业各系统创设党员示范岗、党员先锋岗、党员责任区,鼓励党员公开承诺,挂牌上岗,亮出身份,引导党员围绕"两篇大文章"、"四大攻坚战"战略,在稳增长、再开放、抓项目、促脱贫、惠民生、固边疆等方面凝心聚力、真抓实干,把学习教育成果体现在推动改革发展稳定各项工作的实际成效上。从严从实抓好督导检查,每个季度抽查 2 ~ 3 个县(市、区)、市委派出的党工委所辖基层党组织开展"三会一课"等活动情况,"固定党日 +"集中活动日组织督导组列席基层党支部会议、活动,现场督导、点评,对不按要求开展"三会一课"的党支部、党支部书记、党员提出明确纪律要求,督促落实整改,确保学习教育有质量、有成效。

【领导班子建设】 2016 年,崇左市委组织部坚持把市县乡领导班子换届作为党的建设和组织工作的重中之重,精心组织,严格把关,严肃纪律,圆满完成市本级、7 个县

（市、区），75个乡（镇）换届工作，实现了"绘出思路清措施实的好蓝图、选出忠诚干净担当的好干部、配出结构优功能强的好班子、换出心齐气顺劲足的好面貌"和"组织满意、代表满意、群众满意"的"四好三满意"目标。争创了广西四个"第一"，即第一个召开乡镇党代会、第一个召开县级党代会、第一个开展县乡人大代表换届选举、第一个完成市县乡换届工作。树立正确用人导向，严格贯彻"二十字"好干部标准，突出基层导向、干事导向、廉洁导向"三个导向"，严把政治关、能力关、作风关、廉洁关"四个关口"，重用提拔21名县级班子成员，新提拔25名乡（镇）党委书记；把干得好又已干久的35名干部调整到市直部门继续发挥重要作用；对13名干不好、不在状态不适宜继续担任现职县级班子成员就地免职；7个县（市、区）新任领导班子当中，有84人有乡镇党政正职经历担任县（市、区）领导，有39人有乡镇工作经历担任县（市、区）领导。着力优化领导班子结构，根据不同地方、不同类型班子专业化配备的重点和需求，选拔熟悉口岸经济、文化旅游、产业转型升级、脱贫攻坚、新型城镇化、社会治理、群众工作、生态文明建设等方面工作的干部进入党政领导班子，注意配好副书记、常务副县长、政法委书记、组织部部长、纪委书记、分管工业和城建的政府副职，形成更加合理的专业知识结构。多渠道选人用人，从市级机关选派23名熟悉经济、党务、城建、农业、法律等专业知识的干部到县级班子任职。从乡镇事业编制人员、优秀村干部、大学生村官选拔112名政治素质高、工作能力强、脱贫攻坚实绩突出、熟悉"三农"工作的干部进入乡镇领导班子。坚

决贯彻落实关于贫困县党政正职不脱贫不调整、不摘帽不调离的硬性纪律要求，保证贫困县乡干部队伍相对稳定。坚持把"九严禁、九一律"纪律要求贯彻到换届工作全过程，落实换届纪律谈心谈话"四必谈"、警示教育"四必看"、政策法规"四必训"要求，市、县、乡三级共开展谈心谈话4951人次、警示教育16657人次、换届培训13080人次、签订《严守换届纪律承诺书》1500多份。联合纪检部门组建7个巡回督查组，开展集中检查、重点抽查、专项巡查、明察暗访59批次，没有发现违反换届纪律的行为。新一届县级处级班子中，共配备干部196名，其中女干部40名，少数民族干部154名，党外干部28名；党政正职中，研究生学历11人，全日制博士学历2人，副职中，博士研究生学历4人；班子平均年龄45岁，年龄结构呈梯次配备。落实干部考察预告、任前公示制、试用期制和常委会票决制等制度规定和有关程序步骤，为市委选拔任用干部把好关口。全年共为市委常委会筹备讨论人事任免14批次，调整干部395人次。

【人才队伍建设】 2016年，市委组织部紧紧围绕做好"两篇大文章"、打好"四大攻坚战"战略任务，深化人才发展体制机制改革，积极实施"人才强市"战略，统筹推进各支人才队伍建设。创新人才集聚机制，出台《崇左市高层次人才引进和管理办法（试行）》《崇左市高层次人才安居工程实施细则（试行）》《崇左市"选育苗"青年人才培养计划实施方案》等引才聚才育才办法，精简人才引进和聘用程序。创新人才跟踪培养，强化政策导向作用。创新校地人才交

流合作机制，开展"名校学子边关行"社会实践活动，邀请到清华大学、北京大学等18所国内高校200多名师生深入崇左各地，以参观访问、挂职锻炼、课题调研等多种实践活动方式了解崇左、发现崇左。深化"南疆国门聚英才"行动，组团赴区外六个重点城市知名高校以及广西大学开展招才引智活动。全年，全市引进（招录）具有硕士以上学位或副高以上职称人才155名（博士9名，硕士141名，副高职称6名，正高职称6名）；柔性引进专家学者、博士、正高职称等各类人才21名。打造和建设一批重点人才项目和工程，组织实施北部湾经济区重大人才项目，"左江花山岩画文化遗产研究与保护开发管理人才项目"列入2016年北部湾经济重大人才项目，自治区财政专项支持经费150万元。实施人才小高地建设提升工程，新增"崇左市稀土冶炼分离人才小高地"为市级人才小高地，中信大锰广西锰业小高地"动力电池正极材料新技术研发及高端技术人才培养"项目入选国家"2016年西部和东北地区高层次人才援助项目"。注重培养本地优秀人才，组织选派本地优秀人才参加"北部湾经济区优秀中青年科技人才访学研修"12人，参加"左江花山岩画文化遗产研究与保护开发管理人才素质能力提升培训班"56人。成立"崇左市振兴左江革命老区青年智库研究会"，发挥青年人才建设积极性。不断优化人才发展环境，召开引进人才暨优秀中青年专业技术人才代表座谈会，举办2016年崇左市"情定五月、扎根崇左"优秀年轻干部集体婚礼，支持鼓励各类优秀人才扎根崇左、干事创业。落实人才优惠政策，及时安排年度引进人才、市直机关"985"院校定向选调生入住

人才公寓，发放安家费补贴、住房补贴 63 万元。

【基层组织建设】 2016 年，市委组织部突出抓好基层党建 7 项重点任务。严格按照中央组织部有关要求，把基层党建 7 项重点任务作为党建工作的重中之重，召开了崇左市落实基层党建重点任务推进会暨基层党组织"固定党日+"活动现场观摩会，组织督导组深入各级各部门开展专题调研，扎实推进各项任务的贯彻落实。

党员组织关系集中排查 通过对党员基本信息、组织关系转接、缴纳党费和参加组织生活、外出流动和发挥作用等情况进行摸底核查，重新取得联系并纳入正常管理的党员 1893 名，已进行管理处置的失联党员 203 名。

基层党组织按期换届排查 对全市 8723 个基层党组织开展地毯式排查，对排查出来的换届难点单位，列出问题清单台账，对机构改制、名存实亡等党支部，采取撤销、重新组建或就近合并等措施调整，销号整改、跟踪督办。全市未按期换届的 105 个党支部已全部完成换届。

党费收缴工作专项检查 把规范党费收缴工作作为"两学一做"学习教育的重要内容，对 2008 年 4 月以来党员缴纳党费情况深入排查，对应缴纳党费的基数和额度进行核算，对历欠、不足额缴纳的党员进行限期补交。发放《党费工作手册》，开展党费收缴管理知识培训班，定期对各单位收缴党费工作现场督查，严格规范党费收缴工作，全市补交党费 180.8 万元。

党代会代表和党员违纪违法未给予相应处理排查清理 依据事实、依照法规稳妥推进党代会代表和党员违纪违法处理。2011 年以来，全市应当终止党代会代表资格、停止执行代表职务 55 名，其中应当并已经终止 47 名，应当并停止 8 名。被终止人大代表资格、暂停执行人大代表职务以及人大代表当选无效的党员 33 名，因涉嫌违纪违法被责令辞去人大代表职务 31 人，被撤销政协委员资格、责令辞去政协委员的党员 11 人。全市"两代表一委员"和党员违纪违法已处理 100%。

推进非公有制企业和社会组织党的组织覆盖 坚持"抓基础、稳推进、争突破"的工作思路，推动"两新"组织党建实现"三巩固一提升"目标。党组织覆盖率进一步巩固。通过发展新党员、查找"隐形"党员、接转流动党员、招聘员工党员等方式，挖掘和壮大党员队伍，全年新增党员 572 名，新成立党组织 24 个，新增覆盖"两新"组织 66 家。非公有制经济组织和社会组织党组织覆盖率双双突破 80%。党组织存活率进一步巩固。出台《关于进一步理顺非公有制经济组织和社会组织党建工作管理体制的意见》，建立市县"两新"组织党工委、园区党工委直接管理，各业务主管单位、行业监管部门、登记管理机关具体指导的联动机制，逐步形成组织设置规范、管理层级清晰的管理体制，确保工作有专门机构抓、有专人抓、抓到位。目前建立的 378 个党组织运转正常，没有出现瘫、散现象，投入率进一步巩固。通过财政支持、党费拨返、"两新"组织自筹等方式落实工作经费 518.3 万元，确保"两新"党建百日攻坚、"成长·活力"大培训、示范点建设等各项工作有效开展。党组织有效性进一步提升。深入开展"党旗领航+"主题活动，通过"强企壮社"、"村企共建"、"保境安边"、"电商扶贫"等活动载体，将党建工作与推动"两新"组织健康发展、助力精准脱贫、促进边境和谐相结合，发挥"两新"党组织服务经济社会发展的实质作用。

推进抓党建促脱贫攻坚 按照"党建+"的联动模式，组织 439 个机关单位、287 个非公企业与 287 个贫困村党组织"结对联建"，落实 2.29 万名市、县、乡、村干部与 88766 户贫困户结对帮扶，通过组织联建、队伍联träned、服务联动、作风联促等共同联动发展。以"党支部+合作社+贫困户"等运作模式，在边贸、旅游、电商等产业组织创建"党群致富合作社"、"党群产业联盟"1838 个，发展社员 12.5 万人，吸纳入社贫困人口 7.1 万人，建立合作社党组织 105 个。通过龙头企业带动，以及成立合作社发展集体经济，全市 846 个村(社区)有集体经济收入的 538 个，占 63.6%，比上年增加 39.1%。通过结对帮扶，287 个民营企业、商会、个体工商户共帮扶贫困村资金 6450 万元，受益贫困人口近 10 万人。联合扶贫部门抓好贫困县党政领导班子和领导干部经济社会发展实绩各项考核工作，督促各级领导干部抓紧抓实脱贫攻坚任务。

领导机关党员干部学习教育 创新开展"固定党日+"活动，各级党员领导干部在活动中亲手缴纳党费，带头领学党章党规，组织开展民主议事，带头深入基层调查研究，带动全市基层党组织党内政治生活进一步严格规范起来。坚持学做结合，以学促做，强化机关工作效能建设，要求党员干部把 90% 以上精力用在抓落实上，推动全市"两篇大文章"、"四大攻坚战"的落实。农村基层党组织"星级化"管理，按照"典型带动、规范提升、均衡发展、全面进步"的思路，整合资源,规范建设村级组织活动场所82个。印发《关于深入整治和规范村(社区)公共服务等事项的通知》,对村级组织机构挂牌、功能场室设置进行清理和规范,实行统一牌匾规格、统一上墙制度、统一升挂国旗,规范工作台账管理、规范村(社区)盖章证明事项、规范公共服务事项等,规范和拓展村级组织场所的政治功能、服务功能、活动功能。全市共有231个农村基层党组织被自治区命名为星级党组织,其中五星级党组织41个,四星级党组织74个,三星级党组织116个。

【抓好"三支队伍"管理】 2016年,市委组织部持续抓好"三支队伍"管理。一是抓好驻村干部队伍管理,新选派1873名机关企事业单位干部担任"美丽广西"乡村建设(扶贫)工作队员,选派287名干部担任贫困村党组织第一书记。印发《关于提高"美丽广西"乡村建设(扶贫)工作队员驻村工作补助标准的通知》,落实第一书记和驻村工作队员每人每月300元乡镇工作补贴,把驻村伙食补贴从每天15元提高到40元。举办驻村干部培训班81期,培训8970人次。评比表彰2014—2015年度全市"美丽广西"乡村建设(扶贫)先进工作队3个、先进后盾单位41个、优秀贫困村党组织第一书记41名、优秀工作队员90名。建立第一书记召回撤换制度,严格驻村干部的考勤、请销假等日常管理,对驻村时间不够、不在状态的9名第一书记进行约谈,对1名表现较差的第一书记进行召回,以严管理、强监督确保驻村干部100%吃住在村,100%发挥作用。二是抓好村电干部队伍管理。印发《关于做好村级后备干部遴选培养工作的通知》,从2016年起,每个村培育1

名以上致富带头人、3名以上后备村干部,全市共遴选出村级后备干部5903人,其中致富带头人1392人。做好空缺村级干部补选工作,全市共调整村干部158人,其中调整贫困村党支部书记18人。三是抓好大学生村官队伍管理。加强村官队伍培养使用,选拔担任乡镇党政班子成员的在职大学生村官17名。

【加强党员发展和管理】 2016年,市委组织部严格按照程序和要求,全年全市发展新党员1840名。其中,女性党员895名,少数民族党员1297名,35岁以下党员1376名,具有大专及以上学历党员557名,农牧渔民党员542名。2016年年末,全市共有党员100522名。围绕庆祝中国共产党成立95周年,组织开展七一庆祝表彰活动、向全市党员致一封慰问信、主题党课活动、先进典型宣传、"党内关怀·帮扶暖心"活动、学习党史党章知识竞赛、党员志愿服务主题月、广泛的群众性文体活动等八项活动,通报表扬市级优秀共产党员60名、优秀党务工作者50名、先进基层党组织50个。受自治区党委表彰优秀共产党员4名、优秀党务工作者5名、先进基层党组织10个。

【农村党员远程教育】 2016年,崇左市全面推进远程教育系统改版升级。市级平台中心媒体库存储量扩容至10TB,中心机房到终端站点带宽提速至4M,212个卫星模式站点系统模块、814个电信模式站点接收设备全面进行升级。以远程教育平台"主题展示月"竞争活动为抓手,全年制作并上传远程教育平台党员教育电视节目36部,整合改编电视节目98部。整合市、县力量打造精品电视片教材《南

疆国旗情》,荣获2016年广西党员教育电视片评比典型人物类一等奖。在广西率先建立100个"党群Wi-fi广场",搭建党员信息传递、交流讨论、学习教育的平台。2016年9月,中共中央组织部党员教育和干部测评中心领导到崇左调研,对此项创新工作给予充分肯定。

【后备干部队伍建设】 2016年,崇左市立足于干部选拔、培养、使用,认真抓好后备干部队伍建设。年内,招考录用选调生46名,从"985"高校、重点"211"高校引进定向选调生9名。结合2016年市县乡领导班子换届,加大优秀选调生培养使用力度,提拔1名选调生担任县委副书记、县长;7名选调生担任县(市、区)党政班子成员;13名选调生担任乡镇党政正职。深入开展年轻干部党性修养锻炼培训和素质能力提升工程,组织优秀年轻干部赴井冈山、龙州、百色等地接受革命传统教育。组织举办2016年中青年干部培训班,集中培训优秀年轻干部52名。选派年轻干部84名参加市直与乡镇双向挂职锻炼活动,接收中区直机关选派10名处级以上干部到崇左市挂职锻炼,选派崇左市9名处级科级干部到自治区直属部门和外省市挂职锻炼。组织全市挂职干部开展集中调研活动,配合自治区党委组织部做好中区直机关到桂挂职干部到崇左市的考察调研工作。

【党的建设制度改革】 2016年,崇左市着眼于规范党支部组织生活,出台《关于在全市基层党组织中建立每月"固定党日+"制度的通知》,通过开展"固定党日+"活动,有效地解决组织生活庸俗化、随意化、平淡化的问题。印发《关于推行党代表大会常任制工作实施意见的

通知》，从 2016 年起在全市所有乡镇推行党代会年会制度，并对党代表教育培训、调研视察、提案提议、联系服务、质询询问、评议监督等制度进行了规范。深化干部人事制度改革，制定实施《崇左市在做好"两篇大文章"打好"四大攻坚战"中培养、发现和使用干部实施办法（试行）》，健全考察识别办法，完善选拔任用机制，形成干部跟踪培养、及时发现、合理使用的选人用人制度机制，着力在重大工作、重点项目实践一线培养发现干部，让表现优秀、实绩突出的干部脱颖而出，得到提拔重用。出台《崇左市做好"两篇大文章"打好"四大攻坚战"通报表扬办法暂行规定》，对在中心工作中推进有力、实效明显的先进集体和先进个人给予表彰奖励，年度共表彰 22 个先进集体和 70 名先进个人，树立了鼓励先进、鞭策后进的导向作用，在全市上下形成干事创业的浓厚氛围。

【干部教育培训】 2016 年，市委组织部充分发挥牵头抓总作用，统筹推进、扎实有效开展干部教育培训工作。全年市、县（市、区）共培训领导干部 71200 人次，其中县处级领导干部 3430 人次，科级及以下干部 67770 人次。培训基层党组织负责人 8123 人次，企业经营管理人员 620 人次，专业技术人员 18350 人次。市本级在市委党委举办主体班 30 期，培训干部 3897 人次；市直单位举办培训班 59 期，培训干部 9800 多人次。认真落实中央、自治区党委关于学习贯彻中共十八届五中、六中全会和中共中央总书记习近平系列重要讲话精神集中轮训的要求，举办"崇左市厅、处级领导干部学习贯彻中共十八届五中全会精神专题研讨班"、"崇左市处级领导干部加强党性教育专题培

训班"等重要班次，对全市 900 多名县处级干部进行全员集中轮训。突出理想信念教育和党性教育，紧密配合全党学习贯彻中共十八届五中、六中全会精神和"两学一做"学习教育，每个主体班都开设深入学习贯彻中共十八届五中全会精神、"两学一做"学习教育、党章党规党纪和中共中央总书记习近平系列重要讲话精神专题。突出专业化能力培训，举办"2016 年崇左市提升开放型经济发展水平专题培训班"、"崇左市 2016 年贯彻落实'一带一路'发展战略专题研讨班"，指导市直单位赴市外、区外举办特色农业发展、口岸经济发展、对外贸易、信访工作等专业化能力培训班、研讨班 21 期。统筹推进新提拔处级干部、乡镇（街道）党政主要负责人、共青团干部、妇女干部、企业和新社会组织党组织负责人教育培训，注重抓好《干部任用条例》培训。组织县处级领导干部 22 名到中直机关党校参加专题培训，配合上级部门调训干部 225 人次。

【干部监督工作】 2016 年，市委组织部认真贯彻落实中央、自治区党委和市委有关换届纪律要求，坚持"九严禁、九一律"，以铁的纪律和严的举措保证换届风气清朗。严格落实领导干部个人有关事项报告制度。组织处级领导干部 835 名集中填写《领导干部个人有关事项报告表》。按 10% 的比例，对 84 名处级领导干部个人事项进行抽查核实；实行"凡提必核"，对 316 名因换届拟继续提名人选、拟提拔为副处级及以上干部、列为副处级及以上后备干部人选、转任重要岗位人选等进行重点抽查核实，对未如实报告有关事项的干部进行提醒、函询、诫勉、暂缓提拔等处理。完成 2016 年度领导干部经济责

任审计工作任务，其中任中审计 7 人，离任审计 2 人。对 7 个县（市、区）和 76 个有人事任免权的市直部门开展干部选拔任用工作"一报告两评议"，并对评议结果进行汇总分析和反馈整改。进一步健全"12380"举报核查工作机制，由专人定期对信箱、来电、来信进行收集、登记处理、整理汇总。严格落实严禁超职数配备干部的有关要求，以换届为契机，消化存量，严控增量，在中央、自治区规定的各个时间节点完成整治消化任务。组织对 93 个机关、参照公务员管理及企事业单位 15989 名领导干部开展干部档案专项审核，对 3890 人存在信息记载不一致等问题全部完成重新认定。严格抓好干部因私出国（境）管理工作，由市委组织部统一登记保管的厅级、处级干部因私出国（境）证件 285 册。

（赵昱智 谢添 王岳）

宣传工作

【概况】 2016 年，中共崇左市委宣传部（含市委讲师团、市文明办）在职在编干部职工 27 名，其中：中共党员 26 名，大学本科以上学历 22 名，大专学历 3 名，中专及以下学历 2 名。2016 年，市委宣传部全面贯彻落实中共十八大和十八届五中、六中全会，以及习近平总书记系列重要讲话精神，强化组织推进，突出基层创新，持续深入实施宣传思想文化工作"六大工程"，成效显著，形成多个国字号工作品牌，为全市做好"两篇大文章"打好"四大攻坚战"发展战略提供坚强有力的思想保障、精神动力、舆论支持和文化条件。年内，分别获广西第八届"我邀明月颂中华"——抗战爱国经典诗词诵读

比赛、自治区"永远跟党走"——庆祝中国共产党成立95周年演讲比赛、第二十三届青少年爱国主义读书教育活动等系列活动优秀组织奖,《以项目化推进舆论引导工作创新》典型经验刊登在中央宣传部《时事报告》杂志2016年11期在"经验交流"栏目,《边境地区舆论引导的探索与创新》被自治区党委宣传部评为2016年度优秀工作案例,2016年9月5日,自治区党委宣传部下发《关于2016年以来广西新闻发布会工作情况的通报》中,有三处肯定性地提到崇左市新闻发布会制度的做法。

【理论武装】 2016年,市委宣传部深入实施基层理论大众化建设工程。市委中心组率先垂范,集中学习8次。继续深化"大榕树课堂"实体化建设,延伸拓展"大榕树课堂"内容,在农村理论学习、法治宣传、家庭教育、科普宣传中发挥重要作用。2016年在广西理论宣讲工作会议上作了经验推广。编印《崇左市"大榕树课堂"实录》、《小山歌·大理论2016》免费发放农村群众,推动理论深扎基层。1月22日,中央电视台新闻联播报道了"大榕树课堂"开展活动情况,6月11日,《光明日报》头版头条刊登报道;《广西日报》一版《当代广西》等媒体在2016年做了重点报道。同时,开展"理论山歌传唱"规模化,推进建设"学习型党组织"系列知识讲座制度化,推进"常委宣讲团"宣讲常态化等措施,推进基层理论大众化建设,取得良好效果。

【舆论引导】 2016年,市委宣传部在全国、广西首创以项目化方式实施舆论导向研究工程。围绕中央宣传部、自治区党委宣传部确定的宣传重点和市委、市政府的重大决策部署,精心选题、整合资源、开展研究,形成一批重要研究成果,以"中共崇左市委宣传部课题组"等名义在主流媒体持续公开发表,密集发出宣传思想文化部门正确声音,引领舆论导向,取得重大效果,成为了全市各地各部门和广大群众学习领会中央、自治区和市委市政府各项精神的重要载体,达到了思想开导、舆论引导、工作指导的积极效果。2016年形成30多篇舆论导向研究成果。《以项目化推进舆论引导工作创新》典型经验刊登在中央宣传部《时事报告》杂志2016年11期在"经验交流"栏目,《边境地区舆论引导的探索与创新》被自治区党委宣传部评为2016年度优秀工作案例。

【舆论宣传】 2016年,市委宣传部深入实施舆论导向研究工程,牢牢把握正确舆论导向。全市新闻单位围绕市委、市政府中心工作,加强策划,大力宣传市委、市政府的重大决策部署,大力宣传做好"两篇大文章",打好"四大攻坚战"战略部署,为全市经济社会发展营造了良好舆论氛围。全市被人民日报用稿28篇,新华社(新华网)、中新社刊发崇左市相关新闻稿件6000多条,自治区级媒体刊播1000多篇(条),广西日报头版头条刊发10条。广西电视台对广西"三月三"民族体育欢乐节暨花山文化节活动现场、左江花山岩画文化景观申报世界文化遗产大会现场与崇左市各地庆祝申遗成功当天活动进行现场直播。召集市直主要新闻媒体召开季度新闻分析通报会,组织市级新闻媒体围绕市委市政府中心工作开设开局"十三五"规划、全力打好脱贫攻坚战、奋力打赢甘蔗"双高"基地建设大战役、严明换届纪律、营造风清气正环境等专题栏目。通过举行座谈会、讨论会等形式,组织全市宣传、新闻战线学习中共中央总书记习近平"2·19"重要讲话精神。

【对外宣传】 2016年,市委宣传部与中央、自治区主流媒体13家和香港媒体开展战略合作。在13家战略合作媒体的重要版面、黄金时段以及内参刊发上万条消息、通讯、图片、音视频,在越南、泰国等国家和地区主要媒体、华文媒体刊发8个专版。5月27日,中新社广西分社共同策划组织"海外媒体聚焦崇左"活动,邀请东南亚国家及日本、澳大利亚等13家媒体到崇左市、龙州县、凭祥市等地进行实地采访。在第13届中国-东盟博览会及商务与投资峰会召开期间,邀请中央、自治区及香港驻桂媒体共计25家,发稿量达900多篇,部分稿件获得台湾《联合报》、澳大利亚《澳洲新报》等10多家境外多媒体播发。建立健全新闻发布制度,新闻发布工作获自治区通报表扬。6月份,以崇左市人民政府的名义下发《建立健全崇左市人民政府新闻发布会制度的工作方案》。全年召开新闻发布会6场,超额完成自治区规定的政府新闻发布场次任务。9月5日,自治区党委宣传部下发《关于2016年以来广西新闻发布会工作情况的通报》中,有三处肯定性地提到崇左市新闻发布会制度的做法。

【舆情信息】 2016年,市委宣传部强化组织领导,健全工作机制,打造"纵向分级,横向联动"的管理模式的网络舆论引导工作格局。组织市县网信系统全体工作人员、市直涉及互联网部门的业务骨干等59人参加培训,提升了业务人员工作能力和水平,同时建立了全市网络宣传管理工作交流平台。不断加强各部门的交流,更实现各部门信息通报共享和协调协作。强化分析研判,采取有力措施有效防止各种有害信息传播,成功处置了园博园工人讨薪、大新的天景区观光车收费、凭祥浦寨中越边境边贸货场关停、网炒"八大小区"延期未交房、农行党员干部发表不当言论、凭祥教师联合发文抵制绩效奖金发放不公、宁明爱店走私赌等多起舆情,维护了社会和谐稳定好局面。强化正面引导,加大宣传力度,不断巩固壮大网络主流舆论,组织开展"e眼看崇左·书写两文章"中外网媒壮乡"三月三"南疆行活动和组织11家属地网站企业参加广西"互联网+文化"博览会向广西展示崇左市互联网行业尤其是网络文化企业风采,促进全市网络文化繁荣发展,组织开展"岩画花山 活力崇左"——桂声智库专家团走读崇左暨红豆年会活动,开展2016年国家网络安全宣传周活动,在全市范围内开展"崇左市关键信息基础设施网络安全"培训,并对全市关键信息基础设施开展网络安全检查,及时排查和消除了网络安全隐患。

【民族文化建设】 2016年,市委宣传部加快特色民族文化挖掘、研究、传承、创新,全力打造骆越花山文化、边关红色文化、左江民俗文化、自然生态文化品牌,文化软实力进一步增强。一是花山申遗梦想成真。左江花山岩画申报世界文化遗产始于2003年、2014年起市委宣传部负责花山申遗的具体组织工作。在中央和自治区指导、支持下,经过全市上下的共同努力,左江花山岩画文化景观于2016年7月15日经联合国教科文组织世界遗产委员会第40届会议通过了联合国专家评审,成功列入世界遗产名录,填补了中国岩画类世界文化遗产的空白,成为广西第一处世界文化遗产,左江花山岩画申遗喜获成功。二是花山文化挖掘有力推进。以多种形式打响"骆越根祖、岩画花山"文化品牌,举办广西骆越文化高端论坛,开展"左江花山岩画的民俗旅游学研究"专项课题研究,开展首届文艺创作"花山奖"和社会科学研究成果奖评选表彰活动。组织创作花山原创歌曲7首,《花山恋》入选"美丽南方 广西故事"系列歌曲创作优秀歌曲。与广西艺术学院签订合作协议,在艺术创作基地、艺术创作制作与展演、文化帮扶、人才培养、合作办学等方面进行全面合作。与广西电视台合作连线直播第40届世界遗产大会,冠名广西文化品牌"本色花山·大地飞歌"2016南宁国际民歌艺术节文艺晚会,充分展示原生态壮族文化和神秘花山文化。三是壮乡"三月三"活动隆重举行。自2014年以来,崇左市被列为广西"三月三"节庆活动基地之一,成为广西直播点之一,每年直播点的数量均在增加。年内,海内外近60家各级主流媒体采访报道,中央电视台进行了直播。四是民族民俗文化得到保护传承。编印覆盖全市中小学的花山文化校本教材,崇左壮族博物馆顺利开馆,中国作家协会《民族文学》在崇左市设立创作基地。搭建文化产业发展融资平台,成立左江花山投资股份有限公司,推进花山文化、边境红色文化等文化资源产业开发。12月12日,崇左市与山水盛典文化产业有限公司正式签约,合作打造花山实景演出项目。五是文化精准扶贫走在广西前列。市委宣传部作为崇左市全面深化改革领导小组文化体制改革小组牵头单位,着眼于建好抓牢农村基层宣传思想文化阵地和文化精准扶贫的现实需要,以开展"基层工作加强年"为契机,推进有线电视进村入户"五个转变",即建设模式由企业主推转变为政府主导,投入方式由企业自筹转变为政企共担,工作机制由分级负责转变为五级联动,推进方式由择点先行转变为试点推广,网络使用由单一功能转变为综合开发,有力推进文化脱贫攻坚,这是全国广西广电网络"进村入户"的新探索。2016年6月30日,中央宣传部、文化部、新闻出版广电总局联合召开全国文化精准扶贫工作视频会议。会上,市委常委、宣传部部长、副市长李振唐作经验介绍。

【社会主义核心价值观】 2016年,崇左市社会主义核心价值观系列歌曲进校园传唱开创全国先河。在开展社会主义核心价值观集中学习、深化教育、主题实践活动基础上,组织全市中小学校师生全覆盖开展社会主义核心价值观系列歌曲传唱和合唱大赛活动,这是目前全国在一个地级市全域内传唱和比赛社会主义核心价值观系列歌曲的首例,是培育和践行社会主义核心价值观的特色举措,是落实社会主义核心价值观进校园的具体活动。该项活动得到了新华社、人民日报、中央电视台等主流媒体和中国音协、北京音协的高度关注,并亲临观摩指导和采访报道,系列歌曲词曲作家等一批国家级专家莅临指导。全面落实自治区党委宣传部部署的社会主义核心价值观宣传阵地建设"123工程",在市城区和各县(市、区)都建立一个以上社会主义核心价值观主题公园。在扶绥县渠黎镇吉到社区建设首个屯级社会主义核心价值观主题公园。打造了一批具有边关特色、融入当地民族文化的社会主义核心价值观宣传阵地。

【爱国主义教育和国防教育】 2016年,市委宣传部组织开展纪念红军长征胜利80周年系列主题活动。举办崇左市第七届"我邀明月颂中华"——纪念红军长征胜利80周年诗词诵读比赛,并组队参加自治区级比赛,获优秀组织奖。与广西书画研究院联合主办纪念建党95周年暨红军长征胜利80周年革命诗词书法作品展。深入拓展"国旗工程"建设,国庆节组织边境一线"国旗工程"点开展升国旗唱国歌仪式。6月,再次承办自治区"走边关、到海防、进军营"主题国防教育活动。10月,承办广西国防教育骨干培训班。崇左市国防教育工作得到自治区国防教育办充分肯定。

【全民阅读】 2016年,市委宣传部制定了崇左市2016年全民阅读活动方案,明确26个项目推进时间和责任落实单位。在龙州县下冻镇举行启动仪式。在4月23日"世界读书日",以市委书记名义在《左江日报》刊登倡议书,推荐优秀书籍,引导广大干部群众爱读书、善读书、读好书。同时开展有奖知识问答、"书香崇左"书画作品展、本土优秀作家进校园等系列活动,推进全民阅读风气更加浓厚。

（甘忠义）

统一战线工作

【概况】 中共崇左市委统战部内设机构5个,分别为:办公室、调查研究室、党外干部科、经济联谊科和市服务非公有制经济发展服务局综合科。2016年,崇左市各级统战部门认真贯彻落实市委、市政府关于做好"两篇大文章",打好"四大攻坚战"战略部署,积极组织、引导全市统战干部和统一战线成员投身经济发展和社会各项事业建设,有力地推动了全市经济发展和社会稳定。

【服务非公有制经济发展】 2016年,市委统战部狠抓强组织、建机制、搭平台、促落实的"四服务",强化树信念、勇争先、助脱贫的"三引领",为非公有制经济发展营造优质、高效、便捷、和谐的发展环境,推动全市非公有制经济健康发展和非公有制经济人士健康成长。6月,市委统战部参加在北海召开的广西统一战线促进非公有制经济发展现场会上作了典型发言,是会上作经验交流发言的两个地级市之一。实施"四服务":一是强化组织专职服务。先后参与草拟了《崇左市非公有制经济发展"十三五"规划》《崇左市2016年稳增长降成本的若干措施》《崇左市精准脱贫摘帽行动方案》等23个行动方案等政策文件,在非公有制经济突破行业准入、平等支配社会生产要素、平等享受国家政策、参与脱贫攻坚政策落实等方面发挥了积极作用,有力地助推了崇左市非公有制经济的健康发展。二是完善机制重点服务。制定并印发《崇左市非公有制经济代表人士综合评价工作联席会议制度》,建立由市委统战部牵头的民营企业参与扶贫工作机制,建立健全联席会议制度、工作规则。进一步完善了领导干部"结对联系"企业机制、非公有制经济发展工作"目标管理"考核考评机制、协调解决非

公有制经济人士反映问题的"直通车"制度等。建立完善党员干部到规模以上重点非公有制企业担任"协理员"的相关机制,充分发挥"协理员"的作用,为非公企业破除"市场、融资、转型"、"三座大山"和"弹簧门"、"玻璃门"、"旋转门"障碍。据统计,年内,全市"协理员"共为派驻企业协调解决土地拆迁、用地指标、供用电、融资和项目审批、手续办理等问题39件;为企业市场开拓、新产品开发、技术改造、人才引进、招商引资等牵线搭桥,联系协调有关部门,争取各方面的支持,推动项目落实9个;为企业发展献计献策、排忧解难,维护企业合法权益17件。三是搭建平台创新服务。政法部门服务企业平台逐步向基层延伸发展,在市、县两级全部建立了"检察院服务非公有制经济工作服务站",其中仅驻凭祥的商会（协会）和重点企业就设立55个服务非公有制经济工作联络点,联络点采取"直通车"制度,着重解决了一些部门工作执行不力、重大项目推进不快、项目建设招投标违规、行政审批"体外循环"等一系列问题。四是现场落实跟踪服务。深化开展"为企业排忧·助企业发展"千家企业大走访大服务活动,积极推进"五个一"服务活动,针对企业反映的一些困难和问题,通过自治区非公办协助协调解决了25个非公有制经济和重点项目发展问题。

【强化"三引领"】 2016年,市委统战部强化"三引领"工作。一是引领非公有制经济人士坚定中国特色社会主义理想信念。年内全市统战部门举办了6期非公有制强优企业高级人才经营管理能力培训（提升）班,市委统战部、市非公办于11月27日—12月2日在

上海交通大学举办崇左市第三期非公有制企业成长知识培训暨经济创新发展研修班，对列入全市非公有制强优企业的负责人和部分高层管理人员进行轮训，在帮助企业管理人士提升企业经营管理能力的同时，进行理想信念教育引导。二是引领商会组织和新的社会阶层人士创先争优服务中心。召开了全市新的社会阶层人士工作会议，详细掌握新的社会阶层人士和非公有制企业青年创业人士情况。充分发挥商会等社会组织的作用，在阿里巴巴开通广西贫困村第一书记产业联盟产品展销旗舰店，引进京东集团建设扶绥县电子商务服务中心和"京东帮扶店"，并在各乡镇建立电子商务合作服务站点；组织凭祥市电商协会50多个电商企业会员开展免费业务技能培训，实现触网创业增加收入。三是引领非公有制企业和非公有制经济人士积极参与脱贫攻坚。市委统战部、市扶贫办、市工商联、市工商局共同启动了"百企扶百村·万人帮万户"精准帮扶行动，突出"一帮一"、"多帮一"方式，鼓励民营企业、商会、个体工商户、致富能人等积极参与脱贫攻坚，使帮扶活动更加"精准"。截至2016年底，实际引导190家民营企业参与脱贫攻坚，共帮扶贫困村225个，受益贫困户6156户，累计投入帮扶资金（含无偿捐赠、有偿和物资折款）9643.62万元（其中投入基础设施7050万元，投入产业开发2066万元，投入教育帮扶382.1万元，投入其他产业145.52万元）；协调落实帮扶项目40个，举办各类技术扶贫培训班36期，培训学员5793人次。

【民主党派参政议政】 2016年，崇左市有6个民主党派组织，其中有农工党民主党派市委会机关1个，民革、民建、民进民主党派总支部3个，民盟、致公党民主党派支部2个，九三学社在崇左市未成立支部但有成员14人。截至2016年12月，共有民主党派成员468名。2016年，市委统战部通过加强思想引领，加强实践锻炼，引导参政议政，开展政治协商，认真做好民主党派和无党派人士工作，扎实推进多党合作和政治协商事业。一是积极引导议政调研、建言献策。围绕市委、市政府做好"两篇大文章"，打好"四大攻坚战"的中心工作任务精准选题，强化市委统战部在民主党派、无党派人士参政议政活动中的组织、联络、协调作用，并在调研经费方面给予支持帮助，使民主党派、工商联和无党派人士高质量完成调研任务，调研成果受到市委主要领导的高度评价。年内开展政治协商活动4次，其中市委主要领导参加2次。二是支持开展民主监督。大力支持各民主党派、工商联和无党派人士参与其他民主监督活动，如支持民主党派、无党派代表人士参与市纪委于3、4月组织开展的查处发生在群众身边的"四风"和腐败问题专项工作巡查活动。三是认真组织开展坚持和发展中国特色社会主义学习实践活动。民革总支部组织党员到龙州县举行抗日阵亡将士公墓祭奠活动；民进总支部开展了以"民进的优良传统及时代价值"为主题的学习研讨活动；农工党市委会组织骨干党员赴广东惠州"邓演达纪念园"开展理想信念教育活动等。通过开展各项有特色的活动，进一步加强了各党派成员的理想信念，夯实共同思想政治基础。四是鼓励支持开展社会服务活动，不断深化各民主党派组织社会服务活动品牌。民革总支部依托"法律帮扶中心"，2016年共办理法律援助案件155件，解答群众法律咨询300多人次。民建总支部组织会员企业在大新、凭祥、宁明等地结对帮扶贫困村投资发展了在当地有一定影响力的经济项目，为贫困村找到了新的脱贫路子，受到当地群众的热情欢迎和积极参与。农工党市委会开展"全民健康素养促进活动"，在群众中获得良好反响。

【党外代表人士队伍建设】 2016年，市委统战部注重加强党外代表人士队伍建设。一是加强党外干部选拔任用。年内，市一级有2个政府工作部门配备了党外干部担任行政正职；有12个市级政府工作部门配备13个党外干部担任领导职务，市中级人民法院、检察院也都各配备了1名党外干部。各县（市、区）的党外干部配备工作均达到了有关要求。二是抓好党外代表人士教育培训工作。2016年崇左市党外科级干部培训班，对各县（市、区）、各单位推荐的党外处级副职后备干部69名和中长期培养对象进行了培训。选派6批次（10人次）党外干部到自治区社会主义学院参加培训学习。三是实现党外代表人士实践锻炼从仅有"接收、下派"到"上挂"的突破。做好2015年自治区党委统战部选派到崇左市挂职锻炼的4位党外干部的挂职期满考察工作，并于2016年5月接收3名党外干部到市卫计委、教育局和龙州县交通局挂职。首次开展双向选派工作，选派市统计局一名副局长到自治区统计局挂职锻炼。

【新社会阶层统战】 2016年6月，市委统战部召开了全市新的社会阶层人士工作会议，在全市范围内开展新的社会阶层人士调查统计，详细掌握新的社会阶层人士和非公有制企业青年创业人士情况。将新的社会阶层人士工作纳入党外知识分子联谊会工作，做好党外知识分子统战工作。进一步拓宽平台载体，丰富会员活动，深化专家百人团服务机制，充分发挥知联会作为党外人士学习宣传的主要阵地、建言献策的重要平台、联谊交友的新型桥梁、开展社会服务的有效载体、党外人才的储备基地五大职能作用，真正将党外知识分子联谊会打造成"党外知识分子之家"。

【中国港澳台地区与海外联谊】
2016年，市委统战部加强港澳台海外联谊工作。一是继续巩固和发挥香港崇左同乡联谊会、澳门崇左联谊会等作用，拓展联系渠道和方式，增进联谊交流，争取人心，不断巩固港澳政治稳定、推动两岸关系和谐发展。2016年，完成了香港崇左市同乡联谊会第四届常务理事会换届工作，重点接待了香港广西社团总会、香港崇左市同乡联谊会、中山大学行政学系澳门同学会、台湾桂籍黄埔亲属参访团等中国港澳台地区社团，其中中山大学行政学系澳门同学会为江州区罗白中心小学学生进行了助学扶贫，为学校捐赠了一批价值10万元的物资。二是充分发挥台资企业协会的职能作用，切实做好台资企业的服务工作。通过做好中国香港、澳门、台商等爱国社团领袖、联谊会会员落户崇左项目的各项服务工作，带动更多的中国港澳台地区及海外知名企业投资崇左，全力推动广西留学人员人才基地建设试点工作。

【民族宗教工作】 2016年，市委统战部贯彻落实全国、广西宗教工作会议精神，完善宗教工作网络，坚决抵御境外宗教势力渗透。7月8日，崇左市委召开常委会议，传达学习广西宗教工作会议精神，研究贯彻落实意见。市委副书记、统战部部长何良军向市委常委会通报广西宗教工作会议情况，传达自治区党委书记彭清华重要讲话精神。统战部门结合市委常委会提出的贯彻落实要求，牵头协调抓好全市宗教工作。一是进一步健全宗教工作体制机制。11月，调整充实全市宗教工作联席会议制度成员单位，落实宗教工作联席会议制度有关要求，于12月召开联席会议，部署全市宗教工作，查找存在问题，研究解决措施。形成了市委统战部牵头协调，政府宗教工作部门依法管理宗教事务，各有关部门和人民团体要积极配合，共同做好宗教工作的良好氛围。二是夯实基层宗教工作基础。结合自治区、崇左市宗教工作部门体制改革，积极协调推动，强化县一级宗教工作机构设置，有效确保县级宗教工作部门行政执法主体资格。截至2016年12月，全市已有扶绥县、大新县、宁明县、凭祥市等4个县(市)将宗教管理职能划入民族局，成立民族宗教局，其中宁明县落实增加2个编制、大新县落实增加1个编制，进一步夯实了宗教工作力量。三是健全完善县、乡、村三级宗教工作网络。将宗教工作纳入社会管理综合治理工作系统。明确规定县宗教办主任，各乡镇统战委员，村委主任(或治保主任)，屯长为各级宗教工作具体责任人，负责本辖区宗教工作，逐级向上负责，使宗教工作从上到下"一条线"。四是积极引导宗教与社会主义社会相适应。支持和推动宗教团体全面加强自身建设和人才队伍培养，不断提高联系服务教职人员和信教群众的能力和水平。注重在"导"上下功夫，团结引领宗教界人士和广大信教群众爱国爱教、正信正行，积极投身全市脱贫攻坚等重大战略任务，共同为全面建成小康社会、服务崇左经济社会和谐发展贡献力量。

（李春杰　姚华剑　闭伟宁
梁艳华　何流）

涉台事务

【概况】 2016年，中共崇左市委员会台湾工作办公室(崇左市人民政府台湾事务办公室，简称崇左市台办)认真贯彻落实中央对台方针政策和全国、广西对台工作会议精神，以开展"两学一做"学习教育为动力，紧紧围绕市委、市政府提出的着力做好"两篇大文章"、打好"四大攻坚战"工作部署，扎实推进对台工作，全面深化崇台经贸、文化合作及崇台各界有序交流，积极维护台商台企合法权益，为促进两岸关系和平发展做出了积极的贡献。

【崇台交流交往成效突出】 2016年，崇左市随着两岸和平关系的持续发展，在新常态下，崇台交流交往更加突出实效性。年内，崇左市组织3个团组18人次赴台交流，1月21日—26日，应台湾新竹县竹东镇树杞林客家文化协会的邀请，崇左市天琴艺术交流团一行4人赴台，参加新竹县竹东镇举办的"2016年二弦、四弦、六弦的美丽邂逅part4"岁末音乐会，和新竹县立青少年管弦乐团一起合作表演，到学校及各个社区进行文化交流，深受台湾观众的欢迎和好评。龙州天琴女子弹唱组合接受了新竹县电视台的专访，作为当天新竹县电视台头条新闻播出,通过与台湾新竹县当地民众开展民间文化交流活动,让大家感受到壮族天琴文化的魅力,让更多的台湾听众了解崇左,了解壮族文化,增进了崇左与台湾新竹民众的民族感情和民族文化认同感。4月21日—27日,市委常委、宣传部部长、副市长李振唐任团长的经贸文化及基层交流团赴台参访,深入花莲县卓溪乡参加布农族射耳祭民俗活动,走村屯访农户,开展面向小学生的助学活动,与卓溪乡公所、乡民代表、村里长等开展联谊交流。面向台湾基层民众,推进两地人文交流发展,不断增进两地民族认同感。参访台东、宜兰现代农业产业园,学习借鉴农业休闲观光产业的经营管理经验。拜会台湾致理技术学院校友会,推介南崇经济带建设,助推左右江革命老区振兴规划的实施。拜会台湾树杞林客家文化协会,推进崇台两地少数民族文化交流。拜会台北广西同乡会,叙乡情,结同心。12月8日—14日,市台办主任方文宏率基层交流工作组一行4人赴台湾花莲县卓溪乡开展交流活动,了解基层民意,推进两地人文交流,不断增进两地民族认同感。通过参访,增进了崇台交流与合作,增加了彼此的了解,增进了友谊,不断提升交流的层次,拓宽交流领域。审批随自治区团组赴台6人次,接待到访台湾客商12批126人次。其中,6月1日—4日,台湾花莲县卓溪乡乡长吕必贤率卓溪乡公所行政团队一行23人到崇左市参访,市委常委、统战部部长谭燕玲,市委常委、宣传部部长、副市长李振唐分别会见了参访团,向到访台湾客商推介了崇左,并欢迎台湾各位乡亲多到崇左走走、看看。2016年,尽管赴台参访及接待来访呈下降趋势,但交流交往的实效性更强、质量更高,促进崇台交流交往持续健康发展。

【崇台经贸合作有新亮点】 2016年,崇左市现有台资企业20家,注册资金26954万美元,投资涉及农林业、制造业和商贸服务业等领域。其中,2016年新增台资企业4家,注册资金7700万美元。市台办积极引导驻地台资企业积极参与精准扶贫工作,不断改善扶贫户生产生活条件,促进农民增收、企业增效,为推动崇左经济社会发展起到较好的促进作用。一是赴台开展经贸文化交流活动。4月21日—27日,以市委常委、宣传部部长、副市长李振唐为团长的崇左市经贸文化交流团一行10人赴台交流考察。在台期间,崇左代表团拜会了大华科技大学、树杞林客家文化协会、台北市广西同乡会、台湾致理科技大学校友会等多家商企协会或公司,并与卓溪乡、玉里镇等进行友好交流,参观考察了保证责任花莲县肉品运销合作社、新竹科学园区、台东初鹿牧场、宜兰香格里拉农场、绿世界生态农场等,通过考察交流,广泛接触岛内各界友人,进一步巩固同胞情谊,推动了崇左、台湾的交流与合作,特别是通过在农业产业、民族文化等方面的交流,搭建了合作的平台。二是组团参加第十二届桂台经贸文化合作论坛。11月28日—12月1日,崇左市组成以副市长李平为团长的崇左市代表团一行7人赴南宁参加第十二届桂台经贸文化合作论坛。在论坛项目签约仪式上,崇左市龙州县人民政府与广西桂台水口食品产业观光园有限公司签订了广西桂台水口食品产业观光园项目,项目计划总投资5亿元人民币,崇台经贸文化合作再谱新篇章。三是引导台资企业成为

扶贫攻坚"排头兵"。依托崇左沿边开发开放优势和边境小额贸易政策优势,引导以广西民之天食品有限公司为龙头的外贸企业走食品加工与边贸扶贫相结合的路子,实现了企业发展与边民脱贫"双赢"的目标。以台企民之天为龙头的外贸企业、加工企业已为边民提供管理员等就业岗位200多个,提供装卸、夹果等临时工作岗位2000多个。创新模式,引导台企广西两岸红现代农业开发公司以"桂台现代农业合作示范基地"为辐射带动作用,实施"政府+公司+农户"模式,开辟300亩土地给周边6个贫困村的300户贫困农户参与种植"美人椒"系列辣椒,并且由公司免费提供种苗、技术和农资,实行订单收购,每亩每年收入可达1万元以上。此外,公司还吸纳周边村屯200多名固定农民工到"桂台现代农业合作示范基地"务工。辣椒种植和收获季节招收临时工500多人,增加当地农民的资金收入。公司收获的辣椒就近由边贸通道和口岸远销马来西亚、泰国等东盟国家,实现企业增效。扶贫方式将由"输血式"转为"造血式",不断促进增强贫困群众自我"造血"功能与推进农业专业化、规模化"双赢"发展。

【服务台胞台商工作有新突破】 2016年,崇左市台办扎实开展"六个一"活动,深入走访台资企业,推进惠台政策落实到位,切实帮助台资企业解决生产经营困难,积极开展走访慰问台胞台属活动,促进情感融合。一是维护台商权益,妥善解决涉台投诉案件。市委、市政府高度重视投诉案的调处工作,根据自治区台办关于在广西继续深入开展"六个一"活动方案,结合实际,2016年以来继续开展对台企

"六个一"活动,以走访台资企业、化解台胞投诉案、解决台资企业生产经营困难为工作重点,为台胞台商创造了良好的生产生活环境,维护台商合法权益。针对台商反映的情况及走访中反映的问题,3月10日,自治区台办副主任唐玉霞一行到崇左市调研台资企业发展情况,分别举行了扶绥县玉山建材有限公司投诉案座谈会和江州区光伏农业项目推进座谈会,崇左市台办及扶绥县、江州区相关部门分别参加了座谈会。年内,受理了投诉案件2起,分别是凭祥利泰混凝土有限公司项目建设用地问题、凭祥万泰房地产有限公司股权纠纷案,两起投诉事都已经阶段性结案。由于做到问题排查关口前移,投诉渠道保持畅通,从而有效地化解了信访突发事件的发生。二是积极开展走访慰问台胞台属活动。市台办利用春节走访慰问的机会,深入台资企业开展走访活动,听取台资企业管理人员的意见和诉求,了解台资企业生产经营情况,协调、解决台资企业生产经营中遇到的各种问题。2016年分别召开了台商代表迎新春、中秋座谈会,与台商代表欢聚一堂,品茶联谊,共话两岸亲情,探讨崇左经济社会和谐发展。通过走访慰问让他们了解国家对台政策,传递党和国家的关心、关怀,不断凝聚壮大希望两岸关系和平发展的力量。

【涉台宣传有声有色】 2016年,崇左市结合对台工作实际,借助赴台交流机会,在行前教育中要求每位赴台人员在赴台交流中要树立个人良好形象,做好崇左的宣传员。借助与新竹树杞林客家文化协会建立起的文化交流平台,积极组织天琴演艺人员赴台开展少数民族文化交流活动,通过文化传播,加强精神纽带,加深感情融和。配合自治区台办做好台湾亚洲卫星电视、台湾东森电视台等媒体在崇左采访、拍摄的接待工作,协调相关单位接受采访,提供宣传资料。第十二届桂台论坛前接受广西新闻媒体联合采访涉台企业2家。通过多渠道的宣传,崇左的区位、环境及人文发展情况在岛内得到了较好的宣传效果。

(方文宏 陈玉红 黄忠辉)

机关党建

【概况】 2016年,中共崇左市直属机关工作委员会认真抓好机关党的思想建设、组织建设、反腐倡廉建设和精神文明建设等项工作,成效显著。党组织关系在市直机关工委的党组织有115个,其中党委34个(机关党委21个,事业、企业单位党委13个),党总支部10个,党支部71个,共有党员6446名。在市委的正确领导下,市直机关各级党组织认真贯彻落实从严治党要求,以党章和《崇左市委贯彻落实〈中国共产党和国家机关基层组织工作条例〉实施细则》为遵循,以开展"两学一做"学习教育为契机,紧紧围绕"服务中心、建设队伍"核心任务,全面落实市委、市政府各项决策部署,为做好"两篇大文章",打好"四大攻坚战"提供了坚强保证。

【思想建设】 2016年,崇左市直属机关工委深入学习宣传贯彻中共十八届五中、六中全会精神,机关党的思想建设取得新成效。一是加强理论武装,推动了意识形态工作扎实开展。积极贯彻上级有关文件精神,把学习贯彻中共十八届五中、六中全会和中共中央总书记习近平系列重要讲话精神作为市直机关加强理论武装的一项重要任务来抓。通过领导干部上党课、开展各类宣讲等方式,推动了市直机关党组织多层次多形式的学习。抓好市直机关党员干部思想政治教育工作,建立谈心谈话制度,开展经常性的谈心谈话工作,分析研判机关党员思想动态,及时了解和掌握市直机关党员思想状况。开展赠书送学活动,为市直机关党员订购《习近平总书记系列重要讲话读本(2016年版)》《党费工作手册》《党的十八届六中全会辅导百问》等各类学习资料共计15000多册,为机关党员学习提供了素材。二是加强教育引导,推动了学习型党组织建设深入开展。充分发挥各类培训的教育作用,承办广西领导干部"时代前沿知识"系列讲座(崇左分会场)4期,协助举办学习型党组织建设系列讲座4期,受教育的机关党员人数近3000人次,市直机关党员的思想更加一致,步调更加统一。充分发挥了重点党报党刊的正确引导作用,积极做好2016年度重点党报党刊的发行工作,服务好市直机关党组织的理论学习工作,确保中央的声音传达到每个基层党组织和党员。充分利用新兴媒体的交流作用,借助崇左市机关党建网站、微博、微信和市直机关党务干部QQ群、微信群等,拓宽机关党建宣传交流渠道,进一步加强了对市直机关党务干部的教育和引导。三是精心组织开展庆祝建党95周年系列活动。深化创先争优活动,经推荐评选,市直机关3个党组织、1名党务工作者和1名优秀共产党员受到自治区表彰,7个党组织、7名党务工作者、8名优秀共产党员受到崇左市表彰,29个先进基层党组织、41名优秀党务工作者和77名优秀共产党员获市直机关工委通报表扬,进一步营造了学习先进、争当先进的氛围。举办市直机关"永远跟党走"庆祝中国共产党成立95周年演讲比赛,评出市直机关一、二、三等奖共7名,并选送优秀选手参加全市"永远跟党走"演讲比赛,获一等奖1名,二等奖1名,三等奖2名,一、二等奖选手还代表崇左市参加了自治区的决赛,进一步坚定了市直机关党员感恩共产党、永远跟党走的理想信念。举办市直机关庆祝建党95周年"强体魄·展风采"体育比赛,组织开展气排球、乒乓球比赛,共有34支队伍,约400名市直机关党员干部职工积极参与,进一步弘扬了团结互助、勇于拼搏的精神,增强了党组织的凝聚力和号召力。打造服务型党组织建设品牌,创新开展市直机关党员"走进社区·为民服务·为党增辉"品牌主题活动,结合"美丽广西·清洁乡村"、"法律法规宣讲"、"免费健康义诊"和"就业培训"等内容,组织和推动市直机关在职党员到社区开展集中服务,并连续三年组织到崇左火车站广场开展集中服务。据统计,年内共有2890人次的机关党员和入党积极分子到附近社区为群众服务,深受群众欢迎。

【组织建设】 2016年,市直机关工委加强机关党的组织建设。

注重"两学一做"学习教育 印发了《崇左市直机关党组织开展"两学一做"学习教育具体实施方案》。结合市直机关实际制定和印发了方案,并严格按照方案要求加强指导,为市直机关党组织按时间节点、逐项完成规定动作奠定了基础。举办了2016年市直机关党支部书记"两学一做"示范培训班。邀请了自治区直属机关工委、市委组织部、市纪委和市委党校等单位的领导,为220名市直机关党

支部书记开展示范性教学,对各党组织开展学习教育提供了具体业务指导。加强学习型党组织建设,充分发挥各类培训班的教育作用。召开"两学一做"学习教育现场观摩会。组织120多名市直机关基层党组织代表,先后深入崇左邮政公司、市地税局、市中级人民法院、崇左供电局等单位,现场观摩学习"两学一做"学习教育好经验、好做法,4个单位还分别在观摩会上做了典型发言,进一步推动了市直机关学习教育深入开展,营造了学习先进、赶超先进的氛围。积极落实市委创新"固定党日+"活动。指导市直机关290多个支部开好首次"固定党日+"活动,以制度形式进一步规范了市直机关党组织生活,党员理想信念得到有效加强,党内组织生活更加规范严格,党员的服务意识明显提高。扎实开展"佩戴党徽亮身份,服务群众当先锋"活动等,党组织的活力得到有效激发,党员的第一身份意识和服务意识得到明显增强,切实做到了"三规范三提升"(规范基本制度,提升开展组织生活的执行力;规范组织生活,提升党支部活力;规范队伍管理,提升党支部书记履职能力)。

注重机关党的组织建设 深化机关基层党组织规范化建设。优化机关基层党组织设置,指导市文新广局等3个党组织新组建机关党委,理顺几个部门的党员管理机制体系,指导市烟草局机关党总支部申报升格为机关党委,组织市地税局等单位做好机关基层党组织规范化示范点建设,树立标杆,以点带面,推动市直机关基层党组织规范化建设走在了全市的前头。扎实做好机关基层党建七项重点工作:多途径开展党员组织关系集中排查,查找重新取得联系并纳入

正常管理的党员63名,已作出组织处理的失联党员5名,还有7名党员失联待处理;做好"两代表一委员"和党员违纪违法排查清理工作,没有发现市直机关存在违纪情况;做好党费专项检查,组织了23个检查组对市直机关工委直管的113个党组织及所属党支部进行全面检查,要求做好党费补交工作,据统计,年内已补缴党费188万元;做好基层党组织换届审批,指导原超期的2个市直机关党组织完成整改;加强对机关党组织开展"两学一做"学习教育的指导监督,出动全体人力组成4个联系指导组,配合市委组织部开展督查,切实解决机关党员干部学习教育"灯下黑"等问题;持续用力抓基层打基础,继续完善机关基层党组织换届"公推直选"制度,选优配强党组织领导班子,共审批38个党(总)支部换届选举和补选工作,新选举党组织书记38人(含任命3人)、副书记47人、委员156人,推动落实教育局等机关党委专职副书记正科级待遇,对党务干部起到了激励作用;加强党务干部队伍建设,继续委托江西干部学院举办崇左市直机关2016年党务干部加强党性修养专题培训班1期,培训党务干部66名;举办崇左市党务干部业务培训2期,培训党务干部282名,进一步提高了党务干部的综合素质和履职能力。深入开展"党员温暖"工程。元旦、春节和七一等节庆期间,慰问重病党员、老党员和生活困难党员172人次,发放慰问金6.9万元,进一步增强了党员的归属感和党组织的凝聚力。

注重发展党员工作 组织深入学习贯彻新修订的《发展党员工作细则》,科学制定发展党员年度计划,做好发展党员审批,严把

党员入口关和质量关,全年发展新党员113名,审批预备党员转正28名,指导各机关党委、企事业单位党委审批预备党员转正132名,审批补办入党志愿书2例。做好党费、党组织活动经费的管理工作。及时完成上一年度党费收缴使用情况核算,做好市财政下拨的基层党组织活动经费的管理,全年共为15个市直机关单位下拨基层党组织活动经费30万元,并做好跟踪服务及督查工作,确保专款专用,为市直机关党组织开展丰富多彩的组织活动提供了保障。

【反腐倡廉建设】 2016年,市直属机关工委注重教育预防,机关党风廉政建设取得新突破。一是深入开展警示教育。创新开展"党课讲廉、读本警廉、观影醒廉、警示促廉"四位一体活动。邀请市纪委领导为市直机关党员上"学好用好两大法规,做内外兼修党员干部"党课,组织市直机关党员观看《自治区发改委原副主任梁晓波腐败案件警示录》电教片、《永远在路上》警示片等,使广大党员干部受警醒、明底线、知敬畏,进一步树牢了勤政廉洁意识,增强了遵规守纪自觉。二是强化监督问责。开展专项检查,派出纪工委书记配合市纪委到天等县进行涉民生资金的专项检查。共发现问题线索18条,移交县纪委处置18条,立案8件、处分8人,4人被移送司法机关处理。尝试开展新党员廉政谈话。逐一对新党员进行谈话,进一步强化反腐倡廉意识,提高拒腐防变的自觉性。年内,共对113名新党员进行廉政谈话。开展赠书送学活动,共赠送市直机关党员廉政书籍5500本。加大案件审理力度,共审理市直单位党组

织移送的案件3起,给予警告处分1人,严重警告处分2人,移送审理结案率到达了100%,形成了违规必查、违纪必究、执纪从严的高压态势。

【精神文明建设】 2016年,市直属机关工委抓好机关党的精神文明建设。弘扬和践行社会主义核心价值观,推动了机关文明创建工作上新台阶。一是指导开展"道德讲堂总堂"活动。配合创建自治区文明城市,指导、协调市直机关各级文明单位承办崇左市"道德讲堂总堂"5期,市工商局、市检察院开展的"诚信"专题、市政法委开展的"讲奉献有作为"主题、市交警支队开展的"文明交通"专题、市政府办开展的"敬业奉献"专场等,均受到有关领导和市直机关党员的好评。二是深入开展机关精神文明创建工作。举办市直机关精神文明创建工作会议,邀请专家学者授课解惑。指导市检察院做好全市精神文明创建现场会,为有申报需要的单位起到了良好的示范带动作用。指导有关单位做好各级文明单位的申报和复核工作,市委党校等3个单位获得第十六批自治区级文明单位称号,市质监局和崇左军分区教导队共建队子获第十六批军(警)民共建精神文明先进单位。市委办等14个自治区级文明单位通过复核,市委政法委等3个单位获得第八批市级文明单位称号,市外侨办等16个市级单位通过复核。三是开展"我推荐我评议身边好人"活动,积极参与网络投票,推荐和慰问市直机关各类"道德模范"。开展"我推荐我评议身边好人"活动,市直机关党员投票率达90%以上;组织开展了市直机关"学雷锋"和文明创建志愿服务活动,进

一步加强了机关志愿服务队伍建设,完善了学雷锋活动长效机制;开展2016年春节关爱慰问道德模范活动,共慰问12名道德模范,发放慰问金6100元。

【机关群团建设】 2016年,市直属机关工委激发群团活力,营造和谐机关氛围。着力构建特色鲜明的机关活动品牌,利用节庆开展丰富多彩的文体活动,举办"我们的节日·春节"—2016年市直机关迎春扑克比赛暨游园活动,协助举办中越青年友好交流、"情定五月·扎根崇左"2016年崇左市优秀年轻干部集体婚礼等,进一步激发了群团组织的活力,展示了机关党员的新形象。

(赵 龙 宋海莉)

政策研究

【概况】 中共崇左市委政策研究室是崇左市委的常设机构,现有行政编制8名,工勤编制1名,内设综合科、改革协调督察科、农村改革和发展科、乡村建设科。下辖中共崇左市委政策研究中心,该中心现有事业编制7名。中共崇左市委全面深化改革领导小组办公室、中共崇左市委农村工作办公室挂靠在市委政策研究室。市委政研室、市委改革办、市委农村办实行"一套人马,三块牌子"的管理体制。

【体制机制调整改革】 2016年,崇左市委政研室(改革办、农村办)按照自治区和市委的决策部署和要求,以全面打造一个决策参谋能力强、协调服务效率高、工作责任意识强的工作团队为目标,积极推进机关内部体制机制改革创新,机关

各项工作开创了新局面。一是增强机关职责职能。7月，市委调整市委政研室领导班子。认真按照市委工作要求，及时做好内部机构调整和人员工作安排，组织精干力量成立调研写作团队，以积极的态度全力以赴做好市委交给的工作任务。6月15日，还及时筹备成立市委农村办，崇左市成立广西第一个市委农村办的地级市。崇左市委政研室（改革办、农村办）三块牌子一套人马。按市委农村办的职责要求，把市农村工作领导小组办公室、市乡村办两个单位职责职能归到市委农村办。二是及时调整完善内设机构。为全面履行好各项工作职责，结合工作实际对机关内部机构设置进行了调整，具体是由原来的综合科、经济科、社会科等3个科调整为综合科、改革协调督察科、农村改革和发展科、乡村建设科等4个科。综合科主要职责是负责政策研究方面工作以及文秘、行政后勤等工作；改革协调督察科主要负责改革办方面工作；农村改革和发展科、乡村建设科负责农村办方面的工作。通过改革，进一步明确了职责任务，促进各项工作的落实。三是加强队伍及其能力建设。为进一步提高参谋决策水平和组织协调落实能力，着力加强队伍建设，加强对领导干部的业务培训学习，年内安排2人到厦门大学、2人到浙江大学、2人到江西干部学院学习，单位所有副科以上人员都参加过自治区或市举办的理论和业务知识培训班学习一次以上。通过学习，不断提高了队伍的理论素质和工作能力。同时在机构改革调整中，努力增加人员编制，不断充实干部队伍力量。2016年新增市委政策研究中心2个事业编制，一名领导职数；新增事业人员2名，其

中1名是通过特殊人才渠道引进的中央党校博士生，1名是从其他单位调查入的财务人员。还拿出2个编制用于全市特殊人才方式招聘硕士研究生。

【编写重要文稿】 2016年，市委政研室积极完成市委交办的各类重要文稿。一是当好参谋助手，较好完成市委重要文稿起草。坚持以文立室，以文辅政，着力抓好政策性文稿和市委有关文稿的起草工作。年内市委政研室完成起草市委2016年常委会工作要点、《中共崇左市委员会崇左市人民政府关于加强和规范甘蔗"双高"基地土地整治工作的若干意见》等重要文件，市委领导在崇左市做好"两篇大文章"打好"四大攻坚战"2016年总结暨2017年部署动员大会、全市创新驱动暨产业转型升级大会上的讲话稿，还参与起草第四次党代会工作报告、市委工作规划、《关于落实自治区实施创新驱动发展战略的决定的实施意见》等重要文稿，较好地发挥了政研室作为"智囊团"、"思想库"的作用。

【科研合作】 2016年，市委政研室与中共浙江省委党校、崇左市委党校等实施科研合作。开展《把崇左建成"一带一路"有机衔接重要门户节点城市研究》、《把崇左市旅游业建成战略性支柱产业研究》、《加快崇左市城市工业区建设研究》等课题研究。同时，还积极争取科研项目，充分发挥智力作用。积极参与自治区级2个课题研究，即自治区社科基金项目课题"糖业'大起大落'成因及缓解对策研究"和广西边疆少数民族文化研究课题"完善崇左市城乡公共文化服务体系研究"。主持市级课题一个，即《推进左江花山岩画保护管理

法治化的对策研究》。受兄弟单位委托，主持编写《崇左市档案事业"十三五"发展规划》、《崇左市职业教育"十三五"发展规划》、《崇左市气象事业"十三五"发展规划》等规划课题研究。

【课题调研】 2016年，按照市委提出的做好"两篇大文章"、打好"四大攻坚战"的决策部署，围绕重大发展课题，深入开展调查研究。经过调研，撰写了《着力提高运用政策能力水平——对崇左市提升开放型经济发展水平的建议》、《广西崇左东盟国际职业教育学院亟须提升发展》、《推进广西中国－东盟青年产业园管理体制改革的调研报告》、《关于凭祥市中小城市综合改革试点开展情况的调研报告》、《关于大新、天等县若干情况的调研报告》、《崇左市创新建设模式推进农村"有电视"》、《崇左市甘蔗"双高"基地建设遇到的难题及建议》、《大新县旅游扶贫融合发展调研报告》、《关于天等县农民工家庭收入情况的调研报告》、《加快推进中越凭祥－同登跨境经济合作区凭祥园区建设的若干思考》、《关于崇左市农业供给侧结构性改革的调研报告》、《关于崇左市美丽广西乡村建设的调研报告》等10多篇文章，特别是参与完成了自治区党委书记彭清华交给崇左市"做好农民工家庭收入情况·破解在脱贫攻坚中农民工家庭收入统计难的问题"的课题调研，负责起草了《关于天等县农民工家庭收入情况的调研报告》。全年共编印《决策参考》12期，将调研成果供市委领导决策参考。

【深化各领域改革】 2016年，市委政研室全面深化各领域改革工作。一是建立改革项目库，明确改

革任务清单。认真贯彻落实中央、自治区、市委改革部署精神，主动谋划崇左市中远期改革目标任务，负责起草了崇左市委贯彻落实自治区党委关于贯彻落实中共十八届五中、六中全会精神重要改革举措实施规划(2015—2020年)方案和崇左市《贯彻实施市委三届六次会议〈建议〉重要举措分工方案》》，共梳理出改革项目清单280项并同步建立改革项目库，为崇左中远期改革任务、目标指明了方向。二是健全联络机制，凝心聚力推进改革。市改革办与各专项小组、各县(市、区)改革办以及各牵头单位建立起横向到边、纵向到底的联络机制，时刻掌握全市改革工作进展情况，采取定期或不定期组织召开协调推进会等形式，研究解决工作中碰到的难题，有效地推进了各项改革，工作亮点突出，比如行政审批制度改革、权责清单制度改革走在广西前列。年内，市本级保留行政审批事项242项，是广西保留审批事项较少的市之一，成为广西唯一一个比中央规定时间提前半年完成权力清单、责任清单两单融合是的地级市，此项工作在广西推广。再如，沿边开放开发体制机制改革成果明显，深入推进凭祥综合保税区管理体制改革、投融资运营改革、凭祥国家中小城市综合改革试点工作，先行先试跨境电子商务，劳务合作，口岸关检一次查验、一次申报、一次放行"三个一"改革。沿边金融试验区建设等都取得明显成效。此外"人民陪审员"、"人民监督员"、"立案登记制度改革"、"家事审判"等改革试点积极推进。同时，积极开展各领域改革督查，先后深入各县(市、区)、各专项小组、各有关单位开展了崇左市人民陪审员制度改革试点、凭祥市国家中小城市综合

改革试点、凭祥市沿边金融综合改革、崇左市国有企业改革等多项督查，有力地推进各领域改革工作。三是加强改革调研，破解改革瓶颈问题。针对改革中存在的热点难点问题，市改革办积极主动深入基层、深入一线开展专项调研，研究破解办法。如针对园区管理体制机制不顺的问题，到扶绥广西中国－东盟青年产业园调研，起草了《广西中国－东盟青年产业园管理体制改革方案》；针对国家改革试点推进慢、经验总结难的问题，到凭祥、大新等地调研，形成《关于凭祥市中小城市综合改革试点开展情况的调研报告》《崇左市推进人民陪审员制度改革试点的做法、问题及建议》等，积极为推进相关领域改革建言献策。

【农村发展改革】 2016年，市委农村工作办公室成立后，职能职责还没有及时调整到位，积极主动作为，扎实贯彻落实市委有关"三农"工作的决策部署精神。主动承担市委有关农村工作重要文稿的起草工作，先后完成《关于崇左市农业农村发展情况的报告》《关于崇左市农业供给侧结构性改革情况的报告》两份文稿的起草工作，及时撰写了《崇左市2016年农业农村工作总结及2017年工作要点》，及时上报自治区农村办、市委。深入开展调查研究工作，市农村办为推进传统农业产业转型升级，发展现代农业，围绕农业供给侧结构性改革、生态乡村、宜居乡村建设等课题开展调研，深入各县(市、区)开展了一系列调研活动，完成了《关于深入推进崇左生态乡村建设的研究报告》等。协调推进全市"三农"工作，虽然市农村办刚成立，市委政研室主动协

调农口部门抓好农村改革和发展工作落实，参与美丽乡村建设，积极探索和推动全市农村社会事业协调发展。　　　　(农仕兵)

党史研究

【概况】 中共崇左市委党史研究室是中共崇左市委员会主管党史业务的工作部门，也是崇左市中国共产党党史研究机构。主要负责征集、整理、编纂重要党史资料，深化党史研究，为党的建设和市委决策提供历史借鉴；组织党史学习教育；扩大党史宣传，普及党史知识；协助有关部门做好党史革命史遗址遗迹调查、保护修缮和开发利用工作，搞好党史纪念场馆建设；参与指导红色旅游工作；开展对全市党史工作的业务指导等。内设有秘书科、征研科、宣传教育科，核定人员编制11个，2016年全室在职在编人员9人。全市7个县(市、区)均设有党史研究室(办公室)，在职人员62人。2016年，市委党史研究室以开展"两学一做"学习教育为动力，认真学习贯彻中共十八大和十八届三中、四中、五中、六中全会精神，以及全国、广西党史研究室主任会议精神，紧紧抓住"以史鉴今、资政育人"这个根本任务，扎实推进党史征、编、研、宣和自身建设等各项工作，积极推进党史工作"十大工程"，为崇左市做好"两篇大文章"、打好"四大攻坚战"服务，各项工作迈上新台阶。

【党史资料征集】 2016年，市委党史研究室精心策划，及时收集整理，党史资料征集工作成效显著。一是精心策划开展新民主主义革命时期党史资料抢救征集工程。市委党史研究室联合市委老干部

局和市老促会,向健在离休老干部抢救性征集党史"口碑资料"。年内在市本级采访离休老干部18名,录制视频800多分钟,征集到党史书籍10本,回忆录5份,整理采访记录18份。各县(市、区)也积极组织开展抢救征集工作。扶绥县完成22份资料共2万多字的核查、印证、补缺及整理工作。大新县基本完成四个时期资料的分类整理以及抗战时期综述材料的编写工作。天等县完成口述资料、回忆资料9篇共3.5万多字的征集整理工作,撰写综述5800多字,撰写专题资料2篇。宁明县汇总、整理和上报抗战时期党史资料共24万字。二是即时记史,及时收集、整理和编辑2016年党史大事记。按照中央"一突出、两跟进"的要求,安排专人科学选取、及时收集每日全市党内重大事件,即时记录2016年党在崇左创造的主要业绩和取得的鲜活经验,共整理2016年党史大事记32万多字。各县(市、区)也同步开展收集整理本年度大事记工作。三是按时汇总、整理和上报了抗日战争时期党史资料共24万字,协助自治区党委办公厅和自治区档案局做好新民主主义时期地下交通站的资料收集工作。指导龙州起义纪念馆开展《从胜利走向胜利》一书的资料征集和整理工作,共收集到图片110多张。

【党史著作编纂】 2016年,市委党史研究室坚持注重质量,精心编纂,党史书籍编纂出版工作稳步推进。一是稳步推进《中国共产党崇左历史(第二卷)》的编纂工作,同时指导各县加快党史基本著作第二卷的编纂出版工作。《中国共产党崇左历史(第二卷)》编纂工作进展顺利,召开专家评审会,组织自治区、市、县各级专家对书稿进

行了认真审读,顺利通过了专家评审,确保了书稿的质量,取得了阶段性成果。二是继续采用图文并茂的方式,组织编纂《中国共产党崇左市大事记(2015)》,及时编纂《2015年崇左市重要文献选编》。两本书已于11月份印刷出版并向市四家班子成员赠阅,为全市各级党组织总结执政经验、探寻执政规律积累宝贵资料。大新、天等、宁明、凭祥等县(市)的大事记,大新、天等、凭祥等县(市)的文献选编也按计划完成。三是积极推进编纂党史专题著作,提升崇左党史研究水平。抓好《胡志明与韦国清》编纂工作,于3月3日召开专家评审会,通过了专家评审,6月份报送广西人民出版社审读。广西人民出版社已按规定将该书报送中央有关部门审批。做好《广西崇左市抗日战争时期人口伤亡和财产损失》编纂修改工作。自治区党史研究室于9月份组织召开了审稿验收会,对该书进行审稿验收。审稿后按照审稿意见进行进一步修改完善。四是指导各县(市、区)抓好党史书籍编纂工作。龙州县编纂的《邓小平与龙州》于5月19日召开专家评审会,通过了专家评审,6月份报送广西人民出版社审读,广西人民出版社已按规定将该书报送中央有关部门审批。凭祥市编纂的《友谊关下一棵松》于2016年11月完成内部出版工作,同时着手收集整理《凭祥军事文化博览》一书,计划在2017年印刷出版。

【党史综合研究】 2016年,市委党史研究室深入钻研,党史课题调研工作进展顺利。一是深入开展"中国工农红军滇黔桂边游击根据地革命斗争研究"课题调研工作。注重抓好史料征集,共探访了10位

在世的革命前辈或革命后代,征集到有研究价值的相关书籍5本,口述资料12份,图片资料3张,其他资料5份。注重抓好总结整理,撰写了1931年7月至1937年12月向都县滇黔桂边游击根据地大事记和《向都农民赤卫军在滇桂边的活动》《向都大血案》《"抗日救国第十八军"成立时间》3篇专题材料。注重抓好资料考证,及时到靖西、德保和云南省文山州、富宁县等地考证核实"抗日救国第十八军"成立时间等史实,确保准确性。年度内基本完成课题调研任务,共汇总整理上报材料汇编7万多字,得到中央党史研究室研究员、原巡视员李蓉的充分肯定。同时,协助自治区党史研究室做好《滇黔桂边红色印记》编纂工作。二是继续组织开展《广西改革开放纪实》课题研究编写工作。按照自治区党史研究室要求,上报了《中国"糖都"》《崇左市千村万屯组织建设纪实》等2个课题,并按照自治区的修改意见完成了最后的修改上报任务。三是认真组织开展本室课题研究工作。积极组织科室人员开展调研和课题研究,完成《龙州起义中的邓小平思想研究》《加大脱贫攻坚力度 推进左江革命老区振兴发展》等2个课题的撰写工作。大新县和龙州县也分别完成《发掘壮乡红色文化 打造红色旅游品牌》论文和《创新边境发展思路 加快推进富民兴边工作新步伐》资政专题文稿。四是做好党史科研成果评比申报、审核和推荐工作。共推荐9篇论文、4本著作参加全国优秀党史科研成果评比活动,推荐6篇论文参加广西社会科学优秀成果奖评比活动和崇左市第二次社会科学优秀成果奖评选活动。其中《中国共产党崇左历史》(第一卷)获全国优秀党史科研成果三等

奖（广西地市一级唯一获奖著作）。五是扎实推进"文库工程"建设。千方百计落实建设经费，购置了党史、历史和社科书籍 500 册，充实党史资料库藏书。完善资料管理和利用工作，稳步推进党史资料室科学化、规范化、数字化。

【地方党史宣传】 2016 年，市委党史研究室创新工作，党史宣传教育工作稳步开展。一是创新党史教育培训方式，提升培训成效。改变以往课堂培训党史知识业务的单一培训方式，注重实地教学和情景教学，全面提升党史干部的党史综合意识。市委党史研究室牵头联合南宁市、防城港市党史部门于 10 月 25 日至 31 日在井冈山（江西干部学院）举办了 1 期党史干部加强党性修养专题培训班，实现联合办班和异地教学，全市 24 名党史干部参加了培训。通过身临其境的学习教育，全市党史干部震撼了心灵，加深了对中国红军革命斗争历史的认识和理解，开阔了党史工作与红色旅游相结合的视野，激发了党史干部进一步做好党史工作的热情和动力，大大提升了培训教育成效。二是持续抓好党史信息宣传和采访宣传工作。加强指导，鼓励全市党史干部多写党史工作信息。共被中央党史网采用 2 篇、广西党史网采用 24 篇、自治区《党史工作情况交流》采用 20 篇。调研报告《关于崇左跨境红色旅游的调研及思考》被《崇左信息》采用。协助做好广西人民广播电台《追寻红色印记》摄制组在崇左开展采访工作，为他们提供可采访的老红军后代、党史专家等人员名册以及征集相关党史资料的线索。三是做好党史"六进"工作，积极组织开展党史纪念活动。协助广西党史网做好纪念建党 95 周年党史知识

竞赛活动，积极组织全市党史系统干部职工参加知识竞赛，扩大宣传教育面。宁明县组织开展纪念建党 95 周年党史知识竞赛活动，共有 1560 共产党员、入党积极分子参加了竞答，很好地宣传了党史的各项知识。四是认真做好征文发动工作。协助市委宣传部开展崇左市"庆祝中国共产党成立 95 周年"论文征集活动和自治区党委党史研究室纪念红军长征胜利 80 周年征文活动等，鼓励全市党史干部职工撰文投稿。五是加强对革命遗址遗迹保护和纪念场馆建设的指导。全市共筛选了 5 处革命遗址遗迹向自治区推荐申报，其中龙州起义纪念碑被确定为第二批广西党史教育基地。在天等县开展革命遗址遗迹保护情况调查工作，共调查革命遗址 10 个，烈士墓 3 个。充分发挥已经命名的党史教育基地的宣教阵地作用，积极组织引导党员干部和青少年等各类人群到基地开展革命传统教育和党史教育，4 个党史教育基地全年共接待前来接受教育的党员干部群众 61.2 万人次。　　（陈光钧）

信　访

【概况】 中国共产党崇左市委员会、崇左市人民政府信访局（简称"崇左市信访局"）是市委、市政府处理人民来信和接待人民来访的职能机构，是市委工作部门正处级单位。2016 年，崇左市信访局以中共中央总书记习近平系列重要讲话精神为指导，深入贯彻落实中共十八大和十八届六中全会精神，紧密围绕市委、市政府做好"两篇大文章"、打好"四大攻坚战"中心工作，按照全国、广西、崇左市信访工作部署要求，扎实开展"两学一做"

学习教育，深入推进信访工作制度改革，全力推动信访积案化解，着力打造"法治信访"、"阳光信访"、"责任信访"，全力维护群众合法权益及社会和谐稳定，各项工作取得了可喜成效：提前两个多月圆满化解了 61 件中央、自治区交办信访积案；先后多次在自治区会议上介绍崇左市信访工作经验；选送了一批较高质量的信访工作经验和典型案例材料，其中《以法为纲解积案，情理交融促和谐》事项得到上级部门的充分肯定，作为广西唯一一篇征地拆迁安置类典型案例报送国家信访局并印发广西学习；圆满承办了 8 月 16 日广西结合"两学一做"教育化解信访积案经验交流会，崇左市创新运用信访"一线工作法"破解信访积案、难案的成功经验得到了自治区人民政府副主席、公安厅厅长胡焯的高度评价。信访总量持续下降，信访秩序进一步好转，全年各重大敏感节点期间实现了无人越级赴邕进京上访的目标，"三无"县（市、区）创建工作名列自治区第一名，是唯一一个超额完成创建指标任务的地级市。用优异的成绩为崇左市全面完成"十三五"规划各项目标任务，与全国、广西同步全面建成小康社会做出了积极贡献。

2016 年，全市信访部门共受理群众来信来访 7215 件（人次），比上年同期 4662 件（人次）上升 54.8%。其中，来信 190 件，比上年同期 218 件下降 12.8%；来访 2035 批 7025 人次，与上年同期 1078 批 4445 人次相比，批次下降 88.8%，人次下降 58%。5 人以上集体访 170 批 2796 人次，与上年同期 211 批 3028 人次相比，批次下降 19.4%，人次下降 7.7%。2016 年以来，全市进京非正常上访 2 批 5 人次，与上年同期 2 批 26 人次相比，

人次下降 80.8%；全市群众到自治区上访 97 批 361 人次，与上年同期 140 批 359 人次相比，批次下降 30.7%，人次上升 0.56%。其中，赴邕集体上访 9 批 230 人次，与上年同期 10 批 133 人次相比，批次下降 10%，人次上升 73%。全市信访形势稳中有降，总体可控。

【党委政府重视信访】 2016 年，崇左市各级党委、政府对信访工作高度重视，把信访工作摆上重要议事日程，作为头等大事和重要的政治任务来抓紧抓好。2016 年 5 月 3 日市委常委会、5 月 17 日市长例会专门听取了信访工作汇报并专题研究信访工作。市委书记刘有明，市长孙大光，市委副书记何良军，市委常委、常务副市长梁旭辉，市委常委、政法委书记雷多荣，市委常委、组织部长蓝晓，副市长、市公安局局长朱中卫等市领导多次对信访工作做出重要批示，要求全市各级各部门全力以赴做好信访工作。在全国、广西"两会"期间，市委常委、政法委书记雷多荣，市委常委、副市长王启平，副市长、市公安局局长朱中卫先后轮流带队赴邕进京值班；每月都有党委、政府领导到市信访局接访室亲自接访；市、县两级党委、政府领导班子成员在敏感时期每天都派人到信访局接访室坐班接访；各部门领导和乡镇（街道）领导随时下访接访等。及时把矛盾解决在萌芽状态，把上访人吸附在当地，尽快解决各类矛盾和案件。

【领导干部接访下访】 2016 年，崇左市信访局认真执行中央、自治区和崇左市关于领导干部接访下访规定，着力抓好市、县、乡三级领导干部接访下访和包案工作，集中力量解决好群众反映强烈的信访突出问题和重大疑难信访积案。全年，处级以上领导共有 822 人次参与接访，接待群众 686 批 1618 人次，受理案件 820 件，到期 440 件，已办结 440 件，办结率 100%。市委、市政府领导每月亲自到群众接待室坐班，随时接待群众来访，并立即对信访件做出批示。年内，市委书记刘有明到市信访局接访 4 次，共接待来访群众 5 批 18 人次。市长孙大光到市信访局接访 4 次，共接待来访群众 4 批 11 人次。市委办、市政府办还专门召集有关部门领导召开案例分析会 8 次，集体分析信访突出问题和疑难信访案件化解措施，市信访局及时跟踪督办相关责任单位、责任人，确保案结事了。

【纠纷排查】 2016 年，崇左市信访局齐抓共管，密切配合，不断提升多部门联调联解合力。一是推动各部门齐抓共管。崇左市坚持"统一领导、部门协调、统筹兼顾、标本兼治、各负其责、齐抓共管"的工作原则，进一步完善了信访工作程序，对要求合理但处理有一定难度的信访事项，整合资源，多部门配合，共同攻坚克难。对一些诉求不合理，没有政策依据的过高要求，耐心细致解释，争取得到群众的理解。对涉及多个部门的信访事项，组织有关单位配合、协调做好工作，防止出现推诿塞责现象，提高信访工作效率。二是推动各部门联合接访。全市有凭祥市、大新、扶绥、宁明、天等县都设立了群众来访接待大厅。按照"一站式接待、一条龙办理、一揽子解决"的要求，开展联合接访，大大增强了部门联合处置信访问题的合力。没有接访大厅的江州区、龙州县，对涉及多个部门的信访事项，由本级联席办综合协调，联调联办，最大限度

地方便群众，解决问题。三是推动各部门联合督查。2016 年 3 月至 9 月，市综治办、市信访局联合，组织有关职能部门，对上级交办的 61 件信访积案开展联合督查。对久拖不决、涉及面广、社会关注度高的重大疑难信访问题，实行通报，并负有倒查责任。对群众评价不满意的信访事项和积案化解情况进行回访，切实摸清案情、找准问题、吃透政策，推动问题解决。年内，全市共下发信访事项督查督办通知 46 份，协调有关部门开展联合接访、联合处置 46 次，推动重大突发信访问题迅速解决。如 2016 年"五一"期间，崇左市龙胤财富广场三期外架工程施工方老板因工程安全问题和工程款纠纷问题爬上 26 层高吊塔扬言跳楼轻生，副市长、市公安局局长朱中卫亲自到现场指挥化解，市信访局及时协调市住建委、市人社局、市中级人民法院、市公安局、市消防支队人员进驻现场处置。

【积案处理】 2016 年，崇左市信访局强力推动信访积案化解。全年上级交办 61 件信访积案（含重点案件和三跨三分离案件），根据市委常委会议精神和市委、市政府有关领导的指示精神，由市综治办、市信访局联合督办，各县（市、区）、市直有关单位全力化解，做到解决一件，少一件，解决一件，带动一批，以点带面，以重点突破，带动整体推进，促进信访积案化解卓有成效。6 月 8 日、6 月 23 日，市综治办、市信访局联合组织召开全市信访积案推进会，听取各县（市、区）、市直有关单位逐案汇报化解工作情况，进一步分析案情，部署下一阶段工作。会后，市综治办、市信访局组成联合督查组，分赴各县（市、区）和市直有关单位开展化解积案

专项督查，有力地推动了案件的化解。7月31日，上级交办积案化解任务提前两个多月圆满完成，办结率和网上录入率均排在全广西第一位。由于成效突出，8月16日，自治区化解信访积案经验交流会在崇左市召开。会上，自治区副主席、公安厅厅长胡焯充分肯定了崇左市信访工作取得的显著成绩，要求广西各级各部门推广学习崇左信访"一线工作法"。

【信息收集和报送】 2016年，崇左市信访局重视信访信息收集和报送工作。一是对综治和平安建设工作高度重视，把社会治安综合治理和平安建设作为重要工作目标，充分发挥基层综治信访维稳中心及时反馈各项信访苗头信息的作用，分析信访疑难事项，认真排查信访热点难点问题，及时办理群众来信来访，主动当好上访群众信访导航员、政策宣传员、心理疏导员，疏导上访群众思想情绪，有效缓解矛盾和对立情绪，积极防范极端事件和群体性事件的发生。在重大节日和敏感时期，做到领导到位，重点部署，落实责任，主动做好化解社会矛盾纠纷工作，全力维护社会政治大局稳定，充分发挥信访部门的作用。年内，全市共排查出矛盾纠纷169起，调解169起，到期65起，已化解65起，化解率100%。二是做好经验材料和典型案例的总结收集工作，深入基层调研，完成一批较高质量的调研文章，主动与宣传部门、各主流媒体做好沟通联系，不断扩大信访工作影响力。8月18日，广西日报刊登崇左市法治工作典型经验《解题于一线》；12月13日，全国网上信访基层应用工作座谈会在北京举行，崇左市网上信访工作经验材料《以推

行网上信访为抓手，打造阳光信访升级版》获得推广，印发全国学习。三是加大依法逐级走访工作的宣传力度，加强对越级上访群众的思想教育疏导，引导其依法逐级反映诉求。2016年以来，全市信访系统共开展依法逐级走访宣传活动15场次，印发宣传资料21000多份，到市赴邕越级上访明显减少。

【督查督办】 2016年，崇左市信访局全力抓好法治信访工作。一是坚持改革信访工作制度。继续大力推动将涉法涉诉信访问题纳入法治轨道解决，逐步建立涉法涉诉信访依法终结制度。二是坚持法治导向。从群众反映最强烈的地方改起，从健全制度机制抓起，使依法信访和依法治访工作相结合，大力推动涉法涉诉信访问题的有效解决。三是宣传群众依法走访。通过对《关于进一步规范信访事项受理办理程序引导来访人依法逐级走访的办法》的大力宣传，让群众明白应该通过什么途径、到哪个部门去反映诉求、解决问题。四是加强监督。压实有权处理机关责任，要求其加强责任意识和提升调处能力，绝不能以任何借口推卸责任，同时，明确其失职可能带来的后果，使其能够主动去了解问题、解决问题。五是全力加强初信初访工作。加强初信初访接待办理工作，千方百计提高初信初访办结率，根本扭转群众重越级访、轻初始访、重集体访、轻单个访的观念，有效地防止因忽视处理初信初访问题而导致越级访、集体访和重复访的发生。六是全力加强信访信息综合分析研判工作。继续加大信访信息和调研工作力度，进一步加强对信访情况的综合分析研判，及时掌握重点人员信访动态，

增强工作的预见性，不断适应客观条件的变化要求和新形势下信访工作的需要，定期不定期针对被反映对象的特点，分清级别、区分层次，划分区域，对可能出现的信访苗头做出合理判断和分析，及时提供案源线索和为领导决策提供参考。七是全力加强督查督办工作。加强对排查出来的重点信访事项进行专项督查，把握信访工作的主动权。加强对信访突出问题的跟踪督导，把各个环节用制度予以明确并落实责任，形成一个完整有序的工作运行机制。建立信访问题督查督办工作领导责任制，实行逐级负责、领导包案、挂牌督办等措施，做到事事有回音、件件有结果。

（陆翠柳　冼晓芳）

党　校

【概况】 中共崇左市委员会党校、崇左市行政学院是在市委、市人民政府直接领导下培养党员领导干部、理论干部和国家公务员的学校，是党委、政府的重要部门，是培训轮训党员领导干部的主渠道，是党的哲学社会科学研究机构。崇左市社会主义学院是市委领导的统一战线性质的政治学院，是民主党派和无党派人士的联合党校。中共崇左市委员会党校与崇左市行政学院、崇左市社会主义学院实行"一套人员，三块牌子"的管理体制，为市委、市人民政府直属的相当正处级财政全额拨款事业单位。

崇左市委党校校长为市委副书记何良军，崇左市委党校常务副校长、崇左市行政学院院长为李勤（法人代表）。崇左市社会主义学院院长为农海波（崇左市政协副主席兼），党组书记为李春杰（崇左市

委统战部副部长兼）。

崇左市委党校、崇左市行政学院与崇左市社会主义学院合署办公，校（院）区位于崇左市江州区山秀路53号。学校实行校委制，下设11个科室，核定编制59人（参公编制22人，事业编制37人）；现有在职干部职工43人（其中参公人员19人，事业人员24人），离退休人员64人。

2016年，在市委的正确领导和自治区党校（广西行政学院）的指导帮助下，崇左市委党校（行政学院）坚持党校姓党工作原则，深入学习贯彻中共十八大和十八届五中、六中全会精神以及习近平总书记系列重要讲话精神，全面贯彻落实全国、广西党校工作会议精神和自治区第十一次党代会精神、崇左市第四次党代会精神，紧紧围绕崇左市"十三五"规划开局之年经济社会发展需要，扎实推进干部教育培训、科研咨政、县级党校设置调整等工作，获得了自治区级文明单位、2016年全区党校（行政学院）系统后勤业务技能演示活动组织奖等荣誉，为崇左市做好"两篇大文章"、打好"四大攻坚战"做出积极贡献。

【干部培训教育】 2016年，崇左市委党校认真贯彻落实全国、广西党校工作会议精神和《中共中央关于加强和改进新形势下党校工作的意见》，坚持党校姓党根本原则，积极承担为领导干部补钙壮骨、立根固本的重要任务。全年共举办"提升开放型经济发展水平专题培训班"、"全市厅、处级领导干部学习贯彻中共十八届五中全会精神专题研讨班"等30期主体班次，共培训各级领导干部3897人次（其中：厅级干部65人次、处级干部2325人次、科级及以下干部1507

人次），高标准、严要求地完成了2016年主体班培训任务。同时，依托良好的培训条件，拓宽培训渠道，扩大对外培训的规模，全年共举办104期社会班，培训人员共计10554人次，比上年同期分别增长53%和45%，实现了社会效益和经济效益双丰收，党校作为干部培训的主渠道作用更加突显。呈现出如下特点：

坚持党校姓党原则 把牢新形势下党校工作的正确政治方向。在组织教师备课时，要求每位教师都要结合自身专业特点，开设1~2门主业主课，强化党的理论教育和党性教育在教学中的龙头地位。在承接社会办班业务时，引导办班单位在培训课程中设置了一定比例的党的理论教育和党性教育课程，突出党校办学特色。在全年举办的30期主体班次中，中共十八大和十八届三中、四中、五中、六中全会精神，以及中共中央总书记习近平系列重要讲话精神，反腐倡廉、党章党规党纪等主业主课占总课程75%以上，党的理论教育和党性教育的主体地位进一步提高。

突出培训的针对性和有效性 2016年，市委提出了做好"两篇大文章"，打好"四大攻坚战"的战略任务。党校紧紧围绕这一重要部署开展有针对性的培训，举办了"口岸经济发展专题培训班"、"县处级领导干部生态文化旅游专题研讨班"、"县处级领导干部推进传统优势产业'二次创业'专题研讨班"、"乡镇书记、镇长精准扶贫培训班"等班次。邀请相关领域的专家、领导前来授课，比如：口岸经济班邀请了时任自治区商务厅厅长王乃学、生态文化旅游班邀请了南宁市旅发委主任黄永久、"二次创业"班邀请了广西大学教授李坚斌

等到培训班讲课，使各级领导明确自己的职责任务。这些权威的专家、领导授课，运用扎实的理论知识，紧密联系崇左发展实际，分析了崇左面临的机遇和挑战，提出了见解独到的对策建议，使学员们深受启发。

突出精准培训 与以往举办的培训班"大而全"（参训人员多、专题设置广）的特点相比，2016年举办的培训班体现精准化，突出"小而专"（参训人员少、专题针对性强）的特点。如："贯彻落实'一带一路'发展战略专题研讨班"，该研讨班的学员只有42人，以"一带一路"专题为主线，先在校内学习了《加快口岸经济发展，提升崇左开放型经济发展水平》《广西融入"一带一路"倡议的对策措施》等9个专题，然后到云南省德宏州开展异地教学。通过学习与崇左情况类似的省外地区开发开放和口岸经济建设情况，帮助学员更精准、更贴近实际地拓宽了工作思路。

落实领导干部到党校讲课制度 积极落实领导到党校讲课制度，主动邀请市委领导上讲台，推动领导干部到党校讲课常态化。年内各级领导干部到党校讲课总课时占主体班次总课时的比例超过20%，达到23.3%。在"崇左市2016年全市厅、处级领导干部学习贯彻中共十八届五中全会精神专题研讨班"上，市委书记刘有明亲自上讲台讲课，为全市领导干部上讲台讲课带了好头。全年共有12位厅级领导干部（其中有9位市委常委）到党校讲堂作报告或上课，极大地增强了教学培训效果。

坚持新课试讲制度 对副高职称以下的教师都要进行新课试讲，新课内容要以主课主业为主，凡试讲不合格不能上讲台。同时，

进一步完善教师"结对帮带"方案，帮助青年教师尽快提高教学水平，着力打造一支党性强、作风优、业务精的师资队伍。举办全市党校系统现场教学优质课评选活动。通过全市党校优质课评选，初步搭建了市县两级教学整合交流平台，有效地调动了县级党校教师的积极性，进一步深化了教学改革，提高了全市党校系统的教学水平和授课质量。首次开设创新干部教育培训管理班次。首次举办"崇左市2016年创新干部教育培训管理专题研讨班"，组织了市、县两级组织部和党校负责干部教育工作的管理人员进行培训。培训班围绕广西干部教育工作和党校教学管理改革工作进行学习研讨，并分别到柳州、来宾、贵港等三市学习，在交流互动中学习吸收了兄弟党校的成功经验，进一步提高了市县两级干部教育培训管理人员的业务水平。

【科研基础作用】 2016年，党校科研是党校和党的事业的有机组成部分。科研水平是衡量党校办学水平的重要指标，是党校的立校之本。加强科研工作，是提升党校办学水平的重要基础，科研工作开展的有效与否直接影响到党校教学水平的质量高低。按照"中心工作和教学出课题、科研出成果、成果进课堂"的总体思路，紧紧围绕市委、市政府中心工作开展理论研究，科研工作取得新成绩。一是课题研究工作有新突破。学校提供经费支持保障，大力推动教师围绕科研课题或教学专题走出去，到现场一线去开展调研活动。年内，党校共申报10项课题(广西党校系统调研课题4项，广西社会主义学院系统招标课题3项，市委统战部课题3项)，申报课题数与2015年

相比多了1项，但获得立项的课题数与2015年相比大幅度增加，共有9项课题获得立项，增加了4项。2016年，共完成5项课题的研究工作并获得结项，其中广西党校系统调研课题获得结项2项，广西社院系统招标课题获得结项1项，市委统战部课题获得结项2项。另外，课题研究质量也有所提高，此前几年，党校的课题研究成果的鉴定成绩都是合格，2016年首次出现了良好和优秀的鉴定成绩。二是论文征集工作有新成果。2016年开展了广西党校(行政院校)系统第五届"桂海论坛"征文、广西第十四次社会科学优秀成果评选、崇左市第二次社会科学优秀成果奖评选等论文征集活动，共征集到论文(社科成果)80篇，其中37篇论文(社科成果)获奖。据统计，在各级报刊网站上发表26篇文章，其中：国家级报刊网站5篇、省级报刊网站2篇、市级报刊网站19篇。特别是《推进民族地区马克思主义大众化》在《广西日报》上发表，为近年来党校首次有理论文章在自治区级党政主要媒体上公开发表。三是科研指导工作有新收获。开展了崇左市党校(行政院校)系统第二届科研论文比赛活动，共收到参赛论文54篇，比第一届多10篇。共评出优秀论文一等奖4篇、二等奖9篇、三等奖17篇。有3篇获奖论文推荐到《左江日报》发表，30篇获奖论文在《崇左论坛》发表。同时，还加强了对各县(市、区)委党校的科研业务指导，比如：指导龙州县委党校做好2015年广西党校(行政院校)系统调研课题"崇左市加快实施'发现山水崇左·圆梦别样桂林'战略研究"的结项工作，促进了互通有无、共同提高。四是编印教学咨政参考资料实现常态化。坚持跟踪、收集和

整理最新的理论成果和时事资讯，每季度编印1期《时代理论前沿动态》等教学咨政辅导材料。全年共编印了4期《时代理论前沿动态》，编辑出版了1期校刊《崇左论坛》，赠予市四家班子领导、市直部门领导、各县(市、区)党政主要领导和主体班学员，为领导干部提供决策参考，也为广大学员的理论学习提供了借鉴。

【行政后勤保障】 2016年，崇左市委党校加强行政后勤保障工作，确保后勤各项工作顺利开展。一是加强设施维护，提高设施使用效率。针对交付使用和管理工作暴露出来的水电问题，投入16万元为校内的10栋楼独立安装了水电表，组织维修了1、2、3号学员公寓楼，促进了科学管理。投入8万元补种了一批植物、建设校园两侧绿化带、对植物进行全面施肥等，进一步美化绿化校园环境。投入7万元为食堂安装燃气管道，进一步完善食堂卫生设施，确保食堂安全生产和食品安全。二是做好学员公寓、学员食堂管理工作。为确保学员膳食安全、住宿舒适，进一步完善了学员公寓楼管理和学员食堂管理等工作制度，明确职责分工、加强日常管理，强化监督检查，对存在的问题及早发现，及早提出整改措施，有效地保障了学员正常的食宿。年内，除了满足培训班食宿要求外，出色地完成了"2016年海外华裔青少年'中国寻根之旅夏令营活动'"、广西"三月三民族体育欢乐节"、"名校学子边关行"等重要活动人员的食宿接待服务，得到了自治区有关单位和市委接待办、市食品药品监督管理局等单位的好评。三是加强物业管理考核，促进校园管理安全有序。督促物业公司按照新签订的物业管理

合同要求抓好校园日常的安保、保洁、绿化、资产的维护和维修等工作,打造一个安全舒适清静的学习生活环境。制定了《物业管理考评办法》,采取每月1日—10日由考评小组现场考评,通过听取物业公司主管本月工作情况汇报、实地考评、检查相关记录资料、现场打分等方式的考评,有效地管理和规范物业工作。四是全面完成迁建项目二期工程建设。加强与项目业主崇左市建卓公司的沟通联系,协调推进迁建项目二期工程会议中心的收尾工作,并同步完成办公设备等相关物资的采购工作,确保会议中心顺利竣工交付使用。至此,总投资2.5亿元的市委党校迁建项目基本建成投入使用,新校园各项基础设施齐全、功能完备,为干部教育培训提供了优越条件。

【智能化和图书建设】 2016年,崇左市委党校积极抓好学校智能化和图书馆建设工作。一是加强智能化建设管理工作。加强日常办公教学设备的维护使用,确保智能化系统的中心机房、教室多媒体平台、饭堂刷卡系统、LED系统、网络系统等正常运行,保证了各科室正常的办公办学需要。加快推进智能化建设,督促建设单位和监理单位按合同内容加快智能化二期工程建设,并根据实际需要协调有关建设项目的变更工作。协调智能化建设单位完成11间小教室及信息楼教室的讲台改造工作,同时督促其对全校音响、录播、LED等设备进行检查维修。完成全校电脑维修、打印机维修和添加墨粉300多台次,大大节约了办公成本。二是加快图书馆建设工作。完成学校网站的重新备案工作,确保能正常访问自治区党校网络图书馆,满足教学科研需要。积极协调做好2015年订购的25万元图书的上架入库工作,同时投入5万元采购了930多册有关红色、东盟、壮族等一系列新书,打造一间特色书库。根据教师的备课要求和图书室的库存情况做好新书采购计划,完成了60多种报纸杂志的征订,购买了1100多本教职工学习资料。对图书资料室进行报刊杂志整理工作,分期分批做好2015年以前期刊的装订、登记、分类、编目、上架工作。做好日常图书借阅工作。安排一名工作人员外出学习图书管理工作,规范本校图书管理,年内图书馆已能正常开展图书借阅工作,方便了广大教职工学习。

【县级党校设置调整改革】 2016年,崇左市委党校注重抓好县(市、区)级党校设置调整工作。为全面推进广西市县级党校办学体制改革创新,自治区党委决定在广西范围内开展县级党校设置调整工作。崇左市只保留扶绥县委党校和大新县委党校两所独立设置的县级党校,其他5个县级党校设置为市委党校分校,此项工作要求于9月份前完成。党校及时向市委汇报,积极协调市委组织部牵头,先后4次召集市编办、市人社局、市财政局共同研究全市县级党校设置调整工作方案,广泛听取有关各方意见建议,多次讨论修改方案于8月1日经市委常委会审议通过。8月4日—8日,天等、宁明、龙州、凭祥、江州分别举行了市委党校分校挂牌仪式。县级党校设置调整完成后,将采取"教管分开,供需协调"的办学运行机制,由市委党校统筹安排有关培训任务和师资力量,有效整合全市党校系统教学培训资源,提升办学效率和质量,促进市、县两级党校在办学体制、教学质量、培训规模、人才队伍建设等方面实现新突破。

【文明单位创建】 2016年,崇左市委党校开展文明单位创建是提升党校整体工作水平、改进工作作风、树立良好形象的重要途径。依托本校优越的硬件设施,举全校之力创建自治区级文明单位,通过开展文明创建活动,有效推动本校道德讲堂建设、学习型单位建设、文明风尚传播、文明有礼培育等精神文明建设,进一步完善了校园文化景观建设,提升了校园文化品位,有效地提振了广大教职工的精神,为推动党校各项工作凝聚了智慧和力量。2016年12月,崇左市委党校顺利被自治区文明委授予"自治区级文明单位"称号,为建设市级一流党校迈出坚实的一步。

(李 科)

老干部工作

【概况】 2016年,崇左市老干部工作部门服务管理的老干部536人,全市离休干部348人。其中,市委老干部局服务管理的离休干部100人,厅级退休干部24人;7个县(市、区)服务管理的离休干部248人,处级退休干部164人。

2016年,市委老干部局在市委、市政府的领导和自治区党委老干部局的精心指导下,以中共十八大和中共中央总书记习近平系列重要讲话精神为指导,认真贯彻落实全国、广西老干部局长会议精神,牢牢把握老干部为党的事业增添正能量的价值取向,围绕中心,服务大局,真抓实干,着力解决新时期老干部工作遇到的新情况新问题,取得显著的成效。

【老干部政治待遇落实】 2016年，崇左市着眼保持老干部本色，积极组织老干部参政议政，做到常交流、勤沟通，促进老干部与时俱进，适应形势发展要求，思想和行动与党中央、市委保持高度一致。一是组织学习文件，让老干部保持思想常新。每月组织老干部阅读中央、自治区、市委相关文件，让老干部及时了解各项方针、政策，特别是有关老干部政策文件，除组织阅读外，还通过集中培训、宣讲解读、分组讨论等形式，组织老干部学习。2016年2月，中央办公厅、国务院办公厅下发《关于进一步加强和改进离退休干部工作的意见》，崇左市各级各部门领导高度重视，及时组织老干部学习。中央电视台《新闻联播》播出关于该意见新闻当晚，市委书记刘有明亲自率领老干部局领导一起深入原南宁地区行署副专员、离休干部曾小平等4名离退休干部代表，面对面交流该意见精神，认真倾听老干部的意见和建议。二是组织学习培训，不断提高老干部思想政治水平。市县两级老干部党校采取课堂学习与分组讨论、实地参观与现场讲解等相结合的方式方法，加强离退休党支部班子成员培训，让离退休干部党员思想常新，与时俱进。2016年来举办了市直离退休干部党的建设工作暨"两学一做"和离退休党务工作者等各类培训班26期，参加教育培训人员2000多人次，进一步提高了离退休党务工作者政治理论素质和工作水平，取得了良好的效果。三是举行各类情况通报会，让老干部了解经济社会发展变化。全市各级各部门定期或不定期召开各种情况通报会，让老干部了解世情、国情、党情和地方经济发展情况，进一步落实老干部政治待遇。每年召开两次市直机关离退休干部全市经济社会发展情况通报会，半年通报会带老干部到崇左召开，全年通报会暨春节团拜会在南宁召开，市委书记和市长亲自向老干部通报情况。9月份，在崇左召开的半年通报会，会期3天，除了会上通报情况外，还组织参观重大建设项目，让老干部充分了解崇左的发展变化。四是组织考察学习活动，尽力拓宽老干部视野。认真组织老干部在自治区内市内开展各种考察学习、参观工农业生产和红色教育等各种活动，让老干部及时了解崇左及兄弟市、县的发展变化，亲身感受改革开放新成果。9月份，组织厅级离退休干部和驻南宁离退休干部党支部书记70多人深入大新县和凭祥市参观现代特色农业示范区和进出口贸易建设项目。11月份，市级和扶绥县分别组织四家班子离退休干部到桂林市参观临桂新区建设项目和阳朔新农村建设，学习桂林打造国际旅游名市的创新理念和工作经验。江州区和凭祥市分别组织四家班子退休老领导到百色市开展"体验红色革命，坚定理想信念"活动。大新、龙州、天等三个县分别组织离退休老党员在当地开展参观工农业生产和举行重温入党誓词活动。五是邀请老干部代表参加重大会议，当好参谋助手。今年是各级领导换届年，市、县(市、区)召开党代会、人大政协两会都邀请曾担任过市、县四家班子主要领导和在农、林、工、商、水、电、城建、卫生、教育等部门长期工作过的老干部列席会议，审议大会相关工作报告，对崇左做好"两篇大文章"打好"四大攻坚战"提出建设性意见，为全市各项事业发展出谋献策。

【老干部生活待遇落实】 2016年，崇左市通过改善服务水平，实施亲情化服务，为全市离退休干部提供更幸福、更有尊严的晚年生活。一是确保"三个机制"费用正常运行。全市全部建立离休干部离休费保障机制，实行离休费社会化管理，社保部门按时足额发放。医药费全部纳入同级财政预算，持卡看病，定点就医，按规定实报实销，易地就医的医疗费，由医保中心向财政进行核销，按规定实报实销。推行由各县(市、区)财政统筹安排离休干部医疗应急周转资金机制，紧急情况下先行垫付离休干部的医药费，缓解医药费报销周期长的问题。通过协调社保和医保中心等部门，争取将离休干部全区异地就医结算"一卡通"尽快通，离休干部持卡可在已实现互联互通的定点医疗机构直接结算医药费，从而解决离休干部"异地就医难、费用垫付多、报销跑断腿"的烦恼。二是为老干部健康提供服务。定期组织老干部进行健康体检，提高防病意识和保健意识。市委老干部局组织市直机关离休干部和厅级以上退休干部到广西民族医院进行体检，建立体检健康档案，针对老干部年龄偏大、行动不便等特点，安排1对1的工作人员全程做好服务，以优质贴心的服务让老干部在体检中倍感温暖。举办"医疗进社区义诊"、"健康知识讲座"等活动，为老干部提供上门义诊、送医送药、健康咨询等服务。年内，全市举办义诊活动12次，老干部健康保健知识讲座14期。三是开展"四上门"服务。送书送学上门。针对身体状况差、行动不便的老干部，采取送书送学上门方式，把理论学习资料、政策法规书籍送到老干部手中，到老干部家里宣传党的新政策和党委、政府的重大决定。法律援助送上门。针对离休干部普遍进入"双高"期特点,主动上门为离休干部提供订立遗嘱、公证等法律服务。宁明县老干部局按照离休干部邓德威的意愿,帮助其订立遗嘱并通过司法公证,邓德威过世后按遗嘱处理财产分配问题,避免了家庭矛盾发生。全年,帮助离休干部订立遗嘱6人,家属均无异意。来访答复送上门。对老干部来信来访来电反映的问题,及时调查了解,妥善处理并上门反馈。全年处理老干部来信来访来电320余件,做到事事有着落,件件有回音。心理慰藉上门。注重老干部的心理关怀,经常性地与"空巢"、独居、失能的老干部聊天、谈心、拉家常,将心理慰藉送上门,通过近距离、多方位全面深入地了解老干部所盼、所急、所需,进一步满足离退休干部心灵需求。四是做到亲情服务"四必访"。第一,每逢重大节日和离休干部生日,必须登门拜访,将党委政府的关怀和问候送到老干部家中。第二,离休干部患病住院必访,做到及时看望慰问,积极协调住院治疗中需要解决的困难和问题,使患病老干部得到及时有效的治疗。第三,家中发生重大事情必访,送去关怀和帮助,切实为老干部解决实际困难。第四,老干部去世必访,帮助调协处理后事。据统计,全市看望慰问离休干部3580多人次,协助办理离休干部丧事51人,协调解决家庭生活困难21人,异地看望慰问离休干部5人。

【老干部发挥社会作用】 2016年,崇左市老干部局围绕"展示阳光心态、体验美好生活、畅谈发展变化"开展正能量活动,以"助力十三五、增添正能量"为主题,以离退休干部党支部、涉老组织为纽带,充分发挥离退休干部的"三大优势",

为全市改革发展、和谐稳定和精准扶贫聚共识,添光彩。正能量活动经验得到《广西日报》报道(2016年12月2日)。在组织引导老干部开展"关爱明天 普法先行"活动中,凭祥市获全国青少年普法教育示范区,《普法教育从娃娃抓起 维护边关和谐安宁》经验文章获中央政治局委员孟建柱和中国关工委主任顾秀莲的批示肯定。一是引导老干部关心下一代,弘扬正能量。协调全市关工委组织"五老"人员到学校开展社会主义核心价值观"言传身教"活动,利用老干部政治和威望优势,发动企业、社会爱心人士捐资助贫,开展"关爱明天、普法先行"青少年普法教育,配合相关部门做好失足青少年转化工作,体现党和政府关爱青少年一代,推进社会和谐稳定。联合市关工委、文明委、教育局在江州区江南一小联合举行崇左市纪念"5.20"广西第十二个未成年人思想道德建设宣传日暨"学习和争做美德少年践行社会主义核心价值观"巡讲巡演活动,向全市青少年发出争当美德少年倡议书。组织市关工委联合部队及爱心企业于六一节前夕到塘岸小学开展"捐资助学、精准扶贫"活动,为该校捐赠20台电脑、200套台凳,为20名贫困学生发放助学金1万元。二是开展"助力'十三五'我当宣传员"活动,传播正能量。围绕"十三五"规划,全市组织老干部通过诗词、山歌、论坛和征文等形式开展宣传活动,为助力完成规划任务当好宣传员。市委老干部局举办以宣传"十三五"规划、"四大战略"、"我看从严治党新气象"为内容的崇左市老干部正能量山歌擂台赛,用当地群众喜闻乐见的山歌传播正能量。组织市、县两级老干部诗词学会对吟咏崇左风光、人文历史、

风土人情、经济发展等诗词进行征集,宣传崇左特色旅游品牌,助推全市旅游文化大发展。扶绥县开展"大家讲、大家谈、大家论"活动,组织离退休干部畅谈"看开展正能量活动、我能做点什么","看建设新扶绥、我能帮点什么","看'两学一做'专题教育、我悟到了什么"等三项讨论,让老干部统一思想认识,积极为扶绥的建设发展,发出正面声音。宁明县开展"我为花山点赞"主题征文活动,组织老干部深入调研,为呼吁保护花山岩画,弘扬花山文化,为花山岩画申遗成功提供调研报告和建设性建议。三是引导老党员围绕精准扶贫工作,凝聚正能量。全市各级老干部党校联合老科协、老促会,组织离退休干部党支部的老党员、老专家积极深入扶贫村屯、农户,以开展"两学一做"学习教育、"百名专家下基层送科技助发展"、"捐资助贫"、"党建+扶贫"支部联建活动为契机,有力开展定点帮扶工作。市委老干部局离退休党支部与扶绥县塘岸村总支部结对联建,通过指导帮扶,农户方志英的养鸡规模从原来的2000多只发展到4000多只,蔬菜种植从4亩扩大到6亩。全市组织100多名老专家深入基层一线,为群众提供医疗义诊、甘蔗蚂蚁防治技术咨询和技能培训,服务活动近70多次,受益群众4万多人,甘蔗白蚂蚁侵害面积约从原来的35%降到5%。

【老干部文体活动】 2016年,市委老干部局注重发展老干部文化体育活动,弘扬健康向上的正能量。一是开展主题文艺演出活动,传递正能量。组织全市老年大学举办庆祝建党95周年、纪念红军长征胜利80周年、春节、七一、国庆等重大节庆文艺演出活动,围绕中心

工作,开展文艺下乡宣传精准扶贫政策、普法教育等主题文艺会演,为崇左经济社会发展传递正能量。市老年大学组织80多人合唱团参加广西老年大学庆七一文艺演出;宁明、凭祥、龙州片区内轮流主办《最美的歌献给党——边疆放歌》联合汇演;大新县结合老年大学校庆10周年在德天广场举办大型演出,深受群众好评。据初步统计,一年来,全市老年大学深入乡村、社区、学校和企业进行党的政策、清洁乡村、精准扶贫和法律知识等各种演出200多场次,参与演出的老干部1万多人次。二是举办"多彩金秋"文化月活动,释放正能量。10月份,组织开展崇左市第四届"多彩金秋"文化活动月活动。市委老干部局联合市老龄办、市驻南宁管理处在管理处小礼堂举办"庆国庆 迎重阳"文艺演出,联合市体育局和老体协举办全市第一届老年人运动会,组织市直机关离退休干部开展"千人健步走"活动和气排球、乒乓球、门球交流赛。积极选拔队伍、组织人员、选送作品参加自治区第四届"多彩金秋"文化月活动。在"多彩金秋"活动中,全市举行文艺演出10场次,参与人数4000多人次;举办各类书画作品展13场次,参与人数4150多人次;举办体育竞技活动140场次,参与人数5150多人次;开展诗词创作活动3场,创作诗歌、散文500多篇。三是开展"三微一网"活动,激发正能量。开展"微信传家风"、"微视赞崇左"、"微图看变化"为主要内容的系列活动。通过发微信、转微信等方式传良好家风、赞核心价值观;通过微电影创作解读崇左发展之美、身边感人之事;通过图片故事创作展示崇左发展新变化、民俗民风新面貌。市委老干部工作通过办好网站,全面

反映全市老干部工作,使各级各部门以及老干部能及时、全面地了解老干部新政策,工作动态等有关信息。与市党史办联合走访20多位离休干部和红军家属,编写《红色记忆》故事,通过左江日报及微信转载,让广大干部群众铭记历史,缅怀先烈,更加珍惜和维护今天的和平幸福生活。江州区举办"体验美好生活,享用智能手机"培训班,让老干部使用网络新媒体传递正能量。扶绥县建立老干部微信平台,通过手机微信、QQ向广大老干部和老干部工作者传递"两学一做"学习资料,传递党的声音,传播正能量。

(韦桂德 何 珊 陆秀华)

机构编制

【概况】 崇左市机构编制委员会办公室(简称"市编办")为崇左市机构编制委员会的常设办事机构,既是党委工作部门,又是政府工作部门,列入党委系列,正处级单位。主要负责对全市机构编制进行宏观管理和总量控制,组织、指导全市各级行政管理体制和机构改革工作,负责审核市直党政群机关和事业单位的机构设置、人员编制和科级以上领导职数。市编办内设秘书科、行政机构编制科(挂行政审批科牌子)、事业机构编制科、电子政务科和监督检查科(挂崇左市机构编制委员会督查室牌子)5个科室;下设崇左市事业单位登记管理局(副处级),内设综合科、业务科两个科;现有在编人员17人(含事业单位登记管理局6人)。2016年,崇左市编办坚持深入学习贯彻中共十八大和十八届三中、四中、五中、六中全会,以及习近平总书记系列重要讲话精神以及自治区

党委十届六次全会、市委三届六次全会精神,全国、广西机构编制工作会议精神,按照"四个全面"的战略部署和"五位一体"总体布局,主动适应和服务新常态,进一步转变工作观念、工作重心、工作方法、工作作风,坚持问题导向和特色思维,继续深化行政审批制度改革,大力推动简政放权,加快政府职能转变,严格控制和优化配置机构编制,为加快实现做好"两篇大文章"打好"四大攻坚战"目标提供体制机制保障。

【行政管理体制改革】 2016年,崇左市编办实施行政管理体制改革,大力简政放权,实施权责对等,规范中介服务等项工作。

大力简政放权 保留的行政审批事项为广西较少的地级市之一。一是加强沟通衔接,把"承接"文章"接"到位。加强与上级部门的沟通,做好上级下放事项承接工作,2016年承接自治区下放市级以下实施的行政审批事项4项,所承接行政审批事项均在1个月内进驻政务中心集中办理。同时,协调有关部门做好相关指导培训,提升基层承接能力,确保行政审批事项接得住、管得好。二是加大推进简政放权力度,把该下放的事权放到位。对制约企业生产和投资经营活动、群众办事不方便的审批事项,能放尽放。取消行政审批事项36项,完成市政府提出的取消、下放行政审批事项20项以上的任务。通过6次清理规范后,市本级还保留行政许可项目237项,减少348项,精减率59.5%,是广西保留行政审批项目数较少的地级市之一。三是加强事中事后监管力度,把管理的文章做实。市本级对取消、下放事项共制定事中事后监管措施513项。对下放权力组织开

展"回头看"，进行跟踪督查，确保取消下放事项真正落地。四是优化规范审批行为，把服务的文章做优。制定统一的行政许可目录，纳入市本级各部门（单位）237项行政审批事项，不再目录范围内的行政审批事项严禁实施。市县乡政府政务服务中心和办事大厅实行"一个窗口受理、一站式审批、一条龙服务"，充分利用"互联网＋行政审批"推进"网上行权"，强化部门间业务协同和信息共享，使审批服务更为高效、便捷、公正、公平。

实行权责对等 在广西率先完成市县乡三级政府权责清单公布工作。积极探索，大胆尝试，在广西率先推行政府部门权责清单"两单融合"。市本级共梳理出行政权力事项6455项，清理权力事项3222项，保留权力事项3233项，清权率达50%。县级平均梳理权力事项6065项，清理权力事项2479项，保留权力事项3586项，清权率达40.9%。对保留下来的项权力事项都相应编制了责任清单。市级权责清单于4月底公布，比中央和自治区要求提前3个月。县乡权责清单也分别于7月、12月向社会公布，顺利完成权责清单制度建设最后一公里任务，成为广西第一个完成市县乡三级政府权责清单公布工作的地级市。推行权责清单"两单融合"，进一步提升了政府部门依法行政意识，初步建立了权责对应体系，使部门行政职权家底更清楚，行政权力运行得到进一步规范。同时，部门明确权责关系后，进一步转变了工作作风，提高了履职能力。

深化体制机制改革 进一步整合糖业管理职能，成立了市糖业发展办公室，为打好产业转型升级攻坚战、做强做大糖业产业提供体制机制保障，积极向自治区争取4

个边境县（市）口岸机构升级。整合园林绿化职能职责，成立崇左市园林局，促进了城乡园林绿化统筹规划，加快推进园林城市和森林城市的创建工作。调整中泰产业园（崇左市城市工业区）相关内设机构，最大限度授予凭祥边境经济合作区主要的经济管理权限和相关行政管理职能，进一步理顺园区管理体制，促进园区的发展。研究设立崇左市左江花山岩画文化景区管理机构；扎实开展综合行政执法改革各项基础性工作；成立了市委巡察办，加强市委巡察工作。

清理规范中介服务 分两批清理规范行政审批中介服务事项79项，被清理规范的行政审批中介服务事项不再作为行政审批的受理条件，简化了办照程序，降低了市场准入门槛，促进了市场主体的发展。

围绕供给侧结构性改革 推进政府职能转变和机构改革工作。推动市直各有关部门按照《崇左市人民政府职能转变和机构改革实施意见》确定的7项改革任务落到实处。各县（市、区）也按照本级政府职能转变方案中的工作安排，扎实做好2016年政府职能转变各项工作；组织推进工商、质监行政管理体制改革相关后续工作，完成市工商行政管理局和市质量技术监督局"三定"规定印发工作。指导大新、龙州、宁明等县完成了对工商、质监机构撤并、职能整合，组建3个县工商行政管理和质量技术监督局，大部门体制改革进一步深化。指导县（市、区）做好乡镇"四所合一"改革的后续工作。

【事业单位改革】 2016年，崇左市编办积极抓好全市各类事业单位改革工作。一是稳慎推进生产经

营类事业单位改革。做好生产经营类事业单位调研摸底划分工作，严控机构编制，不再批准新设立生产经营类事业单位或自收自支事业单位。编制实行只减不增，人员只出不进，空编一个收回一个。近两年来，市本级共收回编制206名。积极稳妥推进改革试点工作，与市国资委等多个部门，对经济效益比较好的市自来水公司和市建设投资有限责任公司进行了深入调研，并提出相关对策及建议。二是积极清理规范承担行政职能类事业单位改革。结合权责清单制度建设工作，理清行政类事业单位的行政职能和审批职能，完成库区移民局"三定"方案印发工作。鼓励和支持行政机构收回本应承担的行政职能，为承担行政职能的事业单位回归行政机构寻找有效途径。严格管理，其编制实行只减不增，人员实行退二进一，为下一步的改革做准备。三是稳步推进相关行业改革。整合划转社保经办机构和职能，顺利完成城乡居民保险体制一体化改革。完成全市中小学教职工编制重新测算、上报和批复工作，保证中小教职工编制及时足额到位。做好崇左市左江治旱灌区工程管理机构及事务性二层的组建工作，为有效推进驮英水库建设提供体制机制保障。整合卫生计生妇幼保健及计生服务技术职能，完善市卫生计生执法队伍建设。整合市港航管理处的职能和人员编制，组建崇左市港航管理局。指导大新县、扶绥县完成国有林场改革试点工作，主动配合相关部门完成市、县检验检测机构改革方案制定。调整优化广西民族师范学院教学管理机构设置，调整理顺移民工作管理机构设置，完成市县党校教学和管理体制改革工作，有效推进党校系统提升办学质量

与水平。四是事业单位法人治理结构建设试点工作取新成果。借势改革，选取典型，依法依规开展试点。借势事业单位分类改革，精心选取具有行业典型代表性的市壮族博物馆作为试点，印发了实施方案，并组织实施。完善组织机构，配强决策层力量。委派行政主管部门市文新广电局分管领导担任理事长，市壮族博物馆馆长担任副理事长，邀请广西民族师范学院花山岩画研究所3名壮族历史文化研究专家（教授）担任理事会理事，按比例引入了服务对象和公众代表的参与，保障公众参与权和监督权。充分放权，创新管理模式。推行报备管理机制，由市壮族博物馆按照相关标准，灵活设置内设机构及领导职数，有关情况只需报编制部门备案。对于急需专业人才，通过采取拿出专项编制参加广西组织的赴北京、上海、武汉等地"985"高校引进研究型人才等多样化的方式公开招聘，确保事业单位独立主体地位。建立健全制度，规范运行机制。结合内部管理需要，出台了各岗位工作职责和各项工作制度，并建立了决策失误追究制度、信息公开制度、审计制度、绩效考核制度等多元监管体系。于12月初召开发试点单位第一届理事会，选出了新一届领导班子。

【事业单位登记管理】 2016年，市编办抓好全市事业单位登记管理工作。

一是精心组织实施，按时完成事业单位年度报告公示工作。全市事业单位完成年度报告2711个单位，占应报告单位的95.12%，其中市本级完成年度报告201个，占应报告单位的97.10%，全市事业单位法人年度报告于6月已全部公示。二是坚持网上公开与实地核查相结合，加强事业单位事中事后监管。共办理事业单位新设立登记（备案）单位91个；变更登记786个，其中市本级机关（群团）3个、事业单位58个；证书补领登记4个；注销登记104个。登记事项全部在崇左市事业单位在线网站及政府网站进行了公告。按3%的比例选取医疗卫生、农业、畜牧水产、粮食等7个部门单位开展实地核查，强化事中事后监管。三是精心组织，周密部署，全力推进统一社会信用代码赋码工作。共完成赋码单位3192个，其中机关（含群团）453个，事业单位法人证书换发2739个。

【机构编制管理】 2016年，市编办注重抓好全市机构编制管理，盘活机构编制资源。（一）严控机构编制，盘活用好机构编制资源。一是在"控"字上下功夫，严把总量。2016年7月，组成控编减编方案执行情况专项督查组，深入县（市、区）及相关部门开展"拉网式"检查，坚持新建机构"撤一建一、撤二建一、先撤后建"的要求，人员编制实行内部调剂，严格控制新增编制和新设机构，切实把机构编制总数控制在2012年年底总盘子内。市直部门共控制增编、用编246名。二是在"减"字上花气力，腾出空编。在确保编制总量不增的前提下，勇当"剪刀手"，敢于"唱黑脸"，对职能弱化和整合撤并机构的编制做到应收尽收，腾出更多的编制用于保障发展急需。全年共收回编制86名。三是在"调"字上想办法，盘活存量。在现有的编制总量，加大动态调控力度，把收回的

编制向重点领域和基层一线倾斜。调剂增加了糖办行政编制1名、增加社保局事业编制3名；调剂17名事业编制用于成立崇左市驮英水库和灌区管理机构。调剂增加广西民族师范学院附属中学和城南小学中小学教职工编制66名；调剂15名事业编制从全国"985"和"211"高校引进15名紧缺人才。（二）坚持稳中求进，编制信息化工作取得好成效。采取积极措施，督促指导市直单位和各县（市、区）做好网上名称管理工作。建立业务交流QQ群，及时解答在申请网站名称过程中遇到的问题，指导各单位完成域名注册、红页启用、网站开办申请及挂标等工作。争取财政部门支持，将中文域名运行费用纳入财政统一支付，提高工作效率。实行通报制度，定期将工作进度通报各县（市、区）编委和编办。依托网络红页开展网络跟踪问效和事业单位法人年度报告公示，借势借力，共同推进。全市共注册有效单位域名3563个，覆盖率100.54%，实现"两个全覆盖"。

【信息调研】 2016年，市编办做好信息调研工作，提升参谋助手能力。坚持"学习兴办，调研立办"的思想，大力开展信息调研工作。市县编办深入机关、深入基层、深入群众开展调研。全年共撰写理论调研文章19篇，并已上报自治区编办。加大信息宣传力度，有4篇信息被国家局事业单位在线网站采用，4篇被广西事业单位在线网站采用，3篇在《左江日报》头版进行刊登宣传，4篇信息被市党委系统信息工作《情况通报》采用，提高了公众对机构编制和登记工作的认知。

（李永盛　黄炳刚）

纪检·监察

JIJIAN JIANCHA

□编辑　卢新骑

【概况】　中共崇左市纪律检查委员会与崇左市监察局合署办公，内设办公室、组织部、宣传部、研究法规室、党风政风监督室、信访室、案件监督管理室、第一纪检监察室、第二纪检监察室、第三纪检监察室、第四纪检监察室、案件审理室、纪检监察干部监督室等13个机构，核定行政编制35名、机关后勤服务人员事业编制5名。所属事业单位崇左市反腐倡廉信息教育管理中心，核定事业编制5名。

2016年，中共崇左市委保持坚强定力，坚决扛起管党治党政治责任，全面推进从严治党向基层延伸，坚定不移反对腐败，营造出风清气正的政治生态。全市各级党组织认真贯彻落实中央、自治区党委和市委决策部署，切实担负起党风廉政建设的主体责任，种好自己的"责任田"。各级纪检监察机关聚焦主责主业，强化监督执纪问责，持续深化"三转"，积极稳妥推进纪律检查体制改革，着力解决群众身边的"四风"和腐败问题，持之以恒落实中央八项规定精神，坚持减少腐败存量、遏制腐败增量，转变执纪理念，着力推进标本兼治，全市党风廉政建设和反腐败工作取得明显成效。

【中共崇左市三届纪委七次全会】

2016年2月23日，中国共产党崇左市第三届纪律检查委员会第七次全体会议在崇左举行。出席会议的崇左市纪委委员31人，列席77人。会议认真学习、深刻领会中共中央总书记习近平重要讲话和中共十八届中央纪委六次全会、自治区十届纪委七次全会精神，回顾总结2015年全市党风廉政建设和反腐败工作，研究部署2016年任务。审议通过了中共崇左市委常委、市纪委书记钟山代表市纪委常委会所作的《坚持全面从严治党强化监督执纪问责　推动党风廉政建设和反腐败工作取得新成效》工作报告。中共崇左市委书记、市人大常委会主任刘有明出席全会第一次大会并作讲话。中共崇左市委常委、崇左市人大常委会、崇左市人民政府、政协崇左市委员会及其他市级党员领导人出席了会议。有关方面负责人参加了会议。

【中共崇左市四届纪委一次全会】

2016年8月31日，中国共产党崇左市第四届纪律检查委员会第一次全体会议在崇左举行。出席会议的崇左市纪委委员34人。全会选举了崇左市纪律检查委员会书记、副书记和常务委员会委员，选举结果报中国共产党崇左市第四届委员会第一次全体会议通过。会议选举，梁日端（女，壮族）为书记，黄能显（壮族）、农进勇（壮族）、黄海光（壮族）为副书记，梁日端（女，壮族）、黄能显（壮族）、农进勇（壮族）、黄海光（壮族）、伍春、韦奇科（壮族）、苏开欢（壮族）、农海艳

2016年8月31日，中国共产党崇左市第四届纪律检查委员会第一次全体会议在崇左举行

（女，壮族）、梁坤兴为常委委员会委员。

【2016年工作任务】 2016年，是"十三五"规划的开局之年，是崇左市深入推进全面从严治党的重要一年，做好党风廉政建设和反腐败斗争工作意义重大。全市各级党组织和纪检监察机关全面落实中共十八大和十八届三中、四中、五中、六中全会精神，深入贯彻中共中央总书记习近平系列重要讲话精神，认真落实十八届中央纪委六次全会、自治区十届纪委七次全会部署，围绕协调推进"四个全面"战略布局，保持坚强政治定力，坚持全面从严治党、依规治党，忠诚履行党章赋予的职责，聚焦监督执纪问责，深化标本兼治，创新体制机制，健全完善制度，强化党内监督，把纪律挺在前面，持之以恒落实中央八项规定精神，着力解决群众身边的不正之风和腐败问题，坚决遏制腐败蔓延势头，建设忠诚干净担当的纪检监察队伍，不断取得党风廉政建设和反腐败斗争新成效。

【落实"两个责任"】 2016年，崇左市把党要管党、从严治党作为首要政治任务，落实到"五位一体"建设的全过程。一是健全完善责任落实体系。出台落实"两个责任"意见，制定《崇左市各级党委（党组）履行党风廉政建设主体责任和纪委（纪检组）履行监督责任清单》，明确了党委和纪委领导班子、主要负责人、其他班子成员责任，进一步健全完善责任清单体系，层层传导压力，推动全面从严治党责任向基层党组织延伸。市委书记刘有明带头履行党风廉政建设第一责任人责任，与各县（市、区）、市直各单位一把手签字背书，落实责任清单。市四家班子领导成员认

真履行"一岗双责"，带队检查指导各自分管和联系的县（市、区）、市直部门落实"两个责任"情况。二是开展常态化约谈提醒。县（市、区）换届后市委书记约谈各县（市、区）四家班子领导，市纪委分批对各县（市、区）纪委书记和市直单位纪检组长进行约谈，把全面从严治党责任持续压紧夯实，做到约谈全覆盖。三是强化追责问责。坚持开展党委（党组书记）履行主体责任和纪委（纪检组）书记、纪检组长履行监督责任述职评议活动，增强履行责任的自觉性。把落实"两个责任"情况列入巡察监督重点，对发现存在的问题及时督促整改。坚持"一案双查"和"责任倒查"，对落实"两个责任"不力的8个党组织，161名党员领导干部进行责任追究，倒逼责任落实。

【领导干部廉政建设】 2016年，崇左市认真贯彻落实中央和自治区党委全面从严治党要求，结合"两学一做"学习教育，切实抓好党风廉政建设工作，营造好风清气正的政治生态。市委先后召开市委常委会、市委中心组专题学习会、市纪委三届七次全会、市纪委四届一次全会，深入学习中共中央总书记习近平系列重要讲话和党中央、自治区党委、自治区纪委关于加强党风廉政建设工作的部署要求，研究部署全市党风廉政建设工作，把党风廉政建设与全市各项工作同部署、同落实、同检查、同考核。市委书记刘有明带头履行党风廉政建设第一责任，多次带队检查全市各级党委领导班子开展党风廉政建设工作，督办重要信访件和市管干部问题线索处理。年内，刘有明亲自听取党风廉政建设工作汇报14次，研究讨论重点案件13件，对27名涉嫌违纪的市委管理干部进行讨论立案。各

级党员领导干部严肃认真开展党内政治生活，自觉接受组织监督、群众监督和媒体监督，遵守党纪党规，严格执行个人有关事项报告制度，定期向上级党委和纪委汇报主体责任履职情况，接受述职述廉评议，认真抓好整改落实。

【深化体制机制改革】 2016年，崇左市委认真贯彻落实中央、自治区关于全面深化改革各项要求，紧紧围绕党风廉政建设和反腐败工作中心任务，加强组织和制度创新。一是按照自治区纪委《关于对市县乡纪检监察机关（机构）落实"三转"工作进行检查的通知》要求，对议事协调机构清理工作进行"回头看"，市本级和各县（市、区）纪委在新增的基础上保持在15个以内，进一步把职能聚焦到党风廉政建设和反腐败工作主业上来。二是加强纪检机关"干部之家"建设，实践运用好监督执纪"四种形态"。坚持抓早抓小，注重日常监督教育管理，对苗头性、倾向性问题进行谈话提醒，对反映问题笼统或因客观条件限制难以查证核实的党员干部实施精准约谈；对信访举报较多，干部作风不踏实等问题突出的地方和部门，通过个别约谈、集体约谈等形式进行约谈提醒。坚持纪严于法、纪在法前，用好"后三种形态"，动辄则咎，对不收敛不收手、权钱交易性质恶劣、群众反映强烈的，严肃查处、绝不姑息。2016年全市共谈话提醒3347人，开展信访监督87次，谈话函询有关问题34件，给予党政纪律处分992人，其中给予党政纪轻处分和组织调整832人，党政纪重处分和重大职务调整199人，移送司法机关44人。三是紧扣市直属企业落实全面从严治党责任的新任务新要求，制定《关于加强市直属企业

党风廉政建设的实施方案》，对企业落实"两个责任"、党风廉政教育、企业领导人员选拔管理、内部制度建设、纪检体制改革等工作做出具体规定，全方位扎紧制度"笼子"。四是建立健全村级纪检监督小组，强化农村基层党组织监督管理。加强乡镇纪检组织建设，并把纪检组织向村级延伸，创新建立了村级纪检监督小组，强化强农惠农政策落实监督、"三重一大"民主决策监督、党务村务公开监督、农村"三资"（资金、资产、资源）监督、工程项目监督、民主评议监督、村干部履职监督、一般村务监督等8个方面监督。全市7个县（市、区）78个乡镇、街道所辖846个行政村全部设立了村级纪检监督小组。五是建立完善案件查办联席会议制度，市纪委、检察院、中级人民法院、公安局、监察局、审计局联合下发了《关于进一步加强办案协作配合的通知》，加强案件查办信息沟通、线索移送、案情会审和力量互助，增强办案合力。全年公检法移送纪检监察机关问题线索134个，立案161件，同比增长118%。六是深化落实"两个责任"述职评议机制。坚持每年开展各县（市、区）党委书记、市直各单位党组（党委）书记和各县（市、区）纪委书记、市直各单位纪检组长（纪工委书记、纪委书记）履行监督责任述职述责评议，广泛接受评议，强化基层党风廉政建设责任制落实。

【纠正"四风"】 2016年，崇左市各级纪检监察机关持之以恒纠正"四风"，推动中央八项规定精神落到实处。一是坚持从小节严起、从小事抓起，把准时间节点，盯紧春节、中秋、国庆等年节假期，早提醒、早教育，及时下发文件强调纪律要求，推送廉洁过节宣传教育短

信，通报曝光典型案例，严防"四风"问题反弹回潮。二是密切关注"四风"问题的新动向新表现，加大明察暗访力度，对重点行业、关键岗位党员干部不收敛、不收手、不制止，规避组织监督，隐秘聚会、变相公款吃喝、擅自提高接待标准和差旅补贴标准、私车公养等隐身变异问题，特别是对违反自治区纪委明确的"十个严禁"行为，言出纪随，一寸不让，从严查处。三是开展"为官不为、庸政懒政"和"大操大办婚丧、节日喜庆事宜"专项整治活动，督促各级各部门和领导干部改进工作作风，增强服务意识、提高工作效率，以端正的党风政风带动社风民风转变。四是注重群主监督，在官方网站开通"四风"监督举报曝光专区，借助微信、微博等新媒体，搭建全天候、宽领域的监督平台，及时回应社会关切。五是实行典型案例实名通报曝光制度，典型案例一律实名通报曝光，发挥警示和震慑作用，不断释放越往后执纪越严的强烈信号。全市共查处违反中央八项规定精神问题95个，处理党员干部150人，给予党纪政纪处分150人，通报典型案例26批次105人。

【纪律审查】 2016年，崇左市各级纪检监察机关贯彻中央和自治区的决策部署，以零容忍态度惩治腐败，坚决遏增量减存量。一是深化"六访"机制。坚持每月开展市县乡三级纪委书记大接访活动，完善村级"阳光诉求室"，优化网络举报平台，进一步拓宽信访举报渠道，主动挖掘问题线索。对线索进行集中统一管理，严格按照"五类标准"处置反映问题线索，避免问题线索遗漏和积压。全市纪检监察机关共处置反映问题线索1759件，其中拟立案940件，初步核实

696件，谈话函询34件，暂存1件，了解106件。二是设立中央纪委信访举报联系点。以崇左市作为中央纪委信访举报联系点为契机，强化执纪审查，重点查办不收敛、不收手，问题线索反映集中、群众反映强烈，现任重要岗位且可能还要提拔使用的领导干部，减腐败存量、遏腐败增量工作取得明显成效。全市纪检监察机关接受信访举报1921件，立案1124件，同比增长201%；结案1031件，同比增长172%；给予党政纪处分992人，同比增长164%。三是盯紧处级领导干部这个关键少数，强化对处级领导干部特别是"一把手"的监督问责。全市共立案查处县处级领导干部违纪违法案件27件，同比增长237.5%，给予党政纪处分20人。严肃查处了龙州县委原副书记、水口口岸经济区管委会原主任刘加义等一批严重违纪违法案件，形成了强大震慑。四是严明换届纪律。在市县乡换届过程中，按照自治区纪委和市委的要求，梳理全市374名市管干部遵守党规党纪情况，摸排重点岗位、一把手和后备干部廉洁情况，对有问题线索的及时核查。市纪委共回复党风廉洁意见征求意函396人次。开展换届风气专项督查，多次听取督查组汇报，及时研究解决督查反馈的问题，确保换届风清气正。

【整治"微腐败"】 2016年，按照自治区和市委的部署，把深入开展查处群众身边的"四风"和腐败问题专项工作作为党委书记工程，列入"两个责任"考评内容，强力推进，取得明显成效。专项整治期间，全市收到发生在群众身边的"四风"和腐败问题线索信访举报1162件，立案812件，给予党纪政纪处分711人，问责133人，移送

司法机关处理 51 人。点名道姓通报典型案例 72 批次 354 件。全市主动交代问题 773 人，退缴违纪款 903 万元，经核实退还给群众 263 万元。全市 78 个乡镇（街道办）纪委立案 134 件，实现了乡镇纪委办案全覆盖。坚持自查自纠为主，教育挽救为主，把专项工作拓展延伸到边境口岸执法部门，全覆盖、零遗漏约谈提醒"一把手"和重点岗位、关键人员，限期敦促违纪违法人员主动交代问题，积极探索边境收费监管模式，推进权力清单、收费清单和公式制度，有 139 人主动交代问题并上缴"好处费"173.8 万元，进一步规范边境口岸执法行为，推动口岸经济平稳健康有序运行。强化扶贫领域监督执纪问责，严肃查处扶贫政策、扶贫领域"两个责任"落实不到位和扶贫资金使用管理、扶贫项目实施管理中权力滥用、违规操作、权钱交易等违纪行为。2016 年，全市共受理扶贫领域涉嫌违纪问题线索 397 件，查处 307 件。进一步完善惠农政策"无级告知"制度，主动接受社会和群众监督，从源头上有效地防止损害群众利益问题的发生。

【反腐倡廉宣传教育】 2016 年，崇左市紧紧围绕丰富载体、突出重点、创新方式，营造氛围、务求实效的工作思路，以学习宣传党内法规为龙头，以培育廉政文化为重点，以丰富教育载体、创新教育方式为抓手，充分发挥"大宣教"作用，为全市的党风廉政建设和反腐败工作奠定了坚实基础。一是围绕反腐倡廉重点，抓好媒体宣传工作。全年在市级以上报刊发表新闻稿件 2500 多篇，其中在《中国纪检监察报》刊登 15 篇，中纪委、监察部网站 8 篇；《广西日报》59 篇，《党风廉政教材》52 篇；广西纪检监察

网 270 条；中国新闻网、人民网、新华网广西频道、广西新闻网等媒体转载 300 多篇。二是突出全面从严治党重点，深化党内法规学习宣传教育。组织开展"纪委书记讲堂宣讲团"，对中央新出台的《准则》《条例》《问责条例》等系列党内法规进行专题宣讲。按照市委的统一安排，宣讲团成员到全市 7 个县（市、区）、80 多个市直单位、30 多个主体培训班及部分乡镇开展了相关的宣讲活动。三是深挖廉政文化资源，筑牢思想道德防线。充分挖掘镇南关大捷、龙州起义、爱店起义、红八军革命斗争史等红色革命资源，建设龙州起义廉政教育基地，成为党员干部经常接受廉政教育、加强党性锻炼的重要场所，成为进一步弘扬邓小平等老一辈革命家的革命斗争精神，弘扬龙州起义精神的重要阵地。2016 年 10 月开馆以来，近 4 万名党员干部前往参观接受党性教育，增强了党员领导干部的自律和他律意识，筑牢了思想防线。四是打造廉政文化新时尚，营造廉政教育良好氛围。从身边挖掘素材、发现感动，自编自导自演 12 部"崇左市专项工作微电影"，进一步拓宽廉政教育和警示教育工作渠道，既警示党员干部引以为戒、拉起腐败防线，又与群众产生强烈的心理共鸣，广泛传播廉洁理念、倡导优良作风，弘扬主旋律、释放正能量。

【巡察工作】 2016 年，崇左市坚决贯彻中央、自治区关于建立巡察制度的部署要求，健全完善市县巡察工作机构机制，构建巡察工作网络，强化巡察监督。市、县两级党委分别成立了巡察工作领导小组、巡察办、巡察组，建立了巡察工作人才库，配备了相应的办公场所和办公设备，工作经费列入财政预算，为开

展巡察工作提供了有效保障。坚持"一盘棋"统筹推进，研究制定《中共崇左市委员会巡察工作实施办法（试行）》，加快推进市县巡察一体化建设。举办全市巡察工作业务培训班，就巡察工作的一般流程、操作要点、方式方法等业务知识进行培训，进一步提升巡察干部队伍整体素质。突出问题导向，优先选择涉农、涉民生、涉扶贫资金管理使用和群众关注度较高的单位，高标准、高起点开展第一轮巡察。2016 年，市县两级均按照要求完成了第一轮巡察党组织 130 个，发现违反"六大纪律"问题 243 个，问题线索 195 个，巡察监督初见成效。

【队伍建设】 2016 年，崇左市各级纪检监察机关按照打铁还需自身硬的要求，着力打造纪检监察干部铁军。一是深入实施"三加强三过硬，打造执纪铁军"工程、"两学一做"学习教育，牢固树立政治意识、大局意识、核心意识、看齐意识，坚定正确政治方向，带头落实廉洁自律各项规定，自觉接受监督，树立和维护忠诚、干净、担当的良好形象。二是严把"入口关"，按照"三个提名考察办法"和换届纪律要求，不断优化干部队伍结构，选优配强各级纪委领导班子，圆满完成市、县、乡三级纪委换届。三是举办市、县、乡三级纪检监察干部培训班，提升纪检干部履职水平。四是出台《崇左纪检监察干部监督暂行办法》和"九个严格"纪律要求，主动接受监督，严防"灯下黑"。

（梁坤兴 郭 鹏 罗翠莉）

督查考评

【概况】 2016 年，崇左市督查考评局（市绩效办）认真学习贯彻落实

中共十八大和十八届三中、四中、五中、六中全会精神，以及中共中央总书记习近平治国理政新理念新思想新战略，学习领会贯彻落实自治区党委书记、自治区人大常委会主任彭清华到自治区编办（绩效办）调研时的讲话精神，按照市委、市政府提出的建立完善精准绩效的工作思路，围绕市委、市政府提出的做好"两篇大文章"，打好"四大攻坚战"的部署和要求，全力抓好绩效管理和督查考评工作，有效地推进了全市经济社会的发展。在2015年度设区市绩效考评中，崇左市排在广西14个市的第9位，获得良好（二等奖）等次。

【督查工作】 2016年，市督查考评局（市绩效办）充分发挥"以督查促考评，以考评促落实"的作用，以"踏石留印、抓铁有痕"的精神，精心组织开展多种形式督查督办工作，营造高压态势，以"真督真查真报"推动工作落实，确保政令畅通，有效地推动了市委、市政府重大决策和重要工作部署的贯彻落实。年内，重点对各县（市、区）和承接设区市绩效考评指标任务的责任单位，在推进项目以及市委、市政府确定的年度重点工作落实情况，开展一系列"月督季考"活动，如对做好"两篇大文章"、打好"四大攻坚战"、甘蔗"双高"基地建设、精准扶贫工作、"美丽广西.宜居乡村"、保障性安居工程等为民办实事工程以及列入绩效考评的指标任务落实情况等开展督促检查，确保各级党委政府重大决策和重要部署落到实处，取得较好实效。年内，共开展了20多次专项督查，编印《督考通报》《督查专报》11期。

【考评工作】 2016年，市督查考评局（市绩效办）重视抓好设区市绩效考评工作和崇左市本级绩效考评工作。

自治区与崇左市绩效考评

一是圆满完成2015年度自治区绩效考评核验工作。2016年1月底，自治区对广西14个设区市2015年度绩效考评工作进行年终核验，根据自治区考评方案的要求，组织有关责任单位再次开展自查自评工作，查缺补漏，收集资料，整理台账，完善自评报告。同时，收集整理2015年度自治区绩效考评指标进展情况并报自治区绩效办。2016年1月24日—30日，自治区绩效考评察访核验组对崇左市2015年度绩效考评工作进行实地察访核验，市督查考评局（市绩效办）及时组织有关部门召开协调会，落实相关部门和人员，明确核验的任务和责任，认真做好协调服务工作，圆满完成自治区绩效考评察访核验工作任务。3月11日，自治区绩效办将2015年度绩效考评初步结果反馈给崇左市后，则及时组织被扣分指标的各有关单位和县（市、区）绩效办认真对照分析，对53个被扣分指标进行分析研究，对需要申请复核的被扣分项目收集整理佐证材料，汇总上报申请复核。5月26日，自治区绩效办将2015年度设区市绩效考评最终结果反馈给崇左市委、市政府，崇左市最终排名广西第9名，获得二等奖等次。

二是全力备战2016年度自治区绩效考评工作。2016年4月27日，根据《自治区绩效考评领导小组办公室关于做好2016年度群众意见整改工作的通知》的要求，自治区绩效办将社会评议工作中收集到的意见建议反馈给崇左市，市督查考评局（市绩效办）立即组织人员对社会公众提出的意见、建议认真进行了梳理汇总。自治区绩效办反馈崇左市的2015年度公众评议收集到的意见建议共有750条，经过汇总并分类整理后，共涉及投资环境专项评价、非公有制经济发展环境专业评价等10个方面内容。根据征求到的意见建议和分析查摆的情况，制定了《崇左市对2015年度绩效考评公众评议提出的意见建议整改方案》报市委、市政府审定后加以实施整改，并上

2016年1月15日，自治区绩效办领导到崇左市开展绩效考评工作调研

报自治区绩效办备案。6月中下旬，自治区绩效办印发2016年度设区市绩效考评方案、指标体系及评分细则等文件后，市督查考评局（市绩效办）立即将自治区有关文件转发给各县（市、区）和市直各有关单位，牵头协调将自治区下达崇左市的指标任务分解下达，明确职责任务和考评标准，做到职责清楚，任务明确。8月1日—5日，自治区绩效办到崇左市开展年中核验工作，市督查考评局（市绩效办）协调各责任单位积极配合自治区绩效办开展核验工作，对核验工作中发现的12类25项问题，明确了27个整改责任单位，要求做好整改。10月17日，按要求及时组织收集提供市、县、乡、村等四级干部职工及其他各种样本的电话信息并按时报送自治区绩效办。认真组织有承接自治区考评指标任务的各责任单位做好查漏补缺和年度自评工作。制定并下发了《崇左市2016年度绩效考评年终工作一览》，明确各时间段的工作重点，采取倒逼机制，确保年度目标任务圆满完成。及时将自治区最新的考评要求转发给各县（市、区）和承接自治区考评任务的58个市直及中区直驻市单位，认真做好年终迎检准备工作。11月3日，市长孙大光主持召开崇左市2016年度设区市绩效考评工作推进会，对各单位在推进指标任务过程中存在的困难和问题进行了分析研究，明确了工作措施，为圆满完成全年目标任务提供了坚强保障。

崇左市本级绩效考评　首先，认真抓好市本级2015年度绩效考评年终核验工作。根据市委、市政府的要求，2016年1月5日—19日，分别组织年终核验组对7个县（市、区）和90个市直及中区直驻市单位开展2015年度绩效考评年终考评、核验。根据各组的核验情况，认真汇总统计各主管单位评分情况和领导评价分数，形成2015年度各县（市、区）、市直各单位和市四家班子领导绩效考评结果报市绩效（督查）考评领导小组和市委常委会审定后，3月14日，以市委、市政府名义印发了《中共崇左市委员会崇左市人民政府关于表彰崇左市2015年度绩效考评先进单位的决定》，通报了全市2015年度绩效考评结果。

其次，科学研究制定2016年度市本级绩效考评工作方案。按照市委、市政府"精准绩效"的要求，围绕市委、市政府的工作重点，在总结2015年度考评经验的基础上，组织有关部门拟定了《崇左市2016年度机关绩效考评工作方案》，并通过了市委常委会、市政府常务会研究审定后，由市委办和市政府办于2016年10月9日印发了《中共崇左市委办公室崇左市人民政府办公室关于印发〈崇左市2016年度机关绩效考评工作方案〉的通知》，《崇左市2016年度机关绩效考评工作方案》明确了考评主体和考评对象、考评方式和考评内容、考评程序和时间安排、等次划分和结果运用等，更加突出差异化考核力度，特别是根据市委、市政府提出的抓好"两篇大文章"、打好"四大攻坚战"的部署和要求，每个县（市、区）都形成了一套考核指标体系，为更加科学、合理的开展好2016年度绩效考评工作打下了扎实的基础。同时，根据《崇左市2016年度机关绩效考评工作方案》确定的考评要求，加强与有关部门联系沟通，研究制定指标考评评分细则并及时印发，为全年绩效考评工作奠定基础。

再次，扎实推进2016年度绩效考评各项工作。年内，更加注重沟通协调和过程监督，在各项指标任务下达后，积极加强与各县（市、区）、市直、中区直驻崇左各单位的沟通联系，加强对全年每个月、每个季度的过程监督检查，掌握各项指标任务的进展情况、薄弱环节后，及时组织协调，有针对性地开展督查检查推进各项指标任务及时完成。

【其他】　2016年，市督查考评局协助市委组织部、市扶贫办做好贫困县党政领导班子和党政正职政绩考核工作。6月25日，龙州县、天等县获得《2015年度党政领导班子和领导干部经济社会发展实绩考核》一等奖，其中龙州县为广西第一名。加强全市绩效干部队伍建设，学习借鉴区内外绩效考评工作的经验和成功做法，10月17日—21日组织7个县（市、区）绩效办主任到南宁、柳州、来宾、贺州等市学习考察。积极参与精准扶贫工作，按照市委、市政府的统一部署，到所挂点的天等县进结镇爱乐村开展扶贫户精准帮扶工作，并按照"4321"的要求，结对帮扶贫困户，为贫困户出谋划策，助推贫困户脱贫。积极参与"两学一做"学习教育活动、指导凭祥市开展"亮绩比绩·争先创优·赶超发展·再创辉煌—2015年度述政大会"以及完成市委、市政府和市纪委监察局交给的其他工作任务。

（韦宗安）

崇左市人民代表大会

CHONGZUO SHI RENMIN DAIBIAO DAHUI

□编辑 吴 梦

【概况】 2016年,崇左市第四届人民代表大会共有代表329人。其中,工人、农民和专业技术人员177名,占代表总数的53.80%;党政干部103名,占代表总数的31.31%;民主党派、无党派人士22名,占代表总数的6.69%;其他劳动者14名,占代表总数的4.25%;中国人民解放军和中国人民武装警察部队9名,占代表总数的2.73%;归侨4名,占代表总数的1.22%。中共党员代表210名,占代表总数的63.83%。妇女代表105名,占代表总数的31.91%。各聚居的民族都有代表参加市人民代表大会。其中,汉族83名,占代表总数的25.23%;壮族237名,占代表总数的72.04%;瑶族6名,占代表总数的1.82%;苗族2名、满族1名代表,占代表总数的0.91%。大专以上文化237名,占代表总数的72.04%。驻崇左的自治区代表38人。全国人大代表2人。崇左市第四届人民代表大会常务委员会设主任1名,副主任6名,秘书长1名;常务委员会委员26名。市人大机关内设"两室八委":办公室、研究室、选举联络工作委员会、法制工作委员会、法制委员会、财政经济委员会、农业与农村委员会、城乡建设环境保护委员会、教育科学文化卫生委员会、民族外事华侨宗教委员会。

重要会议

【市三届人大七次会议】 2月25日—26日在崇左召开。会议应到代表327人,出席大会开幕式的代表有294人,符合法定人数。会议听取和审议市长孙大光作的《政府工作报告》、市人大常委会副主任黄卫革作的《市人大常委会工作报告》、市中级人民法院代院长王卡作的《市中级人民法院工作报告》、市人民检察院代检察长黄继平作的《市人民检察院工作报告》;市人大常委会副主任雷庆多作了关于《崇左市立法条例(草案)》的说明。审查和批准《崇左市国民经济和社会发展第十三个五年规划纲要》、市人民政府关于《崇左市

2015年国民经济和社会发展计划执行情况与2016年国民经济和社会发展计划草案的报告》;审查和批准市人民政府关于《崇左市全市与市本级2015年预算执行情况和2016年预算草案的报告》。会议还表决通过了大会选举办法。

【市四届人大一次会议】 9月19日—21日在崇左召开。会议听取和审议了市长孙大光作的《政府工作报告》、市人大常委会副主任谭燕玲作的《市人大常委会工作报告》、市中级人民法院代院长梁月奎作的《市中级人民法院工作报告》、市人民检察院检察长黄继平作的《市人民检察院工作报告》。选举产生新一届人大常委会组成人员以及市长、副市长,市中级人民法院院长和市人民检察院检察

2016年9月19日,崇左市第四届人民代表大会第一次会议在崇左召开

长,刘有明当选为崇左市第四届人民代表大会常务委员会主任;谭燕玲、玉如锋、唐玉玲、万崇兴、蓝大煌、吴兆荣当选为崇左市第四届人民代表大会常务委员会副主任;钟海光当选为崇左市第四届人民代表大会常务委员会秘书长;选举出崇左市第四届人民代表大会常务委员会委员26名。孙大光当选为崇左市人民政府市长;梁旭辉、李振唐、劳宁军、朱中卫、陆辉、黄覃梅、陈锋当选为崇左市人民政府副市长;梁月奎当选为崇左市中级人民法院院长;黄继平当选为崇左市人民检察院检察长(根据《中华人民共和国宪法》规定,选举出的崇左市人民检察院检察长须报经自治区人民检察院检察长提请自治区人民代表大会常务委员会批准)。表决通过了大会选举办法,表决通过了关于设立崇左市第四届人民代表大会各专门委员会的决定;审议通过崇左检察机关关于开展职务犯罪预防工作的报告;审议通过关于设立崇左市第四届人民代表大会常务委员会代表资格审查委员会的决定;审议通过有关人事任免事项。

【市三届人大常委会会议】 2016年,市三届人大常委会举行第33次至第39次会议。

第33次会议 1月7日举行。会议听取和审议了市人民政府关于"十三五"规划编制有关重大问题的报告,市人大法制委关于《崇左市立法条例(草案)》的说明。表决通过了关于召开市三届人大七次会议的决定、关于市三届人大七次会议列席人员的决定、关于市三届人大七次会议建议议程草案,决定于2016年2月下旬在崇左召开市三届人大七次会议;会议表决通过有关人事任免事项。

第34次会议 2月17日举行。会议听取和审议了市人大常委会办公室关于市三届人大七次会议筹备工作情况报告,确认了代表出席和补选情况的报告。表决通过了市三届人大七次会议主席团和秘书长建议名单(草案)、市三届人大七次会议议案审查委员会主任委员、副主任委员、委员建议名单(草案),会议原则通过的市人大常委会工作报告和《崇左市立法条例(草案)》将提请市三届人大七次会议审议,会议表决通过了关于设立崇左市人大常委会法制工作委员会的决定和其他有关人事任免事项。

第35次会议 3月21日举行。会议审议通过了市人大常委会2016年工作要点。会议根据《选举法》和该次会议选举办法,依照法律程序,补选刘有明为自治区十二届人大代表。会议表决通过有关人事任命事项。

第36次会议 5月5日举行。会议听取和审议市人民政府关于2015年度环境状况和环境保护目标完成情况的报告、关于2015年度法治政府建设情况的报告。这是市人大常委会首次听取和审议市人民政府环境保护和法治政府建设专项工作报告。会议还审议了市人大有关专委关于跟踪督查审议意见整改落实情况的报告。会议表决通过有关人事任免事项。

第37次会议 6月20日举行。会议听取和审议了市人民政府关于崇左市义务教育均衡发展情况的报告,审议了市人大常委会调研组关于崇左市义务教育均衡发展情况的调研报告、关于崇左市宗教工作情况的调研报告。会议根据《选举法》和该次会议选举办法,依照法律程序补选谭燕玲为自治区十二届人大代表,表决通过了市"一府两院"提请的人事任免议案。

第38次会议 7月31日举行。会议审议市人民政府关于全市"六五"普法规划实施情况和"七五"普法宣传教育实施意见的报告、关于崇左市甘蔗"双高"基地建设情况的报告;审议市人大常委会执法检查组关于检查《中华人民共和国审计法》贯彻实施情况的报告、市人大常委会调研组关于崇左市甘蔗"双高"基地建设情况的调研报告;表决通过崇左市人民代表大会常务委员会关于开展第七个五年法治宣传教育的决定;表决通过关于召开市四届人大一次会议的决定和关于市四届人大一次会议列席人员的决定;审议通过了将提请市四届人大一次会议预备会议审议的市四届人大一次会议议程草案;审议并表决通过了崇左市第四届人民代表大会代表名额分配和选举工作方案。会议表决通过有关人事任免事项。

第39次会议 9月13日举行。会议听取和审议了市人民政府关于2016年上半年国民经济和社会发展计划执行情况的报告、关于2016年上半年全市与本市级预算执行情况的报告、关于2015年市本级决算的报告、关于2015年度市本级预算执行和其他财政收支的审计工作报告;听取和审议市人大财经委关于2015年度市本级决算的审查报告,审查和批准了2015年市本级决算;听取和审议市人民政府办公室关于市三届人大七次会议代表建议办理工作情况的报告;听取和审议市三届人大常委会代表资格审查委员会关于市第四届人民代表大会代表资格审查的报告;听取和审议市人大常委会办公室关于市四届人大一次会议筹备工作情况的报告。会议还审议了市人大常委会选联工委关于市三届人大七次会议代表建议办理工作情况的报告、市大人常委会调研组关于《左江花山岩画文化景观保护条例》立法调研的报告。会议审议通过了即将提请市四届人大一次会议审议的市人大常委会工作报告、市四届人大一次会议主席团和秘书长建议名单(草案)、市四届人大一次会议议案审查委员会建议名单(草案)。会议表决通过有关人事任免事项。

【市四届人大常委会会议】 2016年,市四届人大常委会举行第1次至第2次会议。

第1次会议 10月14日举行。会议审议通过崇左检察机关关于开展职务犯罪预防工作的报告;审议通过关于设立崇左市第四届人民代表大会常务委员会代表资格审查委员会的决定;审议通过有关人事任免事项。

第2次会议 12月16日举行。会议听取和审议了市人民政府关于《崇左城市总体规划(2002—2020)局部调整(2008)》实施情况的报告、关于中心城区教育发展情况的报告、关于崇左市本级2016年度财政预算调整方案(草案)的报告;听取和审议了市人大财经委关于崇左市本级2016年度财政预算调整方案的审查报告;审议了市人大常委会调研组关于《崇左城市总体规划(2002—2020)局部调整(2008)》实施情况的调研报告、关于中心城区教育发展情况的调研报告、关于《左江流域生态环境保护条例》立法调研的报告、关于监管场所建设情况的调研报告;表决通过了关于召开市四届人大二次会议的决定和关于市四届人大二次会议列席人员的决定,审议通过了将提请市四届人大二次会议预备会议审议的市四届人大二次会议议程草案。会议表决通过有关人事任免事项。

重要决定

【人事任免】 2016年市人大常委会依法任免国家机关工作人员127人次。其中,市人大常委会正副主任辞职各1名;补选市人民政府副市长5名;任免和接受市人大机关人员辞职8人次;补选市人大会常委会委员4名;任免、决定任免、批准任命"一府两院"工作人员108名。

崇左市第三届人大常委会任免的部分国家机关工作人员名单(2016年)

时间	会议	任免	姓名	职务
1月7日	第33次会议	决定任命	黄国夫	市工商行政管理局局长
2月17日	第34次会议	决定任命	王启平	市人民政府副市长
		决定任命	冯波	市旅游发展委员会主任
3月21日	第35次会议	批准任命	黄鑫涛	天等县人民检察院检察长
		决定任命	李平	市人民政府副市长
6月20日	第37次会议	决定任命	黄覃梅	市人民政府副市长
		决定任命	陈锋	市人民政府副市长
		决定任命	张卫东	市林业局局长
		决定任命	陆文薪	市交通运输局局长
		决定免去	钟海光	市林业局局长
		决定免去	农化	市交通运输局局长
		决定免去	黄一碧	市商务和口岸管理委员会主任
		批准任命	梁月奎	市中级人民法院副院长、代理院长、审判委员会委员、审判员
7月31日	第38次会议	决定任命	林永毅	市人民政府办公室主任(兼),免去其市住房和城乡建设委员会主任职务
		决定任命	赵志敏	市工业和信息化委员会主任
		决定任命	赵干	市民族和宗教事务委员会主任
		决定任命	邓超宇	市住房和城乡建设委员会主任,免去其市司法局局长职务
		决定任命	陈光恩	市水利局局长
		决定任命	麦建军	市商务和口岸管理委员会主任
		决定任命	李剑	市审计局局长
		决定任命	赵登飞	市食品药品监督管理局局长
		决定任命	王其苏	市统计局局长
		决定免去	翁家尊	市人民政府办公室主任(兼)
		决定免去	李元和	市工业和信息化委员会主任

续表

时 间	会 议	任免	姓 名	职 务
7月31日	第38次会议	决定免去	赵 龙	市民族和宗教事务委员会主任
		决定免去	农集勇	市水利局局长
		决定免去	裴希明	市审计局局长
		决定免去	陈修荣	市食品药品监督管理局局长
		决定免去	莫津培	市统计局局长

崇左市第四届人大常委会任免的部分国家机关工作人员名单(2016年)

时 间	会 议	任免	姓 名	职 务
10月14日	第1次会议	决定任命	朱中卫	市公安局局长
		决定任命	兰瑞书	市人民政府秘书长
		决定任命	林永毅	市人民政府办公室主任(兼)
		决定任命	覃作标	市发展和改革委员会主任
		决定任命	赵志敏	市工业和信息化委员会主任
		决定任命	邹 勇	市教育局局长
		决定任命	蒋京华	市科学技术和知识产权局局长
		决定任命	赵 干	市民族和宗教事务委员会主任
		决定任命	黄能显	市监察局局长
		决定任命	冯月珍	市民政局局长
		决定任命	黄映虹	市司法局局长
		决定任命	孙建书	市财政局局长
		决定任命	陆帮长	市人力资源和社会保障局局长
		决定任命	李 兵	市国土资源局局长
		决定任命	阮高利	市环境保护局局长
		决定任命	邓超宇	市住房和城乡建设委员会主任
		决定任命	陆文靳	市交通运输局局长
		决定任命	陈光恩	市水利局局长
		决定任命	农朝日	市农业局局长
		决定任命	张卫东	市林业局局长
		决定任命	麦建军	市商务和口岸管理委员会主任
		决定任命	陆汉新	市文化新闻出版广电局局长
		决定任命	甘晓燕	市卫生和计划生育委员会主任
		决定任命	李 剑	市审计局局长
		决定任命	冯 波	市旅游发展委员会主任
		决定任命	凌焕忠	市安全生产监督管理局局长
		决定任命	赵登飞	市食品药品监督管理局局长
		决定任命	王其苏	市统计局局长
		决定任命	张卫红	市扶贫开发办公室主任
		决定任命	丁 山	市规划管理局局长
		决定任命	黄国夫	市工商行政管理局局长
		决定任命	林武文	市质量技术监督局局长
		决定任命	黄民伟	市国有资产监督管理委员会主任
		决定免去	李照广	市安全生产监督管理局局长
12月16日	第2次会议	决定任命	王启平	市人民政府副市长
		决定任命	杨 新	市人民政府副市长
		决定任命	李 平	市人民政府副市长
		决定任命	梁冠文	市外事侨务办公室主任
		决定免去	李剑萍	市外事侨务办公室主任

重要活动

【代表换届选举】 2016年开展市、县、乡三级人大代表换届选举工作。全市共划分4111个选区，其中县级代表选区927个，乡（镇）代表选区3184个。县乡人大代表选举的选民参选率都达到90%以上，选出新一届市级人大代表329名，县级人大代表1357人，乡镇人大代表4596人。

【立法工作】 市人大常委会统筹做好各方面立法工作，推进科学立法、民主立法，完善立法体制机制。

《崇左市立法条例》 经市人大常委会组织、布置，统筹市人大法制委和常委会法工委开展《崇左市立法条例》草案的调研、起草、论证和修改等各项工作，并提请市三届人大七次会议审议通过，经自治区十二届人大常委会第二十二次会议批准，2016年4月19日崇左市第一部地方性法规《崇左市立法条例》正式公布实施。

立法规划和立法计划项目征集 市人大常委会通过报纸和网络向社会征集2016—2020年五年立法规划项目建议和2017年的立法项目计划，同时向崇左市政府及各县（市、区）党委、人大、政府等相关单位发出立法规划项目征集函。截至2016年年底，共收到立法项目建议9件，涉及城乡建设与管理、环境保护、历史文化保护等方面。接着对征集到的立法项目进行梳理和论证，编制五年立法规划和2017年立法计划。

完善立法工作机制 市人大常委会根据地方立法权限，加强人大对立法工作的组织协调，健全立法机关主导、社会各方有序参与立法的途径和方式。制定了《关于建立健全立法起草论证协调审议机制的意见》，探索建立法规起草、调研、评估、审议、表决、公布制度，努力构建协调高效的立法工作机制，形成党委领导、人大主导、政府配合、社会参与、专家献策的"五位一体"立法工作格局。建立健全立法专家顾问制度，通过向社会各界公开征聘、单位推荐和个人自荐，截至2016年12月，共有30多位具有相关专业知识的学者、专家和法律实务工作者报名应聘，为建立崇左市人大常委会立法专家顾问库奠定人才基础。同时，分别在江州、扶绥、宁明选定3个基层立法联系点，在立法过程中直接听取基层意见。

【监督工作】 2016年，市人大常委会依法行使监督职权，围绕中心、服务大局、突出重点，着力增强监督实效，推动市委重大决策部署贯彻落实，促进依法行政、公正司法。

司法监督 听取和审议市人民检察院关于开展职务犯罪预防工作报告，对市人民检察院近年来预防职务犯罪工作所取得的成效给予充分肯定的同时，就如何推动预防职务犯罪工作全面健康发展提出具体要求，出台了《关于加强崇左市预防职务犯罪工作的决议》，为崇左市预防职务犯罪工作纳入制度化、规范化、法治化的轨道。市检察院针对常委会审议中提出的存在问题和意见建议，进行梳理并制定了下一步工作整改措施。

跟踪督办 围绕市委提出的全面贯彻落实"五大发展理念"，狠抓"五个落实"，打好"十大重点战役"的决策部署，常委会成立督查工作领导小组，并设立6个工作组，自2016年3月下旬开始，采取专题视察、走访座谈、听取汇报等多种形式，对2015年常委会会议通过的10份审议意见落实情况进行跟踪督查，分别是：关于推进落实《社区矫正实施办法》情况的报告的审议意见、关于贯彻实施《全国人大常委会关于完善人民陪审员制度的决定》情况的报告的审议意见、关于深化检务

2016年6月1日，崇左市人大常委会副主任黄卫革（左三）等领导到宁明县调研人大换届选举工作

2016 年 7 月 11 日—13 日，崇左市人大常委会副主任黄卫革（右一）召集驻崇左自治区人大代表开展年中专题调研

公开工作报告的审议意见、关于检查《中华人民共和国传染病防治法》贯彻实施情况报告的审议意见、关于检查《中华人民共和国食品安全法》贯彻实施情况报告的审议意见、关于基层医疗机构工作情况的调研报告的审议意见、关于检查《中华人民共和国税收征管法》贯彻实施情况报告的审议意见、关于崇左市农业产业化发展情况的报告的审议意见、关于农村饮水安全项目建设调研报告的审议意见、关于边境管理和开放情况调研报告的审议意见、关于边关风情旅游带建设情况调研报告的审议意见。督查工作结束后，各小组及时形成督查工作报告，并反馈市人民政府及其职能部门和"两院"再次进行整改落实。

规范性文件备案审查 围绕依法行政，开展规范性文件备案审查。按照《崇左市人大常委会规范性文件备案审查办法》的要求，对市政府等单位报送的规范性文件进行接收、登记、分送和审查工作，对报送的规范性文件是否违反上位法、是否侵犯公民基本权利等逐一进行审查，发现问题的及时与报送单位沟通，没有问题的按照规定进行备案。全年共完成 8 个规范性文件备案审查工作，有力的推进和监督政府依法行政，促进法治崇左建设。

【信访工作】 2016 年市人大常委会以构建"和谐信访"为载体，依法办理群众来信来访，推动涉法涉诉信访纳入法治轨道解决，积极主动化解转型过程中的突出社会矛盾。截至 12 月份，共接待访人群众 39 批 78 人次，接信访件 36 件，有效推动了一批信访问题的妥善解决。

议案工作

【议案办理】 市三届人大七次会议期间，收到代表提出建议 63 件（含议案转建议办理 10 件）。其中：发展规划方面的 24 件，占建议总数的 36.92%；财经方面的 6 件，占建议总数的 9.23%；农经方面的 8 件，占建议总数的 12.31%；教科文卫方面 8 件，占建议总数的 12.31%；城建旅游环保方面的 11 件，占建议总数的 3.08%；其他方面的 6 件，占 9.23%。3 月 22 日，市人大常委会召开代表建议交办会，将 65 件代表建议交由市政府及有关部门共 22 个单位具体承办。截至 8 月底，所有建议全部在规定时限内办理完毕，并依法按时答复，办复率达 100%。在办结答复的 65 件代表意见中，所得问题得到解决或基本解决的 50 件（包括建议意见已被采纳、已经列入计划、正在组织实施、已经完全解决等），占 76.92%；所提问题需要呈报或等待上级审批、有待下一步解决的有 13 件，占 20%；所提问题因目前受各方面条件限制暂时不能解决的有 2 件，占 3.08%。

市四届人大一次会议期间，收到代表提出建议 7 件。其中，发展规划方面的 4 件，占建议总数的 57.14%；财经方面的 1 件，占建议总数的 14.29%；教科文卫方面 1 件，占建议总数的 14.29%；口岸方面的 1 件；点建议总数的 14.29%。经大会主席团同意大会议案审查委员会的建议，将 7 件代表议案转为建议、批评和意见，和大会期间收到的代表提出的建议、批评和意见 15 件，交由相关机关和组织研究办理，在法律规定时间内答复代表。10 月 19 日，市人大常委会召开代表建议交办会。截至 12 月 31 日，已办理完毕 12 件，有 10 件还在办理中。

（黄达亮）

崇左市人民政府

CHONGZUO SHI RENMIN ZHENGFU

□编辑 李有权

重要会议

【市三届政府第六次全体会议】2月14日，市长孙大光主持召开市三届人民政府第六次全体会议，讨论研究有关报告，对近期相关工作进行部署。会议讨论研究即将提交市三届人大七次会议审议的《政府工作报告(送审稿)》《崇左市国民经济和社会发展第十三个五年规划纲要(草案)(送审稿)》《崇左市2015年国民经济和社会发展计划执行情况与2016年国民经济和社会发展计划草案的报告(送审稿)》《崇左市全市与市本级2015年预算执行情况2016年预算草案的报告(送审稿)》。孙大光指出，起草组要进一步修改和完善，使政府工作报告和"十三五"规划纲要等报告更加符合科学发展要求，更加切合崇左实际和崇左人民的期盼，使其更具指导性、针对性、可操作性。市"两会"即将召开，市政府组成人员及各部门负责人要集中精力开好"两会"，认真听取人大代表和政协委员的意见建议，确保"两会"胜利召开。孙大光要求，相关责任单位要针对《政府工作报告》提出的指标、任务及时制定具体工作方案，明确完成时限和具体责任人，要根据"十三五"规划纲要提出的目标任务，尽快编制完成

各相关专项规划，将工作目标任务细化分解到人，落实到项目。对政府工作报告提出的每一项指标、任务，各相关单位要狠抓落实，确保各项工作抓出特色。对《政府工作报告》和"十三五"规划纲要提出的指标任务，相关责任单位要积极主动与上级对应部门沟通对接，争取国家和自治区在政策、项目和资金上的支持，要及时协调解决工作推进过程中遇到的困难和问题，确保各项工作顺利推进；要积极争取将崇左市更多的重大工程、重大政策、重大项目纳入国家和自治区的规划中。

【市四届政府第一次全体会议】12月28日，市长孙大光主持召开市四届人民政府第一次全体会议。会议要求，各级各部门要按照自治区党委政府和市委的统一部署，始终保持奋发有为的干劲，勇于担当，真抓实干，努力开创政府工作新局面。各级各部门要全面贯彻落实中央和自治区经济工作会议、市第四次党代会精神，谋划好2017年各项工作。要持续全面深化改革，激发社会经济发展活力，实施更加积极主动的对外开放战略，提升开放性经济发展水平；加快文化旅游发展提档升级，大力推进现代农业发展；大力推进产业转型升级，实施创新驱动战略，加快工业园区建设步

伐，培育新的经济增长点；加快补齐基础设施短板，坚持项目带动作用，扎实推进交通、水利等基础设施建设；全力打好精准扶贫攻坚战，做好教育扶贫、健康扶贫、社会扶贫等各项工作；统筹推进城乡协调发展，突出"以人为本"的理念，打好新型城镇化攻坚战，推动城乡一体化发展；着力改进和保障民生，破解民生难题，增强群众获得感，维护边境地区稳定。会议还就《政府工作报告(送审稿)》《崇左市2016年国民经济和社会发展计划执行情况与2017年国民经济和社会发展计划草案的报告(送审稿)》《崇左市全市与市本级2016年预算草案的报告(送审稿)》等进行讨论研究。

【政府常务会议】2016年，召开15次政府常务会议，即崇左市第三届人民政府第52次至62次会议和第四届人民政府第1次至4次会议。

市三届人民政府第52次常务会议 1月21日，市长孙大光主持召开市三届人民政府第52次常务会议，研究审议《崇左市临时救助实施办法》等有关议题。会议研究并原则同意《崇左市临时救助实施办法》《崇左市跨境务工管理暂行办法》《崇左市进一步加强服务业统计工作的方案》《加快推进残疾人小康进程实施方案》《崇左市国

民经济和社会发展第十三个五年规划纲要(草案)》。会议还研究了其他事项。

市三届人民政府第53次常务会议 2月14日,市长孙大光主持召开市三届人民政府第53次常务会议,研究并审议有关议题。会议研究并原则同意《崇左市机关事业单位工作人员养老保险制度改革实施方案》《2015—2017年崇左市淘汰黄标车和老旧车工作方案》《崇左市土地利用总体规划调整完善主要指标分解方案》。会议研究并原则通过拟提交市三届人大七次会议审议材料《政府工作报告(送审稿)》《崇左市2015年国民经济和社会发展计划执行情况与2016年国民经济和社会发展计划草案报告(送审稿)》《崇左市全市与市本级2015年预算执行情况和2016年预算草案的报告(送审稿)》。会议还研究了其他事项。

市三届人民政府第54次常务会议 3月3日,市长孙大光主持召开市三届人民政府第54次常务会议,研究并审议有关议题。会议研究并原则同意《2016年市政府工作报告主要指标任务分解表》《2016年崇左市市级层面统筹推进重大项目建设实施方案(草案)》《贯彻落实中央、国务院和自治区扶贫开发重大决策部署以及〈中共崇左市关于打好脱贫攻坚战的决定〉责任分工方案》《崇左市现代特色农业示范区建设(2016—2017)行动方案》《崇左市水污染防治行动计划工作方案》《崇左市老年人优待规定(修订稿)》。会议研究《2016年崇左花山文化节工作方案》《崇左市人民政府广西电网有限责任公司"十三五"电网发展战略合作框架协议》《崇左市城区(工业区)建设用地征地拆迁安置工作暂行管理办法》;研究重组崇

左市凭祥城区信用社为农村商业银行相关补充事宜以及其他事项。

市三届人民政府第55次常务会议 4月19日,市长孙大光主持召开市三届人民政府第55次常务会议,研究并审议有关议题。会议研究并原则同意《崇左市人民政府广西金融投资集团综合金融服务战略合作协议书》《崇左市基础设施建设战役实施方案》《关于全面改善全市农村人居环境的实施方案(2016—2020)》《崇左市城区棚户区改造安置住房"以购代建"实施方案》和《崇左市城区棚户区改造安置住房"以购代建"实施细则》《支持农民工等新市民进城落户促进城乡统筹发展的试行意见》《崇左市人民政府部门权力清单和责任清单》。会议还学习贯彻《反恐怖主义工作责任制实施办法》,研究停征价格调节基金有关工作,崇左市国有企业改革6个配套文件等事宜。

市三届人民政府第56次常务会议 5月11日,市长孙大光主持召开市三届人民政府第56次常务会议,研究并审议有关议题。会议研究并原则同意崇左市稳增长降成本的若干措施。会议要求,各级各部门要坚决贯彻落实自治区稳增长降成本的若干政策措施,认真做好稳增长政策解读宣传工作,向企业宣传政策,鼓励企业用好政策。要进一步研究,修改完善政策措施,完善相关细节,注重有效性、针对性和可操作性,使政策制定真正科学合理。要深入推进供给侧结构性改革,切实降低全市实体经济企业成本,改善企业发展环境,促进经济稳增长。各级各部门要精准施策,落实好稳增长各项政策措施,推动全市经济平稳健康发展。会议研究并原则同意《崇左市农村垃圾专项治理两年攻坚实施

方案》《崇左市第一批清理规范行政审批中介服务事项的决定》《崇左市医疗废弃物处置中心运营承包合同》,并研究了《崇左市生活垃圾填埋场特许经营权项目协议》。

市三届人民政府第57次常务会议 6月7日,市长孙大光主持召开市三届人民政府第57次常务会议,研究并审议有关议题。会议研究并原则同意《崇左至水口高速公路项目合作协议》,会议指出,崇左至水口高速公路是全区第一条实行"区市共建"的公路,为切实推进项目建设,崇左市与广西交通投资集团要尽快签订《崇左至水口高速公路项目合作协议》,进一步完善项目资本金出资方案,明确项目征地拆迁工作要求、资金拨付及监管要求。会议研究并原则同意《2016年崇左市土地利用计划指标分解方案》《崇左市城区棚户区改造个人自建房安置补偿暂行规定》《崇左市推进中泰产业园坚果加工园区有关政策措施(试行)》《崇左市突发环境事件应急预案》《崇左市新一轮征地统一年产值标准》。会议还研究了其他事项。

市三届人民政府第58次常务会议 6月17日,市长孙大光主持召开市三届人民政府第58次常务会议,研究并审议有关议题。会议研究凭祥红木企业"转贷通"有关问题并同意凭祥设立红木企业"转贷通"资金池。会议要求,凭祥市要在确保资金安全并发挥积极作用的前提下,进一步修改完善《凭祥市红木企业"转贷通"管理办法》,使其更具有操作性,缓解当前经济下行压力造成的对红木企业贷款难的问题。会议研究《崇左市新型城镇化建设三年攻坚行动计划》。会议要求,要以加快提高户籍人口城镇化率为目标,进一步明确崇左市新型城镇化建设的目标、

任务以及加快推进中心城市建设需要采取的措施。按照"三年行动计划"的任务要求,制定各地的具体行动计划。会议研究并原则同意《崇左市基础设施建设三年攻坚行动计划》《崇左市工业产业转型升级三年攻坚行动计划(2016—2018年)》《崇左市口岸经济大发展三年行动计划》。会议要求,要以重点园区为平台,夯实口岸经济发展载体。以边境加工为重点,大力发展口岸+加工制造业、口岸+商贸物流业、口岸+边境旅游、口岸+特色城镇、口岸+其他,加快口岸经济转型发展升级;以互联互通为支撑,构筑陆路东盟国际大通道。会议研究《崇左市2016—2018年旅游公路三年建设实施方案》和《崇左市文化旅游大发展三年行动计划》。会议要求,把旅游公路建设纳入《崇左市基础设施建设三年攻坚行动计划》,重点规划实施一批通景区景点旅游公路项目,加快全年市旅游公路建设,加快推进重点旅游项目建设,扩大文化旅游覆盖面,确保全市旅游业健康快速发展。会议研究并同意对2015年新评定的国家A级景区和星级旅游饭店、广西星级乡村旅游区的单位给予政策兑现和资金奖励。会议还研究了其他事项。

市三届人民政府第59次常务会议 7月7日,市长孙大光主持召开市三届人民政府第59次常务会议,研究并审议有关议题。会议研究分析全市上半年经济运行情况。会议指出,上半年以来,全市上下认真贯彻中央和自治区的决策部署,以新的发展理念推动经济社会发展,经济运行趋稳,但呈现出压力加大的态势。下一步,各级各部门要认真对照稳增长的各项措施要求,科学分析,加强经济形势研判找短板,并针对上半年各

个指标完成情况制定好相应的政策措施,进而有针对性地开展各项工作;要重点抓好全市统筹推进的重大项目建设,抓好产业带动及园区建设工作,切实做好招商引资和项目跟踪落地;要转变工作作风,压实各项责任分工,进一步振奋精神、攻坚克难,争取完成好全年的目标任务。会议研究并原则同意《崇左市社会信用体系建设规划纲要(2014—2020年)》《崇左市人民政府关于第一批取消5项中央指定地方实施行政审批事项的决定》《广西崇左市"旱改水"耕地提质改造项目共建协议》《贯彻落实发展新理论加快推进农业现代化的实施意见》《市本级2016年政府新增债券项目安排》。

市三届人民政府第60次常务会议 7月31日,市长孙大光主持召开市三届人民政府第60次常务会议,传达有关会议精神,研究并审议有关议题。会议传达自治区城市工作会议暨年中工作会议精神,通报自治区第十一督查组对全市贯彻落实自治区稳增长工作部署情况督查的反馈意见。会议要求,各级各部门要加强协调,通力合作,保质保量完成全年各项目标任务。会议研究并原则同意给予中信大锰矿业有限责任公司布东锰深加工系列项目技改资金扶持。会议指出,建设布东锰深加工系列项目对促进全市锰业产业结构转型升级具有重要意义,要加强资金监管等各项工作,推进项目顺利建成投产,发挥经济效益。会议研究并原则同意《崇左旅游发展投资基金设立方案》《崇左市人民政府中南大学关于材料冶金领域合作框架协议》《崇左市中南大学联合研究院合作协议》《崇左市中南大学联合研究基金管理办法》《崇左市重污染天气应急预案》《崇左市

新型城镇化建设三年(2016—2018年)攻坚行动计划》。

市三届人民政府第61次常务会议 8月23日,市长孙大光主持召开市三届人民政府第61次常务会议,研究并审议有关议题。会议研究并原则同意《崇左市加快工业园区标准厂房建设和强化企业入驻工作的方案》《关于切实做好招商引资工作的意见》《崇左市辐射事故应急预案》《关于深化供销合作社综合改革的实施意见》《崇左市招商引资绩效考评办法(试行)》。会议还研究了《崇左市招商引资激励暂行办法(送审稿)》以及其他事项。

市三届人民政府第62次常务会议 9月8日,市长孙大光主持召开市三届人民政府第62次常务会议,研究并审议有关议题。会议研究并原则同意《崇左市人民政府关于设立政府投资引导基金的意见》《崇左市政府投资引导基金设计方案》《崇左市投资引导基金有限责任公司组建方案》。会议研究拟提交市四届人大一次会议审议的《政府工作报告(送审稿)》。

市四届人民政府第1次常务会议 10月8日,市长孙大光主持召开市四届人民政府第1次常务会议,传达学习贯彻自治区党委彭清华书记到崇左调研时的重要讲话和指示精神,研究并审议有关议题。会议指出,9月27日至28日,自治区党委书记彭清华深入天等县,重点就脱贫攻坚工作进行调研,对崇左市的脱贫攻坚、"美丽广西·乡村建设"等工作给予了高度评价。就如何做好下一步工作,彭清华要求,要大力弘扬艰苦奋斗精神,全力打好农村全面脱贫攻坚战;脱贫攻坚要重点加强产业扶贫和创业扶贫两方面工作;要做好精准脱贫工作;崇左要把脱贫作为重

大机遇,进一步发展县域经济;要认真抓好党建工作,为脱贫攻坚和经济社会发展提供坚强保障。会议研究并原则同意授予"崇左市现代特色农业示范区"称号,《崇左市农村集中式饮用水水源保护区划定方案》。会议研究并原则同意全市城乡居民最低生活保障标准。会议研究并原则同意《崇左市高层次人才引进和管理办法(试行)》《崇左市高层次人才安居工程实施细则(试行)》《广西城市职业学院崇左校区(扩建)项目投资协议书》《崇左市优质高产高糖糖料蔗基地建设激励或问责办法》《崇左市锰矿资源税从价计征销售额的换算办法》《崇左市江州区集体土地征收及拆迁补偿标准》《崇左市属国有企业2016年经营管理工作目标》《凭祥边境经济合作区友谊关园区—宁明县工业集中区基础设施一期工程PPP项目合作协议》,崇左市与桂林银行合作设立崇左城市发展基金有关事项,《崇左市招商引资激励暂行办法(试行)》。

市四届人民政府第2次常务会议 11月2日,市长孙大光主持召开崇左市第四届人民政府第2次常务会议。会议学习贯彻中央、自治区领导关于安全生产的重要批示指示精神,研究部署全市安全生产工作,研究并审议有关议题。孙大光就如何做好全市安全生产工作提出要求,各级各部门要牢固树立安全生产发展理念,着重处理好安全生产与发展的关系,严格落实"一岗双责"以及安全生产责任制,不断加强风险管控,加大整改力度,促进全市安全生产工作迈向新台阶。会议研究并原则同意《崇左市人民政府广西艺术学院合作框架协议书》《崇左市体育中心项目投资模式变更协议书》《崇左市崇善融资担保股份有限公司

组建方案》《崇左市崇善融资担保股份有限公司可行性研究报告》《崇左市崇善融资担保股份有限公司章程》《崇左市人民政府中国电力国际有限公司战略合作协议》《崇左市人民政府与华蓝集团股份有限公司城乡建设战略合作框架协议》《崇左市驻点招商实施办法(试行)》以及江南污水处理服务费单价和保底水量调整。

市四届人民政府第3次常务会议 11月16日,市长孙大光主持召开崇左市第四届人民政府第3次常务会议,研究并审议有关议题。会议研究并原则同意《关于审批2016年崇左市城区出租汽车经营权招标工作实施方案》《崇左市人民政府与广西新发展交通集团有限公司战略合作框架协议》《崇左市本级2016年度财政预算调整方案》《崇左市与广西北大业教育投资有限公司合作办学实施方案》《崇左市加快牛羊产业发展的决定》《崇左市人民政府与自治区测绘地理信息战略合作框架协议书》。

市四届人民政府第4次常务会议 12月19日,市长孙大光主持召开崇左市第四届人民政府第4次常务会议,研究并审议有关议题。会议研究并原则同意《崇左市已购政策性住房转移登记管理办法》《崇左市城镇土地定级及基准地价更新技术报告》《崇左市市区车辆停放服务收费管理暂行办法》《崇左市美丽乡村建设指南(试行)》《加快推进广西凭祥重点开发开放试验区建设若干政策》《崇左市住宅专项维修资金管理暂行规定》《扶绥县新帝矿业有限公司化解煤炭行业过剩产能职工安置方案》。会议还研究了《崇左市人民政府中国石化销售有限公司广西石油分公司战略合作框架协

议》《崇左市壶城棚户区建设投资有限公司项目管理费使用管理办法》《崇左市污泥二次处理补充协议》《崇左地理空间框架建设与应用暂行管理办法》等议题。

【市长例会】

第一次市长例会 3月23日,市长孙大光主持召开2016年第一次市长例会。会议学习贯彻上级领导讲话以及有关会议和文件精神,并对近期工作作部署。会议学习贯彻中共中央总书记习近平、国务院总理李克强在中央城市工作会议上的讲话及对推进新型城镇化建设的重要指示精神;学习贯彻国务院总理李克强对非法经营疫苗系列案件的重要批示精神;学习贯彻《中共中央国务院关于印发〈法治政府建设实施纲要〉的通知》《中共中央国务院关于落实发展新理念加快农业现代化实现全面小康目标的若干意见》《中央办公厅国务院办公厅印发〈关于加大脱贫攻坚力度支持革命老区开发建设的指导意见〉的通知》《国务院关于支持沿边重点地区开发开放若干政策措施的意见》。会议还传达学习自治区副主席张秀隆3月1日在崇左现场办公时的讲话精神;传达学习自治区副主席蓝天立3月7日在崇左调研左江花山岩画文化景观申遗工作的讲话精神以及3月20日广西北部湾经济区"总结十年成就推动升级发展"工作座谈会精神。会议还研究了其他事项。

第二次市长例会 5月17日,市长孙大光主持召开2016年第二次市长例会,学习贯彻上级领导讲话以及有关会议和文件精神,并对市政府党组开展"两学一做"学习教育工作和近期工作进行部署。会议学习贯彻习近平、刘云山、赵乐际关于"两学一做"学习教育的

重要讲话精神,中央、自治区领导关于信访工作的重要批示精神;传达学习自治区党委书记彭清华在全自治区省级领导和厅级主要领导学习贯彻中共十八届五中全会精神暨"两学一做"学习教育专题研讨班上讲话精神和国务院总理李克强在全面推开"营改增"试点准备工作座谈会上的讲话精神;会议还研究了其他事项。

第三次市长例会 6月20日,市长孙大光主持召开2016年第三次市长例会。会议由副市长汇报近期工作情况及下一步工作计划并研究了重点工作分工。

第四次市长例会 7月7日,市长孙大光主持召开2016年第四次市长例会,学习贯彻上级领导讲话精神。会议先后学习贯彻了中共中央总书记习近平在庆祝中国共产党成立95周年大会上的讲话精神、国务院总理李克强在全国推进简政放权放管结合职能转变工作电视电话会议上的讲话精神和彭清华书记在自治区举行的庆祝中国共产党成立95周年大会上的讲话精神。孙大光强调,要深入学习领会,迅速掀起学习贯彻中共中央总书记习近平重要讲话精神的高潮,特别是要把思想行动统一到中央和自治区的决策部署上来。

【"美丽崇左"生态乡村示范带建设现场会】 1月19日,全市"美丽崇左"生态乡村示范带建设现场会暨乡村建设工作会在大新县召开。会议传达全国改善农村人居环境现场会议精神,总结全市2015年生态乡村建设工作,部署2016年"美丽崇左"乡村建设工作。市委副书记冯学军出席会议并讲话。

【研究口岸经济发展有关工作会议】 4月14日,市长孙大光主持召开研究口岸经济发展有关工作会议,了解拟定《崇左市口岸经济大发展三年行动计划实施方案(初稿)》进展情况,要求进一步完善和修改实施方案,指导口岸经济健康有序发展。

【国有林场改革动员电视电话会议】 5月27日,召开全市国有林场改革动员电视电话会议,对下一步国有林场改革工作进行部署。会议要求,各级各部门要认真贯彻落实自治区国有林场改革动员电视电话会议精神,采取有效措施,全面推进全市国有林场改革工作。要加强领导,健全组织机构。各县(区)要在6月底之前成立国有林场改革工作领导小组,扎实推进国有林场改革工作;要认真学习贯彻《广西国有林场改革实施方案》精神,切实掌握好有关政策,研究做好本辖区国有林场改革工作。各相关部门要结合实际,认真研究,提出国有林场改革有效措施。各县(区)政府要在国有林场改革初步方案的基础上,组织编制本辖区国有林场改革实施方案,指导督促协调本辖区的国有林场改革工作。在中央财政安排国有林场改革补助资金和自治区财政适当补助的基础上,市、县两级财政要积极筹措资金,确保国有林场改革所需经费。要搞好试点,全面推进改革工作。列入自治区国有林场改革试点的大新县、扶绥县要按照自治区国有林场改革试点工作的要求,制定好试点实施方案,加快推进国有林场职能界定等有关工作,于12月底前基本完成国有林场改革试点任务;其他未列为试点的县(区)要做好基础准备工作,全面推进国有林场改革工作。

【全国重点稀土企业现场会】 6月16日,全国重点稀土企业现场会在崇左召开,市长孙大光出席会议并致辞。工业和信息化部原材料工业司巡视员、稀土办主任贾银松出席会议。孙大光介绍崇左市稀土产业的基本情况。孙大光说,崇左市高度重视稀土产业,广西唯一的一本稀土采矿证就在崇左,目前年分离稀土矿3000吨能力的国盛稀土冶炼分离项目已经全面投产,中铝广西稀土与北京商谢丽华合作建设的SCR催化剂生产线也即将建成投产。同时,全市正在积极推进稀土下游产品深加工项目落地,目前在洽谈的有稀土催化剂、稀土合金项目,预计年内能够开工建设。孙大光指出,当前随着"一带一路"倡议的深入推进和中国－东盟自贸区升级版的加快建设,崇左的政策优势和区位优势得到进一步的体现,崇左是唯一一个拥有广西北部湾经济区、珠江－西江经济带、左右江革命老区经济政策三大国家战略全覆盖的地级市。随着中国－东盟自由贸易区进入黄金十年,崇左迎来了难得的机遇期。下一步,全市将按照广西发展的总体要求把产业转型升级作为崇左发展的突破口。稀土是崇左市整个产业转型升级之中一个重要抓手,全市将进一步以生产高端、高性能、深加工产品为重点,逐步建设从矿山开采、冶炼加工、科研应用到贸易的完整产业体系,进一步延伸产业链,力争到2020年,全市稀土产业的产值达到50亿元,建成广西重要的新型稀土材料加工产业基地。同时,将一如既往地重视和支持中铝公司在崇左的发展,积极推进国盛稀土、国家智能制造项目、稀土催化剂产业化项目、崇左稀土清洁生产项目,自治区级研发平台建设等工作,在更广领域更深层次开展合作,共同推进崇左稀土产业建设,加快崇左稀土产业转型升级,实现互利共赢。

【全市"双高"基地建设现场推进会】 6月28日，召开全市"双高"基地建设现场推进会。市委书记、市人大常委会主任刘有明强调，要按照"全年抓、抓全年"的要求，举全市之力，集全民之智，早谋划早部署早推进，奋力完成全市"双高"基地建设任务。自治区"双高"办领导出席会议并讲话。市长孙大光主持会议，市人大常委会党组副书记、副主任黄卫革，市政协主席苏志球出席会议。

【2016年度脱贫摘帽推进大会】 6月29日，崇左市召开2016年度脱贫摘帽推进大会，深入贯彻落实中央扶贫开发工作会议和全区2016年度脱贫摘帽推进大会精神，市委书记、市人大常委会主任刘有明出席会议并作讲话，强调要把思想和行动进一步统一到脱贫攻坚工作上来，分析形势，明确目标，精准发力，确保完成2016年71个贫困村11.61万人的脱贫摘帽任务，坚决打赢"十三五"脱贫攻坚开局之战。市长孙大光主持会议，市人大常委会副主任、党组副书记黄卫革，市政协主席苏志球出席会议。

【花山申遗及文化旅游工作会议】 7月12日，召开花山申遗及文化旅游工作会议，贯彻落实7月4日市委书记刘有明主持召开的花山申遗有关工作会议精神，按照时间节点要求，列出工作清单，落实工作任务，明确工作职责；并研究《崇左市文化旅游发展三年行动计划》及文化旅游产业重大项目工作清单。市委副书记何良军，市委常委、宣传部部长、副市长李振唐，副市长李平出席会议。

【左江花山岩画文化景观成功申报世界文化遗产总结大会】 10月14日，崇左市召开左江花山岩画文化景观成功申报世界文化遗产总结暨文化旅游发展工作大会，市委书记、市人大常委会主任刘有明在会上强调，全市上下要深入贯彻落实国家、自治区关于旅游业发展的重大决策部署，紧紧围绕"发现山水崇左·圆梦别样桂林"文化旅游发展战略，以左江花山岩画文化景观申遗成功为契机，大力弘扬花山申遗精神，全面实施文化旅游发展三年行动计划，打造国际旅游合作区和边境旅游试验区，把崇左建设成为国际知名的文化旅游胜地。市长孙大光总结回顾申遗历程，市政协党组书记、主席黄卫革，市人大常委会党组副书记、副主任谭燕玲出席会议。

重大活动

【广西农业科学院与崇左市政府签订共建崇左分院协议】 2016年1月28日，广西农业科学院与崇左市人民政府共建崇左分院签约仪式在南宁举行。广西农科院与崇左市签约共建崇左分院，将为崇左农业产业结构调整转变注入强有力的科技支撑。广西农业科学院院长白先进，市委副书记冯学军见证签约。

【崇左市与中国出口信用保险公司签署战略合作协议】 2016年2月5日，崇左市与中国出口信用保险公司（以下简称"中国信保"）签署战略合作协议，就推进全市外贸进出口产业转型升级等方面加强合作。市委书记、市人大常委会主任刘有明出席签约仪式并见证协议签署，市长孙大光代表崇左市与中国出口信用保险公司南宁营业部签约。

【广西与越南广宁谅山高平河江四省党委书记会谈】 2016年2月22日，自治区党委书记彭清华与到访的越南广宁、谅山、高平、河江4个省党委书记在南宁举行会谈，就推进互联互通、沿边园区合作、通关便利化、跨境旅游合作和人文交流等达成多项共识，其中多项涉及崇左市。上午，市委书记刘有明在凭祥友谊关口岸迎接谅山省委书记陈士清、河江省委书记赵才荣一行入关，并赴邕参加会谈活动。市长孙大光在龙州水口口岸迎接高平省省委书记阮黄英一行入关。在会谈活动中，广西与越南广宁、谅山、高平、河江4个省就推进双方在互联互通、经贸、旅游、文化、教育、人力资源培训、边境管理等领域的务实合作深入交换了意见，并签署《会谈纪要》，在推进互联互通、沿边园区合作、通关便利化、跨境旅游合作和人文交流等多个方面达成多项共识。双方所达成共识中多项涉及崇左，包括推进中国凭祥—越南河内高速公路建设、推进中国南宁—凭祥—越南同登—河内铁路建设、推进中越水口二桥建设、加快推进凭祥–同登跨境经济合作区建设、共同推动硕龙—里板口岸为双边口岸、推动水口—驮隆口岸升格为国际口岸、推进中越德天—板约跨境旅游区建设、推动爱店—峙马口岸开放建设等。广西与越南边境4个省达以上共识，将为崇左市进一步面向越南务实合作、加快边境地区经济发展带来积极影响。

【刘有明孙大光与越南谅山省委书记陈士清会谈】 2016年2月23日，市委书记刘有明，市长孙大光在崇左会见到访的越南谅山省省委书记陈士清，双方举行会谈交流，并签署《会谈纪要》，就推进高层互访和互联互通建设、跨境经济合作区建设、国际旅游、口岸建设、跨境劳务、农业等领域的交流与合作达成共识。双方一致认为，在中越两国领导人确定的"十六字"方针和"四好"精神指引下，双方各领域的交流合作不断向纵深发展。双方达成如下共识：一是继续加强两省市高层互访，发挥好双方现有机制作用，不断增进了解，促进互利共赢。二是加强互联互通建设，指导双方政府共同推动南宁—凭祥—谅山—河内高速铁路建设，加快凭祥—谅山—河内高速公路建设。加快推进友谊关–友谊国际口岸国际货运专用通道、浦寨—新清货运专用通道建设，力争2016年年底建成。三是加强跨境经济合作区建设，共同推进中越凭祥–同登跨境经济合作区建设，推进中越凭祥–同登跨境经济合作区建设共同总体方案尽快获得两国政府批复建设。四是加强国际旅游合作，推进友谊关国际旅游合作区建设，双方共同努力向各自上级申报，争取将中越国际旅游合作区项目列入中越两国政府合作备忘录。推动中越跨境自驾车、自行车骑行旅游项目发展。共同探讨开发建设宁明公母山—禄平母山跨境旅游合作区。五是共同加快口岸、互市点开发建设，推进友谊关—友谊国际口岸先行实施"两国一检"通关新模式，进一步提高通关便利化水平。推动双方尽早签署协议开通旺英—那刚互市点。加快那呼—锅沙通道和那花—那讷互市点基础设施建设。共同协调各自国家层面，推动爱店—峙马口岸于2016年年底前正式对外宣布双边开放。六是加强跨境劳务合作，进一步推动劳务用工便利化。七是加强农业合作，推动农作物种植合作，不断增加双方边民收入。努

力简化甘蔗、水果等农产品出入境手续，实现农产品通关便利化。八是加强民间往来和各领域交流合作，支持和鼓励双方边境县、乡镇、村屯建立友好关系，密切双方在经贸、教育、文化、体育等领域的友好交流合作。九是继续加强宣传和落实好中越边界管理三个法律文件，加强信息通报和会晤协商，妥善处理各类边境事务，共同打击边境地区走私、贩毒、拐卖妇女和恐怖活动等违法犯罪，维护边境地区和平稳定。

【崇左市与广西大学签订深化战略合作协议】 2016年5月9日，崇左市与广西大学在南宁举行深化战略合作协议签字仪式，双方共同签署协议书，就崇左市特色产业转型升级及新业态发展等方面加强合作。自治区政协副主席、广西大学党委书记刘正东，市委书记、市人大常委会主任刘有明，市长孙大光，广西大学校长赵艳林出席签字仪式。市长孙大光与广西大学校长赵艳林共同签署《崇左市人民政府广西大学深化战略合作协议》，广西大学动物科学技术学院院长石德顺与广西大华农业发展有限公司董事长许云峰共同签署《共建现代肉牛产业示范基地合作协议》。根据协议，崇左市与广西大学将围绕崇左市特色产业转型升级及新业态发展的需要，重点在蔗糖、肉牛肉羊、果蔬、锰加工、有色稀土、民族医药、农产品加工、旅游文化、东盟贸易、物流、互联网＋等产业领域深入开展科技创新、成果转化、人才培养、决策咨询等方面的合作。

【崇左至靖西高速公路开通】 2016年5月30日，崇左至靖西高速公路开通仪式在该高速公路大新收

费站广场举行，标志着全长147千米、设计双向4车道、时速每小时100千米、总投资118.51亿元的崇左至靖西高速公路正式投入使用。自治区副主席陈刚出席开通仪式并宣布崇左至靖西高速公路正式建成通车，市长孙大光出席开通仪式。崇靖高速公路全线贯通云南至北部湾，是最便捷的西南出海大通道，一条南部边疆重要的旅游黄金大通道完美呈现，有效缩短了从中国西南边疆地区到东部沿海港口的距离。对崇左而言，在靖西至崇左、崇左至钦州高速公路与南友高速公路构成的"十"字交通脉络中，其位于"十"字焦点处的枢纽位置进一步凸显。

【左江花山岩画文化景观列入世界文化遗产名录】 2016年7月15日，土耳其伊斯坦布尔，联合国教科文组织世界遗产委员会第40届大会审议通过，中国世界文化遗产提名项目——左江花山岩画文化景观列入世界文化遗产名录。意味着，总面积6621.6公顷，涵盖3个文化景观区域，38个岩画点、岩画所在的山体和对面的台地以及105公里左江、明江河段的左江花山岩画文化景观，成为全人类的财富，将接受全方位的保护。左江花山岩画文化景观申遗成功，是广西第一个世界文化遗产，是中国第一个岩画类世界文化遗产，也是壮族第一个世界文化遗产。

【崇左市与西宁市缔结为友好城市】 2016年8月2日，首届绿色发展论坛暨2016年西宁城市发展投资洽谈会"一带一路"友好城市签约仪式在青海省西宁市举行。青海省委常委、西宁市委书记王晓出席签约仪式。签约仪式上，崇左市市长孙大光与西宁市市长张

晓容代表两市签订友好城市合作协议。根据协定，双方将在园区建设与发展、人才培训和交流、产业对接、信息产业合作、商贸流通服务业发展、城乡规划建设管理、旅游业、农牧业等方面进一步加强合作。

【泰国全国工业院考察团到崇左考察】 2016年9月9日，泰国全国工业院（全国工业联合会）考察团一行34人抵达崇左，在相关部门负责人的陪同下考察了凭祥物流园区和中泰产业园物流产业情况。考察团先后考察了凭祥物流园区、凭祥综合保税区申报中心、中泰产业园、东亚糖厂等地。经实地考察，泰国工业联合会秘书长吉迪·当吉马尼萨达表示，崇左资源丰富，交通便利，发展潜力很大，希望双方加强更深层次的交流与合作，促成更多的泰国企业和企业家到崇左投资兴业。

【中泰"两国四园"联合推介会举行】 2016年9月11日，崇左市人民政府与泰国莫拉限府共同主办，中国—泰国崇左产业园、泰国莫拉限府经济特区、泰国泰中罗勇工业园、泰国暹罗东方工业园联合承办的2016年中泰"两国四园"联合推介活动在南宁举行。市委书记、市人大常委会主任刘有明致辞，市长孙大光对崇左市进行推介。刘有明在致辞中指出，本次推介会推动了中泰"两国四园"的新发展，体现中泰两国经贸合作的互助共赢，中泰合作在两国政府领导的重视和大力支持下，得到了长足发展。四个园区结成兄弟姊妹园区，形成"两国四园"联袂发展格局，符合"一带一路"远景规划，符合中泰两国发展利益。孙大光在对崇左市进行推介时指出，崇左生

态环境秀美，投资环境良好，旅游资源丰富，独特区位优势逐步释放，产业实力不断增强，是"中国糖都"、"中国锰都"、"中国红木之都"，同时开发开放合作也在持续深化，拥有南宁—崇左—凭祥对外开放经济带、凭祥重点开发开放试验区、凭祥综合保税区、中越凭祥–同登跨境经济合作区、沿边金融改革试验区、中泰产业园等多个高水平开放合作平台，有7个园区获得国家和自治区认证。其中中泰产业园是崇左融入国家"一带一路"战略、深化与东盟国家经贸合作打造的产业园区，崇左市正扎实推进园区建设各项工作，努力把园区打造成为"中泰合作示范区"。会上，泰国投资促进委员会领导也进行了致辞，泰国泰中罗勇工业园、暹罗东方工业园、莫拉限府经济特区以及中国—泰国崇左产业园分别进行推介。"两国四园"相关负责人推介"两国四园"的发展优势与广阔前景，并表示要加深合作，互访共鉴，增进互利共赢的愿望。泰国嘉宾、自治区相关部门领导及国内企业客商等200余人参加推介会。

【第13届中国–东盟博览会签约仪式在邕举行】 2016年9月12日，第13届中国–东盟博览会签约仪式在南宁举行。崇左市有12个投资合作项目在会上签约。在12个投资合作项目中，国内合作签约项目8个，项目总投资54.30亿元，涉及制造、交通能源、旅游开发、基础设施、农业及农产品加工等6个行业；国际合作签约项目共4个，项目总投资3.76亿美元，涉及制造业、交通能源、旅游开发3个行业。

【孙大光会见澳大利亚莫里市代表团】 2016年9月12日，市长孙

大光在南宁会见澳大利亚莫里市代表团一行，双方就坚果产业、文化旅游、矿产业等方面的合作进行深入交流。孙大光在介绍崇左市的基本情况时说，崇左是一个新兴的城市，是中国"一带一路"的重要节点城市，是中国连接东盟的国际陆路大通道，崇左的交通、区位以及资源优势明显。国家和自治区层面给予崇左很多优惠政策，搭建很大的平台。崇左以资源性产业加工为主，蔗糖产业、锰矿产业、红木加工等产业占很大的比例，近几年也正大力发展食品加工等特色产业。孙大光表示，崇左与澳大利亚莫里市有很多领域可以进一步加强合作，特别是坚果种植和加工、矿业、旅游产业等方面可以加强合作，实现资源互补、优势互补，共同推动双方各个领域的发展。澳大利亚莫里市议会总经理罗杰思表示，除甘蔗、坚果种植外，莫里市的小麦、向日葵等也是明星产品。此外，莫里市在文化旅游方面也很重视发展。希望莫里市与崇左市在坚果种植、新能源产业、文化旅游业等领域可以加强合作，双方实现互利共赢。在会见现场，崇左市与澳大利亚莫里市签订了《开展国际农业发展合作谅解备忘录》。

【《崇左食糖仓储物流中心项目建设协议》在邕签订】 2016年9月13日，崇左市与中粮集团在南宁签署《崇左食糖仓储物流中心项目建设协议》。协议的签订将进一步深化崇左市与中粮集团的合作，扩大崇左在糖业市场的话语权，带动和培育一批制糖精深加工产业，开发糖业上下游产品。市委书记、市人大常委会主任刘有明，中粮集团党组成员、副总裁迟京涛出席签约仪式并分别致辞，市长孙大光，中粮

屯河股份有限公司党委书记、董事长夏令合分别代表崇左市人民政府、中粮屯河股份有限公司进行签约。在协议中，中粮屯河股份有限公司承诺：根据国家的产业政策，利用崇左市区位及甘蔗资源优势，充分发挥人才、技术、资金及营销优势，在中泰（崇左）产业园港口物流区建设崇左食糖仓储物流中心项目，并最终打造成为中国（国际）糖业标杆项目；崇左食糖仓储物流中心项目将于2017年一季度全面开工建设，项目总投资2.3亿元，储糖规模50万吨/年，项目分两期建设，一期建设规模年储糖30万吨，二期建设规模年储糖20万吨；项目占地20公顷，建设周期为2年。崇左市政府承诺：为公司提供优质的服务，全力协助中粮屯河股份有限公司办理项目核准、环评、用地、消防等各方面的手续，推动项目加快建设；在崇左辖区范围内的投资项目均享受崇左外来投资企业享有的各项优惠政策及待遇。双方一致同意成立项目建设工作组，建立会商与通报制度，共同争取国家、自治区支持，加速项目建设步伐。崇左市与中粮屯河股份有限公司签订框架合作协议标志着崇左市与中粮集团进入了深化合作的新阶段。

【崇左市与中国热带农业科学院签订合作框架协议书】 2016年9月25日—26日，市委常委、副市长王启平率领市科技局、农业局、糖办、农科所、广西南亚热带农业科学研究所、广西绿泰农业投资有限公司等单位和企业领导到海南，代表崇左市人民政府与中国热带农业科学院签订合作框架协议书，双方就推进科研院所与地方经济发展开展科技合作、加快科技成果转化和产业化达成合作。根据《崇左市人

民政府与中国热带农业科院合作框架协议书》，双方达成共识，决定就甘蔗、木薯、坚果、果树、食用菌等农业新品种、新技术和新成果等领域进行合作。协议的签订促进了政产学研合作，推动依靠科技创新促进产业转型升级，全面提升崇左市农业技术水平，并在实践中培养双方农业高科技人才。

【崇左市与广西新发展交通集团有限公司达成战略合作框架协议】 2016年11月20日，崇左市与广西新发展交通集团有限公司在南宁举行战略合作框架协议签约仪式。市委书记、市人大常委会主任刘有明，市长孙大光，广西新发展交通集团有限公司党委书记、董事长朱坚和，广西新发展交通集团有限公司党委副书记、副董事长、总经理唐咸秋出席签约仪式。协议提出，在“十三五”期间乃至更长的一个时期里，崇左市将充分发挥区位、资源、产业、政策等独特优势，广西新发展交通集团有限公司将充分发挥人才、技术、资金、管理和全产业链的突出优势，以战略合作伙伴形式，谋划推动更多与崇左相关的项目纳入自治区和国家层面重大项目盘子，进一步提升崇左经济社会发展水平，同时促进广西新发展交通集团有限公司做强做优做大。双方合作领域包括交通基础设施、城市（园区）综合体开发、商贸物流和旅游资源开发以及股权合作等领域。

【崇左市与农行广西区分行签署战略合作备忘录】 2016年11月24日，崇左市与农行广西分行在南宁举行战略合作备忘录签约仪式。市委书记、市人大常委会主任刘有明，市长孙大光，农行广西分行党委书记、行长杨光廷出席签

约仪式。

【崇左市人民政府与自治区司法厅签订《共建“法治崇左”框架协议》】 2016年11月29日，崇左市人民政府、自治区司法厅共建“法治崇左”框架协议签约仪式在崇左市人民会堂举行。市委书记、市人大常委会主任刘有明出席签约仪式并指出，巩固现有合作成果、创新双方合作机制、深化双方合作内容，以强有力的工作举措务实推进崇左法治建设，着力营造团结和谐的社会生态。市长孙大光与自治区司法厅厅长赵波签订《共建“法治崇左”框架协议》。自治区、崇左市律师事务所与崇左市有关产业园签订《聘请法律顾问协议》，广西律师协会、广西公证协会、广西司法鉴定协会、广西基层法律服务工作者协会、广西人民调解员协会、广西法律援助中心与崇左市相对应的6个协会（中心、机构）签订“1+1”结对帮扶协议。

【崇左市与广西铁投集团结成全面战略合作关系】 2016年12月8日，崇左市与广西铁路投资集团有限公司签订《崇左市人民政府广西铁路投资集团有限公司战略合作框架协议》，标志着双方正式缔结成全面战略合作关系。崇左市人民政府与广西铁路投资集团有限公司通过建立全面战略合作关系，将进一步深化政企双方合作，推动崇左市铁路基础设施建设、新型城镇化建设、新能源新材料、文化旅游、现代农业、金融、物流等产业发展，加快崇左市做好“两篇大文章”打好“四大攻坚战”战略决策部署实施。同时，进一步拓宽广西铁路投资集团有限公司在崇左市的业务范围，实现企业做大做强，提升效益水平。

重大决策

【左右江革命老区振兴规划(崇左市)实施方案】 2016年1月28日,崇左市政府办公室印发左右江革命老区振兴规划(崇左市)实施方案。指导思想:全面贯彻落实中共十八大及中共十八届四中、五中全会精神,运用创新、协调、绿色、开放、共享的发展理念,抓住"一带一路"建设,深入实施西部大开发和《左右江革命老区振兴规划》,以及我区实施"双核驱动"、"三区统筹"等重大战略机遇,发挥崇左市的区位优势和资源优势,主动适应经济发展新常态,全面深化改革,扩大开放合作,推进体制机制创新,切实保障和改善民生。围绕自治区领导对崇左市提出的"六大任务、五大工程"落实《崇左市振兴规划》,打造产业集聚又经济繁荣的活力崇左、天蓝山青水净的美丽崇左、人民安居乐业的幸福崇左、弘扬革命精神与民族文化的文化崇左、创新"一带一路"建设和中国-东盟开放合作的开放崇左,努力开创崇左市跨越发展、持续发展的新路子。基本原则:统筹兼顾、突出重点;改革创新、大胆探索;立足当前、着眼长远、加快发展、推进转型;内外结合、开放合作;国家扶持、自力自强。发展目标:①近期目标(2015—2020年):全面实施左右江革命老区(崇左市)三年行动计划,适应全国经济发展新常态。到2020年,实现《振兴规划》提出的"地区生产总值等主要经济指标比2013年翻一番左右;对接东盟、联通国内的综合交通运输网络初步形成,区域枢纽作用得到发挥;以有色金属、糖业等精深加工、林产加工、边贸进出口加工、清洁能源开发利用、红色文化、花山文化和边关文化旅游等为核心的特色优势产业初步形成,产业结构不断优化;生态建设和环境保护取得显著成效;新型城镇化水平和质量稳步提升,城镇承载能力不断加强。基本公共服务均等化总体达到国家平均水平,实现经济增长和城乡居民人均收入增长高于全区的平均水平,城乡居民收入增速高于地区生产总值增速,贫困发生率均不高于全区和全国的平均水平,全面建成小康社会"。②远期目标(2021—2025年):到2025岁年,实现《振兴规划》提出的"综合经济实力大幅提升,安全高效的综合交通运输体系全面建成,现代产业体系基本确立,工业化、信息化、城镇化、农业现代化实现同步发展,兼容并包的开放型经济新体制基本建成,生态文明建设取得重大进展,活力崇左、美丽崇左、幸福崇左、文化崇左和开放崇左全面建成"目标。重点任务:加强基础设施建设;发展特色优势产业;推进城乡协调发展;推进生态文明建设;构建现代公共服务体系;深化开放合作。

【机关事业单位工作人员养老保险制度改革实施方案】 2016年3月9日,崇左市政府印发《崇左市机关事业单位工作人员养老保险制度改革实施方案》。目标任务:自2014年10月1日起,在全市机关和符合条件的事业单位建立起社会统筹与个人账户相结合的基本养老保险制度。2016年5月份起对纳入财政工资统发的机关事业单位退休人员由社会保险经办机构实行社会化发放基本养老金,到2016年6月30日前基本完成参保登记和养老金发放工作,2016年12月30日底前全面完成全市机关事业单位工作人员养老保险制度改革工作。

【支持农民工等新市民进城落户促进城乡统筹发展试行意见】 2016年4月22日,崇左市政府办公室印发支持农民工等新市民进城落户促进城乡统筹发展试行意见。工作举措:加大对征拆安置对象货币化安置及"以购代建"的力度;试行农村宅基地自愿有偿退出;鼓励农村住房抵押贷款购买。配套政策:购房奖励①个人购买配套政策奖励。根据自治区住房城乡建设厅《关于支持农民工等新市民购房需求认真做好房地产去库存工作的通知》(桂建电〔2016〕7号)精神,自2016年2月5日起至2016年12月31日(以网签合同备案时间为准),凡在崇左市棚户区改造货币化安置房源信息平台购买建筑面积在144平方米以下新建普通商品住房,且所购住房为家庭在购房地唯一住房的农民工等新市民,采取先购后补、定额补贴、分级结算、直补到户的方式,给予每套1万元购房补助,其中40%补助资金的由自治区财政予以解决,60%的补助资金由县(市)财政予以解决(在崇左市城市规划区内购买商品住房的,由市本级财政与江州区财政各负担补助资金的50%)。棚户区改造货币化安置户不重复享受购房补助。各县(市、区)参照本意见执行。②契税优惠。按国家现行相关政策,农民工等新市民进城购买唯一住房,面积为90平方米及以下的,减按1%的税率征收契税;面积为90平方米以上的,减按1.5%的税率征收契税。③住房公积金政策支持。农村居民进城落户,可纳入住公积金缴存范围,夫妻一方在所工作企业缴存住房公积金6个月以上的,可申请个人住房公积金贷款。提取个人住房公积金应按市住房公积金管理业务的相关规定执行。放宽进城农民工等新市民落户条件:农民工、农村居民在城镇具有合法住所(含出租房)和合法就业的,允许本人及其他共同生活的配偶、子女、父母及直系亲属登记为城镇居民。建立健全居住证制度,依托居住证统筹流动人口在现住地的登记管理、社会保障和公共服务。

【市政府部门权力清单和责任清单】 2016年4月27日,崇左市政府印发《关于公布崇左市人民政府部门权力清单和责任清单的通知》。通知指出,根据《中共中央办公厅国务院办公厅印发〈关于推行地方各级政府工作部门权力清单制度的指导意见〉的通知》《广西壮族自治区人民政府关于推行各级政府部门权力清单制度的意见》《崇左市人民政府办公室关于印发推行市人民政府部门权力清单制度实施方案的通知》精神,市政府组织有关部门,全面清理调整行政职权,对市发展改革委、工业和信息化委等51个部门(单位)的权力清单和责任清单进行审定,明确市发展改革委等34个部门(单位)保留权力事项3233项。通知规定,经市政府审定的各部门权力清单和责任清单具有刚性约束力,各部门要严格按照权力清单和责任清单行使职权,严格执行"法无授权不可为、法定职责必须为",不得擅自变更权力、变相行使已取消、下放的权力事项,切实维护权力清单和责任清单的严肃性、规范性和权威性;市政府部门权力清单和责任清单实行动态管理,根据法律、法规、规章的颁布、修订、废止以及部门职能变化情况,及时调整完善市人民政府部门权力清单和责任清单。市政府部门权力清单

和责任清单的调整,由权力行使单位提出,经市机构编制部门审核后报市政府审定。市级各部门(单位)的权力清单和责任清单以在市政府门户网站上公布的为准;各部门要以此为抓手,进一步完善权力运行机制。市政府办公室、信息化办公室要整合现有电子政务网络资源,抓紧建设行政权力运行平台,推进清单内的权力事项在平台上运行,大力推进网上办事,优化办事流程,接受社会监督。市政府督查部门和市机构编制、监察、绩效管理等部门要建立有效监督检查机制,确保权力清单和责任清单制度的实施;经市政府审定的部门权力清单和责任清单,及部门制定的权力运行流程图,按规定在市政府门户网站、政府信息公开统一平台、编制清单的部门网站设置固定板块予以公布。

【修订印发进一步推进户籍制度改革实施意见】 2016年5月30日,崇左市政府印发《关于修订印发进一步推进户籍制度改革实施意见》。基本原则:①坚持积极稳妥、规范有序。②坚持以人为本、尊重群众意愿。③坚持因地制宜、区别对待。④坚持统筹配套、提供基本保障。工作目标:根据国务院关于全面放开小城市和城镇落户限制、有序放开中等城市落户限制、合理确定大城市落户条件、严格控制特大城市人口规模的户籍制度改革总要求,进一步推进户籍制度改革,统一城乡户口登记制度,调整户口迁移政策,全面实施居住证制度,稳步推进义务教育、就业服务、基本养老、基本医疗卫生、住房保障等城镇基本公共服务覆盖全部常住人口。到2020年,基本建立与全面建成小康社会相适应,有效支撑社会管理和公共服务,依法保

障公民权利,以人为本、科学高效、规范有序的新型户籍制度,努力实现28万人左右农业转移人口和其他常住人口在城镇落户。全面放开县(市、区)及建制镇落户的户籍准入条件:一是进一步调整户口迁移政策。①投靠类。夫妻之间投靠配偶到城镇落户,不受居住年限限制,本人及其共同居住生活的直系亲属可将户口迁移到居住地;子女(含未成年子女和成年子女)投靠其父亲或母亲到城镇落户,本人及其共同居住生活的直系亲属可将户口迁移到居住地;父母投靠其成年子女到城镇落户,不受年龄限制,本人及其共同居住生活的直系亲属可将户口迁移到居住地。②住房类。凡通过购买、受赠、继承等合法途径获得住房所有权的人员,不受住房面积、金额限制,可持合法产权证、按揭合同或购房合同(持按揭合同或购房合同,需提供:商品房买卖合同、合同备案证明、契税完税证、购房款缴纳凭据),本人及其共同居住生活的直系亲属可将户口迁移到居住地。③投资经商类。凡办理了《工商营业执照》和《税务登记证》的人员,不受投资纳税额限制,本人及其共同居住生活的直系亲属可将户口迁移到居住地。④人才类。凡具有国家承认的中专以上学历的毕业生,已就业的,可在就业地申请登记常住户口;未就业的,可通过先落户后就业的办法办理落户手续。⑤务工类。在崇左市及县(市、区)人民政府驻地镇和其他建制镇有合法稳定住所(含租赁)的务工人员,不受居住及缴纳社会保险年限的限制,本人及其共同居住生活的亲属可将户口迁移到居住地。以租房形式迁入城镇落户的,要先征得所租赁房屋的产权所有人同意。二是加快办理失地乡村人口

转为城镇人口。着力推进城镇规划区范围内失地、半失地乡村人口统一登记为城镇人口;按照随征随转的原则,及时将城镇被征地乡村人口登记为城镇人口;根据各地城镇基本公共服务覆盖能力,逐步将城镇其他乡村人口登记为城镇人口。三是妥善解决新生儿落户问题。新生儿应在出生后一个月内,由其父母或监护人持《出生医学证明》、父母的《居民户口簿》《结婚证》(未婚的不需提供)等证明材料向新生儿父亲、母亲或监护人常住户口所在地公安派出所申报出生登记。不得自行设立限制新生儿落户规定,不得将户籍登记与社会抚养费征收、落实长效节育措施等相挂钩。

【落实稳增长若干措施】 2016年5月31日,崇左市政府印发《崇左市2016年稳增长降成本若干措施》。在继续贯彻2015年出台的60条稳增长具体措施的基础上,制定具体措施:一是切实减轻企业负担,促进工业稳增长;二是积极扩大有效投资,促进投资稳增长;三是推进糖产业"二次创业",促进农业稳增长;四是大力促进社会消费,促进消费稳增长;五是进一步扩大外贸进出口总额,促进外贸稳增长;六是切实支持企业融资,帮助企业解决资金难题。

【养老服务业综合改革试验区实施方案】 2016年7月4日,崇左市政府办公室印发崇左市养老服务业综合改革试验区实施方案。总体目标:到2020年,基本建成功能完善、覆盖城乡的养老服务体系,符合标准的社区居家养老服务中心基本覆盖城镇社区,每千名老人拥有的养老床位达到35张,其中护理型床位超过15张,健康养老

服务业及相关产业增加值显著增长。建成以居家为基础、社区为依托、机构为支撑、信息为辅助、社会为主体、法制为保障,功能完善、服务优良的多元化社会养老服务体系。打造"一园四基地"的养老服务业发展格局,使养老服务业发展成为全市新兴产业,将崇左市建成国家、自治区养老服务业综合改革试验区和面向区内外及东南亚的养老服务基地。近期建设任务(2016—2018年):①崇左市社会福利院养老项目。②扶绥县"中国·乐养城"项目。③大新县民政福利园。④宁明县海逸花山温泉养生养老度假区。远期建设任务(2019—2020年):①大新县明仕养生养老生态园。②龙州上金养老养生城。

【贯彻落实社会信用体系建设规划纲要(2014—2020年)的实施意见】 2016年10月9日,崇左市政府印发《关于贯彻落实社会信用体系建设规划纲要(2014—2020年)的实施意见》。基本原则:政府推动,法规约束,社会共建,互联共享。主要目标:到2020年,基本建成符合国家规划、体现崇左市特色、法制健全、分工明确、监管有力、竞争有序、运行安全、体系完善、功能齐全、服务高效的社会信用体系框架和运行机制。政务诚信、商务诚信、社会诚信和司法公信建设取得明显成效,社会满意度大幅提高。守信激励和失信约束机制有效运行,社会诚信意识普遍增强,"诚信崇左"建设成效全面彰显。夯实法制基础:一是加快信用法制建设,不断夯实社会信用体系建设的基础。二是推进信用信息系统建设:根据广西信用信息统一共享平台建设规划,尽快出台崇左市信用信息统一共享平台建设规

划;崇左市信用信息系统建设;行业信用信息系统建设;社会征信系统建设;金融信用信息系统建设。重点领域诚信建设:一是加快推进政务诚信建设深入推进商务诚信建设;二是深入推进商务诚信建设;三是全面推进社会诚信建设。

【提高城乡居民最低生活保障标准】 2016年10月9日,崇左市政府办公室印发《关于印发提高我市城乡居民最低生活保障标准的通知》。为贯彻落实中央、自治区关于农村低保制度与扶贫开发政策有效衔接的有关要求,切实保障城乡居民困难群众的基本生活,根据《广西壮族自治区人民政府办公厅关于加快推进农村低保制度与扶贫开发政策有效衔接的实施意见》(桂政办发〔2016〕78号)等精神,市人民政府决定提高全市城乡居民最低生活保障标准,提高后的城市居民最低生活保障标准为430元/(月·人),农村居民最低生活保障标准为3200元/(年·人),新标准从2016年9月1日起执行。各县(市、区)执行此城乡居民最低生活保障标准。有条件的县(市、区)可根据当地经济社会发展水平和财力状况,在崇左市城乡居民最低生活保障标准的基础上适当提高标准。该次提高城乡居民最低生活保障标准后,从2017—2020年,每年公布新的城乡居民最低生活保障标准。

【"崇左市现代特色农业(核心)示范区"】 2016年10月25日,崇左市政府印发《关于授予扶绥县传奇渠芦甘蔗产业(核心)示范区等示范区"崇左市现代特色农业(核心)示范区"称号的决定》。从2014年起,全市各地认真贯彻中央和自治区关于全面深化农村改革、加快推进农业现代化的重大决策部署,积

极创建现代特色农业(核心)示范区,涌现出一批要素集中、产业集聚、技术集成、经营集约的现代特色农业(核心)示范区,为推进全市农业转型升级、加快发展现代农业起到了重要的示范带动作用。为激励先进,树立典型,市政府决定,授予扶绥县传奇渠芦甘蔗产业(核心)示范区、宁明花山田园现代农业示范区、江州区益兴花山黑山羊种养循环现代农业(核心)示范区、龙州县山水弄岗生态农业示范区、天等县"田园牧歌"生态农业示范区等5个示范区为"崇左市现代特色农业(核心)示范区"称号,有效期2年。

【加快崇左农业科技创新体系建设实施方案】 2016年12月21日,崇左市政府印发加快崇左农业科技创新体系建设实施方案。主要目标:建成以市场为导向,以农业科研院所和企业为主体,以农业科技创新平台及人才团队为支撑,各级各部门协同创新和联动的农业科技创新体系,科技创新水平明显提高,人才结构更加优化,企业创新能力和农业科技服务能力进一步增强。为全市实现农业现代化提供强有力的科技支撑。进度安排:2016—2017年整合市级农业相关机构,建设自治区农业科技创新平台2个,创建自治区级现代特色农业(核心)示范区3个,创建自治区级农业科技园区2个,建设"双高"糖料蔗2.4万公顷,建立农业科技示范基地7个以上,建立育种选种基地2个以上,选派一批科技特派员进驻贫困县、贫困村和涉农企业开展科技创新创业和科技服务,积极推进水稻、甘蔗、木薯、水果、蔬菜等作物新品种、栽培技术。到2020年,建设自治区农业科技创新平台5个,创建自治区级现代特色

农业(核心)示范区4个,建成自治区级农业科技园区2个,建立农业科技示范基地14个以上,建立育种选种基地4个以上。主要任务及责任分工:一是强化农业科技源头创新体系建设;二是加快推进农业科技成果转化示范体系建设;三是强化基层农技推广和服务体系建设;四是加强创新人才队伍支撑体系建设;五是强化农业科技国际合作交流体系建设。

人事工作

【概况】 2016年,崇左市人力资源和社会保障工作坚持"民生为本、人才优先"的工作主线,深化改革、保障民生、改进作风,努力打造全民社保的福地、就业创业的高地、人才创新发展的佳地、和谐劳动关系的家园,各项工作取得明显成效,推动全市人力资源和社会保障事业持续发展。

【公务员考录】 2016年,全市共有359个单位567个职位拟招录652人(不含由自治区统一组织的定向公安院校公安专业毕业生招录的27人、选调生、机要员,下同)。全市报名确认人数7712人,实际参加笔试人数为7126人,缺考586人。录用610人,剩余13人因处于妊娠期未能完成体检、考察程序,暂缓录用。

【公务员登记审批】 2016年共审批公务员登记351人,其中新录用公务员试用期满任职定级后进行登记320人,调任后进行登记30人,其他原因补登记1人。审核行政机关职务任免有81个单位259人,其中提拔科级领导岗位的有40个单位121人。

【行政机关年度考核及统计】 2016年,市人力资源和社会保障局积极做好行政机关年度考核及统计工作,完成2015年市直政府机关的年度考核工作,市直机关共有2447人参加年度考核,其中确定优秀等次425人(含11名工勤),占17.37%,称职等次人1972人,占80.59%,基本称职0人,不称职等次人员1人,未定等次49人。2016年度,全市行政机关公务员7016人,政府部门参照单位工作人员3604人。

【人才智力引进】 2016年,修订出台《崇左市高层次人才引进和管理办法(试行)》和《崇左市高层次人才安居工程实施细则(试行)》,推出众多优惠政策,集聚人才到崇左干事创业。7月中旬至8月中旬,市委组织部、市人社局、市委人才办组织开展"名校学子边关行"考察调研活动,吸引一批区内外重点院校优秀学子奔赴边关,为崇左市集聚更多优秀人才,服务全市经济社会发展。年内,共引进急需紧缺高层次人才257人。

【高校毕业生就业指导】 2016年,市人力资源和社会保障局抓好高校毕业生就业指导工作,通过电话联系、企业招聘登记等方式,充分挖掘企事业需求就业岗位信息,并及时进行整理分类,通过参与全国高校毕业生春季、夏季网络招聘月、"广西高校毕业生网络招聘周",并免费在崇左人才网发布招聘毕业生就业信息等网络招聘专项活动,为企事业单位及高校毕业生搭建网络供求平台,共发布岗位302个,招聘毕业生1468人,达成意向712人。先后在广西民族师范学院、广西理工职业技术学院、桂林理工大学扶

绥校区等开展公共就业和人才服务校园活动,组织 185 家企事业单位入场招聘,提供岗位 925 个,招聘毕业生 1650 人。年内,全市毕业生报到人数 5409 人。

【事业单位人事制度改革】 2016 年,全市事业单位面向社会公开招聘工作人员总共 1037 人,其中市直事业单位招聘 186 人。(肖 伟)

民政(事务)

【概况】 2016 年,崇左市民政局内设办公室(法制科)、民间组织管理科(行政审批办公室)、优抚科(市拥军优属拥政爱民工作领导小组办公室)、退伍军人和军队离退休干部安置办公室、救灾科(市抗灾救灾工作领导小组办公室)、社会救助科、基层政权、社区建设和区划地名科、社会事务科、社会福利和慈善事业促进科(崇左市涉外婚姻登记处)、计划财务科等 11 个科室。直属事业单位有 10 个,即市低收入居民家庭经济状况核对中心(低保中心)(参照公务员法管理)、备灾中心、复退军人医院(副处级)、军供站(副处级,参照公务员法管理)、救助管理站(参照公务员法管理)、社会福利院、儿童福利院、福利公司、殡葬管理处、烈士陵园管理处。

【抗灾救灾】 2016 年,受冰冻雨雪、洪涝、台风和冰雹等灾害影响,全市受灾人口 16.72 万人,因灾死亡 1 人,因灾倒损房屋 1433 户 3459 间,面对灾情,全市各级民政部门积极开展抗灾救灾工作,紧急转移安置人口 573 人,紧急下发棉被、棉衣共 9750 件套,紧急调配救灾大米 5 吨,支出灾害救助等资金 61.09 万元。2015—2016 年全市救助冬春灾民 7.38 万人,投入冬春救助资金 1895.93 万元,粮食救助 1195.72 吨 3.83 万人,衣被救助 9.77 万件(套)4.59 万人。全市 2015 年因灾倒房需恢复重建 71 户 113 间,截至 2016 年 4 月底,倒房恢复重建任务顺利完成,共投入资金 389.65 万元。

【防灾减灾宣传】 "5·12 防灾减灾日"宣传周活动期间,全市各地各单位积极有效、有针对性地开展一系列"防灾减灾"宣传,共组织上万余名愿者参与活动,发放各种宣传资料 13.58 万份,发放海报 250 份,悬挂宣传标语 44 条,展出板报 248 板,悬挂横额 266 条,编发防灾减灾公益短信共 2.46 万条。

【优抚抚恤】 全市累计为 9237 名重点优抚对象和 1.7 万名参战民兵发放生活补助 8385.9 万元,各类优抚对象抚恤补助金按时足额发放到位。发放 2015 年义务兵家庭优待金 1145 户 1168.8 万元。

【拥军优属】 元旦、春节等重大节日期间,崇左市组织协调开展五保、军烈属、老复员军人和驻地军(警)的走访慰问活动。全市共组成 76 个慰问团(组),分别走访慰问了广西军区、崇左军分区以及驻崇左军(警)部队 72 个单位,赠送慰问金累计达 310 万元。慰问军烈属、老复员军人等民政对象 1400 多户,赠送慰问金、慰问品共计 92 万元;推进单位双拥共建,落实军人各项优先政策。创新军供保障,并得到民政部、后勤保障部、过往部队和民政厅的好评。5 月 16 日,国家民政部优安局、军委后勤保障部联合调查组到市军供站调研时给予充分肯定,同时,2016 年全区第六届军供烹饪技能竞赛活动现场在崇左扶绥县举行。驻地部队坚持牢记宗旨和使命,维护边疆稳定,为驻地人民群众撑起保护伞,在急难险重任务中冲锋在前,形成了军地在经济和部队建设的主战场上通力协作,在战胜各种自然灾害和完成急难险重任务时同舟共济的"拥军优属、拥政爱民"的浓厚双拥氛围。2016 年全市获全国、自治区双拥模范城(县)5 个,占市、县(市、区)63%,其中获"全国双拥模范城(县)"2 个,获"全区双拥模范城(县)"5 个,市本级实现了双拥工作历史性突破,首次获"全国双拥模范城"称号,并连续 3 年创自治区双拥模范城。

【退伍安置】 全市共接收 2015 年秋冬季退出现役的士兵 479 名,报名技能培训 393 人,报名培训率 100%,完成退役士兵自主就业经济补助金发放 472.9 万元;接收 2016 年春转业士官 33 人,至 2016 年 11 月底已全部完成安置。

【农村农房政策性保险】 2016 年全市纳入农保 50.97 万户,需筹措保费 144.95 万元,各县(市、区)承担的农房理赔保险金已拨付到位。年内,全市接到报案 1035 件,涉及农户 1219 户,已理赔 1035 件,理赔金额 277.76 万元,理赔率 100%。

【平安清明】 2016 年清明节期间,全市 6 处边境烈士陵园累计接待 2176 批 4.84 万人,同比增长 14%。

(许承斌)

民族宗教事务

【概况】 崇左市民族和宗教事务委员会为市人民政府工作部门,简称崇左市民族宗教委,内设办公室、政法监察科、经济发展科、社会发展科、宗教科等5个职能科(室),管理1个副处级参公事业单位——崇左市少数民族语言文字工作委员会(简称崇左市民语委)。

2016年,全市民族宗教系统认真贯彻落实中央民族工作会议和中共中央总书记习近平系列重要讲话精神,把握新形势下民族宗教工作新要求,认真协调民族关系,维护民族团结,努力帮助推动少数民族和民族地区解决特殊困难和问题,促进全市民族团结进步事业新发展。

【民族团结进步创建】 2016年,市民族宗教委利用广播电视、短信横幅、宣传橱窗、电子屏幕等多种方式,开展全方位、多层次的民族政策和民族团结宣传教育;悬挂宣传标语400条;建设宣传橱窗45块,大型固定公益广告宣传牌4块;电视、LED显示屏滚动宣传标语22则5万次,发放宣传资料6万份(册),制作板报10期。以机关、企业、社区、乡村、学校、寺庙为主阵地,开展政策宣传、便民服务、文艺演出、社会综合管理等面向基层、面向群众的创建活动,培育树立7个创建活动示范典型。把民族工作与城市网格化管理结合起来,统筹资源、部门联合、优势互补,共同做好社会领域城市民族工作,加强少数民族流动人口管理、涉及民族宗教问题隐患摸排、少数民族知名人士联系等工作,先后召开民族工作专家顾问少数民族事业"十三五"规划研讨会和少数民族知名人士座谈会。落实民族关系监测协调工作,妥善处置涉及民族关系的隐患,做好民族关系协调工作。

【民族经济发展】 2016年,全市累计争取国家和自治区少数民族发展资金6386万元,比上年增加了1155万元,增长22%。其中,第一批资金5023万元,安排民族地区村屯水、电、路及民族文化建设项目141个。至10月31日,开工建设139个,竣工111个,验收95个,项目资金支付率66.27%。年内组织开展春风护农专项督查和民贸民品贷款贴息资金两项专项督查,查找全市2013—2015年少数民族发展资金项目实施工作中存在的问题,提出整改意见,对全市2011年以来企业获得的民贸民品贷款贴息资金使用情况进行专项检查。总结兴边富民行动规划"十二五"实施情况,提出"十三五"工作计划;谋划"十三五"少数民族事业规划,开展《全市"十三五"少数民族事业发展规划》编制工作。全市4个民族贸易县共有14家企业被确定为"十三五"期间自治区民族贸易企业。

【民族文化传承】 2016年4月,市民族宗教委组织策划"壮族三月三"崇左花山文化节活动月,在全市开展祭壮祖、摆歌台、品美食等22项系列活动,配合自治区做好崇左活动直播工作,有12项活动由广西电视台向全国直播或录播,突出展示了民族性、群众性、体验性、国际性等左江流域民族文化特色;组织91名运动员组成的代表团,参加2016年自治区民族体育欢乐节所有5个竞技和3个表演项目比赛,获得团体和个人项目奖项6个;组织开展竹竿舞、抛绣球两项民族传统体育体验活动,吸引了广大群众和中外游客的参与,让各族群众充分体验民族传统体育的乐趣,广西电视台作了活动电视直播。11月29日,在大新县举办2016年全市民族民俗文艺展演,深

入挖掘民族文化内涵,《唱春牛》、《拜囊海》、《哭嫁歌》、《花山鼓韵》、《铜钱舞》等一批经过精心整理的民族文艺作品成功参展。争取到自治区民族文化发展项目资金18万元,扶持《唱春牛》等12个民族文艺作品进行挖掘、整理;从市本级财政安排民族工作专项资金24万元,支持全市10个民族传统体育基地建设,对照自治区少数民族传统体育运动会项目开展训练和运动员选拔,带动全市民族文化活动蓬勃开展。12月7日—12日,组队参加在贵州省荔波县举办的全国陀螺邀请赛,获得一、二、三等奖各1个的成绩。

【宗教事务】 2016年市民族宗教委开展4项凝聚宗教界正能量的活动,完成自治区统一部署的2项规范管理工作,依法依规管理宗教事务,促进全市宗教界和谐稳定,成功制止1起规模达2万人的非法宗教活动。一是开展和谐寺观教堂创建活动,协助全市宗教活动场所做好机构代码申领、开立银行账户等民主管理和财务管理。二是开展宗教政策法规学习月活动,通过举办宗教政策法规培训班、赠送宗教书籍、制作板报等形式,向全市宗教界宣传宗教政策法规。三是举办佛教讲经交流活动,支持经费1.2万元协助自治区佛教协会和市佛协分别在凭祥和大新开展讲经交流活动。四是举办崇左市宗教慈善周活动,号召宗教界积极参与扶贫、助学、助困和社会公益慈善活动,全市宗教界参与扶贫济困捐款捐物共计人民币7.5万元,带动自治区宗教团体给崇左市贫困村捐款15万元,累计捐款捐物22.5万元。五是完成宗教场所视频监控联网工作,全市正式登记的11个宗教活动场所视频完成联网

应用。六是完成宗教活动场所筹备设立审批专项督查。

【民族干部培养培训】 2016年6月22至28日,在浙江大学举办崇左市民族宗教系统干部综合能力提升班,全市民族宗教系统干部41人参加培训,培训班邀请浙江大学5名知名教授学者和1名浙江省民族宗教工作部门领导到班授课。10月23日至28日在广西大学举办2016年崇左市少数民族干部培训班,市、县党政机关46名科级干部参加培训,培训内容有民族理论、干部培养成长、干部心理压力调节等。选派1名处级领导干部赴中央直属机关党校参加"学习党的十八届六中全会精神暨党的建设"专题培训;推荐1名科级干部参加为期3个月的全市中青年干部培训班;推荐1名科级干部参加为期1年的全自治区专业技术人才访学。全年累计组织全市民族宗教系统干部25人次参加自治区民委在全国6所高校举办的9个培训班、69人次参加全市在自治区内外举办的15个各类培训班。

【信息调研】 2016年市民宗委围绕崇左民族工作特点开展民族工作信息调研,向自治区报送调研报告8篇,收集上报民族宗教信息350篇,被国家和自治区民委采用总分达3085分,列广西全国民委系统信息直报点第一名,自治区民族宗教系统各市采用排名第一名,被评为自治区民族宗教系统信息工作先进集体,3名信息员被评为先进个人;围绕崇左市情特点开展民族工作调研,完成《关于崇左市民族节庆和乡村文化发展情况的调查报告》《关于广西崇左市大新县岜特山侬王城壮族历史文化价值的研究》等

8个课题调研报告,报国家民委和自治区民委。

(许善金 刘 军)

少数民族语言文字事务

【壮汉语翻译】 2016年,全市民语系统共为机关、企事业单位名称翻译壮文牌匾110个、壮汉文横额标语268条、公章30枚、地名15300个。壮族"三月三"活动期间,全市民语工作部门共为各类活动翻译背景墙9块、奖牌6块、活动手册1本、工作证1套、板报40期、举办壮语山歌赛52场,使用壮语表演的文艺节目47个,壮语电影下乡播放26场。

【壮语广播电视】 2016年,全市各级民语工作部门密切配合广电部门稳步推进壮语广播影视工作,在巩固原有壮语栏目的基础上增设新栏目并扩大播出覆盖面。全市壮语广播电视栏目均能正常运行,译播水平进一步提高。崇左广播电台增设《崇左故事》栏目,龙州县增设《天琴画音》《歌坡节》等栏目。扶绥县广播电台每周一至五20:30首播,时长10分钟,次日8:30和12:30重播,电视《扶绥壮语新闻》节目每周一、三、五21:00首播,时长10分钟。宁明县《壮语新闻》节目已通过有线电视网络覆盖全县13个乡镇镇51个行政村,受益群众23万,全年共制播44期96次。同时,将译制的第一部崇左壮语方言电影《天琴》列入农村电影放映工程,年内共放映壮语电影266场次。译制的第二部崇左壮语方言电影《战狼》已在广西电影集团民

族语译制中心完成录制。

【壮语培训】 2016年,市民语委、市广播电台、市电视台联合举办"2016年全市广播电视壮语栏目播音员主持人培训班"。36名市县两级壮语广播电视播音员、主持人、民语负责人、民语爱好者参加培训。培训班邀请原广西广播电台高级编辑闭汉祥进行授课,内容包括壮语播音基本功和新闻专题播音概要、壮语广播电视翻译技巧、播音主持实例点评等。

【收集整理壮族文化】 2016年,崇左市民语委在扶绥县召开《壮族山歌集》第四集编译工作培训会。6个县(市、区)编译工作人员20人参加会议。培训会邀请自治区民语委科研处对崇左市壮族山歌集的编译工作进行具体指导,对入选作品在壮汉翻译、国际音标标注、文字排版等方面存在的问题进行分类点评,并提出具体的修改意见和要求。经过反复修改,作品以汉字壮音、国际音标、标准壮文、汉意译文等四种格式进行标注,共收录山歌43首1000句5万余字,该书已完成编译、校对、排版等工作。

【民族语文工作调研】 2016年,全市各级民语部门开展民族语文立法工作专题调研。除协助自治区民语委调研组做好在天等县、龙州县和市本级等地的调研工作外,还成立专题调研组,深入江州区、凭祥市、大新县进行调研。调研活动邀请当地人大法工委、教育局、财政局等13个单位各一名领导参加,听取各部门的意见和建议。其他各县(市、区)也相应开展此项调研工作,并形成调研报告上报自治区民语委。在参加全自治区民族语文立法征文活动

中,崇左市有 3 篇论文获二等奖,1 篇论文获三等奖。

(梁振标　隆艳英)

外　事

【概况】 2016 年,市外事侨务办深入贯彻中共十八大和十八届四中、五中、六中全会,以及习近平总书记系列重要讲话精神,围绕市委、市政府做好"两篇大文章",打好"四大攻坚战"战略部署,积极作为,勇挑重担,创造性地开展外事工作,圆满完成全年工作任务。

【国际友城工作】 2016 年 10 月 22 日,市委书记、市人大常委会主任刘有明率崇左市代表团访问柬埔寨期间,在金边与柬埔寨腊达那基里省省长通萨温分别代表崇左市和腊达那基里省签署双方建立国际友好省市关系协议书。此次缔结国际友好省市关系,是崇左市正式缔结的第 4 个国际友城,也是 2016 年自治区缔结的第一对地市级国际友好城市。至年底,全市国际友城数量累 19 个,其中已签订建立国际友城关系协议书 9 个,已签订建立国际友城关系意向书或备忘录 10 个;市级友城 11 个,县级友城 8 个;东盟国家友城 12 个,东亚国家友城 1 个,欧美国家 5 个,非洲国家 1 个。友城区域分布更加合理,对外交流越来越广。年内,崇左市应邀组团赴越南、老挝、柬埔寨、缅甸、波兰等国家友城开展一系列友好交流活动;邀请越南谅山省谅山市、泰国莫拉限府到崇左市参加相关活动,进一步推动双方在经贸、教育、文化、旅游、农业、互联互通等领域的务实合作,国际友城间的友好合作关系得到深入发展。

【重大涉外活动】 2016 年 4 月,崇左市委书记、市人大常委会主任刘有明率团出访越南高平省,在自治区党委书记彭清华与越方相关领导共同见证下,与高平省签署《中国广西崇左市与越南高平省关于农业综合开发合作谅解备忘录》;刘有明与高平省委书记见证了崇左市龙州县和高平省有关代表签署《中国广西龙州县与越南高平省开展跨境红色自驾游合作谅解备忘录》《中国广西龙州县与越南高平省经济区管理委员会关于建立双边经济合作区建设定期会晤机制的谅解备忘录》《中国广西龙州县和越南高平省经济区管理委员会共同加强双方边民互市点(口岸)建设的谅解备忘录》等 3 份备忘录。第十三届中国 – 东盟博览会期间,邀请越南、泰国、澳大利亚共计 28 位外宾到访崇左市并参加相关推介活动。此外,从外事层面上推进越德天 – 板约瀑布国际旅游合作区,推进中泰(崇左)产业园,中泰(崇左)产业园,中越凭祥 – 同登跨境经济合作区建设,中国水口 – 越南驮隆边境经济合作区,水口 – 驮隆中越界河二桥等项目建设,统筹做好对外联络工作,协助推进重大涉外项目建设。

【因公出国(境)管理】 2016 年度全市出访指标 54 人次,厅级出访指标控制在 11 批以内。实际执行厅级团组 4 批,全市因公出访人数 46 人次,实现年度出访批次、总量零增长。

(毛荣新)

边防管理

【概况】 2016 年,市边防办围绕"两篇大文章"打好"四大攻坚战"的目标任务,转变作作风,扎实工作,抢抓边防建设新机遇,稳步推进综合防卫管控体系建设,不断提升管边控边整体水平。

【加强边防管理】 2016 年,市边防办进一步加强国防宣传,投入 5 万余元在大新县德天景区附近和下雷镇设置两块永久性边防法律法规宣传牌,增强广大边境干部群众守边固防意识,形成全民齐抓共管大边境的氛围,有效维护边境和平稳定。年内,配合国家边海防办调研组、自治区边海办大力开展边境地区守土乏人问题、边境管控工作情况等专项调研,对边防情况进行详细汇报,努力争取上级在改造升级边境物防、技防等基础设施方面给予大力支持。年内市、县两级边防办共召开涉边部门边境情况联席会 16 次,编写边境情况会议纪要 4 期、情况简报 36 期。配合边防公安、海关、口岸等部门开展"国门利剑 2016"联合行动、反恐防"回流"、反偷渡、反赌博、扫黄打非等专项打击整治行动,严格边境一线的管控,堵住枪、毒、走私物品入境的源头,严厉打击"三非四贩"和各类违法犯罪活动。

【边防基础设施建设】 2016 年,市边防办推进 2015 年度建设工作,投入资金 3900 万元,全部工程于 2016 年年底基本完工。同时抓好 2016 年度已建项目维护工作。根据国家、自治区关于边防基础设施维护管理任务工作安排,2016 年全市计划投入 417 万元对 1994 年以来建成的边防设施进行正常养护和维修,对因自然灾害造成损毁的设施组织修复,以确保已建设施正常使用。6 月底和 12 月上旬,市边防办先后两次组织人员对已完成的维护项目进行检查验收,大新、宁明县,凭祥市,龙州县已全部完成维护工作并通过验收。

【项目稽查工作】 2016年5月24日至27日,国家发改委组成工作组,对崇左市"十二五"时期边防基础设施建设情况进行专项稽查。为做好迎检工作,市边防办召开边防系统工作会议,迅速动员部署,明确迎检任务。通过开展各项迎检工作,进一步总结"十二五"项目执行情况和功能发挥程度,为"十三五"边防基础设施建设项目安排提出政策建议。根据国家发改委稽察办反馈的关于崇左市"十二五"期间的边防基础设施项目建设情况问题,市边防办组织各边境县(市)边防办技术力量及骨干人员认真抓好整改落实。10月20日—23日,顺利通过国家边海防办专项稽查。

【爱民固边活动】 2016年,市边防办投入10万元经费用于帮助爱民固边示范村进行党建基础工作、基础民生工程建设及种养殖项目扶持等,通过富民兴边达到固防目的。

【参与德天国际旅游合作区建设】 2016年,市边防办继续根据中越两国政府《关于合作保护和开发德天(板约)瀑布旅游业资源的协定》,中方和越方各自划定200公顷面积,在外围设置拦阻监控设施进行物理隔离。中方在区域确定线路总长度直线距离4.18千米,工程总造价2508万元。年内,市边防办对拦阻监控设施走向进行实地勘测和规划。

（黎芷君）

侨 务

【概况】 2016年,崇左市有8家华侨农林场,其中华侨农场6家、华侨林场2家,华侨农林场数量占全国十分之一、广西五分之二,是全国华侨农林场最多的地级市。8家华侨农林场分布在扶绥、大新、宁明和江州等4个县(区),总人口30360人,其中归侨侨眷21169人,非归侨侨眷9191人;职工总数11197人,其中在职职工5268人,离退休职工5929人。全市华侨农林场土地面积3.63万公顷,实际可耕种面积1.05万公顷,以种植经济林和甘蔗为主,其中经济林种植面积约0.61万公顷,甘蔗种植面积0.44万公顷,其他农业作物0.08万公顷。年内,全市8家华侨农场人均年收入6800元。其中,6家华侨农场职工人均纯收入1.1万元,2家华侨林场职工人均纯收入2.3万元。

【侨场体制改革】 2016年,市外侨办推进渠黎华侨林场和西长华侨林场改革,2家林场的改革方案由扶绥县政府组织实施,成为第一批自收自支企业性质的国有林场。以"三融入"为目标,督促指导各县(区)积极推进其他华侨农场的改革和发展。委托广西社科院编制《崇左市华侨农林场经济社会发展"十三五"规划》和华侨农林场改革和发展重点课题研究,提出适合华侨农林场发展的措施和建议,全面指导华侨农林场"十三五"期间经济社会发展。举办全市华侨农林场体制改革培训班。开展华侨农林场国有资产管理督查,指导各华侨农林场开展国有资产核查、清算,依法维护国有资产安全与完整,强化华侨农林场国有资产管理。

【侨场产业建设】 各华侨农林场产业发展规划均纳入所在县(区)"十三五"总体规划。渠黎华侨林场、西长华侨林场以林业产业为支柱,发展甘蔗产业和亚热带水果,种植速丰桉5266.67公顷,种植甘蔗398.67公顷,种植红江橙、龙眼、砂糖橘、木薯、香蕉等经济作物653.33公顷。新和华侨农场、左江华侨农场以甘蔗产业为主,种植甘蔗18866.67公顷,完成"双高"糖料蔗示范基地666.67公顷,套种西瓜146.67公顷。海渊华侨农场、天西华侨农场以种植、经营、观光、旅游为主,打造现代农业产业。桃城华侨农场、宁明华侨农场利用靠近县城的优势,加快产业园区基础设施建设以及招商引资,以园区建设促进华侨农林场发展。

【侨场项目建设】 2016年,自治区下达非归难侨改造总任务3674户,完成改造3312户,占任务的90%,在建362户。组织华侨农林场赴昆明参加国务院侨办、云南省政府联合举办的第十四届东盟华商会和在南宁举办的第十三届中国－东盟博览会,向全国参加华商会的各界人士推介车站市、为车站重点项目招商引资。全市侨务系统参与经贸活动7次,签订项目3个,合同金额5000万元。

【归侨侨眷技能培训】 2116年崇左市外侨办组织各县(市、区)外侨办及各华侨农林场研究制定2016年度归侨侨眷和印支难民职业技能培训方案,组织开展培训工作,促进全市归侨侨眷及印支难民提高就业创业能力,拓宽增收渠道。各县(市、区)外侨办、各华侨农林场已开展技能培训班23次,培训人数 1300 人,帮助 61 人再就业。

【华侨农林场社会保障】 2016 年,全市 8 家华侨农林场职工有 9412 人参加社会养老保险,有 8415 人参加城镇职工医疗保险,有 15330 名职工和家属加入了新型农村合作医疗保险,有 2517 名职工加入职工医疗互助保障计划。把特困归侨侨眷家庭列入扶助对象,为他们办理最低生活保障。年内,全市共有归难侨侨眷低保户 595 户 1175 人,做到应保尽保。

【华文教育】 2016 年,崇左市共外派 32 位教师到老挝、柬埔寨、泰国、菲律宾 4 个国家进行援教。年内,全市共派出教师 132 人次,是全自治区外派教师数量最多的地级市。10 月,组织开展"2016 年海外华裔青少年'中国寻根之旅'夏令营——广西边境崇左体验营",邀请泰国东方文化书院 53 名师生到崇左市,通过学习中华传统文化及感受崇左壮族文化特色及旅游文化,增进了解和友谊,为友好交往海外联谊发挥积极作用。

【侨务引资引智】 联系接待泰国九属会馆访问团到崇左访问,市委书记刘有明、市长孙大光会见以泰国潮州会馆主席黄迨光为团长的访问团一行,并深入市城市工业区、中泰(崇左)产业园等地进行实地考察,为深化下一步合作增强交流。在新和华侨农场举办海外侨商广西华侨农林场(崇左新和)行暨项目推介活动,接待了 40 多名海外侨商到崇左市调研投资和考察。

【为侨服务】 2016 年,市外侨办开展国内为侨服务体系建设,大力推进桃城华侨农场"侨之家"和凭祥市狮子山社区、龙州康平社区侨务

工作示范单位建设。年内,共慰问走访困难归侨侨眷 679 户,发放慰问金(含慰问品折算)14.44 万元。争取到致公党中央致福助侨基金会致福助侨奖学金 7 万元,资助华侨农林场 14 名困难归侨侨眷子女应届大学生,帮助他们继续深造,完成学业。全市全年资助贫困学生 102 人次,发放助学金(补贴)25 万元。全年共扶贫帮困 224 人次,发放扶贫救济金 16.37 万元,帮助 61 人脱贫。做好归侨侨眷身份认定工作,开具"三侨"考生证明 98 份,归侨证明 44 份,侨眷证明 62 份。举行侨法宣传活动 17 次,发放侨法宣传材料 2860 册,参与群众 9558 人次。组织各县(区)外侨办、各华侨农林场开展矛盾纠纷排查,做好矛盾化解、纠纷调处,维护归侨侨眷的合法权益。全年全市接待侨务信访 71 件次,其中来函 26 件,来访 135 人次,办结 68 件次。

(毛荣新)

政务服务

【概况】 崇左市政务服务监督管理办公室为相当正处级的行政单位,核定机关编制 10 名,其中主任 1 名,副主任 2 名,科级职数 4 名,机关后勤服务人员 2 名,机关后勤服务聘用控制数 6 名;内设机构 5 个:政务综合科、政务管理监督科、电子政务科、政务公开科、公共资源交易管理科。2016 年,在编人数 10 人,其中主任 1 人,副主任 2 人,纪检组长 1 人,调研员 1 人,科级干部 4 人,机关后勤服务人员 1 人,后勤服务聘用 4 人。崇左市政务服务监督管理办公室下属二层机构 1 个:崇左市公共资源交易中心,为相当正科级财政全额拨款的事业单位,人员编制 15 名,其中主任

1 名,副主任 2 名。年内,市政务服务监督管理办公室继续深化政务服务和公共资源交易管理体制机制改革,全面加强全市政务服务体系建设,各级政务服务中心运转规范高效,全年累计办结行政审批事项突破 20 万件。

【行政审批简政放权】 2016 年,通过取消、下放、调整等办法,对全市各级各部门行政审批事项进行多次清理,市本级行政审批事项从原来保留的 482 项精简至 237 项,全部取消非行政许可类审批。"三集中"继续推进,市国土局、公安局、工商局、食药监局、质监局、卫计委、房产局、不动产登记中心等部门(单位)基本实现整建制进驻市政务服务中心办理相关业务。

【创新审批方式】 2016 年,在工商营业执照、组织机构代码证和税务登记证"三证合一"登记制度改革工作基础上,推进实施"六证合一,一照一码",将组织机构代码证、税务登记证、工商营业执照、社会保险登记证、企业印章准刻证合为由工行政管理部门核发加载法人和其他组织统一社会信用代码的营业执照,改革多个部门、多个证件、多个环节的烦琐管理模式,将办理时限由 12 天压缩到 5 天以内。

【"互联网+政务服务"】 2016 年,市政务服务监督管理办公室推进行政审批事项网上办理,部分进驻单位探索开启网上审批。市食药监局 35 个行政审批事项(含服务事项)全部通过食品药品综合监管平台办理,全年受理 7053 件。市社保局通过人脸识别身份认证系统进行养老保险待遇资格认证,无需要本人亲自到窗口。市国税局、地税局实现 92% 的纳税人通过互

联网进行税务申报。市出入境窗口通过内部户政信息查询共享，减免群众提交户口簿等相关证明材料。港澳通行证签注业务可通过以往申请人办事信息，申请人在网站提交申请，无需到窗口前台提交其他纸质材料。

【政务公开政府信息公开】 2016年，下发《2016年崇左市政务公开工作实施方案》，明确全市各级各部门政务公开政府信息公开工作任务，全面加强政府信息公开工作的规范化、常态化管理。在崇左市人民政府网站建立覆盖市、县、乡三级的政府部门权责清单公布网页，崇左市本级34个部门清理的3222项权责事项和所辖7个县（市、区）平均清理的2479项权责事项通过政府门户网站全部面向社会公开。全市各级各部门主动公开政府信息累计7万条，推进财政预决算、涉农资金、公共资源配置等与群众密切关系的重点领域的信息公开，充分保障群众的知情权、参与权、监督权，树立政府的阳光便民形象。

【公共资源交易及监管】 2016年，制定下发《崇左市公共资源交易项目进场交易目录（暂行）》《崇左市人民政府办公室关于进一推进崇左市公共资源项目集中交易的通知》等相关交易和管理制度，健全规范交易监管体系。部署使用电子招标投标系统进行交易，在全自治区范围内率先实现市、县两级房屋建筑和市政工程施工项目使用电子招标投标系统交易的城市。年内，进入中心交易各类项目607个次，其中工程建设招投标项目418个，政府采购次数179次，国有建设用地使用权和矿业权出让9宗，国有产权交易1宗，工程建设招

投标项目预算总金额44.97亿元，中标金额43.69亿元，节约资金1.28亿元，节约率2.85%，政府采购项目预算总金额4.48亿元，中标金额4.37亿元，节约资金0.11亿元，节约率2.42%，国有建设用地使用权和矿业权出让成交金额1.24亿元。

（张景舒　卢亮杏）

机关事务管理

【概况】 2016年，市机关事务管理局以深入开展"两学一做"教育活动为契机，以服务市委、市政府中心工作为主线，以《机关事务管理条例》为抓手，以管理机制科学化、工作流程标准化、事务管理规范化、服务保障精细化为目标，加强队伍自身建设，后勤管理服务保障工作得到了提升，机关后勤事务各项工作取得了明显成效。

【食堂经营管理】 2016年，市机关事务管理局落实中央八项规定，加强公务接待管理，统筹做好各项公务用餐接待工作。全年共接待单位用餐422次，接待人数17787人次。市机关食堂严格执行周值管理制度，强化日常卫生监督管理，注重对食品采购、保管、初加工、烹调、留样等环节的监督管理，保证食堂饭菜质量卫生安全。同时注重成本核算，通过办卡换卡管理、采购人员定期的询价对比、厨师日常的成本核算及财务日清日结，成本核算工作完成较好。

【房屋水电管理】 崇左市机关事务管理局按时按量的完成市领导办公室改造、会议室装修、第一生活区停车场棚建设等，做好各类大型活动的水电保障工作，高标准、高质量地做好辖区设备设施

的日常服务保障工作，妥善处理常规性的维修，如更换门锁、抽屉锁、橱门铰链、门吸、台凳、门、窗、龙头等2300次，消耗器材3000件套。同时，加强对市行政中心大楼电梯、空调、水电等设备的维护保养力度。

【公共机构节能】 2016年，全市公共机构不断完善管理制度体系，加强创建示范标准培训，以合同能源管理和推进既有建筑节能改造为着力点，通过加强组织领导、健全管理机制、加大宣传力度和督查，不断推进公共机构节能各项工作深入开展，落实龙州县高级中学、江州区江南一中、大新县人民医院、凭祥市公安局、市人民检察院、市法院、市中医壮医医院等单位进行第三批自治区"节水型"单位、"节约型"公共机构示范单位创建工作。全市公共机构2247家，用能面积667.57万平方米，用能人数47.90万人，公用车辆2428辆，其中汽油车2193辆，柴油车235辆。人均用水指标29.54吨／人；人均节能（综合能耗）指标53.61千克标煤／人；单位建筑面积节能指标2.7千克标煤／平方米，分别达2016年自治区下达指标的85%、78.5%、108%。

【保洁绿化】 2016年，市机关事务管理局强化环境卫生整治，定期对行政中心大楼的树木、花草养护和进行病虫害防治工作，为干部职工精心营造整洁、优美、舒适的工作环境。明确责任，按照标准做到到岗到人，并严格依照考核细则进行督查，巡查整改卫生死角。注重细节，加大了对重点区域、重点时段的清扫频次，特别是对卫生间异味问题加大处理力度，确保清洁、无异味，并根据实际，在市人民会堂、

市行政中心添置了熏香机78个，组织开展灭"四害"工作20次，喷药消杀30次。

【会务服务】 2016年，市机关事务管理局进一步提升服务标准、规范服务流程、加大培训力度，对服务人员进行调整优化，提升整体素质，并坚持会议服务定期反馈制度，以管理规范化、操作标准化、服务人性化为目标，严格按程序周全策划，落实细节，以高度的责任心，为全市各类会议、重大活动提供优质的服务和有力的后勤保障。年内累计完成各种类型会议服务1625场次，其中省部级会议21个，大型会议482个。

【安全保卫】 2016年，市机关事务管理局通过加强辖区安保管理，及时了解上访信息、正确引导教育、现场保卫处置等方式，做好纠纷化解工作，每月定期排查、化解，按时将矛盾纠纷排查化解情况统计表矛盾纠纷排查情况登记表矛盾纠纷、突出问题情况汇总表上报市综治办。年内，继续与"110"报警平台、武警中队、城南派出所等单位开展"共建共管保目标安全"活动，共同做好群众上访的维稳工作，全年共疏导上访人员600人次，其中40人以上集体上访15次；加强安全检查力度，制定并严格定期检查和日常防范相结合的管理制度，加强执勤、巡逻、消防、车辆管理、现场保护、治安管理等专业知识方面进行培训，不断提高安保人员的综合素质。

【公务用车改革管理】 2016年，市机关事务管理局出台《崇左市市直机关单位公务用车管理办法（试行）》《车辆运行管理制度及规范》《车辆运行管理规定》等一系列配套方案对申请审批程序、司勤人员管理、车辆及其运行管理进行明确规范。同时，加强各种车辆运行费用的报销管理，为提高司勤人员的工作效率，安排专人负责收集整理报账资料，统一对司勤人员每笔费用进行核对登记，统计入表。全年共受理各类用车申请16200车次，出车48500人次。（邓郑聪）

接待工作

【概况】 2016年，市委、市政府接待办不断优化细化工作流程，健全完善接待制度体系，构建领导有力、部门协作、资源整合的"大接待"格局，较好完成各项接待任务。年内，市本级共接待来宾665批21501人次。

【完成各项接待工作任务】 2016年，市本级共接待各类宾客665批21501人次，其中国级领导4批次，省部级领导33批次，中央机关、自治区相关部门检查组（调研组、考察组、督查组）286批6751人次，国内客商198批8903人次，兄弟友好城市55批1170人次，外宾（含港澳台）27批1333人次，其他接待62批1445人次。同时，协助自治区及市委、市政府会议接待23批2699人次，参与全市大型活动接待2批1060人次。其中，重要接待全国人大常委会陈昌智一行、全国政协调研组、中央纪委调研组、全国人大法工委、环保部考察组、国防大学第48期国家安全研究班；自治区党委书记彭清华一行、自治区政府常务副主席唐仁健一行；万达集团董事长王健林一行等。重大活动：越南高平省、谅山省代表团、海峡两岸旅游行业考察团、2016年广西"壮族三月三"民

族体育欢乐节、自治区年中工作会议崇左现场会、崇左市年中经济工作会议、崇左市第四次党代会、第十三届中国-东盟博览会崇左市"一带一路 开发开放 共荣共赢"凭祥重点开发开放试验区推介会、崇左市第四届委员会第二次全体会议、香港广西总商会访桂团、海外媒体代表团等。

【民族体育欢乐节接待工作】 2016年4月7日—10日，2016年广西"壮族三月三"民族体育欢乐节在崇左举行。民族体育欢乐节规模大、涉及到全区14个地级市嘉宾和运动员食宿分散在天湖大酒店、市委党校、广西民族示范学院3个地方，给接待工作带来不少的困难。市接待办及时成立后勤接待领导小组负责统筹、协调、组织活动期间的后勤接待工作。同时，还从市直各相关单位、学校等抽调10人安排到各个小组，做到工作责任细化，工作职责明确，工作任务落实到人，确保整个后勤工作接待工作有序、高效运行。活动期间，共迎送领导嘉宾、裁判员、教练、运动员等600人次。

【接待第四次党代会与会代表】 2016年8月29日—31日，崇左市第四次党代会在崇左市召开。市接待办负责党代会所有参会代表的食宿保障工作。党代会参会代表由7个县（市、区）代表团、市直机关代表团、解放军、武警代表团等10个代表团组成，共395名与会代表需要安排食宿。为完成大会的后勤保障工作，后勤接待组提前到各酒店踩点，检查房间、餐厅设施设备；制定所有与会代表单住和双住的不同方案并附上不同方案产生的经费差异，为市委在会议费用的把控提供参考意见。同时协助报到组做好

与会代表报到工作。

【凭祥重点开发开放试验区推介会后勤保障】 2016 年 9 月 11 日—14 日，第十三届中国–东盟博览会崇左市"一带一路开发开放共荣共赢"凭祥重点开发开放试验区推介会暨项目签约仪式在南宁举行。为做好后勤接待工作，市接待办先后召开后勤组筹备工作会议 3 次，同时派专人 2 次到南宁市各大重要酒店进行踩点并做好预订工作。活动期间共迎送自治区相关部门领导、国内客商以及越南、泰国、澳大利亚等外宾共 350 人次。同时，完成青海省西宁市政府代表团、河南焦作市政府代表团、中粮集团等领导嘉宾 50 人次。

【全市公务接待业务知识培训班】 2016 年 6 月 22 日—24 日，由市委党校和市接待办联合主办的以"进一步规范公务接待工作"为主题的全市公务接待业务知识培训班在市委党校正式开班。参加培训班的 160 名学员来自 7 个县（市、区）、市直各单位及全市接待基地（酒店）负责公务接待工作的人员。培训班课程围绕新常态经济发展，紧扣"两篇文章"、"四大攻坚战"，既有政策法规理论解读，又有生动案例点评和实际操作。

（韦忠贤　李咏梅）

地方志工作

【概况】 2016 年，崇左市地方志工作机构有崇左市地方志编纂委员会办公室 1 个，7 个县（市、区）各 1 个，市、县级地方志工作机构均为独立常设机构，均属参照公务员法管理事业单位。全系统正式编制从业人员 49 名（男 39 人，女 10 人）。年内，全市地方志工作部门和广大地方志工作者认真学习贯彻中共十八大和十八届五中、六中全会以及习近平总书记系列重要讲话精神，认真贯彻落实国务院《地方志工作条例》、《全国地方志事业发展规划纲要（2015—2020 年）》、《广西壮族自治区实施〈地方志工作条例〉办法》，立足实际，认真履职，全年全市地方志各项工作扎实推进。

【全市第二轮修志工作】 2016 年，市地方志办公室根据国务院《地方志工作条例》、《广西实施办法》有关规定，加强对辖区各县（市、区）二轮修志工作的督查指导，全市二轮修志工作稳步推进，二轮修志工作进度排全自治区第 5 名。全市二轮修志计划应修 7 部，已出版 2 部，即《南宁地区志》和《天等县志（1986—2005）》；已审验待出版 2 部，即《大新县志（1986—2005）》和《宁明县志（1986—2005）》；已评稿待审验 1 部，即《龙州县志（1986—2005）》；未评稿 2 部，即《江州区志（1986—2005）》和《扶绥县志（1986—2005）》。《江州区志（1986—2005）》初稿（90 万字）已完成基本完成。《扶绥县志（1986—2005）》已完成资料长篇编写工作。

【编成出版 2016 卷《崇左年鉴》】 2016 年 3 月 4 日，崇左市人民政府办公室下发《关于印发〈崇左年鉴〉2016 卷编纂方案的通知》（崇政办电〔2016〕18 号），标志 2016 卷《崇左年鉴》编纂工作正式启动。至 10 月底，经过全体编辑人员的共同努力，全书 100 万字的 2016 卷《崇左年鉴》编成出版，共设 35 个类目，全面、系统、翔实地载录 2015 年度崇左市经济和社会发展基本情况。

【抢救整理两本《太平府志》】 太平府最早设于明洪二年（1370 年），治所在今崇左市江州区。据《中国地方志联合目录》记载，明《（万历）太平府志》孤本现存日本内阁文库，该志是崇左地区现存的最古老的文献之一，至 2016 年已有 441 年历史。全志共 3 卷凡 50 类目，不仅记载太平府本身，也记载太平府时辖的 19 个州县，内容丰富、具体、充实，保存许多一般史书难以见到的史实，特别是有关 19 个州县的资料尤为宝贵。清《（雍正）太平府志》于清朝雍正初由甘汝来纂修，雍正四年（1726 年）刊刻，全书 50 卷。该志内容充实，资料丰富，《续修四库全书提要》赞誉该志"广稽博访，考订加详，亦足以备一郡之文献矣"，《中国地方志总目提要》评价其为广西现存清代各类方志"体例良好者"。2016 年 10 月，《（万历）太平府志》和《（雍正）太平府志》由崇左市地方志办公室整理，广西人民出版社出版。　（李有权）

驻南宁管理处

【概况】 2016 年，崇左市驻南宁管理处以深入开展"两学一做"活动为契机，认真贯彻落实市委、市政府重大工作部署，结合实际着力抓好驻邕各项管理工作，取得良好的成效，获南宁市北湖街道办人口和计划生育工作目标责任管理一等奖、崇左市公共机构节能工作先进集体，通过复审继续保持自治区"文明单位"、"卫生先进单位"荣誉。

【绿化保洁】 绿化方面，共培植出圃鲜花 6000 多盆，确保了大院绿化美化工作的需要。对大院、南区枯、危、高树木进行了修枝截顶 94 棵；进行修枝截顶，清理枯树枝 4

次;修剪三大院乔灌木整形5次,修剪草坪6次,集中清理杂草、清理绿化带17次;更换大院、办公楼、南大门两侧摆放鲜花及中心花园更换鲜花13批次;加强护理和病虫害防治,对整个大院植株进行根际用药(生物)防治和喷洒无毒无残留农药消杀病虫害2次,绿化施肥1次使用肥料7包。完成办公楼前、中心花园公厕旁绿地改造面积约600平方米。对已改造好绿化带的补种、除草、浇水等监督工作,保证改造后的绿化带存活率达到90%以上。保洁方面,一是加大对三大院卫生保洁监督检查力度,发现问题及时解决问题,对住户投诉的问题及时研究处理。年内,共接到并答复群众投诉7起,发出温馨提示900份。二是加大卫生保洁力度,除日常的保洁工作外,物业公司综合整治三大院环境卫生3次,保证路面、楼道及周边环境的卫生整洁,每周一次定期对各楼栋单元小广告进行清理,共清理小广告4000张,清理收集零星建筑垃圾、废旧家具及杂物650车。三是开展除"四害"等活动,在三大院广泛开展除"四害"消杀行动,在绿化带、公共食堂、水沟、下水道、化粪池周边等场所投放毒鼠谷320公斤,用磷化铝封堵鼠洞共90个,全面喷杀蟑螂1次、消杀蚊虫2次。四是坚持生活垃圾每日收集外运。定时对临时杂物堆放点消毒10次,保持环境清洁。

【安全保卫】 治安防范方面,一是加强安保人防技防,减少各类案件发生。坚持综合值班岗24小时专人值班。加强巡逻、检查,发现问题及时登记在《保安工作检查记录本》反馈给物业公司,责令其限期整改。同时做好视频监控系统的日常使用检查及维护,发现异常情

况及时报修。增设安装南区、衡阳生活区、老干大院和市机关第二保育院高清视频监控系统,提高驻邕四大院技防能力。二是加强车辆管理。加强对大院智能停车系统设备的日常检查管理,同时对停车系统进行升级,增加车牌自动识别和语音提示功能,大幅提高车辆进出效率。三是加强车库管理。对管理的3个车库共140个车位,要求做到通道畅通、对号入停、交费入停、清洁卫生、闲杂人员不得入内、非汽车不得入内。四是加强秩序管理,安排专人对大院养犬、养家禽、乱摆卖等影响秩序问题进行检查、整治。五是加强消防工作,联合辖区公安机关对大院各楼栋单元、宾馆、超市、幼儿园等进行消防器械检查、充装,并填写消防安全检查记录。组织物业公司保安员进行消防器材使用及消防安全知识培训。年内对大院135路摄像头检修30余次,增加灭火器等消防器材800具,组织消防培训1次30余人次,检修停车系统设备30余次,检修视频监控设备50余次,协助辖区派出所破获各类案件6起(其中入室盗窃1起,电动车盗窃2起,刮花汽车1起,砸车1起),解决住户投诉15起。

【房屋水电管理】 一是房屋管理及维修方面。加大16层住宅楼工程结算工作力度,请求自治区政府协调督促施工方,如再无法推进将请求法院裁定;完成对大院第93栋住宅楼屋面天沟外侧瓷砖进行维修,排除因瓷砖脱落造成的安全隐患。完成市卫计委、市供销社及市工信委3个离退休党支部活动室及南区活动室的装修工程,给离退休党员、住户提供一个环境良好的学习及活动场所。对大院人行道上的老旧六角砖进行更换,共铺

设382.30平方米生态砖。完成二保教学楼卫生间改造工程,为幼儿提供一个学习生活新环境。完成大院102栋及105栋南面、南区3栋、原南地建设局前的绿化带改造工作,为住户提供较好的休闲场所。完成大院34栋、62栋及老年人活动中心排水管改造工作。完成办公楼一楼卫生间装修工程。完成驻邕三大院住宅楼化粪池清理工作。补充完善住户信息,主要有原产权人、现产权人或出租人信息,同时将信息发至有关科室,为大院的管理提供基础资料。在大院安装36张休闲椅,在衡阳区安装2张。编制驻邕公有住房出租方案,报市政府审批,所管的公房都出租,收入上缴市财政。二是抓好水电日常维修工作。做好值班安排,对出现的报修问题或突发故障,做到随叫随到、快速处理,及时维修,确保三大院水电设施的正常运转。年内日常水电维修1039次,检修公共路灯198杆,更换灯泡320盏,改装路灯12杆,抢修地埋水管爆裂6次,抢修南区用电线路4次,更换南区车棚全部用电线路1次,完成三大院3台变压器高压检测。做好南区住户电的"一户一表"改造工作,已完成安装200户。

【移交驻邕三大院计生工作】 2016年,经南宁市与崇左市工作推进座谈会议决定,将市驻南宁管理处负责驻邕三大院计划生育管理工作职责移交给南宁市西乡塘区人民政府负责管理。8月底,市驻南宁管理处与南宁市西乡塘区人民政府签订计生工作移交协议,自2016年9月1日起,驻邕三大院计生管理工作正式移交给南宁市西乡塘区人民政府管理,从而真正理顺三大院计生管理工作。在计生工作

未移交南宁辖区市政府之前,市驻南宁管理处仍坚持按南宁市辖区计生部门要求,以稳定适度低生育水平和提高出生人口素质为中心,开展"全面两孩"主题宣传活动和优质服务创新活动,扎实推进驻邕三大院计生工作,各项计生指标任务均达标。

【留邕国有资产管理】 2016年,市驻南宁管理处多方协调,想方设法腾空收回至今仍被占用的留邕办公用房。如与市检察院协调清退占用的办公用房;收集相关资料,咨询法律顾问,依法起诉侵占原南地司法局住宅楼两套公房的两位包工头;多次协调并致函南宁市有关主管部门督促占用原南地试验中心、原南地矿业公司办公用房单位腾空退回资产,并请求市政府协调解决,取得新进展。已收回检察院全部被占用的办公楼、南地试验中心21栋2套房及底层可作铺面的杂物房,原南地矿业公司办公楼及地委大院22栋旁边车库等留邕国有资产。

（农晓晔　何子倩）

驻北京联络处

【概况】 2016年,崇左市驻北京联络处围绕做好"两篇大文章"和打好"四大攻坚战"的工作重心,扎实开展工作,较好完成全年工作目标和任务。

【公务活动接待】 2016年,市驻北京联络处服务各级领导、各县(市、区)到京人士150批1100人次。参与和完成年初崇左市出席"全国两会"代表的服务工作;3月8日至12日,市委书记、市人大常委会主任刘有明,市长孙大光率队到北京拜会中国铝业公司、中信集团、中粮集团、万达集团等知名企业、北京广西企业商会等;5月24日,市长孙大光陪同自治区副主席陈刚到国家铁总汇报推进湘桂铁路南宁至凭祥段扩能改造项目相关工作;6月23日至24日,市委书记刘有明率队赴北京先后拜会国家口岸办、中信国安集团、中国泛海控股集团;6月30日,市长孙大光带队到国家旅游局汇报工作;8月14日至17日,市委书记刘有明率队赴北京考察,先后拜会中粮集团、中国泛海集团、中铝公司、中国农业发展集团等企业高层领导及中国农业产业化龙头企业协会、中国食品工业协会等行业协会,并拜会世界著名美籍华人画家周氏兄弟等活动;11月9日至12日,市委书记刘有明率队赴北京先后拜会中铝公司、中信国安集团,并实地考察正大蛋业三百万蛋鸡养殖示范基地等重大项目;12月7日至12日,市长孙大光带队赴公安部出入境管理局、边防局、国家文物局、国家铁路总公司等部门汇报工作。同时,在2016年的左江花山岩画申遗工作中,积极参与,协同配合市领导及全市申遗工作组进京汇报工作、参加评审会、协调落实申遗等各项工作,并做好食宿及车辆安排。

【强化沟通联系渠道】 2016年,市驻北京联络处着力开拓与中央各部门沟通联系的渠道。在全市项目申报单位与国家有关部委之间搭起一座信息传递便捷平台,确保全市项目申报单位在京进得门、找到人、办得事。主要工作有参与左江驮英水库灌区建设项目开工建设的对接跟进工作;参与崇左市上报左江花山岩画文化景观申报世界文化遗产的各项工作;参与中国农业大学和中国农业科学院建设中国–东盟(崇左)现代农业示范项目建设的有关工作;协助市铁路建设办做好湘桂铁路南宁至凭祥段(高铁)扩能改造项目的前期相关工作;联系国家文物局协调解决崇左至水口高速公路项目建设选址问题;协助扶绥县到正大集团蛋业有限公司考察联系的有关工作;协助大新县到海关总署、中编办汇报硕龙口岸升格一类口岸工作事宜、到国家旅游局申报德天景区创建5A级景观评审工作,到公安部出入境管理局、边防局汇报德天—板约瀑布跨境旅游合作区通行证件办理的工作事宜,到万达集团商谈关于大新县雷平旅游养生项目有关事宜;协助龙州县到中铝公司商谈氧化铝项目建设的有关事宜、到中国泛海控股集团就旅游和扶贫产业项目进行对接洽谈;协助凭祥市到国家发改委和商务部、海关总署申报关于凭祥开发开放试验区建设情况的有关事宜;协助宁明县招商分队考察古北水镇、拜访北京中安联合投资集团等13家企业。

【推进在京企业联系工作】 2016年,市驻京联络处利用在京拥有的社会资源,进一步拓展工作职能,强化招商引资工作。采取领导带头招商、中介招商、以商招商、会议招商、驻点招商等形式,进一步拓展招商渠道。促成万达集团董事长王健林5月21日率考察组到崇左进行投资考察;促成北京广西企业商会副会长、北京红博馆总裁曾永杰率队到崇左考察健康养生、文化旅游项目、口岸经济和红木产业项目;促成北京广西企业商会副会长闭江峰一行到崇左考察仓储物流项目和大新岩应边贸点、宁明那呼边贸点建设前期考察。同时,为进一步搭建崇左与北京广西企业商会沟通交流合作平台,吸引更多的广西籍企业家返乡投资创业,市驻京联络处会同自治区驻京办、市投促局、市工商联等部门积极推进北京广西企业商会崇左行活动。6月11日,邀请北京红博馆、北京纳川科技有限公司、北京平安汇德投资咨询有限公司、北京德坤瑶医院、牛旅游网目的地营销中心、北京天甲影视文化传播有限公司、北京红博天盛投资有限公司、北京华夏华通科技有限责任公司、科技日报等企业客商和新闻媒体等到崇左进行投资考察活动。11月12日—14日,协助崇左市在京参加中国民族贸促会招商引资推介的各项活动;12月17日至20日,北京广西企业商会在北京国际饭店举行"十年携手、共创辉煌"纪念活动,市驻京联络处作为协助单位积极参与大会的各项对接洽谈活动,重点做好在大会期间的崇左市投资环境及招商项目的推介活动。期间,与招商小分队一起前往拜会全国工商联、三安集团、北京昭衍新药研究中心、北京市房山区长阳期颐老年公寓项目、汽车工业协会、中国汽车工业协会摩托车分会、企业工业协会、食品工业协会。同时,市驻京联络处还积极参与龙赞东盟国际林业循环经济产业园北京总部崇左市投资环境(北京)展示厅的规划和设计工作,会同市投促局、市中泰产业园区与龙赞公司一起谋划崇左市在京津冀地区的招商思路。12月10日,市中泰产业园驻北京招商联络处在龙赞公司正式揭牌,为崇左市驻点招商开创工作新局面。

【强化宣传推介】 2016年,市驻京联络处进一步强化信息的搜集和对外宣传工作。通过招商推介、会

议交流和建立崇左市流动党支部、崇左市驻京团工委、天等籍在京创业务工人员、全自治区各市驻京联络处QQ和微信交流平台等多种形式,不失时机地就全市资源优势、投资环境、政务环境、经济建设发展情况和风土人情进行宣传推介,为促进两地交流合作提供服务。7月15日,"左江花山岩画文化景观"正式入选《世界文化遗产名录》;8月2日,国务院正式批复同意设立广西凭祥重点开发开放试验区;8月16日,国务院正式批复龙州县水口口岸扩大开放等利好消息。市驻京联络处及时在宣传平台上进行及时的宣传报道。8月20日,世界第一部以岩画为主题的大型壮族舞蹈诗剧《花山》在北京保利剧院上演,艺术再现世界文化遗产——广西左江花山岩画的独特魅力和壮族先民的伟大智慧。为进一步加大崇左在京的宣传力度,市驻京联络处与北京广西商会对接联系,组织多家企业、客商和在京创业人员前往观看,演出活动在北京深受大众欢迎;配合市委组织部、市人社局、团市委等部门联合开展2016年崇左市"名校学子边关行"社会实践活动。7月12日—8月15日,共18所国内高校博士生、硕士研究生、本科生以及2016年崇左市录用定向选调生、引进人才等近200人参加实践活动;10月18日,崇左市人才招聘推介会在清华大学举办,市驻京联络处积极配合市委组织部、市人社局、市编办等部门做好食宿、用车等安排工作。

【信访维稳】 2016年,市驻京联络处按照全市信访工作部署要求,扎实做好驻京信访值班工作,快速稳妥处置进京上访事项,全力维护群众合法权益和首都社会和谐稳定。年内,全市进京非访2批5人

次,是广西唯一一个没有突破控制数的地级市,也是广西进京非访人数最少的地级市;有5个县(市、区)达到三无县(市、区)创建工作标准,比自治区下达2个县(市、区)指标数多出3个,达标数名列全自治区第一名。

【流动党员和乡友管理】 2016年,市驻京联络处利用崇左市在京流动党支部、崇左市驻京团工委、天等籍在京创业人员等QQ、微信平台,与流动党员沟通联系近千人次,在经常性的沟通服务中强化流动党员对党组织的信赖和支持,组织流动党员及在京创业务工人员学习法律知识及北京各行业规章和新动态等,在交流平台上开展《中华人民共和国合同法》《中华人民共和国劳动法》《中华人民共和国食品安全法》《工商行政管理条例》等普法知识教育,发布共享人才招商信息10期。6月21日,与市人社局赴京调研工作组一起召开天等籍创业、务工人员座谈会,深入了解在京创业、务工人员在京收入、生活情况,了解他们的心声、需求,为全市精准扶贫工作提供参考依据;9月4日,会同天等县委统战部参加天等县在京创业务工人员座谈会,就米粉产业整合及可持续发展问题进行深入探讨和研究;12月13日,与天等县委统战部、县"米粉办"共同参与"辣天等"米粉品牌及合作签约仪式,天等县在京米粉产业整合迈出坚实的一步。同时,在日常工作中,通过开展推进群众路线教育实践活动和"三严三实"和"两学一做"专题教育,广泛收集党员、团员信息,加强对流动党员和团员的管理,建立领导干部联系流动党员制度,做好流动党员队伍的教育管理工作。

(罗传礼 黄勇军)

政协崇左市委员会

ZHENGXIE CHONGZUOSHI WEIYUANHUI

□编辑 吴 梦

重要会议

【概况】 2016年,政协崇左市第四届委员会共有委员301人。设20个届别,其中中国共产党界31人,无党派界11人,共青团界12人,工会界12人,妇联界11人,工商联界26人,科协界9人,侨联界11人,文学艺术界10人,科学技术界12人,社会科学界12人,经济界31人,农业界14人,教育界12人,体育界11人,新闻出版界10人,医药卫生界12人,少数民族界14人,宗教界9人,特邀委员31人。驻崇左的自治区政协委员18人,全国政协委员1人。政协崇左市第四届委员会设主席1人,副主席8人,秘书长1人;常务委员会委员48人。市政协机关内设"三室五委":办公室、委员联络工作办公室、研究室、提案法制委员会、经济人口环境委员会、教科文卫体委员会、外事侨务民族委员会、文史和学习委员会。

【市政协三届六次会议】 2月23日—25日中国人民政治协商会议崇左市第三届委员会第六次会议召开。会议听取市政协主席苏志球作市政协常委会工作报告,市政协副主席黎志敏作提案工作报告。市政府常务副市长梁旭辉向大会

作2015年提案办理情况通报,市委书记刘有明作重要讲话。会议表彰2014—2015年度优秀提案、提案承办先进单位、提案承办先进个人和先进提案工作者;通过关于接受黄育升请辞政协崇左市第三届委员会副主席、委员职务的决定;会议通报政协崇左市第三届委员会提案委员会关于市政协三届六次会议提案审查情况的报告;审议通过政协崇左市第三届委员会第六次会议关于常务委员会工作报告决议;审议通过政协崇左市第三届委员会第六次会议政治决议。

【市政协四届一次会议】 9月17日—20日中国人民政治协商会议崇左市第四届委员会第一次会议召开。会议听取市政协党组书记、主席候选人黄卫革作市政协常委会工作报告,市政协党组成员、副主席候选人雷海良作提案工作报告。市委书记刘有明作重要讲话。会议经无记名投票方式,选举产生政协崇左市第四届委员会主席、副主席、秘书长和常务委员,黄卫革当选为政协崇左市第四届委员会主席;蓝锋杰、农海波、许扬辉、文晓林、吴爱红、雷海良、吴强、李照广等8人当选为政协崇左市第四届委员会副主席;黄巧当选为政协崇左市第四届委员会秘书长;选举产生政协崇左市第四届委员会常

务委员会委员共48人。新当选的市政协主席黄卫革作闭幕讲话。会议通报政协崇左市委员会提案委员会关于市政协四届一次会议提案审查情况的报告;审议通过政协崇左市第四届委员会第一次会议关于常务委员会工作报告决议;审议通过政协崇左市第四届委员会第一次会议政治决议。

【市政协三届常委会会议】 2016年,政协崇左市第三届常务委员会举行第23至26次会议。

第23次会议 1月27日—28日举行。会议传达自治区政协十一届四次会议精神;审议通过政协崇左市第三届委员会常务委员会工作报告并确定报告人;审议通过政协崇左市第三届委员会常务委员会关于市政协三届五次会议以来提案工作情况报告并确定报告人;审议通过政协崇左市第三届委员会第六次会议议程(草案)、日程(草案)、编组办法、委员编组名单、和小组召集人名单;审议通过政协崇左市第三届委员会第六次会议秘书长、副秘书长名单(草案);审议通过政协崇左市第三届委员会第六次会议特邀、列席人员名单;审议通过政协崇左市第三届委员会第六次会议提案审查委员会成员名单(草案);审议通过人事事项;审议通过市政协2016年工作要点。

第24次会议 2月25日举行，是在政协崇左市第三届委员会第六次会议期间召开的常委会。会议审议通过人事事项；审议通过政协崇左市第三届委员会第六次会议关于常务委员会工作报告决议（草案）；审议通过政协崇左市委员会提案委员会关于市政协三届六次会议提案审查情况报告（草案）；审议通过政协崇左市第三届委员会第六次会议政治决议（草案）。

第25次会议 会议传达学习市委书记刘有明在全市厅、处级领导干部学习贯彻中共十八届五中全会精神专题研讨班上的讲话精神；审议通过《关于建设崇左市区域电网的调研报告》《关于完善崇左市企业职工基本养老保险工作的调研报告》；审议通过人事事项。

第26次会议 9月1日—2日举行。审议通过政协崇左市第三届委员会常务委员会工作报告并确定报告人；审议通过政协崇左市第三届委员会常务委员会提案工作情况报告并确定报告人；审议通过政协崇左市第四届委员会第一次会议议程（草案）、日程（草案）、编组办法、委员编组名单、小组临时召集人建议名单（草案）；小组召集人名单（草案）；审议通过政协崇左市第四届委员会第一次会议主席团名单（草案）；主席团会议主持人、秘书长名单（草案）；主席团常务主席名单（草案）；主席团常务主席会议主持人名单（草案）；主席团执行主席轮值日程安排（草案）；副秘书长名单（草案）；各次会议主持人名单（草案）；审议通过政协崇左市第四届委员会第一次会议特邀、列席人员名单；审议通过关于成立政协崇左市第四届委员会第一次会议提案审查委员会建议（草案）；审议通过关于召开政协崇左市第四届委员会第一次会

议的决定；审议通过人事事项。

【市政协四届常委会会议】 2016年，政协崇左市第四届常务委员会举行第1至3次会议。

第1次会议 9月20日举行，会议审议通过人事事项。

第2次会议 12月21日举行，会议贯彻学习中共十八届六中全会、自治区第十一次党代会精神；审议通过《关于召开政协崇左市第四届委员会第二次会议的决定》；审议通过《关于加快崇左市林产加工业发展的调研报告》《崇左市发展边境加工产业的调研报告》。

第3次会议 12月30日举行，会议听取市政协各专门委员会2016年工作报告；审议通过政协崇左市第四届委员会常务委员会工作报告并确定报告人；审议通过政协崇左市第四届委员会常务委员会关于市政协四届一次会议以来提案工作情况报告并确定报告人；审议通过政协崇左市第四届委员会第二次会议议程（草案）、日程（草案）、编组办法、委员编组名单和小组召集人名单（草案）；审议通过政协崇左市第四届委员会第二次会议秘书长、副秘书长名单（草案）；审议通过政协崇左市第四届委员会第二次会议特邀、列席人员名单；审议通过政协崇左市第四届委员会第二次会议提案审查委员会成员名单（草案）、提案截止时间（草案）；审议通过《市政协2017年工作要点》；审议通过人事事项。

重要活动

【委员视察】 2016年，市政协组织开展"生态宜居乡村建设"、"乡村旅游开发建设"、"创建国家级森林城市"等委员视察活动，通过组织

委员视察工程项目现场和召开视察工作汇报会等形式，了解工作推进中的问题和困难，提出意见和建议，积极发挥民主监督和建言献策的作用，为市委、市政府实施"两篇大文章，四大攻坚战"提供科学决策。

【专题调研】 2016年，市政协紧紧围绕做好"两篇大文章"、打好"四大攻坚战"组织开展专题调研活动。

集中调研 以滇黔桂三省（区）八市（州）政协主席联席会议为平台，围绕发展民族文化旅游的会议主题，开展关于打造"防城—崇左—百色—文山"边境民族文化旅游带的专题调研；开展关于建设崇左市百里边境贸易加工经济带、关于建设崇左区域电网、关于完善崇左市企业职工基本养老保险工作、关于推进崇左市林产加工业发展的专题调研。并就新形势下如何选准突破口解决崇左电力贫乏、建立养老金增长机制、促进林产加工业、口岸经济发展等提出21条建议。

分散调研 相关专委根据工作职能各自开展调研。如外事侨务民族委组织开展改变华侨农场种植结构、推动崇左市育肥牛产业服务的调研活动，教科文卫体委组织开展助推医疗服务县乡一体化改革、创建特色名市助推农民增收入的调研，经济人口环境委组织开展关于加强广西与东盟网络互联互通助推中国–东盟信息港建设的调研，在调研的基础上提出建议，为市委、市政府提供决策参考。其中，外事侨务民族委的建议得到市政府的认可，11月市政府召开常务会议通过了崇左市发展育肥牛产业的决定；教科文卫体委撰写的《关于崇左市医疗服务县乡一

体化改革的调研报告》,在防城港研讨会议上发言,并录入区政协调研报告汇编;经济人口环境委撰写的《加快推进跨境电子主商务建设,提高沿边开放开发进程》材料,被选在自治区政协专题协商会上发言。

配合调研 主要配合自治区调研组在崇左市开展移民搬迁、边境贸易扶贫的经验做法、边境生态发展、加强广西与东盟网络互联互通、助推中国一东盟信息港建设等专题调研活动,以及澳门委员到崇左市就房地产开发项目、龙州人文历史、边境贸易等主题的调研活动,使自治区政协调研组和澳门委员在崇左市的调研活动收到良好的效果,助推崇左发展。

【委员行动工程】 组织"委员行动工程"活动,为委员履行职能、投身公益、扶贫、助学等方面搭建平台,切实为提高委员履职实效、发挥委员主体作用做好协调服务工作,引导广大委员服务大局,助推发展。春节前组织部分委员到大新县榄圩乡武姜村开展送春联活动,义务为当地群众书写春联300多幅。部分医药卫生委员联合市农工党组织先后到江州区那隆镇、驮卢镇逐益村、凭祥市夏石镇那楼村走访因病致贫困难户,为200多名群众提供诊疗服务,免费发放价值3000多元的药品。市政协委员为大新县榄圩乡武姜村引进草珊瑚种植基地项目,帮助该村建立种植合作社,种植草珊瑚1700多亩,助力当地精准扶贫工作。

【协商民主】 2016年,市政协作为协商民主的重要渠道作用,开展广泛、多层的协商活动。

专题协商 组织开展"深化林产加工业发展"、"文化旅游产业发展"等专题协商会。为确保协商议政的实效,按照"把握科学选题是前提、调查研究是基础、互动交流是关键、成果转化是重点"的规律性要求,在调研报告经过反复协商和修改完善的基础上,与市政府联合召开专题协商会。经协商,达到沟通思想、交流情况、共谋发展的目的。

重点提案办理协商会 主动与市政府协商,制定2016年重点提案办理协商方案。6月23日,市政府、市政协联合召开重点提案办理协商会,就《关于重视"后申遗时期"工作唱响花山岩画世界级品牌的建议》、《关于完善办理各类法律援助案件最低补贴标准的建议》、《关于加强崇左市区公交车建设和管理情况的建议》等重点提案办理情况开展实地视察并召开办理协商座谈会。市政府领导及市财政局、市司法局、市交通局等承办部门与市政协领导、提案者就如何推进以上重点提案的办理落实进行了面对面协商。市长孙大光在办理协商座谈会上要求,市政府及有关部门要高度重视提案办理工作,切实抓好提案办理工作;要强化领导,落实责任,强化沟通,形成合力,高水平做好提案办理,让提案者满意,让群众满意;要通过提案办理,有效解决一批发展中遇到的问题,推动崇左发展迈上新台阶;进一步激发政协委员参政议政积极性,为做好"两篇大文章"、打好"四大攻坚战"做出更大贡献。

基层协商民主 市政协结合甘蔗"双高"基地建设、乡村文化旅游发展及生态乡村建设、深化华侨农林场改革、加快林产加工业转型升级发展、加快推进边境贸易加工业发展、加强基层卫生保健工作解决农民因病致贫等工作和协商专题,大力推进基层协商民主,探索出以协商民主服务基层群众、破解基层难题、促进党政中心工作落实的新路子。

提案工作

【提案办理】 市政协三届六次会议收到提案142件,经审查立案131件。其中,委员提案110件,占立案总数的84%;集体提案21件,占立案总数的16%。其中,经济建设方面的提案65件,占立案总数的49.62%;在社会建设方面的提案36件,占立案总数的27.48%;在文化建设方面的提案22件,占立案总数的16.79%;在生态文明建设方面的提案8件,占立案总数的6.11%。131件提案分别交由市财政局等41个单位办理。截至2016年12月底已全部办结,提案办复率达100%,委员反馈满意率为98%。其中,提案所提问题和建议已经解决或采纳的占62.9%,列入计划拟解决或采纳的占33.1%,作为工作参考的占4%。

市政协四届一次会议收到提案106件,经审查立案103件,占提案总数97.2%;作为委员来信转送有关部门参考3件。其中,围绕经济建设方面的提案31件,占立案总数的30.1%;围绕政治建设、城市建设方面的提案12件,占立案总数的11.7%;围绕经济建设方面的提案33件,占立案总数的32%;围绕生态文明建设方面的提案26件,占立案总数的25.2%。10月19日,市政协会同市委、市政府召开政协提案交办会议,按照分级负责、归口办理的原则,已交由各有关部门和单位承办,并通过各种渠道,采取有力措施,促进提案的办理落实。

(陈文宽)

民主党派·工商联

MINZHU DANGPAI GONGSHANGLIAN

□编辑　卢新骑

民主党派

【概况】 2016年,崇左市民主党派组织机构有7个。其中,中国国民党革命委员会崇左市总支部有党员71人,中国民主同盟龙州县支部有盟员26人,民盟崇左市支部有盟员23人,中国民主建国会崇左市总支部有会员91人,中国民主促进会崇左市总支部有会员63人,中国农工民主党派崇左市委员会有党员100人,中国致公党龙州县支部有党员69人,致公党崇左市支部有党员30人,九三学社有社员14人,7个党派共有成员487人。驻崇左7个民主党派成员都是根据党派的优势和特点开展各种各样的活动,为崇左市的经济建设和社会发展积极参政议政,贡献一分力量。

【中国国民党革命委员会崇左市总支部】 2016年,中国国民党革命委员会崇左市总支部委员会认真贯彻落实中共十八届四中、五中、六中全会和中共中央总书记习近平系列重要讲话精神,紧紧围绕中共崇左市委、政府工作大局,制发《民革崇左市总支部2016年工作要点》等文件,推进各项工作规范有序开展和组织机构的正常运行,进一步提升了组织的凝聚力和活力。总支部《关于加强对边民国家意识教育的建议》的提案,在民革广西提案讲评会上获二等奖。

思想建设 2016年,民革崇左市总支部继续坚持和推进党员年度全员培训制度。5月份,在宁明县举行了主题为"学党章做合格党员"及"反映社情民意信息写作"的全员培训活动,使民革党员进一步提高思想认识和政治意识,努力做一名合格党员。4月2日,在总支部主委潘小玉带领下,民革崇左市总支部20多名党员到龙州县中山公园国民革命军陆军第188师抗日阵亡将士公墓开展祭奠活动,使党员们得到了更多爱国主义精神的洗礼和教育,更加坚定了正确的政治理想信念。

组织建设 2016年12月,民革崇左市总支部共有党员71名,下辖社会法制、经济、江州、凭祥、驻南宁企业等5个支部,组织发展进入稳定期。党员中,公务员和参公管理人员21人,占比29.6%;非公经济人士(含中介组织)19人,占比26.8%;教师10人(高校2人,中学8人),占比14.1%;律师(法制领域)7人,占比9.9%;在非公企业就业人员(知识分子)8人,占比11.3%;国企管理人员2人,医卫领域2人,退休2人,占比8.5%。党员的知识结构、年龄结构及职务结构相对合理和优化。2016年,崇左市、县两级人大、政府、政协均已完成换届。党员中,担任自治区人大代表、政协委员各1人,崇左市人大代表1人,崇左市政协常委1人、政协委员8人,各县(市、区)人大代表2人、政协委员6人(含5名常委)。有2名党员担任县级政协副主席,3名党员担任县级政府部门正职。各位人大代表、政协委员均认真开展了对口帮扶贫困家庭学生的活动。

参政议政 2016年,民革崇左市总支部认真履行参政议政、民主监督职能,积极参加市委、市政府召开的专题政治协商及征求意见会并发表意见建议。年内,民革崇左市总支部按时按质完成了中共崇左市委重大调研课题"加快我市易地扶贫搬迁工作的思考和建议",并在崇左市民主党派、工商联和无党派人士承担市委重大课题调研成果汇报会上作了专题汇报。党员中的各级人大代表、政协委员认真履职,分别提交议案或者建议3件、提案10件,得到政府相关部门的重视和采纳。总支部关于加强对边民国家意识教育的建议的提案,在民革广西提案讲评会上荣获二等奖。

社会服务 2016年,设立在崇左市的民革广西区委会法律帮扶中心和民革崇左市总支部法律帮扶中心共办理法律援助案件155件,解答群众法律咨询300多人次。2月,总支部捐助扶贫点宁明县明江镇百泉村 8 个屯 8 套音响(价值 1.6 万元)用于开展群众文娱活动。11 月,民革广西区委会法律帮扶中心主办、民革崇左市总支部和广西大腾律师事务所承办了在宁明县明江镇百泉村百马屯的"'三农'法律政策宣传"活动,并捐助 100 个学生书包(价值 5000 元),发放法律政策知识抢答奖品一批(价值 5000 元),群众反响良好。11 月,总支部捐助宁明县明江镇百泉村百马屯 5 户贫困户 10 吨化肥(价值 20000 元)用于种植甘蔗。有 7 名企业家党员参与政府的"百企进百村"活动,共投入贫困村建设资金 45 万元。例如,企业家党员崇左金鼎房地产公司董事长翁祖斌,投入宁明县明江镇贫困村小学基础设施建设 14 万元,帮助 8 户困难群众 16 万多元;企业家党员凭祥市越圣红木公司总经理黄文凯,支持凭祥市友谊镇狮子山社区贫困户建房资金 7.3 万元,发放鸡苗 3500 只(价值 28000 元)。民革党员奉献爱心、扶贫济困的举动,受到了老百姓的赞扬。

(潘小玉)

【**中国民主同盟龙州县、崇左市支部**】 中国民主同盟龙州县支部于 1985 年成立,现有盟员 26 人。民盟崇左市支部于 2013 年 1 月 7 日成立,有盟员 23 人。2016 年,民盟龙州县支部和民盟崇左市支部在民盟广西区委的直接领导下,积极开拓进取、勇于创新,建睿智之言,谋务实之策,不断加强自身建设,不断增强参政议政能力,不断拓展社会活动内容,取得了较好成绩,每项工作取得了新的进展。

组织建设 2016 年,民盟龙州县支部始终把加强组织建设、提高盟员素质放在工作首位。年内,召开盟员培训会 4 次,对盟员进行盟章盟史、参政议政等培训,学习《中国共产党统一战线工作条例(试行)》《中共广西壮族自治区委员会贯彻〈中国共产党统一战线工作条例(试行)〉实施办法》等文件精神,取得了很好效果。发展来自科技界、教育界人士 3 名加入民盟组织,补选 1 名副主委,调整了部分班子成员。龙州县支部被民盟广西区委评为"民盟基层组织建设先进基层组织"、"民盟思想宣传工作先进集体"称号。民盟崇左市支部坚持"人才强盟"战略,不断优化盟员结构,提高盟员整体素质。年内发展新盟员 7 名,平均年龄 43 岁,新盟员文化程度较高,本科学历 6 名,其中硕士 2 名,中高级职称 3 名,保持了盟员发展精英化和年轻化,盟员结构调整取得新进展。

参政议政 2016 年,民盟龙州县支部围绕产业发展、科技教育、城建环保、生态旅游等方面积极建言献策,有调研报告 3 份和提案 8 件得到了中共龙州县委、县政府以及相关部门的重视和采纳,并在工作中实施。部分盟员参与县政府、县政协组织的关于教育、旅游等广西区内外课题调研活动,完成了《关于进一步巩固和提高龙州县义务教育均衡发展水平》的调研报告。一位盟员撰写的《广西甘蔗产业转型的迫切性及甘蔗现代化种植推进模式的思考》,获民盟广西区委第五届"同心·议政建言"论坛获论文三等奖。

2016 年初,民盟崇左市支部组织调研骨干围绕党政中心工作,就现代农业、工业转型、交通规划、公共服务、城市管理、政府融资以及城镇化建设等课题进行调研,最终选取了"多规合一"作为崇左民盟支部的主要研究课题。经过收集基础资料、开展部门调研、比对规划差异等近年的深入调查研究,结合崇左实际,最终形成了《推动"多规合一"工作,助推崇左做好"两篇大文章"和"四大攻坚战"》的调研报告。调研报告中指出,崇左市处于华南经济圈、西南经济圈和东盟经济圈交汇的中心地带,"多规合一"的实施对于崇左探索经济社会发展规划、城乡规划、土地利用规划、生态环境保护规划等的融合,为规划体制改革决策提供实践支撑具有重要意义,也有利于

2016 年 9 月 3 日—5 日,民盟广西区委会直属基层组织新盟员暨骨干盟员培训班在田东县举行。图为民盟崇左市支部盟员与民盟广西区委会领导及各市、县盟员合影

助推崇左做好"两篇大文章"和"四大攻坚战"的实施。报告对崇左市开展"多规合一"提出了几点建议：以"三规"为主体，推进"多规合一"；以区（市）县为单位，开展"多规合一"；以成果集成为方式，展现"多规合一"；以完善机制为抓手，保障"多规合一"等。这份研究报告，得到市委、市政府的重视。

社会服务 在上级民盟组织的支持下，民盟龙州县支部积极牵线搭桥，推动龙州县民族中学签约全国中小学音乐教育特色学校联盟成员，与上海音乐学院附属安师中学结对子，共建音乐特色学校，向外界推介龙州天琴文化艺术。做深做实教育帮扶工作，积极参与关爱留守儿童工作，长期捐资资助贫困家庭学生5人。

民盟活动 2016年9月9日，民盟崇左市支部组织盟员15人到扶绥县龙头乡龙鼎特色农业基地参观考察，并举行了欢迎新盟员的座谈会。此次参观活动由凭祥市副市长、民盟崇左市主委凌小将带队，并邀请了广西科技职业学院张总、教育部教育管理信息中心项目办副主任魏剑锋参加活动。座谈会上，新老盟员畅所欲言，魏剑锋回顾了自己与民盟的渊源，并对崇左市支部发展提出宝贵意见。张总对龙鼎基地的发展阐述了有益见解。凌小将就崇左支部的发展和课题调研做了工作部署。9月上旬，民盟崇左市支部积极组织新盟员和骨干盟员参加民盟广西区委在田东县举办的《2016年民盟广西区直属基层组织新盟员暨骨干培训班》，有效发挥了新盟员"学习热情高"和骨干盟员"盟务知识多"的特点，实现了"互相影响，共同提高"的预期目标。9月23日下午，民盟崇左市支部共11人及2位有意申请入盟的盟员到民盟广西区

委汇报工作，全国政协常委、民盟广西区委主委刘慕仁、民盟广西区委副主委黄海光、秘书长何勇，民盟组织部部长倪淑萍出席会议。凭祥市副市长、民盟崇左市支部主委凌小将，桂林理工大学副教授、民盟崇左市支部副主委唐群和崇左支部盟员等共20多人参加了会议。会议由民盟崇左市支部主委凌小将主持。会上，刘慕仁向崇左支部盟员详细介绍了广西民盟的队伍建设和组织机构设置和职能等情况，并结合新形势新任务的要求分析了开展民盟工作的思路和措施，对崇左市民盟支部就基层组织如何发展好民盟员、如何开展好民盟的组织生活、如何发挥好参政议政的职能提了宝贵建议。随后，凌小将及支部盟员向民盟广西区委领导进行了工作汇报。

（凌小将　梁志忠）

【中国民主建国会崇左市总支部】

民建崇左市支部于2008年3月21日成立，民建崇左市总支部于2011年11月26日成立。下设4个支部，2016年有会员91人。2016年．民建崇左市总支部按照"围绕中心、服务大局、内强素质、外塑形象"的工作核心，结合辖区的工作实际，适应时代要求，突出重点，完善制度，增强支部的凝聚力、感召力和向心力，不断提升履职能力，为崇左经济社会发展做出了自己应有的贡献。

参政议政 2016年，总支部在没有工作经费和专职工作人员的情况下，克服困难，组织民建专家、会员及各基层组织，积极开展多项调研活动，并形成了《发挥口岸优势，促进崇左经济发展》的调研报告及左江流域生态治理的建议，提交给政府、政协参考。

社会服务 2016年，总支部

继续为崇左的经济和社会发展服务，鼓励会员发挥自身经济界的优势，开发多种种养经济项目，争做新产业的先行者，带领崇左市新兴产业的发展。

乌骨鸡养殖项目 会员韦敏峰筹集资金400万元在凭祥市建立"广西野山乌骨鸡标准化技术示范基地"，采取"公司＋基地＋农户"的经营模式，以基地为中心，通过安置残疾人生产劳动、辐射带动残疾人家庭等方式，帮助农村贫困残疾人增收脱贫。该基地已安排2名农村贫困残疾人就业，并以每年为100户农村贫困残疾人家庭，每户免费提供鸡苗100羽，每户每年可收入4000元以上。

年橘种植项目 年橘属柑果类最晚熟品种，成熟期为3月至6月，正值泰国等国家的泼水节，出口市场缺口巨大，果实留树时间长且不回糖，是优秀的柑橘品种。2015年上半年，会员唐世亮经过调研，认为该品种适合在崇左市推广种植，随后向凭祥市政府建议在凭祥推广年橘种植，得到了凭祥市民族部门和扶贫办的认可，目前已在凭祥推广种植333公顷，一个新的产业正在形成。

石龟和金丝燕养殖项目 会员庞远庆被评为全国石龟养殖第二名，他在凭祥市夏石镇建立石龟养殖基地，充分利用房屋空间开展立体养殖技术，形成楼层内养殖石龟、楼顶层养燕窝的养殖新型方式，为崇左市发展养殖业找到了一条新的路子。

成立专业合作社 总支部组织会员在宁明县成立了首家家庭农场"宁明县驮排水坝家庭农场有限责任公司"、"宁明县富宁年橘种植专业合作社"、"宁明县爱店镇那党村经济互助合作社"，争取到火龙果育苗基地扶持资金80万元，

已发展了100户群众种植火龙果、180户种植年橘、30户养殖竹鼠。同时为火龙果种植区域的村屯争取到了人饮工程、桥梁建设工程、篮球场建设工程、水利工程等项目,助推了当地群众发展经济。

肉牛养殖项目 会员张显新投资300多万元在凭祥市友谊镇宋城村建立育肥牛扶贫示范养殖场,目前已养牛150多头,据测算每头牛月利润500元左右,养殖半年可出栏,效益非常可观,是农民种草养牛脱贫的较好项目。另外,他还在百色市隆林县建立一个养殖场、在隆林介平乡、合浦县乌家镇等地投资建设育肥牛扶贫示范养殖场,总计养殖肉牛1300多头,种植草地133公顷。

水果种植项目 新会员莫子扬在江州区太平社区渠显村投资创建百果香种植专业合作社,种植葡萄、沙田柚、火龙果等8个品种,已建成规模40公顷水果种植示范园区,水果长势喜人,其中6.6公顷葡萄国庆节期间已开园采摘,一年两熟,亩(0.067公顷)产量达2000千克左右,成为了崇左地区种植很好的葡萄示范园。

草珊瑚种植项目 民建会员黄育升、叶仙鹏、黄凌燕、张显新、周建华、莫春勇等多次前往大新县榄圩乡及武姜村、先力村、正隆村等实地考察,动员推介红薯种子和草珊瑚种植等扶贫项目。4月30日,红薯种子、草珊瑚种子拿到武姜村育苗种植,已种植的1.6公顷草珊瑚长势喜人,达到了很好的示范效果,现群众种植草珊瑚的积极性很高,很多群众自费购苗种植,已种植13公顷,今明两年预计种植面积超66公顷。

反季节冬瓜种植项目 会员莫春勇在大新县榄圩乡先力村已种植2公顷反季节冬瓜,反季节冬瓜每亩(0.067公顷)产量接近7500千克,按每500克0.7元计,每亩(0.067公顷)可收入1万元,是很好的扶贫项目。在示范项目带动下,大新县榄圩乡种植面积33公顷,在宁明县明江镇已备耕13公顷,扶绥县中东镇都充村正在筹种20公顷。

生态旅游项目 会员唐世亮发动新鸣村群众成立凭祥市圣农农庄专业合作社,以"大学生村官+基地+农户"的合作模式正式成立采摘园。合作社已种植种类水果33公顷,同时建设饮食区、娱乐休闲区、无边际游泳池等配套设施,将农业和旅游业有机地结合起来,取得了很好的效果,带动了周边群众加入板小旅游开发的热潮。

电子商务项目 会员黄凌燕利用自身的资源优势,搭建了农产品的电子商务平台,取得了很好的经济和社会效益。11月18日,她给来宾市经贸局组织的100位贫困村第一书记讲述农副产品+电子商务课程,与会者反映强烈,认为这类课程务实、接地气,她与每位第一书记建立微信群,进而提高了崇左民建的知名度,有力地服务社会、指导实践。

社会活动 一是积极参与招商引资工作。2016年,民建崇左总支部一直与皇氏乳业集团保持紧密联系,皇氏乳业于11月下旬到崇左进行项目对接洽谈,与民建会员签订育肥牛协议,项目育肥牛投资包括:建立60个左右育肥牛合作社;从澳大利亚、荷兰、印度、东南亚等国家年进口15万头牛进行育肥牛;建设占地20公顷、日宰500头牛的屠宰场;投资建设冷藏库等,形成购进—养殖—屠宰—副产品加工等一体化产业链。进而带动地方财政增收,实现农民脱贫致富。二是积极参与贫困学生帮扶工作。年内从广西区民建争取到资金,赞助了8位贫困大学生,每年每人资助8000元。争取到中央民建的资金支持,赞助了两位家属贫困初中学生,直接就读于职业学校(三年制),每年包来回车费,每月生活补助1000元,赞助三年学费约4万元。毕业后,两位学生保证能安排在四星级以上酒店就业。三是开展"同心·关爱留守儿童老人"天等行暑期关爱活动。到天等县上映乡温江村温屯"儿童家园"开展"同心·关爱留守儿童老人"天等行暑期关爱活动,会员谭木林、翁祖斌、钟国桐等为温屯"儿童家园"捐赠了4万多元游乐设施及书籍。四是开展"美丽乡村"活动。协调崇左市广东商会到天等县巴荷乡巴兰村开展"美丽乡村"活动,活动中会员麦树平同意向巴兰村捐献了10万元资金,用于巴兰村大路屯屯级党支部办公楼的建设。五是慰问解放军。会员谭木林多次对某部官兵进行慰问,赠送电视机2台、桌椅12套,慰问品一批(价值约3万元)。

(唐世亮)

【中国民主促进会崇左市总支部】 中国民主促进会崇左市支部于2009年8月11日成立,时有会员19人。民进崇左市总支部于2011年12月21日成立,时有会员49人。这是崇左市民进事业发展的一个新起点。2016年有会员63人,下设广西民族师范学院第一、第二支部,崇左市人民医院支部、综合支部等4个支部。总支部全体会员都是各个部门具有中级以上技术职称的工作骨干,其中具有本科以上学历54人,硕士9人,博士3人。

思想建设 2016年,民进崇左市总支部把深入学习贯彻中共十八大和十八届四中、五中、六中全会精神,以及中共中央总书记习近平系列重要讲话精神,作为开展坚持与发展中国特色社会主义学习实践活动,做好崇左市社会经济发展"两篇大文章"、"四大攻坚战"这个中心工作。总支部领导多次参加了民进广西区委会和中共崇左市委统战部的理论学习班,进一步增强了自身的政策水平和理论水平,在思想上、政治上、行动上与中国共产党保持高度一致。11月份,有2人参加在延安举办的广西民进领导干部培训班,有10人参加了中共崇左市委统战部举办中国共产党党外干部培训班。民进崇左市总支部举办了一期民进骨干会员培训班,邀请民进广西区委会主委陈自立、副主委蒋庆霖到会授课,通过学习,广大会员深刻认识到学习实践活动的重要性,增强了自身的思想素养、文化素养和参政议政的能力。12月20日,民进总支部召开座谈会,认真学习中共十八届六中全会精神,加深了对国家大政方针的理解,自觉地把今后的本职工作与2020年全面建成小康社会奋斗目标紧密地结合起来,更加明确了今后的工作方向和职责。

组织建设 2016年,按照民进广西区委会提出的要求,崇左市总支部继续开展"领导班子建设好、会员组织活动好、'双岗建设'成绩好、议政调研工作好、社会服务工作好、会费收缴使用情况好、关心服务会员好"等10项工作,组成创10星的"创星争旗"活动。5月份,组织会员到广西民族师范学院附中、江州区新和中学开展送教服务活动,深受两校师生的好评。特别是邀请南宁二中、柳州高中的高考指导专家到民师院附中、崇左高中进行高考专题辅导活动,深受学校师生的欢迎。2016年,发展新

会员3名,还通过建立微信群等方式,加强了会员的联系与交流,更重要的是,更加快捷地传达各种上级文化精神、政策要求,也加强了自身的学习平台建设。12月28日,举行民进成立71周年座谈会,崇左市政协副主席、民进崇左市总支部主委文晓林做了重要讲话,对加强民进自身建设,深化政治交接,增强政治共识,巩固多党合作的思想工作基础将产生良好影响。

参政议政 2016年,民进崇左市总支部把服务全面深化改革、推进依法治国作为履行职能的第一要务,围绕中共崇左市委、市政府"两篇大文章"、"四大攻坚战"的中心工作,就关系崇左市经济社会发展的重要问题、民生问题开展参政议政调研。通过协商、提案、调研报告等方式积极建言献策。6月,总支部撰写的调研报告《加快崇左市经济园区建设,实现崇左社会经济又好又快发展》,得到市委书记刘有明的充分肯定,对崇左今后的社会经济发展将产生积极的影响。12月,又写出了《大力发展口岸加工经济、实现崇左工业经济跨越式发展》的调研报告,该报告得到了市委、市政府的高度重视。

社会服务 2016年,民进崇左市总支部的社会服务工作,主要抓了三项活动,得到了社会和各界群众的好评。3月23日,主委文晓林率民进骨干成员到江州区扶贫联系点进行精准扶贫活动,赠送贫困户化肥18吨,在崇左市扶贫工作起了示范作用。4月底,市人民医院支部到江州区江州镇开展为群众义诊活动,组织12名医疗专家为316名群众免费义诊,进行有关健康教育和指导,在当地产生了良好影响。5月中旬,邀请北京师范大学教授杨宁一到崇左高中进行有关高考备考讲座,让学校师生

享受了难得的一次教育大餐。以大学教师为主体的广西民师院第一、二支部,开展了"我为崇左教育献力量"活动,分别到新和中学、江南中学、江北中学等开展教育服务活动,有6名教授上了专题讲课,深受学校广大师生的欢迎和喜爱。

(黄元甫)

【中国农工民主党崇左市委员会】
中国农工民主党崇左市组织发展历程:1995年8月成立农工党崇左市支部委员会;2007年4月成立农工党崇左市总支部;2012年11月21日成立农工党崇左市委员会筹备委员会;2013年12月30日成立中国农工民主党崇左市委员会,这是农工党崇左市组织发展的里程碑。2016年有党员100名,下设崇左市市直支部、崇左市退休支部和广西民族医院支部。其中,具有大学本科以上学历57名,硕士8名,博士2名,具有高中级技术职称57名。

思想建设 2016年,农工党崇左市委会把深入学习贯彻中共十八大和十八届五中、六中全会精神,以及中共中央总书记习近平系列重要讲话精神作为学习实践活动的首要政治任务抓紧抓好。农工党市委会领导多次参加农工党广西区委和市委统战部理论学习,参加全市领导干部学习贯彻中共十八届五中、六中全会精神学习。市委会领导班子成员以身作则,认真落实各项学习制度,及时组织学习各种文件精神,认真撰写学习体会。积极推荐骨干党员参加不同形式的学习培训班,年内,选派3人参加农工党广西基层组织负责人培训班,6人参加广西新党员培训班,3人参加中共崇左市委统战部举办的党外科级干部培训班学习。3月份举办宣传工作培训会

1期,邀请农工党广西区委宣传部负责人进行宣传报道及反映社情民意信息等知识培训,崇左市委委员、各支部领导班子成员、党员中的政协委员和部分骨干党员共25人参加培训。选派2名党员参加市政协、中共崇左市纪委组织的巡查和调研活动,积极履行参政议政职能。在《广西农工》杂志和农工党广西区委网站发稿18篇,在崇左统一战线网站发稿5篇,组织8名党员参加农工党中央在南宁举办的"走进基层、贴近党员,培育和践行社会主义核心价值观百场宣讲"活动。完成党刊《前进论坛》征订工作,完成率达100%,党刊征订工作获得农工党中央表彰。

组织建设 2016年,农工党崇左市委会认真贯彻落实农工党广西区委的工作规则,不断健全完善市委会各项工作制度,不断加强组织建设。一是召开一届四次全委会议。3月17日,市委会召开一届四次全委(扩大)会议,有25名党员参加会议。总结过去一年的工作成绩和存在不足,表彰了先进集体和先进个人。二是认真贯彻落实组织发展工作规程细则,积极发展高素质新党员。全年发展11名来自医药卫生领域的高素质党员,其中本科学历8人、研究生学历1人。为组织注入了新活力,为更好履行参政议政职能做好人才储备。三是开展理想信念教育活动。11月16日—18日,主委农海波带领市委会委员、各基层支部委员、优秀党务工作者和新党员代表共16人,到广东省惠州市惠城区三栋镇鹿颈村"邓演达纪念园",开展坚持和发展中国特色社会主义学习实践活动。邓演达(1895—1931),字择生,原归善县鹿颈村(今惠州市惠城区三栋镇鹿颈村)中国

国民党的左派领袖人物,中国农工民主党创始人,中国共产党的亲密战友,伟大的爱国主义者,著名的中国民主革命家、军事家。为继承和发扬革命前辈的优良传统,让邓演达精神薪火相传,惠州市在邓演达故居的基础上,兴建邓演达纪念园。邓演达纪念园是全国农工党党史教育基地、全国统战基地、广东省爱国主义教育基地。参观者在邓演达铜像前敬献花圈、默哀、鞠躬致敬。参观了邓演达故居、邓演达陈列馆,了解邓演达少年立志、戎马生涯、坚持民主、创建新党、慷慨就义的光辉历程与不朽功勋。使党员们更加意识到缅怀先烈更要坚定继承先烈的遗志。作为新时期的农工党党员要继承和发扬农工党与中国共产党亲密合作、团结奋斗,热爱祖国、无私奉献等优良传统,进一步坚定走中国特色社会主义道路的信念。

参政议政 2016年,农工党崇左市委积极通过提案、专题协商、大会发言、反映社情民信息等方式履行参政议政职能和民主监督职能,促进党委政府决策科学化、民主化。

在各民主党派和无党派人士各种协商座谈会上,农工党市委会就崇左市"十三五"规划制定、全市经济工作、农村饮水安全、提高全民文明素质、做大做强旅游产业、扶贫攻坚等重大问题提出很多有建设性的意见和建议。2016年承担中共崇左市委重大课题调研,为群众脱贫攻坚献计献策。年内承担的重大调研课题是《在精准扶贫中解决"因病致贫"问题对策研究》。市委会成立了专题课题小组,通过走访市扶贫办、市民政局、市残联等各相关部门,到天等、大新等县考察,召开座谈及咨询查阅等方式,在总结分析崇左市部分群众

"因病致贫"原因的基础上,针对存在的问题提了5点建议。在崇左市2016年政党调研协商座谈会上,农工党崇左市委会主委农海波作题为"深入实施健康扶贫工程,推动因病致贫群众奔小康"的发言。他提出,崇左市因病致贫人数众多,涉及家庭多、病种多,存在"看病难、看病贵"等问题,提出以下建议:一是深入实施健康扶贫工程,整合各类医疗保障、资金项目、人才技术,引导市场、社会协同发力,遏制因病致贫返贫现象。二是通过构建医疗联合体、推进分级诊疗制度建设,实施县乡医疗卫生服务一体化改革,积极推进村卫生室能力建设,全面提升县乡村三级卫生服务网络医疗技术水平和服务能力。推进大病保险、医疗救助、大病分类救助等的实施,解决贫困群众"看病难、看病贵"问题。三是积极促进各项惠民政策、各项精准扶贫措施的有效衔接。四是加强健康教育,让贫困群众"少生病",保持健康、拥有劳动力才能更好投入脱贫攻坚战。该项调研成果得到相关领导的充分肯定。

农工党市委会还向政协崇左市三届六次会议提交集体提案4件,其中《实施农村连片集中供水,确保农村饮水安全的建议》作为大会重点发言使用。市委会积极与农工党广西区委联合开展信息共建活动,报送社情民意信息12条,农工党广西区委采用12条,自治区党委统战部采用3条。

社会服务 2016年,6月8日,市委会联合市政协科教文卫体委、市科协、市环保局到江州区那隆镇联合开展2016年"中国环境与健康宣传周"活动。组织内科、外科、针灸科、推拿科、中医科、儿科等11名党员专家为当地群众服务,共发放宣传材料500多份,免费诊

治群众 300 多人次,体检人数 100 多人次,健康咨询 100 多人次,免费发放药品价值约 2000 多元。10 月 9 日,市委会联合市政协科教文卫体委到江州区驮卢镇逐盎村开展 2016 年卫生科技文化"三下乡"暨重阳节义诊活动,组织市人民医院、市中医院的党员专家开展针灸、体检、健康咨询等服务,为广大患者解答困惑、宣传健康知识,并根据群众实际情况发送药品。共服务群众 50 名、免费发放药品价值约 600 多元。11 月 14 日,开展第二十八届"国际科学与和平周"活动。市委会主委农海波带领市委会机关干部到凭祥市夏石镇那楼村板楠屯开展送医送药送温暖等帮扶助困活动。赠送米、油、学习用具等一批慰问品,价值约 1000 元并给长期患有胃病的帮扶对象赠送了养胃健胃的营养品,向他们表达深切的关怀。

(农海波　卢艳春　苏青峰)

【中国致公党龙州县、崇左市支部】

中国致公党龙州县支部委员会于 1985 年 10 月成立,2016 年有党员 69 人。中国致公党崇左市支部于 2009 年 8 月 27 日成立,2016 年有党员 30 人。两个党支部加强思想建设和组织建设,积极发挥参政议政职能,做好社会服务等工作,为龙州县和崇左市的经济和社会发展做出应有的贡献。

2016 年 9 月 27 日,在庆祝中国致公党广西壮族自治区成立 60 周年的大会上,崇左市支部获致公党自治区委会颁发的思想宣传工作、组织建设优秀集体奖,参政议政、社会服务先进集体奖;林田获思想宣传工作、参政议政先进个人奖,潘灵波、韦信和获组织建设先进个人奖,王玮获社会服务工作先进个人奖,孔立虹获思想宣传工作、社会服务工作先进个人奖。

思想建设　2006 年,致公党崇左市支部认真学习贯彻中共十八届五中、六中全会,以及中共中央总书记习近平系列重要讲话精神,认真学习中国致公党党史及新党章。认真开展坚持和发展中国特色社会主义学习实践活动及"创建先进基层组织、争当优秀致公党员"活动。10 月 10 日,致公党崇左市支部在崇左举行座谈会,庆祝致公党广西壮族自治区委员会成立 60 周年。会上,致公党崇左市支部主委、崇左市中级人民法院副院长林田向与会人员通报了致公党广西区委会成立 60 周年庆祝大会盛况,回顾了致公党崇左市支部成立以来取得的成绩,对明年致公党崇左市支部的工作做出了安排部署;同时要求崇左市支部的党员要结合崇左实际,充分发挥民主党派的职能作用和优势,积极建言献策,为崇左做好"两篇大文章"、打好"四大攻坚战"贡献力量。与会党员一致表示,要继承和发扬优良传统,更加紧密地团结在以习近平为核心的中共中央周围,高举中国特色社会主义伟大旗帜,为实现"两个一百年"奋斗目标,为广西与全国同步全面建成小康社会而努力奋斗。

组织建设　2016 年,致公党崇左市支部发展 1 名新党员。2 月 6 日上午,中国致公党广西崇左市支部主委林田、广西中医大学支部主委林宇华与两个支部的部分党员联合慰问了因腿骨折住院治疗的老党员傅丽卿。傅丽卿是著名民主人士朱自清的儿媳,今年 95 岁,1983 年 4 月加入中国致公党。5 月,2 名党员参加了市委统战部举办的党外干部培训班的学习。10 月开展了换届民主推荐支部委员的工作。12 月,1 名党员参加了致公党自治区委会举办的 2016 年骨干党员暨新党员培训班的学习。

致公党龙州县支部加强组织建设:一是做好党员培训,推荐 3 名党员参加致公党广西区委举办的参政议政培训、自治区直属基层组织换届及骨干党员培训。二是做好组织制度建设,年内召开 4 次支部全体会议或支部生活会,学习致公党中央、致公党广西区委有关会议精神,通报龙州县口岸、旅游、农业、民生等经济社会发展情况等,让每位党员及时了解上级有关政策和工作部署。

参政议政　2016 年,在自治区十二届人大五次会议上,林田提出了《关于请求自治区政府帮助解决崇左市华侨农林场拖欠社会保险费问题的建议》《关于要求对公立医院"药房托管"的情况进行调查的建议》。在崇左市政协三届六次会议上,市政协常委林田提出了《关于对左江流域水生珍稀动物资源进行调查的建议》。此外,林田还向有关部门提出了《关于重视手铸质量的建议》《关于广西设区的市新一届政协委员会设置法律界别的建议》《关于完善由南宁吴圩飞机场通往崇左市的道路标识的建议》《关于 2017 年中央电视台春节联欢晚会在广西凭祥市友谊关设立分会场的建议》《关于重视高端科研设备、仪器国产化问题的建议》。2 月 29 日—3 月 1 日,致公党中央科技委员会副主任徐芃、致公党中央组织部副部长康凯到崇左市就"广西申请自贸区对崇左产业发展的影响"开展调研,崇左市支部积极配合调研。8 月 2 日,致公党南宁市委员会到崇左市就"加快南宁市蔗糖产业市场化转型对策研究"开展调研,崇左市副市长、致公党中央参政议政部副部长王启平参加了调研座谈会。8 月

24日,致公党来宾市委员会到崇左市就"在华侨农场开展精准扶贫工作"开展调查研究。9月23日—24日,致公党广州市委员会、致公党北京市东城区委员会到崇市开展扶贫帮扶调研。崇左市支部都积极配合调研工作。

致公党龙州县支部有10名党员当选龙州县第十届政协委员,其中县政协副主席1名,县政协常委4名。支部积极履行参政议政职能,围绕龙州县委、县政府确定的中心工作以及人民群众关心的热点、难点问题,组织9批次77人次考察澳洲坚果种植、口岸及边贸经济发展、农业特色产业核心示范区、乡村旅游区、农家乐、食用菌生产等,实地了解龙州县经济社会发展情况,发现问题、提出对策,撰写政协提案,为龙州县经济社会发展主动献计献策。在龙州县政协十届一次会议上以个人名义提交建议、提案6份,部分提案已被龙州县委、县政府采纳,致公党龙州县支部加强和有关职能部门研究落实。

社会服务 2016年3月,主委林田到崇左市中级人民法院精准扶贫挂点村——崇左市江州区濑湍镇仁良村开展"兴水利、种好树、优生态、惠民生"主题暨精准扶贫帮扶到户活动,捐赠树苗100棵价值2500元,给贫困户捐款600元;8月,给贫困户送去鸡苗价值12600元。5月,到宁明县桐棉乡板油村板油屯开展计划生育爱心捐赠活动,给板油屯小学赠送文体用品价值2900元。10月,在第三个国家扶贫日捐款200元。副主委潘灵波为广西民族医院患重病的护士莫宗利捐款200元。支部党员孔立虹主动担任公益团队广西爱心大使,三次直面送达助学经费共6000元,涉及6个贫困学童。义务协助广西县域科学发展促进

会举行河池市大化县都阳镇加合扶贫公路通车仪式并取得圆满成功,该项扶贫项目涉及资金1200多万元。参与网络公益活动,包括网络众筹、腾讯网络助学等,涉及善款7000元左右。

2016年5月,支部一名党员到江州区特殊教育学校开展美术基础教育义务培训活动。

(林 田 农 凯)

【九三学社社员活动】 九三学社在崇左市尚未成立支部。2016年,在崇左市范围内从事工业、电信、卫生、教育、水利工作的九三学社社员有14名,其中宁明县人民政府1名,中国移动总公司江州区分公司副总经理1名,中信大锰集团江州区分公司总经理1名,市人民医院3名,中医壮医医院1名,市中心血站1名,市妇幼保健院2名,广西民族医院1名,桂林理工大学南宁分校1名,南宁地区教育学院教师1名,崇左市水利局高级工程师1名。他们分别参加南宁市九三学社和自治区九三学社有关活动。他们身在崇左,工作在崇左,为崇左市经济建设和社会发展做出了应有的贡献。

工商联

【概况】 2016年,崇左市工商业联合会坚持以创新、协调、绿色、开放、共享的五大发展理念为指导,围绕去产能、去库存、去杠杆、降产本、补短板"三去一降一补"工作重点,积极引导非公有制企业开展稳生产、保企业、谋转型以应对经济下行压力,引导广大非公有制经济人士积极做诚信、守法、履职的典范,强化并提升工商联服务非公有制企业经济发展综合能力。

【组织建设】 2016年,崇左市工商联加强组织建设,不断提升工商联服务工作能力。一方面,加强工商联组织思想政治纪律建设。严格按照"两学一做"活动规定动作深入开展学习教育活动,进一步增强党组织的战斗力,提升了党员领导干部干事创业的劲头。积极开展治理慵懒散专题治理活动,严格贯彻执行中央八项规定及自治区、崇左市党风廉政建设规定,认真履行本职岗位职责,强化领导干部履职意识。另一方面,加强工商联组织体系建设。加大商会组建力度,指导新成立了广东省崇左商会、江州区石景林街道商会、凭祥市桂林商会。妥善解决玉林中药材商会换届问题。继续深化"五好"县工商联创建工作,上报扶绥、大新、凭祥三个县(市)申报2016年全国县级"五好"工商联。积极做好工商联领导干部及会员企业的提名推荐工作,其中推荐5个县工商联主席在换届中进入县级人大、政协领导班子,推荐27名非公经济人士担任市级政协委员,13人担任市人大代表,9人担任市级党代表。加大对县级工商联换届工作指导力度,制定工作方案和工作流程,把好领导班子成员审核等环节,吸收年轻一代非公代表人士进入工商联领导班子,提升领导班子素质,指导县级工商联顺利完成换届选举。同时,加强工商联组织QQ群、微信群、组织数据库等载体建设,不断提升工商联工作效率,提升工商联快速反应能力。

【参政议政】 2016年,崇左市工商联积极参政议政,努力促进非公经济发展环境进一步得到改善。一是组织担任各级人大代表、政协委员、工商联执委的非公经济代表人士撰写提案议案和大会发言6篇、

政协提案 25 件,内容涉及制糖、锰矿业、边贸、旅游、房地产等多个领域和产业,市委书记刘有明、市长孙大光分别听取经济界和工商联界别的专题发言,并指示相关职能部门把许多提案、议案提出的建议意见纳入"十三五"规划。二是参与市人大开展的《税收征管法》执法检查活动,积极向市人大反映加强和完善国家税法执行过程中建议意见。三是参与制定《崇左市降成本促发展若干政策》文件,提出修改意见建议 7 处,并得到中共崇左市委、市政府领导的肯定。四是联合市委统战部、非公办、"两新"党工委等组成联合开展降成本促发展督查,对各县(市、区)落实"百企扶百村"方案、稳增长降成本政策情况和企业协理员工作情况进行督查,形成专题督查报告报中共崇左市委、市政府,及时为企业排忧解难。通过组织撰写提案议案、召开座谈会、开展督查和参与征求意见会等形式,积极参政议政,加快促进政府职能转变,有效为非公经济发展"松绑解捆"。

【招商引资】 2016 年,崇左市工商联主动开展"请进来、走出去"招商引资活动,加力崇左"两篇大文章"、"四大攻坚战"建设。

邀请一批世界、全国知名企业、社会团体考察崇左。一是邀请联合国授予的"全球治沙领导者"企业亿利资源集团副总裁方方一行考察江州区、龙州县两地垃圾填埋场 PPP 项目和生态扶贫项目。二是邀请全国工商联副会长企业、全国 500 强企业中国泛海集团总裁卢志强一行考察龙州县上金国际旅游度假村项目。三是邀请亚洲首富万达集团董事长王健林考察大新县安平医养城基地项目。四是邀请北京广西企业商会、

上海市广西商会、浙江省广西商会、韩国广西商会、重庆市涪陵区工商联、广东省广西崇左商会等商会,有 250 多名客商到崇左市进行考察、洽谈、投资。12 月中、下旬,还有神州长城股份有限公司、华科创智、同济堂、都市丽人等一批上市集团、公司到崇左市开展考察、洽谈。拓宽了崇左市与世界、全国知名企业、商协会进行沟通、联系、合作的渠道与平台,提升了崇左的知名度。其中,中国泛海控股集团投资龙州县旅游和扶贫产业开发项目已达成初步合作意向,该项目计划投资 100 亿元。

联系对接全国、广西商协会活动并达成多项合作意向。一是先后四次拜会北京广西企业商会;二是回访全国工商联家具装饰业商会;三是参加首届世界桂商发展大会,市委书记刘有明作为大会论坛环节的对话嘉宾之一作主题演讲;四是参加第 13 届中国 – 东盟博览会期间举办的"一带一路 开发开放 共荣共赢"专场推介会;五是广西赴香港开展桂港务实合作恳谈会招商推介活动;六是参加中国民族贸易促进会在京举办的"'同心圆梦·综援计划' 2016 全国民族地区投资贸易洽谈会";七是参加第十八届中国国际高新技术成果交易会;八是参与桂粤合作招商大行动;九是拜访上海市广西商会;十是与宁波、台州、广州等工商联结成友好商会。搭建了崇左市与全国各个重点地区招商引资平台,为全市民营企业开展商贸合作、文化交流等牵好线、搭好桥。其中,崇左市与北京广西企业商会、上海市广西商会初步达成委托招商战略合作协议。北京广西企业商会会长郑志亲自组队到天等县考察,北京广西企业商会副会长企业途牛旅游、红博红木馆等 8 家有意向

到崇左投资置业。上海市广西商会执行会长蒋勇组织会员企业到崇左市寻找合作项目。中国民族地区贸易促进会将在近期组织一批文化旅游企业到崇左市考察。

【光彩事业】 2016 年,崇左市工商联按全国工商联"万企帮万村"和中共广西壮族自治区委统战部"千企扶千村"工作要求,崇左市启动"百企联百村 . 万人帮万户"活动,引导全市 211 家民营企业与 287 个贫困村进行结对共建,签订帮扶协议书,通过产业帮村、教育强村、边贸富村、劳务助村、旅游兴村等多种形式开展帮扶活动,全年累计捐赠总额 3934.72 万元,惠及贫困户 86766 户、贫困人口 341800 人。还联合中共崇左市委统战部、工商局、扶贫办对民营企业参与"十二五"期间社会扶贫工作先进企业、先进个人进行表彰,共表彰扶贫特别贡献奖 14 名,先进集体 31 个,先进个人 45 人,极大激发企业与个人参与精准扶贫工作热情。又与各县(市、区)工商联签订《崇左市工商联推动万企帮万村精准扶贫行动走访核实工作责任书》,强化"十三五"规划(2016—2020)扶贫工作责任,发挥工商联在社会扶贫中的作用,提升工商联系统引导、服务民营企业参与精准帮扶行动实效,加快崇左市脱贫摘帽攻坚步伐。

【调查研究】 2016 年,崇左市工商联深入开展调查研究,为非公有制经济发展建言献策。紧紧围绕全国、自治区工商联和中共崇左市委、市政府的中心工作,组织开展 10 个(项)课题的调研:一是开展 2015 年崇左市非公有制经济运行分析报告调研;二是开展 2015 年崇左市非公有制经济发展报告

调研；三是开展崇左市民营企业创新发展调研；四是开展崇左市民营企业参与国际产能合作调研；五是开展崇左市民营企业参与产业精准扶贫的调研；六是开展崇左市房地产去库存调研；七是开展制造业民营企业发展状况调研；八是开展2015年上规模民营企业调研；九是开展年轻一代非公有制经济人士思想状况及教育培养工作调研；十是开展新的社会阶层统战工作调研。从综合与个案、纵向与横向、全局与局部等角度，多层次、多领域深入分析全市非公有制经济发展瓶颈问题，剖析问题成因，提出改革创新建议意见，许多建议意见引起各级党委政府及相关职能部门的认同、重视和采纳。其中，《2015年崇左市非公经济运行分析报告》报送给市、县两级四家班子主要领导、分管领导，为中共崇左市委、市政府制定《崇左市降成本促发展若干措施》提供许多借鉴与参考。《2015年崇左市非公经济发展报告》收录入《2015年广西非公有制经济发展报告》书刊，呈送广西各级党委政府主要领导、分管领导。《民营企业参与精准扶贫调研报告》在2016年全市各民主党派、工商联、无党派人士重大调研成果汇报会上作专题发言等。

【开展维权活动】 2016年，崇左市工商联扎实开展维权活动，解决一批民营企业生产经营中遇到的困难和问题。一是协调扶绥县供电公司给予扶绥县兴利混凝土公司租赁场地的问题，解决企业场地"悬空"两年多"无证"运营隐患。二是协调市林业局上报远程建材公司老鼠山采矿场误划成公益林山的调规问题，已由自治区林业厅转报林业部。三是协调空港管委会妥善处理广西麦迪逊工贸有限公司扩股、转型经营问题，解决企业融资贷款到期过桥风险，盘活企业资产。四是协调穗宁化工集团有限公司整体搬迁问题，并在中泰产业园区获得用地许可，开展征地拆迁工作。五是协调扶绥远见工贸公司用地指标安排和厂区道路建设问题，保证工厂顺利开工生产。六是协调市人社局缓收东亚纸业公司职工"五险一金"问题，帮助企业度过资金周转难关。七是协助市工信委等部门妥善处理华美纸业老板失联问题，有效帮助企业保全资产。八是继续跟进丰浩糖厂和永凯糖厂资产处置问题，妥善处理好企业破产遗留问题。九是加强北部湾银行等金融机构合作，为11家会员企业安排贷款达2.6亿多元，缓解部分会员企业资金短缺难题。十是发挥纳税人权益维护中心作用，与市国税、地税联合举办5期营改征业务知识培训班，培训企业达250多家，确保营改征工作顺利铺开。通过协调解决企业用地、用工、融资、缴税等热点、难点问题，有效地保护了企业的合法权益。

【诚信教育活动】 2016年，崇左市工商联认真抓好诚信教育活动，引导企业树立诚信立企、诚信做人理念。按照中共中央统战部、自治区委统战部和崇左市委统战部关于开展非公有制经济人士以诚信为重点的"四信"教育的安排与部署，3月25日，联合市委统战部召开学习教育活动动员大会，参加大会的统战系统领导干部和非公有制经济代表人士共120多人。由中共崇左市委常委、市委统战部部长谭燕玲组织学习传达中共中央总书记习近平在民建、工商联界别讨论会上的讲话精神，解读中共中央总书记习近平关于政商"亲"与"清"关系，引导非公经济人士正确把握政商之间"亲"、"清"距离，充分认识中共中央总书记习近平重要讲话的精神实质。4月1日，组织工商联系统领导干部及部分非公有制经济代表人士参加中共广西壮族自治区委统战部学习统战新条例电视电话会议，听取自治区党委统战部部长李康作的专题学习辅导报告。组织一批非公经济代表18人参加中共广西壮族自治区委统战部组织的强优企业高级人才培训班，每人培训课时间达50小时以上。组织工商联领导干部、商会会长、秘书长等30人参加自治区工商联商会能力提升班。在中共崇左市委党校举办崇左市商会负责人能力提升培训班，参加培训商会领导和企业负责人达59人，并组织学员到广西第一书记扶贫产业园考察、学习。在上海交通大学举办崇左市第三期非公经济企业成长知识培训班，培训人数达76人。配合中共崇左市委组织非公有制企业和社会"两新"中共织开展"两学一做"学习教育活动，推动非公企业中共组织学习教育活动全覆盖、同进步，发挥党组织在企业生产运营中的先锋模范作用。通过开展一系列的学习教育活动，从政治、法制、国学、投融资、管理等学科知识，全方位、深层次对广大非公经济人士进行轮训。同时，通过工商联QQ群、会员微信群发布，定期、不定期上传学习教育活动相关辅导材料，组织会员进行讨论交流等，引导广大非公经济人士自觉做到诚信立企、诚信做人，坚定对中国特色社会主义的信念，增加对中国共产党党和人民政府的信任，增强企业发展的信心。

（黄宁静　吴桂成）

崇左市科学技术局

　　近年来，全市科技工作在市委、市政府的正确领导下，按照科技第一生产力、创新第一动力和人才资源的要求全面谋划科技创新工作，深入实施创新驱动发展战略，充分发挥科技的支撑和引领作用，为崇左市做好"两篇大文章"、打好"四大攻坚战"提供了强有力的科技支撑。

　　崇左市现已建成自治区级产业工程院1家、自治区级广西千亿元产业研发中心1家、自治区级工程技术研究中心1家、市级工程技术研究中心11家、高新技术企业9家、自治区级创新型企业1家、自治区级创新型试点企业2家、市级创新型（试点）企业7家、自治区农业良种培育中心6个、标准化生产技术示范基地13个、农业科技园区4个，全市建成自治区级科技企业孵化器（培育）1家，在建科技企业孵化器3家，成功举办第五届、第六届中国创新创业大赛广西赛区初赛暨崇左市首届、第二届科技创业大赛，先后有40多个企业、团队200多人参赛。荣获第五届中国创新创业大赛（广西赛区）"优秀组织单位"称号。

　　2016年，全市发明专利申请量650件，年均增长17.75%；发明专利授权量114件，年均增长80.95%；发明专利授权量和每万人发明专利拥有量增长率均排名广西第一。截至2016年5月，全市发明专利申请量212件，同比增长118.56%；发明专利授权量55件，同比增长61.76%。

　　建设锰业、临床医学、教育等7个人才小高地。以"柔性引智"方式聘请和引进高层次人才28人。依托广西物流人才小高地，引进了300多名企业经营管理人才和大批专业技术人才。累计有460名企业、农村科技特派员在崇左市开展技术服务。

　　2016年，全市共组织实施自治区重大科技攻关项目58项，共获得8820万元资金支持，累计研发新技术（工艺）24项，市本级首次安排科技计划项目44项，支持经费527万元。荣获广西科学技术进步奖4项，表彰2014—2015年度崇左市科学技术进步奖20项。

　　完成了崇左市173名贫困科技特派员的推荐及合同签订工作，全部覆盖崇左市287个贫困村，2016年上半年全市共开展技术培训22期，现场培训农民1220人次，发放技术资料600多份。打造《农村科技新视界》电视培训品牌，已播出50期（次），受益群众近30万人次。

2016年10月11日，市委书记、市人大常委会主任刘有明（前左三）、副市长劳宁军（前右二）到科技型企业广西好青春醋业有限公司考察调研

2017年5月16日，崇左市副市长郑业鹭（前左四）带队考察学习科技企业孵化器建设工作

2017年5月20日，副市长郑业鹭（前右三）参观2017年全国科技活动周广西活动暨第二十六届广西科技活动周崇左展厅

2016年11月10日，自治区科技厅党组书记、厅长曹坤华（右五）、副巡视员黎卫红（左四）到崇左市调研创新驱动发展落实情况，市委副书记、市长孙大光（左五），市委常委、副市长王启平（右四）陪同调研

2017年7月10日，市科技局党组书记徐朝松（右一）、局长蒋京华（左二）、自治区科技厅高新处副处长潘红雄（右四）为获奖企业颁奖

2017年7月26日，全市创新驱动发展大会暨高新技术产业开发区建设动员会在崇左召开，市委书记、市人大常委会主任刘有明出席会议并讲话，市长孙大光主持会议，科技厅副厅长刘建宏出席会议

江 州 区

2016年12月23日，自治区主席陈武（前右一）亲切接见第三届自治区人民满意公务员（集体）代表，图为主席陈武与荣获人民满意公务员集体称号的石景林街道办党工委书记谭春丽握手

2016年8月18日，自治区副主席张秀隆（前右一）到江州区调研甘蔗糖业发展

区委书记 农 化

区长 王耀雷

江州区是中共崇左市委、市政府所在地，辖6镇2乡3个街道、2个华侨经济管理区，行政区域面积2951.26平方千米。2016年，实现地区生产总值159.66亿元，增长8%，规模以上工业总产值和增加值分别为171.7亿元和59亿元，分别增长12%和11%；财政收入5.58亿元，完成市级下达任务；固定资产投资135亿元，增长23%；社会消费品零售总额27.33亿元，增长10%；城镇居民人均收入可支配收入28384元，增长8.9%；农村居民人均可支配收入10933元，增长10.1%；外贸进出口总额1.32亿美元。其中，地区生产总值、规模以上工业总产值、规模以上工业增加值、社会消费品零售总额、固定资产投资、城乡居民收入等7项主要经济指标总量和增量稳居全市前列。2016年，江州区先后荣获崇左市左江花山岩画申遗工作突出贡献单位、全国首个甘蔗种植综合标准示范区、全国科普示范县（区）、全国双拥模范城、自治区法治宣传教育先进集体、自治区农业科技园区、自治区平安县（区）等荣誉称号，江州区社科联被评为"全国2016年度社科组织先进单位"、石景林街道荣获"自治区人民满意的公务员集体"称号，石景林街道丽金社区和友谊社区分别荣获"全国最美志愿服务社区"和"广西首家县级社区居家养老和社工服务示范点"等称号。

一、优化结构促转型，产业升级树新标杆。加强江州区经济产业园区基础设施建设。建成标准厂房2.5万平方米，在建3.5万平方米，超额完成年度任务。江州区糖业循环经济园列入崇左市重点打造的五大主体园区之一。大唐年产30万吨微生物肥料和秸秆饲料厂试业运行，惠利甘蔗"双高"器材设备、中法合资乐斯福酵母等项目开工建设。湘桂蔗渣及环保包装、生态肥料项目前期工作扎实推进。投资3160万元完成驮卢东亚糖厂技改。顺利实现永凯左江糖厂兼并重组。全年蔗糖循环经济实现产值109.1亿元，增长12.5%，总量和增速均排全市前列。全年锰铁产业产值11.3亿元，增长25.5%，增速创历史新高。水泥建材产值加快发展。第三产业持续

2016年4月20日，市委书记、市人大常委会主任刘有明（前中）在江州区罗白乡调研指导甘蔗"双高"基地建设模式和运行机制

2016年10月13日，市委书记、市人大常委会主任刘有明（前中）率队到东盟大道施工现场检查指导工作

发展，全年实现产值63亿元，增长9%。三次产业结构比由上年的17.3∶43.1∶39.6调整为15.8∶44.3∶39.9。

二、项目建设实现新发展。全年推进重大项目188个，累计完成投资50.8亿元。大华肉牛二期等36个续建项目加快推进；新开工建设江州花山玫瑰种植示范园等37个新建项目；那隆风电厂等115个储备项目前期工作扎实推进。新签约重大项目6个，合同总投资达28.3亿元。全年区外招商引资到位资金38.5亿元，超额完成市里下达的任务。

三、现代农业取得新成效。全年完成甘蔗种植112.5万亩，2015/2016年榨季入厂原料蔗420.96万吨，产糖49.97万吨，产蔗、产糖量连续3个榨季稳居全市第一。以合作社为主体，完成"双高"基地建设6066.67公顷。罗白乡益兴甘蔗良种繁基地成为崇左市唯一的集一、二、三级为一体的甘蔗良种繁基地。全区糖业发展暨"双高"基地建设年中现场会在江州区召开。江州区"火红左江"自治区级现代农业（核心）示范区通过验收授牌；益兴甘蔗良种繁养循环现代农业（核心）示范区通过市级验收授牌；大华肉牛养殖示范区、"桃花岛"休闲示范区被评为县级现代农业（核心）示范区；那隆镇桔祥如意沃柑产业示范区、江州镇"山李人家"农业示范区被评为乡级现代农业（核心）示范区；首次实现了区、市、县、乡四级现代农业（核心）示范区全覆盖。投资1.1亿元，实施11个耕地"旱改水"项目片区；兑付农资、农机等补贴3853万元，有力地提升了农业产业化水平。

四、精准帮扶促脱贫。以"村企联建"为载体，将扶贫攻坚根植于蔗糖"全链条"，增强贫困户持续发展能力。那隆扶贫生态移民安置示范区（一期）200套住宅全部主体建设，启动可安置1500户贫困户的江州区兴和家园安置性综合体项目。整合资金4330万元，推进67条村屯道路、9处村屯绿化、414户危房改造等基础设施建设。发放扶贫小额贷款1.13亿元，

2016年6月2日，市委副书记冯学军（后左六）、江州区区委书记农化（左七）等领导一同见证江州区万亩玫瑰花产业项目签约

2016年9月，第十三届中国－东盟博览会、中国－东盟商务与投资峰会上，崇左市江州区新签约6个重大项目，合同总投资达28.3亿元。图为江州区区长王耀雷（前左二）与投资方北京水木中天植物科学研究院负责人签约时握手祝贺

2016年9月23日，区委书记农化（前左二）调研现代农业和生态旅游项目

2016年9月23日，区委书记农化（左四）在调研现代农业和生态旅游项目大华肉牛扶贫养殖示范基地现场

区委书记农化（前左二）在大华年产3万头优质肉牛基地调研

2016年12月17日，区委书记农化（前左二）、区长王耀雷（前左三）在湘桂蔗渣浆项目及环保包装项目现场调研

区委书记农化（左一）到"火红左江"现代特色农业（核心）示范区指导工作

受益群众2444户。26个"十二五"规划整村推进贫困村通过自治区验收。全年有4个贫困村、6924名贫困人口实现脱贫"摘帽"，脱贫攻坚首战告捷。

五、服务城市实现新提升。完成征地911.47公顷，连续三年突破万亩大关，为东盟大道、崇水高速等市级重大项目提供坚实的用地保障。依法拆除"两违"建筑14.6万平方米，连续三年突破10万平方米大关。稳步推进江南片区一期、崇糖生活区改造等7个片区棚户区改造，开工建设955套，完成货币化安置930户。加快推进那渠、水口、卜利、新村那浪等16个安置小区及配套设施建设。依法开展渣土车、城市"五乱"等专项整治。完善城市保洁、园林绿化领域的市场化运作机制，城区生态、人居生态环境持续改善，为崇左市荣获国家森林城市作出重要贡献。

六、文化旅游开创新局面。加快推进城区"就地游"系列项目，石景林—园博园和雨花石景区分别被评为4A级、3A级景区。"夜游左江"项目完成方案编制等前期工作，左江斜塔旅游观光台完成主体建设，江州国际书画院一期实现封顶；圣展酒店被评为四星级酒店，云海山庄被评为三星级农家乐。加快推进优势乡镇"就地游"系列项目，新和国际·如意岛生态景区实现试运行，列入3A级景区；桃花岛生态旅游观光区被评为四星级乡村旅游区；江州山玫瑰项目一期完成玫瑰花种植200公顷。拆除网箱2471箱，整治沙场16处、非法采沙船22艘，为花山岩画申遗成功作出了突出贡献。

七、新型城镇化呈现新风貌。太平路、壶关路等4条主干道完成升级改造，滨江路、太平路延长线、新华路延长线等3个项目建设加快推进，象郡御品、宏湖一品（一期）、丽江明珠（二期）等4个房地产项目竣工。驮卢镇"广西百镇建设示范点"建设加快，集镇综合整治项目989户开工建设。新和镇"广西特色工贸名镇"通过自治区验收。投入3300万元，实施那隆、左州、

2016年11月1日，区委书记农化（中）、区长王耀雷（右二）主持召开项目推进汇报会

2016 年 3 月 17 日，鼓励学生考出好成绩，学校举行毕业生走出凯旋门现场

2016 年 3 月 27 日，崇左市江州区左州镇"金山花炮节与崇左市江州区文化旅游活动月"启动仪式

罗白乡农民脱贫致富养猪忙

2016 年 7 月 8 日，中国共产党崇左市江州区第四次代表大会召开

2016 年 1 月 23 日，江州区万头黑山羊现代种养循环一体化生态示范基地项目开工

罗白、板利等 4 个乡镇集镇主干道升级改造。驮卢、新和镇污水处理厂及江州、新和镇垃圾转运站建成使用。左州、那隆、濑湍等乡镇污水处理厂项目建设加快推进；板利乡、罗白乡、江州镇板崇村等 11 个乡镇（村屯）垃圾处理项目扎实推进。驮卢镇红山屯、花梨屯自治区乡土特色村庄示范点开工建设。板利、左州、驮卢 3 个乡镇被命名为自治区级生态乡镇。江南街道那渠等 4 个村屯获广西"绿色村屯"称号；板利乡渠麻屯、太平街道岜念屯等 13 个村屯获崇左市"魅力村庄"称号。驮卢镇花梨屯列入第二批广西传统村落名录。

八、深入改革增活力。 农村土地确权颁证完成首批 1039 本证书印发工作。率先在全广西推行权力清单和责任清单"两单合一"，清理规范行政审批中介服务 68 项，行政审批事项由原来的 400 项精减为目前的 176 项。11 个乡镇（街道）"四所合一"改革工作全面完成。完成城镇医保和新农合制度整合，实现城乡居民基本医疗保险一体化。在全市率先推行"全城通、就近办"登记管理模式，深入推进"先照后证""六证合一"等商事制度改革，江州区市场主体达到 1.6 万户，总量排全市第一。

九、社会事业实现新改善。 全年民生累计支出 15.6 亿元，增长 7.1%。丽江小学、丽江幼儿园、麦水桥中学、驮卢镇第二幼儿园等 110 个教育项目加快推进，连续六年荣获崇左市初中教育教学质量综合评估一等奖。太平、江州、板利等乡镇（街道）卫生院改扩建项目开工。江州区人民医院门诊综合楼完成 8 层主体建设。"全面两孩"政策稳妥有序推进，荣获崇左市人口和计划生育工作进步奖。完成 21 个村级公共服务中心建设。获得国家专利授权 42 件，增长 90.9%。新和镇振发茂谷柑种植基地、驮卢镇山羊圈养协会荣获 2016 年全国科普惠农兴村先进单位。投入 1346 万元，完成江州、左州、那隆等 3 个乡镇抗旱工程。实施人饮工程 11 处，解决 2179 名农村人口饮水不安全问题。投资 5360 万元推进江州至那小、向阳至峒骨等 13 条农村道路建设。建成城镇保障性住房 614 套，分配入住 312 套。城市和农村低保实现应保尽保。友谊社区成为广西首家县级社区居家养老和社工服务示范点。城乡居民基本养老保险参保率大到 95%。城镇登记失业率控制在 4.2%。新型农村合作医疗参合率连续 11 年超额完成自治区下达的任务。

凭 祥 市

2016年4月4日，自治区政协副主席、政法委书记温卡华率自治区"平安清明"调研组到凭祥市调研检查"平安清明"工作

是以壮族为主体、多民族杂居的少数民族聚居区。1956年11月设市，是广西第五个建市的城市。1992年6月，被国务院批准为沿边对外开放城市。2002年12月，被国务院批准为自治区直辖市，现由崇左市代管。

凭祥是"一带一路"倡议的重要前沿门户节点城市。地处中国－中南半岛经济走廊、中越"两廊一圈"、中国－东盟自由贸易区、华南西南经济圈、泛北部湾经济区、大湄公河次区域等战略的交汇处，

凭祥市地处祖国南疆，与越南一市三县（谅山市、文朗县、高禄县、长定县）接壤，边境线长97千米，素有"中国南大门"之称。全市土地面积650平方千米，总人口20多万人（户籍人口11.4万人），有壮、汉、瑶、苗、京、回、侗、布依、蒙古等24个民族，少数民族人口比例85.63%（壮族人口比例84.7%），

距越南首都河内和广西首府南宁170多千米，有"打开门就是越南，走两步就进东盟"之称，是中国面向东盟开放的人流、物流、信息流、资金流的重要交通枢纽，也是中国通往东盟地区最大、最便捷的陆路通道，成为"中国最具海外影响力县（市、区）"。

凭祥是国家优惠政策和开放政策多重叠加的城

2016年1月23日，凭祥综保区工委副书记、管委会常务副主任、凭祥市委书记邱明宏（中）深入乡镇检查指导防寒防冻工作，走访看望了80岁高龄的孤寡老人陈会军

2016年3月15日，凭祥综保区工委副书记、管委会常务副主任、凭祥市委书记邱明宏（左三）率市扶贫、财政等部门主要负责人到上石镇练江村调研精准扶贫工作

市。1992 年 9 月，国务院批准设立凭祥边境经济合作区。2008 年 12 月，国务院批准设立广西凭祥综合保税区，是国家第一个设立在陆路边境线上的综保区，一期于 2011 年 9 月顺利封关运营。2014 年 1 月，广西批准建设沿边金融综合改革凭祥试验区，跨境人民币结算业务广西领跑。2016 年 8 月，国务院批准设立广西凭祥重点开发开放试验区，是国家第七个重点开发开放试验区。2016 年 9 月，全国首个国检试验区——中国东盟边境贸易凭祥国检试验区揭牌试运营。中越凭祥 - 同登跨境经济合作区正在积极申报建设中。凭祥国家战略叠加，政策机遇利好，发展前景广阔。

凭祥是广西口岸数量最多、种类最全、规模最大的边境口岸城市，也是全国边贸第一大市、水果进出口第一大市。现有友谊关公路口岸和凭祥铁路口岸 2 个国家一类口岸，平而关水路口岸 1 个、国家二类口岸，弄尧（含浦寨）、叫隘、平而、油隘 4 个边民互市点，铁路、公路、水路口岸一应俱全，是广西最大的陆路开放口岸。友谊关公路口岸是广西第一个实现电子化通关的口岸，通关速度广西第一。2014 年被列为自治区关检"三个一"试点，2016 年 8 月口岸签证业务获国务院批准，2017 年 2 月 1 日友谊关公路口岸扩大开放浦寨、弄尧获国务院批准，目前正在推进"两国一检"试点工作。2016 年外贸进出口总值 757 亿元，同比增长 15.42%，实现外贸八项指标居广西第一。边境小额贸易进出口总值 380.8 亿元，占广西 48.39%，占全国 17.22%。边境小额贸易出口总值 360.5 亿元，占广西 47.89%，占全国 20.64%。口岸水果进出口量 203.5 万吨，同比增长 44.3%，占全国 25%，均居全国首位。

凭祥是闻名中外的中国优秀旅游城市。现有国家级文物保护单位 1 处，国家 4A 级景区 2 个（友谊关景区和红木文博城景区），国家 3A 级景区 7 个，4 星级乡村旅游区 2 个，星级农家乐 4 家。这里历史文化底蕴深厚，发生过 1885 年抗法英雄冯子材取得的镇南关大捷、1907 年反清革命先驱孙中山领导的镇南关起义、1949 年 12 月 11 日红旗插上镇南关标志广西全境解放等重大

2016 年 6 月 30 日，凭祥综保区工委副书记、管委会常务副主任、凭祥市委书记邱明宏（左）到上石镇练江村，走访慰问困难党员和老党员

2016 年 12 月 22 日，海关总署副署长、政治部主任、全国打私办主任胡伟率调研组一行到凭祥市进行反走私综合治理工作调研，凭祥综保区工委副书记、管委会常务副主任、凭祥市委书记邱明宏（前左一）陪同调研

2016 年 12 月 30 日上午，凭祥综合保税区工委副书记、管委会常务副主任、凭祥市委书记邱明宏（前右一）到市环卫处慰问困难职工

历史事件。有中国九大名关之一的友谊关，金鸡山古炮台，左弼山大清炮台，大连城、平岗岭地下长城，大清国万人坟等名胜古迹。有5条连通越南、柬埔寨、泰国、老挝、缅甸等东盟国家的跨境自驾游线路。有中越边关旅游节、凭祥·越南同登庙会、武圣宫庙会等异域特色文化盛典。有人间仙景——白玉洞、中越界河——平而河、世界第二大亚热带珍稀植物园——大青山亚热带珍稀石山树木园等特色自然资源。依托这些旅游资源，凭祥主打边关军事探秘游、东盟跨境游、红木文化游、边关风情游四张"名片"，知名度和影响力大大提升。

凭祥是全国最大的红木家具进口口岸和展销集散地。经过20多年的发展，形成了占地7.2平方千米的南山红木文化城和占地0.52平方千米的浦寨边贸区两大红木市场集群，是国内少数几个真正具备独立设计加工、生产销售能力的红木市场之一，在中国红木市场上占据重要的一席之地。目前，有红木文博城、王朝红木市场、亿展红木市场等24个红木交易市场，红木商铺5000多间，红木个体户2800多个，红木企业400多家，红木加工厂300多家，红木从业人员2万多人。2016年红木行业销售额达78亿元人民币。

近年来，凭祥市充分发挥优势，做足"边"的文章，打好"东盟"牌子，城市发展日新月异，人民群众安

2016年10月8日，市长孙睿君（左）到西园小区慰问离休老人董国全

2016年9月9日，市长孙睿君（右）慰问优秀教师黄耀忠

2016年3月16日，市长孙睿君（左）率由市政府办、扶贫办、友谊镇等单位组成的扶贫工作队深入到宋城村召开精准扶贫攻坚推进会

2016年11月11日，由商务部、外交部、发展改革委、公安部、财政部、交通运输部、税务总局、质检总局等部委组成的联合调研督查组到凭祥市调研

2016 年 5 月 25 日，市委副书记黄绍西（前左一）到凭祥镇中心幼儿园慰问小朋友

2016 年 12 月 14 日，友谊关—友谊口岸国际货物专用运输专用通道试运行

居乐业。先后荣获"中国最具海外影响力城市""中国十大边疆重镇之最现代化边疆名城""全国平安建设先进市""最美中国·特色魅力旅游目的地城市""全国创先争优活动先进县（市、区）党委""中国优秀旅游城市""中国电子商务发展百佳县""全国科普示范市（县）""中国红木之都""中国 – 东盟红木家具之最""中国 – 东盟红木边贸核心区""中国红木文化典范城市""全国义务教育均衡验收合格县""国家森林城市""自治区卫生城市""自治区双拥模范城""广西特色旅游名县（市）""广西现代特色农业（核心）示范区""桂台现代农业合作示范基地"等称号，并获得全国文明城市提名，入选首批国家全域旅游示范区创建名单，成功摘掉"毒品流入通道重点整治地区"帽子。

红木文化创意产业园开工

车队成员在友谊关合影

2016 年 1 月 11 日，凭祥市老体协举办文体展演活动

2016 年 12 月 11 日，中越跨境风情游自行车骑游在凭祥友谊关发车

扶 绥 县

一、扶绥发展条件好

（一）区位优势突出。扶绥县位于广西西南部、首府南宁市西面、崇左市东面，属亚热带季风气候。全县总面积2841平方公里，辖11个乡镇、总人口45万人，是广西首府后花园，中国最佳养生休闲旅游名县，素有中国长寿之乡、中国乐养之乡、中国恐龙之乡、中国白头叶猴之乡、中国甘蔗之乡的美誉。扶绥县历史悠久，物华天宝，人杰地灵，英才辈出。县内环境幽雅、名胜古迹神奇、风景资源独特。扶绥——福随，喻意幸福相随，居住着壮、汉、瑶、苗等多个民族，是壮族（蓝衣壮）的发源地之一。

扶绥地处南宁"半小时经济圈"、北部湾经济区、西江经济带和桂西资源富集区交汇点，是南宁—新加坡经济走廊（南崇经济带南崇城镇带）、陆路东盟大通道的第一节点，具有面向东盟、毗邻南宁、紧靠机场、通边达海的独特区位优势，落实中共中央总书记习近平对广西"释放'海'的潜力，激发'江'的活力，做足'边'的文章"重要指示精神，打造广西县域经济发展示范县，扶绥具有最佳的地理位置和实施空间。

（二）交通优势明显。扶绥县水、陆、空、铁建设齐头并进，立体交通网络齐全、顺畅。公路方面：南友高速、崇钦高速、扶绥至南宁二级路、322国道穿境而过，进入南宁境内仅30分钟车程；正在加快推进的南宁新江至扶绥一级路到吴圩国际机场仅10分钟。铁路方面：湘桂铁路南凭段横贯扶绥中部，距南宁站45公里，距友谊关190千米；南宁—凭祥高速铁路建成后，南宁至扶绥车程仅15分钟。水运方面：距钦州港、铁山港1个多小时，拥有左江2000吨级将军岭和海螺专用码头，船舶可经西江黄金水道直航至珠三角和香港、澳门，运输成本比陆路少100元/吨。航空方面：距吴圩国际机场28千米，可以直通东盟各国及国内各个地区。

（三）要素保障充足。扶绥县土地资源丰富，耕地面积10.2万公顷，人均0.24公顷，是广西人均耕地面积的5倍，县内8个农林场国有土地达4.33万公顷，土地开发潜力巨大。扶绥创新发展实力浓厚，共引进高校10所、建成4所、在校大学生3万多人，高校与驻地产学研合作紧密。扶绥投资环境良好，实行"一站式"审批、"保姆式"服务，办事程序简化、便捷，服务质量高效、优质。扶绥社会大局和谐稳定，全县民风淳朴、群众热情好客，爱商、亲商、重商氛围浓厚。扶绥干部队伍守纪律、讲规矩、作风硬、素质高，团结拼搏、苦干实干、敢于担当、善于创新，为扶绥事业发展提供可靠的组织保障。

二、扶绥发展潜力最大

（一）综合实力雄厚。扶绥县是自治区重点培育发展的经济强县，综合实力稳居崇左市第一。"十二五"期间，扶绥县各项主要经济指标均保持两位数以上增长，先后荣获广西经济发展十佳县、广西科学发展进步县、中国最具投资潜力中小城市百强县市等一系列

2016年3月18日，市委书记刘有明（前右一）到空港经济区金冠项目调研

2017年4月28日，县长孙国梁（左二）参观企业

荣誉称号。2016 年，扶绥县共荣获 6 项自治区级以上表彰，12 项工作创新获得自治区级以上单位总结推广。特别是，作为贯彻落实中央和自治区政策力度最大、措施最实、成效最好的 15 县（市、区）之一，获得了自治区党委、政府的通报表扬，实现了"十三五"规划的良好开局，为打造全区县域经济发展示范县打下坚实的基础。

（二）产业基础扎实。扶绥县始终坚持调结构、转方式、促转型，三次产业结构从 2010 年的 38：36：26 提升至目前的 28：41：31，形成了以工业为主体、现代农业为基础、第三产业加快发展的新格局，经济质量和效益明显提升。一是现代农业创新发展。扶绥是广西糖料蔗标准化生产综合示范区，甘蔗种植面积 8 万公顷，累计建成甘蔗"双高"基地 1.65 万公顷，今年继续推进 1.12 万公顷，面积全区最大，"甜蜜之光"甘蔗产业现代农业（核心）示范区以总分第一，通过自治区验收授牌，成为广西现代农业发展的先进样板。二是工业产业提质升级。全县规模上工业企业 47 家，产值超亿元 20 家，超 10 亿元 4 家，广西纳税百强 4 家、排广西县域第一。扶南东亚、东门南华两家糖厂是全国蔗糖企业现代化经营的典范，新宁海螺水泥规模和工艺保持行业领先水平。三是第三产业势头强劲。文化旅游业快速发展，总投资 36 亿元的龙谷湾恐龙公园今年元旦开园运营，正在加快创建国家 4A 级旅游景区，扶绥旅游人气暴涨；现代物流业蓬勃发展，农村淘宝、京东、苏宁易购县级中心落户运营，全县大型物流企业增至 23 家。将军岭码头作业区一期工程和海螺专用码头投入使用，率先在左江航道开辟直通珠三角的水运集装箱航线。

（三）平台配套完善。扶绥县建成中国－东盟青年产业园、中国－东盟南宁空港扶绥经济区和广西山圩产业园三大产业园区，其中青年产业园和空港扶绥经济区列入自治区 A 类园区，正在加快冲刺百亿元园区，山圩产业园正在申报自治区 A 类园区。三大园区各具特色，青年产业园是全国第一个得到东盟各国政府部门认可的工业园区，规划面积 54 平方千米，以铜精深加工为核心产业，致力于建成千亿元产业园及国家级绿色生态有色金属加工基地；空港扶绥经济区规划面积 60 平方千米，内设自治区政府统筹推进的广西糖果休闲食品产业园，重点打造临空、应急、休闲食品等产业，

2017 年 5 月 14 日，县委书记罗彪（右二）到龙头乡开展扶贫工作

2017 年 5 月 15 日，县委书记罗彪（左二）到反恐基地调研

2017 年 5 月 23 日，县委书记罗彪（中）到企业生产现场调研

着力打造产城融合、城园一体的产业新区和工业新城；山圩产业园规划面积 10 平方千米，目前已聚焦近 200 家剑麻、木材精深加工企业，着力打造以林产循环经济为主导产业的自治区 A 类园区。

三、扶绥服务保障最优

（一）设施完备。全县拥有上年刚重新装修、可容纳上千人大型会议的扶绥剧场，拥有江滨大酒店、天宝龙酒店等准 4 星级饭店，餐饮、住宿、会议、休闲

桂商崇左行

广西金冠食品有限公司竣工现场

等设施一应俱全，承担广西县域发展大会的各项硬件条件均达到一流水准。

（二）服务高效。近年来，扶绥县先后承接汪洋、马飚等党和国家领导人、泰国、老挝等东盟国家政要，以及自治区党委、自治区政府主要领导等省部级领导到扶绥县视察的接待工作，先后承办了全国甘蔗生产全程机械化现场会、广西"双高"基地建设年中工作会议等一系列全国、广西大型会议，会务接待工作经验丰富，各项服务热情周到、务实节俭，公务接待满意度达到100%。同时，扶绥县作为中共中央组织部领导班子思想政治建设联系点和内部制度建设示范点，创新开展"固定党日+"活动，"两学一做"学习教育常态化制度化开展，全县广大干部干事创业热情如火，精神面貌昂扬向上。

（三）环境优雅。扶绥县被誉为中国长寿之乡、中国恐龙之乡、中国白头叶猴之乡、中国甘蔗之乡和中国乐养之乡，生态保护常抓不懈，自然景观优美、壮乡文化底蕴浓厚，青山常在、清水长流、空气常新，成功入围第六轮广西文明城市提名，是广西首个实现"村收镇运县处理"生活垃圾无害化、资源化处理新模式的县份，被评为广西"美丽广西·清洁乡村"一类县，是名副其实的首府后花园。

桂林理工大学空港校区

广西丰源钢结构有限公司钢结构制造基地

将军岭码头集装箱物流集散实现成功首航

广西扶南东亚糖业有限公司

龙谷湾旅游休闲度假区

扶绥汇龙空港大厦

东罗客兰秋韵——客兰湖风光

双高基地甘蔗生产机械化

扶绥县山青水秀，景色迷人

白头叶猴保护区

左江新宁湾——江西岸生态文化旅游区

九重山晨雾——九重山白头叶猴自然保护区

扶绥海螺

大 新 县

2016年，大新县坚决贯彻落实自治区营造"三个生态"，实现"两个建成"和崇左市做好"两篇大文章"，打好"四大攻坚战"决策部署，深入实施"强工兴旅固边"发展战略，扎实推进稳增长、调结构、促改革、惠民生、保稳定各项工作。全年完成地区生产总值109.4亿元，同比增长7.3%；社会固定资产投资118.12亿元，增长20.5%；财政收入4.95亿元；社会消费品零售总额12.93亿元，增长9.7%；城镇居民人均可支配收入27722元，增长7.8%；农村居民人均可支配收入10222元，增长9.6%；农林牧渔业总产值38.51亿元，增长4.03%；三次产业结构优化调整为21.2∶44.6∶34.2。

口岸经济实现新突破。硕龙口岸升格为国家一类双边性口岸并扩大到岩应通道近期有望获国务院批复。水口检验检疫局硕龙综合业务用房综合楼即将完成主体工程，《岩应边民互市区修建详细规划》通过专家评审。出台边贸加工优惠政策，大力发展互市贸易，引进5家边贸加工企业意向落户边贸加工区，边民互市贸易额9.3亿元人民币，同比增长31%；全县外贸进出口总额4.54亿美元。

文化旅游凸显新成效。被自治区授予"广西特色旅游名县"，德天瀑布景区被国家旅游局认定为"国家生态旅游示范区"、"中国国际特色旅游目的地"，景区资源质量评定顺利通过国家级专家评审并列入创建国家5A级景区预备名单。完成《中越德天·板约国际旅游合作区（中方）规划》并通过评审。明仕田园景区、老木棉景区通过国家4A级景区验收评定。新增3家3A级旅游景区、3家三星级乡村旅游区、1家五星级、1家四星级、4家三星级农家乐，1家四星级、3家三星级酒店等，旅游产业不断扩大。宝圩"2·19"观音诞入选自治区级非物质文化遗产代表性项目名录，成功举办龙眼嘉年华等系列活动，吸引中央电视台、浙江卫视等到县开展现场直播和节目摄录。全年共接待游客584.28万人次，同比增长29.78%；旅游综合收入44.01亿元，增长32.32%。

产业转型迈出新步伐。全面落实稳增长扶持政策，推动中信大锰年产60万吨新型磨粉项目、亿春食品年产3000吨姜系列产品等工业项目相继建成投产，开工建设布东锰生态工业园35万千瓦自备电厂。稳步推进糖业重组，雷平永鑫公司与中粮屯河签署托管协议，建成"双高"基地示范片

2016年1月20日，自治区副主席张晓钦（前中）到大新调研

2016年5月30日，自治区副主席陈刚（前左五）到大新出席崇左至靖西高速公路开通仪式并宣布崇左至靖西高速公路正式建成通车

2016年10月12日，崇左市委书记、市人大常委会主任刘有明（前左二）到大新调研

2016 年 11 月 10 日，市长孙大光（前左二）到大新调研

2016 年 8 月 17 日，市委常委、县委书记赵丽（中）率队到呗侬创业园调研

2016 年 12 月 13 日，县长玉明金（右二）到昌明乡东风村调研

2016 年 11 月 29 日，大新县与越南重庆县就推进中越德天·板约国际旅游合作区达成共识

3113.33 公顷。现代农业加快推进，建成德天水果产业（核心）示范区等 5 个区市县现代特色农业示范区，为全市最多〔自治区四星级德天水果产业（核心）示范区，宝贤、浓沙 2 个县级现代特色农业示范区，新胜、上甲 2 家乡级农业示范区〕。签约总投资 74.48 亿元的东方园林大新县全域旅游投资开发运营项目、明仕秘境主题酒店等 7 个重点项目，进一步夯实产业转型基础。

城乡建设展现新面貌。完成县城总体规划和给排水、交通、照明专项规划编制，融资 10 亿元推动总投资 53 亿元的 23 个重点城镇项目加快建设，投资 7.04 亿元的星光和乐城及呗侬创业园等重大项目基本竣工，投资 1.2 亿元的养利学校 2016 年秋季学期投入使用，总投资 5.1 亿元的冠林、展鹏两家五星级酒店完成主体工程和室外装修，县城区面积由 7 平方千米扩大到 9 平方千米，获评自治区

"2016—2020 年新型城镇化示范县"创建县。深入开展生态乡村建设，硕龙镇被住建部认定为"全国美丽宜居小镇"，建成崇左市首条生态乡村旅游示范长廊，建成自治区级生态乡镇 4 个、生态村 9 个、崇左市"魅力村庄"20 个，浓沙屯排名全市第一。

交通设施得到新提升。崇靖高速公路全线建成通车，驮

2016 年 11 月 3 日，大新县举行招商项目集中签约仪式，与东方园林产业集团有限公司等 7 家企业签约，总投资 74.48 亿元

2016年5月27日，万达集团董事长王健林（前左一）到大新考察

2016年7月19日，泛海集团总部董事兼副总裁郑东（左一）到大新考察

卢至大新二级公路、环城东路、环城南路相继投入使用，大新桃城至龙州科甲二级公路开工建设，隆安至硕龙高速公路、县城至那岭一级公路、全茗至雷平一级公路、大新至硕龙二级公路等项目前期工作稳步推进，建制村道路硬化率达100%，城乡一体化进程显著加快。

精准扶贫取得新成效。获得"2016年全国电子商务进农村综合示范县""自治区国土资源改革支持精准扶贫试点县"和"2016年广西扶持村级集体经济发展试点县"，助力脱贫攻坚。投资2541万元实施产业扶贫，覆盖48个贫困村，扶持贫困户29498户次，贫困人口117532人次，每户新增纯收入可达450元。创新推行"龙头景区＋农宿协会"的旅游扶贫模式，堪圩乡农宿协会荣获全国"公司＋农户"旅游扶贫示范项目。大力开展电商扶贫，建成159个电商服务站，共销售苦丁茶、龙眼、八角等农产品7.2万千克，销售额331.65万元。创新开展"党旗领航促脱贫"主题活动，引领全县"两新"组织以各种形式与贫困村结对共建，打造了新锰集团新农养殖场、堪圩乡农宿协会、桃城浓沙乡村旅游区等"两新"组织促脱贫先进典型。全县3271户13612名贫困人口脱贫销号、2个贫困村脱贫出列，全面完成自治区下达任务，得到国务院脱贫攻坚督查组、自治区核验组的充分肯定。

社会事业获得新发展。投入民生项目资金19.31亿元，抓好十大为民办实事工程。大新县创建"广西义务教育发展基本均衡县"、大新中学创自治区示范性普通高中、县直机关幼儿园创自治区示范性幼儿园通过自治区验收。大力推进大众创业、万众创新，发放创业促进就业贷款2244万元，城

2016年4月3日—9日，中央电视台2016年大新"三月三"直播和广西电视台《八桂民族风——2016"三月三"大直播》在大新隆重举行。图为4月9日在明仕田园景区现场直播的蹬荡舞和铜钱舞表演场面

2016年6月23日，崇左市2016年"6·26"国际禁毒日中越联合销毁毒品暨万人拒毒签名大会在大新县德天广场举行。图为现场焚烧销毁毒品场面

镇新增就业 2293 人，新增农村劳动力转移就业 5423 人，实现劳务收入 1.35 亿元。统筹推进文化惠民、医疗卫生、养老救助、文明城市创建、双拥共建等工作，再次获评"自治区双拥模范县"。举全县之力开展"毒品走私入境通道"问题重点整治工作，大新县由"通报警示地区"降为"重点关注地区"。持续开展"神剑"专项行动，群众安全感位列广西第九名。

2016 年 6 月 28 日，中信大锰矿业有限责任公司大新锰矿分公司布东锰深加工系列项目一期工程正式开工

2016 年 11 月 15 日，大新桃城至龙州科甲二级公路（大新段）正式动工修建

2016 年 9 月 18 日，大新县精准脱贫小额信贷委托经营现场分红在桃城镇价屯举行

大新县第一家五星级酒店——大新冠林酒店雄伟壮观

2016 年 10 月 22 日至 31 日，2016 大新县"边关风情旅游"霜降文化节在下雷镇举行，其间先后举办娅嫫朝拜、民俗竞技、山歌邀请赛、体育比赛等活动。图为开幕式文艺演出

广西现代特色农业（核心）示范区（四星级）——大新县德天水果产业（核心）示范区

广西县级现代特色农业示范区——大新县桃城镇万礼村浓沙屯休闲农业示范区

广西乡级现代特色农业示范区——大新县宝圩乡上甲肉牛生态养殖示范区

宁 明 县

2016 年 10 月 25 日，自治区人大常委会副主任、党组书记危朝安（前右二）率调研组到宁明县明江镇洞廊村调研

2016 年 3 月，自治区副主席张秀隆参加驮英水库动工仪式

2016 年 2 月 18 日，市委书记刘有明（前中），县委书记刘勇（前右）在濑江屯考察调研

新当选的中共宁明县第十三届委员会常务委员刘勇、黄一碧、黄定颖、刘宝同、黄灿升、韩日辉、赵新颜、黄民、方向阳、岑小耿、农铖荫集体就职承诺

市委书记、市人大常委会主任刘有明（前）宣布凭祥—宁明加工区项目开工

市委书记刘有明（前左二）、县委书记刘勇（前右三）在边合区标准厂房建设工地调研

2016年1月21日，中宣部理论局副巡视员袁祥率队到宁明县洞廊村"大榕树课堂"考察

琴清村通车

花山钟楼

边境巡防

花山红糖

万人狂欢巡游

砂仁采收比赛

2016年4月9日，中越边关"三月三"团结连心宴在爱店镇那党村那党屯举行，来自越南代表和那党村群众共同欢度壮族特有的节日

2016年1月23日—26日，"自治区劳动模范"宁明水利电业有限公司工人成长辉带领营销部和乡镇供电所员工共完成冰雪灾害造成受损供电线路抢修30处，修复变压器停运123台，恢复供电人口6331户，宁明县受灾地区全部恢复供电

骆越王节制作传统美食

宁明县城镇一小学生在表演《花山拳》

2016年4月8日—11日，宁明县2016年骆越王节骆越根祖祭祀大典等一系列文化活动，打造"骆越根祖·岩画花山"文化品牌，助推花山成功申遗

庆祝申遗成功晚会现场——《东盟风情舞》

甘蔗机械中耕

龙 州 县

2016年4月25日，自治区党委书记、自治区人大常委会主任彭清华（前右二），崇左市委书记、市人大常委会主任刘有明（前左三）和市长孙大光（前左二）在龙州县委书记秦昆（前右一）、县委副书记钟磊（前左一）陪同下，考察指导龙州口岸建设

2016年6月2日，自治区党委常委、宣传部部长黄道伟（前左三）在龙州县下冻镇春盈养鸽合作社调研，崇左市委书记、市人大常委会主任刘有明（前左二），市委副秘书长、原县委书记秦昆（前左四）陪同调研

2016年4月3日，自治区政协副主席、政法委书记温卡华（前中）率领调研组到龙州县检查平安清明工作，并到龙州烈士墓陵园开展清明祭扫活动，县委书记秦昆（前右一）参加活动

2016年7月20日，崇左市委书记、市人大常委会主任刘有明（前右三）到龙州县调研口岸经济、异地扶贫搬迁工作，市委常委、县委书记秦昆（前右四），县长钟磊（前右一）陪同调研

2016年5月18日上午，龙州县县都城至新联旅游公路工程在龙州县武德乡三联村举行开工仪式，市委副秘书长、原县委书记秦昆（后排右六）、县委书记黄巧（后排右五）、县委副书记钟磊（后排右七）、县人大常委会主任黄集精（后排右四）、县政协主席何卫存（后排右八）等领导出席开工仪式

2016年10月12日，市委常委、县委书记秦昆（前左四），县长钟磊（前左二）到龙州镇调研脱贫攻坚工作

市委常委、县委书记秦昆（前左一）陪同泛海集团副总裁韩晓生（前左二）考察左江景区

2016年9月26日，县长钟磊（前左一）到树春牧业养殖基地调研

2016年10月17日，广西廉政教育基地龙州起义廉政教育专题展览启动，市委常委、县委书记秦昆（左二）出席仪式

2016年1月31日，广西书画院赴龙州县"书画迎春文艺进基层"活动现场

2016 年 5 月 14 日，龙州县科技局举办澳洲坚果种植技术培训

2016 年 6 月 2 日晚，龙州县举办以"最美的歌儿献给党"为主题暨龙州、宁明、凭祥老年大学庆祝建党 95 周年文艺晚会

2016 年 8 月 8 日，第八届广西体育节龙州县分会场开幕式暨全民健身走（跑）活动

2016 年 1 月 28 日，龙州起义 86 周年纪念活动暨"红领巾讲解员"成果展示文艺晚会

2016 年 9 月 10 日，在第 13 届中国–东盟博览会上，龙州县分别与 4 家企业签订龙州"酒壶山"旅游景区、大青山边关旅游风情项目、龙州水陇温泉旅游度假区、龙州县棉江花山岩画观光度假村等四个项目的投资合作意向书，上述 4 个项目总投资 11.5 亿元

2016 年 11 月 18 日，龙州县水口镇共宜新区易地扶贫搬迁安置点工程开工仪式现场

2016 且 3 月 13 日，龙州县公安边防大队清理整治越南人非法入境

2016 年 12 月 12 日，自治区旅游发展委、各市旅游发展委、旅游企业、旅游投资商、媒体记者到龙州县开展乐游广西（崇左）冬季推广活动暨崇左市旅游精品线路考察体验活动

龙州县边民正在进行坚果加工

2016 年 11 月 4 日，龙州乌龙茶获国家质检总局批准为国家地理标志保护产品

天 等 县

2016年，自治区党委书记彭清华（前中）到天等县调研精准扶贫工作

2016年，自治区副主席张秀隆（中）到天等县走访贫困户

市委书记刘有明（前右一）到天等县贫困村开展产业扶贫调研活动

市委书记刘有明（右四）到天等县驮堪乡走访贫困户

2016 年 11 月 10 日，市长孙大光（前左二）到天等县龙茗镇杨翔养殖小区调研

县委书记吴强（前右一）给贫困户发放产业扶贫入股分红资金

县长麦成柱到福新乡空店扶贫项目调研

2016 年元旦，天等县传统文化促进会在天等镇母村举办千人汤圆晚宴、以传统文化为主题的晚会

2016年12月26日，天等县引进北京德青源农业科技股份有限公司，图为签约仪式

天等县举办第十三届中国－东盟博览会"返乡创业与产业扶贫"（天等站）项目推介会

天等县2016年度脱贫摘帽推进大会

天等县脱贫摘帽推进大会现场

天等县政府在深圳举办天等驻粤老乡恳谈会

2016年春运期间，天等县团委开展"乡约你我·乡聚青春——送温暖一起回家活动"组织20多名大学生志愿者为春节返乡的旅客递送热姜茶，帮忙搬运行李等

天等县精准扶贫文艺晚会

天等田园牧歌春景

崇 左 军 分 区

2016年3月30日，中越两军在凭祥举行第三次边境高层会晤。图为中越两国国防部部长在原边防三团四营合影留念

2016年10月14日下午，崇左市召开创建全国和自治区双拥模范城总结表彰大会。图为崇左市和军分区主要领导共同揭牌

2016年6月15日至21日，军区政委姜英宇（左二）视察分区部队

2016年4月26日下午，崇左军分区常委带机关全体干部到崇左市预防职务犯罪教育基地参观

　　2016年，崇左军分区部队按照"凝魂聚气固根本、聚焦打赢强能力、调整改革稳心神、持续规范夯根基、从严治军保稳定"的工作思路，持续推进各项工作落实，部队全面建设稳步发展。思想政治建设有新成效。紧紧围绕政治建军要求，扎实抓好两项重大教育，深入学习系列讲话，抓实深化肃清工作，官兵维护核心、看齐追随的政治自觉进一步增强。紧贴改革期间官兵思想特点，有针对性地做好一人一事工作，有关做法被军区转发。扎实开展双拥工作，崇左市首次荣获"全国双拥模范城"。天等县宁干乡黎明村、凭祥市凭祥镇柳班村扶贫有序推进。战备训练水平有新提升。着眼指挥体制调整新要求，组织部队按期完成作战指挥关系调整。合理调整巡逻执勤方式，邀越边界代表会谈，确保了边境有效管控。更加注重全员额、全内容训，依指导法规范训、培养训练骨干带头训、以考核比武促进训，部队训练基础更加牢固。圆满完成中越两军第三次边境高层会晤协调保障任务和军区赋予的特战化试点小型推广会、训练场地建设现场观摩会。依法从严治军有新举措，扎实抓了"百日安全""条令条例学习月"等活动和不良倾向问题纠治，采取"两不一直"方式对部队安全管理情况进行拉网式清理排查和专项检查等，突出抓了"人车枪弹密"等17个防

2016年12月23日，崇左市在军分区召开市委武委会暨市国动委会第十二次全体（扩大）会议

2016年10月27日，分区带人武部反恐维稳指挥所演习。图为分区指挥现场

范重点，部队保持了平稳发展的良好势头。宁明县人民武装部被军委国防动员部表彰为"安全工作先进单位"。综合保障能力有新加强。按照"抓备战、严管理、优保障"的思路，完成了队属车辆器材仓库规范化建设、武器装备仓库配套整治等的升级改造，稳步推进全面停止对外有偿服务，扎实开展装备管理"一巡三促"活动，认真搞好体格检查、伤病残评定、甲型流感疫情防控等涉及官兵切身利益的医疗服务工作。基层建设发展有新进步。围绕强基固本，突出抓了官兵日常行为养成，各级依法开展工作流程图和各项具体工作组织开展程序要求的落实，以及部队动态条件下的建设规范，基层规范化整体水平有提升；筹划抓

2016年9月5日，崇左军分区组织新毕业学员岗前培训集中活动。图为分区政治部主任谈汪洋亲临会场指导

了新毕业学员岗前培训、预提指挥士官和"两支队伍"培训，强化了各级干部骨干的履职能力。大新县人武部被广西军区表彰为"全面建设先进团级单位"。后备力量建设有新突破。紧紧围绕"五部"目标要求，高标准完成15540名的基干民兵整组任务和637名新兵征集任务；深入贯彻军区柳州会议精神，大新、龙州、凭祥、天等4个人武部按时间节点组建常驻民兵应急分队；组织民兵参加天宫二号与神舟十一号载人飞行陆上应急搜救备勤任务等，指导凭祥、宁明2个边防人武部依托分区教导队开展民兵基地化训练，民兵应急应战能力较往年有较大幅度提升；深入贯彻渠黎基层武装部规范化建设推进会精神，75个基层武装部步入达标行列，专武干部队伍年龄结构得到更加优化。

2016年3月8日，广西军区边海防部队特战化建设试点小型推广会在原边防三团四营部召开。图为特战队员捕俘刀表演

2016年5月，分区部队组织"三尖"比武竞赛。图为参赛官兵参加五公里武装越野

2016年9月5日，崇左军分区组织新学员进行战例教学

崇左市国家税务局

春节放假第一天，市委书记刘有明带队看望慰问国税全体干部

2016年12月30日，市长孙大光（右一）带队莅临崇左市国税局，与领导干部就建筑安装行业税收问题进行研讨

崇左市国税局局长吕环海到办税服务厅检查工作，并向纳税人了解政策落实情况

崇左市国税局地税局与各金融单位签订"银税互动"协议，助推税收诚信体系建设

崇左市国税局全力以赴推进"营改增"工作，实现了改革试点平稳落地

市国税局深入落实"便民办税春风行动"。图为税务人员向纳税人宣传便民办税事项，指导纳税人办税

2016年，崇左市国税局在自治区国税局和市委、市政府的坚强领导下，始终秉持"干在实处、追求卓越"的工作理念，凝心聚力、攻坚克难、开拓创新，为"十三五"时期国税事业发展打下坚实基础。

2016年，全市共组织市政府口径收入16.8亿，是近几年来，税收收入质量最高的一年。"营改增"试点任务平稳落地，8341户纳税户信息逐一核对并平稳交接。对内对外培训共计9432人次，有针对性地开展政策辅导，为"所有行业税负只减不增"的目标实现作出了贡献。44项国地税合作内容、88个征管体制改革事项有序推进，开展银税互动，营造公平诚信的纳税环境。纳税人使用24小时自助办税终端比率达76.76%，"一窗一人双机""通窗通办"等办税模式让纳税人真正共享"进一家门，办两家事"的便利。

充分发挥"六大税收监控系统"税收监管作用，支持制糖行业"二次创业"，促进地方支柱产业发展。从2014年年底，实施"金税甜蜜贷"以来，累计支付蔗款2.34亿元，惠及12745户蔗农，到期贷款全部还本付息，准期还款率100%，呆账率为零。有效地调动了广大蔗农发展蔗糖产业的积极性，支持制糖产业健康发展，成功经验得到自治区领导的肯定性批示。严厉打击虚开增值税专用发票、骗取出口退税等违法行为，不折不扣地落实税收优惠政策，累计为企业减免1.8亿元，降低了企业负担。国库累计办理退（调）库3.87亿元，有力支持了出口企业的发展。

群众团体

QUNZHONG TUANTI

□编辑 卢新骑

崇左市总工会

【概况】 2016年，崇左市总工会机关内设机构数为5个，分别为办公室、组织宣传女工部、劳动保护保障部、财务资产管理部和经费审查委员会办公室，人员编制为10人。实有处级领导干部4人、科级干部4人、工勤人员2人。市总工会二层机构有崇左市工人文化宫，人员编制为5人，实有4人。

2016年，崇左市总工会按照自治区总工会和市委的要求，深入学习贯彻中共十八大和十八届三中、四中、五中、六中全会精神，以开展"两学一做"学习教育为动力，自觉践行中国特色社会主义工会发展道路，紧紧围绕全市做好"两篇大文章"打好"四大攻坚战"的工作目标，切实履行工会职责，为全市经济社会继续保持持续健康发展的良好势头发挥了积极作用。大新县雷平永鑫糖业有限公司梁华瑞、大新县地方税务局德天税务分局许雪海获"2016年全国五一劳动奖章"称号，中铝广西有色崇左稀土开发有限公司矿山管理部获"2016年全国工人先锋号"称号。全市有7个单位获"2016年广西工人先锋号"、有5人获"2016年广西五一劳动奖章"称号。

【工会组织建设】 2016年，市总工会按照"固基础、强服务、促创新、谋发展"的总体要求，围绕市委做好"两篇大文章"、打好"四大攻坚战"的工作目标，各级工会积极争取党委的重视和支持，并依照"党建带动工建，工建服务党建"宗旨，使全市工会组织建设取得突破性的进展。同时，深入开展创建职工之家活动，针对新形势的要求，不断创新建家思路，对不同的企业提出不同企业建家的要求，制定切实可行的实施意见，丰富建家内涵，探索建家的新途径，开展总结评比表彰活动，树立先进集体和个人，进一步增强基层工会活力，更好地发挥工会组织的作用。在组建工会方面，通过"试点、扩面、增量、提质"的工作经验，创新建会思路、组建形式和入会方式，加大了对非公中小型企业的工会组建力度，把组建工作延伸到党组织和其他群团组织没有进入或无法进入的边境、口岸等边防区域经济组织、社会组织中去，切实提高非公制经济组织工会组建率和会员入会率，深入推进千里边海防线基层工会组织建设，不断发挥基层工会睦邻、护民、固边的作用。2016年在经济发达、企业比较集中、职工人数比较多的乡镇(街道)建立了3个乡镇(街道)总工会。年内全市成立29个千里边海防线基层工会试点单位，全市企业法人单位建立工会组织7002家，建会率99.02%，超自治区总工会90%任务数9个百分点；企业法人单位工会会员总数313852人，会员入会率98.04%，超自治区总工会90%任务数8个百分点，完成自治区总工会下达的任务。

2016年8月10日，崇左市总工会举办崇左市农民工留守儿童暑期赴顺德与父母团聚亲子活动

【劳模管理】 2016年,市总工会大力宣传弘扬劳模精神,积极主动配合党委、政府认真做好2016年全国、广西和崇左市五一劳动奖章、劳动模范和先进工作者的推荐评选工作。评选出全国五一劳动奖章2名、广西五一劳动奖章4名,并通过报纸等主流媒体和网络平台广泛宣传报道劳动模范、先进工作者等典型事迹,弘扬工人阶级的伟大品格和劳模精神。在全市组织开展创建"劳模创新工作室"活动,全市已建成自治区级劳模创新工作室5个、市级劳模创新工作室22个。通过开展创建"劳模创新工作室"活动,进一步推动人才培养和技术攻关工作。同时,积极组织职工参加劳模先进事迹报告会、劳模大讲堂、座谈会等,用身边人、身边事感染激励职工,在各级工会中弘扬"劳动最光荣、劳动最崇高、劳动最伟大、劳动最美丽"的主旋律,用社会主义核心价值体系引领职工思想、凝聚共识。

【送温暖帮扶】 2016年,市总工会广泛开展送温暖、送清凉、金秋助学、特困职工生活救助、职工医疗互助保障等帮扶工作。在新常态下主动适应新形势新变化,按照"四季如春,节日加温"的理念和思路,认真谋划好不同季节的帮扶工作,做到早计划早准备早安排,不断推动困难职工帮扶工作向精细化、精准化方向发展。通过打造工会帮扶品牌,让广大困难职工感受到工会组织的关爱和温暖。一是做好2016年元旦春节"送温暖"工作,元旦春节期间,全市各级工会到重点建筑工地和企业120家进行慰问,共慰问农民工18000人,发放慰问款物190多万元。二是做好"夏送清凉"工作。暑期期间全市各级工会共走访在高温下仍坚持户外工作和施工的企业和建设工地42家,发放慰问品15万元,慰问职工和农民工5200人次。三是开展好"金秋助学"活动。全市市、县两级工会共资助困难职工和困难农民工子女408人,发放助学款95.35万元。四是组织一线职工疗休养活动。年内共组织110名一线职工分赴桂林工人疗养院等各疗养点进行疗休养活动。五是深入开展惠工行动。继续加大推进工作力度,全市已发行工会会员服务卡4万多张,签约加盟"惠工行动"商家100多家。

【职工维权机制建设】 2016年,市总工会积极做好职工维权帮扶工作,大力发展和谐劳动关系,切实维护职工合法权益,继续推进企业深入开展工资集体协商工作。贯彻落实自治区和市委、市政府《关于全面推进企业工资集体协商工作的通知》精神,扎实抓好工资集体协商工作。年内,全市工资集体协商的建制数5777家,建制率动态保持达85%,覆盖职工116009人。其中单独签订823家,区域性105家,覆盖3280家企业;行业性42家覆盖1740家企业。25人以上企业建会803家,签订工资集体协商738家,签订率92%。世界500强进驻崇左市15家企业,全部建立工会组织和签订专项集体合同,建制率达到100%。为更好地履行工会维护职工权益的基本职责,年内市总工会继续聘用有资质的专业律师担任总工会职工律师团成员,为职工、农民工维权提供服务。年内受理职工来信6起,职工来访19起,职工来电62起,所有的来信来访均按规定程序得到及时处理。全市共建立法律援助维权服务站14个,其中职工律师团8个,工业园区法律援助维权服务站4个,企业和乡镇法律援助维权服务站各1个。与安监局联合印发了《关于组织参加2016年度广西"安康杯"竞赛活动的通知》,积极开展广西"安康杯"竞赛活动。2016年全市各类企业按照全国和广西安康杯竞赛活动要求开展活动,参赛企业4310家,占企业数4778家的90%,参赛职工107600人。

【职工医疗互助保障】 2016年,崇左市职工医疗互助保障工作经过广泛的宣传发动,全市参保的职工会员35627人,参保份数35627份,超额完成自治区总工会下达的年度目标任务,给付患病职工22人,给付患病职工保障金4.8万元。职工医疗互助保障活动有效地减轻了患病职工的医疗费负担,缓解了企业的压力,增强了职工群众自我保障意识和团结友爱、互助互济的自觉性,促进了社会保障体系的进一步完善,得到了广大职工群众的欢迎和社会的支持。

【开展劳动竞赛】 2016年,市总工会广泛开展"践行新理念,建功'十三五'"主题劳动竞赛和职工技术创新活动,不断激发广大职工学习创造的热情,发挥劳模和先进人物的示范带动作用,吸引广大职工普遍开展岗位练兵、技能比赛等活动。一是以制糖、锰业、红木三大行业为重点,广泛深入开展劳动竞赛。全市企事业单位参赛4710家,其中国有企业参赛239家,覆盖面100%;规模以上非公企业参赛118家,参赛面达到规模以上非公企业数134家的88%。全市的6家工业园区企业全部组织开展劳动竞赛,参赛面达到100%。二是举办崇左市农民工技能大赛。7月份,市总工会与市人社局联合举办了崇左市农民工技能大赛,参赛选手达 230 人。三是组织全市选手参加 2016 年"广西技能状元"大赛。经过筛选组织了 18 名选手参加"广西技能状元"大赛钳工、车工、铣工等 7 个工种的比赛,最终中信大锰的叉车工农贵鹏,在众多参赛选手中脱颖而出获得广西第六名。

【职工素质工程】 2016 年,市总工会争取上级工会支持和市总工会联系协调,推动党政重视支持的办法,上下联动,统筹推进各级工人文化宫等职工文化活动阵地建设。全市建有全国级职工书屋示范点 10 家,自治区级职工书屋示范点 33 家。同时,围绕"中国梦·劳动美"活动主题,组织开展丰富多彩文体活动,引领职工"坚定跟党走、当好主力军"的主旋律。开展"与理想同行·共圆中国梦"市直职工庆五一气排球比赛、"情系农民工·共创中国梦"春节晚会、送电影送文化到基层等主题活动,活动形式多样、内涵丰富、精彩纷呈,充分展示了全市干部职工的精神风貌,同时激发了全市干部职工健康、文明、向上的精神风貌,为做好"两篇大文章"、打好"四大攻坚战"工作目标的实现做出应有贡献。

【职工之家活动】 2016 年,市总工会深入开展职工之家活动,进一步增强基层工会活力。把推进千里边海防线基层工会组织建设工作与创建"三亮"、"星级"职工之家活动结合起来,深化和巩固工会标准化建设成果。大新县、龙州县、宁明县、凭祥市等 4 个县(市)能够在深化"三亮"活动、落实会员"四权"、建"星级"职工之家,围绕实践"两个信赖"的基层上用沿边工会打造的 29 个试点单位辐射带动基层工会组织建设。其中,凭祥市在平而村建立边境职工之家,进一

步夯实了全市建设职工之家的工作。在推进新经济业态企业的工会组建工作方面,凭祥、大新、龙州等着眼新常态下,积极推动新经济业态领域依法建会工作。在边境县份区域共有企业建立工会 3870 家,其中单独建会 1515 家,相继建立家政服务企业工会 2 家,快递企业工会 8 家,农业合作企业工会 9 家,物流企业工会 15 家。

(王雪宁 苏瑜芳)

共青团崇左市委员会

【概况】 2016 年,崇左市共有基层共青团组织 3116 个,其中基层团(工)委 183 个、团总支部 298 个、团支部 2635 个。全市有 14 周岁至 28 周岁青年 430780 人,共青团员 125753 人,发展新团员 10584 人。全市有专职团干部 206 人,兼职团干部 4565 人。共青团崇左市委员会机关(简称团市委)内设机构有 3 个,分别为办公室、经济工作部、团务及权益部,编制 8 名,在职人数 5 人。共青团崇左市委员会深入贯彻中共十八大和十八届五中、六中全会精神,以开展"两学一做"为动力,围绕青少年成长发展要求

及新形势下党对群团工作的新要求,履职尽责,开拓创新,团结带领全市青少年做好"两篇大文章",打好"四大攻坚战"中奉献青春力量,全市共青团工作迈上新台阶,涌现了一批先进单位和先进个人。

2016 年 4 月 27 日,中国南方电网公司广西电网有限责任公司崇左供电局团委获 2015 年度"全国五四红旗团委"荣誉称号。5 月 4 日,共青团大新县公安局委员会、共青团广西理工职业技术学院委员会、共青团南宁地区教育学院委员会、共青团崇左市凭祥供电公司委员会获 2015 年度"广西五四红旗团委"荣誉称号。广西扶绥马志农牧有限公司团支部、中国移动通信集团广西有限公司大新分公司团支部、广西电网公司崇左供电局输电管理所团支部、武警崇左市消防支队江州中队团支部获 2015 年度"广西五四红旗团(总)支部"称号。共青团崇左市委经济工作部部长赵运星(女,壮族)、广西交通投资集团崇左高速公路运营有限公司团委书记黄晓丹(女)、广西民族师范学院团委办公室副主任翁锴、崇左市财政局团总支书记蒋林(女)、广西崇左东盟国际职业教育学院团委书记农舒婷(女,壮族)、

2016 年 5 月 25 日,越南高平青年代表团参加 2016 年崇左市"情定五月·扎根崇左"优秀年轻干部集体婚礼,共同放飞彩色气球

崇左市江州区石景林街道团工委书记甘特凤(女,壮族)、崇左市高级中学团委书记蒙比立(壮族)获2015年度"广西优秀共青团干部"荣誉称号。

【基层团组织建设】 2016年,共青团崇左市委员会全面加强团的基层组织建设,把基层组织建设作为团的自身建设的重中之重来抓。一是指导县、乡(镇)团组织换届,保持团组织活力。龙州县12个乡(镇)选举产生新一届团的委员会及出席县级团代会代表,圆满完成县、乡(镇)两级团委的换届工作。二是进一步推进机关、事业、国企单位团建工作。2016年间成立共青团崇左市金融工作委员会,加强指导全市金融系统团组织开展各项团的活动,加大金融系统团干部的培养、交流、挂职锻炼工作等。三是指导非公组织建团,扩大组织覆盖。团市委扎实开展非公有制经济组织党团组织覆盖行动,努力把党的工作和团的活动覆盖到每一个非公经济组织,全市新建"小个专"企业团(总)支部40个。四是抓好基层团干部培训工作,提高团干部队伍素质。成功举办基层团干部培训班,80多名基层团组织负责人及团干部参加培训。各县(市、区)举办基层团干部培训班7个班次,共培训1200人次,进一步提升了基层团干对团业务工作的了解,进一步加强基层团组织建设工作。

【青年对外交流活动】 2016年,共青团崇左市委员会加强与东盟国家青年友好交流活动,为加强"一带一路"建设与合作作出积极的贡献。一是成功举办中国(崇左)-东盟青年贝侬大联欢。来自东盟国家的青年代表及崇左市青年代表约400多人在崇左市胜利广场

参加活动。二是成功举办2016年中国(崇左)-越南(高平)边境青年友好交流活动。中国崇左、越南高平两省市青年共同参加集体婚礼、联欢晚会、"互联互通"友好交流座谈会,参观了崇左壮族博物馆、崇左园博园、自治区级青年文明号崇左高速公路收费站等,为加强崇左—高平"互联互通"建设、各领域交流合作做出了积极贡献。三是服务第三届中越青年大联欢中国代表团。11月7日—11日,以"携手开创中越关系的美好明天"为主题的第三届中越青年大联欢首次在越南举办。中共中央政治局常委、全国人大常委会委员长张德江,团中央书记处第一书记秦宜智,以及1000多名来自中国各地的优秀青年代表参与此次交流活动。11月6日团中央书记处书记汪鸿雁率全国各地的优秀中国青年代表团成员500多人晚宿凭祥市,7日从友谊关出境赴越参加活动,10日1000多名中国青年乘坐专列从河内返回国内。团市委选派杨志玲等4名代表参加活动,并认真做好食、宿、行以及出入关安排,确保代表团出访顺利。此次中国青年代表团一行1000多人分六路访问越南北部六省,在越南谅山省举办的"青年与环保、可持续发展论坛"上,团市委书记杨志玲荣幸被团中央选派作为发言的3名中国青年代表之一,不用翻译、利用自身越南语专业的特长,直接用中越双语进行演讲,推介宣传崇左独特的区位优势、人文风情及开展环保相关活动情况,反响强烈,引起中外媒体竞相报道。

【青年创业就业】 2016年,共青团崇左市委员会扎实推进"大众创业、万众创新",引领青年在创业创新中展现才华。一是青年创业

创新工作初见成效。年内,成功举办了首届崇左市青年创业创新大赛,26个青年创业项目报名参加比赛,入围决赛的项目均有机会获得创业孵化扶持和奖金支持,与大赛赞助商共同建设崇左市青年创业孵化基地。在"中国梦+青年力量"2016年广西创业创新大赛总决赛中,推送的"中国·崇左跨境电商产业城"及"大山原生态手工玉米粉条"两个项目,在广西83个复赛项目中脱颖而出,分别获得传统产业创业组三等奖和创意初创组三等奖,分别获5万元和3万元的奖金。此外,全年共开展了创业创新沙龙进农村5场,创业培训(含电商)1场300多人。二是服务青年"立业"。依托以青年文明号为基础的"青"字号品牌工作项目,帮助从业青年提升职业技能和职业文明,举办崇左青年文明号创新创优创效全员培训班,组织全市青年文明号进行跨行业跨系统观摩交流。

【服务凝聚青年】 2016年,共青团崇左市委员会立足青年需求,当好桥梁纽带助力青年成长。一是持续开展"崇青爱"青年联谊活动。结合全市开展创建国家森林城市、自治区文明城市等工作,联合市林业局在崇左园博园举办"青春爱团聚·共植幸福树"青年植树联谊活动,共有200多名青年参加种植珍贵树种黄花梨300多株。在传统"七夕"节举办"翻开书·遇见你"崇左青年联谊读书会。二是举办第四、五期崇左市青年素质提升大讲堂。联合武警崇左市消防支队、市公安局开展第四、五期崇左市青年素质提升大讲堂,采取课堂讲授与现场观摩体验相结合的方式,分别以"珍爱生命 参与消防"和"网络安全为人民,网络安全靠人民"

主题,让青年了解消防安全、网络安全知识。

【服务青少年健康成长】 2016年,共青团崇左市委员会关心关爱青少年健康成长。一是加强青少年法制宣传教育。团市委充分利用"3·5"学雷锋日、"3·15"消费者权益日、"6·26"国际禁毒日、"12·4"国家宪法日、"12·5"国际志愿者日等重要节日广泛开展法治宣传教育活动,以及在全市开展2016年春、秋季"开学第一课"主题教育活动,举办崇左市青少年模拟法庭大赛,组织编排交通安全手势操作并推广使用等,进一步提升了青少年的法律意识。二是开展机关青年关爱留守儿童主题活动。分别于春节前后和六一儿童节前后,号召动员各机关、企事业单位成立机关青年关爱留守儿童服务队,分赴各自挂点村开展关爱慰问留守儿童活动,每次参加活动的服务队超过20支队伍,受惠贫困家庭儿童1100多人。三是开展"一个阅览室·一支小牙刷"主题公益活动。年内组织青年企业家、青年文明号集体分别到天等县独山小学、宁明县百泉小学、凭祥市柳班小学开展3场"两个一"活动,共捐赠图书1200多本,发放卫生套装600多套;捐赠文体用品、学习用品、衣物鞋子等价值2万多元。

【青年志愿服务品牌】 2016年,共青团崇左市委员会进一步深化青年志愿服务品牌。一是开展"青春志愿行,温暖回家路"——志愿者服务春运"暖冬行动",在车站、加油站、人口密集路口设立"让温暖一起回家"——返乡务工青年爱心服务站,服务返乡务工青年。二是全年共组织500多名志愿者为2016年广西"壮族三月三"民族体育欢乐节暨崇左市花山文化节活动、"安全生产月"宣传咨询日、"本色花山·大地飞歌"庆祝左江花山岩画文化景观申遗成功文艺汇演等活动提供礼仪接待、现场引导、场地布置、维护秩序等无偿志愿服务。

【建立共青团网络】 2016年,共青团崇左市委员会创新网宣体系,构建清朗网络空间,"网上共青团"工作取得新突破。一是广西共青团首个新媒体分中心在崇左成立。团市委承办广西共青团新媒体(崇左)中心揭牌仪式及新媒体建设工作交流活动,自治区各地市团委书记、宣传部部长,相关高校团委书记、宣传部部长以及崇左市各县(市、区)团委书记、新媒体小编约100多人参加活动。组建小编团队有16人,分为新闻部、美编部等4个部门,主要负责微信、微博等崇左共青团新媒体的维护和更新。二是认真维护崇左共青团微信公众号,用活泼生动的图文形式发布崇左共青团活动资讯,参与公共话题讨论,宣传共产主义,维护国家意识形态安全及帮助特殊困难青少年,参与维护青少年合法权益等,用青年好声音营造良好的舆论氛围。

【树立和宣传先进典型】 2016年,共青团崇左市委员会认真做好国家、自治区级、市级各项评优工作,树立和宣传先进典型。崇左供电局团委获"全国五四红旗团委"称号;有14名个人、8个集体获"广西优秀共青团员"、"广西优秀共青团干部"、"广西五四红旗团委"、"广西五四红旗团支部(总支)"称号;有9名个人、6个集体获得"广西优秀少先队辅导员"、"广西优秀少先队员"、"广西优秀少先队集

体"表彰。共青团崇左市委员会表彰了111名共青团员(干)为"崇左市优秀共青团员"、"崇左市优秀共青团干部"、35个基层团组织为"崇左市五四红旗团委、团(总)支部";表彰了第二届崇左市"美德少年"、"十佳少先队员"等,使全市广大团员青年赶有目标、学有榜样。

（杨志玲 黄福平）

崇左市妇女联合会

【概况】 2016年,崇左市妇联着力实施"六大工程":即妇女创业就业扶持工程、妇女人才"双培"工程、"双维双促"平安工程、扶弱助困关爱工程、"美丽家庭"和谐创建工程和党群共建强基固本工程。年内,扶绥县人民法院、凭祥市人民检察院获"全国维护妇女儿童权益先进集体"称号,广西军区75485部队卫生队李良家庭、大新县榄圩乡康合村三合屯马彩坡家庭获"全国最美家庭"称号,广西军区75485部队驻凭祥市卫生队李良家庭获"全国五好文明家庭"称号,崇左市委组织部青年干部科科长罗琳获"全国实施两纲先进个人"称号,大新县堪圩乡统战委员、副乡长、堪圩司法所所长苏艳红获"全国维护妇女儿童权益先进个人"称号。龙州县公安局禁毒大队赵菊家庭获"广西五好文明家庭标兵户",江州区城南派出所梁世军家庭、宁明县城中镇明阳小区周雪荣家庭、龙州县水口关边防检查站官鑫瑞家庭、天等县向都镇中和村坡州屯何兰芬家庭、中国人民解放军75181部队周业华家庭获"广西五好文明家庭"称号。宁明县水利电业有限公司客户服务中心、天等县国家税务局纳税服务股获"广西三八红旗集体"称号。宁明县人民

法院审判员、明江法庭庭长曾慧，广西民族医院副院长、护理部主任（兼）杨西宁，广西电网有限责任公司崇左供电局设备管理部变电运行管理专责谢卓辰获"广西三八红旗手"称号。

【基层妇女组织建设】 2016年，按照自治区妇联改革的要求，在各县（市、区）开展村（社区）妇联改建试点工作，进一步解决村（社区）妇代会存在工作队伍薄弱、工作资源缺乏、工作覆盖面狭窄等问题。村妇代会改建妇联后，提升了基层组织建设科学化水平，增强村（社区）妇联组织的战斗力。9月，市妇联结合当前精准脱贫等工作内容，组织71个2016年预脱贫的贫困村妇代会主任到市委党校集中培训，学习了精准扶贫政策、成立农村专业合作社流程和作用、养殖技术等知识，进一步提高她们的工作能力，在全市扶贫攻坚工作中做出新贡献。

【参政议政】 2016年，依照法定程序有关章程，全市选举出参加崇左市党代会、人大会议、政协委员的女性代表共306人，其中崇左市女性党代表102人，占26.6%；人大代表120人，占36.47%；政协委员84人，占27.9%。代表、委员积极参政议政，参与审议全市重大议案，提出了《关于开展党建带妇建，建立我市妇女儿童活动阵地的建议》《关于加快崇左妇女乡村旅游脱贫工作的建议》等议案、建议和意见。

【女性人才培养】 2016年，崇左市妇联重视女性人才培养。一是面向市直机关妇委会举办了2期"魅力女性大讲堂"活动，邀请广西中医药大学第一附属医院医生姚飞翔、《知心姐姐》杂志社心理健康教育全国巡回报告团讲师楚艳玲，对妇女干部身心健康、婚姻家庭与事业及孩子心灵健康等专题讲课，与市直机关的女干部职工进行探讨和学习。二是举办面向乡镇妇联干部的科级女干部培训班，提高基层妇联组织工作人员服务基层、服务妇女的能力。11月，组织乡镇妇联干部70名在市委党校举办了崇左市2016年科级女干部培训。三是举办县处级女领导干部提升研讨培训班。12月底，崇左市纪委、市委组织部、市委党校、市妇联联合举办崇左市首届市直单位主要领导、各县（市、区）党政正职配偶"廉洁家风"建设暨县处级女领导干部提升研讨培训班，有180多人参加了培训。崇左市委书记刘有明到现场看望参加培训班的学员，崇左市委常委、组织部部长蓝晓为培训班做了开班讲话。四是积极向组织推荐优秀妇女干部。五是创评"巾帼文明岗"、"巾帼建设集体"、"巾帼建功标兵"，引导女职工创造新业绩。为表彰先进、树立典型，全市评选表彰了"巾帼建功标兵"30名、"巾帼文明岗"25个、"巾帼建功先进集体"20个。

【创业就业扶持】 2016年，市妇联积极扶持妇女创业就业工作。一是积极对接各龙头企业，以巾帼科技示范基地为主体建立各级扶贫产业培训基地，市本级建立了扶绥广羊农牧有限公司黑山羊培训等三个妇女扶贫产业技能培训基地。二是9月份在崇左市委党校举办2016年崇左市妇女产业扶贫培训班2期，对2016年、2017年拟脱贫贫困村妇女骨干共243人进行培训，学习了养牛、养羊技术及精准扶贫政策、农村专业合作社成立流程和作用等。三是协调资金，扶持贫困妇女。全市88359户贫困户全部完成评级授信工作，累计发放扶贫贷款13.5亿元，受益贫困户28680户。共组织了12026人参加春风行动，发放宣传资料25700份，提供就业岗位6186个。

【妇女儿童权益维护】 2016年，市妇联积极维护妇女儿童权益。一是持续深入开展三八妇女维权周活动，和崇左市中级法院联合开展

2016年7月11日—13日，自治区妇女儿童工作委员会副主任、自治区妇联主席、党组书记王革冰（前左三）到崇左调研。图为王革冰与天等县家教指导中心讲师交谈

以"反对家庭暴力·共建和谐社会"为主题,利用1个月时间,开庭"反家庭暴力法律宣传系列活动"。二是3月23日,召开了全市法院《中华人民共和国反家庭暴力法》业务培训会,全市两级法院民事审判法官、妇联干部参加了培训。以开展巡回审判、公布典型案例等多种形式开展宣传,创新法制宣传形式,丰富法制宣传载体。三是组建社区(村屯)等宣传服务队,延伸基层法庭、挂点村驻村工作队的司法服务内容,将普法融入巡回审判、驻村调解等工作中,发挥他们贴近群众,深入群众的优势,提高宣传成效。全年共开展反家庭暴力法制宣传"五进活动"36次,公布典型案(事)例12个,召开新闻发布会5次;举办培训班和专题讲座11次,开展研讨交流6次,合计授课12次。四是建立全市妇女儿童维权人才库,入选对象主要是关心妇女儿童事业、具备在家庭教育、调解矛盾纠纷等方面有一定专长的人才。五是分别在宁明县、扶绥县召开了全市家事审判工作推进现场会,大力推动了家事审判制度改革,进一步发挥妇女儿童维权岗化解矛盾的前沿阵地作用。

【家庭教育及儿童家园建设】 2016年,市妇联重视家庭教育和儿童家园建设。一是成立关爱妇女儿童大榕树课堂基地。7月26日,崇左市妇联、文明办和中级人民法院联合在江州区石景林街道友谊社区举办崇左市关爱妇女儿童大榕树课堂暨暑期大学生志愿者服务儿童家园活动。全市各级家教师资骨干开展家庭教育大讲堂八桂行127场次,受益人数达6万人次,有效地增强了农村家长家教理念和方法。二是举办全市家庭教育大讲堂活动。10月31日,崇左市邀

请中国少年儿童新闻出版总社"知心姐姐"、心理健康教育研究中心研究员楚艳玲老师到崇左市开展家庭教育大讲堂巡讲,同时也揭开了2016年广西家教大讲堂八桂行专题讲座进崇左活动的序幕,该次巡讲在全市开展了专题讲座10场,受益人数达2500多人。暑假期间,全市各级"儿童家园"开展大学生志愿者服务活动20多场次,服务当地家长、儿童近2000人,有100多位大学生志愿者参与服务工作。三是倾力创建"儿童家园"。年初,"儿童家园"的创建工作列入了为民办实事项目和绩效考评范畴。全市新创建"儿童家园"138所,占建设任务数的108%,其中在脱贫摘帽贫困村创建41所,占脱贫摘帽村建设任务数41所的100%。

【寻找"最美家庭"】 2016年,市妇联继续在全市范围内开展寻找"最美家庭"活动,围绕大力倡导"夫妻和睦、尊老爱幼、科学教子、邻里互助、清洁生态"的文明家风,从边境地区特点出发,重点开展"廉洁家风"建设培训班、"共植巾帼树木建设美丽家庭(园)"植树活动、家训家规征集、家和万事兴——"美丽家庭"摄影展和"最美警嫂"评选等活动。经过寻找"最美家庭"专题网页上事迹展示、公众投票和组委会的综合评审,崇左市马坡彩家庭、李良家庭脱颖而出,当选全国最美家庭。李良家庭获全国"最美家庭"和全国"五好文明家庭"称号。同时得到广西军区司令员肖运洪和市委书记刘有明亲切接见,并作为广西获选的四户家庭代表之一赴京领奖,树立起了全市家庭、边防军民爱国爱家的榜样。

【妇女对外交流】 2016年,市妇联

继续深化"和谐家园边关行"禁毒防艾主题宣传活动。配合禁毒、综治、司法行政等部门开展禁毒专项行动,继续广泛深入开展《中华人民共和国禁毒法》宣传普及、合成毒品危害普及教育,动员妇女群众积极参与禁毒斗争,深化"不让毒品进我家"活动,做到禁毒宣传边境村屯全覆盖,确保家喻户晓。6月21日,崇左市妇女代表团一行到越南高平省复合县参加"中越妇女携手 不让毒品进我家"暨"6·26"国际禁毒日宣传主题活动。崇左市妇联主席吕丽卿,越南高平省妇联副主席陆氏娥,中共广西崇左市龙州县委常委、统战部部长李想,越南高平省复合县祖国统一战线主席阮文水以及两国女企业家代表参加宣传活动,中越双方妇女以形式多样的活动架起了一座沟通合作的桥梁。12月20日—24日,市妇联副主席黄意玲随广西代表团到越南高平、广宁、琼山三省开展交流访问活动。

(吕丽卿 黄意玲 龙玉芳 肖 婷)

崇左市文学艺术界联合会

【概况】 2016年,崇左市文联进一步深入贯彻落实中共中央总书记习近平在文艺工作座谈会上的讲话精神,加强文艺创作扶持机制体制建设,全力抓好文艺精品创作,各项工作取得了一定的成绩。

【文艺创作活动】 2016年,崇左市文联深入开展文艺创作扶持和阵地建设,文艺创作基础平台建设取得新突破。在创作扶持和作品出版展示上聚焦发力,完善和夯实文艺创作机制和阵地。一是实施文

艺创作签约。在上年开展文艺创作签约基础上,2016年继续实施文艺创作签约,分别是文学类3名,美术类1名,书法类2名,摄影类2名等8名文艺家签约,落实扶持经费和创作任务。二是积极举办展览。举办"三月三"花山文化节"花山魂"书法、美术、摄影作品展览活动。展出书法、美术、摄影作品130多幅,展现了壮族独特的民族文化和民俗节日魅力,彰显了全市文化实力与魅力,推动文化旅游事业发展。还会同广西书画研究院举办纪念建党九十五周年暨红军长征胜利八十周年全国书法名家展、崇左市中小学校师生书画作品展、"书香崇左"读书月书画展等展览活动。三是积极开展写生创作活动。协助自治区开展的"美丽南方"音乐和美术两个创作采风团到崇左采风创作活动,组织崇左30多名美术家到天等县开展采风写生活动。四是积极创建文艺之乡。做好广西特色文艺之乡创建工作,扶绥县成功创建广西采茶剧之乡、宁明县成功创建广西诗词之乡。五是引导文学社团开展活动。年内涌现了花山子民文学论坛、花山诗群等文学社团,他们开办文学网站,经常性地开展文学创作交流活动,出版《花山》诗刊,正在引起广西壮族自治区内外的关注。

【文艺创作培训】 2016年,崇左市文联在提高文艺人才创作水平上有新突破。针对崇左市当前文艺创作的薄弱环节,有针对性地开展培训活动。一是开展文学创作研讨和培训。年初,市文联与广西民族师范学院中文系在宁明县召开了崇左文学研讨会,总结崇左文学创作成果,找准崇左文学创作努力方向。举办了崇左文学创作培训班(扶绥),邀请广西著名作家朱山坡、李约热、严风华、非亚授课,全市文学爱好者80多名参加培训。二是举办舞蹈创作培训班。邀请广西著名舞蹈创编专家张小春、农春雀授课,全市舞蹈创编表演人才40多名参加培训。三是开展美术创作培训。邀请广西美协主席谢麟、副主席王庆军授课,崇左市级画家50多名参加培训。组织本地画家20多名参加中国美协在大新县开展的美术培训班。四是开展书法创作培训班。邀请广西书法协会副主席刘德宏、书法家甘文锋等授课,全市书法爱好者80多名参加培训。五是组织文艺创作骨干参加各级各类培训。组织书法创作骨干10多名参加广西书协主办的国展创作冲刺班。协助中国美协在大新县明仕田园举办美术创作班,国内著名书画家、教授授课并进行写生示范,组织近30名美术创作骨干参加。选送两人参加鲁迅文学院文学创作培训班。通过一系列的培训交流活动,不断地发现和培育崇左文艺新人,壮大文艺队伍,提升文艺创作水平。

【文艺精品创作】 2016年,崇左市文联积极组织开展文艺精品创作,一批优秀文艺精品在广西壮族自治区内外发表和入展。文学创作方面,全年有近百篇(首)作品在省级文学刊物发表,周末的长篇小说《悬崖上的爱》、梁志玲散文集《浮世清音》入选广西文学创作扶持工程,由广西人民出版社出版。周末的儿童文学长篇小说入选中国作协和北京出版集团联合出版的金骏马儿童文学精品丛书并出版。梁志玲中篇小说《树洞》被《北京文学中篇小说月报》转载。张云方、韦适华、陆艳梅等3人入选广西诗歌双年展。美术创作方面,有5人5件美术作品入选"美丽南方·广西——中国美术作品晋京展"。有两人的美术作品入选"2016年广西艺术作品展"。书法创作方面,有6人作品入选广西艺术作品展——书法篆刻展。摄影创作方面,编印出版《本色崇左》作品集,现又以编辑出版《花山魂》系列画册为契机,组织开展相关主题摄影和照片征集工作,建立起了崇左山水风光、人文风情精品照片库,为进一步宣传推介崇左积累了丰富的摄影作品。由广西人民出版社和广西美术出版社编辑出版了《崇左文艺作品集萃》丛书共7本,分别为中短篇小说集、小小说集、音乐作品集、书法集两本和两部长篇小说。编辑出版《本色崇左》摄影作品集,还正着手编纂出版《花山魂》系列画册(4本)、《崇左诗歌集》、《崇左美术作品集》。《崇左文艺》办刊质量得到进一步提升。

【文艺为基层服务】 2016年年初,崇左市文联主席农恒云率崇左书协到大新县举办爱心组学书法义卖活动,所得2万多元善款全部用来资助大新县30多名贫困学生。为深入贯彻落实广西文联下发的《自治区文联关于在春节前开展"我们的中国梦——万名文艺家送万'福'进万家"文艺志愿服务活动的通知》指示精神,崇左市文联、崇左市文艺志愿者协会、崇左市公安文联、江州区文联等单位到江州区驮卢镇村屯开展赠送春联暨春节慰问活动,通过慰问村委干部、免费书写赠送春联等方式,将新春的温暖与祝福传递到群众手中。据统计,全市各县(市、区)在2016年春节期间有60多名书法家为群众开展免费书写春联和"福"字,受益群众达万人。努力抓好"美丽广西"乡村建设(扶贫)工作,市文联联系点江州区驮卢镇屯村村成绩喜人，屯村屯投资 40 万元的人饮续建工程项目基本完工，投资 13 万元的屯村屯大鱼塘开发项目基本完成主体工程，全村种桑养蚕户出售 3 批蚕茧共 1786 公斤，收入 5 万多元。这些扶贫项目得到了村委会干部和老百姓的赞扬。

（赵先平）

崇左市科学技术协会

【概况】 2016 年，崇左市科学技术协会深入贯彻落实中共十八大五中、六中全会精神，紧紧围绕市委、市政府总体工作部署，紧密结合"两学一做"学习教育，按照 2016 年三届四次市科协全委会确定的工作目标和主要任务，围绕中心，服务大局，真抓实干，狠抓落实，学术学会、科学技术普及、青少年科技和其他相关工作得到稳步推进，较好地完成全年工作任务。年内，江州区获"全国科普示范县"称号，崇左市科协获"广西科协实施'五个一'农村实用技术培训工程先进单位"、获"2016 年全国科普日活动优秀组织单位"、获"2016 年广西'十月科普大行动'先进单位"称号。

【实施"两项计划"】 2016 年，崇左市科协认真实施"两项计划"，为全市经济社会发展服务。一是深入实施了"科普富民兴边计划"，增强了助边境发展助边民增收的能力。市科协在边境县（市）建设一个"清洁乡村"科普示范村，新办一个农技协会，抓好一个青少年科技工作示范校，建立一个科普示范社区，建立一支科协科普专家团队伍，健全发展边境基层科普组织队伍。由于工作成绩突出，市科协领导在广西科普富民兴边现场推进会上作典型发言。二是深入实施

了"科普惠农兴村计划"，增强了项目带动产业发展的能力。切实加强科普项目组织、申报工作。2016 年有 2 个农村科普示范基地，3 个农村科普带头人获得自治区科协表彰，获得项目奖补资金 22 万元。有 2 个农技协会、2 个农村科普示范基地、2 个农村科普带头人、1 个优秀科普示范社区获得中国科协表彰，获得项目奖补资金 110 万元。还深入开展"五个一"实用技术培训工程。全年全市各县（市、区）科协、农技协会共举办各类培训 84 期，培训村"两委"干部、农技协会员、农村致富带头人、农民群众等各类人员 13730 人次，获广西科协 2015 年实施"五个一"农村实用技术培训工程先进单位的称号。

【"科普大篷车"活动】 2016 年，崇左市科协大力开展"科普大篷车"进社区、进校园活动，助力宁明县、龙州县创建广西科普示范县。崇左市深入实施《全民科学素质行动计划纲要》，开展好"科学素质月月行"活动，全面推进宁明、龙州两县创建广西科普示范县建设，扎实提高人民群众的科学素质和生活质量。3

月 4 日—15 日，崇左市科协组织市地震局、市气象局、市环保局、市食品药品监督局、市工商局、市林业局等单位以及崇左市护理学会、医学会、环境保护学会、林学会等市直学会的科技工作者 20 多人，宁明县、龙州县全民科学素质领导小组成员单位的科技人员 130 人参加了宁明、龙州的"科普大篷车"进社区宣传活动，活动内容丰富：有"科普大篷车"展品展览展示，创建国家森林城市科普宣传，气象、环保、食品药品使用安全知识宣传，健康医疗咨询、义诊；又有消防灭火演示演练，急救培训，食品快速检测，识别假币、假烟；科普知识有奖问答等与群众交流互动环节。宁明、龙州县城的社区居民群众 800 多人参加了活动，居民群众通过别开生面的活动了解了许多生活健康知识，掌握了一些必要的消防、急救技能，提高了他们的科学意识。活动中崇左市科协还给宁明县、城南、明祥和龙州县利民等社区居民群众赠科普书籍 300 多册。2016 年全市实现了创建广西科普示范县（市、区）建设工作全覆盖。

【参与全国科技活动周活动】 2016

2016 年 12 月 15 日，崇左市科协召开"中国科协会员日"科技工作者座谈会，市委副书记、统战部部长何良军出席会议，并作重要讲话

年5月13日,崇左市全国科技活动周启动仪式暨"科技一条街"科普宣传活动在凭祥市文化广场举行,市科协开展了科普大篷车展示活动,现场给群众发放《防震减灾科普知识宣传手册》《妇女科学素质提升行动科普丛书》《崇左市创建国家森林城市知识手册》特色种养技术等科普书籍资料300多份。

【"十月科普大行动"】 2016年,崇左市科协组织开展"十月科普大行动"主要有四项活动。9月份联合江州区科协、江州区壶兴社区举办了全国科普日文艺晚会及社区科普宣传活动,社区群众500多人参加了趣味科普有奖活动及文艺演出晚会。10月11日,由市委组织部、市委宣传部、市文明办、市科技局、市科协、市教育局主办,以"创新放飞梦想,科技引领未来"为主题的2016年全国科普日活动暨崇左市"十月科普大行动"启动仪式,在江州区江南第四小学举行。市委常委、副市长王启平出席启动仪式。10月12日,在大新县德天广场举行崇左市2016年科普山歌比赛。此次活动利用"山歌搭台,科普唱戏",进行了科普宣传的有效尝试,扩大了科普传播的影响力。各县(市、区)也开展各种形式的全国科普日活动和"十月科普大行动"活动,吸引了广大群众的积极参与。还联合广西科协少数民族科普工作队、广西科技馆、广西自然博物馆到中国人民解放军75134部队开展了"科普进军营"活动。这些活动获得较好的效果,受到广大群众的喜爱和赞扬。2016年获中国科协"2016年全国科普日活动优秀组织单位",获广西科协2016年广西"十月科普大行动"先进单位的称号。

【青少年科普工作】 2016年,崇左市科协不断加强青少年科技教育辅导员培训,不断提高辅导水平。4月份、9月份和11月份,市科协联合市教育局分别在广西科技馆、宁明县、江州区举办2016年崇左市青少年科技教育辅导员轮训班,邀请了国内和区内知名科普专家周又红、韦文潮和自治区科协副主席梁春花授课,市直和7个县(市、区)270多名青少年科技教育工作者和科技教育辅导员参加了培训。各县(市、区)科协也联系教育部门举办科技辅导员培训班11场(次),培训中小学校科技辅导员800多人(次),大大地提升了全市中小学科技教育的发展水平。组织各发明创造示范单位、调查体验活动单位、市直和各县(市、区)科技骨干教师参加2016年广西青少年科技创新大赛辅导讲座、机器人竞赛规则培训、广西中小学生发明创造示范单位骨干教师培训班、中国科协科普部主办的2016年科普活动组织策划专题培训班等多个培训,组织培训人数达500多人(次),开阔了他们的眼界,提高了他们的教育、辅导水平。

认真开展"快乐科普校园行"活动。根据《2016年广西"快乐科普校园行"活动方案》,制定了崇左市活动方案,认真组织全市开展"快乐科普校园行"系列活动,激发了未成年人对科学的兴趣,培养创新精神和实践能力,促进全市未成年人全面健康成长。一是开展2016年崇左市"六月儿童科学乐"活动。利用"六一"国际儿童节大好契机,贯穿整个6月,组织广大学生开展科普知识、科技创新、科技小发明创造、科学幻想绘画、科技手工小制作等竞赛和常规科技、科普活动。全市中小学生,受益师生数以万计。同时还以"关爱留守儿童"科普大篷车在行动为主题,在六一前夕到扶贫点那隆镇小学开展科普进校园活动,给边远山区儿童送去了一份有意义的六一礼物。二是开展2016年广西"大手拉小手,科普报告希望行"活动,参加师生3800多人次。邀请了广西未成年人科普演讲团专家在全市开展巡回科普报告会、科学家与未成年人座谈会,传播科学知识,提高未成年人的科学素养,让科学家引领

2016年12月,中越双方代表共同为中越边境青少年科技文化交流友好结对学校揭牌

未成年人走进精彩的科学殿堂，启发他们探索科学的奥秘。三是开展"走近创客 体验创新"——2016年全国青少年科学调查体验活动。以"走近创客 体验创新"为主题，组织中小学生以家庭、学校（班级或小组）为单位，开展学习活动、体验活动、调查活动、拓展活动和征集活动。广西民师院附小、龙州一中、凭祥市第一小学、天等县城关小学等调查体验活动示范单位和江州区那隆镇中心小学等全市各中小学校积极组织开展科学调查体验活动。开展这三项活动亮点纷呈，意义重大，影响深远。

【"明天小小科学家"活动】 2016年，崇左市科协加强科技创新后备人才培养，组织高校学生参加青少年高校科学营和"明天小小科学家"活动。为了发挥高校在传播科学知识、科学思想、科学方法和提高青少年科学素质方面的功能，激发青少年对科学的兴趣，引导青少年崇尚科学，鼓励青少年立志从事科学研究事业，培养青少年的科学精神、创新意识和实践能力。6月份，在全市各高校开展培养"明天小小科学家"活动的同时征集和筛选优秀学生和教师参加2016年青少年高校科学营活动，经过层层把关、精心筛选，选拔了10名品学兼优、热爱科学、有科技特长，有较强的科技创新能力和实践动手能力的学生和1名组织能力、责任感强的带队教师参加高校科学营活动。在活动中，崇左市团队行为规范、表现突出、成绩优异，得到上级部门、主承办单位及各界的好评和赞扬并推选作为广西代表发言，为崇左赢得荣誉，也为培养科技创新后备人才打下坚实基础。

【中国流动科技馆巡展活动】 2016年，崇左市科协先后争取到中国流动科技馆在天等县、大新县、扶绥县、凭祥市、龙州县、江州区组织开展中国流动科技馆巡展活动，集科学性、教育性、趣味性于一体的展品展示了科学原理，普及了科学知识，神奇的现代科技深受广大群众欢迎，参观的群众络绎不绝，累计达到50万多人（次）。崇左市成为广西乃至全国是第一个完成中国流动科技馆巡展活动全市全覆盖工作的地级市。

【科技创新大赛】 2016年，崇左市科协组织参加科协创新大赛，提高师生探究科学奥秘的能力。3月份，组织全市科技教育和科技创新师生参加和观摩第31届青少年创新大赛，73名师生获奖，观摩师生达1000多人。参赛作品获44个奖项，其中一等奖5个、二等奖9个、三等奖29个、优秀辅导员1个，推荐参加全国赛3个。5月份，组织6个机器人竞赛小组首次参加广西青少年机器人竞赛，在几百个竞赛小组中力克对手挺进决赛，获二等奖2个、三等奖4个。组织广西民师院附小和崇左市城南小学参加中国科协联合相关单位共同主办的第二届"神箭神舟杯"航天知识大赛，广西民师院附小和崇左市城南小学两个参赛队在全国数以万计队伍中力克对手，挺进决赛获得优异的成绩并获得嘉奖。指导广西民师院附小教师陆岸香撰写论文《利用一次性纸杯开发中小学科技活动资源》，参加中国青少年科技辅导员协会主办的第24届全国青少年科技辅导员论文征集活动获全国三等奖。这些充分展示了崇左市青少年和科技辅导员在科学探究和创新实践中取得的进步和成绩，对今后全市科学技术的发展

起到了重要作用。

【第四届自然科学优秀论文评审】 2016年，崇左市科协收集到全市自然科学优秀论文182篇。3月25日完成论文初审工作，10月25日，经市自然科学优秀论文领导小组终审，最终评出获奖论文一等奖7篇、二等奖20篇、三等奖27篇，总计54篇。评审结束后，在左江日报进行了公示。此次获奖论文涵盖了工程、农业、医学和教育等学科领域，获奖论文除具有学术价值与应用价值之外，突出了围绕全市中心工作和崇左科技、经济和社会发展的热点、难点问题，提出了具有前瞻性、指导性的学术观点。该次获奖论文质量较高，基本反映了全市目前学术发展水平。

【"建家交友"】 2016年，崇左市科协重视"建家交友"工作，着力提高科技工作服务水平。推进建设企业科协、高校科协平台，壮大基层科协组织队伍，成立了2个企业科协。完成第四届自然科学优秀论文评审工作。认真做好科技工作者慰问、服务工作，组织科技工作者调研学习，组织专家开展调研课题选题活动。开展丰富多彩的学会科普活动，充分发挥各学（协）会和高校科协的作用。深入实施"会市协作"创新工程。

【加强科普阵地建设】 2016年，争取到崇左市科普大篷车展品更新，宁明县获得中国科协配送科普大篷车一部。加快基层科普小场馆建设，做好标准化科普宣传栏的规范提升工作。广泛动员社会各界参与科普活动，积极推进科普进农村、进学校、进企业、进机关、进社区等工作。深化科普宣传平台建设，做好"崇左科普"公众微信账

号、视窗工程等平台建设。

【打造中越边境青少年交流品牌】
12月29日—30日，越南高平省青少年科技代表团一行40人，到崇左市开展了2016年中越边境青少年科技文化交流活动，这是崇左市建市以来科协系统对外青少年科技文化交流的首次大胆探索，活动效果显著。在两国边境青少年中引起强烈反响，两国媒体对该次活动进行了多方面报道，此次活动必将进一步推动拓展中越两国青少年科技文化交流合作领域，提升两国青少年科技交流合作广度和深度。

【科协组织建设】 2016年，崇左市科协继续推进基层科协组织建设，加大企业科协组建力度。1月7日和6月2日，分别组织、指导安琪酵母（崇左）有限公司、中信大锰崇左分公司召开科协成立大会，大会选举产生了新一届企业科协委员和领导班子。市科协主席田芳颖在企业科协成立大会上作了讲话，崇左市城市工业园区管委会副主任、市工业园区科协主席吴道新致贺词，企业总经理及相关人员、代表80多人参加了大会。

（梁华强　陈　燕）

崇左市红十字会

【概况】 2016年，崇左市红十字会深入开展"两学一做"学习教育，夯实基础，砥砺前行，积极推进全市红十字事业发展，为服务全市经济社会发展做出了积极的贡献。全年接收各类善款和爱心物资价值79.34万元，同比增长8.36%，累计发放款物价值18.64万元，救助群众2098人。获"2015年全区造血干细胞工作先进单位"称号。

【组织建设】 2016年，崇左市7个县（市、区）红十字会全部独立设置，人员按编制配备，依法独立自主开展工作，成为广西全面理顺县级红十字会管理体制的4个市之一。年内新增基层红十字会组织12个、团体会员单位9个。新增在册志愿者128人，比上年增长40.89%，累计提供志愿服务时长1152小时，比上年增长30.46%。

【救灾备灾】 2016年，崇左市实施总会和自治区红会"博爱家园"项目3个，总投资72.8万元，比上年增长385.33%。年内已竣工项目1个，正在实施项目2个，累计完成投资17.2万元。组建成立了崇左市红十字赈济救援队，正式队员20名。

【社会救助】 2016年，崇左市红十字会累计接收各级各类善款和爱心物资价值79.34万元，同比增长8.36%；累计发放款物价值18.64万元，救助群众2098人。围绕精准扶贫工作自主设立"博爱助医"项目两个，年内接收社会各界捐款13万元，资助低收入患者126人，支出善款9.05万元。帮助困难群众向上级红会和基金会申请人道救助9人次，申请资金总额19万元。

【应急救护】 2016年，崇左市普及应急救护知识17335人次，同比增长43.39%。争取到自治区红十字会救护培训项目补助经费10万元，以学校、社区、机关为重点开展应急救护知识培训，促进全市救护培训工作全面开展。9月，获"首届全区农村（社区）红十字应急救护技能大赛优秀组织奖"表彰。12月，在广西理工职业技术学院成立崇左市红十字市民学校，成为崇左市第1个应急救护知识培训基地。

【无偿献血、造血干细胞和人体器官捐献】 2016年，全市完成造血干细胞采样登记入库205例，比上年增长73.73%，超额7.89%完成自治区下达的任务。普及无偿献血与造血干细胞捐献知识17267人次，同比增长53.77%；5月，获"2015年全区造血干细胞工作先进单位"荣誉称号。年内实现公民身后捐献遗体器官1例。配合市献血委、中心血站开展集中无偿献血活动13场次。

（胡洪源）

崇左市残疾人联合会

【概况】 崇左市残疾人联合会属于为正处级的群团管理单位，内设3个科室：办公室、康复科、教育就业科，机关事业编制6名。下设崇左市残疾人劳动就业指导中心、崇左市残疾人康复培训中心、崇左市残疾人辅助器具服务中心等共3个二层机构。

【康复工作】 2016年自治区下达给崇左市成人助听器验配项目任务指标27人，其中国家彩票公益金贫困成人听力残疾人（助听器）康复项目验配任务18人，广西贫困成人残障者康复工程助听器验配项目任务9人。为完成该项目年度工作任务，市残联认真对申请救助的对象做好筛查和康复救助工作，并委托自治区听力言语康复中心及南宁市悦耳听力设备有限公司对筛查对象进行检测及耳模取样，顺利完成验配任务；年内，为残疾人免费供应辅助器具461件，其中就学就业18件，重度辅具269件，低视力助视器129件，装配成人大（小）腿假肢14例，矫形器6例，儿童辅具25件；举办一期盲人（共20人）定向行走培训，并发放盲杖、MP3

等盲人用品；全市筛查儿童康复救助项目对象32人，超额完成自治区下达的"七彩梦行动计划"聋儿（人工耳蜗）康复救助项目筛查27人的任务。康复中心继续开展"0~6岁"贫困智力残疾儿童、聋儿童救助对象康复训练工作，其中智障儿童33名，聋哑儿童8名。

【残疾人"两项补贴"审核】 2016年，全市县级残联共收到乡镇（街道办）重度残疾人护理补贴申请材料15075份，审核后报送当地民政部门14394份；收到乡镇（街道办）困难残疾人生活补贴申请材料7033份，审核报送当地民政部门6621份。

【残疾人无障碍家庭设施改造】 2016年，自治区残联下达崇左市贫困残疾人家庭无障碍改造任务是155户，下达资金62万元，至12月20日已全面完成自治区下达的任务。

【残疾人机动轮椅车燃油补贴发放】 2016年，自治区残联下达崇左市残疾人机动轮椅车燃油补贴发放任务是745辆，下达资金19.39万元，至9月底，已经全部完成自治区下达的任务。

【实施"爱心助残"化肥扶持项目】 2016年，市残联实施的"爱心助残"化肥扶持项目总计扶持贫困残疾人1000人（其中扶绥150人、天等150人、大新200人、宁明150人、龙州150人、凭祥50人、江州150人），扶持资金112万元。

【首届残疾人职业技能竞赛】 2016年12月7日至9日，崇左市举办首届残疾人职业技能竞赛。竞赛涵盖计算机类、工艺美术类、服装类、手工制作类、生活服务类等五个类别，盲人保健按摩、刺绣、水彩绘画等11个项目，共有7个县（市、区）50多名选手参赛。崇左市委副书记、统战部部长何良军，自治区残联副理事长杨一万出席开幕式。

（陆栎文）

崇左市慈善总会

【概况】 崇左市慈善总会成立于1998年11月18日，2012年6月14日第二次会员代表大会进行了换届选举，产生了第二届理事会。市慈善总会机构设有常务副会长1人，常务理事11人，正副秘书长各1人，常务理事11人，会员81人。辖区内有扶绥、宁明、天等3个县成立了慈善会，总会日常工作机构为秘书处。2016年，崇左市慈善总会本着"安老助孤、扶贫济困"的宗旨，积极开展慈善募捐、慈善救助和慈善宣传，取得了良好的成绩。2016年共接收到社会各界爱心捐款25.91万元。

【召开理事会】 2016年1月14日上午，崇左市慈善总会第二届第二次理事会会议在市民政局四楼会议室顺利召开。第三届理事会副会长程永平向理事们作了关于理事会人员调整方案的情况说明，宣读了市人民政府、市民政局《关于崇左市慈善总会常务副会长、秘书长、副秘书长人选调整的批复》的文件。会议选举产生了新的常务副会长冯月珍、秘书长闭思迎、副秘书长赵迎娣，表决通过了聘任陈浦涛、苏本杰两位爱心企业家为本会的名誉副会长，并颁发了名誉副会长聘书。在新一届总会班子的带领下，崇左市慈善工作迈开了新的步伐。

【慈善救助】 2016年，市慈善总会资助扶绥县柳桥镇上屯村上屯小学教学楼维修工作。扶绥县柳桥镇上屯村小学是一所公立小学，在校学生有75名，绝大多数是留守儿童。该校由于年久失修，教学环境恶劣。获知情况后，经局党组同意，由市慈善总会拨付5万元资金对该小学的教学楼进行屋顶补漏、增设隔热层等维修工程。维修工程的完成大大改善了教学条件，给学生营造一个安全、舒适的学习和生活环境。

开展"中国移动爱'心'行动——贫困家庭先心病儿童救助计划"。3月11日，由市慈善总会负责组织实施了"贫困家庭先心病儿童救助计划"行动。此次行动资助对象是户籍在广西崇左的贫困家庭中患有先心病，年龄在0~14周岁的未成年人。3月21日—22日，由天津泰达国际心血管病医院组成的专家组到崇左市，对贫困家庭患有先天性心脏病的儿童进行现场筛查，专家组在为期2天的筛查工作中，对全市145名患儿进行了筛查，其中有37名先心病儿童获批免费前往天津泰达国际心血管病医院手术。7月11日由市慈善总会负责护送工作，带领患儿及家属100人左右去天津做手术，手术患儿已全部康复。此项目的顺利实施，让全社会关注全市贫困大病儿童的生存状况，激发了社会各界对贫困大病儿童的爱心和救助热情，从而在全社会营造人人慈善的良好氛围。

组织开展爱心助学工作。2016年4月，市慈善总会接收香港归侨王绮华女士的爱心捐款1700元，用于资助江州区新和镇新华小学一年级学生黄嘉欣2016年上半年在校期间学习、生活费用。为庆祝六一儿童节，5月底市慈善总会又接受了广西红木协会捐赠 250 份爱心礼包,总价值 5 万元,所捐助的爱心礼包分别派发给 250 名孤儿。爱心的捐助让孩子们渡过了一个快乐的节日。10 月 19 日,市慈善总会又接收到香港"王小英爱心慈善会"爱心捐款 1700 元,用于资助江州区新和镇新华小学黄嘉欣 2016 年下半年的学习、生活费用。

扶持坡利村绿色种养合作社扶贫专项资金。7 月 18 日,经局党组研究决定,市慈善总会拨付 5 万元资金,支持坡利村绿色种养合作社发展扶贫种养项目。

【慈善宣传】 2016 年,组织开展首个"中华慈善日"专题宣传活动。9 月 5 日,崇左市民政局组织市慈善总会、各直属单位及江州区民政局、崇左市爱心公益联盟等单位在火车站广场开展"依法行善、以法兴善"——贯彻落实《中华人民共和国慈善法》和首个"中华慈善日"专题宣传活动。当天共展示了 13 块宣传展板,悬挂 6 条宣传标语,发放了 5000 多份宣传单。该次活动着重介绍了《中华人民共和国慈善法》十大亮点与创新,释疑解惑了《中华人民共和国慈善法》相关内容,同时围绕"安老、扶幼、助学、济困"等内容,介绍了慈善工作开展情况和发展历程,为群众了解慈善、参与慈善提供了信息参考平台。 (赵迎娣)

崇左市归国华侨联合会

【概况】 2016 年,崇左市有归国华侨、眷侨 2 万多人,其中归侨职工 4000 多人,眷侨职工 800 多人。全市有龙州县、江州区、凭祥市 3 个县(市、区)成立县级侨联组织。有

天西、左江、海渊、新和、西长、宁明、渠黎等 8 个华侨管理区。崇左市侨联深入学习贯彻中共十八大和十八届五中、六中全会以及自治区第十一次党代会精神,坚持以中央对新时期侨联和群团工作的两个《意见》精神为指导,认真开展"两学一做"专题教育活动,紧紧围绕市委、市政府做好"两篇大文章"和打好"四大攻坚战"的中心工作任务,以新形势下侨联的"六大职能"工作为主线,发挥优势,团结全市广大归侨侨眷和海外侨胞,做了大量卓有成效的工作,取得了一定的成绩。

【参政议政】 2016 年,崇左市侨联认真贯彻落实中国侨联《关于进一步加强侨联参政议政工作的意见》,强化侨界人大代表、政协委员大局意识,社会责任意识,参与服务意识。紧紧围绕市委、市政府关心、民众关注、侨界群众期盼解决的各种问题,献真知,建良策。组织侨界人大代表,政协委员深入基层开展考察调研活动,认真了解知情民意,听取侨界群众意见和建议。在崇左市人大和政协会议上,市侨界政协委员两人联合多名侨界委员积极提出议案,其中对用好侨情资源方面提出《关于收集整理崇左市华侨、归侨、侨眷资源情况做好侨务统战工作的建议》,对华侨农林场改革和发展方面提出《关于坚持以市场为主导,加快完善基础设施促进华侨农林场热带特色水果生产产业化的建议》,对改善困难归侨侨眷方面提出《关于解决崇左市散居归侨生产生活问题的建议》等多个提案,努力做好侨界人大代表和政协委员参政议政工作。

【服务地方经济建设】 2016 年,崇左市各级侨联围绕中心、服务大

局,运用海内、海外"两个平台",积极发挥侨联群众性、民间性、涉外性的独特优势,通过走出去、请进来的方式,协助政府搭建招商引资平台,着力做好穿针引线工作,为全市经济建设建功立业。一是利用自身优势开展招商引资活动。2016 年 8 月,崇左市侨联积极配合市招商分队赴重庆华商会开展邀商工作,邀请重庆市 6 名华商代表到广西参加东盟博览会并赴崇左市开展实地考察。二是积极联系海外、港澳华商,对接崇左市相关招商活动,为崇左市招商项目穿针引线。三是开展侨资(侨属)企业调研工作。3 月至 5 月,市侨联组成联合调研组,对崇左市侨资(侨属)企业基本经营情况进行调研。调研组多次深入龙州县、凭祥市等地,通过对侨资(侨属)企业发放《侨资企业基本经营情况调查表》、召开侨资(侨属)企业座谈会、对侨资(侨属)企业开展实地考察调研等方式开展调研活动,较为全面的了解全市侨资(侨属)企业的基本经营情况,企业经营发展情况预测、企业应对国家宏观经济政策情况,企业存在的困难和提出的建议。市侨联将调研情况汇总并撰写出《崇左市侨资(侨属)企业基本经营情况调研报告》上报自治区侨联。

【服务归侨】 2016 年,崇左市明确维护侨益是侨联的重要职责。各级侨联认真做好侨界群众矛盾化解工作,有效地促进侨胞经济权益和政治权益的极大改善,维护了侨界的和谐稳定和社会安定。年内,介入涉侨维权案件 3 件,受理群众来信 2 件,答复电话咨询 30 人次。

2016 年,市侨联成功帮助崇左高级中学申办"珍珠班"。在自

治区侨联支持和帮助下，崇左市侨联通过积极的申请将浙江省新华爱心教育基金会创办"珍珠班"（开设一个班级 50 人）的名额放到崇左市。从年初到 4 月中旬，市侨联积极协助崇左市高级中学办理申请"珍珠班"事宜。4 月 21 日，新华爱心教育基金会发给崇左市高级中学通知，同意在崇左市高级中学开办"珍珠班"。基金会在高中三年每年给每位"珍珠生"生活费 2500 元，由学校按 10 个月发给学生，较好地解决了贫困学生的经费问题。还继续争取海外侨界爱心人士对侨界贫困学生的帮扶工作，构建和谐侨界。4 月，香港明成发展有限公司董事长、香港广西印尼归国联谊总会名誉会长王绮华亲自到江州区新和镇新华小学一年级学生黄某某（侨眷贫困生）的家中，看望了解她的学习、生活情况，并表态资助她上学。王绮华鼓励她自强、自信，为自己的梦想努力学习。市侨联在春节开展"送温暖、献爱心"慰问活动，将走访慰问与侨情调研、倾听诉求、解决困难和问题等工作有机结合起来。全市各级侨联及华侨农林场侨联慰问归侨侨眷 2500 人次，发放慰问金额 120 多万元。其中，市侨联于 2016 年春节期间慰问了 60 户贫困归侨侨眷，慰问金额 3 万元，6 月份还慰问了归侨侨眷困难党员和贫困学生共 50 户，慰问金额 2.5 万元。

【对外交流与合作】 2016 年，崇左市侨联邀请海外侨胞领导到贫困村龙州县金龙镇双蒙村看望和慰问金龙镇敬老院的住院孤寡老人，给敬老院送上了 5400 元的慰问金；并对双蒙村部分村屯存在饮水、灌溉困难等问题给予支持，解决了 2 个工程的资金问题。全面

把握两个拓展工作方针，在开展海外联谊活动中拓展新侨工作和弘扬中华文化。一是鼓励全市侨联系统要经常与辖区内重点的归侨侨眷保持联系，通过他们向海外亲人宣传崇左的发展和变化、投资环境等，加强拓展海外联谊和新侨工作。二是充分发挥全市侨联海外委员、顾问的作用，以海外桂籍侨领为主要对象开展海外联谊工作。4 月，邀请了市侨联海外委员、顾问和美国、马来西亚、奥地利、日本等国家和地区的 21 位桂籍侨领到崇左市参加 2016 年广西"壮族三月三"民族体育欢乐节暨崇左市花山文化节，侨领们通过具有浓郁民族特色的表演、活动以及实地考察，感受到了崇左市经济社会的发展势头，领略了全市的壮美风景、边关风情和神奇的壮族骆越文化，纷纷表示要充分发挥自身优势，加大对崇左市的宣传，扩大崇左市知名度，助推崇左经济、社会、文化建设和对外开放，让崇左走向世界，让世界认识崇左。10 月，马来西亚文德甲广西会馆主动到访崇左市就旅游考察、经贸投资、文化艺术等方面与市领导进行了交流和联谊。三是承办"亲情中华·八桂故乡行"马来西亚青少年冬令营活动，进一步拓展新侨工作，涵养侨务资源，弘扬中华文化。通过市侨联海外顾问、马来西亚广西总会馆邓宏智秘书长协助，市侨联邀请了 40 名马来西亚华裔青少年参加冬令营，让他们有机会走进广西、走进崇左，亲身感受中华优秀文化，见证祖国改革巨变，体验家乡风土人情，进一步增加他们的中华情意和桑梓情怀。这次冬令营给马来西亚华裔青少年们留下了美好而深刻的印象，暨传播了中华文化，又加强了中马两国青少年的友谊，涵养了崇左市侨务资源。四是在

全市范围内积极组织中小学生参加第十八届"世界华人学生作文大赛"，加强与海外中小学生的交流，积极传播中华文化。五是热情接待海外侨社团和侨领，加强联谊和交流。分别接待了中国侨联海外法律顾问访问团、马来西亚文德甲广西会馆经贸考察团等 4 个海外团队和美国广西同乡会副会长陈丽丽、澳门都天集团董事长尤肖吾等 100 多名海外侨领。

【侨联组织建设】 2016 年，崇左市侨联集中发力，着力推动全市基层侨联组织建设。一是市侨联积极与地方党委沟通联系，大力推动和指导基层侨联组织建设工作，督促未成立县级侨联组织的县份抓紧筹备成立。二是在龙州县召开崇左市侨联工作现场会。交流侨联组织建设情况和经验，进一步推进全市侨联基层组织建设。与会人员先后考察了龙州县水口镇侨联分会、侨胞之家开展工作的情况，学习了龙州县基层侨联工作的特色和成效。会议传达了中国侨联九届六次常委会议、自治区侨联九届六次常委会议精神，各县（市、区）侨联分别做了经验发言。大家交流了近年来基层侨联组织建设工作取得的成绩和经验做法，并结合实际就如何进一步加强全市基层侨联组织建设的提出了很多好的意见和建议。三是基层侨联建设成绩显著。11 月成立了宁明县县级侨联组织；批准了扶绥县上报的县侨联班子人选，侨代会的准备工作基本就绪；天等县已经有专门的办公人员、固定的办公地点负责筹备侨联成立相关工作；大新县侨联组织的建立已经纳入了县委议事日程。全市侨联基层组织建设有很大突破。

（陈 龙 黄明德 凌 涛）

法 制

FAZHI

政府法制

【概况】 2016年,崇左市法制办公室在市委、市政府的正确领导下,深入贯彻落实中共十八大和十八届三中、四中、五中、六中全会以及自治区第十一次党代会精神,全面贯彻落实中共中央、国务院《法治政府建设实施纲要(2015—2020年)》和自治区党委、自治区政府《法治政府建设实施方案(2015—2020年)》以及《崇左市人民政府关于推进依法行政加快建设法治政府实施方案》,按照做好"两篇大文章"、打好"四大攻坚战"的战略部署,紧紧围绕市委、市政府中心工作,认真履行市政府在推进依法行政,建设法治政府的参谋、助手和法律顾问职责,为全市经济社会良好发展提供了有力的法治保障。

【法治政府建设】 2016年,崇左市制定了法治政府建设工作要点和推进地方立法工作。

制定法治政府建设年度工作要点 6月2日,制定印发了《2016年全市法治政府建设工作要点》,安排部署全市2016年推进依法行政建设法治政府工作。工作要点从加大法治政府建设力度、推进简政放权、完善政府立法体制机制、强化规范性文件监督管理、推进政府法律顾问制度的贯彻落实、创新行政执法方式、强化行政执法监督、推进行政复议规范化建设、落实法治教育培训、加强法治政府建设信息报送工作等10个方面,对全市2016年推进依法行政建设法治政府工作作了具体安排和部署。同时,围绕年度法治政府建设工作要点,拟定了全市法治政府建设考核评价和标准,由市绩效办统一印发至各县(市、区)政府和各单位。

推进地方立法 2016年,全市开始行使地方立法权。市法制办作为具体承担政府立法方面任务的重要部门,认真履行立法工作职责,在健全立法体制机制、拟定年度地方立法计划等方面作了一系列工作。一是健全立法体制机制。为更好地开展政府立法工作,积极向市委、市政府请示汇报以及与市编办等部门多方沟通协调,争取支持。6月17日,已将《关于设立政府立法机构的请示》报市编办。二是召开立法工作座谈会。6月2日组织召开立法工作座谈会,对全市2016年立法工作和编制2016—2020年立法规划进行讨论。三是科学拟定年度地方立法计划。在部门申报基础上,进行立法项目论证,科学拟定政府立法建议项目。年内,由市法制办草拟的《崇左市人民政府2016年立法工作计划》,市政府办于11月1日正式印发实施。

【规范性文件审查】 2016年,崇左市严格落实《广西壮族自治区规范性文件监督管理办法》要求,对市政府下发的规范性文件进行审查把关,确保每一份审核过的文件都合法、规范。共审核《崇左市餐厨废弃物管理办法》《崇左市招商引资激励暂行办法》《崇左市储备粮食管理办法》等规范性文件44件次,已颁布执行6件,全部按规定向自治区人民政府、同级人大常委会报备。

【政府法律事务】 2016年,崇左市法制办认真办好法律事务工作。一是办理行政决策合法性审查充分发挥决策咨询职能,把"预防"作为工作重点,为政府决策提供高质量的法律审查。先后参与了凭祥–宁明贸易加工区PPP合作项目、红木文博城5A景区基础建设项目申报2016年第三批国家专项建设基金提供回购担保、将部分国有资产无偿拨给广西崇左市建设投资有限公司等多件决策事项,按照法律框架内有效实现政府意图的原则出具法律意见,有效防范了政府决策的法律风险。共出具《法律意见书》173件。二是高效承办合同审查积极为市政府招商引资、项目建设服务,为促进招商引资及项目建设顺利进行提供了坚强的法律保障。共审查修改各类协议合同49件次。三是发挥政府法律顾问参谋助手作用 2016年,市政府与广西东方意远律师事务续签了聘请法律顾问合同,在工作中不断强化对法律顾问的使用。市政府法律顾问对全市重大项目推进、重要决策、重大涉法事项共出具法律意见书50件次,为政府决策提供了良好的法律意见和建议。

【行政复议与行政应诉】 2016年,崇左市认真做好行政复议与行政应诉工作。

行政复议案件审理 全年收到行政复议案件申请25件,受理24件,不予受理1件。在案件审理过程中,为确保查明事实、化解矛盾,始终做到"三个坚持"。一是坚持开门办案、现场调研。对于案情复杂、涉及面广、影响社会稳定的案件,实行现场调查,质证审理,让申请人能充分陈述观点和诉求。二是坚持有错必究。发现行政机关具体行政行为违法和不当的,及时予以纠正。已办结19件的案件中,撤销2件,有效地促进了行政机关依法行政。三是坚持调解为先,定纷止争。对于凡是能够通过和解、调解方式结案的,在查明事实、明确是非的基础上,按照依法、自愿原则积极做好协调工作,防止纠纷和争议。年内,已办结的案件中,通过协调终止结案的1件,做到案结事了,有效化解了行政争议。

履行行政应诉职责 代理市政府的行政应诉案件17件,其中一审行政诉讼案件11件,二审行政诉讼案件6件。在办理行政应诉案件过程中,做到庭前认真查阅案卷,精心准备答辩状,严格按照法定期限提交答辩和证据;庭中全面规范举证,围绕焦点有理有节开展辩论;庭后及时完善补充代理意见,积极与人民法院沟通。

行政机关负责人出庭应诉 认真贯彻落实行政机关负责人出庭应诉制度,制定并印发《崇左市行政机关负责人出庭应诉工作规则》,通过加强制度建设进一步规范出庭应诉工作。年内,市政府负责人出庭应诉3次,市直行政机关负责人出庭应诉8次。

【行政执法监督】 2016年,市法制办积极做好行政执法监督工作。

权责清单合法性审查 根据市政府推行政府部门权力清单制度工作要求,负责对各部门梳理的权责清单进行审核把关。在审查过程中,坚持"法无授权不可为"的原则,逐条逐项查阅现行法律条文规定,就审查中发现的问题及时与市编办和有关部门沟通、研究,提出法律意见建议。对崇左市市级51个部门6455项权力清单进行合法性审查,顺利完成了市政府上网晒权、清权减政的目标任务。

实施行政执法公示制度 为进一步规范权力运行监控机制,按照自治区统一部署,2016年5月,经市法制办草拟市政府办印发《崇左市建立市本级行政执法公示制度实施方案》,要求各县(市、区)、各行政执法机关严格执行实施方案,全面公开应当公示的行政执法信息。同时,成立崇左市实施行政执法公示制度工作领导小组,由市法制办牵头对各县(市、区)和各行政执法部门实施行政执法公示制度工作进行指导和督促检查,确保行政执法公示工作合法、高效、有序推进。截至年底,全市7个县(市、区)及市直40多个行政执法部门均切实执行行政执法公示制度的工作要求,制定崇左县(市、区)和本部门行政执法公示制度实施方案,并将相关内容包括行政执法主体、执法依据、执法权限、执法程序、执法结果、救济方式和监督举报方式在政府信息公开平台及部门门户网站上进行公示,初步实现全市行政执法监督的制度化、规范化。

行政执法人员专项清理 根据《关于开展全区行政执法人员专项清理工作的通知》要求,从2016年8月份开始,组织各县(市、区)和市级各部门对依法具有行政执法权的各级行政机关、法律法规授权的组织和依照法律法规规章的规定,受委托行使行政执法权的单位中从事行政执法工作的人员进行了全面清理。为确保清理工作顺利开展,市法制办对该项工作进行了专门部署,制发了《关于开展全市行政执法人员专项清理工作的通知》,落实专人负责,及时督促跟进各县(市、区)各单位的清理工作进展情况,并对全市各单位报送的清理结果进行了严格、全面核查,对不符合持证条件的人员,坚决清理和注销执法资格,统一收回行政执法证原件。经清理,全市现保留持有广西壮族自治区行政执法证的人员2080名,持有国务院部委颁发的执法证件人员826名,同时持自治区和国务院部委执法证件241名。收回退休、转岗、没有具体从事执法工作以及其他没有在职在岗等人员的执法证件734个,并将清理结果按要求上报自治区法制办。

行政机关落实司法建议工作制度 为进一步规范行政机关对人民法院、人民检察院司法建议的办理和落实工作,2016年12月,经市法制办草拟市政府办印发《崇左市行政机关落实人民法院、人民检察院司法建议工作规定》,对市县两级人民政府及其部门加强和规范司法建议的落实和反馈等内容进行规范,强化了对行政权力的制约和监督,为全市深入推进依法行政,加快法治政府建设具有重要的意义。

【政府法制理论研究】 2016年,崇左市在自治区政府法制网发布法制信息20多条,在《广西法治日报》《法制与经济》等报刊、网站上发表《我国地方立法主体扩张背景下地方政府立法理念与实践创新研究》《全面实施政府法律顾问制度促进广西法治政府建设》《崇左市推进城市执法体制改革工作的问题与思考》《政府购买公共服务法律问题研究》《崇左市推行"一村一法律顾问"制度存在的问题及思考》等文章10多篇。参与省级重点课题《政府购买公共服务法律问题研究》,市厅级课题《左江花山岩画保护管理的难题与对策研究》《加强高校工会工作法治化建设问题研究》等。10月17日至21日,在广西大学举办崇左市2016年依法行政专题培训班,市直及各县(市、区)共65人参加了培训,培训班邀请广西大学法学院、广西法官学院、自治区法制办等专家教授进行授课,进一步提升了崇左市领导干部的依法行政水平。

【开展仲裁业务】 2016年,崇左市法制办公室指导协调崇左仲裁委员会工作,努力推动仲裁事业健康发展。一是积极受理和办理仲裁案件。崇左仲裁委受理仲裁案件2件,涉案标的额约5500万元。二是加强仲裁员以及仲裁工作人员的培训,提升业务素质。三是加强仲裁案件的办案流程管理,提高案件质量。 (苏文龙 罗锦玲)

政 法

【概况】 2016年,崇左市各级政法部门认真学习贯彻中共十八届三中、四中、五中、六中全会和中共中央总书记习近平系列重要讲话及自治区第十一次党代会精神,按照统筹推进"五位一体"总体布局和协调推进"四个全面"战略布局的要求,牢固树立和贯彻落实"五大发展理念",深入贯彻落实自治区"四大战略"、"三大攻坚战"、营造"三大生态"、实现"两个建成"决策部署,以开展"两学一做"学习教育为动力,积极防控风险、服务发展、破解难题、补齐短板,履行好维护社会大局稳定、促进社会公平正义、保障人民安居乐业的职责使命,为全市做好"两篇大文章"打好"四大攻坚战"创造安全稳定的社会环境,公平正义的法治环境,全市政法综治维稳和防范邪教工作继续保持广西前列。2016年度,各项工作取得了显著的成效。主要体现在以下十个亮点:

一是2016年度全市群众安全感达到92.13%,继续保持排名广西第一名,再创广西地级市群众安全感新高。

二是2016年度全市维护社会稳定动态八项工作综合总分438.24分,继续保持广西第一名。

三是2016年度全市政法队伍执法满意度达到88.78%,继续排广西第一名。

四是2016年6月,崇左市被中共中央宣传部、司法部、全国普法办授予"2011—2015年全国法治宣传教育先进城市"。

五是连续14年实现全国"两会"等重要敏感节点时期"六个坚决防止"和进京"零非访"工作目标。

六是崇左市边境防控信息化工作获得中央肯定,代表广西在全国社会治安综合治理创新工作会议上作经验展播;全国公安边防部队边境管控体系建设推进会、广西公安边防总队边境管控体系建设推进会相继在崇左市召开,崇左市的边境管控体系建设模式向全国推广。

七是率先建成了广西首个边境综治维稳信息中心,增设边境综

2016年3月2日,自治区副主席、公安厅厅长胡焯,自治区政协副主席、政法委书记温卡华等领导,到凭祥市参加全区《中华人民共和国反恐怖主义法》主题宣传月活动,崇左市委书记刘有明、市长孙大光、市委政法委书记雷多荣等领导参加活动

治维稳信息中心机构,做到了联动融合,精细化管理,扁平化指挥,切实提升边境社会治理效能。

八是崇左市委政法委入选由人民网、中国长安网主办,新闻网站和新媒体共同参与的全国百家网站"政法英模榜",是全国唯一入选全国百家网站"政法英模榜"的地级市政法委,也是广西唯一入选此次展播的政法委。

九是中央政法委机关报《法制日报社》在崇左市政法委设立联系点,是广西唯一一个设立联系点的地级市政法委。

十是崇左市边关特色公共法律服务体系,得到中国法学会的充分肯定。市法学会和司法行政部门,合力构建市、县、乡、村四级公共法律服务平台931个,全面落实"一村(社区)一法律顾问"制度。

【打击防范违法犯罪】 2016年,崇左市各级公安机关继续加大对破坏国家政治安全活动、公共安全、网络安全、经济建设等领域违法犯罪活动的打击力度,有效防止境内外敌对势力和敌对分子、邪教组织和其他非法组织的渗透破坏活动,牢牢守住不发生暴力恐怖事件的底线,防控风险服务发展,努力为经济社会发展提供有力保障。加大打击毒品违法犯罪、盗抢骗等多发性侵财犯罪活动,开展打击"盗抢骗"、"神剑1号"、"神剑2号"等系列专项行动,破获盗抢骗等案件2511起,刑事案件3397起,治安案件5217起,抢劫案15起,抢夺案12起,诈骗案265起。打掉涉恶团伙20个,逮捕66人。破获毒品案件213起,抓获犯罪嫌疑人275名,逮捕直诉犯罪嫌疑人193名,缴获各类毒品184.72千克,查处吸毒人员2149名,强制隔离戒毒676

名。全市刑事案件案发同比下降5.6%,"两抢一盗"发案数下降13.4%,各类治安案件发案数同比下降8.6%,社会治安环境得到进一步改善。

【社会治安综合治理】 2016年,崇左市创新抓好社会治安综合治理五项工作,加强社会治安综合治理创新。一是创新建设边境综治维稳信息中心,提升边境城市社会治理智能化、专业化水平。2016年建成了自治区首个边境综治维稳信息中心,创新设立了边境综治维稳信息中心机构。中心连接辖区7个县(市、区)和市级政法各部门,集边境防控、重点监管、信息采集、实时通信、预警预测、联动指挥、分析研判等实战功能于一体,有效整合了边境管理、公共安全视频监控、综治视联网、综治E通等综治资源,创新开发了电子沙盘信息系统。信息中心做到了联动融合,精细化管理,扁平化指挥,切实提升了边境社会治理智能化、专业化水平。二是创新建设"三网联动"系统,提升边境防控信息化水平。通过整合边境县(市)的公共安全视频监控系统、电子边境监控指挥系统和综治视联网系统,实行"三网联动",通过联网应用,提升了边境治安防控发现、报警和处置能力。积极构建边境反恐安全网络,进一步筑牢边关安全防线。崇左市边境防控信息化在全国社会治安综合治理创新工作会议上作经验展播;全国公安边防部队边境管控体系建设推进会、广西公安边防总队边境管控体系建设推进会相继在崇左市召开,崇左市边境管控体系建设经验向全国推广。三是创新推行"一村一警务助理"工作机制,破解基层治安管理难题。为解决好基层治安管理人员不足的

问题,崇左市在广西率先创新推行"一村一警务助理"基层治安管理工作机制,在各村(社区)选聘一名警务助理,经公安机关考核培训后上岗,警务助理利用人熟、地熟、事熟的优势,驻村(社区)协助辖区民警开展治安防范、矛盾化解、交通、消防管理、法制宣传、信息收集等工作,维护基层社会治安稳定。四是创新开展边关特色公共法律服务体系建设和跨国民间纠纷调解,提升依法治市水平。崇左市和自治区司法厅签署合作框架协议,在广西率先以"厅市合作"的形式,共同构建具有边关特色的崇左公共法律服务体系。市法学会和司法行政部门合力构建市、县、乡、村四级公共法律服务平台931个,全面落实"一村(社区)一法律顾问"制度,选派律师、法律工作者和法学法律专家担任每一个中心、工作站、工作室的法律顾问。全市已有58名律师担任市、县两级政府法律顾问;846个行政村(社区)全部选派专职法律顾问,法律顾问实现了全覆盖。崇左市法律工作深入乡镇、村屯社区,为广大群众提供法律咨询和法律服务,得到中国法学会、自治区司法厅的充分肯定。五是创新开展边境贸易法律服务和跨国民间纠纷调解机制,促进依法维护边境秩序。崇左市与越南接壤,边境线长,边境贸易频繁,为解决好边境贸易中的各种纠纷问题,市法学会组织法学法律专家,积极为边境贸易提供法律服务,为边贸保驾护航。同时,市法学会与司法行政部门,积极开展跨境民间纠纷调解,维护边境社会和谐稳定。凭祥、龙州、宁明、大新等四个边境县(市)建立跨国民间纠纷人民调解组织59个,聘请人民调解员210名,其中外籍调解员35名,充

分发挥法律顾问的作用，积极调解跨境民间纠纷。这一创新做法得到司法部、自治区司法厅的充分肯定。

【平安崇左升级版】 2016年，崇左市注重平安崇左建设，不断提高群众安全感。坚持强化服务民生，坚持把维护群众切身利益、提高群众安全感作为主线贯穿于各项工作始终，社会治安综合治理工作成效卓著，群众安全感工作再上新台阶。2016年度崇左市群众安全感达到92.13%，继续保持排名广西第一名，再创广西地级市群众安全感新高。一是市委、市政府高度重视，是做好综治（平安建设）工作的前提和保障。市委、市政府始终统筹抓好发展第一要务与稳定第一责任，充分发动广大群众积极参与，整合社会力量共治共建，为实现边关善治提供坚强的政治保障。二是强化社会治安动态管控和常态化治理，维护群众切身利益，提升群众安全感，是综治（平安建设）工作的出发点和落脚点。坚持严密预测预警预防社会治安问题，本着什么问题突出就整治什么，哪里问题突出就整治哪里的原则，对群众反映的问题综合施策，及时治理，以整治成果取信于民。三是广泛发动群众积极参与，凝聚社会力量协同建设，是综治（平安建设）工作常做常新、长抓不懈的群众基础。通过各种途径，发动群众支持和参与平安建设，整合各级综治成员单位资源，发挥优势，形成合力，为平安崇左建设凝聚了强大力量，不断夯实平安稳定根基。四是紧密结合边境实情，构建牢固的边境社会治安防控体系，是有效防范化解各类风险，维护国家安全、边关稳定的关键环节。围绕边境地区实际，不断完善社会治安防控体系

建设，坚持科技引领、信息支撑，积极运用互联网、物联网、大数据等现代科技手段，促进边境治理信息化，提升边境防控现代化水平。五是不断深化"平安崇左一线工作法"，夯实平安建设基层基础工作，是促进平安崇左建设事业蓬勃发展的力量源泉。崇左市长期坚持"人往一线走，事在一线办，预防在一线，化解在一线"的"平安崇左一线工作法"，抓基层、打基础，筑牢基层稳定和边关平安的安全防线，始终为经济社会发展、为群众安居乐业保驾护航。

【维护社会稳定】 2016年，崇左市把握重点，综合施策，全力维护边疆安全和社会稳定。一是强化源头化解，做细排查工作。推行"一村一警务助理"、"警官任村官"、"一村一法律顾问"等工作机制，深入开展矛盾纠纷精准排查精细化解专项行动，排查矛盾纠纷1782起，调处1782起，调处率100%，调处成功1769起，调处成功率99.3%。深入开展危爆物品、寄递物流清理整顿行动。开展领导干部接访下访、驻村蹲点、驻村夜访等信访活动，接访386人（次），接待来访总人数569人，接待受理信访309件，受理已办结284件。二是创新工作思路，扩大维稳工作效果。创新采取预警研判、行政措施、准确切入等措施，切实提高维护国家安全和社会稳定工作的预见性、前瞻性。抓住关键环节，涉军群体稳得住、控得牢，实现了平安清明等工作目标。分门别类，针对重点人员制定针对性强的管控措施，实现各类重点群体和人员全方位稳控，确保全市重点人员"零失控"。三是强化反恐和边境管控，牢牢守住底线。把"抓法治、切通道、防回流、守底线"作为今年反恐防恐

工作的重中之重。通过强化分析研判，提升预警能力，不断完善各种应急预案，全面强化反恐防暴工作。依法管控边境秩序，加大边境物防、技防体系建设，加强边境物理隔离栏建设，不断完善电子边境监控指挥系统。筑牢边境管控防线，严防"三股势力"潜入潜出，牢牢地守住了不发生暴恐案（事）件的底线。2016年，崇左市圆满完成"G20峰会"、中共十八届六中全会等各个敏感节点和重大活动的维稳工作任务，实现了"平安清明"等工作目标，牢牢守住不发生暴恐事件，不发生大规模突发性群体性事件，不发生重大刑事案件和安全生产事故的工作目标，维护边关和谐稳定。

【防范和处理邪教问题】 2016年，崇左市以"六化"为抓手，创新开展"南国边关无邪教城市"创建工作。一是成立无邪教创建活动领导小组，制定出台《崇左市创建"南国边关无邪教城市"工作方案》和创建活动的"三个标准"，明确责任。二是实施示范引领工程，每个县（市、区）通过选择三个工作基础比较好的乡镇（街道）、三个村（社区）和学校作为典型，引领带动"无邪教创建示范工程"活动深入开展。编织反邪教"防火网"，将基层反邪教工作纳入社会治理的大平台，建立健全基层防控邪教网络。建立群防群治队伍，在千里边关筑起一道防控邪教的铜墙铁壁，出台邪教活动信息举报奖励制度。三是多措并举，充分利用广播、电视、报刊、网络等媒体进行网上、网下、境内境外广泛宣传，为创建活动营造良好舆论氛围。四是坚持不懈地把教育转化巩固帮教工作作为反邪教工作的一项重点工作来抓，全市绝大多数邪教组织痴迷者已

经转化,所有巩固对象无一反弹。五是加强督导,确保创建工作取得实效。崇左市"南国边关无邪教城市"创建工作得到中央和自治区防范办领导的精心指导和充分肯定。2016年中央和自治区在重点刊物介绍崇左市开展创建"南国边关无邪教城市"活动的做法。10月12日,崇左市在"全区推进无邪教创建活动现场会"上作了典型经验发言。

【司法体制改革】　2016年,崇左市加强领导,全面推进司法体制改革工作。一是稳步推进司法体制改革。市委政法委发挥牵头抓总的作用,把司法体制改革作为工作重点进行整体部署、整体推进,全市首批376名入额法官检察官已完成遴选工作,上报至自治区检察官遴选办公室审核。二是积极推进政法系统其他改革。继续推进"人民陪审员"、"人民监督员"、"家事审判"等改革试点工作和法律援助制度改革、户籍制度改革等工作。全国人民陪审员制度改革试点市中级人民法院、大新县人民法院已完成231名人民陪审员的选任、培训和宣誓等工作,人民陪审员参与案件审理685件1275人,问卷调查参审效果评价满意度达99.79%。崇左市人民陪审员制度改革试点工作得到中央改革办副主任穆虹的充分肯定。人民监督员选任管理改革实现有机构、有经费、有人员"三有",增设人民监督员选任管理科,人民监督员选任、管理经费4万元纳入财政预算。现已选任37名人民监督员,年内共选派5批19人次对检察院案件进行评议,保障了人民监督员依法履行监督权。法律援助制度改革取得新进展,制定实施《崇左市贯彻落实广西关于完善法律援助制度实施意见的工作方案》。户籍制度改革得到落实,市人民政府印发《崇左市关于修订印发进一步推进户籍制度改革的实施意见的通知》,制定实施《崇左市公安机关深入推进户籍制度改革实施细则》。

【强化执法监督】　2016年,崇左市强化执法监督,取得较好效果。一是加强涉法涉诉信访工作。为进一步深化各级政法部门涉法涉诉工作改革,加强对崇左市政法各部门涉法涉诉信访工作改革的指导,把解决涉法涉诉信访问题纳入法治轨道,由政法机关依法按程序处理。市委政法委协调建立健全了政法机关与党政信访部门的统筹协调机制,引导政法各部门加强衔接配合,建立通报联系机制,解决好当事人多头上访的问题。对交叉管辖的信访事项,严格落实首办负责制,谁先接待,谁审查受理。各单位内部建立了信访部门与案件承办部门之间的衔接机制,加快案件流转,确保信访案件得到及时公正处理。二是开展涉法涉诉信访案件专项执法检查和案件评查活动。市委政法委抽取市直政法各部门案件评查专家和律师,组成专项执法检查和案件评查组,对全市100件涉法涉诉信访重点案件进行了调卷检查和评查,其中,法院部门检查案件50件,检察部门检查案件20件,公安部门检查案件30件。经检查和评查,评定合格案件99件,合格率为99%。三是深入推进国家司法救助工作制度化、规范化。崇左市各县(市、区)将涉法涉诉信访救助、刑事被害人救助、特困当事人执行救助等统一合并为国家司法救助资金。同时,将国家司法救助资金列入每年财政预算予以单独安排,确保救助资金如期足额拨入专门账户,并实行严格监管,确保转款专用。在进行救助方面,市、县两级已发放救助资金106.1万元,救助案件105件。

【政法综治宣传】　2016年,崇左市突出重点,不断提升政法综合治理宣传效果。一是主题宣传活动更加丰富。组织开展"弘扬法治精神　维护公共安全"、"政法英模榜"、"创新社会治理,建设平安崇左"、开展"万人拒毒签名暨中越焚烧毒品"、"禁毒山歌"、"最美警察"推选等系列主题宣传活动,扩大全市政法工作的影响力。二是宣传亮点工作得到加强。加强与传统媒体合作,《法制日报》、《广西法治日报》等媒体已在崇左市设立记者站或联系点。在《长安》杂志社、《广西日报》、《广西法治日报》、《左江日报》专栏等重点刊登政法综治维稳工作亮点报道。三是新闻报道成效显著。全市各级政法部门在传统媒体和新媒体上刊发政法综治新闻稿件7517篇,比上年增加19%。其中,市、县两级政法委285篇,法院系统4385篇,检察机关821篇,公安机关1825篇,司法行政机关201篇。利用"两微一端",开通"崇左政法"官方微信公众号。全市基层法院均开通微信,两级检察院全部开通官方门户网站和微博、微信平台,全市公安系统均开通官方微博,利用新媒体能力不断提升。

【先进集体和先进个人】　2016年,崇左市政法部门积极工作,成绩显著,涌现一批先进集体和先进个人。

中共崇左市委员会政法委员会入选全国百家网站"政法英模榜",是广西唯一入选此次展播的政法委。大新县人民法院先后获得"全国模范法院"、"全国法院先进集体"、"全区司法警察技能大比武活动先进集体"等荣誉称号。2016 年 4 月，荣登全国、全区百家网站"政法英模榜"，是广西法院系统唯一一个登上"政法英模榜"的法院。崇左市中级人民法院刑事审判第一庭 2016 年获全国"青少年维权岗"称号。宁明县人民检察院获全国第六届"先进基层检察院"称号。扶绥县人民检察院 党支部于 6 月被评为"全区先进基层党组织"，12 月，获"全国检察机关检察委员会规范化建设示范单位"称号。崇左市公安机关侦破公安部"2015-4"号毒品目标案件专案组公安民警共 50 人，成功侦破公安部"2015-4"和公安厅"2015-78"号毒品目标案件，侦破案件做出了积极贡献，受到了公安部、自治区公安厅领导的高度赞许，被自治区公安厅授予集体二等功。扶绥县司法局为经济困难群众以及特殊群体提供免费法律服务，成绩突出被评为全区司法行政系统"集体二等功"；获全区"记一等功公务员集体"荣誉称号。崇左市江州区人民法院驮卢法庭庭长李振京，被自治区高级法院评为"全区优秀法官"、被最高院评为"全国法院党建工作先进个人"称号。扶绥县人民检察院控告申诉科科长何关锋，先后获得自治区和崇左市检察系统先进个人、自治区检察系统个人三等功一次、扶绥县优秀公务员等多项荣誉，2016 年 11 月，获第三届全区"人民满意公务员"称号。崇左市公安局江州分局副局长陆万敏，2016 年荣立个人二等功 1 次、三等功 2 次。崇左市司法局法制宣传科科长陆鹏，先后被自治区人社厅和司法厅记个人二等功 1 次，2016 年 5 月，被评为"2011—2015 年全国法治宣传教育先进个人"称号。 （闭剑华 孙如静 覃灵慧）

审 判

【概况】 2016 年是"十三五"规划开局之年。崇左市中级人民法院团结带领全市两级法院，忠实履行宪法和法律赋予的职责，公正、为民、廉洁司法，创新司法，各项工作取得新发展，为崇左市加快做好"两篇大文章"、打好"四大攻坚战"提供强有力的司法保障。2016 年，全市法院共受理各类案件 16567 件，审结 14811 件，结案率为 89.4%，同比分别上升 16.54%、20.83% 和 3.13%。年内有 3 个集体、2 人次获得国家级表彰，18 个集体、71 人次获得自治区级表彰，20 个集体、122 人次获得市级表彰。

【刑事审判】 2016 年，崇左市中级法院加大惩治力度，依法严厉打击各类刑事犯罪，切实维护边疆民族地区的和谐稳定。一年来，全市法院共受理各类刑事案件 1742 件，审结 1488 件，结案率为 85.42%，判处 1497 人。加大边境毒品、走私、暴力犯罪的打击力度，依法审结张吉英特大运输毒品案（涉案毒品 11243 克）、李春莉等人走私大米案（涉案走私大米 2.48 万吨），有力维护地方稳定，促进边贸经济的健康发展。严厉打击职务犯罪，依法高效审结自治区林业厅原厅长陈秋华受贿、巨额财产来源不明案，维护风清气正的政治生态，得到上级法院的充分肯定。依法审理未成年人犯罪案件，全市 7 个基层法院均成立了青少年法律教育基地，市中级法院联合相关部门组成回访帮教团，开展回访帮教等活动。青少年维权工作成效显著，崇左市法院刑一庭被共青团中央、最高人民法院授予"全国青少年维权岗"称号。

【民商事审判】 2016 年，崇左市中级法院运用司法手段服务经济发展新常态，妥善审理借款合同、知识产权等纠纷案件。一年来，受理各类民商事案件 11064 件，审结 9115 件，结案率为 82.38%，结案标的 20.70 亿元。依法公正高效审结 283 名职工诉崇左市永凯左江制糖有限责任公司的系列劳动争议案，切实维护劳动者的合法权益。采用"2+3"大陪审模式，顺利审结中国农业银行江州区支行诉广西永凯糖纸集团有限责任公司系列金融借款合同纠纷案（涉案标的 5.45 亿元），成功调解广西北部湾银行股份有限公司崇左支行诉凭祥市才源实业有限责任公司、广西凭祥市丰浩酒精有限公司金融借款纠纷案（涉案标的 5.08 亿元），有力地维护了金融债权安全。崇左市法院在审理龙州县海通投资有限公司诉湖北省工业建筑总承包集团第三建筑工程公司合同效力确认纠纷案中，依法采取民事行为保全措施，成功进行执行和解，有效地推进涉 800 多户的龙州县"兴龙花园"限价房问题的解决，保障地方和谐的经济发展环境。妥善处理涉八大小区等有关案件，促进崇左市经济社会健康发展。加大知识产权司法保护力度，审结公牛电器有限公司诉被告赵某商标侵权纠纷案，推动了崇左市创新驱动发展战略有序开展。

【行政审判】 2016 年，崇左市法院发挥行政审判职能，妥善协调行政纠纷，促进行政机关依法行政。一年来，全市法院共受理各类行政案件 230 件，审结 204 件，结案率为 88.7%。创新行政诉讼案件协调方式方法,成功协调解决江州区江南街道渠显村那桑村民小组与东门林场67公顷山林权属纠纷案,促进社会和谐。落实行政机关负责人出庭应诉制度常态化机制,全年共有29件案件行政机关负责人出庭应诉,其中崇左市委常委、副市长杨新等各级领导出庭参加诉讼,树立了政府依法行政的良好形象。建立沟通机制,对土地、山林纠纷存在的突出问题及时与有关部门沟通交流,协调重大敏感案件的处理,使一批社会矛盾突出、社会影响较大的案件得到妥善处置,维护社会稳定。

【案件执行】 2016年,全市法院共收执行案件3277件,结案2995件,结案率91.39%,结案标的金额26.27亿元。其中,在自治区高级人民法院统一部署的两次"执行月"活动中,全市两级法院共清理执行积案1346件,执行工作扎实推进,其做法与成效获得了上级法院的肯定,在玉林市召开的全区法院工作现场推进会和在河池市召开的全区法院执行工作现场交流会上,崇左市法院均作了经验介绍。主要措施有:一是党委高度重视,优化基本解决执行难工作的外部环境。二是创新工作方式方法。结合崇左市平安崇左建设已经形成的网格化管理机制,全市法院将市委政法委选聘的网格员吸收进崇左市执行团队中,强力打造具有崇左特色的"1+1+2+N"执行团队。创新使用执行案件动态地图分布系统和案件节点管理系统,精准掌握各地执行工作动态,适时监督案件进展情况,促进执行工作高效运行。三是强化执行措施。依托信息化建设,崇左市法院实现了与公安的信息联网,提速掌握被执行人行踪;并与公安、检察等多部

门联合开展"亮剑"行动,打击拒执犯罪,全市两级法院向公安机关移送拒不执行判决、裁定犯罪线索37件37人,公安机关立案23件23人,法院判决15件15人。加强诚信体系建设,发出限制高消费令852人次,限制出境852人次,公布并纳入失信被执行人名单1001人,震慑效果明显。充分发动社会力量参与解决执行难工作,出台《崇左市中级人民法院民事执行中实行悬赏执行制度的规定(试行)》。完善执行救助机制,对生活困难的申请执行人进行司法救助,共发放救助金124.47万元,救助145人,执行工作尽显人文关怀。四是加大涉民生案件执行力度。全市法院共执结涉民生案件658件,执行到位金额1.53亿元。在市委政法委的协调下,江州区人民法院、凭祥市人民法院依法拍卖左江糖厂和夏石糖厂,解决了11869户蔗农被拖欠蔗款案件,有力地保障了当地社会稳定。通过依法拍卖,成功引入了实力雄厚的现代化企业,推动崇左糖业的"二次创业",促进崇左市经济社会健康发展。

【涉诉信访】 2016年,崇左市法院积极构建集诉讼服务大厅、诉讼服务网、"12368"服务热线于一体的一站式综合诉讼服务平台。通过院长接访日、远程视频接访等工作渠道,多元化化解涉诉信访案件,实现多年重要节假日和敏感时期的零上访记录。司法警务工作扎实开展,继续巩固14年零事故记录。主动参与综治维稳,通过开展法律服务做好"两篇大文章",打好"四大攻坚战"三百行动、以案说法、巡回办案等形式,不断提升公众满意度。

【特色司法服务】 2016年,全市法院立足"边疆、边防、边贸"实际,

以"两学一做"学习教育推动特色司法服务工作,形成了"一地一特色"的工作新格局,为崇左市的边关旅游、工业发展、口岸经济、"三留守"人员提供了方便、快捷、高效的特色法律服务。大新县人民法院设立旅游纠纷巡回法庭,江州区、扶绥县法院分别成立工业(产业)园区巡回法庭,凭祥市、宁明县、龙州县法院分别成立边境贸易巡回法庭,天等县法院成立服务留守妇女儿童老人巡回法庭。系列巡回法庭的设立为崇左市的边关旅游、工业发展、口岸经济、"三留守"人员提供了方便快捷高效的特色法律服务。年内,旅游纠纷巡回法庭共接受游客法律咨询210余人次,联合调处各类纠纷21件,受理涉旅游民事纠纷案件2件,审结率100%,为旅游产业快速发展提供了法律保障。工业园区巡回法庭共受理各类案件133件,审结126件,结案率达94.74%,其中调解结案71件,调解结案率达56.35%。天等县法院创新服务"三留守"的"1+3"工作模式,制作微电影《大山小法庭》,有效地传递特色司法服务的正能量,服务留守妇女儿童老人巡回法庭共受理案件185件,结案146件,结案率为78.92%。边境贸易巡回法庭依托边贸调解室,联合边防、司法等部门,特别是聘请越南籍调解员,通过诉前调解、联动调解等方式,共同化解中越跨国边境贸易的民商事纠纷,化解纠纷105件,有力地保障了中越客商的合法权益。

另外,崇左市中级法院与扶绥县法院积极参与扶绥县渠黎镇吉到屯的社会主义核心价值观主题园建设,努力搭建吉到屯法制广场等宣传平台,打造南疆国门法制宣传品牌,大力弘扬"以和为贵"的文化理念,提高村民法制意识。特

色司法工作得到自治区高级人民法院院长黄克的批示肯定。崇左市法院联合市委宣传部、扶绥县人民法院、扶绥县委宣传部在吉到屯举办了"法治之光耀吉到"主题文艺晚会,受到当地群众的好评。

【信息化建设】 2016年,崇左市两级法院以科技强院为导向,加强基层、基础建设,为审判执行工作服务。一是加快基层法院审判综合楼建设。全市法院审判综合楼投入使用,加快对诉讼服务中心、科技法庭等建设,及时更新执行指挥中心、法院文化展厅等基础设施,确保满足法院现代化审判执行工作需要。二是加快"智慧法院"建设步伐。一年来,全市两级法院以及派出法庭全部配备高清设备,全部案件实现同步录音录像、全程留痕。在全市各看守所建成了远程视频开庭和远程视频提讯室,进一步安全、高效完成刑事案件庭审工作。研发移动办案平台,实现外出办案人员当场制作、打印法律文书,解放办案人员生产力。利用QQ异地远程开庭系统,解决民商事案件中外出务工当事人无法到庭参与庭审的问题。启用人民陪审员随机抽选系统,成功解决陪审员参审不均衡等问题。借助语音识别系统和文书纠错系统,使审判人员缩短文书制作时间,提升文书制作质量。崇左市法院信息化建设工作得到了自治区高级人民法院的充分肯定,并已经确定崇左市中级人民法院作为全区法院信息化建设试点单位。

【司法改革】 2016年,崇左市中级法院对司法体制进行多种改革试点,成效显著。

司法体制改革稳步推进 全市两级法院按照自治区高院的统一部署要求,结合崇左实际,积极开展司法体制改革工作,已如期完成首批207名入额法官的遴选工作,为下一步落实法官责任制工作打下了坚实基础。

人民陪审员制度改革试点成效凸显 崇左市中级法院、大新县人民法院被确定为全国人民陪审员制度改革试点单位后,市委高度重视,及时成立以市委常委、政法委书记雷多荣为组长的改革试点工作领导小组,迅速开展工作,已进入人民陪审员参加案件审判阶段,并且大胆采用"1+2"、"2+3"、"3+4"等大陪审合议庭模式,组织人民陪审员参与案件审理共计569件通过问卷调查,参审效果评价满意度达98.21%,取得了良好的社会效果和法律效果。最高人民法院院长周强在《最高人民法院关于人民陪审员制度改革试点情况的中期报告》中,对崇左市改革试点工作予以肯定。

家事审判改革取得阶段性成效 作为全国、全区试点法院的宁明县法院,成立了广西第一个家事审判庭。该庭依托"一岗九点五站"工作模式,创新引入家庭调查员制度,积极搭建婚姻家庭纠纷调处工作新平台,实现调解率高、双方当事人满意度高的良好效果。扶绥县法院创新适用离婚纠纷冷静期,签订修复感情、挽救婚姻计划书做法,采取定期、不定期、电话回访等方式了解双方夫妻感情修复情况,并督促双方履行承诺,以达到修复感情、挽救婚姻的目的,该做法得到自治区妇联主席王革冰的高度评价,扶绥县法院被自治区妇联推荐参评"全国妇儿维权先进单位"。

量刑规范化试点有序开展 崇左市法院、江州区法院、凭祥市法院被列入非法持有毒品罪、容留他人吸毒罪量刑规范化试点单位以来,积极探索,加强与公安、检察的协调配合,试点工作有序推进。2016年6月,最高人民法院在凭祥市召开修改扩大量刑规范化罪名和刑种试行意见会,崇左市法院试点工作在会上作了经验发言。

案件繁简分流试点有条不紊 作为广西案件繁简分流改革工作试点单位,扶绥县法院主动尝试,建立了以法官的主观判断与当事人意思自治相结合的繁简分流评估机制,规范立案分案流程,实现当天立案,当天分案。创新成立"7+7+2"模式的简易案件速裁审理团队与"门诊式"、"要素式"庭审模式,简化了案件的审理,提高了工作效率。 (潘增雷　张燕燕)

检 察

【概况】 2016年,崇左市人民检察机关深入贯彻中共十八大和十八届三中、四中、五中、六中全会,以及中共中央总书记习近平系列重要讲话精神,紧紧围绕市委做好"两篇大文章",打好"四大攻坚战"主题,把检察工作放在经济社会发展大局中谋划。忠实履行宪法和法律赋予的职责,坚持运用法治思维和法治方式推进检察工作,不折不扣地开展司法体制改革,抓好执法办案、法律监督和队伍建设,各项工作取得新的成效。年内有73个集体、86名个人获得地市级以上表彰,宁明县人民检察院获评全国先进基层检察院,扶绥县人民检察院获全国检察机关检委会规范化建设示范单位,崇左市检察院政治部被自治区人民检察院记集体二等功,何关锋被评为第三届"全区人民满意的公务员"称号,为崇左市经济社会发展实现"十三五"规划良好开局做出了积极贡献。

【侦查监督】 2016年,崇左市检察院依法履行侦查监督职能,以事实为中心,以法律为准绳,全市检察机关全年共批准(决定)逮捕犯罪嫌疑人1044件1421人。推进以物证、书证等综合证据体系审查运用,落实非法证据排除规则,依法对不构成犯罪的嫌疑人不批捕32人,对证据不足的不批捕291人,对无社会危险性的不批捕116人。全年共监督侦查机关立案44件,对不应当立案的依法监督撤案28件,纠正侦查活动违法36件次。纠正漏捕犯罪嫌疑人51人、纠正遗漏同案犯49人。提前介入重大案件的侦查活动84件次。集中开展"破坏环境资源犯罪"和"危害食品药品安全犯罪"两个专项立案监督活动,监督行政执法机关移送涉嫌犯罪案件线索9件11人,监督公安机关立案17件22人,批捕6件8人,提起公诉11件15人。

【公诉工作】 2016年,崇左市充分发挥公诉职能,及时准确地指控各类刑事犯罪,特别是严重暴力、毒品、走私、贪污贿赂等犯罪,有效维护社会平安。2016年,全市检察机关共受理各类一审刑事案件1543件2064人,审结后提起公诉1365件1755人,不起诉42件54人,出庭履行职务1324件1698人。加强刑事诉讼监督,全年纠正遗漏同案犯49人,提出抗诉6件7人。由扶绥县人民检察院提起抗诉,市检察院支持抗诉的刘海滨贪污、受贿案获得广西检察机关"优秀刑事抗诉案件"称号。继续推进未成年人刑事检察工作,积极开展2016年春季"开学第一课"主题教育活动,针对青少年学生年龄特点,通过法制讲解、法制板报宣传等形式,增进学生对法律常识的了解,提高学生明辨是非的能力,增强守法观念。根据地方特点和现有条件,多渠道多方法落实刑事司法救助活动。对因遭受犯罪侵害而不能及时获得有效赔偿、生活困难的未成年人,或因父母服刑、在押导致生活失去依靠的"失依儿童"积极予以救助。崇左市人民检察院和扶绥县人民检察院获得第二批"自治区妇女儿童维权岗"称号。

【反贪工作】 2016年,崇左市坚决依法惩治职务犯罪,为营造风清气正的政治生态环境提供有力司法保障。全市共立查贪污贿赂案件63件76人,其中大案48件58人,要案4人。侦查终结51件62人,提起公诉51件60人。通过办案追回赃款共计861.37万元,其中单个案件追赃最大额高达250万元。深入开展打击发生在群众身边的职务犯罪案件专项工作,全年立查此类案件61件74人,占全部立案数的96.82%(件)97.37%(人),其中要案2人,大案4件4人。结合崇左地处边境的特点,按上级检察院的统一部署在上半年开展了边境口岸执法部门执法人员职务犯罪专项行动,成立了以检察长黄继平为组长的专项工作领导小组,重拳打击边境口岸执法人员职务犯罪,共立案侦查27件29人,其中海关缉私部门3件3人,其他执法部门24件26人。确立以审判为中心的侦查取证理念,对于重大疑难案件,均能够邀请侦监、公诉部门派员参与对证据的审查,提出补齐补强证据意见。扭转干警固有观念,努力实现从"查明事实"到"证明事实"的取证观念转变,收集证据更加全面、客观,案件质量进一步得到强化。全部案件没有出现无罪判决的现象。

【预防职务犯罪】 2016年,崇左市坚持以服务和保障改革发展大局为中心,以提升预防工作专业化和社会化水平为主线,不断深化工作体制机制创新,科学有效地开展预防职务犯罪工作。全市检察机关开展预防调查110次,案例分析94件,提出预防检察建议88件,被相关单位采纳66件,开展警示教育329次,受教育人数11388人,提供行贿犯罪档案查询共24309次,设置预防宣传联播网媒介数15个。崇左市第四届人大常委会第一次会议专题听取并审议通过了检察院关于开展职务犯罪预防工作的专题报告,市人大常委会结合崇左当地实际做出了《关于加强崇左市预防职务犯罪工作的决议》,明确了崇左市预防职务犯罪工作的基本原则和基本举措。基于市委换届人员变动情况,及时向市委提出对预防职务犯罪工作领导小组成员进行调整更换的建议,得到市委采纳,使预防职务犯罪工作领导小组切实发挥作用,强化对反腐倡廉工作的领导和组织协调。关注民生,开展"保障和改善民生、促进惠民扶贫政策落实"专项预防。其中,针对农村中小学学校校舍建设和农村饮水安全工程建设开展的两个专项预防,在自治区高级人民检察院举办的全国、自治区人大代表评选惠农扶贫领域专项职务犯罪预防项目活动中,被评为全区十大精品专项职务犯罪预防项目。注重与相关重点单位签订"关于加强惩治和预防职务犯罪工作实施意见",携手开展职务犯罪预防共建工作,实现了防范职务犯罪的良性互动,预防共建单位达到9家。

【监所检察】 2016年,崇左市强化监督实效,充分履行职责,按照"规范化、信息化、专业化"的总体要求开展刑事执行检察工作。加强刑罚执行监督力度,维护司法公正和权威,开展了集中清理判处实刑罪犯未执行刑罚专项活动,筛查出审前未羁押判处实刑未收监、未暂予监外执行的罪犯2件2人,随后该两名罪犯被依法重新收押。其中,1个案件获得广西精品案件称号。开展社区矫正检察工作,先后对凭祥市、天等县在册的115名监外执行罪犯进行检察,做到底数清、情况明、促监督,同时也促进了社区矫正监管活动依法、公正、规范开展。加强羁押必要性审查和羁押期限监督,共受理羁押必要性审查案件160件,经审查向办案机关发出变更强制措施建议书159份,办案部门采纳建议并变更强制措施155件,占全市执行逮捕数比例为14.2%,排名广西第一位。其中有3件获评广西羁押必要性审查精品案件。认真履行驻所检察工作职责,共参与看守所安全大检查102次,参加联席会及所情分析会94次,向看守所发出书面纠正违法通知书或者检察建议书共50份。对指定居所监视居住开展检察共10件11人,切实保障犯罪嫌疑人的合法权益和指定居所监视居住措施的依法执行。进一步健全刑事被执行人权利诉求机制,在每一个监区均张贴了"犯罪嫌疑人、被告人权利义务告知书"、"羁押必要性审查权利告知"等,使在押人员了解自己该享有的权利和必须履行的义务,从而遵守监规,服从管教并通过运用法律维护自己合法权益。

【民事行政检察】 2016年,崇左市加强民事审判和行政诉讼监督。全市办理各类民事行政检察监督案件175件,同比上升67.3%。其中,办理民事行政裁判监督案件43件,办理民事审判活动违法和民事

执行违法行为监督案件共113件,办理督促履职12件,支持起诉7件。全市两级检察院共处理非公企业反映的法律问题是88件。确立服务和保障民生为工作重点,开展相关专项活动。江州区人民检察院根据制糖企业拖欠农民甘蔗款的情况,成功办理了一起针对蔗糖企业的执行监督案件,监督案值达4.7亿元,涉及蔗农、下岗职工等共5万多名债权人的财产权益,收到良好的法律效果和社会效果。上下联动,有效推行分审合议办案机制,形成监督合力。崇左市检察院与7个基层检察院联动审查18个案件,发现审判和执行活动违法52件,其中1个案件被评为广西优秀案件。

【控告申诉检察】 2016年,崇左市深化涉法涉诉信访改革,以文明接待室创建评比为抓手,坚持以执法办案为中心,维护司法公正,化解社会矛盾,促进社会和谐。全市检察机关受理群众来信来访419件,受理刑事申诉案件17件,办理国家赔偿案件3件,开展国家司法救助42人,全年共发放救助金额24.55万元。开展举报初核35件,经初核举报失实2件,移送相关部门33件。奖励举报有功人员2人,奖励金额2000元。不立案举报线索审查14件,受理民事行政监督申请案件196件。认真排查检察环节不稳定隐患,充分研判不稳定隐患根源,将不稳定问题解决在基层,化解在萌芽状态,连续13年无涉检进京访和非正常赴邕访发生。完成远程视频接访系统从标清到高清的升级改造工作,为出行不便的群众提供更多便利的表达诉求途径,全年开展远程视频接待群众、案件汇报、涉检信访研讨等工作16件(次)。积极探索第三方参

与化解矛盾机制,制定了《崇左市人民检察院律师参与化解和代理涉法涉诉信访案件制度实施办法(试行)》,市、县两级检察院有序推进,全市邀请律师参与化解涉法涉诉信访案件7件。以创建全国文明接待示范窗口为契机,改善接待环境,优化接待设施,先后投入资金16.93万元改造市检察院"一站式"检务接待大厅,获评全区检察机关"文明接待示范窗口",并被推荐参加全国检察机关"文明接待示范窗口"评比。

【司法体制改革】 2016年,崇左市全面推进司法体制改革工作。一是成立调研组,为推进改革开展前期准备工作。4月下旬,党组决定成立全市检察机关司法体制改革工作调研组,对检察人员分类管理、检察人员职业保障、检察官办案责任制和省以下地方检察院人财物统一管理为主要内容的四项改革进行前期调研准备工作,并形成5万字的调研报告。二是制定配套制度,为检察官遴选工作打下良好基础。11月初成立了首批员额内检察官遴选工作领导小组及其办公室、遴选工作考核组、遴选专业素能评价组等,并请市委政法委牵头,成立以检察长为组长的班子成员考核组。同时根据自治区有关司法改革文件,及时研究制定司法体制改革工作具体实施方案,首批员额内检察官遴选考核工作实施方案等文件,加强宣传解读。三是认真严格筛选,完成首批员额内检察官遴选工作。经过严格的考试、司法素能和业绩考核、民主测评、院党组酝酿审议、报自治区法官检察官遴选委员会审议、公示等阶段,全市共有134名检察人员成为首批员额内检察官。

(蒙慧兰 黄 嫣)

公 安

【概况】 2016年,崇左市公安局深入学习贯彻中共十八届三中、四中、五中、六中全会和中共中央总书记习近平系列重要讲话精神,按照市委、市政府做好"两篇大文章"、打好"四大攻坚战"的战略部署,结合公安工作实际组织开展了社会稳控、治安整治、警务改革、基础建设等一系列专项工作,圆满完成了各项安保维稳任务,推动全市公安工作和队伍建设取得了新的成效,为实现崇左市"十三五"规划顺利开局创造了良好的社会治安环境。2016年,崇左市群众安全感和满意度排名广西第一位,群众对公安机关工作满意度排名广西第一位,全市社会稳定动态八项工作综合得分广西第一位,全市辖区刑事案件发案数同比明显下降,社会治安大局保持总体稳定。

【维护社会稳定】 2016年,崇左市公安机关注重推动运用法治思维、法律手段处理案(事)件、化解社会矛盾,积极推行综治"网格化"管理。全市850个村(社区)855名挂点和驻村民警、8016名网格员,深入社区村屯服务群众30万多人次,化解矛盾纠纷1564多起,有效预防群体性事件发生。同时,立足地处边境地区的特点,牢固树立总体国家安全观,深入研判、准确把握各类风险,未雨绸缪、及早应对,抓早抓小、有效防控,有效地维护了国家安全和社会政治稳定工作目标。

【经济案件侦查】 2016年,崇左市公安机关紧绕打击经济犯罪主业,突出情报导侦主线,紧扣法治经侦目标,依法严厉打击经济犯罪,积极谋划经侦工作新思路、新举措,围绕大局主动作为。全市共受理各类经济案件176起,立案145起,破案54起,抓获犯罪嫌疑人92人,刑拘57人,取保候审59人,逮捕36人,涉案总价值达10.82亿元,挽回损失价值146万元。协助外地公安机关抓捕"猎狐行动"目标嫌疑人3人。

【打击刑事犯罪】 2016年,全市公安机关紧紧抓住打击犯罪这个公安主业,充分发扬顽强拼搏,迎难而上的精神,全力侦破各类刑事案件。全年立刑事案件4893起,比2015年下降8.8%;侦破2225起,比2015年下降16.4%;抓获犯罪嫌疑人1714人(其中抓获网上逃犯332人),抓获犯罪嫌疑人数量比2015年下降9.3%;刑事拘留1351人,比2015年下降9.9%;逮捕1473人,比2015年下降0.8%;移送起诉1480人,比2015年下降6.8%;打掉犯罪团伙98个、成员465人。其中,立命案32起,侦破31起,破案率96.88%。

【专项行动】 2016年,全市公安机关以开展神剑行动和打击"盗抢骗"等多发性侵财犯罪行动为契机,严厉打击各类突出违法犯罪活动,多破小案、快破大案,实现了发案少、秩序好的工作目标。在开展神剑1号行动中,全市共破获涉枪涉爆案件101起,捣毁涉枪窝点4个,打掉涉枪团伙7个,抓获犯罪嫌疑人152名,收缴各类非法枪支共954支,子弹8.1万发,雷管3671枚,炸药341公斤。在开展神剑2号行动中,全市破"盗抢骗"案件970起,共抓获犯罪嫌疑人385人,打掉犯罪团伙20个。

【禁毒工作】 2016年,全市共破获毒品刑事案件394起(其中重特大案件103起),抓获犯罪嫌疑人533人,缴获各类毒品214.11公斤,其中缴获海洛因182.66公斤,排名广西第一位,占广西缴获海洛因总量的69.4%,先后5次获得公安部、自治区公安厅的贺电表扬,多次获上级领导批示肯定。抓获吸毒人员4527人,强制隔离戒毒1228人。社区戒毒170人,社区康复55人,药物维持治疗436人,吸毒人员管控率72.90%。

2016年8月15日,自治区副主席、公安厅厅长胡焯(前左三),到凭祥市督促检查G20峰会及中国－东盟博览会安保工作落实情况

【治安管理】 2016年,全市治安管理部门深入开展打击赌博违法犯罪、缉枪治爆、"护校安园"等专项行动,扎实抓好社会治安管理,积极组织、协调、指导各县(市、区)治安部门抓好各项治安业务,有力地维护了全市社会治安大局的和谐稳定。全年全市治安部门发现受理治安案件8514起,查处6483起,查处率76.14%,查处违法人员11042人,治安处罚9338人(其中警告260人,罚款4100人,行政拘留4978人)。立涉黄刑事案件28起,破获25起,刑拘26人,逮捕30人;受理涉黄治安案件285起,行政拘留231人,罚款296人;共打掉涉黄涉赌窝点157个,犯罪团伙50个。收缴各类非法枪支312支,子弹50148发,炸药32.8公斤、雷管447枚,索类爆炸物品325米,管制刀具346把。

【户政管理】 2016年,崇左市公安部门深入推进户籍制度改革,规范户籍窗口建设,加强实有人口服务管理,推进人口管理信息化建设,强化户政管理队伍建设,构建优质高效的服务体系,进一步提升了人民群众安全感和满意度。2016年,全市户政窗口共受理各项户籍业务56.8万多笔,其中办理二代身份证160043张,临时身份证共28808张,受理居住证51633张,办理出生登记32427人次,死亡注销12324人次,迁入6415人次,迁出11140人次,市内变动25621人次,变更正信息23.5万多人次,漏报补报户口3284人,核实后删除多报户口1272人。

【边防和出入境管理】 2016年,崇左市在边境地区和全市各重要通道启用公安检查站36个,投入警力400多人,24小时轮番坚守岗位,对进出边境的车辆、人员进行双向检查。充分发动1200个边境治保会、联防队、护村队等群防组织,432名"路长",256名治安信息员和568名治安积极分子全力投入边境管控工作,有效地打击了边境走私、贩毒犯罪活动。积极推进出入境管理工作创新,全力维护出入境管理秩序。全市公安机关出入境管理部门共批准公民出国(境)152288人/次,其中审批签发普通护照21376本,受理内地居民前往港澳地区定居157人/次,签发内地居民前往港澳地区定居证件90本,受理往来港澳通行证52133本,签注9336个,审批大陆居民往来台湾地区3333人/次。签发出入境通行证17565本,其中边境旅游11937本,边境贸易5565本,边境旅游服务63本。签发外国人出入境证56781本,外国人普通签证203本,居留许可证738本。

【交通安全管理】 2016年,崇左市各级公安交警部门切实加强交通安全管控,辖区交通安全形势平稳。年内全市共发生各类一般程序道路交通事故306起,造成236人死亡、214人受伤,直接经济损失114.87万元,与2015年同期相比,事故次数下降12.57%、死亡人数上升3.96%、受伤人数下降25.44%、直接经济损失下降6.35%。

【消防管理】 2016年,崇左市公安消防部门强力推进构筑"防火墙"工程和"四项建设",确保了部队集中统一和安全稳定,确保了全市火灾形势总体平稳。年内,全市发生火灾147起,比2015年上升9.70%;因灾死亡2人,受伤0人;直接经济损失514.81万元,比2015年上升98.72%。公安消防部队接警出动314次,出动消防官兵4443人次,出动消防车789辆次,抢救财产价值842万元,保护财产价值2.24亿元。

【森林公安】 2016年,崇左市森林公安机关紧紧围绕林业改革大局,扎实开展各项打击整治行动,为保护生态环境,促进社会和谐做出应有的贡献。全市各级森林公安机关共立刑事案件175起,破案108起,完成全年任务的121.35%(任务数89起),逮捕113人,完成全年任务的126.96%(任务数89人),查处林业行政案件630起,完成全年任务的113.51%(任务数555起)。通过查处案件,共收缴木材1824.71立方米,杂材231.43吨,行政罚款700余万元,收缴枪支5支,野生动物及制品10万余只(头、件)。

【警务安保】 2016年,崇左市各级公安机关先后圆满完成了元旦、春节、全国"两会"、清明节、G20峰会、第十三届中国–东盟博览会、自治区和崇左市党代会等重大活动和敏感节点的安保维稳工作,继续保持全国"两会"等敏感时期"零进京上访"的良好势头。

【公安监管】 2016年,崇左市公安监管民警履职尽责,团结协作,以"确保监所安全"为核心,以"构建和谐监管"为目标,通过采取扎实有效的措施,确保了全市20个监所稳定运行,圆满完成了各项羁押工作任务。全市7个看守所连续5年以上安全无事故喜获自治区公安厅通报表彰,其中崇左市看守所连续27年安全无事故,凭祥市看守所连续23年安全无事故,龙州县看守所连续23年安全无事故,大新县看守所连续19年安全无事故,天等县看守所连续19年安全

无事故,宁明县看守所连续13年安全无事故,扶绥县看守所连续10年安全无事故。　　(李优遥)

司法行政

【概况】 2016年,崇左市司法行政机关坚持以中共十八大和十八届三中、四中、五中、六中全会,以及中共中央总书记习近平系列重要讲话精神为统领,围绕市委、市政府中心工作,认真履行司法行政职责,突出重点、打造亮点,扎实做好法制宣传教育、人民调解、社区矫正、安置帮教、法律援助、律师服务、司法鉴定和公证服务等工作,不断开创司法行政工作新局面,为做好"两篇大文章"、打好"四大攻坚战"提供优质高效的法律服务和保障,取得了显著的成绩。年内,全市司法部门获得国家级先进集体4个,先进个人1人次;获得自治区级先进集体6个,先进个人7人次,其中1个集体荣记一等功,2个集体、4名个人荣记二等功。崇左市被评为2011—2015年全国法治宣传教育先进市,扶绥县被评为2011—2015年全国法制宣传教育先进县(市、区),天等县司法局被评为"1+1"中国法律援助志愿者行动2015年度先进单位,崇左市直律师事务所广西大腾律师事务所被评为第五届全国法律援助工作先进集体,扶绥县司法局被评为第十六批自治区文明单位,崇左市广西恒聚律师事务所被评为广西优秀律师事务所,崇左市公证处获2016年5月广西公证业务技能比赛团体奖二等奖,扶绥县司法局被自治区党委、自治区人民政府记集体一等功一次,扶绥县司法局、大新县司法局堪圩司法所被自治区人社厅、司法厅

记集体二等功一次。

【法制宣传教育】 2016年,崇左市委、市人大、市政府批准和审议通过全市"七五"普法规划、决议,全面启动"七五"普法。结合实际,着力打造民族边关普法品牌。发挥传统普法阵地优势,继续以"大榕树法律讲堂"、"法律夜讲"、"送法进军(警)营"等为载体,开展形式多样的法治宣传活动。"互联网＋法治宣传"新媒体舆论引导和法治宣传效果不断加强,民族、边关法治文化品牌取得新成效。凭祥市青少年法治宣传教育工作得到中央政法委书记孟建柱、司法部长吴爱英和国家关工委主任顾秀莲批示肯定,崇左市司法局与凭祥市司法局报送的《普法教育从娃娃抓起、维护边关和谐安宁》典型材料在司法部《法治宣传教育工作简报》刊登推介。

【人民调解】 2016年,崇左市司法部门注重人民调解工作,较好地解决各类纠纷矛盾。

民间纠纷调解 全市各级人民调解组织共受理人民调解案件5836件,调解成功5731件,调解成功率98.2%;预防群体性上访、械斗45件,涉及人数1084人次,大量矛盾纠纷化解在基层。

中越跨国调解 总结推广凭祥市浦寨边贸区涉外民间纠纷人民调解委员会工作模式,在凭祥、宁明、大新、龙州等4个边境县(市)推进涉外民间纠纷人民调解机构建设,聘请外籍人民调解员参与调解。全市共建立跨国民间纠纷人民调解组织59个,聘请外籍调解人员35人,其中宁明县8人,大新县2人,凭祥市15人,龙州县10人。全市落实调解人员210名,受理跨国民间纠纷12件,调解成功12件,

调解成功率100%,涉案金额达85万元。宁明县爱店涉外解调委员会《关于黎敬伟同志跨国民间纠纷调解及化解三大纠纷专题报道》被司法部收录到《人民调解成功调解典型案件实录》。

行业性、专业性调解 全市建立涉及医患、旅游、道路交通等领域的专业性、行业性调解委员会41个,调解案件10件,调解成功8件,涉及金额52.7万元。凭祥市和大新县旅游纠纷调解、龙州县物业纠纷调解、凭祥市医患纠纷调解工作卓有成效。

【特殊人群管理】 2016年,崇左市重视抓好特殊人群管理工作,确保特殊人群正常生活。

社区矫正 推广半小时监管圈"凭祥模式",将半小时交通距离内的社区矫正人员集中到县(市、区)社矫中心进行监管。引入心理矫治,成立心理工作室,邀请心理咨询师、公安民警、法官、检察官等为社区服刑人员授课,提高矫正工作成效。"凭祥模式"得到了自治区司法厅的高度肯定。全市累计接收社区服刑人员2524名,解除1944名,在册580名,社区服刑人员无重新违法犯罪,连续6年重新犯罪率为0。

安置帮教 拓宽安置帮教渠道,大力提高安置帮教工作水平。在凭祥市试点基础上,崇左市与南宁监狱签订《远程视频帮教工作协议》,全面推进远程视频帮教工作,拓展了帮教形式,深受服刑人员和家属的好评。结合精准扶贫工作,推进安置帮教基地建设,年内新增安置帮教基地6个,扩大安置帮教能力,确保刑释解戒人员"应帮尽帮"。全市在册安置帮教对象5857人,2015年衔接刑满释放人员1241名,安置1260人次,安置

率达 102%；开展帮教 1279 人次，帮教率达 103%。当年重新违法犯罪率控制为 0。

社区戒毒与康复 积极稳妥推进凭祥市社区戒毒社区康复示范点建设工作，凭祥市司法行政部门主动承担工作牵头责任，推出了党委领导、政府主导、部门联动、社区广泛参与、无缝对接开展社区戒毒社区康复工作的新经验，得到了自治区社区戒毒社区康复示范工程调研组的高度评价。

【**法律服务**】 2016 年，崇左市重视律师，公证、法律援助等 3 项工作。

律师工作 全市广大律师、法律工作者积极做好政府法律顾问工作，主动为政府科学决策提供法律咨询和服务。全市有 58 名律师担任市、县两级政府法律顾问；22 家律师事务所担任企事业单位、社会团体法律顾问 26 家；全市律师共提供各类法律服务 1113 件，代写法律文书 254 件，避免和挽回经济损失 98 万元。

公证工作 依托"温馨之家、贴心服务"平台，整合全市优势公证资源，为群众提供周到的公证服务。全市共受理各类公证 4093 件，其中国内民事公证 3205 件，涉外公证 796 件，涉港澳台公证 92 件，接受群众法律咨询 2 万多人次。

法律援助工作 制定出台《崇左市关于完善法律援助制度的实施意见》，让法律援助惠及更多的困难群体。全面启动法律援助进军营活动。在广西率先设立了首家驻军法律援助工作站——凭祥市法律援助中心驻 75482 部队工作站和广西首家驻武警法律援助工作站——凭祥市法律援助中心驻友谊关边检站工作站，率先在广西实现了团级以上驻军法律援助站全覆盖。法律援助重点向民生领域倾斜，成效突显。如宁明县法律援助中心承办广西宁明丰浩糖业科技有限公司拖欠蔗农蔗款案，江州区法律援助中心承办左江糖厂拖欠执行案等案件影响很大，效果很好。年内，全市共办理法律援助案件 1224 件，受援总人数 1530 人。天等县司法局被司法部法律援助中心等 5 个单位评为"1+1"中国法律援助志愿者行动 2015 年度先进单位。

【**国家司法考试**】 2016 年，按照国家司法考试的要求，全市报名 495 名，参考 302 名，成绩合格 40 名，合格率达 13%。国家司法考试各成员单位明确职责、各司其职，扎实做好考试教务工作，确保考试顺利进行，实现了司法部提出"平稳、安全、顺利"和自治区司法厅提出的"四个不发生"（即：不发生有组织的政治性、群体性事件；不发生试卷泄密、失密事件和考试安全事件；不发生考点、考场混乱事件；不发生工作人员违法违纪事件）的目标。

【**司法鉴定**】 2016 年，成立崇左市复退军人医院司法鉴定所，填补了崇左市司法鉴定精神病方面的空白。

【**司法行政体制改革**】 2016 年，崇左市制定《崇左市关于完善法律援助制度的实施意见》，扩大援助事项范围。加强社区矫正规范化建设，严格规范刑罚执行。研究制定落实深化律师制度改革的实施方案，加强律师改革工作。人民监督员、人民陪审员改革扎实推进。年内共抽选 5 批 19 人次进行对检察院案件进行评议，人民陪审员参加岗位培训 472 人次，参加案件审理 390 件 677 人次。国家统一法律职业资格考试、司法鉴定管理体制改革稳步推进。 （杨武高 黄映虹）

三大纠纷调处

【**概况**】 崇左市位于广西西南部。与越南社会主义共和国接壤，边境线长 533 千米。辖江州区、扶绥县、大新县、天等县、宁明县、龙州县和凭祥市，行政区面积 20 平方千米（建成区 14.5 平方千米）。2016 年末人口 241.96 万人，其中市区人口 12.75 万人，有壮、瑶等少数民族 214.4 万人。耕地面积 5198 万公顷，粮食播种面积 11.77 万公顷，经济作物种植面积 29.12 万公顷。林地面积 95.05 万公顷。崇左市调处办公室设置机构，编制 5 人，在职 5 人，设立党支部一个。

2016 年，崇左市各级人民政府调处部门，坚持中共十八届五中、六中全会为指导，全面贯彻落实中共中央总书记习近平系列重要指示，认真贯彻落实自治区党委、自治区政府的有关决策和部署，紧紧围绕市委、市政府做好"两篇大文章"，打好"四大攻坚战"的战略部署，以创建"社会和谐稳定模范市"为抓手，以全市组织开展以"化解矛盾、定纷止争、案结事了、息诉罢访、促进稳定"为调处工作落脚点，扎实开展"三大纠纷"矛盾大排查、大调处、大接访、大宣传、大防控工作，有效地维护了全市社会和谐稳定，促进了全市经济社会的全面发展。

【**纠纷案件调处**】 2016 年，崇左市调处办公室，全力抓好全市土地、山林、水利"三大纠纷"工作，确保社会和谐稳定。全市共受理"三大纠纷"案件 370 起，结案 350 起，总调结率 94.6%。其中，新发案件 303 起，调结 293 起，调结率 97.5%；积案 10 起,调结 12 起,调结率 94.6%。其中,土地纠纷案件 290 起,结案 280 起,调结率 96.6%；山林纠纷案件 76 起,结案 70 起,调结率 92%；水利纠纷案件 4 起,结案 4 起,调结率 100%。解决纠纷面积 3613 公顷,避免造成田地丢荒 124 公顷,避免乱砍滥伐山林面积 392 公顷,挽回经济损失折合 355.5 万元。处理群众来信 144 件,接待群众来访 951 人次,劝阻和化解群众性械斗苗头 20 起,避免因"三大纠纷"可能引发群体性械斗 35 起。劝阻群众进京赴邕上访 185 人次,出色完成了调处工作任务,即新发案件调结 95%。历年积案调结 81%。全年调处纠纷案件取得了较好成效和良好的社会效果,维护了全市的社会和谐稳定,促进了经济的健康发展,为加快建设面向东盟开放合作的区域性新兴城市营造了良好的社会和谐稳定氛围。

【重点项目调处】 2016 年,崇左市各级调处部门充分发挥能做会做善做群众思想工作的优势,积极参与当地党委政府征地拆迁、项目建设等重点重大项目建设所涉及的纠纷调处工作,为项目顺利开展做出积极的贡献。一是围绕中心,在服务重点项目上有新的突破。坚持市委、市政府重大项目部署到哪里、重点项目引进到哪里、调处工作就跟到哪里。2016 年,市调处办在江州区、扶绥县、大新县、天等县、龙州县、宁明县、凭祥市的密切配合下,共受理调结涉及工业园区、龙骨湾、高铁用地、驮英水库等重点项目建设的"三大纠纷"案件 27 起,为全市重点项目推进提供有力保障。二是抓住难点,在调处和维稳工作有机结合上有新进展。"三大纠纷"的大案、积案,往往涉

及人员多案情复杂,容易发生影响社会稳定事件。始终坚持把调处工作与维稳工作结合起来,做好风险评估和风险管控。2016 年,在组织县(市、区)排查分析集中研判的基础上,确定 9 个案件为重点维稳案件,21 个为重点调处案件,并明确包案单位、包案领导、责任人。江州区那隆镇旺沙村都义屯、屯马屯与大新县小明山林场山林纠纷案件,跨度时间长,涉及面积大,取证难,经多次调解不成功,群众多次越级上访。为此,成立崇左市调解工作组,着力做好相关人员思想工作,有效地维护社会稳定。三是刚度与温度并重,在调处结果与群众满意度上有新提升。刚度就是要依照法律依法调处,温度就是要带着群众的感情用心调处。一年来,在自治区调处办的支持下,崇左市调处工作进步明显,全市实现了双双减少的目标；江州区发案 152 起,结案 144 起,结案率 95%；大新县发案率 93 起,结案 92 起,调结率 99%；扶绥县发案 24 起,结案 23 起,结案率 96%；龙州县发案 32 起,结案 29 起,结案率 91%；天等县发案率 11 起,结案 9 起,结案率 82%；宁明县发案 40 起,结案 38 起,结案率 95%；凭祥市发案 29 起,结案 28 起,结案率 96.5%。最终实现了政府满意,业主满意,群众满意的目标。

【注重排查化解矛盾】 2016 年,崇左市各级调处部门始终把维护稳定放在压倒一切的工作位置,深入开展社会矛盾大排查、领导干部大接访、政策法律大宣传活动,采取"法律夜讲"、以案说法等形式开展法律宣传活动。从强化矛盾纠纷排查调处入手,落实领导责任制,实行蹲下去、沉下去到村屯,排查分析安全稳定隐患,并现场办公解

决实际问题,推行矛盾纠纷排查调查"零"报告制度。落实考核督查制度,将不稳定因素排查调处纳入社会治安综合治理目标管理考核。各级调处部门每月都要汇报排查调处工作情况,并研究调处急、大、难矛盾纠纷的措施,这些机制的建立和规范运作,确保了"三大纠纷"不稳定因素早发现、早处理,从源头上防范和减少影响稳定事件的发生。同时,按照"预防为主、教育疏导、依法处理、防止激化"的原则,把人民调解、行政调解紧密结合起来,将工作重心放在最基层,抓早、抓小、抓苗头。大力加强人民调解组织建设,充分发挥调解组织的作用,努力探索新形势下做好群众工作的体制机制,把调解作为化解矛盾纠纷的主要手段,在集中排查调解矛盾纠纷活动中进一步完善"三位一体"大调解工作格局,促进化解矛盾、维护稳定工作。

【治理源头畅通民意】 2016 年,崇左市各级政府调处部门始终以协商解决"三大纠纷"矛盾,实现案结事了,作为调处工作的出发点和落脚点。在调处工作中,高度重视源头治理和畅通社情民意渠道,加大对纠纷矛盾的信访热点、难点问题的调处工作力度,积极解决日常信访问题。对有群体性事件苗头的纠纷案件,采取带案下访,回访等各项措施,及时地给予疏导化解,防止矛盾的激化,有效地减少重复访、越级访、集体访等现象,有效地防止了"三大纠纷"矛盾激化和事态扩大。一年来,全市接待群众来访反映"三大纠纷"案件的人员共 951 人次,处理来信 141 件,基本上做到件件有着落,事事有答复,有效地促进了化解纠纷工作的开展,维护了全市社会和谐稳定,促进了经济健康发展。 (黄少荣)

军 事

JUNSHI

□编辑　卢新骑

崇左军分区

【概况】 2016年,崇左军分区部队认真贯彻中央军委、国防动员部、南部战区和广西军区党委扩大会议精神,按照"凝魂聚气固根本、聚焦打赢强能力、调整改革稳心神、持续规范夯根基、从严治军保稳定"的工作思路,持续推进各项工作落实,圆满完成年度各项工作任务,部队全面建设呈现稳步发展的良好势头。年内,75482部队和大新县人民武装部被广西军区表彰为"全面建设先进团级单位"称号、军分区参谋长刘礼智被中央军委国防动员部表彰为"军事训练先进个人"称号。

【思想政治建设】 2016年,军分区按照政治建军要求,深入抓好古田全军政工会精神下篇文章落实,政治工作威信进一步增强。系列讲话学习深入,规定书目学习比较认真,党委中心组学习和基层理论学习等制度落实较好,官兵理论学习兴趣更加浓厚。两项重大教育较有成效,"党课教育、专题讨论、承诺践诺、组织生活"等规定动作落实到位,重温入党誓词、千里边关党旗红等配合活动有序开展,各级维护核心、看齐追随的政治自觉得到强化。肃清"郭徐"流毒有力,

思想作风清理深入,一些"郭徐"影响下的潜规陋习得到纠治。经常性思想工作有新加强,广泛开展谈心活动,扎实抓好"十观"、"三关爱"、"四留"、"四感"为主要内容的经常性教育和改革集中动员教育。改版军分区政工网,规范基层信息视窗和营连历史荣誉栏,编写县(市、区)武装工作史,深入推进政治工作方法手段创新。军事训练中政治工作有成效,积极筹划备战执勤和实战化训练中政治工作试点,官兵训练动力进一步激发。执纪监督检查扎实,先后组织对分区机关足球场、直属队训练场、营战术训练场线路监控等工程验收,对营职指挥员军事训练等级评定、军事训练一级营考核,以及兵员征集、士官选取、干部调整使用等敏感问题监督,扎实抓好军委审计反馈问题整改,各级纪律规矩意识进一步增强。

【战备执勤】 2016年,军分区部队主动适应调整改革新要求,部队战备执勤水平有新提升。持续加强战备工作,严格落实军情研究、战备值班、战备演练等制度,不断规范各级战备秩序。结合边防团首长机关带机动分队实兵演习和军分区带人武部反恐维稳指挥所演习等,检验完善各级各类战备方案。注重加强重大节日等特殊敏感时期战备防护工作,督促各级做

实防范暴恐袭击等应急处突准备,确保防区社会面和部队自身安全稳定。注重抓好边防管控,坚持训勤结合,合理调整巡逻执勤方式,使一线巡逻更加规范,巡逻执勤效益明显提高。加强对越交往合作,圆满完成中越两军第三次边境高层会晤协调保障任务,中央军委国际军事合作办公室专门发电表扬。分别邀请越南第六、七地段边界代表在龙州、凭祥举行会谈,指导边防部队与越南定期通报交流边境情况,会晤解决边境问题,对越交往合作更加深入。

【军事训练】 2016年,军分区以实战化训练为导向,不断务实牢固训练基础。更加注重全员额全内容训,依指导法规范训,培养训练骨干带头训,以考核比武促进训,军分区本级先后组织各类集训5期,举行教练员会操和"三尖"比武,10名优秀"四会"教练员、10个优质教学课目、10名基础训练尖子和3个特战尖子班被军分区表彰,75482部队被评为"军事训练一级单位",军分区参谋长刘礼智被中央军委国防动员部表彰为"军事训练先进个人"称号。重大试点试训任务完成较好,高标准筹备广西军区赋予的特战化试点小型推广会、训练场地建设现场观摩会,修订完善边防部队新大纲试训论证方案,均得到上级好评。持续加强作战

训练保障,新建警通连障碍场、攀登场和教导队攀登场,完善营战术训练场通信线路和监控设施建设,协调崇左市财政局安排专项资金用于专武干部培训基地建设。

【国防动员】 2016年,军分区着力加强专武干部建设,开展国防动员各项工作。结合各县(市、区)换届选举,将51名干部调换充实进专武干部行列,年龄结构更加合理、更趋年轻化,并依托分区教导队组织新任专武干部集训,重点对民兵整组、民兵军事训练、征兵、国防动员、基层武装部建设等理论进行全面系统地学习,有效强化专武干部姓军爱武意识,全面提升遂行多样化军事任务能力。军分区各级按照"渠黎会议"统一部署,深入贯彻扶绥县基层武装部规范化建设推进会精神,结合当地实际和可能遂行的任务要求,大力加强基层武装部建设,协调将基层武装部纳入乡镇基层政权建设,进一步加大经费投入。截至2016年年底,全市76个基层武装部已有74个达标。圆满顺利完成大学生军训工作,指导所属部队协助广西民族师范学院、广西经济管理干部学院、桂林理工大学南宁分校、广西理工职业技术学院和广西经济管理干部学院完成年度大学生军训任务,带训过程安全顺利。

【民兵预备役】 2016年,军分区按照"先基干民兵分队、后国防动员专业保障分队"的整组思路,调整优化民兵力量布局,并先后3次采取逐人点验以及实案、实兵、实装拉动形式对各县(市、区)民兵整组情况进行检查验收,民兵编组布局更加合理。扎实抓好民兵训练,组织民兵应急连基础课目抽点式考核,民兵快速动员和遂行任务的能

力进一步增强。积极推广柳州会议经验,指导各县(市、区)人武部研究论证民兵常驻应急力量编组方案,严密做好常驻民兵应急队员的选拔、审查等组建工作,结合常驻民兵应急分队可能担负的任务,拟制下发了《常驻民兵应急分队训练内容》,抓好日常针对性训练。

【征兵工作】 2016年,军分区深入开展大学生征兵进校园活动,会同扶绥县、江州区征兵办公室分别在桂林理工大学南宁分校、广西民族师范学院举行"2016年大学生征集政策宣讲暨优秀大学生军人先进事迹报告会",协调崇左市电视台、《左江日报》进行宣传报道。组织召开全市大学生征兵动员部署会暨授牌仪式,指导各高校挂牌成立征兵工作站,为辖区各高校征兵工作站授牌,及时健全高校征兵组织领导,强化各级对大学生征兵工作重要性的认识。年内,军分区按照自治区征兵办公室"双控"要求,圆满完成637名新兵征集和7名直招士官招收任务,其中大学生新兵比例达46.5%,初中生新兵比例0.6%,分别比自治区规定的"两控

任务"高出17个百分点、低出3.4个百分点。

【基层建设】 2016年,军分区围绕强基固本,坚持抓规范、抓标准、抓落实,基层建设水平进一步提升。注重在强化意识上着力,组织学习《军队基层建设工作手册》和《团、营、连依法开展工作流程图》,各级抓规范化的意识明显增强。注重在抓动态规范上着力,深入贯彻落实广西军区两个经常性工作研讨会精神,突出抓好官兵日常行为养成,各级依法开展工作流程图和各项具体工作组织开展程序要求的落实,以及部队动态条件下的建设规范,基层规范化整体水平有提升。注重在强化干部骨干能力素质上着力,在督导各级干部骨干抓好自主提高的基础上,重点抓了对75485部队、天等县人武部党委的帮扶和12个基层党支部的帮建,不断提高各级班子成员的抓建能力。围绕提高组织训、管、教能力,筹划抓好新毕业学员岗前培训、预提指挥士官和"两支队伍"培训,努力强化各级干部骨干的履职能力。注重在正规抓建秩序上着力,

2016年3月,中央军委副总参谋长戚建国上将(前右一)在金鸡山、友谊关检查指导工作

严格落实"三会一条线"制度,尽量避免临时性工作安排,切实为基层减压减负。组织半年基层建设形势分析、团级党委班子建设形势分析,检查调研贯彻落实广西军区两个经常性工作研讨会精神情况,有力地促进基层建设发展。上年,75482部队和大新县人武部被广西军区表彰为"全面建设先进团级单位"称号。

【拥政爱民】 2016年,军分区以崇左市首次荣获"国家双拥模范城"为契机,协调崇左市拿出11个事业编定向招聘随军未就业家属,并明确解决江州区招聘的14名随军家属编制问题,对随军未就业的团职干部家属采取特事特办的原则予以安置工作。积极参加精准脱贫工作,帮助建设天等县宁干乡黎明村小学综合楼、黎明小学图书阅览室、明屯公路硬化,启动凭祥市凭祥镇柳班村扶贫工作。

【后勤装备保障】 2016年,军分区部队按照"抓备战、严管理、优保障"的思路,全面推进后装保障能力建设。持续推进后装准备工作,按照上级后装战备库室规范化管理建设要求,师团两级投入专项资金完成队属车辆器材仓库规范化建设、武器装备仓库配套整治、基层分队兵器室和弹药室的升级改造。加强新装备保障能力建设,4个科目和4名个人分别被广西军区评为优质科目和优秀教练员。不断规范后装管理,行政消耗性开支比2015年下降27%;自查整改问题1041项,清点核查资产94294件,及时组织清退不合理开支;全面推进停止对外有偿服务工作,29个可控托底项目全部停止,其余复杂敏感项目也正在有序推进。装备管理"一巡三促"活动扎实,解决难点问题30多个。服务保障更加有力,体格检查、伤病残评定、甲型流感疫情防控等涉及官兵切身利益的医疗服务工作到位,饮食文化建设推进有力,75485部队现代营房配套整治和建设基本完成,"装备大清查"组织严密。

(张松军 彭 威)

武警崇左市支队

【概况】 中国人民武装警察部队广西壮族自治区总队崇左市支队(简称武警崇左市支队),前身是中国人民武装警察部队广西壮族自治区总队南宁地区支队。2003年8月,南宁地区撤地设市为崇左市,支队更名为崇左市支队。现机关驻址:崇左市石景林路。2016年,崇左市支队在总队党委和崇左市委、市政府的领导下,坚持稳中求进的总基调,以强军目标为统揽,以承办"武警部队战备集训"试点任务为契机,按照总队党委工作部署,着眼打牢发展根基、厚实发展底蕴、积蓄发展后劲,全面建设稳步发展、整体提高,呈现出向上向好的发展态势。先后迎接了武警部队原政治委员孙思敬等12批总部工作组和26个军(师)级单位320多人次的参观指导,部队实现了连续25年执勤无事故,各项任务完成圆满。年内,武警崇左市二中队、凭祥市中队、宁明县中队、大新县中队被广西总队评为"基层建设先进中队",凭祥市中队党支部被广西总队评为"先进基层党组织"称号。凭祥市中队一班荣记集体三等功,有17名官兵被荣记个人三等功,有2人被广西总队评为"安全工作先进个人"称号,有4名官兵被广西总队评为"百名强军精武小老虎"。

【思想政治建设】 2016年,武警崇左市支队始终把深入学习贯彻中共十八届六中全会和中共中央总书记习近平系列重要讲话精神作为首要政治任务,结合支队"四反"形势严峻的实际,坚持"四反"教育经常抓、抓经常,牢牢守住了政治底线,坚持用党的创新理论武装官兵,严格落实党委中心组带机关、基层官兵理论学习,正、副书记带头上党课、上大课,有力地推动中共中央总书记习近平重大战略思想入心入脑。运用"1+2+1"的模式,抓实主题教育,广泛开展"讲好广西总队故事崇左篇"、"重温入党誓词、重走红军路"等配合活动,增强了教育质效。抓活抓实经常性思想工作,6名"个别人"得到有效转化。

【文化宣传教育】 2016年,武警崇左市支队加强理论学习的宣传力度,着眼提高官兵整体素质,增强理论工作的影响力,推动部队建设实现跨越发展。充分利用信息化网络平台,开设专栏,刊载学习资料,报道学习动态。在营区开设小广播,悬挂横(条)幅,办黑板报、墙报,在灯箱中嵌入学习贯彻中共中央总书记习近平精神宣传字画等形式宣传党的创新理论。大力开展文体活动和人才培养,"南疆卫士杯"篮球比赛组织严密,3名战士被武警院校录取。投入50多万元,新建了4个中队荣誉室,完善了机关政治环境,配发了一批文体器材,官兵文化生活进一步丰富,氛围进一步浓厚。坚持把提升官兵思想道德素质和科学文化素质融会于各项活动中,支队还鼓励官兵参加在职学习,提高整体能力素质。坚持把宣传报道工作作为部队政治工作一项重要任务来抓,充分利用报纸杂志、广播电视、局域网等媒体,宣传支队官兵在执勤处突,管理教育工作中的好人好事和经验,增强官兵的集体荣誉感和"爱队建队"的主人翁意识。年内支队共有100多篇稿件被各级媒体、刊物采用,较好地完成了宣传报道任务,提升了部队形象。

【战备执勤】 2016年,武警崇左市支队全力聚焦干好维稳这件大事,举全支队之力圆满完成战备集训试点任务,成功打造了"凭祥名片"、"边境模式"。围绕打赢"三场维稳战役"加强情报收集研判,周密制定各类预案,先后出动兵力多人次,圆满完成城市武装巡逻、"平安清明"备勤、涉疆人员抓捕、押解、"5·17"长途专机押解新疆籍暴恐嫌犯,搜捕"凭祥7·25"杀人犯等各类临时勤务84起,受到各级领导好评。

【军事训练】 2016年,武警崇左市支队认真贯彻实战化训练导向和军事训练"八落实"的指示要求,坚持勤训一体、战训一体、真训、真严、真考,突出抓"教头",重点抓"拳头"。大力加强训练场地设施建设,先后投入350多万元,完善5个中队训练场设施。用勤训轮换,军事竞赛等方式激发官兵的训练热情,严密组织特战排"魔鬼周"训练和冬季野营拉练,大新县中队应急班荣获广西总队抽点考核第二名,4名官兵被总队评为"百名强军精武小老虎"。

【部队安全稳定】 2016年,武警崇左市支队大力开展"党委机关作表率、直属分队当样板、干部骨干树标杆"活动,部队正规化建设水平不断提高。严格落实"十铁八硬"制度要求,采取"零容忍"态度纠风除弊、刮骨疗毒,加大对违纪违规人员的处理力度,教育警示了官

兵,部队凝聚力、战斗力不断增强。认真吸取兄弟单位深刻教训,下派6个批次32个工作组,对基层逐点、逐哨、逐人进行"拉网式"隐患排查,126个安全隐患得到彻底纠治,1名心理疾患新兵被劝退,安全底线进一步筑牢。年内,支队官兵思想稳定,工作出色,安全工作效果显著。凭祥市中队被广西总队评为"百日竞赛安全单位",梁义军、黎纬基被广西总队评为"安全工作先进个人"。

【拥政爱民】 2016年,武警崇左市支队狠抓精神文明建设,警政警民关系和谐融洽。支队全体官兵积极开展"学雷锋、做好事"活动,先后组建15个爱民、便民服务小组,深入乡村,为驻地群众办实事达260多件,还经常利用节假日到驻地福利院看望慰问孤寡老人,送去生活用品和温暖,深受驻地群众的好评。全年共投入6万多元为挂点扶贫点金龙镇伍联村修建了警民泉、警民路,为武联小学重建了篮球场。同时,广大官兵积极响应开展"扶贫助学活动",先后资助贫困学生12名,向他们资助学费、赠送学习用品、文体用品等,特别是扶绥县中队常年给特殊教育学校捐赠生活、文体用品,并长期资助2名贫困学生(2人现已上高中)。积极参加驻地植树造林活动,全年共植树5000多株。支队官兵积极参加驻地无偿献血活动,累计献血多达25000多毫升。此外,支队官兵多次参加崇左市各县(市、区)城乡清洁工程和兴修水利活动,为美化驻地环境、促进经济发展做贡献。

【后勤保障】 2016年,武警崇左市支队后勤建设紧扣前勤要求抓保障,现代后勤建设扎实。投入经

费1000多万元用于承办"武警部队战备工作试点"。认真搞好财务清查回头看,成立专项清查领导小组,整改坚决、效果明显。扎实开展"伙食精细管理年"活动,严格落实"1126"、"6211"组伙模式,提高伙食质量,伙食满意率达98%以上。广泛开展"一专多能、一兵多用"岗位练兵,先后对司务长、卫生员、军械员、直选驾驶员进行培训,"五员一长"的业务能力得到提升。严格落实每月司务长集体办公,每周车场日制度,伙食管理五项制度,后勤综合保障效益得到提升。直选、初选的31名驾驶员经总队考核全部合格。凭祥市中队食堂被广西总部评为"先进食堂",司务长罗云被广西总部评为"伙食管理先进个人",崇左市支队被广西总队评为"车辆管理先进单位",大新县中队食堂被广西总队评为"先进食堂",13名驾驶员被广西总队评为"红旗车驾驶员"称号。

【基层建设】 2016年,武警崇左市支队深入贯彻《纲要》《三十条》、武警党委1号文件和总部基层建设工作会议精神,立足支队实际,一队一策的制定《精准帮建方案》。组织机关股长和基层主官到直属支队、金鸡山八连参观见学,明确标准,找准差距,部队正规化管理水平得到提升。制定《行政督查制度》《督办机制》,加大对基层经常性、基础性工作落实的检查督导,有效地促进了工作落实,天等县中队实现了整体搬迁。积极为基层官兵帮难解困,帮助4名随军家属安置就业,5名干部小孩入学,3起官兵涉法问题得到有效解决。组织全体官兵献爱心,为身患重病的战士张立帆捐款4万多元。运用"六跟五帮"、"季度考核"等有效载体,扎实开展"三帮一带"活动,安

排 5 批 45 人次的工作组，按照"十个一"要求扎实帮建，通过对口帮扶、奖勤罚懒，党支部"三个能力"明显增强。二中队、凭祥市中队、宁明县中队、大新县中队被广西总队评为"基层建设先进中队"。凭祥市中队被广西总队评为"先进基层党组织"，凭祥市中队一班荣记集体三等功，17 名官兵被荣记个人三等功。

【党委班子建设】 2016 年，崇左市支队新一届党委班子"一班人"坚持讲大局求共识、讲学习求共进、讲团结求共赢、讲规矩求共事。"主官如筷，班子如拳"的理念深入人心，班子齐心合力，勤勉务实，赢得广大官兵认可。先后担负 11 次大项迎检任务，党委机关主动靠前、组织严密，任务完成圆满，受到各级首长和工作组好评。深入开展"两学一做"学习教育，广泛开展"读书学廉、网络传廉、短信送廉、参观思廉"等活动，部队崇廉尚洁、践廉思进氛围越发浓厚，部队作风转变明显，政治生态更加纯净。始终把肃清工作作为重大政治任务，召开部署会深入动员，按照方案计划，持续推进"六个肃清"，不断擦亮官兵忠诚底色。在工程建设、物资采购和涉及官兵利益等敏感问题上，坚持集体研究，落实"四个公开"，未发生任何违纪、违规问题。调整提拔使用干部 34 名，战士入党考学、选学技术 118 名，战备设施建设经费 1000 多万元。全程公开透明，官兵上下满意。

【首长视察】 2016 年 2 月 19 日上午，武警部队副参谋长苏德利少将带工作组一行 12 人，莅临支队凭祥市中队检查指导战备工作集训筹备工作。广西总队司令员王碧含少将、参谋长王跃新大校、副参谋长黄武干大校及总队机关相关业务处(室)负责人和支队长黄建良上校、政委刘强上校全程陪同检查。3 月 12 日，总部信息通信局副局长缪艺雄大校率刘海涛参谋深入支队凭祥市中队对试点工作信息化建设进行检查调研，广西总队信息化处处长赵兵上校、支队参谋长陈传平中校陪同检查。3 月 31 日上午，总部副参谋长苏德利少将率工作组一行莅临广西总队支队凭祥市中队检查指导战备工作集训筹备工作，广西总队司令员王碧含少将、参谋长王跃新大校、副参谋长黄武干大校及总队机关相关业务处(室)负责人陪同，支队长黄建良上校、参谋长陈传平中校全程陪同检查。4 月 8 日上午，武警部队后勤部副部长魏大林少将率工作组深入支队凭祥市中队检查指导战备工作推进情况，总队副司令员陈冬大校、机关相关业务处(室)领导以及支队长陈传平上校全程陪同检查。4 月 26 日上午，总部后勤部军事设施建设局副局长桂文华大校率工作组深入支队凭祥市中队检查指导。广西总队后勤部部长罗利林大校、营房处处长黎庆锋上校，支队长陈传平上校、政委闫军上校陪同检查。4 月 26 日上午，广西总队政治委员丁晓兵少将深入支队凭祥市中队检查指导战备工作试点推进情况。5 月 11 日，总队司令员王强大校深入支队凭祥市中队检查指导。7 月 14 日，总队司令员王强大校深入支队天等县中队检查调研。7 月 19 日，总队政治委员丁晓兵少将莅临支队扶绥县中队检查调研。8 月 10 日，总部军械局局长张兴广大校率工作组深入支队进行武器装备弹药管理情况进行专项检查。9 月 12 日，武警部队副参谋长魏佑江少将深入支队凭祥市中队检查指导工作。

10 月 18 日，总队政治委员丁晓兵少将深入崇左市检查指导。11 月 8 日至 9 日，总队司令员王强大校深入支队检查指导。11 月 22 日，武警部队政治委员孙思敬上将莅临支队凭祥市中队视察，总队司令员王强大校、政治委员丁晓兵少将等总队领导和总部工作成员陪同视察。12 月 9 日，总队政治委员丁晓兵少将率工作组考评支队团营职干部。12 月 15 日，总队司令员王强大校深入支队扶绥县中队检查。上级总部、总队领导到崇左市支队等单位检查指导工作，进一步提高了崇左市支队各项工作效力。

(陈传平 刘芳辉)

武警崇左市边防支队

【概况】 2016 年，武警崇左市边防支队认真贯彻崇左市党委、市政府和上级边防部门工作部署，紧紧围绕维护"两个稳定"、服务崇左跨越式发展主业主责，抢抓机遇，攻坚克难，锐意进取，边防业务工作和部队建设实现创新发展。支队紧紧围绕全国边境管控体系建设目标任务，加大人力、物力、财力投入，初步构建了党政军警民"五位一体"边防管控新格局。成功承办全国、广西边防管控体系建设推进会，边境管控"凭祥样板"形成品牌效应。全年查获各类毒品 133.36 公斤、抓获"三非"外国人 191 批 1218 人。破获涉枪案件 12 起，收缴各类枪支 45 支、子弹 289 发。核查重点地区人员 77 批 180 人，圆满完成了全国"两会"、G20 峰会、东盟博览会等重大活动边防安保任务。年内，支队 1 个单位荣立集体三等功、8 人荣立二等功、59 人荣立三等功，凭祥市隘口边防派出所获评自治区"青年文明号"。

【思想政治建设】 2016年，崇左市边防支队按照中共十八大建设学习型、服务性、创新型政党的要求，着力打造忠诚可靠、执法为民、务实进取的过硬班子和高素质队伍。一是强化党性党风建设。始终把正风肃纪作为党委班子建设的第一要务，大力加强党性党风建设，各级认真学习《中国共产党章程》《条例》《准则》等条例规章，不断强化班子守纪律、讲规矩的意识。深入开展"两学一做"学习教育专题活动，增强班子成员政治意识、大局意识、核心意识、看齐意识。积极推行党委权力公开运行，严格落实民主集中制原则和"三重一大"制度。二是压实党委主体责任。坚持把落实从严治党作为党委的主体责任，牢牢抓住党风廉政建设和反腐败斗争这个关键，以"不敢腐、不能腐、不想腐"为着力点，严格执行"一岗双责"，坚持把党风廉政建设与中心主业同研究、同部署、同落实、同检查相结合。紧紧盯住领导干部这个"关键少数"，强化重点环节、重点岗位和敏感领域的监督制约，推行常委联系片区廉政风险连带问责制，努力形成齐抓共管、各负其责的工作格局。三是强化铸魂育人工程。紧紧围绕履行边防职能使命、拥护国防和军队改革这个核心，深入开展"两学一做"、"讲党性、迎考验"学习教育和改革强警主题教育活动，不断坚定官兵理想信念。推行机关每月首个工作日举行升旗仪式，创办"南疆之声"警营广播站，开设网上微讲堂，推出警营"微初页"，努力打造"处处是课堂、时时受教育"的"大教育"格局。举办协作区政治教导员（指导员）专题授课竞赛、邀请专家教授为官兵授课、协调广西新华书店集团开展"优秀图书

进警营"、联合广西民族师范学院师生重走"红军路"等多种活动载体，不断增强思想政治教育的感染力和实效性。四是发挥典型引领作用。各级始终坚持"内外同步跟进、上下同步用力、警地同步推进"的理念，持续加大对重大典型的宣传工作。聚焦凭祥市隘口边防派出所和唐蔚宣、韩中宽、杨仕华、普宗文等身边典型，在前期大量宣传报道的基础上，继续扩大宣传声势，营造"正能量"舆论氛围。

【军事训练】 2016年，崇左市边防支队按照年度军事训练工作部署，严格落实日常训练相关制度，突出抓好基础体能、警务实战技能等科目训练，并将基础体能与干部职务、警衔晋升和量化考核、评功评奖挂钩，推动全员达标。全年，共开展军事训练180课时，有效地提升了官兵身体素质和军事技能。深化正规化建设，组织开展条令学习和正规化检查活动，修订完善机关正规化管理相关措施，从严执行训练、考勤、请销假等日常管理制度，规范办公室、宿舍内务设置，有效地提升官兵条令意识和执行力，形成部队按条令条例规范运转、官兵按条令条例规范言行的良好氛围。持续推进岗位练兵，坚持每周一课、每月一考、全员练兵、全警施训，先后组织34名军事骨干开展实战技能轮训，进一步规范了各类军事科目的组训流程和方式，培养实战教练员10名、"四会"教练员30名。组织各机动中队开展为期3天的野外拉动驻训、联合市公安局开展处突演练10次。组建实战化训练教官团到基层送教上门，为一线官兵送去优质教学服务，有效地提升部队应急处置能力。结合每季度重点工作督导安排，定期对

军事业务进行考核，有效地推动军事练兵活动。6月份，在全市公安机关反恐实战技能比武中，支队代表队获团体第二名。

【打击违法犯罪】 2016年，崇左市边防支队自觉服从和服务国家边境开放开发战略部署，始终把维护边境地区安全稳定作为主业主责，坚持创新边境管控模式，领率广大官兵主动作为，积极作为，有效作为，以顽强的作风和一流的业绩赢得了驻地党委政府和人民群众的高度评价。

【整治辖区治安】 2016年，崇左市边防支队直面边境严峻形势挑战，坚持守土尽责，强化使命担当，深入开展"神剑"、"固边"系列等专项行动23个。全年共破获刑事案件157起，查处治安案件786起，抓获犯罪嫌疑人2681人、"三非"外国人191批1218人，其中破获的"3·2"特大偷渡案，抓获组织运送者9名、外籍偷渡人员108名，捣毁偷渡中转窝点1个，创广西边防年内单起偷渡案抓获人数之最。

【反恐维稳】 2016年，边防支队通过强化情报预警导侦、严密边境一、二线管控、深化内外警务合作，充分发挥边防管控体系建设成果威力，斩断涉恐人员内潜外逃的通道。全年，核查重点地区人员77批180人，全市边境地区没有发生暴力恐怖和重特大群体性事件。

【"三缉"工作】 2016年，边防支队积极与驻地公安、海关等单位部门联动，严厉打击贩枪、贩毒、走私等违法犯罪活动。全年破获涉枪案件12起，收缴各类枪支45支、子弹289发。查破毒品案件58起，抓获犯罪嫌疑人82名，缴获各类

毒品 133.36 公斤,缴毒量同比上升 8.6%,占广西边防部队 62%,全市公安机关 66.5%。支队破获"6·7"特大毒品案,缴获海洛因 22 公斤,创广西边防年内单起案件缴毒量之最,得到自治区公安厅许建忠副厅长等领导批示肯定,国家禁毒委、自治区禁毒办、总队致电祝贺。查获涉嫌走私和无合法手续货物 957批,缴获高档轿车 7 辆,冻品、大米、生猪、洋酒等货物一大批,总案价值 8200 多万元,案值同比上升 93%。

【边防安保】 2016 年,边防支队面对大事多、活动多、敏感节点多,边防安保任务异常繁重的巨大压力,支队超前谋划、精心部署,科学统筹警力装备,严密边境封控。启动 12 个封控点、15 个武装巡逻分队、6 个二线流动检查组,加强对重点边境通道、便道、码头严密封控。建立分片联系责任制,党委成员主动靠前指挥督战,层层压实工作责任,确保安保工作扎实有序开展。安保期间,共检查出入边境管理区人员 386 万多人次、车辆 82 万多辆次,圆满完成了全国"两会"、G20 峰会、东盟博览会等重大活动边防安保任务。

【边防管控体系建设】 2016 年,崇左市边防支队强化创新意识,全面落实边境管控"四道防线一张网"建设三年规划,大力开展基础信息采集大会战。升级改造封控点、警务室、勤务指挥室和巡控室,整合公安"天网"、解放军边防部队、运德车载等 8 类监控资源 800 多个探头链入广西边境立体化防控基础信息系统,购置安装无线图传等10 类信息化设备,配备流动查缉车等 17 种装备,与驻军、公安机关、海关等部门建立合作机制,在凭祥片区成立 5 个应急快反圈,构建党

政军警民"五位一体"的边防管控新格局。体系化建设以来,凭祥边防辖区刑事治安案件总量和破案率呈现"一降两升"态势,群众安全感和满意度大幅提升,得到了公安部、自治区、市委市政府等各级领导的充分肯定。

【警务合作】 2016 年,边防支队积极探索建立边境警务协作新机制。对内,加强与公安机关技侦、网安、国保等部门的协作配合,深化与友邻单位以及百色、云南文山边防支队之间的区域警务协作,整合资源优势,形成管边控边合力。9 月 8日,支队与水口关站、龙州、大新县公安局密切配合,成功破获 1 起特大枪毒合流案,抓获嫌疑人 2 人,缴获毒品海洛因 5.27 公斤、军用手枪 1 支、子弹 5 发。对外,与当面越南边防部队深化警务合作,务实推进"共建友好站(队)屯、共创平安边境"活动,开展会谈会晤 48 次,互递书信 105 封、警务合作 4 次,协调促成 8 个村屯与当面越南村屯建立友好合作关系。举办开展站(屯)长联合接待日和边检服务品牌联合推介宣传日"活动,邀请当面越南谅山、高平省边防指挥部组团到崇左市开展会谈会晤,共商边境维稳大计,形成边境共管的良好局面。

【拥政爱民】 2016 年,崇左市边防支队立足崇左经济社会发展大局,把稳边固边与兴边富民紧密结合起来,在新的起点上谋划推进爱民固边战略,实现警地深度融合发展。一是持续深化"党政主导"工程。积极争取驻地党委、政府有力支持,在巩固深化 2 个模范县市、7个模范乡镇、121 个模范村创建成果基础上,增创 10 个爱民固边模范单位,模范创建工作实现连点成

片,辐射带动更加明显。推动支队和所属 4 个边防大队、11 个边防派出所主官进地方党委班子,1 个边防大队与驻地民委结对共建,128名民警兼任辖区村官,为深化爱民固边模范创建工作提供了强大支撑。二是积极推进"精准扶贫"战略。主动参与辖区 60 个贫困村的精准扶贫工作,帮助解决发展生产、争取政策支持、改造饮水工程、翻新教学点校舍、修复桥梁等问题,共推动扶贫立项 46 个。支队主官先后 3 次带队深入定点扶贫对象天等县平典村入户调研脱贫攻坚工作,向特困户赠送猪苗一批,帮助群众发展生产,增加收入。三是创新警地"融合发展"模式。以推广普及隘口边防派出所"葡萄串"式党支部联创联建工作法为平台,积极协调辖区企业、商会、酒店、农科所(站)等行业部门,在解决边民就业岗位、传授种养技术、发展特色产业等方面给予指导扶持,拓宽边民群众发展致富路子,提高边民群众生活水平,促进边境和谐稳定。同时,健全完善"十户联防"、"十店联防"、"邻里守望"、"路长"制等群防组织,广泛发动群众参与管边控边工作,合力打击整治边境地区贩枪、贩毒、走私和非法出入境等违法犯罪活动,共同维护边境安全稳定,保护经济建设的成果。

【后勤保障】 2016 年,崇左市边防支队顺应军队改革新形势,不断创新后勤保障理念、保障方式、保障手段,通过内部挖潜、外部借力等举措,为部队的全面建设和持续发展提供了强劲保障。完成支队训练基地项目 8 公顷用地相关材料的编制、报批、围墙建设以及部分营区扩建征地工作,配合广西总队完成公安边防部队西南综合保障基地 54 公顷用地的选址和前期

征地工作,为部队可持续发展奠定了坚实基础。投入经费推进部队营房建设,新开工项目2个,竣工2个,官兵工作生活条件进一步改善。争取支持全力推进基层基建项目建设,困扰多年的"有编无营"问题得到有效解决。更新装备车辆30辆,配发特种车辆6辆、普通执法车辆10辆并争取经费完成6个二线边境检查站执勤岗亭建设,解决长期困扰官兵执勤警戒安全问题,改善执法环境。投入经费为21个边防派出所、2个机动队购置给养器材323套(件),进一步加强基层单位饭堂硬件建设水平。

(劳以文 张晋香 王立巍 董初材 经新)

武警崇左市消防支队

【概况】 2016年,武警崇左市消防支队坚持以中共十八届三中、四中、五中、六中全会和中共中央总书记习近平系列重要讲话精神为指导,紧紧围绕地方党委政府工作大局和火灾形势、部队管理"两个稳定"总目标,凝魂聚气固根本、持续规范抓标准、从严治军保稳定、狠抓作风促落实,积极破解消防工作和部队建设中突出的矛盾和问题,全面构建社会火灾防控体系,着力提升部队战斗力水平,圆满完成了以防火、灭火和抢险救援为中心的各项工作任务,高标准实现了火灾形势和部队管理"双稳定"目标,消防工作和部队建设呈现积极健康持续向上的良好发展势头。年内,消防支队被公安部消防局评为"全国公安消防部队安全先进支队",凭祥大队党委被评为"全国公安消防部队先进基层党组织"、宁明中队被评为"全国公安消防部队执勤训练先进中队"称号;消防支队被自治区公安消防总

队评为"先进支队"、"宣传工作先进单位";扶绥大队、凭祥中队分别被自治区公安消防总队评为"先进大队"、"先进中队";龙州、扶绥、宁明大队分别被自治区评为全区"文明单位"、"拥政爱民模范单位"、"军(警)民共建精神文明先进单位",江州区中队团支部被共青团广西壮族自治区委评为"五四"红旗团支部;崇左市消防支队长秦华兵被自治区公安消防总队评为"优秀支队主官",郑薇、唐福春、符轩、凌文超等4名党委常委被评为"优秀领导干部";龙州大队大队长农海被崇左市公安局评为"优秀人民警察"、大新大队政治教导员朱金华被自治区公安消防总队评为优秀法制员;5名官兵(含政府专职消防队员)分别被自治区公安消防总队评为"十佳警官"、"十佳士官"、"十佳士兵"、"十佳装备技师"、"十佳政府专职消防队员";4名官兵荣立个人三等功。

【思想政治建设】 2016年,崇左市消防支队坚持以《军队基层建设纲要》为指导,深入贯彻中共十八届三中、四中、五中、六中全会、全军政治工作会议和中共中央总书记习近平系列重要讲话精神,紧紧围

绕"强基础、求突破、保稳定、树形象"的总体思路,深入开展"两学一做"学习和改革强警主题教育活动。坚持抓班子带队伍,以先进理论强班子、以和谐团结统班子、以党风党纪正班子,自觉当标杆、做榜样,班子驾驭能力显著提升。严格落实两级党委规范化建设要求,各级党委统领和执行能力进一步提升。紧密结合国内外形势的变化,围绕官兵普遍关心的热点难点问题,开展经常性思想教育,增强思想政治教育的针对性和实效性。在党风廉政建设教育中,支队党委常委率先模范,带头签订《党风廉政建设责任书》8份、召开专题民主生活会3次、撰写调研论文18篇,有效促进了支队党风廉政建设。

【部队管理与军事训练】 2016年,崇左市消防支队坚持"训战一致"原则,紧紧围绕"能打仗、打胜仗"和"队伍安全稳定"目标,狠抓"三个经常性"工作和部队正规化管理,注重官兵意志品质的锻造,注重战术类型的研究与应用,注重人与装备的有机结合,全力打造"听党指挥、能打胜仗、作风优良"的南疆国门消防铁军。

2016年9月2日,崇左市消防支队官兵在江州区开展山地救援

全面提升法规约束力　坚持全面落实党风廉政建设"两个责任",层层签订廉政责任状,通过组织官兵参观市检察院、看守所等廉政警示教育基地和举办家属助廉座谈会、观看《警钟》等警示教育片,进一步打牢官兵廉洁自律思想防线。纪委全程监督干部提拔、评先评优、重大项目经费开支等工作。深入整顿警纪警风,强化权力监督约束,加大监督执纪问责力度,对3个大队党委班子开展巡查,核查16名领导干部个人重大事项报告,抽查百余名干部亲属和自主择业干部涉消事项,均无瞒报漏报等现象。

全面提升队伍管控力　坚持依法从严治警,深入开展"五无"创建、条令条例学习月、夏季百日安全防事故大检查等活动,官兵自觉遵纪守纪意识进一步增强。针对崇左反恐维稳处突形势实际强化人防、技防、物防措施,部队营区安全管理更加规范。全市部队公务(含执勤)车辆及驾驶员管理严格遵循"谁主管谁负责"、"谁派车谁负责"、"谁使用谁负责"的原则,采取定编、定责、定额等措施,确保车辆管理安全、高效、低耗。借助营区视频、远程监控、车辆GPS辅助系统等科技手段,对部队执勤战备、人员在位、车辆管理和安全保密等进行实时监察,部队实现高度安全稳定。

全面提升部队战斗力　坚持练为战原则,扎实推进全员额、整建制、实战化练兵比武,分批次举办基层中队干部、班长骨干、攻坚组队员等各类集训10期、专业岗位培训3期、比武考核7次,组织高层建筑、高速公路隧道、危化品及人员密集等场所跨区域实战拉动演练12次,部队各级开展实地踏查单位768余家、实地实装演练

492余次、随机整建制中队拉动36次,内攻、紧急避险专项测试16次,部队攻坚打赢能力全面提升。修订完善支队、大队两级17类灾害事故预案和重点单位灭火救援预案260份,制定数字化预案30份,部队灭火救援基础"软实力"进一步夯实。

【后勤保障】　2016年,市消防支队按照"夯实基础、补齐短板、稳中求进、科学发展"的总体思路,坚持保中心、保重点、保基层,进一步提升服务保障水平,为全面推进部队建设提供了有力支持。年内,凭祥友谊关消防站、支队宣教中心建成投入使用,扶绥、大新、龙州、宁明等新消防站建设全面启动。持续加大消防装备建设力度,全市累计投入960.8万元采购排烟车、大功率水罐车等4辆专业消防车及5辆消防宣传车,投入431.44多万元采购个人防护装备、灭火救援器材及水域救援装备5208件(套),车辆器材装备结构进一步优化。投入147万元为基层办实事12件,帮助解决实际困难46件,党委关心关爱基层进一步充分体现。

【灭火救援】　2016年,崇左市共发生火灾147起,死亡2人,受伤0人,直接财产损失227.84万元。同比2015年,火灾起数上升8.84%,亡人数上升100%,伤人数下降100%,直接财产损失下降29.85%。全市消防部队累计接处警314起,出动车辆789辆(次)、出动警力4443人(次),营救疏散被困人员842人,抢救财产价值894万元,保护财产价值2.23亿余元。同比2015年,接警数上升2.22%,出动车辆数上升2.78%,出动警力上升7.47%,抢救财产价值数上升3.26%,保护财产价值数上升

6.66%。在各类急难险重灭火救援任务中,消防支队铁军充分发挥主力军和突击队的作用,勇挑重担,不辱使命,先后成功处置"5·27"南友高速崇左服务区大货车火灾、"9·23"大新浓硫酸槽罐车泄漏、"12·1"凭祥红木加工场火灾等灾害事故,高效完成G20峰会、东盟博览会、各重大节日及崇左市各重大活动消防安全保卫工作任务,得到了各级党委政府领导和广大人民群众的高度认可。

【执法监督】　2016年,市消防支队严格消防监督执法,持续深入开展电动车消防安全排查整治、消防控制室标准化建设、易燃易爆危险化学品场所专项检查及违规泡沫彩钢板建筑、人员密集场所门窗设置影响疏散逃生障碍物"回头看"专项整治、夏季消防安全检查、冬春火灾防控等工作,全面加强社会面火灾防控体系建设,消防安全环境进一步净化。

推进消防责任制落实　支队始终把消防工作置于经济社会大局和公安工作全局,加强请示汇报,当好参谋助手,赢得了各级党委政府和公安机关对消防工作的高度重视。市委书记刘有明、市长孙大光、市委常委、政法委书记雷多荣、副市长朱中卫等领导20多次听取消防工作汇报,做出批示指示。副市长、公安局局长朱中卫、市政府副秘书长周兵等政府领导多次组织研究研判消防形势、研究部署工作,并带队检查督改消防安全隐患市政府召开消防工作会议8次,研究解决消防难点问题30多个。全市50多名县(市、区)党政领导、公安机关主要领导专题听取消防工作汇报,并做出批示指示。市、县逐级签订消防工作目标责任书,细化目标任务,强化考核督导,

有力地推进了消防责任落实。

联合执法整治火灾隐患　支队以夏季消防检查和冬春火灾防控工作为主线，以2015年国务院消防工作考核组指出问题的整改为契机，积极主动与公安、卫计、教育、商务、安监等部门沟通协调，强化联合执法，建立消防违法"黑名单"通报制度，始终保持对火灾隐患整治的高压态势。年内，全市累计检查社会单位14672家，发现火灾隐患或违法行为16342处，督改火灾隐患15556处，下发责令改正通知书9181份，办理行政处罚案件330起，责令"三停"单位107家，临时查封154家，拘留18人；拆除或停用21栋4.5万多平方米彩钢板违章建筑，挂牌督办1个区域性火灾隐患、8个重大火灾隐患单位并全部销案，有效地优化了社会消防安全环境，继续保持建市以来连续13年无较大以上火灾事故发生的良好态势。

构建全民消防大格局　支队联合市教育局、市民政局、市残联、市党校等部门开展"消防爱心公益万里行"、"暑期消防夏令营"等消防宣传活动500多次、培训人员7.1万人次。全市累计投入448万元购买消防宣传车5辆、升级改造消防科普教育馆1个、建成宣教中心1个及购买一批宣传器材装备。充分发挥新浪微博、微信公众号等新媒体优势，定期发布消防安全防范知识、火灾案例警示等信息，支队官方微博关注人数达20多万人，微信关注人数达4万人，微博进入全国消防系统100强，微信排名广西消防系统第六位。建立中越客商消防志愿团、天琴女子弹唱消防志愿团、壮乡妈妈义务消防队等多支消防宣传队伍，通过发放双语消防宣传单、山歌唱消防等形式，开展消防宣传活动100多次，排查火

灾隐患700多处。

【拥政爱民】　2016年，支队官兵始终牢记全心全意为人民服务的宗旨，与驻地群众"同呼吸、共命运、心连心"，坚持不懈地做好拥政爱民活动，崇左消防形象进一步提升。年内，官兵积极深入企事业单位进行消防宣传，支队防火监督干部主动深入社区、企业服务186次，走访各类单位400多家，解决消防技术难题500多个。支队官兵主动为贫困儿童捐款10866.80元，义务献血10660毫升。支队积极响应市委、市政府号召，深入江州区江南街道办大村村开展"精准扶贫"活动，主动帮助贫困户解决实际困难。通过开展一系列爱民实践活动，进一步密切了警民关系，树立了崇左消防部队的良好形象。

【领导关怀】　1月15日，自治区公安消防总队党委书记、政治委员黄绍明率队深入龙州消防大队慰问基层消防官兵，支队长秦华兵、政治委员谢海干及龙州县县长王方红、常务副县长甘增宝陪同慰问。

1月14日至15日，自治区住建厅副厅长杨绿峰、自治区公安消防总队政治委员黄绍明率自治区消防工作考核组深入崇左市检查2015年度消防工作开展情况，崇左市副市长、公安局局长朱中卫，市政府副秘书长周兵及市住建委主任林永毅，市消防支队支队长秦华兵、政治委员谢海干等陪同检查。

4月27日，自治区公安消防总队政治委员黄绍明、公安厅现役办副主任韦建伟、消防总队政治部主任韦贤日等领导深入崇左消防支队开展团职领导干部选拔考核工作。

6月14日，自治区公安消防总队副总队长常万森带队深入崇左支

队检查指导消防控制室专项整治工作。支队长秦华兵陪同检查。

7月20日，自治区公安消防总队司令部参谋长蒋癸泉深入扶绥大队就部队管理教育、夏季百日安全防事故大检查等工作进行专项督导检查，支队长秦华兵陪同检查。

9月7日至8日，自治区公安消防总队政治部主任韦贤日率队深入崇左市对全市夏季消防检查、"两会"消防安保工作进行督导检查，支队长秦华兵、防火监督处长凌文超全程陪同检查。

9月15日，自治区公安消防总队总工程师徐学军率督察组深入崇左市消防支队对中秋节期间的火灾防控、部队管理教育、执勤备战、警营文化活动等工作的开展情况进行督导检查。支队政治委员谢海干陪同检查。

11月30日，自治区公安消防总队副总队长常万森、崇左市公安局副局长罗超出席崇左支队"两学一做"专题民主生活会。

12月10日，自治区公安消防总队副总队长常万森、凭祥市市委书记邱明宏等领导出席凭祥市友谊关消防站启用仪式，并分别讲话。

12月16日，自治区公安消防总队总工程师徐学军深入新裕丰崇左东盟商业广场开展区域性火灾隐患专项督查，支队长秦华兵、防火监督处长凌文超及相关领导陪同检查。　（秦华兵　毛雨宏）

人民防空

【概况】　2016年，崇左市人民防空办公室深入贯彻落实中共中央总书记习近平系列重要讲话、第七次全国人民防空会议精神以及自治区党委、自治区政府和市委、

市政府的决策和工作部署,牢固树立"五大发展理念",切实履行职责使命,主动作为,克难攻坚,抓好与自治区人防办签订的工作目标责任状各项工作的落实,为做好"两篇大文章",打好"四大攻坚战",扎实做好人防保障工作,较好地推动了各项工作的开展。

【人防工程建设】 2016年,崇左市人防办注重抓好人民防空工程建设。一是抓好人防法律法规的学习。二是建立健全人防行政审批机构,市、县两级人防部门已全部按要求建立了行政审批机构、入驻行政审批办证大厅,依法开展行政审批工作。三是敢于克服干扰坚持原则,严格遵守一次性告知制、首问负责制、限时办结制、责任追究制,强化项目建设的现场质量监督工作。四是切实加强防空地下室易地建设费的追缴工作。由于历史原因,市本级应缴未缴的易地建设费累计拖欠达1.5亿元以上。单位党组提出要把追缴易地建设费当作当前工作重中之重,全力以赴抓好。在彻底摸清拖欠底数和拖欠原因的基础上,依法追缴,给每个拖欠单位发放书面催缴通知,上门与对象单位的主要负责人进行交流沟通,聘请法律顾问,为下步追缴工作做好法律手段准备。同时坚持依法审批,杜绝新的拖欠行为。

【人防通信建设】 2016年,自治区人防办决定举行广西人防通信装备操作比武竞赛。崇左市成立了由市人防办主任温志标担任组长的竞赛领导小组,多次召开会议对竞赛工作进行部署,结合平常训练做准备工作,解决好训练中遇到问题和困难。4月份组织市本级人防通信装备操作使用技能培训,全市各县(市、区)共20名技术人员参加。6月份制定了《崇左市参加广西人防通信装备操作使用比武竞赛方案》,抽调精干的业务技术人员,确定各比赛项目和人员,按照自治区下发的竞赛《实施细则》和《评分细则》认真组织训练与考核工作。及时做好通信装备维护保养,确保装备处于良好使用状态。10月中旬,派出空情接收自动化处理系统参赛人员到南宁参加为期1周的空情服务器安装及空情录入培训学习。邀请市武警中队两名教员进行现场指导,进一步规范参赛队员队列动作。在比武竞赛中,市人防办获得优秀组织奖及保障中心领导个人全能项目第五名的好成绩,得到了自治区人防办的肯定。

【人防"三所"建设】 2016年,崇左市人防办稳步推进人防工程项目建设。年初成立了项目建设领导小组,落实专人负责抓工程项目工作。切实加强与自治区人防办、设计单位和市发改、财政、规划、国土等部门的沟通衔接,依法依规规范有序推进项目前期各项工作。根据市政府有关领导指示精神,结合人防指挥工程设计规范要求,对项目建设内容、规模、面积、投资作了适当调整,研究提出了更合理的建设方案。6月24日市"两委会"同意在市人防地面指挥中心地块南面新增4亩用地作为建设崇左市人防工程。项目定密、建设资金安排、调研、地勘等各项前期准备工作都在积极推进。

【人防法规宣传】 2016年,市人防办扎实推进人防宣传教育"进机关、进学校、进社区、进企业、进网络"(简称"五进")工作。和崇左电视台、左江日报社签订了学习宣传第七次全国人民防空会议专题宣传协议书,宣传中共中央总书记习近平、国务院总理李克强的重要讲话精神。制作人防宣传展板4组共96板,分别到20多个市直机关企事业单位摆放,宣传人防法规政策和相关技能。

【人防训练演练】 2016年,《人防新大纲试训》工作是自治区人防办部署的年度重要工作任务,市人防办负责《战场急救》、《重症救治方法》、《急救站开设与转移》、《物资装卸与人员乘载》、《特殊路段行驶》(货运)、《特殊天候行驶》、《运输工具简单排除》、《伪装设障的基础知识》等8个训练科目。为在6月底前完成试训任务并参加自治区国动委组织的验收评比,单位多次开会专题研究,请求崇左军分区、武警崇左市支队等单位帮助对组训工作进行全程指导,及时编制《人民防空新大纲试训实施方案》和《人防新大纲试训经费预算》,及时编写教案、课件、评分标准。加强与相关试训单位的沟通协调联系,顺利完成了试训任务。经过评比,市人防办被评为试训先进单位,8个试训科目均通过验收,其中"物资装卸与人员乘载"、"特殊天候行驶"、"特殊路段行驶"、"救护站开设与转移"等4个课目被评为优秀试训课目,受到自治区人防办通报表彰。

圆满完成防空警报统一试鸣暨城区人口紧急疏散演练活动。根据广西统一部署,精心组织,周密安排,协调军地相关单位参加了"9·18"防空警报试鸣暨人员疏散演练活动,副市长劳宁军出席了当天的活动。成功组织城区5所初级中学7000多名学生开展紧急疏散演练。全市防空警报鸣响率100%,音响覆盖率100%。

(李志远)

工业

GONGYE

□编辑　卢新骑

综　述

【概况】　2016年，崇左市面对经济新常态下错综复杂的环境，全市工信部门坚决贯彻落实市委、市政府做好"两篇大文章"打好"四大攻坚战"的决策部署，以开展"两学一做"学习教育为动力，改革创新，主动作为，牵头做好工业产业转型升级各项工作，推动全市工业和信息化工作取得积极成效，实现了"十三五"规划良好开局，做到了"产业转型升级攻坚战"顺利起步，为全市奋力实现"三个上新台阶"、"四个显著提升"工作目标提供了动力支撑。全年全市工业总产值达766.20亿元，同比增长8.2%，增速在广西排第5位；规模以上工业总产值完成747.06亿元，同比增长12.8%，增速在广西排第6位；全年规模以上工业增加值完成251.97亿元，同比增长7.1%，增速在广西排第9位；全年工业对GDP增长贡献率达到28.3%。

全市规模以上工业完成营业收入超亿元88家；1—12月份，全市亏损企业为30家，比上年同期减少5家。主营业务收入达到617.12亿元，同比增长5.7%；利润总额达到105.14亿元，同比下降4.8%；税金总额达到21.54亿元，同比下降5.0%。制糖、锰、电力、水泥制造、化工等传统支柱产业巩固发展，其中2016/2017榨季全市累计入厂原料蔗1475.57万吨，产糖182.85万吨。口岸加工业迅猛发展，在凭祥市佰秀农等一批边贸加工企业带动下，全年口岸加工业产值增长54.41%，规模占比持续加大。

【技术改造】　2016年，崇左市获得自治区下达技术改造项目2项，计划投资11939万元，获扶持资金375万元；下达创新及两化融合项目2项，计划投资2800万元，获扶持资金120万元；平台建设方面，中铝广西国盛稀土开发有限公司获认定自治区级企业技术中心；其他方面，中信大锰锰铝压块、氮化锰、锰桃、中铝广西崇左稀土中钇富销稀土氧化物、中粮屯河崇左糖业无硫赤砂糖、广西埃赫曼康密劳低硫酸根电解二氧化锰等8件产品获广西工业新产品认证，工业新产品认定累计达24件，广西有色国盛稀土开发有限公司凭借"稀土冶炼分离智能化系统开发项目"成为稀土领域的国内唯一一家智能制造贯标试点单位。

企业技改投资实现较快增长，全年累计完成260.46亿元，同比增长29.8%，增速高于广西18.6个百分点，在广西排第3位，占全市全社会固定资产投资总额的31.33%。企业创新发展能力逐步提升。中铝国盛稀土公司被新认定为自治区级企业技术中心。崇左市锰铝压块、钇富销稀土氧化物、无硫赤砂糖等8件产品获广西工业新产品认定。恒宇木业等7家企业开展"两化融合"改造项目，部分获得自治区专项资金支持。企业节能意识增强，规模以上万元工业增加值能耗下降3.03%。

【安全生产】　2016年，崇左市工信委高度重视工业行业安全生产工作。认真贯彻落实市委、市政府和自治区工信委、市安委办的工作部署，建立起有效的工业行业安全生产监管机制，继续深入开展工业企业安全生产隐患排查整治工作，督促企业做好安全隐患排查整改，并采取有力措施遏制重特大事故的发生，全年工业行业没有发生较大以上安全生产事故。主要抓好4方面工作：一是认真抓好煤矿安全生产的监督、检查和整治工作。全市只有1家煤矿企业，即宁明县大明矿业有限公司大闸煤矿。组织企业做好安全生产自查工作，全面深入开展煤矿行业安全生产大检查和安全生产隐患排查整治。二是认真抓好民爆企业安全生产的监督、检查和整治工作。全市没有民爆生产企业，只有1家销售企业，即广西崇左市统一民爆器材有限公司。三是积极做好工业行业"六打六治"打非治违专项行动。

四是认真开展安全生产月活动,确保全市企业正常安全生产。

【节能减排】 2016年,在自治区工信委和市委、市政府的正确领导下,全市各级工信部门采取了多种措施,强化节能队伍和制度建设,开展节能专项监察,每个季度召开节能分析会,引导各重点用能企业狠抓节能降耗、清洁生产、循环经济各项工作,取得了较为显著的成效。一是完成单位产品能耗继续下降。规模以上工业综合能源消费量为343.32万吨标准煤,同比增长3.86%,实现万元增加值能耗同比下降3.03%。二是圆满完成国家、自治区下达化解煤炭过剩产能任务,按期关闭扶绥县新帝矿业公司一号井。三是组织实施了一批节能效果显著的项目。年内通过多渠道争取节能减排资金,大力实施节能技改项目,深入推广高效节能设备,切实抓好全市节能减排的工作。广西湘桂酵母科技有限公司酵母生产能量系统优化改造工程等14个项目获得自治区节能技改资金支持,总投资15814万元,实现节能量3.69万吨标准煤,共获得奖励资金713万元。组织企业开展电机和变压器节能摸底排查和项目申报工作,2016年共改造电机17.83万千瓦,变压器3.28万千伏安,投资3926.87万元,节电量3084.03万千瓦时。四是顺利完成了燃煤小锅炉整治工作。市工业和信息化委、环境保护局和质监局联合拟定了燃煤小锅炉整治补贴资金使用指导意见,争取到市财政安排补贴资金50万元,并组织各有关部门和企业召开了全市燃煤小锅炉整治工作会议,对燃煤小锅炉整治有关补助和处罚等事项进行说明,企业统一了思想,消除了顾虑,2016年燃煤小锅炉整治任务

顺利完成。

【其他】 2016年,崇左市工信委还抓五项主要工作。

重大工业项目建设取得新突破 以实施产业转型升级攻坚战为契机,梳理全市重大产业项目,强力推进年度全市工业产业转型升级10个重大产业建设项目和10个重大产业前期项目建设。全年全市在建3000万元以上工业项目427个,计划总投资273.6亿元,年内累计完成投资174.8亿元,其中,新开工3000万元以上工业项目326个,竣工项目101个。南国铜业一期项目全面施工,年内完成部分主体工程建设;龙赞产业园有35家企业入园,8家开工建设,鸿顺木业、中港木业等2家实现试产;广西大锰动力电池、金梧桐坚果加工基地、中信大锰布东动力车间、中粮屯河糖仓等项目正式启动建设;崇左东亚糖厂搬迁项目实现重新启动;中信大锰新材料产业园、中铝国盛稀土产业园、湘桂活性干酵母等项目加快建设;中粮屯河崇左糖业有限公司高品质精制糖、新振锰业集团有限公司年产6万吨电解金属锰一期、广西金冠食品有限公司年产5万吨糖果一期、广西好青春醋业公司年产5万吨甘蔗醋一期、广西东泥天等水泥公司4000 t/d熟料新型干法水泥生产线并配套7.5 MW纯低温余热发电工程等项目竣工投产,成为新的增长点。崇左新能源电动车、扶绥正大蛋鸡等项目加快对接洽谈,推进前期各项工作。在一批重大项目支撑下,全市工业固定资产投资、制造业投资与2015年基本持平,更新改造投资实现较快增长,全年全市工业固定资产投资完成213.01亿元,与2015年基本持平。更新改造投资完成260.46亿元,同比增长

29.80%;制造业投资完成149.19亿元,与2015年基本持平。

园区平台承载能力有提升 启动园区3年62万平方米标准厂房建设工程,年内新建32.25万平方米(含企业自建自用),超额完成17万平米的年度任务。中泰产业园污水处理厂、宁明—凭祥贸易加工区产业大道等一批园区基础设施建设项目启动并加快建设。中泰产业园融资平台年内融资金额达到20亿元左右,其他园区融资能力也显著增强,为未来全面加快园区基础设施建设提供了充足的资金保障。与中南大学签署合作协议,启动崇左高新区总规、可研的编制工作。崇左稀土研究院等创新平台正加快组建。据统计,年内全市工业园区共完成工业总产值516.24亿元,同比增长9.31%;完成工业投资100.43亿元,同比下降5.38%;完成基础设施投资17.78亿元,同比增长21.86%。

工业用电量实现转负为正 全市工业用电量达到39.39亿千瓦时,同比增长0.32%。虽然增幅不大,但却较年初时下降19.34%的局面有了重大改变。同时,对比2012—2015年全市工业用电量分别下降4.35%、下降2.83%、下降7.20%、下降3.64%,全市工业用电量5年来首次出现正增长,表明工业企业是实实在在扩大生产,为全市工业经济指标增长提供有力支撑。

工业领域供给侧结构性改革扎实推进 认真贯彻落实国家降成本工作方案措施,自治区降低实体经济企业成本41条政策措施、崇左市降成本稳增长21条政策措施,加大对政策的宣传力度,确保企业对政策做到"能享尽享",估算各项政策降低企业成本共计达到5亿元左右。以电力直接交易为重

点降低企业用电成本,推动全市中信大锰等15家企业交易电量9.4亿度,节省成本达到1.33亿元。提高"惠企贷"成功率,扩大"惠企贷"合作银行到4家,组织28家企业申报3.63亿元贷款,实现天等东泥水泥等9家企业获得"惠企贷"支持共计8226万元。利用自治区中小企业信用担保平台,实现在保企业60家,在保余额4.95亿元。积极化解煤炭过剩产能,及时组织关闭了新帝一号井,退出煤炭产能15

万吨,圆满完成上级下达的化解煤炭行业过剩产能任务。

信息化建设和"两化融合"取得新进展 2016年,全市共完成新建4G基站210个,改造升级794个,累计4G基站达1928个,城区4G覆盖率达97.8%,农村4G覆盖率达81.72%,移动和电信接入速率最高峰值可达到200M;全市行政村宽带覆盖率为100%,光宽带覆盖率城市达91%,乡镇达62%,农村达19.6%。崇靖高速公路崇

左段19个宏站建设和21个隧道通讯信号建设,崇靖高速崇左段通讯信号覆盖率已达90%。组织崇左恒宇木业公司、广西中铝国盛稀土等7家企业积极申报自治区"两化融合"专项扶持资金项目,定时跟踪企业申报工作进展。其中恒宇木业公司顺利通过自治区专家组评审,获得扶持资金45万元。2016年9月份顺利完成安琪酵母(崇左)分公司等5家企业"两化融合"项目竣工验收工作。

2016年崇左市规模以上工业主要产品产量表

序号	产品名称	计量单位	2016年产量	2016年比2015年增减(%)
1	总发电量	亿千瓦时	24.96	1.61
2	火电	亿千瓦时	12.45	3.18
3	水电	亿千瓦时	9.34	−0.83
4	生物燃料发电	亿千瓦时	2.64	47.57
5	人造板	立方米	1449544.44	16.6
6	纤维板	立方米	494112.0	12.5
7	胶合板	立方米	550342.44	25.4
8	发酵酒精(折96%)	千升	91982.0	−44.1
9	锰矿石成品矿	吨	1501434.20	11.5
10	成品糖	吨	4621529.42	9.5
11	硫酸(折100%)	吨	300669.0	−2.9
12	甲醛	吨	46294.73	4.1
13	合成复合肥料	吨	181203.35	42.7
14	水泥	吨	10900537.18	26.3
15	水泥熟料	吨	8140844.94	11.6
16	铁合金	吨	1049291.58	0.3
17	硅锰合金	吨	640576.99	2.2
18	电解锰	吨	249163.10	17.1
19	钢结构	吨	37850.77	21.8
20	生铁	吨	138021.0	−24.1
21	松香	吨	192570.35	−19.7
22	纸浆(原生浆和废纸浆)	吨	277097.38	39.0
23	机制纸及纸板	吨	80662.0	−1.5
24	二氧化锰	吨	27792.0	26.4
25	罐头	吨	25920.0	14.1
26	中成药	吨	2799.0	−4.1
27	塑料制品	吨	52702.0	4.3
28	塑料薄膜	吨	8116.0	2.7
29	塑料丝、绳及编织品	吨	33113.0	3.9
30	淀粉及淀粉制品	吨	53271.0	−11.9

2016年崇左市规模以上工业主要经济指标表

序号	指标名称	计量单位	2016年	2015年	同比增减(%)
1	工业总产值(当年价)	亿元	747.06	662.54	12.8
2	工业销售产值	亿元	627.02	581.11	7.9
3	工业产品销售率	%	83.93	82.66	−3.8
4	工业增加值(当年价)	亿元	251.97	224.62	7.1
5	全社会固定资产投资	亿元	831.41	691.69	20.2
6	主营业务收入	亿元	617.12	583.84	5.7
7	主营业务成本	亿元	476.23	430.19	10.7
8	利润总额	亿元	105.14	110.44	−4.8
9	利税总额	亿元	126.68	133.07	−4.8
10	亏损企业	个	30	35	−14.3

(制表者　王丽娇)

制糖工业

【概况】 2016年,崇左市有规模以上制糖企业17家,分别归属9个公司,广西东亚糖业有限公司(含扶绥扶南东亚、崇左东亚、崇左驮卢东亚、宁明东亚、宁明海棠东亚、广西东亚精糖、扶南东亚精糖)、南华糖业有限公司(含扶绥东门南华、龙州南华的3家糖厂)、中粮屯河崇左分公司、广西左江永凯糖业有限公司、广西湘桂糖业有限公司、大新世纪飞龙糖业有限公司、大新雷平永鑫糖业有限公司、天等俊杰糖业有限公司、凭祥才源实业有限公司。2016年,制糖业工业总产值329.34万吨,同比增长15.16%;增加值113.1亿元,同比增长3.9%;全行业设计生产能力为日榨甘蔗约19万吨,约占全广西的三分之一。制糖业是崇左最大的工业行业,产值和增加值几乎占规模以上工业的一半,为制糖业提供糖料蔗的种植户28.4万户,蔗农131.2万人,占全市总人口的57%、占农村人口的67%。制糖过程产生的糖蜜、蔗渣和滤泥等副产品又可以用于生产酵母、味精、酒精、纸浆、纸制品和复合肥等产品,制糖业对于增加农民收入,解决劳动就业,拉长崇左工业产业链,优化崇左工业产业结构,有着重要的意义。

【食糖生产与销售】 崇左市2016/2017年榨季,于2016年11月14日湘桂新和糖厂首家开机生产,至2016年3月21日南华东门糖厂收榨结束,整个榨季历时128天。本榨季除凭祥才源和宁明丰浩糖厂处于拍卖重组阶段未开榨外,全市15家糖厂均开机生产。全市入厂原料蔗1493.23万吨(含扶绥县调入南宁金光糖厂17.66万吨),比上个榨季少1.83万吨,减幅0.12%。混合产糖182.85万吨,比上个榨季多4.30万吨;混合产糖率12.39%,上年同期混合产糖率12.00%,比上年同期高0.39个百分点。蔗糖分14.09%,上年同期含糖分13.76%,比上年同期高0.33个百分点。截至3月20日,全市食糖销售量57.92万吨,上年同期销售量为68.17万吨,比2015年同期少10.25万吨;白砂糖含税平均销售价6846元/吨,上年同期销售价为5478元/吨,同比多1368元/吨。

【循环经济】 2016年,崇左市各制糖企业在循环经济"减量化、再利用、资源化"的总原则指导下,积极有序地推进循环经济工作。采取多种有效措施,以尽可能少的资源消耗和尽可能少的废弃物排放为目标,实现了经济、环境和社会效益统一,加快了企业建设资源节约型和环境友好型模式的步伐,创造了可观的经济效益和社会效益,循环经济发展模式基本形成。按照《广西主要工业行业循环经济评价指标体系》制糖业的循环经济评价标准,各制糖企业除吨蔗废水产生量外,其余18项循环经济指标均达到二级以上,其中能源产出、单位产值取新水量、单位工业增加值能耗、烟气二氧化硫排放浓度、废水BOD5、Coder、氨氮、总氮、总磷排放浓度以及资源综合利用各项指标均达到一级水平。

锰矿加工业

【概况】 2016年,崇左市规模以上

锰加工企业有 28 家,全年锰矿石成品矿产量 150.14 万吨,同比增长 11.5%;铁合金产量为 104.93 万吨,同比增长 0.3%;电解锰产量为 24.92 万吨,同比增长 17.1%;二氧化锰 2.78 万吨,同比增长 26.4%。锰业工业总产值 110.22 亿元,同比增长 6.58%,工业增加值 38.74 亿元,同比增长 2.67%。锰业是崇左工业的支柱产业,全市形成了一批具有较强行业竞争力的优秀企业,如中信大锰矿业有限公司大新锰矿分公司、中信大锰矿业有限公司天等分公司、中信大锰矿业有限公司崇左分公司、广西新振锰业集团有限公司、广西沙钢锰业有限公司、广西埃赫曼康密劳化工有限公司等为优秀企业。

食品制造业

【概况】 2016 年,崇左市有规模以上食品制造企业 15 家,其中农产品加工企业 6 家、淀粉制造企业 4 家、食用酒精制造企业 3 家、酵母制造企业 2 家。发酵酒精产量 9.2 万吨,同比增长 -44.1%;淀粉产量 5.33 万吨,同比增长 -11.9%;主营业务收入 33.62 亿元,工业总产值 38.19 亿元。

造纸及纸制品业

【概况】 2016 年,崇左市有规模以上造纸企业 4 家,即广西东亚纸业有限公司、广西龙州曙辉纸业有限公司、龙州南华纸业有限公司和广西崇左市大明纸业有限公司。2016 年,造纸及纸制品业主营业务收入 10.36 亿元,同比增长 1%,工业总产值 12.53 亿元。全年纸浆产量为 27.71 万吨,同比增长 39%;机制纸及纸板 8.07 万吨,同比增长 -1.5%。

医药制造业

【概况】 2016 年,崇左市有规模以上医药制造企业 2 家,分别为广西方略集团龙州制药有限公司和广西华天宝药业有限公司。全年医药制造业主营业务收入 0.72 亿元,同比增长 -1.4%,工业总产值 1.33 亿元,从业人员 200 多人。全年中成药产量为 0.28 万吨,同比增长 -4.1%。

建材工业

【概况】 2016 年,崇左市有规模以上建材生产企业 13 家,其中水泥制造企业 7 家,水泥制品(预拌混凝土)企业 6 家。主要产品产量为:水泥 1090 万吨,同比增长 26.3%;水泥熟料 814 万吨,同比增长 11.6%。水泥制造业工业总产值 47.91 亿元,同比增长 36.69%;工业增加值 18.48 亿元,同比增长 43.2%。水泥制造业是崇左工业的支柱产业之一,年水泥生产能力为 1290 万吨(水泥熟料为 792 万吨)。水泥制造企业主要有扶绥新宁海螺水泥有限公司、崇左南方水泥公司、崇左红狮水泥公司和广西东泥天等水泥有限公司等。

(陆伟和　凌椿来　贾耀锋　王丽娇　林广茂　周绍松　曹林　卢书荣　周育增)

二轻工业

【概况】 2016 年,崇左市二轻工业部门深入学习贯彻中共十八大和十八届五中、六中全会精神,深入贯彻落实"五大发展理念"的精神;按照自治区二轻行业工作会议要求和市委着力做好"两篇大文章",打好"四大攻坚战"的部署,深入开展行业"服务基层,创新发展"活动,积极开展"两学一做"学习教育,深化企业改革,着力培育特色产业,深入各县(市、区)二轻联社和企业,推荐优秀工艺美术作品,积极参加广西发明创造成果展览交易会和工艺美术作品暨大师精品展以及为广西工艺美术展做好准备工作。崇左市二轻经济继续保持平稳发展的良好势头。全市列入自治区二轻联社统计项目的工业总产值、主营业务收入以及税收总额三大指标如期完成。据统计,全市二轻部门累计完成工业总产值 14.76 亿元,同比增长 4.3%,占年度任务的 100.3%;累计完成主营业务收入 8.56 亿元,同比增长 4%,占年度任务的 100%;累计实现税收总额 973 万元,同比增长 4%,占年度任务的 100%。全市三大经济指标全部圆满完成自治区下达的任务。

【行业安全生产】 2016 年,崇左市二轻部门积极抓好行业安全生产工作。有二轻传统集体企业 20 多家,加上新成员单位(企业),共有 46 家企业。与上年 62 家相比,减少 16 家(注:集体企业改革改制后不列入统计)。这些企业大部分都是老小企业并且实行了承包或租赁。厂房陈旧,设备老化,包租变化频繁,这给行业安全生产管理带来诸多困难。面对安全生产问题,二轻管理部门历来都十分重视,年初召开了全年安全生产布置会,分析形势,排查隐患,研究制定措施方案。市、县(市、区)联社及企业领导做到安全管理责任明确,职责分明,措施到位,常抓不懈,经常检查督促。年内,全市二轻系统没有安全生产事故发生,行业安全生产保持良好发展态势。

【行业管理主题活动】 2016 年 3 月,自治区二轻工业工作会议提出,2016 年继续深入开展"服务基层,创新发展"活动。自治区工作会议后,市联社结合当地实际,认真分析,制定落实措施,拿出可行办法,并加大力度努力完成各项活动任务。

一是认真抓好经济运行分析和统计报表工作。根据全市上年各项经济指标完成情况,结合各县(市、区)的实际,市、县(市、区)联社领导及有关人员进行专题分析、讨论和研究,确定了 2016 年"三项"经济指标比上年增长 4% 的目标,把目标任务及时分解到各县(市、区)联社,作为年度绩效考评任务指标。同时,市、县(市、区)两级联社都要按照自治区联社的要求,明确分管领导,落实专人负责统计工作,按时按质完成统计报表的上报工作,全年这项工作完成得还是比较好的,二轻经济呈现稳步发展态势。全年列入自治区二轻联社统计项目的工业总产值、主营业务收入以及税收总额三大指标如期完成。全市二轻系统累计完成工业总产值 14.76 亿元,同比增长 4.3%,占年度任务的 100.3%;完成主营业务收入 8.56 亿元,同比增长 4%,占年度任务的 100%;实现税收总额 973 万元,同比增长 4%,占年度任务的 100%。二是积极发展和服务新成员单位。2016 年,市、县(市、区)联社对新成员单位工作有了新的改进,正确处理好发展与服务的关系,既要积极发展,更要主动做好服务,努力使新成员企业进得来,留得住,能发展。年内凭祥市增加了 2 家企业加入二轻行业,成为新成员单位。三是做好特色产业统计工作。崇左市特色产业主要分布在凭祥市。特色区域所在地联社能按要求汇总并逐级上报年度生产调查统计报表和分析报告。2016 年凭祥市特色产业经济红木家具产值完成 13.14 亿元,与 2015 年同期 12.63 亿元相比增长 4%;营业收入完成 7.14 亿元,与 2015 年同期 6.87 亿元相比增长 4%;税收总额 590 万元,与 2015 年同期 570 万元相比增长 3.5%。四是组织参加第六届广西发明创造成果展览交易会。一年一度的广西发明创造成果展览交易会传统手工业板块是由自治区二轻工业联社指定参展产品。由于崇左市工艺美术作品比较少,精品不多,前两届展览交易会都没有作品参加展评。2016 年,在市联社新领导班子的努力下,通过向自治区二轻工业联社汇报和加强沟通,自治区联社同意扶绥县稻秆画参加 2016 年的展览交易会。10 月 28 日—30 日,市联社主任黎志华亲自带队,组织相关企业和创作者参加在贵港市体育中心举办的第六届广西发明创造成果展览交易会,市联社获第六届广西发明创造成果展览交易会传统手工业板块组织奖二等奖,扶绥县稻秆画有限公司卢志辉的作品"其他工艺画'猛卡大王'"获第六届广西发明创造成果展览交易会传统手工业创新成果奖。

【组织作品参展】 2016 年,崇左市二轻联社组织参加广西工艺美术作品暨大师精品展。为了确保 2016 年 9 月举办的广西工艺美术展工作取得好成绩,市联社认真研究,及早部署,抓好展前各项准备工作,及时传达贯彻落实自治区二轻工作会议精神,结合崇左市工作实际,总结经验,分析现状,找出薄弱环节,提出 2016 年发展工艺美术产业具体措施。积极主动配合市委宣传部和市工信委共同做好参展参评作品工作方案的制定和任务的分解。组织干部职工分头深入县(市、区)联社及有关企业宣传发动,督促指导,遴选作品。9 月 21 日—26 日,自治区工业和信息化委、自治区二轻工业联社在南宁国际会展中心联合举办 2016 广西工艺美术作品暨大师精品展,崇左市组织各县(市、区)二轻联社及企业到南宁参加精品展览。此次展览,全市共有 48 件作品参评,有 14 件作品荣获"八桂天工奖",其中金奖 2 件,银奖 2 件,铜奖 5 件,优秀奖 5 件。凭祥市木根雕《翠羽屏风》和扶绥县景泰蓝《大威德金刚》获"八桂天工奖"金奖;凭祥市木根雕《仕途如意》和扶绥县稻秆画《青蛙和铜鼓》获"八桂天工奖"银奖;江州区雕塑《望》、凭祥市木根雕《竹林七贤》、天等县木根雕《壮之韵》、大新县木根雕《中国梦》和扶绥县木根雕《松鹤延年》等 5 件作品获"八桂天工奖"铜奖;江州区木根雕《和谐》、龙州县天琴《龙吟》、扶绥县木根雕《荷香鹤舞》、大新县木根雕《歌唱祖国》和江州区其他工艺美术《骆越文化—岜莱》等 5 件作品获"八桂天工奖"优秀奖。获奖的 14 件作品中有 4 件入选由自治区人民政府在广西美术馆举办的 2016 广西艺术作品展览第五届广西工艺美术展览,其中凭祥市木根雕《翠羽屏风》和扶绥县景泰蓝《大威德金刚》荣获"工艺美术优秀作品奖"。

【申报工艺美术大师】 2016 年,崇左市积极推荐工艺美术从业人员申报第七届广西工艺美术大师。工艺美术大师评审(以下简称评师)工作是两年才有一次,机会难得。根据自治区二轻联社《关于开展第七届广西工艺美术大师评审和历届广西工艺美术大师复审工作的通知》，市联社从三个方面努力做好评师推荐工作。首先，组织联社干部尤其是行管科干部认真学习自治区联社评审文件，熟读评审内容，掌握申报条件，并宣传动员符合申报人员积极申报。其次，成立评审推荐小组，排查筛选参评人员，做好审核推荐工作。再次，认真指导申报人员做好申报工作，从填表到现场评选审定等都跟踪指导和督办。经过对照条件和遴选，推荐凭祥市长期从事工艺美术设计和制作的工艺美术从业人员胡军开、厉永军申报第七届广西工艺美术大师。年底，申报工作已经结束，等待自治区审批。（胡国富）

电力工业

【概况】 崇左供电局成立于2003年11月，是崇左建市后进驻的第一家中央直属企业。主要担负着崇左市行政区域内的主电网规划建设和电力供应任务，对扶绥县、大新县、天等县、宁明县、龙州县、凭祥市及江州区等5县1市1区趸售供电。网区营业面积1.75万平方千米，服务人口245万人。截至2016年年底拥有客户70万户，直供客户20.6万户。设有14个职能部室、8个专业管理所（中心），管辖扶绥、凭祥2个县级供电企业。供电局在册员工667人，局党委下设8个党支部，共有党员191名。拥有500千伏变电站1座（归南宁超高压局管理），共有110千伏及以上变电站28座（220千伏变电站10座，110千伏变电站18座），变电容量366.9万千伏安，35千伏及以上输电线路2709.6公里，形成以500千伏变电站为支撑，以220千伏双链结构为主网架，110千伏系统辐射各县（市、区）的超高压、大

容量、高可靠性的现代化大电网。

【电力工业设施】 2016年，崇左市境内规模以上电厂（含企业自备电厂）装机总容量75.15万千瓦，其中水电装机容量28.13万千瓦，火电装机容量46.96万千瓦。纳入广西电网统调电厂2座（山秀水电站7.8万千瓦、左江水电站7.2万千瓦），纳入崇左地调调度电厂3座（先锋水电站1.76万千瓦、扶南生物质电厂3万千瓦、宁明东亚生物质电厂3万千瓦），水利集团所属小水电装机容量11.37万千瓦，其余均为企业自备电厂。崇左市2016年总发电量24.96亿千瓦时，同比增长1.61%。其中，火电发电量9.56亿千瓦时，同比下降0.83%，；水电发电量15.40亿千瓦时，同比增长3.18%。

崇左市2016年累计全社会用电量为55.94亿千瓦时，同比增长3.20%。其中，第一、二、三产业和居民生活累计用电量分别为1.41亿千瓦、40.03亿千瓦、3.95亿千瓦、10.55亿千瓦时，占全社会用电量的比重分别为2.52%、71.56%、7.07%、18.86%，同比分别增长8.45%、0.42%、8.91%、12.06%。

【电网规划与建设】 2016年，崇左市持续深入推进政府主导电网建设模式，落实广西电网公司与市政府签订的《崇左市"十三五"规划电网发展战略合作框架协议》，连续三年配合市政府召开全市电力工作会议，主网项目列入市政府层面统筹推进的重大项目。政府主导出台农网改造实施方案并建立联席会议制度，成立市、县、乡三级领导小组，选派业务骨干到政府农村电网改造工作领导小组办公室挂实职，协调推进新一轮农网工程建设。强化工程属地协调，配合政

府有力破解施工严重受阻问题47个。深度参与政府"两规"编制，促进电网规划和政府规划高度融合，确保"十三五"规划电网项目纳入城市规划及土地利用总体规划。加强解决重过载、低电压问题项目的深度规划前期工作，完成了157项前期调研，形成了6020万元项目储备。确保项目建设的安全、进度、质量，220千伏渠黎送变电工程等4个主网工程顺利投产，崇左市供电能力持续增强。突出抓好行业扶贫，加快农网改造进度，按要求完成崇左市扶贫项目建设，297个农网改造升级工程项目全部投产，第一批中心村、机井通电项目建设完成率达100%。

【供电服务】 2016年，配合市政府出台对锰企业每度电0.05元的补贴政策，增加电量3.25亿千瓦时。完成170个重过载、低电压台区改造，释放受限的用电潜力，居民用电同比增长17.5%。通过落实业扩项目过程管控，推行业扩报装"三免服务"，业扩平均提速3.8天，新增容量13.13万千伏安。建立业扩报装投资界面延伸项目库，为中泰产业园等崇左市重点建设项目解决"最后一公里"用电问题。靠前服务，主动作为，解决客户反映强烈的供电抢修、业扩受限等问题97项。将优质服务贯穿于工作全过程，开展用户走访、"送教上门"273次，开展供电服务宣传50多期，排查解决用户故障106处。修编完善重要客户"一户一册"，梳理完成15300个敏感客户问题清单，完善350户客户档案资料。推进微信、支付宝缴费平台应用，微信覆盖率达12.97%，非现金缴费率同比提高11.49%。规范配网故障抢修管理，成立配电抢修班，整合资源提高抢修复电效率。 （苏小兰）

农业·农村

NONGYE NONGCUN

□编辑　卢新骑

综　述

【概况】 2016 年,崇左市各级农业部门全力推进农业供给侧结构性改革,加快农业产业转型升级,发展现代农业,深化农村改革,全市农业农村经济持续平稳发展。全年实现农林牧渔业总产值 275.52 亿元,比上年增长 3.44%。其中,种植业产值 193.95 亿元,林业产值 27.16 亿元,畜牧业产值 36.45 亿元,水产业产值 10.87 亿元,农林牧渔服务业产值 7.09 亿元。全市农村居民人均可支配收入 9801 元,比上年增长 9.9%。

【农业结构调整】 2016 年,崇左市农业产业结构进一步优化,粮食、甘蔗、水果、瓜菜和木薯等特色产业稳定发展。粮食种植面积 12.35 万公顷,总产量 52.5 万吨。经济作物种植面积 40.35 万公顷,其中糖料蔗面积 28.07 万公顷,预计糖料蔗入厂产量 1483.57 万吨,比上榨季少 11.49 万吨;蔬菜种植面积 4.92 万公顷,产量 96.2 吨,增长 5.8%;西香瓜面积 4 万公顷,产量 55 万吨,与上年基本持平。水果种植面积 3.8 万公顷,产量 58.79 万吨,增长 17.33%。

【固定资产投资】 2016 年,全市农业种植业固定资产完成投资 35.66 亿元,主要集中在甘蔗“双高”基地建设、现代特色农业示范园区建设及农业生态旅游设施建设。

（黄艳红）

【农业信息服务】 2016 年,崇左市农业部门建立了 8 个农业信息网站(市级和各县子网站),与广西农业信息网平台联网。有 48 个乡(镇)建立了农业信息服务站,有专、兼职信息员 251 人。全年收集和编发信息简报 4826 期 98584 份,为龙头企业、种养大户、经纪人和群众提供农产品供求信息 26589 条,让他们足不出户即可了解农业快讯、种植养殖技术、农业灾害天气预警、病虫害防治、农贸行情等信息。“物联网＋农业”发展加快,全市有 31 家农业企业建立农产品电子商务业务,全年农产品电子商务总交易额 543.7 万元。 （黄景东）

【农业产业化经营】 2016 年,崇左市有农业产业化组织 2974 家(其中市级以上重点龙头企业 22 家),年销售收入 1 亿元以上的龙头企业有 10 家,这些产业化组织连接农业生产基地 28 万公顷,带动 41 万农户。 （黄立精）

【农民专业合作社】 2016 年,崇左市新增农民合作社 897 个,合作社累计 2605 个,评比获得国家级示范社 2 个,自治区级 9 个,市级 31 个,县级 62 个,主要涉及种植、养殖、农机服务等领域。 （黄立精）

【家庭农场】 2016 年,崇左市有家庭农场 155 个,其中市级示范场 11 个。主要经营原料蔗、玉米、蔬菜、水果、苗木、剑麻种植、紫玉淮山及销售和家禽、畜禽、乌骨鸡、黄喉拟水龟、淡水鱼、鳖养殖及销售。

（黄立精）

【支农惠农政策落实】 自 2016 年起,崇左市农作物良种补贴、种粮农民直接补贴和农资综合补贴合并称为“农业支持保护补贴”。全年全市落实耕地地力保护补贴面积 15 万公顷,补贴资金 17453.32 万元,涉及农户 439272 户,补贴资金全部通过“一折通”账户发放到农户手中。 （陈素珍）

【农业资源区划】 2016 年,崇左市农业局编制了《崇左市现代农业(种植业)发展“十三五”规划》。全市有 30 个乡村旅游区(点),其中获得广西五星级乡村旅游区(点)1 个、四星级 3 个,三星级乡 6 个、二星级 3 个;农家乐 650 家,有 8 个休闲农业景区景点入选广西休闲乡村游电子地图。组织开展西江流域“一干七支”生态农业拓展研究,对左江沿岸宁明、龙州、江州、扶绥四个县(区)56 个行政村基本情况、农业生产、生态环境、休闲旅游等基础数据调查。在各县(市、区)开展土地硒元素含量情况进行采样化验分析,土壤采样35个样品。经化验分析,足硒样品20个,占57.14%;富硒样品15个,占42.86%,基本确定崇左是一个土壤硒元素相对丰富的地区。

（马民伟）

【农民减负】 2016年,全市农民负担总额7919.93万元,其中上交集体各种款项504.18万元,各种社会负担5318.12万元,"一事一议"筹资401.03万元。开展农村义务教育、农民建房、农村危房改造、农网改造等减轻农民负担专项治理,重点治理退还农民502.6万元。

（黄玉晓）

【农业执法】 2016年,全市共检查种子、化肥和农药等农资经营门店1528个,行政处罚立案57个并已全部办结,罚款没收违法所得13.26万元,为群众挽回损失26.56万元。抽样检测化肥样品53个,样品送达南宁检测,合格率86.8%。市场抽样检测农药样品25个,样品送达南宁检测,合格率96.0%。

（农光标）

【土地承包确权】 2016年,崇左市实施农村土地承包经营权确权登记工作。全市完成入户调查37.94万户,占总户数的73.37%;完成地块测量26.5万公顷,占集体耕地面积的54.68%;有42个乡镇完成了二轮审核公示,占总乡镇数的53.85%;501个村完成二轮审核公示,占总行政村数的59.86%;已完善土地承包合同35.87万户(可发证),占总户数的69.37%。市、县两级建立了土地确权信息系统和数据库。

（农康成）

【种子生产与管理】 2016年,全市引进试验示范新品种87个,其中水稻60个、玉米27个。全年抽取样品145个,其中开展同期跟踪小区种植纯度鉴定样品110个。

（施 丹）

【病虫害与防治】 2016年,崇左市农作物病虫鼠草害发生程度属中等、局部中等偏重发生,全年发生面积87.30万公顷,比上年减少9.84%。共发布《病虫情报》142期,预警信息覆盖乡镇100%、覆盖行政村85%,防治面积87.87万公顷。

水稻病虫害:全年发生面积10.66万公顷,防治10.97万公顷。主要病虫害有稻纵卷叶螟、稻飞虱、三化螟、稻瘟病、纹枯病等。

玉米病虫害:全年发生面积3.50万公顷,防治2.39万公顷。主要病虫害有玉米螟、玉米铁甲虫、玉米蚜虫、玉米大小斑病等。

甘蔗病虫害:全年发生面积34.57万公顷,防治36.24万公顷。主要病虫害有螟虫、白蚁、天牛、蚜虫、蓟马等。

蔬菜类病虫害:全年发生面积5.03万公顷,防治5.46万公顷。主要病虫害有瓜菜类霜霉病、白粉病、病毒病、菜青虫、小菜蛾、蚜虫、豆荚螟、瓜蓟马、黄曲条跳甲、美洲斑潜蝇等。

果树病虫害:全年发生面积2.90万公顷,防治2.51万公顷。主要病虫害有柑橘溃疡病、炭疽病、柑橘黄龙病、红蜘蛛、潜叶蛾、介壳虫、白蛾蜡蝉、荔枝蝽象、荔枝蛀蒂虫、角颊木虱等。

农田鼠害:全年发生面积为5.0万公顷,防治4.66万公顷。

农田杂草:全年发生面积18.31万公顷,防治17.83万公顷。

（陈 伟）

农业科技

【现代农业核心示范区建设】2016年,全市累计启动创建示范区85个,累计投入9.62亿元,有156个新型经营主体进驻示范区,引进新品种101个,推广新技术77项。全年获自治区认定自治区级示范区3个(累计6个)、市级5个、县级10个、乡级10个。 （农燕宏）

【科技推广与管理】 2016年,全市农作物间套种、"三免"、"三避"实用技术、"十大主推技术"等农业技术进一步推广。

农作物间套种推广 推广间套种9.33万公顷。

"三免"、"三避"技术推广 "三免"技术推广3.66万公顷,主要在玉米免耕栽培上应用。"三避"技术11.2万公顷,主要在甘蔗、西瓜、蔬菜、水果、玉米、水稻等作物的避寒和水果的避雨避晒等应用。

"十大主推技术"推广 全市推广粮食增产提质增效"十大主推技术"43万公顷,其中水稻集中育秧与机插秧技术3186公顷、水稻合理密植和防早衰技术2万公顷、玉米"一增三改"技术1.89万公顷、耕地保护与质量提升技术3.93万公顷、测土配方施肥技术27.69万公顷、水稻重大病虫害综合治理技术1.08万公顷、酸化土壤改良技术1.75万公顷、粮食作物间套种技术2.5万公顷、农区鼠害综合防治技术2.56万公顷。 （农燕宏）

【农民科技培训】 2016年,全市举办专业技术和技能培训班1586期,培训农民11.2万人次,开展咨询服务10.77万人次,向农民发放农业技术光盘、技术资料、宣传资料等相关技术资料10.63万份(册)。全市培育生产经营型新型职业农民1032人,由扶绥县、大新县、天等县、宁明县和龙州县实施。全市招收新型职业农民中等职业教育120人,完成村"两委"培训任务300人。 (梁善恒)

【测土配方施肥技术推广】 2016年,全市完成测土配方施肥面积29.7万公顷,其中江州区5.44万公顷,扶绥县7万公顷,龙州县3.8万公顷,天等县4.73万公顷,大新县4.5万公顷,宁明县3.7万公顷,凭祥市1万公顷。 (沈州燕)

农业项目

【中央立项项目】 2016年,崇左市获得国家立项项目57个,共投入资金11283万元。其中,中央预算项目6个,即天等县指天椒穿龙岩示范基地大棚道路项目600万元、宁明县金果源种植专业合作社无公害水果基地建设项目350万元、扶绥县2016年第一批扶贫产业开发项目306万元、扶绥县2015年(2016年实施)现代农业糖料生产发展资金项目2827万元、2014年(2016年实施)现代农业糖料蔗项目1450万元、扶绥县2016年农业高产基地机械化工程项目5750万元。 (黄艳红)

2016年,崇左市推广超级稻喜获丰收

【地方立项项目】 2016年,崇左市建设地方农业项目131个,计划投资58.04亿元,主要有2016年江州区高产高糖糖料蔗基地建设项目、大新县甘蔗"双高"基地建设项目、天等县指天椒穿龙岩示范基地大棚道路项目、扶绥同正甘蔗产业示范区建设项目、江州区火红左江现代特色农业产业示范区等项目。 (黄艳红)

粮油作物

【粮食生产】 2016年,全市粮食种植面积12.35万公顷,总产量52.5万吨。

稻谷 播种面积6.95万公顷,增长0.7%。其中,超级稻播种3.56万公顷,占总播种面积的51.20%。

稻谷产量34.72万吨,增长3.06%;平均每公顷产量4993公斤。

玉米 播种面积3.90万公顷,增长4.37%;产量16.28万吨,增长6.06%。品种主要以迪卡007、迪卡008、正大619等为主,良种覆盖率99%;平均每公顷产量4173公斤。

豆类 播种面积1.20万公顷,增长1.9%;产量1.69万吨,增长3.2%;平均每公顷产量1405公斤。

薯类 播种面积0.64万公顷,增长0.41%,其中红薯0.50万公顷,马铃薯0.13万公顷;总产量1.38万吨,增长1.08%。

【油料生产】 播种面积1.23万公顷,增长3.51%,其中花生播种面积1.21万公顷,产量2.46万吨,增长9.11%;平均每公顷产量2006公斤。

2016年崇左市粮油生产统计表

作物名称	面积(万公顷)	比上年增减(%)	单产(公斤／公顷)	比上年增减(%)	总产量(万吨)	比上年增减(%)
稻谷	6.95	0.70	4993	0.99	34.72	1.69
玉米	3.90	4.37	4173	1.61	16.28	6.06
豆类	1.20	1.90	1405	1.30	1.69	3.20
薯类	0.64	0.41	2176	0.65	1.38	1.08
油料	1.23	3.51	2006	5.41	2.46	9.11

经济作物

2016 年,崇左市经济农作物种植面积 34.90 万公顷,比上年增长 0.96%,其中甘蔗 28.07 万公顷、木薯 1.46 万公顷、蔬菜 4.90 万公顷、麻类 0.14 万公顷、其他经济作物 0.33 万公顷。

甘蔗 种植面积 28.07 万公顷,总产量 2417 万吨。

木薯 播种面积 1.46 万公顷,减少 0.5%;产量 12.88 万吨,增长 1.69%;平均每公顷产量 8847 公斤。

蔬菜 播种面积 4.90 万公顷,增长 4.92%,其中秋冬菜播种面积 3.09 万公顷;产量 102.39 万吨,增长 7.38%;平均每公顷产量 20890 公斤。

麻类 播种面积 0.14 万公顷,增长 1.16%;产量 0.36 万吨,增长 5.94%;平均每公顷产量 2581 公斤。

食用菌 播种面积 61 公顷,同比增加 5 公顷,增长 8.93%;产量 783 吨,增长 9.51%;平均每公顷产量 2836 公斤。

桑蚕生产 桑园 482 公顷,其中:江州区 8.5 公顷,大新县 30 公顷,龙州县 57 公顷,扶绥县 10 公顷,宁明县 110 公顷,天等县 274 公顷。饲养蚕 28912 张,生产蚕茧 101.45 万公斤。

2016 年崇左市经济作物生产统计表

作物名称	面积 (万公顷)	比上年 增减(%)	单产 (公斤/公顷)	比上年 增减(%)	总产量 (万吨)	比上年 增减(%)
甘蔗	28.07	0.38	86129	1.08	2417.31	1.46
木薯	1.46	−0.50	8847	2.21	12.88	1.69
蔬菜	4.90	4.92	20890	2.34	102.39	7.38
麻类	0.14	1.16	2581	4.75	0.36	5.94
食用菌	61 公顷	8.93	2836	0.53	0.07	9.51

(农燕宏 韦毅光)

水果生产

【概况】 2016 年,崇左市果园面积 3.79 万公顷,其中投产面积 3.59 万公顷,总产量 58.79 万吨,产值 11.50 亿元,比上年增长 9.94%。主要栽培品种有柑橘类(包括红江橙、温州蜜柑、茂谷柑、W. 默科特、沃柑、沙糖橘、马水橘、南瓜橘、琯溪蜜柚、红心蜜柚等)、蕉类、龙眼、

2016 年崇左市水果种植面积及产量统计表(一)

单位:面积(亩)、产量(吨)

项目	全市合计		江州区		扶绥县		宁明县	
	面积	产量	面积	产量	面积	产量	面积	产量
合计	569295	587936	97365	80240	233385	198560	65565	46366
柑橘类合计	107745	118125	21495	5316	30270	29333	21210	17209
柑	70590	57357	19560	4206	10965	8344	12330	8033
橘								
橙	34890	54847	1770	1005	18855	20144	8880	8796
柚类合计	2265	5921	165	105	450	845		380
其中:沙田柚	1350	2527	0		160	450		
蕉类合计	207825	276039	23820	48807	135750	135830	8925	10602
其中:香蕉	196500	263440	23820	48807	128820	126542	6075	9389
荔枝	20085	6610	495	128	6210	1609	9750	2908
龙眼	124950	65262	34665	10359	26550	9921	11640	2780
杧果	14535	11539	1035	828	5760	2751	4650	2731
菠萝	2310	9489	60	180	0		450	1762
梨	4245	7096	225	62	330	264	960	612
枣	210	26			90	26		
柿	2775	5501			75	130	510	733
李	4680	8679	1095	714	75	36	225	63
桃	480	979			30	8		7
火龙果	5760	9779	3675	8616	75	59	825	252
葡萄	5100	6330	615	561	360	293	15	10
百香果	465	603			180	180	210	179
其他水果	68130	61879	10185	4669	27630	18120	6195	6518

2016 年崇左市水果种植面积及产量统计表(二)

单位:面积(亩)、产量(吨)

项目	龙州县		大新县		天等县		凭祥市	
	面积	产量	面积	产量	面积	产量	面积	产量
合计	74040	148272	55110	76321	19695	26263	24135	11914
柑橘类合计	9450	37599	9375	20630	6330	5953	9615	2085
柑	5655	22258	8400	10878	4755	2408	8925	1230
橙	2760	14256	945	7466	1050	2413	630	767
柚类合计	1035	1085	30	2286	525	1132	60	88
其中:沙田柚	1010	1065	10	650	140	320	30	42
蕉类合计	32490	66840	3480	10156	990	2751	2370	1053
其中:香蕉	32490	66840	3165	9275	660	1609	1470	978
荔枝	1470	819	360	397	360	483	1440	266
龙眼	13290	13326	31275	23260	5550	4306	1980	1310
杧果	1365	4596	30	371	210		1485	262
菠萝	1665	7145		357			135	45
梨	315	362	330	2137	1410	3446	675	213
枣					120			
柿	2115	1705		919		391	75	1623
李	2265	2620	15	3252	930	811	75	1183
桃	390	461		56	30	157	30	290
火龙果			450	737	360	20	375	95
葡萄	105	86	1140	1757	2865	3622		1
百香果			75	189				55
其他水果	9120	12713	8580	12103	540	4323	5880	3433

(制表者　陆宜称)

荔枝、杧果、菠萝、火龙果、葡萄等。推广新品种引进主要以火龙果、柑橘类新品种引进为主,柑橘类新品种主要是沃柑、茂谷柑、红心蜜柚、三红蜜柚、沙糖桔、马水桔等。火龙果新品种有金都、香蜜龙、桂红龙等。技术推广主要有:水肥一体化节水灌溉、配方施肥、果实套袋、采后商品化处理等技术。龙州县来祥林果公司在该县逐卜乡弄岗村板晓屯沙糖橘果园首次运用树上保鲜技术并获得成功,该技术将鲜果在树上保鲜到第二年春节前后采收。　　　　(陆宜称)

甘蔗生产

【概况】 2016 年,崇左市蔗糖业市场出现回暖态势,糖价逐步上扬。面对新的机遇,崇左市糖业局紧紧围绕市委、市政府关于做好“两篇大文章”,打好“四大攻坚战”的决策部署,认真落实《广西糖业二次创业总体方案(2015—2020 年)》的规划要求和市委、市政府提出的蔗糖生产工作目标要求,按照“保面积、提单产、稳蔗区、促增效”的糖业工作思路,采取有效措施抓好糖料生产发展和榨季生产协调管理等工作,有力地保证了全市蔗糖产业的健康稳定的发展。

【甘蔗种植】 2016 年,崇左市甘蔗种植面积 28.07 万公顷,占全市耕地总面积的 52.8%,其中留宿根蔗 16.37 万公顷,新植蔗 11.63 万公顷。全市累计实施“双高”基地建设 6.08 万公顷,其中 2016 年完成 2.14 万公顷,全市参与种蔗农户 28.12 万户,种蔗人口 130 万人左右,占全市农业人口 60% 以上。

【田间管理】 5—7月份,崇左市组织各县(市、区)、各制糖企业有关人员深入各乡镇、村屯宣传发动群众,积极做好田间管理工作。同时,邀请相关的业务人员到田间地头做好甘蔗田间病虫害的防治等业务的技术指导,促进单产的提高。

【良种推广】 2016年,崇左市为解决甘蔗品种单一、性状退化的问题,加强对优良品种的推广力度,实现品种的多样性、科学性和合理性。特别在甘蔗良种繁育及脱毒健康种苗推广应用方面,全市完成甘蔗良种繁育基地建设3733公顷,主要引进的新品种有新台糖22号、粤糖93/159等生化健康种苗,此外还有桂糖29、42、43、46,柳城05/136,粤糖60等品种。以上优良品种种苗使用达3.98万公顷,占全市甘蔗种植面积的13.9%,群众对这些品种的接受度也高,使辖区的甘蔗品种性状趋于优良。

【蔗农培训】 2016年,崇左市有针对性地开展甘蔗高产管理技术的培训和辅导,各县(市、区)糖业主管部门和制糖企业结合实际,通过集中授课、现场观摩、开通服务短信、

2016年12月,自治区2016年年终蔗糖"双高"工作会议在崇左市召开现场会

上门指导、发放资料等形式,为蔗农提供生产技术服务指导。年内,全市共举办各类生产知识和技术培训192期,培训蔗农28万人次,有效地提高了蔗农甘蔗的种管水平。

【榨季生产与食糖销售】 崇左市2016/2017年榨季,于2016年11月14日湘桂新和糖厂首家开机生产,至2016年3月21日南华东门糖厂收榨结束,整个榨季历时128天。本榨季除凭祥才源和宁明丰浩糖厂处于拍卖重组阶段未开榨外,全市15家糖厂均开机生产。全市入厂原料蔗1493.23万吨(含

扶绥县调入南宁金光糖厂17.66万吨),比上个榨季少1.83万吨,减幅0.12%。混合产糖182.85万吨,比上个榨季多4.30万吨;混合产糖率12.39%。上年同期混合产糖率12.00%,比上年同期高0.39个百分点;蔗糖分14.09%。上年同期含糖分13.76%,比上年同期高0.33个百分点。截至3月20日,食糖销售量57.92万吨,上年同期销售量为68.17万吨,比上年同期少10.25万吨。白砂糖含税平均销售价6846元/吨,上年同期为5478元/吨,同比多1368元/吨。

(梁子洪 黄忠宁)

2016/2017年榨季崇左市蔗糖生产情况表

县(市、区)单位	2016年种植情况			其中:机械化深耕深松面积(万亩)	其中:吨糖田(万亩)	其中:新增甘蔗"双高"基地(万亩)	2016/17年榨季榨季原料蔗产量(万吨)
	总面积(万亩)	其中					
		宿根	新植				
江州区	112.50	65.00	47.50	43.10	51.10	4.80	452.75
扶绥县	112.08	67.25	44.83	47.00	51.80	10.75	402.92
大新县	48.05	27.60	20.45	13.50	23.90	4.74	168.94
天等县	8.05	5.41	2.64	3.00	3.30	0	13.90
宁明县	72.50	45.00	27.50	16.72	32.50	0.60	247.37
龙州县	52.91	30.77	22.14	19.10	28.60	6.96	195.07
凭祥市	6.58	4.55	2.03	0.41	1.00	0	12.38
合计	420.71	245.62	167.09	142.83	192.20	27.85	1493.23

水产畜牧业

【概况】 2016年，崇左市各级水产畜牧兽医部门认真贯彻落实市委、市政府做好"两篇大文章"打好"四大攻坚战"工作思路及农业农村工作部署，以水产畜牧业增效和农民增收为目标，以发展优势特色养殖为手段，以发展牛羊养殖为重点，以动物防疫免疫与疫病监测为抓手，以行业行政执法为保障，实现水产畜牧业新发展。2016年，全市水产畜牧业总产量为19.91万吨，同比增长1.42%，总产值47.38亿元，同比增长11.42%。其中，水产品总产量7.49万吨，同比增长5.44%，产值10.89亿元，同比增长8.74%；肉类总产量12.42万吨，同比降低0.87%，产值36.49亿元，同比增长12.24%。

【水产业生产】 2016年，崇左市扎实推进水产基层农技推广、水产健康养殖示范场创建、池塘标准化改造与罗非鱼健康养殖、龟鳖健康生态养殖、稻田综合种养等工作，促进水产养殖业健康发展。大力实施水产科技入户工程，加大技术培训力度，先后开展各类技术培训3期，培训养殖人员共320多人，发放技术宣传资料1000份。年内，全市水产养殖面积9046公顷，同比增长0.01%；投放鱼种9859吨，放养鱼苗种23788万尾，同比增长0.92%；池塘改造面积373.33公顷。水产品总产量7.49万吨，产值10.89亿元。

【畜牧业生产】 2016年，崇左市畜牧业在稳定生猪家禽生产、推进水产标准化养殖的同时，把牛羊养殖作为现代畜牧业的重点工作来发展。通过推广草食动物养殖技术、现代生态养殖模式、畜禽品种改良扩繁、示范场创建及规模化畜禽养殖场污染减排等工作，推动养殖生产向标准、绿色、安全转变。依托龙头企业的引领示范作用，重点扶持养殖专业大户、养殖合作社和贫困养殖户，推进"龙头企业＋合作社＋基地＋贫困户"的产业扶贫攻坚模式，引导贫困村（户）走向致富道路。

2016年，全市共有自治区级养殖龙头企业4家，涵盖畜禽、肉牛羊养殖和生鲜乳加工企业；养殖业专业合作社500多家，以经营生猪、龟鳖、蜂、鸡养殖及技术服务为主，共有社员5500人，带动农户6000多户。年内，全市肉猪出栏117.25万头，比2015年减少4.41万头，年均减3.62%，存栏118.28万头；牛出栏9.73万头，增加0.57万头，年均增长6.61%，存栏31.76万头；羊出栏10.57万只，增加0.56万只，年均增长5.59%，存栏8.35万只；家禽出栏1372.97万羽，增加24.18万羽，年均增长1.79%；存栏583.02万羽。全年肉类总产量12.42万吨，产值36.49亿元。

【固定资产投资】 2016年，崇左市政府下达水产畜牧业固定资产投资任务是16亿元，同比增长23%。全市水产畜牧兽医部门将争取上级项目资金和招商引资作为重点工作来抓实抓好，超额完成了行业固定资产投资工作。年内，全市水产畜牧业完成投资18.19亿元，完成任务的112.5%，其中项目投资6.4亿元，其他社会固定资产投资11.79亿元。

【产业结构调整】 2016年，崇左市顺应新形势新要求，坚持问题导向，调整工作重心，深入加快培育水产畜牧业发展新动能。继续把生猪业、家禽业作为先导产业来重点发展，突出发展牛羊养殖、积极推广"微生物＋"的现代生态养殖等方式，促进全市水产畜牧产业逐步实现转型升级。2016年全市举办生态养殖技术培训班24期，培训人数2000多人次，为发展现代生态养殖起到了推动作用。崇左市申报的7个生态养殖示范点全部通过自治区水产畜牧兽医局审核验收，以示范带动加快生态养殖

2016年，自治区水产畜牧兽医局局长蒋和生（前右三）一行到崇左市江州区指导生态养殖工作

技术的推广应用,进一步构建"生态、高效、安全"养殖体系。同时审核通过了中央南方现代草地畜牧业发展项目、非粮饲料资源加工利用项目、非粮饲料综合利用项目等3个项目,为全市争取项目扶持资金共430万元。

稳定生猪家禽生产 扎实推进生猪标准化规模养殖场(小区)建设项目,协助抓好能繁母猪保险、育肥猪保险等惠农政策落实工作,指导养殖场(户)调整生猪转型升级,强化养殖技术服务。同时,引导群众发展周期短、投入少、见效快的家禽养殖,促进养殖业增效农民增收。全市年出栏500头肉猪的规模化养猪场达138个,猪肉产量9.3万吨,禽肉总产量达2.4万吨。

突出牛羊养殖发展 以江州区、天等县、大新县、龙州县、宁明县为重点,利用区域内丰富的甘蔗尾梢、玉米秸秆等原生态饲料资源,以"微生物+"为共性关键技术为牛羊养殖提供充足、均衡饲料。积极引进、培育龙头企业、专业合作社,带动群众发展高效、集约化肉牛肉羊生态养殖。将牛羊养殖发展作为现代畜牧业的支柱产业,带动肉食品加工等产业发展,不断拓展产业链。年内,全市现存栏20头牛以上规模养殖场48个,存栏50只羊以上规模养殖场182个。

推广现代生态养殖 坚持按照养殖饲料的微生物化、养殖环境的生态化、养殖产品的有机化、养殖粪污的资源化、养殖投入品的无害化、养殖设施的标准化等"六化"建设现代生态养殖示范区,依靠"微生物+"技术,大力推广"微生物+农作物秸秆"、"微生物+高架网床"以及"畜禽—沼—果(林)"等农牧结合、林牧结合生态循环的现代生态养殖模式,努力完成规模畜禽养殖场通过生态养殖认证比重达30%的目标。据对规模牛、羊养殖场的统计,年内全市开发利用农作物秸秆共2.6万吨。

【牛品种改良】 2016年,崇左市把品种改良作为提高肉牛生产性能,推进肉牛产业发展的基础工作来抓。以"人工授精为主,本交为补"全面开展牛品种改良工作。通过采取增加投入、健全繁改体系、加快良种扩繁等有效措施,进一步提高肉牛养殖业的经济效益。年内,全市共领取畜牧良种补贴项目黄牛冻精1.4万支,水牛冻精0.6万支;发放黄牛冻精1.6万支,水牛冻精0.6万支;共领取液氮量2万升,发放9600升。人工配种母牛8000头,产犊3880头。

【特色养殖】 2016年,崇左市围绕"种养贸游工"产业扶贫五大重点工作,立足于当地资源特点及技术优势,在稳步发展的基础上,努力打造具有独特优势、特点突出的特色养殖业。大力发展庭院龟鳖养殖、山羊圈养、林下养鸡的同时,着力建设蜜蜂、肉鸽、乌骨鸡、斗鸡、蛤蚧、竹鼠、虎纹蛙等特种经济性质的新兴特色养殖带,强化养殖示范村、"一村一品"等项目引领发展,拓宽农民增收渠道。崇左市培育的"崇左石龟"、"凭祥乌骨鸡"、"宁明八角香鸡"等产品已经发展成为优势地方品种和拳头产品。全市特色养殖效益明显,形成农民增收、经济增长的新亮点,切实为打赢养殖业脱贫攻坚战助力。

庭院龟鳖养殖 按照区域特点、资源分布和群众养殖习惯,崇左市将发展养殖业和整村推进扶贫开发工作结合起来,合理规划特色养殖产业布局。以扶绥县、龙州县、凭祥市、江州区为重点,建立龟鳖养殖示范区,大力培植龟鳖特色养殖等庭院经济产业。年内,全市庭院龟鳖特色养殖已发展7698户,同比增长2.5%,养殖龟鳖152.44万只,同比增长2.98%,龟鳖产量750吨,养殖量在广西排名第三位。

山羊圈养 推广以蔗叶、玉米杆等农作物秸秆为原料的山羊圈养、生态山羊圈养示范基地,通过抓基地基础设施建设、抓养殖资金协调、抓品种改良建设、抓养殖技术服务等扩大山羊圈养规模。年内,全市新增山羊圈养示范户207户,总数达到582户以上,存栏8.12万只,主产区在江州、天等、龙州等县(区)。

林下养鸡 以宁明、龙州、天等、大新等4个县为重点,充分利用八角林、速生桉、果园等林木空地资源,建立林下经济养殖区,着力发展林下生态土鸡、肉鸽、蜜蜂等产业。宁明县利用连片八角林的独特优势,引导八角林下养鸡,树上产业带动树下产业发展,养殖产品享誉广西。年内,林下养鸡饲养量70.13万羽,同比增长3.69%,规模养殖户190户,八角香鸡示范养殖基地已建有20个,八角香鸡存栏10万羽。

【行政执法】 2016年,崇左市认真抓好水产畜牧兽医行业行政执法工作,杜绝各类案件发生。一是规范渔业生产秩序,对电炸毒鱼等渔业违法行为始终保持高压态势。年内,全市开展渔政执法检查325次,开展渔政联合执法5次,航程5000多公里,出动人员500多人次,检查渔船3000多艘次,查处电鱼违法行为27起,罚没金额8.2万元,没有渔业安全事故发生。二是依法打击处罚兽药违法违规行为,开展假劣兽药查处活动11批次,出动人员1320人次,发放宣传资料486多份。检查兽药经营企业及养殖场1046个次;检查饲料及饲料添加剂生产企业4家;共立案查处违法案件42起,结案41起,其中动物卫生监督31起、畜牧法案件5起、兽药5起,收缴假劣兽药42.99公斤,罚没金额15.42万元。

【动物防疫免疫与监测】 2016年,崇左市抓好动物防疫免疫与监测工作,认真做好春秋防免疫注射、疫病监测、流行病学调查、边境防堵等各项防控工作。一是认真抓好高致病性禽流感、口蹄疫、高致病性猪蓝耳病、猪瘟等重大动物疫病的强制免疫,有力有序有效地推动重大动物疫病严防严控。畜禽群体免疫密度常年保持在98%以上,高致病性禽流感、口蹄疫、猪瘟、鸡新城疫免疫抗体检测合格率达70%以上,达到了农业部的要求,没有发生区域性重大动物疫情,没有境外重大动物疫情传入。

二是结合实际,采取定点和随机抽样的方式,认真组织开展动物疫病的集中监测、定点监测、日常监测工作。全面完成自治区下达的猪瘟、口蹄疫、高致病性禽流感、高致病性猪蓝耳病、鸡新城疫、小反刍兽疫、布鲁氏菌病、血吸虫病、结核病、猪旋毛虫病等疫病监测任务,所有检测结果多数为阴性,对查出的阳性和可疑畜全部扑杀并进行了无害化处理。

2016年崇左市畜牧业生产统计表

类别	畜禽名称	计量单位	2015年		2016年		2016年与2015年产量对比	
			产量(吨)	产值(万元)	产量(吨)	产值(万元)	增、减	增减(%)
年度存栏	牛	万头	30.77		31.76		0.99	3.22
	猪	万头	113.85		118.28		4.43	3.89
	羊	万只	8.10		8.35		0.25	3.09
	禽	万羽	567.54		583.02		15.48	2.73
年底出栏	牛	万头	9.19	55289	9.73	56125	0.57	6.61
	猪	万头	121.66	197772	117.25	236300	−4.41	−3.62
	羊	万只	10.01	5705	10.57	5398	0.56	5.59
	禽	万羽	1348.79	52827	1372.97	53036	24.18	1.79
	其他			507		532		
肉类总产量	牛	吨	8544		9057		513	6.00
	猪	吨	91081		88616		−2465	−2.71
	羊	吨	1538		1624		86	5.59
	禽	吨	22898		23455		557	2.43
	其他	吨	1122		1433		311	27.72
	总计	吨	125272	325119	124185	364910	−1087	−0.87

2016年崇左市水产业生产统计表

项目 / 县(市、区)	水产养殖面积(公顷)		水产品总产量(吨、万元)			
	2015年	2016年	2015年	2016年	2016比2015年	
					增、减	增减(%)
扶绥	2816	2819	18167	19117	950	5.23
大新	1323	1410	11149	11751	602	5.40
天等	892	894	3687	3912	225	6.10
宁明	902	917	8356	8838	482	5.77
龙州	1294	1308	16161	17049	888	5.49
凭祥	242	242	2995	3183	188	6.28
江州	1454	1456	10536	11069	533	5.06
合计	8923	9046	71051	74919	3868	5.44
产值			100143	108896	8753	8.74

(制表者 潘生铮)

【渔业增殖放流】 2016年,崇左市相继在左江、黑水河、丽江河、水口河、明江河、平而河、客兰水库等大水面开展渔业增殖放流活动9次,累计投入资金64万元,共计发放宣传资料1000多份,放流各类优质鱼苗210万尾,龟鳖1550只,有效增加江河、水库渔业资源,做到以水养鱼、以鱼治水,增强群众保护左江水域自然资源和生态环境的意识,促进了人与自然和谐发展。 （何 芬）

林 业

【概述】 2016年,崇左市林业局内设机构8个科室,在职干部职工15人。市直林业单位（市林业局二层机构）17个,其中副处级单位5个,正科级单位12个。全市林业系统在职干部职工2539人,其中干部801人;大专以上学历710人;高级职称11人,中级职称135人,初级职称251人。

2016年,崇左市林业部门认真贯彻落实中共十八大和十八届五中、六中全会精神,牢固树立"创新、协调、绿色、开放、共享"五大发展理念,紧紧围绕市委、市政府做好"两篇大文章",打好"四大攻坚战"的决策部署和上级林业部门的要求,以开展"两学一做"学习教育为契机,以"生态美、产业强、百姓富"为目标,深化林业改革,强化资源培育和保护,发展林产工业,林业各项指标完成较好,林业经济呈现缓中趋稳、稳中向好态势。年内,崇左市获国家林业局授予"国家森林城市"称号;崇左市林业局获全国绿化委员会、人力资源和社会保障部、国家林业局授予"全国绿化先进集体",获自治区党委授予"自治区先进基层党组织",获崇左市委、市人民政府授予2015年度市直、中区直机关党委绩效考评一等奖、崇左市先进基层党组织、花山申遗工作突出贡献单位等称号。

【林业资源】 2016年,崇左市土地总面积173.45万公顷,林业用地面积100.60万公顷（含中直、区直单位）,占国土总面积的57.99%。林业用地按分类经营分:商品林地面积50.62万公顷,占50.32%;生态公益林地面积49.98万公顷（其中,自治区级以上生态公益林面积42.53万公顷）,占49.68%。林业用地按所有权分:国有林地面积16.26万公顷,占16.16%;集体林地面积84.34万公顷,占83.84%。全市森林面积94.89万公顷,占林业用地94.33%,森林覆盖率54.71%。在森林面积中,其中有林地52.90万公顷,占55.75%;国家特别规定灌木林39.73万公顷,占41.87%;农地乔木及四旁树等面积2.26万公顷,占2.39%。有林地和国家特别规定灌木林的面积按林种分:用材林34.35万公顷,防护林41.77万公顷,特用林7.93万公顷,薪炭林3.15万公顷,经济林5.43万公顷。按树种分:杉木类0.74万公顷,松类17.59万公顷,桉树11.38万公顷（包括一般桉）,其他阔叶树16.42万公顷,竹子0.47万公顷,速生相思0.05万公顷,其他经济树1.51万公顷,八角5.42万公顷,灌木类39.05万公顷。森林活立木蓄积量为3950.4万立方米（其中乔木林蓄积量3747万立方米）。

植物资源 崇左市已知的野生维管束植物共234科1123属3071种。其中,国家Ⅰ级保护7种,有望天树、叉叶苏铁、苏铁等;国家Ⅱ级保护35种,有蚬木、海南风吹楠、桫椤等。广西重点保护183种,有:观光木、金丝李、凹脉金花茶、海伦兜兰等。古树名木主要有蚬木、木棉、小叶榕、高山榕、圆柏、龙眼、荔枝、樟树、苦丁茶、扁桃、杧果、杨桃、黄连木、盆架子、海南蒲桃、见血封喉、人面果、枫香树等树种。

动物资源 崇左市已知的陆栖脊椎野生动物共4纲34目696种,其中国家Ⅰ级保护14种,有白头叶猴、黑叶猴、云豹等;国家Ⅱ级保护89种,有猕猴、穿山甲、冠斑犀鸟等。广西重点保护115种,有扫尾豪猪、红耳鹎、花姬蛙等。白头叶猴分布于扶绥县、江州区、龙州县、宁明县境内,约137群1069只（含独猴17只）,其中崇左白头叶猴自然保护区有126群975只（岜盆片79群599只、板利片47群376只）;广西弄岗国家级自然保护区有11群94只（"独猴"为脱离猴群、单独生活的成年雄猴）。

【生态建设】 2016年,崇左市生态建设主要抓植树造林、退耕还林和农村能源等3项工作。

植树造林 2016年,崇左市结合创建国家森林城市、建设国家珍贵树种培育示范市等工作,扎实推进全市造林绿化工作。全年共完成植树造林1.2万公顷,占任务的106.5%;完成义务造林352万株,占任务100.6%;完成森林抚育1.38万公顷,占任务的103.5%;完成"生态乡村"村屯绿化示范村屯188个,一般村屯3075个,均占任务的100%。在植树造林面积中,其中新增种植珍贵树种178.4万株,面积2060公顷;林业重点工程造林0.41万公顷（沿海防护林完成0.1万公顷）,占任务的100%;中央财政造林补贴项目完成0.072万公顷,占任务的100%;石漠化治理人工造林 14 公顷,占任务的 100%;珍贵树种示范项目 0.036 万公顷,占任务的 100%;新一轮退耕还林 0.2 万公顷,占任务的 100%;工程封山育林面积 0.39 万公顷,占任务的 100%。

退耕还林 2016 年,崇左市完成落实新一轮退耕还林土地面积 2000 公顷,完成合同签订面积 2000 公顷,占任务的 100%;完成造林面积 0.2 万公顷,占任务的 100%。

农村能源建设 2016 年,崇左市全面完成自治区林业厅下达沼气产气量 1.1 亿立方米的建设任务,其中江州区 0.134 亿立方米,扶绥县 0.185 亿立方米,大新县 0.226 亿立方米,天等县 0.264 亿立方米,宁明县 0.138 亿立方米,龙州县 0.118 亿立方米,凭祥市 0.035 亿立方米。同时,争取到自治区本级资金 130 万元,实施农村垃圾沼气化处理建设项目 3 个,太阳能综合示范建设项目 2 个。

【资源保护】 2016 年,崇左市注重抓好林政管理,自然保护区管理,林业执法,森林防火等项资源保护工作。

林政管理 崇左市完成木材生产 149.36 万立方米,占任务 120 万立方米的 124.5%,同比增长 39.4%;全年共获得上级审批使用林地建设项目 22 个,使用林地面积共 181.8 公顷。

自然保护区管理 崇左市林业自然保护区有 6 个(其中:广西弄岗国家级自然保护区、广西崇左白头叶猴国家级自然保护区、广西恩城国家级自然保护区;广西下雷、广西青龙山、广西西大明山为自治级自然保护区),9 个林业保护小区,总面积约 16.55 万公顷,占全市国土面积的 9.56%,全年共投

入保护区建设资金 600 万元。开展保护区违法违规项目整治专项行动 2 次,共排查案件 11 个,全部完成立案侦查,珍稀濒危野生动植物栖息地和分布地得到有效保护。完成弄岗国家级保护区数字化、信息化建设管理,完成白头叶猴国家级保护区资源远程视频监控,初步规划白头叶猴生态景区建设。

湿地公园建设 全市共有大新黑水河、龙州左江 2 处国家湿地公园,总面积 1580.34 公顷,占湿地总面积 9.0%,共获中央湿地保护建设资金 300 万元(龙州湿地公园)。大新黑水河国家湿地公园定正科级全额拨款事业单位,编制数 8 个,到位 6 人。龙州左江国家级湿地公园核定编制数 5 人,未定级别。项目建设情况:完成大新黑水河湿地公园 2015 年中央财政资金 300 万项目实施方案批复,落实项目施工单位,完成标志界碑、宣传栏定制,完成投资 136.4 万元,占总投资额的 45%;完成龙州左江湿地公园项目资金 300 万实施方案批复,未开展施工建设。

林业执法 2016 年,崇左市森林公安系统根据上级的统一部署,积极组织开展"眼镜蛇行动"、"雷霆行动"、"神剑一号"、"打击非法运输木材"等一系列专项行动,有力地打击了各类破坏森林资源违法犯罪行为。全年各级森林公安机关共立刑事案件 175 起,破案 108 起,占任务的 121.35%,逮捕 113 人,占任务的 126.96%,查处林业行政案件 630 起,占任务的 113.51%。通过查处案件,共收缴木材 1824.71 立方米,杂材 231.43 吨,行政罚款 700 多万元。共收缴枪支 5 支、野生动物及制品 10 万余只(头、件),其中国家二级保护野生动物 4 万只、国家一级保护野生动物制品 103 件、国家二级保护

野生动物制品 32 件;收缴国家重点保护野生植物制品 65 件。2016 年 3 月,市森林公安局刑侦大队获 2015 年度全区优秀公安基层单位称号;2016 年 4 月,市森林公安局获集体三等功一次。

森林防火 2016 年,崇左市广泛开展森林防火"宣传月"、"文明祭扫"、"防灾减灾日"等宣传活动。继续抓好边境生物防火林带建设和监测站建设,开展森林防火能力建设,不断完善森林防火信息指挥系统数据库改建升级工作,森林防火防控能力不断提高。全年共发生森林火灾 42 起,火场总面积 296.51 公顷,受害森林面积 45.37 公顷,森林火灾受害率 0.04‰,比自治区要求 0.8‰低 0.76 个千分点。全市无重大、特大森林火灾,无因扑救森林火灾致人员伤亡事故。

有害生物防控 2016 年,崇左市认真贯彻"预防为主、科学治理、依法监管、强化责任"的林业有害生物防治工作方针,严格落实年度林业有害生物防治目标管理责任制,切实抓好林业有害生物防控工作。全年林业有害生物成灾率为 0,林业有害生物测报准确率 99.07%;无公害防治率 100%,种苗产地检疫率 100%,各项指标均控制在自治区要求以内。

【林业产业】 2016 年,崇左市大力发展木材加工、林下经济、森林旅游等林业产业,林业在全市经济社会发展和生态文明建设中所发挥的作用越来越明显。全年林业总产值 245.2 亿元,其中第一产业产值 74.6 亿元、第二产业产值 121.5 亿元、第三产业产值 49.1 亿元。

林产加工 2016 年,崇左林业部门围绕市委、市政府提出打造百亿林产工业产值目标,继续推进

广西崇左·龙赞东盟国际林业循环经济产业园、广西山圩产业园、广西国旭（宁明）林业产业园、广西东门林场林业循环科技产业园、凭祥边境经济合作区友谊关工业园五大林产加工园区建设，在工业用地、融资、税收、环评、办证等方面给予大力支持，林产品加工园区基础设施不断完善，功能不断健全，林产加工业不断发展壮大。年内，崇左市新增林产企业38家，累计达611家，木材加工产值77.7亿元，占年度任务72亿元的107.92%，同比增长5%。其中，人造板企业62家，全年人造板产量158.2万立方米，占年度任务125立方米的126.56%，同比增长6%。

林下经济 2016年，崇左市充分发挥林业资源优势，因地制宜，探索建立了林下种植类的林药模式、双珍模式、林苗模式、林下养殖类的林禽模式、林畜模式、林蜂模式、林下产品加工类的松脂加工模式、林下旅游类的林家乐模式、休闲度假模式等四大类型11种模式的林下经济，助推全市精准扶贫工作。全年新增林下经济面积2.34万公顷，累计发展林下经济面积达23万公顷，占任务113%，同比增长16.5%，完成产值49.23亿元，占任务49亿元的100.5%，同比增长8.32%，带动林下经济农户12.12万户，帮助林农实现人均收入2175元。

特色经济林 2016年，崇左市因地制宜引导群众大力发展澳洲坚果等特色经济林，全年新增种植澳洲坚果等特色经济林面积2160公顷，其中新种植澳洲坚果2093公顷，全市澳洲坚果面积达到3500公顷。全市经济林面积累计达7.35万公顷。

森林旅游 围绕市委、市政府关于做好"文化旅游"这篇大文章的部署要求，结合林业部门工作实际，加快推进自然保护区、湿地公园等基础设施建设，白头叶猴、弄岗、恩城3个国家级自然保护区，龙峡山、狮子头等7个森林公园和大新黑水河、龙州左江等2处国家湿地公园的基础设施逐步完善，助推全市森林生态旅游快速发展，形成新的生态旅游热点。2016年5月，设立了逐羊市级森林公园；全年完成森林旅游收入8.1亿元，占任务的101.25%。

【国有林场改革】 2016年，崇左市认真贯彻落实中央、自治区关于国有林场改革的工作部署，积极稳妥地推进国有林场改革工作。成立了由市政府主要领导担任组长的国有林场改革工作领导小组，及时组织开展摸底调查、国有资产清查等工作，并结合国有林场改革定性、定编、定经费和安排富余人员的要求，扎实推进扶绥县渠黎华侨林场、西长华侨林场、光西林场以及大新县上湖林场、小明山林场、陇江林场等6个列入自治区国有林场改革试点工作，顺利完成国有林场试点的主体改革各项工作，已通过自治区国有林场改革领导小组办公室的评估验收。试点工作涉及国有林场林地面积2.76万公顷，占全市国有林场林地面积的38.9%，林场职工共2155人。

【创建国家森林城市】 2016年，崇左市努力创建国家森林城市。紧紧围绕国家森林城市五大体系（城市森林网络、城市森林健康、城市林业经济、城市生态文化、城市森林管理体系）40项指标要求，在巩固2013年至2015年创建成果的基础上，继续组织实施城乡绿化美化提升工程、通道绿化提质增量工程、林业重点项目工程、森林资源保护工程、林业生态经济发展工程、干部群众绿色理念提升工程等6大工程，全市构建起总量适宜、分布合理、景观优美、多样性丰富、人与自然和谐相处的森林城市新格局，40项指标均达到或超过了国家森林城市创建标准。2016年9月14日，国家林业局授予崇左市"国家森林城市"称号。 （宁雪霞）

2016年9月14日，全国森林城市建设座谈会在陕西省延安市召开，市委常委、副市长杨新（前中）代表崇左市出席会议并在会上接受国家林业局授予"国家森林城市"牌匾

水　利

【概况】　崇左市水利局内设办公室、计划财务科、水政水资源科、水土保持科、水利基建科、崇左市防汛抗旱指挥部办公室等6个职能科室。参照公务员管理直属事业单位6个,即:市水利工程管理站、市水政监察支队、市水土保持委员会办公室、市农田水利工作管理站、市城区堤防工程管理处、市水利水电工程质量与安全监督站。直属事业单位2个,即市水利电力勘测设计院、市水利局电力站。直属企业1个,即崇左市易达水利水电开发有限公司。

2016年,崇左市水利局各项工作取得良好成效:防汛抗旱工作取得全面胜利,科学防范并成功抵御热带风暴、台风的袭击,自2009年以来连续8年无因灾人员伤亡;水利改革发展的势头强劲,重大水利和民生水利项目加快推进,全年完成水利水电固定资产投资28亿元,完成市政府下达任务的103.7%,完成水利厅下达任务的115%;全年争取中央、自治区水利投资5.52亿元,完成中央水利投资96.61%,超额完成任务,广西排名第四位,创历史同期新高,成为稳定全市投资拉动经济发展的重要力量;完成甘蔗高效节水灌溉8133公顷,超额完成年度目标任务并排在广西前列;国家"172"重大水利项目驮英水库及灌区工程实现开工,水利扶贫攻坚全面实施,崇左市城区生态水系、渠珠水利枢纽工程等重大水利项目前期加快推进;严格执行最严格水资源管理制度,大力推进水生态文明建设,扎实推进小型水利工程管理体制改革;大力推进水生态文明建设,扎实推进小型水利工程管理体制改革。

【防灾抗灾】　2016年,崇左市先后遭受4次台风和多次强降雨天气袭击、分别是第201603号强热带风暴"银河"、第201604号强台风"妮妲"、第201608号强热带风暴"电母"和第201621号台风"莎莉嘉"。面对复杂严峻的防灾抗灾形势,各级各有关部门始终坚持把保障人民群众生命安全放在第一位,始终坚持早准备、早部署、早安排,从抓薄弱环节入手,认真贯彻落实自治区防汛抗旱7个重要文件,认真落实防汛行政首长负责制。市防指及时启动相应级别的应急响应,克服疲劳、厌倦、麻痹的思想情绪,中断节假日休假时间,发扬持续作战的优良传统,精心组织部署,有序、有力、有效地防御了台风灾害,最大限度地减轻了灾害损失,连续8年实现了因灾零伤亡,减免农田受灾面积2.26万公顷,减免受灾人口18.66万人,减免直接经济损失2.62亿元。

【农村水电建设】　2016年,崇左市全力抓好农村水电建设。一是做好全市农村水电增效扩容改造工作。在全面完成好"十二五"规划农村水电增效扩容改造收尾工作的基础上,积极推进"十三五"规划农村水电增效扩容改造项目的申报,指导和协调有关单位开展项目的前期工作。完成宁明县派连水电站、江州区农本水电站的河流规划编制以及电站电增效扩容改造方案编制,并向社会公示改造方案。两座电站总投资3420万元,原装机13600千瓦,改造后装机15250千瓦,新增发电量960万千瓦时。二是抓好水电站安全生产管理工作。农村水电的防汛安全、运行生产安全管理,是水利行政主管部门重要职责。为确保水电站防汛安全、生产运行安全,市水利局结合全市水利工程安全生产工作统一部署,开展了2016年农村水电安全生产检查工作,检查和督促各县(市、区)水电站的防汛安全、生产安全责任的执行和落实情况。同时实地检查有关电站的安全生产问题,并对检查过程发现的问题和安全隐患提出整改意见,督促有关单位落实专人进行整改跟踪,确保整改措施落实到位。三是水电新农村电气化建设。"十二五"期间,全市有大新县、天等县、龙州

2016年11月1日,国家防总防汛抗旱督察专员田以堂(前右三)到崇左市检查防汛抗旱工作

县3个县被列为水电新农村电气化县。大新县新建一座下雷水电站，总投资14242万元。天等县新建一座叫通水电站，总投资3050万元；稳底一级水电站和太平水电站进行老设备技术改造，总投资823万元。龙州县水口电站进行老设备技术改造，总投资560万元。"十二五"电气化县全市共投资18675万元。四是安全生产标准化申报工作。安全生产标准化是农村水电安全生产迈向制度化、规范化管理的重要举措，可以有效地促进和保障农村水电生产的安全运行。在上年实施龙州县一级、二级、鸭水水电站安全生产标准化试点的基础上，计划对宁明县派连、鸠鸪等8座电站开展安全生产标准化改造工作。

【农村饮水安全项目】 2016年，崇左市争取中央投资农村饮水安全巩固提升工程项目共有135处（其中扶绥县13处、江州区12处、大新县34处、天等县33处、宁明县14处、龙州县17处、凭祥市12处），总投资4449万元，其中中央预算内投资435万元，自治区配套1025万元，市县投资2989万元（其中扶绥县246万元、江州区324万元、大新县668万元、天等县903万元、宁明县358万元、龙州县488万元），解决1.83万人贫困人口饮水问题，保障贫困户、贫困村顺利脱贫摘帽。

【水利基础设施建设】 2016年，崇左市去冬今春水利建设超额完成任务。全市完成2015—2016年度冬修水利建设投资6.34亿元，占年度计划任务的100.62%，实现新增恢复改善灌溉面积3万公顷。中央财政小型农田水利重点县建设工作进展顺利，截至2016年年底，全市累计完成投资3500万元，占绩效考评任

务的109%。"双高"糖料蔗基地水利化项目稳步推进，2016年累计开工142片，面积8146公顷，占任务的33.9%。扶绥县、江州区在引进社会资本和融资参与项目建设取得新突破，分别获得银行融资贷款5.2亿元和2亿元，全市总体推进工作排在广西前列。中小河流治理项目建设超额完成任务，共完成堤防护岸建设15千米，占绩效考评任务的150%。饮水净化工程，自治区下达的19个项目均已全部完工，并通过县级验收，完成投资1025万元，完成投资比例100%，占绩效考评任务的100%。

【重大水利项目】 2016年，崇左市重点抓好五项重大水利项目建设和申报工作。一是驮英水库及其灌区工程。2016年9月14日可行性研究报告获得国家发改委批复，12月26日水利部水规总院将初步设计报告报送国家水利部审批，工程于2016年10月27日举行了建设开工动员会，标志着项目正式开工建设，完成投资7090万元。二是渠珠水利枢纽工程。该项目已完成四项专题研究分析报告编制及评审工作，完成《广西左江干流左江水利枢纽—山秀水电站河段梯级方案调整规划报告》编制工作，已上报自治区水利厅及水利部珠江水利委员会待审查审批。三是城区生态水系规划项目。2016年12月中旬，完成规划初步成果并向市委市政府进行汇报，近期将完成规划最终成果，为下一步实施江河湖库连通工程，打造"山水崇左"，建设水生态文明打好基础。四是城区备用水源工程。项目已完成《崇左市城区备用水源建设规划报告》及水资源论证工作。正在开展项目可行性研究报告编制工作，并已同步开展项目初步设计工作。五是左江城区防洪排涝工程。

已完成项目可行性研究报告编制及环评等相关专项，正在向自治区发改委报批。

【固定资产投资】 2016年年底，全市水利固定资产投资已完成28亿元，占上级下达任务的103.7%，创历史同期新高，成为稳定全市投资拉动经济发展的重要力量。依法治水管水力度不断加强水资源管理顺利通过自治区水利厅最严格水资源管理制度考核现场检查，在2015年度考核获得"优秀"等次基础上，2016年在广西排为第4名。加强水行政执法工作。全市排查水事矛盾纠纷4起，处理非法采砂立案4项，已结案1项，现场处理违法采砂44项。江州区、扶绥县、宁明县、龙州县继续保持对河道非法采砂执法的高压态势，确保左江生态安全、河道安全，为左江花山岩画的申遗做出重要贡献。加强水利安全生产，积极防范安全生产事故。

【水生态文明建设】 2016年，崇左市认真落实最严格水资源管理制度考核，积极贯彻落实国家和自治区的工作部署，以水资源管理"三条红线"为抓手，全面提高水资源管理能力和水平，着力提高水资源利用效率和效益，以水资源的可持续利用支撑经济社会的可持续发展。2016年，自治区对崇左市实行最严格水资源管理制度考核得分为90.5分，排名广西第4位，获得"优秀"等次。同时，对各县（市、区）实行最严格水资源管理制度进行考核，7个县（市、区）中江州区考核结果获得"优秀"等次，其他6个县（市）考核结果均达到合格等次。

【水土保持】 2016年，崇左市加强水土保持工作，全市共完成水土流失综合治理194平方千米，其中水

利部门完成水土流失综合治理 76 平方千米，全市 7 个县（市区）群众从水土治理中直接受益，进一步助力解决山区群众的生产生活问题。

【安全生产】 2016 年，崇左市水利局重视安全生产工作，确保人民生命及财产安全。一是加强领导，落实责任。建立健全了主要领导亲自抓，分管领导具体抓，其他领导配合抓的工作机制。各县（市、区）水利局切实落实责任，齐抓共管，扎实有效开展水利安全生产各项工作。市水利局与各县（市、区）水利局、局机关各科室、局属各单位主要负责人分别签订了《2016 年水利安全生产目标管理责任书》，形成了齐抓共管的监管格局。二是坚持制度，完善方案。制定下发安全生产方案。局党组每个季度里专门召开会议研究部署安全生产工作，对安全生产各项专项整治活动进行了专题动员部署。三是加强安全监管，开展隐患排查治理工作。认真抓好重要时期、重大节日的安全生产工作。确保"两节"、"两会"和壮族"三月三"、清明节、五一节、国庆节以及汛期等重点时段的安全稳定，狠抓重要时期和重大节日期间安全防范工作，严格防范各类生产安全事故发生。开展安全隐患排查治理，积极开展汛期前、中、后安全检查工作，对水库运行加强监督管理。

四是突出抓好安全生产专项活动。着力抓好"安全生产月"活动，开展危险化学品安全生产专项整治，开展建筑施工专项检查。五是强化安全教育培训。组织学习《中华人民共和国安全生产法》，加强生产管理人员业务培训，举办业务培训班 2 期，培训人员 52 人，进一步提高安全意识。

（赖增忠　丘先雄）

水库移民

【概况】 中华人民共和国成立以来，崇左市为了国家的经济建设和促进工农业生产的发展，于 20 世纪 50 年代—60 年代建设了 234 座水库［其中大型水库（客兰水库）1 座；中型水库 9 座；小型水库 224 座］，同时，还先后兴建了那岸、浦下、鸭水、鸠鸪、七里滩、左江、山秀、龙州一级、龙州二级等一批水电站工程。这些工程建成后，在防洪、发电、灌溉、供水、旅游、生态等方面发挥了巨大的效益，为全市经济社会可持续发展起到了重要的支撑和保障作用。

在水库建设过程中，全市共产生搬迁和安置水库移民 25.44 万人（其中：搬迁移民 2.88 万人，淹地不搬迁移民 20.27 万人，调出土地群众 2.29 万人），涉及全市 7 个县（市、区）55 个乡（镇）307 个村委会 611 个村民小组。全市有 20 多万各族群众成为水库移民，为建设这些水利水电工程做出了牺牲和贡献。

【水库移民安置工程】 2016 年，崇左市水库移民工作管理局扎实推进广西郁江老口航运枢纽工程建设征地移民安置工作。广西郁江老口航运枢纽工程淹没涉及扶绥县 5 个乡镇 24 个村委会 71 个村民小组，淹没土地总面积 476 公顷，淹没影响渡口码头 38 座，道路桥梁 3 座，沙场 38 个，文物古迹 5 处，国营电灌工程 6 座，农村小水电 87 座，水轮泵站 6 座，大江口防洪排涝设施 1 处，鱼床 1 处，墓地 1 座，水文站 1 座，跨江杆线 3 处，建设防护工程 6 段。年内已完成 476 公顷土地的确权分解任务，完成协议签订 470 公顷，占确权分解任务的 98.8%，库区移民安置工作总体进度良好。至年底，老口枢纽工程水位将蓄至 75.5 米设计水位高程，以满足开通左、右江千吨级航道的需要。

【基础设施建设】 2016 年，崇左市实施水库移民基础设施建设项目 42 个，下达的计划投资 1540.2 万元。2016 年年底，全市已实施完成项目 35 个，完成投资 1168.7 万元。其中：一是圆满完成为民办实事水库移民新村建设工作。年内，崇左市水库移民新村建设项目共 7 个（其中新建水库移民新村 3 个，续建水库移民新村 2 个，建设村屯道路项目 2 个），总投资 549 万元。全市 7 个项目已于 11 月底前全部竣工，竣工率 100%；完成投资 549 万元，完成投资率 100%。排

2016 年 3 月 16 日，崇左市召开 2016 年全市水库移民工作暨党风廉政建设工作会议

名广西前列。二是提前完成 2016 年水库移民村屯绿化示范点项目建设任务。全市 8 个水库移民村屯绿化示范点项目建设任务已于 5 月 20 日前全部实施完成,完成投资 96 万元,完成投资率 100%。示范点移民村屯绿化水平大幅提高,生态环境明显改善,生活条件得到改善。三是组织开展好水库移民脱贫攻坚工作。全市 2016、2017 年水库移民脱贫攻坚工作即 2016 年第二批大中型水库移民村屯道路硬化项目计划实施 20 个项目,总投资 798 万元。主要内容包括:道路硬化 20.75 千米,新建码头 2 座,改建人饮设施 2 处,项目涉及扶绥、大新、天等、宁明、龙州、江州等 6 个县(区),受益群众 5926 人(其中水库移民 5627 人),项目已开工 18 个,完工 14 个,完成投资 471.5 万元,完成投资率 59%。四是扎实推进水库移民增收工程建设。全市 2016 年度水库移民增收工程建设实施宁明县谋良山茶油种植试点项目 1 个,计划投资 90 万元,受益移民 104 户 444 人,年内培训管理房已完成一层(计划建 2 层),完成了所有树坑的开挖,已完成投资 45 万元,完成投资率 50%。五是圆满完成 2016 年大中型水库移民分散居住旧房改造项目实施工作。完成项目计划 6 个,完成投资 7.2 万元,完成投资率 100%。

【后期扶持工作】 2016 年,崇左市深入实施大中型水库移民后期扶持政策。一是在后期扶持直补资金发放兑现方面,至 12 月 15 日,全市各县(市、区)已兑现 2016 年一到三季度大中型水库移民后期扶持直补资金 1146.58 万元。二是在后期扶持人口管理方面,各县(市、区)已完成 2016 年度自然减员核定工作,后期扶持人口共减员 140 人。三是在后期扶持规划方面,完成了《广西崇左市大中型水库移民后期扶持"十三五"(2016—2020 年)规划》《崇左市 2016—2020 年小型水库库区和移民安置区基础设施建设发展规划》、《广西崇左市水库移民事业发展"十三五"规划报告》和《广西崇左市水库移民教育培训"十三五"规划》的修改完善工作。

【库区移民和谐稳定】 2016 年,崇左市切实抓好水库移民信访维稳工作。2016 年以来,全市着力抓好库区稳定工作,全力为"两篇大文章、四大攻坚战"构建和谐稳定库区。通过签订水库移民信访目标管理责任状、定期开展信访形势研判、领导带案下访、带班值班等措施,加强信访工作落实,传导信访责任压力,有效化解水库移民信访问题,取得了较好成效。年内,全市水库移民上访件 12 批 41 人次,信访件 3 件。其中,到市局上访件 3 批 9 人次,信访件 0 件;到县局上访件 9 批 32 人次,信访件 3 件。这 15 件信访件已全部办理,全市库区社会总体状况稳定。

【移民培训】 2016 年,崇左市水库移民管理局组织水库移民代表 200 人前往百色农业学校、柳州畜牧兽医学校和钦州农业学校进行农村实用技术培训,同时指导各县(市、区)水库移民局组织库区移民开展面上培训。全年完成水库移民劳动力培训 2336 人次,完成年度培训移民 2000 人次的目标任务。

【移民增收工程】 2016 年,崇左市扎实推进水库移民增收工程建设。实施宁明县谋良山茶油种植试点项目 1 个,计划投资 90 万元,受益移民 104 户 444 人,培训管理房已完成一层(计划建 2 层),完成了所有树坑的开挖,现已完成投资 45 万元,完成投资率 50%。

【资金监管】 2016 年,崇左市注重抓好资金监管工作.一是组织实施水库移民资金管理安保工程,加强对移民资金的财务监督与管理,规范财务管理和会计核算。二是开展历年资金检查发现问题整改工作,2009 年—2016 年间共整改问题 150 件。三是开展水库移民基金代征缴工作,共代征缴左江和山秀水电站库区基金 467.5 万元。四是开展查处发生在群众身边的"四风"和腐败问题专项行动,查处涉及水库移民群众利益的"四风"和腐败问题 6 起,切实维护移民群众利益。

(方桃玉)

农业机械化

【概况】 2016 年,崇左市农机局以中央一号文件精神为指导,围绕市委做好"两篇大文章"打好"四大攻坚战"的战略部署,以甘蔗"双高"基地机械化建设为重点,大力推进农机化各项工作,圆满完成了各项任务。全市农机化工作呈现出十大亮点:一是崇左市农机局获 2016 年度广西农机化工作先进单位;二是农机购置补贴工作首次延伸到农副产品加工领域,农机购置补贴资金使用量创历史新高,崇左市农机局、天等县农机局获广西农机购置补贴工作先进单位;三是崇左市农机局两次成功承办了以市委、市政府名义召开全市甘蔗"双高"机械化建设现场推进会,全市"双高"基地机械化建设成效显著,崇左市农机局、扶绥县农机局获广西甘蔗生产全程机械化工作先进单位;四是2016年度全市农机安全生产保持稳定发展态势,连续6年道路外农机死亡事故为零,江州区、宁明县农机安全监理站被自治区人力资源和社会保障厅、自治区农机局评为2016年广西农机系统安全监理集体二等功,陆巍、黄其军、郑嘉伟等3人被评为2016年广西农机系统安全监理个人二等功,崇左市农机局、天等县农机局获广西农机安全生产工作先进单位;五是水稻机械化水平有新提升,超额完成自治区下达任务,宁明县农机局获广西水稻生产全程机械化工作先进单位;六是农业机械装备水平和新机具新技术的推广应用迈上新台阶,大新县农机局获广西农机化技术推广体系建设工作先进单位;七是全市农机教育培训创历史新高,宁明县农机局获广西农机化教育培训工作先进单位;八是农机社会化服务水平显著提升,大新县农机局获广西农机合作社工作先进单位;九是出色完成了扶贫挂点天等县龙哨村67户275人脱贫的任务;十是党风廉政建设工作成效显著,无违纪违法情况发生。

2016年,崇左市拖拉机拥有量11.6万台,农机总动力达270.9万千瓦,同比增长9.57%;农机原值26.1亿元,同比增长5.16%;耕种收综合机械化水平达55.5%,同比增长3.6%;水稻耕种收综合机械化率为73.8%,超额完成自治区下达的73.53%任务;甘蔗耕种收综合机械化水平达61.2%,同比增长4.1%,位居广西首位。

【农机购置补贴政策】 2016年,崇左市共使用农机购置补贴资金5469.3万元,补贴资金总量排广西第三位,补贴农机具9840台套,受益农户9654户,带动农民投入1.6亿元。为了落实好农机购置补贴

政策,市农机局采取有力措施,稳步推进农机购置补贴工作有序开展。一是实行一票否决制。局领导高度重视,始终把农机购置补贴工作当作大事、要事摆在突出位置,列入重要议程,年初召开了全市农机购置补贴工作会议,对工作进行部署,市局与各县(市、区)农机局签订了责任状,明确目标任务,细化责任落实,实行农机购置补贴一票否决制,确保补贴政策稳定、规范、高效、廉洁实施。二是加强宣传发动。充分运用广播、电视、报纸、短信、横幅、宣传手册、板报等形式,大力宣传农机购置补贴政策,发动广大农民群众购置农机具,积极参与农业机械化作业服务。三是拓展农机购置补贴新领域。培育新市场,首次将农机购置补贴延伸到农副产品加工领域,推进农机化产业扶贫,如抓好龙州县北部湾农业公司等企业的简易保鲜储藏设备补贴工作。四是认真开展涉农资金专项检查。全年农机购置补贴工作廉洁、高效、安全运行,从未发生违法违规案件。

【"双高"糖料蔗基地建设】 2016年,崇左市投入1.12万台甘蔗机参与"双高"基地建设,完成蔗地

机械化深耕深松2.55万公顷,完成甘蔗机械种植面积1.92万公顷,完成甘蔗机械中耕培土面积1.2万公顷,2015/2016年榨季,完成甘蔗机械收割面积4542公顷。甘蔗耕种收综合机械化水平达61.2%,同比增长4.1%,位居广西第一位,崇左市农机局、扶绥县农机局获广西甘蔗生产全程机械化工作先进单位。

2016年11月17日、12月20日,崇左市农机局成功承办了以市委、市政府名义召开的崇左市甘蔗生产机械化建设工作会议和崇左市2016年"双高"基地建设暨甘蔗机械化收获总结推进会。在崇左市委、市政府的强力推进下,崇左市"双高"基地机械化建设工作越干越有经验,越干越主动,越干越有劲头,全市甘蔗生产全程机械化建设工作取得了新突破,甘蔗生产机械化发展方式已从小型向大型、从局部向全程、从低效向高效发展。

【农机安全生产】 2016年,崇左市继续深化"法治农机 服务三农"主题宣传活动,扎实开展农机安全生产工作。一是认真贯彻落实财政部、国家发改委《关于扩大18项行政事业性收费免征范围的通知》及自治区财政厅、物价局《关

2016年10月,崇左市召开甘蔗"双高"基地建设现场会,市委书记刘有明(前左四)等领导参加现场会

于做好扩大 18 项行政事业性收费免证范围相关工作的通知》的精神，全面实施农机安全监理免费政策。二是深化"平安农机"创建活动，继续巩固"平安农机"创建成果。三是抓好农机安全基础设施和技术装备建设，推行驾驶人无纸化考试和场地桩考仪。严格采取拖拉机报废措施，利用拖拉机报废更新政策，优化农机装备结构。四是严格执法，狠抓落实，组织开展好安全生产月、安全生产咨询日、安全生产大检查、事故处置应急演练等安全生产活动，保障农机化安全发展。五是加强岁末年初、"两会"期间、重要节假日、重要农时季节的安全生产检查，开展联合执法，严厉整治假牌套牌、拼装改装、无证驾驶、违法载人、超速超载等非法违法乱象，遏制农机重特大事故发生。年内，全市共年检拖拉机 18116 台，占全年任务的 105.87%。办理拖拉机注册登记 2359 台；新增驾驶人考试合格 1504 人，驾驶证换证 2160 本。全市共出动检查人员 4596 人次，检查拖拉机 10270 台次，查处违法行为 1927 起，其中违法载人 39 起，无证驾驶 158 起，无牌行驶 95 起；排查农机安全事故隐患 1927 个，隐患整改 1927 个，整改率达 100%。全市农机安全生产保持稳定发展态势，连续第 6 年道路外农机死亡事故为零。

【农机技术推广培训】 2016 年，崇左市农机部门培训农机人员 4153 人次，农机管理人员 100 人次，农机技术人员 537 人次，举办拖拉机驾驶员培训班 43 期，培训拖拉机驾驶即农机操作、维修人员 3516 人次；举办甘蔗、水稻生产全程机械化现场培训会 24 次，培训农机手 1.28 万人次；推广大中型拖拉机 281 台，甘蔗种植机 34 台，甘蔗联合收割机

25 台。全市农机教育培训创历史新高，宁明县农机局获全区农机化教育培训工作先进单位。

【农机社会化服务】 2016 年，崇左市争取得到自治区项目资金 600 万元，建设江州区、扶绥县 2 个自治区级"双高"基地生产全程机械化区域服务中心，同时扶持农机专业合作社、农民等购买大中型甘蔗机械 2457 台。其中，88.25 千瓦(120 马力)以上拖拉机 217 台、甘蔗联合收割机 25 台。自治区在崇左市召开 2016 年全区农机深松整地作业补助试点工作现场培训会，举办机械化深松整地作业现场培训会，有效地推广了机械化深松整地作业技术。全市有 113 个农机合作社，2016 年指导培育大新县、龙州县、凭祥市新成立 3 个农机合作社，建设 7 个工厂化育秧分中心，推广应用水稻生产全程机械化技术。大新县农机局获全区农机合作社工作先进单位。

【水稻生产全程机械化】 2016 年，崇左市完成水稻机耕面积 7.09 万公顷，机种面积 2.2 万公顷，机收面积 6.13 万公顷，水稻耕种收综合机械化率为 73.8%，超额完成自治区下达的 73.53% 任务。重点抓宁明县春来好农机合作社水稻生产全程机械化示范基地建设项目提升工作，扩建育秧大棚 1200 平方米并投入使用，完成工厂化育插秧面积 160 公顷，比去年同期增 200%。在宁明县、龙州县、凭祥市新建水稻工厂化育秧分中心 7 个，推广工厂化育插秧面积 117 公顷。

【农机质量投诉和农机打假】 2016 年，全市农机部门积极组织开展农机执法打假、法制宣传、现场咨询培训活动。全市建立 8 个农机质量投诉站，举办农机产品质量专项

治理培训会 15 次。全市不定期开展农机产品质量宣传与监督检查活动，共出动工作人员 112 人次，检查农机销售企业 29 家，农机产品 46 种(类)，价值 3358 万元，查出涉嫌不合格产品 235 件，发放整改通知书 11 份，各经销商基本按要求进行了整改。接受咨询 3313 人次，走访农户 946 户，检查各类农机具 1125 台(套)，发放宣传册、农机产品介绍、安全手册 17365 多份。通过开展打假专项治理活动，规范了全市农机市场经营秩序，维护了广大农民朋友的合法权益，保障了农机安全生产，营造支农、护农和打假扶优的社会氛围。天等县农机局获广西农机质量监督管理工作先进单位。

【党风廉政建设】 2016 年，崇左市农机局落实全面从严治党主体责任，坚持完善党组书记负总责、分管领导分工负责、部门负责人(党支部书记)"一岗双责"机关党建责任体系。狠抓思想建设、组织建设、制度建设和党风廉政建设，增强政治意识、大局意识、核心意识、看齐意识，深入组织开展"两学一做"学习教育，推进学习型党组织建设，开展纪念庆祝建党 95 周年系列活动，组织党员培训，注重党务干部能力素质培养，为农机化发展提供坚强保障。以落实"两个责任"为抓手，着重持续推进党风廉政建设，市农机局年内召开 5 次党风廉政建设会议，层层落实党风廉政建设责任制，实行纪检干部"三转"，党风廉政建设监督职能细化到每一个党组织，层层传导压力，持续深入开展反腐倡廉警示教育，强化农机购置补贴廉政风险防范措施，加强信访举报投诉处理力度，遏制了农机购置补贴重特大案件发生。 （李建孙 农 欣）

2016 年崇左市农业机械化按所有制分组情况表

单位名称	农机原值(万元)	农机净值(万元)	农业机械总动力(千瓦)
崇左市	295687	188596	2697033
扶绥县	54503	36007	459755
江州区	80281	48398	464045
大新县	43158	23940	598330
天等县	24643	14136	441279
宁明县	54051	32419	421890
龙州县	35024	30285	254105
凭祥市	4026	3412	57629

2016 年崇左市农业机械化总动力拥有量统计表

单位名称	机械总动力合计(千瓦)	柴油机(千瓦)	汽油机(千瓦)	电动机(千瓦)	其他(千瓦)
崇左市	2697033	2331605	57993	306714	721
扶绥县	459755	426575	15164	18016	0
江州区	464045	436339	9690	17505	511
大新县	598330	478316	23954	95876	184
天等县	441279	315977	1434	123842	26
宁明县	421890	387669	4201	30020	0
龙州县	254105	232880	3319	17906	0
凭祥市	57629	53849	231	3549	0

2016 年崇左市拖拉机拥有量统计表

单位名称	1.大中型(14.7千瓦及以上)		18.4～36.7(含18.4)千瓦		36.7～58.8(含36.7)千瓦		58.8以上(含58.8)千瓦		2.小型(2.2～14.7千瓦,含2.2千瓦)		其中:手扶式	
	台	千瓦	台	千瓦	台	千瓦	台	千瓦	台	千瓦	台	千瓦
合计	9050	490252	2931	103932	3130	148100	2723	233857	43225	510239	30247	311500
扶绥	2372	136723	488	17568	1101	52600	783	66555	5648	66685	3608	35656
江州	3538	182090	1670	60120	1106	57200	762	64770	8986	113225	4566	47083
大新	716	39328	332	10368	60	500	303	28082	8810	123340	6721	81661
天等	532	18177	102	3672	120	4250	75	6450	3897	43992	3522	38742
宁明	1184	75305	165	5940	440	20150	579	49215	7275	73364	5222	44506
龙州	659	35232	172	6192	303	13400	184	15640	8301	85539	6392	60913
凭祥	49	3397	2	72	0	0	37	3145	308	4094	216	2939

注:2016年崇左市轮式有8632名、690560千瓦。

2016 年崇左市种植机械拥有量统计表

单位名称	耕整机		微耕机		大中型拖拉机配套农具(台)			小型拖拉机配套农具(台)			水稻插秧机	
	台(套)	千瓦	台	千瓦	合计	机引犁	机引耙	合计	机引犁	机引耙	台	千瓦
崇左市	29995	180682	24031	128977	14079	4278	8874	60462	21734	19589	467	1405
扶绥	766	12943	4207	18915	4138	1220	2912	3651	1330	1195	56	311
江州	990	14108	1987	10368	3944	756	3188	3588	1160	601	55	127
大新	14749	83075	4586	26598	1077	540	537	25730	9717	8006	83	222
天等	8007	42016	6322	36164	959	353	403	9029	2378	1863	29	96
宁明	1792	9290	4040	20146	1970	822	1148	8611	3658	4953	182	427
龙州	1336	6797	2370	14329	1835	477	640	9678	3388	2923	24	108
凭祥	2355	12453	519	2457	156	110	46	175	103	48	38	114

注:2016年,崇左市有开沟犁577名,深松机350名,旋耕机16815台,滚筒耙2324名。

2016年崇左市收获机械拥有量统计表

单位名称	稻麦联合收割机		甘蔗联合收割机		甘蔗提升机		机动割晒机		秸秆粉碎还田机		其他收获机械	
	台	千瓦	台	千瓦	台	千瓦	台	千瓦	台	千瓦	台	千瓦
合计	1256	48958	52	5113	3887	67543	3553	5950	34	1080	310	3585
扶绥	127	4484	22	2189	243	4288	1	2	24	720	38	499
江州	124	6393	16	1137	465	6128	470	687	2	0	6	12
大新	137	4790	1	113	676	21697	0	0	0	0	0	0
天等	491	19379	0	0	39	1662	556	1338	0	0	0	0
宁明	325	12637	7	696	2170	28640	2194	2855	8	360	101	1212
龙州	21	278	3	795	233	3076	324	996	0	0	105	1491
凭祥	31	997	3	183	61	2052	8	72	0	0	60	371

（制表者　覃　毅）

扶贫开发

【概况】 2016年，崇左市扶贫开发办公室内设4个职能科，二层事业单位1个。崇左市扶贫办紧紧围绕市委、市人民政府认真贯彻落实中央、自治区关于精准扶贫、精准脱贫的决策部署，把脱贫攻坚作为最大的政治责任、最大的民生工程和最大的发展机遇，坚决打好"十三五"规划脱贫攻坚开局之战，完成自治区下达的2.12万户8.25万贫困人口脱贫销号、26个贫困村的脱贫摘帽任务，扶贫攻坚取得阶段性成果。

【精准扶贫】 2016年，崇左市委、市政府召开全市脱贫攻坚精准帮扶工作部署会、精准脱贫摘帽部署会、扶贫开发领导小组会议、崇左市2016年度脱贫摘帽推进大会、四个重点县脱贫摘帽工作会议和脱贫攻坚月工作汇报会议等，研究部署全市脱贫攻坚工作。举办全市乡镇党政正职脱贫摘帽工作培训会、崇左市精准脱贫培训会、贫困户脱贫"双认定"验收试点暨第三方评估模拟现场会。市委、市政府与7个县（市、区）党委政府、市扶贫开发领导小组成员单位、9个专责小组、定点帮扶单位层层签订《脱贫攻坚责任书》。县与乡（镇）、乡镇与村级、帮扶干部与贫困户签订《脱贫摘帽责任状》、《结对帮扶承诺书》，层层压实市、县、乡、村以及各部门、帮扶责任人责任，在全市范围进行大动员、大部署、大推动。全市出台《关于印发〈崇左市精准脱贫摘帽行动方案〉等23个行动方案的通知》，完善全市脱贫攻坚政策体系，组织实施脱贫攻坚"十大行动"23个配套行动，确保全市脱贫攻坚因人因村施策精准发力。市、县、乡（镇）、村全面建立了"挂图作战、清单管理、滚动集成、精准摘帽"精准管理模式，明确责任人和时间节点，倒逼扶贫管理水平提升，有序推进全市脱贫攻坚精准摘帽工作。根据贫困户致贫原因和帮扶需求，因户施策，对照"八有一批"对全市34.18万贫困人口进行分类帮扶，即：通过扶持生产发展一批（5.31万户、20.8万贫困人口），转移就业扶持一批（2.7万户、10.7万贫困人口），移民搬迁安置一批（1.76万户、7.14万贫困人口），生态补偿脱贫一批（2.1万户、8.38万贫困人口），教育扶智帮助一批（1.84万户、8.07万贫困人口），医疗救助解困一批（2.67万户、10万贫困人口），低保政策兜底一批（2.52万户、8.4万贫困人口），边贸政策扶助一批（1.62万户、6.31万人贫困边民）。组织全市各级各部门领导干部深入挂点帮扶的贫困村，与各自帮扶对象开展"双承诺、双认定、双确认"工作，建立"一户一册一卡"精准帮扶台账，落实各项精准帮扶政策，推动帮扶工作有序开展。同时，严格按照贫困户脱贫摘帽认定程序，全面开展"双认定"验收工作。

【产业扶贫】 2016年，崇左市利用第一批财政专项扶贫资金、第二批中央和自治区扶贫资金、自治区专项扶贫资金、中央专项资金共 1.18 亿元,实施特色种养、旅游扶贫等产业项目和村屯绿化项目。其中,2016 年第一批计划发展种植 1020 公顷,低产改造 1343 公顷,发展家禽养殖 81.54 万羽,家畜养殖 18809 头(只)。截至 2016 年年底,产业开发项目已完成投资 4653 万元,占计划 39.57%。其中,村屯绿化项目实施完成 60 个,完成投资 712 万元,占计划 86.95%;2016 年第一批产业开发项目完成种植 610 公顷,占计划 76.7%;完成低产改造 1452 公顷,占计划 105%;完成家禽养殖 71.61 万羽,占计划 87.82%;完成家畜养殖 1.9 万头(只),占计划 101%;其他养殖 6.66 万只。实施金融扶贫,全市安排扶贫小额信贷风险补偿资金 1.34 亿元作为财政担保资金,支持贫困户获得免抵押、免担保、5 万元以内、按基准利率财政全额贴息贷款,累计发放贷款 15.82 亿元,扶持贫困户 3.22 万户。累计贷款余额 15.86 亿元,涉及贫困户 3.53 万户。

【教育扶贫】 2016 年,崇左市围绕农村产业发展、农民人均纯收入倍增目标任务,以贫困村为主战场,以建档立卡扶贫对象为主体,以新进入人力资源市场的劳动者为重点,统筹社会各类培训资源,扎实开展学历教育培训、实用技术培训、就业技能培训、岗位技能培训和创业致富培训等扶贫培训工作。全市培训大学本科人数 589 人,投入资金 294.5 万元;续培 2015 年职业学历教育 381 人,投入资金 57.2 万元;培训 2015 年职业学历教育新生 652 人,投入资金 97.8 万元;短期技能培训 84 人,投入资金 27.7 万元;农民实用技术培训 5057 人,投入资金 21.08 万元。

【边贸扶贫】 2016 年,崇左市紧紧围绕脱贫安边、富民稳边国家战略,充分发挥全市边境地区地缘优势和利用国家边境贸易优惠政策,以"市指导、县推进、乡镇落实、合作社实施"的推动模式,创新"合作社(互助组)+边民+企业+金融"模式,4 个边境县(市)大力实施边贸扶贫工作,组织引导 19.81 万人贫困边民积极参与边境贸易,助推贫困边民"入社即脱贫",实现"脱贫安边、富民稳边",打造边境地区精准扶贫新亮点。4 个边境县(市)共成立 7 个边贸合作社,组建 321 个互助组,发展边境贸易、运输、加工、餐饮等边贸产业,走出了一条边贸扶贫新路子。崇左市开展边贸扶贫的做法,得到了国家、自治区各级领导的认可和高度肯定,2015 年 11 月 28 日,中央电视台《新闻联播》对崇左市边贸合作社组织贫困边民开展边境贸易的做法进行专题报道。2016 年 4 月,《半月谈》期刊 2016 年第 7 期刊发崇左市《"边贸扶贫"显边城特色》专题文章。

【社会扶贫】 2016 年,崇左市完善干部驻村帮扶工作机制。从市、县、乡三级机关单位选派第一书记和扶贫工作队员 2140 人,覆盖全市 287 个贫困村。落实厅级领导帮扶 4 户,处级领导帮扶 3 户,科级帮扶 2 户,其他干部帮扶 1 户的"4321"干部精准帮扶工作机制,市、县、乡、村干部 3.05 万名结对帮扶 8.87 万户贫困户,实现帮扶对象全覆盖。完善社会帮扶工作机制,开展"百企联百村"、"万人帮万户"精准帮扶行动,287 家非公有制企业、商会结对帮扶全市 287 个贫困村,累计投入帮扶资金 7450 万元,受益贫困人口近 11 万多人。

【农民工家庭收入情况课题调研】 2016 年,崇左市根据自治区党委书记彭清华关于在天等县开展农民工家庭收入情况课题调研和市委书记刘有明的指示精神,为准确反映全市农民工数量、流向、结构、住房、就业及收支情况,研究解决农民工家庭收入统计难问题,为农民工家庭精准脱贫摘帽提供准确依据,市委、市政府以外出务工人数较多的天等县为课题调研对象,市委办公室、市政府办公室印发《天等县农民工家庭收入情况课题调研工作方案》,明确课题调研的主要任务、重点内容、时间安排、各单位责任分工等。同时,成立了由市委、市政府领导作组长,市扶贫办、天等县主要领导为常务副组长,市委政研室、市扶贫办、国家统计局崇左调查队、市统计局、市人社局、市农业局主要领导为副组长的天等县农民工家庭收入情况课题调研工作领导小组,领导小组下设办公室,设在市扶贫办,聘请了国家统计局广西调查总队的相关领导作为专家小组成员,推动天等县扎实有序开展课题调研工作。为确保课题调研质量,市委书记刘有明多次到天等县调研农民工家庭收入情况课题工作,明确要求要科学收集数据,要经得起历史检验,工作时间要绝对服从工作质量。市委印发《天等县农民工收入抽样调查数据质量验收办法》,对农民工家庭收入情况课题工作质量提出具体要求。经过近 4 个月的努力,于 2016 年 9 月 6 日,圆满完成"天等县农民工家庭收入情况课题调研报告",并报经市委领导审阅后上报自治区,得到自治区领导的高度肯定。

(农贵新)

城建·环保

CHENGJIAN HUANBAO

□编辑　卢新骑

城市规划

【概况】　2016 年,崇左市规划管理局认真贯彻落实中共十八大和十八届四中、五中、六中全会精神,紧紧围绕市委、市政府做好口岸经济发展和文化旅游产业发展的"两篇大文章"、打好产业转型升级、基础设施建设、农村全面脱贫、新型城镇化的"四大攻坚战"中心工作部署,以开展"两学一做"活动为契机,转变作风,加强城乡规划管理,提升城市规划水平,促进崇左市城市规划健康、科学、可持续发展。年内,完成《崇左市城区保护性建筑保护专项规划》《崇左市城区抗震防灾专项规划》《崇左市城区停车场专项规划》《崇左市古城墙公园修建性详细规划》《崇左市城南片区高教园区规划》《崇左市海绵城市专项规划》《崇左市城市地下管线综合规划》的编制工作并提交成果。

【规划编制】　2016 年,市规划管理局认真做好村庄规划编制和城市规划编制工作。按照市乡村办的要求,督促指导各县(市、区)开展村庄规划编制。凭祥市已完成 20 个村庄规划编制工作,宁明县已完成 50 个村庄规划的初步成果编制,江州区已完成 60 个村庄规划的初

步成果编制。一是积极融入"一带一路"、北部湾城市群,优化城镇空间格局,重点规划建设南崇经济带城镇群。重点推进各县(市)总体规划修编、控制性详细规划编制、特色乡镇规划编制、县域乡村建设规划编制等。凭祥市总体规划已经崇左市人民政府审查,并上报自治区人民政府审批。二是按照自治区住建厅的要求,督促各县(市)开展重点区域控制性详细规划编制。宁明县完成 1 个片区,凭祥市完成 4 个片区,大新县完成 3 个片区,扶绥县完成 3 个片区,天等县完成 3 个片区,龙州县完成 4 个片区控制性详细规划编制工作。三是积极融入国家口岸城镇建设体系,继续推进广西百镇建设、边境乡镇特色新型城镇化建设和"书记工程"等,指导各县(市、区)完善边境特色新型城镇化及广西百镇建设乡镇总体规划编制,打造独具特色的沿边城镇带。扶绥县已完成山圩镇总体规划修编;大新县已完成堪圩乡、下雷镇、雷平镇总体规划编制工作,并通过了专家评审;宁明县已完成桐棉镇总体规划编制及审批工作;凭祥市已完成上石镇、夏石镇总体规划编制及审批工作;江州区已完成驮卢镇总体规划编制。

【审批管理】　2016 年,市规划管理局优化办事流程,减少申办材

料,简化办事环节,严格实行首问责任制、一次性告知、限时办结等工作制度,力求优化服务质量,履行"精益求精,优质服务"的承诺,窗口按时办结率保持 100%。2016 年,共核发建设项目规划选址意见书 23 项,总面积约 203.32 公顷;核发规划设计条件 38 项,总面积约 128.86 万平方米;核发建设用地规划许可证 23 项,总面积约 176.15 万平方米;核定地块土地规划性质 35 项;总平面图审查 45 项;核发建设工程规划定点(私宅)通知单 6 项;核发建设工程规划许可证 65 项,总建筑面积 156.45 万平方米,评审和审查规划与建筑设计方案 41 项;核发建设项目审核结果通知书 13 项,建设工程竣工规划核实 44 项,中渡新苑回复函 12 份。

【重大项目建设】　2016 年,市规划管理局围绕中心,服务大局,做好项目规划建设工作,完善中心城区基础设施建设。

城市规划展示馆建设　主体工程已竣工验收,配电工程、供水工程、排水工程已竣工,电梯工程垂直梯已安装完成。室外工程包括广场铺装工程、绿化工程、照明工程已基本完成,总投资约 1130 万元。布展工程包含设计方案、施工图、彩立面等,已全部完成。装饰工程完成一二三楼隔墙、吊顶、造型展台制作、强电布管布线工作。多媒

体部分完成布管布线、展项测试工作，累计完成1120万元，占总投资2836万元的40%。

城区棚户区改造 一是完成市棚户区江北片区、江南片区一期、沿山路片区改造范围红线的确定，并获得"两委"会通过。二是完成棚户区江北安置点、城南区安置点的规划选址工作，并获得"两委"会通过。三是协助市棚户区（危旧房）改造工程指挥部及江州区指挥部完成崇左糖厂、友谊大道三角片区、江州区政府地块房屋征收公告发布、入户调查、签订赔偿协议、安置选房等。四是协助规划设计单位完成江州区检察院片区概念性规划建筑方案设计、友谊大道北三角地块概念性规划建筑方案设计、壶城1号地块概念性规划建筑方案设计。

【城建档案管理】 2016年，市规划管理局进一步加强城建档案管理工作。一是做好档案收集与整理。完成档案预审1159卷，完成整理组卷381卷，整理录入248卷，出具档案认可文件14份，档案移交证明12份。二是开展档案收集、整理业务指导工作。深入体育中心等项目现场开展法律法规宣传、工程档案业务培训、档案移交流程及制度等业务指导，对其工程档案进行全方位跟踪指导，督促建设单位建立健全档案管理制度，把档案工作纳入建设管理的环节，收集与建设同步，形成比较完整、准确、系统的工程档案，提高档案收集率。全年接受档案业务咨询30人次。三是与市档案局联合督查重大项目档案工作开展情况。分别对市人民医院、交投公司、建卓公司、市教育局等单位的重大项目档案收集、整理情况进行督查、指导，并对存在问题进行了通报，进一步提高

重大项目档案归档的规范性和完整性。四是继续做好档案利用工作。接待业务查询5人次，调阅档案57卷，复印纸质档案105页，图纸113张，为工程维修及工作便利提供有利依据。

【城市公园设计】 2016年，市规划管理局大力实施中心城市提升工程。按照山水园林城市的科学定位，加大城区水系规划建设力度，完善城区森林公园和公共绿地系统规划，显山露水、推窗见绿，千米一园，百米一景，努力打造成为森林公园最多或面积最大的中等城市。为此开展以下2个公园以及绿廊与水系景观设计。

友谊公园 结合水系规划，按照"城市花园"的设计构思，将位于崇左市城南区友谊大道与石景林路交叉路口的西北角的绿地设计为友谊公园。景观布局结合原始地形，将现有的建筑垃圾回填区移除，并保留现有绿化，重新整合相关设施，在原有的低洼地处布置景观水面，沿着水面设置绕湖园路，在东面各布置有一个厕所及停车场，最终让友谊公园成为城南区的城市公园，呼应龙腾湖及行政中心广场，辐射周边小区及公共建筑，整体美化提升城南区环境，打造生态宜居城市形象。

独秀峰公园 将位于友谊大道及骆越大道交叉口西南角的山体结合绿地设计成为独秀峰公园。按照"别样山水，壮韵园林"的设计构思，形成简洁、舒朗、休闲的独峰山景观。公园设置以越骆文化演绎成的小品设施，突出民族文化，景观布局结合原始地形，合理利用现有绿化，最大限度的保留原始生态环境，设置1.2米的园路在林间穿行，最终打造成为独峰山绿色休闲广场、展示越骆文化、生态

等功能景观。

城南片区绿廊与水系景观 为开展统筹城区生态空间，合理布局各类结构性绿地，构建以公园绿地为点，城市林荫道路、绿道、绿廊为线，城市山水生态格局为面，周边山水林田湖等自然资源为环的"点线面环"相融合的城市绿色生态网络工作，把崇左市建设成为山清水秀、环境宜人的绿色生态城市。将城南片区水系及公园、绿地用绿廊连接，精心打造园林城市。

（韦宝源 农正华 苏 霓）

市政建设

【概况】 2016年，崇左市住房和城市建设委员会深入贯彻落实"五大发展"战略，紧紧围绕做好"两篇大文章"，打好"四大攻坚战"，加快推进山水园林城市建设为目标，上下团结拼搏、开拓创新、真抓实干，加强城乡建设管理，扎实推进基础设施建设，科学引导房地产市场健康发展，规范建筑市场，认真抓好建筑质量和安全生产，深入开展"美丽广西·清洁乡村"活动，积极推进城镇化进程，中心城市建设日新月异。2016年崇左中心城市建设投入48.32亿元，建市以来累计投入379.59亿元，建成区面积增加到33平方千米，全市城镇化率达37.08%。2016年年底，全市总人口约258.37万人，全市城镇人口约87.85万人，其中中心城区人口为17.92万人，各县（市）城镇人口为69.93万人。

【重点工程建设】 2016年，崇左市统筹推进的城建重大项目共87项，计划总投资218.68亿元，年度计划投资52.5亿元，其中财政资金62.25亿元，银行贷款115.60

亿元,自筹和其他资金40.83亿元。新开工30项,续建42项,竣工15项。加快提升中心城市品质,突出山水园林城市定位,做好崇左市城市总体规划修编工作,完善旧城区、水口湖片区、城西片区等控制性详细规划。加快中心城区7大系列31个重点项目的筹划和建设,推动独秀峰公园、滨江路、东盟大道提升工程3个项目开工建设,完成中心城区龙峡山西段延长线、环城东路二期等10个城市路桥项目实现竣工。加快推进太平古城改造洽谈,推动西大附中崇左校区、崇左汽车城、丽江大桥、城西片区开发、商业综合体项目、东盟国际职业技术学院、北大附中崇左校区、江南农贸市场升级改造、友谊立交桥周边升级改造、中心城区河湖水系连通工程、中泰产业园河湖水系连通工程、金凤湖畔商业街区项目、左江两岸滨江路网及公园绿化带建设等项目前期工作。高标准、高起点规划提升石景林·园博园、白头叶猴生态景区、太平古城、雨花石地质公园等一批有规模、上档次、有市场前景的旅游景区项目,谋划建设一批星级酒店。推进旧城区主次干道提升改造项目、城中村和安置点小弄小巷硬化美化工程、公共租赁自行车项目、配套垃圾中转站及公厕工程等建设项目。启动崇左西高速出口与城西片区连接道路、崇左市城区棚户区改造后续项目前期工作,以及在水口湖、园博园、龙峡山、石景林、左江旅游景区带、高铁站、城区水系、环城道路周边谋划建设一批高标准、园林化的市政桥梁、主次干道路、骑行道、慢步道、市政配套服务设施、市政公园广场、学校、商业街区、专业市场、小区等前期项目。

【市政基础设施建设】 崇左建市13年来,建成区由建市时的7平方千米扩大到现在的33平方千米,扩大4.71倍。城镇化水平由建市初期的21%提高到2016年的37.08%,提高了16.08个百分点。崇左大桥、体育中心等市政基础设施重点项目建设进展顺利,全市共更换路灯电缆7598米、节能灯3030盏、高压钠灯668盏,修补城镇路面约6273.73平方米,更换人行道街砖75250平方米、井盖141个,疏通雨污水管道1620米,铺设弱电网6800米。修剪行道树约6000棵,修剪绿篱233万平方米,清除病虫害绿地6.5万平方米。新种植树木210棵、草花6.5万株、草皮1700平方米。全市生活(工业)用水生产能力达7万立方米/日,铺设管网115.82千米。丽江水厂二期及其配套管网工程累计完成投资6801万元。江南污水处理工程管网配套二期工程累计完成投资7351万元。建成10座乡镇污水处理厂并投入使用,市本级污水处理达88%,县级平均污水处理率达75%。抓好10座已建成垃圾处理设施的运营,形成无害化处理能力755吨/日,实际日处理生活垃圾295吨,市本级生活垃圾无害化处理率达100%,县级生活垃圾无害化处理率达85%。完成15个城区生活污水直排口截污工作。新建17座镇级污水处理厂,已全部开工建设,已完成投资5128.64万元。抓好7座已建成污水处理设施的运营,管网总长度400千米,形成污水处理能力12万吨/日,实际日处理污水量7.95万吨,市本级污水处理达87%,县级平均污水处理率达86%。抓好6座已建成生活垃圾处理设施的运营,形成无害化处理能力755吨/日,实际日处理生活垃圾550吨,市本级生活

垃圾无害化处理率达100%,县级生活垃圾无害化处理率达95%。2016年全市新建城市道路89.2千米,新建雨污管、涵洞81.77千米,新建桥梁2座、新建公厕2座、路灯4464盏,新增垃圾中转站3座,新(换)增垃圾箱(桶)250个,市政公用垃圾车、洒水车、清理车7辆。

【道路和路灯建设】 2016年,崇左城区道路共76条,总长126.43千米,道路面积524.43万平方米。其中,旧城区44条道路,总长53.73千米,道路总面积104.59万平方米;城南新区32条道路,总长72.7千米,道路总面积419.84万平方米。崇左城区共有路灯3949杆10267盏,其中旧城区1916杆2901盏,城南区2033杆7366盏。

【供水和燃气建设】 2016年,崇左市城区有供水企业1家(崇左市自来水公司),供水设计能力日供水5万立方米,可满足城区15万人的生活饮水需求。供水抄见1479.94万立方米,同比增长2.6%;自来水销售1,508.58万立方米,增长5.51%。崇左市城区有3家燃气企业,其中液化石油气储配站2个,分别为崇左市贵迪液化石油气储配站和崇左市海方燃气公司,共有9个储气罐,容量800立方米。年内石油液化气总耗量为3760吨,与去年同期的3800吨减少40吨,同比减少1.05%;燃气管道企业1个,为崇左中燃城市燃气发展有限公司,建成中压燃气管道32.5千米、庭院低压管道25.7千米,建有2座临时瓶组气化站(城南气站、丽江气站),安装居民用户21999户、投入使用用户5420户、商业用户49户。

【城镇化建设】 2016年,崇左市以项目建设为依托,以"特色立城、特色建城、特色兴城"为思路,以南崇经济带、口岸城镇带建设为重点,扎实推进以人为核心的新型城镇化建设。实施中心城区新型城镇化建设七大系列项目集中攻坚,谋划了一批新的重大城建项目、前期项目,以文化教育中心和旅游集散中心建设作为突破口,全力打好中心城市建设攻坚战。提质扩容县城和特色城镇,修编完善各县(市、区)城市总体规划,加快扶绥、凭祥两个市级副中心城市建设,统筹推进大新、宁明、天等、龙州县域城镇化发展。继续抓好凭祥国家中心城市综合改革试点建设,加快凭祥—宁明—龙州一体化发展,推动扶绥空港—吴圩空港融合发展。大力实施中心镇、特色镇示范工程和书记工程。一是不断加大基础设施建设力度,大力发展物流和通道经济,加快推动新型城镇化进程。二是坚持规划先行,在总体规划的指导下,中心城区先后编制了35个专项和详细规划。加快推进《南宁—崇左经济带发展战略规划》《崇左市城镇化发展"十二五"规划》专项规划的修编和实施,为崇左的城市建设奠定了基础。三是高标准建设,城市功能日趋完善。重点实施污水处理厂、生活垃圾填埋场、机关单位办公楼等基础性、公益性项目建设,深入实施城区绿化美化亮化工程,进一步优化城区的人居环境。四是高效能管理,城市管理水平不断提高。以长远规划建设与近期治理整顿相结合、新城区建设与旧城区改造相结合、中心城市建设与社会主义新农村建设相结合等为切入点,加大城市综合整治力度,不断完善长效管理机制,实行规范化管理。五是营造良好环境,房地产市场健康有序

发展。着力打造精品房地产楼群,以高品位、高质量的居住条件为目标,积极引进有经济实力的房地产开发商进行开发建设,有效推动了房地产市场的健康快速发展。中心城市已开发建设了41个房地产项目,总建筑面积370万平方米,总投资约51亿元。六是突出特色,认真编制村镇和城镇化规划。在总体规划修编过程中,各地注重结合当地实际,凸显特色,抓好特色城镇规划,将工业集中区、城镇新区纳入了城镇体系规划。全市各乡镇、(集镇)均进行了规划修编,60%的中心村编制了规划。七是树立经营城市新理念,拓宽资金渠道,不断完善城镇基础设施。坚持走市场化道路,推广以出让特许经营权方式通过招商引资进行污水垃圾处理设施建设等项目建设。中心城市和各县(市)城区均实行了污水垃圾处理费收缴制度。各县(市)城区、乡镇政府所在地的道路、供水、排水、排污、公厕、文体娱乐场所等基础设施投资领域正逐步向市场开放。同时,各县(市、区)加大招商引资力度,加快市政基础设施项目建设,城镇基础设施进一步完善,公共服务设施水平进一步提高。

建筑管理

【概况】 2016年,崇左市进一步规范建筑市场秩序,整顿和治理建筑业违法违规行为,加强行风建设,努力提高工程质量安全管理水平,取得了较好的经济效益和社会效益。全市共有各类建筑业总承包、专业承包、建筑装饰装修设计与一体化及劳务分包企业83家,其中总承包资质企业52家,专业承包资质企业23家,建

筑装饰装修设计与一体化资质企业4家,劳务分包企业4家。总承包资质中一级资质企业2家、二级资质企业4家、三级资质企业46家。

【建筑市场管理】 2016年,崇左市在建筑市场管理上,严格执行《中华人民共和国招标投标法》,依法开展招标投标活动,招标投标监督管理得到进一步加强。严格招标程序,明确参与招标投标活动各方主体职责,规范业主行为,强化监督管理。严格资格后审,坚持科学合理的评标办法,全面推行工程量清单计价和合理低价法施工招标,增强招标投标的透明度,真正做到"公开、公平、公正和诚实信用"。年内,市本级审核企业资质新设立25件、增项3件、变更28件;初审建筑施工企业安全生产许可证新申请18家、延期9家;初审"建筑施工企业专职安全生产管理人员安全生产考核证书"变更、延期和注销175人次;初审关键岗位132件;受理二级建造师初始注册、变更、增项和注销等共256人次的资料初审。应入库建筑施工企业84家,已录入75家,入库比例为89%。其中,施工总承包企业52家,已录入诚信库45家,录入比例为87%。专业承包企业23家,已录入诚信库22家,录入比例为96%。劳务分包企业4家,已录入诚信库4家,录入比例为100%。检测机构5家,已录入诚信库4家,录入比例为80%。发放诚信IC卡320张,全市实行了"开标刷卡、中标锁卡、有序解卡"。市本级招标33个,中标价约7亿元,其中公开招标33个,应公开招标率为100%。按照"统筹规划、统一建设、标准统一、资源共享"的要求,加快建设电子化招投

标管理系统,电子化招投标已形成常态化运行。通过公开招标择优确定了6家保险公司,统一提供建工意外伤害保险服务。积极推广劳务实名制和远程视频监控管理,全市共有25个项目实施了劳务人员实名制管理。全面落实五方主体项目负责人质量终身责任。全市共签授权书、承诺书的工程30项,新办理质量安全监督的23个工程项目均已签署授权书、承诺书。新办理竣工验收备案项目23个,设立永久性标牌的工程23项。严厉打击违反基本建设程序及建筑施工转包、违法发包等违法行为,共查处3起违法行为,处以罚款7.8万元。

【工程质量管理】 2016年,崇左市共办理报建报监项目34项,报监率100%,办理施工许可证30件,总面积约260万平方米,总造价约36.9亿元。在日常监督中,坚持以地基基础、主体结构和影响使用安全及使用功能的关键部位为监督工作重点,在抓好对工程实体质量监督检查的同时,逐步加强对建设各方责任主体质量行为的监督,结合"城乡清洁工程"深入开展日常巡查力度,各个建筑工程质量得到了进一步提高。

【安全生产管理】 2016年,崇左市进一步建立健全安全生产各项制度,加强行业安全生产管理,坚持全面检查与专项治理相结合,消除安全隐患,杜绝重大安全事故的发生,确保国家和人民群众生命财产安全,维护社会稳定。认真组织重大节前后的质量安全大检查、暑期防高温施工安全大检查和全区建筑市场暨工程质量安全检查及全市建设工程消防大检查等7次综合性检查,开展全市"打非治违"

专项检查、住宅工程逐套验收专项检查和建设工程质量通病专项治理专项检查等3次专项检查,质量专项检查2次,安全专项检查3次。累计检查在建工程项目26个次,发出《隐患整改通知书》12份,《停工通知书》10份,波及19家施工企业和9家监理企业。对12个在建项目和22家施工企业进行了安全生产动态考评,将10个项目列入严管重罚名单。签发动态扣分通知书　份,总扣分961分。积极推广建筑施工可视化技术交底,发放可视化资料等约1600多份。全市建筑安全生产工作顺利开展,在建工程没有发生重大质量安全事故。

【建筑节能管理】 2016年,崇左市认真开展建筑节能执法活动,对新报建的建筑严格执行节能等专项审查制度,严把设计关,在施工过程中严格监督实施以及实行建筑节能专项验收,纠正业主、施工单位等对节能部分的修改,确保建筑节能的效果,较好完成了建筑节能的目标任务。积极开展建设领域重点推广十项技术,并取得了较好成效。年内开展了4次建筑节能暨建筑市场及安全生产大检查,有效地遏制了违反建筑节能有关法律法规的行为,也有效提高了工程参建各方主体履职能力。崇左市施工图设计阶段新建建筑节能标准执行率为100%,新建建筑竣工验收阶段节能强制性标准执行率为98%,全年完成建筑节能2.79万吨标准煤。

房地产业

【商品房建设与销售】 2016年,崇左市完成房地产开发投资64.43

亿元,占全年计划完成总任务40亿元的161%,同比增长43.7%,房地产市场继续保持平稳健康发展态势。

商品房建设 全市商品房新开工87.58万平方米,同比下降5.56%;续建202.38万平方米,同比增长26.06%;竣工97.68万平方米,同比下降42.45%。其中,市本级(含江州区)完成房地产开发投资11.58亿元,同比增长61.10%。商品房新开工34.62万平方米,同比下降28.58%;续建62.94万平方米,同比增长26.92%;竣工42.83万平方米,同比下降56.16%。

商品房供应 2016年,全市新建商品房批准预售148.52万平方米,同比下降14.98%,环比增长18.23%。其中,新建商品住房批准预售105.69万平方米,同比下降16.97%,环比下降9.79%。其中,市本级(含江州区)新建商品房批准预售面积为50.89万平方米,同比增长10.79%,其中,商品住房批准预售面积32.76万平方米,同比增长2.12%。

商品房销售 2016年,全市新建商品房实际登记销售面积137.12万平方米,占全年计划完成工作目标134万平方米的102.32%,同比增长13.60%,环比增长46.78%。其中,新建商品住房实际销售面积123.05万平方米,同比增长16.64%,环比增长47.47%;市本级(含江州区)商品房实际登记销售面积37.79万平方米,同比增长55.57%,环比增长203%;新建商品住房实际销售面积33.87万平方米,同比增长53.61%,环比增长199%。

商品房销售价格 2016年,全市商品房销售均价3804元/

平方米,同比增长 17.08%,环比下滑 1.06%。其中商品住房销售均价 3237 元/平方米,同比增长 8.88%,环比下滑 2.70%;市本级(含江州区)商品房销售均价 4249 元/平方米,同比增长 12.47%,环比下滑 0.12%;商品住房销售均价 3524 元/平方米,同比增长 3.04%,环比下滑 0.81%。

二手房交易 2016 年,全市二手住房成交面积 12.35 万平方米,成交套数 950 套,分别同比下降 18.16% 和 20.30%,二手住房交易均价(以市场评估价为计算依据)为 2102.19 元/平方米,同比下降 10.96%。其中,市本级(含江州区)二手住房成交面积 3.36 万平方米,同比下降 3.72,% 成交套数 271 套,同比增长 4.58%;二手住房交易均价(以市场评估价为计算依据)为 2265.56 元/平方米,同比增长 7.77%。

商品房库存 2016 年 12 月底,全市商品房累计可售面积 251.07 万平方米,同比下降 10.07%,比 2015 年年底的 279.19 万平方米减少商品房可售面积 28.12 万平方米。累计可售套数 25917 套,同比下降 7.35%,比 2015 年年底的 27976 套减少可售套数 2059 套。商品住房累计存量面积 153.90 万平方米,12283 套;非住宅商品房库存面积 97.17 万平方米,13634 套。商品房消化周期约 21.97 个月,其中,商品住房消化周期约 15.01 个月,非住宅商品房消化周期约 82.99 个月。

【保障性住房建设】 2016 年,崇左市认真贯彻落实中央、自治区、崇左市关于实施保障性安居工程的决策部署,把解决城镇困难群众基本住房问题作为民生之本,加大资金投入,加快工程建设,扩大保障人群,全市保障性安居工程项目建设工作有序开展。2016 年,自治区下达给崇左市保障性安居工程任务:新开工建设 11841 套,基本建成 2300 套,租赁补贴 500 户,分配入住 3000 户。1—12 月,全市共新开工建设保障性安居工程 11849 套,开工率为 100.07%;基本建成 4656 套,占全年计划任务的 202.4%;租赁补贴发放 515 户,占全年计划任务的 103%;分配入住 4725 套,占全年计划任务的 157.5%。

城镇卫生和市貌管理

【概况】 2016 年,崇左市继续深入实施"美丽广西·清洁乡村"活动,全面提高城乡环境质量,不断改善人居条件和投资环境。一是调整充实"清洁家园"专项活动领导小组人员,分组层层落实"清洁家园"各项工作。各县(市、区)加强对各乡镇"清洁家园"工作的领导和指导,形成一级抓一级、层层抓落实的局面。乡镇班子领导成员分包到村,并切实担负起包村的领导责任,带头深入一线,亲自挂帅,靠前指挥,哪里问题多、难度大,就在哪里现场办公、解决问题,确保清洁家园活动始终处于强势推进之中。二是认真开展城区"白色污染"突击整治工作。集中开展城区"白色污染"整治突击活动,突击队加班加点对城乡结合部、城中村、河道两岸、小街小巷等进行重点整治,清理白色污染,清除杂草,清运生活垃圾和建筑垃圾,消灭卫生死角,疏通沟渠、填平坑洼。三是加强建筑工地管理。在城区内开展大规模的工地乱象整治活动,对工地现场检查发现的问题,要求限期整改,并落实专人跟踪负责整治。四是强化综合整治,积极开展整治"五乱"工作。

【自然村屯道路建设】 2016 年,崇左市有 76 个村屯列入自治区"美丽广西·生态乡村"屯内道路硬化示范村屯,自治区给予每个村屯道路硬化项目补助资金 20 万元。全市 76 个村屯屯内道路硬化项目中,完成投资 1520 万元,硬化屯内道路约 60 千米,已于 2016 年 12 月底全部竣工。

【清洁家园清理行动】 2016 年,崇左市家园办公室与各县(市、区)号召广大干部积极参与清洁家园集中清理行动,鼓励广大干部与群众对农村卫生死角开展集中清理整治行动,保证清洁家园活动工作不放松、不掉队。特别是春节期间,全市各级各部门在春节前组织干部群众深入开展"清洁家园"专项活动整治行动,对村屯生活垃圾、污水、畜禽粪便进行全面清扫,对房前屋后的沟、渠、塘水面漂浮物进行全面清理,不留卫生死角。年内,全市"清洁家园"已累计开展集中清理整治行动 8100 次,累计参加集中清理整治行动人数 315460 人次,累计清运、处理垃圾 82746 吨,全市广大农村基本实现了家园整洁的目标。

【建立保洁长效机制】 2016 年,崇左市积极推进建立保洁长效机制,引导农民自主参与建立农村卫生保洁制度、责任区保洁制度、保洁人员管理办法、卫生监督制度等长效机制,有效地激发了群众的主人翁责任感和参与热情。一是建立健全农村保洁员队伍。崇左市通过村民代表大会推选、村民竞争上岗等多种方式,共为4138个自然屯配备了农村保洁员人数5840人,工资完全由财政供养保洁员479人,工资由财政资金适当补贴的保洁员270人,工资完全由村民自筹的保洁员2829人,完全义务的保洁员2262人,已配备保洁员占应配村屯保洁员达到71.5%。二是落实长效保洁经费。通过发动捐款、收取垃圾费、集体经济收益支出等各种方式,筹集垃圾费,保障保洁员工资和垃圾清运费用等支出。三是制定村规民约和评先示范机制。制定村规民约的村屯已达6252个,已建立村规民约占行政村自然屯100%,覆盖面广的村规民约较好的规范了农民在保洁工作中的权利和义务。在此基础上,还积极开展美丽庭院的评比,定期开展农户卫生状况评比,形成了你追我赶、赶超先进的热潮。四是建立健全农村垃圾处理机制。如扶绥县创新建立覆盖县乡村生活垃圾清运网络,成立了"县环卫站、镇环卫所、村环卫队伍、屯保洁员"四级垃圾清运机构,各乡(镇)均建立环卫所,落实9人以上工作人员,每个村屯都建立环卫队,负责村屯日常保洁工作,确保村屯垃圾能够及时收集、清运。这一做法得到了自治区党委副书记危朝安的批示肯定。

【清洁家园项目建设】 2016年,崇左市各县(市、区)"美丽广西·清洁乡村"垃圾处理基础设施方面已投入资金6000多万元。年内,全市有99个农村生活垃圾专项治理项目,其中乡镇片区处理中心28个项目已开工,完成投资5650万元;村级垃圾处理终端28个项目已开工,完成投资2740万元。

村镇建设

【概况】 2016年,全市村镇建设完成投资35.33亿元。主要投资项目包括农村居民住房建设和危房改造以及屯内道路、集镇街道、商住小区、乡镇工业小区、污水垃圾处理厂(场)、镇容镇貌环境综合整治等。其中,基础配套设施完成投资5.80亿元,农村建房完成投资29.53亿元,农村危房改造完成投资6.72亿元。

【农房建设和农村危房改造】 2016年,农房建设投资额29.53亿元,其中农村危房改造共开工11200户,开工率100%,竣工11200户,竣工率100%,完成投资6.72亿元。

【农村垃圾专项治理】 2016年,崇左市有99个农村生活垃圾专项治理攻坚项目。已有乡镇片区处理中心28个项目开工,开工率66.67%,已完工1个项目,竣工率2.38%,完成投资5650万元,占总投资1亿元的43.5%;已有村级垃圾处理终端28个项目开工,开

工率49.12%,已完工4个项目,竣工率7%,完成投资2740万元,占总投资5360万元的51%。

【新型示范县建设】 2016年,崇左市大新县为新型城镇化示范县,共计划建设13个项目,总投资9000万元。截至2016年年底,已有8个项目开工,4个项目完工,完成投资1330万元。

【名镇名村建设】 2016年,大新县雷平镇百镇建设完成投资2092万元。扶绥县山圩镇百镇建设完成投资937万元。江州区驮卢镇百镇建设完成投资165万元。大新县下雷阵百镇建设完成投资1150万元。龙州县水口镇百镇建设完成投资500万元。扶绥县渠旧镇完成投资62万元。江州区新和镇特色工贸名镇建设房屋外立面改造、主干道路面铺装等12个项目已完工,完成投资5225.9万元。

【边境城镇化建设】 2016年,大新县堪圩乡、宁明县桐棉镇、龙州县水口镇、凭祥市上石镇等边境乡(镇)特色新型城镇化建设项目完

2015年3月17日,崇左市召开全市环境保护工作会议

成投资 5203 万元。

【城镇基础设施"两延伸"】 2016 年，全市有 7 个村屯进行基础设施"两延伸"建设，每个村屯投资 30 万元，分别为凭祥市上石镇练江村练屯、夏石镇哨平村板灵屯，龙州县武德乡三联村陇呼屯、上龙乡上龙村板凹屯，大新县桃城镇万礼村秩沙屯、思城乡陆榜村苏屯，江州区左州镇中干村陇而屯。全市 7 个村屯建设项目已全部完工，完成投资 230 万元。

【乡土特色建设】 2016 年，江州区驮卢镇连塘村、扶绥县笃邦村渠笃屯、天等县上映乡桃永村伏桃屯等 3 个乡土特色示范村屯建设完成投资 1987.1 万元，占总投资的 106.04%。除以上 3 个乡土特色示范村之外，年内，自治区住建厅再下达给崇左市 51 个乡土特色示范村屯建设项目，计划总投资 1.53 亿元（其中自治区补助 7650 万元）。51 个乡土特色示范村屯正在建设中，已完成 102 个子项目前期准备工作，其余子项目前期工作正在抓紧推进当中。

【乡改镇建设工程】 2016 年，宁明县那堪乡、桐棉乡、亭亮乡已制定乡改镇基础设施建设实施方案，那堪镇、桐棉镇、亭亮镇分别完成年度投资 200 万元、250 万元和 300 万元，共完成投资 750 万元。天等县福新乡改镇已完成投资 40 万元。

【村屯道路硬化】 2016 年，崇左市共有 76 条屯内道路进行硬化建设，其中江州区 12 条；扶绥县 12 条，天等县 11 条，凭祥市 3 条，宁明县 12 条，大新县 15 条，龙州 11 条。截至 2016 年 12 月底，已完工 76 条，

完成投资 1520 万元。

【传统村落】 扶绥县渠旧镇渠旧社区、凭祥市连城屯 2 个传统村落保护发展项目，已全部完成规划编制设计和项目建设任务，共完成投资 3201 万元（其中渠旧社区完成投资 1701 万元，连城屯完成投资 1500 万元）；江州区莲塘村花梨屯，扶绥县东门镇郝佐村禄幸屯、龙头乡岭顶屯，龙州县上降乡里城村板色屯、上金乡卷逢村白雪屯、中山村已全部完成年度规划编制任务。

（潘军 孙伟）

环境保护

【概况】 2016 年，崇左市环境保护局紧密围绕市委、市政府提出的"两篇大文章"、"四大攻坚战"战略，全面树立生态文明和绿色发展"两大理念"，以中央环境保护督察整改工作为契机，以改善环境质量为主线，重点抓好水、大气、土壤污染防治，为全市做好"两篇大文章"，打好"四大攻坚战"提供了良好的环境支撑。全年崇左市空气质量综合排名继续保持在广西第三位，并呈现"两降一增"的良好态势：PM10 平均浓度为 51 微克/立方米，比 2015 年下降 5 微克/立方米，比自治区年度要求低 4 微克/立方米，比广西平均水平低 5 微克/立方米；PM2.5 平均浓度为 34 微克/立方米，比 2015 年下降 4 微克/立方米，比自治区年度要求低 5 微克/立方米，比广西平均水平低 3 微克/立方米；空气优良天数达 353 天，比 2015 年增加 31 天，超出自治区要求 98 天。全市水环境质量持续保持优良，列入自治区考核断面的 5

个断面水质达标率达 100%，崇左市集中式饮用水水源水质达标率达 100%。

【环境质量】

环境空气质量 2016 年，崇左市区环境空气质量达到《环境空气质量标准》（GB 3095-2012）的二级标准。环境空气总有效监测天数为 366 天，其中空气质量指数达到一级（优）的天数为 156 天、达到二级（良）的天数为 197 天，三级（轻度污染）的天数为 13 天，分别占全年总有效天数的 42.6%、53.8% 和 3.6%，空气质量达标天数比例（AQI 优良率）为 96.4%，优良天数比 2015 年增加 31 天，超出自治区下达的 255 天年度目标要求 98 天。2016 年崇左市环境空气年均综合污染指数（城市受污染程度的综合指标）为 3.45，比 2015 年（3.64）下降了 0.19。二氧化硫年均浓度为 12 微克/立方米，比 2015 年（10 微克/立方米）上升 20%。二氧化氮年均浓度为 18 微克/立方米，与 2015 年（18 微克/立方米）持平。可吸入颗粒物年均浓度为 51 微克/立方米，比 2015 年（56 微克/立方米）下降 8.9%。一氧化碳年均浓度为 1.2 毫克/立方米，与 2015 年（1.2 毫克/立方米）持平。臭氧年均浓度为 128 微克/立方米，比 2015 年（133 微克/立方米）下降 3.8%。细颗粒物年平均浓度为 34 微克/立方米，比 2015 年（38 微克/立方米）下降 10.5%。

地表水环境质量 2016 年，崇左市地表水监测的 10 个断面：德天和新立断面达到 I 类水质；八角电站、平而关、那弄、渠立、上金、棉江和潭龙等 7 个断面达到 II 类水质；弄欣断面的水质为 IV 类，水质劣于水功能区 III 类水质的目标

要求。崇左市集中式饮用水源地水质监测:崇左市自来水厂取水点的水质均达到该水域的功能区目标《地表水环境质量标准》(GB 3838-2002)Ⅲ类水质;崇左市自来水厂取水断面所有12个监测月份中,3、4、10、12月份水质达到Ⅰ类水质,其余月份水质达到Ⅱ类水质。

声环境质量 2016年,崇左市区域环境噪声昼间平均等效声级为55.2分贝,为《环境噪声监测技术规范城市声环境常规监测》(HJ 640-2012)的三级,等级评价为一般,比2015年(56.9分贝)降低了1.7分贝。崇左市道路交通噪声昼间平均等效声级为66.3分贝,为《环境噪声监测技术规范城市声环境常规监测》(HJ 640-2012)的一级,比2015年(63.1分贝)升高了3.2分贝。声环境质量等级评价为好。

【项目管理】 2016年,崇左市13个列入自治区层面的重大项目全部完成环评审批。印发《崇左市建设项目环境影响评价文件分级审批管理目录》,对市级审批的环境影响评价文件建设项目目录进行了调整,2016年市级层面审批项目27个(其中属于编制报告书项目8个,报告表项目15个,登记表项目4个),登记表备案项目4个。审批和备案的项目总投资77.84亿元,环保投资4.09亿元,占总投资额的5.25%。完成竣工环境保护验收的项目24个,其中属于验收报告书6个、验收报告表14个、验收登记卡4个,总投资18.09亿元,环保投资2.34亿元,占总投资额的12.94%。

【污染防治】 2016年,崇左市加强大气污染、水污染、土壤污染的防治工作。

大气污染防治 印发《崇左市大气污染防治2016年度实施计划》和《崇左市2016—2017年重污染天气应对专项行动工作方案》,细化年度工作任务、措施,加强重污染天气应对。年内共淘汰黄标车和老旧车2738辆、燃煤小锅炉6台;在崇左红狮水泥有限公司等5家企业开展工业烟气、粉尘治理,完善了除尘、脱硝设施;开展工业挥发性有机物治理,10个加油站进行油气回收改造并通过验收;崇左城区3家水泥厂完成关闭和改造,市区内无重污染企业;控制道路扬尘污染,崇左市区机械化清扫率达41%;排查建筑工地60个,下达整改通知16份。全年崇左市空气质量综合排名位列广西第三位。

水污染防治 印发《崇左市水污染防治行动计划工作方案》和《崇左市水污染防治2016年度实施计划》,构建全市水污染防治工作格局。2016年,划定农村1000人以上村屯集中式饮用水水源保护区144个,分布于全市6个县(区)的53个乡镇;全市新建污水管网29.415千米,开工建设镇级污水处理厂17个;全市7个县(市、区)均编制了畜牧业养殖规划,193个规模化畜禽养殖场(小区)配套建设废弃物处理利用设施比例达78.76%;崇左城市建成区黑臭水体整治完成40%;完成11座加油站地下油罐防渗改造。全市水环境质量持续保持优良,列入自治区考核断面的上金、棉江、新立、渠立和上中断面水质达标率达100%;崇左市集中式饮用水水源水质达标率达100%。

土壤污染防治 大新县岜落山矿段采空区地下涌水重金属治理工程完成工程量的70%,扶绥县中东镇渌井铅锌矿区历

史遗留重金属污染综合治理项目(一期工程)实现实质性开工建设。全市土壤环境质量总体保持良好。

污染物减排 2016年,全市实施化学需氧量重点减排项目30个,氨氮重点减排项目30个,二氧化硫重点减排项目5个,氮氧化物重点减排项目6个。削减化学需氧量727.14吨、氨氮82.86吨、二氧化硫150.56吨、氮氧化物406.62吨,比上年分别削减0.29%、0.22%、1.83%、3.7%。全面完成自治区下达的减排任务。

【生态建设】 2016年,全市有15个乡镇获得自治区级生态乡镇命名,位居广西第三位,67个行政村获得自治区级生态村命名,94个行政村获得崇左市级生态村命名,位居全区第五位。

【农村环境保护】 2016年,崇左市实施扶绥县2016年整县推进农村环境综合整治项目,涉及11个乡镇19个行政村22个自然屯和1个社区,总投资3000万元,其中自治区财政安排资金2000万元,县财政配套资金1000万元。项目涉及11个乡镇19个行政村22个自然屯和1个社区,建设28套集中式生活污水处理设施。12月底建设完成27套集中式生活污水处理设施,另外1套正向自治区申请变更建设地址。

【核与辐射安全管理】

核技术应用 2016年,崇左市许可使用密封放射源的企业有18家(制糖企业15家,木业企业2家,化工企业1家),在用放射源85枚,其中Ⅳ类放射源75枚、Ⅴ类放射源10枚。放射源核素均为铯—137,主要应用于制糖企业的核子

秤、木业企业的料位计、化工企业的密度计。全市有射线装置使用单位89家，持有应用射线装置143套，其中Ⅱ类射线装置5套，主要用于医用诊断检查和车辆安全检查，Ⅲ类射线装置138套，主要用于医用诊断检查。射线装置的主要仪器有医用诊断X射线机、牙科X射线机、医用X射线CT机、放射治疗模拟定位机及电子直线加速器、数字减影血管造影装置、X射线衍射仪及其他高于豁免水平的X射线机。

辐射类建设项目审批、验收 2016年度，市环境保护局审批编制环境影响报告表的输变电项目2个、通讯基站项目2个，填写环境影响登记表的核技术应用项目22个。项目累计总投资1.8亿元，其中环保投资727.52万元，环保投资占总投资的4.01%。全年共验收输变电项目5个、核技术应用项目21个。项目累计总投资2.91亿元，其中环保投资351.5万元，占项目总投资的1.21%。年内核发《辐射安全许可证》17家，延续《辐射安全许可证》8家，变更《辐射安全许可证》5家，注销《辐射安全许可证》1家。

辐射安全监督检查 在春节、"两会"期间、国庆节等敏感时段及日常监管过程中，市环境保护局组织、指导各县(市、区)环境保护局、市城市工业区分局对崇左市辖区内的核技术利用单位进行全面监督检查，督促核技术利用单位认真落实安全责任，加强安全管理，保证核技术利用项目安全受控。全市共送贮闲置放射源16枚，销毁废旧Ⅲ类射线装置26台。全年无放射源与射线装置丢失、被盗等辐射安全事故发生。

核与辐射监测能力建设 崇左市已建有辐射环境监测站，机构设在市环境保护监测站内，在编2人，持证上岗人员2人。11月，崇左市辐射环境监测站的辐射监测业务通过计量认证。

【环境监察与执法】 2016年，崇左市加强环境监察、环境执法和环保专项整治工作。

环境监察 根据《崇左市污染源日常环境监管随机抽查制度实施方案》和环境监管网格化管理要求，市环境保护局组织对全市281家排污单位和210个已审批未验收建设项目开展日常检查。全市共出动环境监察执法人员2758人次，利用环境监察移动执法系统开展现场执法共计1087次。年内，全市重点监控企业安装废水在线监控设施81套，废气在线监控设施54套，其中列入国家平台考核基数的国控企业有36家共计39个监控点。年内，污染源自动监控数据传输有效率为99.42%，超过环保部"污染源自动监控数据传输有效率75%以上"目标要求20个百分点；全市企业自行监测完成率98.39%，结果公布率100%。

环境执法 市环境保护局与市中级人民法院、市人民检察院、市公安局联合印发了《崇左市环境保护局 崇左市中级人民法院 崇左市人民检察院 崇左市公安局四部门环保联动执法工作实施方案》，加强环境行政执法与刑事司法联动。与公安部门联合开展了打击危险废物环境违法犯罪行为专项行动。开展危险废物转移安全处置审核工作，2016年共审批39项危险废物转移处置申请(其中工业危险废物转移18项，办理医疗废物转移21项)，发放转移联单35份。10月18日举办了崇左

市2016年环境移动执法比武活动，11月3日—4日，组织参加广西环境移动执法比武比赛活动，大新县环境保护局在比武活动中获得县级三等奖。11月10日，市环境保护局与防城港市环境保护局在防城港市上思县开展环境执法大练兵结对帮扶活动，交流现场检查执法技能、行业企业检查要点、两市交界敏感流域联防联控等经验，互相查阅现场监察执法记录、行政执法案卷，促进双方环境执法规范化。2016年，全市共立案查处各类环境49起，解缴入库行政罚款235.36万元。实施限制生产、停产整治案件8件，移送公安部门行政拘留1起。与2015年同比，实施限制生产、停产整治案件增加6件，移送公安部门行政拘留增加1件。

【环保专项整治】 2016年，崇左市开展环保几个专项整治工作。组织开展制糖、淀粉、酒精等企业环境专项整治"亮冬计划"，全市共出动环境监察执法人员981人次，检查全市季节性生产企业39家，投入2015/2016年榨季生产26家(制糖企业14家，淀粉企业9家，酒精企业3家)。发现存在环境安全隐患企业22家，存在环境安全隐患28个，责令限期整改28个。

开展污染源日常监管随机抽查检查工作。将全市281家排污单位纳入市级日常监管动态信息库，其中重点排污单位52家(含国控企业49家)，一般排污单位212家，特殊监管排污单位17家；2016年下半年，全面推行"双随机"抽查制度，全部使用移动执法系统开展监察执法工作。"双随机"抽查活动中，全市共出动检查人员126人次，检查一般污染源78个，重点

污染源 16 个,一般污染源 35 个,建设项目 15 个,特殊监管污染源 12 个。

开展清理环保违法违规建设项目专项行动。组织各县(市、区)环境保护局对崇左市辖区内环保违规建设项目进行清理排查,共排查发现环保违法违规建设项目 433 个,截至 12 月底完成清理整顿项目 424 个,占总数的 97.92%。

开展环境风险敏感区域、敏感时段环境安全专项检查。春节、中秋节、国庆节和"两会"期间以及汛期,全市出动环境监察执法人员 1675 人次,排查企业 529 家次,对酒精、淀粉、制糖等季节性生产企业、涉重金属行业、化工企业等重点行业企业和重点流域进行专项检查,共发现存在环境安全隐患企业 28 家,责令整改 27 家,责令停产整治企业 1 家。

开展城市餐饮油烟污染整治工作。根据市政府办公室印发实施的《崇左市今冬明春大气污染防治工作方案》,对东源名城小区餐饮行业和汇豪城上海街油烟污染问题进行专项整治,排查餐饮店和烧烤摊 71 家次。责令 9 家未办理排污许可证的饮食店定期维护烟气排放设施,督促办理排污许可证。责令 6 家占道经营、夜间经营噪声扰民的大排档、烧烤店改正违法行为。

开展生物质发电企业专项检查。全市出动环境监察人员 92 人次,对辖区内利用秸秆、锯末、蔗渣等农林废弃物燃烧发电的生物质发电企业开展了现场检查。经核查,全市 18 家生物质发电企业建设项目环评审批手续齐全、全部建有烟气除尘设施,其中 16 家企业建设项目环保"三同时"验收手续齐全、7 家企业建有烟气脱硝设施。因燃料含硫份少,二氧化硫排放不

超标,18 家企业均未建设和安装烟气脱硫设施。

【环境应急管理】 2016 年,崇左市修订完善了《崇左市突发环境事件应急预案》《崇左市重污染天气应急预案》等应急预案,进一步完善突发环境事件应急处置机制。6 月 23 日,崇左市环境保护局联合宁明县环境保护局开展突发环境事件演练,加强市、县两级环保部门的组织协调和联合处置突发环境事件能力。

【排污费征收】 2016 年,全市排污费共征收开单 86 户,开单金额 1553.16 万元,入库户数 85 户,入库金额 1546.78 万元。

【环境监测】 2016 年,崇左市加强环境空气、降水、饮用水源、声环境等的监测工作。

环境空气监测 2016 年,崇左市设有环境空气监测点位 4 个,均为自动监测点位,采用 24 小时连续采样。其中,国控点位 2 个,即城南新区和市环保局江州分局监测点,开展监测二氧化硫、二氧化氮、可吸入颗粒物、细颗粒物、臭氧、一氧化碳等 6 个项目,获取监测数据 4332 个。省控点位 2 个,即卜寨小学和卜驮小学监测点,开展监测二氧化硫、二氧化氮、可吸入颗粒物等 3 个项目,获取监测数据 2160 个。2016 年,崇左市在城南新区和市环保局江州分局设有环境空气监测 PM2.5 项目 2 个点位,在崇左市环境保护局门户网站发布 PM2.5 等 6 项指标的实时空气质量指数、环境空气日报、环境空气月报。

降水监测 崇左市区酸雨监测点设在崇左市江州区环保分局,远郊监测点设在崇左市江州

区江州镇渠座小学。监测点均为仪器自动收集降雨、人工分析数据,监测频率为逢雨必测。监测项目为降雨量、pH 值、电导率、硫酸根、硝酸根、氟离子、氯离子、铵离子、钙离子、镁离子、钠离子、钾离子等 12 项。

酸雨监测 2016 年,崇左市江州区环保分局监测点全年降水 pH 值范围为 4.86~7.62,平均值为 5.98,比上年(6.10)下降 0.12 个 pH 值单位;全年共监测 59 场雨,其中 12 场酸雨,酸雨频率为 20.3%,比 2015 年(26.7%)下降 6.4%。

地表水监测 2016 年,崇左市辖区常规监测的 10 个断面中,国控断面 8 个,即八角电站断面、上金断面、棉江断面、新立断面、那弄断面、渠立断面、平而关断面、德天断面;区控断面 1 个,即弄欣断面;市控断面 1 个,即潭龙断面。监测因子为水温、pH 值、溶解氧、高锰酸盐指数、五日生化需氧量、氨氮、挥发酚、六价铬、石油类、氰化物、铅、镉、砷、汞、化学需氧量、氟化物、硫化物、阴离子表面活性剂、锌、铜、硒、总磷、总氮、粪大肠菌群、电导率等 25 项。另外,结合下雷河污染特征,弄欣断面增加锰、铁 2 个监测项目。

饮用水源环境监测 2016 年,崇左市饮用水源地监测点为崇左市自来水厂。6 月份监测因子为《地表水环境质量标准》(GB 3838–2002)中的全项目 109 项,其余月份为 61 项,主要包括水温、pH 值、溶解氧、高锰酸盐指数、氨氮、氰化物、总磷、氟化物、挥发酚、石油类等监测项目。

声环境监测 2016 年,崇左市开展城市区域环境噪声及道路交通噪声监测。共设区域环境噪声网格数 100 个,获取监测数据

100个;道路交通监测路段总长为12.16千米,获取监测数据10个。

重点污染源监督性监测 2016年,崇左市有国控重点监控企业52家,其中废水企业38家(含季节性生产企业25家,常年生产企业13家),废气企业6家(含季节性生产企业3家,常年生产企业3家),污水处理厂7家,重金属国家重点监控企业1家。2016年按时完成全市52家国控重点污染源监督性监测任务,监测频次为正常生产企业每季度1次,每年监测4次;重金属企业每两个月监测1次。在重点污染源监测中,废水污染源和城镇污水处理厂废水综合达标率每个季度均为100%。废气监测中,2016年第1季度重点行业废气污染源综合达标率与2015年1季度相比有所上升,达标率为66.7%,比2015年1季度的40%提高26.7个百分点;第2季度废气污染源综合达标率为66.7%,与2015年第2季度的持平;第3季度废气污染源综合达标率为100%,与2015年3季度的持平;第4季度废气污染源综合达标率为100%,比2015年4季度的60%提高40个百分点。

【环境宣传教育】 2016年,崇左市以"六·五"世界环境日为契机,开展了"六·五"世界环境日新闻通报会、"公众评污"活动、环保知识有奖竞答活动和"崇左环保,我来'晒'"环保照片征集活动等系列活动。6家主流媒体参加了新闻通报会;社会各界100多人参加了公众开放日活动;展出环保宣传板报50多版,悬挂横幅70多条,发放《环保知识宣传手册》等宣传资料8000多份;2.4万人通过微信参与了环保知识竞答活动。以媒体宣传为主要阵地,在《左江日报》、崇左电视台刊播环保宣传报道105篇。举办崇左市环保系统干部提升生态文明建设综合素质专题培训班等培训10多期,培训400多人次,涵盖环保法律法规、环境监察、环境监测、环境应急、项目审批等方面。

【环境科学与研究】

项目环评 2016年,崇左市环境科学研究所(崇左市环境保护技术中心)共受理环评评估项目34个,比2015年同期增长了41.6%,

2015年6月3日,崇左市环保局参与组织生态乡村行活动

年内完成环评评估项目27个,年内终止环评评估项目2个,项目环评评估办结率为85.2%,比2015年提高1.9%。

环境规划 2016年,崇左市环境科学研究所(崇左市环保技术中心)编制《崇左市环境保护与生态建设"十三五"规划》,规划文本于12月底报批。

【中央环保督察】 2016年,中共崇左市委书记刘有明、市长孙大光分别多次召开市委常委会和市政府常务会研究部署中央环境保护督察迎检工作,做好各项迎检准备,并印发实施《崇左市突出环境问题整改方案》。成立了以市委书记刘有明、市长孙大光为组长的中央第六环境保护督察组反馈意见崇左市整改工作领导小组,制定了《崇左市贯彻落实中央环境保护督察反馈意见和环境保护厅反馈崇左市环境保护综合督查意见整改工作方案》和整改清单,梳理出14个方面的问题,逐项明确了责任单位、督导单位、整改时限、整改目标、整改措施。副市长劳宁军多次召集会议,研究落实中央环境保护督察组反馈意见涉及保护区内存在违法违规建设项目、建材企业环境污染问题投诉集中的问题等各项整改要求。查处了中央环境保护督察组交办的3起重点信访案件,对32名相关责任人进行了问责,其中给予党纪、政纪处分4人,约谈、诫勉谈话27人,批评教育1人,涉及住建、水产、国土、环保、交通、工商、林业等部门。组织编制《崇左市环境保护工作职责规定(试行)》,明确各级各部门环境保护工作职责,环保责任体系进一步完善,推动环境保护"党政同责"、"一岗双责"的落实。

（黄敏香）

交通运输

JIAOTONG YUNSHU

□编辑　黄适清

铁路运输

【客运】

概况　崇左市辖区内国营铁路湘桂线扶绥—凭祥站铁路里程165千米，营业里程165千米，为单线半自动闭塞区段，辖区内共有车站12个，其中二等站2个(凭祥、崇左车站)、四等站10个(扶绥、渠黎、渠旧、濑湍、天西、亭亮、龙伯屯、宁明、夏石、凭祥北车站)，隶属南宁铁路局南宁车务段管辖。

2016年，崇左市辖区内各站干部职工认真贯彻执行国家各项经济政策和铁路局、车务段决策部署，坚持把"严格管理、科学管理、问题管理"全面落实到工作实践中，按照"保持运输安全生产稳定、各项施工任务安全平稳推进、高效完成运输经营任务、积极推进货改"后厂"服务工作、各项工作整体协调推进"的工作思路，主动适应铁路发展新常态，不断深化多元化经营，努力提升服务质量，不断改善职工生活，各项工作有序推进。各站全年旅客发送人数总计109万人。

铁路建设　扶绥站搬至新站房，沿线撤销巴关岭、大陵、古坡、馗塘、上石等5个四等站。

节能环保　2016年，辖内各车站深化全面预算管理，严格实行科目负责制，强化成本控制。把节支降耗的要求落实到每个岗位、每个环节，使干部职工充分认清形势，从自我做起，从点滴做起，自觉做好节支降耗工作，通过优化工作流程、加强劳动组织、强化细节管理等措施，进一步改进经营管理方式，千方百计节支降耗。在确保运输安全生产的前提下，依次按直接生产费，间接生产费，管理费的顺序安排预算，按科目负责制，大力开展节支降耗工作。

运输安全　2016年，崇左市辖区内各站强化运输安全管理，牢固树立"安全第一"思想，切实转变干部作风，提高干部岗位履职能力。贯彻"严格管理、科学管理、问题管理"工作思路。一是加强路外安全。深入推进安全风险管理，按照"安全管理规范化、现场作业标准化、检查整治常态化"的总体要求，加大路外巡防守护力度，常态化开展路外、环境安全检查和隐患问题整治，实现车务段全年路外安全防控目标。二是加强防洪安全。防洪期间，全段上下，以雨为令，认真贯彻落实局长令，严格落实汛期各项措施，成功抵御台风袭击，实现平稳度汛。三是抓好关键时期安全。节假日及寒暑客运期间，加强旅客运输组织，强化干部包保，确保旅客运输安全平稳。认真做好每年春运等调图工作部署，细化安全卡控措施，确保调图过渡期平

稳有序。区内外重大活动期间，严格按照反恐防暴工作要求，落实安检查危措施，加强现场安保力量，严守"五道"防线，做好安全保障服务工作。

客货服务　2016年，崇左市辖区各站认真践行总公司"安全出行、方便出行、温馨出行"的要求，拓展多样化售票渠道，针对各节假日客流特点，提前做好客流调查，做好加开旅客列车的宣传，加大客票营销力度，细化各项安全措施，落实站车服务标准。一是加强基本服务。加强车站卫生环境的整治，保证供水设备良好，高度重视旅客投诉问题，做好与12306客服中心的信息沟通，确保旅客投诉能及时、妥善处置。二是强化重点服务。各站认真落实对老、幼、病、残、孕等重点旅客服务要求。

加大货运营销力度，深化货运组织改革，抓好国内、国外两个市场营销，尤其是国外市场，加强与联检单位及越方的联系沟通，提高通关效率，确保口岸畅通。对市场货源结构进行调研分析，确定大客户营销策略，与货主建立良性沟通，掌握货主日常运输需求，积极解决货主运输困难。加大配空力度，加速货位周转，做到快装快运，提高运输效率。

廉政建设　2016年，崇左市辖内各站贯彻铁路局、车务段党委有关党风廉政建设工作的部署要

求,崇左市辖区内车站从严务实地开展党风廉政建设,各站领导带头守纪律、讲规矩、做表率,严格执行廉洁从业各项规定,始终做到勤政廉政,发挥好以上率下的示范作用。自觉带头执行中央八项规定精神,坚决反对"四风",改进作风,推动各站清正廉洁、高效干事。从一年多的工作实践来看,各站落实党风廉政建设责任制总体良好,各站领导亲自上手抓任务部署、抓工作推进、抓问题处理;纪检监察组织切实转职能、转方式、转作风,勇于负责、敢于较真,强化监督执纪问责,初步形成了党风廉政建设齐抓共管的良好局面。　(陈姿颖)

【崇左火车站】

概况　崇左火车站位于崇左市江州区,中心里程为湘桂线911.518千米处。车站建于1951年10月,2011年7月由三等站提为二等站,有到发线4股,货物线6股,专用线3股,旅客站台4900平方米,旅客候车室565平方米,货物仓库14间2600平方米,露天货场3.2万平方米,货物雨棚2000平方米,综合性货场总面积6.8万平方米,36吨和40吨龙门吊各1台,

50型装载机3台,2吨叉车28台。2013年,车站行车室增设了视频监控设备,配备行车录音笔2支,配备调车录音笔3支,配备新的数字平调设备1套。客运售票厅安装有客票余额滚动显示屏,并增设了1台自动取票机和2台自动售取票机。2014年10月,全长为450米新建站台雨棚投入使用。2015年10月,增开天等县、大新县、龙州县、宁明县和崇左理工学院2个火车票代售点,方便旅客购买全国各地火车票。

客运组织管理　2016年,崇左火车站认真落实"安全出行、方便出行、温馨出行"工作要求,拓展多样化售票渠道,在春运、清明、"三月三"、五一、端午、中秋和国庆节等客流高峰时期,主动与上级调度联系,申请加开临客,做好加开旅客列车的宣传,落实站车基本服务标准,最大限度地吸引客流,不断扩大铁路运输市场份额。并抓好客运人员应知应会和应急处理能力等培训,认真组织职工学习实名制、POS机、自动售票机及互联网售票等新知识,使职工了解和掌握新设备的运用,提高为旅客服务的技能和水平。

2016年,车站发送旅客48.7万人,客运收入2257.1万元。

货运组织管理　2016年,崇左火车站为了组织货运工作,深化货运组织改革,加快向现代物流企业转型。成立营销部门,主动上门走访营销,积极为企业服务。依托互联网技术,推动95306个电商平台,使企业足不出户,办理货运运输。牢固树立"客户至上"的服务理念,建立日装卸信息收集通报制度,与货主进行良好对接,解决货主在计划受理、货物承运、装卸组织、场地仓储、接取送达等方面困难。定期召开货主会议,将装车去向限制和卸车场地周转等问题与货主通报,建立常态化信息沟通制。车站装卸作业所积极配合,合理利用场地,减少货物损耗,为客户提供优质服务。全年车站发送货物5742车,共计326609吨;到达货物7867车,共计444345吨。

运输生产安全　2016年,崇左火车站全体干部职工牢固树立"安全第一"思想,贯彻"严格管理、科学管理、问题管理"工作思路,坚持每月召开安全分析会,针对运输生产过程中存在的安全问题与薄弱环节,通过认真分析、找准原因、制定整改与防范措施,落实好安全责任追究,发挥班组长和各级干部管理作用,确保安全工作平稳。一是做好接发列车工作,严格落实"两防一把关"。狠抓日常接发列车作业标准化,落实每月职教培训,特别针对全路发生的典型问题、客车的应急处置、列车抱闸应急处置、临时性限速是否落实先传达调度命令后执行车机联控制度等内容,进行学习、剖析、总结。严格执行"三级雨量"行车办法、恶劣天气行车办法等,确保全年接发列车安全、平稳。全年接发列车

2016年崇左市辖区铁路客运指标完成情况表

站名	旅客发送量(人)
扶绥	253085
渠黎	10333
渠旧	30314
濑湍	15003
崇左	486950
亭亮	17371
宁明	122258
夏石	5912
凭祥	148774
合计	1090000

8762列。二是做好调车工作。根据车站实际作业特点，全年不定期开展调车安全、劳动人身安全专项整治活动。重点检查穿越正线调车、压绝缘调车、影响接发旅客列车的调车、车辆防溜、货场专用线调车和劳动人身安全落实情况；重点抓好调车作业要道还道制度、道口一度停车制度、停留车辆防溜制度、货场专用线线路检查制度、车辆动静态防溜措施的执行情况。重点学习全路典型调车问题、调车事故，结合自身作业特点，分析平时作业中易出错的地方，汲取事故教训，为实现安全年打下坚实的基础。全年调车作业21612钩，日均61钩，每班均32钩。三是做好施工工作。按照车务段全年施工方案推进计划，重点抓好施工现场安全管理制度、施工安全协议的签订、施工预备、总结会议的召开、施工日计划的审核；重点检查是否超范围施工、是否按规定防护、驻站联络员是否按规定时间到岗及《运统46》登销记、施工结束后是否按规定撤离器械，以防侵限等。同时，加强对施工现场及有关表、簿、册的规范填写等方面的问题检查，发现问题及时纠正。　　（卢青红）

【凭祥火车站】

概况　凭祥火车站位于广西壮族自治区凭祥市区内，是湘桂线一个综合性客、货运站，技术等级为二等站，是中国与越南开展铁路客货联运的国家级一类口岸，南宁铁路局唯一国境站，隶属南宁车务段管理。凭祥火车站中心里程为湘桂线1008千米+160米，距离中越铁路接轨点13.2千米。车站内设有1435毫米标准轨轨距、1000毫米窄轨轨距线路，同时设有准轨窄轨混合线路；办理国内客货运业务及国际联运客货运业务。车站有股道

40股，其中客车到发线3股，最大有效长515米、最小有效长471米。专用线3条：中国外运凭祥分公司、机务折返段、中成集团专用线。车站有客运大楼1栋，其中旅客候车室399平方米、售票厅170平方米、贵客室32平方米、行包房200平方米(2009年4月停止办理行包业务)，雨棚式站台2340平方米；另有1栋旅客联检大楼供口岸联检有关单位办公及联运旅客候检；货运营业大楼1栋，仓库3间2400平方米，散堆装货场2600平方米，集装箱场地1260平方米，最大起重为36吨的门式行架起重吊机1座，5吨装载机2台，1台45吨正面吊，用于20英尺(6米)、40英尺(12米)集装箱装卸作业。

客运服务　旅客列车开行，每日凭祥—南宁始发终到3对旅客列车(5511/5512、5517/5518、T8701/T8702)，其中T8701/T8702次列车为中国南宁—越南河内(嘉林)跨境国际旅客列车；2016年凭祥站共发送旅客14.88万人，其中国际联运旅客5万人。

多年来，凭祥站坚持贯彻落实铁路总公司、铁路局以及南宁车务段总体工作部署，加强封闭式管理，完善各项运输生产方案、落实各项岗位安全生产的卡控措施，狠抓标准化作业的落实，牢固树立"旅客列车无小事"的思想，确保全年的旅客运输安全及运输生产安全。

同时，努力践行"安全出行、方便出行、温馨出行"的工作理念，不断提高服务质量，按照铁路总公司、铁路局、车务段的统一部署，逐项开展自动售票机、电话订票、互联网售票、实名制售票以及POS机刷卡购票等5项便民利民举措，认真做好旅客安全乘降工作。

　　（农桂安）

【货运】

概况　崇左营业所隶属南宁铁路局南宁货运中心，管辖扶绥、渠黎、崇左、宁明、夏石、凭祥6个货运营业部。2016年全所发送车数17014车，货物99.12万吨，达到20760车，货物121.80万吨。

教育培训　崇左营业所职工90%以上是车务段、国际物流的分流人员，大部分职工没有从事过货运工作，存在年龄结构偏大，电脑操作熟练度不高，货运知识缺乏、业务基础差等短板。为适应当前货运组织改革的需要。货改3年以来，通过对货运业务不断地学习、培训，职工的业务水平有明显的提高，但整体业务水平还比较薄弱，针对职工的共性特点，由所领导牵头主抓，加强各项管理制度、卡控措施的建立健全，业务室专门制定各岗点的岗位责任制、作业指导书、岗点风险提示卡、特殊装载加固业务指导等装订成册下发到各营业部、各生产岗点。针对运到时限、破损车处理、装卸车组织等业务，所层面下发了相关的业务指导、通知。年累计下发业务指导、通知等20份，台账簿册58册。规范了各项报表、簿册的正确填记，确保正确及时。通过一系列的台账簿册、业务指导和通知，使得全所职工懂得了如何干，怎么能干好，进一步规范了职工的作业标准，大大提高了职工的业务技能。

安全整治　一是认真落实"七项"制度。严格执行货运处、货运中心的规定，营业所每月召开安全分析会议，对本月安全情况进行总结分析，对下一阶段的安全重点进行部署，对安全生产中的问题认真分析，查找原因，避免类似问题重复发生。二是扎实开展装载加固专项整治工作。崇左营业所大件货物运输量不多，但品名相对较

多,主要有胶合板、人造板、二氧化锰、电解锰、金属锰、氧化铝等。营业所年初就整理下发路局、中心各种装载加固方案,要求各营业部严格按方案装车制度,有定型方案、局暂行方案、货运中心暂行方案的要严格按方案装车;无定型方案、暂行方案的,要按方案管理制度上报到所里,由所里审核后逐级上报,按上级批复的方案组织装车,采取的主要卡控措施是"三坚持、三把关"。三是加强军事运输安全专项整治。为进一步规范军事运输管理,确保军事运输安全、稳定、有序,根据南宁铁路局、驻局军代处军事运输安全整治活动的有关要求,崇左所结合实际,从5月开始至10月,在全所管辖范围内开展了铁路军事运输安全整治活动,从军运装载方案管理、加强军运教育培训、军事运输计划、装卸现场组织、军用备品运用管理、军用危险货物运输管理等方面,根据文件要求落实相关要求、细化相关措施、方案,取得了显著成效。2016年崇左所共计发送军运130车,其中超限车47车(一级超限29车、二级超限3车、超级超限15车),到达卸载236车,未发生不良问题,确保了军事运输安全。四是开展动货混跑安全区段专项整治活动。崇左所以黎湛线动货混跑安全为重点,持续开展动货混跑安全专项整治活动,推进堵漏、车辆状态检查的落实,加强附属作业检查工作及问题车的处理。针对检查发现的问题,按要求落实整改。针对海螺专用线水泥熟料装载、干散箱业务开通及煤炭卸车组织,对现场作业进行写实,对于关键安全风险环节,下发专门的业务指导。五是强化危险货物运输管理。崇左所高度重视危险货物运输工作,提高认识、精心组织、细化落实有关措施

办法。对危险货物办理站、专用线重点监控,严格核对托运人、品名、数量、包装和押运人。加强安全了检查,防止匿报、谎报危险货物品名以及在普通货物中夹带运输危险货物和危险货物罐车超装问题发生。对存放易燃、易爆等危险货物的仓库要严格管理,加强看守,严防丢失、被盗。

业务营销 一是抓好大宗货源运量稳定,白糖为崇左所的重点装车品类,辖区内白糖年生产量约为98万吨,通过铁路、公路、水运发往全国各地,"9.21"公路治超后,汽运运价上浮,白糖回流明显。崇左所营销队伍及时上门了解情况,对订车、配车和兑现情况,确保按照客户要求足额订车,提高正请比例,保证满足率,充分发挥各点的最大能力。截至2016年11月30日,白糖发送17.50万吨(整车加集装箱),同比增加1.27万吨(增幅8%)。锰制品作为崇左所重点货源,生产企业大部分分布在崇左周边县城。集中在崇左站通过整车运输方式为主。在走访中,营销人员介绍了铁路运输的优势,并提出集装箱运输以及运价下浮的政策。客户表示货物还是以集装箱通过公路水路运输为主,并希望下年通过议价政策下浮运价。截至2016年11月30日锰制品发送4.71万吨。氧化铝为优质货源,崇左所高度重视此货源,为了稳定此优质的回流货源(10月份开始恢复发运),崇左所通过对经常汽车发放号码牌引导进场汽车避免压车,确保空箱充足随到随装,提高装卸效率减少汽车等候时间等。为货主提供了优质的服务,稳定了此优质货源,截至2016年11月30日共发送氧化铝1450组,7.975万吨,运输收入4349.35万元。水泥熟料作为路局重点物流总包项目,崇左所

高度重视,2016年4月份开通扶绥新宁海螺水泥专用线,在专用线开展干散箱业务,提高了装车效率,加强与车务、客户沟通,保证装车上量,为客户提供物流总包业务。截至2016年11月30日共发送水泥熟料3815车(整车加干散箱),18.7万吨,实现运输收入129.27万元。二是抓零散货源增运上量,拓展接取送达业务。接取送达为货改以来开展的新业务,崇左营业所会同物流外包企业(鸿达物流公司)多次上门营销,宣传货改以来的新政策、新精神、新业务,通过不懈的努力成功开展了中粮屯河的集装箱白糖门到站、门到门,多赢贸易公司人造板、胶合板的门到站接取和海螺水泥的矿渣站到门配送等项目。2016年共开展接取送达业务324车/组,1.84万吨,接取送达收入59.65万元,其中接取业务0.46万吨,送达业务1.38万吨。完善"95306"网站。"95306"网站为货改以来又一重大举措和创新,是以铁路物流为核心,集成了大宗物资交易,小商品交易,行业资讯,物流服务为一体的电子商务网站。崇左所抽调精干人员组织组成"95306"网站推广小组,以主管营销副所长为组长,业务室及各部工长为组员,同时对小组成员进行了集中统一培训,如何审核资料、客户注册、挂单、应单、展示、转入物流服务后的操作等,务必每个组员都能熟悉操作。通过推广小组对现有铁路企业客户和潜在企业客户不断的推广、引导、宣传。崇左所共注册615家,展示143家,完成交易364笔。每周按时上报相关资讯,共计上报140篇,顺利地完成了货运中心下达的任务。积极开展议价项目。崇左所对议价工作高度重视,按相关要求成立了物流调查小组和市场调查小组,

2016年崇左市营业所各营业部生产任务完成情况表

营业部	货物发送			货物达到		
	车数	吨数（万吨）	主要品类	车数	吨数（万吨）	主要品类
扶绥	3656	18.68	白糖、白泥、熟料	2425	16.08	化肥、石膏
渠黎	903	4.98	白糖、糖蜜	641	3.92	化肥
崇左	5742	32.66	白糖、锰制品、氧化铝	7867	44.43	化肥、石膏
宁明	2091	11.95	白糖、木片、木板制品	1588	9.97	化肥
夏石	409	2.14	木片	194	1.23	化肥
凭祥	4213	24.98	国内：淀粉 出口：日杂、钢材、化工、汽配	8045	46.17	出口过境货物
合计	17014	99.12		20760	121.80	

根据客户提报的申请对货源情况、产量、市场需求、公路价格、水路价格进行前期调查。召开货主座谈会了解客户的真实需求，摸清客户的顾虑。对铁路综合物流成本进行测算，为中心的议价小组提供了依据及数据支持。同时，崇左所根据货运中心"三重一大"实施细则的相关要求，严格按照遵守重大事项上会的制度，对每个客户企业的申请都上会讨论，并形成会议记录。2016年崇左所共接收企业客户的铝土矿、氧化铝、水泥熟料、淀粉等相关议价申请8份，上报货运中心议价项目7个，获批复项目3个。通过议价项目新增货源2.32万吨。三是重新构建营销体系，组建专职营销团队，实施精准营销。按照路局"突出营销、减少冗员、竞争上岗、改革薪酬"的思路建立适应市场需求的货运营销团队。旨在实时掌握市场数据，为营销决策提供依据，实施精准营销，推动铁路货运改革。按照中心竞聘上岗的相关要求，崇左所通过竞聘最终有5人竞上专职营销岗位，成立崇左区域营销小组（组长1人，内勤1人，外勤3人），根据路局、货运中心的要求，建立了相关的岗位责任制度、工作会议制度、区域品类负

责等相关制度。加强大客户管理。对管辖区内的企业、客户进行全面的梳理，将月发送达1000吨以上的客户纳入大客户，同时建立大客户档案（11家）。凡纳入大客户的企业、客户由专人进行追踪管理，每旬对大客户进行电话回访，了解客户的服务体验，服务质量，对铁路的述求等，每月末对大客户了解次月的产量、装车需求，订单状况等情况。特别对于东亚、中粮、海螺等大客户密切关注，及时掌握企业的产供销的情况。积极开展市场调研，特别是工业园区调查。为进一步加大营销工作力度，发掘潜在货源，根据路局及货运中心的相关要求，崇左所会同市工信委经济运行科及崇左货源调查小组，对辖区内部分工业园区进行了为期一个月的调查、走访。期间共走访了崇左市管辖内的扶绥空港区（A类）、东盟青年产业园（A类）、崇左城市工业区（A类）、龙州工业集中区（B类）4个园区，拜访了3个工业园区管委会及当地工信委，走访了18家企业，完成调查问卷31份。截至11月31日，共计走访调查崇左区域客户及其物流园区19次。其中，白糖发送企业8次，锰制品企业3次，木片生产企业2次，

其他大宗货源客户6次。科学用好货运营销决策支持系统。根据《南宁货运中心货运营销决策分析系统管理实施细则》相关要求，营业所按照"三个明确"的指导思想对辖区内企业进行全面的市场调查。截至11月30日，共录入系统12家企业，每月按时更新，顺利完成中心下达的年度任务。

（钟海捷）

公路运输

【概况】 2016年，全市公路总里程达7278千米，其中高速公路部门管养313.42千米，崇左市交通运输局管养公路总里程5126.07千米，桂西公路局管养公路总里1607.51千米。全市76个乡镇，通水泥（沥青）硬化路面100%。行政村754个，已通公路（含等外公路）754个，通车率100%；已通等级公路行政村754个，等级公路通村率100%，其中通水泥（沥青）硬化路面行政村732个，硬化率97%。

【高速公路建设】 2016年，全市有高速公路313.34千米。2005年12月28日南宁至友谊关高速公路正

式建成通车,南友高速崇左段里程159.32千米;2012年12月31日崇左至钦州高速公路建成通车,崇钦高速崇左段里程45.02千米;2016年5月30日崇左至靖西高速公路建成通车,崇至靖高速公路崇左段109千米。崇左至水口高速公路正在进行项目施工招标文件审批工作。隆安至硕龙高速公路明确项目业主后,即可开展前期工作。

【农村公路建设】 2016年,全市农村公路项目为23个,总里程204.4千米,计划总投资3.85亿元。农村公路建设项目完成3.89亿元,占年度目标3.00亿元的129.67%。2016年广西农村公路新改建目标里程崇左市任务为204.4千米。贫困地区县乡道联网项目考核指标为7个项目,已开工5个,占任务目标125%。便民候车亭项目考核指标20个,计划总投资100万元,已全部完成,占任务目标100%。

【路政执法】 2016年,崇左市公路运输局进一步加强路政行政执法评议考核督查工作,规范路政人员执法行为。增强依法行政的自觉性,有效地杜绝了公路"三乱"等违法违纪现象的发生,树立了路政队伍清正廉洁的良好形象。加强上路巡查,严厉打击涉路违法行为。建立健全规章制度,抓好基础管理,加强上路巡查,巡查过程做到"三勤"、"四早",保证了巡查时间、巡查质量和巡查效果,有效地将侵占路产路权和公路控制区的违章建筑控制在萌芽过程。全年全市共查办路政案件355起,其中路产赔偿案件6起、治超案件313起、办理路政许可审批事项36件;收取各项路政赔(补)费和路政处罚案件罚没款共84.14万元。强化超限治理,保障公路安全。加大超限

超载货运车辆行驶公路的检测力度和现场查处力度,坚决遏制货运车辆违法超限超载反弹趋势,保持治超工作的高压态势,积极维护路产路权,保障公路安全畅通。

【运输市场管理】 2016年,全市营运客车共1271辆,客位32577位,其中:载客汽车969辆,客位31067位;出租汽车302辆,客位1510位。公共汽车374辆(其中新增18辆新能源公交车);营运货车13241辆,载重73897吨。开通客运班线281条,其中至广东省、贵州省等跨省班线49条,至钦州、南宁、防城港、百色、贵港等省内跨市班线79条。其中,农村客运班线132条,农村客车474辆,行政村通班车率达85.15%(已完成自治区下达的行政村通客车率85%的目标)。

年内,全市累计完成公路客运量1317万人,客运周转量14.9434亿人千米,同比分别降低3.2%、4.1%;货运量3932万吨,货运周转量53.7946亿吨千米,同比增3.8%、3.3%。公路运输周转量55.2889亿吨千米,同比增3.1%。全年全市累计完成水路客运量1.07万人,完成旅客周转量32.1万人千米,同比分别增长19.7%和19.6%;完成货运量28.2万吨,完成货物周转量328.6万吨千米,同比分别增长7.3%和5.3%。

【运输站场建设】 2016年完成崇左市便民候车亭项目15个,年度投资60万元。

【道路运输行车事故】 2016年,全市共发生一次造成死亡1~2人的道路运输事故13起,造成14人死亡,20人受伤。没有发生一次造成死亡3人及以上道路旅客运输行车事故。

【运输市场诚信建设】 2016年,完成了2015年度道路货物运输企业(含危货)质量信誉考核工作。参评的2家道路普通货物运输企业(拥有50辆以上营运车辆以上)中,考核评定AA级(合格)的1家、B级(不合格)的1家;参评的4家道路危险货物运输企业中,考核评定为AA级(合格)的1家、A级(基本合格)的2家、B级(不合格)1家;完成了2015年度一、二类维修企业质量信誉考核工作。参评的1家一类维修企业、53家二类维修企业中,考核评为AA级(合格)的3家、考核评为A级(基本合格)的14家、考核评为B级(不合格)的37家;参加2015年道路旅客运输企业质量信誉考核工作。参评的18家道路旅客运输企业中,评为AAA级(优良)的1家,评为AA级(合格)的12家,评为A级(基本合格)的5家;完成2015年度汽车客运站信誉考核工作。参评的8家汽车客运站评为AA级(合格);完成2015年度出租汽车企业质量信誉考核工作。参评的13家出租汽车企业中,考核评为合格(AA级)的9家,基本合格(A级)的4家;完成2015年度出租汽车驾驶员服务质量信誉考核工作。参评的出租汽车驾驶员443人中,评为合格(AA级)的256人,基本合格(A级)的187人。完成2015年度机动车驾培员培训机构质量信誉考核工作。参评的33家驾培机构中,评为良好的1家,评为合格的32家。

【公共交通客运管理】 一是组织开展为期一年的全市城市客运专项整治暨精神文明创建工作,按照"源头管理、标本兼治、综合治理、依法监督"的原则,以规范城市客运企业经营行为,提高服务质量和提升管理水平为重点,努力解决城

市客运行业中存在的突出问题，引导行业自律，推动崇左市城市客运行业的稳定、健康发展。二是做好2014—2015年度城区公交行业财政补贴资金70万元的申领发放工作，扶持城区公交企业发展。三是开展2015年度崇左市城区72辆出租汽车经营权招投标工作落实情况专项检查，通报城区3家出租汽车客运企业存在的问题，确保2015年度崇左市城区出租汽车经营权招投标工作落实到位，充分满足城区居民出行需求。四是开展二次城区公共汽车运营暗访工作，将存在问题进行了全市通报，同时责令相关企业进行整改。五是配合公安部门做好公共交通安保工作，督促公交企业建立健全安检查制度，明确驾驶员安全工作职责，坚决阻止危爆物品上车。同时，完善安防装备和设施，配备必要的救生器材和应急装置。六是做好2016年城区公共交通运力发展工作。代拟的《2016年崇左市城区出租汽车新增运力实施方案》已于11月份通过市政府审批。七是做好崇左交通一卡通工作。《崇左市交通一卡通实施方案》已于9月份经市政府审批同意组织实施。七是制定了《崇左市出租汽车服务质量信誉考核制度》和《崇左市出租汽车驾驶员服务质量信誉考核制度》，强化出租汽车和驾驶员的日常监管工作。

【道路客运管理】 一是认真抓好春运、"壮族三月三"等重点节假日期间运输组织和运力保障工作，较好满足群众出行，确保了重大节假日期间未发生一起重大道路运输行车事故。二是加强客运企业监管，组织召开事故约见分析会3次，约见事故单位及辖区运管所8家（次），约见有关责任人员6人次，

对企业安全生产及管理工作上存在的问题进行了深入分析，并提出整改措施和处理意见。三是加强全市城市公交、农村客车、出租汽车燃油补贴的申报、审查和日常监管工作，重点从车辆、驾驶员档案完善、车辆轨迹抽查、车辆核查等方面作了详细要求，明确了企业与行业管理部门的责任，杜绝"骗补"等弄虚作假现象，确保国家燃油补助惠民政策落到实处。四是深入开展"平安交通"创建工作。印发《平安车创建实施方案》《平安车站创建实施方案》，将抓好平安车、站创建工作作为开展平安交通创建的重要抓手，夯实企业管理基础，提升企业安全管理水平，促进企业安全健康有序发展。五是开展2016年全市省际、市际、县际道路客运运力发展工作。经调研共上报新增1辆省际包车，新增7条市际班线，新增1条省际班线。

【道路货运管理】 一是加强危险货物运输管理工作。组织召开交通运输部2014年新颁标准的宣贯培训会，指导危险货物道路运输企业按照《危险货物道路运输企业运输事故事件应急预案编制要求》（JT/T911）等4项标准要求，进一步建立健全各项安全生产管理制度。二是加强对液体危险货物罐车加装紧急切断装置的监督检查。收回并注销未加装紧急切断装置的危险货物罐车《道路运输证》，同时要求企业采取有效措施停止车辆运营。三是做好异地危险货物运输车辆备案工作。积极督促有车辆在异地经营期限累计达3个月的辖区危险货物运输企业到有关地市运管处进行备案。四是严格新增危货运力审批。对于企业存在安全生产隐患突出，企业车辆、人员管理不到位，企业相关档案、

台账不健全等现象的，一律不审批其新增危货运力，并要求立即整改，确保安全管理各项措施落实到位。五是开展危货车辆清理工作。4月份始对辖区4家危货企业501辆危货车进行了逐辆清理，凡是发现超期年审及损坏严重的车辆，要求所属企业立即清理。全年共清理了34辆危货车辆。

【驾培行业管理】 一是深入开展为期二个月的驾培市场专项整治，重点打击非法培训活动、取缔教学车辆、教练员挂靠行为、清理教学不规范行为，有效解决驾培市场存在的违规经营行为和社会反响强烈的重要问题。二是做好经营性道路客货运输驾驶员从业资格考试工作。全年，参加全市经营性道路客货运输驾驶员从业资格考试人员共有3064人次，合格人数1401人次。三是做好驾培行业推行"先培训、后付费"服务模式改革工作。督促各驾培机构制定先培训、后付费"相关管理制度，并做好收费项目公示；与学员签订"先培训、后付费"协议工作，保障双方权益；广泛宣传，营造浓厚氛围，确保人人知悉驾驶员"先培训、后付费"新政策。

【维修行业管理】 一是严格把关市场准入关，全年共收到经营业户开业申请11项，同意申请8项，对不符合开业申请条件的一律不予以许可。二是加强对维修企业的监督检查，定期不定期对维修企业落实安全生产、从业人员培训教育、维修技术规范、"三检"等制度情况进行明察暗访，排查安全隐患，规范企业经营行为。三是做好新《道路运输车辆技术管理规定》宣贯工作，严格执行新《道路运输车辆技术管理规定》，由对过去二级维护的过程监管改为结果监管，

减轻了经营者负担。四是严格执行国务院《国务院关于第二批取消152项中央指定地方实施行政审批事项的决定》的精神，取消机动车维修技术人员从业资格证件颁发审批项目。

【道路运输安全管理】 一是组织开展各类安全生产活动和安全整治专项行动。按照国家和自治区、市的有关要求，组织和部署全市道路运输行业开展了"打非治违"、"安全生产月"、"道路运输平安年"等活动和专项行动。在行动中，强化部门协作，联合执法，严厉打击各类道路运输违规经营行为，维护运输市场正常秩序。全年全市运管部门共出动执法人员7800人次，检查车辆15000车次，查处各种道路运输违规经营行为510起。二是积极推进道路运输企业安全生产标准化建设工作。督促指导道路运输企业积极开展安全生产标准建设，截至2016年12月底，全市4家危货企业全部达标、8家客运站有7家达标、17家客运企业有14家达标、17家出租汽车企业有7家达标、15家公交企业有4家达标。同时，在日常安全检查中，严格对照企业安全生产标准化要求，督促企业落实各项安全管理措施，夯实企业管理基础工作。三是做好应急保障工作。进一步完善应急预案，建立应急队伍，积极开展道路运输应急演练，提高队伍应急能力。5月18日，会同市水利、武警、安监等部门联合开展2016年防汛抢险应急演练。

【交通指南】 崇左具有沿江、沿边等优势，因此交通十分便利。

航空 崇左没有机场，但是崇左市距南宁吴圩机场仅90千米，航线直达国内主要城市及香港、河内、曼谷等境外城市。

公路 崇左距北海、钦州、防城港市分别只有206千米、138千米、126千米，距中越边境仅75千米。市区现有1个长途汽车客运站，全市共开通客运班线共276条，其中至广东省、贵州省等跨省班线49条，至钦州、南宁、防城港、百色、贵港等省内跨市班线79条，其中，农村客运班线128条。 （廖立洪）

公路管理

【概况】 2016年，桂西公路管理局深入贯彻落实中共十八大和十八届三中、四中、五中全会精神，以及中共中央总书记习近平系列重要讲话精神，以科学发展观为指导，紧紧围绕"四个全面"战略布局，牢固树立五大发展理念，按照交通运输部四个交通建设要求和自治区交通运输工作会议、自治区公路工作会议部署要求，以开展"两学一做"学习教育为契机，坚持稳中求进工作总基调，主动适应、把握、引领新常态，攻坚克难，顺势而为，全面加强公路养护，全面改善路网结构，全面推进依法治路，全面推进改革创新，全面推进服务升级，全面从严治党，全力当好经济社会发展先行官，有力推动桂西公路事业科学发展，较好完成年度公路工作目标任务，为南宁、崇左两市经济社会发展和加快推进全面建成小康社会提供了安全便捷、畅通高效、绿色智能公路交通环境。桂西公路管理局在2016年全区公路绩效考核评比中获二等奖，桂西公路呈现稳中有进的发展态势，实现了"十三五"良好开局。

【公路养护】 2016年，桂西公路管理局科学编制年度养护计划，深入贯彻预防性养护理念，加强公路养护巡查，及时修复各类路面病害。合理安排年度公路小修保养任务和养护工程，充分发挥养护资金使用效益。加强现场管理和施工合同管理，不断提升养护大中修管理水平和工程质量。全年共完成油路路面修补285.35万平方米，平均每千米完成721.539平方米（折算成沥青罩面1厘米厚），完成年度计划的120.25%。主动争取车购税、燃油税资金大力实施路面大中修养护工程，投资2.30亿元，实施19个公路养护大修工程项目。加强桥梁监管和养护，投资497.6万元，实施3个危桥改造项目。加大危险路段整治力度，投资1135.85万元，实施5个安全保障工程项目。加强水毁路段治理，投资802.63万元，修复86个水毁项目。深入开展公路绿化美化，投资245.63万元，绿化公路里程336千米。加强公路渡口管理，全年公路渡口安全渡运16459渡次，63898车次。2016年全部路线管养里程4027.727千米，实现优良路率64.3%；国省干线管养里程1827.866千米，实现优良路率74.92%。

【路网建设】 2016年，桂西公路管理局加强路网建设绩效考核，落实项目建设信息月报制度，实行动态管理和量化监控；加大合同管理力度，切实提高施工单位的履约能力；加强对工程项目进度和工程重点环节的专项检查、督导、协调和服务；加强与地方政府的沟通，协调解决征地拆迁问题；加强招投标监督管理，强化设计审查及设计变更管理，做好各参建单位信用评价工作。全年共实施6个续建路网项目（德保至天等二级公路工程、隆安经进结至天等公路工程、苏圩（隆德）至凭祥（连城）公路工程 No 7 合同段、宾阳（思陇）经武鸣至隆安（那桐）公路工程、来宾迁江至马山古零公路工程、隆安那桐至富庶公路工程），累计完成投资 5.31 亿元，占年度总投资 5.78 亿元的 92%。将处于工可前期工作阶段的横县马岭至良圻公路、来宾良江至宾阳武陵公路、南宁至南晓一级公路、大新至硕龙公路等 4 个路网项目，协议移交给项目责任单位广西新发展交通集团有限公司或各地交通运输局。完成德保至天等二级公路工程、隆安经进结至天等公路工程两个项目交工。完成凭祥至平而关二级公路工程项目的竣工验收；基本完成武鸣至平果二级公路一、二、三期工程项目的各项竣工验收准备工作。

【路政治超】 一是加强日常路政管理。坚决查处各类涉路违法行为，加强重点管制路段的管理，开展路容路貌专项联合整治行动，对辖区公路的路容路貌进行整治清理。全年查处日常路政案件 352 起（其中路产赔偿案件 231 起、路政许可项目 111 起、其他处罚案件 10 起），挽回路产损失 207.98 万元。二是扎实推进治超工作。坚持不懈开展"月月有行动、季季出成效"的治超模式，通过内、外部联合开展治超专项行动，继续推进武鸣县政府联合治超模式，积极参与由地方政府主导的联合治超工作。全年共投入执法人员 31754 人次，检查车辆 53337 辆，超限超载车辆总数 4019 辆，卸载货物 70057.74 吨，罚款总额 741.39 万元，与上年同比递减 31.97 万元，同比递减 4.13%。完成路面治理超限运输车辆 3156 台，经法院强制执行 620 台违法超限运输车辆，完成后续处理案件 863 件，完成后续处理任务的 169%。

【财务审计和国有资产管理】 一是加强财务管理。加强推进预算执行进度，切实做好审计、督查整改工作，规范项目资金使用；加强财务监督检查，清理和补充完善管理制度。2016 年度全局财政平台预算总指标 4.19 亿元（包括追加未实施的项目预算），年度财政平台支付额度 4.14 亿元，执行率 98.76%。二是加强国有资产与票务管理。加强国有资产出租规范化管理，全年出租出借收入累计约 1890 万元。规范政府采购行为，完成政府采购共计 642.79 万元。强化票据管理工作，全年用出各类财政收入票据 926.05 万元。深化开展公车治理，封存、处置或调剂使用公务车 47 辆。三是强化审计监督职能和审计成果运用。加强"三公两费"等公务支出、国有资产管理以及工程项目审计监督，对审计发现的普通性突出问题所涉及的单位主要负责人及相关责任人进行提醒谈话，增强制度意识；落实领导干部经济责任审计，建立健全审计制度和内部监督机制，设立基层单位内部审计岗位和专（兼）职审计人员。全年累计完成审计项目 59 个，提出审计建议 172 条，被采纳率 100%。四是加强法制监督。重点抓好法制宣传教育、行政执法监督检查、综治维稳、反恐工作和公路公安管理工作。加强合同管理，规范合同管理行为，全年审查合同 40 多件，继续督办历年未结诉讼案件 7 起，整理上报公路行政诉讼案例 2 起。

【安全生产】 一是加强安全生产监督管理。进一步健全"党政同责、一岗双责、齐抓共管"的安全生产责任体系，认真做好重大节假日期间公路安全生产及社会稳定工作，加强安全生产管理工作检查考核，深入开展"安全生产月"活动，做好汛期公路地质灾害路段隐患排查治理工作。2016 年累计投入安全保障经费 2563 万元，开展安全人员培训 263 人，开展各种安全检查、督查 1676 次，排查出隐患 766 处，整改隐患 766 处，整改率达到 100%。全局全年无重大安全责任事故发生。二是增强应急保障能力。加强应急队伍建设和应急物质储备，组织开展应急抢险指挥演练，完善应急预案，全年累计开展公路应急演练和消防演练 26 次。提前部署汛期防范应对工作，及时报送汛期公路运行状况，随时掌握公路路况动态，做好应急预案和应急物质储备工作，有效应对公路突发事件。

【公路改革创新】 一是积极推进公路养护权属整体移交工作。按期完成相关协议签订，桂西公路管理局移交给崇左市地方政府的县乡道及城镇过境公路 725.427 千米，新接收国省道 116.762 千米；移交给南宁市地方政府的县乡道及城镇过境公路 646.024 千米，新接收国省道 381.573 千米。公路管理养护责任主体完成移交后，桂西公路管理局管理养护公路总里程为 3300.805 千米。二是积极推进取消政府还贷二级公路收费改革。如期于 2016 年 1 月 1 日零时，完成下辖的扶照、古潭、大新、下雷、新和、勒马、莲塘等共 7 个收费站全部停止收费工作，加强政策解释，做好信访接待，完成撤站人员分类安置和经济补偿金支付工作，完成黎塘收费站移交工作。三是路政治超工作创新实现新突破。统一制定行政强制执行工作规范法律文书，成为全区首个制作公路路政行政强制执行规范文书的路政执法支队；上林、天等县人民政府对国省干线公路建筑控制区进行产权确认,在全区首次实现部门行为向政府行为转变;江南路政执法大队和南宁市江南区人民法院联合创立了自治区首家"违法超限运输案件诉前联调工作室";"政府主导,部门联动"的联合治超工作取得突破,南宁扶照联合执法治理超限超载站点于 2016 年 12 月开始运行,南宁市江南区、兴宁区、邕宁区等的联合执法站点正在积极推进。

【公路科研和技术应用】 一是养护新工艺得到推广应用。积极探索养护大修工程大粒径级配碎石基层的应用。探索采用贴炭纤维板的方式,解决了整体现浇板整体受力的问题。二是科技及网络信息化得到广泛应用。路政执法视频监控系统、执法车辆 GPS 卫星定位系统、现场执法车载执法设备、路政联网管理信息系统、公路养护管理信息系统、微信、QQ 网络信息平台广泛应用于各项业务工作,大大提高了公路养护管理效率。

【廉政和文明建设】 一是党群建设不断夯实。党组织按期换届专项检查等 7 项党建重点任务,顺利完成上林等 8 个公路管理局党总支部党组织关系的调整上收工作。工会工作有效开展,桂西公路管理局第六届职工气排球比赛成功举办,组织职工在广西交通运输行业职业技能大赛取得装载机项目第五名,获得二等奖的好成绩。团组织工作取得新成绩,参加区公路局"青春筑路·不忘初心"主题演讲初赛获得 2 个二等奖,参加区交通运输厅比赛获得优秀奖。二是反腐倡廉工作不断增强。落实党风廉政建设"两个责任",强化决策部署和重点工作落实督查,加强党风廉政和行政效能督查,抓好廉政学习教育培训。全年收到信访件 14

件(其中重复件 1 件),初核 14 件,函询 2 件,核实办结 2015 年年底信访举报案件 4 起,给予党纪处分 3 人、政纪处分 5 人,给予 3 个单位通报批评、2 个单位班子成员问责约谈。三是文明建设不断加强。加强人事劳资、教育培训工作,规范文明建设内业管理,扎实开展社会主义核心价值观主题教育实践月活动,不断提高干部职工的文明素养。2016 年巩固文明单位 27 个,巩固青年文明号 5 个,巩固文明公路管理局 16 个,巩固文明养护站(渡所)50 个。 (李如华 黄 能)

水路运输

【概况】 经勘测确认,2016 年崇左市有等级航道 542.5 千米,完成三级航道主体工程建设 182 千米,六级航道 199 千米(其中 98 千米规划建设为三级航道)、七级航道 161.5 千米。通水路的有扶绥县、江州区、龙州县、宁明县、凭祥市、大新县共 35 个乡镇。设有 5 个港区:崇左中心港区、扶绥港区、龙州港区、宁明港区、凭祥港区。截至 2016 年年底,崇左市有水运企业 2 家,有旅游船舶 3 艘 292 客位,货船 15 艘 4853 载重吨,客圩渡船 90 艘 3280 客位,批准设立渡口 44 道。全年完成客运量 1.18 万人,完成旅客周转量 35.394 万人千米,同比分别增长 23.6% 和 24.3%;完成货运量 30.08 万吨,完成货物周转量 344.67 万吨千米,同比分别增长 8.4% 和 6.6%。得益于花山岩画文化景观申遗成功崇左市知名度上升,前来崇左观光旅游的游客显著增多,水路客运加快发展;崇左市水路运输主要货物为矿物性建筑材料,大部分为区间短途运输,货物运输稳步发展。

【港口航道规划与建设】 2016 年,完成水运固定资产投资 1.16 亿元,完成自治区下达目标任务的 116.3%。其中左江崇左至南宁(宋村三江口)Ⅲ级航道工程完成固定资产投资 1550 万元,正在开展配套工程、信息化工程建设,配套工程崇左航道站建设项目的建筑设计方案、施工图设计文件等审查工作已经完成,正在办理施工招投标手续;崇左港中心港区濑湍作业区完成固定资产投资 1.01 亿元,正在开展水工主体工程灌注桩施工、后方陆域及道路堆场碾压回填。已落实山秀船闸扩能工程项目工程咨询服务 No Ⅰ 标段编制单位,已开展地质勘查和地形图测量工作,同步开展前期工作资料收集等工作;同时,完成左江与先锋电站过船设施工程前期工作费用预算书编制工作;积极推进《崇左港总体规划》修编工作。2016 年 12 月 13 日抽取招标代理机构。

【民生工程】 2016 年,市交通运输局继续落实便民码头建设,全年建成便民码头 6 个,总投资 95 万元,申请到自治区补助资金 32 万元;继续推进乡镇客圩渡船舶标准化建设,全年建成标准化客圩渡船舶 4 艘,共 230 客位,总投资 57 万元,申请到自治区补助资金 27.6 万元;继续做好燃油补贴统计发放,2015 年度全市符合燃油补贴申请资格船舶共 83 艘 2905 客位,获燃油补贴 94.42 万元,获乡镇渡口码头配套设施建设退坡补助资金 11.27 万元。

【水运稽查】 2016 年,崇左市实现了零责任事故的目标,巩固了建市 13 年来不发生水运安全生产责任事故的成果。按照及时统筹安排、长抓宣传教育、经常排查隐患、做好专项行动、强化重点监管的思路抓好安全保障工作,开展了重大节假日期间、"渡运安全月"、"安全生产月"等安全保障活动,利用日常监督检查和各种宣传咨询日平台,上街下渡、进校入企深入涉水运单位和群众中开展水运行业安全宣传教育工作,张贴海报 21 版、拉横幅 41 条、发放宣传资料 6600 余份;经常深入各水路运输企业、港口作业区、渡口码头、库区及船舶,组织开展安全检查,出动执法人员 2010 人次、检查水路运输企业 41 家次、检查港口经营企业 6 家次、巡查航道 125 次、检查渡口码头 583 个次、检查客坪渡船舶 1420 艘次、检查营运船舶(主要是运砂船)318 艘次,下发整改通知 19 份,排除隐患 53 起,确保了辖区平安港航建设取得了实效,水路运输安全生产形势持续好转。

【年度核查】 2016 年,市交通运输局于 5 月份顺利完成年度水路运输业及水路运输服务业核查工作,核查辖区水路运输企业 4 家,合格 2 家,不合格 2 家,没有水路运输服务业;普通干货船 42 艘,总吨 8245 吨,载重吨 12842 吨,主机功率 3723.3 千瓦,其中合格 15 艘,总吨 3227 吨,载重吨 4853 吨,主机功率 1351.1 千瓦;旅游船 7 艘,总吨 793 吨,客位 578 座,主机功率 490 千瓦,其中合格 3 艘,总吨 462 吨,客位 292 座,主机功率 300.5 千瓦;客坪渡船 90 艘,总吨 1429 吨,客位 3280 座,主机功率 1310.3 千瓦,核查合格。

【其他】 2016 年,市交通运输局为了保证港口企业平稳运行,帮助指导扶绥港区将军岭作业区和海螺水泥专用码头办理试运行手续,完成将军岭作业区集装箱班轮航线

优先过闸备案及水路运输辅助业备案工作,9 月试运行以来,将军岭作业区完成港口吞吐量 14.6 万吨,海螺水泥专用码头也正加紧办理试运行手续。做好港口船舶防污染工作,督促扶绥新宁海螺水泥专用码头及扶绥将军岭作业区做好防扬尘、抑尘和安全生产工作,两大港口企业计划 2017 年完成相关设备的购置和安装工作。同时,开展港口船舶污染物接收转运及处置设施建设前期工作,已完成基础资料收集,并有序开展报告编制工作。

(廖立洪)

海事管理

【概况】 2016 年,左江海事处根据广西海事局、南宁海事局及崇左市委、市政府关于做好辖区水上交通安全监管工作的总体部署和要求,结合实际情况,坚持以水上交通安全监督管理为工作中心,日常渡运监管、航道巡航检查为依托,积极践行以人为本,服务群众的理念,强化工作落实,扎实推进,有效保持了辖区水上交通安全形势的稳定。完成了全年的各项工作目标。年内辖区(等级以上)事故零件数、零死亡、零沉船;完成办理船舶进出港签证 1180 艘次,完成现场巡航检查 163 次,共 575 小时,巡航里程 20265 千米(其中,使用巡察车巡察 110 次,巡察 371 小时,16880 千米;使用巡航船巡航 53 次,巡航 204 小时,3385 千米);检查船舶 682 艘次,检查渡口 190 道次,安检船舶 111 艘次,检查水工作业 33 次,发出预警信息 2300 余条,发放宣传资料 700 余份。责令 13 艘船舶停航,处罚 12 艘违章船舶,对 9 名违法船员进行了记分;开展安全咨询日活动 1 次,发放各种安

宣传资料 600 余份,张贴横额 2 幅,出版宣传板报 3 期。

【通航管理】

安全监管 2016 年,左江海事处认真落实《内河渡口渡船安全管理规定》和完善广西海事局渡运监管"1125"工作机制及《南宁海事渡运监管办法》的要求,在渡运监管工作进一步深化和细化,初步形成了常态化管理。一是以渡口渡船监管系统为中心,健全了风险源数据库,完善了渡口、渡船、渡船信息;二是按照海事局渡运安全监管办法的要求,对各类渡口所属渡船开展监管;三是积极开展渡运安全隐患排查,将隐患详情和处置结果通报属地政府,并推动属地安委督办整改该隐患;四是认真开展渡工 4 小时安全培训,充实和丰富培训内容,以现场讲解演示为主,辅以视频和音频资料,培训效果良好;五是对客流量大的渡船开展船员安全教育、督促其定期进行消防救生演习,做到居安思危,牢记渡运安全不放松。切实保障过渡群众的生命财产安全。

渡运监管 2016 年,左江海事处根据广西局渡运监管"1125"工作机制和崇左局《南宁海事渡运监管办法》的要求,在渡运监管工作进一步深化和细化,初步形成了常态的管理。一是渡口渡船管理完善了一船一档、一渡一档台账,健全了风险源数据库;对涉及职责以外渡运隐患全部以隐患通报形式向属地政府通报,并争取属地安委督办隐患的整改;开展安全宣传教育和渡船应急演练及渡工 4 小时的培训,形成了相对"固定"的"常规"监管手段;推进渡运监管信息化建设,已完成重点渡船安装船舶自动识别系统和 CCTV 监管设备,使安全监管更进一步完善。二

2016年3月17日,广西海事局纪检组组长陈佳云(右)到左江海事处调研,左江海事处处长谭海波(左)陪同

是公司管理主要抓源头,注重船舶公司管理,旅游船舶监管取得实质进展,督促旅游经营人落实安全责任主体,督促景区经营单位送培船舶操作人员。将景区船舶操作人员纳入规范化管理。

【专项活动】 一是结合日常客渡船安全监督开展"2016年渡运安全月活动"和"2016年创建平安船舶专项行动"。以"1125"渡运体系为根基,对各类渡口渡船分门别类,横渡船、圩渡船、季节性渡船根据现场实际情况分类监管,对症下药,不胡子眉毛一把抓。同时做好安全宣传教育工作,向过渡群众普及安全乘船知识。另一方面对于渡口航道存在的安全隐患,发现一起,跟踪一起,处理一起。在安全隐患易发的渡口开展应急演练。6月7日,在扶绥县风庄渡口开展了一次救生、消防演习。二是结合砂石船舶精准识别、未持有有效国籍证书船舶专项清查等活动开展港区巡航工作继续强化对辖区砂石船舶的后续监管。梳理了砂石船数据库;以行政区域划分江州区、扶绥县砂石船监管区域,对两地砂

石船存在的不同问题进行分别监督,加强砂石船后续监管。通过开展未持有有效国籍证书船舶专项清查工作,共清查233艘船舶,为辖区砂石船舶监管提供了有力支撑。同时结合"船舶配员、危险化学品水上运输安全"专项活动,对辖区长航运输船舶进行检查随着崇左经济的发展、码头水利设施的逐渐完善,更多的长航船舶涌入左江辖区,一方面给地方经济带来了生机与活力,另一方面也给海事监管工作带来了压力与挑战。结合船舶配员专项规定对辖区船舶配员不足,人证不符等存在的问题进行监督检查,通过警示教育引导船员遵纪守法,保障航行安全。结合危险化学品水上运输安全专项,对无照非法经营的两艘三无加油船、进行了取缔,消除了安全隐患。

【参与地方经济建设】 2016年,左江海事处在严格监管的前提条件下,积极服务于地方经济建设,服务于人民群众。根据辖区特点,本着"发展经济不能以牺牲安全为前提"的理念,左江海事处主动约谈水工业主与施工方了解办理相关

许可的进度,派专人跟进督促其完善施工安全标识。持续跟进驮卢大桥、驮灶左江崇大桥、崇左港濑湍作业区三处在建水工项目。另派专员参与将军岭码头的验收评议会,提出了海事通航安全方面的专业意见。同时以人为本,积极向服务型海事转变。从等群众来办事转变为主动帮助群众解决实际困难。年内,左江海事处为12艘渡船到南宁办理国籍证书到期换证;指导、协助在建的2个水工项目单位办理水工许可;积极协助属地公安对溺水人员的搜救5次。

【预警信息发布】 2016年2月25日、5月17日,左江海事处分别与崇左气象局、崇左水文局建立气象信息、水文信息共享机制。结合到港船舶签证数据,左江处发布的预警信息,基本做到辖区船舶船员全覆盖。

【党的基层建设】 一是以准军事化建设为契机,加强队伍建设。转变工作作风,以执法人员业余交流茶话会等形式交流工作生活中存在的问题,改变执法人员的工作作风;向学习型政府机构靠拢,轮流开讲"专题业务"通过学习、沟通、交流、研讨的方式,促进执法人员业务水平的提升。二是开展了基层服务型党组织建设和"左江堡垒"品牌党支部及打造"清江、国门、廉风"的廉政文化品牌,着力营造了风清气正的环境。6月14日,执法人员在扶绥县那西渡口附近水域,处理碍航船,涉嫌违章船经营人私下将"几百元的辛苦费"给执法人员,受到执法人员的严正拒绝;6月16日,某船员政务窗口办理业务时因证书到期急于更换主动贿赂,但受到办理人员制止并进行批评教育。

(杨智鹏)

邮政·信息

YOUZHENG XINXI

□编辑　黄适清

邮　政

【概况】　邮政行业是国家重要的社会公用事业。崇左市邮政管理局适应经济发展新常态，坚持改革创新和依法治邮，不断强化邮政队伍建设，认真履行邮政监管职责，全市邮政市场秩序进一步规范，业务稳步提升。2016 年，全市寄递企业安全生产情况良好，未发生一起安全生产责任事故。邮政普遍服务方面，全市共有 87 个邮政普遍服务网点，局所平均服务半径约 16.2 千米，平均服务人口 2.7 万。全市服务"三农"邮政网点 83 个，覆盖了所有乡镇和大部分村委会。快递行业方面，全市经营快递业务的有 EMS、顺丰、宅急送、申通、圆通、中通、韵达、天天等多个快递品牌，取得快递业务经营许可证的有 24 家，备案分支机构 116 家，共 140 家。全年全市邮政企业和快递服务企业业务总量累计完成 2.43 亿元，同比增长 57.12%；业务收入累计完成 2.45 亿元，同比增长 29.38%；快递业务量累计完成 605.78 万件，同比增长 141.02%；业务收入累计完成 8056.32 万元，同比增长 77.89%。

【邮政执法】　2016 年，崇左市邮政管理局对违反快递市场相关法律法规的违法行为共计做出行政处罚 16 起，罚金 5.6 万元。此外，对邮政企业、快递企业下发责令改正通知书 37 份，通过加大执法力度，有效督促企业规范经营、安全经营。

【安全监管】　一是强化安全监管工作。2016 年年初，与邮政企业、快递企业签订《安全生产责任书》，进一步落实企业安全生产主体责任。采取抽查、联合检查、开展专项整治行动等方式，强化安全监管工作，全市快递服务质量进一步好转，快递企业服务水平进一步提高。全市未发生一起因快递服务质量问题而引发媒体和社会关注事件，全市邮政业环境良好。开展"安全生产月"活动，排查治理安全隐患，及时堵塞安全漏洞。全面推进落实"收寄验视 + 实名收寄 + 过机安检"三项制度，督导辖区内企业严格落实三项制度。开展安检机配备情况专项检查，督促辖区内企业加快安检机配置进度，提高邮件、快件过机安检比例。全年全市已配备 X 光安检机 24 台，其中提交 X 射线安检机补助申请 21 台，合格 21 台，已联合市财政、综治办完成安检机实地验收工作，并将申报材料上报审核，补助经费将及时拨至企业账户。做好日常安全生产检查，做好"两会"、G20 峰会、东盟博览会等重大活动寄递渠道安保工作，部署开展旺季期间安全生产服务保障等各类检查。二是强化企业安全生产基础工作。2016 年，崇左市邮政管理局下发《关于建立企业安全生产工作台账的通知》，指导全市快递企业做好安全生产台账建立工作；利用安全生产宣传月、国际禁毒日、世界邮政日等主题宣传活动，加强邮政业安全生产主题宣传，发动广大用邮群众的社会监督作用，营造安全生产的行业氛围。深入企业开展安全生产现场培训，建立"送训进企"常态化机制。9 月，崇左市邮政管理局联合崇左市公安、国安部门组织全市各邮政、快递企业开展了邮政业安全生产知识培训暨危化品泄露应急演练活动，进一步增强企业的安全意识，尤其是提高企业一线员工安全操作、辨识毒品的能力，确保崇左市寄递渠道安全畅通。

【普遍服务】　2016 年，崇左市邮政管理局采取季度检查和专项检查等方式开展普遍服务检查，组织开展普遍服务日常监督检查、纪特邮票、机要通信专项检查等。全年实地检查邮政普遍服务营业场所 67 个，派出检查人员 265 人次，下发检查通报 2 份。同时，积极完善邮政普遍服务基础设施建设，积极引导村邮站与农村电商统筹建设、协同发展、持续运营。2016 年全市新增村邮站 230 个，累计建成 565 个；协调邮政企业重新开办东安乡邮政普遍服务网点，年内各项法定业务均能正常开展；积极协调凭祥国际邮件交换站恢复工作，切实发挥凭祥国际邮件交换站服务跨境电商、促进国际贸易发展的积极作用。

【市场秩序管理】 2016 年，崇左市邮政管理局认真开展快递业务经营许可年度报告工作，指导全市快递企业开展年度快递业务经营许可年度报告，做好材料接收、数据审核工作，督促完成网上填报工作；依法依规做好快递经营许可申请、变更、备案的工作流程。全年共受理委托核查 12 起，实地核查 12 个网点；受理企业申请变更 63 起，已完成实地核查 63 个网点。同时，进一步完善了邮政消费者申诉工作机制和处理流程，做好全市行业工作、消费者申诉处理工作，全年共受理消费者申诉 81 起，为消费者挽回经济损失 1.63 万元，消费者申诉满意率为 93.4%。

【其他】 2016 年，崇左市邮政管理局认真落实邮政业统计报表制度，加强对邮政业信息统计系统平台的管理和使用，做好年度报表、月报表的统计、审核工作，发现问题，及时与企业对接联系、修正，严格执行报表上报制度。

（刘冬梅）

政府信息管理

【概况】 2016 年，崇左市市信息化办在市委、市政府正确领导下，深入学习贯彻中共十八届五中、六中全会精神和中共中央总书记

2016 年 12 月 3 日，国家邮政局副局长赵晓光（中）一行到崇左调研邮政业务发展情况

习近平系列重要讲话以及崇左市第四次党代会、市四届人大一次会议精神，围绕市委、市政府做好"两篇大文章"、打好"四大攻坚战"决策部署，扎实推进全市信息化建设工作，着重抓好通信基础设施建设、电子政务外网建设、工业化与信息化融合、政府门户网站建设管理等工作，实现各项工作全面推进的良好局面。

【基础设施建设】 2016 年，全市共完成新建 4G 基站 210 个，改造升级 794 个，累计 4G 基站达 1928 个，城区 4G 覆盖率达 97.8%，农村 4G 覆盖率达 81.72%，移动和电信接入速率最高峰值可达到 200M；全市行政村宽带覆盖率为 100%，光宽带覆盖率城市达 91%，乡镇达 62%，农村达 19.6%。崇靖高速公路崇左段 19 个宏站建设和 21 个隧道通讯信号建设，基本实现崇靖高速崇左段通讯信号全覆盖。

【信息化与工业化融合】
信息化专项资金项目申报 市信息化办积极组织市本级和所

辖各县（市、区）企业申报 2016 年自治区两化融合专项扶持资金项目，其中有 1 家公司获得扶持资金 45 万元。

两化融合项目验收工作 组织信息化专家组做好获得自治区企业技术改造专项资金的企业进行项目验收工作，2016 年 9 月份顺利完成 5 家企业两化融合项目竣工验收工作。

【电子政务建设】
外网建设 2016 年，崇左市电子政务外网公共服务体系平台建设项目一期工程"崇左市电子政务外网横向网络及安全加固建设项目"开始建设，项目主要是对市本级所有政府部门外网进行横向连接并进行相关安全加固建设。崇左市电子政务外网横向网络建设已完成，全市 88 个市直单位全部接入市电子政务外网。

外网建设应用检查 2016 年，市信息化办印发了《2016 年全市电子政务外网建设应用检查工作方案》，并于 7 月 15 日—8 月 5 日组织检查小组对市本级及所辖 7 个县（市、区）开展了电

子政务外网建设应用情况检查工作,及时查漏补缺,为切实加强崇左市电子政务外网建设工作奠定基础。

【政府门户网站建设和管理】

政府网站信息发布 2016年,市信息化办切实做好政府门户网站管理和信息发布工作,充实更新网站内容,做到新闻栏目每天更新,及时追踪报道崇左市重特大事件与活动。成功注册了崇左市政务微博和崇左市政务微信账号,并在政府门户网站首页设置了二维码访问入口。年内,市政府门户网站共发布各类信息6000多条,政府网站的信息量和信息内容日益丰富,宣传力度不断加大。

政府网站安全监测 2016年,市信息化办委托专业机构对崇左市32个委办局的政府网站进行日常实时安全监测,每月向被监测网站的单位提交信息安全监测报告,根据监测情况,对发现存在问题的网站提出整改建议,切实做好网站安全工作,提高崇左市政府门户网站的自主可控水平和安全防护能力,预防和减少网络安全事件的发生,确保政府网站信息安全。

【两化融合管理服务】 2016年,市信息化办组织崇左恒宇木业公司、广西中铝国盛稀土等7家企业申报2016年自治区两化融合专项资金项目,定时跟踪申报工作进展,恒宇木业公司顺利通过自治区专家组评审,获得扶持资金45万元,同时做好自治区企业技术改造专项资金两化融合项目的管理工作,9月份顺利完成安琪酵母(崇左)分公司等5家企业两化融合项目竣工验收工作。

(黄素林 黄智运)

中国邮政集团公司崇左市分公司

【概况】 2016年,中国邮政集团公司崇左市分公司在市委、市政府和区公司党组的正确领导下,坚持以科学发展观为统领,全面贯彻落实全区邮政工作会议和全市邮政工作会议精神,以"融合发展,重点突破,提质增效"十二字工作方针作为指导全市邮政企业经营管理的工作思路,加强能力建设和服务工作,加强基础管理和风险防控。通过全体干部职工开拓创新,奋勇作战,圆满完成了全年目标任务,实现了"十三五"规划的良好开局,企业规模不断扩大,通信发展能力得到提高,管理基础得到夯实,企业形象得到提升,有力地促进了各项业务的快速稳健发展,经营绩效取得了新的突破。

【金融业务】 2016年,金融业务仍然是中国邮政集团公司崇左市分公司的主要收入来源。在全体员工的共同努力下,金融业务规模与效益齐头并进,对企业增收贡献度进一步提高,发展基础进一步夯实。加快低效网点提升改造,全年低效网点减少6个,亿元以上网点升至28个,比上年增加10个。金融风险管控、检查、考评、培训体系进一步完善,全年未发生重大资金案件。

【包快业务】 2016年,包快业务以改革为契机,取得新突破。实施了包快事业部制改革,推进"营揽投"合一的网格化营销服务模式;完善相关激励政策,打破薪酬分配固有模式,形成人人争当老板的氛围;通过开展"找包"、"抢包"、"造

包"营销活动,找准客户群体,策反竞争现有客户;采取"产品+造包"模式,运行农产品项目;利用凭祥、龙州现有仓储场地,开展"仓储+配送"模式;积极发展包裹快递社会揽收点,延长邮政包裹快递收寄线、充实邮政包裹快递拓展力量。实现快包综合服务系统上线并投入使用。

【邮务业务】 2016年,邮务类业务结构进一步优化,重点项目对业务增收的拉动作用明显,经营质量和效益进一步提高。函件传媒业务转型成效显著。通过抓住时点热点,提前梳理客户,谋划项目,加大政务市场开发力度,同时将邮政屏幕媒体与其他媒体资源整合营销,充分利用村邮乐购媒体资源,创新县域媒体形式,深入农村阵地,打造品牌,通过开展邮政嘉年华等活动,打破了传统函件模式,实现了函件媒体业务全面突破;报刊业务呈前抑后扬态势。通过全市图书巡展活动,掀起了"书香崇左 全民阅读"的高潮;同时组织开展了线上订阅等五大营销项目及开展了《知心姐姐》家庭教育大讲学、创新作文公益大讲坛等活动,实现报刊业务进度及增幅均列全区第一位;集邮业务活动纷呈出成效。以项目为抓手,重视活动开展,全年全市共举办集邮活动项目11场。微营销平台系统注册、认证情况排名全区前列,为特供品、新邮预订等摇号工作做了很好的铺垫,促进转型发展。龙州县集邮协会顺利通过区公司验收组检验,成为崇左市首个县级集邮协会的单位。抓好热点题材定向开发,花山申遗项目实现社会效益和经济效益双丰收。

【分销业务】 2016年,分销收入结构得到优化。全市积极开展移动

积分兑换等业务,实现以农资产品为主向以快消品为主的转变。积极引进"工业品下乡",引入快销品在"邮乐购点"销售,全市共开展订货会14场,有效拉动快销品和农资产品的销售。

【增值业务】 2016年,增值业务新增长点初显成效。车险业务及代征税款业务为增值业务带来新增长;全市代理车险业务累计出单1700笔,净收入保费360万元,完成区公司下达指标的105.8%;代征税款项目成功上线运行后,有效弥补了代收移动款下降带来的收入缺口。

【鑫达业务】 2016年,鑫达公司紧紧围绕"安全、效率、服务、共赢"八字方针开展各项经营管理,狠抓服务质量,积极开拓金融守押市场,各项经营管理工作平稳运行。累计投入103.86万元更新各类装备,有效地完成起步阶段目标,步入了良性发展轨道。

【基础设施建设】 2016年,开展了全市工程建设大会战,有效提升企业发展能力,提高了企业形象。10个建设项目基本能够按序时进度完成。此外完成崇左邮政生产指挥调度中心附属楼、宁明邮政生产综合楼、凭祥及本部"邮码头"全区4个重点项目建设;完成大新邮乐购运营中心和扶绥邮件处理中心的建设并投入使用,并完成了空白网点改造项目1个,机要建设项目1个,代理金融网点装修项目1个,离行式ATM建设项目1个。

【企业管理】 2016年,中国邮政集团公司崇左市分公司进一步加强基础管理,强化管控能力,充分发挥管理优势,深入推进标准化、规范化、精细化管理进程,带动企业管理升级,不断提高崇左邮政企业经营管理水平和核心竞争能力,逐步实现了管理出效益的目标。

财务管控能力持续增强 优化成本费用结构,坚持勤俭办企业;进一步完善和优化综合服务平台资产管理、市县财务审批权限等内控制度;加强财务管理,完成全年各项财务检查工作;根据年初有关文件精神,对集中统筹费用及时调整单位利润预算目标;继续强化往来款项清理力度,确保企业资金安全与完整。

人力资源管理更加规范 健全完善机构设置,调整优化部门工作职责;加强干部队伍建设,健全完善干部管理和监督制度体系;强化人工成本管控,健全完善绩效考核体系;优化调整用工结构,满足业务发展需要;加大培训教育力度,全面提升员工整体素质;加强系统维护管理,发挥人力资源管理系统作用;开展集中排查活动,严格履行邮政金融资金安全管理职责。

安全管理工作得到加强 2016年,安全形势总体良好,无责任案件和事故发生。全年共开展安全检查180次,参检人员287人/次,检查车辆721辆/次,检查枪支848支/次,检查业务库468座/次,共发现隐患17个,已整改17个,整改率达100%;同时通过加强全员安全防范意识教育和技能培训,定期召开安全联席会议,加强检查监督,强化制度执行,层层推进安全防范工作的开展,有效确保了企业安全。

【企业文化】 全面落实党风廉政建设主体责任考核机制及建立基层党建长效机制,健全组织机构;加大作风建设和反腐倡廉建设力度,扎实推进惩治和预防腐败体系

建设,深入开展反腐倡廉和党风党纪教育;"四风"问题整治情况回头看工作按要求完成,"崇邮党旗红"主题实践活动、"两学一做"学习教育深入开展;党建工作取得新成效。2016年,市分公司获2014—2016年崇左市先进基层党组织,获广西邮政2016年"桂邮党旗红"先进单位荣誉称号;4名党员获全市党内荣誉称号;1名党员获广西区"优秀共产党员"荣誉称号;年初既定的为员工要办的6件实事全部完成。继续给予44个乡镇金融网点支局职工小家增加补贴。继续开展"金秋助学"活动,共资助9名困难员工子女上学,资助款1.95万元;开展"献爱心捐款"活动,共筹爱心款2.43万元,解决员工实际困难。全市各级邮政企业发放慰问金共计23万元。组织开展了全市邮政企业第9套广播体操比赛、气排球比赛等文体活动,丰富员工业余生活。2个职工小家获"广西邮政模范小家"称号。崇左市邮政篮球男队分别获广西邮政员工男子篮球比赛第一名、崇左市直机关"福彩迎新杯"气排球比赛第三名;崇左市邮政气排球女队获崇左市三八国际妇女节气排球比赛第一名。

(李立妙 占丹丹)

中国电信崇左分公司

【概况】 2016年,中国电信崇左分公司持续深化转型工作,精耕细作城市市场,规模突破农村市场和商客市场,统筹协调发展,提升整体效能,圆满完成2016年预算目标和通信质量、服务质量指标。截至12月底,全市宽带用户13.7万户,固定电话用户总数达9.9万户,移动手机用户23.9万户。

【通信建设和维护】 2016 年，通信崇左市的能力进一步增强。全市光缆通达率为 97.37%。城区 3G 覆盖率为 95%，行政村覆盖率达 73%，自然村覆盖率 65%。年底，崇左城区 4G 覆盖率达 98%，行政村覆盖率达 57%，自然村覆盖率 38%。

进一步加强支撑保障服务，提升网络运营能力。2016 年，中国电信崇左分公司开展移动网络结构优化、移动质差小区优化，强化光宽业务端到端运营，明确责任，实现装维工作的快速响应、支撑。年内全面推广热熔接技术，有效降低维护成本及宽带故障率，提高网络质量；深入推进现场综合化维护改革及划小承包，提高现场综合化维护支撑效率，至年末，已完成 6 个端局退网，完成网络升级换代的同时实现节能减排。

【营销服务】 2016 年，移动业务以创新引领市场，以进攻赢得主动，提升市场份额。加大新用户获取，强化天翼品牌宣传，加大新媒体传播力度，实现高效率、高精准宣传。全年实现移动市场份额比上年底增长 1.94%。全年天翼净增 3.2 万户。宽带业务强化品牌、质量和服务的竞争优势，做好"移动＋智慧家庭"的新融合，突出"服务好、用户多、品质高"的品牌优势。2016年有线终端宽带净增 1.3 万户，同比增长 54%。

大力拓展流量经营，利用大数据分析用户流量使用习惯，个性化推送流量包，规范开展用户流量提醒和升级，提升用户流量饱和度，促进流量规模增长。大力发展互联网应用，推进重点应用客户发展、价值提升。聚焦重点领域，着力扩大支付服务覆盖。大力发展大数据、IDC 和云业务，培育新的业务收入增长点。

加大农村宽带投入，光网整村推进、光改提速，实现光网快速覆盖。强化乡镇商圈网点建设，以差异化应用为营销切入点，以口碑营销、能人推广为手段，运用多种手段发展宽带业务和移动业务。重点突破中小学移动业务的规模发展，加大县乡中心校的全面营销，实现宽带增收。

聚焦渠道服务、装维服务、维系服务和流量服务等客户触点，推进标准服务，提升服务效率。推进渠道服务标准化，落实实体渠道、直销渠道全业务服务标准，完善电子渠道、新媒体客服服务规范，确保线上线下服务标准、客户感知一致。加强服务管理集约，开展产品业务和互联网化客户集中体验，提升服务管理能力。实施投诉工单集约处理，县市两级投诉工单处理集约率达 97.04%，装维服务指标得到有效提升。

【精神文明建设】 2016 年，中国电信崇左分公司开展多种形式的企业文化主题活动。广泛开展群众性文体娱乐，利用元旦、春节、五一等重大节日组织员工文体活动，6 月成功举办第十届员工运动会。开展知识产权保护活动和组织女员工参加"智慧女性，书香家庭"读书征文活动，组织 18 名队员参加了全区体育运动比赛活动；组织参加崇左市全民健身欢乐"泡泡跑"活动；8 月在龙州分公司组织员工"全民健身·健康广西"百万群众健身走跑活动；市场工会小组利用互联网开展前端员工"天翼光速跑"坚持九天线上健步走竞赛；10 月至 12 月各县分公司在当地相应组织了球类、野外拓展、烧烤等活动，通过组织多样的文体娱乐活动，确切舒缓了员工工作压力，增强员工身体素质，构建健康向上的公司文化。同时还组织开展各种技术比武及技能竞赛。从 5 月至12 月先后组织店长(驻店长)、渠道经理、信息化应用销售、装维服务、现场综合化操作维护、IT 信息技术安全、"维系之星"技能竞赛；8 月—9 月，举办员工职业五大工种技能竞赛，70 多名员工参加了市级技能竞赛，通过专业理论笔试、现场项目推广演讲、开放式问答、模拟拜访客户场景演示及上门现场装机实操、光缆接续熔接等层层选拔，选拔出了 10 名优秀参赛选手参加全区电信员工技能总决赛，其中两位参赛选手分别获得了政企重点细分行业信息化应用销售技能竞赛和现场综合化操作维护技能竞赛个人三等奖。

【企业管理】 开展人力资源转型，完成新旧岗薪体系建设衔接，不断改善支局人员素质结构；调整优化商客市场、校园市场和 ICT 市场规模拓展的政企组织体制，推进支局标准化体系建设，持续推进公司基本规章制度建设；建立县公司扁平化管理和倒三角支撑体系，通过优化班组设置和激励机制，县分公司原有的三大部职能转变为服务支撑部门，优秀人员沉入支局。县公司在市场响应、决策效率上有较大改观。

强化管理夯实基础。进一步做好关键流程建设，完善流程规范、优化工作。加强财务基础管理，做好内控管理风险监督，强化采购操作规范化。组织参加集中 MSS培训，做好各个专业转训及实单演练操作，确保 MSS 系统上线操作。全年无重大来信来访，法律、保密、工会、企业文化、离退服务等工作持续开展，管理基础不断夯实。

(谭晓华)

中国移动通信集团广西有限公司崇左分公司

【概况】 中国移动通信集团广西有限公司崇左分公司(以下简称"移动崇左分公司")负责经营崇左市所有中国移动通信业务,下辖扶绥、宁明、龙州、大新、天等县、凭祥市6个分公司。2016年年末,员工总数630余人,营业厅达80余个,主营业务收入稳中有增,客户规模超过120万户,缴纳税收超过4500万元。2016年是"十三五"规划的开局之年,在面对激烈复杂的发展环境下,移动崇左分公司上下一心,发扬艰苦创业精神,在各级地方党委、政府和社会各界的支持帮助,全公司上下勤奋敬业、锐意进取和扎实工作,并获"2015年度广西公司企业文化示范单位"、本部职工之家书屋获全国"职工书屋"示范点等荣誉。

【市场经营】 2016年,移动崇左分公司立足"实现有价值的增长"的目标,把握4G和"互联网+"带来的重要发展机遇,以终端,家宽、渠道为抓手,加快4G规模发展,深耕家庭市场,量质并重发展客户,突破集客市场发展,深化集客的全价值经营。加强4G终端销售力度,重点以农村市场4G终端销售为突破口,推动4G客户发展,强化精准营销促进目标客户迁移,深化4G资费与流量的融合经营。深化家庭市场运营,加强业网联动,通过打造"和家庭"精品体验区拓宽渠道面,借助平台形成宽带装维的闭环管理,助力家庭业务发展。聚焦政府合作项目,成功签订政法委视频监控、崇左电子政务内网、财政局协同办公、交警警务通等重大项目,建立集客产品风险防控机制,加强集客业务产品发展质量管控,推进集客市场稳步发展。以客户感知为中心的视角,建立客户满意度分析和考评机制,加强投诉处理的服务规范,开展客户关系互动活动,提升服务营销竞争力。

【网络运营】 2016年,移动崇左分公司落实业网融合行动,主动迎合市场需求,积极开展网络优化整治,助力市场侧实施精准营销。着力开展农村专项优化,加强整网问题小区整治,提升客户感知度。开展精品网建设及优化,巩固热点区域网络质量领先优势。加快CMNET城域网能力提升,持续推进OLT上联改造,着力消除业务拥堵,提升接入层网络质量。开展汇聚层、接入层组网拆分、优化等,传输能力得到进一步提升。围绕支撑市场经营、提升客户网络满意度的工作目标,抢抓建设契机,深化4G精确建网,全力开展家宽建设,紧紧围绕"宽带中国"战略,始终坚持小步快跑的建设原则。

【综合管理】 2016年,移动崇左分公司运用对标管理模型,灵活分析,进一步提升财务经营分析对业务发展的决策支撑作用,加强日常风险监控及专项风险核查工作,全面提升公司风险管控能力。推进制度流程建设,狠抓管理提升。推动创新活动持续展开,深化全员性创新活动,助推企业转型发展。坚持法律支撑与经营管理、业务发展相融合,护航公司健康发展。优化调整部门组织职责及人员配置,优化人才队伍结构转型,打造人才队伍优势。集中优化和提升采购效率,深化采购需求管理,推动采购流程的标准化规范化。落实安全责任,深化安全生产体系建设。打造"幸福领航"6+1企业文化品牌,推进"幸福E家人"员工关爱活动文化落地实施。 (黄 正)

中国联合网络通信有限公司崇左分公司

【概况】 2016年,中国联通崇左分公司在区公司和崇左市委、市政府的领导下,认真贯彻落实集团公司聚焦战略和区公司工作部署,围绕"五个三"发展策略,紧扣"增收入,降成本;改机制,建能力"工作

2016年3月24日,4G+高清语音崇左商用发布会上,新民营业厅分会场营业员给客户体验4G+高清语音效果

主线,强化支撑能力提升,加大资源盘活力度,提升企业管理水平,加强企业党的建设,努力实现崇左联通健康成长。一是以沃易得2.0、购机直降、微信沃卡、冰淇淋套餐等多种产品为抓手,聚集用户换机、校园、流量、短期返乡和民工等市场需求,全渠道主推流量产品,加快渗透异网换机用户,抢占用户卡槽,扩大用户规模。二是在终端运营方面,通过组织终端线上、线下联动订货会,达到"四抢占"目的,快速提升全网通终端市场份额,拉动4G终端合约发展。三是加快渠道优化布局,崇左辖区每个县域分公司实现1+1+N优质渠道布局,通过树立标杆作用,实现每县有1个自营厅标杆,一个乡镇厅标杆,1个主流渠道标杆,以标杆带动其他渠道;强化1县1会落地,有效与渠道联动、评估等紧密沟通合作。

【集团业务发展】 2016年,中国联通崇左分公司聚焦教育行业产品市场拓展,依托智慧校园安防平台建设,拉动移动用户规模增长,同比增长76%,新增用户发展中行业应用渗透率78.1%,实现了行业应用带动新增发展的目标。加强重大集团项目的拓展力度,配合中国东信完成"智慧凭祥"项目建设。

【固网业务破局发展】 2016年,中国联通崇左分公司围绕提升NPS用户感知,聚焦"加强合作、营销转型、提升服务"三项重点工作,以投资合作、网格承包、固移松耦合、IPTV视频应用为抓手,快速扩大网络覆盖,加快光纤网络升级改造、增强渠道营销能力,进一步盘活存量端口资源,促进高带宽光纤化、融合化的业务结构优化,坚决打赢"用户获取、光改迁转、提速增效"三大战役。

【网络支撑能力】 2016年,中国联通崇左分公司聚焦区域4G网络质量得到明显改善,4G驻留比达到90.78%;客户感知持续提升,热点投诉区域解决率100%。加强网络稳定性、提高用户感知度。聚焦客户高频接触点,通过数据分析用户感知差的问题点,实现从被动服务向主动服务转变。深入推进大服务体系,以投申诉工单为载体,推动后台向前台支撑的力度,体系性解决重点服务问题。

【网络覆盖面】 一是2016年共建设开通168个4G基站;二是完成2016年新增13栋楼宇室分工程建设;三是是快速响应大客户重要项目,按期完成了凭祥城市Wi-Fi项目23条互联网专线和387个AP实施;四是提升县乡光缆覆盖率,年内已完成全部75个乡镇的光缆覆盖。

【客户服务】 2016年,中国联通崇左分公司以客户为中心,以服务为抓手,全力打造互联网+服务(规范、制度、纪律)培训平台,全员常态化宣贯、落实,提高全员服务意识;重新梳理面向内部管理和人员的服务纪律及违规罚则,严格责任追究,重塑以客户为中心的企业服务文化。建立面向管理和一线的服务规范、制度、纪律的常态化培训机制,通过下基层宣贯和互联网+培训的方式提高全员服务规范意识,杜绝影响客户感知事件的发生,重塑以客户为中心的企业服务文化。

【企业党建】 2016年,中国联通崇左分公司通过狠抓基层党建各项工作,推动全面从严治党向基层延伸,以党建实效推动全面发展。一是抓制度,建机制,建立健全党建工作责任体系;二是加强组织建设。截至年末,已实现7个县域分公司独立设立党支部的目标,并完成"七个一"标准化建设;三是制定培养工作计划,发展壮大党员队伍。全年发展两批党员,共5人,预备党员转正6人,发展对象、入党积极分子共计31人;四是结合公司业务发展难点、痛点,实施基层党组织攻坚计划,党委成员深入包挂联系点专题调研4次、党委办调研1次,形成调研报告3篇。

(韦荣森)

无线电管理

【概况】 崇左市无线电管理处是自治区工业和信息化委员会的派出机构,内设综合科、频率台站科、监督检查科,主要职责是:贯彻执行国家无线电管理的方针、政策、法规和规章;拟定崇左市无线电管理的方针、政策和行政规章;对崇左市无线电频率资源进行统一规划和管理,维护和改善电磁环境;对崇左市无线电台(网)进行统一规划和管理,保障运行秩序;负责崇左市无线电空中纠察,维护空中电波秩序;依法查处无线电干扰;负责崇左市研制、生产无线电发射设备的审核工作;协调处理崇左市无线电管理方面的事宜;完成上级和市政府交办的其他工作。

崇左市无线电监测站是崇左市无线电管理处的技术支撑单位,负责为无线电管理处履行职责提供技术支撑;查找无线电干扰源和未经批准使用的无线电台(站);测定无线电设备的主要技术指标;检测工业、科学、医疗等非无线电设备的无线电波辐射;负责无线电台(站)预指配频率的电磁环境测试与设台验收;负责无线电监测网与设备检测实验室的维护与管理;上级无线电管理机构与崇左市无线电管理机构规定的其他职责。

2016年,在自治区工信委和崇左市政府的领导下,在自治区无线电管理局的正确引导下,崇左市无线电管理处按照既定工作计划,科学谋划、合理安排,扎实开展各项工作,圆满完成了各项工作任务。

【业务发展】 2016年,崇左市(含各县)共有11个单位和用户设置使用了无线电台站,涉及5个行业。各类无线电台(站)854部(不包括公安专用对讲机),超短波电台46个、GSM基站38个、TD-SCDMA基站10个、TD-LTE基站746个、气象雷达站1个、业余电台13个。

【频率与台站管理】 2016年,崇左市无线电管理处无线电频谱资源的管理工作始终遵循"统一规划、合理开发、科学管理、有偿使用"的原则,采取"重点频段重点清理,重要业务重点保障"方针,坚持宣传教育与打击相结合,逐步将无线电频率的管理规范到合法的轨道上来。一是依法做好审批工作。全年新增设台单位用户3个,审批频率5个,审批设台5起,注销频率2对,新增台站809台,发放电台执照809本。新增业余电台15台,发放执照15本。积极引导业余无线电爱好者规范有序开展业余无线电活动。二是建立长效机制工作方案,积极配合公安、广电等部门开展打击"伪基站"、"黑广播"违法犯罪工作。其中,开展黑广播打击出动监测车辆212车次,启用技术设备380台次,出动人员460人次,监测时间达3218小时,端掉非法发射广播电台窝点3个,缴获设备3套。打击"伪基站"方面,出动车辆60车次,启用技术设备147台次,出动人员174人次,监测时间251小时,辖区内未发现利用伪基站传播危害信息行为。三是扎实开展频谱使用评估专项工作活动。按照无线电管理局的要求,启用崇左市、天等县等6个固定站开展频谱使用评估专项工作;利用移动监测车在崇左市中心城区及6个县(市)主要街道进行路测,测试范围占主要城区面积的95%以上。另外,完成了边境公路沿线及3个国家一类口岸,4个二类口岸等重要边境地区的频谱评估路测工作。

【行政执法】 2016年,崇左市无线电管理处依据《中华人民共和国无线电管理条例》《广西壮族自治区无线电管理办法》《中华人民共和国物权法》《无线电台执照管理规定》和《行政许可法》等法律法规,并结合崇左市县级无线电管理办公室制度的落实,逐渐形成了比较完善的、系统的、规范的依法行政工作体系。一是充分调度资源,加大执法力度。市管理处与各县级无线电管理办公室密切配合,加大执法监管力度,严厉惩处非法设台行为,推进无线电管理行政执法和监督检查工作。二是规范执法程序,坚持政务公开。市管理处通过不断提高行政执法人员的办案能力和执法水平,切实规范执法程序,确保做到有法可依、有法必依。三是注重开拓创新,不断提高依法行政的质量。市管理处牢固树立以人为本、执政为民的观念,把维护广大人民群众和用户的根本利益作为执法监督的出发点和落脚点,坚持事前防范、事中制约和事后监督相结合,严格落实无线电管理行政执法责任制,明确执法主体,界定执法职权,使每一名执法人员都能树立"有权必有责,用权受监督,违法要追究"的执法意识,自觉规范行政执法行为。四是认真落实无线电管理局要

求,与县级无线电管理办公室形成合力,每月对辖区内的用频、设台用户开展监督检查工作,采取走访用户、人机见面等多种方式,并填写监督检查表。2015年,市管理处在凭祥市联合凭祥市无线电管理办、公安局、工信局、通信运营商开展对讲机专项执法活动,共查处违法设台15家。

【无线电保障】 2016年,崇左市无线电管理处充分利用各种无线电监测手段,调动技术骨干力量,协调处理好与公安、防汛、森林防火、民航、铁路等相关部门的工作关系,切实做好中国-东盟博览会以及中国共产党第十八届六中全会、"本色花山,大地飞歌"晚会等重大活动和会议期间无线电安全保障工作。活动期间,管理处安排人员执行每天24小时监测任务,启动所有的遥控站和小型站重点监测广播电视、民航等重要业务频率(段),同时,出动移动监测车沿着边境线和南宁—河内航线进行监测,出色地完成保障任务。2016年市管理处配合各考试主管单位,防范和打击利用无线电设备进行考试作弊活动。全年共为高考、公务员录用、医师资格、司法等各类考试进行保驾护航10次,保证考试公平、公正。全年管理处派出工作人员39人次,出动移动监测车15辆次、频谱仪等监测设备以及压制设备40台进行考试无线电保障,有效地维护了考试秩序。

【无线电宣传】 2016年,是《中华人民共和国无线电管理条例》颁布施行23周年的纪念日,市无线电管理处按照国家下发《2016年全国无线电管理宣传工作实施方案》文件精神和无线电管理局的有关要求,在县级无线电管理办公室的协

2016年,崇左市无线电管理处在边境开展监测工作

助下,在崇左市辖区内7个县(市、区)积极开展无线电宣传工作。全年共组织大型现场宣传活动晚会1次,制作宣传板块15块,悬挂横幅48条,发放宣传单5600份,宣传品250份,在广播电台、电视台播出新闻1次,针对边境地区特殊情况,共到浦寨、凭祥等地上门走访了13个设台用户,发放无线电管理法律法规宣传品及宣传单26份,提高了社会对无线电管理的认知度。

【边境无线电管理】 2016年,崇左市无线电管理处统一思想、高度重视,全力做好边境地区无线电监管工作。一是充分发挥无线电管理技术设施作用,利用现有的技术手段,加强日常无线电监测工作,重点对航空导航、安全业务、广播电视、防火、防汛等重要无线电业务进行监测。二是加强重点无线电台站的电磁环境测试和监测保护工作,加强和完善无线电监测频谱综合统计报告制度,每月定期、定时完成边境无线电监测任务,按时完成上报监测报告。三是经常开展不定期、不定时的边境无线电台站监督检查、及时发现问题、及时解决。四是不断完善边境频率台

站数据库、监测数据库,以及通过对监测得到的资料进行技术分析、分类归档工作,随时为中越地面业务频率协调提供准确的基础数据。五是与自治区无线电监测站、柳州市无线电管理处、防城港市无线电管理处、崇左广电、移动、电信、联通等单位联合开展中越边境无线电监测,重点对广播、航空导航和公众移动通信信号进行监测和分析,掌握中越边境地区的频谱利用情况和越南信号越境覆盖情况,为国家进行边境无线电频率协调提供科学的基础数据。六是根据无线电管理局《关于印发〈广西壮族自治区边境台站国际申报专项工作实施方案〉的通知》的要求,制定专项活动工作实施方案,扎实有序推进边境台站国际申报工作,共完成了1384个边境陆地移动通讯基站和5个规划台站的国际申报工作,按时按质完成了年度的申报任务。

全年利用边境固定站和移动监测车等技术手段开展边境无线电监测时间达6614小时,移动监测车执行边境无线电监测任务行程6900多千米,获取频谱图1357幅,形成数据报表678份,基本掌握了覆盖崇左市边境地区的越方

无线电波信号特征及基本情况,为国家开展中越边境频率协调工作提供科学有效的电磁环境数据。

【频率占用费征收】 2016年,崇左市无线电管理处为确保顺利完成全年收费任务,管理处领导班子高度重视,在人力紧张的情况下,统筹安排,全力开展征收工作。一是早部署、早安排;二是认真组织,明确分工;三是规范数据,精确计征;四是宣传到位,促进收费。管理处通过扎实有效地法规宣传活动,使设台用户了解到国家对频率资源实行有偿使用的原则,缴纳频率占用费是每个无线电设台用户应尽的义务,提高了用户交费的自觉性。全年实际征收频率占用费15万多元,征收率达100%,圆满完成年度收费任务。

【基础与技术设施建设】 2016年,崇左市无线电管理处积极推进基础与技术设施建设。一是推进基础设施建设。积极协调崇左市国土、规划和建设等部门,推进边境无线电监测控制指挥网基建项目建设前期工作,办理取得项目用地土地证、建设工程规划许可证等,目前正着手办理报建手续。二是积极推进无线电技术设施建设。根据《关于做好2015年全区无线电技术设施建设项目有关工作的通知》的要求,在时间紧、任务重的情况下,排除万难,加快推进技术设施项目实施进度,4月前完成了1套边境无线电空间谱固定监测站、2套三类站、1套边境机动综合监测设备以及7套四类站的出厂验收,5月完成完成上述全部站点的选址、机房建设、设备安装和联网调试工作,确保中越边境地区(广西段)电磁环境监测和管理信息系统建设项目如期完成。 (冯志向 邓秋萍)

商 贸 业

SHANGMAOYE

□编辑　黄适清

综　述

崇左市商务局和口岸管理委员会(含市贸促会),其中市商务局和口岸委内设8个科室,市贸促会内设2个科室,直属二层机构1个,即崇左市商务行政综合执法稽查支队。2016年,共有干部职工24人,其中党组书记1名、主任1名、副主任2名、纪检组长1名、调研员1名、副调研员1名。

2016年,市商务口岸委全面贯彻落实中共十八大和十八届三中、四中、五中、六中全会精神,认真落实全区、全市经济工作会议和全区商务工作会议精神,牢固树立创新、协调、绿色、开放、共享五大发展理念,围绕市委、市政府提出的"两篇大文章"、"四大攻坚战"发展目标要求,适应经济发展新常态,坚持稳中求进工作总基调,创新思路,狠抓落实,攻坚克难,全市商务口岸各项工作取得了显著成效。全市国内贸易较快增长,全市社会消费品零售总额实现131.34亿元,同比增长10.01%,超额完成自治区年初下达增长9.5%的目标任务,圆满完成市委、市政府年初提出增长10%的目标任务;全年全市外贸进出口总额完成1230.82亿元,其中出口719.31亿元,进口511.51亿元,同比增长37.8%。全市进出口、出口、进口总额及进口增速四项指标继续稳居广西第一;全市边境小额贸易进出口622.68亿元,分别占全区、全国边境小额贸易进出口额的79.14%、28.17%;全市共有4家加工贸易企业开展业务,累计完成进出口9.19亿元人民币;崇左市列入广西外贸进出口前50强的企业有22家,占广西进出口前50强企业的44%;利用外资方面,全市新批准外商投资企业5家,投资总额4708万美元,合同外资额3350万美元,实际利用外资1783.79万美元。7月11日,水口口岸升格为国际口岸并扩大开放获得国家批复;7月26日,水口口岸获得国家质检总局批准立项建设水果进境指定口岸;7月29日,友谊关口岸获国务院批准开展签证业务;年内成功争取国务院批复设立凭祥开发开放试验区。

(叶丽丽)

国内贸易

【概况】 2016年,崇左市加强城乡市场体系建设,以服务企业、搞活流通、促进消费为中心,努力推动节假日消费、展会消费、旅游消费等,不断改善全市消费环境;整合商贸资源,大力培育商贸流通市场,全市商业流通行业规模不断扩大,现代流通方式逐步推广,商业结构进一步优化,流通设施和服务水平不断提高,有力地推动了消费市场繁荣兴旺和商贸流通业的持续发展。年内,城乡居民收入明显增加,全市金融机构年末各项存贷款余额1089.71亿元;全市社会消费品零售总额完成131.34亿元。

【社会消费品零售总额】 2016年,全市商贸流通业在扩消费、拓市场、保供应等方面取得了明显成效,消费品市场继续保持繁荣稳定,全年社会消费品零售总额完成131.34亿元,同比增长10.01%。从销售地域看,城镇消费93.0亿元,同比增长10.3%,乡村消费38.4亿元,同比增长9.4%。从销售行业看,批发业实现销售额260.0亿元,同比增长32.2%;零售业销售额141.4亿元,同比增长14.4%;住宿业营业额3.6亿元,同比增长16.9%;餐饮业营业额18.3亿元,同比增长19.0%。批零住餐四大行业GDP拉动全市第三产业达3.1个百分点,对三产贡献率为27.5%。

【个人信贷消费】 随着金融知识和新的消费观念、消费方式宣传力度的不断加大,居民消费方式开始由基本生活型、自给型向追求舒适型、借贷型转变,在消费行为上也从滞后型向适当超前型转变,崇左市的个人信贷消费得到了较快的发展。2016年年末,全市各金融机构各项存款余额为699.48亿元,同比增长15.3%,其中住户存款余额453.17亿元,同比增长12.9%。金融机构人民币各项贷款余额390.23亿元,同比增长4.6%,其中消费贷款108.6亿元,同比增长14.2%。

【城乡集市贸易】 2016年,随着全市商贸基础设施投入的进一步增加,城乡市场体系建设日趋完善,商贸业结构得到提升,新西洋超市、北京华联超市、百家惠超市、利客隆超市等知名零售企业不断入驻,以及各种综合市场、专业市场、商贸物流企业不断涌现,极大地改善了崇左市购物环境和商业氛围,城乡商品交易市场稳步发展。全市具有一定规模的超市、连锁店1320家;拥有各类市场294个,其中综合市场217个、专业市场77个;建成"万村千乡市场工程"县级配送中心21个、农家店1261个、物流企业321家。各商贸企业所经营的范围涉及农副产品、日用生活品、钢材、汽车、建材、装潢、家具等,形成了批发、零售并举,以大型企业为龙头、中型企业为骨干、小型商店为基础的现代流通体系。同时,加强对市场的监测调控,督促42个样本监测企业认真做好市场运行监测,引导各农贸批发市场和各大超市组织品种丰富、质量可靠、适销对路的商品货源,适当增加重要商品库存,确保全年商品供应充足。

【会展业】 2016年,全市累计举办各类展会节庆活动30个,展览总面积4.8万平方米,会展交易额达1.8亿元,参展参节参会人数超过90万人次。

【成品油流通管理】 2016年,崇左市加强成品油市场监管,多次开展成品油市场专项整治行动,由商务、工商、公安、安监、质监等部门组成联合检查组对全市的加油站(点)及部分重点乡镇进行拉网式检查,规范了成品油市场秩序,确保成品油市场平稳运行。全年成品油销售量31.37万吨,同比增长6.5%,其中汽油销售量12.53万吨,柴油销售量18.84万吨。

【住宿和餐饮业】 2016年,崇左市积极引导住宿餐饮企业及时转变经营方式,改变营销策略,调整产品结构,促进住宿餐饮业营业额恢复性增长。年末,全市住宿餐饮企业4715家,实现营业额28.4亿元,同比增长11.2%。

【美容美发业】 本着"弘扬美容美发文化,发展崇左美容美发事业"的宗旨,以"贴近市场、贴近企业、贴近消费者"的原则,在中心商业区、区域商业区、旅游景区等形成一批有规模、上档次的美容美发、洗浴中心。2016年,全市有美容美发店、洗浴店1100多家。

【拍卖典当业】 2016年,全市拍卖企业依法经营,拓宽思路,开拓创新,取得了较好的社会效益和经济效益。年内,广西南宁盛隆拍卖有限公司举办拍卖活动21场,成交额3484万元。广西同盈典当有限责任公司典当总额232万元,广西嘉顺典当有限公司典当总额625万元,广西金贝典当有限公司典当总额3854万元。 （滕柳婵）

对外贸易

【概况】 2016年,崇左市坚持以科学发展观为指导,充分利用紧邻越南的区位优势,紧紧抓住国家加快实施"一带一路"发展战略以及自治区"双核驱动"、"三区统筹"等机遇,围绕市委、市政府提出的"两篇大文章"、"四大攻坚战"发展目标要求,适应经济发展新常态,坚持稳中求进工作总基调,攻坚克难,稳定对外贸易全年回稳向好。全年全市累计外贸进出口额、出口额、进口额及进口增幅四项指标居广西第一。

【外贸进出口】 2016年,全市外贸进出口总额(含保税物流)完成1230.82亿元,同比增长1.1%,(不含保税物流)完成1232.18亿元,同比下降0.49%,占全区外贸进出口总额3165.9亿元的38.92%。其中,出口完成719.31亿元,同比下降17.0%,占全区外贸出口总额1519.1亿元的47.44%;进口完成511.51亿元,同比增长37.8%,占全区进口总额1646.8亿元的31.06%。全市进出口额、出口额、进口额及进口增幅四项指标居广西第一。

【加工贸易】 2016年,全市有4家加工贸易企业开展业务,进出口额累计完成9.19亿元,完成自治区下达崇左市加工贸易任务目标,但同比下降41.72%。其中,出口完成4.55亿元,同比下降39.9%;进口完成4.61亿元,同比下降43.4%。加工贸易占全市进出口总额的比重为0.75%,比2015年同期下降了0.5个百分点。

【外贸企业】 2016年,全市有进出口业绩的外贸企业有445家(其中国营企业5家,民营企业428家,三资企业12家),比上年多55家;全市民营企业有进出口业绩373家,进出口157.70亿美元,同比增长 15.87%,占全市出口总额的 78.33%;国有企业有出口业绩 5 家,出口 7.26 亿美元,同比下降 23.5%,占全市出口总额的 3.6%;三资企业有出口业绩 6 家,出口 1.14 亿美元,同比增长 4.47%,占全市出口总额的 0.7%。此外,2016 年崇左市列入广西外贸进出口前 50 强的企业有 22 家,占广西进出口前 50 强企业的 44%。是列入广西外贸进出口前 50 强最多的地级市。这 22 家企业进出口额为 555.15 亿元,占广西外贸进出口前 50 强进出口总额的 34.5%。其中,广西捷递供应链管理有限公司、凭祥航达进出口贸易有限公司、龙州县合顺进出口贸易有限公司等 3 家企业继续名列广西出进口额前 10 强,这 3 家企业进出口额为 193.84 亿元,占全市外贸出口总额的 15.75%,占广西外贸出口前 10 强进出口总额的 21.64%。

【边境贸易】 2016 年,全市边境贸易成交额为 1036.25 亿元,占全市外贸进出口总额的 84%,全市外贸进出口依然靠边境贸易拉动,边境贸易作为崇左市主要贸易方式的地位不变。其中边境小额贸易成交额为 624.08 亿元,占全区边境小额贸易的 79.32%,占全国的 28.23%。全市边境小额贸易进出口及出口总额稳居全国、全区首位,中国边境贸易第一大市的位置保持不变。全市边境小额贸易进出口远超内蒙古自治区全区(边境小额贸易 208.3 亿元)、云南省全省(边境小额贸易 195.4 亿元)、黑龙江省全省(边境小额贸易 175.3 亿元)、新疆维吾尔自治区伊宁市(进出口总额 298.9 亿元)、喀什地区(进出口总额 190.5 亿元)等各边境省、市。

2016 年,全市有业绩的边贸企业有 338 家(其中国有企业 6 家,民营企业 330 家,三资企业 2 家;凭祥市 292 家,龙州县 21 家,宁明县 22 家,大新县 3 家)。边境贸易成交总额 1036.25 亿元,对全市边境地区经济和社会发展起到了重要的推动作用,边境贸易已成为崇左乃至广西对外宣传的一张名片。

【边贸扶贫】 2016 年,崇左市积极推动边境地区经济社会快速发展,大力推动边贸扶贫发展,助推扶贫攻坚战役顺利进行。通过组建边民互助组,鼓励贫困边民参与边境贸易,增长贫困户收入,加快脱贫致富。自大力推动边贸扶贫工作以来,边民参与边境贸易迅猛增加。截至 2016 年年底,全市共成立 8 个边民合作社,社员 6158 人,登记录入海关无纸化指纹识别系统的边民有 40548 人,参与贫困人口 7333 人,组建边民互助组 485 个,组员 24548 人,备案车辆 7055 辆。参与边贸的边民在开展边境贸易获得收益的同时,还通过购买运输工具参与边贸运输、边贸装卸、搬运等附加行业,每天通过从事运输、搬卸等还可增加收益 100~200 元 / 天。同时,边境贸易的繁荣发展有效地带动了边境加工业的发展。崇左市引进了千亩农产品加工物流园项目以及一批边贸加工企业,促进了边境加工业发展。此外,加工企业的发展给边民带来了固定的就业机会,带来了稳定的收入,给边贸扶贫工作注入了新的活力和动力。 (农蔚鹏)

对外经济技术合作

【概况】 2016 年,崇左市国际经贸交流合作有新发展,利用外资规模和“走出去”投资取得新进展,申请国际无偿援助获得新突破,同时积极组织企业参加第 13 届中国 – 东盟博览会、广交会等经贸交流活动。

【利用外资】 2016 年全年全市新批准外商投资企业 5 家,投资总额 4708 万美元,合同外资额 3350 万美元,实际利用外资 1783.79 万美元。

【境外投资】 鼓励崇左市外贸企业“走出去”投资,不断壮大崇左市境外投资企业队伍。2016 年,全市“走出去”企业申请增加注册资本 1 家,新增资 472.5 万美元,投资总额达 1750 万美元。

【参加中国 – 东盟博览会等会展】 2016 年博览会期间,全市贸易签约成效显著,内贸签约总额达 38.20 亿元,同比增长 26.3%;外贸进出口签约总额达 14.24 亿美元,同比增长 3.1%。其中,出口 12.61 亿美元,同比增长 2.86%;进口 1.63 亿美元,同比增长 5.03%。全市共申办各类证件 2334 张,其中办理贵宾证 807 张,专业观众证 1524 张,工作人员证 3 张,为市领导、邀请贵宾、各县(市、区)代表团和客商参加“两会”各项活动提供了保障。

【国际无偿援助项目】 2016 年,国际无偿援助“水资源管理方案”——中粮屯河崇左糖业有限公司岜羊“双高”甘蔗节水灌溉示范片项目和广西生物质能源可持续发展示范项目有序推进。年内,完成《崇左生物质能源综合发展规划(2015—2025)》《崇左市农林牧资源利用现状及现代生态农林牧产业发展规划报告(2015—2025)》及《崇左农林牧资源及利用现状清查报告》编制并通过专家评审;开展畜牧业养殖技术培训 2 期,并已预拔培训经费 15 万元。国际经济技术合作项目扎实推进。

（农丹妮）

粮 食 业

【概况】 崇左市粮食局原属市政府组成部门，2010 年 4 月机构改革后，变更为市发改委管理部门，2015 年 2 月再次机构改革后，变为市发改委挂牌部门，副处级行政单位。核定行政编制 9 人，后勤服务事业编制 2 人。2016 年年底，实有在职职工 10 人，其中局长 1 人，副局长 2 人，纪检组长 1 人，科级干部 4 人，科员 1 人，工勤人员 1 人；离退休人员 27 人。内设崇左市发改委（粮食局）政策法规科、粮食监督检查科、粮食调控科等 3 个职能科（室）。直辖崇左市军粮供应服务中心、崇左市粮油质量监督检测中心、崇左市储备粮管理有限公司和南宁市左江粮油机械总公司。军粮供应服务中心属参公事业单位，定编 3 人，实有职工 2 人；粮油质量监督检测中心属事业单位，定编 4 人，实有职工 3 人；崇左市储备粮公司属企业性质，在册职工 5 人；南宁市左江粮油机械总公司属企业性质，在册职工 3 人。所管辖的 7 个县（市、区）设有粮食行政管理机构。

2016 年，全市粮食系统在市委、市政府的领导，在自治区粮食局的指导下，以科学发展观为统领，紧密结合粮食工作的实际，认真贯彻《国务院关于建立健全粮食安全省长责任制的若干意见》和《广西壮族自治区人民政府关于建立健全粮食安全行政首长责任制的实施意见》文件精神，积极推进"四个全面"战略布局，努力贯彻落实五大发展理念，围绕市委"两篇大文章"，打好"四大攻坚战"重心，加强领导、周密筹划、精心部署，促进粮食工作迈上一个新台阶，有效保障了崇左市的粮食安全。

【粮食宏观调控】 2016 年，崇左市粮食局切实加强粮食宏观调控，落实粮食流通工作，强化责任考核，较好完成了市政府与自治区人民政府签订的粮食流通工作责任书 6 项指标任务。一是完成直补订单粮食收购 1.8 万吨。截至 10 月 31 日，崇左市提前两个月完成自治区下达崇左市直补订单粮食收购计划 1.8 万吨稻谷。订单粮食收购任务涉及扶绥、大新、天等、宁明 4 个县。所涉 4 个县皆已完成自治区下达收购任务，保证了 4824 万元粮食收购资金、432 万元粮食直补资金真正发放到种粮农民手中，做到落实订单粮收购政策不走样。二是完成全年社会粮食销售 10.3 万吨。全市全年粮食销售（包括国有、非国有、转化企业）10.3 万吨，占全年指标任务 6.1 万吨的 169%。三是市县级储备粮平均库存达到 4.04 万吨。占全年平均库存 4.19 吨的 96%，超额完成自治区要求达到 85% 任务的 11%。四是全市已落实应急成品粮储备量达到 0.07 万吨。完成全年目标任务 0.05 万吨的 140%。五是完成粮食风险基金规模，全市粮食风险基金规模 1480 万元全部落实到位。六是完成全市国有粮食企业完好仓容 8.67 万吨。超过自治区下达 8 万吨任务 0.67 万吨。

【粮食安全管理和行政首长责任制考核】 2016 年，崇左市粮食安全得以强化，政府对粮食市场的宏观管理能力得到加强。一是粮食风险基金规模得到进一步落实。与财政部门积极配合，落实市本级 300 万元、县级 1180 万元粮食风险基金最低规模配套资金到位。二是建立了粮食储备体系。完成好自治区下达崇左市市级 1.05 万吨原粮、县级 3.14 万吨原粮储备的收购、储存、轮换、管理等工作。三是制定了全市粮食供求总平衡和粮食供应应急预案，建立了比较完善的粮食市场监测机制。四是建立成品粮储备和粮食应急加工，完善了粮食应急供应体系。全市成品粮库存已建立 0.07 万吨，实现了崇左市成品粮储备零的突破。天等、宁明两个国有粮食加工厂项目建设顺利竣工并投入使用，实现国有粮食企业应急加工零的突破。结合放心粮油工程的实施，建设了 48 个放心粮油示范店、配送店、经销店并纳入粮食应急供应网点，使全市粮食应急供应网络增加到 90 个供应点，供应保障能力有了进一步提升。五是加强对全市粮食流通市场的监管，维护了粮食市场秩序。同时，稳步推进粮食安全行政首长责任制考核工作。按照自治区人民政府办公厅《关于印发广西壮族自治区粮食安全行政首长责任制考核办法的通知》要求，及时建立了考核部门联席会议制度，组织设计了责任制绩效考评指标体系，把粮食安全行政首长责任制考核列入 2016 年度崇左市人民政府对县级人民政府绩效考评范围。全市认真按照自治区考核工作的有关要求，健全考核工作机制，完善协调议事制度，细化分工，明确责任，逐条落实自治区的考核指标，并推动各县（市、区）责任制考核工作的开展，积极做好迎接自治区及有关部门对崇左市考核的各项工作。

【仓储基础设施建设】 2016 年，崇左市粮食局抢机遇，再开放，强落实，服务做好"两篇大文章"和"四大攻坚战",推进市本级项目建设。针对全市粮食有效仓容总量不足、仓储设施陈旧简陋、仓库长期使用年久失修破损严重等现象,市、县两级粮食部门都努力筹措资金,开展粮食仓储设施建设和维修改造,切实改善粮食仓储条件。崇左市本级粮食储备库项目建设被市委列为市本级重点建设项目后,市粮食局全力以赴做好项目推进工作。储备库项目拟建设仓容5.06万吨,估算总投资8492.18万元,分两期实施完成。一期投资4800万元,资金已到位3024万元。其中,自治区财政累计补助1090万元,市级安排项目资金1934万元。项目一期主体已经完成,正进入装修和配套设施建设阶段。

各县市区中心库建设和危仓老库维修项目也在稳步推进中。继凭祥中心粮库建成、天等、龙州一期中心库工程完成后,2016年,宁明中心粮库建设通过交由县城投公司统一筹建的方式,现已正式开工建设,另海渊收购点新建1000吨收纳库4月份已竣工并通过验收;天等县中心粮库龙茗库区4号仓正在建设中;龙州县中心粮库二期仓储项目建设仓容2000吨,投资140万元,完成招投标;扶绥县中心粮库建设完成招投标,正在财政评审。同时,各县(市、区)充分利用2015年争取得到的387万元中央补助资金,对危仓老库进行维修改造,全市危仓老库改造任务基本完成。全市落后的粮食仓储和流通条件正在发生根本改变。

【放心粮油工程建设】 2016年,崇左市把放心粮油工程作为政府民心工程,提出在"十二·五"期间,建成一批放心粮油配送中心、示范店、经销店、加盟店。做到7个县(市、区)每个都有1个骨干示范店。

年末,全市共建设放心粮油示范店及加盟店48个,市县财政投入建设资金达124.48万元,安置就业人员112人。

【粮食流通监督检查和粮油质量安全监管】 2016年,崇左市粮食部门一是配合各部门开展"国门利剑2016"粮食打私行动。召开相关县(市)粮食部门会议,对粮食打击走私工作进行专门部署。深入龙州水口、宁明爱店等口岸基层粮食企业,结合清仓查库工作,严格按照"国门利剑2016"打击走私活动要求,组织检查组,对库存粮食进行了彻底的清查,深入大新雷平等大米走私加工活跃的地方进行调查,及时全面掌握了粮食部门打击走私活动的情况。二是搞好粮油库存检查,确保库存真实可靠。5月5日至5月18日开展自查工作。上半年共出动检查人员30人次。按照"有库必到、有粮必查、有账必核、查必彻底"的原则,组织全市20家国有粮食收储企业、粮食库存点开展自查。参与企业自查150人次。对包括区级、市级、县级储备粮、商品粮等国有粮食企业所有库存粮食进行全部检查,并填写《粮食实物检查工作底稿》。同时,在现场认真核对保管总账与分仓保管账(卡)相符情况和每个货位中的粮食实际数量与分仓保管的相符情况。库存检查结果反映,各县(市、区)粮食库存差率在允许范围内,粮食库存真实,账实相符。三是加强粮油质量检测体系建设。严格对国家政策性粮食收获环节和储存环节质量标准执行情况进行检查,从源头上控制不合格粮食流入口粮市场,确保粮食质量安全。积极建立完善市级粮油质量检测机构,挂牌成立市粮油质量检测中心,在自治区粮油检测站的指

导下陆续开展工作。2016年4月份,代表广西接受了国家粮食局粮油质检机构专家组的现场评审,顺利通过崇左市粮油质量检测中心纳入国家粮油质检网络的资格验收,并得到中央财政230万元的设备经费扶持,用于质量检测体系建设。 (陆 宁 黄 蕾)

烟草业

【概况】 崇左市烟草专卖局(公司)组建于2003年8月,按照《中华人民共和国烟草专卖法》及其实施条例,实行"统一领导、垂直管理、专卖专营"的管理体制,"一套机构、两块牌子",下辖城区、扶绥、宁明、大新、天等、龙州县及凭祥市等7个非法人实体的县级烟草专卖局(营销部),主要负责全市的烟草专卖行政管理及执法监督、卷烟销售及网络建设等工作。2016年,全市烟草行业共有在册干部员工471名。

【卷烟经营指标】 2016年,全市销售卷烟73101箱,完成年度任务100.3%。实现卷烟销售收入14.2亿元;同比减少1583万元,下降1.1%。实现单箱销售额2.27万元,同比增加452元,增长2.03%。实现税利3.69亿元,完成年度任务100.04%;同比增加3423万元,增长10.22%。其中,上缴税金2.95亿元,约占全市财政收入5.1%。

【打假打私】 2016年,全市全年查处涉烟案件550起。其中,查处100万元国际网络案件1起;查处5万元以上销售假烟、走私卷烟和烟丝案件19起;查获非法卷烟552.93万支、非法烟叶烟丝等卷烟辅料61.33吨,移送公安机关处

理案件 19 起。处理涉案人员 31 人,其中刑拘 17 人、逮捕 9 人、判刑 5 人。

【经营管理】 2016 年,崇左市烟草专卖局(公司)开展以"降本增效、节约发展"为主题的 QC 和精益课题活动,严格控制采购成本,全年节约采购预算 152.7 万元;严控各项成本费用支出,三项费用同比减少 292 万元,下降 2.37%,三项费用水平同比下降 0.43 个百分点;积极优化资产配置,全年实现降本增效 157 万元,完成年度降本增效任务的 142.73%。

【公益事业】 2016 年,崇左烟草专卖局(公司)积极响应中央和行业的号召,勇于承担社会责任,积极开展扶贫帮困等捐资活动,全年捐赠支出将近 7 万元。其中,捐赠扶绥柳桥镇平坡村饮用水井维修费 5000 元;向扶绥柳桥镇平坡村委捐赠 5239 元;对扶贫村天等县上映乡上美村开展留守儿童慰问活动,捐赠 3000 元;向天等县上映乡上美村结对帮扶贫困户韦乃广捐赠 45000 元;向天等县上映乡上美村委捐赠 5900 元。

【教育培训】 2016 年,崇左市烟草专卖局(公司)员工教育培训工作取得一定成效。一是依法依规,深化用工分配改革。完善了年度岗位等级评定和试用期满考核为主要内容的选拔任用机制,招聘 4 名大学生和 10 名基层一线人员,为企业发展夯实了人才底蕴。加强薪酬管控,提高员工月度绩效工资发放额,合理调控全年工资使用。进一步加强了"五险二金"管理,劳资管理规范化水平进一步提升。二是创新求变,不断提升培训质效。明确年度培训主题,细化培

训工作目标,教育培训的针对性和系统性进一步增强。加强技能鉴定考前培训,培训质效和技能鉴定过级率、持证率显著提高。共举办各类业务培训 122 项,员工受训面达 100%。三是强化监督,企业政治生态进一步改善。严格落实党风廉政建设党组主体责任和纪检监督责任,党组每季度召开会议研究部署党风廉政建设,保证了企业稳定健康发展。开展贯彻落实中央八项规定精神专项检查,重点检查办公用房标准、公车使用、公务接待、党费收缴等情况,同时按行业要求开展巡视问题整改工作,对存在的问题立行立改,坚决纠正不规范行为,年内 79 项专项整改任务均已全部完成。   (谢永堂)

盐 业

【概况】 2016 年,崇左盐业分公司按区公司年初的工作要求,突出抓好企业的"效益、效率和质量",把"求稳定、促改革、强管理、增效益、谋发展"贯穿于全年工作的始终。为应对企业改革,公司加快和完善企业中心工作建设步伐,加强基础管理、食盐配送以及安全生产等方面工作力度,积极开展降本增效活动,取得了一定的成绩,年内,购进盐品 17574 吨,完成年计划 13800 吨的 127.35%。销售盐品 18991 吨,完成年计划 15500 吨的 122.52%。其中,直接食用盐销售 6513 吨,完成年计划 6000 吨的 108.55%。同比上年 6385 吨增加 2%。多品种盐销售 6306 吨,完成计划 4000 吨的 157.65%。同比上年 6351 吨减少 0.71%。加工用盐销售 11171 吨,完成计划 8000 吨的 139.64%,同比上年 9878 吨增加 13.09%。小工业盐销售 1306 吨,完成计划 1500

吨的 87.07%,同比上年 1374 吨减少 4.95%。期末库存 3019 吨(含自治区储备盐 0 吨)。销售收入 3860.23 万元。实现利税 1842.97 万元。其中,利润 1560.70 万元;费用总额 251.26 万元。

【盐业经营】 2016 年,崇左盐业分公司着重拓展 3 个市场,全面扩大消费。一是针对即将开放的食盐市场,积极构建、深入挖掘营销网络,提升专业化拓展生产用盐市场水平。积极和区公司运销部、厂家沟通联系,加强与用盐厂家的合作,在保证全年生产用盐供应的同时,公司努力备货促销,即时满足 50 多家用盐企业的需要,全年销售加工用盐 11171 吨、小工业用盐 1306 吨,在 10 到 11 月份和用盐厂家签订下一年的生产用盐供需合同 53 份。二是精心搭建消费平台,不断促进区域食盐消费水平。按照区公司年初工作会议精神"品种多样化、品质层次化、价格阶梯化、经营品牌化"的原则,把高品质、高附加值的 430 克海藻碘盐、自然晶盐、钙盐、低钠盐、洗涤盐等,采取送货上门、加强和客户面对面沟通交流,强化宣传引导,打消他们对盐业体制改革的疑虑,让"桂盐牌"食盐深入人心,加大多种盐品的市场投放力度,针对农村、边境及改革后市场竞争的需要,规划部分价格适中的食盐品种作为产品储备,根据改革推进情况和市场反馈信息适时调整供应品种。增大社会库存量。公司通过 10、11 月的走访推销,小包装食盐销售 6513 吨,在保证完成全年工作任务的同时,和客户签订了下一年的食盐供需合同 120 份。三是继续推进载体建设,不断挖掘农村市场。盐业体制改革实施后,城市市场竞争首当其冲,尤为激烈,因此,公司加紧

筑牢城乡之间、乡村之间的商贸街区,着力打造各乡镇村屯的"盐业一条街"工作,积极扶持城乡之间、乡村之间的食盐零售终端客户,让他们充分了解"桂盐"牌盐产品。在大新、天等农村走访时发现,盐行业的品牌和政策在农村还是鲜为人知,他们购买的盐产品只是限于食用的海藻盐,所以公司要加大宣传多样化的盐产品,突出"桂盐"品牌的同时,在一些加工酸菜、头菜、生姜、辣椒的乡镇发展和扶持加工腌制用户,提高服务质量、效率和效益。

【企业管理】 2016 年,崇左盐业分公司认真抓好企业内部管理,进一步明确销售责任,落实吨盐工资制度,有效调动职工管市场、抓销售的积极性。根据销区的消费者用盐特点制订小包装盐宣传和销售计划,要求支公司、自营点落实到位,实行领导包干承包责任制,层层签订销售任务责任状,销售人员实行吨盐工资制度,内部管理人员按累计总量完成进度核发工资,切实做到完成工作量与工资挂钩。

【服务质量】 2016 年,崇左盐业分公司为了提高服务质量、树立企业形象,结合"精准扶贫"工作的开展,由扶贫工作队与乡镇、村屯联系联系,联合崇左市疾病控制中心有关人员到乡镇、村中进行宣传,并与工商、防疫部门、新闻媒体做好食盐专营宣传工作,提高群众对碘缺乏危害的认识。在日常市场检查的同时,向群众宣传碘缺乏危害性,增强群众防范意识。经营科会同有关部门在"3.15"和"防治碘缺乏病日",耐心向群众解读2017 年《盐业体制改革方案》,耐心向群众讲解识别假冒伪劣盐品的方法,发放宣传资料。取得了明

显效果。通过宣传使群众提高了对盐业工作的认识,自觉抵制各种涉盐违法行为,提高了企业形象。

【盐政管理】 2016 年,崇左盐业分公司继续以《全区盐务管理局开展治理假盐专项行动方案》为指导,以区局的"区局主导,市局主管,县局主抓"为原则,拟定行动方案,争取崇左市有关领导的支持,积极联系辖区各县、市、区职能部门,按照《崇左市治理制贩假盐专项行动方案》要求,克服人少管辖面广的特点,集散为整,把分散的、有限的执法人员整合起来,形成拳头,在崇左市各职能部门的积极配合下,对各个辖区进行有效的检查和监管,打击各种涉盐违法行为。实行辖区领导分片负责制,分片包干、责任到人、杜渐防微,保证食盐市场的纯洁,形成一级对一级负责的盐政市场管理机制。平时着重监管好各二级配送零售点、集贸市场、商场、超市、用盐大户,掌握其购盐渠道,加强对相邻分公司边界市场的检查,重点是边境一带的集贸市场,特别着重检查凭祥市的市区、浦寨、上石,宁明县的爱店、板兰、龙州县的金龙、水口,大新县的硕龙等乡镇,打击越南私盐。其间,公司向群众介绍真假食盐辨别方法,做好治理假盐专项行动周报,宣传盐业政策法规,共发放资料 9350 多份,行动次数 5 次,出动执法人次 560 次,与职能部门联合执法、综合执法 3 人次,电视媒体报道 3 次。共检查食盐零售经营户 1555 户、食品加工用盐 33 户、其他用盐 21 户、工业用盐 12 户,查办案件 11 件(其中假盐案 10 件),查获涉案盐产品 0.10422 吨(其中假冒盐 0.073865 吨),处罚 11 人次,罚款 5750 元。

【财务管理】 2016 年,崇左盐业

分公司为了保证资金的安全和任务的完成,年初根据区公司下达的购销存计划做好利润、费用的测算工作,确保全年财务收支有序地进行。在日常工作中严格监控财务指标的完成情况,做到年初有计划、每月有分析、季度有总结、全方位监控各项经济指标的完成进度,从而保证年终费用不超标,利润要达标。与区公司财务部及当地金融部门搞好协调关系,保证购盐资金和其他费用到位,使全年购、销工作得到顺利开展。及时地分析测算经营情况,当好领导的参谋,保障了各项工作的正常运转。

【其他】 2016 年,崇左盐业分公司认真搞好单位综合性工作,保证公司业务的顺利开展。一是进一步健全和完善各项管理规章制度。加强对人、财、物的管理,突出制度管理,严格照章办事。进一步明确了工作职责,完善了请假、值班等各种常规管理。更新了薪酬分配办法。充分体现了对事不对人的管理理念,各项工作井然有序。为迎接市政府各项工作检查验收,明确专人对党建工作、党风廉政建设、精神文明、政务公开等工作进行了补充和完善。二是认真抓好档案管理。对档案实行专人、专柜管理。年内,通过了档案局人员的检查,完成了分公司的档案整理工作,继续保持"自治区级档案管理单位"称号。 (洪宏明)

石 油 业

【中国石化销售有限公司广西崇左石油分公司】

概况 中国石化销售有限公司广西崇左石油分公司(以下简称中石化崇左石油分公司)下辖崇

左本部片区及扶绥、大新、天等、宁明、龙州、凭祥7个县级公司和1座1.3万立方米库容的油库。

公司以"为美好生活加油"作为企业使命，以"建设成为人民满意、世界一流能源化工公司"作为企业愿景，以"人本、责任、诚信、精细、创新、共赢"为企业核心价值观，致力于使公司不断发展壮大的同时，为社会带来福祉。

中石化崇左石油分公司主营汽油、柴油的零售、直销和批发业务以及非油品业务，是崇左市辖区成品油主要供应商。2016年，在营加油站65座，易捷便利店65个，IC卡联卡网点及发卡点实现在营加油站全覆盖。全年共销售成品油28.45万吨，同比增长5.56%。

成品油市场供应 2016年，在全球经济缓慢复苏的背景下，世界石油供需宽松，国际油价在经历大起大伏后触底反弹，国际原油市场呈现出"低价位"、"高供给"、"高库存"和"低需求"的局面。国内市场方面，成品油消费也出现萎缩，增速放缓。面对困难挑战，中石化崇左石油分公司以"比学赶帮超"、"多卖一吨油"等活动为契机，积极扩量增效，推进从严管理，不断深化改革，企业发展呈现良好势头，共销售成品油28.45万吨，持续发挥了全市成品油供应主渠道作用。

加油站规范化建设 2016年，中石化崇左石油分公司进一步优化网络布局，加大加油站规范化建设力度，提高发展质量。一是网络质量有新提升。新增加油站1座，在营站从64座增加到65座，万吨站增加1座，达到3座。二是抓改造增量。完成提量改造15座站，隐患整改5座，夯实了增量基层。三是抓打非增量。主动引导及配合政府部门开展市场专项整顿，组织检查、查封非法批发点、加油点、

私设罐，进一步净化了市场。

企业管理 2016年，中石化崇左石油分公司认真贯彻执行上级决策部署，围绕"建设人民满意、世界一流能源化工公司"的目标，以"从严管理年"、"比学赶帮超"、"三严三实"、"四亮四带头"、"两学一做"等活动为契机，努力做到做大经营规模的同时注重管理进步，寻求企业发展的同时保证队伍和谐稳定，提升服务的同时兼顾员工满意度。一是做好专业管理人员的技能培训，有针对性地开展阶段培训，分别从营销策划、门店布局与陈列、商品管理等方面着重培训，逐渐提高基层管理人员的专业技能，用阶段性的培训，来转变基层管理人员的销售管理观念，充实管理人员的业务知识，更好地融入市场开展各项营销活动。二是开展多种类型的营销活动。通过组织开展"多卖一吨油"、"节假日营销"、"微信吸粉攻坚战"等主题活动，持续提高员工销售积极性。三是经营管理"比学赶帮超"工作激励作用明显，年内获得39面红旗，其中年度先进红旗7面、季度红旗5面、月度红旗27面。在集团公司先进表彰中，中石化崇左石油分公司进步能力排第34名，连续两年进入前50强。

企业改革 2016年，中石化崇左石油分公司加快推进改革，进一步完善体制机制建设。一是积极推动用工改革，完成劳务派遣人员身份转换工作。按照中央国资委、集团公司出台的劳动用工改革制度要求，中石化崇左石油分公司认真把握政策要求，精心组织，稳步推进，于2016年1月1日，顺利完成153名原劳务派遣工与中石化崇左石油分公司的劳动合同签订工作，其间未出现不稳定事件，实现了用工改革的平稳过渡。二

是完善薪酬分配制度改革工作。对加油站人员薪酬结构进行了优化调整，提高了加油站员工绩效薪酬的比重，使加油站员工工资增长，改变了以往"激励不足，保障有余"的薪酬分配模式，极大地提升了一线员工的销售积极性。三是利用新平台，开拓新市场。年内中石化崇左石油分公司举全司之力、全员之智开展微信吸粉绑卡活动，利用微信打造一个含油卡充值、商品支付、优惠让利等业务的综合销售网络平台，全年共发展粉丝9.5万人、绑卡3万张，排名全区首位，为实现非油品销售增量提供了保障。

安全生产 2016年，中石化崇左石油分公司认真贯彻落实安全环保有关法律法规，严格执行QHSE管理制度，安全数质量管理水平总体提升，运行平稳。一是明确HSE目标，严格HSE指标落实与考核。围绕区公司HSE总体目标，紧密联系中石化崇左石油分公司实际层层分解落实，各部门对目标进行细化、量化指标和制定工作措施，重点是分解为设备完好率、隐患整改完成率、领导干部定点联系到位率、现场施工安全率、运输车辆安全运行率等涉及包括10项工作内容共56项HSE指标。二是落实安全生产责任制。根据HSE管理体系要求，明确了各部门的负责人为本部门HSE的第一责任人，在各部门设立1名HSE管理员，完成了从公司领导到各职能部门再到各片区、库站班组和个人的HSE承诺书层层签订工作，在全公司范围内形成齐抓共管的良好安全生产管理氛围。三是抓监督检查，着力提高HSE管理的执行力。2016年，中石化崇左石油分公司根据上级以及HSE管理的工作要求，组织12个部门，1座油库，7个县

公司(片区)、65座加油站对收发油作业、设备设施、防雷防静电接地、施工安全等薄弱环节开展HSE检查共12次。四是从严抓安全、抓数质量,投入118.6万元完善视频、治理隐患,督查队每周现场督查、加强视频抽查,从机关到基层实现安全考试、"安全日"活动常态化,施工管理做到重大作业领导带班、现场签作业票、作业票日清日结、分区可视化管理、每日JSA分析、油品损溢管理、出入库检测更加严格,确保了全年安全无事故。高度重视年度安全评价,全面推动问题整改,规范施工管理,强化设备保养、预案演练,安全评价获得A级。

（冯立勇　罗丙宗）

【中国石油天然气股份有限公司广西崇左销售分公司】

概况 中国石油天然气股份有限公司广西崇左销售分公司(以下简称中石油广西崇左销售分公司)2010年7月正式挂牌成立,按照中国石油统一的管理体系和运营模式,负责中国石油在崇左地区的市场开拓和经营管理工作。公司全面履行中国石油的经济、政治和社会责任,始终秉承"奉献能源,创造和谐"的企业宗旨,主营汽柴油零售、润滑油零售、日用百货和小包装食品等非油商品零售。2016年,机关设有综合管理部、质量安全建设部、业务运作部和财务部4个职能部门,公司在职员工186人,在营加油站21座,所属油站分布在江州区、凭祥市、龙州县、宁明县、天等县、大新县、扶绥县。分公司获"2016年先进基层单位",客运加油站获"中国石油百座示范站"。

成品油市场供应 2016年,国内成品油价格跌宕起伏,成品油价小幅调整俨然成为一种新常态。面对国内成品油市场复杂多变的形势,中国石油广西崇左销售分公司以稳健发展为总方针,以改革创新为源动力,不断提升销售能力、夯实发展基础、增强发展实力,推动规模发展、质量发展、效益发展,严格按照国家发改委规定的成品油价格进行供应,充分利用撬装设备、小油罐车、小油桶等上门配送、延伸服务,全面增强市场保供能力,全年销售油品10万余吨,同比增长11.8%。

加油站规范化建设 2016年,中国石油广西崇左销售分公司强化基础建设,持续提升品牌形象。一是扎实推进加油站形象提升工程。细化形象提升实施方案,着力打造了永鑫加油站—休息驿站、客运加油站—红色记忆站、崇驮加油站绿竹林、力丰涂鸦墙,为进一步建设加油站形象树立了榜样标杆,进一步提升了中国石油在崇左地区的品牌形象与市场竞争力。二是打造"星级卫生间"。全面开展卫生间专项整治工作,"一站一策"定立环境卫生新标准,建立卫生责任制,责任到人,包干到班组,提倡"花小钱、卫生间靓起来",每日上传卫生间环境情况,每月对各站卫生间进行检查评估,及时解决了硬件设施残旧损坏等问题。

企业管理 2016年,为崇左分公司管理提升年。一是编制下发了《2016年崇左分公司基础管理考核细则》,持续提升加油站基础管理工作,全年共开展日常稽查168站次,发现问题2793项,整改完成率达93%。二是构建机关"大服务"体系。并以《崇左分公司机关全员"挂点帮扶、助力发展"主题活动方案》为保障机制,将机关人员绩效与加油站基础考核成绩挂钩,促进机关将更多的精力向基层集中,上下一心破除加油站管理瓶颈。

安全生产 2016年,中国石油广西崇左销售分公司以安全管理为主线,以人员管理、设备管理为核心,以完善规章制度为重点开展各项工作。一是加大"三违"行为查处力度,累计查处违章行为9起,给予红牌警告6人,黄牌警告1人,记违规行为9人次。二是不断完善HSE三级培训内容,定期组织开展安全生产知识、交通安全知识、非常规作业许可等培训,强化员工安全意识,增强风险辨识能力。三是加强与运输公司的沟通,推行0.5‰配送考核机制,降低全年配送损耗,全年运输损耗下降0.15‰。

（王　禹　李妃宏　曾丽春）

供销合作联社

【概况】 2016年,崇左市供销社落实自治区供销社和市委、市政府关于供销合作社综合改革的决策部署,克服经济下行压力的不利影响,加强业务经营管理的指导,全面铺开供销合作社综合改革试点,强化项目工作协调服务,狠抓安全生产和社会稳定工作,各项工作稳步推进。

【商品购销】 2016年,全市供销合作社系统全年购进总额为15.69亿元,比上年增长13.3%;销售总额为17.98亿元,比上年增长16.5%;农副产品购进额为1.69亿元,比上年增长18.3%;消费品零售额为8.20亿元,比上年增长19.3%;售给农民的农业生产资料为7.84亿元,比上年增长14.5%;再生资源回收额为637万元,比上年增长14%;2016年实现利润216万元,比上年增长 9.6%。

【经营网络建设】 2016 年,崇左市供销社为优化经营服务网络,启动了崇左市供销"千网工程"建设,全市 67 个基层供销社中已有 40 个基层供销社进行了不同程度的改造,全年基本完成新建、改造、提升、整合、优化经营各类经营网点 800 个的目标任务,供销社服务网络进一步完善提升。

【固定资产投资】 2016 年,全市供销合作社采取有效措施开展土地等固定资产盘活开发,推进改造农贸市场 8 个,全年共续建、新建项目 25 个,完成固定资产投资 2530 万元,达到了社有资产升值、基层社服务阵地巩固的双赢目标。

【综合改革】 2016 年,全市供销合作社系统扎实推进综合改革试点工作。自治区供销合作社综合改革试点龙州县顺利通过自治区的考核评估,被评为合格等次。年内,全市供销合作社综合改革确定各县(市、区)供销合作社综合改革试点乡镇 29 个,探索供销合作社综合改革试点 14 项规定动作及 13 项自选动作,获得自治区供销社肯定。主要试点工作:一是推进基层供销社"三位一体"组织架构。全市供销合作社系统构建了 13 个以乡镇基层社、农民专业合作社联合社、综合服务站为"三位一体"组织架构,分别是天等县 2 个(天等镇、把荷乡),大新县 2 个(硕龙镇、下雷镇),扶绥县 2 个(渠旧镇、中东镇)、宁明县 2 个(峙浪乡、桐棉乡),龙州县 2 个(下冻镇、上龙乡),江州区 2 个(新和镇、驮卢镇),凭祥市 1 个(夏石镇)。二是依托农业经营实体开展土地托管服务。全市供销合作社开展土地托管达到 1061.99 公顷,其中市社控股公司——崇左市倚源农业有限公司开展甘蔗托管服务,面积 306.67 公顷;7 个县(市、区)供销社也结合当地实际开展土地托管服务,服务面积分别为:扶绥县 88 公顷,大新县 109.06 公顷,天等县 166.73 公顷,宁明县 87.3 公顷,龙州县 122.33 公顷,凭祥市 82.07 公顷,江州区 100 公顷。托管方式以半托管为主,服务内容主要以农资供应、测土配方施肥为主。三是积极探索农村电子商务服务。全市供销合作社共组建了 9 家电子商务公司,分别是崇左市供销淘实惠电子商务有限公司、龙州县供销经营管理有限公司电子商务分公司、龙州县供销淘实惠电子商务有限公司、扶绥长盛电子商务有限公司、大新县供销电子商务有限公司、天等县供销电子商务有限公司、宁明县淘实惠电子商务有限公司、凭祥市供销资产经营管理有限责任公司电子商务分公司、崇左市江州区泽源供销资产经营管理有限公司(原有企业新增开展电子商务业务经营)。四是大力开展农产品批发市场新建改造工作。全市供销合作社系统已完成改造农贸市场 7 家,分别是宁明县寨安供销社农贸市场、龙州县罗回供销社农贸市场、龙州县金龙供销社农贸市场、天等县龙茗供销社农贸市场、天等县驮堪供销社农贸市场、大新县福隆供销社农贸市场、大新县全茗供销社农贸市场,正在新建 1 家农贸市场(凭祥友谊供销社隘口农贸市场)。五是全面推进"县基合一"治理机制。全市 7 个县(市、区)供销社均已建立了"县基合一"治理机制,均由县(市、区)供销社资产管理公司对直属企业、基层供销社的人、财、物进行统一管理。此外,打造崇左市特色的"国门供销社"的改革试点工作取得初步进展,大新县硕龙供销社通过重新印制中越双语店招牌的宣传作用,提高门店货品销售量,提升"国门供销社"为中越两国边民提供服务的能力。崇左市供销社参股崇左市佰果香种植专业合作社,以合作社为载体,通过合作社的引领示范作用,带动村民种植台湾特色水果,合作社已种植火龙果、葡萄各 6.67 公顷,下一步合作社规模扩大后将从农产品加工入手,结合生态休闲旅游,逐步打造崇左市供销社"一二三"产业融合示范点。

(陈学绣　黄秋丽)

个体工商业

【概况】 2016 年,崇左市个体工商业总体行业分布态势与上年年末基本一致,行业主要集中在批发零售业、居民服务业和其他服务业、住宿和餐饮业和交通运输业,分别占据了个体总户数的 93.39% 和个体总资金数的 84.35%。其中,批发和零售业吸纳了崇左市 71.36% 的个体户数、62.88% 的个体从业人员以及 62.88% 的个体资金。全年从业人员和注册资金均有所增长,但个体工商户户数有所减少,主要原因有:一是不少个体工商户做强做大,由个体工商户转为私营企业;二是受到电子商务的冲击,有部分个体工商户转做电子商务;三是对长期不经营个体工商户开展清理,注销了一批个体工商户。尽管 2016 年全市个体工商户户数有所减少,但从业人员与注册资金均有增加,因此崇左市个体工商业整体上仍稳步健康发展。

(李　玲)

2016 年崇左市个体工商业行业结构分布表

行业分类	期末实有						其中:本期登记			本期注销（户）	
	合　计			其中:城镇							
	户数（户）	从业人员（人）	资金数额（万元）	户数（户）	从业人员（人）	资金数额（万元）	户数（户）	从业人员（人）	资金数额（万元）	合计	其中:城镇
合　计	69459	132100	509903.80	52352	101152	383060.89	13792	28860	114426.64	13530	8751
农、林、牧、渔业	2686	35842.76	607	1598	23205.90	453	1164	14507.86	92	24	2686
采矿业	27	145	2172.80	13	52	1399.00	3	41	103.00	20	1
制造业	2099	6452	22917.67	1637	5431	14972.46	456	1687	6069.40	345	222
电力、热力、燃气及水生产和供应业	26	71	400.80	20	55	120.80	5	7	10.80	3	1
建筑业	215	567	1754.70	168	456	1417.10	63	157	551.20	8	7
批发和零售业	49563	83065	320607.16	37025	62056	241635.71	8643	15758	58189.07	9094	5584
交通运输、仓储和邮政业	2127	3966	16526.95	1335	2349	11329.80	324	561	2309.58	1869	1302
住宿和餐饮业	7362	18308	61311.64	5903	15346	48389.70	2101	5173	19565.56	1052	839
信息传输、软件和信息技术服务业	79	162	494.10	67	137	452.10	13	28	67.00	17	17
金融业											
房地产业	8	16	104.00	7	15	103.00	1	1	1.00		
租赁和商务服务业	536	1647	5424.40	475	1335	4497.60	169	646	1732.05	79	70
科学研究和技术服务业	76	165	316.58	65	145	275.18	11	25	72.80	23	16
水利、环境和公共设施管理业	1	5	10.00	1	5	10.00	1	5	10.00	1	1
居民服务、修理和其他服务业	5818	12900	31655.42	4640	10521	26466.42	1457	3280	9893.22	866	616
教育	22	91	607.30	21	91	607.30	13	51	110.50	2	2
卫生和社会工作	226	696	2768.00	163	600	2476.10	29	119	479.80	23	15
文化、体育和娱乐业	203	1010	6854.82	168	864	5620.72	49	151	748.80	36	34
其他	55	148	134.70	37	96	82.00	1	6	5.00		

旅　游　业

LUYOUYE

□编辑　黄适清

综　述

【概况】 2016年,崇左市旅游行业深入实施"发现山水崇左·圆梦别样桂林"旅游发展战略,突出重点、强化措施,抓好"崇左市文化旅游大发展三年行动计划"各项工作落实,全力做好文化旅游大文章,促进全市文化旅游产业持续稳定快速发展。全年全市累计接待游客2029.83万人次,同比增长27.09%;实现旅游总消费182.79亿元,同比增长38.01%。其中,接待国内旅客1991.54万人次,同比增长27.62%;实现国内旅游消费173.58亿元,同比增长39.32%;接待入境旅客38.29万人次,同比增长4.3%,实现国际旅游(外汇)消费13870.07万美元,同比增长8.46%。

旅游开发建设

【特色旅游品牌】 一是创建广西特色旅游名县。2016年3月,宁明县成功由广西特色旅游名县备选县进入创建县。大新、龙州创建广西特色旅游名县工作扎实推进,年末,自治区创建特色旅游名县验收组完成对大新县创建特色旅游名县的验收工作。二是国家A级旅游景区创建。德天瀑布景区创国家5A级

景区工作取得新突破,于2016年10月顺利通过创建国家5A级旅游景区资源质量专家评审,被列入创建国家5A级景区预备名单。大新德天·老木棉景区、左江花山岩画文化景区、石景林—园博园景区创建4A级旅游景区通过自治区级评定验收。同时,继续抓好乡村旅游、农家乐创建工作。扶绥县炎鑫度假村创建五星级乡村旅游区、广西凭祥市美人椒现代农业核心示范区和江州区桃花岛创建广西四星级乡村旅游区分别通过自治区级评定验收;大新骆越田园创建广西五星级农家乐、恩城水上世界创建广西四星级农家乐已通过自治区级评定验收。三是星级旅游饭店创建。2016年2月,大新老木棉漫心度假酒店被自治区星级酒店评定委员会评定为四星级旅游饭店。宁明花山温泉国际酒店、江州区圣展酒店等创建四星级旅游饭店通过自治区级评定验收。

【中越德天·板约国际旅游合作区】 一是加强组织领导。成立了中越合作保护和开发德天(板约)瀑布旅游资源崇左市推进工作领导小组,由市政府主要领导担任组长,从市、县有关部门抽调精兵强将组建4个专项小组,负责统筹协调推进保护和开发合作区旅游资源的规划、建设和管理等事务。二是制定工作方案。通过咨询专家学者,充分征求

自治区旅发委等部门的意见,研究制定了《崇左市推进中越德天·板约国际旅游合作区工作方案》,明确合作区建设目标和工作任务,确定合作区建设内容,分解工作任务,明确工作要求,有序推进合作区建设。三是落实清单管理。协助自治区拟出《中越德天·板约国际旅游合作区建设与越方会谈内容清单》《中越德天·板约国际旅游合作区建设工作责任清单》《中越德天·板约国际旅游合作区建设项目表》,并上报自治区协调委员会办公室。市本级制定了《中越德天·板约国际旅游合作区建设项目表(围网内)》《中越德天·板约国际旅游合作区配套项目表(围网外)》和《德天跨国瀑布景区创建国家5A级景区工作清单》3个主要工作清单,实行挂图作战,推进清单管理,明晰责任落实。四是狠抓景区创5A工作。着力完善德天瀑布景区公共服务设施,全面更新和维护景区区域范围内原有的旅游标识、标志、标牌,在景区外围建设一批旅游驿站(含旅游厕所)、游客咨询服务点等旅游公共服务设施,进一步完善了景区公共服务功能。

旅游宣传促销

【旅游宣传促销活动】 2016年,崇左市旅游发展委员会继续把旅

游宣传促销工作当作一项重要工作来抓，积极开展旅游宣传促销活动。一是研究制定崇左市2016年旅游目的地营销系统建设工作方案，着重从营销系统建设、营销广告投放以及专项营销活动等三个方面加强全市旅游市场营销工作，通过加快旅游形象Logo、宣传手册、旅游地图、旅游公众微信号、旅游微博等平面视觉系统建设及"发现山水崇左·圆梦别样桂林"主题旅游宣传片拍摄制作工作，逐步完善和统一全市旅游营销要素建设。二是组织开展系列主题旅游活动。元旦、春节期间，引导和组织各县(市、区)利用自身旅游资源优势，结合当地的实际、特色及民间活动，开展了一系列特色鲜明、形式多样、内容丰富、精彩纷呈的主题旅游活动，营造了浓厚的节日氛围。三是组织开展第十九海峡两岸旅游行业联谊会崇左旅游产品说明会，近500名台湾旅行商及区内外客商参加推介活动，深入宣传报道崇左中越边境丰富多彩、独具魅力的自然和人文旅游资源。四是在2016年崇左花山文化节举办"吃在崇左"旅游美食展销会、"壮乡三月三·崇左最好玩"旅游促销

活动、"山水崇左　岩画花山"旅游产品形象展等一系列旅游主题活动，取得了良好的旅游宣传效果。五是充分利用南宁国际民歌节的社会影响力，与组委会联合举办第18届南宁国际民歌艺术节2016年本色花山·大地飞歌晚会，并推出了《花山恋》等节目，取得轰动的社会效应，达到了宣传花山、宣传崇左的良好目标。六是充分利用北部湾(广西)联盟推广平台和重点旅游展览会推介会平台，分别赴港澳台、北京、上海、天津、湖南、浙江、四川、福建、河南、河北、山西等主要客源地和潜在客源地参加国家旅游局、自治区旅发委举办的旅游展览会，或举办专场旅游推介会，全面推介崇左旅游资源。七是成功承办"乐游广西(崇左)"冬季推广活动。12月11日—13日，由自治区旅游发展委员会、崇左市人民政府主办，崇左市旅游发展委员会、凭祥市人民政府承办的"乐游广西(崇左)"冬季旅游推广活动在凭祥举办。活动邀请了越南、泰国、老挝、缅甸、柬埔寨等东盟国家旅游局领导参加，全区各市旅游管理部门、旅行商、旅游商家企业等组团参加，吸引游客人数达15万人

次，取得了良好的旅游宣传效应。

【**旅游产业扶贫**】　一是组织开展旅游扶贫就业专题招聘会活动。2016年3月，崇左市旅游发展委与天等县人民政府在天等县龙茗镇联合举办"崇左市2016年春季旅游扶贫就业招聘会(天等分会场)启动仪式暨专场招聘会"，组织各景区景点、乡村旅游区、农家乐、星级饭店、旅行社等20多家企业向全市符合精准扶贫建档立卡条件、有就业能力且有就业或创业愿望的适龄劳动者开展招聘，共提供就业岗位320多个。同时，各县(市、区)也分别举办了系列旅游扶贫就业招聘会，共达成用工意向650多人。二是积极引导乡村旅游区示范带动农民脱贫致富。龙州县彬桥乡"老地方"民俗生态休闲乡村旅游示范区以"公司＋基地＋农户"的模式发展乡村旅游，通过整合土地资源，对全屯土地进行统一规划经营，开展民族村寨风貌改造建设，打造成为集农业观光、民俗体验、休闲度假为一体的乡村旅游示范区。凭祥市上石镇宝岛美人椒农业核心示范区实施"美人椒"辣椒产业扶贫项目，引导周边230多户贫困户以每户3500元的政府产业扶持资金入股辣椒种植合作社，每户年收入增收达3000元左右。三是不断创新旅游扶贫模式。采用"生态＋文化"、"景区＋农家"、"农庄＋游购"等模式，扶持农民参与发展旅游产业。大新县堪圩乡明仕村率先在全区成立了首个"农宿协会"，规范"农家乐"的经营和管理，打造"明仕农家乐"一条街，依托当地优势资源和特色农业产业，采取"公司＋农户"的模式，抱团发展旅游产业，为当地贫困群众提供了近250个就业岗位，让农

2016年8月26日，越南凉山省文化体育旅游厅与中国广西崇左市旅游发展委员会举行越中边境旅游发展合作会谈

民通过打零工、办旅馆、摆小摊、开饭店、加工旅游纪念品等,实现就近就业、脱贫致富。

旅游市场管理

【旅游市场监管】 一是积极倡导文明旅游。认真做好节日期间文明旅游工作,积极落实中央文明办《关于进一步加强文明旅游工作的意见》,通过向游客发放《文明旅游出行指南》小册子、《崇左市文明旅游倡议书》,以及广播、电台、电视、手机短信、微博、微信等平台,多渠道倡导文明出行。同时,积极参与上级部门举办的"文明旅行社"和"文明导游"评比活动,努力营造文明旅游的良好氛围。二是加大旅游市场整治力度。联合工商、物价等部门,重点针对旅游企业违法经营、虚假宣传广告、零负团费、强迫消费以及导游接待服务质量等进行了联合执法检查,对星级饭店接待服务质量进行了明察暗访。认真处理游客的投诉,全年受理旅游投诉21件,案件办结率100%。

旅游行业管理

【旅游饭店管理】 2016年,崇左市旅游委进一步开展创建星级饭店

2016年9月,崇左市旅游发展委员会联合团市委、市妇联举办崇左市2016年导游选拔赛(图为参赛选手在进行比赛)

工作,对星级饭店接待和服务质量进行了明察暗访。提高旅游产品的档次和品位。截至年末,大新老木棉漫心度假酒店、宁明花山温泉国际酒店、江州区圣展酒店等被自治区星级酒店评定委员会评定为四星级旅游饭店。

【旅游安全检查】 2016年,联合相关部门组织开展多次旅游安全检查,及时消除各种旅游安全隐患。元旦、春节、五一、端午、国庆黄金周等节假日期间,公安、交通部门及时加强交通疏导,合力安排交通运力,缓解自驾车增多带来的交通压力,旅游、工商、物价、食品药品监督等部门加强了旅游市场监管

和执法检查力度,及时处理旅游投诉问题。

【旅游业务培训】 2016年,市旅游发展委员会组织开展《广西壮族自治区旅游条例》培训班,参训人员约100人,此项培训对如何正确理解并运用该条例起了积极作用,有利于规范和保护经营者和旅游者的合法权益。组织开展全市旅游选拔大赛,推选优秀中文导游和英文导游各1名到自治区参加全区导游大赛。与广西旅游人才培训中心、桂林旅游学院联合举办"崇左市旅游扶贫村(屯)致富带头人业务技能培训班",来自崇左市41个旅游扶贫村的"两委"干部、村民小组长、致富带头人、包村干部等共41人,在桂林旅游学院继续教育学院参加了为期5天的培训。培训班以现场教学、经验分享、主题讨论为主要培训方式,带领学员深入桂林阳朔月圆山庄、七仙峰茶厂、矮山门村、兴安马头山庄、恭城红岩村等精品乡村旅游区、农家乐、旅游合作社进行实地学习与交流。

风光秀丽的大新德天瀑布

(黄锦玉)

经济管理

JINGJI GUANLI

□编辑 黄适清

宏观经济管理

【概况】 2016年，面对新旧困难交织、经济下行压力依然较大的严峻形势，在市委、市政府的正确领导下，全市上下坚决贯彻落实中央、自治区决策部署，凝心聚力，迎难而上，全力做好口岸经济、文化旅游发展两篇大文章，打好产业转型升级、农村全面脱贫、新型城镇化、基础设施建设四大攻坚战，全市经济总体呈现企稳回升、向好趋势进一步增强的良好态势，实现了"十三五"良好开局。全市地区生产总值完成766.20亿元，同比增长8.2%。其中，第一产业增加值167.69亿元，同比增长3.4%；第二产业增加值310.69亿元，同比增长7.9%；第三产业增加值287.82亿元，同比增长11.5%；三次产业结构调整为21.9：40.5：37.6，对GDP的贡献率分别为9.4%、38.7%、51.9%。规模以上工业总产值完成747.06亿元，同比增长12.8%；规模以上工业增加值完成251.97亿元，同比增长7.1%；固定资产投资完成831.41亿元，同比增长20.2%；财政收入完成58.2亿元；外贸进出口总额完成1230.73亿元人民币，继续领跑全区，占全区外贸进出口总额四成；社会消费品零售总额完成131.34亿元，增长10%；城镇居民人均可支配收入26605元，同比增长8%；农村居民人均可支配收入9801元，同比增长9.9%；居民消费价格累计上涨2%，控制在自治区下达的3%涨幅以内。

【年度计划目标编制】 2016年，经济社会发展形势挑战和机遇并存。一方面，国际政治经济依然存在不确定性，世界经济复苏乏力，持续影响中国金融市场、进出口贸易，中国产能过剩依然严重，投资有所回落；全区已处于工业化中期阶段，正处在爬坡过坎的关键时期，经济企稳回升的基础不牢；崇左市经济结构层次不高，资源型产业比重仍较高、创新能力不足、资源能耗消耗较大，投资后劲乏力，贫困发生率高，经济下行压力较大。另一方面，崇左市也面临重大的发展新机遇，主要有国家实施"一带一路"倡议、中国－东盟自由贸易区升级版建设、中央赋予广西"三大定位"、中央和自治区做出打赢脱贫攻坚战的决定《左右江革命老区振兴规划》实施、自治区实施四大战略和推进三大攻坚战等重大机遇，国务院出台支持沿边重点地区开发开放8个方面31条政策措施，国家、自治区继续实施一系列稳增长政策措施。对于崇左市自身来说，全市上下正大力实施"两加"、"两成"战略，重点发展五大支柱产业，打好十大重点战役，特别是糖价有回升态势，实施清收费降电价减负担，将进一步促进企业恢复生产，提高产值，同时一批新的产业项目陆续竣工投产，产业结构加快调整，拉动经济持续增长的新动力不断形成。2016年崇左市经济社会发展主要预期目标：生产总值增长8.5%；财政收入增长7%；固定资产投资增长20%；规模以上工业增加值增长10%；社会消费品零售总额增长10%；外贸进出口总额增长13%；居民人均可支配收入增长9%；居民消费价格指数涨幅控制在3%以内。提出上述目标，既考虑到崇左市发展环境、产业增长潜力、需求支撑条件以及土地、资金、节能减排等各方面因素，也考虑到了崇左市潜在的不确定因素，为体制改革和结构调整创造条件，同时，也与"十三五"规划目标进行了紧密衔接。

【发展规划编制】 2016年，市发展改革委坚持规划带动战略，深入推进规划研究、实施等工作，成效显著。编制了《崇左市国民经济和社会发展第十三个五年规划纲要（草案）》，2月26日经崇左市三届人大七次会议审议通过，3月22日由市人民政府正式印发实施。统筹推进全市"十三五"专项规划的编制，组织编制27个重点专项规划，待市政府审定后印发；完成22个一般专项规划审查待印发。

【固定资产投资和项目建设】 2016年，全市投资保持较快增长，全年固定资产投资完成831.41亿元，同比增长20.2%，比全区12.8%的增速高7.4个百分点，增速排全区第二位。重大项目建设加快推进，133个市级以上层面重大项目完成投资132.4亿元，实现开工项目27个，其中自治区层面重大项目完成投资56.8亿元，完成年度计划的105%。左江治旱驮英水库及灌区工程、广西湘桂酵母科技有限公司年产20000吨活性干酵母建设工程项目、天等牛头岭风电场、崇左市濑湍污水处理厂及配套排污管网工程、凭祥市边境贸易货物物流中心（中越跨境）货物专用通道、中国－东盟青年产业园农副产品加工区路网建设项目、宁明海渊农副产品集散中心项目、广西甘蔗高产高效现代化集成技术中心项目等一批项目实现开工，广西东泥天等水泥有限公司4000吨/日熟料新型干法水泥生产项目、广西龙州中越小商品商贸物流项目、中越边境中药材商贸物流中心项目（宁明爱店）、广西扶绥龙谷湾旅游休闲度假区项目等项目实现竣工。全市积极推进重大项目前期工作，市本级财政全年共安排1.48亿元前期工作经费，重点推进中央预算内投资项目、左右江革命老区三年行动计划项目、做好"两篇大文章"打好"四大攻坚战"项目、国家专项建设债券项目的前期工作。

【资金筹措】 2016年，市发展改革委狠抓项目资金筹措，积极争取上级资金支持，共争取204个项目纳入中央和自治区投资计划，争取到上级补助资金9.02亿元；争取到国家专项建设基金19.87亿元，比2015年多17.56亿元。亚行贷款区域合作发展促进项目已初步确定获得第一批贷款1.026亿元人民币；与北部湾银行合作设立基金10亿元，与桂林银行、兴业银行、浦发银行合作设立基金正在落实。全市计划安排重大项目前期工作经费2亿元，其中市本级安排8884万元，专项用于崇左市重大规划、重大课题、重大项目前期工作。

【应对气候及节能减排】 2016年，按照国家和自治区应对气候及节能减排工作的统一部署，扎实有效推进节能减排各项工作，成绩显著。一是超额完成自治区下达"十二五"节能目标任务。"十二五"期间，自治区下达崇左市节能目标为万元GDP综合能耗下降13%。经统计部门审核确认，2011—2015年崇左市万元GDP综合能耗累计下降18.13%，完成"十二五"节能目标的143.61%，超额完成自治区下达"十二五"节能目标任务。二是积极有效推进循环经济试点工作。积极实施企业、园区循环经济试点建设，完成五个循环经济试点建设，其中湘桂糖业循环经济园区列入《广西循环经济发展实施方案》重点循环经济示范园区，扶绥县蔬菜清洁生产示范项目建成投入使用；推进列入自治区"十二五"园区循环化改造的凭祥边境经济合作区循环化改造工程实施方案获得自治区发展改革委批准。三是推进重点节能减排项目中央预算内项目申报。通过国家重大建设项目库系统，向自治区申报"三年滚动"投资项目，2016年资源节约和环境保护类专项申报的项目有：崇左市濑湍污水处理厂及配套排污管网工程、大新县雷平镇污水处理厂、中国－东盟青年产业园污水处理工程、崇左市大新县能量系统优化节能技改项目等4个项目。四是加快重点工程建设，推进技术

节能减排。加快崇左市濑湍污水处理厂及配套排污管网二期工程、凭祥边境经济合作区污水处理厂建设进度，建成投入使用，促进崇左市节能减排及环境保护。重点实施节能技术改造、循环经济和清洁生产示范项目，加大锅炉改造、余热余压利用、能量系统优化、可再生能源利用以及以综合利用为重点的循环经济示范项目和减少污染物排放为特征的清洁生产示范工程建设。五是紧抓耗能企业监管。进一步加强重点用能企业尤其是列入国家"万家企业节能低碳行动"的崇左市企业的节能监督管理，加快碳排放权交易工作在崇左市的开展，进一步落实能源管理负责人备案制、能源审计制、能源利用状况报告制、节能目标考核制、产品能耗限额制等节能管理制度。

【体制改革】 2016年，市发展改革委统筹推进经济体制改革相关工作。完成制定了《崇左市2016年经济体制改革重点改革任务清单》《崇左市2016年深化经济体制改革重点工作的意见》；制定并印发乡镇"四所合一"改革、创新驱动发展等4项改革方案；完成国有企业功能界定与分类、改革和完善国有资产管理体制、加强和改进企业国有资产监管防止国有资产流失等3项改革方案制定，待市政府审定印发实施；住房制度改革、价格机制改革等2项稳步推进。

2016年，崇左市机关和参公事业单位公务用车制度改革工作取得良好成效。自2015年12月31日崇左市公务用车制度改革实施方案获得自治区批复后，建立了应急、机要通信、调研用车和执法执勤车服务平台。制定《崇左市本级机关单位公务用车管理服务平台建设方案（试行）》及相关配套文

2017年2月17日，崇左市人大常委会主任、市委书记刘有明（前左三）、市长孙大光（前右二）到广西南国铜业项目调研

件，对保留的车辆分为4组10个车队进行管理。对封存停驶的车辆采取划拨、报废和拍卖等处置方式，各项工作均得到稳步地开展。同时，完成非参公事业单位和国有企业公务用车改革前期摸底调查工作。 （陆秋枫 零培将）

国有资产监督管理

【概况】 在国家大力推进供给侧结构性改革背景下，市属国有企业在经历去产能、去库存、去杠杆、降成本、补短板带来企业改革阵痛的同时，通过研究对策、加强管理、抓市场、上项目，经营业绩显著。2016年，全市市属国有企业9家，资产总额为16.25亿元，负债总额为54.57亿元，所有者权益为107.97亿元，总投资项目60个（其中新建7个、续建32个、完成项目17个），职工总数208人，国有资本实现健康运营。

【国有企业改革】 2016年，崇左市国资委按照《关于我市国有企业全面深化改革的实施意见》要求，稳步推进国企改革。一是崇左市国有企业功能界定分类稳妥起步，公司制改革成效显著，全市国有企业改制面达73%。二是资源整合和改制重组取得新突破，进一步加快政企分开、政资分开。以左江花山岩画申遗成功为契机成立了左江花山投资股份有限公司，整合全市文化旅游资源；市壶城棚户区投资公司划转作为市城投公司的子公司、市旅游投资公司划转左江花山投资股份有限公司，正在处置"僵尸"企业——南宁地区贸易公司（原南宁地区转运站），崇左市自来水厂、市建设投资公司的事业单位转企改制等工作有序推进。三是完成了全市机关事业单位办企业情况调研，逐步实现经营性国有资产集中统一监管。四是建章立制重管理，研究制定国有企业改革相关配套文件，形成崇左市国企改革"1+N"文件体系。《崇左市市属国有企业负责人薪酬管理实施意见》《崇左市关于合理确定并严格规范国有企业负责人履职待遇、业务支出的意见》《崇左市企业国有资产监督管理暂行办法》《进一步建立完善市属国有企业法人治理结构的意见》《崇左市市属企业董事会建设暂行办法（试行）》《崇左

市市属企业监事会建设暂行办法（试行）》已全部经市委、市政府审定通过并印发实施，逐步完善了以制度管企业、管人、管事机制。

【国有资产监管】 2016年，崇左市国资委进一步完善国资委监管体系建设，一是专项巡查促监管，监管进一步常态化。按照中央、自治区的有关部署，市国资委组织考察组对市属企业进行专项巡查，重点巡查了企业及其负责人执行中央八项规定、执行"三重一大"制度及重大项目、重大开支等情况进行巡查，共向市纪委上报了2条巡查中发现问题线索。通过巡查，深入了解掌握企业党风建设和反腐败工作情况以及企业领导班子成员廉洁从业情况，查找制度存在的漏洞，防微杜渐，为国企保值增值保驾护航，营造企业负责人廉洁从业的良好发展环境。二是对日常执行情况实行定时监督检查和明查暗访，不定期地组织开展财务支出、项目推进及管理等专项检查。督促企业和机关各科室结合岗位职责，认真查找可能出现廉洁风险的环节和风险点，研究制定防范措施，将风险防范融入业务工作流程。重点加强对企业重点岗位和重点人、物质采购、工程项目、资金运行、产权交易等风险防控，强化权力运行监督。三是坚持多措并举，强化对企业负责人监督，把加强对企业负责人特别是一把手的权力观教育放在监督首位，切实加强对国有企业负责人的培训。分别于9月底在浙江大学举办了全市国有企业改革创新发展研修班，11月底在崇左市委党校举办了崇左市国有企业负责人履职能力提升培训班。培训课程增加了廉政建设教育内容，增强企业负责人纪律意识、规矩意识和主动接受监督

的意识。通过集体廉政谈话、个别约谈、听取群众意见等方式，对企业负责人勤提醒、多警示。还不定期查看企业重大事项记录、台账等，对违规插手项目招投标等有关事项如实向党委反映并严肃问责，防止前任干扰后任、上级干扰下级、同级相互利用的现象，对领导干部用权实施全流程、多方位监督制约。四是督导监管企业完善内部监督体系，引入外部监管力量，形成监督工作的体系完善。年内，出台了《崇左市市属国有企业监事会管理暂行办法》，按照要求，配齐了6家企业的董事和监事，特别是成立了监事会办公室，实现对企业外派监事，有效整合监事会、审计、财务等部门的监督力量，监事会完善以后，将参与企业决策，紧紧盯住企业生产经营的重点领域、关键环节和重点人，做到事前、事中、事后监督不断线。

【国有企业投融资】 2016年，崇左市国资委积极开展多渠道灵活融资，整合各企业、部门力量，盘活崇左市和留邕资产，通过发行企业债券、基金、信托融资、融资租赁、申请政策性银行贷款、外国政府贷款、县市入股、企业入股等渠道广泛融资，为崇左市城市建设和发展提供资金保障。年内市建投公司、工业区投资建设有限公司、城投公司、花山投资股份有限公司、水利投资有限责任公司等5家企业融资44.35亿元。

【其他】

狠抓基层党建工作，助推国有企业改革 一是落实主体责任，全面推进国有企业改革的健康发展。主要领导组织召开市国资委党委会9次研究党建工作，班子成员深入企业调研19次，深入扶贫挂点包村12次，以宣讲中共十八届六中全会、自治区十一次党代会精神等为内容到监管企业上党课3次，不断谋划推进国有企业党建工作新思路新举措。二是突出重点，狠抓国有企业党建工作薄弱环节。着力解决组织设置上的薄弱环节，要求每个企业党员人数达到3人以上的一定要成立党支部；着力解决党组织软弱涣散的薄弱环节，明确人员专职或兼职负责党建工作，党员必须按规定过组织生活。着力解决企业破产倒闭其党员失联、管理不到位的薄弱环节，通过各种途径掌握流动党员的相关信息，保持联系，通报党内生活情况，解决生产、生活中的困难；四是理顺党组织管理体系，实现国有企业党组织归口管理。2016年9月，市国资委与市委组织部、市直机关工委协调沟通，将分散管理的市属监管企业的5个党组织，64名企业党员全部归口国资委统一管理，进一步理顺组织关系，促进党员管理和企业党组织各项工作顺利开展。

狠抓党风廉政建设，做好廉政勤政的表率 2016年，市国资委领导班子成员带头执行《党员领导干部廉政准则》规定，切实抓好职责范围内的廉政教育、制度建设、党员干部监督等各项工作，营造风清气正的发展环境。一是履行好"一岗双责"，对分管范围内的党风廉政建设负起主要责任，管思想、管作风、管纪律，"看好自家人，守住自家门"。二是履行好监督职责，能监督、善监督、敢监督、严监督。年内对分管科室、监管企业的党员干部进行不少于9次廉政教育；与分管科室、监管企业的主要负责人、重点岗位和关键环节的工作人员进行廉政谈话15人次；对有苗头性问题或群众有不良反应的党员干部，及时进行提醒或诫勉谈话；指导分管职责范围内的风险点排查，督促制定管用、有效的防控措施。三是严格执行财经纪律，建立健全专项资金分配管理、监督、公开和责任追究等制度，加强对财务收支情况的监督检查，坚决纠正和查处违反财经纪律的行为。

抓好意识形态工作，发挥好思想引领作用 一是及时了解国资委机关和监管国有企业党员干部和职工的思想情况，掌握第一手资料，定期向市委报告意识形态工作动态，协调监管企业落实好意识形态工作主体责任；二是把意识形态工作纳入机关和监管国有企业党建工作规划，纳入机关和国有企业党建目标考核范围；三是发挥好国有企业基层党组织的政治核心作用和战斗堡垒作用，认真组织学习贯彻中共中央总书记习近平系列重要讲话精神，持续推进中国特色社会主义和中国梦的宣传教育，协调推进"四个全面"战略布局的宣传教育。

（吴佳凝）

国土资源管理

【概况】 2016年，崇左市国土资源局紧紧围绕市委、市政府"两加"、"两成"的工作目标，按照国土资源部的"三保"（保发展、保资源、保权益）要求，做到保护与保障并举，管理和服务并行，扎实有力地推进国土资源管理各项工作，为促进全市经济社会发展做出了积极的贡献。

【耕地保护】 崇左市高度重视耕地保护工作，市人民政府继续将耕地保护工作纳入年度绩效考核内容，实行耕地保护行政首长负责制，由政府主要负责人层层签订耕地保护责任状，形成市、县、乡三级联动的耕地保护和基本农田保护的责任制度。2016年度崇左市耕地和基本农田保护面积分别为52.49万公顷和41.22万公顷。年内，崇左市全面开展全域永久基本农田划定工作，将优质耕地优先划为永久基本农田，同时将不符合地类和质量要求的地块划出永久基本农田，圆满完成自治区下达崇左市耕地面积保有量和基本农田保护任务。

【土地开垦整理】 2016年，全市共组织实施耕地后备资源开发项目42个，其中土地开垦项目13个，兴边富民土地整治项目21个，提质改造（旱改水）项目8个，项目实施总面积29393.024公顷，总投资约5.43亿元。土地开垦项目2016年获确认新增耕地项目8个，确认新增耕地面积1200.5648公顷。实施耕地后备资源开发项目切实惠及农民，改善农民生产生活条件，让农民真正受益，得到了农民的极大支持，产生了良好社会效益。特别是耕地提质改造（旱改水）项目及兴边富民土地整治项目建成后，提高了项目区灌溉保证率，改善了排涝条件，提高了耕地质量，建成高标准农田6325.7公顷，为落实"占优补优"的耕地占补平衡做出了贡献。

【项目建设用地报批】 2016年，崇左市加大对项目用地审批的把关力度，继续严格项目用地标准，加强对节约集约用地的引导与管控。在加快项目用地报批中，继续开通绿色通道，提前介入，主动与用地单位对接，全程跟踪、指导项目报批。同时，为争取上级更多的用地指标支持，崇左市多次向上级主管部门汇报沟通争取用地支持。2016年度崇左市共获得新增建设用地指标665.71公顷，其中农用地指标563.79公顷、耕地指标330.61公顷。全年全市共获批67宗建设用地（含2015年上报报件），总用地面积770.86732公顷。

【国土资源调控】 2016年，市国土局科学安排年度新增建设用地指标。年内度自治区下达给崇左市市新增建设用地计划指标306.89公顷（农用地252.03公顷，耕地153.45公顷）。市级指标调剂安排给98个项目，已经全部分解下达各县市区使用，下达的新增建设用地主要用于交通、能源、民生以及重大项目建设。此外，2016年自治区分五次下达崇左市专项指标共计389.51公顷（农用地336.95公顷，耕地192.52公顷）。分别用于天等县2016年自治区示范性贫困县农民工创业园项目、龙州县广西龙州天琴谷文化旅游度假区建设项目（一期）、崇左市2016年第四季度急需用地的市县一般中小项目、宁明县那党水库项目、29个崇左市2016年第二批急需用地项目、广西东泥天等水泥有限公司4000吨／日熟料新型干法水泥生产线并配套7.5兆瓦纯低温余热发电工程项目以及21个崇左市2016年第二批急需用地项目。

【国土资源规划修编】 2016年，市国土局积极开展土地利用总体规划调整完善工作。按照自治区国土资源厅的部署，坚持"保护优先、节约集约、突出重点、上下协调"的原则，崇左市积极推进土地利用总体规划调整完善工作，该项工作进一步优化崇左市建设用地的结构和布局，科学规划建设用地，严格划定永久基本农田，优化城市内部空间结构，促进城市紧凑发展，提高国土空间利用效率。崇左市及所辖重点镇土地利用总体规划调整完善方案于12月29日获得自治区国土资源厅批复。

【土地利用管理】
进一步规范土地市场秩序 2016年完成国有建设有地供应410宗，面积539.8574公顷，其中出让255宗，面积294.6166公顷，成交价款7.31亿元，划拨供应155宗，面积245.2408公顷；市本级供应30宗，面积160.1637公顷。其中，出让21宗，面积82.8620公顷，成交价款2.15亿元，划拨9宗，面积77.3017公顷。同时完成住房建设用地供应59.401659公顷，保障性住房、棚户区改造住房和中小套型普通商品住房面积30.3807公顷，做到应保尽保。2016年自治区国土资源厅下达崇左市盘活存量用地规模360.00公顷。全市盘活存量建设用地514.9489公顷，完成率为143%，超额完成任务。

城乡建设用地增减挂钩试点 截至2016年12月12日，崇左市组织申报城乡建设用地增减挂钩试点项目共8个，下达点周转指标132.6331公顷。全市已完成拆旧区复垦的项目3个，其中包括扶绥县东罗矿区城乡建设用地增减挂钩项目、天等县龙茗镇、天等镇城乡建设用地增减挂钩试点项目、宁明县城中镇、寨安乡、峙浪乡3个乡镇城乡建设用地增减挂钩试点项目，确认完成复垦面积40.1505公顷。截至12月31日，全市使用了周转指标27.4477公顷。通过开展城乡建设用地增减挂钩试点工作，一定程度缓解争取项目建设用地指标困难的压力。

【土地储备融资】 2016年，市国土局认真编制《崇左市2016年土地储备计划》，有序推进土地收储工作。年度市本级土地收储面积达666.67公顷，房屋拆迁共249户，兑付征地拆迁补偿款合计4.2亿元，圆满完成了征地拆迁兑付补偿款任务。2016 年储备土地融资均为续建项目贷款，获得 6.79 亿元市本级融资贷款资金。

【矿政管理】 2016 年，市国土局加强矿产资源及矿政审批管理。加大矿产督察工作力度，全市组织对重点矿山进行四次矿产督察。为规范崇左市采矿权评估管理工作，崇左市市、县两级发证采矿权的价款已全部转为市场评估。全市采矿权许可证在有效期内的采矿权为 124 个。全市采矿权出让的有 13 宗，出让价款共计 1600 多万元。进一步加强保护性开采矿种指标控制。年末按时完成《崇左市矿产资源总体规划(2016—2020 年)》编制工作。

【土地征收】 2016 年，崇左市国土局紧紧围绕全市重大建设项目用地和城市路网建设项目用地开展征地扫尾、处理历史遗留问题、配合拆迁安置工作，在整个征迁过程中，没有出现一例强拆事件，没有发生一起拆迁安全事故，没有引发一起涉及拆迁的治安案件。全年共征收土地 669.2 公顷，在土地征用过程中，市国土局从规范征地程序入手，落实补偿资金，严格补偿标准，合法合规筹措资金兑付被征地群众的补偿费，做到平安拆迁、和谐拆迁、阳光拆迁，有力地维护了群众合法权益。一年来，全市没有因土地征收出现群体性上访或赴邕进京上访事件发生，维护了社会稳定。

【地质灾害防治及实况】 2016 年，崇左市累计发生地质灾害 9 起，均为小型灾害，造成直接经济损失 5.61 万元，无人员伤亡，与 2015 年相比地质灾害发生次数减少 1 起，经济损失减少 100.14 万元。年内发生灾害数量较多的地区为凭祥市和天等县。

2016 年崇左市重点开展地质灾害防治工作。加强工作组织领导，切实落实责任；开展地质灾害气象预警预报，加强防灾预警；完善地质灾害群测群防体系；保障经费；积极推进地质灾害治理工作。全年重新调整落实地质灾害防灾工作责任人员和监测员 1380 人，全年对全市 809 处地质灾害隐患点覆盖率 100%。加强培训和演练，对地质灾害防灾工作责任人员和监测员 1413 人进行了集中培训，共组织开展 5 次 1761 人参加的地质灾害应急演练。全年落实地质灾害防治工作经费 125 万元。积极推动龙州县逐卜乡立信村危岩治理等 9 个地质灾害治理工程。

【执法监察】 2016 年，市国土局坚持依法行政，规范办案程序，有力推进国土资源法治建设。崇左市周密部署，统筹安排，实现土地矿产卫片与年度变更全面衔接，落实整改责任，明确整改实效，确保国土执法各项工作取得实效。全年全市立案查处土地违法案件 68 宗，总面积 104.97 公顷，涉及耕地 17.05 公顷，拆除构建物 758.28 百平方米，没收构建物 26.55 百平方米，罚款 255.65 万元。立案查处矿产违法案件 29 宗，缴纳罚没款 63.95 万元。土地矿产卫片执法检查工作取得新成效，全市土地卫片涉及违法用地 314 宗，面积 171.59 公顷，其中耕地 76.67 公顷，违法占用耕地比例为 12.77%。全市矿产卫片涉及违法 59 宗，缴纳罚没款 82.2 万元，没收违法所得 40.8 万元，没收非法采出的矿产品 3340 吨。

【纠纷调处和信访】 2016 年，全市调处土地权属纠纷 10 起，共接待来信来访 112 件，受理来信 73 件，来访 39 批 64 人次，确保全年无重大集体越级上访和非正常上访事件发生，有力地保障了全市社会大局稳定。

【地籍管理】 2016 年，全市共办理国有土地使用权登记 962 宗，面积 2443859.33 平方米；办理集体土地使用权登记 398 宗，面积 64606.24 平方米；办理土地抵押登记 107 宗，抵押面积 4697504.515 平方米，抵押金额 5.98 亿元；办理注销抵押登记 87 宗。不动产登记核发不动产权证书 1565 本，不动产证明 5868 份。全市继续推进农村宅基地确权登记发证工作，全市农村宅基地宗数为 515406 宗，全市农村宅基地符合发证条件宗数为 293265 宗，截至年底，全市已发宗地数为 276804 宗，占应发数的 94.38%。全面完成了年度土地变更调查工作，查清了全市共 17331.76 平方千米的土地利用变化情况。全市存量土地登记信息上报工作完成验收，为全国土地登记信息动态监管查询系统运行提供基础数据保障。推进不动产统一登记工作，全市完成新开旧停的工作要求，下一步开展不动产登记历史数据整合建库工作。

【信息化建设】 2016 年，通过对办公网络的实时监控和维护，保障中心机房网络设备及存储设备、服务器等硬件设备的正常运行。做好国土广域网、内部局域网和市电子政务内外网的维护工作。构建统一的电子政务平台，建立市级国土资源数据中心，并在此基础上建立各项国土资源业务信息系统。4 月份完成不动产登记系统的部署并正式运行使用，对电子政务系统中有关流程模块进行优化升级。加强门户网站和全区政府信息公开统一平台政务信息公开工作，落实专人，做好网站内容的更新保障工作，及时把 40 多项公开项目在门户网站及统一平台上向社会公开。全年,市国土局在政府信息公开统一平台上共发布121条,在门户网站上共发布信息675篇,收到在线咨询、信访举报12条,及时做出答复12条,回复利率达100%。做好政务微博"@崇左国土"信息平台的日常更新和维护工作。通过以信息化政务"微服务"的模式,搭建起与人民群众沟通交流的新型服务平台。全年累计发布微博信息量为138条,做到定期持续更新。

【其他】 数字崇左(天地图·崇左)地理空间框架建设成果通过预验收。"数字崇左"(含天地图)于2012年3月立项,经财评投资控制价1729.38万元,建包括天地图在内的十个典型示范应用,2016年8月份竣工,9月26日通过预验收。积极推进"审管分离"制度。市国土局行政审批中心共受理审批事项220宗,已办结220宗,所受理的审批事项办结率为100%,服务满意率为100%,未因审批事项受理受到群众投诉,做到了零推诿,零投诉。 (陆升建)

统计管理

【概况】 2016年,崇左市统计局主动适应经济发展新常态,认真贯彻落实市委、市政府各项决策部署,紧紧围绕做好"两篇大文章",打好"四大攻坚战"发展主题,以提升统计数据质量和工作质量为主线,全面深化统计方法制度改革,创新创优统计服务方式,积极适应供给侧结构性改革,加强统计测算分析,扎实推进统计基层基础规范化工作,推动第三次全国农业普查工作取得阶段性成果,全市统计工作取得了新成绩。

【第三次全国农业普查】 2016年,崇左市统计局按照自治区工作部署和要求,精心部署,统筹安排,扎实牵头开展第三次全国农业普查各项工作。

成立农业普查机构 为做好第三次全国农业普查工作,市人民政府于2月4日印发了《崇左市人民政府关于做好崇左市第三次全国农业普查工作的通知》,成立了崇左市第三次全国农业普查领导小组,市委常委、常务副市长梁旭辉担任领导小组组长,市统计局局长担任常务副组长。3月10日,成立了崇左市第三次全年农业普查领导小组办公室,明确了农普办内设机构、工作职责,并落实了工作人员。全市7个县(市、区)均于3月底前成立农业普查领导小组和领导小组办公室。乡镇一级(含农、林场)于4月中旬完成普查机构的设立,村民委员会也成立了相应的农业普查工作小组。市、县、乡、村级普查机构完成率100%。

落实场地和人员 市农普办办公场地安排在市行政中心政协区二楼一间大办公室,并配备电脑、打印机、传真机等办公设备,市统计局安排5名业务骨干负责农普日常工作。11月,市农普办抽调成员单位14名工作人员进行集中办公,确保了各项普查工作的顺利推进。各县(市、区)均落实了办公场地以及2人以上的专职人员,日常办公人员各县为5~10人不等。

落实经费 2016年全市各级农业普查经费批复614.78万元,其中市本级23.4万元,江州区75万元,扶绥县144.38万元,宁明县102万元,龙州县50万元,大新县40万元,天等县50万元,凭祥市130万元。

落实普查设备 重视落实普查设备,除了国家和自治区分配的部分,各县(市、区)都积极增配设备,以便更有效地开展普查工作。全市订购数据采集终端设备(PDA)数量3616台,其中江州区424台,扶绥县922台,龙州县381台,宁明县841台,大新县347台,天等县420台,凭祥市264台。

开展"两员"选聘 2016年,《自治区农普办关于做好第三次全国农业普查指导员、普查员选聘与管理工作的通知》下发后,各县(市、区)农普办及时印发了关于两员选聘与管理的文件通知,积极开展普查指导员和普查员"两员"的选聘工作。全市共选聘了8823名文化程度较高、工作责任心强的乡、镇、村、屯干部作为普查指导员和普查员,为普查工作的顺利开展奠定了基础。

普查其他工作 一是做好工作规划和部署。全市及7个县(市、区)都根据当地情况,结合上级要求制定了第三次全国农业普查工作时间安排,市、县两级政府还印发专文对做好第三次全国农业普查工作进行了部署和安排。二是建立工作推进机制。各级农业普查领导小组都下设办公室,办公室由综合协调组、业务指导组、数据处理组、遥感测量组、宣传报道组、执法检查组、资料开发组等工作组组成。市农普办还印发了农业普查领导小组及其办公室成员单位分工职责、农普工作联系责任制度和督查工作方案。三是做好农普试点工作。6月1日至3日,召开了崇左市第三次全国农业普查综合试点培训会,并在江州镇卜松村武冬屯划分出一个普查小区,将该小区的38户农户作为试点登记对象进行试点,现场入户登记。市、县两级农普办工作人员共30多人参加了试点,试点工作取得圆满成功,为今后农业普查工作积累了经验,锻炼了队伍,发现了问题,探索了对策。四是加强培训。普查业务培训针对不同的对象分别进行。安排人员参加全区方案培训及试点培训，培养市普查业务骨干；组织开展对县、乡两级的人员培训，先后举办了崇左市第三次农业普查试点业务培训、崇左第三次全国农业普查区划分业务培训班、崇左第三次全国农业普查培训班(方案培训)，培训采取多媒体授课的方式，结合例子进行讲解，过程中学员与授课人之间及时沟通，现场提问题，现场解答，纵横联动，切实提高学员的理解能力和实际操作能力。五是加强农普宣传。9月20日，崇左市农普办、江州区农普办、崇左市统计局、国家统计局崇左调查队在崇左火车站广场联合启动开展第七届以"农业普查 福到农家"为主题的统计开放日系列活动，通过悬挂横幅、广场板报、广播、农普宣传品结合宣传资料发放等方式，围绕第三次农业普查的话题，与群众进行沟通、讲解，以达到宣传农业普查、营造舆论氛围的目的，进一步推进农业普查前期准备工作，增进社会各界对国情国力调查工作的理解和支持。

【第三次全国农业普查数据处理】
一是为崇左市第三次全国农业普查提供技术支持，参加自治区培训并做好基层调查员终端管理系统和手持终端PDA的操作培训，解决实际调查过程中出现的PDA使用问题，对崇左市第三次全国农业普查数据工作进行指导，做好PDA交接使用登记工作。二是为统计系统"四大工程"建设提供技术支持，维护好联网直报系统，及时下发各专业新增权限，及时解决联网直报中企业和各专业碰到的技术性问题。三是做好机构网络红页平台的内容更新和发布根据市委、

市政府要求，及时在网络红页平台更新单位基本信息及各项工作动态，为市委、市政府及各有关部门了解和掌握工作目标任务完成情况提供便利。四是开展统计系统重要信息系统和重点网站安全检查，重点检查全市网络安全工作的基本情况以及重要信息系统和重点网站的安全保护情况，查找问题、隐患并督促整改。落实各县网络安全责任部门和责任人，建立网络安全责任追究制度，落实网站安全管理制度以及防入侵、防攻击、防篡改等技术防护措施，切实提高统计信息系统和重点网站的综合防护能力，有效防止发生重大网络安全事件(事故)，切实维护统计信息系统安全。

【统计服务】 2016年，崇左市统计局围绕市委、市政府中心工作，积极开展各项统计服务工作，为市委、市政府科学决策提供有力保障：一是围绕市委、市政府中心工作，完成了"工业产业升级、口岸经济、文化旅游、农民工外出务工、糖业的二次创业"等5个专题的课题调研报告，调研材料已经印发市委、市政府领导及各部门；二是以"统计快报"、"统计专报"的方式及时向市委、市政府提交崇左市各项经济指标完成情况汇报材料，为市委、市政府提供决策参考；三是编印《崇左市主要经济指标手册》。为方便各级、各部门领导了解、掌握主要经济指标完成情况，提高统计服务时效性，市统计局各月新增编印了《崇左市主要经济指标手册》；四是完成了2015年崇左统计年鉴的数据、图片资料收集、整理和编印的相关工作。并着手2016年崇左统计年鉴数据资料的收集、审核工作。五是完成农业、工业、房地产、建筑业、劳动工资、能源、

服务业等各专业统计报表的统计和预警预测分析。

【信息化建设】 2016年，崇左市统计局以网络建设为依托，以应用为重点，致力规范统计信息化建设，取得了较快发展，为进一步推进全市统计信息化建设，圆满完成第3次全国农业普查数据处理工作打下了坚实基础。

网络和设备安全维护 为了确保统计日常业务正常开展。一是对统计系统内部视频会议系统维护工作。按照自治区统计局要求，积极配合自治区对统计系统视频会议系统进行多次调试，确保视频会议系统在使用时正常工作。二是对日常网络和计算机的维护。认真维护统计网络和计算机的正常运行，多次及时处理局内部网络和计算机出现的问题。三是加大网络安全设备投入，优化局内部网络配置。严格执行"涉密信息不上网，上网信息不涉密"和"谁上网，谁负责"的原则，加强对涉密网络的检查。四是对全局计算机、打印机、服务器、交换机等电子设备进行清查，淘汰老旧设备。

【其他】

做好基本单位名录库 及时搜集市民政、编办部门资料，取得单位新增、变更、注销情况，按时导入平台。同时，要求各县(市、区)统计局名录库专业人员每个季度从民政、编办等部门取得新增、变更、注销单位行政登记资料，根据这些部门数据，通过电话通知相关企、事业单位填报单位基本情况表，及时更新维护企业名录库。

服务业的统计 为进一步加大"小升规"工作力度，2016年2月份，市统计局协调崇左市人民政府印发了《关于进一步加强服务业

统计工作的通知》，对抓好企业入库统计服务工作方面提出了加大政策扶持、实施重点培育、加强部门合作、加强督查考核等一系列措施，从制度层面提供了有力保障。2016年继续将市直部门统计报表工作完成情况纳入部门年度绩效考评内容，服务业统计报表上报及时率大幅提高，彻底改变了以往统计调查对象配合度不高、统计专业人员电话多次催报、报表上报及时率过低的被动局面。

抓好"数据造假　以数谋私"专项治理　中共中央总书记习近平对一些地方统计造假、弄虚作假做出的重要批示，自治区党委书记彭清华就如何贯彻落实好中央领导重要批示精神和做好统计工作做出了重要批示，5月30日，市长孙大光及时批示：请统计部门认真贯彻落实中共中央总书记习近平批示精神和自治区党委书记彭清华要求，做好统计工作，提高数据质量，严防造假，实事求是。6月6日下午，市统计局组织各县（市、区）统计局领导和该局全体人员召开专题会议，认真传达和学习了中央领导对统计工作的重要批示以及自治区党委书记彭清华和崇左市市长孙大光相关领导批示精神，要求全市统计系统认真学习领会、贯彻落实批示精神，按照"三严三实"要求做好统计工作，坚持依法统计，坚守《中华人民共和国统计法》中的"13个不得"和统计工作的"6条红线"、"4条高压线"，严防统计违法及渎职失职行为，坚决防范统计造假，切实提高统计数据质量。崇左市统计局领导带队深入各县（市、区）开展督查，确保清理纠正到位，同时进一步加强对基层企业（单位）的指导和检查力度，强化现场检查工作，建立统计工作规范，在专项治理工作中切实转变工作作风，提高统计队伍素质、提升统计数据公信力。

干部素质能力培训和知识竞赛　2016年9月底，为提高全市统计系统干部职工综合素质能力，崇左市统计局组织市本局，市国民经济联席会议成员单位，各县（市、区）共计74人到浙江大学开展了一期统计系统改革理论培训班。11月下旬，在全市统计系统开展新产业、新业态、新商业模式（以下简称"三新"）统计知识竞赛，竞赛以"三新"统计知识为主，以统计实务相关知识和近年来的重点统计调查制度改革内容为辅，要求统计系统内人人参加，以加强统计知识的学习。

（市统计局编写组）

审　计

【**概况**】　崇左市审计局是崇左市人民政府的组成部门，主管全市审计工作。2016年，机关内设10个职能科室，分别是：办公室、法规科、财政金融审计科、行政事业审计科、社会保障审计科、企业审计科、经济责任审计分局、经济责任审计一科、经济责任审计二科、固定资产投资审计科；下设1个二层机构，崇左市政府性投资审计办公室。局机关核定编制25人，年末在职在编人员22人，其中机关工勤人员1人；崇左市政府性投资审计办公室（含经济责任审计分局）核定编制18人，年末在职在编人员12人。

2016年，崇左市审计局完成年度审计项目计划43个，查出主要问题金额18.56亿元，其中应上缴财政1490万元，应归还原渠道资金5230万元，应调账处理金额780万元。移送纪检监察部门处理事项7件。提出审计建议93条，提交审计信息26篇。完成88个政府性投资审计项目，送审金额8.72亿元，审减金额6224.34万元，审减率7.14%；复核市财政投资评审中心送审的招标控制价项目13个，送审金额6.5亿元，核减金额514.32万元，核减率0.79%。

【**财政审计**】　2016年，崇左市审计局共完成财政审计项目6个，组织开展了2015年度崇左市本级财政预算执行情况审计和对市地税局、市国土局、市住建局、市司法局、市人防办等5个市直单位2015年度部门预算执行情况审计。审计查出主要问题金额10.27亿元，提出整改意见和建议16条，被采纳16条。

年内，由崇左市审计局实施的崇左市2015年度本级财政预算执行情况审计项目，审计发现的主要问题是：政府性基金收入预算编制不合理，预算执行率低；上级政府性基金专项补助收入未编入政府性基金收入预算；部分预算收入不及时上缴国库5053.19万元；重复列财政支出4223.6万元；未按预算使用政府新增债券资金；部分专项资金支出进度缓慢；清理收回的存量资金实际支出较少，影响财政资金的使用效益，造成资金二次沉淀；崇左市本级"三公"经费预算编制和批复不合理。审计建议是认真贯彻执行新《中华人民共和国预算法》，进一步深化预算管理制度改革严格预算执行，进一步提高精细化管理水平。加强对存量资金的管理，提高财政资金使用效益。崇左市财政局对审计发现的问题已基本整改到位，特别是关于"部分预算收入不及时上缴国库5053.19万元"问题已在整改期间全部补缴入库，还有"部分专项资金支出进度缓慢"的问题，财政局加强与项目主管部门工作对接，截至2016年10月预算执行率已达

71.6%。通过审计，督促被审计单位提高预算管理水平，加大收回存量资金的安排使用，减少资金二次沉淀。

【专项资金审计】 2016年，崇左市审计局共完成专项资金审计（调查）项目4个，组织开展对宁明县2014至2015年优质高产高糖糖料蔗基地建设资金审计调查和宁明县、大新县2014至2015年财政扶贫资金审计，及市本级"美丽广西·生态乡村"活动专项资金审计调查。查出管理不规范金额4119.56万元，提出审计意见和建议16条，被采纳16条，向市纪委移送案件线索1个。

年内，由崇左市审计局实施的宁明县2014年至2015年财政扶贫资金管理和使用情况审计，主要问题是：向非建档立卡贫困户实施扶贫政策，涉及金额138.19万元；认定扶贫对象不符合建档立卡标准320人；部分预付项目款项和往来账款长期挂账未及时结算；扶贫项目资金支出票据不合规，涉及金额165.59万元；宁明县民族局扶贫资金未按规定分账核算；扶贫项目货物采购招投标管理不规范；宁明县扶贫办道路建设工程未达到设计、合同规模；实施单位疏于建设管理，村屯道路建设项目未达到要求；扶贫基础设施建设项目设计施工图未报建设主管部门审批；实施扶贫基础设施建设项目未从项目库中选取；工程项目未按规定编制设计图和竣工图等问题。审计建议是：宁明县应因地制宜制定实施当地的扶贫发展规划，按上级要求建立健全各项扶贫开发政策，使项目安排审批、物资补助发放、实施过程监管等方面都有章可循，确保扶贫对象能真正受益；宁明县扶贫办、民族局、发改局等扶贫主管

部门及相关部门应建立健全沟通协作机制，以扶贫规划为引领，加大资金整合力度，防止各自为战、无序安排项目，集中解决突出的贫困问题；宁明县扶贫主管部门应加强项目前期调研，确保项目实施符合当地实际、为扶贫对象接受，切实防止为完成产业种植、养殖任务把扶贫物资分发完毕了事，扶贫物资被冒名领取，而贫困户未从中受益的问题；宁明县应按国家、自治区的规章制度建立健全当地的扶贫基础设施建设项目管理制度，使工程建设管理进一步规范化、制度化、科学化，确保工程质量，更大地发挥资金的使用效益。

【固定资产投资审计】 2016年崇左市审计局完成重大建设项目跟踪审计5个，审计发现问题14个，查处管理不规范金额5760.71万元；完成88个政府性投资审计项目，送审金额8.72亿元，审减金额6224.34万元，审减率7.14%；复核市财政投资评审中心送审的招标控制价项目13个，送审金额6.50亿元，核减金额514.32万元，核减率0.79%。为政府节约大量财政资金，取得明显经济效益和社会效益。

年内，由崇左市审计局对崇左市城市建设投资有限责任公司（以下简称市城投公司）实施建设的第七届广西（崇左）园林园艺博览会园博园项目进行跟踪审计。发现的主要问题是：未及时收回易大公司用于崇左园博园PPP项目建设的到期借款5000万元；未按规定取得施工许可证；归龙阁工程更换项目经理未经审批。审计建议是：市城投公司要规范建设项目基本建设程序报批，按规定办理施工许可证等审批工作，及时完善工程建设项目报批手续；市城投公司要规范建设工程管理，加强工程前期工

作，工程建设严格遵循先勘察、后设计、再施工的规定。同时，加强对施工单位的管理，督促施工单位严格履行合同约定的责任和义务，确保工程质量、工期、安全达到预定目标；市城投公司要严格执行基本建设财务管理规定，做到专款专用，对未及时收回易大公司用于崇左园博园PPP建设项目的到期借款，采取适当措施或必要的司法程序及时追回借款，确保项目资金使用符合规定，提高资金使用效益。

年内，由崇左市审计局对崇左市公安局实施建设的崇左市人民警察训练学校工程进行结算审计。发现的主要问题是：办公楼建筑工程，挖土方、回填土、人工挖孔桩、砖基础、实心砖墙、基础梁、钢筋、地板砖、玻璃栏杆、外墙涂料、楼梯挡水线、楼梯防滑条等分项工程多计工程量，核减金额30.05万元。教学建筑工程，挖土方、回填土、人工挖孔桩、砖砌台阶暗沟、空心板、阶梯平板、钢筋、台阶面砖、玻璃黑板、木质讲台、楼梯挡水线、楼梯防滑条等分项工程多计工程量，核减金额55.14万元。宿舍楼建筑工程，回填土、人工挖孔桩、洗涤池、钢筋、地板砖、玻璃栏杆、釉面墙砖、墙面钉铁丝网、楼梯挡水线、楼梯防滑条等分项工程多计工程量核减金额56.25万元。综合训练管建筑工程，实心砖墙、桩钢筋笼、空心板、梁板钢支撑、地砖、墙砖、内墙腻子、外墙抹灰、外墙石材等分项工程多计工程量，核减金额195.67万元。战术训练管建筑工程，直形墙、钢筋、螺栓球钢网架、装饰板墙面、石材柱面、轻钢龙骨吊顶等分项工程多计工程量，核减金额22.2万元。主席台建筑工程，钢筋、地板砖、块料台阶面、外墙抹灰、外墙涂料等分项工程多计工程量，核减金额9.58万元。水电安装工程，大

部分分项工程的工程量都存在多计量的问题,按实核减金额 6.92 万元。室外临时水电工程,经核实,按合同约定该项应该界定为临时配套措施,由施工单位从临时设施费中支付,不再计取,核减送审造价 14.8 万元。审计结论:崇左市人民警察训练学校工程结算送审造价为 2384.56 万元,审定造价为 1993.95 万元,核减金额 390.61 万元。根据《广西壮族自治区建设工程造价管理办法》第十三条的规定,应以此审计结论仅作为崇左市人民警察训练学校工程造价结算的依据。

【社会保障审计】 2016 年,根据审计署统一部署,崇左市审计局完成了崇左市 7 个县(市、区)2015 年保障性安居工程跟踪审计项目。审计查出主要问题金额 2.82 亿元,向纪委监察部门移交违法违纪和经济犯罪问题线索 4 件,涉及人员 6 人,涉及问题金额 10.51 万元。提出整改意见和建议 22 条,被采纳 22 条。

年内,由崇左市审计局实施的 2015 年崇左市扶绥县保障性安居工程跟踪审计,发现的主要问题是:部分上报完成开工任务的项目未达到开工标准。未完成 2015 年保障性住房分配入住任务。财政安排的保障性安居工程资金 1651.18 万元闲置超过 1 年。保障性安居工程项目贷款 3000 万元闲置未用超过 1 年。部分村委会违规向危房改造资金补助对象收取清洁赞助费。农村危房改造工作监督管理不到位,导致五保户应得的危房改造补助 1.5 万元被施工方领取。农村危房改造联席会议制度流于形式,未真正发挥监督审查作用。政府未及时制定公共租赁住房管理办法,导致公共租赁住

房租金应收未收。同一注册监理工程师同时担任 6 项保障性安居工程总监理工程师。部分保障性安居工程建设程序不规范不完整。审计建议是:扶绥县应抓紧完善公安、民政、工商、住房公积金中心、社会保障、产权信息等部门和机构的信息共享机制,健全完善对保障对象的审核和监管机制,准确及时掌握保障对象人口变动、收入财产变化等相关信息,对保障性安居工程对象认定、退出等环节进行实时监督管理。扶绥县应加强项目建设管理,严格建设程序和标准,加大力度督促项目开工和建设进度,并严格按照有关规定标准要求,统计上报有关任务数据,按时按质完成各项任务。扶绥县住建、财政部门应加强保障性安居工程财政资金的管理,建立和完善保障性安居工程专项资金台账,做到专款专用;公租房租金要做到应收尽收,严格执行收支两条线,合理安排使用资金。扶绥县应加强对农村危房改造工作的领导和监督,严格执行上级农村危房改造有关政策规定,及时做好农村危房改造对象摸底排查工作,并制定切实可行的实施计划,按规定标准发放补助资金,维护好农民的权益。相关单位对存在的问题进行了整改。

【经济责任审计】 2016 年,崇左市审计局共对市直 9 名处级领导干部经济责任履行情况进行审计,其中任中审计 7 名,离任审计 2 名。审计查出主要问题金额 2.71 亿元,其中违法违规问题金额 1155.92 万元,管理不规范问题金额 2.59 亿元。审计查出的问题金额中,被审计领导干部应负主管责任金额 100.49 万元,负领导责任金额 2.7 亿元。审计提出整改意见和建议 29 条,被采纳 29 条。向有关部门

移送案件线索 2 件。

年内,崇左市审计局实施的崇左市住房和城乡建设委员会(以下简称:市住建委)主任 2010 年 7 月至 2016 年 3 月任期经济责任审计项目,查出主要问题金额 478.81 万元。审计发现的主要问题有:个人长期借用公款未归还 53.07 万元;滞留上级下拨的专项资金 40 万元;违反规定扩大开支范围 13.3 万元;违规管理和使用其他单位车辆;无发票列支 3.13 万元。审计发现市住建委下属单位存在的主要问题有:市环卫处截留社会保险基金 174.36 万元;市环卫处、市墙改办、市园林处应缴未缴非税收入 164.85 万元;市质安站、市环卫处、市政处存在个人长期借用公款未归还的问题,涉及金额 14.32 万元;市城管支队未经批准购置制式服装及标志,涉及金额 12.42 万元;市环卫处挪用财政专项资金 3.36 万元;市造价管理站超出规定范围、限额使用现金,且部分支出手续不完善;市环卫处票据管理制度不够完善;市园林处会计基础工作薄弱。审计建议是:加强财务监管,规范管理专项资金,严格按照专项资金规定的用途使用资金,确保专款专用。加强学习国家和自治区各项财经法律法规和制度,规范非税收入管理,今后应及时足额上缴各项非税收入。认真贯彻落实《2016 年广西公车改革方案及公务用车制度改革实施方案条例》的"六个不得"要求,严格公务用车纪律,厉行节约反对浪费,推进党风廉政建设。建立健全内部控制制度,加强对货币资金的管理,市住建委及相关下属单位应采取措施,组织力量加大对个人借用公款的清收力度,确保单位资金安全。强化对下属单位财务的监管和指导,规范资金使用审批程序,堵塞漏洞,

2016年，崇左市审计局局长李剑（右一）主持领导班子会议研究部署审计工作

督促下属单位加强对会计基础工作的管理和财会人员的业务培训，提高财会人员的业务水平。市住建委及有关下属单位对存在问题进行了部分整改：认真核查个人长期借用公款的情况，加大清收力度；将扩大开支范围的12.77万元归还原资金渠道；追回发票2.9万元；已上缴市财政应缴未缴的非税收入1.25万元，其余正在核查整改；归还被挪用的财政专项资金3.36万元。市住建委加强对下属单位的监管，对于其余问题正在整改当中。项目产生的社会影响主要是：促进市住建委及下属单位规范使用和管理专项资金，确保专项资金专款专用；及时足额上缴政府非税收入，积极清理个人长期借用公款，防止国有资产流失；经过审计，市住建委加强对下属单位的监管和指导，促进下属单位规范单位财务管理。

【廉政建设】 2016年，市审计局认真落实"一岗双责"，夯实党风廉政建设。一是领导带头，强化党委主体责任。党组书记多次召开党组会，研究部署新时期、新常态下党风廉政建设工作。二是分层细化，分解责任落实到人。党组书记与各县（市、区）审计局、各科室负责人签订《党风廉政建设责任书》。三是常抓严管，抓出党风廉政建设实效。党组书记经常听取纪检组党风廉政建设工作汇报，亲自阅批、协调重要信访件，亲自调研党风廉政建设工作。四是未雨绸缪，警示教育和工作纪律点面结合。纪检组强化执纪监督问责，签订廉政承诺书，落实审计公示制度、审计组廉政监督员制度、廉政回访制度和责任追究制度及"两承诺两报告"制度；坚持审计业务会议审定制度。五是突出抓好投资审计队伍廉政建设。局主要领导、领导班子成员和纪检组长先后带队赴7个县（市、区）审计局，开展投资审计廉政回访8次，召开项目业主、施工代表座谈会10多场。

【其他】 2016年，崇左市审计局参加2016年全区优秀审计项目评选，市审计局实施的崇左市扶贫开发办公室原主任经济责任审计获三等奖、大新县审计局实施的大新县2014年度本级财政预算执行情况审计获二等奖。单位被自治区

审计厅评为2016年度全区审计机关信息宣传工作先进单位。参加2013—2015年度全区审计机关"四手"和"道德模范先进人物"评选，崇左市审计局宋严仁获"内部管理行家里手"、赵华琼获"计算机应用强手"、黄全盛获"查核问题能手"、周建新获"助人为乐模范"、李雪琼获"敬业奉献模范"荣誉称号，扶绥县审计局桂小元获"分析研究高手"荣誉称号。周海明被自治区审计厅评为2016年度全区审计机关信息宣传工作先进个人。

（王素云　周海明）

物价管理

【价格管理】 一是贯彻落实国家和自治区价格改革政策，推进崇左市价格改革。根据新修订的《广西壮族自治区定价目录》，崇左市物价局清理废除了相关的价格文件，放开了物业收费、道路客运票价和供电企业供电营业性收费，由原来的政府定价转为实行市场调节价，并对放开项目的价格行为作了规范要求。通过加强事中事后监管，维护正常的市场价格秩序。建立崇左市管道燃气居民生活用气阶梯价格制度，完善阶梯电价政策。从2016年1月1日起对崇左市管道燃气居民生活用气实行分档气量及气价；根据自治区物价局关于调整居民生活用电阶梯电价政策，调整扩大了居民生活用电第一、第二阶梯的用电量，保证了大多数居民的基本用电需求不过多增加支出。落实《自治区物价局关于进一步完善自治区小水电上网电价形成机制的通知》精神，改革小水电上网电价定价机制，对崇左市小水电站申报的上网电价按标杆电价制度进行审批，简化了审批程序，

缩短了审批时间。探索改革新建景区门票价格管理模式，对崇左市新建景区园博园门票价格试行市场调节价。市园博园景区年初开园，由于属于新建，尚无经营成本资料，按照政府定价程序无法制定价格。为了能够使景区顺利开园经营，经报自治区物价局同意，对园博园景区门票价格实行新的管理模式，即新建景区运营头两年，暂试行市场调节价；运营两年期满后物价部门再根据景区实际运营情况核定其经营成本，按照定价程序制定其门票价格。审核制定崇左市新建住宅小区供配电设施建设维护费收费标准。根据《广西壮族自治区物价局关于广西新建住宅小区供配电设施建设维护收费政策有关问题的通知》精神，市物价局多次向部门和行业征求意见，最终确定新建住宅小区供配电设施建设维护费收费标准为95元/平方米，对廉租住房、公共租赁住房等保障性住房实行优惠政策，标准为85元/平方米。制定和调整污水处理收费标准。按照自治区桂价格〔2015〕117号文件精神，2016年年底以前，市、县、重点建制镇应按规定标准将污水处理收费标准调整到位。除了天等县已完成了污水处理费标准的调整工作外，崇左市城区已组织召开了污水处理费调整听证会，将方案报市政府审批。其他各县（市）也在积极落实当中。二是贯彻落实自治区降电价政策措施，减轻企业用电费用负担，降低企业用电成本，促进崇左市经济稳增长。2016年，根据自治区和崇左市政府稳增长、降成本目标任务要求，及时转发了自治区物价局有关降低工商业销售电价、免收新增电力用户临时接电费用、改进企业减产停产期间基本电费计费方式、实行临时丰枯水期季节性

电价等降电价文件，并经常上门检查、督促供电企业落实情况。降电价政策措施取得了明显成效，促进了企业恢复生产，如5月起实施临时丰枯水期季节性电价政策后，天等沙钢锰业、崇左新桂铁合金等企业马上恢复或扩大了生产。同时，积极推动广西中信大锰、新振锰业、大新锰业等企业申报自治区电力直接交易。截至8月底，全市共有8家企业参与电力直接交易，降低了交易电价，切实降低了企业的生产成本。1—10月全市全年减少企业电费支出1.04亿元。三是开展景区门票价格专项整治工作。按照国家和自治区开展景区门票价格专项整治工作的安排部署，2016年，价格主管部门及旅游部门继续开展旅游景区门票价格检查和整治工作。对检查中发现存在的问题，如个别景区明码标价不够规范，没有公示对青少年、老年人等特定人群的优惠票价，责成景区对存在的问题进行了纠正。

【价格监督检查】 一是组织开展节假日和重大活动期间市场价格监管，有效维护了节假日和重大活动期间市场价格的基本稳定。清明节期间，全国各地参战老兵及烈属约5000人聚集宁明县、凭祥市、龙州县开展祭扫活动。为维持清明节祭扫高峰期间正常市场价格秩序，维护社会稳定，下发《崇左市物价局关于加强清明节期间市场价格监管的通知》，要求各县按照文件要求切实加强清明市场价格监管，为参战老兵开展集体祭扫活动营造了良好的价格环境。二是组织开展全市餐饮行业价格、涉企收费、物业服务收费、散装水泥价格、环保电价、教育收费、药品和医疗卫生服务价格、商品房销售明码标价、景区门票价格等专项价

费检查，维护市场价格秩序。2016年全市共查出涉嫌价格违法金额46.04万元，其中查处价格违法案件12起，罚款0.56万元，退还用户金额0.86万元。三是用好12358价格监管平台，认真、及时办理各类价格举报，切实维护群众的合法权益，2016年物价系统共接到各类举报咨询案件183件，办结177件，办结率96.72%。四是落实"双随机一公开"监管，确定了随机抽查事项清单，分阶段建立"双名录库"，建立"双随机"抽查机制，积极推进价格信用建设。

【粮食和糖料蔗价格管理】 一是认真贯彻执行国家2016年粮食最低收购价格政策。二是制定出台崇左市2016/2017年榨季糖料蔗收购价格政策。根据《广西壮族自治区物价局、广西壮族自治区糖业发展办公室关于2016年/2017年榨季糖料蔗收购价格问题的通知》精神，经市人民政府同意，制定出台崇左市2016/2017年榨季糖料蔗收购价格政策：即继续执行全区统一的普通糖料蔗收购首付价政策。2016/2017年榨季普通糖料蔗收购首付价为480元/吨。糖料蔗收购价格继续采取蔗糖价格挂钩联动、二次结算的管理方式。每吨普通糖料蔗收购价格480元与每吨一级白砂糖平均含税销售价格6470元挂钩联动，挂钩联动价系数维持6%。继续实施糖料蔗优良品种加价、劣质淘汰品种减价政策，加大优良品种推广力度。崇左市2016/2017年榨季优良加价品种在粤糖93/159、桂糖29号、桂糖42号、桂柳05136,4个品种的基础上，增加桂糖43号作为优良加价品种，加价水平30元/吨。劣质淘汰品种按照《崇左市物价局关于我市糖料蔗劣质淘汰品种及减价的补

充通知》，公布的品种及减价政策执行，即对低糖品种"壮糖1号"、"粤糖006"、台糖98/0432、新台糖28号、台糖79/29、园林9号、桂糖03/2287、西大引11号，以及淘汰品种粤糖71/210、粤蔗7号、选三、台糖172、台糖134、桂糖8号、桂糖12号、爪哇、洛古蔗（俗称青皮蔗）系列糖料蔗，2016/2017年榨季按普通糖料蔗收购价格每吨减50元进行收购，2017/2018年榨季按普通糖料蔗收购价格每吨减100元进行收购，并不再实行蔗糖价格挂钩联动。继续执行全区统一的二次结算价格标准。2016—2017年榨季仍按《广西糖料蔗价款二次结算价格核定暂行办法》的规定，继续实行自治区统一的二次结算价格标准。

【价格调节基金征收】　一是根据自治区和崇左市人民政府关于停征价格调节基金的要求，从2016年2月1日起，在全市范围内全面停止向社会征收价格调节基金。对原在城市供水价格征收的0.03元价格调节基金、城市污水处理征收的0.03分价格调节基金、小水电上网电价征收的0.0032元价格调节基金停止征收。停征价格调节基金后，相应降低调整城市供水价格、城市污水处理费、小水电上网电价，减轻了企业和消费者负担。从2016年2月1日起，在全市范围内全面停止向社会征收价格调节基金后，全年为社会减轻负担2000多万元，减负效果惠及企业约150家，产生了良好的社会效果。二是积极使用价格调节基金开展平价商店建设，规范平价商店管理，"保供稳价惠民"成效明显。全市平价商店建设规模达到21家。2016年市物价局会同市财政局、市审计局组成考核组，按照《崇左市农副产品平价商店考核管理办法》

的规定，对崇左市本级平价商店经营情况进行了考核。市本级5家平价商店平价销售额约达1200万元，让利金额约为115万元，让利率约为9.5%，品牌和民生效益的得到进一步提升。三是加大平价商店宣传力度，积极打造和树立平价商店品牌。部分平价商店主动加大投入，购买LED显示屏进行宣传，或者通过网络平台、广告形式等途径加大宣传力度，积极打造平价商店的品牌，扩大了平价商店的影响力。四是全市共有12家建立了"农超对接"、"厂超对接"产销机制，为平价商店经营和健康发展打下良好基础。五是发挥平价商店在应对价格异常波动期凸显作用。在年初应对超强低温雨雪天气的影响中，全市各级平价商店在低温雨雪天气期间供应的农副产品达5万千克，平价蔬菜价格保持低于市场平均价15%以上，平价猪肉、鸡蛋、粮油价格保持低于市场平均价5%以上，惠民效果和举措深受居民群众的好评。

【收费管理】

深化重点领域价格改革　2016年，积极筹划研究制定城区停车收费管理办法。根据《广西壮族自治区重大行政决策程序规定》的有关规定，开展了决策调研、咨询论证、公众参与、集体讨论决定等程序。从6月份起，组织相关人员对停车收费的基本情况进行调研，并征求江州区人民政府、市公安、交通、法制办等部门的意见，召开专家论证会进行研究讨论，通过网站、张贴公告等方式公开征求社会意见，根据各方面反馈意见进行修改完善，拟出《崇左市市区车辆停放服务收费管理暂行办法》，报送市人民政府审议通过后印发实施。

规范口岸收费清理工作，减轻

进出口企业收费负担　2016年，根据国家及自治区有关口岸收费清理工作部署，高度重视进出口环节收费清理工作，理清思路统一部署，强化措施。积极与市财政、商务口岸委等部门联合开展进出口环节收费调研、督查、专项检查工作，对涉及进出口环节的行政事业性收费、服务性收费进行梳理和规范，整理了进出口环节各项收费清单，召开4个边境县有关部门口岸收费清理工作座谈会，并对照自治区物价局规定的自查自清工作的13个清理重点，提出规范清理意见。形成《崇左市口岸收费目录清单》并报自治区价格主管部门，待自治区审查通过后执行。

减免收费政策，减轻企业和社会负担　2016年以来扩大18项行政事业性收费，对企业减征2项行政事业性收费项目，降低7项行政事业性收费项目，取消10项经营服务性收费项目，放开5项经营服务性收费项目。这些项目的取消预计将为企业和群众减轻负担每年约400万元。积极贯彻执行对进出友谊关、凭祥铁路口岸的国际标准集装箱运输车辆减半收取高速公路车辆通行费；严格执行国家及自治区鲜活农产品绿色通道政策，保障整车合法装载的鲜活农产品运输车辆免费、快速通行。降低物流运输成本。据崇左市高速公路运营有限公司统计数据显示，退款达362.13万元。减免金额为5850.3万元，政策对企业运输车辆减负作用效果十分显著。

加强收费事中事后监管，推进收费清单化管理　2016年，崇左市物价局紧紧围绕价格改革这个重点，加强收费事中事后监管，全面推进实施收费清单管理工作，对行政事业性收费，政府性基金，以及实施政府定价和政府指导价的经营服务性收费实行收费清单管理制度。市物价局与市财政局联合编制并印发了崇左市行政事业性收费项目目录及政府性基金目录清单，规范清理后共保留22个部门72个行政事业性收费项目，27个部门77个涉企行政事业性收费项目，26个政府性基金项目；及时编制《崇左市实行政府定价经营服务收费目录清单》等4个服务性收费清单，并在崇左市物价局网站及广西壮族自治区政府信息公开统一平台进行公布，加强收费目录总清单的动态管理。开展收费清单及收费公示检查。崇左市物价局定期或不定期地对收费单位收费公示进行抽查，要求收费单位要严格按照目录清单内的项目实行收费，督促收费单位严格遵守《中华人民共和国价格法》等法律法规，合法经营，诚信经营，为消费者提供质价相符的服务；严格落实明码标价制度，做好收费公示等，确保收费单位了解清单、并按清单进行收费，减少违规收费、乱收费行为发生。

严格审核，多措并举，进一步提高收费管理水平 加强价费审批工作，加强调研力度，严格按照有关定价程序开展各项定调价工作，对于有关单位申报的收费项目和标准进行认真审核，做好成本测算工作，及时办结。制定了凭祥市边境贸易货物物流中心边贸设施有偿使用费收费标准、崇左仲裁委员会办公室仲裁案件受理费、处理费收费标准等审批。做好2016年收费统计工作，加强收费管理事中事后监管。5月，市物价局联合市财政局《崇左市物价局、财政局关于做好2015年度收费统计工作有关事项的通知》，要求各收费单位要建立健全收费台账制度，及时报送有关材料，并按规定完成网上申报工作。市本级完成

年审69个，年审率100%。市物价局获年度全区收费统计工作先进集体。

【医药价格管理】 一是全面推进县级公立医院改革并取得成效。根据自治区和崇左市的工作部署，自2015年7月1日起在全市所有县全面推开县级公立医院综合改革工作。崇左市各级物价部门在改革中能积极配合医改办、卫计、人社等单位，积极发挥部门作用，及时落实医疗服务价格调整政策，确保医院实行药品零差率销售后产生的收入缺口得到有效弥补，促进了县级公立医院改革的稳步推进，让患者真正享受到了改革的成果。扶绥县、宁明县、江州区还能结合当地医疗服务价格执行情况，有针对性的采取相关措施，确保县级公立医院改革实现预期目标。二是县级公立医院改革成功为推进城市公立医院改革打下基础。如实行药品"零差率"销售，破除了"以药养医"机制，药品费用占医院总收入比例比上年度减少，同步实施医疗服务价格调整，医院医疗服务费收入得到明显提高，降低大型设备检查费项目价格后，检查人数增幅35%，让更多的普通群众享受到了医疗科技进步的成果。三是优化社会办医政策环境。落实社会办医在价格等方面的扶持政策，切实保障非公立医疗机构与公立医疗机构在医保定点、职称评定、等级评审、技术准入、科研立项等方面享受同等待遇。指导非公立医院根据具体情况和市场需求制定项目和价格，健全内部价格管理制度，执行明码标价和医药费用明细清单制度，接受社会监督和群众监督，促进崇左市社会办医的发展。

【价格诚信建设】 2016年，崇左市物价局充分发挥价格服务职能，加强价格宣传，积极推进价格诚信建设，促进全市诚信经商良好氛围。一是配合自治区物价局价格信用等级考评组对崇左市两家申报广西"价格信用3A等级单位"的企业进行现场考评，使2014—2015年度广西价格信用等级评定工作顺利完成，全市参评单位共获得2A等级2家、1A等级3家。二是积极参与开展"3.15"消费者权益保护宣传、"诚信经营 放心消费"宣传以及"12.4"全国宪法宣传日等宣传活动，共出版大型板报3块、发放价格法规宣传资料1500余份，着重宣传《中华人民共和国价格法》《关于商品和服务实行明码标价的规定》《禁止价格欺诈行为的规定》等法律法规，为现场群众讲解《价格违法案例选编》内容，共接待相关价格法律法规政策咨询约30余人次，取得良好宣传效果。

【价格成本调查监审】 一是完成2016年农产品成本调查任务。完成农户种植意向、甘蔗种植成本、农户农资购买情况调查，为崇左市制定2016/2017年榨季甘蔗收购价提供参考依据。二是完成成本监审工作任务。市本级根据工作需要及时组织人员深入各县(市、区)对14个企事业单位开展成本监审工作，涉及公交、教育、景区门票、供水、污水处理等相关行业，共核减成本约910万元，核增成本约273万元，出具了结论书，为政府定调价的提供科学依据。三是提高价格监测分析预警水平和质量，为政府决策提供重要参考。围绕群众密切关注的领域，如涉农副产品、农资、成品油、家电、水泥等多个领域，认真扎实开展价格监测，共上报各类价格监测分析报表450多份。

【价格认证】 一是涉案财物价格认定工作成效明显。市县两级价格认证中心共受理政府和司法机关的提请,共出具价格认定结论书1835件,价格认定总金额3.29亿元。其中,涉及刑事案件973件,认定金额1166万元;行政案件111件,认定金额1722万元;价格认证193件,认定金额7137万元,受理海关应税物价格认定70件,价格认定金额1.18亿元;受理非海关应税物价格认定442件,价格认定金额9489万元。这些工作得到了公安、海关、财税部门的好评。二是稳健做好涉税财物价格认定工作。2015年12月至2016年12月,全市通过存量房估价技术交易系统交易1270宗房产,其中申报交易额2.3亿元,评估额3.25亿元,为财税增收375万元。得到了财税部门的好评。

【教育培训】 2016年,崇左市物价系统干部培训教育工作得到进一步提升。为配合推进价格机制改革工作,市物价局于2016年6月下旬在广西大学举办了为期5天的崇左市推进价格机制改革培训班,10月下旬在武汉大学举办为期5天的市场监管与反垄断执法培训班,市县两级物价部门积极派员共140人参加学习,培训班达到了预期效果。 （黄祥叶）

工商行政管理

【概况】 2016年,崇左市工商行政管理局在崇左市委、市政府和自治区工商局的正确领导下,按照做好"两篇大文章"、打好"四大攻坚战"要求,根据自治区工商局夯实"四个基础"、提升"四个水平"、做好"四个加强、四个带动"的目标任务和工作部署,进一步深化商事制度改革,强化市场监管、消费维权、行政执法等工作,服务崇左经济社会持续健康发展。

【行政执法】 2016年,崇左市工商行政管理局强化重点领域市场监管,加大行政执法力度。一是严厉打击走私贩私活动。全年共依法拍卖相关部门移交的无主货物所得款8360.18万元,全部上缴当地财政。二是严抓打传防控,对传销活动严防死守,实现崇左范围内传销活动零发生。三是开展无照经营查处。全年共督促86个未办理营业执照的市场主办单位办理营业执照,查处无照经营案件372件,案值396.95万元,没收非法所得11.2万元,罚款39.8万元。四是开展"红盾护农"专项整治行动,共抽检农资商品120个批次,立案查处农资违法违章案件18件,没收不合格化肥14.4吨。五是积极参加新系统的全国联网测试,共检查网店50个,任务完成率100%,认定涉嫌违法行为线索网店15个,认定率92%;开展网店信息核查工作,自治区工商局分派的58个核查任务全部完成。六是开展成品油市场专项整治。共检查经营户39户,对1家无照经营的加油站进行查处,查封加油机1台,油罐1个,扣押柴油16.88吨;对全市24个加油站进行随机抽检,发现不合格成品油2种并立案调查。

【工商登记改革】 2016年,崇左市工商行政管理局积极采取措施促进"放管服"政策落地,简政放权,优化流程,进一步释放改革红利。一是根据《国务院关于第二批取消152项中央指定地方实施行政审批事项的决定》规定,从2016年2月起,取消外商投资企业广告项目审批、户外广告登记。二是推进企业简易注销登记改革试点。共有3户企业办理了简易注销登记。三是推进电子营业执照和全程电子化登记管理。12月28日,核发了首份电子营业执照。四是推行"六证合一、一照一码"登记改革。10月8日,发出崇左市首张"六证合一、一照一码"营业执照,年内全市共发放"六证合一、一照一码"营业执照1080张。五是推行"全城通、就近办"。将江州区工商局列为崇左市推行改革的试点单位,并于6月颁发了首批"全城通就近办"营业执照。共登记"全城通、就近办"业务3户。六是推行"两证整合"登记改革。11月28日推行实施个体工商户营业执照和税务登记证"两证整合"登记改革,全年全市共发放"两证整合"营业执照1317张。

通过进一步深化商事制度改革,促进了市场活力的持续释放。全年新增市场主体17730户,同比增长6.4%;新增注册资本189.84亿元,同比增长121.5%;新登记市场主体吸纳从业人员和雇工5.2万人。

【企业监管】 2016年,全市各级工商系统创新监管机制。初步形成以企业信用为主导的新型监管机制。一是稳步提升年报公示率。年度企业年报公示率91.5%,比上年度提高了6.17个百分点,排名全区第四;个体工商户年报率76.04%,农民专业合作社年报率为93.05%,分别比上年度提高了14.58%、5.93%,名列全区第八位和第四位。二是有序推行"双随机一公开"抽查。共编制抽查事项清单1635项,建立随机检查对象名录库118163家,建立执法人员名录库2690人;牵头组织开展"双随机"抽查,工商行政管理部门抽查事项达到72.73%;牵头组织开展跨部

2016年9月8日，崇左市"诚信经营，放心消费"创建活动正式启动。图为崇左市副市长陈锋（前）在启动仪式上讲话。工商局局长黄国夫（右六）出席启动仪式

门联合抽查，共联合抽查1748户市场主体，检查结果正常的有1396户，占79.86%；被列入经营异常名录（标注为经营异常状态）的市场主体350户，占20.02%；注销市场主体2户。三是对多年未年检（年报）企业开展专项清理，共吊销205户"僵尸企业"，进一步净化市场环境。四是建立信用约束机制。建立经营异常名录数据库，全市被列入经营异常名录的市场主体56503户次；开展信息归集，共归集16个部门的涉企信息2806条于企业名下，并公示；加强部门之间的信息共享和联合惩戒，初步形成"一处违法、处处受限"的信用监管格局。

【商标广告管理】 2016年，崇左市各级工商系统加强商标监管执法力度，开展打击侵犯注册商标专用权专项整治行动，全年共立案查处商标侵权案件25起，罚没款8.85万元。深入实施商标品牌战略，做好"花山岩画"的保护工作及其品牌的打造；年内指导申报广西著名商标15个，获得广西著名商标认定13个，全市共有广西著名商标28个，大新、宁明实现广西著名商标零的突破。

开展加强虚假违法广告监管。全年保持在国家总局广告监测平台中虚假广告违法率为0、查看率和处理率100%；查处虚假违法广告案件2起，罚没款0.56万元。

【消费者权益保护】 2016年，崇左市工商行政管理局将消费维权工作作为重点民生工程来抓，营造安全放心消费环境。一是全面推进12315体系建设。全市共建立各类消费教育基地48个，"一会两站"919个，"12315五进"644个。二是加强重点领域消费维权工作。全年累计开展20批次儿童玩具、23批次建筑材料、12批次通讯器材、31批次纸质用品、70批次红木家具等流通领域商品质量的抽检，对不合格商品进行立案查处；开展"打假冒、反欺诈、保护老年消费者合法权益"专项整治，共受理21起高价销售保健食品、净水器等欺骗老年人的举报和投诉。三是认真开展"3·15"系列宣传活动。共接受消费维权咨询6532人次，发放宣传资料75000多份，受理消费者投诉举报6件，成功调解6件，为消费者挽回经济损失1.05万元；组织开展"消费维权乡村行"等活动，300多名群众参加活动，取得了良好的社会效应。

【非公有经济】 2016年，全市非公有制实体84562户，同比增长2.72%；全市非公有制实体注册资金366.77万元，同比增长1.51%。全市实有私营企业12335户，从业人员100853人，注册资本（金）375.97万元，同比增长20.99%、17.03%、41.49%；外资企业84户，注册资本6.25亿美元，同比增长12.00%、4.43%；个体工商户69459户，从业人员132100人，注册资金50.99万元，同比增长1.62%、2.92%、9.37%；农民专业合作社2684户，出资总额25.58亿元，成员总数18649人，同比分别增长85.87%、95.72%、78.07%。

【其他】
创建自治区文明单位 以弘扬社会主义核心价值观为核心，以"建设一流机关，打造一流队伍，培育一流作风，建立一流机制，创造一流业绩"为目标开展自治区文明单位创建活动，并成功创建自治区级文明单位。
"小个专"党（团）建设 2016年6月，崇左市委批准成立中共崇左市小微企业个体工商户专业市场工作委员会，是广西成立的唯一的"小个专"党工委，为指导"小个专"党建工作提供了组织保障。全市有"小个专"党组织50个，覆盖党员1279名，团组织14个，覆盖团员88名。其中，2016年新建"小个专"党组织13个，覆盖党员50名，团组织14个，覆盖团员88名。 （李 玲）

劳动和社会保障

【就业和再就业】 2016 年,崇左市就业局势保持总体稳定。全市城镇新增就业 15325 人,失业人员实现再就业 2384 人,就业困难人员实现再就业 646 人,期末城镇登记失业率为 2.9%,比年度目标控制数 4.2% 低 1.3 个百分点。农村劳动力转移就业新增人数 35297 人,全市共开展职业技能培训 13866 人,其中就业技能培训 12258 人,创业培训 1608 人,建档立卡贫困对象就业技能培训人数 3516 人,各项指标均超额完成全年任务。

【社会保障体系建设】

基金扩面征缴 崇左市参加城镇企业职工基本养老保险、城镇基本医疗保险、失业保险、工伤保险、生育保险人数分别达到 16.14 万人、47.31 万人、8.04 万人、11.75 万人、10.05 万人,分别完成任务的 100.17%、105.13%、103.07%、102.15%、105.52%。基本养老、基本医疗、失业、工伤、生育保险费征缴分别达 6.19 亿元、5.11 亿元、4241 万元、2359 万元、1846 万元,分别完成任务的 107.89%、145.89%、141.37%、147.44%、246.13%。全市城乡居民基本养老保险累计参保人数达 92.56 万人,参保率为 98.05%。

社会保险待遇 全市领取城镇职工养老保险待遇人员共有 5.02 万人,发放养老保险待遇 13.11 亿元。全市领取失业保险金人数 4882 人,累计发放失业保险金 4377 万元。基本医疗、工伤、生育保险待遇分别支出 3.59 亿元、1392 万元、1396 万元。崇左市城乡居民基本养老保险基础养老金标准为 90 元—120 元。全市城乡居民基本养老保险共有 29.09 万人领取了养老金,共发放养老金 3.33 亿元,待遇发放率 100%。

【劳动关系管理】 2016 年,大力开展和谐劳动关系创建活动,推进和谐劳动关系创建。全年全市企业劳动合同签订率为 93.68%,集体合同签订率 91%,超额完成全年任务,劳动权益保护基础进一步牢固。

【劳动保障监察】 2016 年,崇左市劳动保障监察部门主动监察用人单位 1009 户,涉及劳动者 10483 人。通过监察督促补签劳动合同 1156 份;追发劳动者工资待遇 5066 万元,其中农民工工资 4886 万元;清退建筑和水利行业农民工工资保证金 1045 万元;立案查处各种违法案件 70 件,结案 67 件,结案率 95%。进行年度书面材料审查 325 家。妥善处理了 28 起群体性突发事情,涉及 2045 人。

【劳动争议调解仲裁】 积极贯彻"预防为主、基层为主、调解为主"的工作方针,把调解摆在争议处理工作更加突出的位置,将关口前移、重心下沉,激活基层化解纠纷机制,健全劳动人事争议预防预警机制,把矛盾解决在基层,化解在萌芽状态。妥善处理劳动人事争议调解仲裁争议案件,2016 年,全市两级劳动人事争议仲裁机构共审结劳动人事争议案件 571 件,其中市级审结案件 418 件,各县(市、区)审结案件 153 件,共涉及劳动者人数 639 人,涉案金额 2500.44 万元,结案率为 92%。

(肖 伟)

住房制度改革

【概况】 2016 年,崇左市房改办在市委、市政府的正确领导下,紧紧围绕做好"两篇大文章"、打好"四大攻坚战"工作主题,认真开展"两学一做"学习教育活动,奋进创新,真抓实干,全力推进住房保障工作,切实履行房改职能,扎实做好挂点村的精准扶贫工作以及甘蔗"双高"基地建设,取得良好工作成效。

【保障性安居工程建设】 住房保障工作是落实中共十八大提出"住有所居"目标的重要举措,也是经济新常态下实现调结构稳增长惠民生的为民办实事项目,更是打好"四大攻坚战"之新型城镇化攻坚战的重要战斗。为解决中低收入家庭、外来务工人员住房困难的问题,崇左市房改办围绕住房保障重点工作,加强沟通,用足政策,强化督察,狠抓落实,不断推进保障性住房建设进度,抓细抓实保障性住房分配管理,多渠道、多层次构建住房保障体系,不断提升全市住房保障水平。

2016 年,自治区人民政府下达崇左市保障性安居工程目标任务为:新开工建设保障性住房、棚户区改造住房 11841 套(户);基本建成 2816 套;分配入住 3839 套。崇左市房改办为了保证任务的完成。一是用足用活政策,筹集资金促建设。2016 年新开工项目加上历年结转续建项目较多,崇左市的住房保障工作迎来了建设资金需求的高峰期,地方配套资金压力较大。对此,崇左市房改办及早筹划,用足政策,主动与财政部门对接,做好政策配套、资金筹措等方面的工作,确保建设补助资金足额到位，并及时拨付到各项目建设单位。二是举办政策培训，提高整体业务水平。2016年11月，崇左市房改办举办了崇左市保障性住房政策宣传贯彻暨棚户区改造业务培训班，邀请自治区住建厅、审计厅，国开行广西分行相关处室领导解读宣传住房保障政策及操作实务；市直、各县（市、区）从事住房保障以及棚户区改造工作的相关人员近100人参加培训学习。培训期间搭建了一个自治区有关领导与市、县工作人员充分沟通交流的平台，拓展工作思路，极大地提高破解工作难点的主动性，助力加快项目建设。三是建立督查考评长效机制，加快推进工作进度。根据保障性安居工程建设及分配管理的工作节点和工作任务，崇左市房改办积极参与自治区、市二级组织的督查工作。将督查考评作为实施保障性安居工程的重要抓手，认真落实保障性安居工程督查、巡查工作机制，把保障性住房项目的督察考评常态化，随时协调解决工作中存在的问题。督促各级各部门按照年度建设计划，层层落实责任，倒排工期，千方百计抓开工、促进度，确保续建项目按时竣工，新建项目严格按照年度建设计划完成相应的工程量。四是加强分配入住管理，运营管理日趋成熟。崇左市房改办指导各县（市、区）完善保障性住房分配管理制度，堵塞漏洞，严格执行准入条件，杜绝不符合条件的纳入住房保障范围。坚持保障性住房实物分配和租赁补贴发放"全过程公开，全社会公示"制度，保证分配结果公开、公平、公正。

2016年，崇左市保障性住房新开工11841套，年度任务开工率为100％；保障性安居工程基本建成5302套，占基本建成任务2816套的188.28％；完成分配入住4481户，占全年目标任务3839户的116.72％。

【危旧房改住房改造建设】 2016年，崇左市房改办有序推进全市危旧房改住房改造项目建设，截至年底，全市共审批危旧房改住房改造项目19个，拆除房屋总建筑面积91715平方米，拆除住房建筑面积89738平方米，共1182套；新建住房2899套，住房建筑面积约356685平方米，预算总投资约9.6亿元。已有18个项目共1614套动工建设，总建筑面积213810平方米，累计完成投资2.86亿元；已竣工7个项目334套50625平方米。2016年，自治区下达崇左市危旧房改造工作目标为新开工建设300套，基本完成100套，完成投资3500万元。崇左市房改办及时将任务分解到具体项目，跟踪服务，督促检查，推进落实，截至年11月末，新开工建设住房334套，占目标任务111.33％，基本建成102套，占目标任务102％，年度投资完成1.17亿元，占目标任务333.91％，3个指标全部起额完成自治区下达给崇左市的目标任务。

（张建家）

住房公积金管理

【概况】 2016年，崇左市住房公积金管理中心在市委、市政府的正确领导下，在区住建厅监管处指导下，以五大发展理念为引领，认真贯彻落实国家房产调控政策，结合"两学一做"学习教育，紧紧围绕"稳增长、惠民生、去库存"的工作目标，主动作为，攻坚克难，开拓创新，找准工作着力点和突破口，将住房公积金管理同谋划经济社会发展紧密结合起来，与助推市委、市政府提出做好"两篇大文章"打好"四大攻坚战"战略任务结合起来，奋力推进崇左市住房公积金各项工作实现新突破，有力促进了全市房地产市场平稳健康发展。

2016年，全市共有2,522个单位9.46万名职工建立住房公积金制度，住房公积金缴存覆盖率达73.88％，缴存人数与上年同期相比增长3.28％；共为2326户职工家庭发放住房公积金贷款和发放个人住房贷款6.52亿元，发放金额同比增长29.62％；共计提取住房公积金8.9亿元，同比增长18.67％；实现住房公积金增值收益2,270.93万元；个贷率实现突破85％，提前超额完成全年各项工作目标任务。

【公积金归集】 2016年，市住房公积金管理中心突出扩面重点，继续抓好非公企业建制扩面工作，确保实现应缴尽缴，维护职工的合法权益。一是继续重点推进非公企业公积金建缴制度。加强与工商、人社等政府部门的密切联系，加强对未建立住房公积金制度的企业，分别进行造册登记，以规模、骨干龙头企业作为切入点，主动上门服务企业，加强政策宣传，确保最大范围地将广大职工纳入到住房保障体系中来。二是依法开展催建催缴。依托中心法律顾问团，通过电话督促、发放律师函等方式，向30家应建未建、未全员建缴单位发送住房公积金缴存建议书，依法督促落实建立公积金制度，提高催建催缴的针对性和有效性，切实维护了广大职工特别是低收入群体的合法权益。三是加强宣传发动，形成良好的扩面舆论氛围。中心以"五进"宣传活动为抓手，深入乡镇、企业和人才市场，开展现场咨询、政策宣传推进会等57场次，并将聘用人员、个体工商户逐步纳入住房公积金体系。2016年，全市新增归集金额10.42亿元，同比增长13.02%；新增152个单位开户，新增0.81万名职工参加了住房公积金制度。

【公积金支取】 2016年，市住房公积金管理中心以强化内控制度为重点，主动接受外部监督，建立资金风险长效管理机制，确保住房公积金安全运营。一是强化内部控制制度。以开展全国住房公积金廉政风险防控重点抽查工作为契机，针对重点环节、关键部位，通过分析评估风险点，修订完善相关管理制度，规范业务操作和约束干部行为，切实做到用制度管权、管事、管人。完善修订《崇左市住房公积金管理中心资金管理办法》及《崇左市住房公积金管理中心政府信息主动公开和依法申请公开制度》等十五项规章制度，切实加强内部管理，不断推动工作良性发展。以关键岗位为防控重点，精简优化岗位设置，持续做好防控风险分析；优化信息管理系统，通过信息管理系统进行业务监控及审查，及时发现和改进内部控制薄弱环节，进一步提高风险防控能力。结合年度审计监督检查意见，通过自查自纠的基础上，由稽查科牵头组成联合检查组，定期或不定期地深入各科室、各管理部进行监督检查，对专项重点稽查执法工作检查中，发现的问题做到及时解决，依法纠正和查处违纪违规行为，确保各项政策落地生根。二是主动接受外部监督。严格按管委会决策履行管理职责，虚心接受区监管办、审计等部门的检查指导，发现问题，及时整改。同时依法依规及时公布信息，增强住房公积金管理工作的透明度，确保住房公积金缴存人的知情权和监督权。截至2016年末，全市住房公积金累计提取总额38.68亿元，同比增长29.89%。

【公积金贷款】 2016年，市住房公积金管理中心积极落实国家楼市去库存化政策，释放结余资金，提高使用率，实现市住房公积金贷款发放额大幅增长。一是落实贷款优惠政策，最大限度满足职工购房需求。3月，市公积金中心出台了一系列提高额度、降低门槛、放宽条件的惠民、利民贷款政策；同时简化贷款流程，加大对中低收入家庭购买首套住房的支持力度，较好地满足了住房公积金缴存职工特别是中、低收入职工的购建房资金需求，资金使用率逐月提高。二是开辟绿色服务通道，提升服务效能。中心与房产部沟通协作，开具抵押受理告知单即可发放贷款，抵押放款时限由原来15个工作日缩短为5个工作日，最大限度缩短审批时限，提速放款；同时中心正式启用邮政速递物流，特快专递贷款资料，递送时间从原来20天缩短至5天，实现中心与各县（市）管理部之间贷款资料中转提速，缩短办理时间。三是全面拓展公积金异地贷款业务。中心制定了异地贷款流程图和贷款须知告知单，提供打印个人征信报告，最大限度便民利民。全市受理101笔2860.3万元公积金异地贷款申请，累计为职工开具异地贷款缴存使用证明397份。四是强化贷后管理，确保资金运营安全。加大清收逾期贷款收缴力度，中心与受托银行对还贷情况认真清理，摸清逾期具体情况并逐户分析逾期还款的原因，通过短信提醒、电话回访、上门走访、劝导谈话、寄发《律师函》和《逾期贷款催收通知书》，以及向所在单位寄发《协助催款通知书》等多种方式对逾期贷款进行了催收。对恶意逃避、拒绝还款的借款人，通过法律途径予以追缴，逾期催收效果显著。重点对15户老逾期户立案催收，其中9人结清逾期金额20.3万元，有4人通过法院强制执行扣款26.8万元，确保了资金运行安全。2016年，住房公积金发放贷款达到6.52亿元，同比增长29.62%。截至年末，累计发放个人住房贷款1.73万笔28.22亿元，贷款余额20.47亿元，同比分别增长15.33%、29.93%、30.13%。

【服务管理】 2016年，市住房公积金管理中心紧紧围绕创新服务这一理念，找准服务保障的契合点和着力点，积极创新服务手段，拓展服务内涵，提升综合服务能力，真正把实惠送到群众身边。一是推进系统升级改造强化服务。对原有的信息系统进行功能升级改造，网站升级改造和服务功能进一步完善和优化，适应多样化需求。先后推出新升级门户网站，开通官方微信、手机APP等服务功能，在拓宽政策宣传渠道的同时，完善查询功能，实现公积金实时查询，提供方便快捷服务，全面提升综合服务水平。二是创新宣传形式，借助官方网站、12329热线、手机APP、微信等传媒平台，做好住房公积金政策的宣传普及，其中"上门送政策"、"上门送服务"已经成为中心的一项为民举措，开展"五进"上门服务宣传活动，深入全市机关事业、企业、社区及乡镇等相关单位走访服务，通过解读新政策、业务咨询、办业务等形式，让更多职工及时了解掌握住房公积金各项政策，享受到公积金惠民政策带来的红利。三是学习借鉴先进理念，促服务提升。中心组织14名业务骨干赴武汉市、重庆市考察学习综合

2016年7月20日，市住房公积金管理中心党支部举办专题党课学习

服务方面的先进理念、成功经验和先进做法，进一步转变理念，形成探索住房公积金综合服务管理的新方法、新思路，坚定新发展理念引领公积金服务发展，助推服务升级。

【其他】

　　业务档案建设　公积金业务档案是民生档案的重要组成部分。2016年，市住房公积金管理中心持续推进业务档案管理规范化、制度化、标准化建设，将各县（市）管理部公积金业务档案工作纳入全中心重点工作，在人力、物力、财力上不断加大投入，建立和完善了档案各项管理制度，强化档案工作的集中统一管理和整体推进。中心先后投入经费26万多元，为全市6个县（市）管理部建立独立档案室及配备档案柜等设施，聘请21名工作人员集中整理业务档案。9月，中心6个县（市）管理部全部完成各类业务归档文件11多万件，录入电子目录4.8万条，规范整理了管理部历年来的公积金业务档案。市本级及6个县（市）管理部档案管理室达到自治区三级档案室管理标准，确保公积金档案资料的完整、准确、安全和有效利用。

　　系统信息化建设　2016年，市住房公积金管理中心按照"突出重点、因地制宜"的原则，在整合完善集银行核算和支付功能于一体的业务系统平台的基础上，对原有的信息系统进行功能升级改造，网站升级改造和服务功能进一步完善和优化，适应多样化需求。为了更好地服务缴存职工，中心推出新升级门户网站，及时更新各项政策和信息。同时借助官方微信公众号、12329服务热线、手机APP等信息平台，做好住房公积金政策的宣传普及，实现公积金实时查询，为广大缴存职工提供方便快捷服务。

（陆里丽　罗　圆）

质量技术监督

【概况】　质量技术监督属于政府行政执法、监督管理范畴。2016年，随着社会经济发展，质监管理体制已由自治区以下垂直管理调整为市、县人民政府分级管理，业务接受上一级质监部门的指导和监督，是一个集计量、标准化、质量、特种设备安全监察及行政执法等几大职能的政府行政管理、执法部门，在维护经济秩序、净化市场环境以及维护消费者合法权益等方面，发挥了保驾护航的作用。

　　崇左市质量技术监督局有9个内设机构：办公室（行政审批办公室）、政策法规科、质量科、标准化科、计量科、特种设备安全监察科、产品监督科、科技认证科、人事科，并按规定设置机关党委和监察室。市局设立二层机构市计量测试研究所，同时设立直属机构崇左市质量技术监督局稽查局，设立派出机构崇左市质量技术监督局江州分局。全局编制52人（其中行政编制32人，机关后勤服务人员3人，事业编制17人），2016年在职干部职工45人（其中公务员30人，机关工勤人员1人，事业单位人员14人）。在职干部职工中，研究生学历9人，大学学历24人，高级工程师1人，工程师7人。

　　年内，崇左市质监局在崇左市党委、市政府和自治区质监局的正确领导下，认真贯彻中共十八大精神，按照全区质监工作的总体思路的部署，主动适应新常态、抓质量、保安全、继续深入实施质量兴市和名牌发展战略，提高供给体系的质量效益，圆满完成了全年的各项任务，有效服务了经济社会发展，为崇左市写好"两篇大文章"，打好"四大攻坚战"作出新的贡献。

【质量兴市】　2016年崇左市质量兴市办深入实施质量兴市战略，促进全市经济提质增效升级。一是完成《崇左市质量兴市发展（十三五）规划》的修改和送审工作。二是完成2015年度市本级和各县（市、区）质量兴市绩效考核成绩的复核工作。三是组织上报 2016 年度质量兴市绩效考评指标,完成迎接自治区质量强桂绩效考评各项工作。四是大力推进品牌培育工作,共有 12 家企业获得广西名牌产品称号,数量居全区第三;凭祥红木文博城等 2 家企业获得广西服务业名牌称号。

【科技认证】 龙州乌龙茶获批国家地理标志产品保护(国家质检总局公告 2016 年第 112 号),"崇左甘蔗醋"(俗称糖醋)地理标志培育申报工作也已经启动,着力挖掘历史渊源,完善人文内涵。广西瑞业电缆有限公司等 4 家企业通过强制性认证(3C 认证)。

【标准化管理】 2016 年,崇左市质量技术监督局继续深化标准化工作机制改革,编制并报请崇左市人民政府印发《崇左市深化标准化工作改革实施方案》,成立了由崇左市人民政府分管领导担任召集人的崇左市标准化协调推进部门联席会议制度,为做好标准化工作打下良好基础。积极开展企业产品和服务标准自我声明公开和监督试点工作,全年共有 14 家企业上报 33 项标准,涵盖 40 种产品,涵盖 7 个县(市、区)。地方标准项目编制工作开展良好,其中《山黄皮生产技术规程》等 5 项标准获得立项;《苹婆嫁接苗》《木奶果嫁接苗》《凭祥石龟》和《凭祥石龟养殖技术规范》4 项广西地方标准通过专家组审核并获得发布;《山黄皮生产技术规程》《红木干燥质量等级》《红木家具表面涂饰技术规程》《红木家具雕刻技术条件》《红木家具质量等级》5 项广西地方标准的征求意见稿已经完成。完成了 2015 年度自治区重要技术标准项目——广西南亚热带农业科学《蛋黄果栽培技术规程》申报

工作。11 月中旬,与江州区人民政府共同推进的江州区甘蔗种植标准化示范区项目通过国家标准化管理委员会考核组的验收,成为崇左首个"国家甘蔗种植综合标准化示范区"。

【特种设备安全监察】 2016 年,全市共出动特种设备执法人员 1030 人次,检查各类特种设备使用单位(企业)527 家,检查特种设备 2249 台,发出安全监察意见书 145 份,发现特种设备一般隐患 193 处,完成整改 175 处,整改率为 90.7%,立案 7 起,已结案 7 起。开展全市液化石油气充装单位专项检查工作,对全市 12 家液化石油气充装单位开展专项检查,其中发现 1 家对未经检验合格液化气瓶进行充装,检查组现场责令该单位进行整改,并且进行立案处理。根据市政府《关于报送 2016 年度应急演练计划的通知》要求,市局于 10 月 18 日联合江州区金色游乐场进行一次大型游乐设施应急救援演练。据统计,全市重点特种设备监控设备和单位共 176 家,其中江州区及市辖区重点监控使用单位 30 家。截至年末,安全科已联合江州分局对 23 家重点监控特种设备使用单位进行检查,其余监控单位分解到各县(市)地方职能部门进行监控。

【计量监督管理】 2016 年,全市检定计量器具(含计量标准)12756 台(件),其中强检计量器具 8084 台(件),强制检定率达 99% 以上;免费检定集贸市场 11 家计量器具 2400 台(件),免收检定费用约 34.3 万元;36 个乡镇医用三源 62 台件,免收检定费用 6.7 万元。组织各县(市)局围绕中秋节假日以月饼为重点计量抽查,合格率 100%,较上年度提高 35.7%;组织开展国

庆节前定量包装商品净含量计量监督专项抽查,共计抽查 8 类商品,32 家企业,45 批次的商品,合格率 100%,合格率较上年度提高 3.8%。组织 2015—2016 年榨季制糖企业甘蔗收购用汽车衡专项监督检查,共计检查企业 18 家,检查农产品收购用汽车衡 64 台件,未发现任何计量违法、作弊行为,对 35 台农产品收购用汽车衡进行了现场性能抽查,合格 35 台,合格率为 100%;组织对人民群众生活密切相关的燃油加油机、出租车计价器、民用三表进行监督检查,共检查出租车计价器 56 台,其中检查发现 1 家出租车运营公司 20 台出租车计价器不在检定有效期内;检查燃油加油机 246 台,水表 60 个,煤气表 21 个,电表 399 个,全部在检定有效期内;对辖区内主要集贸市场、年货市场、大型超市组织开展计量专项监督检查,对国家法定计量检定机构、水表、电能表授权机构监督检查,对机构的环境条件、人员配备、计量标准设备状况、体系运行情况等进行了检查,对存在的问题提出整改要求,检定合格率达 99%。

【产品质量监督】 2016 年,崇左市质量技术监督局共 56 家(次)对工业产品企业开展巡查,对于存在问题的企业,落实了整改措施,并监督落实整改;加强对获证企业的证后监管,通过巡查、监督抽查、企业年度报告审核等方式加强证后监管,确保企业持续保持生产合格产品的能力。同时抓好工作产品抽查工作,把定期监督检查和重点产品质量提升工作结合起来。全年市辖区共开展定期监督检查 54 批次,合格 50 批次,不合格 4 批次,合格率 92.6%;配合区局和国家总局开展监督检

查和联动监督检查 72 批次,合格 67 批次,不合格 5 批次,合格率 93%;扎实做好监督抽查不合格企业的后处理工作,增强监督抽查工作的有效性和权威性。

【行政执法】 2016 年,崇左市质量技术监督局共出动执法人员 664 人次,对 14 家农资生产企业,217 个化肥经营部,2 家扶贫农资中标企业,6 个农资重点区域的农资产品进行检查,为农户现场快速检测 15 批次化肥,抽查 53 批次农资产品(含 4 个中标扶贫农资)。其中 1 批次农药检验不合格,7 批次化肥(复混肥)经检验不合格,当地质监(工商和质监)局对此进行了立案查处。经过多年的整治,崇左市农资市场得到了有效净化。组织开展"质检利剑"打假行动。组织各县(市)开展重点消费品、重点行业、家用电器等列入实施召回管理目录的消费品、汽车及其配件、汽柴油、民生计量器具等专项执法打假行动,对专项检查及区局交办的涉及特种设备、计量、产品质量的 25 起案件进行立案查处。同时,配合全市相关部门开展水泥砂浆搅拌站、基础教育产品、卫星电视广播地面接收设施等专项整治工作,配合区局、市打假办填报"双打"统计报表。通过开展相关"质检利剑"专项行动,有效地打击了各种特种设备、计量及农资产品等违法行为,保障了广大群众的切身利益。同时组织开展"阳光纤维进校园"絮用纤维制品及服装产品质量专项检查,出动执法人员 116 人次,检查学校 76 家,商场 16 家,销售单位 33 家,抽查样品 18 批次,对不合格的产品依法进行了处理。

【质监体制改革】 2016 年,崇左市质量技术监督局经过梳理和清理本部门现有职权,并与自治区质监局对接,理出部门拟保留的行政权力事项含行政许可、行政处罚、行政强制、行政检查、行政确认、行政奖励、行政裁决和其他事项 8 类、共 193 项。其中,行政许可 7 项、行政处罚 154 项、行政强制 4 项、行政检查 12 项、行政确认 1 项、行政奖励 4 项、行政裁决 1 项、其他行政权力 10 项。已通过审定并公示。

【内部管理】 2016 年,崇左市质量技术监督局严格控制"三公"经费按计划支出,全年局本级公务用车运行维护费用 0 万元,比上年同期节约经费 7.14 万元,三公经费支出 0.49 万元,比上年同期下降 93.3%。

(项锡晨)

食品药品监督管理

【概况】 2016 年,是"十三五"开局之年,在崇左市委、市人民政府的正确领导下和自治区食品药品监督管理局的指导下,崇左市食品药品监督管理局深入贯彻落实中共十八大、十八届三中、四中、五中、六中全会,以及中共中央总书记习近平系列重要讲话以及自治区党委十届七次全会、市委三届五次全会精神,以"两学一做"学习教育为契机,牢固树立新发展理念,大力推进队伍和作风建设,扎实开展食品药品安全整顿,严厉打击违法犯罪行为,规范"四品一械"市场管理秩序,妥善应对各种复杂局面,着力构建长效监管机制,各项工作稳步推进,全市食品药品安全形势持续稳定向好。为崇左市做好"两篇大文章",打好"四大攻坚战",做出应有的贡献。

【食品生产监管】 2016 年,崇左市食品药品监管部门开展元旦春节至大节日、食用植物油、鲜湿米粉等专项整治,全市乳制品、白酒、食用植物油、鲜湿米粉获证企业和生产加工小作坊产品质量有了明显提高。

加强全市获证企业监督抽检,全年共完成"区抽"347 批次,合格 325 批次,不合格 22 批,合格率 93.60%。坚持高压态势,继续深度推进食用植物油专项整治。全市共检查食用植物油小作坊 441 家次,现场快检 455 批次,责令改正 122 家次,立案查处 3 家。坚持不定期对乳制品生产企业开展飞行检查,每周开展三聚氰胺快速检测,及时排除安全隐患,全市食品生产安全得到保障。认真实施重点企业质量安全授权人制度。目前在乳制品、白酒、肉制品企业推行质量安全授权人制度,崇左市乳制品企业 1 家,白酒 2 家,肉制品 2 家,均已完成质量安全授权人备案,备案率 100%。

【食品销售监管】 2016 年,崇左市食品药品监管部门开展春、秋季校园及周边食品安全专项检查,重点查处销售假冒伪劣、过期变质和"三无"食品等违法行为;开展农贸市场食品安全专项整治、婴幼儿配方乳粉专项检查、水产品专项整治、进口酸奶专项整治;严厉打击病死猪肉专项整治行动,检查生猪屠宰企业 22 家次,检查各类市场 125 个次,检查肉品销售单位 1003 家次,立案查处 2 起,查获来源不明的猪肉 610 公斤,查获其他不符合食品安全标准肉品 666.25 千克,捣毁黑窝点 1 个。开展农贸市场农残快检室建设,全市共建成 7 个农贸市场农残快检室。实施抽检监测 1946 批次,合格 1920 批次,其中食用农产品抽检 1775 批次,合格 1761 批次,合格率 99.21%。快速检测 10235 批次,合格 10229 批次,合格率 99.94%。2016 年崇左市食品安全监督抽检工作获在全区抽检工作推进会上作经验交流发言。

【食品餐饮监管】 2016 年,崇左市食品药品监管部门开展春、秋季开学学校食堂食品安全专项整治,出动执法人员 4148 人次,车辆 1226 车次,检查 2588 家次,责令整改 361 家,立案 12 起,罚款 3.6 万元。开展餐饮环节火锅底料非法添加罂粟壳等有毒有害物质专项整治行动,共出动执法人员 487 人次,车辆 203 车次,检查餐饮服务单位 443 家,下发《责令改正通知书》18 份;完成餐饮食品专项监督抽检 24 个批次,抽检合格率 100%。开展网络订餐第三方平台专项检查,发现辖区内在网络第三方平台上公示的餐饮服务经营者共有 293 家,未发现有网络餐饮第三方平台在崇左市注册或驻属地。开展食品经营许可专项检查活动,4 类餐饮服务经营单位共发放食品经营许可 774 家,其中饭馆 662 家、咖啡馆 38 家、酒吧 26 家、茶座 18 家。全市实施“明厨亮灶”餐饮服务单位共有 1013 家,占全市持证餐饮服务单位 27.7%。持证餐饮服务单位 3658 家,应量化餐饮服务单位 2831 家,已进行量化分级数 2650 家,其中 A 级 78 家,B 级 987 家,C 级 1560 家,待评定 25 家,完成应量化餐饮服务单位 93.60%。完成重大活动餐饮服务食品安全保障 170 场次,审查菜谱 2060 份,保障人数达 122400 人(次),圆满完成了各种重大会议(活动)和中高考的食品安全保障工作。

【药品、医疗器械、保健食品与化妆品监管】 全市药品、医疗器械、保健食品及化妆品安全持续向好。一是药品企业入网、预警处置以及质量等级评定工作推进有力。全市 3 家药品制剂生产企业和 516 家药品经营企业全部入网,入网率 100%。排全区第一;及时处理药品电子监管预警 4042 起,23 把密钥平均每月登陆超过 12 次;完成 5 家药品生产企业质量安全信用等级的初步评定。二是不良反应监测工作取得新进展。药品不良反应监测网络搭建完善,2015 年 6 月正式承接并开展 ADR 监测工作以来,共审核评价药品不良反应报告 1939 份,医疗器械不良事件报告 439 份,化妆品不良反应监测报告 109 份,药物滥用监测报告 627 份。共建立化妆品不良反应哨点 15 个。2016 年药品不良反应报告质量评估得 97.62 分,排全区第一。监测人员培训得到加强,举办了药械不良反应/事件监测培训班。并通过网络搭建了 6 个 QQ 群统一指导填报工作。三是专项整治取得良好成效,开展中药饮片生产企业专项整治工作,及时消除安全隐患。对辖区 125 家使用体外诊断试剂医疗机构进行专项检查,整改 72 家,立案查处 4 起。推行“四专管理”,加强药品经营企业销售含麻黄碱类复方制剂的监管,检查批发企业 5 家,零售连锁总部 4 家,零售企业 358 家,覆盖率为 64.7%。保健食品化妆品经营进一步规范,全市共选定 40 家药品经营店和 20 家规模以上的宾馆酒店作为保健食品、化妆品重点检查单位,采取“四严查、一规范、一抽检”措施,对产品的进货渠道和质量等内容进行检查。

【稽查办案】 2016 年,崇左市共立案查处一般程序违法案件 203 件,其中食品类案件 145 件、药品类案件 45 件、医疗器械类案件 8 件、化妆品类案件 5 件。共下发行政处罚决定书 201 份,涉案货值金额 64.41 万元,没收物品总值 14.4 万元,没收违法所得 14.15 万元,罚款 281.63 万元。其中,市本级立案 16 件,涉案货值金额 27.77 万元,没收物品总值 0.11 万元,没收违法所得 7.99 万元,罚款 87.58 万元。承办广州、南宁等地的案件协查件 2 起,自治区稽查局转办 1 起。向全

崇左市食品药品检验所检验楼落成,实现检验技术从无到有的突破

国相关地市级食品药品监督管理局发协查函20份,都能得到及时答复。制定了行政执法与刑事执法衔接工作机制,加强与公安机关的配合,严厉打击食品药品违法行为。2016年全市共向公安部门移交7起涉嫌犯罪案件线索,移送市公安机关1起药店涉嫌销售非法添加药物成分食品案。

（吴良梅）

安全生产监督管理

【概况】 2016年,崇左市认真贯彻落实中央、自治区领导关于安全生产的系列重要指示批示精神,严格执行自治区安全监管局以及市委、市政府的工作部署,坚持安全发展理念,狠抓安全防范工作,确保全市安全生产形势保持持续平稳态势。年内,全市共发生各类安全生产事故40起,造成41人死亡,事故起数、死亡人数同比分别下降23.08%和6.8%。其中,生产经营性道路交通事故21起,同比减少16起,下降43.24%;死亡21人,同比减少7人,下降25%。工矿商贸企业事故13起,同比增加3起,上升30%;死亡14人,同比减少4人,下降28.57%;铁路路外事故3起,同比减少2起,下降40%;死亡3人,同比减少2人,下降40%。其他事故3起,同比增加3起;死亡2人,同比增加2人。水上交通、农机无伤亡事故。

2016年,全市生产安全事故均为一般事故,没有造成群死群伤;没有发生较大以上事故,也没有发生因生产安全事故引发的舆论事件,全市安全生产形势保持持续平稳态势。自治区人民政府组织对崇左市年度安全生产工作进行考核,考核结果为"优秀"等次。

【安全监管责任制】 一是完善了安全生产"党政同责,一岗双责"责任体系,市委、市政府分别与各县(市、区)党委、各县(市、区)政府签订了安全生产责任书,各级党委、政府实现了"五级五覆盖"。二是落实了住建、交通运输、水利、林业、商务口岸委、工商、质监等负有安全监管职责的政府部门,按照"三个必须"的要求研究制定安全生产责任清单和权力清单"两张清单";印发《崇左市安全生产委员会成员单位安全生产工作职责分工》,进一步明确各成员单位工作职责。三是规模以上企业全部做到了"五落实五到位",市安委会专门与全市重点行业企业主要负责人开展了谈心对话活动,全市安全生产工作呈现责任体系完善、工作职责清晰的新格局。

【风险防控及应急队伍建设】 一是全面开展隐患排查。2016年,全市应开展隐患排查治理企业2596家全部开展隐患排查治理并按要求上报隐患排查治理情况,共排查一般隐患11563项,其中已整改11373项,整改率98.46%。二是在小型露天采石场推行"自上而下、台阶式"开采方式和机械化二次破碎、在冶金行业推行"液氨改氨水"工艺、在道路交通推进公路安全生命防护工程建设,加快淘汰落后技术、装备、工艺和产能,从源头上减少隐患,进一步提升风险管控能力。三是依托中信大锰大新锰矿分公司建立了1支由市本级财政扶持的安全生产专业应急救援队伍。

【安全生产大检查】 2016年,崇左市安监局切实加强重点时段安全生产工作。在元旦、春节、"两会"、清明节、五一、端午、中秋、东盟博览会和国庆前期间,针对不同时期、不同行业特点有针对性开展安全生产大检查和执法媒体曝光行动,对违法违规企业形成震慑,确保各重点时段全市安全生产形势稳定。其间,安监部门对矿山、尾矿库、危险化学品、烟花爆竹及职业危害严重企业进行检查,累计出动检查人员395人次,检查243家生产经营单位,实施媒体曝光6次,曝光企业21家,依法责令改正、限期整改、停止违法行为169起,责令停产、停业、停止建设企业32家,实施行政处罚企业5家,暂扣有关许可证8个,关闭取缔5家,教育劝导非法采矿人员20人次,遣散民工15人次,查出隐患1477条,责令企业停产3家;同时,工信、公安、住建、交通、旅游和消防等部门分别对冶金企业、民爆公司、建筑工地、道路交通和水上交通、旅游景区和人员密集场所进行了安全检查。

【专项整治行动】 为了有效防范重特大事故发生。深化煤矿、非煤矿山、危险化学品、烟花爆竹、职业卫生等重点行业领域安全专项整治,提升各行业安全防控水平。煤矿方面,一是组织有关人员对正在进行露天机械化改造的宁明县大明矿业有限公司大闸煤矿进行了督促检查,重点检查了采场防洪、防边坡坍塌措施落实情况,共发现一般隐患和问题118项。二是对关闭、停产停工煤矿进行明察暗访。经查,崇左市现已关闭、停产停工的扶绥县东罗工矿实业有限公司广龙矿、扶绥县新东矿业有限公司五矿和宁明县大闸煤矿(井工开采)等3对煤矿均封闭了井口,拆除了地面主要设施,还安排专人在井口值守,防止人员入井。非煤矿山方面,采取非煤矿山安全生产专家"会诊"、风险分级监管、建立微信助力矿山安全监管平台等措施,在小型露天采石场未修路山顶自上而下分台阶(分层)开采、淘汰落后工艺设备和实施废弃尾矿库闭库治理等方面开展安全专项整治,共检查非煤矿山142座(次),发现各类安全隐患349项,整改落实349项,并对6座采石场实施了停产整改,依法责令改正、限期整改、停止违法行为129起,责令停产、停业、停止建设企业28家,暂扣有关许可证6个,关闭取缔5家。危险化学品方面,突出抓好提升危险化学品领域本质安全水平回头看、加油站安全专项整治,对全市109家加油站进行全面检查,同时对群众举报的非法加油点进行暗查暗访,共抽查34家加油站,暗查暗访2处非法加油点,发现隐患问题97项,下达执法文书26份,其中责令限期整改指令书12份,强制措施决定书1份。通过专项整治,督促各类加油站完善安全管理制度和岗位操作规程,加强现场安全管理和员工培训教育,促进全市危险化学品领域安全水平提高。烟花爆竹方面,对7个县市区20家批发企业及部分零售点进行检查,检查中下发执法文书36份,其中限时责令整改指令书17份,有效整治全市烟花爆竹经营安全隐患。检查中,对存在严重违法违规行为的3家企业处以罚款5000~10000元不等的行政处罚。职业病危害专项治理方面,以水泥生产、木业加工、冶金有色等行业为重点开展了粉尘危害治理工作,组织对各县(市、区)治理情况进行抽查,对71家存在职业病危害行业企业开展了执法检查,下达执法文书66份,发现问题隐患63项,责令当场纠正16项,责令限期整改47项。

【职业卫生监管】 2016,崇左市安监局切实保障从业人员权益。一是推行安全生产与职业卫生一体化执法,扩大了检查面。全市检查用人单位111家,比上年增长43%;发现问题或隐患129项,责令当场整改115项;通过行政执法检查、行政处罚等措施,有效推动企业落实职业病防治主体责任。二是认真开展用人单位职业卫生基础建设活动。上半年全市共有103家企业开展职业卫生基础建设活动。建章立制、落实责任、成立机构、配备人员、排查消除隐患、完善职业病防控设备设施等职业卫生基础建设工作得到进一步落实。三是严把建设项目准入关。监督有关新、扩、改建项目落实职业卫生"三同时"工作,近年来依法对红师水泥有限责任公司、凭祥海关货场使用放射源检测设备项目、中信大锰大新分公司等3家企业的新、扩、改建项目进行审查,从源头对职业病防控措施进行把关。四是督促企业开展职业病危害因素检测评价和职业健康检查等工作。全年全市43家企业职业病危害因素检测评价,并对有害因素浓度或强度超标岗位进行整改;57家企业组织接触职业病的从业人员开展健康体检,确实保护从业人员身体健康。

【标准化建设】 2016年,崇左市安监局进一步开创安全生产工作新局面。常期以来,崇左市一直把企业安全生产标准化创建工作作为提升企业安全管理水平的重要手段。一是督促安全生产标准化未达标企业创建安全生产标准化。二是督促标准化有效期届满的达标企业开展复评。三是鼓励已达标的安全生产三级标准化企业升级,创建二级标准化。年内,崇左市新创建生产标准化企业3家,开展安全生产标准化复评17家,开展标准化升级工作企业2家。截至年末,崇左市标准化达标企业126家,其中一级标准化企业1家,二级标准化企业4家,三级标准化企业121家。

【宣传教育培训】 2016年,为了努力营造全社会关注安全生产的浓厚氛围。一是多渠道宣传安全生产。在开设崇左市安全生产信息网的基础上,在左江日报和崇左电视台设立了安全生产宣传专栏,在重要版面、重要时段播放有关安全生产内容,积极推动安全知识和职业健康知识进机关、进社区、进企业、进学校、进农村、进家庭、进公共场所。二是组织开展"安全生产月"系列活动。围绕"强化安全发展观念,提升全民安全素质"主题,在全市范围内组织开展安全发展主题宣讲活动、"6·16"全国安全生产宣传咨询日活动、事故警示教育活动、应急演练专题活动、安全生产专家座谈会活动等,达到普及安全知识、弘扬安全文化、营造全社会参与、支持安全生产工作的浓厚氛围。三是开展专项宣传教育活动。大新县开展水上交通安全宣传教育活动;扶绥县开展采石场企业安全生产宣传教育活动。四是开展《中华人民共和国职业病防治法》宣传周活动。4月28日,组织128家企业负责人在扶绥海螺水泥公司参加由自治区《中华人民共和国职业病防治法》宣讲团举办的宣讲活动。五是组织企业主要负责人、安全管理人员和特种作业人员参加市、县两级安监部门举办的培训班。年内,全市共举办培训班11期,其中企业主要负责人和安全管理人员培训2期,培训362人;电工作业培训6期,培训931人;焊工作业培训培训3期,培训416人。 (张全宇)

财政·税务

CAIZHENG SHUIWU

□编辑 黄适清

财　政

【概况】 2016 年,面对错综复杂的财政经济形势,全市各级财政部门在市委、市政府的正确领导下,积极落实积极的财政政策,全力以赴稳增长、调结构、促改革、惠民生、防风险,大力支持"两篇大文章"、"四大攻坚战",加大财税体制改革力度,清费立税、增收节支、优化结构、提高绩效、防范财政风险,增强持续发展动力,努力保持财政事业平稳良好运行。由于工作成绩突出,崇左市财政局得到自治区和市委、市政府的肯定,先后获"2015 年度企业效益月报工作先进单位"、"2016 年度全区财政科研宣传工作先进单位一等奖"、"2016 年度《经济研究参考地方财税与会计》宣传工作先进单位二等奖"、"2016 年度全区财政宣传工作先进单位"和"2016 年度全国财政科研成果宣传工作先进单位"等荣誉或称号。

【财政收支】

财政收入 2016 年,全市组织财政收入 58.20 亿元,比上年下降 22.6%。占崇左市四届人大常委会二次会议确定的财政收入调整目标 57.17 亿元的 101.8%。其中,全市一般公共预算收入 40.76 亿元,比上年下降 18.7%。剔除不可比因素,全市一般公共预算非税收入 15.95 亿元,非税占比 39.2%,与上年底 42.5% 相比下降了 3.3 个百分点。非税占比(自然口径)在全区的排位下降到了第五位,与近几年排位情况相比,收入结构得到一定程度的优化。

财政支出 2016 年,全市一般公共预算支出累计完成 204.88 亿元,比上年增长 10.7%,完成全市测算调整预算数的 98.5%,比自治区财政厅要求完成 90% 多出 8.5 个百分点,比全区平均增速高 0.7 个百分点。其中,稳增长 8 项支出完成 135.2 亿元,增长 4.1%;教育、科学技术、文化体育传媒、社会保障和就业、医疗卫生、农林水事务、住房保障等涉及民生支出合计 166.9 亿元,增长 14.3%,民生支出增幅比一般公共预算支出增幅高出 3.6 个百分点,民生支出占一般公共支出比重为 81.5%,较上年提高 2.6 个百分点。

【保障和改善民生】

支持社会保障事业发展 2016 年,全市参加城镇职工医保参保人数达 160,810 人,参加城镇居民基本医疗保险人数为 310,079 人,新型农村合作医疗参合人数达到 1,964,263 人,参保率 99.67%,城乡养老保险至 12 月底参保人数 918,376 人,参保率 97.87%。年初全市再就业资金结余 1620.39 万元,其中市本级年初数为 1,068.44 万元。全市再就业上级财政补助资金 4,935.76 万元,其中市本级 500 万元,江州区 528 万元,县级 3,907.76 万元。截至 12 月,市本级再就业资金支出 1152.29 万元,其中公益性岗位支出 458.56 万元,再就业培训支出 126.92 万元。再就业资金支出享受人员享受职业培训补贴人数 1627 人,享受公益性岗位补贴人数 176 人。

筹措落实财政扶贫资金 2016 年,全市各级财政共筹集安排扶贫资金 9.55 亿元,其中中央和自治区到县财政专项扶贫资金 4.98 亿元,政府新增债券用于扶贫金额 1.82 亿元,市本级财政安排 1479.99 万元,县级财政安排 126 亿元,本年度盘活存量资金中统筹用于扶贫开发的资金 5240.95 万元,2015 年及以前年度扶贫专项资金结转结余资金 8198.71 万元,支出金额 9.04 亿元,支出进度达到 94.64%,比 2015 年 3.74 亿元增加 5.30 亿元,增长 141.9%,全面完成自治区下达的全年 2.14 万户 9 万贫困人口脱贫销号、47 个贫困村脱贫出列,为全市脱贫攻坚工作顺利实施提供强有力的财力保障。

支持教科文事业发展 2016 年义务教育阶段中小学公用经费标准为小学 / 年 600 元、初中 / 年 800 元,中央和自治区下达崇左市公用经费 2.05 亿元,经费及时拨付给学校,为学校教育教学工作提供了经费保障。上级下达崇左市义务教育阶段学校维修改造资金7178万元,薄弱学校改造资金2.40亿元。上级下达崇左市农村义务教育营养改善计划补助资金1.17亿元。上级下达崇左市普通高中贫困学生助学金2289.94万元;学前教育入园补助资金508.81万元。下达中央和自治区高校国家奖助学金1473.86万元。下达中央和自治区中等职业学校国家助学金326.72万元,免学费785.6万元,下达自治区现代职业教育发展专项经费1300万元。下达国家科技创新基地(体系)能力建设中央专项资金50万元。下达文化事业建设经费93.68万元,下达公共文化服务体系建设专项资金2986.6万元;下达美术馆、公共图书馆、文化馆(站)免费开放中央专项资金765.2万元。市本级安排资金1500万元用于花山申遗相关经费支出,花山申遗工作于7月圆满成功。

实施棚户区改造和农村危房改造 2016年崇左市城区棚户区改造项目任务2869套(户),中央和自治区补助资金共计6569.85万元。2016年下达棚户区改造配套资金5879万元。大力推进农村危房改造项目,截至12月30日,自治区下达崇左市农村危房改造11200户,已按要求下达资金,其中中央补助资金1.61亿元,自治区配套资金1.80亿元,市本级配套资金1680万元。其中,建档立卡贫困户中央和自治区本级补助标准为户均2.3万元,前期已按中央和自治区户均15000元的标准下达补助资金,自治区每户追补8000元的标准下达建档立卡危房户补助资金,加上市级配套资金1500元和县(市、区)配套2000元,建档立卡贫困户应得补助资金2.65万元。

推进"美丽广西·生态乡村"村屯绿化硬化建设 2016年上级下达自治区绿化村屯专项资金350万元,7个县(市、区)各50万元;下达自治区屯内道路硬化建设专项资金1520万元,其中江州区240万元,天等县220万元,大新县300万元,龙州县220万元,扶绥县240万元,凭祥市60万元。

【收支管理】

收入方面 一是完善财政收入组织机构和工作方案。成立财政收入征收工作组深入各县(市、区)检查指导财政收入工作。定期召开财政收入进度分析会议,及时研究解决收支工作中存在问题。二是强化税源分析与监控,加强税收收入征管。坚持把糖、锰、边境贸易、建材、水泥等支柱产业税源抓好抓牢,大小税源一起抓。三是全面把握经济运行和企业经营变化对财政收入的影响,动态监控分析财政收入入库情况以及增减变化原因,及时发现问题并采取有针对性的政策措施。四是加大协税护税力度,形成全市上下齐抓共管财政收入的良好局面。五是实行财政收入完成情况定期报送制度,及时报送收入完成情况和信息,为领导科学决策提供了准确依据。

支出方面 认真贯彻落实加强财政支出预算执行管理的要求,狠抓支出预算执行不放松。及时细化和下达预算,强化预算支出责任制,按期通报财政支出进度情况,加强财政支出进度考核;建立完善强化支出管理工作长效机制,切实加快支出进度,提高资金使用效益。积极调整优化财政支出结构,大力压缩会议费、购车和公车运行费、接待费和出国经费等一般性、消耗性支出,集中财力重点保障事关经济社会发展全局的重大

项目,切实把钱花到点子上、用在刀刃上。

【财政改革】

持续深化部门预算改革 一是完善预算支出定额标准体系。根据有关规定,调整事业单位的失业保险缴费比例,缴费比例由2%调整为1.5%;机关事业单位参加"机关事业单位养老保险缴费"和"职业年金缴费"。二是规范项目设置,加大项目精简和整合力度。项目支出继续实行零基预算,不受往年基数影响,同时结合原来编制三年滚动预算情况,并根据部门职能和事业发展的需要,统筹安排各项支出需要。三是加大预算编制与预算执行有机结合。对上年末财政存量资金规模较大的部门,按一定比例相应核减其下年公用经费或者项目支出规模。四是进一步加大财政拨款结余资金统筹安排力度,列入2016年部门预算一般公共预算结转资金安排支出2.38亿元。

积极推进预决算公开 建立和完善预决算公开工作长效机制,推进"全口径"预决算信息公开,进一步扩大公开范围。完善财政信息公开系统建设,进一步推进预决算公开的标准化工作。按照实施全面规范、公开透明的预算制度,着力将财政信息公开透明贯穿预算改革和管理的全过程要求。2016年预算、2015年决算公开工作已经完成。

做好公务用车制度改革 2016年,市本级总共发放2859.08万元公务交通补贴,涉及人员为2949人。协同相关部门开展留用车确认和司勤人员调整工作。

国库集中支付制度改革深入推进 2016年,全市累计实行公务卡改革的预算单位为1436个(其中市级271个、县级842个、

乡级 323 个），占应该改革单位总数的 100%。全市累计公务支出刷卡消费量达 1.16 亿元，比上年（1.21 亿元）减少 532.11 万元，减少 4.38%。其中，市级公务卡刷卡消费量 1906.97 万元，比上年（2188.03 万元）减少 281.06 万元，减少 12.85%；县级 8039.55 万元，比上年（8356.9 万元）减少 317.35 万元，减少 3.80%；乡级 1667.52 万元，比上年（1601.22 万元）增加 66.3 万元，增长 4.14%。公务卡结算制度改革的深化推进，进一步规范了公务消费支出和控制"三公"经费，为厉行节约、防范腐败提供了保障。

【财政监督】

落实各项规章制度 2016 年，崇左市各级财政部门认真落实中央八项规定，根据出台的《崇左市本级财政资金审批拨付及管理业务内部操作规程》《公务机票购买管理改革工作手册》《崇左市本级政府购买服务试点工作方案》等多项厉行节约反对浪费各项制度或文件，努力实现财政资金事前、事中、事后全过程监管。

加大财政检查力度 2016 年，崇左市采取联合检查与重点检查相结合的方式，在各民生资金业务主管部门自查的基础上，对民生资金管理使用情况进行了检查。崇左市成立崇左市查处发生在群众身边的"四风"和腐败问题暨"春风护农"专项行动领导小组，对扶贫、民政、新农合、教育、保障性住房补助、涉残疾人补助等 6 类资金的管理、使用和发放情况进行专项检查，共排查出问题线索 266 件，全部移交当地纪委，已立案查处 59 件，其中教育资金领域 41 件，保障性住房领域 14 件，扶贫资金领域 2 起，民政资金领域 1 起，涉案 59 人，涉案金额达 584.97 万元。结合各

项民生资金检查，针对当前全市民生政策落实和民生资金管理使用中存在的突出问题进行集中、系统整改，进一步明确各级各部门在有关民生资金分配管理使用中的职责任务，扎实抓好民生政策落实情况监督检查整改工作，确保民生政策效力的落实和资金安全使用。

开展厉行节约管理 继续严格执行中央和自治区厉行节约反对浪费的系列规定，各预算部门"三公"经费实行"零增长"，严格控制政府性楼堂馆所建设、改造、装修以及节庆、论坛、展会等重大活动的举办，重点公务支出实行公务卡强制结算、支出动态监控，建立健全长效机制，2016 年全市一般公共预算财政拨款"三公"经费支出 1.55 亿元，比上年减少 4805.58 万元，下降 23.73%。

加强政府债务管控，政府债务风险有效化解 截至 2016 年 12 月底，崇左市已向自治区财政厅申请到了四批置换债券资金和一批新增政府债券资金，其中崇左市本级第 1 批置换债券资金合计 1.72 亿元，第 2 批置换债券资金合计 0 万元，第 3 批置换债券资金合计 6.23 亿元，第 4 批置换债券资金合

计 2.25 亿元；崇左市本级新增政府债券资金为 9.16 亿元。截至 12 月底崇左市政府负有偿还责任的债务余额为 100.98 亿元，其中一般债务余额为 78.99 亿元，专项债务余额为 21.99 亿元。其中市本级负有偿还责任的债务余额为 58.32 亿元，其中，一般债务余额为 43.95 亿元，专项债务余额为 14.37 亿元。

【财政收支平衡】 2016 年崇左市财政总收入 215.39 亿元，比上年增加 0.63 亿元，增长 0.3%，财政总支出 210.86 亿元，比上年增加 3.84 亿元，增长 1.9%，收入和支出相抵，年终滚存结余 4.53 亿元，扣除结转下年度继续使用的专款 4.57 亿元，净结余 -0.04 亿元。

全市财政总收入的构成是：一般预算收入 40.76 亿元，比上年减少 9.36 亿元，下降 18.7%；转移性收入 133.72 亿元，比上年增加 8.55 亿元，增长 6.8%；债券收入 23.11 亿元；上年结余收入 7.73 亿元；调入预算稳定调节基金 2.17 亿元；调入资金 7.9 亿元。

全市一般公共预算收入 40.76 亿元，其中税收收入完成 24.21 亿元，比上年减少 4.6 亿元，下降 16%。

2016 年 2 月 29 日，崇左市财政局局长孙建书（左五）主持召开全市财政局长会议研究财政收支问题

市财政局局长孙建书（左二）带领领导班子成员到挂点村开展产业扶贫调研

全市财政总支出 210.86 亿元，主要构成是：一般预算支出 202.87 亿元，比上年增加 17.76 亿元，增长 9.6%；上解上级支出 1.21 亿元，比上年减少 0.75 亿元，下降 38.3%；债务还本支出 5.6 亿元；安排预算稳定调节基金 1.07 亿元。

【财政投资评审】 2016 年，评审中心各方面工作都取得新的突破，评审制度更加健全规范，评审流程更加全面具体，评审队伍进一步扩充，评审工作质量和效率有力提高。全年共接收评审项目 967 个，送审资金 40.11 亿元，完成审核资金 31.42 亿元，审定资金 24.63 亿元，审减资金 6.79 亿元，审减率 21.62%。

【政府采购】 为贯彻落实《中华人民共和国政府采购法实施条例》及《崇左市人民政府办公室关于进一步加强市本级政府采购管理工作的通知》精神，进一步规范政府采购计划管理，提高采购执行效率，市本级参照自治区本级及其他市做法，政府采购计划由审批改为备案管理。积极做好政府采购计划备案改革工作。加强政府采购监督检查。积极推进政府采购服务。完成市本级公务车保险服务、办公设备及办公家具定点协议供应商采购。2016 年全市政府采购预算金额 52.52 亿元，实际采购金额 50.99 亿元，节约资金 1.53 亿元，资金节约率为 2.91%。其中，市本级政府采购计划金额 18.08 亿元，实际采购金额 17.35 亿元，节约资金 0.73 亿元，节约率 4.04%。 （许其乐）

2016 年崇左市财政收入情况表

单位：万元

项　　目	2016 年	2015 年	2016 年比 2015 年增（减）额	2016 年比 2015 年增减(%)
一、公共财政预算收入合计	407569	501163	−93594	−18.7
（一）税收收入小计	242114	288124	−46010	−16.0
1. 国内增值税（含改征增值税）	31143	35413	−4270	−12.1
2. 营业税（30% 部分）	20674	41130	−20456	−49.7
3. 企业所得税(30% 部分)	20231	20502	−271	−1.3
4. 个人所得税（25% 部分）	5923	3368	2555	75.9
5. 资源税	44305	51109	−6804	−13.3
6. 城市维护建设税	11218	14961	−3743	−25.0
7. 房产税	5874	5510	364	6.6
8. 印花税	2589	2462	127	5.2
9. 城镇土地使用税	8774	7845	929	11.8
10. 土地增值税	11066	14246	−3180	−22.3
11. 车船税	3854	2782	1072	38.5
12. 耕地占用税	64730	76440	−11710	−15.3
13. 契税	11733	12356	−623	−5.0
14. 烟叶税				
15. 其他税收收入				

续表

项　目	2016 年	2015 年	2016 年比 2015 年增(减)额	2016 年比 2015 年增减(%)
（二）非税收入小计	165455	213039	−47584	−22.3
1. 专项收入	18653	24032	−5379	−22.4
2. 行政事业性收费收入	28425	41940	−13515	−32.2
3. 罚没收入	29660	33126	−3466	−10.5
4. 国有资本经营收入	50019	71976	−21957	−30.5
5. 国有资源（资产）有偿使用收入	29907	21655	8252	38.1
6. 其他收入	8791	20310	−11519	−56.7
二、上划中央收入合计	130663	196450	−65787	−33.5
（一）上划中央增值税(含改征增值税)	57994	134138	−76144	−56.8
（二）上划中央消费税(100%)	17327	12573	4754	37.8
（三）上划企业所得税（60% 部分）	41124	41653	−529	−1.3
（四）上划个人所得税（60% 部分）	14218	8086	6132	75.8
三、上划自治区收入合计	43756	53923	−10167	−18.9
（一）上划增值税(含改征增值税)	16257	17647	−1390	−7.9
（二）上划营业税(20% 部分)	17200	27421	−10221	−37.3
（三）上划企业所得税（10% 部分）	6745	6834	−89	−1.3
（四）上划个人所得税（15% 部分）	3554	2021	1533	75.9
财政收入合计	581988	751536	−169548	−22.6
国税部门	168068	253131	−85063	−33.6
地税部门	262782	302979	−40197	−13.3
财政部门	151138	195426	−44288	−22.7
附：税收收入全额	416533	538497	−121964	−22.6
其中：增值税全额	101051	187198	−86147	−46.0
企业所得税全额	68100	68989	−889	−1.3
营业税全额	42217	68551	−26334	−38.4
个人所得税全额	23695	13475	10220	75.8

2016 年崇左市财政支出情况表

单位：万元

项　目	2016 年	2015 年	2016 年比 2015 年增(减)额	2016 年比 2015 年增减(%)
公共财政预算支出合计	2028699	1851133	177566	9.6
一、一般公共服务支出	215719	248301	−32582	−13.1
二、外交支出				
三、国防支出	3518	4204	−686	−16.3
四、公共安全支出	107874	84510	23364	27.6
五、教育支出	345721	339890	5831	1.7
六、科学技术支出	10111	16832	−6721	−39.9
七、文化体育与传媒支出	27603	22591	5012	22.2
八、社会保障和就业支出	257894	237792	20102	8.5
九、医疗卫生与计划生育支出	207406	185944	21462	11.5
十、节能环保支出	38494	49524	−11030	−22.3
十一、城乡社区支出	148862	136194	12668	9.3

续表

项　目	2016 年	2015 年	2016 年比 2015 年增（减）额	2016 年比 2015 年增减(%)
十二、农林水支出	339287	260571	78716	30.2
十三、交通运输支出	85438	61449	23989	39.0
十四、资源勘探信息等支出	16153	13305	2848	21.4
十五、商业服务业等支出	43952	21303	22649	106.3
十六、金融支出	150	181	−31	−17.1
十七、援助其他地区支出				
十八、国土海洋气象等支出	37765	29172	8593	29.5
十九、住房保障支出	103730	89870	13860	15.4
二十、粮油物资储备支出	6029	9566	−3537	−37.0
二十一、其他支出	17265	32478	−15213	−46.8
二十二、债务付息支出	15514	7341	8173	111.3
二十三、债务发行费用支出	214	115	99	86.1

2016 年崇左市各县(市、区)财政收支情况表

县（市、区）	财政收入			其中:公共财政预算收入			财政支出		
	2016 年	2015 年	2016 年比 2015 年 +、−%	2016 年	2015 年	2016 年比 2015 年 +、−%	2016 年	2015 年	2016 年比 2015 年增减(%)
全市合计	581988	751536	−22.6	407569	501163	−18.7	2028699	1851133	9.6
市本级	95728	93142	2.8	54393	56806	−4.2	311207	241286	29.0
天等县	55768	97218	−42.6	29967	57727	−48.1	189105	171663	10.2
大新县	26527	41787	−36.5	18196	29000	−37.3	222389	205055	8.5
龙州县	49508	80118	−38.2	32722	50036	−34.6	232850	227102	2.5
宁明县	67412	88346	−23.7	47534	62418	−23.8	249451	248642	0.3
江州区	67393	86685	−22.3	52747	62826	−16.0	312136	275132	13.4
扶绥县	137101	172575	−20.6	105208	107684	−2.3	342843	322067	6.5
凭祥市	82551	91665	−9.9	66802	74666	−10.5	168718	160186	5.3

国家税务

【概况】　崇左市国家税务局为隶属于广西壮族自治区国家税务局的正处级全职能局。下辖扶绥县、宁明县、龙州县、大新县、天等县、凭祥市、江州区"5 县 1 市 1 区"国家税务局。2016 年，市局机关内设机构 13 个，分别为办公室、政策法规科、督察内审科、货物和劳务税科、所得税科、收入核算科、纳税服务科(纳税服务中心)、征收管理科(大企业税收管理科)、财务管理科、人事教育科、监察室、国际税务

管理科、进出口税收管理科；其他机构为机关党办、离退休干部科；直属机构 2 个，为稽查局、车辆购置税征收管理分局；事业单位 3 个，为信息中心、机关服务中心、票证中心；另设有市政务服务中心国税窗口、工青妇组织。全市国税系统在职干部职工 536 人，其中市局机关 128 人。国家税务部门在册纳税户 53082 户，其中个体户 39958 户，内资企业 11356 人，外商投资企业 42 户，港澳台商独资经营企业 11 户，港澳台投资股份有限公司 5 户，中外合资经营企业 15 户，中外合作经营企业 2 户，外资企业 21 户，非企业单位 251 户。

【组织收入】　2016 年,面对经济下行压力和减税规模扩大等严峻形势,全市国税系统实事求是抓收入,按照市委、市政府稳中求进的整体部署,贯彻组织收入原则。年内,全市共组织总局口径收入 18.6 亿元,同比减少 30%；区局口径收入 17.3 亿元,同比减少 32%；市政府口径收入 16.8 亿元,同比减少 34%。是近几年来收入减幅最大的一年,也是税收收入质量最高的一年。组织收入由"收入型"向"质量型"良好转变,确立了今后促进和保持组织收入可持续增长的思路和路径。

【税收征管改革】　2016 年"营改

增"试点任务平稳落地,8341户"营改增"纳税户信息逐一核对并平稳交接。对内对外培训共计9432人次,有针对性地开展政策辅导,帮助企业解决政策适用和进项抵扣等问题,确保了"所有行业税负只减不增"的预期目标实现。与市地税局精诚合作《崇左市深化国税地税征管体制改革实施方案》,报经崇左市委、市政府常务会议审议通过,并于12月20日印发实施。崇左市国税局、地税局成立了国地税《深改》工作领导小组,制定了序时推进等7项制度,明确了涵盖88个改革内容的工作方案,为改革重点任务的全方位铺开奠定了基础。

【税收服务】 44项国地税合作内容有序开展,"八合八共"举措推进了国地税深度合作。全市7个县(市、区)全部实现国地税联合办税,天等县建成全区国地税合作示范点,"一窗一人双机"、"通窗通办"等办税模式,让纳税人真正共享"进一家门,办两家事"的便利。委托代征工作有效加强了地方零散税收的管理,全年国税代地税征收累计2.7万人次,代征城建教育费附加等税款299.52万元;地税代国税征收增值税1101.59万元;国地税联合委托邮政代征税款1310万元。纳税服务更加便捷便民,即办事项比例达到90%以上。推行互联网办税,97.35%纳税人学会了使用网上申报,减少了来回办税服务厅的次数。推广24小时自助办税终端,纳税人使用比率达76.76%。规范纳税信用管理和评价,营造公平诚信的纳税环境,143户A级纳税人在18个领域得到便民服务,纳税人的获得感进一步增强。

【依法治税】 2016年,崇左市国税局将依法治税贯穿到税收工作的各个领域,一手抓打击税收违法行为,一手抓政策落实落地。严厉打击增值税专用发票虚开行为等违法行为,全市稽查查补入库6097万元。严厉打击骗取出口退税,备案单证从严要求,重点堵塞"少购多出"、"买单配票"漏洞,暂缓办理出口退税款5274万元,净化出口退税环境。不折不扣落实税收优惠政策,累计为企业减免1.8亿元,降低了企业负担。落实出口退税政策,实施分类管理,规范办理流程,减少资料报送,减少管理层级,提高审批效率,办理退税时间大大缩短。全年累计审批出口退税2310批次,国库累计办理退(调)库3.87亿元,有力支持了出口企业的发展。

【服务糖业二次创新】 2016年,

2016年崇左市国税部门组织收入情况表

项　目	收入数(万元)	比上年增减(%)
税收收入合计	46108	19.3
各税种收入		
国内增值税	14549	11.8
国内消费税	17305	54.8
内资企业所得税	3948	-20.7
涉外企业所得税	4663	-6.2
个人利息所得税	0	
车辆购置税	5643	25.5
办理出口退税	-3557	65.0

2016年崇左市各县(市、区)国税部门组织收入情况表

县(市、区)	收入数(万元)	比上年增减(%)
合　计	139636	-38.3
江州区	33503	-23.0
扶绥县	33370	-53.3
宁明县	13747	-46.0
龙州县	16222	-39.5
大新县	16658	-48.5
天等县	8197	-22.0
凭祥市	17739	10.9

崇左市国税局充分发挥"六大税收监控系统"税收监管作用,支持制糖行业"二次创业",促进地方支柱产业发展。从2014年年底,实施"金税甜蜜贷"以来,累计支付蔗款2.34亿元,惠及12745户蔗农,到期贷款全部还本付息,准期还款率100%,呆账率为零。有效调动了广大蔗农发展蔗糖产业的积极性,支持制糖产业健康发展。税收监控有效管住了糖业生产的秩序,防止税款流失,成功经验得到自治区领导的肯定性批示,在《广西日报》《经济日报》上发表。

【反腐倡廉】 2016年,崇左市国税局推进正风肃纪,集中力量开展全市边境口岸国税人员违规收取"好处费"专项整治行动。充分发挥效能监察,深化"三转",发放纳税服务监督卡696份,提高企业监督力度。完善廉政责任制,实行签订廉政承诺书、税务干部亲属从业情况报告表、家庭助廉承诺书制度。扎实做好内控机制建设,全年风险防御力为100%。从自查自纠到问责追究,从清单明责到巡视整改,从落实规定到完善制度,滋生腐败的空间被进一步压缩,风清气正的文化氛围进一步营造。 (李悟何)

地方税务

【概况】 崇左市地方税务局于2003年8月在撤地建市之际挂牌成立,于2010年5月从南宁整体搬迁至崇左,下辖大新、天等、扶绥、龙州、凭祥、宁明、江州7个县(市、区)局,共有42个税务分局(所),7个县级办税服务厅。2016年,全系统在职在编干部职工447人,助征员、临时聘用人员117人,离退休人员88人。其中,崇左市地税局机关在编人员52人,8个征收单位在编人员395人。市局机关内设办公室、政策法规科、征管和科技发展科、劳务财产和行为税科、所得税科、重点税源科、纳税服务科、收入规划核算科、财务管理科、人事科、监察室、机关党委(基层工作科),离退休科13个职能科室、1个直属单位。崇左市地税局机关领导共9人,其中正职1人,副职3人,总会计师1人,纪检组长1人,调研员1人、副调研员2人。

【组织收入】 崇左市地税系统在自治区地税局和崇左市委、市政府的坚强领导下,积极应对经济下行、税制改革、政策减收等严峻挑战,奋力挖潜堵漏增收,服务地方财政做出新贡献。崇左市地税系统全年组织各项收入27.11亿元,同比减收4.76亿元,下降14.9%。其中,区局考核口径收入26.06亿元,同比减收4.56亿元,下降14.9%,同口径收入同比增收3108万元,增长1.2%;市县级考核口径收入26.13亿元,同比减收4.06亿元,下降13.5%,剔除"营改增"因素后实现组织收入平稳态势,完成市政府调整后目标任务的100%,地税收入占崇左市财政收入总量的44.9%,收入总额继续保持财税3家排列第一。

【税收征管】 2016年底,崇左市地税系统登记纳税户为58270户(单位纳税人13260户,个体纳税人45010户),崇左市纳税人由2003年建市之初的2.6万户增加到2016年的5.8万户。崇左市地税系统认真贯彻落实广西和崇左市《深化国税、地税征管体制改革方案》,按要求完成28个改革项目内容,改革取得初步成效;推动"营改增"顺利展开,先后共将10394户营业税纳税人、涉及约10亿元税款的基础征管信息资料移交给国税部门;积极做好"双代"工作,共办理双代业务3781笔,代开金额3.68亿元,征收税款380多万元;资源税全面改革如期落地,先后明确了锰矿、石灰石等资源税征收相关事宜,与国土、财政等部门联合发布《崇左市资源税改革有关税收优惠的公告》,崇左市568户纳税人完成资源税从价计征改革后的申报工作,涉及资源税11个品目收入下降33.35%,切实释放了政策红利;顺利推行"三证合一、一照一码",崇左市地税系统从"三证合一"数据管理系统接收3397户新办登记户。

【纳税服务】 2016年,面对新形势下纳税人办税需求的多样化,崇左市地税系统大力推进纳税服务提速增效。深入推进"便民办税春风行动",办税服务厅落实二维码一次性告知制度,推行预约服务、延时服务;崇左市7个县(市、区)办税服务厅设立12台自助办税终端(ARM);崇左市地税、国税实行"互设窗口"、"国地共建"和"联合入驻",整合服务资源,促进办税效率提高50%以上;大力推进"互联网+纳税服务",研发应用"精准纳税服务系统",实现涉税服务信息向纳税人直接精准推送,有效解决税收宣传无针对和风险提醒不到位问题,极大地节约了征纳成本,工作经验获得自治区地税局《税情参考》在全区推广;税收宣传卓有成效,崇左市是全区唯一一个地税、国税全面联合开展税收宣传月活动的地级市,全市国地税部门联合联动,共同开展税收宣传月的经验做法,获区局办公室以全区典型亮点列入税收宣传月活动总结中向总局汇报。在纳税人服务需求及满意度调查中,纳税人和社会各界对崇左地税工作总体满意度为98.2%。

【依法治税】 2016年,崇左市地税局坚持牢固树立依法行政、依法治税的观念,先后制定下发了《崇左市地方税务局领导干部日常学法制度》《崇左地方税务局行政执法公示制度》,依法治税长效机制初步建立;强化税收执法监督督察,通过开展税收执法疑点核查补缴税款3.7万元,对自治区税收执法督察发现的存在问题进行整改,追缴税款及滞纳金543万元,对18名过错责任人进行责任追究;大力夯实法治保障基础,扎实开展"七五"普法工作,强化法治宣传教育,加大政务公开力度,全年通过门户网站、办税服务厅等公开工作动态、税收政策、通知公告等信息830余条,增强了执法透明度;市局与自治区地税局南宁稽查局、崇左市公安局联合挂牌成立公安派驻地税联络机制办公室,共同打击和防范涉税违法犯罪活动;全力开展发票打假工作,依法查处非法发票涉案金额260多万元,查补税款6万多元,罚款6万多元。

【教育培训】 大力加强干部培养锻炼,大胆提拔任用青年干部,2016年全系统选拔配备正、副科级领导干部14人,其中80后占新提拔干部的35%;开展干部挂职、轮岗交流工作,崇左市共派遣干部到市国税系统挂职交流锻炼13人,选派1名科级领导跨省挂职锻炼。坚持不懈开展干部教育培训,市局全年举办各类培训班24期,培训人次1216人;加强岗位技术人才培养,崇左市地税系统岗位技术人才培养对象达到50人;2人入选全区地税系统绩效人才库。深入开展"学习读书年"和"素质提高年"活动,加强"全国职工书屋"建设,参加"岗位大练兵、业务大比武"活动。加强基层建设,局领导带队深入基层开展工作督查、走访调研等;落实区局十件实事好事项目;坚持评先评优等向基层倾斜。地税文化建设和精神文明创建取得新成果。崇左市地税系统全年获省部级荣誉3个,厅级荣誉20个,其中包括获"全国模范职工之家"、"广西五一巾帼标兵岗"、"全国五一劳动奖章"、"崇左市先进工作者"等集体和个人荣誉。

【党风廉政建设】 2016年,崇左市地税局党组坚决把党要管党、从严治党的要求贯穿各项地税工作当中,狠抓"两个责任"落实,压实主体责任和监督责任。强化党风廉政教育,组织学习案件通报60次,发送廉政短信482条;全系统先后开展明察暗访58次,持续推进中央八项规定精神,加强对公款吃喝、送礼、奢侈浪费、工作纪律、扶贫领域执纪问责等专项督查;强化监督执纪问责,全年共收到信访举报件3件,均严格按要求予以处置;强化内控机制建设,加强对领导干部个人有关事项报告和重点领域的监督检查,全系统提交个人事项报告31份、廉政鉴定47份;强化部门预算管理,政府采购管理,规范财务纪律;发挥巡察利剑,先后对2个基层单位领导班子及成员2014年以来的履职情况进行巡察;对2个基层单位开展财务审计,规范财经纪律。扶绥局贯彻落实中央八项规定精神成效显著,受邀参加税务总局贯彻落实中央八项规定精神情况座谈会并在会上作经验发言,崇左市地税局被评为全区地税系统2016年度党风廉政建设优秀单位。

(张志新)

2016年崇左市地方税收分县(市、区)统计情况表

(按自治区政府任务考核数据)

单位:万元

项　目 单　位	2016年税收收入	比上年增加额	比上年增减(%)
合计	260600	−45633	−14.9
市直属局	36285	−4383	−10.8
江州区	13726	−10585	−43.5
天等县	15968	−5012	−23.9
大新县	22265	−11100	−33.3
龙州县	38263	−5448	−12.5
宁明县	33832	−990	−2.8
扶绥县	62923	−3697	−5.5
凭祥市	37338	−4418	−10.6

崇左市交通运输局

2017 年 7 月 10 日，市交通运输局局长陆文崭向市委书记刘有明（中）介绍全市交通基础设施建设"十三五"规划目标

2017 年 7 月 10 日，市委书记刘有明（中）到市运输管理处走访调研

2017 年 7 月 10 日，市委书记刘有明与市交通运输局班子成员共同座谈

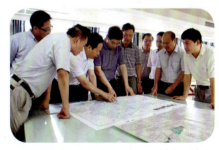

2017 年 7 月 11 日，交通运输部副部长戴东昌与自治区交通运输厅、崇左市有关领导共同谋划左江水运发展

2017 年 7 月 11 日，市委书记刘有明陪同交通运输部副部长戴东昌（左二）调研左江水运发展

　　2016 年 6 月 30 日，交通部副部长戴东昌一行先后深入崇左至靖西高速公路新和服务区、友谊关口岸等地，调研崇左市公路建设及口岸建设情况；并从扶绥龙头渡口乘船考察了左江航道、崇左港扶绥港区将军岭作业区建设情况。

　　戴东昌指出，近年来，崇左市牢牢抓住珠江—西江经济带上升到国家战略、左右江革命老区振兴规划和"一带一路"倡议实施等良机，大手笔规划、大项目支撑、大气魄推进公路、口岸、水路等基础设施建设，取得了较好成效。

　　戴东昌希望，崇左要进一步发挥沿边、近海、临首府、连东盟的地缘优势，用好、用足上级各项利好政策，创新融资方式和手段，带动全社会加大对公路、口岸、水路基础设施建设投入；要深化部门合作，扩大有效投资，确保交通扶贫先行一步，合力打好交通扶贫脱贫攻坚战；要充分发挥交通运输对经济社会发展的战略支撑作用，把公路、口岸、水路建设和旅游发展有效衔接，为促投资、促消费、稳增长作出新的贡献。

　　2016 年 12 月 19 日，市委书记、市人大常委会主任刘有明，副市长陆辉到市交通运输局调研，围绕崇左市重大交通基础设施建设项目等事项与相关负责人座谈。刘有明强调，要突出重点，突破重大交通基础设施项目建设瓶颈，加快推进全市重大交通基础设施项目建设，为全市文化旅游和口岸经济创造良好的交通大环境。

　　就如何突破全市重大交通基础设施建设遇到的瓶颈，实现崇左市交通基础设施建设大突破，刘有明提出三个要求：一是进一步拓宽国家、金融部门、社会资本三个融资渠道，创新投融资的平台和机制建设，把投融资工作做好，解决交通基础设施建设融资难问题。二是做好项目前期工作，特别是花山景区的路网规划，花山岩画世界文化遗产保护区的公路建设与景区的保护是没有矛盾的，关键是相关部门要进一步解放思想，把环评工作做好，成立专门的环评工作领导小组，尽快解决花山互通的项目前期工作及审批手续，争取在明年开工建设。三是积极引进人才和加大技术力量的投入，以此解决项目建设的人才和技术需求，加快推进重大交通基础设施项目建设。

崇左市公安局

2016年8月15日，自治区副主席、公安厅厅长胡焯（右二）听取边防警察汇报边境管控工作

2016年5月30日，副市长、公安局局长朱中卫（左三）深入宁明与搜求人员研究救援方案

2016年8月15日，副市长、公安局局长朱中卫（右一）听取边防警察汇报边境管控工作

群众向副市长、公安局局长朱中卫（右一）表示感谢

2016年4月27日，市公安局党委副书记吕文（右三）走访辖区群众，与群众亲切交流

2016年6月7日，副市长、公安局局长朱中卫（左三）现场督战，缴获海络因23块

崇左市人民检察院

2016 年，崇左市人民检察院深入学习贯彻中共十八大和十八届三中、四中、五中、六中全会，以及中共中央总书记习近平系列重要讲话精神，忠实履行宪法和法律赋予的职责，紧紧围绕平安建设、脱贫攻坚等工作大局，坚持运用法治思维和法治方式推进检察工作。全市检察机关共有 73 个集体、86 名个人获得地市级以上表彰。其中，宁明县人民检察院获评全国先进基层检察院，扶绥县人民检察院荣获全国检察机关检察委员会规范化建设示范单位，市院政治部被自治区检察院荣记集体二等功，何关锋被评为第三届"全区人民满意的公务员"。崇左市人民检察院继续深化检务公开，依托综合检务服务中心，提升高效、便捷的"一站式"服务水平，在获得全国检察机关"文明接待室"的基础上，又被自治区检察院推荐为全国检察机关"文明接待示范窗口"。创新办案模式，依法监督拍卖成交价 4.7 亿多元的永凯左江糖厂执行案，推动了糖业"二次创业"。积极探索扶贫新路子，促成 163 户贫困户与宁明农商行签订扶贫贷款协议，确立了贫困户可以稳定分红的"公司＋合作社＋农户"产业扶贫发展模式。扎实推进司法体制改革，按照最高人民检察院和自治区人民检察院统一部署，严格把关，不折不扣按时完成首批员额检察官遴选工作，得到自治区检察院的高度评价。

2016 年 3 月 22 日，自治区检察院检察长崔智友（前右一）到崇左市检察院开展"十三五"检察工作发展规划调研

2016 年 3 月 15 日，崇左市检察院检察长黄继平（右三）到宁明县明江镇百泉村扶贫点帮助群众兴修水利

2016 年 5 月 30 日，崇左市检察院青年干警到宁明县明江镇百泉村百泉小学送温暖，开展"同一片蓝天，多一点关注——关爱未成年人健康成长"主题活动

2016 年 8 月 1 日，崇左市检察院对广西扶绥县永达房地产开发有限公司因借款合同纠纷一案提出再审检察建议获崇左市中级法院采纳并依法作出改判，获赠送"依法办案公正为民"荣誉锦旗

崇左市司法局

　　2016年，崇左市司法局坚持中共的十八大和三中、四中、五中、六中全会，以及中共中央总书记习近平系列重要讲话精神为统领，围绕党委、政府中心工作，认真履行司法行政职责，突出重点、打造亮点，扎实做好法制宣传教育、人民调解、社区矫正、安置帮教、法律援助、律师服务、司法鉴定和公证服务等工作，不断开创司法行政工作新局面，为做好"两篇大文章"、打好"四大攻坚战"提供优质高效的法律服务和保障。各项工作取得了优异的成绩：年内，崇左市荣获"2011—2015年全国法治宣传教育先进城市"；扶绥县司法局被评为第三批"全国法治县（市、区）创建活动先进单位"；凭祥市司法局凭祥司法所荣获"全国模范司法所"；大新县司法局堪圩司法所在获得全国"巾帼建功先进集体"荣誉基础上，再获"全国先进司法所"称号；广西大腾律师事务所被评为"第五届全国法律援助工作先进集体"；市依法治市办副主任陆鹏荣获"2011—2015年全国法治宣传教育先进个人"；龙州县司法局龙州司法所原所长玉均宁被评为"全国模范司法所长"。崇左市司法行政工作2016年度绩效考核被自治区司法厅评为一等奖，排在全区第4位；2016年度群众对崇左市司法行政机关满意度达97.55%，排在全区同系统第3位。

2016年11月15日，自治区司法厅党委委员、副厅长张军率队到崇左市调研社区矫正工作。图为副厅长张军（右三）在扶绥县司法局调研

2016年11月29日，崇左市政府、自治区司法厅共建"法治崇左"签约仪式在崇左市人民会堂举行，市长孙大光与自治区司法厅厅长赵波签订市厅共建框架协议，市委书记、市人大常委会主任刘有明，市委常委、政法委书记雷多荣，市人大常委会副主任蓝大煌，副市长、公安局长朱中卫，市政协副主席雷海良和自治区司法厅领导共同见证

2016年11月22日—25日，市司法行政干警素质能力提升培训班在市委党校举行。图为培训班开班仪式

2016年12月，崇左市率先在全区范围内团以上部队全部建立法律援助工作站。图为法律援助工作站揭牌仪式

2016年11月28日，全区司法行政工作座谈会在崇左市召开。图为座谈会现场

2016年12月8日—9日，山东省司法厅厅长王本群带领考察组到崇左市考察公共法律服务体系建设。图为考察组在凭祥市考察调研

崇左市中级人民法院

2016 年，崇左中院团结带领全市两级法院，忠实履行宪法和法律赋予的职责，各项工作取得新发展，为崇左市加快做好"两篇大文章"、打好"四大攻坚战"提供强有力的司法保障。全年全市法院共受理各类案件 16567 件，审结 14811 件，结案率为 89.4%，同比分别上升 16.54%、20.83% 和 3.13%。共有 3 个集体、2 人次获得国家级表彰，18 个集体、71 人次获得自治区级表彰，20 个集体、122 人次获得市级表彰。

2016 年，主要抓好以下工作：狠抓审判工作，服务边疆发展大局。严厉打击边境毒品、走私、暴力、职务犯罪，青少年维权工作成效显著，崇左中院刑一

2016 年 12 月 15 日，自治区高级法院院长黄克（前右二）到崇左调研

庭荣获全国"青少年维权岗"称号。运用司法手段服务经济发展新常态，妥善化解纠纷，维护稳定。推进解决执行难新进展。强力打造具有崇左特色的"1+1+2+N"执行团队，实现与公安的信息联网，提速掌握被执行人行踪，与公安、检察等多部门联合开展"亮剑"行动，出台悬赏执行制度，扎实推进执行工作。树立特色司法服务新品牌。全市法院立足"边疆、边防、边贸"实际，形成"一地一特色"工作新格局。加快"智慧法院"建设步伐。推进审判体系和审判能力现代化建设，提高审判执行效率，得到自治区高院肯定并确定为全区法院信息化建设试点单位。推动司法改革新突破。稳步推进司法体制改革、人民陪审员制度改革试点工作、家事审判改革等工作。

2016 年 11 月 29 日，在自治区综治委预防青少年违法犯罪专项组全体会议上，崇左市中院荣获由共青团中央、最高人民法院颁发的 2014—2015 年度全国"青少年维权岗"称号，图为授牌现场合照

2016 年 10 月 31 日，市委常委、政法委书记雷多荣（左三）等领导视察扶绥县法院信息化建设情况

2016 年 12 月 23 日，市委常委、组织部部长蓝晓（前右二）率队到崇左中院现场观摩崇左中院党建教育基地

2016 年 7 月 19 日，崇左市中院、江州区法院到江州区濑湍镇六京村联合开展涉民生案件执行款集中发放活动

凝心聚力，稳中求进，实现卫生计生"十三五"良好开局

崇左市卫生计划生育委员会

2016 年 10 月 11 日，自治区卫生计生委党组成员、自治区防治艾滋病办公室专职副主任耿文奎（右二）一行参观崇左市卫生计生委党员活动室

2016 年 12 月 27 日，市委副书记何良军（后排中）出席崇左市计划生育协会第二届第三次理事会

2016 年 8 月，市委常委、宣传部部长、副市长李振唐（右三）在宁明县人民医院视察"三项活动"开展情况

2016 年，在崇左市委、市政府的坚强领导下，崇左市卫生计生委围绕"5432110"卫生计生工作思路，突出健康崇左这条主线，在服务大局中凝心聚力，在稳中求进中担当作为，切实抓好三件大事，着力打造七大亮点，统筹推进八项工作，为"十三五"开好局起好步提供了有力的健康保障。被自治区党委、自治区政府授予"2016 年度广西人口计生工作先进单位"称号，连续六年获此殊荣。

——**切实抓好三件大事**。一是稳步推进以市中医壮医院为龙头的中医健康文化园建设项目，加快发展健康养老服务。二是大力加强医疗机构基础设施建设。2016 年获中央预算投资项目 12 个，总投资 1.01 亿元。三是扎实开展健康扶贫工作，打响卫生计生脱贫攻坚行动十大战役。

——**着力打造七大亮点**。健康扶贫工作获得国家级交流发言，成为典型代表。创出"千医进千屯服务万家"、"医

市委常委、组织部部长蓝晓（左三）到龙州县龙岗疗养院慰问麻风病康复者

崇左市卫生计生委领导班子全力推进卫生计生脱贫攻坚工作

2016年3月，崇左市卫生计生系统全面启动"千医进千屯服务万家"等三项活动

慰问组与珠连村村干、贫困户代表合影留念

疗服务管理提升年"以及"涉医领域纠正损害群众利益问题专项治理"等三项活动。严守住国门防线，2016年未发生境外输入性传染病暴发流行，未出现寨卡病毒、登革热病例。与越南高平省卫生厅签署《中国崇左市—越南高平省边境公共卫生执法合作框架协议书》，保障国门安全和边境群众健康权益。打造20个诚信计生扶贫创业示范基地，提升诚信计生升级版。锻造队伍，人才培训工作力度大，年内分四期共306名领导干部赴清华大学、武汉大学、浙江大学等名校开展培训。在市级卫生计生委中第一个开通微信公众号，被国家卫计委评为"2015—2016年度家庭文化宣传报道工作先进单位"。

——推进八项重点工作。一是扎实推进医药卫生体制改革向纵深发展。出台《崇左市城市公立医院综合改革试点工作实施方案》。完善基本医疗保障制度，新农合参合率达99.69%。组建两个医疗联合体，开展县乡医疗服务一体化管理试点工作。推进家庭医生签约服务，全市农村居民签约覆盖率47.84%。药品供应保障体系进一步健全，全市药品配送供应保障得到保证。基层医疗卫生服务体系建设进一步加强。二是改革完善计划生育服务管理，实施全面两孩政策，区间内人口自然增长率6.41‰，生育水平保持稳定。三是推进公卫服务能力提升。人均基本公共卫生服务经费增加到45元，资金到位率100%。四是推进医疗管理服务质量巩固提高，全市医疗机构总诊疗人次847.77万人次，出院人数29.05万人。五是推进中医壮医药取得新进展。全市700所村卫生室能够提供中医药民族医药服务。六是推进医疗卫生人才队伍建设加强。落实2016年毕业的农村医学订单生20人，举办卫生计生系统培训30多场次，培训人员5000多人次。七是推进卫生计生法治建设加强。全市共受理行政审批事项4408件，办结4408件，群众满意率100%。八是推进自身建设加强。深入开展"两学一做"学习教育。被市纪委评为开展查处发生在群众身边的"四风"和腐败问题暨"春风护农"专项行动先进单位并作专题发言。

2016年8月24日，崇左市卫生执法代表团与越南高平省卫生执法代表团举行工作会谈，并签订国际卫生合约

崇左市卫生计生系统积极开展"两学一做"学习教育活动

2016年9月20日，崇左市举办区域医疗联合体协议签约活动

2016年6月，崇左市与深圳光明新区召开流动人口双向协作交流会

崇左市农业局

自治区农业厅副厅长温达勤（左二）在市农业局局长农朝日（左一）陪同下调研指导扶绥县调研"甜蜜之光"示范区创建工作

市委书记刘有明（前中）深入江州区调研农村土地承包经营权确权登记颁证工作

近年来崇左市大力发展特色水果，火龙果已形成一定的规模

2016年，崇左市农业局紧紧围绕市委、市政府做好"两篇大文章"、打好"四大攻坚战"工作部署，大力发展现代农业，深化农村改革，全市农业农村经济发展态势喜人。

农业产值和农民收入持续增长。全市农林牧渔业总产值275.6亿元，第一产业增加值171.1亿元，增长3.5%；农村居民人均可支配收入9801元，同比增长9.9%。

优势特色产业稳中向好。全市农作物种植847.46万亩。其中，粮食播种185.31万亩，总产52.5万吨，粮食生产安全；经济作物种植605.36万亩，水果种植54.15万亩，产量55.67万吨，同比上年增长16.45%。

现代特色农业示范区有序推进。大力创建现代特色农业示范区，涌现了一批要素集中、产业集聚、技术集成、经营集约的现代特色农业示范区，全市获得认定自治区级示范区6个、市级4个、县级10个、乡级10个，增强了农业发展后劲。

农村改革不断深化。以推进农村土地承包经营权确权登记颁证工作为主的农村改革得到不断深化，已完善土地承包合同35.87万户（可发证），占总户数的69.37%，市县两级建立了土地确权信息系统和数据库。

新型农业经营主体快速发展。全市有较大规模的农业龙头企业430家，农民合作社2605个，家庭农场10家，农业产业化水平不断提高。

崇左市大力创建现代特色农业示范区，涌现出一批要素集中、产业集聚、技术集成、经营集约的现代特色农业示范区

崇左市积极探索推广应用无人飞机对农作物喷药防治病虫害。图为使用遥控无人飞机喷药防治甘蔗病虫害

崇左市农业机械化管理局

2016年12月20日，市委书记刘有明（前右三）、市长孙大光（前右二）、市政协主席黄卫革（前右四）、市委常委、常务副市长梁旭辉（前右一）在"双高"基地甘蔗机械化收获现场

2016年12月20日，市长孙大光（前左四），市委常委、常务副市长梁旭辉（前左二）、市农机局局长彭坚（前左三）在"双高"基地甘蔗机械化收获现场

2016年12月20日，市长孙大光（前左三）、市委常委、常务副市长梁旭辉（前左二）、副市长王启平（前右一）、市农机局局长彭坚（前右二）在"双高"基地甘蔗机械化收获现场

2016年8月8日—9日，自治区农机局局长韦周凡（前右三）到崇左市调研农机化工作。副市长黄覃梅（前右五）、市农机局局长彭坚（前右四）陪同

2016年8月8日—9日，自治区农机局局长韦周凡（前中）到崇左市调研农机化工作。副市长黄覃梅（前左二）、市农机局局长彭坚（前右二）陪同

2016年8月8日—9日，自治区农机局局长韦周凡（前左二）到崇左市调研农机化工作。副市长黄覃梅（前左一）、市农机局局长彭坚（前左三）陪同

2016年4月13日，市农机局局长彭坚深入宁明县开展"千名农机局长论安全"活动

2016年11月17日，举行甘蔗生产机械化作业服务协议签订仪式

崇左市人力资源和社会保障局

中共中央纪委驻人力资源和社会保障部纪检组组长、人力资源和社会保障部党组成员耿文清（前排右二），自治区人力资源和社会保障厅厅长李宁波（前左二）到崇左调研，市委常委、常务副市长梁旭辉（前右一）陪同调研

2016年，全市人社系统在市委、市政府正确领导和自治区人社厅的具体指导下，认真贯彻落实科学发展观，不断加大优化服务和改善民生工作力度，工作呈现出亮点纷呈、成效明显的特点。

（一）加大农民工创业园建设力度，搭建返乡创业平台

截至2016年年底，全市累计投入贫困县农民工创业园建设资金500万元，其中天等县示范性贫困县农民工创业园已有19家企业入驻园区，园区工业生产总值达5000多万元。大新县农民工创业园登记入驻的中小微企业有15家，吸纳就业总人数198人，其中建档立卡贫困户40人。

（二）着力开展创业小额贷款发放，打破创业资金瓶颈

崇左市着力将就业创业促进工程与精准扶贫工作紧密结合起来，全力落实创业担保贷款扶持就业创业工作，着力为创业者解决创业初期资金短缺的难题。2016年，全市边境地区发放农民工创业担保贷款5051万元，贴息资金105万元。其中，大新县创业担保贷款工作走在了全区前列，得到自治区人社厅领导的认可，并在2016年5月17日全区农民工创业交流会上作典型经验介绍。

（三）全力推进机关事业单位养老保险制度改革，待遇实现社会化发放

2016年，根据自治区人社厅的工作部署，精心谋划、强化措施，稳步推进机关事业单位养老保险改革各项工作，市本级在12月份在全区14个地市中率先实现社会化发放。

（四）积极人才强市发展战略，扎实开展各项服务管理工作

2016年，人社局在人才引进、选拔等方面做了大量卓有成效的工作。一是联合市委组织部修订出台了《崇左市高层次人才引进和管理办法（试行）》和《崇左市高层次人才安居工程实施细则（试行）》，推出众多优惠政策，集聚人才到崇左干事创业。二是引进高层次人才效果显著。2016年，积极前往西安、北京、重庆、上海、广州、武汉等区外重点城市的各大高校招聘急需紧缺高层次人才。分别在清华大学和广西大学举办两场崇左人才招聘专场推介会，2016年，已完成66名高层次急需紧缺人才的引进工作。

天等农民工创业园全貌

贫困家庭劳动力在创业园内工作

基层就业服务中心办理创业贷款业务

社保服务大厅工作人员正在办理机关事业单位养老金社会化发放业务

银行审核农民工创业贷款申请材料

2016年11月5日，崇左市在清华大学举办广西崇左市人才招聘推介会

崇左市左江治旱灌区工程管理局

2016年8月29日，自治区水利厅副厅长闫九球视察工程前期进展情况

2016年10月27日，局长滕振敏在建设动员大会上讲话

市政府领导就工程建设动员大会致辞

崇左市左江治旱灌区工程管理局是崇左市机构编制委员会批复成立的，为崇左市人民政府直属相当正处级财政全额拨款、公益一类事业单位，主要负责推进左江治旱工程项目的建设和管理，负责灌区内水库运行和维护，协调有关县（区）用水灌溉及水库调度等工作。核定参公事业编制10名，内设综合科、计划财务科、质量安全监督科三个科室，下属崇左市驮英水库和灌区工程管理处（事业编制10名）、崇左市驮英水库鱼类增殖站（事业编制5名）2个相当正科级公益一类事业单位。2016年有在职在编人员8人，编外聘用人员17人。2016年7月自治区人民政府明确崇左市左江治旱灌区工程管理局为广西左江治旱驮英水库及灌区工程建设项目业主，负责项目建设管理与实施，2016年12月23日，受崇左市人民政府委托，我局代为管理崇左市水利投资有限责任公司。

广西左江治旱驮英水库及灌区工程列入《西南五省重点水源工程近期建设规划》和《珠江流域综合规划》，2015年1月由国家发展改革委批复立项，列入国务院"172"重大水利工程项目名录，是自治区及崇左市重点大型水利工程项目。2016年9月国家发展改革委批复工程可行性研究报告，2016年10月自治区人民政府召开建设动员大会，2017年3月水利部批复工程初步设计报告。驮英水库及灌区工程由新建大（2）型水库和新建大（2）型灌区两部分组成，工程任务为以灌溉、供水为主，兼顾发电等综合利用。新建驮英水库位于宁明县那堪镇峒中村，集雨面积559平方千米，总库容2.28亿立方米，有效库容1.51亿立方米，坝顶总长225米，宽8米，坝顶高程233.2米，最大坝高72.2米。新建驮英电站装机容量2.06万千瓦，多年平均发电量5229万千瓦时。水库枢纽由拦河坝、溢洪道及泄洪洞、灌溉发电引水系统、河道电站发电引水隧洞、渠首电站及坝后电站等组成。新建驮英灌区灌溉范围涉及崇左市江州区、扶绥县、宁明县三县（区）21个乡镇，由宁明灌片、江州灌片、东门灌片和客兰灌片组成，设计灌溉面积84.12万亩，总干渠总长41.26千米，宁明、驮英东、驮英西及客兰4条干渠总长202.1千米，64条支渠总长442.67千米。水库淹没影响及建设永久征收土地总面积约1917.4公顷，临时征地约566公顷，需搬迁人口1406人，拆迁居民

2016年10月27日，局长滕振敏（前右）陪同市长孙大光（前左）视察驮英水库工程建设情况

市政府领导视察工程建设概况

各类房屋4.45万平方米。工程初步设计批复概算总投资66.5621亿元（中央预算内投资35.736亿元），其中工程部分投资42.6565亿元，建设征地移民补偿投资19.1779亿元，工程建设总工期48个月。工程建成后，通过驮英水库与现有水源工程联合调度，可为广西中国－东盟青年产业园和崇左工业区供水15.5万方/天，有效解决区域内39.2万人农村饮水不安全问题，灌区年均粮食产量增产14.8万吨，甘蔗年均增产73万吨，农业产值年均增加9.94亿元。工程发挥经济和社会效益显著，提高广西粮食自给水平，保障区域粮食安全，有利地促进了区域经济社会可持续发展，对改善边疆少数民族地区人民的生活水平，对增进民族团结、兴边富民、巩固边疆等均具有重要意义。

驮英水库进场道路前期开工

崇左市水利投资有限责任公司由崇左市国有资产监管委员会2016年11月8日批复成立，由崇左市左江治旱灌区工程管理局代为管理，注册资金1亿元人民币。目前设综合部、财务部、工程部、投资部、质监部等5个部门。公司于2016年12月23日成功获得国家开发银行专项建设基金13.12亿元，作为地方建设资金融资平台，为保障广西左江治旱驮英水库及灌区工程顺利实施奠定资金基础。

崇左市水利投资有限责任公司将以新建驮英水库及灌区工程为契机，深入贯彻落实市委"两篇大文章、四大攻坚战"精神和要求，大力谋划发展崇左市水利风景区旅游事业，规划以驮英水库和驮英灌区为基础，打造国家5A级水利风景区，同时建设现代示范农业园区，匡算总投资达100亿元以上，有效将水利工程与旅游开发有机结合，共同发挥社会效益、经济效益。崇左市水利投资有限责任公司还积极谋划左江治旱项目，以左江河流域为水源，大力发展水源工程、灌区工程，优化水资源配置，致力彻底解决崇左市季节性、工程性缺水问题，实现我市农业现代化、智能化，为崇左市社会经济发展作贡献。

2016年8月29日，自治区水利厅副厅长闫九球听取驮英水库及灌区工程进展情况汇报

治旱局领导及工程参建单位相关人员对那佳—南庆隧洞进行现场勘探

南方电网广西崇左供电局

南方电网广西崇左供电局成立于2003年11月，是崇左建市后进驻的第一家中直企业。主要担负着崇左市行政区域内的主电网规划建设和电力供应任务，对扶绥县、大新县、天等县、宁明县、龙州县、凭祥市及江州区等5县1市1区趸售供电。截至2016年年底，拥有客户70万户，直供客户20.6万户。设有14个职能部室、8个专业管理所（中心），管辖扶绥、凭祥2个县级供电企业。拥有500千伏变电站1座（归南宁超高压局管理），共有110千伏及以上变电站28座（220千伏变电站10座，110千伏变电站18座），变电容量366.9万千伏安，35千伏及以上输电线路2709.6千米，形成以500千伏变电站为支撑，以220千伏双链结构为主网架，110千伏系统辐射各县（市、区）的超高压、大容量、高可靠性的现代化大电网。先后荣获"全国精神文明建设先进单位""全国模范职工之家""全国五四红旗团委""全国工人先锋号"等14项国家级集体荣誉和54项省部级集体荣誉，以及"全国劳模""全国五一巾帼标兵"等5项国家级和62项省部级个人荣誉。

2016年，崇左供电局继续秉承"为崇左市经济社会发展服务"的宗旨，紧紧围绕市委、市政府的工作目标和重点，千方百计积极推进电网建设，全心全意做好电力供应，打造供电服务品牌。在稳增长方面，积极落实自治区降低电力成本9条措施，全力支持企业发展，帮助用户降低用电成本1.26亿元全力落实稳增长措施。充分发挥电网投资对经济稳增长的促进作用，全年完成固定资产投资3.25亿元，电网建设投资2.5亿元。持续深入推进政府主导电网建设模式，落实广西电网公司与崇左市政府签订了"十三五"电网发展战略合作框架协议，全面完成配电网建设及农网改造升级任务。有序推进电网建设，110千伏金凤变电站顺利投产，超前满足中泰产业园用电需求。

在促改革方面，积极推进改革释放红利，落实国家电力体制改革精神，推动15家企业纳入电力直接交易，交易电量8.8亿千瓦时，为企业节约成本1.17亿元。

2016年2月14日，崇左市委书记、市人大常委会主任刘有明（前右四）等市委领导，到崇左供电局慰问电力员工，指导电力生产建设

2016年4月18日，广西电网公司与崇左市政府签署《"十三五"电网发展战略合作框架协议》。市长孙大光（前右）、公司总经理揣小勇（前左）出席签约仪式，并代表双方在协议上签字

配合市政府出台对锰企业每度电5分钱的补贴政策，增加电量3.25亿千瓦时。

在谋发展方面，通过科学安排电网运行方式、加强电网通道治理等措施，保障全市电力有序供应。推动市政府首次举办崇左市大面积停电应急演练，圆满完成61项保供电任务。大力拓展远程渠道服务，客户问题解决效率大幅提升。建立业扩报装投资界面延伸项目库，主动服务中泰产业园等崇左市重点项目建设解决"最后一公里"用电问题。崇左供电局本部连续13年实现客户"零投诉"，第三方客户满意度在广西电网公司系统排名第一。

在惠民生方面，充分发挥电力行业优势，将央企社会责任挺在前面，安排投资 1260 万元解决贫困村、易地扶贫搬迁项目用电问题，顺利完成 2016 年脱贫摘帽贫困村、贫困户"有电用"目标。297 个农网改造升级工程项目全部投产，第一批中心村、机井通电项目建设完成率达 100%，完成 170 个重过载、低电压台区改造，释放受限的用电潜力，居民用电同比增长 17.5%。统筹安排挂点扶贫点的帮扶建设，切实提高贫困户收入水平。积极开展扶贫志愿服务活动，结对帮扶 47 户贫困户和贫困学生，协同推进脱贫攻坚和美丽乡村建设。

在党风廉洁建设方面，持续强化作风建设，风清气正的氛围更加浓厚。抓牢"两学一做"学习教育，"党员深一度""一线课堂"等支部主题成效显著；承办崇左市直机关"两学一做"学习教育现场观摩会，举办"两学一做"学习教育成果展示会，"一支部一主题"作为崇左市先进典型全面推广。与乡镇纪委结成"纪委廉盟"，打通了全面从严治党向基层延伸的"最后一公里"。

2016 年 10 月 11 日，崇左供电局局长顾济江在中泰产业园现场协调会向市委书记刘有明（右三）汇报电网建设情况

2016 年 2 月 11 日，崇左供电局党委书记周彤带队慰问贫困户和留守儿童

2016 年 8 月 1 日，崇左供电局与乡镇纪委结成"纪委廉盟"，打通了全面从严治党向基层延伸的"最后一公里"

2016 年 7 月 12 日，崇左市首次大面积停电应急事件桌面演练在崇左供电局举行

2016 年 12 月 23 日，崇左供电局作为优秀典型承办崇左市直机关"两学一做"学习教育现场观摩会

崇左供电局加大对锰业供电服务支持力度，主动上门了解客户需求，助力锰业转型升级发展

崇左供电局积极实施推进新一轮农村电网改造升级工作，农网改造惠民生，助力经济快发展

崇左供电局输电运维人员在用无人机对线路外力破坏隐患点进行巡视。实现"机巡＋人巡"，提高输电线路运维工作效率

崇左市民政局

2016年，崇左民政系统紧紧围绕崇左市"两篇大文章"和"四大攻坚战"战略，强化措施，突出重点，狠抓落实，全力推进各项民政工作取得显著成效，亮点凸显。其中低保与扶贫攻坚有效衔接，民政扶贫兜底保障作用充分发挥，双拥创建工作实现历史性突破，建市以来市本级首次获得"全国双拥模范城"荣誉称号；社区管理创新取得新突破；社会福利和慈善事业创新发展，儿童福利机构采取的"公建民营"，在全国尚属首例。

2016年7月18日，市委书记刘有明（中）到天等走访慰问低保等贫困户

救灾防灾减灾及时有效。全市受灾人口16.72万人，紧急转移安置灾民573人，投入资金61.09万元。2015—2016冬春灾民生活得到及时有效救助，投入救助资金1895.93万元；2015年71户113间因灾倒房重建顺利完成。

民政扶贫兜底保障作用充分发挥。全市纳入农村低保16.07万人，比2015年底新增8.5万人，建档立卡贫困户占13.29万人，完成自治区下达任务量的131%，低保与贫困对象的重合率达83%，超自治区下达70%重合率

2016年6月27日，自治区民政厅厅长韩元利（右三）到崇左市儿童福利院调研

2016年6月1日，崇左市儿童福利院开业，出席领导和嘉宾与儿童合影

的十三个百分点，低保对扶贫贡献率达39%。出台了提高城乡居民最低生活保障标准，将城乡低保标准线分别从360元/（月·人）提高至430元/（月·人）和2500元/（年·人）提高至3200元/（年·人），农村低保与扶贫标准实现"两线合一"。出台规范低保管理实施办法，推进低保申请审批改革，实行网上无纸

2016年，崇左市首次荣获全国双拥模范城称号

2016年市民政局获得双拥模范单位称号

化审批。出台《临时救助实施办法》，落实"救急难"；推进残疾人"两项补贴"政策保障。开展先天性心脏病救助行动，联合中国移动将39名患儿护送到天津泰达医院免费手术。

加快推进养老服务业综合改革，养老机构"公建民营"取得新突破。出台了养老服务业改革实施方案和联席会议制度。依托区位、资源等优势，规划推进崇左"一园四基地"建设。福利机构"公建民营"取得新突破并延伸辐射对乡镇敬老院进行管理。宁明县福利院建成了中医医院，开创了崇左市医养融合改革先河。军供保障得到国家和自治区肯定。社区管理创新取得新突破并得到民政厅的肯定，在全区社区治理创新工作现场会上作了典型经验发言。

局领导班子深入基层调研社区建设

局长冯月珍（前右二）深入基层检查指导民政政策落实情况

2016年9月8日，市社会福利院二号老人养护楼开工

2016年6月1日，社会各界给崇左市儿童福利院捐赠爱心

崇左市林业局

2016年7月25日，自治区林业厅厅长黄显阳（右三）在派阳山林场桐棉松幼林示范林调研

2016年1月20日，自治区党委常委、宣传部部长黄道伟（右三）到龙州县百农村与群众一起参加"兴水利、种好树、有生态、惠民生"主题义务植树活动

市委书记刘有明（中）、市长孙大光（右三）带头参加"种好树、优生态、惠民生"春季植树造林活动

2016年9月19日，2016森林城市建设座谈会在陕西省延安市召开，市委常委、副市长杨新（前中）代表崇左出席会议并在会上接受国家林业局授予"国家森林城市"牌匾

2016年，崇左市林业系统认真贯彻落实中共十八大和十八届三中、四中、五中、六中全会精神，牢固树立"创新、协调、绿色、开放、共享"五大发展理念，紧紧围绕市委、市政府做好"两篇大文章"、打好"四大攻坚战"的决策部署和上级林业部门的要求，以开展"两学一做"学习教育为契机，以"生态美、产业强、百姓富"为目标，深化林业改革，强化资源培育和保护，发展林产工业，林业各项指标完成较好，呈现了"八大"工作亮点。一是荣获两项国家级荣誉称号。先后荣获国家林业局授予崇左市"国家森林城市"称号；荣获全国绿化委员会、人力资源和社会保障部、国家林业局授予崇左市林业局"全国绿化先进集体"。二是成功承办2016年全区林业年中工作会议。是广西首个承办全区林业工作会议的地级市。三是全面完成自治区绩效考评8项林业指标。全面完成村屯绿化、植树造林、森林覆盖率、活立木蓄积量、森林生态效益补偿、自然保护区保护、森林公园保护、湿地保护等8项林业指标，并通过自治区林业厅的年终核验。四是木材加工业稳中有升。全市木材加工业产值达到75亿元，新增25家，现有木材经营加工企业610家，年生产能力达426万立方米。五是森林生态旅游取得新发展。白头叶猴、弄岗、恩城3个国家级保护区，逐羊、狮子头等7个森林公园和大新黑水河、龙州左江等2处国家湿地公园的基础设施逐步完善，逐渐形成新的生态旅游热点。六是林下经济蓬勃发展。全市发展林下经济达到345万亩，带动从事林下经济农户12.12万户，帮助林农实现人均收入2175元。七是林业改革发展取得新进展。全市已基本完成国有林场改革试点林场的主体改革工作。八是机关党建成绩显著。"七一"前后，局机关党委先后荣获"自治区先进基层党组织"和"崇左市先进基层党组织"称号。

2017年3月12日，开展"创建国家园林城市，共筑绿色宜居家园"义务植树活动。

崇左市烟草专卖局（公司）

2016年2月14日，节后上班的第一天，崇左市委书记刘有明（后左二）到市烟草专卖局（公司）慰问调研

市局（公司）领导（前左一）向基层一线员工开展严冬送温暖活动

2016年，崇左市烟草专卖局（公司）认真贯彻落实中共十八和十八届三中、四中、五中、六中全会精神，积极应对烟草行业面临的"四大难题"、"三大压力"叠加的严峻形势，牢牢

2016年，市局（公司）顺利完成销量和税利双目标，荣获全区年度先进单位奖

把握行业"三个没有改变、一个有所作为"的基本判断，始终坚持稳中求进总基调和行业"113"工作方针，坚持统筹兼顾的工作方法，努力在困境中求突破、在逆境中求发展，取得了良好成效，企业保持稳定健康发展。在卷烟销售方面，实现"双百"目标，全年销售卷烟73101箱，完成年度任务100.3%。实现税利3.69亿元，完成年度任务100.04%，同比增加3423万元，增长10.22%。全年缴纳税金总额2.95亿元，同比增加5399万元，增长22.5%。为崇左地方经济的发展作出了积极贡献。在打假打私方面，市场秩序进一步好转，全年查处涉烟案件550起，其中查处100万元国标网络案件1起，查处5万元以上销售假烟、走私卷烟和烟丝案件19起，查获非法卷烟552.93万支、非法烟叶烟丝等卷烟辅料61.33吨，移送公安机关处理案件19起，刑拘17人、逮捕9人、判刑5人。崇左烟草全体干部员工的辛勤努力得到了上级单位的肯定，被评为"全区烟草2016年度先进单位"，实现了"十三五"良好开局。

根据"两学一做"学习教育安排，市局（公司）党组各成员深入基层开展上党课活动

市局（公司）党组领导到定点扶贫村天等县上映乡福赖村开展精准扶贫调研

崇左市工商行政管理局

2016年2月18日，市委常委、常务副市长梁旭辉（前右一）到崇左市工商局调研，崇左市工商局局长黄国夫（前右二）陪同调研

2016年9月8日，崇左市"诚信经营，放心消费"创建活动正式启动。图为崇左市副市长陈锋（右七）在启动仪式上讲话。崇左市工商局局长黄国夫（右六）出席启动仪式

2016年，崇左市工商行政管理局在崇左市委、市政府和自治区工商局的正确领导下，按照做好"两篇大文章"、打好"四大攻坚战"要求，根据自治区工商局夯实"四个基础"、提升"四个水平"、做好"四个加强、四个带动"的目标任务和工作部署，进一步深化商事制度改革，强化市场监管、消费维权、行政执法等工作，服务崇左经济社会持续健康发展。

行政执法：

强化重点领域市场监管，加大行政执法力度。一是严厉打击走私贩私活动。2016年，共依法拍卖相关部门移交的无主货物所得款8360.18万元，全部上缴当地财政。二是严抓打传防控，对传销活动严防死守，实现崇左范围内传销活动零发生。三是开展无照经营查处。2016年共督促86个未办理营业执照的市场主办单位办理营业执照，查处无照经营案件372件，案值396.95万元，没收非法所得11.2万元，罚款39.8万元。四是开展"红盾护农"专项整治行动，共抽检农资商品120个批次，立案查处农资违法违章案件18件，没收不合格化肥14.4吨。五是积极参加新系统的全国联网测试，共检查网店50个，任务完成率100%，认定涉嫌违法行为线索网店15个，认定率92%；开展网店信息核查工作，自治区工商局分派的58个核查任务全部完成。六是开展成品油市场专项整治。共检查经营户39户，对1家无照经营的加油站进行查处，查封加油机1台，油罐1个，扣押柴油16.88吨；对全市24个加油站进行随机抽检，发现不合格成品油2种并立案调查。

2016年12月19日，崇左市工商局局长黄国夫（前左一）、副局长韦德璋（前左三）到凭祥参加小个专党建工作现场交流会

2016年11月22日，崇左市打击传销工作联席会议在崇左市工商局召开。崇左市副市长陈锋（后右二）出席会议，工商局局长黄国夫（后右一）主持会议

崇左市工商局不断加大市场监督检查。图为崇左市工商局副局长黄志文（左二）带队在凭祥某商行查获一批侵权酒

崇左市工商联

2017年2月13日，市政协副主席、工商联主席吴爱红（前右一）在江州区江州镇那么村研究如何打造产业扶贫基地

2016年11月28日，市工商联联合统战部在上海交通大学举办"崇左市第三期非公有制企业成长知识培训暨经济创新发展高级研修班"

崇左市工商联在市委、市政府正确领导和自治区工商联业务指导下，深入学习贯彻落实中共十八大和十八届三中、四中、五中、六中全会精神，以"两个健康"工作主题为主线，紧紧围绕崇左市做好"两篇大文章"、打好"四大攻坚战"中心工作，服务大局，进一步转变作风、真抓实干，出色地完成了本会各项工作任务。一是加强工商联组织建设，不断提升工商联服务工作能力。加强工商联组织思想政治纪律建设，深入开展学习教育活动。加强工商联组织体系建设，顺利完成市、县两级工商联换届工作，吴爱红同志当选为崇左市工商业联合会第三届执行委员会主席、崇左市商会会长。二是积极参政议政，努力促进非公经济发展环境进一步得到改善。组织担任各级人大代表、政协委员、工商联执委的非公经济代表人士撰写提案议案和大会发言6件、政协提案25件，积极参政议政，加快促进政府职能转变，有效为非公经济发展"松绑解捆"。三是抓好诚信教育活动，引导企业树

立诚信立企、诚信做人理念。通过开展一系列的学习教育活动，从政治、法制、国学、投融资、管理等学科知识，全方位、深层次对广大非公经济人士进行轮训，参加培训人数达300多人。四是全力参与精准扶贫工作，调动非公经济企业和代表人士回馈社会积极性。启动"百企联百村·万人帮万户"工作，引导我市211家民营企业与287个贫困村进行结对共建，全年共累计捐赠总额3934.72万元，惠及贫困户86766户、贫困人口341800人。五是主动开展"请进来、走出去"招商引资活动，加力崇左"两篇大文章""四大攻坚战"建设。成功邀请一批世界、全国知名企业、社会团体考察崇左，成功举办了"桂商崇左行·2017春季投资洽谈会"，219名会员企业负责人出席活动，共签订项目11个，总投资额17.92亿元。六是积极联系对接全国、全区商协会活动并达成多项合作意向。搭建了我市与全国各个重点地区招商引资平台，为崇左市民营企业开展商贸合作、文化交流等牵好线、搭好桥。

新当选的崇左市工商业联合会第三届执行委员会主席、崇左市商会会长吴爱红在会上发言

2017年3月23日，崇左市工商业联合会（商会）第三次代表大会隆重召开

2017年6月8日，市工商联、市委统战部联合开展"大走访大服务助推非公有制企业加快发展"调研活动，图为调研组在广西扶绥理昂生物质能源有限公司走访调研

崇左市气象局

2016年，崇左市气象局认真贯彻落实市委、市政府及自治区气象局的决策部署，围绕做好"两篇大文章"、打好"四大攻坚战"的战略目标，全面推进气象现代化，全力做好气象服务，各项工作取得明显成效，获广西气象部门"综合考评优秀单位""创新工作第一名"及"自治区文明单位"等荣誉。

2016年5月13日，市委书记刘有明（右一）到市气象局调研

2016年7月29日，副市长黄覃梅（右二）到市气象局调研

崇左新一代天气雷达顺利通过现场验收测试，为投入正式业务运行奠定了基础，进一步提升气象保障服务能力。全年有效应对雨雪冰冻天气、暴雨、台风等灾害性天气过程，发布重大气象服务专报6次，启动重大气象信息报告6次；发布防灾责任人预警短信600多条，接收近40万人次；发布社会公众预警信号644次，接收1300多万人次。全力做好重大社会活动气象服务，完成左江花山岩画文化景观申遗气象保障服务，助力花山成功申遗。

完成精细化到县乡的甘蔗、香蕉等作物气候区划及主要农业气象灾害区划，为农业生产提供决策参考。在全市现代特色农业核心示范区、"双高"基地建成农业气象观测站6个，特色农业气象服务能力有效提升。联合农业、糖业等部门在扶绥"甜蜜之光"甘蔗气象服务基地，开展了甘蔗种植面积、长势及灾害影响的遥感监测评估工作，为甘蔗生产提供一系列气象服务。实施人工影响天气作业，年增雨量约1.5亿吨，增雨受益面积约0.3万平方千米，防雹保护面积约0.2万平方千米，取得良好效益。

全市建成农村气象预警大喇叭745套

2016年1月23日，中国气象局副局长于新文（右二）到崇左气象台站慰问调研

2016年11月3日，全区气象现代化工作阶段推进会在崇左召开

全市建成农田小气候观测站7个

崇左市民族宗教委

2016 年 6 月 25 日，中共中央统战部副部长、国家民委党组书记、主任巴特尔在自治区民宗委主任卢献匾和崇左市委副书记、市长孙大光的陪同下到边境口岸检查边境民族工作情况

2016 年 12 月 9 日国家民委副主任李昌平、自治区民宗委主任卢献匾在市委常委、副市长王启平的陪同下到崇左市壮族博物馆检查民族文化发展工作

2016 年，崇左市民族宗教委认真贯彻落实中央民族工作会议和中共中央总书记习近平系列重要讲话精神，牢牢把握新形势新要求，深入开展民族团结进步创建活动，大力开展民族团结宣传教育，全面落实民族关系监测协调机制，有 2 个单位被国家民委评为"全国民族团结进步创建活动示范单位"，民族关系状况全面向好。争取少数民族发展资金 6386 万元，较上年增 1155 万元，增长 22%，完成《崇左市"十三五"少数民族事业发展规划》编制和 14 家民族贸易企业认定工作。努力传承弘扬民族文化，策划组织"壮族三月三"花山文化节活动月 22 项系列活动，组团参加全国陀螺邀请赛和全区民族体育欢乐节获 9 个奖项，在大新县举办 2016 年全市民族民俗文艺展演。组织开展和谐寺观教堂创建、宗教政策法规学习月，佛教讲经交流、宗教慈善周等 4 项活动，依法管理宗教事务。完成专题调研 8 个，上报信息 350 多篇，国家和自治区民委采用总分 3085 分，居广西第一，被评为全区民族宗教系统信息工作先进集体，3 人被评为先进个人，2 篇调研成果获全区优秀等次，2 篇获良好等次。加大少数民族和宗教干部培养培训，举办全市少数民族干部培训班和民族宗教干部能力提升班。积极开展民族语文政策宣传，推进民语立法工作，加大壮语社会应用监督和壮语翻译服务工作，2016 年度中国壮语文新词术语翻译专家审定会在崇左市召开，民语工作获全国专家肯定。积极投身扶贫攻坚工作，帮扶贫困户 44 户，投入帮扶资金 5.5 万元，协调落实基础设施建设资金 1820 万元，落实甘蔗双高基地建设 2500 亩，发展扶贫产业 6 个，定点帮扶枯隆村被评为自治区级生态村，23 户贫困户脱贫出列。

2016 年 8 月 25 日，市人大常委会和市民宗委向定点扶贫村江州区罗白乡枯隆村赠送扶贫物资

2016 年 10 月 23 至 28 日，崇左市少数民族干部培训班在广西大学举行

2016 年 11 月 29 日，全市民族民俗文艺展演在大新县举行

崇左市扶贫办

2016年8月15日，崇左市贫困户脱贫"双认定"验收试点暨第三方评估模拟（龙州）现场会在下冻镇峡岗村召开

2016年3月9日，召开全市2016年精准脱贫摘帽部署会

自2016年"十三五"脱贫攻坚战打响以来，在市委、市政府的坚强领导下，在市人大、市政协的监督支持下，崇左市认真贯彻落实中央、自治区关于精准扶贫、精准脱贫的决策部署，把全市8.87万户34.18万贫困人口、287个贫困村的如期脱贫作为最大的政治责任、最大的民生工程和最大的发展机遇，把农村全面脱贫攻坚战作为全市"四大攻坚战"之一，举全市之力强力推进。进一步充实了扶贫开发领导小组，组建了9个专责小组，建立了脱贫攻坚月度汇报会制度；严格落实贫困县党政主要领导"不脱贫不调整、不摘帽不调离"和脱贫攻坚"十个不准"工作纪律，组建了由市纪委、市委组织部、市督考局等部门组成的督查暗访组，定期不定期对各地脱贫攻坚工作进行督查暗访，全市上下形成了

市扶贫办获崇左市做好"两篇大文章"打好"四大攻坚战" 2016年度先进集体

凝心聚力推动脱贫攻坚的工作氛围。落实"4321"干部精准帮扶工作机制，组织了3.28万帮扶联系人结对帮扶8.87万户贫困户，实现精准帮扶全覆盖；动员非公有制企业结对帮扶287个贫困村助推精准脱贫。全市整合投入资金22.3亿元，比"十二五"五年扶贫攻坚的总投入还多，实施脱贫攻坚项目近万个，不断加强改善贫困群众生产生活条件。大力发展"种、养、贸、游、工"五大扶贫产业，进一步拓宽贫困群众增收渠道；坚决落实社会保障政策，不断提升贫困群众获得感和满意度。2016年圆满完成自治区下达的2.12万户8.25万贫困人口脱贫销号、26个贫困村的脱贫摘帽任务，脱贫攻坚首战告捷。

2016年11月7日，全区边贸扶贫现场会在龙州举行

2016年11月8日，龙州水口口岸民之天食品加工厂内，贫困边民通过到加工厂内加工坚果获得收益

2016年8月1日，崇左市扶贫领域监督执纪问责动员部署暨脱贫攻坚工作业务培训会

崇左市交通投资有限公司

依据崇左市人民政府《关于同意成立崇左市交通投资有限公司的批复》（崇政函〔2011〕80号）的要求，崇左市交通投资有限公司于2011年12月19日正式注册成立，2012年3月12日挂牌，公司性质为国有独资企业，相当于正处级单位、独立

2016年12月7日，广西城市职业学院崇左校区（扩建）项目签约仪式现场

法人、自主经营、独立核算的经济实体。初始注册资金为人民币1000万元，目前注册资金为人民币壹亿元整。

成立目的是以公司为投融资平台代表政府把交通基础设施投资建设和管理的行政行为转化为市场行为，充分发挥企业筹资、融资、投资、收益、增值的功能，为推动我市交通基础设施项目建设，做好"两篇大文章"打好"四大攻坚战"作出更大的贡献。

公司设立董事会，总经理、副总经理、总工程师、总会计师等，机构设有综合部、财务部、工程部、市场开发部4个部门。2016年公司总人数为18人。

经营范围。交通基础设施的投资、开发、经营和管理；工程设计，工程勘察、工程咨询，公路工程试验检测，水运工程试验检测，交通基本建设工程监理，公路工程（交通工程专业）施工，公路养护工程施工，图纸、宣传画册的设计、制作，国内广告的设计、制作及代理发布；金属材料（除稀有金属）、建筑材料的销售；房地产开发经营，房屋租赁，酒店管理服务（许可经营项目以获许可为准）（依法须经批准的项目，经相关部门批准后方可开展经营活动）。

2016年，公司在市委、市政府的直接领导下，承建主要项目有：崇左港中心港区濑湍作业区工程、广西城市职业学院崇左校区（扩建）项目、大新（桃城）至龙州（金龙）旅游二级公路、崇左至渠旧公路（市工业大道）项目、新能源公交车项目。

2016年10月11日，市委书记、市人大常委会主任刘有明（前左三）到濑湍作业区现场检查指导工作

2016年11月4日，市长孙大光（左三）到崇左港中心港区濑湍作业区考察

2016年4月7日，区高院党组书记、院长黄克到濑湍作业区现场调研考察

2016年9月10日，市委书记、市人大常委会主任刘有明（左五），广西城市职业学院董事长、执行院长宁德君（右五）等领导为广西城市职业学院崇左校区项目开工奠基培土

2016年3月23日，董事长兼总经理黄云海、副总经理柳孟云带领公司帮扶人员一行7人深入宁明县北江乡法奎村对贫困对象进行入户调查

中国农业发展银行

崇左市分行

中国农业发展银行崇左市分行于2015年月5日正式挂牌成立，其前身为中国农业发展银行崇左市支行。辖属2个县支行，共3个营业网点，内设办公室、客户业务部、信贷与风险管理部、计划财会部、信息科技部等5个职能部门，管辖崇左市六县一区业务，年末全辖在职员工60人。

2016年，崇左市分行在上级行和市委、市政府的正确领导下，坚持以服务农业结构性供给侧改革为主线，围绕崇左市委、崇左政府"做好两篇大文章、打好四大攻坚战"战略部署，立足农业政策性银行行职能定位，不断创新产品、防控风险、提升管理，在支持崇左市经济社会发展作出重要贡献。

截至2016年年底，全行累计投放各类贷款26.12亿元，累收各类贷款20.6亿元，净投放5.52亿元，增幅26.8%；年末，各项信贷资产余额42.84亿元，其中：各项贷款余额37.1亿元，农发重点基金余额3.37亿元，区农投集团统贷余额2.37亿元，各项信贷资产比上年新增10.39亿元，增幅32.02%，日均贷款余额36.69亿元，同比增加8.15亿元，增幅25.84%，贷款增量位居崇左市九家金融机构第二位。全面支持崇左市口岸经济、新型城镇化建设、精准扶贫攻坚和"双高"基地等重大项目建设，为地方经济稳增长发挥了农业政策性银行的显著作用。

中国农业发展银行广西壮族自治区分行行长刘喜峰（右二）拜访市委书记刘有明（右一），就支持崇左"三农"发展进行交流

2017年7月9日，农发行崇左市分行行长李德宁（右二）与天等县万秀村村支书（右四）和贫困户商讨脱贫大计

农发行崇左市分行员工到崇左市检察院廉政教育基地进行廉政思想教育

农发行崇左市分行举行"奔跑吧！青年"五四青年健步走活动

农发行崇左市分行召开2016年党的建设工作会议

中国农业银行
崇左分行

中国农业银行崇左分行成立于 2003 年 12 月 31 日，前身为中国农业银行崇左县支行，辖属 7 个县(市)支行，营业网点 42 个（含轻型网点 6 个），员工 658 人，内设综合管理部、人力资源部等 15 个部门。2016 年年底，全行人民币各项存款余额 143.2 亿元，各项贷款余额 67.6 亿元，实现中间业务收入 1.2 亿元，实现拨备前利润 2.46 亿元。自成立以来，先后获市级、自治区级"文明单位""广西五一劳动奖状""金融机构支持崇左经济发展突出贡献奖""崇左市创业十年先进集体"等荣誉称号。

农行崇左分行举办"我为农行工作 30 年"员工表彰会

农行崇左分行以农行广西分行与崇左市人民政府签署战略合作备忘录为契机，加大实体经济支持力度

农行崇左分行加大"惠农通"工程建设力度，打通"三农"金融服务"最后 1 公里"

农行崇左分行参加崇左市金融机构2016 年反假货币知识与实操竞赛活动勇夺集体冠军

农行崇左分行深入开展"学党章党规、学系列讲话，做合格党员"学习教育，提高党员党性修养

农行崇左分行支持沿边金融改革，推动口岸经济发展

崇左市食品药品监督局

崇左市食品药品检验所检验楼落成，实现检验技术从无到有的突破

崇左市创建广西食品安全示范城市动员大会

2016年崇左市食品药品安全形势持续稳定，全市没有发生重大食品药品安全事故。

（一）全市食品安全稳步提高。

1.食品安全属地管理责任进一步落实。 市委市政府高度重视食品安全工作，年初组织开展食品安全执法检查和食品安全专题询问问题整改情况督查。食品安全综合协调网络建设进一步完善，市、县、乡镇（街道）三级均成立了食品安全委员会及其办公室。充分发挥食品安全委员会综合协调职能，组织食安委有关成员单位开展食品安全联合执法检查。启动崇左市创建自治区食品安全示范城市，全市开展食品安全全业态示范创建活动。

2.食品安全监管成效明显。 一是食品生产监管方面。食用植物油小油坊整治工作深度推进，鲜湿米粉市场得到有效净化，全市制糖企业全部规范使用食品添加剂氧化钙，豆制品加工小作坊试点工作顺利推进。全市持证企业216家，使用电子平台检查覆盖率达81.94%。二是食品流通监管方面。校园周边食品得到有效整治，水产品专项整治力度加大，共查获无中文标识进口食品一批，其中无中文标识的进口酸奶14993盒，立案查处2起，进口食品专项整治成效明显。三是食品餐饮监管方面。将日常监管与农村食品安全餐饮服务环节、学校及其周边、农家乐、旅游景区等食品安全整治工作紧密结合，全面规范餐饮经营行为。全市持证餐饮服务单位量化等级评定工作达87.3%。完成各类重大活动和重要节日食品安全保障工作。实行"三免一租"的学校食堂远程监控模式，明厨亮灶工程建设成效显著。四是食品监督抽检方面。及时制定全市食品安全抽检监测工作方案，较快落实承检机构招标够买服务，抽检进度有序推进，抽检项目及结果均在局网站公布。

（二）全市药品、医疗器械安全持续向好。 崇左市共上报了药品不良反应/事件监测报告全区排名第六，其中新的、严重占比是47.34%、全区排名第二；药品不良反应/事件监测报表质量得分是98.14，全区排名第一。完成60家医疗器械经营企业安全信用等级的评定工作，均为守信等次。按质按量开展了中药饮片生产企业、含特殊管理药品复方制剂、保健食品"蓝健行动"和山东济南疫苗事件等专项检查。

（三）食品药品稽查办案力度加大。 崇左市加大查处力度。全市共立案查处案件133起，下发行政处罚决定书125份，涉案货值金额43.97万元，没收违法所得11.3万元，罚款188.8万元，罚没款共计200.1万元。

（四）行政审批制度改革稳步推进。 严格依法规范审批行为，规范审批标准，全面梳理行政审批事项目录管理，完成了所有行政审批事项一次性告知书更新。全市过半乡镇政务服务窗口都能开展收件、现场审查、发证等服务，业务受已达理量500多件。全市行政审批事项入网率100%，审批信息通过局网站向社会公开。

（五）人才队伍建设得到加强。 一是市、县、乡食品药品安全监管机构不断充实。积极指导各县（市、区）局开展2016年度的公务员（参照公务员）考试、事业单位工作人员招录工作，公开向社会招录工作人员79名，与组织部门合作引进人才3名。二是队伍培训力度较大。借助市委党校的资源，邀请自治区权威食品药品监管业务专家授课开展了市本级多层次，多领域的人员队伍培训，多次组织人员参加自治区局举办的各类业务培训。三是开展"食药监大讲堂"活动，先在市本级实施，县级逐步推行。科长或业务骨干轮流为全局人员讲课，实现骨干在讲课中成长，新人在听课中提高，结合"培训＋演练＋比武"的形式，造就一支政治过硬、业务精良、纪律严明、保障有力的食品药品监管队伍。

（六）加强党风廉政建设。 扎实开展"两学一做"学习教育活动。年初召开全市食品药品监管暨党风廉政建设工作会议，全面部署纪检监察工作。组织开展全市系统纪检监督检查活动，全市食品药品和监管人员双安全。

崇左市水产畜牧兽医局

2016年，崇左市水产畜牧兽医局紧紧围绕市委、市政府做好"两篇大文章"打好"四大攻坚战"决策部署，创新思路，抢抓机遇，通过大力发展优势特色水产畜牧业、推进生态养殖和养殖业转型升级、打好养殖业脱贫攻坚战等措施，实现水产畜牧业新发展。

大力发展牛羊养殖助推产业转型升级。依托崇左市丰富的农作物秸秆资源，下决心做大做强牛羊养殖业。市委、市政府于2016年12月16日印发了《中共崇左市委员会崇左市人民政府关于加快牛羊养殖业发展的决定》（崇发〔2016〕26号），决定用4年时间全市发展牛羊饲养量达到100万头（只），要求每年全市落实3900万资金用于发展牛羊养殖，并对龙头企业、养殖小区、专业合作社、基础母牛母羊、引进种牛种羊等提出了相应的扶持政策；此举有效引导了社会、民间资金投入牛羊养殖业，提高了社会发展肉牛肉羊养殖积极性。同时，崇左市与广西大学动物科学技术学院签约共建现代肉牛产业示范基地，依托高校科研团队，在种牛繁育、优质肉牛育肥、生物饲料加工、疫病防控、屠宰与加工等方面提供技术支撑，强力推进牛羊养殖业发展壮大。

加大渔政执法工作力度。图为市渔政执法人员集中销毁禁用渔具

推广生态养殖促进生产方式转型升级。以"微生物+"为共性关键技术，大力推广"微生物+农作物秸秆""微生物+高架网床"以及"畜禽—沼—果（林）"等农牧结合、林牧结合生态循环的现代生态养殖模式。2016年，全市使用"微生物+"生态养殖的畜禽规模养殖场达30个，创建了7个生态养殖示范点，举办各类生态养殖技术培训班24期，培训人数2000余人，进一步构建了"生态、高效、安全"养殖体系。

切实加强水产畜牧产品质量安全监管。图为市动监所执法人员到养殖场开展兽药使用检查

扎实推进网箱养鱼治理助力花山申遗。为助力左江花山岩画申遗，做好文化旅游发展大文章，扎实推进网箱养鱼治理工作。2016年，全市共整治网箱13857箱，有力有效地整顿了网箱养殖秩序。因成绩突出，2016年该局被评为"左江花山岩画文化景观申报世界文化遗产工作突出贡献单位"，以实际行动为花山申遗成功添上浓墨重彩的一笔。

稳扎稳打做好重大动物疫病防控工作。图为市兽医实验室检测人员正在对采集的动物血清样品进行检测

崇左市积极推广生态养殖模式。图为大新县陇那生态养殖专业合作社利用采光瓦、发酵垫料、节水供给、喂料通道等设计实现了零排放

崇左市综合开发利用农作物秸秆制作微生物饲料，变废为宝，拉长甘蔗生产线，为牛羊养殖提供便利的饲料来源。图为广西大华农业发展有限公司生产的秸秆生物饲料

崇左市驻南宁管理处

2016年5月，管理处组织单位干部职工赴广西师范大学举办干部能力素质提升培训班

2016年春节，管理处举办迎春文艺晚会

崇左市驻南宁管理处是市委、市政府直属机构，2003年9月成立，内设机构有党工委办公室、行政办公室、财务科、保卫科、房产管理科、资产管理科、计生办、后勤服务中心等8个科室，及二层机构市机关第二保育院，协管南宁市明秀北社区。2016年年底在职干部职工为46人。其中，处级领导干部10人，科级及科级以下干部14人，工人22人，退休人员105人。主要工作职责是负责原南宁地委大院、原南地行署南区生活区、原南地行署衡阳生活区和老干大院等四个驻邕大院的后勤物业管理，负责崇左市留邕国有资产管理、市直驻邕离退休党员管理工作，为市四家班子及市直部门、县（市、区）在邕开展工作提供服务以及完成市委、市政府交办的其他工作。

2016年，在市委、市政府的正确领导下，在市直有关单位及驻邕四大院广大住户的关心、支持和配合下，该处以中共十八届三中、四中、五中、六中全会精神为指导，以深入开展"两学一做"活动为契机，认真贯彻落实市委市政府重大工作部署，结合本处实际，着力抓好驻邕四大院后勤物业管理、离退休党员管理及留邕资产管理等驻邕后方各项管理工作。将驻邕四大院物业管理工作推向市场，由专业物业公司管理四大院治安保卫和绿化保洁工作。增设安装南区、衡阳生活区、老干大院和市机关第二保育院高清视频监控系统，完成停车场改建和对停车系统升级，增加车牌自动识别和语音提示功能，大幅提高车辆进出效率。提高房屋水电维修服务，做到随报随修，为住户营造更加良好的居住环境。理顺计生管理工作职责，将计生管理工作交给南宁市西乡塘区人民政府管理。举办"两学一做"专题培训班、干部能力素质提升培训班和离退休支部书记培训班，开展党费收缴工作专项检查及基层党组织换届情况专项检查，提升离退休党员管理和支部班子建设水平。

2016年，管理处还荣获南宁市北湖街道办人口和计划生育工作目标责任管理一等奖、崇左市公共机构节能工作先进集体，并通过复审继续保持自治区"文明单位""卫生先进单位"等荣誉称号。

2009年至2016年持续保持自治区文明单位

2016年12月，管理处在定点帮扶贫困村举行产业扶持分红仪式

2016年10月，管理处组织离退休老领导和党支部书记到大新参观特色农业示范区

2016年通过复审，管理处继续保持自治区卫生先进单位称号

崇左市交警支队

2016年1月29日，副市长、市公安局局长朱中卫（左一）在全市公安交通管理工作会议上，为获得2015年度崇左市公安交警系统执法质量考评一等奖的龙州县公安局交警大队颁奖

2016年12月23日，2016年崇左市道德讲堂总堂（文明交通专场）在支队举办

2016年10月19日，崇左市副市长陈锋（左一），市公安局党委委员、交警支队长黄拥军（右二）向精准扶贫帮扶对象赠送电视机

2016年6月22日，市公安局党委委员、交警支队长黄拥军到崇左收费站督导检查严重交通违法行为集中整治行动

2016年6月22日，崇左交警到崇左收费站开展严重交通违法行为夜查整治行动

2016年1月29日，全市公安交通管理工作会议在支队召开

中泰（崇左）产业园（崇左市城市工业区）管理委员会

2016年3月，市委提出"打造国家级产业园和崇左第八个行政区"目标后，中泰（崇左）产业园（市城市工业区）全体干部职工充分发挥"创新创业，苦干实干"的精神，开启艰苦创业征程。2016年，完成工业总产值61亿元，完成任务的103.3%，同比增长31.4%；工业增加值39.5亿元，同比增长212%；工业项目投资7.6亿元，完成任务的101%，同比增长591%；完成税收1.6亿元；基础设施建设完成投资额2.2亿元，完成任务的110%，同比增长307%；固定资产投资额10.16亿元，是2015年同期的5.1倍。

基础设施建设攻坚战成绩明显。推进园区11条道路建设，道路总长度超过10千米，共完成投资1.6亿元；完成厂房及配套设施共计14.1万平方米；完成濑湍污水处理厂及配套排污管网工程投资5300万元。招商引资攻坚战成效显著。搭建了对外交流合作平台，在泰国曼谷注册成立中泰产业园驻泰代表处，在北京设立招商联络处，在上海、浙江、广州、深圳、珠海等地开展驻点招商活动。与泰国莫拉限经济特区、暹罗东方工业区、泰中罗勇工业区等缔结兄弟姊妹友好园区；在第13届中国–东盟博览会期间举办中泰"两国四园"联合推介会和展览活动；年内组织园区招商小组外出招商80余次。项目建设攻坚战初见成效。狠抓重大项目建设，大力推进产业转型升级，抓好糖锰等传统产业的"二次创业"，在蔗糖产业、新能源、新材料、泛家居林化加工、特色食品加工、高新技术等产业的项目建设初见成效。投融资攻坚战旗开得胜。搭建园区投融资平台，使平台公司资产由年初的6000万元增到12亿元，争取得到上级各类建设资金2475万元，完成融资20亿元。征地拆迁攻坚战效果明显。主动与多个部门共同开展园区征地大会战，全年共完成征地任务580.28公顷。

2016年11月15日，在中泰产业园举行崇左市2016年第四季度重大项目技工开竣工活动暨中泰产业园金梧桐国际果品加工基地、广西金亚新能源电动车加工基地、龙赞林产业园路网项目开工仪式。市委书记刘有明（正中间）、市长孙大光（右四）、市政协主席黄卫革（左四）、市人大常委会副主任谭燕玲（右三）、市委副书记何良军（左三）、常务副市长梁旭辉（右二）、副市长劳宁军（左二）出席开工仪式

2016年10月11日，市委书记刘有明（前左一）在副市长劳宁军（前左二）、园区党工委书记赵波（前右一）陪同下，到园区开展调研

2016年11月4日，市长孙大光（前右二）在园区党工委书记赵波（前右三）、主任何少伟（前左三）陪同下到园区龙赞产业园开展调研

2016年12月11日，中泰产业园书记赵波（右三）、主任何少伟（左三）到园区金梧桐坚果加工基地视察项目进展情况

2016年9月11日，中泰产业园联合泰国莫拉限府经济特区、泰国泰中罗勇工业园、泰国暹罗东方工业园在第13届中国–东盟博览会期间开展"两国四园"推介活动

崇左市广西中国－东盟青年产业园

崇左市广西中国－东盟青年产业园于 2004 年 1 月 8 日挂牌成立，同年 9 月，在首届中国－东盟青年事务部长会议上获得成功推介，"东盟各国支持青年产业园建设"作为大会重要成果写入会议通过的《中国－东盟青年合作北京宣言》。青年产业园是全国第一个，也是唯一一个得到东盟各国政府部门认可的青年产业园，是共青团中央青年就业创业见习基地，是自治区 A 类园区，是崇左市三大工业园区之一。园区规划面积 34.8 平方公里，以华侨、东盟、共青团为依托，重点发展铜循环经济、文化体育休闲旅游、建材、机械制造等优势产业集群。2016 年，园区实现生产总值 16.5 亿元，同比增长 12.85%；上缴税金 1.3 亿元，同比增长 25%；工业项目完成投资 14 亿元，同比增长 12.8%；基础设施完成投资 1.6 亿元，同比增长 16%。

基础设施建设　投资 2.7 亿元的园区至扶绥县城 15 公里长的一级市政大道和投资 1000 万元的建设路北段实现了通车，极大地改善了园区投资发展环境，加快了园区产城一体化建设步伐；投资 4093 万元的纵十四路已完成 1.3 千米水稳层施工工作；总投资 16827 万元的横一路、纵五路、纵十二路已经完成招投标工作，施工单位已进场正在开工建设；投资 2600 万元的扶绥县城至产业园供水管网工程项目已经完成一期工程，二期工程已完成初步设计，正在进行审查；投资 2800 万元的天然气管道建设项目，全长 10 千米，目前已竣工验收；投资 4703 万元的污水处理厂已投入试运行；投资 3137 万元的污水处理系统尾水管网工程已完成 5 千米的管道铺设，尾水管网提升泵站已完成变压器安装；投资 2800 万元，全长 8.0 千米的产业园燃气管道建设工程已完成管道建设工作。

2016 年 3 月 3 日，市委书记刘有明到广西南国铜业项目调研

2017 年 2 月 17 日，市委书记刘有明到广西南国铜业项目调研

2016 年 11 月 8 日，市长孙大光到广西南国铜业项目召开现场办公会

2017 年 3 月 6 日，青年产业园管委会主任胡然带班子成员到污水处理工程尾水管网工程项目点现场办公

广西南国铜业项目正在有条不紊建设中

广西民族师范学院附属幼儿园

时任自治区教育厅厅长秦斌到幼儿园慰问指导

市长孙大光（左二）莅临幼儿园与小朋友共度"六一"

广西民族师范学院附属幼儿园创建于2011年9月，隶属崇左市教育局，是广西壮族自治区示范幼儿园、自治区首批《3—6岁儿童学习与发展指南》实验园、自治区学前教育集团化办园试点园。

幼儿园位于崇左市城南新区山秀路，占地面积13333平方米，建筑面积7337平方米，2016年有21个班，教职工101人，师生比例为1:7.2，教师本科学历占84%。

建园以来，广西民族师范学院附属幼儿园得到了崇左市委、市政府领导以及教育主管部门的高度重视和大力支持，在园舍、设备及人力资源配备方面坚持现代化、高标准。各班活动室均配有电视、手提电脑、电钢琴等先进设备；实现了办公信息化和备课电子化。设有美术创意室、多功能音体室、科学探究室、幼儿图书室等现代化教学功能室。有两个户外大型活动操场，大型体育器械游戏区、沙池、种植园、戏水池分布园内各处。园内绿草茵茵，处处生机盎然，是生态化、儿童化、教育化的儿童乐园。

市教育局局长邹勇深入幼儿园检查指导工作

幼儿园坚持"育人为本，服务为先"的办园宗旨，树立"满足幼儿发展的需要，让幼儿幸福在未来，更幸福在当下"的育人理念，致力于办成具有"研究、示范、交流、服务"于一体的崇左市学前教育示范基地。建园6年来，先后荣获自治区示范幼儿园、自治区卫生优秀学校、广西家庭教育工作先进集体、广西壮族自治区和谐学校、全区教育系统五一巾帼标兵岗、崇左市三八红旗集体等荣誉称号。

崇左市教育局副局长黄创新向园领导授予自治区示范幼儿园牌匾

幼儿冬季迎新运动会开幕式表演

崇左市机关第二保育院

机关第二保育院

爱岗敬业、开拓创新的教师队伍

崇左市机关第二保育院（原名南宁地区行政公署机关第二保育院）建于1984年，位于广西南宁市明秀东路238号原地委大院内，是一所全日制公立示范性幼儿园，具有丰富的教育经验和坚实的办园基础。2016年有在院幼儿322名，设为大、中、小9个教学班，根据《幼儿园工作人员配备标准》配备教职工共41人。师资力量雄厚、设施齐全、管理规范，各类教玩具、活动器材丰富，设有满足幼儿多元化需求的多功能室、美术活动室、生活体验坊、种植园、玩沙池、攀岩墙等，为幼儿提供安全、健康、舒适的生活环境。

崇左市机关第二保育院认真贯彻落实《3—6岁儿童学习与发展指南》和《幼儿园教育指导纲要》精神，立足于幼儿的需要，开展形式多样的主题教育活动。区域活动体现"寓教于乐"的教学理念，以幼儿个别化学习的形式，促进幼儿学习的主动性；体能活动保证幼儿每天不少于2小时的户外运动时间，拥有健康的身体。目前开展"早期阅读"和"家园共育"特色教育，并进行相关课题研究，努力建构书香园所，形成良好的家园教育合力。

高质量的保教水平，丰富适宜的活动空间、平等关爱的人文气氛，机关第二保育院处处体现着以幼儿发展为本的教育理念，让幼儿在充满童趣的教育环境中快乐健康地成长。

"快乐阅读点亮童心"第四届读书节

户外游戏

一年一度冬季亲子运动会

崇左市机关保育院

2014年9月9日，副市长李振堂到保育院视察

2016年9月8日，崇左市副市长王启平（右一）到保育院慰问市优秀班主任黄宝环

市机关保育院原名为南宁地区保育院，建院于1952年，是与原南宁地区同时成立的一所历史悠久的全日制公办幼儿园。根据市委、市政府决策，2015年8月整体搬迁至崇左市办学，更名为崇左市机关保育院，是市委、市政府着力打造的全区一流示范性幼儿园。

院领导班子

新建成的崇左市机关保育院坐落于市政府行政中心附近，占地面积9400平方米，建筑面积4000平方米，绿化面积1425.6平方米。院内环境优美，布局合理，设施先进，教玩具充足，设置有满足幼儿探索欲望的音体室、绘本馆、科学探索室、生活馆、美术室等多功能活动室，有符合幼儿年龄特点、宽敞明亮的活动室、寝室、盥洗间。网络、校园广播系统、空调、教学一体机、电钢琴等教学及生活设施设备配备齐全，为幼儿提供了舒适、温馨的学习、生活环境。

保育院现设置大、中、小三个年级15个教学班，有488名幼儿，教职工73名，师资队伍以青年教师为主，百分之百取得了大专、本科学历。有1名广西特级教师，2名自治区优秀班主任，2名崇左市优秀班主任。

在崇左办学几年来，教师参加崇左市幼儿教师教学技能大赛均囊括一等奖，代表崇左市参加自治区教师教学技能大赛也分别荣获一、二等奖的佳绩，有30多篇教育教学论文获市级奖励；保育院狠抓教育教学常规管理，加强教师队伍建设与制度建设，目前已形成了良好的校风、教风和学风。

2017年6月20日参加崇左市中华经典诗文诵读总决赛荣获二等奖

2015年经教育厅批准成立崇左市木棉花幼教集团，指导龙州、大新、宁明、天等、扶绥等多所县、乡镇幼儿园评为市级等级园，承办崇左市幼儿教师教学技能大赛，起到示范引领作用。

在64年悠久的办院历史中，一代代的教职工以"面向未来，办孩子、家长喜爱的幼儿园"为办院宗旨，秉承"爱与奉献"的精神，努力营造"文明和谐、健康务实、团结向上"的院风，辛勤耕耘，无私奉献，着眼于培养幼儿健康、活泼、自主、专注、创新的良好个性品质，全面促进幼儿身心和谐发展。赢得了良好的社会声誉。先后荣获广西壮族自治区示范幼儿园、绿色幼儿园、卫生保健合格幼儿园、爱国启蒙教育全国示范园称号，是广西师范学院示范性实习基地、广西师范大学和广西幼儿师范专科学校、

崇左市机关保育院鸟瞰图

广西民族师范学院教育实习基地。被自治区妇联授予"巾帼文明岗"、崇左市妇联授予"三八红旗集体单位"、自治区教育厅授予全区幼儿教育先进单位光荣称号。

中国人民财产保险股份有限公司崇左市分公司

中国人民财产保险股份有限公司崇左市分公司（以下简称"中国人保财险崇左市分公司"）作为一家中央直属的国有骨干企业，始终立足当地社会经济发展大局，恪守"人民保险、造福于民"的宗旨。"十二五"期间，公司承担的保险风险责任金额从 2011 年的 504 亿元至 2016 年的 1200 多亿元，6 年累计承担保险保障责任 5095 亿元，各年度市场份额均保持在 65% 以上；先后经历了 2012 年"天兔"、2013 年"海燕"、2014 年"威马逊"等多次特大自然灾害。6 年累计赔付 5.2 亿元，并累计缴纳（含代扣代缴）的税费、基金 1.69 亿元，切实为经济发展、民生建设等社会发展作出应有贡献。

在不断加快自身发展的同时，公司用于承担社会发展责任，2011—2013 年连续三年组织开展"希望工程·圆梦行动"捐资助学活动，2013—2016 年，积极投入人力、物力全力支持并配合市人民政府推进"美丽乡村"及精准扶贫工作，充分展示中国人保财险公司作为国有骨干企业的社会责任感。"十二五"期间，在市人民政府的大力支持和正确领导下，该公司以良好的经营业绩先后获评集团公司先进集体、全国业绩经营 50 强、金融系统"金点子"金融产品等各类荣誉。同时也以优质的品牌服务，赢到了广大人民群众和各级政府部门的认可和赞誉。

2017 年 1 月，中国人保财险崇左市分公司到扶贫帮扶村宏魁村宏魁小学开展捐赠活动

中国人保财险崇左市分公司兑现台风灾害赔款

中国人保财险崇左市分公司兑现台风灾害赔款

荣获 2015 年度全国系统地市级分公司经营业绩 50 强荣誉称号

被授予中国人保先进集体

地方政府、客户为中国人保财险崇左市分公司赠送锦旗

崇左市国土资源局

2016年11月10日，国家土地督察广州局工作组在市国土资源局党组书记、局长李兵陪同下深入精准帮扶江州区驮卢镇那模村调研

2016年，崇左市国土资源局紧紧围绕市委、市政府"两加""两成"的工作目标，按照国土资源部的"三保"（保发展、保资源、保权益）要求，做到保护与保障并举，管理和服务并行，扎实有力地推进国土资源管理各项工作，为促进全市经济社会发展做出了积极的努力和贡献。

通过自治区国土资源厅网上交易平台成功实现耕地占补指标交易3.75万亩，收入资金11.14亿元，拓宽我市财政收入。同时为全区非农建设占用耕地实现占补平衡、用地保障作出贡献。

经积极争取，全年实际获得新增建设用地指标696.40公顷（其中用于扶贫搬迁项目79.54公顷），是自治区下达指标两倍多，保障崇左市162个急需建设项目用地需求。

扎实推进不动产统一登记工作，市本级在4月底、各县（市、区）在7月底实现不动产统一登记，比国家规定的时间提前5个月，比自治区要求的时间提前2个月完成任务。

积极推动市政府与自治区测绘地理信息局签订了"十三五"期间在精准扶贫作战指挥、糖料蔗循环经济管理系统等十个方面的战略合作框架协议，将为崇左市今后国民经济和社会发展提供基础测绘地理信息保障。

2016年，获崇左市市直机关单位绩效考评一等奖。

2016年7月14日，自治区国土资源厅厅长陈建军、市国土资源局局长李兵到大新县锰矿园区调研

2016年7月15日，自治区国土资源厅厅长陈建军、市国土资源局局长李兵到扶绥县旱改水项目点调研

2016年5月4日，崇左市市委书记刘有明（中）到市国土资源局调研

2016年8月18日，自治区国土资源厅副厅长谢谨瑜到市国土资源局开展"双高"工作座谈会

中国-东盟南宁空港扶绥经济区

桂林理工大学空港校区在校生超万人，2015年实现本科招生

中国-东盟南宁空港扶绥经济区（以下简称"扶绥空港"）于2010年10月成立，为自治区A类园区，自治区产城互动试点园区，是广西凭祥重点开发开放试验区的重要组成部分，规划面积60.38平方千米，是南宁空港经济区"一港两区"的重要组成部分。重点发展糖果休闲食品、临空轻工制造、现代物流、新型建材、高新技术和临空服务等六大产业组团，打造宜居宜商宜产、商机无限的生态新城。

扶绥空港具有面向同盟，临近首府，临江临空，近边近海的区位优势，打造"广西第二大学城"，为园区发展提供高素质型人才。目前园区基础配套完善，产城融合发展提速增效，城镇住宅、商贸综合服务体系已经形成。

扶绥空港在2016年第十三届中国-东盟博览会上成功举办"现代物流与应急产业发展论坛暨投资推介会"，为打造国家应急产业示范基地开好头。此外，还成功申报将空港经济区列入国家开发区审核公告目录，为园区提质升级成为边境、空港双重国家级园区创造有利条件。

扶绥空港2016年实现工业总产值达83.01亿元，规模以上企业总产值约82.15亿元，税收达5.1亿元。截至2016年年底，园区落户项目48个，工业企业35家，已投产企业26家，其中规上企业20家、亿元企业11家。

广西丰源钢结构有限公司钢结构制造基地

将军令码头集装箱物流集散实现成功首航

扶南宁空港扶绥经济区优美环境

广西金冠食品有限公司办公楼和厂房

中国-东盟南宁空港扶绥经济区全貌

扶绥新宁海螺水泥有限责任公司

扶绥海螺全景

扶绥新宁海螺水泥有限责任公司（以下简称"公司"）是隶属安徽海螺集团旗下的子公司之一，国有控股企业，总部设在安徽省芜湖市，集团下属159家子公司，分布在全国各省市自治区及俄罗斯、印度尼西亚、缅甸、柬埔寨、老挝等国家。海螺集团连续12年入围中国企业500强，荣列2016中国企业500强第118位。

公司成立于2003年9月6日，目前已建设3条日产4500吨新型干法水泥熟料生产线、配套年产450万吨水泥生产线、4.5千米铁路专用线、18000 kW低温余热发电项目同时配套建设110 kVz总降压变电站，设立了专用码头。年熟料产能将达到540万吨，水泥产能620万吨，骨料产量200万吨。2006年公司通过ISO 9001国际质量管理体系认证和产品认证。2015年9月，公司生产的"海螺牌"普通硅酸盐水泥被评为2014年度"广西名牌产品"；2016年荣获"CTC杯"全国第十五次水泥化学分析大对比"全优单位"荣誉称号；从2015—2017年连续三年荣获扶绥县"年度稳增长先进企业"称号；2016年在扶绥县举办的"两学一做"知识竞赛中取得了一等奖的好成绩。

今后，公司将秉承"至高品质 至诚服务"的经营宗旨，坚持走资源节约型、环境友好型大型水泥企业路线，注入高效的管理模式，继续为当地的经济和社会发展作出更大贡献。

公司代表队在扶绥县"两学一做"学习教育知识竞赛中荣获一等奖

全优单位奖牌

扶绥海螺风光

生活区

银行·保险

YINHANG BAOXIAN

□编辑　黄适清

银　行

【概况】 2016年年末,崇左市银行业金融机构15家,网点总数262个,银行从业人员3262人。银行业金融机构资产总额744.27亿元,比年初增加70.07亿元,增幅10.39%;总负债712.50亿元,比年初增加66.87亿元,增幅10.36%;本年利润5.41亿元,比上年同期增加1.68亿元。

【存贷款情况】 2016年年末,崇左市银行业金融机构各项存款余额700.13亿元,比年初增加92.90亿元,增幅15.30%;各项贷款余额390.24亿元,比年初增加17.11亿元,增幅4.95%,增速排全区第六;不良贷款余额13.21亿元,比年初减少4.66亿元,不良贷款率3.38%。

【信贷投放重点】 2016年,崇左市银行业信贷主要投向个人贷款,制造业,农、林、牧、渔业行业,这3个行业占据辖内行业贷款余额前三位,贷款余额分别为115.20亿元、84.50亿元、57.69亿元,3个行业贷款占全部贷款65.95%。

【金融改革】 2016年,崇左市银行业沿边综合金融改革取得新突破。一是金融体系进一步完善,崇左辖区第二家村镇银行即将开业;中行崇左支行实现辖区统一管理,建行及中行全年新增3个县域支行,进一步提升了金融服务能力;二是大力推进跨境人民币结算,崇左辖区工、农、中、建、邮储、北部湾6家银行已经与东盟国家13家银行机构建立战略合作伙伴关系,全市一、二类口岸均实现了边贸网银业务全覆盖,水口等3个互市点建立了边民互市贸易人民币结算中心,全年跨境贸易人民币结算量891.44亿元,同比增长3.45%,持续位居全区第一。

【金融服务】 2016年,崇左市银行业服务实体经济取得新成效。一是降本增效惠民生成效显著。积极督导银行业落实市政府稳增长措施,结合银监会及区局相关政策意见,推出崇左市银行业支持地方减负担稳增长促发展的意见建议15条,推进小微企业无还本续贷政策落地,有效降低小微企业过桥费等融资成本。全年银行业办理小微企业无还本续贷152户、金额12.83亿元,为企业节约融资成本1927万元;通过少上浮贷款利率幅度为企业和个人降息让利2560.03万元。二是小微、涉农贷款全面完成"三个不低于"考核目标。年末小微企业贷款125.78亿元,比年初增长22.69%,高于各项贷款平均增幅18.10个百分点,申贷总获得率为99.39%,高于上年同期0.17个百分点;涉农贷款280.7亿元,增幅11.86%,高于各项贷款平均增幅7.27个百分点。三是金融扶贫发挥主力军作用。全年银行业累计发放扶贫小额贷款户数36381户、金额15.82亿元,比年初增长445.36%,占有信贷需求贫困户的93.45%。实现贫困户贷款增速高于农户贷款增速、贫困地区贷款增速高于辖区各项贷款增速"两个高于"目标任务;辖区银行业大力助推精准扶贫,为全市完成自治区下达的年度脱贫摘帽任务做出积极的贡献,分局定点扶贫村也实现整体脱贫摘帽。

【银行监管】 2016年,崇左银监分局认真贯彻落实广西银监局党委及市委、市政府的各项工作部署,强力推进银行业监管,守住不发生系统性、区域性风险底线,有效维护辖区金融大局稳定。

加强重点领域风险防控 一是债权人委员会工作取得实效。对符合条件的14户、涉及融资金额54.18亿元的企业全部推动成立了债委会,在全区率先实现全覆盖。引导债委会按照"一企一策"的原则集体研究增贷、稳贷等措施,形成合力、一致行动,有序开展支持优质企业、帮扶困难企业,促进地方经济稳增长。二是助推集群客户风险处置工作有成效。引导银行业积极配合党委、政府处置集团客户风险,实现对永凯旗下左江糖厂、丰浩旗下凭祥才源整体拍卖重组;年末,崇左辖区不良贷款余额13.21亿元,比率3.38%,分别比年初减少4.66亿元、1.4个百分点,实现了金额、比率"双降"。三是组织开展银行业理财产品销售专区管理及产品销售"双录"、打击治理电信网络新型违法犯罪、声誉风险及网络安全等检查工作,有效地保护了金融消费者正当权益,切实维护辖区良好的金融秩序。

加强监管处罚力度 一是督导崇左辖区15家机构自查发现问题230个、涉及金额16.7亿元,已整改214个,整改面93%,处罚人员535人次、金额20.17万元。分局4个检查组共发现问题161个、涉及金额15.28亿元,提出整改意见161条,已整改101个,整改面62.73%,责成机构处理人员98人、金额16.15万元。二是对落实集团客户风险处置不力的7家机构责成其内部问责,问责68人,处罚金额4.12万元,调离岗位3人。三是约谈机构高管及其他管理人员4批22人,走访调查核实23次,与信访人员及银行相关责任人面谈8批55人,有效化解了某银行顶冒名贷款信访案件频发态势,确保崇左辖区银行业不发生外生性金融风险。四是将EAST系统延伸推广应用到全市经济金融运行形势分析,提高风险防控水平。

(何文俊 张晓红 雷华朝 何玮)

人民银行

【概况】 2016年,中国人民银行崇左市中心支行在崇左市设有分支机构5个。其中,地级市中心支行1个,辖内大新、天等、龙州、凭祥4个县(市)各有1个县(市)支行。

【货币政策执行】 2016年,中国人民银行崇左市中心支行贯彻执行稳健的货币政策,以信贷政策为抓手,努力实现信贷调控总量适度、盘活存量、做优增量,推进金融支持民生工作。一是加强信贷窗口指导,正确传导稳健的货币政策,增强货币政策传导效果。充分发挥信贷政策在供给侧结构性改革中的能动作用,紧紧围绕去产能、去库存、去杠杆、降成本、补短板五大任务,要求辖内金融机构准确理解和把握当前经济金融工作要求,结合崇左市稳增长经济发展重点加大信贷投放力度,以优化信贷结构促进经济结构调整,加大"三农"信贷扶持力度,支持支柱产业、中小企业和民生工程。协调市政府相关部门组织辖区银行业金融机构召开了2016年年初及上半年货币信贷窗口指导会议,分析当前经济金融形势,及时传导货币政策,指导金融机构做好信贷投放工作。二是加强货币政策监测分析,提高监测分析水平。存款准备金管理方面,认真执行和传导央行各项准备金政策,督促辖区金融机构严格执行央行存款准备金政策。利率监测及合格审慎评估方面,加强利率报备监测分析等基础性工作,及时掌握和分析崇左辖区银行业金融机构利率政策执行情况。年内,崇左辖区6家法人金融机构各项指标达到基础成员标准,被全国市场利率定价自律机制秘书处吸收为自律机制基础成员,1家评估机构成为观察员,获得发行大额存单的资格。支农再贷款的发放和管理方面,加强支农再贷款的发放和管理,切实发挥支农再贷款的政策效应。2016年,中国人民银行崇左市中心支行再贷款限额共3.9亿元,其中扶贫再贷款限额3亿元,支农再贷款0.8亿元、紧急再贷款限额0.1亿元。全年累计发放扶贫再贷款1.15亿元。

【金融稳定】 2016年,中国人民银行崇左市中心支行以维护金融稳定为核心,坚持稳中求进工作总基调,按时完成对8家法人金融机构经营情况调查,加强对保险业、证券业风险监测,重点对地方法人金融机构、问题企业、房地产、民间借贷等重点领域的风险监测排查,及时上报重大事项报告,进一步提高应对风险的能力,及时有效防范和化解系统性、区域性金融风险。一是着力做好存款保险评级工作。收集崇左辖区9家投保机构各项指标数据,进行多次核对,报送总行利用模型进行定量打分;根据总行最终核定的最终评级结果,逐家撰写存款保险评级报告。二是认真开展不良资产真实性专项现场评估。按照上级工作部署,开展对宁明农村商业银行不良资产真实性专项现场评估。三是进一步强化风险监测工作。及时上报月度金融风险监测报告,预测风险变化情况和发展趋势,并有针对性地提出防范和化解风险的措施。加强对保险业和证券业风险监测,建立了定期监测机制。四是积极做好风险排查工作。紧抓当前去产能、去库存、去杠杆的重点方向,重点监测糖业、锰业、红木业风险情况,密切关注民间借贷、非法集资等融资活动,认真做好金融风险排查工作。五是加强重大事项报告制度。全年共完成崇左市银行业金融机构重大事项报告5期,内容涉及针对银行的群体事件、金融机构内部案件及问题企业资产拍卖等重大情况。六是切实加强反洗钱监管,防范洗钱风险。全年共接收重点可疑交易报告 10 份,涉及金额约 44.79 亿元;指导金融机构将 6 份重点可疑交易线索移交公安机关,切实加强对可疑资金交易监测,防范洗钱风险。

【金融服务】 2016 年,中国人民银行崇左市中心支行围绕金融知识普及、农村信用环境和支付体系建设、中小企业金融服务等方面重点工作,大力推动崇左普惠金融发展。一是以"大榕树金融知识课堂"为载体,在农村地区持续组织开展金融知识普及教育活动,成功举办崇左市首届"征信杯"征信知识征文活动。二是大力推动农村地区信用环境建设,农户信用信息系统建设、"农村信用四级联创"以及"三农金融服务室"创建取得明显成效。建立龙州县农户信用信息数据库,有序推进天等、凭祥、宁明等地区的农户信用信息系统建设。推动信用户、信用村、信用乡镇、信用县四级联创工作,截至年末,辖区累计创建"信用乡(镇)"18 个,占比 24%;"信用村"192 个,占比 25.46%;信用户 15.84 万户,占比 31.12%,3 个 20% 的创建工作目标的圆满完成。全市对信用户实施"一次核定、随用随贷、余额控制、周转使用"的信贷扶持政策,信用贷款额度由原来的 1 万元提至 20 万元,呈现农户得实惠、银行有效益、经济促发展的"三赢"格局。三是持续改善农村地区支付环境建设,推动崇左辖区建立助农取款服务点 1393 个,实现行政村 100% 全覆盖,惠农支付服务点有 1080 个,农村金融综合服务站 89 个,超额完成服务站建设工作。四是多措并举缓解中小企业融资难融资贵。依托金融信用信息基础数据库,为辖区 5631 户与银行未发生信贷关系的企业建立信用档案,金融机构给予 1163 户信贷支持,累放贷款 31 亿元;联合国税、地税和银监部门启动和拓展银税合作机制,截至年末,累计向银行业金融机构共享 1035 家纳税诚信企业名单,15 家银行向纳税诚信企业发放贷款 65 亿元。加强动产融资登记和应收账款融资服务平台的宣传推介,引导企业不断盘活应收账款等存量资产,有效缓解融资难、融资贵问题。全年累计促成融资交易 21 笔,融资金额合计 28.02 亿元,完成年度考核工作任务的 233.5%。

【外汇管理】 2016 年,国家外汇管理局崇左市中心支局全面贯彻落实全区外汇管理工作会议精神和工作任务,以外汇管理"五个转变"为指导,坚持稳中求进、开拓创新。全面依法行政,严厉打击外汇违法行为。坚持简政放权,全面构建宏观审慎框架下的跨境融资管理体系。不断加强沿边金融综合改革创新,努力提升外汇管理服务实体经济发展的能力。一是抓好改革创新,力促贸易投资便利化。开展经常项目下跨境外汇资金轧差净额结算试点,实施边境贸易企业实施差异化管理措施,简化 A 类企业货物贸易外汇收入管理,进一步深化贸易便利化。通过政策宣传、会议讲解、窗口指导等加强宣传,力促政策落地。同时,加大资本项目外汇管理简政放权。推进外债管理改革,全面实施全口径跨境融资宏观审慎管理。简化资本项目结汇管理政策,外债资金实施意愿结汇。资本项目收入的使用实施负面清单模式管理,大幅缩减相关负面清单,进一步满足和便利境内企业与资金运作需要,促进跨境投融资便利化。二是认真开展外汇业务监督管理工作。密切监测跨境资金流动,全年共对 54 家企业和 3 家银行进行重点监测和约谈;共对 7 家企业和 1 家银行开展现场检查,对 2 家违规企业进行立案处罚,共计罚款 100 万元。

(刘建华 黄玥)

工商银行

【概况】 2016 年,工商银行崇左分行认真贯彻国家产业政策,落实人民银行、银监会的监管要求,继续认真贯彻落实总行和区分行的各项工作部署,加快经营转型,围绕提质增效大做文章,各项业务工作实现稳健发展,提升了分行的市场竞争能力。围绕崇左市委、市政府做好"两篇大文章"、打好"四大攻坚战"的决策部署,以加快沿边金融综合改革试验区建设为契机,充分发挥金融机构信贷杠杆作用,大力推进脱贫攻坚工作,不断提升服务地方实体经济深度,为促进崇左市经济社会又好又快发展做出了积极贡献。

【存款业务】 2016 年,工行崇左分行围绕发展、效益、转型抓存款,采取有力的营销措施紧抓存款源头,为增存工作奠定基础,并带动各项存款的稳定增长。分行打破常规服务壁垒,以广大学生需求为出发点,为其提供"一站式"服务,做到全程跟踪、指引,将工银 e 缴费个人版、学校版的宣传折页分发到各学校,紧抓开学前夕学校方面的服务工作,全面提高工银 e 缴费的渗透率,为学校、学生提供安全便捷的缴费渠道。同时,分行一直将代发甘蔗款作为"服务三农"的工作主线,并借力"节节高 2 号"、保本理财、"个人增利"等创新产品及服务,为蔗农客户规划资产配置,使蔗农客户能够实现资金收益性和流动性的最佳组合,提高蔗农客户的满意度。此外,分行提高互联网金融产品在蔗农客户中的渗透率,并充分发挥每一位客户的"连锁宣传效应",扩大产品认知面,为拓宽服务乡镇客户增加强有力的支撑,使储蓄存款与各项金融产品实现协调发展。为提升企业货款回笼率,分行一方面抓住有业务合作的企业,加强对其贷款资金的监管,密切关注贷款资金流向,切实做好日常贷款回流工作,最大限度地促使贷款企业资金在行内运行,提高资产业务拉动增加存款的效能。另一方面锁定文化旅游产业、经济园区、工业转型等一系列招商引资项目,实时关注全球信息资讯平台,并密切与地方职能部门的联系,抢抓第一手市场信息,寻找公司客户拓户及公司存款新增突破口,以最优质的金融平台及服务赢得客户,为公司存款的稳定增长注入新的活力。截至年末,各项存款规模74亿元,比上年增加6亿元,为增加信贷投放奠定了良好的资金基础。

【信贷业务】 2016年,工行崇左分行累计对崇左市重点项目、重点行业、中小企业以及居民消费发放各项贷款25.4亿元,年末贷款余额60亿元,随着年末崇左各家糖厂开榨进入资金需求旺季,信贷投放加速明显,12月单月信贷投放达2.76亿元,净增1.98亿元,贷款增量持续稳居同业首位;为支持崇左市实体经济平稳发展作出一定的贡献。

崇左是全国重要的蔗糖生产基地,被誉为"中国糖都",年产蔗糖量居全国首位。因此,支持以制糖业为主的惠农产业化企业成为工行贷款投放重点。制糖是一个季节性很强的产业。榨季期间,蔗糖企业要大量收购甘蔗和购买其他原料,所需资金量很大,周转较为困难。崇左分行急企业之所急,专门开辟了绿色通道,提高融资审批效率,及时发放营运资金贷款。2016年,分行紧抓白糖价格回升的有利时机,提高服务效率,积极支持优质糖业企业新榨季融资需求,累计对制糖企业发放贷款12亿元。对制糖企业发放营运资金贷款,不仅较好地满足了企业生产经营的资金需求,帮助企业及时兑付甘蔗收购款,推动了广大蔗农收入水平的提升,也为崇左支柱产业的进一步腾飞助了一臂之力。同时,立足崇左种蔗大市,深挖县域服务"三农"潜力,把握"蔗农"金融服务需求,为广大蔗农提供代付蔗款服务。同时,工行崇左分行充分发挥银团贷款的独特优势,依托强有力的同业分销网络,以崇左市公共设施、棚户区改造、交通、能源、绿色生态、边贸基础设施等领域储备库中的项目为抓手,提高银团贷款介入的深度和宽度,积极介入崇左至水口高速公路项目、北投凭祥农产品加工物流项目、平而口岸建设项目、太平洋中越跨国隧道PPP建设项目。为优质项目筹组银团贷款,为一批关系国计民生的优质项目提供了金融支持,有力地支持了实体经济的发展。2016年全年发放银团贷款20亿元,主要支持地方经济热点和重大基础设施建设项目,既保证了对经济增长应有的信贷投入,又促进了经济结构的优化升级。正是银团贷款的及时、足额投放,为崇左市基础设施项目建设提供了资金支持,保证了项目建设顺利进行。

使用方便、周转灵活是不少企业在寻求资金支持时需要考虑的要素之一。针对企业的这一实际需求,为缓解小微企业融资难问题,推进产品创新,进一步提升小微企业金融服务水平,分行推出了"网贷通"、"诚税贷"等网络融资产品,特别是"网贷通",已经成为分行标准化融资服务的名牌,"网贷通"这种网络自助式循环贷款服务,特别适合小微企业短、频、急的资金需求特点,还可以使企业使用资金成本下降25%。在业务拓展中有针对性的推出"网贷通"等灵活性强的信贷产品,对于正常经营、信用良好的企业,在企业贷款到期后,可以将贷款期限延长1年、最长延期3年,方便了企业在使用资金时进行灵活配置。除此之外,还在当地广泛推广"诚税贷"信贷产品,将企业的纳税情况作为信用凭据,对企业短期的资金需求发放信用贷款。全年累计为50多户小微企业发放"网贷通"网络贷款近4亿元,分行"网贷通"贷款余额3亿元。同时,创新发展"惠企贷"和"诚税贷"等特色产品,年内成功发放崇左辖内第一笔"诚税贷",大大提高小微企业创新产品的影响力。

【特色业务】 2016年,工行崇左分行继续推出特色产品,全面发展个人贷款业务,有效满足社会居民对个人贷款的需求。大力推进个人住房按揭贷款业务发展。在贷款资金安排方面,分行积极响应崇左市委、市政府实施城乡安居工程建设,优先满足居民家庭首套及改善型普通自住购房贷款需求,大力支持崇左城镇化发展、旧城改造和棚户区改造,为大众实现"安居梦"提供高效的融资服务。年末个人按揭贷款存量达34亿元,比年初增加4亿元,个人按揭贷款存量增量同业两项第一,继续保持崇左辖内第一按揭银行地位。分行根据民营企业资金周转特点,加大个人非住房贷款业务拓展力度,积极推介具有"一次申请、循环提款、随借随还"优势的工行循环方式经营贷款,努力解决个体、私营企业客户融资难题,满足其融资需求,既满足客户新增贷款需求,又促进个人信贷业务发展。在大力推动个人贷款稳健发展的同时,严格把控好业务发展与风险控制的关系,建立了个人贷款质量跟踪监测机制,及时把控个人贷款质量。在当前经济下行的环境下,个人贷款作为贷款优良品种,不良率仍控制在较低水平。

【沿边金改】 借助崇左市处于"三区叠加"的区位优势,以及凭祥重点开发开放试验区获国务院批复设立,中越凭祥—同登跨境经济合作区、沿边金融综合改革试验区纳入国家"一带一路"总体规划的战略机遇,积极探索和助力金融服务崇左加快对外开放开发步伐,用足、用活、用新各类政策和产品。2016年,分行完成国际结算量47亿美元、跨境人民币结算量242亿元,双双位居区工行系统内第一,为崇左边贸健康快速发展做出了积极贡献;成功办理区工行系统内首笔NDF(无本金交割外汇远期)业务,为"走出去"企业对"一带一路"沿线国家货币兑换、套期保值、投资交易等需求提供创新金融服务;积极谋划为东亚糖业集团发行境外"熊猫债",吸引海外企业投入更多资金支持崇左市支柱产业发展。

【边贸业务】 除了创新融资产品外,工行崇左分行的金融结算服务创新也颇具特色,工行在同业中率先推出"边贸通"产品,通过网上银行即可为企业办理对越南的结算业务,彻底改变了以往中国银行和越南银行手工交换凭证的结算模式。工行通过投产"中越边贸通"优化升级项目,针对中越边贸结算的特点,开发了汇出汇款、汇入汇款、越方银行头寸汇款、查询查复、自由格式报文、实时在线交流等特色功能,进一步提高了中越边境贸易的清算效率,加快了资金回笼速度,大大提升了资金使用效能。崇左市边境线长,其口岸之多,在全国地级市中名列第一。利用这一得天独厚的条件,崇左大力发展边贸,对外贸易进出口总额和出口总额连续多年排名广西第一。与越南各商业银行间的边贸结算业务一直是工行的特色业务,分行利用沿边金融改革实验区和左右江革命老区的政策,提高边境贸易结算的服务效率。2016年,分行发挥自身优势,加快跨境人民币结算业务持续稳健发展,积极服务中越边境贸易,重点为边贸客户提供"边贸通"和"边贸融资通"产品,边贸结算业务发展迅猛,结算量高速增长,全年结算量达308亿元,同业排名第一,为崇左边贸结算业务的迅猛发展做出了积极贡献。

【维护权益】 2016年,工行崇左分行通过优化业务流程、提升业务水平、强化现场管理、理顺投诉机制等有效举措,不断提升服务效率,改善客户体验。始终坚持"人本、诚信"理念,把金融消费者权益保护工作摆在突出位置,在营业网点开设"消费者权益保护服务区",为消费者提供业务咨询服务、金融知识宣传、业务办理流程服务、便民服务、投诉处理流程引导服务等多项服务,使金融消费者的服务体验得到进一步提升。为提升消费者金融风险意识,开展了"防范打击非法集资活动宣传月"、"普及金融知识万里行"、"金融知识进万家"、"金融知识普及月"等金融知识宣教活动,通过揭示金融诈骗手段,向公众宣讲和普及金融知识,提升公众金融运用技巧和防范金融诈骗犯罪能力,深受群众欢迎。年内,分行开展宣传活动30次,共发放宣传资料2.52万份,涉及受教育人群9720人次。

【客户服务】 2016年,工行崇左分行坚持"以客户为中心"的服务理念,从精细化入手,深化执行力建设,重点突出优质服务由提升理念向提升执行力转变,实现了服务质量和效率的双提升。要求员工牢固树立服务争客户、服务占市场、向服务要效益、服务创造价值的思想意识,用优质、高效、精细的服务满足客户的愿望和需求,时刻保持营业场所整洁、明亮、美观,给客户营造环境整洁、产品丰富、设备先进、服务一流的氛围,塑造良好的金融服务形象,提高服务的质量和效率,营造全行上下一致为客户提供优质服务的良好氛围。充分发挥智能银行和ATM自动取款机、自助终端、网上银行、WAP手机银行等离柜渠道的服务优势,加大业务分流力度,有效提升离柜业务率,尽量减少客户排队等待时间。按照"客户服务精细化管理规范"要求,重点围绕网点的环境面貌、硬件配备、岗位设置、职责规范、服务礼仪、行为和纪律、服务流程和业务流程、优质客户的识别和维护、日常工作管理等重点环节,认真落实客户服务精细化管理规范,不断提高对客户的服务质量和服务效率,提高整体服务水平。

【安全运营】 2016年,工行崇左分行在经营管理中坚守"遵纪守法、合规经营、资产质量"三条底线,为业务可持续发展提供保障。加大对全辖干部、员工队伍的管理力度，把从严治行、端正经营作风的要求落实到经营管理的各个环节。增强各级管理人员担负推动反腐倡廉建设的重任，持续开展各种内控案防主题教育活动，推进违规违章积分管理办法，狠抓制度落实，提高执行力，杜绝"人情代替制度"，提升员工合规经营和廉洁从业意识。落实安全保卫责任制，强化安防设施管理、建立应急管理机制，强化应急预案演练，提高应急处置能力；加强自助设施的安全管理，抓好安全检查工作、安全设施建设，加强日常消防安全的监督检查，及时发现并消除火灾隐患。全年没有发生重大责任事故，实现了安全平稳运营。　　（马耀威）

农业银行

【概况】　中国农业银行崇左分行致力于服务地方经济发展，凭借全面的业务组合、庞大的服务网络和领先的技术平台，为广大客户提供优质的多元化金融服务。近年来，先后获自治区级、市级"文明单位"、"广西五一劳动奖状"、"全区反假货币工作先进集体"、"金融机构支持崇左经济发展突出贡献奖"、"崇左市创业十年先进集体"等荣誉称号。2016年，管辖7个县（市、区）支行，营业网点42个，在职员工658人。全年实现营业收入4亿多元。

【存款业务】　2016年，农行崇左分行坚持以市场为导向、以客户为中心，不断加强金融产品创新，优化业务流程，积极服务企业和个人客户，依法保护广大金融消费者权益，促进负债业务发展。年末，人民币各项存款余额143.2亿元，比年初增加14.4亿元，存款市场份额在当地四大行占比49.4%。

【贷款业务】　2016年，农行崇左分行认真贯彻落实崇左市委、市政府关于做好"两篇大文章"、"打好四大攻坚战"的战略部署，以政府购买服务的融资形式支持农村交通基础设施、产业园区等重大项目建设。同时，加大对支柱产业、新型城镇化建设及中小企业的信贷投放，有力支持地方经济发展，全年累计投放各类贷款45亿元。年末，人民币各项贷款余额67.6亿元，比年初增加6.7亿元。

【中间业务】　2016年，农行崇左分行坚持依法合规经营，大力发展互联网金融服务，以客户联谊、产品沙龙、消费送礼等活动为载体，加大对保险、理财、电子银行、贵金属、信用卡等中间业务的拓展，在增进客户体验的同时，实现中间业务收入多元化。年末，全行实现中间业务收入1.2亿元。

【"三农"服务】　2016年，农行崇左分行始终秉承服务"三农"的责任担当精神，助力地方脱贫攻坚，持续加大县域贷款投放，以"金穗甜蜜贷"农户贷款为载体，帮助广大蔗农解决生产融资难题；同时大力拓展"农民安家贷"，支持广大农村居民进城购房。另外，积极实施网点优化工程，布放"超级柜台"，加快自助银行、惠农取款点等电子服务渠道建设，着力改善农村金融环境。年末，全行"三农"县域贷款年增量12.3亿元，其中在贫困地区贷款年增量7.9亿元。全年累计发放"金穗甜蜜贷"农户贷款近5000万元、"农民安家贷"1亿多元；设立惠农通有效服务点364个，电子机具在农村地区覆盖率超过80%。

【国际业务】　2016年，农行崇左分行勇担金融戍边重任，不断强化沿边金融服务。积极介入支持凭祥、龙州等边境重大项目建设，同时，积极拓展内保外贷、参融通、福费廷等国际业务，满足边贸企业融资需求。此外，与越南10家商业银行建立合作代理关系，完善跨境结算支付方式，为广大外贸客户搭建方便快捷的结算平台。年末，全行累计办理跨境人民币结算201.5亿元、国际结算35.5亿美元、结售汇业务7.8亿美元。

【基础管理】　2016年，农行崇左分行坚持抓好信贷、操作、现金、案件以及人员风险等方面的防控，强化内外部检查发现问题的整改，做细做实科技、运营、保卫等安全生产管理。同时注重合规文化、执行文化、经营文化等企业文化建设，积极弘扬正能量，营造和谐稳定的企业发展氛围。全年全行实现平安运营。　　（莫海坤　覃秀江）

建设银行

【概况】　2016年，建行崇左分行内设综合管理部、风险管理部、纪检监察部、公司业务部、个人业务部等5个职能部门，下辖崇左市江州区、扶绥县、凭祥市、大新县、龙州县、宁明县共10个物理网点，16个离行自助银行，ATM共计59台，其中离行式ATM有26台，有员工156人。

【存款业务】　2016年，建行崇左分行认真贯彻区分行"强基础，抓创新，促转型，在风险可控的前提下稳健发展"主基调，按照年初工作会议思路，紧紧围绕经营目标，狠抓各项工作措施落实，实现了各项业务的稳健发展和安全运营。一般性存款日均余额49.08亿元,比年初新增6.34亿元,增长率14.83%。其中,个人存款日均余额23.31亿元,比年初新增3.32亿元,增长率16.66%;企业日均存款25.77亿元,比年初新增3.01亿元,增长率13.23%。

【信贷业务】 2016年,建行崇左分行坚持服务地方实体经济,加大对地方重点项目、特色行业、优质小企业客户的支持力度。以银医通、银校通平台项目推动医院、学校的合作,创新"红木—助保贷"等小企业贷款平台,支持小微企业的发展。年末各项贷款余额14.69亿元,比年初新增2.68亿元,增长率21.73%。其中,正常类对公非贴贷款余额为7.97亿元,比年初新增1.2亿元,增长率17.75%;个人贷款余额6.72亿元,比年初新增1.48亿元,增长率28.17%。

【外汇业务】 2016年,建行崇左分行坚持贯彻"边贸立行,以国际业务推动各项业务发展"的工作思路。自沿边金融综合改革实验区启动以来,建行崇左分行将本行的经营发展与支持沿边金改紧密结合,积极参与相关政策创新试点,特别是在人民币跨境业务方面,建行崇左分行努力建成桥头堡,多措并举发展跨境人民币业务。全年国际业务结算总量达到21.42亿美元,其中,人民币跨境结算量为127.6亿元,结售汇量为2.135亿美元。

【中间业务】 2016年,建行崇左分行积极贯彻落实总行"移动优先"发展战略,引导客户签约、使用建行手机银行,有效地提升了电子渠道分流率。加强分行金融生态圈

的发展,营销建行电子银行、信用卡分期、结算通卡、一险两金、分期通等产品。全年实现中间业务收入4808万元,完成任务112%

【金融服务】 2016年,建行崇左分行坚持以客户为中心,不断转变金融服务理念和提升服务水平,大力加强网点建设和各项服务设施和渠道建设,提高业务办理能力和效率,为客户提供优质、全面、专业的金融服务。年内,建行崇左分行新增离行式自助银行6个,增设1个理财中心,投入现金类自助设备11台;投产智慧柜员机41台。电子银行包括个人网上银行、企业网上银行、手机银行、短信银行和"95533"电话银行服务,为客户提供24小时随时轻松办理各项业务的便捷服务。

【基础管理】 2016年,建行崇左分行加强贷前、贷后管理,严保信贷资产质量的稳定可控,信贷资产不良率仅为0.11%。加强内部管控遏制违规经营和违法犯罪专项检查"回头看"工作,坚持每月召开主管例会和每季风险分析会,查摆和分析问题,提升网点内部合规管理及风险防控管理水平。开展《每周合规一讲》学习,切实做好案件防查、警示教育工作。开展积分管理工作,提高内部管理水平。组织开展员工行为排查,防范违规事件发生。定期不定期开展内部安全检查和防抢防火演练,提高员工的风险防范意识,全年未发生案件和重大责任事故。

(李 平 蒙庆强)

中国银行

【概况】 2016年,中行崇左支行实

现辖区统一管理。在区分行党委的正确领导下,认真贯彻执行区分行年度工作会议精神,切实落实总行总体发展战略要求,围绕"效益提升、绩效进步、客户拓展、产品渗透、行业组合、联动发展"六大关键点,加快业务转型,全行员工同心协力,努力拼搏,支行各项业务全面提升、稳健发展。

【存款业务】 2016年,中行崇左支行在存款业务上跑赢了同业,尤其公司存款业务实现了较大的增长,公司存款市场份额在全年11个月中都排名全金融机构第一位,市场份额也保持了较高的增长。但是受到上年和2016年共计2.8亿元高成本存款化解的影响,支行日均存款增长不理想,仅仅完成区分行日均新增任务的74%。在支行网点数量处于弱势的情况下,储蓄存款仍旧保持了一定的增长,4大行的市场份额比年初提升0.03%。存款取得了一定的发展,尤其12月份增长速度持续加快。

【信贷业务】 2016年,中行崇左支行从总体上来看,贷款实现了公司贷款和个人贷款的双向新增,尤其个人贷款改变上年广西中行系统内唯一负增长的行。贷款的全金融机构和4大行市场份额都实现了双升,市场上的竞争力在加强。贷款的日均新增较理想,完成了区分行日均新增任务的126%。

【客户服务】 客户是银行赖以发展的基石。经过对市场和同业的充分调研,2016年中行崇左支行党委班子决定全行以行政事业单位为突破,以授信、投行业务为依托,以代发、产品、服务为带动,一切从零起步,形成梯队式的营销模式,全面夯实支行的客户基础。增

加银行资金实力，然而，刚进行机构改革的市行，在财政、社保方面的存款余额为零、代发为零，公积金的存款也仅仅为 800 万元而已，多年来直接支持政府方面的授信为零。面对这样困难的局面，全体员工并没有气馁，而是利用投行产品为带动，逐步与政府建立联动机制，支行累计为政府利用投行业务直接支持 4.05 亿元，带动中间业务收入 106 万元，利用投行不仅带来了中间业务收入，更多地带动了支行行政事业单位存款的和政府关系的重新建立，逐步得到了政府的认可。

【教育培训】 2016 年，中行崇左支行作为管辖行以来，以原有的员工队伍对全辖的业务进行管理、规划和发展，从员工队伍的业务素养和管理能力上确实存在不少的困难。首先，人员不齐整，人员数量上无法满足业务发展的需要；其次，员工队伍的管理能力不足，统筹全辖

的业务发展和管理没有经验可循；第三，市本级自身的业务发展缓慢，产品缺失严重，对县支行的指导作用有限。全行只有在仅有的员工队伍上进行了结构调整，从凭祥支行抽调了部分员工充实市支行的员工队伍，全行举办夜校，每周三晚上定期进行业务学习和指导，行领导带头上课，提升员工的业务素养。同时抽调业务精英充实一线的营销客户经理队伍，利用"双百活动"结合支行的外拓活动，提升员工的营销能力和产品掌控能力。

【渠道建设】 2016 年，中行崇左支行仅有的 5 个网点中，低产低效网点占 2 个，占全行网点数的 40%，渠道建设落后，市行本级网点设施成就，功能分区不完善，很大程度上制约支行的业务发展。领导班子花大力气对支行的渠道建设进行了整合，将凭祥支行保税区网点搬迁至扶绥，成立扶绥县支行，利

用投行产品的渗透，中行扶绥支行开业当日，就形成存款 2 亿元，是新开立县支行存款新增最多的机构。为了更好地落实区分行的 1+1+M 的渠道建设模式，支行同时增加对离行式 ATM 的投入力度，崇左市本级新增 2 家离行式 ATM，改造 1 家，凭祥支行新增 1 家离行式 ATM，改造 1 家，扶绥支行在顺利开业之后，新增 1 家离行式 ATM。同时对支行营业部的布局进行了适当的改造，增加了理想之家办理专区，将零售贷款业务下放至营业网点办理，将理财区进行了规划，重启开启理财功能，经过一系列的投入，支行逐步提升了服务能力。 （杨 劼）

农业发展银行

【概况】 2016 年，农发行崇左市分行内设办公室、客户部、信贷与风险管理部、财务会计部和信息技术

2016 年中国银行崇左支行经营数据表

单位：万元

| 2016 年年末 | 余额 | | | | | | | | | | 市场占有率 % | | | |
	余额	比年初	增幅(%)	日均任务	日均新增	日均完成率(%)	全金融机构新增	四大行新增	新增占金融机构(%)	增长额占四大行(%)	金融机构市场份额(%)	比年初(%)	四大行市场份额(%)	比年初(%)
存款余额	204245	59335	40.95	20140	14915	74	909243	285073	6.53	20.81	2.86	0.63	6.80	1.71
公司存款	119417	51732	76.43	13000	6869	53	388999	162472	13.30	31.84	5.00	1.98	9.41	3.96
个人存款	82829	7603	10.11	7140	8047	113	520243	122600	1.46	6.20	1.78	-0.07	4.88	0.03
贷款余额	148153	7289	5.17	9761	12280	126	171717	-178503	4.24	负增长	3.80	0.02	9.41	1.37
公司贷款	113320	2200	1.98	7400	9611	130	-115697	-251612	负增长	负增长	5.43	0.39	15.11	4.02
零售贷款	34833	5090	17.11	2361	2669	113	287414	73131	1.77	6.96	1.92	-0.03	4.23	0.27

部等 5 个职能部门，下辖龙州、天等 2 个支行，有员工 60 人。年内，崇左市分行紧紧围绕市委、市政府提出的做好"两篇大文章"、打好"四大攻坚战"的战略部署，主动提升站位，强化政治担当，充分发挥政策性金融普惠"三农"职能作用，全力服务农业供给侧结构性改革，在支持崇左市经济稳增长，促发展做出积极贡献。

【贷款业务】 2016 年，农发行崇左市分行认真贯彻落实市委、市政府年初工作会议精神，聚焦地方发展战略，不断优化信贷产品和提升服务能力，重点支持地方口岸经济、文化旅游、产业转型升级、脱贫攻坚、基础设施和新型城镇化等领域的发展。全年累计投放项贷款 26.12 亿元，累收各项贷款 20.6 亿元。年末，各项信贷资产余额 42.84 亿元，比上年新增 10.39 亿元，增幅 32.02%，增量位居崇左市 9 家金融系统第二。

【存款业务】 2016 年年末，各项存款余额 28.4 亿元，比年初增加 10.7 亿元，日均存款 29.52 亿元，比同期增加 11.12 亿元，低成本存款占贷款比重为 80.46%。一方面，依托信贷投放和基金投资，大力实施"存贷一体化服务"，重点狠抓对财政客户和企事业单位的服务。同时，抓好货款回笼和投后管理，带动存款增长。另一方面，加强同业合作，以项目合作为新切入点，将优质信贷资源向商业银行推荐合作，通过下游客户委托支付，获得同业存款返存。

【"三农"服务】 2016 年，农发行崇左市分行聚焦主业主责，发挥政策性金融的支农惠农作用。一是全力服务地方粮食安全战略。全年支持 11 家企业购进粮食，确保

崇左市粮食安全工作的顺利开展。积极配合"推陈出新"工作，支持出库销售政策性粮食。二是全力服务"两篇大文章"重大项目建设。在口岸经济建设方面，通过发挥政策性金融导向作用，撬动金融资金广泛支持口岸物流建设，力促口岸经济转型升级。在文化旅游方面，主动对接旅游项目资金需求，在补齐旅游交通短板、农村人居环境改造发力。三是服务"糖都"转型升级。创新支持崇左市实施 13.40 万公顷"双高"基地项目建设，投放农村土地流转贷款和农发重点基金支持江州区、扶绥县"双高"基地建设。同时，稳健做好糖企信贷工作，累计投放 8.5 亿元支持崇左 5 家制糖企业，保障制糖企生产资金需要。四是全力服务新型城镇化基础设施建设。结合崇左市打造中心城市基础建设项目资金需要，为政府惠及民生的重大项目量身定制融资方案，提供全力信贷支持。重点支持市科教片区、高铁站、工业园区、空港经济区、沿边经济开发区等项目的土地收储整治。五是全力推进重点建设基金工作。全年累计投资农发行基金 2.42 亿元，主要涉及棚改、水利、公路、易地搬迁、"双高"基地项目建设等领域，有效弥补重点项目资本金不足，保障国家重点项目顺利实施。

【基础管理】 2016 年，农发行崇左市分行。一是以"贷后管理年"活动为主线，全面排查风险客户，实行"一企一策"，有效化解风险贷款。二是通过创新构建流程管理机制、内部管理模式和培训方式，夯实基础管理。三是做好"营改增"税务改革、安全保卫、档案、印章管理、新闻宣传和纪检等工作，保障全年运营安全。全年实现"四无"。

（雷天舒）

广西北部湾银行

【概况】 2016 年有在职员工 56 人。多年来，崇左支行严格按照总行发展战略定位及各级监管部门监管政策的要求，不断加强风险控制和基础管理工作力度，扎实开展业务经营管理工作，各项业务经营管理实现依法合规平稳较快发展。

【存款业务】 2016 年，广西北部湾银行崇左支行创新工作思路、多措并举，积极做好各项存款组织工作，存款业务实现稳存增存，为服务地方经济社会建设提供更多资金支持奠定了良好基础。截至年末，实现各项存款余额 14.46 亿元，比年初增加 2.36 亿元。其中，单位存款余额 11.20 亿元，时点比年初增加 3.24 亿元，日均余额 8.99 亿元，比年初增加 1.50 亿元；储蓄存款余额 3.26 亿元，时点比年初减少8872 万元，日均余额 3.49 亿元，比年初减少 2127 万元。

【贷款业务】 2016 年，广西北部湾银行崇左支行坚持"立足广西、立足中小、立足社区"的战略发展定位，深耕细作地方市场，加大涉及民生、"三农"，及地方支柱特色产业等领域的贷款投放力度，但受国家及崇左辖内经济整体下行等因素影响，各项贷款投放谨慎推进。截至 12 月末，实现各项贷款余额为 5.33 亿元，较年初减少 1.92 亿元。在个人贷款方面：实现个人贷款余额为 1.98 亿元，较年初减少 5869 万元，其中个人住房按揭贷款余额为 1.12 亿元，比年初增加 2799 万元；在对公贷款方面：实现对公贷款余额 3.35 亿元，较年初减少 1.33 亿元。2016 年，虽然贷款

余额较年初下降,但为解决崇左辖内小微企业、个体工商户"融资难"问题,广西北部湾银行崇左支行向小微企业和个体工商户提供 100 万元以内的个人经营性贷款。该微小贷款业务推出后,很快赢得市场认可,年累计投放微小贷款业务 281 笔,合计近 8000 万元,服务领域涉及崇左辖内的边贸产业、"三农"产业等重点产业,累计带动就业约 1000 人次。

【国际业务】 为服务北部湾经济区开放开发,积极服务沿边金融改革各项工作。广西北部湾银行崇左支行把国际业务作为一项特色业务来发展。截至 12 月末,广西北部湾银行崇左支行下辖凭祥支行累计完成国际业务 9.30 亿美元,极大地助推了当地边贸业务的发展繁荣。9 月 27 日,下辖凭祥支行成功举办了人民币与越南盾现钞兑换业务启动仪式,标志着广西北部湾银行成为广西首家开办人民币与越南盾现钞兑换业务的地方性商业银行。人民币与越南盾现钞兑换业务的开办,是广西北部湾银行助力沿边金融综合改革的重要举措,对规范当地金融市场秩序,加快人民币走向国际化都有着重要的意义,同时也为边贸客户和居民旅游提供极大的便利,进一步推动中越边贸发展和边境地区经济繁荣和稳定。

【基金业务】 为助力崇左市做好"两篇大文章",打好"四大攻坚战",广西北部湾银行崇左支行充分发挥"地方银行"、"政府银行"作用,主动响应政府号召,与崇左市委、市政府开展基金项目合作,为文化旅游、基础设施等项目建设筹融资金。2016 年 9 月,成功与崇左市政府开展旅游发展基金合作,共同成立"崇左旅游发展私募投资基金",该基金总规模 10 亿元,存续期限 8 年,年度内已实现 6000 万元的资金投放,用于崇左花山旅游项目建设,同时,凭祥、龙州等县域发展城市基金合作业务逐步推进。截至 12 月底,广西北部湾银行崇左支行与凭祥市、龙州县等崇左辖内县市探讨成立相关城市发展基金事宜已初显成效。比如拟向"中国 – 东盟沿边开发开放产业发展基金"认购 2 亿元份额,预计 2017 年实现资金投放;"湾行·龙州县域发展私募投资基金"正在积极收集编撰材料。以上"政银"项目的成功合作,将有效助推崇左文化旅游、边境贸易及基础设施建设等领域项目的发展。

【基础管理】 2016 年,广西北部湾银行崇左支行认真领会落实总行"抓改革、强治理、建品牌"等有关重点工作,持续加大风险控制和基础管理工作力度,通过创新工作方式、加强业务技能培训、强化制度执行及检查督导等方式,继续狠抓党建、安全保卫、优质文明服务等基础管理工作力度,各项基础管理工作有效巩固,安全运营水平和服务质量持续改善。一是严格落实安全保卫工作"一岗双责"责任制,安全保卫工作扎实到位,全年实现"零"事故;二是强化财务运营管理工作,实现了业务正常运营,财务收支合法合规、会计核算和管理水平提升,会计业务差错明显下降;三是继续狠抓网点服务质量建设不放松,服务质量和服务水平持续提升,全年实现"零"投诉。9 月 20 日,广西北部湾银行崇左支行参加由崇左市总工会、中国人民银行崇左市中心支行主办的崇左市金融机构 2016 年反假货币知识与实操竞赛,最终在崇左市辖区 15 家银行业金融机构中脱颖而出,获团体三等奖的优良成绩。 (肖念松)

邮政储蓄银行

【概况】 中国邮政储蓄银行崇左市分行成立于 2008 年 2 月 28 日,是中国邮政储蓄银行广西区分行隶属的 1 家二级分行,管辖扶绥、宁明、龙州、大新、天等、凭祥等 6 个县(市)一级支行,市分行内设机关办公室、人力资源部、计划财务部、纪检监察部、个人金融部、公司业务部、零售信贷部与三农金融部、风险管理部、法律与合规部、会计与营运部、授信管理部等 11 个部、室一级部门和电子银行部、小企业金融部、资产保全部等 3 个二级部门,全行员工 382 人,网点 75 个(含邮政代理金融网点),是崇左市辖区所有金融机构中网点最多、服务"三农"和中小微企业以及社会主义新农村建设最到位的大型国有商业银行之一。

【个人业务】

个人储蓄存款余额稳步增长 2016 年,邮储银行崇左市分行个人储蓄存款余额 28.71 亿元,年新增 2.0 亿元,完成年度计划目标的 154%;储蓄年日均余额 27.85 亿元,年新增 1.15 亿元,完成年度计划目标 169%。

信用卡量质并举,活动成效显著 2016 年,邮储银行崇左市分行在全市开展"悦享"系列刷卡优惠活动,促成信用卡发卡 6515 张,完成目标 133%;实现收入 435 万元,同比增幅 34%。

电子银行业务结构再优化 2016 年,邮储银行崇左市分行全年电子银行交易替代率 89.26%,比上年提升 9.26%；自助设备替代率 34.84%，其他渠道替代率 37.4%。个人网银和手机银行的新增激活率、结存激活率比上年有一定程度的提高。

【公司业务】 2016 年，邮政储蓄银行崇左市分行公司业务紧紧围绕项目下功夫，通过持续营销城投公司、高速公路基建及碧桂园等项目，实现企业类项目进账共计 4.96 亿元。加大对客户进行回访，政务类重点客户累计进账 3.16 亿元。辖内各支行均获得"非税收入收缴业务代理银行资格"，基本实现账户开立。全年邮储银行崇左市分行公司存款余额 9.11 亿元，完成区分行计划目标 114%，年新增 2.23 亿元；年日均余额 9.29 亿元，完成区分行计划目标 136.7%，年新增 2.4 亿元。

【信贷业务】 2016 年，邮储银行崇左市分行资产业务扭转持续下滑局面，各项贷款余额 5.42 亿元，本年净增 9400 万元（含已核销 4065 万元）。其中，个人零售贷款结余 4.38 亿元，本年新增 5810 万元；小企业贷款回归亿元大关，结余 1.04 亿元，年净增 3561 万元，增幅 51.89%。不良贷款 3297 万元，不良率 6.08%，同比下降 9.63%，达到区分行管控目标。再就业小额担保贷款、家庭农场贷款、快捷贷、一手房贷款、助保贷、担保贷等新产品发展取得突破，其中家庭农场（专业大户）贷款放款 130 笔，金额 2618.5 万元；快捷贷（个商部分）累计放款 358 万元；担保贷共计放款 6916 万元。新业务放款总额占全贷种的 35.49%，新业务的快速发展为市分行资产业务的长远发展奠定坚实基础。

【合规管理】 2016 年，邮储银行崇

左市分行按规定及时签订各类案防责任书，全年召开 4 次案件防控会议。重点开展"两个加强，两个遏制"回头看自查活动，自查发现问题并积极整改。开展不良贷款的责任认定和不良贷款管理责任认定以及积极开展专项检查活动、屡查屡犯整治活动，并从严从重处罚。组织开展合规教育活动，共参培 1158 人 / 次。严格落实消费者权益保护工作职责，加强对全市示范区及"双录"工作推动及落实。

【风险管理】 2016 年，邮储银行崇左市分行强化管理，风险管控能力有所提升。全年共召开风委会（含临时风委会）9 次，充分发挥了风委会在全面风险管理中的牵头作用；及时下发或制定资产质量控制方案，积极传导风险政策并执行风险限额管理；开展信用风险等多个专项排查，实时监测资产分类并及时预警。正视症结，积极稳妥处置"顶冒名"不良贷款风险。崇左市分行开展"顶冒名"排查和专项整治，及时处置高风险客户，有效应对和化解各种风险，不良资产处置工作有效推进。多策并用，有效处置不良资产 7520 万元；累计核销不良贷款共 557 笔，金额 4043.58 万元。

【财务管理】 2016 年，邮储银行崇左市分行一是全面推进财务预算管理，财务基础工作得到加强，财务管理精细化实现"降本增效"。经营效益有所提升。二是完善财务制度，规范财务行为。三是认真落实"营改增"工作，提高增值税专用发票取得率，减少业务及管理费成本支出。四是开展差旅费专项自查自纠工作，加强"三公"经费管理，业务招待费下降 29.6%，会议费下降 20.4%、差旅费下降 41.78%。

【人力资源管理】 2016 年，邮储银行崇左市分行进一步优化人力资源管理。稳妥推进一级支行扁平化改革，上收一级支行事权，优化内部作业流程，整合机构设置。建立健全领导人员管理相关制度，加强领导干部选拔任用全过程监督。完善薪酬考核办法，先后修订、出台了《中国邮政储蓄银行崇左市分行 2016 年机关各部室领导经营绩效考核办法》《中国邮政储蓄银行崇左市分行辖属一级支行行领导班子薪酬分配管理办法》等办法，提升薪酬管理和绩效考核导向作用。年内共有 30 名专业类岗位人员实现职级晋升，完成 233 名员工企业年金人员的资格审核及材料上报工作，为员工争取公务员补助金、补充医疗保险金等额外福利。

【渠道管理】 2016 年，邮储银行崇左市分行渠道建设不断加强。完成太平路自助银行进行装修，实现崇左自助银行零突破；崇左市山秀路自助银行正在建设中。年内还先后完成了崇左市营业室自助银行加钞间改造工程、广西民族师范学院离行式 ATM 改造。顺利完成了广西理工学院离行式 ATM 的撤并工作，提高效益。年内自营新增及更换 CRS 共 11 台，有 19 台 CRS 开通循环功能，自助服务布局得到进一步优化。

【党的基层建设】 2016 年，邮储银行崇左市分行重视党建工作。一是加强党建工作，完善党组织建设。市县分支行配备了专职或兼职党务管理人员，党群队伍得到充实；壮大党员队伍，全市党员队伍达 126 人，占全行人数 32.89%。完成全辖 8 个党支部"强基固本"建设，夯实了基层党组织建设。二是加强理论学习,认真开展"两学一做"专题教育学习。进一步提高领导干部政治理论素质和政策水平。三是积极组织,加强党建宣传和思想政治工作研究。立足分行实际,开展党建宣传和党建研究工作。向党员干部征集关于党建工作新的思路和创新基层党建工作的活动,向区分行上报《关于经济新常态下邮储银行广西分行青年员工思想状况的探索与研究》等思想政治论文。四是坚持从严管理干部,加强领导干部队伍建设。认真落实党委在选人用人上的主体责任,从严做好中层副职领导竞聘工作和县(市)支行扁平化改革人员选聘工作、人员分流工作。严格遵循组织程序,严格执行节假日离开原驻地须请示报告制度、领导干部个人重大事项报告制度和廉洁报告制度。

(黄丽颖)

农村商业银行

【概况】 2016年年末,崇左市辖区共有7家农村商业银行,营业网点117个,从业人员1170人,金融服务网络遍及崇左市辖区每一个乡镇。广西壮族自治区农村信用社联合社南宁办事处代表自治区联社履行对崇左市辖区农村商业银行"管理、协调、指导、服务"的职能。2016年,崇左市辖区农村商业银行在自治区联社的正确领导以及崇左市各级党委、政府的关心支持下,在社会各界的大力帮助下,主动适应新常态、融入新常态,坚持以服务"三农"和地方经济社会发展为宗旨,积极调整优化信贷结构,扎实开展"两学一做"学习教育,认真落实国家普惠金融政策和开展金融精准扶贫工作,服务经济社会发展的能力不断提升,业务平稳快速发展,全年实现安全营运。

【存款业务】 2016年,崇左市辖区农村商业银行牢固树立"存款立社"的指导思想,推动"存贷同比"原则落实,发挥上下联动,多措并举,不断促进存款业务跃上新台阶。截至年末,全辖各项存款余额256.15亿元,比上年末增加38.58亿元,增长17.73%。其中,储蓄存款余额196.15亿元,增加31.56亿元,增长19.17%;对公存款余额60亿元,比年初增加7.02亿元,增长13.24%。辖区的7家农村商业银行中,有6家各项存款存量市场份额居当地银行同业第1位。

【贷款业务】 2016年,崇左市辖区农村商业银行认真贯彻执行国家稳健的货币政策,切实履行地方金融机构的职责,积极支持"三农"和当地实体经济发展,支持地方重点项目建设,加大对涉农和小微企业以及民生等领域的信贷投入。年末,全辖各项贷款余额为181.91亿元,比上年末增加29.7亿元,增长19.51%。其中,涉农贷款余额167.15亿元,比年初增加28.73亿元,增长20.76%;小微企业贷款余额66.48亿元,比年初增加6.74亿元,增长11.29%。各项贷款发放符合监管部门要求,保持平稳合理增长。

【财务管理】 2016年,崇左市辖区农村商业银行坚持开源节流,优化成本控制。加强各项财务基础管理,加强财务培训和管理,细化各项费用控制和财务资源的有效配置,积极开展增收节支。年内,全辖财务总收入实现12.4亿元,比上年增加2345万元,增长1.93%。全年辖区农村商业银行累计缴纳营业税、所得税等税金8500多万元,对地方财政贡献成绩显著。

【银行电子化建设】 2016年,崇左市辖区农村商业银行继续完善服务网络。截至12月末,共安装"桂盛通"(改造后的POS机)1946台,覆盖到每一个行政村;布设自动取款机、存取款一体机、自助服务终端共290台;网上银行用户数达3.42万户;新增手机银行用户3.29万户,存量户数达8.57万户;发行"桂盛卡"176.33万张,打造农民家门口的"微银行",给农民带来"足不出村存取款,田间地头能转账"的方便。真正打通农村金融服务最后一公里。

【履行社会责任】 2016年,崇左市辖区农村商业银行坚持让利于民政策实施。全面落实区联社关于在北部湾经济区四市银行服务收费同城化的优惠政策,推出桂盛卡全球ATM取款手续费等17项便民惠民政策,每年向客户让利约600万元。按照"保本微利"和"富民惠农"原则,对农户贷款利率统一下调让利,每年为农户减少利息支出近3000万元,强化金融惠民服务。积极响应国家农村金融改革的号召,全力推进社会信用体系和农村信用体系建设,促进社会诚信。强力推进金融精准扶贫和普惠金融,履行社会责任。年内,辖区农村商业银行积极响应各级政府的号召,抽调专、兼职人员参加当地的精准扶贫工作组,开通精准扶贫专项贷款专门通道,给扶贫项目及扶贫户发放快贷、优惠贷和贴息贷。目前辖区共有贫困户8.81万户,全年应评级授信的贫困户8.3万户,已评级授信8.62万户,完成任务的103.86%,授信金额累计33.6亿元。全年共发放贫困户贷款3.39万户,累放金额15.91亿元。

【金融试点改革】 崇左市辖区7个县(市、区)级农村商业银行全部于2015年12月末前顺利挂牌开业,崇左市仍保持为自治区内唯一一个辖内县级农村合作金融机构全部成功开业挂牌为农村商业银行的地级市。2016年,广西农村信用社联合社南宁办事处通过强化对各项监管指标、专项票据兑付后续监测指标分析监测,崇左市辖区各县级农村商业银行指标保持在监管部门要求的合理区间。

（姚德刚）

保 险

【概况】 2016年,崇左保险行业协会在广西保监局、市金融办的指导下,在崇左市各保险公司的配合支持下,围绕保监局部署的重点工作,积极履行宣传、自律、服务、维权、交流等职能,发挥保险保障社会的积极作用,崇左市各保险主体合法合规经营,崇左保险行业稳健发展,推动当地经济的健康发展。截至年末,崇左市共有保险市级分公司和中心支公司11家,支公司38家,营销服务部45个,4家专业保险代理机构,1家保险行业协会。全市保险销售及中介从业人员5559人,同比增长51.35%。年内,崇左市保费收入稳步增长,经营效益显著改善。崇左市保费收入突破10亿元大关,全年保费总收入10.83亿元,同比增长24.2%,保险深度1.47%,保险密度435元,保费总规模在全区14个地市中居第12位。全年各保险公司总赔付(给付)支出4.1亿元,同比增长29.81%。全年贡献税收合计7882.98万元,其中上交营业税及附加1049.46万元,个人所得税1194.46万元,代缴车船税3946.89万元,其他税款1692.16万

元。交强险救助基金526.86万元。

【财产保险】 2016年,全市共有财产保险公司市级分公司和中心支公司7家、支公司25家、保险营销服务部22个。全年各财产保险公司总保费收入4.12亿元,同比增长26.74%。其中,机动车辆保险保费收入2.8亿元,同比增长27.47%,是拉动总保费增长的主要力量;农业险保费收入6093.55万元,同比增长43.66%,农险保险快速发展,为农民生产提供有力保障。全年各财产保险公司赔付支出1.39亿元,同比增长24.59%,其中机动车辆保险赔付支出8974.69万元,同比增长38.2%;农业保险赔款支出2016.32万元,同比增长20.61%,为崇左市农民灾害快速恢复生产、稳定收入,提供了强有力的保障。

【人身保险】 2016年,全市共有人身保险公司市级分公司和中心支公司4家、县支公司13家、营销服务部23家。全年各人身保险公司总保费收入6.71亿元,同比增长22.69%。其中,普通寿险保费收入3.31亿元,同比增长33.25%;分红寿险保费收入1.72亿元,同比增长7.66%;意外伤害保险保费收入2330.1万元,同比下降17.76%。健康保险稳步增长,保费收入1.45亿元,同比增长30.96%,其中城乡大病医疗保险6858.63万元,同比增长13.26%。全年各人身保险公司赔款及给付支出2.72亿元,同比上升32.65%。其中,崇左市城乡大病医疗保险赔付6508.79万元,同比增长1.68%,为城乡居民医疗给付提供了强大的保障。

【保险服务】

开展车辆保险理赔服务质量现场测评 2016年,崇左保险行

业协会累计开展6次车辆保险理赔服务质量现场测评活动,测评对象为崇左辖区内9家财产保险公司,测评地点涵盖崇左市7个县(市、区)。测试由崇左保协工作人员模拟发生车险事故并向保险公司报案,测评保险公司在客户报案到查勘人员到达现场等各环节的时效性、服务态度、工作质量、专业技能、持证上岗等情况。年内崇左车辆保险理赔服务质量现场测评全年行业平均得分为85.5分。协会每半年向社会公众公布本辖区内车险测评情况和消费者关注度较高的理赔时效、理赔服务质量指标,保障消费者的知情权和选择权。通过这样定期的测评和排名,有助于各财产保险公司及时改进,提升保险行业车险理赔服务质量。

开展人身险满期给付及退保风险应对处置演练和测评 2016年,崇左保险行业协会累计开展4次人身险满期给付及退保风险应对处置演练和测评活动,进一步规范人身保险公司满期给付和退保环节服务行为,提升公司群体性突发事件的应急处置工作能力,促进崇左市人身保险业的健康发展。其中,2次为市区内演练活动,辖内4家人身险公司参与,模拟演练得分均在90分以上;1次为银邮网点人身险业突发事件应急响应速度测评活动,随机抽取江州区、大新县的10个银邮合作网点进行演练;1次为个人营销渠道管理人员(个险团队长)防风险知识测评,辖内4家寿险公司合计15名个险团队长参与了测评。通过以上演练和测评活动,及时发现和改进问题,不断提升行业服务水平。

开展快处快赔工作,缓解道路拥堵 通过各方努力,9月份崇左保险行业与交警联合启动崇左市江州区公路和农村地区道路交通

事故快处快赔试点工作,快处快赔机制的实施,不仅使小事故引起大拥堵的现象得到改观,也形成交警保险联手为政府解难题、群众支持配合得实惠的良好工作格局。城市、农村交通事故现场处理时间大幅缩短至 5 分钟、30 分钟;交通管理效率提升,节约警力。崇左市正在运行的快处快赔点有 4 个,其中江州区 2 个,扶绥县 2 个。全年快处快赔案件 39 件,快处事故车辆 76 辆。

做好保险消费者权益保护 2016 年 5 月,崇左保险行业协会成立崇左保险业消费者权益保护中心,消保中心依托崇左保险行业协会组建,人民调解员由崇左保险行业协会工作人员、辖内各保险公司客服人员组成,地点设在协会二楼,并通过报纸等媒体向公众宣传消保中心工作流程。年内,崇左消保中心累计调处 11 件纠纷投诉,召开 2 次专题调处协调座谈会。12 月,崇左保险行业协会举行保险消费者维权联系点揭牌仪式,并组织召开保险消费者权益保护工作交流座谈会。崇左市工商局出席会议,并对崇左保险行业协会近年来的保险消费维权和协调工作予以了肯定。崇左保险消费者维权联系点主要负责协调处理工商行政管理部门、消费者权益保护委员会转办的投诉案件,有效地拓展保险消费者维权途径,切实为保险消费者提供便捷的维权服务。

政策性农业保险蓬勃发展,为民保驾护航 2016 年在各级政府、市财政局等各有关单位的大力支持下,崇左保险行业协会、人保财险、北部湾保险、太保财险共同推动崇左市政策性农业保险工作,并取得了一定成绩。一是超额完成自治区下达的年度糖料蔗保险承保任务。全年糖料蔗承保任务

13 万公顷,完成 13.9 公顷,完成率 106.92%。同时,其他的险种较上年也有了长足发展,全年崇左市政策性农业保险为农民提供了 37.6 亿元的风险保障。二是做好农险理赔协调工作。崇左保险行业协会累计召开 2 次农险专题座谈会议,并印发相关会议纪要,协调解决了糖料蔗保险理赔的风力定损标准和申展期界定问题,督促承保公司做好理赔工作,及时赔付,促进农险健康发展。全年崇左市农险累计赔款 2016.32 万元。三是政府高度重视,农险深入人心。为了更好协调解决农险难点问题,崇左保险行业协会累计向当地政策性农险工作领导小组作专题工作汇报 3 次,协助起草农险考核办法,积极建言献策。定期拜访市财政局座谈交流,促成政府牵头召开糖料蔗保险专题工作会议 2 次。政策性农业工作得到了崇左市各级政府、财政局的高度重视和肯定。同时,协会起草统一的农险宣传材料,督导承保公司做好农户宣传工作,农险深入人心。

跨境保险助力当地经济发展 一是推动跨境保险服务中心业务发展。崇左与越南陆地相邻,边贸活动频繁。人保、平安公司针对这一特点,以"产品创新、服务创新、合作创新"为工作主线,在凭祥跨境贸易活动频繁的重点口岸联合开展跨境保险试点,开发跨境车辆保险专属产品,提高保险服务针对性,为沿边经贸活动提供保障支持,2014 年—2016 年 8 月累计承保出境车辆 17097 辆次,此项工作获得 9 月 21 日《广西日报》第 3 版报道。二是推动出口信用保险发展。12 月,崇左市与中国出口信用保险公司签署战略合作协议,就推进崇左市外贸进出口产业转型升级等方面加强合作。三是配合

政府做好跨境保险调研工作,年内崇左保险行业协会累计陪同政府做跨境保险调研 3 次。

开展丰富多彩的保险行业服务评比活动 2016 年 11 月,崇左保险行业协会举办了崇左保险行业寿险表彰大会暨文艺演出晚会,中国人寿崇左分公司、人保寿险崇左市分公司、平安人寿崇左中心支公司、泰康人寿崇左中心支公司共 300 多名保险人参加晚会。广西保监局有关领导出席表彰晚会,并作重要讲话。崇左保险行业协会代表当地保险行业对评选出的 10 名崇左寿险先进个人典型进行表彰。该次晚会的成功举办,丰富了当地保险行业的文化生活,展现了保险业良好精神风貌,对人身险业的健康发展起到了积极作用。12 月,崇左保险行业协会、崇左市职业技能鉴定指导中心联合举办了 2016 年崇左保险行业车险理赔职业技能竞赛。广西保监局、广西保险行业协会、崇左市职业技能鉴定指导中心有关领导出席开幕式并作重要讲话。该次竞赛分为个人赛和团体赛,9 家财产保险公司共计 39 人参加比赛。比赛内容包括保险基础理论、保险监管政策法规、理赔服务标准、汽车基础知识、车险理赔及查勘定损实务、职业道德等多方面的知识。通过举办此类技能竞赛,将有助于加强崇左市保险行业人才培养工作,对提升行业服务品质具有重要的意义。

【保险扶贫】 2016 年,崇左保险行业协会与各会员公司合力推动辖区内的保险扶贫工作,及时将广西保监局印发的广西保险扶贫简报转发给当地政府,并做好辖内扶贫工作汇报。崇左保险行业按照广西保监局的《广西保险业助推脱贫攻坚"十三五"规划》要求,从五方

面助力保险扶贫。

农业保险扶贫，为建档立卡贫困户应保尽保 8月份起，人保财险、太保财险、北部湾保险按照市政府工作部署对承保区域贫困户种养植生产和投保现状调查摸底，加大保险推广和拓展力度，力争建档立卡的88766户贫困户"应保尽保"，争取保费补贴倾斜，贫困户农业保险自付保费免交。

大病保险扶贫，配合政府制定相关政策，提高建档立卡贫困户赔付比例 2016年8月11日，中国人寿公司与市卫计委联合发文，对崇左市建档立卡的农村贫困人口实施新农合大病保险倾斜政策，在新农合基本医保补偿的基础上提高5个百分点后，报销比例再次高5%，该次针对农村贫困人口提高大病保险报销比例所增加的经费，由中国人寿保险公司自筹，不增加政府财政开支和农民群众个人负担，属全区首创，国家卫计委把它作为好案例在全国培训会上宣讲。

补位保险扶贫，争取扶贫资金为建档立卡贫困户购买小额人身意外险 中国人寿充分利用中国人寿保险(集团)公司对口扶贫的优惠政策，在龙州和天等县试点推广扶贫小额人身保险。其中龙州扶贫小额保险，中国人寿减免23元/人，中国人寿慈善基金会出资10元/人，为全县16万农村居民承保了扶贫小额保险。天等县扶贫小额保险是由中国人寿慈善基金会出资200万元，在外出务工人员小额保险的基础上，扩大承保覆盖面，实现天等县承保人数由原来承保的4.7万人外出务工人员扩大到8.1万人的精准扶贫在册贫困户。8月2日，人民银行崇左市中心支行、市金融办、崇左保险行业协会、天等县人民政府联合开展了崇左市贫困村金融扶贫服务站揭牌暨金融知识进乡村活动，在天等县驮勘乡南岭村举行启动仪式，进行扶贫爱心保险签约，为金融扶贫服务站揭牌。天等县91073名贫困人口获得总保额约231.33亿元的扶贫爱心保险。

产业扶贫，为建档立卡贫困户提供增加征信的保险 开展小额信贷保证保险和借款人人身意外伤害保险，发挥保险增信作用，帮助贫困户获取信贷资金，发展生产，人保财险、北部湾公司积极与当地政府沟通汇报。2016年5月23日崇左市委、市政府印发的《崇左市推进扶贫小额信贷工作实施方案》把落实保证保险工作和建立"财政+银行+保险"风险分担机制纳入其中。

【保险自律】

做好保险远程服务点现场验收和自律检查 为促进行业规范发展，2016年崇左保险行业协会协助上级监管部门验收保险远程服务点累计12个；每季度对崇左辖区内的59个保险远程服务点进行自律现场检查，检查内容包括：远程服务点人员是否带有工牌和执业证、场地及设施是否符合标准、是否存在违规行为等。截至12月底自律检查结果，合格56个，待改进3个。

加强行业自律指导和协调 一是充分发挥专业委员会自律和座谈的作用。崇左保险行业协会全年累计召开车险自律主题的座谈会5次，人身险自律主题的座谈会4次。二是印发自律性文件，规范行业自律行为。崇左保险行业协会全年印发自律文件有《关于规范运蔗车保险若干问题的建议》、《崇左保险行业机动车辆保险轻微财产损失道路交通事故快速处理自律公约》，起草《崇左学生平安保险业务服务公约(征求意见稿)》。三是协调处理2起学平险自律事件，协调市场自律问题，促进行业健康发展。四是通过日常电话沟通、现场不定期检查、座谈调研等方式，了解业内自律问题，及时协调解决。五是组织专题自律检查。11月协会印发《崇左保险行业2016年度机动车辆保险理赔服务质量自律检查工作方案》，并成立工作组赴辖内9家产险公司开展自律现场检查工作，检查内容包括：机构查勘定损人员及查勘车辆配备情况、机构人伤理赔服务岗配置情况、机构理赔案件赔款支付时效情况。检查结果，各产险公司均能按照《机动车辆保险理赔服务质量规范》有关规定落实理赔工作。

打击防范非法集资和反洗钱 2016年，崇左保险行业协会与人民银行崇左市中心支行、市经侦支队的沟通交流，积极组织辖内会员公司参与打击和防范非法集资、反洗钱户外宣传活动2次，包括防范非法集资专题宣传月活动、反洗钱十周年活动；组织行业自查自纠专项排查工作1次，包括客服柜面是否有反洗钱宣传材料、公司是否有过专题培训、是否有专人负责反洗钱和防范非法集资工作。

【保险宣传】

组织开展大型户外宣传活动 2016年，崇左保险行业协会围绕广西保监局部署的年度重点宣传工作，结合当地实际，组织辖内会员公司开展累计8次大型户外宣传活动，向社会公众普及保险知识和资讯动态，展示保险业风采。包括"3·15"消费者权益保护日活动、4月份理赔主题宣传活动、"5·12"防灾减灾日宣传活动、5月份防范非法集资专题宣传月活动、"7·8"全国保险公众宣传日活动、8月份

2016年5月6日,广西保监局局长姜国富(左三)到崇左市开展保险调研工作

保险扶贫暨保险知识进乡村活动,以及2次招聘会活动。全年累计发放保险知识宣传单2000多份,制作活动宣传板报27个。

落实保险知识五进入宣传 自2016年6月份起,崇左保险行业协会陆续开展了3次保险知识"五进入"宣传活动,充分结合当地保险扶贫、人才招聘等工作。一是保险知识进农村活动。8月2日,人民银行崇左市中心支行、市金融办、崇左保险行业协会、天等县人民政府联合开展了崇左市贫困村金融扶贫服务站揭牌暨金融知识进乡村活动,崇左保险行业在当月持续开展保险知识进乡村活动。二是保险知识进机关活动。人民银行崇左市中心支行举办两期2016年崇左市贫困村第一书记金融知识培训班,协会邀请广西保监局讲师出席,授课政策性农业保险、小额贷款保证保险等知识,参训累计200多人。详细讲解了保险扶贫有哪些政策、如何用好保险政策工具助推群众脱贫致富,鼓励各地充分发挥驻村工作队、第一书记和村"两委"等基层组织的作用,积极做好保险扶贫的基础工作和前期工作,降低保险机构工作成本

和风险程度。三是保险知识进高校活动。针对行业用人紧缺,当地高校毕业学生就业难的特点,协会选择高校毕业季或招聘会期间,开展保险知识进高校活动,加强保险公司与高校的联系,满足地方保险行业的人才需求。同时在招聘活动中,通过摆放保险知识展板、咨询服务台多种形式向在校师生宣传保险最新政策和保险知识。

做好媒体宣传 一是积极在左江日报、广西新闻网等媒体刊登保险行业新闻,鼓励会员公司将扶贫等重大新闻投稿中国保险报。2016年,崇左保险行业累计刊登新闻78篇。其中,《中国保险报》2篇、新华网1篇、广西新闻网28篇、《左江日报》47篇。二是表彰奖励先进新闻宣传公司及个人。2016年协会制定印发《崇左保险行业协会新闻报道奖励办法》,并每半年进行一次新闻表彰奖励,促进行业新闻宣传工作发展,新闻刊登篇数同比上年提高160%,文章质量也有所提高。三是开通崇左保险行业微信公众号,向社会公众传递保险政策,宣传保险资讯和新闻。四是做好日常舆情监测和及时上报,积极引导媒体正面宣传,传递保险正能量。

【**保险荣誉**】 人保财险崇左市分公司被人保财险总公司授予年度全国经营业绩50强地市级分公司,中国人寿崇左分公司客户服务中心被崇左市团委授予青年文明号荣誉。北部湾保险崇左分公司被北部湾保险总公司授予经营效益先进单位荣誉。

(黄素华 黄凯逆)

2016年8月2日,崇左市保险行业协会在天等县驮堪乡南岭村举行保险扶贫暨金融知识进乡启动仪式

2016 年崇左市各财产保险公司保费收入情况表

单位：万元

保险机构	保费收入											
	企财险	家财险	车险	工程险	货运险	责任险	保证保险	农业险	健康险	意外险	其他	小计
中国人民财产保险崇左市分公司	1638	691	13453	10	303	942	3	4258	30	2163	2	23493
中国平安财产保险崇左中心支公司	14	33	5415	0	1	39	0	0	37	244	0	5783
华安财产保险崇左中心支公司	13	0	2183	5	0	20	0	0	1	176	0	2398
中国太平洋财产保险崇左支公司	23	5	1192	0	1	30	0	158	34	110	1	1554
大地财产保险崇左支公司	1	0	853	0	0	1	0	0	0	97	0	952
安邦财产保险崇左中心支公司	0	0	63	0	0	0	0	0	0	10	0	73
北部湾财产保险崇左分公司	76	1	2536	15	3	36	0	1678	2	246	1	4594
中国人寿财产保险崇左市中心支公司	0	0	1270	0	0	1	0	0	0	3	0	1274
太平财产保险崇左中心支公司	4	0	1031	0	0	0	0	0	0	4	0	1039
合计	1769	730	27996	30	308	1069	3	6094	104	3053	4	41160

2016 年崇左市各财产保险公司赔（给）付支出情况表

单位：万元

保险机构	赔款支出												
	企财险	家财险	车险	工程险	货运险	责任险	保证保险	信用险	农业险	健康险	意外险	其他	小计
中国人民财产保险崇左市分公司	864	307	4956	37	114	193	0	0	1734	9	806	0	9020
中国平安财产保险崇左中心支公司	0	4	1675	0	0	0	0	0	0	7	9	0	1695
华安财产保险崇左中心支公司	0	1	535	4	0	1	0	186	0	0	96	0	824
中国太平洋财产保险崇左支公司	0	0	379	0	0	40	0	0	98	18	29	0	564
大地财产保险崇左支公司	0	0	322	0	0	0	0	0	0	0	10	0	333
安邦财产保险崇左中心支公司	0	0	37	0	0	0	0	0	0	0	14	0	51
北部湾财产保险崇左分公司	11	0	758	0	2	0	0	0	184	0	56	0	1012
中国人寿财产保险崇左市中心支公司	0	0	114	0	0	0	0	0	0	0	0	40	154
太平财产保险崇左中心支公司	0	0	197	0	0	0	0	0	0	0	2	0	199
合计	875	312	8973	41	116	234	0	186	2016	34	1022	40	13852

2016 年崇左市各人身保险公司保费收入情况表

单位:万元

保险机构	保费收入						
	人寿保险			健康险		意外伤害险	合计
	普通寿险	分红寿险	万能寿险	小计	其中:大病保险		
中国人寿保险股份有限公司崇左分公司	20870	13867	0	12482	6894	1513	48732
中国人民人寿保险股份有限公司崇左市分公司	11073	1420	3	1184	0	665	14345
中国平安人寿保险股份有限公司崇左中心支公司	771	517	101	519	0	146	2054
泰康人寿保险股份有限公司崇左中心支公司	352	1368	6	276	0	6	2008
合　计	33066	17172	109	14461	6894	2330	67139

2016 年崇左市各人身保险公司赔(给)付支出情况表

单位:万元

保险机构	赔(给)付支出							
	寿险死伤医给付	寿险年金给付	寿险满期给付	长期健康险给付	短期健康险赔款		意外险赔款	合计
					小计	其中:大病保险		
中国人寿保险股份有限公司崇左分公司	1149	2162	9477	210	9489	8530	451	22938
中国人民人寿保险股份有限公司崇左市分公司	13	0	3238	181	136	0	127	3695
中国平安人寿保险股份有限公司崇左中心支公司	78	75	95	0	0	0	10	258
泰康人寿保险股份有限公司崇左中心支公司	0	267	0	31	1	0	0	299
合　计	1240	2504	12810	422	9626	8530	588	27190

部分保险公司简介

【中国人民财产保险股份有限公司崇左市分公司】

概况　中国人民财产保险股份有限公司(简称"中国人保财险",下同)是"世界500强"企业中国人民保险集团股份有限公司(PICC)旗下标志性主业。凭借综合实力,中国人保财险相继成为

2008 年北京奥运会、2010 年上海世博会、广州亚运会、2013 年天津东亚运动会保险合作伙伴,公司连续七年获得国际权威评级机构穆迪授予的"中国内地企业最高信用评级 A1 级"荣誉,2015 年穆迪将公司评级上调至展望稳定级。公司还多次获"亚洲最具竞争力非寿险公司"、"中国社会责任杰出企业"、"中国最受信赖财险公司"、"年度最佳保险公司"等荣誉称号,充分彰显了中国人保财险的品牌

实力、社会地位与行业责任。2016年,中国人民保险集团公司世界500 强排名第 119 位。

中国人民财产保险股份有限公司崇左市分公司是隶属于中国人民财产保险股份有限公司的地市级分支机构(正处级单位),下辖江州区、扶绥、宁明、大新、龙州、天等县及凭祥市等 7 个支公司及市分公司营业部、车商业务部共 9 个经营单位,以及 13 个城区、乡镇服务部,机构网络遍布全市城乡,业务险种覆

盖了全市财产保险市场所有领域和人身保险市场的意外伤害保险、健康保险领域、工业、农业、商业、水利电力、运输业、文教卫生等各行各业和千家万户。2016年，依托崇左市良好的经济发展环境，中国人保财险崇左市分公司保费规模达2.35亿元，市场份额达57%，累计承担保险风险责任金额1218亿元，约为崇左市地区生产总值的1.65倍，为促进当地改革开放、经济保障、稳定社会提供强大的保险保障。

倾力支持地方经济发展 2016年，崇左市分公司始终坚持以发展为第一要务，立足经济新常态，在社会经济发展转型中把握机遇和政策，加快自身的转型发展，全力打造区域精品保险公司。年内，实现保费收入2.35亿元，全年市场份额达57%，始终保持崇左市财产保险市场领先地位，有力支持崇左市保险事业发展和社会经济建设；认真履行优秀企业公民责任，足额缴纳税款，全年缴纳和代扣代缴税款总额达4234万元，切实为当地财政收入做出积极贡献。公司以强大的承保能力和专业技术能力，为崇左市各类重大项目、重大产业和重大平台建设提供保险保障和风险管理服务，支持产业和经济转型升级。全年公司共承担崇左市大中型企业、农户（农房）、个体工商户等财产风险责任保障金额达418亿元；并开办小额借款人意外险，为社会广大借款人的创业发展，以及与银行的债权债务关系解决了后顾之忧，受益借款人达到10万人次。全年案件处理率达100%，处理理赔案件23329件，支付赔款9020万元，服务社会能力、保险保障能力逐步提升。

着力加强"三农"保险保障建设 2016年，崇左市分公司秉承"政府指引、政策支持、市场运作、农民自愿"的原则，公司在各村屯覆盖326个"三农"保险服务网点，在全市75个乡镇覆盖"三农"保险服务站，不断完善基层基础建设，为广大农民群众提供点对点、面对面保险服务。紧扣当地精准扶贫工作要求，累计帮扶农户49户，走访农户587户/次。充分发挥保险职能，积极推动农业保险、农村小额借款人意外险、农房等保险发展，推动保险扶贫工作开展。年内，公司累计承保甘蔗9.53万公顷、能繁母猪14849头、育肥猪57836头、森林4.76万公顷、水稻1188公顷。共承保农房50.97万户，提供保险保障91.74万元，其中宁明县支公司为17640人贫困户投保了家庭财产保险，累计提供保险保障5292万元。不断增强广大农民群众抵御风险能力，为"三农"提供全面的保险保障。

全力提升服务能力建设 2016年，崇左市分公司立足社会经济发展大局，适应新形势、新常态、新发展，不断增强自身能力，坚持以市场为导向、以客户为中心，实现线上线下创新服务战略，推出微信理赔、人保之友客户俱乐部等创新服务举措，立足民生与经济，不断扩大保险服务领域和保障覆盖面，开办的业务险种覆盖各行各业和千家万户，"三农"保险网点实现了全覆盖。公司努力提升服务质量和服务水平，全面推出"4001234567"电话投保服务，并建立专网，为客户提供网上投保、信息查询等便捷、省时省力的高效服务功能，全天24小时开通"95518"服务专线，随时随地为客户提供报案、咨询、投诉、车辆救援、预约投保和客户回访等多功能、个性化服务，竭力为客户提供更为优质便捷的服务，全力打造客户满意的电子商务服务第一品牌。 （赵小芳）

【华安财产保险股份有限公司崇左中心支公司】

概况 2016年，华安财产保险股份有限公司崇左中心支公司（以下简称"华安保险崇左中心支公司"）秉承公司的经营理念，深入学习贯彻科学发展观，全面落实分公司各项部署，积极推进企业革新，全面加强团队建设，开拓进取，扎实工作，较好地完成了各项工作任务，实现了华安崇左中心支公司又快又好地发展。

经济效益持续增长 2016年，围绕着分公司提出的全民营销战略，华安保险崇左中心支公司大力发展全民营销代理人271人，大大促进了保费增长，实现保费3598万元，利润260万元。整体赔付率控制在32%，比上一年度增长34%。全面完成分公司下达的各项经营指标。业务规模的扩大使公司的抗风险能力得到进一步加强。

加强团队建设，夯实公司发展基础 2016年，华安保险崇左中心支公司组织根据分公司总经理室工作部署要求，全体员工统一思想，提高开源节流意识，加强费用管控、成本管理，整合优化资源配置，根据本单位经营管理特点，认真研究，围绕外部成本、承保质量、管理费用、人力成本等方面制定出本单位可行性强的开源节流方案，全面启动开源节流大行动。同时为确保队伍的稳定，通过多项激励和考核增强团队士气，积极营造工作氛围。

客户服务 2016年，华安保险崇左中心支公司一直坚守着自己的企业服务理念，坚守着"比出险客户早到三分钟"的承诺，给客户提供最温馨的服务。为实现承诺，华安崇左中心支公司针对理赔服务部门做出了相关要求：一是要求强化现场查勘职能，建立一支掌握较高专业技能,具备丰富实践经验的理赔查勘队伍。二是建立两套流程。一套是正常案件处理流程,以服务为主基调,尽可能简化环节和手续,体现公司理赔服务的简便、快捷、高效;一套是疑案流程,以调查审核对主基调。逐项审查、层层把关,绝不放过任何一起骗案。三是实行不同的管理考核办法。正常案件处理流程需要考核理赔人员的服务态度、理赔效率、客户满意度;疑案处理流程需要考核理赔人员案件调查的效率和质量,挽回经济损失的数量。将正常案件与骗赔案件分离开来,实施保险理赔差异化。最终实现了华安保险崇左中心支公司理赔服务与把关的有机结合,提高服务质量的同时也有效减少骗赔损失。

荣誉荣耀 2016年,华安保险崇左中心支公司派出两名员工代表广西金融战队出征2016年全国金融系统银行证券保险综合业务技能竞赛再夺佳绩。在该次竞赛中,华安保险崇左中心支公司以广西赛区车险及非车险项目技能竞赛第一的佳绩代表广西金融工会出征全国决赛。参赛代表在比赛中沉着冷静,稳扎稳打,最终过关斩将,分别夺得车险和非车险项目全国二等奖的荣誉,取得整个广西代表团的最佳成绩,为广西金融工会争获荣誉,同时也将华安保险责任、专业、奋进的精神发挥得淋漓尽致,在全国金融系统中展现了华安人的风采。

社会责任 2016年6月1日,华安保险崇左中心支公司全体员工在崇左行业协会秘书长及中支总经理的带领下,前往大新县堪圩乡谨汤小学,共同举行"分享快乐,奉献爱心"捐赠仪式,为孩子送去六一儿童礼物。活动现场,崇左保险行业协会及华安保险崇左中心支公司向谨汤小学捐赠49套校服、糖果饼干等,并为每位小朋友送上华安雨伞,寓意为孩子遮风挡雨。

（陈群艳）

【北部湾财产保险股份有限公司崇左分公司】

概况 2016年,在崇左市委、市政府的正确领导和大力支持下,北部湾保险崇左分公司坚持深耕崇左市场,做大做强做出品牌,稳扎稳打,稳健发展,取得了业务快速发展、效益持续提升、服务不断增强、品牌影响力逐步增强的良好成效。

业务发展 2016年,在北部湾保险崇左分公司全体员工的不懈努力下,保费规模及业务增速创历年新高,累计实现签单保费4702.15万元,完成年预算目标117.55%,同比增长37.99%,市场份额达11.6%,在崇左9家财险公司中排名第3位,整体综合实力不断增强。

公司管理 2016年,北部湾保险崇左分公司牢固树立"合规创造价值"的风险理念,在大力发展业务的同时,注重加强合规内控管理,坚持依法合规经营,加大风险防空力度,通过各项专项自查和风险隐患排查,挖掘公司经营的风险点和薄弱环节,不断建立和完善内控制度,堵塞风险漏洞,建立健全全风险防范长效机制,夯实管理基础,为业务的全面发展和有效发展保驾护航。

保险服务 2016年,北部湾保险崇左分公司秉承"以城立保、以信化险"的经营理念,遵循"以保安民、有险无忧"的服务宗旨,以保护保险消费者权益为根本,以客户满意为导向,坚持推动和实现可持续的价值增长,开拓进取,锐意创新,积极为客户提供完善的风险保障服务。年内,崇左下辖6个县市〔大新、扶绥、龙州、宁明、天等（筹）、凭祥（筹）〕以相继成立支公司,服务网络覆盖全市各县。公司客户服务专线"400-990-9999",365×24小时全年无休受理客户预约投保、报案、咨询、投诉、承保理赔信息查询等服务。全年公司共立案处理全险种案件2933件,全险种结案赔付2828件,累计赔款927.44万元,全险种简单赔付率为24.58%,理赔周期23.62天,服务能力进一步提升。在崇左保险行业协会2016年开展的全年车险理赔服务质量测评中,北部湾保险崇左分公司在当地9家保险公司中排名第2位,在业内树立了良好的品牌形象。

企业文化 2016年,北部湾保险崇左分公司加强员工队伍建设,致力于企业文化建设,提高队伍凝聚力。积极响应参与总公司、崇左市各金融机构组织的各项活动,组织员工参与"两学一做"诗文、书画、摄影比赛、职工运动会、车险理赔职业技能竞赛等。同时,分公司积极发挥工会侨梁作用,搭建员工平等交流平台,鼓励员工为公司发展建言献策;关心员工,关爱员工,帮助困难员工度过生活难关,努力营造一个温暖的大家庭氛围。

社会责任 2016年,北部湾保险崇左分公司作为一家广西人自己的保险公司,自觉履行企业公民的社会责任,积极参加各类公益活动,传播爱心种子。分公司自成立以来,积极开展学雷锋、捐资助学、扶危济困等各类公益活动,还积极响应国家精准扶贫的号召,不断开拓保险服务新领域,努力推进农村小额意外伤害保险,普惠农民群众,以拳拳之心回馈社会。

北部湾保险崇左分公司将结合自身的优势,创新产品和服务,准确把握市场发展机遇,以全面发展和有效发展为主线,加快分公司改革创新,有效防范经营风险,努力增强可持续发展能力和核心竞争力,为服务崇左地方经济和构建社会主义和谐社会做出新的更大贡献。

（农　沁）

【中国人寿保险公司崇左分公司】

概况　2016年,是"十三五"开局之年,也是崇左分公司的发展元年。全年,在上级公司党委、总经理室的正确领导下,崇左全辖系统积极应对市场考验,凝心聚力、奋勇拼搏,公司发展取得良好成效,各项工作取得了新的突破,谱写了崇左国寿"十三五"开局的发展华章。

业务发展凯歌高奏,亮点纷呈　2016年,中国人寿崇左分公司以快节奏、强举措大力推动业务发展,不仅提前超额达成区公司下达的主要考核指标,而且牢牢巩固市场主导地位,发展速度、发展成效再创佳绩,保费规模再创历史新高,跃上新平台。全年总保费收入5.3亿元,同比增长30%,创历史新高。其中,新单保费(含短期险)2.68亿元,首年期交保费9319万元,10年期及以上首年期交保费6599万元,长期险首年标准保费4695万元,分别同比增长了18%、36%、52%及18%。

销售渠道推进业务发展　个险渠道实现基础管理和业务发展同步推进,以城区、农网和收展三个平台建设为抓手,努力扩大期交尤其是10年及以上期交规模。全年实现首年期交保费收入8084万元,完成年计划112%;实现10年期及以上期交保费收入6214万元,完成年计划115%,同比增长52%,职能考核排全区前三名。其中,凭祥和宁明支公司个险渠道首年

期交和10年及以上期交保费完成率均超110%,为个险发展做出突出贡献。团险渠道准确把握扶贫契机,首创蔗农爱心保险,业务结构持续优化,经营效益全面提升,全年实现短期险保费4008万元,同比增长9.3%,创费量排全区第一,职能考核排全区第三。天等、扶绥支公司完成年度目标,扶绥支公司成为崇左全辖第一家短险过千万的公司。公司努力调整业务结构,价值提升取得成效,实现长险首年保费7234万元,首年期交保费1196万元。扶绥支公司银保渠道成为全辖唯一一家达成首年期交的县支公司,龙州支公司银保渠道首年期交增速全辖最快,达到85%。此外,创新"城乡居民大病保险＋扶贫小额保险"经营模式,得到各级政府、监管部门及群众的充分肯定。还进一步扩大了定点扶贫小额保险的承保面,龙州县承保人数由2014年承保的3.2万人边境居民扩大到全县超过19万人常住居民;天等县承保人数由2014年承保的4.7万外出务工人员扩大到9万多名建档立卡贫困人口。积极主动做好大病保险工作,服务品质优良,首创全区大病保险倾斜政策,此政策作为广西唯一一个扶贫典型案例在全国卫生计生委健康扶贫工程政策解读培训班上进行交流分享,得到了政府及群众的高度评价。

保费结构得到优化　2016年,中国人寿崇左分公司的业务结构得到优化,首年期交保费在长险首年中占比为61.72%,比上一年提高7.3个百分点;10年期交保费在首年期交中占比为71.44%,较上年提升近8个百分点,中长期期交业务发展成效明显,业务价值不断提升,公司的可持续发展能力进一步增强。

基层单位标杆公司不断涌现　2016年,宁明支公司首年期交突破2000万元,其中10年期保费突破1600万元,继续扛起发展大旗,引领全辖发展;凭祥支公司,小公司大作为,成为年内崛起的一匹黑马,实现10年期保费突破1000万元,首次晋级10年期千万县行列,增长速度全辖最快。

市场主导地位得到巩固　2016年,中国人寿崇左分公司主动对标市场,年末总保费市场份额72%,领先主要竞争对手50个百分点,长险首年、首年期交及短险市场份额继续保持崇左寿险市场主导地位。

部门协作　2016年,中国人寿崇左分公司为推进业务发展,全辖各部门立足职责,积极参与,主动作为。业务管理、客户服务中心大力推广e宝账、微回执等自助服务、提升客户体验;强化增值服务品牌和创新运作,开展少儿绘画、商企合作等系列增值服务活动,密切配合销售渠道推进精准营销,客户服务中心荣获崇左市团委评选的2016年度"青年文明号"荣誉称号。教育培训部全力支持一线,认真落实扬帆营和初管营授课工作,加强讲师队伍建设,保证讲师队伍全线压上,为各类培训和市场拓展、客户开拓给予技术支持。财务会计部、综合管理部为销售渠道企划奖励方案提供必要的财务和绩效奖励支持;围绕公司业务发展需要,加大品牌宣传力度,组织了系列宣传活动,树立健康积极的企业形象,全面助力业务发展。工会工作部积极响应区分公司及崇左市金融机构举办的各项活动,组织员工参与区分公司举办的党建文艺汇演及篮球比赛,其中篮球比赛获得全区第一名;组织开展首届职工运动会;认真开展"职工在我心"

工会服务活动,以实际行动关心广大员工身心健康,营造了和谐稳定的发展氛围,员工凝聚力和向心力得到增强。各销售条线管理干部更是扎根基层,几月无休,连续作战,扎实工作,为实现崇左分公司腾飞做出重要贡献。

稳步推进基建项目 2016年,在上级公司大力支持下,在各部门的配合努力下,中国人寿崇左分公司加强与当地政府及有关部门的沟通汇报,确保崇左分公司新办公楼项目顺利推进,成功与崇左市国土资源局签署购地合同。在友谊大道主干道上,崇左国寿新的办公大楼即将拔地而起,公司将跨入发展新时代,树立崇左国寿新形象。

风险管控 2016年,中国人寿崇左分公司认真开展"两两"回头看工作,以"四风"专项检查为契机,深入开展全面的风险排查,风险防线进一步筑牢。同时,扎实做好满期给付及非正常退保风险的应对工作,牢牢守住不发生群体性、系统性案件的风险底线。加强内部控制,建立完善公司各项管理制度,积极配合内外部审计开展工作,强化合规教育,严肃处理发现问题,认真做好非法集资、案件诈骗等重点风险的防范工作。

(韦晓菲)

【中国人民人寿保险股份有限公司崇左市分公司】

概况 中国人民人寿保险股份有限公司崇左市分公司成立于2008年7月,2016年1月由原来的人保寿险崇左中心支公司升格筹建而成,现营业地址为广西崇左市新民路37号。主要业务经营范围是:人寿保险、健康保险和意外伤害保险等保险业务。目前中国人保寿险崇左市分公司设立机构主要包括崇左市机关及扶绥县、宁明县、大新县、天等县、凭祥市等5家支公司,同时设有龙州县1家互动部。2016年人保寿险崇左市分公司全辖规模保费收入累计为1.5万元,寿险市场份额排名第2位。

(李光月)

【中国平安人寿保险股份有限公司崇左中心支公司】 2016年,平安人寿崇左中心支公司致力于人力资源的推动,公司人员由1月1日的172人成长为12月31日的270人,实现了58%的人力突破性增长。在本年度人力发展推动中,公司主要在业务员主顾开拓能力提升上进行了系统的培训,在每个季度由方案推动人力的发展,同时在新人留存上注重主管的辅导及新人缘故市场的开发,让新人在3个月内达成首活及转正,有了稳定的收入业务员的留存就不成问题。公司的人力就在主顾开拓能力培训、人力方案推动、新人留存上得到了突破性增长。

2016年,由于人力资源取得突破性增长,业绩保费也得到了同步增长,全年累计保费达到1000万元。业绩的增长给了业务队伍带来稳定的收入,增加了队伍在保险行业深耕细作的决心和动力,同时也进一步拉动组织的发展。

2016年,平安人寿崇左分公司加强综合金融平台的建设,一是以科技为引擎,保持业务的发展,同时不断提升业务队伍的主顾开拓能力及组织发展能力,完善了公司的培训管理制度、组织发展制度、考勤管理制度等,为业绩及人力的发展提供了强大的保障。二是不断强化内控及风险管理,建立互联网金融风险管控机制,提升互联网金融业务重要风险领域的合规内控管理能力。进一步加强"业务及职能部门直接承担管理、合规及风险管理部门统筹推动支持、稽核监察部门监督检查审计"三道防线的分工与协作,强化工作衔接与信息共享机制,有效地进行内部控制及风险管理建设。三是建立互联网金融风险管控机制洗钱、反舞弊、反欺诈"三反联动"机制,建立全面案件风险信息收集系统,及时分析风险数据,评估案件风险,形成案件风险预警信息,利用互联网电子取证等多种技术手段,追踪风险源头,迅速采取行动,有效防范案件风险,助力综合金融发展。持续推进全面风险管理体系建设管理机制和流程;不断提升风险预警和提示能力,及时对行业动态、监管信息、风险事件进行预警提示,排除潜在风险隐患,落实集团整体风险管控要求;持续完善市场风险和信用风险限额体系,对公司在单一客户、单一风险类型,明确限额并实时监控,有效防范集中度风险。公司秉承"专业创造价值"的文化理念,在为股东、员工、客户创造价值的同时,也积极履行企业的社会责任,追求与各利益相关方的合作双赢,给崇左千家万户带去保障。

(黄婷)

招商引资·园区经济

ZHAOSHANG YINZI YUANQU JINGJI

□编辑 黄适清

招商引资

【概况】 2016年,崇左市超额完成自治区层面年度目标任务,荣获年度招商引资专项考评先进单位。

区外项目到位资金 2016年,全市共实施自治区外招商引资项目259个,总投资793.14亿元,完成区外招商引资项目到位资金295.64亿元,同比增长8.56%,完成自治区下达目标任务280亿元的105.59%。

全口径实际利用外资 2016年,全市共实施全口径利用外资项目23个,总合同外资8.07亿美元,完成全口径利用外资项目到位资金1.69亿美元,同比增长10.49%,完成自治区下达目标任务1.55亿美元的108.75%。

合同项目签约 2016年,全市共签订区外境内招商引资合同项目118个,总投资253.24亿元,同比上年分别增长7.27%和61.03%。其中已开工项目114个,总投资224.16亿元;筹备开工项目4个,总投资29.08亿元。

招商引资项目建设 2016年,全市共实施区外境内招商引资项目259个,总投资793.14亿元。其中,新开工项目156个,总投资381.44亿元,同比分别减少2.5%和增长12.06%;新筹备开工项目4

个,总投资29.08亿元,同比分别增长100%和38.48%;续建项目99个,总投资382.62亿元,同比分别增长35.62%和增长5.04%。

到位资金 2016年,全市自治区外招商引资项目到位资金295.64亿元,同比增长8.56%,完成自治区下达年度目标任务280亿元的105.59%。各县(市、区)及市直工业园区按完成数额排名如下:扶绥县完成47.29亿元、凭祥市完成43.63亿元、江州区完成38.61亿元、大新县完成38.21亿元、龙州县完成36.83亿元、宁明县完成35.12亿元、天等县完成33.16亿元、中泰崇左产业园(崇左市城市工业区)完成9.48亿元、东盟青年产业园完成7.27亿元、凭祥边境经济合作区完成6.04亿元。

全口径实际利用外资 2016年,全市全口径利用外资项目到位资金1.69亿美元,同比增长10.49%,完成自治区下达年度目标任务1.55亿美元的109.03%。各县(市、区)及市直工业园区按完成数额排名如下:扶绥县完成2774万美元、凭祥市2716万美元、大新县2600万美元、江州区2500.3万美元、宁明县完成1741万美元、龙州县完成1681.8万美元、天等县完成1641万美元、凭祥边境经济合作区421万美元、东盟青年产业园完成400.9万美元、中泰崇左产业园(崇左市城市工业区)完成

381万美元。

【招商引资措施】
落实招商引资"一把手工程" 高度重视投资促进工作,积极贯彻落实招商引资"一把手工程"。市委、市政府主要领导年内共召开了三次全市招商引资工作会议,听取并研究部署全市招商引资工作,市委书记刘有明在会上强调要以钉钉子精神务实招商,加快推进项目落地开工建设。2016年,印发了《关于切实做好招商引资工作的意见》,明确市委、市政府主要领导担任市招商引资工作领导小组组长。文件要求各县(市、区)成立相应的组织机构,全面落实招商引资工作一把手责任制,推进招商引资工作开展。7月30日,召开开放发展暨口岸经济工作会议,市长孙大光与各县(市、区)政府、中泰产业园管委会签订《2016年招商引资任务责任状》。8月29日,又与各县(市、区)政府、中泰产业园管委会签订《崇左市加快标准厂房建设和强化企业入驻任务责任状》。通过签订责任状,强化各级各部门抓投资促进工作责任意识,营造全市重视投资促进工作氛围。

协调推进一批招商引资重大项目 2016年,制定了《崇左市招商引资重点项目协调推进会制度等五项制度》,明确重点项目协调推进会、清单管理、跟踪服务、信息

报送、督查督办等制度。年内，共召开市招商引资工作领导小组会议、项目现场办公会和项目协调会共计15次。市招商引资工作领导小组成员单位开展招商引资项目督查3次。对第12届中国－东盟博览会、2015年广西绿色产业投资洽谈会、2015年央企广西行活动上签约的23个项目，2014年以来市层面以上重大招商活动签约116个项目进行督查。年内协调解决天湖大酒店、广西龙麦置业有限公司、广西奥林体育产业投资有限公司、广西正高置业有限公司等协调解决资金返还、用水供电、征地拆迁、排除纠纷等问题21件次。

夯实招商基础增后劲　加强宣传推介，做好招商宣传材料编印工作。围绕全市优势产业和重点发展方向，做好招商宣传册、项目册以及招商宣传片等招商宣传资料的编印和制作。年内，在各大展会和重大投资促进活动发放宣传材料3000余册。通过招投标拍摄制作新版招商引资宣传片，不断加大宣传推介崇左力度。同时，做好招商引资项目统计工作。加强对全市招商引资有关数据统计和投资促进运行分析，指导各县(市、区)做好统计上报工作，为科学招商、精准招商、务实招商提供依据。

【**境外招商引资**】　2016年，全市共实施全口径实际利用外资项目23个，合同外资8.07亿美元，全口径实际利用外资1.69亿美元。从境外商人投资来源地看，全市全口径实际利用外资主要集中在中国香港地区，利用资金5196.9万美元，占30.83%；泰国2810.3万美元，占16.67%；英属维尔京群岛2600万美元，占15.42%；台湾地区2441.8万美元，占14.49%；法国2021万美元，占11.99%。从境外商人投资

行业看，主要集中在制造业，利用资金6427.3万美元，占38.13%；采矿业利用2600万美元，占15.42%；电力、燃气及水的生产和供应业利用2301.9万美元，占13.66%；租赁和商务服务业利用资金1681.8万美元，占9.98%。

【**投资服务**】

召开招商引资重点项目协调推进会　2016年4月27日，崇左市委常委、常务副市长、市招商引资工作领导小组组长梁旭辉在市行政中心政府区四楼常务会议室召开崇左市招商引资工作领导小组重点项目协调推进会。6月6日，市长孙大光主持召开崇左市重大项目调度会，研究市本级层面招商引资重点项目及市重大项目推进过程中的有关问题。同时，市委、市政府主要领导以及分管招商工作的市领导带头深入到项目现场实地解决项目遇到的困难和问题。7月14日，市委书记、市人大常委会主任刘有明先后深入中泰产业园区的污水处理厂项目现场、坚果产业园一期项目现场、新能源(动力电池)项目选址点、供水工程加压站项目现场等地调研，详细听取项目建设情况汇报，研究解决项目建设过程中存在的困难和问题。11月4日，市长孙大光到中泰崇左产业园调研坚果产业园、新能源动力电池加工基地、崇左港濑湍作业区、中粮糖仓选址点、园区污水处理厂、龙赞产业园、金凤湖总部基地等有关项目推进情况，研究解决项目推进存在的问题。6月24日，市委常委、常务副市长梁旭辉到龙州县召开现场推进会，全力以赴加快氧化铝项目落实开工建设。4月26日，市委常委、副市长杨新带队到凭祥市对2015年市层面以上重大招商活动签约项目协调推进落

实情况进行调研，了解中国边贸第一城、平而口岸货物监管中心项目推进情况、问题解决落实情况。

开展自治区招商引资重点项目跟踪服务活动　一方面，积极配合自治区开展招商引资重点项目跟踪服务活动。2016年8月31日，自治区招商引资重点项目协调推进办公室组织以自治区投资促进局党组书记、副局长黄文标为组长的服务小组围绕崇左市列入2016年自治区招商引资重点项目的江州区黑水河文化旅游产业综合开发项目、崇左罗白120兆瓦农业光伏大棚项目、崇左市中信大锰矿业有限责任公司大新分公司布东锰生态工业园项目、崇左市铝土矿综合开发项目开展跟踪服务活动。另一方面，主动开展招商引资重点项目跟踪服务活动。10月10日－11日，组成以市委常委、副市长杨新为组长的服务小组，针对2016年自治区招商引资重点项目开展跟踪服务活动，进一步加大力度协调解决项目问题。同时，为加快崇左市铝土矿综合开发项目建设进度，专门印发了《崇左市龙州氧化铝项目建设推进工作方案》积极推进项目建设。

【**破解发展瓶颈**】　2016年，全市利用国内外重点展会平台主动"走出去"，积极"请进来"。年内，全市共组织170批次小分队，瞄准国内外知名企业开展精准式招商。其中市本级16批次。先后考察和拜访北控集团、北京水木中天植物科学研究院、书香门地(上海)新材料科技有限公司知名企业300多家，洽谈项目200多个。同时，加强择商选资工作，有计划地组织万达集团、太平洋建设集团、中天玫瑰集团、香港广西总商会等知名企业和商协会副总经理、副会长以上级别

客商220批次约1500人次到崇左开展投资考察洽谈活动。

建立一批招商引资长效机制 2016年，市委、市政府先后制定出台了《关于切实做好招商引资工作的意见》《崇左市招商引资激励暂行办法》《崇左市招商引资绩效考评办法(试行)》《崇左市加快工业园区标准厂房建设和强化企业入驻工作方案》《崇左市推进中泰产业园(崇左市城市工业区)坚果加工园区建设政策措施(试行)》等一批政策文件，建立了强化招商引资的长效机制。

高质量策划包装一批招商引资项目 2016年，向自治区投资促进局报送30个重点投资合作项目，积极申请自治区第一批、第二批区市县联合包装项目专项经费，争取自治区专项经费支持。同时，成立崇左市招商引资重点项目策划包装领导小组，组建招商引资评审专家库，规范项目库建设管理，进一步强化项目储备，保障重点项目策划包装工作开展。全市共落实项目策划包装经费518万元包装招商引资项目，其中市本级投入108万元，围绕边境贸易、生态产业、现代服务、轻纺服装以及汽车自驾营地等方面开展项目策划包装工作，各县(市、区)、各园区也分别策划包装项目3~5个。进一步强化项目储备，为科学招商、精准招商、务实招商提供基础。

促成重大项目签约与推进重大项目建设 2016年，充分利用重大节会平台，崇左市加大招商引资力度，促成一批重大项目签约。年内，在市层面以上重大招商活动上共签约项目69个，总投资达365.94亿元。其中，在广西农业项目合作洽谈暨科技成果展示对接会上，共签约了项目16个，总投资32.44亿元；在第13届中国－东盟博览会自治区层面集中签约项目13个，总投资80.93亿元；第13届中国－东盟博览会崇左市"一带一路·开发开放·共荣共赢"凭祥重点开发开放试验区推介会暨项目签约仪式签约项目40个，总投资252.57亿元。　　(黄译娴)

广西凭祥综合保税区

【概况】 2016年，是综保区实施管理体制改革的第一年。全年，党工委、管委会在自治区党委、自治区政府和崇左市委、市政府的正确领导下，在区直有关部门的大力支持下，牢固树立新发展理念，全力抓好"保畅通、强物流、抓二期、降成本、招人才"五大工作，精准施策，精准发力，稳步推进园区改革创新，园区经济实现平稳健康发展。全年共完成外贸进出口总额1233.76亿元，同比增长19.3%，是全区唯一对外贸易超过千亿元产业的园区；保税进出口总额205.44亿元，增长52.4%；入区企业进出口总额221.43亿元，同比增加73.48亿元，增长49.8%，增加量和增速在全国排名前15位的综保区中均排名第一，总额在广西海关特殊监管区域中排名第一；工业总产值4.52亿元；固定资产投资1.5亿元；进出境车辆17.9万辆次，增长2.5%；过货量223.4万吨，增长4%；集装箱吞吐量10.05万标箱，首超10万标箱，增长86.8%，实现了"十三五"良好开局。

【体制机制改革】 2015年11月综保区新班子到位以后，着力推进园区管理体制改革，积极理顺"三个关系"，各方形成了高度默契、高度配合、高度融合的合作共赢伙伴关系，"一家人"的理念深入人心，

有效激发了园区发展活力。崇左市、凭祥市均将综保区建设融入"十三五"规划盘子，加快打造"前岸中区后市"模式。凭祥市和边合区等各类开发开放平台，依托综保区平台作用和口岸优势，着力拓展保税功能，将综保区政策延伸到网外，拓展外发加工功能，带动区外区内共同发展；综保区充分利用地方城市功能及资源优势，在红木产业、大宗产品加工、仓储物流和商贸服务等方面加大合作力度，实现网内提供优惠政策、发展核心项目，网外提供产业配套和商贸服务，促进网内保税与网外配套协同发展，有力推动了市园资源优势互补、产业合理分工、基础设施协同共建、区域经济协调发展，形成"区市一体化"的有机整体和互利共赢的良好发展局面。

【口岸畅通】 2016年，综保区进一步强化互联互通建设，友谊关—友谊国际货运专用通道、左辅山辅助通道改造试运行，新增2条查验通道，完成卡凤物流加工区集装箱堆场建设，通关速度加快提升。加快口岸作业区集装箱透视系统建设，完成车辆调度及信息发布系统建设和视频监控系统升级改造，进口货物查验效率大幅提升，每车查验时间减少50%。加强联动机制建设，创新口岸信息共享和协调联动制度，统筹通关高峰期间出入境车辆的有序运行；基本结束了友谊关口岸通道堵车的历史。积极协调中越有关企业在对方园区互设报关代理机构，互设收费代理点，实现报关代理、收费"一站式"服务，减少货物在口岸停留时间；建立健全口岸管理部门、联检单位及越南谅山口岸经济区管委会定期会晤制度，不断提升合作水平。

【保税物流】 2016 年,综保区积极拓展国际贸易通道,在大力推进"综保区—越南谅山—越南海防港"、"综保区—越南河内—越南胡志明市"、"综保区—越南谅山—老挝沙湾拿吉—泰国曼谷"3 条黄金物流线路的基础上,开通"综保区—北宁、北江"、"综保区—马来西亚"、"综保区—新加坡"等物流线路,并推进青岛—凭祥—越南物流线路(青凭越东盟专线)与"中韩快线"对接,打造"三条黄金物流线路"升级版。另外,积极服务"一带一路",新开通东盟国家经凭祥综保区—苏州—满洲里—欧洲(苏满欧)、凭祥综保区—郑州—新疆霍尔果斯—欧洲(郑新欧)、凭祥综保区—重庆—新疆阿拉山口—欧洲(渝新欧)3 条国际物流线路,打造中南半岛经济走廊与丝绸之路经济带无缝对接的陆路物流枢纽,园区辐射带动能力明显增强。大力引进跨境物流龙头企业,捷递(OTL)集团启动将总部从深圳迁入综保区的工作,浙江传化、聚贸公司落户发展,保税物流业实现快速增长,全年保税物流货值完成 196.38 亿元,增长 63.8%。广西捷递、广西华泰等公司成为广西首批通过 TAPA 认证(高科技资产保护协会安全认证)的企业。依托保税物流优势,大力发展贸易加工,品牌手表加工、电动车出口装配等项目入驻园区试产,加工贸易快速发展。全年加工贸易进出口额完成 9.02 亿元。

【园区二期建设】 2016 年,综保区管委会围绕补齐基础设施建设短板,突出抓好综保区二期(筹)建设,推动园区扩容提质。综保区二期(筹)建设项目于 2016 年 8 月正式启动,年底已完成征地兑付 723.8 公顷,完成土地清表 34.4 公顷,并获得自治区政府用地审批;完成了项目开工前期工作和设计工作,并进行了部分施工,完成二期区域与市政主干道(万通物流园)道路连接工程路基换填等建设。同时,园区一期基础设施建设也在不断完善,完成园区后勤配套服务大楼等一期配套设施建设,卡凤保税物流加工区 3.1 万平方米的标准厂房建成投入使用,把原有未建设的 20 多公顷土地全部硬化平整,提升了园区综合承载能力。

【服务管理】 2016 年,综保区坚持软硬并重,优化园区服务管理和通关流程,降低企业经营和管理成本,提升了园区软环境和竞争力。积极推广复制上海自贸区改革创新经验,实行智能化卡口验放、"先进区、后报关"、"分送集报"、无纸化通关、"异地申报,货到验放"、关检合作"三个一"、新舱单系统上报等改革措施,通关效率大大提升;继续落实友谊关口岸国际标准集装箱车辆通行费减半退费政策,全年共为企业减少税费 452.73 万元;采取两国有关企业合作方式,解决越南空载货车入境载货难题。

【招才引智】 2016 年,综保区切实增强人才保障和智力支持。注重在"两篇大文章"、"四大攻坚战"主战场培养、发现、使用干部,提拔使用表现优秀、成绩突出、群众公认的 4 名处级干部、3 名科级干部,并从凭祥市选调和提拔 4 名优秀干部交流到综保区工作,进一步充实园区干部队伍,调动了领导干部干事创业的积极性。积极组建智囊团,聘请捷递、华泰等一批龙头企业的负责人为园区产业发展顾问,参与招商引资活动,为产业发展出谋献策,增强了园区发展的智力支撑。

（黄诗杰）

崇左市凭祥边境经济合作区

【概况】 凭祥边境经济合作区是国务院 1992 年 9 月批准设立的国家级开发区,核定面积 7.2 平方千米。经过十几年的发展和扩大,边合区形成"一区多园"的发展格局,下辖南山工业园、万通物流园、林产工业园、友谊关工业园等 4 个园区,2016 年,根据崇左市委、市政府提出的对边合区进行扩区调整、建设凭祥—宁明一体化的工作要求,园区战略重心转移至宁明县,正式吹响建设凭祥—宁明贸易加工区的号角,坚持开放发展主基调,牢牢把握"口岸 + 加工"主线,坚持项目带动,坚持改革创新,上下同心,苦干实干,全力推进凭祥—宁明贸易加工区建设,成效显著。全年完成工业总产值 23.7 亿元,同比增长 9.8%;固定资产投资 8.96 亿元,增长 10.1%;工业项目投资 7.57 亿元,增长 6.2%;基础设施投资 1.09 亿元,增长 107%。园区总入驻企业 202 家。

【基础设施建设】 凭祥边境经济合作区大力实施工业发展"筑巢"工程,2016 年完成基础设施投资 1.09 亿元。一是产业大道、第二水厂、污水处理厂、标准厂房等 4 个重大项目开工建设;二是友谊关工业园基础设施建设等项目也同步加快建设。其中,友谊关工业园至油隘(叫册)公路(15.073 千米)完成投资 2130 万元,友谊关工业园基础设施二期横三路建设、横三路亮化绿化、排水排污工程完成投资 4600 万元,友谊关工业园电网改造工程完成投资 1352 万元。三是同步推进一期启动区建设、给排水专项规划、道路竖向工程专项规划、路网工程等前期工作。

【招商引资】 创新"大招商培养大产业,大项目撬动大发展"招商思路,将"走出去、请进来"落到实处,招商引资工作取得良好成效。2016年园区共实施招商引资项目4个,项目总投资4亿元,累计到位资金2.96亿元。截至12月31日,园区实际到位资金完成6.02亿元,完成全年目标任务100%。其中,全口径实际利用外资完成421万美元,完成全年目标任务105.25%。农副产品加工产业方面,2016年引入铭兴海农副产品加工项目,项目用地1公顷,计划投资5000万元;兴荣土产坚果加工项目,项目用地2.33公顷,计划投资1亿元;汇隆坚果加工项目,项目用地2.93公顷,计划投资1亿元。引入新能源项目中威管道燃气项目,项目占地1.67公顷,计划投资1.5亿元。

【对外贸易】 2016年,在"两区"(中越凭祥—同登跨境经济合作区、凭祥国家重点开发开放试验区)建设取得明显成效的推动下,凭祥边境经济合作区对外贸易取得高位增长,全年进出口总额为227.13亿元,同比增长19.7%。

【重点企业】 2016年,坚持项目带动,狠抓重大项目牛鼻子,园区框架逐步扩大、发展承载能力明显增强。年内凭祥边境经济合作区重点规模以上企业实现工业产值15.68亿元,其中产值超过1亿元以上的企业:凭祥恒宇水泥有限公司累计实现工业产值1.64亿元;凭祥青山中密度纤维板有限公司累计实现工业产值3.18亿元;凭祥市鸿森胶合模板有限责任公司累计实现工业产值1.86亿元;凭祥长隆人造板有限公司累计实现工业产值1.76亿元;凭祥市佰秀农农副产品加工有限公司累计实现工业产值1.73亿元。

【其他】

扩区调整及规划编制工作稳步向前 抢抓"一带一路"倡议机遇,根据崇左市委、市政府对凭祥边境经济合作区扩区扩容,建设凭祥—宁明贸易加工区的工作部署,积极与国家商务部对接扩区调整事宜,着手编制扩区调整方案。高标准推进园区总体规划、控制性详细规划、专项规划编制工作,以总规控规为指导,科学编制产业、防震减灾、配电管网等专项规划,以专项规划指导项目建设科学落位,推动园区科学有序、快速发展。2016年总体规划、产业发展规划、控制性详规编制均完成一定成果。土规调整进展顺利,为园区项目用地提供保障。

投融资工作提质增速 2016年,全力推进凭祥—宁明贸易加工区产业大道工程进行PPP模式建设,加快完善凭祥边境经济合作区投资有限公司建设,完成公司人员架构、公司章程变更及注册资本金等相关工作,增强园区融资平台实力。同时探索设立凭祥边合区建设发展基金,通过项目贷款、基金、发债等方式,多渠道多方式从农行、浦发银行、华夏等金融机构融资,破解项目建设资金瓶颈。

体制改革创新工作扎实推进 2016年,为加快推进崇左市凭祥边境经济合作区扩区建设,充分发挥边合区在贸易加工、商贸物流、劳务合作等方面的引领带动作用,坚持先行先试、统分结合、整体发展,园区事园区办结、政府主导、市场运作,注重实效的基本原则,进一步深化行政管理体制改革,根据扩区调整要求进一步明确边合区管理范围,健全边合区管理机构,深化投融资体制改革,创新人事管理机制及边境开放合作机制。

（苏琳媛）

中泰崇左产业园（市城市工业区）

【概况】 崇左市城市工业区规划总面积100平方千米,地处市区东部和北部。2016年7月底,市城市工业区完成了初步的体制机制改革,实行"一套人马、两块牌子"的管理体制,即:一是中共中泰崇左产业园工作委员会、中泰崇左产业园管理委员会。二是中共崇左市城市工业区工作委员会、崇左市城市工业区管理委员会,均为市委、市人民政府的派出机构,行使市一级经济和行政管理权限;内设机构有6个局室[党政办、行政审批局(投资促进局)、财政经济局、规划建设局、综合执法局、社会事务局],2个二层机构(项目投资服务中心、综合执法支队),3个派出机构(崇左市环保局中泰产业园分局、市安监局中泰产业园分局、市国土资源局中泰产业园分局)。园区行政事业编制共61人,其中核定管委会编制22人,实有人员20人(其中机关工勤人员2人抽到市公务用车管理平台);核定事业编制39人,其中项目投资服务中心33人、执法支队6人,实有人员14人。

中泰崇左产业园沿江、沿边、近空港、通高速路和铁路,地处中国—中南半岛、南宁—新加坡经济带"一带一路"陆路通的关键连接点,面向东盟与国内两个市场,是沟通"一带一路"的国际产能合作平台,区位优势很明显。一直以来,园区充分利用这一区位优势，以及丰富的资源，在功能定位上重点发展糖循环产业、泛家居产业、新能源产业、新型材料产业、食品加工、高新科技和商务配套服务等"六大产业"，不断的推进园区的建设发展，使之成为带动整个崇左市经济的重要引擎。围绕"六大产业"，园区通过大力招商，已经成功引进了泰国两仪、法国康密劳、中国建材、中粮集团、中国铝业、中信大锰、安琪孝母、上海德朗能、北京驰普家具产业公司、金梧桐食品、金亚智能科技等70多家企业。这些企业的入驻，为园区的发展提供强有力的支撑，现有入园企业若全部建成达产后，年产值预计将超过300亿元。

2016年，中泰产业园在市委、市政府的正确领导下，紧紧围绕做好"两篇大文章"、打好"四大攻坚战"战略部署，努力开展园区建设工作。尤其5月份园区新领导班子到位后，进一步解放思想，创新思路，带领全体干部职工于7月底进驻园区临时驻地办公，扎根一线，服务一线，发扬"五加二，白加黑"、"创新创业、苦干实干"的园区精神，全面开展各项工作，较好完成了各项任务指标。其中工业总产值61亿元，同比增长31.4%；工业增加值39.5亿元，同比增长212%；工业项目投资7.6亿元，同比增长591%；完成税收1.6亿元；基础设施建设完成投资额2.2亿元，同比增长307%；固定资产投资额10.16亿元，是上年同期的5.1倍。

2016年8月，国务院批准设立广西凭祥重点开发开放试验区，中泰崇左产业园成为试验区国际产能合作的重要基地。因此，市委、市政府进一步明确了中泰崇左产业园总体发展目标，即大力推进产城融合，打造崇左市第八行政区，突破百亿元产值，争创国家级A类园区，建成国际产能合作区。中泰崇左产业园将按照市委、市政府的部署，保持战略定力，为实现园区发展目标而不断的努力。

【工业区扩区规划修编】 崇左市城市工业区于2004年3月开始规划建设，初步规划面积15平方千米。在2010年8月29日崇左市下达《调整和扩大工业区的决定》，新区包括江州区濑湍镇大部分区域和扶绥县渠旧镇部分区域，面积85平方千米。2012年2月市政府常务会议讨论并同意了崇左工业区新区的发展规划。新区发展规划明确了工业区的发展范围和方向以及园区产业定位，工业区根据发展规划进行用地的控制。但随着入园企业的不断增多，原来的总体规划已不适应园区的发展，为了顺应新的形势，对接新规划，满足新要求，需要对中泰崇左产业园总体规划和启动区控规进行修编工作。2016年10月28日，根据园区党工委会议纪要精神，同意对中泰崇左产业园总体规划和新区控制性规划进行修编工作。直至年末，修编工作尚未完成。

【基础设施建设】 2016年中泰崇左产业园完成基础设施投资约2.2亿元。主要是加大力度推进东盟特色食品加工基地、新能源产业基地、龙赞泛家居产业园的11条道路建设，道路总长度超过10千米，共完成投资1.6亿元；采取多种模式推进标准厂房建设，完成了东盟特色食品加工基地、新能源产业基地、龙赞林化产业园、城北工业区等厂房及配套设施共计14.1万平方米，占任务5万平方

米的282%，超额完成了市委、市政府下达的任务指标；完成濑湍污水处理厂及配套排污管网工程投资5300万元。渠弄供水工程及配套管网也正加快建设步伐。通过大力开展基础设施建设，园区承载产业项目能力快速提升。此外，园区还超前谋划了部分重点基础设施项目的前期工作，主要有：工业大道综合管网工程一期工程正在编制立项及施工图设计，可研待报批；新寨污水处理厂已完成立项工作，正在编制环境影响评测报告、排污水口论证报告，已开展总平面图方案设计工作；中泰崇左产业园供水工程（革新水厂）已完成立项及可研，正在编制环境影响评测报告，已开展总评方案的设计工作。

【招商引资】
招商引资是园区发展的生命线 2016年，园区充分发挥崇左独特的区位优势、水陆空立体交通优势、优厚的政策优势、沿边口岸优势和丰富的资源优势，按照自治区"一带一路，向南发展"部署，结合崇左市产业转型升级三年规划，针对重点规划的蔗糖循环产业、东盟特色食品加工产业、新能源产业、新型材料产业、泛家居林循环经济产业、高新科技和商务配套产业等六大产业，内引外联，开展了一系列有效的招商活动。园区搭建了对外交流合作平台，7月份在泰国曼谷注册成立中泰产业园驻泰代表处，11月份在北京设立招商联络处，并先后在上海、浙江、广州、深圳、珠海等地开展驻点招商活动，直接对接境内外招商事宜。与泰国莫拉限经济特区、暹罗东方工业区、泰中罗勇工业区等缔结兄弟姊妹友好园区关系，实现资源共享、联袂发

展;在第13届中国－东盟博览会期间成功举办中泰"两国四园"联合推介会和展览活动,引起海内外高度关注。年内组织园区招商小组外出招商80余次,真真正正地开展大招商、招大商。

一分耕耘一分收获 2016年,通过大力招商引资,园区产业集聚效应初见成效。金梧桐国际果品加工基地引进马来西亚金鹰食品、上海玛莉食品、龙佳食品等10多家以坚果为主业的贸易加工企业,二期还将引进丰泰食品、一鸣食品等多家实力企业入驻,项目总投资将超过10亿元;新能源产业基地引进金亚新能源电动车生产项目并顺利开工,同时,广西大锰新能源电池项目、中信大锰三元新材料项目、上海德朗能锂动力电池项目等入园步伐进一步加快;龙赞产业园引进企业35家,首期入园企业中,已有3家投产,3家在建,3家即将开工。这些企业项目的入园落地,不仅增强了园区产业基础,更起到龙头作用,吸引更多的企业入驻中泰崇左产业园,为园区扩大产业招商打下坚实基础。

【项目建设】 2016年,园区全力破解难题,狠抓重大项目建设,大力推进产业转型升级,抓好糖锰等传统产业的"二次创业",在蔗糖产业、新能源、新材料、泛家居林化加工、特色食品加工、高新技术等产业的项目建设初见成效。一是中粮二期风味糖浆和红糖、储备糖仓项目前期工作顺利推进;同时,启动了东亚崇左糖厂搬迁项目;好青春甘蔗醋一期项目已建成投产,并成功打开市场,在全国打响了"好山好水好青春"品牌,延伸了蔗糖产业链。二是大力推进广西大锰新能源电池项目、上海德朗能锂动

力电池项目、中信大锰三元正极新材料等项目的合作开发建设工作;同时,金亚新能源电动车项目顺利开工,现正不断加快建设步伐,5月底投产;中铝国盛5500吨金属稀土和保税仓前期工作顺利推进。三是鼎弘树脂公司年产3万吨高性能环保树脂项目已投入试产。四是龙赞林产业园招商服务中心建成启用,及其入园的中港木业等3家企业已投产,全力打造泛家居林循环经济产业。五是金梧桐坚果加工基地顺利开工建设,中电国际临时能源供应项目已开展场地平整工作。六是园区企业总部基地已完成征地和规划设计工作,现正在场地平整。项目建设的顺利推进,进一步加快了园区产业的发展步伐。

【安全生产】 2016年,城市工业区深入学习贯彻中共中央总书记习近平、李克强总理关于安全生产工作系列重要讲话精神,坚持"安全第一,预防为主,综合治理"的方针,扎实抓好辖区安全生产工作。一是加强监督检查,深入开展安全生产专项整治工作。相继开展春节、"两会"、高温、汛期期间安全生产专项检查和第四季度安全生产百日攻坚战,共检查辖区企业34家(次),排查出安全隐患52条。二是加强联系和指导,全面服务新建项目。积极联系企业,指导入园项目履行建设项目安全设施和职业防护设施"三同时"手续。并于5月19日召开专题座谈会,邀请新入园的12家企业主要负责人和业务人员参加。年内,中铝广西国盛稀土开发有限公司完成了安全设施和职业病防护"三同时"手续,南方水泥有限公司完成了职业病防护"三同时"手续,南方水泥有限公司公益矿区水泥用石灰岩矿

完成了安全设施和职业病防护"三同时"手续等。三是大力推进安全生产标准化工作,努力推进规模以上企业安全生产标准化创建工作。年内,中粮屯河崇左糖业有限公司完成二级标准化复评工作,崇左南方水泥有限公司公益矿区水泥用石灰岩矿完成二级标准化创建,广西埃赫曼康密劳化工有限公司、广西添富塑业有限公司完成三级标准化创建工作。四是加强宣传,营造良好氛围。工业区在6月全国安全生产月期间,开展安全知识进企业活动,订购一批价格2万元的安全生产教育丛书及宣传品,向园区企业免费发放,通过送宣传书及资料入企业,不断提升园区的安全生产文化和基础工作,大力营造良好的安全生产氛围。

【其他】 2016年,中泰崇左产业园除了开展基础设施建设、招商引资、项目建设、安全生产等工作并取得较好成绩外,园区还较好的完成了其他主要工作。一是积极组织搭建园区投融资平台,投融资工作取得重大突破。主要是不断发展壮大园区平台公司融资实力,使平台公司资产由年初的6000万元增到12亿元,争取得到上级各类建设资金2475万元,完成融资20亿元,其中银行贷款10亿元,产业基金10亿元。融资平台的拓宽,融资渠道的畅通,为园区的发展提供了充足的动力。二是征地拆迁攻坚战效果明显,全年共完成征地任务580.26公顷,同时,积极做好项目前期工作,落实好项目用地指标,为项目的顺利落地提供了强有力保障。三是优化投资软环境,按照市委、市政府提出的"园区的事情园区办,园区审批不出园区"和"一级政府、一级财政、一级审批"的要求,完成了园区机制体制的初

步改革,优化了审批程序,为企业项目建设提供了便利。同时,结合"两学一做"学习教育活动,积极做好企业服务年活动,提升园区服务质量,优化投资环境,树立园区良好形象,从而进一步推进园区招商引资工作。四是大胆创新,借助外力,逐步深化园区体制改革,主要的工作是制定了财政性资金审批暂行管理办法和政府性投资基本建设项目管理暂行办法等,完成了体制的初步改革;引进了总规划师、总工程师及其他专业人才,同时与博世科环保、华蓝集团、广西工程咨询中心、自治区林勘院、国土勘测设计院等咨询机构和技术机构签订服务合作协议,加快了园区智力和技术支撑建设步伐。

(徐立培)

崇左市广西中国－东盟青年产业园

【概况】 崇左市广西中国－东盟青年产业园于 2004 年 1 月 8 日挂牌成立,同年 9 月,在首届中国－东盟青年事务部长会议上获得成功推介,"东盟各国支持青年产业园建设"作为大会重要成果写入会议通过的《中国－东盟青年合作北京宣言》。青年产业园是全国第一个,也是唯一一个得到东盟各国政府部门认可的青年产业园,是共青团中央青年就业创业见习基地,是自治区 A 类园区,是崇左市三大工业园区之一。园区规划面积 34.8 平方千米,以"华侨"、"东盟"、"共青团"为依托,重点发展铜循环经济、文化体育休闲旅游、建材、机械制造等优势产业集群。2016 年,园区实现生产总值 16.5 亿元,同比增长 12.85%;上缴税金 1.3 亿元,同比增长 25%;工业项目完成投资 14 亿元,同比增长 12.8%;基础设施完成投资 1.6 亿元,同比增长 16%。

【基础设施建设】 投资 2.7 亿元的园区至扶绥县城 15 千米长的一级市政大道和投资 1000 万元的建设路北段实现了通车,极大地改善了园区投资发展环境,加快了园区产城一体化建设步伐;投资 4093 万元的纵十四路已完成 1.3 千米水稳层施工工作;总投资 16.83 万元的横一路、纵五路、纵十二路已经完成招投标工作,施工单位已进场正在开工建设;投资 2600 万元的扶绥县城至产业园供水管网工程项目已经完成一期工程,二期工程已完成初步设计,正在进行审查;投资 2800 万元的天燃气管道建设项目,全长 10 千米,已竣工验收;投资 4703 万元的污水处理厂已投入试运行;投资 3137 万元的污水处理系统尾水管网工程已完成 5 千米的管道铺设,尾水管网提升泵站已完成变压器安装;投资 2800 万元,全长 8.0 千米的产业园燃气管道建设工程已完成管道建设工作。

【招商引资】 2016 年,青年产业园管委会将招商引资作为园区的生命线来抓,主动创新招商工作模式,探索最有效的招商引资模式。一是组团外出招商。组织小分队 8 次前往贵州、浙江、广东、海南、河北、山东等地招商,考察了海亮集团、露笑集团等 20 个国内上市公司或知名企业,新储备了露笑集团产业基地、汇清环保设备、昌和桥梁钢结构等项目 20 余个。二是借助商会、协会进行招商。利用外出招商的机会,分别对接了广西山东商会、温州民营企业家协会等各地商会、协会,为下一步招商引资奠定了良好的基础。三是拓宽园区宣传渠道。创建了园区公众微信号,完善了园区官方网站,并定期更新相关信息,让客商通过网络了解园区。年内,共签订项目合同书、协议书 8 个,总投资额 28.6 亿元,其中境外项目 2 个,总投资 21 亿元。投资额比上年增加 6.56 亿元,同比增长 35.4%。区外到位资金完成 5.39 亿元,同比增长 11.31%。

【项目建设】 2016 年,青年产业园强化措施,加强服务,全力策划和推动重点项目建设,取得很大进展。广西南国铜业有限责任公司投资 35.9 亿元的铜冶炼一期项目,45 个子项已开工建设 29 个子项,完成土建工程量约 52%。完成了凤凰湖工程、办公楼、专家楼、精矿库的建设,电解车间主厂房土建主体完成 50%,采石场、搅拌站正常投入使用,厂区 3、4、5、8、10 号路路面已拉通硬化。年内,园区共签订项目合同书、协议书 8 个,总投资额 28.6 亿元,其中境外项目 2 个,总投资 21 亿元。投资额比 2015 年增加 6.56 亿元,同比增长 35.4%。区外到位资金完成 5.39 亿,同比增长 11.31%。园区开工的项目有 4 个,分别是:丰泉物流园项目、鼎臻木业生产项目、真龙矿泉水项目、正堂辣木茶生产项目。竣工项目 6 个,分别是:瑞业电线电缆项目、众鑫钢结构项目、矿山机械设备生产项目、政通和消防产品项目、华思远异地搬迁项目、正堂辣木茶生产项目。新入规企业 1 个即广西怡兴剑麻有限公司。

(黄 培)

口岸管理

KOUAN GUANLI

□编辑　黄适清

口岸建设

【概况】　崇左市位于广西西南部，辖扶绥、大新、天等、宁明、龙州5个县和凭祥市、江州区。其中，大新、龙州、凭祥、宁明4个县（市）与越南接壤，边境线长533千米，是广西陆地边境线最长的地级市。全市辖区有国家一类口岸4个（友谊关、凭祥铁路、水口、爱店），二类口岸3个（平面关、科甲、硕龙），边民贸易互市点14个（大新的德天、硕龙、岩应，龙州的那花、布局、水口、科甲，凭祥的油隘、弄尧（浦寨）、叫隘、平而，宁明的北山、爱店、板烂）。

【口岸出入境】　2016年，全市口岸出入境货物量同比增长0.83%；出入境车辆同比增长10.8%；出入境人数同比增长11.42%。

【口岸升格扩大开放】　2016年7月11日，水口口岸升格为国际口岸并扩大开放获得国家批复；7月26日，水口口岸获得国家质检总局批准立项建设水果进境指定口岸；7月29日，友谊关口岸获国务院批准开展签证业务。友谊关口岸扩大开放至弄尧—谷楠、浦寨—新清通道，硕龙口岸升格为一类口岸并扩大开放到岩应、德天通道正在履

行国家审理程序；凭祥（铁路）口岸申请设立为进境水果、进口冰鲜水产品、进口肉类指定口岸进行可行性研究。

【基础设施建设】　2016年，全市共投入4.74亿元加强口岸及互市点基础设施建设。先后完成了友谊关口岸和凭祥（铁路）口岸现场查验设施设备配备和改造、友谊关口岸左辅山辅助通道改造、凭祥市边境贸易货物物流中心电子信息配套工程、凭祥市平而口岸管理和货物监管中心一期监管区、凭祥（卡凤）国检试验区、广西凭祥综合保税区友谊关口岸联合监管值班备勤用房、科甲互市点基础设施建设、岩应边民互市区基础设施升级改造、爱店口岸联检楼扩建、爱店口岸升格基础设施建设项目（一期）等项目建设及硕龙边境检查站监护中队新营区、大新县水口出入境检验检疫局硕龙技术业务用房主体工程建设。

【通关便利化】　2016年，全国第一个国检试验区—凭祥（卡凤）国检试验区正式投入使用，在确保疫病疫情和质量安全风险可控的前提下，促进边境贸易"快验快放"和"优进优出"，实现送样检测周期从原来的1～2天缩短为2个小时；试验区内边民互市申报只需20秒，通关时间缩短60%，为进出口客商

节约20%的经济成本。联检部门"5+2"值班和"24小时预约通关"继续实行，"单一窗口"和友谊关—友谊口岸"两国一检"通关模式改革加快推进。

【口岸加工业】　2016年，全市口岸加工业实现产值31.7亿元，同比增长54.4%，全市规模以上口岸加工企业累计达到18家，其中2016年新增7家，成为拉动全市稳增长的重要力量。

【开发开放平台】　2016年，成功争取国务院批复设立凭祥开发开放试验区，凭祥边境经济合作区扩容、凭祥—宁明工业园区一体化建设扎实推进；凭祥综合保税区（二期）工程项目启动建设。凭祥重点开发开放试验区、中越凭祥—同登跨境经济合作区、沿边金融综合改革试验区纳入国家"一带一路"总体规划。
　　　　　　　　　　（黄生弟）

海　关

【凭祥海关】　2016年是凭祥海关以建设"一流基层海关"为引领，主动适应新常态下全面深化改革和创新，全面提升把关服务效能的一年，各项工作卓有成效。凭祥海关内设17个科室（办公室、人事政工科、监察室、财务科、技术科、关

务保障科、后勤管理分中心、稽查科、风险管理科、通关科、物流监控科、边境贸易监管一科、边境贸易监管二科、边境贸易监管三科、友谊关海关、爱店海关、驻车站办事处),编制130人,2016年实有干部职工165人(包括挂职干部24人);缉私分局设5个科室(办公室、情报科、法制科、爱店侦查中队、侦查科),实有民警34人,是关区人员最多、监管业务最繁忙的隶属海关。凭祥海关辖区范围包括宁明县、扶绥县和崇左市江州区,面积4000多平方千米,业务范围边境线长309千米(其中凭祥97千米,宁明212千米)。辖区有3个国家一类口岸(友谊关、凭祥铁路和爱店口岸),1个国家二类口岸〔平而口岸〕及7个边民互市点(凭祥市的油隘、叫隘、弄尧(含浦寨)、平而,宁明县的板烂、爱店、北山〕。

党的基层建设 2016年,凭祥海关党组织认真执行民主集中制等各项议事制度,严肃党内生活。结合"两学一做"、"四讲四有"等主题教育活动,围绕贯彻学习中共十八届六中全会精神,组织召开中心组学习讨论。强化"三会一课"和"四个本子"制度,不断完善基层党建基础工作。开展一系列党建活动,引导党员做"四讲四有"合格党员。落实"一岗双责,一手抓业务,一手抓党建"要求,完善支部组织结构。年内全局5人被评为南宁海关优秀共产党员、2人被评为优秀党务工作者,1人被海关总署党组评为全国海关优秀共产党员。

服务地方经济社会 2016年,凭祥海关积极参与地方发展重大战略部署。研究用好凭祥国家重点开发开放试验区先行先试系列政策;复制推广上海自由贸易试验区14项海关监管创新制度。以"互联网+"、"保税+"为推手,助推供给侧改革,支持广西边境贸易综合服务平台上线运行,积极探索具有口岸特色的跨境电子商务模式在凭祥综保税落地,组织撰写多篇政研文章助推保税区产业转型升级,积极指导支持地方研究推动市场采购模式在凭祥落地。采取行政审批"单一窗口","5+2"上班制度、进口旺季主动延长通关时间、免费开放海关数据端口等多举措提高通关效率,降低企业通关成本。完成通关作业辅助系统上线运行,启用"汇总征税"模式、紧盯重点企业和大宗货物进出口活动,指定专人专岗指引企业办理海关手续。完善企业信用制度,降低信誉良好企业查验率;完善对所有单证的电子传输和集中申报功能,发挥无纸通关和关检"三个一"的节约效能。年内,在全国全区外贸总体形势不容乐观的情况下,凭祥外贸继续保持两位数增长,八项外贸指标位列全区第一,为广西外贸企稳做出贡献。

监管执法 2016年,凭祥海关强化对重点大型税源商品的跟踪监测分析,全年税收入库7.84亿元,同比增长20.2%,首次突破7亿元大关,创历史新高。全年共审核报关单15.9万份,比上年同期增长8.2%;进出口货物355.4万吨;货值1261.7亿元,增长5.7%;验放进出境人员148.2万人次,增长16.7%;办理知识产权案件98起,案值1134.3万元,位居关区第一。查获近年来关区货运渠道最大的砗磲、玳瑁等濒危野生动物制品走私案件。

查缉走私 2016年,凭祥海关缉私分局坚持"破大案、打团伙、摧网络",深入推进"国门利剑2016"联合专项行动等各项专项行动。有效遏制辖区走私势头。全年凭祥海关缉私分局立案168起,案值9.74亿元,涉税1亿元。与其他执法部门开展联合查缉50起,查获货物有各类冻品519吨、生猪134头以及大米、白糖、洋酒等货物大批,进一步强化了局面管控。继续巩固反走私联系配合机制,推动地方政府落实反走私责任制,召开各类工作联席会议23次。强化正面宣传,加强与新闻媒体合作,针对典型案例积极策划新闻宣传,新闻联播、央视新闻频道、国内四大门户网站先后对GN1622走私珍贵动物制品案进行报道,反走私正面宣传取得显著成效。

队伍建设 2016年,凭祥海关不断完善关内各项文体设施,充实图书室藏书,营造庭院景观园林文化氛围,落实好《南宁海关党组关于加强和改进关警员身心健康保护工作的意见》,设立关区首个心理咨询室。探索完善地方干部交流到海关工作机制,在凭祥海关挂职的18名地方干部成为一支重要监管力量,第二批地方挂职干部也已如期上岗。以落实"人才强关"战略为重点,搭建关员成才平台,全年共开展各项培训2187人次。

文明创建 2016年,凭祥海关继续保持全国文明单位荣誉称号,友谊关海关和综保区业务现场两个青年文明号顺利通过复核。全年凭祥海关干部受到总署、总关及地方表彰51人次,在地方的党建演讲比赛、知识问答等赛事中均获得第一名。集中开展"内务规范强化月"活动,着力强化"四好"先进科室品牌建设,不断提升干部队伍业务素质和服务监管水平。深化志愿帮扶共建,开展"一个阅览室·一支小牙刷"主题公益活动、"爱在边关、情暖夕阳"爱老敬老活动,与凭祥市柳班路小学、河南鲁山县瓦屋中学开展贫困学生帮扶活动，累计捐献物资 2 万余元；拓宽帮扶形式，长期派驻青年关员开展支教、扶贫活动，得到各界好评。

综合保障能力提高 2016 年，凭祥海关共向上级载体报送信息 3665 篇，在中央电视台等各级主媒体上刊播稿件 162 篇，新闻宣传和信息排名分列关区隶属单位第一、第二位；督查督办、值班应急、机要保密工作井然有序。三级监控指挥中心监管效能进一步提升，信息化水平不断提高，承办多项关区重大会议、培训及大型活动。政府采购、罚没财物管理、基建工作进一步规范，共 53 批次涉案财物入库，组织 25 次拍变卖活动；崇左缉私办案中心已获批总投资，重新选址地块通过崇左市两委会批复，已办理建设项目选址意见书并通过用地预审；H986 集装箱检查设备安装及配套工程已联调成功并通过总署验收；后勤管理、办公用房整改及公车改革稳步实施。

（张 静）

【水口海关】 水口海关位于祖国西南边陲、红八军的故乡龙州县城。业务辖区为龙州、大新、天等 3 个县行政区域，辖区毗邻越南高平省和谅山省，边境线长 254 千米。辖区内共有国家一类口岸 1 个：水口口岸。国家二类口岸 2 个：科甲口岸、硕龙口岸。边民互市点 7 个：那花、布局、水口、科甲、岩应、硕龙、德天互市点。水口海关主要职能是监管进出口货物、物品，征收关税，查缉走私和海关统计，内设办公室、人政监审科、通关管理科、物流监控科、边境贸易监管一科、边境贸易监管二科、边境贸易监管三科、稽查科、财务保障科 9 个科室，共有关员 50 人。水口海关缉私分局为正处级机构，内设办公室、侦查科、情报科、法制科 4 个科室，共有警察 22 人，辅警 15 人。

关税征管 2016 年，水口海关加强对税收形势的监控和分析，通过审价、验估和原产地管理等手段强化税收征管质量，确保税款应收尽收。同时，加强与主要纳税企业的联系沟通，积极宣传海关贯彻落实稳增长促发展的措施，了解并解决企业在经营中存在的困难，在严密监管的前提下切实加强服务和加大扶持力度，努力稳定主要税源。全年接单审核报关单 1357 份，同比下降（下同）21.9%；累计入库税款 854.59 万元，下降 26.5%。

货运监管 2016 年，水口海关积极推进泛珠区域通关一体化改革和关区通关一体化改革；深化海关审批制度改革，规范行政审批，推动"一个窗口"建设；推动关检合作"三个一"深入开展；进一步推广应用物流管理平台。全年监管货运量 2.9 万吨，下降 80.1%，货值 28.1 亿元，下降 59.5%。

查缉走私 2016 年，水口海关坚持打团伙、破大案的理念，努力构建"大协同"机制，推动综合治理；加强反走私宣传，教育边民守法经营，勤劳致富。立案侦办刑事案件 8 起，案值 3.89 亿元，分别增长 60% 和 6.5%；立案侦办走私行为案件 33 起，案值 245.66 万元，分别下降 60.2% 和 18.9%；立案侦办违规及其他违法案件 22 起，案值 1050.8 万元，分别下降 15.4% 和 81%；联合查缉移交工商等相关部门处理案件 46 起，案值 557.04 万元，分别下降 66.2% 和 52.5%。

边贸管理 2016 年水口海关深入推进边民互市无纸化通关改革，完善互市监管链条；以南宁海关十个"四字诀"为指引，构造有效预防腐败体系；以加强查验工作为抓手，切实提高监管效能。全年互市货运量 101.4 万吨，增长 91%；商品总值 171.7 亿元，增长 48%。

服务地方经济社会 2016 年，水口海关积极向地方政府通报国家出台的新政策及上级海关管理新规定，贯彻落实稳增长促发展的各项通关便利措施，拓展海关统计分析监测预警的深度和广度，为地方党政科学决策提供统计支撑。加大口岸事务参与协调力度，多次走访当地政府，了解地方外贸经济发展需求。全年龙州县外贸进出口总额 296.9 亿元（含边民互市贸易），下降 26%，占崇左市进出口贸易总值的 24.1%。

党的基层建设 2016 年，水口海关党总支以共产主义信仰为全面从严治党的核心内容，把开展"两学一做"与开展纪念建党 95 周年系列活动结合起来，七一前后举行党章党规党纪知识竞答比赛，邀

水口海关辖区口岸、互市点对照表

中国	越南	
水口口岸	高平省广和县	驮隆口岸
那花互市点	谅山省长定县	那讷互市点
布局互市点	高平省石安县	德隆口岸
科甲口岸	高平省下朗县	秘河口岸
岩应互市点	高平省下朗县	那烂互市点
硕龙口岸	高平省下朗县	里板口岸
德天互市点	高平省重庆县	板拉互市点

请当地党校教师讲"践行'四讲四有',做合格党员"专题党课;认真落实"支部设在科上"要求,党支部由原来的3个调整为8个,总支部委员由5人调整为7人,包括了全部关局领导班子成员,奠定了党建工作基础;确保经费保障,设立党员学习室,做好党费收缴和党员组织转接关系工作,建立健全组织生活制度机制,做好"四个本子",推动基层党支部"三会一课"常态化,做好工作台账,加强学习型、服务型、创新型党组织建设,全面推动基层党建工作顺利开展。

党风廉政建设 2016年,水口海关认真组织签订党风廉政建设主体责任书,持续深化"四风"整治,推进落实处科级党风廉政建设主体责任,严肃查处违规违纪问题,加大追责力度,保持预防和惩治腐败高压态势。年内,对4名干部给予批评教育、诫勉谈话及通报批评等责任追究。

(康佳宁)

出入境检验检疫

【凭祥出入境检验检疫局】 凭祥出入境检验检疫局(以下简称凭祥局)隶属广西出入境检验检疫局垂直管理,为正处级建制的口岸行政执法机构。辖区边境线长309千米,设有友谊关口岸、凭祥(铁路)口岸、爱店口岸3个国家一类口岸,7个边民互市点。代管广西检验检疫局凭祥综合保税区办事处(正处级),负责崇左市江州区、凭祥市、宁明县、扶绥县的出入境检验检疫工作。主要职责是贯彻执行国家出入境卫生检疫、动植物检疫和进出口商品检验的法律法规和政策规定,负责辖区内各口岸和边境互市贸易点的出入境卫生检疫、动植物检疫、进出口商品检验、鉴定和监督管理等工作。

2016年,凭祥局共检验检疫进出境货物16.4万批次,其中一般贸易及边境小额贸易货物7.2万批次,货值17.4亿美元;进境边民互市贸易货物9.2万批次,货值106亿元人民币。检疫查验出入境人员225万人次,确诊传染病33例;查验行李138万件、交通工具93万辆(节)次;签发出入境货物通关单7.3万份、原产地证书4.5万份,签证金额6.7亿美元;截获进境有害生物110种12506批次,其中检出检疫性11种1909批次,同比增长25%。

凭祥国检试验区建设 一是配合和指导地方政府提出凭祥国检试验区立项申请,制订规划建设方案。二是协调推动国检试验区申报受理、监控指挥、联合查验、快速检测、辐照处理、检疫处理共六大中心的建设工作,8月底顺利通过了广西局组织的项目预验收,正在落实迎接总局正式验收的各项整改工作。三是做好政策宣贯、业务培训等相关工作。四是边民互市贸易检验检疫电子监管平台已投入运行,国检试验区相关配套政策和措施正在进一步完善和落实。9月9日,国家质检总局局长支树平和自治区副主席张晓钦实地考察了凭祥国检试验区,对国检试验区的建设工作给予了高度评价。

疫情防控 一是做好口岸寨卡、黄热病等病疫情防控工作。成立口岸疫情防控工作领导小组;做好仪器设备维护更新、检测试剂配备;开展应急处置演练,举办防控知识业务培训和宣传;排查并处置发热病人434例,确诊为传染病33例,其中登革热1例、艾滋1例、梅毒10例、流行性感冒11例、病毒性肝炎10例,截获医学媒介生物69批次3252只。二是进一步落实"3+4"口岸传染病疫情防控工作。联合疾控部门开展传染病防控宣传教育、咨询及监测等工作,采集血样400人(份),检出梅毒5例,其他均为正常。三是进一步落实口岸核生化反恐怖工作。加强口岸核与辐射检疫查验,开展应急处置桌面演练,完善一线人员防护装备及检测设备的配备,按要求处置口岸核与辐射超标事件59起。四是做好口岸卫生处理工作质量检查。进一步完善和规范卫生处理监管,监督指导辖区卫生处理单位开展相关工作。五是做好口岸卫生监督工作。对口岸食品经营单位实施日常卫生监督分级管理评分1次,开展口岸公共场所微小气候卫生监测8次,结果均达标。

动植物检疫 一是加强动植物检疫,维护国门生物安全,2016年共截获进境有害生物110种12506批次,其中检出检疫性11种1909批次,同比增长25%;有害生物刺盘孢菌属、热平刺粉蚧为全国首次截获。二是推进口岸动植物检验检疫规范化建设,顺利通过广西局组织的督查验收。三是积极开展中越边境地区实蝇联合监测工作。加强跨境植物疫病疫情防控合作,配合广西局向越南赠送了实蝇监测设备及药品。加强实蝇监测,共截获到实蝇类有害生物12种12253头。四是做好安全风险监控。抽取进境水果监控样品415份,监测风险物质种类261项,风险物质次数6345次,检测结果均为合格。五是开展国门生物安全宣传和"教授、博士"口岸行活动。配合广西局成功举办2016年"科技周"活动,开展科普展示讲座及实验室开放、边境口岸科普宣传等;邀请3位专家深入一线授课和交流互动。

进出口食品监管 一是加强进出口食品监管，确保食品安全。2016年，全年共检出不合格食品738批次，其中一般贸易进口食品不合格99批次，互市贸易进口食品不合格198批次，主要为标签、品质不合格及食品安全指标超标；出口食品检出不合格441批次，均为包装不合格。二是做好进出口食品监督抽检工作。对进出口食品洋葱、胡萝卜、大米、水产品、花生、芝麻等33个品种进行抽检，共计889个抽检任务，及时汇总、分析、上报检测结果。三是妥善应对"越南酸奶"事件。建议地方政府协调相关部门齐抓共管，加大对非法入境"越南酸奶"的打击力度；加强对入境货物和旅客携带物查验力度，防止瞒报、夹带等行为发生；加强宣贯，引导企业、边民从事合法进出口贸易；开展联合执法，实施专项整治。四是开展出口食品企业内外销"同线同标同质"帮扶工作。帮助企业了解境外目标市场的技术法规、标准等要求，对企业在出口中存在的实际困难进行调研。五是做好备案管理和标签审核。共完成31家进口食品收货人备案和进口预包装食品标签备案151份，检出不合格食品标签55批次。

完善监管设施 2016年，凭祥局配合地方政府推进口岸建设，一是积极推进爱店口岸升格有关工作。联检大楼、实验室部分配套设施、室内装修工程已完成，货场建设正抓紧施工。二是督促地方政府完善边民互市点基础设施建设。继续推动北山、平而互市点和落实弄怀、叫隘、油隘、板烂等互市点的基础建设，做好进驻油隘开检的前期工作。三是配合地方政府加快友谊关口岸和凭祥（卡凤）国检试验区内货物运输专用通道建设。制定货物运输专项通道施工方案，明确检验检疫查验设施设备需求清单。四是积极配合推动凭祥（铁路）进境水果指定口岸的申报工作。配合地方政府、铁路部门提出立项申请，拟订规划建设方案。五是进驻凭祥边境贸易货物监管中心开展检验检疫工作。该中心3月份开始试运营，凭祥局及时进驻开检。六是推动E—CIQ主干系统平稳上线运行。自2016年10月18日启用E—CIQ系统以来，截至12月31日，共受理货物申报出境9721批次、货值3.4亿美元，申报入境10414批次、货值1.6亿美元。

抓好自身管理 一是开展口岸边贸执法人员违规收取"好处费"专项整治。认真履行主体责任，明确整治目标，落实整治措施；及时动员部署，开展自查自纠；主动争取地方党委、纪委等的指导和支持；不断深入开展排查工作，发现问题及时整改。专项整治工作取得了阶段性的成效，已转入常态化管理。二是加强自身建设。组织开展青年文明号和军警民共建申报和复核工作；加强信息宣传，在国家级媒体上发表文章16篇（幅），自治区党委动态、质检动态各采用2篇。加强科研工作，共发表科研论文8篇，参与起草标准1项；清理办公用房并整改到位；建成室内球场占地975平方米；通过自治区卫生单位复审。 （邓 敏）

【水口出入境检验检疫局】

概况 2016年，水口局内设办公室、综合业务科、检务科、边贸科、技术检测科、那花监管科、布局监管科7个科室，共有在职在编人员33人。

年内，水口局以"抓质量、保安全、促发展、强质检"12字方针为主线，按照"质量为本、安全第一、改革当先"的要求，以"和谐严明、规范高效、管理有序、创新发展"为治局理念，以及"一四六"工作总思路，履职能力不断提高，服务崇左（龙州、大新）经济发展取得显著成效，开创了水口检验检疫工作的新局面。全年水口局共检验检疫进出口货物187.19万批次，货值24.14亿美元，检疫进境人员53.68万人次，检疫进出车辆19.39万辆次，分别同比增长54.99%、51.67%、0.89%、27.48%。

进口食品监管 2016年，水

2016年10月13日，水口检验检疫局局长阎广生（前右一）陪同崇左市市委书记刘有明（前左二）到大新县硕龙口岸调研

2016年，水口检验检疫工作人员为货主办理报检相关业务

口局为了确保进口食品质量安全。开展专项治理行动，对边贸进口冷冻水产品、干坚果等重点敏感食品开展专项整治活动，严格执行入境养殖水产品提供越南官方卫生证书，完善外包装食品标签，规范标签内容明细，规范证书的使用，列明运输工具号码，避免证书被套用，加强对进口预包装食品的标签备案和查验监管，进一步保证进口食品安全。加大了对业务的督察，制定了专项督查计划，建立了月度督查，季度通报机制，及时开展自纠自查，限时要求完成整改。全年共检出进口不合格食品41批次，货值1064.08万元。同时加强部门合作，提升监管合力。加强与质量技术监督局、食药监局、工商局等部门的合作，联合开展"食品安全周"、"3·15"消费者权益保护日等活动，组织开展"提升供给质量，建设质量强国"质量月活动，大力宣传进出口商品质量知识，提高全社会质量安全意识。

卫生检疫监管 2016年，水口局以国境口岸公共卫生"3+4"防控体系建设为抓手，强化口岸核心能力建设。以防控寨卡病毒、中东呼吸综合征等疫情为重点，针对

疫病疫情传入传出风险特点，采取措施，进一步加大防控力度。一是开展蚊类的医学媒介生物监测工作，成立病媒生物监测工作领导小组，制定专项监测方案，降低蚊媒滋生；二是完善应急处置预案，加强防控演练，提升应急处理能力；三是加强宣教活动，及时了解并收集越南境内疫情动态，加强寨卡病毒知识、预防措施等方面的宣传教育，进一步提高防控意识；四是与联检部门、疾控部门、医疗部门继续加强合作，收集疫情相关信息。全年水口局共检疫查验出入境人员53.45万人次，排查处置有传染病症状者208例，确诊水痘、甲型H1N1 1例、乙流、甲流、甲3型流感、流行性腮腺炎、轮状病毒感染性腹泻、单纯疱疹、手足口病等确诊病例38例，确诊率为18.27%，有效防止了疫情的传入传出。

动植物检疫 2016年，水口局继续按照广西局动植检规范化建设要求，完善口岸各项基础设施建设和制度建设。对入境动植物产品进行分类分级管理，加大对辖区入境高风险动植物产品的检疫查验力度。从入境的越南木薯干片中再次截获检疫性有害生物谷

拟叩甲。全年共截获有害生物35种151种次1040头，其中货检共截获一般性有害生物玉米象、咖啡豆象、酱曲露尾甲等31种759头，检疫性有害生物谷拟叩甲21头；旅检共截获一般性有害生物红圆蹄盾蚧、绿豆象等7种241头，检疫性有害生物大洋臀纹粉蚧19头。持续开展"绿蕾"专项行动，共截获旅客非法携带物364批次，数重量约1358.5千克，种类为猪肉、酸奶、肉粽、李果、柚子等。联合地方畜牧水产部门到非驻点边境乡镇、通道开展疫病疫情联防联控，维护国门生物安全。

风险分析 2016年，水口局在风险分析的基础上，积极探索对进出境动植物产品、进出口食品实施分类分级管理；继续加强对境外合作种植甘蔗返销国内的监管工作，除定期派员到境外监管外，加大生产加工环节后续监管，确保进境甘蔗安全和糖厂的原料供应。认真落实进口食品"四位一体"检验监管制度，积极探索边民互市贸易进口大米、水产品"落地加工"检验监管模式。加大干制海产品抽检频率，对问题突出的进行批批抽检并采取暂停等措施，以确保食品安全。

国检试验区建设 2016年，水口局围绕质检总局、广西壮族自治区党委、自治区政府的总体战略部署和工作安排，水口局结合工作实际，按照"立足沿边、面向东盟、先行先试、风险可控"的原则，主动向广西局提出将水口口岸纳入国检实验区试点范围。7月，中国–东盟边境贸易龙州（水口）国检试验区获得广西局批准立项建设。通过国检试验区建设，督促地方政府进一步加大投入，完善口岸（互市区）检验检疫基础设施建设，提升检验检疫履职能力。提前介入，

主动作为,以支持龙州县创建边境经济合作区和大新县打造中越德天—板约瀑布国际旅游合作区作为重点,主动介入,推动水口口岸升格为国际性口岸并扩大开放至二桥、那花、布局互市点升格互市区、大新县硕龙口岸升格开放等,积极与广西局职能处室协调联系,指导口岸规范化、标准化建设,加快推动边境贸易转型升级。大力支持、引导地方政府和外贸企业利用进口粮食指定口岸、进口冰鲜水产品口岸的功能作用,争取更多资源型商品进口。指导龙州县政府完成进口水果指定口岸申报立项,并于7月份获得总局批准立项。龙州县政府正在按照进口水果指定口岸的相关要求着手开始检验检疫基础设施建设。

基础建设 2016年,水口局进一步提升事业发展保障能力技术业务用房置换工作稳步推进。龙州县党委、市政府非常重视水口局技术业务用房置换工作,县委主要领导、分管领导多次召开现场推进会,对项目征地提出了明确要求。水口局主要领导也多次深入置换地块进行调研,抽调专人成立专门部门推进该项工作。经多方努力,2016年6月,置换工作已经进入征地阶段。取得突破性进展,已完成征地任务的30%,项目已顺利进入地质勘测和施工图设计阶段。由大新县政府出资600多万元,建筑面积约7000平方米的硕龙口岸检验检疫业务技术用房已进入主体建设阶段,大新县城划拨

的1.3公顷行政办公用地已经进行规划设计阶段;科甲口岸(互市点)基础设施建设也进入装修阶段。互市点现场快速检测实验室现雏形。由龙州县政府投资300万元的那花、布局现场快速检测实验楼已完成主体工程,已进入内部装修阶段。同时水口局局主动出击,开拓思路,充分发挥水口局综合实验室作为广西局技术中心分中心的技术优势,加强与食药监管、工商等部门的合作,积极开拓业务新渠道、新途径。水口局已与龙州县食药监局达成协议,负责承担该局监督抽检工作的样品检测任务,共接受送样检测100批次,通过拓展渠道,更好地适应技术机构改革的客观需要。

党风廉政建设 以开展口岸一线执法人员违规收取"好处费"问题排查治理为契机,进一步强化落实"两个责任"。将"一把手"的主体责任与纪检组的监督责任真正落实到具体工作中,主要领导深入辖区外贸企业、互市边民中调查研究,了解水口局干部职工的廉政建设情况,共走访企业20家;纪检组例行约谈各部门负责人及敏感岗位人员共48人次,要求各部门负责人要落实好"一岗双责",杜绝奢侈浪费和"节日腐败",做到不踩"红线"、不闯"雷区"。根据专项整治中查找到的薄弱环节,建立长效机制,制定了《水口局样品管理规定》《水口局抽采样工作管理办法》《水口局工作人员行为准则》等内部管理规定。通过自查自纠

排查治理,取得了初步成效,全体干部职工进一步提高了拒腐防变的思想认识,受到了一次深刻的警示教育。

文明单位创建 2016年,水口局将精神文明创建工作与党建工作、团建工作结合起来,一起谋划、一起布置。主动与县、市两级文明办对接,多次邀请龙州县宣传部领导到水口局检查指导工作。创新创建载体,组建青年志愿者服务队,成立乒乓球、象棋等各种兴趣爱好活动小组,组织干部职工开展运动会、登山徒步、读书诗会等活动,充分调动党员、团员和全局干部职工的积极性,形成党政工青妇齐抓共管的工作格局。年内,水口局想方设法,多渠道筹集资金,对办公区精神文明建设环境进行改造完善,装修荣誉室,同时,对职工生活区大院进行美化亮化,以营造和谐、温馨、文明的办公和生活环境。3月份水口局举办的专题道德讲堂,在广西局政工处的指导下,获得了广西壮族自治区文明办崇左市宣传部、龙州县委等主要领导的高度肯定;5月,水口局党支部被评为广西检验检疫系统先进基层党组织;6月,水口局技术检测科被评为崇左市巾帼文明岗;7月,积极参与广西局"颂党恩 跟党走做合格党员"庆祝建党95周年晚会。节目情景剧表演《天琴颂党恩》获晚会三等奖;9月,水口局党支部被评为龙州县先进基层党组织;12月,水口局职工获广西壮族自治区"最美家庭"提名奖。 (段宵宵)

教育

JIAOYU

□编辑 黄朝勇

基础教育综述

【概况】 2016年，崇左市教育工作坚持立德树人不动摇，以实现教育公平和提升教育质量为主线，以提质增量为重点，以依法治教为保障，以深化教育改革为动力，加快推进教育事业改革与发展。全市教育"三个约束性"指标稳步提升，学前教育三年毛入园率、九年义务教育巩固率、高中阶段教育毛入学率分别达到85%、91%和85%。义务教育均衡发展工作持续推进，凭祥市、龙州县通过国家义务教育均衡发展评估认定，天等、大新和宁明3个县通过自治区义务教育均衡发展督导评估。优质学校建设工作成效明显，天等县直属机关保育院、大新县直属机关幼儿园和扶绥县第一幼儿园通过自治区示范幼儿园评估验收，扶绥县特殊教育学校通过自治区示范性特殊教育学校评估验收，广西民族师范学院附属中学通过自治区示范性普通高中评估验收，龙州高中、天等高中和大新中学通过自治区示范性普通高中复查评估。与广西教育学院合作实施、以提升基础教育教学质量为目标、以打造"三名（名校、名校长、名师）"为切入点的崇左市"基础教育质量提升工程"三年行动计划（2015年—2018年）促进了全市基础教育的改革与发展，打开了教育教学改革关键领域的新局面。启动实施为期三年的"初中学校管理质量提升工程"，引导全市初中学校在"促进学生全面发展、引领教师专业发展、提升教育教学质量、营造和谐校园环境和建设现代学校制度"5大重点领域促进学校优质发展。积极引进优质教育资源，优化基础教育结构，打造崇左城区教育中心，广西城市职业学院崇左校区签约并开工建设，南宁地区教育学院转制及新校区建设、崇左高中扩建、广西大学附属中学崇左校区和北大崇左附属实验学校前期工作加快推进。年内，全市开工建设教育项目650个，完成投资额5.31亿元；全面实施义务教育学校学生营养改善计划，全年累计支出营养膳食补助9558.13万元；全面落实教育扶助政策，发放各类资助资金8008.24万元，资助学生12.35万人，其中建档立卡贫困户在校学生46161名。

学校数和学生数 全市有各级各类中小学、幼儿园1531所，在校学生368746人。其中，幼儿园504所，在园人数76756人；小学313所，教学点607个，在校学生171922人；普通初中75所，在校学生70912人；普通高中12所，在校学生31145人；中等职业学校15所，在校学生17463人；特教学校5所，在校学生548人。

教师数和师生比 全市有专任教师20248人，其中：幼儿园专任教师2932人，小学专任教师9613人，初中专任教师4349人，九年一贯制专任教师585人，高中专任教师1723人，完全中学专任教师326人，中等职业学校专任教师630人，特殊教育学校专任教师90人。师生比：幼儿园为1∶26，小学为1∶18，初中为1∶14，高中为1∶15，中等职业学校为1∶34，特殊教育学校为1∶6。

每万人口在校生 幼儿园334人，小学747人，初中308人，普通高中135人，中等职业学校94人。

基础教育普及程度 学前教育三年毛入园率85%，提前达到2020年全国目标值；九年义务教育巩固率91%，比上年提高4%；高中阶段教育毛入学率85%，比上年提高2%。

基本办学条件 全市小学校园面积665.18万平方米，生均面积38.69平方米，校舍面积167.92万平方米，生均面积9.77平方米；普通初中校园面积320.88万平方米，生均面积45.25平方米，校舍面积111.8万平方米生，生均面积15.77平方米；普通高中校园面积86.9万平方米，生均面积27.9平方米，校舍面积46.81万平方米，生均面积15.03平方米。

学校基础设施建设 年内，全市学校基础设施建设资金总额43030万元，其中中央补助资金30809万元、自治区补助资金5036

万元、市县财政安排资金 7185 万元，维修、改造、建设校舍面积 43.18 万平方米，大大改善全市农村中小学校办学条件，对解决幼儿"入园难"、消除城镇学校"大班额"和农村寄宿制学校"大通铺"等问题提供良好硬件保障。

教育经费收入与支出 2016 年，崇左市教育经费总收入 38.76 亿元，比上年多收入 0.13 亿元，增长 0.33%。其中，国家财政性教育经费收入 36.18 亿元，比上年多收入 0.12 亿元，增长 0.33%；事业收入 2.58 亿元，比上年增加 0.03 亿元，增长 1.17%。教育经费总支出 37.42 亿元，比上年少支出 0.16 亿元，减少 0.42%。其中，财政补助支出 33.56 亿元，比上年少支出 1.24 亿元，减少 3.56%。总支出中，工资福利支出 15.92 亿元，对个人和家庭的补助支出 7.93 亿元，商品和服务支出 6.05 亿元，其他资本性支出 7.48 亿元，其他支出 0.04 亿元。

【**教师队伍建设**】 2016 年，全市幼儿园专任教师学历合格率 94.95%，专科以上学历占 64.18%，比上年增长 3.85%；小学专任教师学历合格率 99.67%，专科以上学历占 84.61%，比上年增长 0.28%、本科以上学历占 25.99%、比上年增长 0.3%；初中专任教师学历合格率 99.64%，本科以上学历占 74.06%，比上年增长 0.56%；高中专任教师学历合格率 100%，研究生学历占 10.5%。年内，全市通过教师公开招聘专项考试、农村特岗教师招聘和教师定向培养等途径，招聘新教师 1148 名，及时补充教师队伍数量，优化教师队伍结构。严格落实乡村教师生活补助计划，根据学校艰苦边远程度，按每人每月不低于 200 元的标准，对在乡村工作的教师实行差别化补助，惠及全市乡村

教师 7000 多名。扎实开展教师培训工作，进一步提高教师专业化水平，全市完成教师培训 10179 人次，其中国培计划培训 4713 人次、区培计划培训 5466 人次。举行全市中小学校信息技术与学科课堂教学深度融合课例展示与交流活动，有效促进各级各类学校教育教学改革；开展全市骨干教师省外研修活动，提升骨干教师引领能力。借助高校资源，联合开展各项专题培训，与广西师范学院联合开展全市初中学校校长和教学副校长专题培训，强力推进为期三年的初中学校管理质量提升工程，补齐初中教育阶段短板；与广西民族师范学院和南宁地区教育学院联合开展中小学校教育科研培训班，提升了各学科教师的课题研究水平，进一步营造学校教育科研的浓厚氛围。

【**教师招聘培训**】 2016 年，全市安置教育部直属重点师范院校免费师范毕业生 5 名，招聘农村义务教育阶段学校特设岗位教师 286 名，农村小学全科教师定向培养计划招生 285 名。崇左市 7 所市直学校(广西民族师范学院附属中学、小学、幼儿园和崇左市城南小学、崇左市高级中学、广西崇左东盟国际职业教育学院、崇左市机关保育院)及 6 个县(市)开展教师专场招聘，招聘教师 577 名。年内，全市教师培训工作扎实推进。一是率先完成 2016 年度"国培计划"和"区培计划"的招标及培训工作。2016 年自治区下拨崇左市的"国培计划"经费 232.5 万元、"区培计划"经费 103.74 万元，自治区教育厅要求所有经费实行政府采购招投标。4 月，设计市级统筹项目规划方案上报区厅审定，修正后再上报确定；5 月，与云龙公司商谈具体招标文件研制，初步发布项目信息给各培训

机构、院校，等待自治区资金下拨，向市财政局申请开展招投标事宜；6 月，发布招标公告，联系邀请培训机构、院校参与投标，与财政局采购监督科商议评审人员，落实抽取评委方式、方法，明确监督人员和工作人员；7 月 1 日完成所有项目招标评审工作，7 月 8 日发布中标公告，8 月签订合同。招标工作统筹国培区培项目，一次性设计拨付资金数量，及时邀请沟通协调培训机构、院校，一次完成且无流标出现，为全区 14 个地级市中的唯一，教育厅领导多次在全区教师培训会上给予肯定和表扬。年内，全市完成培训报送人员 10179 人次(其中"国培计划" 4713 人次、"区培计划" 5466 人次)，项目累计 56 批、183 个科次。二是充分发挥市教科所"教师培训"职能优势，结合重点工作和任务，合理设计培训项目，加强对特级教师、骨干校长、骨干教师和学科带头人的培训，推动全市"三名工程"建设。开展骨干教师(南京)培训班，培训全市特级教师、教坛明星等 50 人；实施初中质量管理培训项目，培训全市所有初中学校校长 75 人；实施初中教学管理培训项目，培训全市所有初中学校分管教学副校长 75 人；开展全市骨干校长、教师研讨班，培训全市普通高中校长、特级教师、教坛明星、广西名校长和名师培训对象、学科带头人等 50 多人。此外，组织开展教学点数字教育资源应用培训 6 期，推动教学点教师应用"教学点数字教育资源"开展课堂教学活动；组织开展 2016 年信息技术应用能力提升培训，通过网络培训的形式培训教师 4916 名。年内，全市有特级教师 24 名，其中：被确定为"广西八桂教育家摇篮工程培养对象" 2 人(广西共 50 名)，"广西基础教育名校长领航工程培养对象" 4 人(广西共 100 名)，"广西基

2016年崇左市数字教育资源应用教学点教师培训

础教育名师深蓝工程培养对象"4人(广西共99名)。

【安全教育】 2016年,全市各级各类学校强化安全教育工作,坚持"安全第一、预防为主、综合治理"方针,树立"以人为本、安全发展"理念,层层签订安全责任书,抓实管理,强力督促。一是扎实抓好安全教育,建立浓厚的安全文化氛围,充分发挥课堂教学主阵地作用,上好每一节安全法制课,认真开展安全逃生演练,提高学生安全防范意识和能力。二是深入抓好安全隐患排查,细化安全管理制度和防范措施,形成全方位、全时段抓好安全的良好态势。三是大力抓好重点部位管理,特别是抓好门卫管理,严格执行"出入登记"制度,做到值班到位,督查有力,确保学生在校期间得到安全保障。年内,全市发生涉及学生安全事故15起,死亡16人,比上年下降5%。其中,溺水事故11起,死亡12人;交通事故1起,死亡1人;中毒事故1起,死亡1人;意外事故2起,死亡2人。15起学生安全事故中,宁明县4起、大新县3起、江州区2起、天等县2起、龙州县2起、扶绥县1起、市直学校1起。

【体育教育】 2016年,崇左市深入贯彻全国青少年校园足球工作电视电话会议、刘延东副总理讲话及《教育部办公厅关于做好全国青少年校园足球特色学校及试点县(区)遴选工作的通知》精神,加强学校体育工作,实现提高学生体质健康、运动技能和人格素养的总目标和总要求,提高全市校园足球普及水平,制定实施《崇左市全国青少年校园足球特色学校及试点县(区)遴选工作方案》,积极推进全市青少年校园足球特色学校的申报,多举措推动全市校园足球发展。广西民族师范学院附属小学、广西民族师范学院附属中学、龙州县下冻镇北耀完全小学、龙州县职业教育中心、龙州县彬桥乡热作站学校、龙州县高级中学、天等县恒丰希望小学、凭祥市友谊镇中心小学等8所学校获2016年全国青少年校园足球特色学校称号。7—8月,组织龙州县高级中学(男子组)和扶绥县第二中学(女子组)作为崇左市代表队参加全区中学生运动会;12月,开展全市第一届校园足球联赛(高中男子组),促进全市校园足球发展。

【艺术教育】 2016年,全市把民族艺术进课堂活动作为体育、艺术"2+1"项目的重要抓手来抓,进一步打造崇左艺术教育的特色品牌,民族艺术进课堂成效明显。在中小学校开展社会主义核心价值观集中教育、深化教育和主题实践的基础上,开展社会主义核心价值观系列歌曲进校园传唱活动,开创全国先河。开展全市高中音乐教师优质课比赛,组织教师参加全国第五届中小学生艺术展演活动,拓宽艺术展示和学习交流平台,扩大艺术教师知识面,提高艺术教师专业素养,提升工作责任感和教育教学质量。龙州县把天琴教学融入音乐课堂教学,积极创作天琴曲目,编写科学实用的《学生天琴艺术教育读本》;大新县举办壮语山歌进校园师资培训班,组织学校开展第二课堂,由高腔调山歌手每周定期到山歌兴趣班授课传歌。宁明县组织全县师生学习宁明迎客歌和花山拳,举办全县中小学生"百人花山拳"评比活动,既强身健体,又弘扬花山文化和精神。年内,全市举办天琴教学师资、高腔诗雷、花山文化等艺术教师专业培训班5期;组织开展全市艺术教师基本功大赛,选送优秀教师、优秀节目参加各级各类艺术评比活动,4名选手获全区音乐教师5项技能比赛一等奖1人、二等奖3人。

【教育技术装备】 2016年,全市进一步推进全面改善贫困地区义务教育薄弱学校基本办学条件项目教学仪器设备配备工作,加强信息化建设,使边远山村学生能与发达地区学生一样接受优秀教师的课堂教学,教学点的教师能利用资源开足、开好国家规定的课程,有效缓解农村学校学科教师不足、教学水平不高等困难和问题。年内,全市累计"校校通"接入宽带网络中小学校518所,占全市中小学校

（含教学点）的53%；学校"班班通"教室6912个，配备多媒体教学设备4508套，班级配备率65.2%，连接互联网教室2604个，占班级总数的37.7%；全市累计配备计算机学校165所、教室284间、电脑10357台，每百名学生拥有终端机3.7台，生机比26.8∶1（其中基础教育学校6757台、职业教育学校3600台，生机比小学51.8∶1、初中30.4∶1、高中25.6∶1、中职3.8∶1），教师配备电脑9307台，师机比1.9∶1（其中基础教育学校8019台、职业教育学校1288台，师机比小学2.2∶1、初中2.2∶1、高中1.4∶1），建立校园网学校40所，配备教师电子备课间89间。全年"全面改薄"项目完成信息化设备采购3017万元，购置多媒体教学设备499套、学生用计算机622台，配备计算机教室15间。

【招生考试】 2016年，全市招生考试工作按照"安全、准确、按时、守纪、高效、有序"的管理目标，贯彻落实国家深化考试招生制度改革精神，全面提升招生管理工作科学化、规范化、制度化，加强试卷安全保密，强化考试管理，坚持依法治考，圆满完成年度教育考试各项工作，全年考风考纪良好，无重大安全事故发生。年内，全市参加全国普通高考报名14925人，其中统考报名9686人，高职对口中等自主招生考试5211人，体育术科考试342人，艺术统考490人，艺术校考489人；参加高等教育自学考试15780科次，其中4月设考点4个共9594科次、10月设考点4个共6186科次；全区普通高中学业水平考试全市报考104245科次，比上年增加9509科次，全市设考点11个，其中6月份考试报考49858科次、12月份考试报考54387科次；参加成人高考报考人数4493人，全市设考

点3个。全市参加中考人数37868人（其中，八年级21062人，设考点65个、考场732个；九年级16806人，设考点60个、考场587个），比上年增加3793人，其中八年级增加1633人、九年级增加2160人。高考成绩稳中有升，全市参加高考人数8694人，分数达二本线以上4097人，占参考人数的47.12%。其中，一本上线人数452人，占本科上线人数的11.03%，比上年增加56人；二本上线人数3645人，占本科上线人数的88.97%，同比增加206人。

【学科竞赛】 2016年，全市教育系统积极组织参加各级各学科竞赛，成绩良好。

组织开展全市中小学教师教学技能大赛，各县（市、区）和市直学校参赛选手及观摩人员800多人参加，从中推荐优秀教师29人参加11月中旬举行的自治区中小学幼儿园教师教学技能大赛，获一等奖1个、二等奖7个、三等奖15个，市教育局被自治区教育厅授予优秀组织奖。

组织开展中小学教师实验操作技能竞赛、说课比赛活动，选拔参加自治区级实验说课比赛获一等奖1名、二等奖5名、三等奖4名。

组织参加广西"书香校园·阅读圆梦"网络征文比赛，获一等奖1名、二等奖8名、三等奖9名、优秀奖14名、网络人气奖5名、指导奖1名。

选拔参加全区中小学信息技术与学科深度融合优秀课例观摩评选活动，获一等奖3名、二等奖5名、三等奖2名、指导奖20名、组织奖2名。

组织参加第十七届全国中小学电脑制作比赛活动，获二等奖2个、三等奖18个、指导奖20个。

选拔参加广西第八届优秀自制教具评选活动，获二等奖2个、三等奖4个、优秀奖6个。

选拔参加全区中小学教育教学信息化优秀作品评选活动，获一等奖13名、二等奖13名、三等奖3名。

组织开展2015—2016年度"一师一优课、一课一名师"活动，参与教师5365名，完成晒课教师857名，晒课968节（其中实录课101节），获市级推优课51节、自治区级优课3节、部级优课2节。

【学生资助】 2016年，崇左市全面贯彻落实各项教育资助、补助政策，大力开展学生资助工作。

学前教育入园补助金项目 下达春季学期学前教育入园补助金521.64万元，资助在园儿童9999名，发放入园补助金484.76万元。

2016年崇左市中小学信息技术与学科教学深度融合优秀课例展示观摩评选

学前免保教费项目 发放秋季免保教费项目资金506.89万元，免除建档立卡贫困户幼儿保教费6791名。

农村义务教育家庭经济困难寄宿生生活费补助项目 全年实际拨付资金11812.25万元，春季学期发放补助金5824.87万元，补助学生103527人，其中小学生50688人、初中生52565人、特殊教育学生274人；秋季学期发放补助金5987.38万元，补助学生105235人，其中小学生46461人、初中生58522人、特殊教育学生252人。

农村义务教育学生营养改善计划项目 2016年，全市农村义务教育学生营养改善计划资金12877.45万元，其中中央资金7790.48万元、自治区资金4315.22万元、地方资金771.75万元。截至年底，全市累计支出营养膳食补助12610.55万元，其中中央资金7540.37万元、自治区资金4300.11万元、县级资金770.07万元。全市共7个试点县808所学校开餐，受益学生158975人。其中，采取学校食堂供餐学校764所，占全市营养改善试点学校总数的94.55%；采取企业供餐学校44所，占比5.45%。

普通高中学生免学费项目 全年下达资金734.59万元，实际免学费746.29万元，受助学生全部免交学费入学。其中，春季学期免学费6981人、359.47万元；秋季学期免学费7641人、386.82万元。

普通高中国家助学金项目 春季学期发放普通高中国家助学金2302.63万元，资助贫困高中生20716人次。

普通高中免学杂费项目 全市高中教育阶段建档立卡贫困户子女免学杂费项目发放312.66万元，资助建档立卡贫困户学生5260人。

滋蕙计划高中奖学金项目 全市高中享受滋蕙计划奖学金奖励学生530名，发放资金106万元。

普通高中家庭经济困难大学新生入学项目 全年发放大学新生入学补助资金366.1万元，资助经济困难大学新生3566人次。

中等职业学校学生免学费项目 全市全年实际免学费955.56万元，实际享受免学费学生9978人次，其中市本级学校免学费795.58万元、免学费人数7922人次。

中等职业学校学生国家助学金项目 全市中等职业学校享受国家助学金资助2227人，资助金额246.95万元。

中等职业学校自治区人民政府奖学金项目 全年全市中等职业教育学生享受自治区人民政府奖学金奖励106人，奖励标准每生每年2000元，奖励总金额21.2万元，其中市本级中等职业学校学生90人，县(市)属中等职业学校学生16人。

生源地信用助学贷款项目 全市办理助学贷款合同9333笔，贷款总金额5150.36万元，其中续贷6111人、首贷3222人，首贷建档立卡扶贫户学生548人。

泛海助学行动项目 新增泛海助学行动计划，资助对象为广西高考成绩前一万名建档立卡贫困户子女。年内，全市享受该项资助407人，发放资金203.5万元。

广西学费和国家助学贷款补偿项目 全年全市核实批复符合学费代偿和国家助学贷款补偿申请条件毕业生295人，代偿学费和国家助学贷款补偿508.3万元。

教育科研

【概况】 2015年12月10日，崇左市机构编制委员会批复同意崇左市教学研究室更名为崇左市教育科学研究所(以下简称市教科所)，核定事业编制22名(其中工勤编2名)。2016年12月19日下文明确市教科所为相当于副处级事业单位。年内，市教科所积极引导全市教师通过专业引领、同伴互助、个人学习等途径促进自身专业成长，形成"教师人人学习钻研教育专著理论、个个撰写教育教学论文、校校开展各级各类课题研究"良好氛围，涌现出一批教育理念新、教研能力强、教学成绩和科研成果显著的骨干教师。同时，积极开展中、高考备考指导、课堂教学评比、教学基本功大赛、集体备课展示评比等各种教研活动，做好教师培训工作，认真选拔各学科教师参加区级、国家级优质课比赛和教学研讨活动，取得良好效果。

【课题研究】 2016年，为加强对一线教师教育教学的服务和指导，推进新课程改革，提高全市教育科研水平，市教科所组织开展崇左市2015、2016年度教育科研课题立项评审工作，收到各县(市、区)和市直学校报送2015年度科研课题408项，批准立项研究286项；2016年度科研课题206项，批准立项研究141项。组织参加广西教育科学"十二五"规划2016年度课题申报立项与结题工作，全市获广西教育科学"十三五"规划2016年度"互联网＋校本创新课程"实验研究专项课题立项3个，广西崇左东盟国际职业教育学院获广西职业教育重点立项教改课题2个、一般课题5个，大新职业学校获广西职业教育重点立项教改课题1个；全市完成广西教育科学"十二五"规划课题研究并通过结题 7 个，其中基础教育 4 个、职业教育 3 个。年内，依托南宁地区教育学院和崇左市教师培训中心，开展高中、初中、小学、幼儿园和职业学校教育科研培训班 4 期。

【教学改革】 2016 年，市教科所积极推行"自主、合作、探究"课堂教学模式和 EEPO、参与式教学等课堂教学模式改革，全市各中小学课堂教学改革取得初步成效，尤其是大新县民族希望中学与天等县各中小学的"自主、合作、探究"课堂教学改革走在全市前列。加强学科中心组建设，完成高中语文、数学、英语等 13 个学科教研中心组建设，并充分发挥其教学、教研活动的引领作用，稳妥推进普通高中新课程改革。开展全市普通高中优势学科基地申报建设工作，指导各高中学校根据自身学科优势进行申报，确定崇左高中等 10 所学校为崇左市普通高中学科教学研究基地。组织开展全市县级教研室教研能力建设评估活动，从基础条件、队伍建设、职能发挥、组织保障四个方面对县级教研室的教研能力进行考评，进一步强化教研能力建设、规范教研行为，充分发挥教研室研究、指导、服务职能，提高教育教学质量。该项工作自 3 月启动，9 月开展中期检查。

学前教育

2016 年，全市学前教育持续发展，学前儿童主要到幼儿园和小学附设的学前班（幼儿园）接受学前教育，学前三年毛入园率 85%。全市有幼儿园 504 所（其中公办 132 所，民办 372 所，城区 48 所、集镇 213 所、村屯 243 所），在园幼儿 76756 人（其中城区 10848 人，集镇 41866 人，村屯 24042 人），幼儿园教职工 5758 人（其中城区 1056 人，集镇 3296 人，村屯 1406 人），专任教师 2932 人（其中城区 611 人，集镇 1641 人，村屯 680 人）。全市有示范幼儿园 25 所（其中自治区示范幼儿园 7 所，市级示范幼儿园 18 所），市一级幼儿园 44 所，集团化办园 14 所，普惠性幼儿园 118 所。

小学教育

2016 年，全市继续深化课程改革，优化教育教学常规管理，巩固学额、提升质量，促进小学生健康快乐成长。全市有小学 313 所（其中城区 18 所，集镇 88 所，村屯 207 所），教学点 607 个，在校小学生 171922 人（其中城区 20293 人，集镇 91987 人，村屯 59642 人），学龄儿童入学率 105.19%；有教职工 10268 人，其中专任教师 9613 人，中学高级教师 63 人，小学高级教师 6437 人，小学一级教师 2018 人，小学二级教师 302 人，小学三级教师 46 人，未定职级 1113 人。

中学教育

2016 年，全市中学教育稳步发展。全市有中学 87 所，其中完全中学 2 所，普通高中 10 所，初级中学 65 所，九年一贯制学校 10 所。普通中学在校生 102057 人，其中初中在校生 70912 人，初中毛入学率 114.51%；普通高中在校生 31145 人，每万人口在校普通高中生 135 人。有中学教职工 6072 人，其中初中专任教师 4349 人、普通高中专任教师 1723 人。初中中学高级教师 505 人，中学一级教师 2850 人，中学二级教师 723 人，中学三级教师 53 人，未定职级 459 人；普通高中中学高级教师 525 人，中学一级教师 594 人，中学二级教师 499 人，中学三级教师 7 人，未定职级 124 人。

特殊教育

2016 年，全市特殊教育和谐发展。全市有特殊教育学校 5 所，占地面积 49291.84 平方米，扶绥、江州、天等、宁明、大新县（区）各 1 所，在校生 548 人，教职工 96 人，专任教师 90 人。

校外教育

2016 年，全市校外教育较快发展。全市 7 个县（市、区）城区青少年校外活动中心基础设施、管理制度完善，积极开展有利于青少年健康成长的丰富多彩活动，作用日益彰显。年内，全市 8 所城市学校和 32 所乡村学校的少年宫正常运转，为学校推进素质教育搭建了更为广阔的平台。

职业教育

【概况】 2016 年，崇左市有中等职业学校 15 所（其中：公办 11 所，民办 4 所；国家级重点职业学校 1 所，自治区示范性职业学校 1 所，自治区示范性专业 7 个），在校生 17463 人（其中全日制学生 8274 人），教职工 852 人（其中，专任教师 632 人，"双师型"教师 118 人，占专任教师的 18.7%）。校园占地面积

87.92万平方米,校舍面积30.18万平方米,设备价值10563.69万元,图书47.75万册,校内实习基地44个,校外实践基地62个,多媒体教室101间,计算机4038台。开设汽修、电子电器、商务越南语、制糖、锰加工、红木加工等学历教育专业56个。

【县级中等专业学校综合改革】 2016年,崇左市全面深化县级中等专业学校综合改革工作,在县级中等专业学校继续增设职业初中,开展渗透职业教育,将各县(市、区)行业部门的培训任务统一整合到当地中等专业学校举办,强化县域培训资源整合。年内,全市中职学校累计培训47419人次,其中培训进城务工农民12389人次,培训农村实用技术人员12460人次,培训教师及学生22570人次。

【招生工作】 2016年,自治区教育厅下达崇左市中职招生任务5700人,其中全日制学生4100人、成人在职学生1600人,全市实际完成招生7474人,完成任务的128.8%。其中全日制学生4003人,完成任务的97.63%;成人在职学生3471人,完成任务的216.9%。自治区下达崇左市全口径送生任务5800人,全市实际完成7676人,完成任务的132.3%。

【教学质量】 2016年,全市中职生参加本科院校对口中等职业学校毕业生自主招生考试,成绩显著,考上各级各类大学533人,其中本科31人、大专502人。举办全市第一届中职学校教师文化优质课比赛,开设比赛科目6个,参赛中职教师78人,展示了较高的教学水平。举办第四届中等职业学校技能比赛,开设电子产品装配与调试、职业英语、汽车维护等15个类别32个项目比赛,共有500多名师生同台竞技,充分展示全市中等职业学校师生积极向上、奋发进取的精神风采和熟练的职业技能。

成人教育

2016年,崇左市有职业技术培训机构367个,其中职业技术培训学校2个、农村成人文化技术培训学校362个、其他培训机构3个,注册学生数67702人。

民办教育

2016年,崇左市有民办学校406所,其中幼儿园387所、小学6所、普通初中5所、中职学校4所、普通高中1所、高等院校3所。3所民办高等院校分别是广西城市职业学院、广西理工职业技术学院、广西科技职业学院,4所民办中等职业学校分别是崇左市八桂城市中等职业技术学校、广西城市职业学院附属中等职业学校、广西科技职业学院附属中等职业学校和广西金英杂技艺术学校。其中,崇左市八桂城市中等职业技术学校、广西城市职业学院附属中等职业学校依托广西城市职业学院资源办学,广西科技职业学院附属中等职业学校依托广西科技职业学院资源办学。 (王英宇)

主要院校

【广西民族师范学院】 2016年,广西民族师范学院校园占地总面积72.6万平方米,校舍建筑总面积38.85万平方米,教学仪器设备总值7795万元,图书馆馆藏纸质图书92.38万册、电子图书63万册。全校教职工757人,专任教师520人,外聘兼职教师90人,其中副高以上职称教师164人,博士、硕士学位教师383人,广西"新世纪十百千人才工程"1人、"广西高校教学名师"1人,广西中青年骨干教师培养工程人选3人,广西高校优秀人才资助计划人选13人,博士生导师3人、硕士生导师10人。全院设二级学院15个,开办本科专业34个、高职专业13个,全日制在校生11341人,其中本科生10183人、专科生1158人,国际学生近500名。年内,广西民族师范学院秉持"坚守一种精神('基石'精神),牢记一个使命(为地方经济社会服务),做好一篇文章(转型发展)"的理念,推行"三个年"(评估整改年、能力提升年、制度建设年)活动,加强内涵建设 加快转型发展,推动各项事业迈上新台阶。

教学工作合格评估 自2013年起,广西民族师范学院启动本科教学工作合格评估工作,坚持"以评促建、以评促改、以评促管、评建结合、重在建设"的方针,扎实开展评建工作。2015年12月,教育部专家组到学院进行本科教学工作合格评估,对学院的顶层设计、教学工作中心地位、办学条件、教学管理、教学质量和办学实力等给予充分肯定。2016年,学校全面开展评估整改工作,12月12日,教育部正式发文公布学院通过本科教学工作合格评估,成为学院发展史上又一个具有里程碑意义的大事。

教学机构和资源整合 2016年,学院对教学机构和教学资源进行调整整合,将原来11个教学系部调整为15个二级学院,对原来布局不尽合理的财务管理、人力资源管理、学前教育、小学教育等专业进行整合，使学科专业布局更合理，资源配置更科学。

教学科研工作　2016年，学院的教学质量与科研水平稳步提升。化学工程与工艺、物理学和跨境商贸与物流专业群获得区级优势特色专业建设立项，民俗学获得自治区民族院校特色学科建设立项。教学实践平台建设增强，与阿里巴巴网络技术有限公司等多家企业建立合作办学关系，与深圳讯方技术股份有限公司合作的三个项目获教育部"产学合作协同育人项目"立项。人才培养质量提升，组织学生参加各级各类竞赛，获全区师范生技能大赛一等奖2项、全区师范生演讲比赛一等奖2项、第五届"海外教学实践项目"泰语技能大赛一等奖1项等，近70名毕业生考取硕士研究生。科研有特色，获国家社会科学基金、广西自然科学基金等科研项目28项，成功举办广西第一届边疆少数民族文化论坛、教师教育与基础教育改革发展论坛、旅游与商贸产业转型发展研讨会暨2016年校政企合作论坛等学术活动，凸显学院边疆性、民族性、师范性等特色。

学生工作　2016年，学院通过组织一线辅导员到华南师范大学专题培训等方式，增强辅导员岗位能力，提高学生工作水平，两名辅导员分获第六届全区高校辅导员职业能力大赛三等奖和优秀奖。加强"奖、助、贷、勤、补"等工作，为学生颁发各级各类奖、助、勤、补资金2040万元，生源地信用助学贷款3200万元。年内，学院获"2016年度全区普通高校毕业生就业创业工作突出单位"称号，学生团队参加各级创新创业大赛，累计获奖23项，大学生创新创业中心通过自治区级科技企业孵化器现

场评估。

合作交流　2016年，学院的对外合作交流工作迈出新步伐，与华南师范大学签订合作协议，在人才培养、教师教育、干部培养等方面开展深入合作。国际合作与交流方面，国际学生数由2015年的100多人增加到近500人，与相关国家开展国际合作交流活动10次，签署合作协议5个。

（韦永恒　韦茂斌　言秀华　黄健毅）

【**南宁地区教育学院**】　南宁地区教育学院占地面积5.27公顷，固定资产3685万元，设备总值约1600万元。有教学楼、实验楼、音乐楼、图书楼、综合楼等教学设施，建筑面积20797平方米；有计算机房4间、多媒体语音室3间、远程视频教室3间以及物理、化学实验室各1间。图书馆藏书25万余册，报纸杂志1000多种，电子期刊1万余种。学院设立文化传播、数学与计算机科学、公共管理、理工、外语、教育等教学系，开设语文教育、行政管理、地理教育、英语教育、数学教育、化学教育、农产品加工与质量检测、应用越南语、小学教育、学前教育等专业25个；办学形式有全日制普通高等专科，成人函授专、本科，远程教育专、本科，中小学教师继续教育和各种短期职业培训，2016年在册学籍学生2595人（其中全日制专科生1645人、成人教育各类学生950人），全日制毕业生214人，普通高考招生人数615人。2016年，学院在职在编教职工141人，其中专任教师93人，具有高级职称以上人员38人（正高4人、副高34人），高、中级职称教师占教师总数的79%，研究生学历教师22人，占教师总数的23.66%。年内，学院以加快学院转

制工作为契机，以新校区建设为重点，以教学规范化管理为主题，务实进取，各项工作稳步推进。

转制工作　2016年，南宁地区教育学院转制工作取得突破。6月15日，市委、市政府印发《南宁地区教育学院转制为广西东盟国际职业技术学院（暂定名）工作方案》，进一步明确学院转制工作总体目标：到2017年，将南宁地区教育学院从专科层次的成人高校转制为专科层次的普通高等职业学院，建成广西东盟国际职业技术学院（暂定名）。到2020年，实现高等职业技术学院占地100公顷，全日制在校生达到1.5万人，每年完成职业培训1万人次以上。年内，学院制定《南宁地区教育学院转制工作实施方案》，进一步落实学院、部门与教职工三级责任制，明确转制过程各阶段工作目标和任务，充分调动全院师生员工的创造性与积极性，形成全员动员、全员参与攻坚克难的转制工作氛围。

新校区建设　2016年，市委、市政府决定在城南新区（民师院东侧）无偿划拨国有建设用地41.13公顷，作为南宁地区教育学院新校区建设用地，明确崇左市建卓资产经营有限公司作为项目建设业主。学院遵循"高起点规划，高标准建设"的原则，完成学生宿舍楼、教学实训楼以及学生饭堂、大学生活动中心、室内运动场馆、游泳池等各项建设项目规划，初步完成学院总平面规划设计方案。同时，积极与相关金融机构就建设项目的贷款、融资等问题进行洽谈，达成初步共识，进一步拓宽学院办学经费渠道。

师资队伍建设　2016年，南宁地区教育学院加强师资队伍建设。一是积极与市人社局、编委办等相关部门沟通，争取到用编计划3个，通过自主招聘形式引进具有

硕士研究生学历的专业教师,并通过聘用方式引进舞蹈、美术、音乐等急需的专业教师;二是鼓励教师申报高级职称,全年申报正高级职称教师1名,申报副高级职称教师2名;三是选派青年教师9人参加自治区教育厅举办的系列培训班,加快青年教师成长步伐。

中小学教师培训 2016年,南宁地区教育学院积极拓展中小学教师培训工作。一是成功承办崇左市2016年中小学教师教学技能大赛,为全市中小学教师的交流、学习和研讨提供好平台;二是举办崇左市小学教育科研培训班、崇左市"三名"(名师、名校长、名校)培训班、崇左市幼儿园、中职科研培训班等,培训学员500多人,得到市教育局、相关学校和学员的高度认可。

普高招生 2016年,面对日益严峻的招生形势,南宁地区教育学院及时调整招生专业,制定切实可行的招生工作方案,认真收集材料,制作精美的招生宣传册,组织人员深入各县(市、区)开展招生宣传。年内,学院普高招生指标700人,实际录取700人,实际报到615人。

就业服务 针对2016届毕业生就业形势及面临的困难,南宁地区教育学院制定相应的就业指导措施,加大就业服务工作力度。一是分解任务,与各教学系签订就业责任状,明确就业工作的任务、完成时间以及奖罚要求;二是通过开设求职讲座,开展职业生涯指导教育,积极联系用人单位等多种措施,为毕业生充分就业提供良好服务;三是积极联系广西八桂培训学校,做好毕业生的创业创新培训工作,加强对学生创业的支持服务。

学生资助 2016年,南宁地区教育学院完成各项学生资助资金的发放工作,发放国家奖学金、国家励志奖学金、国家助学金100.2万元,资助学生441人;发放边远地区代偿资金12.89万元,资助学生31人;发放入伍征兵代偿资金6.3万元,资助学生7人;发放学院助学金3.9万元,资助学生130人。

(冯 毅)

【广西城市职业学院】 广西城市职业学院由广西成城教育投资有限责任公司于2005年3月投资建立,是一所经广西壮族自治区人民政府批准、国家教育部备案、广西区教育厅主管、具有独立颁发国家承认学历文凭资格的综合性全日制普通高校。学院占地面积近75公顷,教学仪器设备总值6831.21万元,教学用计算机1907台,多媒体、语音实验室座位数9336个,图书馆藏书112.75万册;学生宿舍楼18栋1726间,可住宿学生14000人;校内实验实训基地28个、校外实训基地180个。学院体育运动场所齐全,建有标准塑胶运动场1个、篮球场15个、羽毛球场12个、室内综合体育球馆建筑面积1800平方米。2016年,学院全日制在校生10344人,教职工716人,专任教师472人,其中教授25人,具有副高级专业技术职务以上教师120人,具有研究生学历教师147人。全院招生计划总数8605人,报到人数4451人。其中,普高招生计划数7405人,实际录取5795人,实际报到3465人,录取率78.26%,报到率59.79%;中职对口招生计划数1200人,实际录取988人,录取率82.33%,实际报到986人,报到率99.80%。2016年,广西城市职业学院坚持德育为先、育人为本,不断深化教育综合改革,提高人才培养质量,扎实推进专升本工作,教育事业全面推进。

教学结构调整 2016年,广西城市职业学院对原有的6个二级学院进行调整重组,设置机电工程学院、智能工程学院等7个二级学院及外语系、社会科学教学部、体育教学部3个教学机构,使教学机构更加符合学科专业建设要求和专业人才培养规律;在学前教育、工业机器人技术、汽车检测与维修技术、高速铁路客运乘务等原有52个专业基础上,新申报大数据技术与应用、工业设计(3D打印技术)、护理、老年服务与管理、网络营销、无人机应用技术、新能源汽车技术、中医养生保健等8个专业,撤销园艺技术、应用越南语专业,专业结构与人才市场需求更加吻合。

校企合作 2016年,广西城市职业学院扎实推进校企合作、产教融合,实现校企双赢。与南京熊猫电子集团签署战略合作协议,建成"PANDA工业机器人"联合实验室,获批广西工业机器人研发、培训基地,并获广西壮族自治区财政厅拨款500万元,正在申报参加教育部与华航唯实、ABB、新时达工业机器人领域职业教育合作项目;积极探索"互联网+"校企合作新模式,充分利用纬创集团云服务开发运行公共课程的网络开放课程,及时向集团成员展示合作成果,共享合作资源;分别与京西重工(上海)有限公司、广西博世科股份有限公司、广西数仿科技有限公司开展3D打印技术校企合作,正在申报多项新技术专利。

对外交流合作 2016年,广西城市职业学院进一步开拓对外交流合作,台湾东方设计学院、台湾建国科技大学、泰国吞武里大学等院校先后到校访问寻求合作,学院与台湾东方设计学院签订策略联盟协议;选派泰国语专业学生11

人到泰国清莱皇家大学留学,两校互派教师交流访问,其中学院派教师到泰国清莱皇家大学交流1人次,泰国清莱皇家大学到该院交流教师2人次。

服务社会　2016年,广西城市职业学院利用智库优势,为崇左市本级及大新、江州、扶绥、天等、龙州等县(区)水库移民局科学编制当地水库移民“十三五”规划;发挥科学研发优势,研发无人植保机为扶绥县“甜蜜之光”甘蔗“双高”基地等提供除草、喷洒农药等多项服务,为崇左市政府、扶绥县政府等8个单位开展无人机拍摄、制作宣传片服务,在崇左园博园、中越边境青少年科技文化交流等有关活动中开展无人机飞行表演;利用师资优势,积极开展社会职业培训服务,全年完成培训任务1500人次。

技能培养　2016年,广西城市职业学院坚持专业与技能相结合,不断提高师生的职业素质和技能水平。学校每年定期划拨专项经费用于教师业务进修,全年参加省级以上技能及业务培训教师23人,参加企业顶岗实践技能培训教师35人,参加专业高新技术培训教师16人。鼓励师生积极参加校级、市级、区级、国家级等各类职业技能比赛,全年参加各级各类比赛教师141人、学生641人,获2016年广西职业院校技能大赛汽车检测与维修销项目二等奖、汽车营销项目三等奖、导游服务(普通话导游服务)三等奖、西餐宴会服务三等奖、电子商务技能项目三等奖、信息化教学大赛微课项目三等奖,全区职业院校第十届计算机应用大赛(网页设计)比赛二等奖、三等奖、优秀奖各一名,以及崇左市教师技能大赛第三名。

项目建设　2016年9月10日,广西城市职业学院崇左校区开工建设,规划占地约70公顷,总投资7.5亿元,计划2017年6月完成建筑面积30万平方米建设,预计2017年9月开始招生办学。

(吴体夫　邓荣宴)

【广西理工职业技术学院】　广西理工职业技术学院占地面积75公顷,总建筑面积255611平方米,有校内实训教学中心10个、实验实训室62个,校企合作共建校外实习(训)基地82个,参与校企深度合作企业事业单位45家。全院有教职工585人,其中专任教师475人,来自行业企业兼职教师110人,设置建筑建材、机械工程、电子信息、经济贸易、艺术设计等教学系,开设“烹调工艺与营养”、“国际经济与贸易”、“工业机器人技术”等专业35个,有全日制在校生8452人。2016年,广西理工职业技术学院坚持以德树人为根本,以服务发展为宗旨,以促进就业为导向,坚持以培养高素质技术技能型人才为中心,以升格应用型本科院校为目标,全面深化教育教学改革,创新人才培养模式,提高人才培养质量,进入全国高职高专院校600强,排在全国1346所高职高专院校的第310位,排在广西高职高专院校的第9位;居全国职业院校学生技能比赛(2014—2016年)广西高职院校获奖总数第4位。

升本准备工作　升本是学院谋求跨越式发展的必然要求。2016年,广西理工职业技术学院成立升本工作领导小组,制定升本实施方案,组织撰写升本论证报告和相关材料,分别向崇左市政府和自治区教育厅提出升本申请;对照应用型本科办学条件与设置标准,制定学院本科办学条件和设置标准核查评估任务分解书,开展评估材料的搜集与整理工作;按照应用型本科档案要求,制定学院各部门升本档案材料任务书,要求各相关部门对照任务书,建立本部门升本档案;出台优惠政策,招聘或引进一批具有研究生学位、学历或高级职称的教师,以满足升本师资条件要求;组织教职工学习升本有关文件、资料,分部门开展升本专题讨论,提高教职工对升本重要性的认识,奠定坚实思想基础。

教学科研　2016年,广西理工职业技术学院全面启动落实教学质量评估体系,开展“三段式”教学检查和“教学诊断”教学考评活动,各教学单位负责人随机听课、学生评教、系部考评、教务处考评等方式,对每位任课教师进行教学质量评价,促进教学质量提升。年内,申报自治区教育厅等省级及以上各类科研立项项目、课题30项,获立项18项,项目立项率60%,获得项目、课题立项经费77万元;申报结题项目、课题4项,全部通过结题,结题通过率100%;获批准发证的国家技术发明专利30项,获受理国家技术发明专利10项;教师在区内外公开刊物上发表论文147篇,主编、参编、主审并公开出版教育部和广西“十三五”高职高专系列规划教材6部,校企合作编写校本教材3部。

基础设施建设　2016年,广西理工职业技术学院投入6161.6万元,建成2号创新教学大楼、3号创新学生公寓、建筑艺术馆、1号团结学生公寓、团结饭堂、汽车4S店等一批教学楼、学生公寓及实训场所并投入使用;完成大礼堂、7号教学楼的基础勘探;完成7号、8号开拓公寓东面和1号、2号团结教学楼前人工湖四周的校园景观建设,全院生均教学行政用房面积、生均学生宿舍面积、生均校舍面积和总建筑面积全部达标;投入 3010 万元购买教学科研仪器设备,全院教学科研仪器设备总值 1.06 亿元,达到生均教学科研仪器设备值 5000 元标准;投入 89 万元购买图书 10 万册,全院纸质图书总量 64 万册,生均图书 80 册。

技能比赛 2016 年,广西理工职业技术学院积极组织学生参与全国和广西举办的高职院校各项技能大赛,全年获奖项 117 个,金牌总数和奖牌总数居广西高职院校前列。其中,国家级奖项 26 项(一等奖 1 项、二等奖 10 项、三等奖 15 项),省级奖项 91 项(一等奖 19 项、二等奖 33 项、三等奖 39 项)。组织学生参加创业大赛,获广西大学生"互联网+"创业实践大赛二等奖、"挑战杯—彩虹人生"广西职业学校创新创业大赛二等奖、第五届中国创新创业大赛广西初赛二等奖。

招生就业 2016 年,广西理工职业技术学院录取新生总数 5170 人,报到 3949 人,报到率 76.4%;对口招生录取 3510 人,比上年多 818 人,其中中职对口正录生报到 2082 人,比上年多 582 人,对口招生成为全院生源重点之一。年内,学院举办四次毕业生双选会,2013 级毕业生初次就业率 94.19%,同比增长 3.34%,高于全区平均水平 3.9 个百分点,最终就业率 98.62%,同比增长 0.7%。学院帮助贫困毕业生申请获得求职补贴 327 人,总补贴额 36.6 万元。

服务社会 2016 年,广西理工职业技术学院充分利用教师专业平台、教学资源和校内实验实训条件,为行业、企业和社会开展技术服务、技术培训和教育扶贫等工作,帮助广西光晶网络科技有限责任公司等 12 家企业培训员工 450 人;作为崇左市农民工技术技能培训基地,与市人力资源与社会保障局合作,举办农民工技术工种培训班 12 期,开展钢筋工、水泥工、砌砖工、抹灰工、装饰装修工、计算机操作员、餐厅服务员等技术技能工种培训,培训农民工 2850 人,促进返乡农民工创业就业;作为广西住房城乡建设厅住房城乡建设领域专业管理人员关键岗位培训基地和关键岗位职业资格证书考点,为建筑企业培训专业管理人员 378 人;机械交通系汽车驾驶训练中心全年培训小汽车驾驶员 535 人;机械交通系理工汽车修理厂为广大市民及周边农民维修农用货车 75 辆、农用小卡车 55 辆。 (黎 潇)

【广西崇左东盟国际职业教育学院】 广西崇左东盟国际职业教育学院(简称"东盟学院")是崇左市人民政府于 2013 年 11 月批准成立、财政全额拨款的正处级单位,由崇左市职业技术学校(崇左市农业经济管理干部学校)、南宁机电工程学校、南宁水电技工学校、南宁民族中等专业学校等 5 所学校整合组建而成,是一所集全日制中专、技校和短期培训于一体的一、二、三产业并举的综合性中等职业院校。学院开设有汽车运用与维修、机电技术应用等 34 个专业,其中汽车运用与维修、电子电器应用与维修、物流服务与管理、机电设备安装与维修 4 个专业为自治区示范专业。学制实行初中生源三年制、高中生源一年制,2016 年有学生 3129 人,在职在编教职工 211 人,其中专任教师 195 人、副高级以上职称 44 人。

高等职业学校申报工作 2016 年,东盟学院按照 4 月 18 日、20 日崇左市委、市政府专题研讨会的精神和要求,及时与南宁地区教育学院对接,积极筹备两校合并申报高等职业学校相关工作,拟定拟申报高职学校的首批申报专业,力争 2017 年申报成功。

教学科研活动 2016 年,东盟学院狠抓教学科研工作。一是加强师资队伍建设,选派 42 名教师参加中德学前教育专业骨干教师培训、选派 20 名教师参加自治区级骨干教师培训、选派 6 名教师参加国家级骨干教师培训,同时积极组织教师参加学院举办的师资培训讲座。二是加强推进课题研究,组织教学科研人员对 2015 年立项的广西教育科学规划课题——"中等职业教育(市属职校)汽车类专业建设与就业创业平台融合的实践研究"展开研究工作,充分利用寒假时间到相关企业和行业进行调研,完成了课题开题;抓紧开展"边境职教名师工作坊"课题的研究工作,积极引导汽车专业青年教师参与课题的建设和运作。三是制糖技术专业课程开发工作加快,《蔗区中职校制糖专业建设改革的探索与实践》课题已完成研究与实践并申报结题,《蔗糖结晶》《蔗汁蒸发》《澄清》3 本校企教材已进入审稿阶段。四是积极组织课题申报,全年获崇左市级教育研究课题立项 6 项、获 2016 年度广西职业教育教学改革研究课题立项 7 项(其中两项为重点项目课题)。

实训基地建设 2016 年,东盟学院加强基地建设工作,提高实训水平。一是自治区示范特色学校中餐烹调与营养膳食专业实训基地建设项目申报成功,获自治区财政下拨经费 300 万元;二是学前教育专业实训基地建设方案申报和设备招标采购任务完成,设备安装和课程开发、师资培训等工作积极推进;三是制糖实训基地建设完成设备安装,师资培训与制糖专业课程开发等工作积极开展;四是计算机示范特色专业实训基地建设方案完成上报工作。

招生情况　2016年，东盟学院成立由院领导牵头的招生组，加大招生工作力度，充分发挥"升学"和资助政策对学生的吸引力，顺利完成招生工作任务。春季学期从2015年11月份开始到各初中学校进行招生宣传，至2016年2月份完成招生工作，新生入学注册人数642人，秋季学期招收新生876人。

技能比赛　2016年，东盟学院积极组织参加各级中职学校教师文化课技能比赛，获市级一等奖5个、二等奖9个、三等奖5个，代表崇左市参加广西壮族自治区决赛，获二等奖1项、三等奖3项；参加全国班主任基本功大赛获二等奖1个，参加广西壮族自治区第二届班主任基本功大赛获一等奖1个、二等奖2个；参加广西壮族自治区第二届班主任技能大赛获一等奖1个；参加广西壮族自治区教师职业技能大赛获个人二等奖1项、团体二等奖1项、个人三等奖2项；参加广西壮族自治区职业院校技能大赛获指导教师一等奖6项、二等奖15项。组织参加3—4月份广西壮族自治区职业院校学生技能竞赛，8名学生获二等奖6项、13名学生获三等奖10项；组织参加广西壮族自治区师范生教学技能比赛，2名学生获三等奖2项。

对口升本　2016年，东盟学院坚持"以升学为主、就业为辅"的办学模式，加强对口升学工作。开学之初，按志愿报名情况把2014级和2015级学生编成升学班和就业班，按不同的教学目标实施针对性教学，提高教学质量和升学率。年内，全院升入相关院校就读的学生450人。其中，通过对口升学考

试考入广西师范大学、桂林电子科技大学、梧州学院等本科院校15人（一本6人，二本9人），升入相关大专院校435人。

就业实习　2016年，东盟学院大力推进毕业生顶岗实习工作，鼓励学生继续深造。从3月份开始，主动与用人单位联系，了解用人单位需求信息。5月20日起，陆续安排用人单进校开展专场招聘。除了报读大学及自谋工作外，全院2014级学生已全部落实用人单位，大部分学生已到岗上班。

学生资助　2016年，东盟学院严格按国家相关政策落实各项资助项目。一是中等职业学校学生免学费项目。经审定，春季学期符合享受免学费资助政策条件的学生共1893名，免学费总金额189.3万元；秋季学期符合享受免学费资助政策条件的学生共1854名，免学费总金额为370.8万元。二是中等职业学校国家助学金项目。春季学期实际发放在校生国家助学金596名，标准1000元/人，发放资金总额59.6万元；秋季学期符合国家助学金资助条件学生581名，标准2000元/人，发放资金总额116.2万元。三是自治区人民政府中等职业教育奖学金。全院获得2016年自治区人民政府中等职业教育奖学金学生46名，标准2000元/人，奖励资金总额9.2万元。四是爱心助学基金。全年发放爱心助学基金学生9名，每人800元，共7200元；发放农村建档立卡贫困户学生校内助学金57名，每人1000元或2000元，共8.34万元。

职业培训　2016年，东盟学院大力开展各类培训，服务崇左建设发展，全年累计完成各类培训5216人次。农村劳动力转移

和就业安置培训方面，在上级相关部门委托和授权下，开展各项职业技能培训和技术对口支援工作，促进农村劳动力转移和就业安置，全年完成培训任务2712人，实现转移安置就业1500多人。学生职业技能强化培训方面，全年完成学生考证前的职业技能强化培训560人次。在职培训方面，完成市人社局交给的全市机构事业单位工人汽车驾驶员职业资格培训任务267人次。残疾青年培训方面，与市残联联合开展崇左市残疾青年计算机操作员培训班，完成培训23人次。驾驶员技能培训方面，和市运管处联合开展客货运输驾驶员从业资格培训，完成技能培训1500多人次。贫困家庭人员培训方面，在龙州县龙州镇镇秀村、大新县雷平镇太平社区等地开展农村劳动力转移就业培训，完成人员培训154人次。

重大项目建设　2016年，东盟学院大力做好教学综合楼、教职工周转房、雪碳工程体育训练馆、制糖技术示范专业实训室及设备安装、学前教育示范专业基地设备采购、校园消防整改工程等重大项目建设工作，投入资金总额约4000万元。教学综合楼已完成主体工程框架及砌墙工作；雪炭工程已完成基础和钢架主体建设；教职工周转房已完成第二层主体工程建设；制糖技术示范专业实训室及设备安装建设已完成；学前教育示范专业基地建设已完成设备采购工作，实训室装修已完成70%的工程量；校园消防整改工程建设已完成酒店实训楼消防整改工作，教学楼和校园用水消防泵房正在进行整改。

（杜千乘）

科 学

KEXUE

□编辑　黄朝勇

科学技术

【概况】 2016年，崇左市科学技术局设办公室、农村科技与国际合作科（市星火计划办公室）、高新技术发展及产业化科（市火炬计划办公室）、科技成果与知识产权管理科、政策法规与发展计划科5个科室，机关行政编制12名，实有在编11人，机关后勤服务人员事业编制2名；二层机构有科学技术情报研究所和科学技术开发中心2个，编制13名，实有在编13人。年内，全市科技战线以提高自主创新能力为核心，以深化科技体制改革为动力，贯彻落实全国科技创新大会及全区创新驱动发展大会精神，全面实施创新驱动发展战略，科技进步与创新取得新成效，为全市做好"两篇大文章"、打好"四大攻坚战"战略提供科技支撑。

【科技成果】 2016年，崇左市相继出台《崇左市大力促进众创空间发展工作方案》《崇左市工程技术研究中心认定和管理暂行办法》《关于深化科技体制改革加快创新体系建设的实施方案》等文件，为加快推进全市众创空间、科技服务业发展提供政策引导服务。年内，组织开展2016年度崇左市科技计划项目申报工作，重点支持矿产资源关键共性技术开发与产业链延伸等9个方面项目，完善市本级科技项目申报书、项目合同书，项目评估、立项、验收流程等，规范验收所需材料，构建科技项目管理新机制。全市受理科技项目86个，立项36个，获市本级财政支持329万元，实现全市科研经费零突破。制定印发《崇左市本级技术研究与开发经费管理办法》，设立市本级科技研发基金，填补全市无科研经费的空白，明确2016年度项目经费额度和分配标准。根据《崇左市科学技术奖励办法》，组织开展2014—2015年度崇左市科学技术奖评审工作，获科学技术进步奖一、二、三等奖共18个项目，获科学技术发明奖二、三等奖共2个项目。其中"超微细磷酸铁制备及应用"获广西技术发明奖三等奖、"剑麻新品种选育和产业化技术集成示范应用"获广西科技进步奖三等奖。指导各县（市、区）科技局及企业开展专利策划申报工作，全年全市发明专利申请量650件，同比增长17.75%；发明专利授权量114件，同比增长80.95%；每万人拥有发明专利0.88件，同比增长76.21%。授权量和每万人拥有量的增长率均排名广西壮族自治区第一。中信大锰矿业有限责任公司、中铝广西有色崇左稀土开发有限公司等重点企业日益重视专利创造和应用，引进科技成果项目7个，全市知识产权战略实施成效明显。组织执法人员开展民生领域执法行动，查出38个标识不规范、专利失效、生产厂家与专利权人不符等涉嫌假冒专利产品并给予立案，有效打击专利侵权、假冒行为。

【科技服务】 2016年，按照科技扶贫攻坚战要求，制定实施《脱贫攻坚科技扶贫行动方案》和《崇左市开展贫困村科技特派员帮扶专项行动工作方案》，组织农村科技特派员（含自治区科技厅选派服务本市贫困村科技特派员173人）到服务对象所在地开展实地科技服务，开展各类技术培训活动42期，培训农民2118人次，发放技术资料4940份，解决技术问题35项。创新科技培训方式，打造《农村科技新视界》电视培训品牌，播出38期（次），受益群众近20万人次；通过网站发布科技实用信息486条，通过崇左科技微信公众号发布农业技术26条。组织龙州县和扶绥县科技局进一步完善已获得广西农业科技园区立项的园区规划方案，组织天等县和江州区科技局开展广西第三批农业科技园区申报认定并获得批准。带领全市9家企业参加科技厅举办的2016年广西高新技术企业认定工作动员暨业务培训会。举办崇左市高新技术产业开发区筹建工作培训会，邀请南宁新技术创业者中心总工程师就申报自治区级、国家级高新区的具体程序、必备条件和前期工作等内容进行授课,市发改、工信等16个部门的主要领导、分管领导、业务骨干以及市科技局全体干部职工参加培训。实施"崇左市生产力促进中心能力建设"项目,建成科技服务窗口3个,建立以糖业、锰业、林化产业为主要内容的技术公共服务平台,组织技术专家队伍40人为企业、用户远程提供政策咨询、信息服务。开展科技项目策划申报、技术咨询、技术转移、创业服务、信息及知识产权保护、人才培训等科技创新服务250余项(次),培训新型农村专业人才1500余人。利用广西科技文献与服务共享平台的丰富资料开展文献查询、下载、检索等服务,提升科技文献资源对全市自主创新的支撑作用,全年为各级用户开展科学技术研究和创新活动提供各类科技文献信息服务1425条次。

【工业科技创新】 2016年,指导全市高新技术企业进行复审,通过认定6家,全市共有高新技术企业9家。积极培育创新型企业、创新型试点企业,动员企业积极申报创新型企业、创新型试点企业认定工作,年内认定自治区级创新型企业1家、自治区级创新型试点企业2家、崇左市创新型试点企业7家。指导中铝广西国盛稀土开发有限公司及时组建"崇左市稀土绿色冶炼分离及催化粉体材料工程技术研究中心",并通过验收。对2009—2013年通过认定的11家市级工程技术研究中心开展复核工作,提交核验材料、现场核查9家。制定实施《崇左市大力促进众创空间发展工作方案》和《崇左市加快科技服务业发展实施方案(2016—2020年)》,为加快推进全

市众创空间和科技服务业发展提供政策引导服务。制定出台《崇左市工程技术研究中心认定和管理暂行办法》《崇左市科技企业孵化器认定和管理暂行办法》,填补了市本级相关认定和管理办法空白,加强对崇左市工程技术研究中心、科技企业孵化器的建设和管理,加快科技研发与科技成果转化步伐,营造激励自主创新环境,发展高新技术产业。举办第五届中国创新创业大赛广西赛区初赛暨崇左市首届科技创业大赛,共有企业组5个项目、团队组25个项目参赛,最终进入广西赛区复赛企业组2个、团队组6个项目,其中广西众益生物科技有限公司的《100吨/年剑麻皂素产业化》获广西赛区决赛优胜项目奖、广西赛区决赛企业组三等奖,并入围全国生物医药行业总决赛,市科技局获2016年第五届中国创新创业大赛(广西赛区)"优秀组织单位"称号。

制定实施《崇左市高新技术创业服务中心(科技企业孵化器)筹建工作方案》,加快推进自治区级高新区及科技企业孵化器建设,配合市工信委委托湖南中大设计院有限公司编制崇左高新技术产业开发区总体规划和可行性研究报告。引进企业注册落户崇左科技企业孵化器5家,孵化器运营管理机构——广西协创教育管理有限公司注册资本100万元,设立110万元孵化种子资金,制定入孵企业优惠政策,在孵企业20家,引入在孵项目25个。协调推进广西民族师范学院南疆红木棉科技企业孵化器建设工作,列入自治区级科技企业孵化器(培育),培育期1年,培育期满申请复核通过即可被认定为自治区级科技企业孵化器。组织相关单位到珠海、深圳开展科技招商推介会,大力引进新能源、

新材料等高新技术企业,推进崇左高新技术产业开发区、科技企业孵化器建设及发展。珠海招商推介座谈会参加企业35家,发放宣传资料1000多份,有投资意向企业11家,多家企业已到崇左进行实地考察,其中珠海横琴新区泰斛生物科技有限公司与龙州县政府签订协议,成立广西龙州县蓝海水产科技有限公司,注册资金1600万元。

【农业科技创新】 2016年,通过实施农业科技项目开展农村实用技术人才培养工作,全市共有农村实用人才1490人。组织开展广西科技计划项目申报,获自治区科技厅立项的农业类项目9项,涉及特色农林产业、农业科技园区、扶贫产业开发、科技特派员服务等。联合崇左湘桂糖业有限公司申报的"糖料蔗'双高'基地高效生产关键技术研究与示范"项目,获得立项支持。组织实施"崇左市甘蔗优势特色产业高效生产技术集成应用示范"项目工作,加强项目实施中期检查和指导工作,强化项目指标落实跟踪,做好结题验收准备工作。此外,"崇左市科技信息及基层科技服务能力建设"项目通过验收。

年内,市科技局结合定点帮扶工作,在江州镇保安村因地制宜打造"五大特色产业"和"一个平台",夯实群众脱贫致富基础,切实帮助贫困农民增收致富。一是打造"江州酸菜"特色产业,成立崇左市江盛江州酸菜产销合作社,建设酸菜种植基地,扩大芥菜种植,定期邀请广西农科院蔬菜研究所技术员进行技术指导。二是打造甘蔗生化脱毒健康种苗培育产业,多次组织村委成员、屯长、群众代表到扶绥县岜盆乡甘蔗生化脱毒健康种

茎培育中心实地考察,邀请全国著名甘蔗专家实地调研和论证,在保安村"双高"基地建立甘蔗生化脱毒健康种苗培育基地20公顷。三是打造黑皮果蔗种植产业,成立崇左市保安润发黑皮果蔗种植专业合作社,扩大规模,引进企业合作,支持黑皮果蔗生产、加工、包装、销售。四是打造水果产业,成立崇左市百果园果蔬种植合作社,定期邀请崇左市168水果基地种植专家进行贵妃蜜柑、茂枯柑等种植技术培训及指导,强化科学种植。同时,加强与企业联系,及时掌握市场动态,拓宽水果销售渠道。五是打造农家自养产业,大力发展林下经济,推进农家自养土鸡、鸭、鹅、山羊、肉牛等发展。打造"一个平台",是采取"合作社+农户"的产业模式,建立保安村"土"家禽家畜大数据平台,建设网络销售电商平台,发布农产品供求信息,利用"互联网+"渠道,统一销售,保障农产品的销售,促使农民增产增收。

【科技交流与推广】 2016年第二十五届广西科技活动周期间,崇左市围绕"集智聚力谋发展,创新创业促跨越"主题,组织企业46家及科技人员、农民、企业代表600多人、产品125个到会参观、展览和展销。2016年全国科技活动周期间,崇左市突出"沿边"特色,以"富民兴边科普行"科技行动为重点,组织开展"科技一条街"、"科技服务企业"、"科普惠农"以及"医学科普到社区、健康防病知识进万家"等一系列科普活动,激发全社会创新创业活力。组织参加第十九届北京科博会,参展的"涡轮转子节能发动机"项目在展会上受到众多客商关注,多家公司有投资意向。展会期间,组织广西南亚热带农业科学研究所、广

西民族师范学院、广西三晶化工科技有限公司有关负责人前往中国科学院植物研究所、中国农业科学院农业环境与可持续发展研究所对接辣木种植及深加工项目,达成合作共识。组织企业32家、科研院所项目54个参加第六届广西发明创造成果展览交易会,参展项目涉及生物医药、节能环保、新材料、食品农业等领域,进一步宣传了全市"十二五"期间发明创造取得的成就。组织代表团参加第十八届中国国际高新技术成果交易会,参与高新技术成果展览,展示全市技术创新成果,开展科技招商,引进多个项目。4月28日,崇左市举办全国首届甘蔗种业科技论坛,加强技术交流,展示科技成果,组织参会人员到扶绥县岜盆乡甘蔗良种繁育基地进行现场观摩和参加甘蔗脱毒健康种苗技术培训,拓宽蔗糖产业从业人员的视野,引导大家主动寻求先进技术成果转化与合作。

【政产学研合作】 2016年,崇左市加强创新平台建设,大力推动科技与经济结合、成果与产业对接。市人民政府分别与广西大学、中南大学、中国热带农业科学院签订合作框架协议,出台《崇左市新兴产业研究院成立方案》《崇左市新兴产业研究院管理暂行办法》,筹建崇左－中南大学联合研究中心、中铝广西－东盟稀土研究所和中信新能源材料研究院,加快推进中信大锰、中铝稀土及南国铜业与中南大学科技研发与项目合作。举办全国首届甘蔗种业科技论坛,拟定中国科学院上海高等研究院(崇左)蔗糖检测分中心建设项目可行性报告,进一步推进中国科学院上海高等研究院(崇左)蔗糖检测分中心建设;跟进中粮屯河崇左糖业有

限公司与江南大学食品学院的合作,争取将技术转移到企业,促进糖业产业转型升级;促成广西民族师范学院与江南大学合作,推动全市高校人才发展;推进广西南国铜业有限责任公司与广西师范大学合作,拉长铜产业链。年内,中科院上海高等研究院与好青春醋业有限公司达成合作意向。

（黄婷婷　李方方）

气　象

【气候概况】 2016年,崇左市主要气候特点:年平均气温略偏高,年平均降雨量偏少4%;年日照时数略偏多。主要气候事件有台风、暴雨、低温雨雪冰冻、冰雹、大风和干旱等,气象灾害属中等年份。

气温　2016年,崇左市年平均气温22.3℃,比历年偏高0.3℃。1—2月平均气温偏低,4月、6月、7月、10月、12月平均气温偏高,其余月份正常。极端最高气温39.7℃,2016年6月3日出现在宁明县;极端最低气温0.5℃,2016年1月24日出现在凭祥市(国家级气象站监测数据)。

降水　2016年,崇左市平均降雨量1211毫米,与常年相比偏少4%,属正常年份。

全年降雨量时间分布不均匀,与常年同期相比,1月异常偏多,2月异常偏少,8月和10月偏多3~6成,3月、5月、7月和12月偏少3~5成,其余月份为正常。

日照　2016年,崇左市年日照时数为1719小时,与历年平均相比略偏多。与常年同期相比,2月、6月、10月和12月偏多2~6成,1月、3月和11月偏少2~4成,其余月份为正常。各县(市、区)日照时数介于1551~1812小时之间。

表1　2016年崇左市(7站平均)月平均气温

（单位：摄氏度）

项目＼序号	1月	2月	3月	4月	5月	6月	7月	8月	9月	10月	11月	12月	平均
2016年	12.8	13.2	18.0	24.5	26.4	28.6	28.6	27.7	26.5	24.8	19.2	17.0	22.3
距平值	−0.8	−2.1	−0.4	1.5	0.3	0.9	0.5	−0.1	0.1	1.4	0.1	1.9	0.3

表2　2016年崇左市各县(市、区)年降雨量

（单位：毫米）

项目＼序号	扶绥	大新	天等	宁明	龙州	凭祥	江州	全市
2016年	1257	1170	1195	1072	1391	1089	1354	1218
距平(%)	4%	−15%	−15%	−7%	10%	−18%	15%	−4%

表3　2016年崇左市各县(市、区)月降雨量

（单位：毫米）

序号	1月	2月	3月	4月	5月	6月	7月	8月	9月	10月	11月	12月	年
扶绥	103	13	25	97	109	239	101	279	72	171	41	7	1257
大新	91	5	36	117	75	205	141	286	40	75	74	25	1170
天等	108	7	21	73	92	291	104	301	53	80	36	29	1195
宁明	137	13	34	71	103	75	102	329	125	38	38	5	1072
龙州	72	9	44	78	219	200	141	293	259	49	24	5	1391
凭祥	152	20	50	97	48	59	112	275	155	63	51	9	1089
江州	96	11	31	106	56	167	107	523	102	113	26	16	1354
平均	108	11	35	91	100	177	115	327	115	84	42	14	1218
历年	35	36	56	87	161	211	218	206	123	65	48	21	1267
同比	209%	−69%	−38%	5%	−38%	−16%	−47%	59%	−7%	30%	−13%	−33%	−4%

表4　2016年崇左市各县(市、区)月日照时数

（单位：小时）

序号	1月	2月	3月	4月	5月	6月	7月	8月	9月	10月	11月	12月	年日照
扶绥	43	95	37	96	189	223	219	205	204	216	121	157	1805
大新	42	90	40	78	126	201	201	188	174	152	104	155	1551
天等	54	108	52	97	171	235	213	197	199	174	108	149	1755
宁明	43	98	41	123	181	221	214	184	189	185	114	179	1772
龙州	41	86	43	114	159	228	213	193	180	185	110	162	1713
凭祥	34	92	34	98	153	211	190	159	181	193	107	176	1627
江州	42	99	46	114	180	248	214	190	200	194	120	166	1812
平均	43	95	41	103	166	224	209	188	190	186	112	163	1719
历年	72	58	61	100	155	164	190	193	180	155	138	121	1587
同比	−40%	64%	−33%	3%	7%	37%	10%	−3%	6%	20%	−19%	35%	8%

【气候事件】　2016年,崇左市出现的气候事件主要有:受台风(热带低压)影响4次、暴雨天气过程7次、低温雨雪冰冻天气过程1次、冰雹天气过程4次,以及大风、干旱、高温、大雾等。

【农业与气候影响评价】　1月下旬罕见的雨雪冰冻天气,对冬种作物不利,对水产养殖及甘蔗的砍、运、

榨产生较大影响,全市受灾农作物主要有甘蔗、蔬菜和果树,造成农业经济损失。

春播春种期回暖早,有利于早稻播种和春玉米、春植蔗等作物的播种、出苗、生长。4月气温偏高,降水偏多,水热条件配合良好,对早稻秧苗的生长、移栽有利,也利于春玉米、春植蔗、春花生等旱地作物生长,但频繁的强对流天气对农业造成一定损害。其中,4月10日大新县出现有气象记录以来最大冰雹天气,并伴有8级大风,全县农作物不同程度受灾损失。

夏收夏种期间多晴热天气,气温略偏高、降雨量前期少后期多,对夏收作物的成熟、收晒及晚稻移栽和秋作物出苗有利。7月降雨量偏少,影响了甘蔗茎伸长、生长。8月受台风"妮妲"影响,部分甘蔗、香蕉等高杆作物倒伏,局部出现洪涝。全市因灾出现农作物受淹受损等灾情,造成直接经济损失。

秋季温光充足,降雨量两头少中间多,气象条件基本有利于晚稻生长发育和甘蔗茎伸长、糖分积累以及秋种旱地作物的生长发育,对秋收作物的收晒入库和香蕉等果树果实发育成熟、采收和蔬菜生长较为有利。9月中旬到10月中旬出现秋旱,对甘蔗增产不利。10月受21号台风"莎莉嘉"影响,全市出现大范围的强风暴雨天气,部分农作物出现倒伏现象,低洼地带的农作物受淹。

【气象服务】 2016年,全市气象服务工作主动及时,为各级政府及社会各界合理安排生产、减少灾害损失提供科学决策依据。1人被国家气象局授予"2016年度重大气象服务先进个人"称号。

春运气象服务 2016年春运期间,崇左市天气具有雨雾天气多、天气阴冷等特点。其间,平均气温11.8~13.3℃,比历年偏低1.7~2.8℃;降水量32.3~106.4毫米,天等、大新县偏少,其余偏多。1月24日至2月5日和2月14日—26日,受冷暖空气的交替影响,全市出现持续的雨雾阴冷天气。市气象局发布大雾预警信号16份、大风预警信号3份,提醒交警、交通运输等相关部门做好春运天气防御工作;制作发布春运专项气象服务信息16期,为政府部门科学决策提供参考;接受市电视台、左江日报等媒体采访6次;通过广播电视、手机短信、天气网站、微博微信等多种渠道向公众多次发布春运天气。

春播春种气象服务 2016年春播春种期间,全市天气具有气温偏低、阴雨天多、雨量略多、日照正常等特点。针对春播春种期出现的明显降水过程,市气象局均提前2~3天向政府提供气象服务决策材料,并指导各县(市、区)气象局开展相应的服务工作。其中,向市委、市政府及有关部门发送气象服务信息45期,春播春种气象服务专报7期,接受市电视台、左江日报等媒体采访(专访)8人次。

汛期气象服务 2016年,全市前汛期冰雹、雷雨、大风等强对流天气较多,主汛期降雨量时空分布不均。汛期影响全市的台风有3个,各地降水量745.6~1188毫米,平均降水量925.2毫米,比历年平均偏少81.3毫米;各地平均气温26.1~27.9℃,平均气温26.5℃,比常年同期偏高0.6℃。针对汛期天气,市气象局向市委、市政府及有关部门发送各种服务材料116期,其中重大气象服务专报3期、专项气象服务17期;接受市电视台、左江日报等媒体采访(专访)25人次,为各级政府合理安排生产、减少灾害损失提供科学决策依据。汛期内,市气象局启动重大气象灾害应急响应命令4次,即6月15日启动重大气象灾害(暴雨)Ⅲ级应急响应命令、7月27日启动重大气象灾害(台风)Ⅳ级应急响应命令、8月3日启动重大气象灾害(暴雨)Ⅳ级应急响应命令、8月17日启动重大气象灾害(台风)Ⅳ级应急响应命令。启动应急响应命令后,全市气象部门迅速进入应急状态,人员、设备、物资全部到位。应急响应期间发布预警信号62条,公众手机短信接收总量1708745人次。

申遗气象保障 2016年,市气象局为左江花山岩画文化景观申报世界文化遗产提供气象服务保障,针对崇左市花山文化节制定《气象服务方案》,发布气象风险评估报告,为相关部门做好活动安排提供决策参考。文化节期间,市气象局发布专项气象服务信息13份,向市电视台、左江日报等相关媒体提供天气情况,通过手机短信、气象大喇叭、电子显示屏等方式向公众发布灾害性天气信息,全程提供定量、精细化预报服务,得到上级的充分肯定,1人被授予"左江花山岩画文化景观成功申报世界文化遗产突出贡献个人"称号。

【人工影响天气】 2016年,崇左市总降水量较历年平均正常略偏少,降水时空分布不均,春耕时期气象干旱有所发展,对春耕生产造成不利影响。市气象局加强天气监测,抓住有利天气过程多次实施人工增雨作业,年增雨量约1.5亿吨,增雨受益面积约0.3万平方千米,防雹保护面积约0.2万平方千米,经济效益和社会效益明显。4月10日,天等、大新县城出现大风冰雹强降水天气,市人影办提前组织开展消雹作业,降低了灾害损失。

检修车载移动式天气雷达,确保人工影响天气工作安全高效

年内,全市人工影响天气基础设施建设取得新进展,扶绥、大新、天等、宁明、龙州县及江州区政府全额出资,各建成人工影响天气标准化作业站1个,人工影响天气作业能力显著提升。

【防雷安全管理】 2016年,市气象局根据市安委会关于在全市开展防雷装置安全检测的通知精神,重点开展易燃易爆场所的防雷安全检查,对市区56家单位327栋建(构)筑物防雷装置进行年度安全检测;联合教育部门,对市区和江州区90多所中小学校进行年度防雷安全检测,针对存在安全隐患的单位提出详细的整改意见,并责令限期整改。

【气象业务现代化建设】 2016年,全市加快推进气象业务现代化建设,为做好气象服务工作奠定坚实基础。

气象基本业务与建设 2016年,全市国家级地面气象观测站全部实现双套自动气象站业务运行,观测系统自动化和集约化水平进一步提高。承担全国地面气象观测无人值守业务试点工作,完成扶绥、凭祥无人值守业务试点建设并投入业务运行。市气象局配备区域自动站移动检定系统,所有县级气象局配备车载式雷达探测系统,建成"回南天"观测站并开展观测。在扶绥、大新、宁明、龙州、凭祥、江州等6个县(市、区)现代特色农业示范区建成7套农田小气候观测站,强化农业气象观测能力。气象信息传输能力极大增强,完成区—市—县三级气象信息网络升级改造,区—市和市—县广域网线路宽带分别达到100 M和10 M。崇左新一代天气雷达稳定运行,在应对2016年4月10日冰雹、6月份暴雨、"妮妲"和"莎莉嘉"台风等灾害性天气过程中发挥了重要作用。建成崇左市综合气象服务业务平台,初步实现灾害性天气短信告警和气象预警手机短信、大喇叭、显示屏、电子邮件一键式发布。县级气象局推广应用"两平台一系统"(广西天气预报预警服务集约化平台、广西农业气象业务及服务集约化平台和县级综合气象服务系统),提高了基层气象灾害预警服务能力和科技水平。

公共气象服务系统建设 2016年,全市推进国家突发公共事件预警发布系统、农村气象预警大喇叭系统建设,"政府主导、部门联动、社会参与"的灾害防御体系建设进一步完善,全市气象服务公众满意度评价84.8分。全市建成气象信息服务站78个,实现气象信息服务站乡镇(街道)全覆盖;全市有气象信息员1160人,实现每个行政村(社区)至少有1名气象信息员;在乡镇(街道)、现代特色农业示范区等建成气象电子显示屏48套,在农村建成气象预警大喇叭745套,气象预警信息基本实现行政村全覆盖。开展暴雨、干旱等气象灾害风险区划和甘蔗、香蕉等主要农业气候区划;开展农业气象服务融入现代特色农业示范区建设,面向各县(市、区)170个新型农业经营主体开展直通式服务,及时提供农业气象监测预警等气象信息服务。年内,自治区、崇左市、扶绥县三级气象部门基于卫星遥感技术和农业气象技术,联合在扶绥"甜蜜之光"现代农

崇左市气象局综合业务服务平台建成投入使用

业示范区建成甘蔗气象服务示范基地,以点带面,为全市甘蔗高质高产提供针对性、直通式系列服务,甘蔗气象服务成效初显。

【气象工作改革】 2016 年,全市气象部门积极融入地方行政审批改革,认真梳理权力和职责,制定《权力和责任清单》《事中事后监管制度》等。市气象局将气象审批项目纳入"广西投资项目在线审批监管平台",实现信息共享,保留行政权力事项 48 项,全面取消新建、改扩建建(构)筑物防雷装置检测验收等气象防雷服务收费,新建、改扩建建(构)筑物防雷装置检测不再作为行政审批的受理条件。年内,按照国务院、自治区人民政府及自治区气象局的指导要求,组织编制《崇左市防雷减灾体制改革方案》并通过自治区气象局审查同意,防雷减灾体制改革工作稳步推进,初步落实机构设置、人员及业务调整等具体工作。

【气象行政管理】 2016 年,全市气象部门结合工作实际,优化审批流程,简化审批条件,改善服务环境,全年受理行政审批 327 件,按时办结率 100%,无两头受理、投诉事件发生。年内,继续做好气象行政执法工作,加大气象探测环境保护的执法力度,依法查处企业未安装防雷装置案件等。

（潘汉海　何永成　傅俊霖　赵品建　詹莹玉　许　勇）

水　文

【概况】 2016 年,崇左市水文工作坚持"基础性、公益性、专业性"发展方向,围绕水文测报服务、基础设施建设、网络信息化建设、深化水文改革、水文党的建设"五位一体"工作思路,紧扣服务防汛抗旱和社会经济发展大局,突出抓好项目建设、基层改革、信息化建设"三大攻坚战",取得明显成效。

【防汛备汛】 2016 年,全市调整水文测报应急队,完善应急物资管理制度,组织开展水文防汛应急测报演练,20 名应急测报队员参加雨量监测系统安装、全站仪测验、橡皮艇牵引走行式 ADCP 测流、GPS-RTK 简易地形测量等项目演练。年内,对全市 9 个国家基本水文站的缆道及水文观测设施进行维护、更新,对部分国家水文站点开展巡测,相继对 14 个中小河流新建水文站开展巡测;从 6 月份起,对全市各县 9 个旱情监测点开始全面展开墒情取土分析工作;完成中小河流新建水文站警戒水位的初步勘定工作。

【基础设施建设】 2016 年,全市水文基础设施建设完成固定资产投资 180.87 万元,超出年度投资任务 43.68 万元。7 个新建水位站、14 个新建水文站全部完成合同工程完工验收、工程完工验收,取得结算审核报告及完成资金支付,工程档案资料全部通过验收并移交自治区水文水资源局基建办;大江大河水文监测(一期)项目有序开展,完成宁明县城水文站项目合同工程完工验收、工程完工验收及结算审核确认工作,完成总投资 121.33 万元的扶绥水文站缆道房、测流系统改造及附属工程建设;完成龙州、左江、山秀电站水位工程选址及施工图设计;监督推进国家地下水监测工程(水利部分),完成布西地下河水位站钻井施工任务,完成勤江流量站选址、用地等手续;完成 2016 年部门预算建设项目——平面水文站水文缆道改造工程设

备安装的合同工程完工验收、工程完工验收及部门预算资金支付、资料验收存档等工作。年内,及时开展水文项目前期工作,完成《龙州中心水文站能力提升改造工程实施方案》编制,并上报自治区水文水资源局审查;编报 2017—2019 年中期财政规划项目,配合黄委设计院完成《跨界河流(三期)崇左部分实施方案》编制。

【水文测验、水文资料整编】 2016 年,按照有关规范开展水位、流量、泥沙、降雨等项目的测验,相关资料工作做到"四随"(随测算、随发报、随整理、随分析);全面完成 2016 年度水文资料整编工作,计有水位资料 12 站年、流量资料 9 站年、泥沙资料 4 站年、降雨量资料 43 站年、水温资料 8 站年、蒸发量资料 8 站年、岸温资料 6 站年,向自治区水文水资源局提交完整的水文资料成果,资料质量被评为优秀等级;完成 2015 年度水资源公(简)报资料统计、上报工作。

【水文情报预报服务】 2016 年汛期,崇左市受台风、亚热带对流天气、亚热带低压等天气系统的影响,辖区内出现较强降雨过程 9 次,导致各江河出现明显洪水过程 2 场。其中,受第 4 号台风"妮妲"及第 8 号台风"电母"强降雨共同影响,明江出现接近警戒水位的常遇洪水。年内,主要控制站最高洪水位出现在 6 月和 8 月(详见"2016 年汛期各江河主要控制站月最高水位统计表"),全年收、发水雨情报 60.4 万份(包括大中型水库、电站的转发报文),无错报、缺报、漏报等现象,错情率低于 2‰;全年各江河达到发布预报要求 7 站次,按照《水文情报预报规范》进行误差评定,将 7 次预报进行精度评

2016年汛期崇左市各江河主要控制站月最高水位统计表

（水位：米）

河名	站名	月　份						年最高水位	年最高水位多年平均值	2015年最高水位	警戒水位
		4	5	6	7	8	9				
向水河	大新	241.19	241.17	242.87	241.51	242.59	241.41	242.87	244.224	245.12	246.10
黑水河	新和	110.05	109.54	115.87	111.86	117.43	114.24	117.43	118.826	117.96	121.20
黑水河	硕龙	268.97	269.21	270.47	269.49	271.26	270.59	271.26	270.82	270.62	275.00
明江	宁明	111.84	110.14	110.37	111.36	116.83	110.55	116.83	117.74	115.03	117.90
左江	扶绥	72.94	73.24	73.91	74.27	79.28	76.09	79.28	80.825	80.83	81.80
左江	崇左	88.37	87.60	88.91	88.38	96.39	91.12	96.39	98.19	99.38	101.20
水口河	水口	133.13	133.21	133.04	133.68	136.51	134.82	136.51	137.459	136.72	140.50
左江	龙州	109.50	108.03	108.51	108.97	113.75	111.16	113.75	116.369	116.89	117.20
黎溪	平而关	131.33	128.58	129.45	129.93	134.73	131.99	134.73	136.22	137.85	138.00

差，平均预报精度92.2%，预报合格率100%，满足预报合格率大于90%的工作要求；水情服务方面，发布预测信息即《水情信息专报》11期《水情快报》4期、旬报36期、月报12期，发布预警11次，发布明传电报6次，给地方党委政府、防汛部门及沿江村屯群众发布水情短信6.3万条。

【水质监测调查】　2016年，对全市水源地，国家级、自治区级重要水功能区和国际河流入境水体水质进行监测，共布设断面21个，涵盖重要水功能区、重点饮用水源地、跨设区市河流交界断面等重要水域。根据《地表水环境质量标准》（GB 3838-2002）和《地表水资源质量评价技术规程》（SL 395-2007），采用单因子法进行评价，21个国、省控重要水功能区水质达标率100%，其中达到Ⅰ类水标准水功能区5个、占总数的23.8%，达到Ⅱ类水标准水功能区16个、占总数的76.2%；全年监测重点饮用水源地和监测跨市交界河流段面各1个，水质类别均为Ⅱ类。年内，严格落实崇左市水资源管理制度

考核工作，开展跨市、县（区）交界河流断面的水质、水量监测，对辖区7个县（市、区）河流交接断面水质进行监测评价，达标率100%。

（罗立华）

防震减灾

【概况】　2016年，崇左市防震减灾工作认真贯彻落实2016年国务院防震减灾工作联席会议及全国地震局长会议暨党风廉政建设工作会议精神，严格落实全市2016年度防震减灾工作方案，突出抓好科技监测基础设施建设和城市建筑、基础设施及农村民居抗震设防、应急救援能力建设、防灾减灾救灾宣传教育、地震监测等重点工作，推动防震减灾社会管理、公共服务和基础能力向更深层次、更宽领域、更高水平发展，全年没有出现地震灾情及重大损失，获2016年度广西区市县防震减灾工作年度考核评比特别进步奖。年内，全市防震减灾工作经费预算250万元，较上年增长20%；项目建设预算120万元，同比增长15%。

【基础设施建设】　2016年，全市大力推进防震减灾基础设施项目建设，在全区范围率先完成地震烈度速报与预警系统项目（配套经费240万元，台站基建23个），并于2016年5月通过自治区地震局验收，工作经验在全区推广；快速推进"北部湾地震烈度速报技术系统"崇左项目（广西地震台网中心在北部湾地区及崇左、贺州等市建设111个观测点，建立北部湾地区地震烈度速报系统，以实现破坏性地震基本参数的自动定位、地震灾害快速评估，快速提供仪器烈度速报，全市负责项目建设6个），完成江州区罗白乡罗白中学和驮卢镇驮卢中学，以及大新县榄圩乡榄圩中学、中心小学，龙州县逐卜乡逐卜中学，宁明县峙浪乡峙浪中学、中心小学，天等县上映乡上映中学、中心小学等6个项目的场地改造建设以及设备安装调试工作；扎实推进地震背景场观测网络项目（全市新建基准站1个、基本站2个、GNSS站2个、地下流体观测站1个、数据处理与加工系统中心1个、宏观观测网13个，改造基准站1个，项目总投资701万元，其

中市、县配套420万元)建设,全市落实项目配套经费200万元,大新县完成雷平GNSS站选址、征地和报建报批工作以及台站周边围墙、道路建设,天等县完成福新基准站主体工程建设,宁明县完成那楠基准站选址工作,凭祥市完成GNSS站、夏石基本站选址、征地协调工作,龙州县完成地下流体观测站选址工作,江州区、扶绥县完成宏观观测网选址工作,签订共建合同;投资19万元,建成崇左石林GNSS基准站,进一步加强辖区内石林、大新地震台等地震监测台站的运行和维护,针对石林地震台电源故障较为频繁的情况,对整个台站的外观、电源线、避雷进行设计整改,做到发现故障24小时内解决问题,并建立故障排除登记制度,形成长效机制,保障各台站的正常运行。

【抗震设防管理】 2016年,全市深化改革,全面落实抗震设防管理工作新要求。一是推进抗震设防行政审批改革。贯彻落实国务院关于第一批清理规范89项行政审批中介服务事项的决定,取消一般工程抗震设防要求技术咨询收费,简化抗震设防审批流程,主动服务项目业主。年内,全市一般工程建设抗震设防行政许可审批280件,较上年增长12%。二是推进地震安全示范创建工作。组织各县(市、区)防震减灾工作领导小组办公室负责人到南宁、柳州、钦州、陆川等先进市、县考察学习,做好示范引领,扎实推进地震安全示范社区创建工作。年内,江州区丽江小区被评为"自治区级地震安全示范社区",全市申报市级防震减灾科普示范中小学校共10所。三是推进第五代地震动参数区划图宣贯工作。市质监局在部门网站主页开展《中国地震动参数区划图》(GB 18306-2015)宣传,并提供文件下载服务;市、县住建、地震部门印制宣传挂图7万份、宣传册子15万份,结合精准扶贫工作,深入社区、农村开展地震动参数区划图宣传,加强对农村危房改造、棚户区改造和整村搬迁等项目的抗震设防宣传与管理。此外,地震部门联合住建等部门举办农村建筑工匠抗震设防培训班7期,受训人数500人。

【地震应急救援】 2016年,全市注重夯实基础,进一步完善地震应急救援工作。一是推进行政中心应急避难场所应急发电项目建设。项目投资50万元,建成后既能满足灾后应急,又能满足平时服务市行政中心日常办公需要,预计2017年上半年竣工使用。二是常抓地震应急疏散演练。指导、要求全市中小学校开展地震应急疏散演练,切实提高中小学校防震避险能力,全年开展地震应急疏散演练中小学校261所,覆盖率100%;加强应急救援队伍建设,军分区、武警、公安、消防等部门常抓常练,切实提高地震应急救援队伍战斗力。三是成功处置扶绥县2.9级有感地震,没有造成经济损失和人员伤亡。4月3日9时22分,扶绥县新宁镇(北纬22.63度,东经107.88度)发生2.9级地震,震源深度6千米。市抗震救灾指挥部统一指挥,地震、住建、国土、民政等部门迅速赶赴现场,开展震情跟踪监控、地震灾害调查和次生灾害排查;扶绥县启动地震应急响应,开展抗震救灾各项工作;宣传、文新广电等部门做好震情舆情宣导,防止地震谣言发生;工信、农业、质监、环保、国土、住建等部门做好震区工业企业、农业生产、房屋、地质等次生灾害灾情信息收集上报。四是积极参与协作区地震应急联动。桂西地震应急协作区由崇左、南宁、河池、百色四市组成,建立协调联动机制。积极参与桂西区域协作联席会议及演练活动,在地震应急救援、地震监测预报、灾情调查等方面与桂西片区兄弟市县加深合作。年内,桂西协作区内先后发生靖西2.8级、3.3级地震及南宁3.2级地震等多次有感地震,市地震应急现场工作队根据自治区地震局指导,迅速奔赴各地震现场开展地震应急救援工作,得到自治区地震局和灾区市、县人民政府的好评。

【防震减灾宣传】 2016年,全市创新形式,强化防震减灾宣传教育各项工作。一是抓好常规和重点时段宣传教育。出台《崇左市防震减

地震应急演练

地震科普馆开展科普活动

灾宣传工作实施方案》，阐明防震减灾宣传形式和内容，划定宣传重点，明确部门职责，抓好防震减灾常规宣传工作。同时，注重在重点时段开展防震减灾宣教工作，充分利用"5·12"全国防灾减灾日、"科技活动周"、"十月科普大行动"等有利时机，组织市应急办、民政、教育、科技、地震、文新广电、气象、团市委等部门联合开展防灾减灾宣传活动，全年悬挂宣传标语253条，发放《防震减灾手册》《公众防灾避险应急手册》等地震科普材料12万册，巡展宣传展板30场次，在街道LED显示屏滚动播放宣传片420场次，制作防震减灾特色围裙7万件，移动、电信、联通三家通信公司共发送防震减灾知识手机短信50万条，市地震局在《左江日报》刊登防震减灾专版，获社会各界普遍好评。二是突出科普宣教主阵地作用。市地震局启动"防震减灾科普宣传教育基地百场宣讲"活动，科普宣教基地成为市委党校防震减灾现场教学点，以及各大中专院校、中小学校"第二教学点"，切实发挥防震减灾宣传教育主阵地作用。年内，接待、培训市直机关、学校、企业等单位102个5200人次和市委党校各类党员领导干部培训班10期、学员480人次。

【地震监测预报】 2016年，全市加强地震监测预报工作，制定实施2016年度震情监视跟踪工作方案，扎实做好震情监视、异常核实、分析研判等各环节工作。加强市地震监测应急指挥中心建设，进一步完善指挥中心管理制度，市地震局落实领导和工作人员专职负责指挥中心日常运行管理，加强地震应急基础数据的收集、完善，形成动态管理；加强地震宏观前兆观测工作，充分发挥"三网一员"和群测群防作用，在周边地区发生震情以及重点节假日期间实行"宏微观异常"零报告制度。引入"互联网+"，搭建宣传教育、异常报送、产品销售平台，创新开展地震宏观观测工作，宏观观测范围更广、效果更好。创建崇左市地震宏观观测微信群，吸纳市、县地震部门、"三网一员"特别是宏观观测员入群，充分利用微信平台开展地震震情速报、地震宏观异常速报和"三网一员"培训等工作，要求观测点每天实行地震宏观异常零报告制度，确保观测信息真、实、快、准。在观测点建设方面，与养殖户签订长期合作协议，通过劳务费、通讯费、基建补助等方式支持宏观观测点建设，全市已建成宏观观测点71个。年内，全市区域发生1.0级以上地震8次，最大震级为2.9级。市地震局获2016年度全区数字观测指挥中心运行质量评比集体三等奖，1人获先进个人称号。

（玉燕平 农会安）

2016年度崇左市辖区Ms1.0以上地震目录

序号	发震时间	纬度	经度	深度（千米）	震级	地点
1	2016-01-1123-10-47.0	22.63	107.87	7	Ms1.2	广西扶绥
2	2016-02-1818-00-56.9	23.11	107.17	7	Ms1.7	广西天等
3	2016-04-0309-22-57.4	22.63	107.87	8	Ms2.9	广西扶绥
4	2016-07-0601-13-55.5	23.17	107.05	5	Ms1.8	广西天等
5	2016-08-0811-57-10.5	22.05	106.73	5	Ms1.6	广西凭祥
6	2016-09-0203-19-48.8	22.89	106.7	6	Ms1.3	广西大新
7	2016-09-0314-13-50.5	22.84	107.28	7	Ms1.6	广西大新
8	2016-12-1002-54-57.1	22.47	107.3	6	Ms1.7	广西崇左

文化·体育

WENHUA TIYU

□编辑　黄朝勇

文化综述

【概况】 2016年年初,全市村级公共服务中心446个,群众艺术馆或文化馆8个、图书馆7个、文化站78个。其中:市本级群众艺术馆1个、图书馆1个,各县(市、区)群众艺术馆或文化馆7个、图书馆6个、乡镇文化站78个。全市馆藏文物920件,非物质文化遗产名录125项。年内,全市继续加强非物质文化遗产保护工作,继续推进村级公共服务中心和乡镇文化站建设,深入推进公共文化场馆免费开放,充分利用文化馆站开展群众文化活动,不断丰富群众业余文化生活。

【村级公共服务中心建设】 2016年,自治区文化厅下达崇左市村级公共服务中心建设任务62个,上级财政补助建设资金1550万元,每个村级公共服务中心补助资金25万元,建设内容包括一个篮球场、一个戏台、一个宣传栏、一栋160平方米以上的综合服务楼,组建一支农民篮球队、一支农民文艺队。截至12月12日,村级公共服务中心综合服务楼建设完工27个、内外装修16个、主体施工16个、基础施工3个,篮球场建设竣工43个、场地平整12个、硬化3个,戏台建设完工38个,宣传栏(墙)建

设完工22个,组建篮球队41个、文艺队41个。

【文化场馆免费开放】 2016年,中央及自治区对全市92个公共文化场馆(站)补助免费开放经费715.2万元。其中,市级群众艺术馆、图书馆各补助48万元,共96万元;13个县级文化馆、图书馆每个补助19.2万元,共249.6万元;享受免费开放政策的77个乡镇文化站每个补助4.8万元,共369.6万元。市、县、乡镇公共文化场馆(站)充分利用免费开放经费,开展丰富多彩、形式多样的文化活动,进一步丰富了群众业余文化生活。市群众艺术馆通过开展中老年广场舞培训班、暑期公益艺术免费培训班等,满足市民群众的艺术需求,丰富业余文化生活,全年举办免费培训班32期,受训群众1026人次。

【群众文化活动】 2016年,崇左市充分发挥各级公共文化设施作用,广泛组织开展形式多样的基层群众文化活动。一是节假日群众文化活动。春节、元宵节等重大节假日期间,全市7个县(市、区)县城所在地、各乡镇文化站所在的社区以及754个行政村举办各种文艺演出、山歌歌会、舞龙舞狮、斗鸡比赛、画眉鸟格斗比赛、书法展、摄影展等文化活动2000多场次,观众200多万人次。二是市民广场文化

活动。崇左市组织开展"崇左市健身操(舞)大赛"等重要活动,市文化部门联合市花山艺术传承创作中心分别到市城区社区及部分县乡镇开展送戏下基层演出7场,多方面丰富群众的文化生活,满足群众日益增长的精神文化需求。三是"唱响八桂中国梦·艺术精品到基层"活动。全年开展惠民演出活动230多场,为给基层人民群众送上党的关怀及节日的祝福问候。四是组建花山合唱团。3月,崇左市组建崇左花山合唱团,成员来自全市各行各业的音乐爱好者,经半年多的声乐培训,合唱团演唱水平明显提高。9月11日,崇左花山合唱团作为唯一指定合唱团参加"南宁国际民歌艺术节2016本色花山·大地飞歌晚会"演出,在"大地飞歌"、"蝴蝶吻花山"、"藤缠树"、"大地之约"等节目中担当合唱。

【非物质文化遗产保护】 2016年,崇左市注重推进非物质文化遗产保护工作。一是大力推进"壮族霜降节"作为"二十四节气"拓展名录项目列入联合国教科文组织人类非物质文化遗产代表作名录。11月30日,联合国教科文组织保护非物质文化遗产政府间委员会通过决议,将中国申报的"二十四节气——中国人通过观察太阳周年运动而形成的时间知识体系及

其实践"列入联合国教科文组织人类非物质文化遗产代表作名录。崇左市非物质文化遗产项目"壮族霜降节"作为"二十四节气"拓展名录项目之一,实现崇左乃至广西世界非物质文化遗产"零"突破。二是加强非物质文化遗产项目申报。对照申报条件和相关标准,组织各县(市、区)做好第六批自治区级非物质文化遗产代表性项目名录的申报工作。12月12日,自治区文化厅公示第六批自治区级非物质文化遗产代表性项目名录推荐名单,全市纳入自治区级非物质文化遗产保护名录项目8个。三是推进非物质文化遗产传承中心建设。7月,自治区级2016年非物质文化遗产保护专项资金下发至各县(市、区),包括非遗传承基地建设、传承基地(中心)传承活动经费、传承人传习活动经费三部分,总额66.65万元。至12月,各县(市、区)非遗传承基地完成选址工作,展示所需实物、图片等已征集或正在制作,传承活动有序开展。

花山岩画申遗

【概况】 2016年是左江花山岩画文化景观申报世界文化遗产工作的决胜之年,全市认真贯彻落实国际专家组提出的4点建议及自治区领导批示精神,全力以赴抓好申遗各项工作。

【制定工作方案】 2016年初,崇左市根据国家文物局要求和自治区申遗办部署,研究制定2016年度申遗工作方案,内容涵盖落实国际专家组提出的4点建议和自治区领导批示精神的具体措施、开展花山研究、开展遗产宣传和阐释、推进配套项目建设、做好参加世界遗产大会准备工作,以及申遗成功后的总结表彰和花山品牌推介等各个方面,明确了具体的工作任务、责任单位和时间节点。

【申报全国重点文物保护单位】 根据国家文物局和自治区文化厅要求,组织有关各县(区)直接将左江花山岩画文化景观的遗产区和缓冲区分别划定为申报国保单位的文物保护范围和建设控制地带,以便于申报全国重点文物保护单位以及各文物点和世界遗产的衔接管理。年内,向自治区文化厅提交相关材料,争取除宁明花山岩画以外的37处岩画点列入2017年国务院启动的第八批国保单位推荐名单,以实现38处申遗岩画点国保单位的全覆盖。

【遗产监测与环境保护】 2016年,全市组织巡检人员和监测人员正常开展巡视巡检工作,并做好各项资料档案的采集、录入、整理和上报。各相关部门严格控制遗产区村庄规划建设,加强管控水上游船、网箱养鱼、采砂等活动,巩固前期环境整治成果,确保遗产区景观环境保持良好状态。组织林业等相关部门制定《加强花山岩画遗产区造林绿化和森林防火的工作方案》《森林火灾应急预案》以及《遗产区推广使用绿色清洁能源工作方案》,加强遗产区造林绿化和森林防火工作。在遗产区内城镇、村庄大力推广使用绿色清洁能源,努力将花山遗产区打造成全方位立体型绿色能源综合示范亮点,确保遗产区绿水青山永续长存,切实成为遗产区保护管理典范。

【岩画展示与宣传】 2016年,为弘扬崇左独特的民族文化,打造全市民俗节庆文化品牌,增强民族自信心和凝聚力,助力花山岩画申遗工作,全市开展一系列花山岩画展示及宣传活动。4月举办2016年崇左花山文化节,展示崇左独具特色的壮族民俗文化;与宣传部门及专业媒体的合作,通过电视、广播、报纸等媒体及互联网、微博、微信等平台宣传花山岩画,并在主要路口、码头等设置大型广告牌和交通指示牌;加强与专业影视机构和文艺院团合作,加快推进以花山岩画为题材的电影、舞台剧和实景演出等项目;参与各类研讨创作活动,年内派员参加首届巴丹吉林岩画国际论坛,协助市文联在崇左召开广西骆越文化高端论坛等活动;举办《丹青记忆·守望家园——中国文化遗产美术作品展(2016·左江花山岩画文化景观)》,并分别在河北承德、广西民族博物馆展出。

【参加世界遗产大会】 2016年7月10日—20日,联合国教科文组织世界遗产委员会第40届会议在土耳其伊斯坦布尔召开,崇左市派出政府代表团、专家代表团及记者参加。大会召开前期,崇左市积极对接国家文物局、自治区文化厅及外事部门等,落实组团参会方案、协调各项事宜,准备相关资料和宣传品,呈自治区文化厅审核并报国家文物局审定。大会召开期间,会同国家文物局、自治区政府代表团参加有关会议并开展一系列遗产宣传和交流活动。7月15日,世界遗产大会第四十届会议对中国申遗项目左江岩画进行终审,一致同意将"广西左江花山岩画"列为世界文化遗产名录。申遗成功后,崇左市积极协调中央及各省(区)、市主流媒体第一时间播报新闻,邀请广西电视台联合组织开展全市庆祝申遗成功直播活动等。

热烈庆祝左江花山岩画成功列入世界遗产名录

【申遗成功总结大会】 2016 年 10 月 14 日,崇左市召开全市左江花山岩画文化景观成功申报世界文化遗产总结暨文化旅游发展工作大会,肯定申遗工作成绩,通报表扬在申遗工作中做出突出贡献的单位 76 个、个人 276 名,就进一步做好左江花山岩画文化景观保护和管理工作进行部署,要求进一步唱响花山民族文化品牌,抓好文化旅游"大文章",促进文化旅游大发展。

【完善遗产保护法规】 2016 年,崇左市在自治区和市政府分别颁布实施《广西壮族自治区左江岩画保护办法》《崇左市左江岩画保护管理办法》的基础上,继续完善左江花山岩画文化景观保护的条例、办法。年内,市人大牵头研究起草《左江花山岩画文化景观保护条例》,市文化新闻出版广电局负责起草草案初稿,已提交市人大研究审核。

【加强申遗队伍建设】 2016 年 11 月 20 日—26 日,由市人才工作领导小组牵头、市文化新闻出版广电局承办的 2016 年左江花山岩画文化遗产研究与保护开发管理人才能力素质培训班在西安举办。培训班采取集中授课与现场教学相结合的形式,聘请中国古迹遗址保护协会、中国文化遗产研究院、北京大学考古文博学院、陕西省文物局、陕西省文化遗产研究院等单位专家授课。市直相关单位、涉及申遗的县(区)政府及相关单位共 60 人参加,进一步加强了左江花山岩画文化遗产研究与保护开发管理队伍建设,提升了保护和开发管理人员的业务能力和素质。

文物博物

【概况】 2016 年,全市调查国有单位 1501 个,反馈有文化遗存收藏的单位 22 个,收藏档案和文化遗存 8604 件。其中,档案系统收藏档案 2258 件,文博系统收藏 6306 件,其他单位收藏 40 件。

【文物保护】 2016 年,全市大力开展文物普查及保护、修缮各项工作。

完成全国第一次可移动文物普查 根据国务院和自治区人民政府开展第一次全国可移动文物普查工作的有关通知,全市各文博单位做好调查、认定、录入、审核等工作,上报文物(含自然类文物) 6017 件,完成收藏文物率 100%。

文物保护修缮 一是做好太平府故城保护修复前期工作。市财政安排前期工作经费 30 万元和本体测绘费 68.8 万元,完成本体测绘工程招标,测绘公司已进场开展工作。二是做好其他文物点的维修工作。年内,完成区级文保单位板麦石塔墓、市级文保单位刘作肃墓葬的环境整治;完成扶绥县花山申遗区坡利屯的传统建筑维修和环境整治;完成养利古城—南门楼的维修工作,大新县明清海防(连城要塞遗址和友谊关)保护方案通过立项并上报自治区文化厅;完成宁明县迁善书院和花山申遗区灰窑屯传统建筑的维修及环境整治。三是推进传统古村落保护和申报工作。文化、住建、旅发等部门联合开展传统民居调查工作,对传统建筑保存较好的村落进行维修,补充完善第四批中国传统村落申报材料,积极宣传保护传统村落知识。四是举办文物保护宣传教育活动。5 月下旬及 6 月上旬,借助"5·18"国际博物馆日、"文化遗产日"等契机,通过文艺演出、知识竞赛、新闻网络媒体宣传、横幅、板报、发放宣传单等形式,在全市范围内多渠道全方位开展文物保护相关知识宣传教育活动,提高广大人民群众文物保护意识。五是开展文物安全与执法工作。全市认真贯彻落实"预防为主、防消结合"方针,根据自治区文化厅相关通知精神,要求各文博单位排查、上报安全隐患情况,并及时整改;成立督查组对全市文博单位进行随机抽查与重点检查,确保没有文物安全事故发生。同时,做好文物行政执法工作,遏制破坏文物和非法偷盗贩卖文物现象发生。

【文物征集】 2016 年,全市征集到文物线索 1000 多条,认定文物 853 件(套),其中石瓷器 370 件、铜铁器 114 件、民俗文物 369 件(套),

登录、纳入国家文物普查系统 571 件（套）。

【文博展览】 2016年，市博物馆接待国内外参观团队 300 多个，参观总人数 12 万多人次，日益成为崇左的"城市会客厅"和"文化名片"。5月，馆内的"百里岩画·骆越神工——左江花山岩画文化景观陈列"分别获第十三届（2015年度）全国博物馆十大陈列展览精品推介优胜奖和第一届广西博物馆十大陈列展览精品推介精品奖，有力助推了花山申遗工作。年内，市博物馆还开展"民族团结书画摄影展"、"2016年崇左市花山文化节书画摄影作品展"、"建党 95 周年暨红军长征胜利 85 周年革命诗词书法作品展"、"广西世居民族服饰展"、"崇左市首届中小学生书画展览"等展览活动，进一步丰富展览内容。

文化市场管理

【概况】 2016年，全市有文化经营单位 259 家，其中网吧 160 家、歌舞娱乐 KTV64 家、电子游戏 35 家。年内，崇左市结合边境实际，围绕"平安崇左"建设目标，加大执法力度，加强文化市场日常监管，规范文化经营行为，确保边境地区文化市场平安有序发展。

【社会文化环境整治】 2016年，全市加强文化市场监管，以文化市场安全、文化产品安全、未成年人保护为重点，加大执法力度。一是加强元旦、春节及"两会"期间文化市场监管；二是坚决打击各类违法违规经营行为；三是扎实开展各类文化市场专项整治行动，维护健康良好的文化市场秩序，为推动全市文化市场稳定繁荣发展营造了良好环境。

【文化市场综合执法】 2016年，全市加大文化市场监管力度，采取明察暗访等方式，扎实开展各类文化市场专项整治行动，一旦发现隐患和问题，立即责令经营单位限期整改，做到防患于未然。年内，全市文化执法部门出动检查人员 11504 人次，检查各类文化经营单位 5910 家次，其中检查游艺娱乐场所 269 家次、歌舞娱乐场所 920 家次、网吧 2069 家次、书报刊经营单位 1052 家次、音像出版物经营单位 669 家次、印刷经营单位 931 家次，责令违规经营改正 36 家次，警告违规经营 20 家次，没收非法出版物 753 册、非法音像出版物 776 张，罚款 22500 元，没收违法所得 654 元。

【安全生产】 2016年，全市加强文化市场安全检查，严格实行巡查联系制度，落实责任追究制，坚持日常巡查和不定期巡查相结合，突出做好夏季消防检查。一是预防为主，加大宣传，进一步普及文化经营场所和文化经营活动安全知识，提高执法人员、经营者以及公众自我防护意识，强化日常安全检查工作，深入排查文化经营场所和文化经营活动中存在的各类突发事件隐患，及时采取预防和控制措施，减少突发事件发生的概率；二是依法管理，严格检查，对检查中发现的各类安全隐患问题和各种违法经营活动，严格按照国家有关法律法规的规定和程序进行处置。年内，全市排查发现各类安全隐患 355 处，当场责令整改 307 处，文化市场没有重大安全事故发生。

公共图书馆

【概况】 2016年，崇左市图书馆馆舍建筑面积 3664 平方米，设有专用书库、报刊库、综合阅览室、科技阅览室、少儿阅览室、电子阅览室、采编室，各室均有专人管理。藏书总量 20 多万册，采用《中图法》分类，编制有图书目录 4 套、期刊目录 2 套。馆内藏书具有地方文献较丰富、学科较齐全、文种多样等特色。全馆工作人员 11 人，其中大学本科 6 人、大学专科 2 人、中专 3 人，副高级职称 1 人、中级职称 5 人，领导班子成员全部具有中级以上职称，熟悉业务，具备计算机操作技能。

【读者服务】 2016年，市图书馆的图书采编、流通、检索全部实现自动化操作，各项内务统计基本实现电脑操作、有序化管理，缩短了新购图书从采编到上架流通的时间，为广大读者提供了更便捷更优质的借阅服务。年内，接待读者总数 95352 人次，其中借阅报刊文献 41263 人次、书刊文献外借 65286 册。全年举办各种讲座、展览、培训活动 30 次，参与人数 23613 人次；举办美术、书法作品展览，展出美术、书法 40 多件，观众 2300 人次；4月 22 日举办"世界读书日"知识竞赛，向大家展示读书的魅力。同时，图书馆充分利用多媒体设备开展免费培训，春节前后举办学生寒假作文和数学免费培训班，增强学生课外学习兴趣和学习能力。

2016年，市图书馆大力推广数字图书工作，提高文化信息资源共享。一是依托信息资源共享工程及数字图书馆推广工程，加强数字资源建设，推广电子书籍借阅，满足读者需求。年内，市图书馆购进电子书籍借阅机、读报机等现代化设备，读者无需到图书馆，用手机扫码即可将电子书籍带走，进一步扩大读者受众面与书籍共享范围。二是开通网站，实现与自治区图书馆资源共享。年内，市图书馆开通崇左市图书馆网站，读者可以通过登录图书馆网站检索到图书信息，还可以链接到自治区图书馆，享用自治区图书馆的电子图书资源。三是丰富图书数字资源，扩大文化信息共享范围。年内，争取到国家图书馆经费10万元用于地方特色文化资源的数字化加工，获自治区图书馆配送边疆万里数字文化一体机1台，进一步丰富图书馆数字资源，扩大了文化信息共享范围。

【图书征订】 2016年，市图书馆使用市政府拨付的7万元经费，订购各类书籍、报刊372种，以政治、时事、新闻、科技等几大类为主。

专业文艺

【概况】 2016年，全市有专业文艺团体8个，分别为：崇左市花山民族文化艺术传承创作中心，扶绥县非物质文化遗产传承与保护中心，天等县非物质文化遗产保护传承中心，凭祥市非物质文化遗产传承与保护中心，大新县非物质文化遗产传承与保护中心，江州区非物质文化遗产传承与保护中心，龙州县天琴艺术传承中心，宁明县花山文化传承和保护中心。全市各专业文艺团体积极开展文艺活动，扎实推进文化精品剧目创作，全年开展文化惠民演出310场，创作出一批充分体现社会主义核心价值观的小品、歌曲等文艺作品。

【专业演出】 2016年，全市大力推进文艺精品创作，创作并排演了一大批反映崇左地方文化特色的节目。如小品节目《计生趣事儿》《登记》，舞蹈节目《晨曦·月下》《心中的党旗》，歌曲《我在花山等你

2016年崇左花山文化节"水上疍家婚俗"表演场景

来》《花山之恋》《爱在南方》《壮家妹》等文艺作品30多个。其中，歌曲《我在花山等你来》在庆祝花山申遗成功期间推出，网络点播率9万多次，促进了花山文化的宣传；歌曲《花山之恋》《爱在南方》参加全国"美丽南方"歌曲征集活动，被录入"美丽南方100首优秀歌曲"选集；歌曲《我在花山等你来》、《花山之恋》被录入自治区文化厅主办的"唱响广西"原创音乐CD专辑。年内，与南宁市民族文化艺术研究院开展文化艺术创作交流活动，共同完成国家艺术基金资助项目——大型粤剧《璎珞转》全国30场巡演任务，给广大市民带来震撼的视听享受；开展小型剧目《米洛甲》创作，获国家艺术基金资助10万元；9月3日，龙州县天琴女子弹唱组合在第十四届西部民歌（花儿）歌会大赛上，凭借《唱天瑶》一举夺得原生态组金奖。此外，充分利用壮族"三月三"传统节日，打造"崇左花山文化节"，展示崇左独具特色的壮族民俗文化。其间，举办崇左市第七届山歌擂台赛（越南名山歌手20多人和泰国、印尼、老挝、柬埔寨、缅甸等东盟7国留学生代表约50人与本土歌手

联合同台献艺）、"水上疍家婚俗表演"、"以情相约，以歌相伴——东盟情歌汇"、"民俗大联欢共庆'三月三'——全市民俗文艺大汇演"、"唱响崇左——崇左人唱崇左歌原创歌曲大赛"等系列文化活动，再现《榔趣》《扁担舞》《壮族擂鼓舞》等众多传统文化精品，进一步弘扬和传承地方民族文化，推进崇左与东盟国家的文化交流。

新闻出版（版权）管理

【概况】 2016年，全市出版物（含音像制品）经营单位294家，其中出版物批发企业7家、出版物零售企业267家、租书店20家，出版物全年销售总额8066多万元、利润220多万元，缴税额332万元；印刷企业40家，其中内部资料出版物企业1家、包装装潢企业2家、其他印刷品企业37家，全年印刷企业资产总额14780.96万元，实现工业总产值10121.09万元，销售收入16821.56万元，利润总额448.29万元，纳税总额营业税金及附加453.79万元，从业人员620人；报社1家，即左江日报社，全年发行

《左江日报》3.4 万份。

【市场监管】 2016 年，全市及时制定下发工作方案，明确各县(市、区)、各有关成员单位工作职责，扎实开展"清源 2016"、"净网 2016"、"秋风 2016"、"护苗 2016"、"固边 2016"五个专项行动，全市出版物市场健康有序发展。全市出动执法检查人员 3856 人次、车辆 938 车次，检查出版物市场、摊点 5684 家次，收缴非法出版物 21597 件，查办出版物行政案件 12 件。同时，依法开展印刷企业年检、换证工作，对全市 287 家经营单位进行资格年检；适时开办印刷企业培训班，提高印刷企业业主的法律意识。

广播·电影·电视

【概况】 2016 年，崇左市文化新闻出版广电局坚持正确舆论导向，指导崇左电视台、崇左人民广播电台做好宣传报道工作，加强网络试听节目监管，坚持净化声屏，督促各级广播电视播出机构播出社会主义核心价值观公益广告 876 次；加强日常安全播出检查和安全播出保卫工作，做好广播电视安全播出工作，全年没有发生重大安全播出事故；着力夯实广播电视基础设施建设，加强惠民为民文化服务，做好农村电影公益放映工作。

【宣传报道】 2016 年，市广电系统围绕做好"两篇大文章"、打好"四大攻坚战"中心工作，以及崇左花山文化节、"两学一做"学习教育等重大活动，坚持团结稳定鼓劲、正面宣传为主的方针，把握正确舆论导向，强化广播电视媒体宣传阵地，坚持贴近群众、贴近实际、贴近生活，积极做好新闻宣传工作，完成全

年各项宣传报道任务。年内，崇左电视台《崇左新闻》栏目播出新闻 3010 条、《百姓关注》栏目播出新闻 1306 条、上送广西电视台播出 331 条、中央电视台播出 16 条；《崇广新闻》制作播出 281 期，播出新闻 1967 条；《壮语新闻》制作播出 233 期，播出新闻 1398 条，上送广西人民广播电台播出新闻 196 条。

【电影放映】 2016 年，全市订购故事片 7594 部、科教片 4480 部，完成农村公益电影放映 8940 场次，其中民族语电影放映 1706 场，完成全年放映任务 9048 场的 98.81%，观众人数累计 74 万人次。

【行业管理】 2016 年 11 月上旬，市广电部门联合市工商局、公安局、质监局等部门开展非法卫星地面接收设施专项整治专项活动，出动人员 21 人、车辆 4 辆，对城区主要街道、农贸市场、小电器批发部、电子维修部等经营场所进行拉网式排查，集中清查城区内商住小区 15 个、宾馆酒店 3 家，清理非法销售点 9 家，发放宣传资料 25 份，依法收缴非法销售设施天面 12 面、接收机 6 个，依法拆除非法安装的卫星地面接收设施天面 316 面、高频头 135 个。

【项目建设】 2016 年，市广电系统开展村村通广播电视工程项目建设。建设乡镇广播电视无线发射台站 9 座(其中 2016 年绩效考评任务 7 座，2017 年绩效考评任务 2 座)，具体为：天等县宁干、东平、进远乡各 1 座，宁明县海渊、那堪镇各 1 座，大新县榄圩乡 1 座，龙州县响水镇 1 座，江州区濑湍、左州镇各 1 座。工程配套资金 720 万元，其中中央和自治区级配套资金 585 万元、市级配套资金 72 万元、县级

配套资金 63 万元。至年底，全市乡镇广播电视无线发射台站建设竣工 7 座。给兴边富民建设 0～20 千米贫困村贫困户免费发放液晶数字电视接收设备。经调查摸底并报自治区核定，全市 3590 多户贫困户符合条件，年内全部发放完毕。　　　　　　(黄　英)

《左江日报》

【概况】 《左江日报》为中共崇左市委机关报，由中共崇左市委员会主管、主办，是全市唯一公开发行的具有权威性和影响力的报纸，实行对开 4 版到 8 版，彩色印刷，每周 7 刊，周一、三、五、六、日每天 4 版，周二、四每天 8 版，特殊情况 12 版。全市 6 个县(市、区)报纸订阅实行政府采购。报社狠抓投递质量，报纸及时送达，读者满意度较高。

左江日报社设有办公室(含发行)、总编办、时政要闻部、编辑部、重点报道部、新媒体中心、财务部、广告部(广告外包)等 8 个部，编制 47 人，2016 年实有员工 58 人，其中在职在编人员 39 人、聘用人员 19 人、研究生学历 5 人、本科学历 39 人、大专学历 11 人、中专学历 3 人、高级职称 6 人、中级职称 12 人、初级职称 14 人。

2016 年，左江日报社围绕市委、市政府做好"两篇大文章"、打好"四大攻坚战"重大决策部署，牢牢把握正确舆论导向，充分发挥党报影响力，弘扬崇左精神、唱响崇左声音，运用报纸、新闻网站、微信公众号、官方微博、"在崇左"新闻客户端等平台，搭建全方位、立体化宣传格局，狠抓宣传报道质量，各项工作取得新进展。全年编发《左江日报》345 期，版面 1600 多个，发行量

3.4万多份，与上年基本持平。

【办报宗旨】《左江日报》作为崇左市党报，一贯坚持"为党宣传、为民发声、敬业奉献、勇于担当"宗旨，定位为：立足崇左，坚持正确舆论导向，坚持宣传党的路线、方针、政策，坚持为人民服务、为社会主义服务、为工作大局服务的方针，突出民生新闻、监督新闻，积极反映人民群众的诉求，爱岗敬业、乐于奉献、勇于担当，突出宣传市委、市政府的决策和工作部署，报道全市人民同心协力建设新崇左的事迹，推广崇左建设的成功经验和先进典型。

【版面设置】2016年，《左江日报》设置要闻、综合新闻、社会新闻、学习·实践、百姓副刊、崇左经济报道、教育园地、法治在线、医卫之窗、两广九市报业联盟专版、国际国内、时事聚焦等版面。

【宣传报道】2016年，左江日报社充分发挥思想引领、舆论推动、精神激励作用，在市委、市政府各个重大决策出台和重大活动、重要工作推进时，及时组织采写、刊发重点报道、评论员文章、开设专栏、专版，在重点版面、重要位置进行宣传造势。年内，先后在报纸一版、二版等重要版面开设《开局十三五 做好两篇大文章 打好四大攻坚战》《2016年崇左花山文化节》《奋力打赢甘蔗"双高"基地建设大战役》《积极参与扶贫开发 做好精准扶贫工作》《查处群众身边四风和腐败问题》《集中力量打好文化旅游发展战役》《创建国家森林城市 打造生态宜居崇左》《推动花山申遗 弘扬民族文化》等栏目，以栏目引领中心工作报道，进一步提高宣传报道效果。

尤其是6—7月份，为配合花山岩画文化景观申遗工作，报社进行全方位、立体化宣传，产生巨大社会影响，有力促进申遗工作，得到市委领导和广大读者赞扬。6月份开始精心策划、确定宣传方案，深入开展宣传活动；7月15日申遗结果宣布后，次日推出8连版特刊长卷，展示左江花山岩画的地理分布、岩画有关知识，形成强大的视觉冲击力；7月16日—20日，相继推出8个专版，展示全市各地庆祝申遗成功活动情况、申遗历程回顾，刊出《崇左为中国岩画类世界文化遗产"破零"》《为了壮民族永远的图腾，我们风雨兼程——崇左市左江花山岩画文化景观十三载申遗之路掠影》《"这一天，我们等很久了！"——我市各界庆祝花山申遗成功速写》《花山梦圆 骆越瑰宝放异彩——探秘左江花山岩画文化景观申遗之路》等重要稿件，并在崇左新闻网、《左江日报》微信公众号、官方微博等一同推出相关专栏，宣传花山岩画的美丽传说、花山壮族文化、骆越根祖文化等。《左江日报》微信公众号发布的申遗成功微信，点击量超过4万人次，为发布该信息同类媒体中点击量最高者。

此外，《左江日报》关注民生问题，加大社会新闻、民生新闻报道力度，增强吸引力和影响力。在深度报道栏目《记者调查》刊发一系列热点焦点新闻，如《我市养老机构之困：如何留住护理人员》《友谊茗城地下停车场收费之战》《我市民间公益组织该如何发展？》等。

【精品打造】2016年，左江日报社组织开展"精品打造年"、"媒体融合发展年"、"队伍建设年"活动，全力铸基础、增本领、强队伍，激发做好宣传工作的内在动力，增强服务大局能力，提高宣传工作水平。以"出精品、提质量"为目标的"精品打造年"活动进一步激发了编辑记者的工作积极性，《左江日报》涌现出更多好新闻、好版面，作品获2016年度广西新闻奖11件。其中：一等奖3件，即消息《崇左为中国岩画类世界文化遗产"破零"》、版面《2016年7月16日热烈庆祝左江花山岩画文化景观申遗成功八连版》和标题《一位村支书的"等号"、"不等号"》，版面《2016年7月16日热烈庆祝左江花山岩画文化景观申遗成功八连版》被广西选送参加中国新闻奖评选；二等奖2件，即通讯《一位村支书的"等号"、"不等号"》、深度报道《花山梦圆 骆越瑰宝放异彩》；三等奖6件，即消息《养鸡须过考试关》与《"小气"区委办"慷慨"大民生》、通讯《市委书记的"养牛梦"》与《一群跨国歌迷的25个公益活动》、网络评论《不作为也是腐败！》、网络专题《热烈祝贺左江花山岩画文化景观申遗成功！》

【发展新媒体】2016年，左江日报社开展以"抓融合、促转型"为目标的"媒体融合发展年"活动，完成两微一端新媒体重要布局，搭建起崇左新闻网、左江日报微信公众号、左江日报官方新浪微博、"在崇左"新闻客户端等新媒体平台，紧扣市委、市政府中心工作，创新宣传方式，以网民喜闻乐见的方式和口吻推出大批宣传报道。《左江日报》微信公众号坚持每天精心推送文字信息、图片、视频，全年约推送信息1500条，微信公众号粉丝数超过15万人。市"两会"期间，微信公众号进行现场直播，开启新的宣传路径，取得良好宣传效果。崇左新闻网多次组织开展线上、线下活动，如"全民植绿·万众创森"植树活动、第二季崇左全民健身欢乐"泡泡跑"以及"国庆七天假,天天有'猴看'生态科普体验"等活动,反响良好,在群众中树立了良好的网站形象,提高了群众的认知度和关注度,也扩大了左江日报社的影响力。

【报业融合转型】 2016年,左江日报社以"媒体融合、转型发展"为切入点,探索宣传工作新思路和新途径,使报社在媒体融合中统一思想,在报业转型升级中凝聚力量,实现报业的新发展。

组建"名乡名镇(街)"网群 充分发挥新媒体中心网络技术优势,帮助各县(市、区)乡(镇、街道)、市直机关30多个单位开发门户网站,组建起"名乡名镇(街)"网群,延伸报社的宣传触角,形成舆论宣传的新阵地、对外宣传的新渠道、干部群众的连心桥。

搭建优质网络宣传服务平台 与左江风尚传媒公司(左江网)签订战略合作协议,以新闻资源入股左江网,努力打造"党报+党网+党移动新媒体"+"都市生活网+都市生活移动新媒体"新格局,提升报社竞争力,搭建起全市最优质的网络宣传服务平台。

建立文化旅游宣传合作联盟 年内,积极参与搭建崇左与两广十市报业合作平台,进行报业转型发展探索。11月,与广西梧州、玉林、贺州、贵港,广东佛山、湛江、茂名、肇庆、云浮、阳江等两广十市主流媒体建立文化旅游宣传合作联盟关系,整合资源、凝聚力量,开展崇左及两广十市文化旅游宣传合作,宣传、推介崇左文化旅游产业,助推崇左市文化旅游产业快速发展。

创新宣传创意输出 创先尝试以图说、漫画等形式解读市委、市政府重大工作部署、工作成效,完成《图说"做好两篇大文章、打好四大攻坚战"》小册子。

(梁 莉)

档 案

【概况】 2016年年底,崇左市档案局(馆)系统在职干部职工71人,其中市档案局(馆)在职干部职工16人,市本级和7个县级国家综合档案馆总建筑面积5658平方米,其中档案库房面积2617平方米,馆藏档案1106个全宗,案卷251796卷、归档文件1035089件,录音录像档案265盘、照片档案9602张。年内,全市档案系统学习贯彻中办、国办《关于加强和改进新形势下档案工作的意见》及自治区"两办"《实施意见》精神,贯彻落实《崇左市关于加强和改进新形势下档案工作的实施意见》精神,狠抓各项档案业务基础工作。

【基础业务建设】 2016年,全市档案基础业务工作进一步夯实。一是档案资源建设持续深化。市档案馆制定《2016年档案接收进馆计划》,布置市直机关、企事业单位做好到期档案移交进馆工作,年内依法接收56个单位文书档案414卷又69051件,接收进馆原市委黄克书记个人档案资料42件。做好重大活动档案的收集工作,收集进馆全市"三月三·祭壮祖赶歌坡赏木棉"活动照片191张,实物14件等档案资料,同时规范整理市档案馆保存的旧照片档案2967张。指导7个县(市、区)档案馆拓展渠道,接收、征集档案资料,进一步丰富馆藏档案资源,全年共接收各类档案资料58439件。其中,扶绥县档案馆接收档案资料719件;大新县档案馆征集2016年冰雹灾害、"三月三"活动、"十二五"建设成

就以及1952—2010年反映大新县两会及农业、工业、科技、文化、民俗活动等照片295张,整理反映大新县情的珍贵图书资料199本;天等县接收入馆到期档案资料4009件,其中申报"长寿之乡"档案184件;龙州县档案馆接收归档文件14681件、征集资料12本;凭祥市档案馆接收归档文件和婚姻档案15616件,声像11张,征集击落越南飞机珍贵照片74张;江州区档案馆接收到期档案和左江花山岩画申遗档案8121件。二是档案开放鉴定工作稳步推进。市档案馆依法开展馆藏1985、1986年档案开放鉴定工作,完成开放鉴定档案63个全宗2974卷共44540件,向社会开放18071件,延期开放26469件。三是档案安全建设进一步加强。市档案馆争取地方财政安排档案保护专项经费,深入开展馆藏档案抢救、修复、防潮、防火、防盗、防虫、防污染、防高温、消毒等工作,更换档案库房空调3台,购置铁皮档案柜29组145节,增加安装档案库房监控视频探头5个。全市大力推进市、县档案馆新馆建设项目,市本级档案馆建设争取到自治区政府补助资金500万元,市委、市政府将县级档案馆项目建设列入对县(市、区)2016年度绩效考评指标体系,扶绥、大新、天等、宁明、龙州、凭祥6个县(市)完成立项、落实档案馆项目用地并开展设计工作,江州区正协调落实项目建设用地。开展档案安全专项检查,重点对市人社局等15个单位进行专项档案安全执法检查,对存在严重问题的5个单位下发限期整改通知书。指导各县(市、区)开展国家重点档案保护抢救工作,天等县档案馆修复馆藏破损档案32卷,江州区档案馆对馆藏重点档案86卷2159件共12895页

进行裱糊。认真做好档案安全日常工作，建立健全档案安全制度，注意做好档案收集、整理、保管、利用、数字化等各环节的安全工作。

【档案信息化建设】 2016年，全市持续推进档案信息化建设。一是扎实开展档案数字化工作。年内，全市完成馆藏档案数字化扫描193.26万页，其中市档案馆完成32万页、扶绥县16.1万页、大新县44.16万页、龙州县8万页、天等县14.5万页、宁明县5.5万页、凭祥市43万页、江州区30万页。二是有序推进政府信息公开服务工作。市档案局在广西壮族自治区政府信息统一平台发布更新各类信息72条，在崇左档案信息网站发布信息70多条。凭祥市档案局主动与当地政务服务中心对接，督促各单位及时报送政府信息公开文件材料，共接收43个单位的政府信息公开材料。同时，配备电脑和打印机，进一步方便群众查阅利用档案。

【档案服务工作】 2016年，全市档案工作积极服务经济社会发展。一是服务左江花山岩画景观成功申遗。市、县两级档案部门积极发挥职能作用，选派优秀业务骨干主动参与"申遗"工作，指导并参与"申遗办"整理档案资料402盒3888件、音像档案18盒，扫描重要文件1100件、图书220本、照片13982张，作为花山申遗评审佐证材料，保障了左江花山岩画"申遗"成功。二是服务社会各界查阅利用。年内，全市各级档案馆共接待各界利用者3146人（次），提供档案2404卷又4327件，其中市本级档案馆共接待利用者119人（次）、提供利用档案223卷（件）。为组织部门开展2016年市、县、乡三级换届提供专题档案信息服务。三

是服务机关、企事业单位文件资料年度归档。市档案局印发《关于做好2015年度归档文件整理工作的通知》，全年派出业务人员120多人次，上门检查指导市直单位90多个，重点指导民政、卫生、社保等部门及二层机构做好文件材料归档工作。坚持开展机关企事业单位档案工作年检，对130个市直、中区直驻崇左单位进行档案年检与指导服务。四是服务重大建设项目。抓好自治区级和市本级重大建设项目档案的督查指导工作，完成全市续建和在建82个重大建设项目的档案管理登记。对市城投公司、建卓公司、交通投资公司、市人民医院、市教育局等5个单位承担的16个重大建设项目档案进行专项检查，组织对7个县（市、区）重大建设项目档案工作进行专项督查。五是服务民生工作。各级档案部门认真贯彻落实国家《关于做好精准扶贫档案工作的意见》和《精准扶贫档案管理办法》，抓好精准扶贫档案的指导工作，做到档案工作与精准扶贫同步推进、同步落实。年内，市档案局与市扶贫办联合下发《关于做好精准扶贫档案工作的通知》，多次派员到龙州县指导县、乡、村三级做好精准扶贫文件材料的收集、整理和归档工作，推进该县精准扶贫档案规范化建设试点工作。做好农村土地承包经营权确权登记颁证档案管理服务，组织各县（市、区）档案局、确权办和各乡镇认真学习《农村土地承包经营权确权登记颁证档案管理办法实施指南》，进一步提高档案工作者业务水平。开展农村土地承包经营权确权登记颁证档案工作检查，到凭祥市实地检查土地确权登记颁证档案收集整理工作，进行现场培训，统一技术标准，规范档案管理。落实国家《城市社区

档案管理办法》，在江州区太平街道中山社区创建社区档案规范化建设试点，赠送铁皮档案柜（价值2500元），多次派员到社区指导文件材料收集、整理与归档工作，帮助该社区建立健全档案管理规章制度，完善档案管理机制，完成社区档案规范化建设任务，确实起到试点的示范作用。

【档案法制宣传】 2016年，全市广泛开展档案法律法规宣传活动，各级档案部门通过多种形式宣传档案法律法规。"6·9"国际档案日，市档案局在凭祥开展"档案与民生"主题档案宣传活动，设立咨询服务台，制作展览宣传板报14版，发放档案法律法规宣传资料600多份，发送手机宣传短信3万多条。"12·4"法制宣传日，在崇左火车站广场开展档案法律法规宣传活动，出版《12·4法制宣传专栏》板报，现场接待咨询20多人次，发放宣传资料300多份。在"崇左档案信息网"上开设"档案法制宣传"专栏，刊登有关档案法律法规知识，充分利用互联网平台和"崇左短信课堂"平台开展档案法制宣传工作，全年网站访问量6万多人次。重视媒体报道，强化档案宣传，通过报刊、电视台、网站等多种渠道，大力宣传档案工作在"存凭、留史、资政、育人"以及依法治档等方面取得的成效，全年刊发档案宣传文章100多篇。其中，市档案局（馆）发表相关文章95篇，在《中国档案报》刊登4篇，《中国档案》杂志发表1篇，《广西档案》杂志发表13篇，《左江日报》发表1篇，中国档案网发表14篇，中国档案资讯网发表9篇，广西档案信息网发表15篇，崇左新闻网发表1篇，崇左档案信息网发表36篇，崇左市党委信息采用1篇。 （农美华）

体育综述

【概况】 崇左市体育局内设体育综合科、群众体育科、竞技体育科等3个科,编制10人,在职在编8人。2016年,市体育局认真贯彻落实《全民健身条例》,围绕"重振广西体育雄风,建设西部体育强区"要求,制定《全民健身实施计划(2016—2020)》,全力做好体育各项工作,承办广西"壮族三月三"民族体育欢乐节,组队参加广西青少年年度锦标赛,举办第四届广西万人气排球赛崇左赛区比赛、崇左市全民健身运动会、第八届广西体育节崇左市全民健身活动等。年内,完成体育固定资产投资5.9亿元,全市体育彩票销售总额1.11亿元;开展全民健身工程建设,完成乡镇农民健身工程2个、村级篮球场建设7个。

【群众体育】 2016年,全市广泛开展群众体育活动,不断提高全民健身水平。

组织举办群众体育赛事。2016年,全市组织举办群众体育赛事96场,参加人数6.8万人次。主要赛事有:"体育总会杯"篮球赛、"乒协杯"乒乓球赛、"网协杯"网球赛、"广西体育彩票共享杯"新春气排球赛、乒乓球混合团体赛、"奥瑞特杯"广西跳绳王民间争霸赛崇左赛区比赛、"我爱足球"中国足球民间争霸赛暨广西足球民间争霸赛崇左赛区比赛、广西"拔群杯"篮球赛崇左赛区预赛(扶绥县)、第四届广西万人气排球赛崇左赛区比赛、崇左市全民健身运动会、第八届广西体育节崇左市全民健身活动开幕式暨"全民健身、健康广西"百万人健身走活动等,丰富广

2016年崇左市全民健身运动会气排球比赛

大群众文体生活。

承办2016广西"壮族三月三"民族体育欢乐节。4月7日至9日,广西"壮族三月三"民族体育欢乐节在崇左举行,设花炮、珍珠球、陀螺、高脚竞速、板鞋竞速等5个竞技类项目、1个表演项目和3个群众参与项目,来自全区14个地市、广西民族大学、广西体育专科学校以及云南、贵州省代表队参赛,领队、教练、运动员共606人。各代表队相互切磋、交流学习、共同提高,加上板鞋王、陀螺王、抛绣球3个群众性参与项目,吸引大量当地群众和区内外游客参与,一起体验民族体育的乐趣,近万人到场观看。大新县同步举办广西"壮族三月三"民族体育欢乐节表演活动,中央电视台进行现场直播。

举办第八届广西体育节崇左市全民健身活动开幕式暨"全民健身·健康广西"百万人健身走活动。8月8日,第八届广西体育节崇左市全民健身活动开幕式暨"全民健身·健康广西"百万人健身走活动在崇左市行政中心广场举行,市直和江州区干部职工、群众3000多人参加。其他县(市)同步举行全民健身活动开幕式暨"全民健

身·健康广西"百万人健身走活动,全市累计约15000人参加。全市全民健身活动从8月8日持续至11月18日,历时4个多月。

认真开展对越体育交流活动。9月29日上午,2016年中越(崇左—谅山)青少年足球友谊赛在崇左举行,两地代表队50多名运动员相互切磋球艺,交流感情、增进友谊。年内,边境4个县(市)分别与越南谅山、高平省举办双边各种体育友谊比赛活动。特别是凭祥市中越体育交流中心成立后,中越边境体育交流日趋频繁,成为全市体育活动的重大亮点。3月份,凭祥市派出40人组成的体育代表团赴越南谅山开展足球、羽毛球友谊赛;5月份,越南谅山体育代表团40多人应邀到凭祥,参加足球和象棋友谊赛;12月11日,广西·凭祥中越边关旅游节开幕,举办经贸、文化、体育等跨境交流活动,当天中方51辆房车、汽车共150人从友谊关零千米处开往越南谅山,广西区内150名自行车和70多名摩托车骑行爱好者前往越南谅山进行跨境游,160名健步走选手徒步前往越南同登。

举办崇左市老年人第一届体育健身运动会。10月至11月,举

第八届广西体育节崇左分会场开幕式

办崇左市老年人第一届体育健身运动会,为全市老年人展示风采、相互学习、共同提高提供交流平台。运动会开设气排球、乒乓球、柔力球、地掷球、门球、太极拳、健身球操、民族健身操、腰鼓舞、体育健身舞等十个比赛项目,共有8支代表队近1000名运动员参加。

组团参加广西第二届全民健身运动会。年内,组织由162人组成的崇左市代表团参加广西第二届全民健身运动会篮球、气排球、足球、乒乓球、羽毛球、网球、门球、象棋、桥牌等9个项目的比赛,获二等奖4个、三等奖7个。

发展壮大各类社会体育组织。创新开展全民健身联建共建工作,全年完成联建共建30个,新增社会体育组织4个;加强社会体育指导员培训和规范化建设,全市创建社会体育指导站6个,新增社会体育指导员78人,全民健身志愿者队伍人数200多人。年内,全市组织371名志愿者深入各贫困村开展"六个一"活动;开展国民体质监测活动,全市共监测9002人,是崇左建市以来第一次较大规模的体质监测活动,为指导群众体育健身工作提供了科学依据。

【竞技体育】 2016年,全市加强体育后备人才培养,积极组织参加竞技比赛,不断提升竞技体育综合实力。

组队参加2016年度广西青少年锦标赛。全市组织由207人组成的代表队参加全区年度锦标赛男女举重、乒乓球、武术套路、武术散打、拳击、射击、游泳、男女篮球、田径、网球、羽毛球、摔跤等14个项目的比赛,获金牌10枚、银牌11枚、铜牌7枚。

组队参加广西壮族自治区大众跆拳道锦标赛。7月27日至29日,广西壮族自治区大众跆拳道锦标赛在防城港市举办。崇左市组队参加,获竞技个人比赛3枚金牌、3枚银牌、3枚铜牌的成绩。

组织开展青少年运动员注册工作。年内,全市组织117名体育苗子参加全区注册,注册项目有男女篮球、田径、武术散打、武术套路、射击、乒乓球、跆拳道、帆板、羽毛球等。

抓好体校业余训练,输送体育优秀苗子。督促各县(市、区)业余体校开展项目训练,做好体育苗子选材工作。年内,向上级体校输送16人,比上年增加10人,为近年人数最多。

【场馆建设与管理】 2016年,全市抓好体育基础设施建设,完善四级公共服务体系。

推进体育设施项目建设。积极配合市城投公司做好市体育中心项目建设,累计完成投资4.5亿元,跳水游泳馆、综合训练馆、网球馆、业余体校已完成封顶,主体育场建设了第一层,其余场馆也已开工建设。2016年为民办实事全民健身工程任务全部完成,包括乡镇农民健身工程2个、贫困村村级篮球场7个、全民健身路径项目5个等。

大型体育场馆免费低收费开放管理工作。按照大型体育场馆免费低收费开放的相关政策,认真做好体育场馆开放管理工作。年内,市体育场开展公益性体育赛事10次,举办体育讲座和体育技能培训班8个,国民体质监测人数超过3000人次;天等县、龙州县体育馆全部完成年度下达的办赛、培训和体质监测任务。

【体育产业】 2016年,市本级和各县(市、区)政府相应出台加快发展体育产业促进体育消费实施方案,将发展体育产业促进体育消费纳入地方经济和社会发展规划,纳入政府目标考核体系;建立发展改革、体育等多部门合作的体育产业发展联席会议制度,壮大体育产业工作,不断推进全市体育产业持续健康发展。

体育彩票销售。年内,全市完成体育彩票销售总额1.11亿元,占年度任务的113.1%,同比增长96.6%,增幅居广西壮族自治区第一,全年筹集体彩公益金495万元。

体育产业调查。完成体育产业调查工作,全市共有62个体育产业名录录入自治区体育局、国家总局名录系统。 （王云丽）

医疗卫生·计划生育

YILIAO WEISHENG JIHUA SHENGYU

□编辑 黄朝勇

卫生综述

【概况】 2016 年年末，崇左市卫生机构总数 1337 家，其中医院 29 家(综合医院 19 家、中医院 10 家、江州区人民医院已成立未开业不计)，妇幼保健院 7 家，疾病预防控制中心 8 家，卫生监督所 8 家，社区卫生服务机构 7 家，乡镇卫生院 91 家，专科疾病防治站(所)5 家，采供血机构 3 家，门诊部和诊所 373 个，村卫生室 806 个。全市医疗卫生机构房屋总建筑面积 894386 平方米，其中业务用房面积 606633 平方米；万元以上设备 6402 台，总价值 93309 万元，其中 10 万元以下 4714 台、50 万~99 万元 220 台、100 万元以上 127 台。全市医疗机构床位数 8153 张，比上年减少 88 张，同比下降 1.07%；每千人口医疗机构床位数 3.94 张，同比减少 0.1 张。其中，医院床位数 4911 张，比上年减少 120 张，同比下降 2.39%；妇幼保健院床位数 544 张，同比增长 0.37%。全市医疗卫生机构在岗人员 15455 人，比上年增加 457 人，增长 3.04%。其中，卫生技术人员 10721 人，比上年增加 330 人、增长 3.18%；每千人口卫生技术人员数 5.18 人，比上年增加 0.12 人。执业医师和执业助理医师 3380 人，比上年增加 127

人、增长 3.9%；每千人口执业医师和执业助理医师 1.63 人，比上年增加 0.05 人。注册护士 4481 人，比上年增加 167 人、增长 3.87%；每千人口注册护士数 2.17 人，比上年增加 0.07 人。乡镇卫生院在岗人员 3178 人，比上年增加 93 人、增长 3.05%。其中，卫生技术人员 2573 人，比上年增加 29 人、增长 1.14%，执业医师和执业助理医师 687 人，注册护士 849 人。年内，全市医疗卫生机构总诊疗人数 849.07 万人次，比上年减少 20.69 万人次、下降 2.38%；住院人数 291847 人，比上年减少 12908 人、下降 4.24%；医师人均每日担负诊疗人次 10.1 人次，病床使用率 67.32%；门诊平均医疗费用 85.4 元 / 人次，住院病人人均医疗费用 4198.7 元。(以上数据不含广西民族医院相关数据，全市人口以常住人口 206.92 万人计算)

【规划编制】 2016 年，全市卫生工作抓好规划引领，出台《崇左市医疗服务体系规划(2016—2020 年)》，《崇左市卫生与健康"十三五"规划》通过专家评审，完成《崇左市医疗机构设置规划(2016—2020 年)》、《崇左市卫生资源配置标准(2016—2020)》编制工作。

【体制改革】 2016 年，全市深化医药卫生体制改革，实现全市县级公

立医院综合改革全覆盖，全市 18 家县级医院全部实行药品零差率销售，同步调整医疗服务价格，同步实施医保支付政策，调整的医疗服务项目价格按规定纳入医保支付政策范围。年内，全市县级公立医院业务总收入 125474.5 万元，同比增长 8.27%；药占比 25.61%，同比下降 2.41 个百分点。凭祥市出台《凭祥市县级公立医院管理体制改革实施方案》《凭祥市县级公立医院理事会章程》《凭祥市县级公立医院监事会章程》，将凭祥市人民医院作为深化医院管理体制改革试点医院，成立医院理事会和监事会，落实公立医院独立法人地位，给予公立医院经营管理自主权，明确公立医院改革考核制度。

【信息化建设】 2016 年，全市人口健康信息化工作有序推进。全市乡镇及以上医疗卫生机构全部完成连通广西卫生计生专网工作，广西基层医疗卫生机构财会集中核算、桂妇儿健康信息管理等相关业务信息系统逐步迁入专网运行使用，以三级医疗机构为主，在县级以上医疗机构统一启用人口健康信息化建设标准，实现诊疗信息日报、病案首页数据自动推送上报功能，人口健康信息化作用逐渐显示。

【队伍建设】 2016 年，全市卫生系统加强队伍建设工作，规范卫生专

业技术人才队伍管理,做好卫生类执业资格、职称考试和评审等工作,实施卫生类相关考试6项,参加考试人数5158人次。广泛开展培训,提高卫生计生干部综合素质,举办全市卫生计生系统能力素质综合培训班及各类卫生专题培训班20余场次,培训人员5000多人次。多途径招聘人才,充实卫生系统队伍,年内市直卫生系统通过事业单位公开招聘方式招聘卫生技术人才48名。

【项目建设】 2016年,全市卫生系统强化项目建设工作,努力提升卫生事业基础设施整体水平,改善人民群众就医环境。全年争取中央预算内投资项目12个(天等县中医医院、市疾控中心业务综合楼与食品安全风险监测体系、乡镇卫生院建设项目9个),总投资额10148万元,其中中央资金7897万元、地方配套资金2251万元,总建筑面积3.04万平方米。年内,市人民医院内科综合楼、市全科医生临床培养基地项目完成主体封顶,市儿童医院、妇幼保健院项目完成主体验收,正在进行内外装修,市中医壮医医院整体搬迁和市疾控中心业务综合楼项目开工建设。做好项目筛选和储备,建立"十三五"期间医疗卫生计生领域建设项目储备库,项目储备库实行常年筛选、动态跟踪、流动储备,不断完善全市医疗卫生计生服务体系建设。

医政管理

【分级诊疗工作】 2016年6月8日,崇左市人民政府印发《崇左市建立完善分级诊疗制度实施方案》,市卫生计生委印发《崇左市区域医疗联合体建设指导意见》,由广西民族医院牵头,联合市人民医院、各县(市)

崇左市区域医疗联合体组织开展义诊巡讲活动

人民医院组建区域医疗联合体,加快推进和完善分级诊疗各项工作。

【"三项活动"工作】 2016年,崇左市卫生系统持续开展"千医进千屯服务万家"、"医疗服务管理提升年"以及"涉医领域纠正损害群众利益问题专项治理"三项活动,各级卫生单位实行先看病后结算、预约诊疗服务、检查结果互认等便民服务措施,组织7000多人次开展环境卫生整治,群众就医环境和就医条件明显改观。扩大专业及病种覆盖面,二级以上医院管理病种137个,开展临床路径专业313个,完成临床路径管理8684例,同比增长5.6%。全市成立医疗服务队109组,开展义诊523次,为农村居民进行义诊服务上万人次。认真落实涉医领域纠正损害群众利益问题专项治理工作,全市涉医领域立案查处违法违规案件110起,罚款51.88万元,没收违法所得1.38万元,没收药品及医疗器械19批,折价约1.5万元。市直各医疗卫生单位、各县(市、区)医疗卫生单位微信、网站刊登"三项活动"内容稿件228篇,制作简报42期。

【医疗机构管理】 2016年,市卫计

委出台《崇左市二级以上综合医院巡查工作方案》、《崇左市医疗卫生系统进一步改善医疗服务行动计划实施方案》、《崇左市医疗机构感染管理专项督导工作方案》,对市直各医疗单位及各县(市)人民医院、妇幼保健院及中医医院共23家医疗机构开展"进一步改善医疗服务行动计划"、"平安医院"、"优质护理服务"、"医院感染管理"、"二级以上综合医院巡查"现场督查。根据公安厅和自治区卫生计生委联合下发《关于在全区三级医院设立警务室的通知》要求,广西民族医院成立北湖派出所民族医院警务室,市人民医院在院内设立警务室。

【药品管理工作】 2016年,全市完成新一轮药品议价采购工作,基层医疗机构基本药物品种使用占药品使用目录的100%,县级公立医院基本药物品种使用大于药品使用目录的30%。

【献血工作】 2016年,全市自愿无偿献血比例100%,无偿献血14303人,同比增长2.5%;采集血液4962400毫升,同比增长4.6%,400毫升献血率73.4%,同比增长3.4%。为各临床用血单位提供红细胞 4562500 毫升、同比增长 6.9%，血浆 1793000 毫升、同比下降 15%，血小板 467 个治疗量，冷沉淀 1542 单位，成分血比例 99.9%。

【中医药壮瑶医药工作】 2016 年，全市有 14 个乡镇卫生院开展中医馆服务能力建设，在 340 家中医药基础较弱的村卫生室开展中医名医名家走基层行动计划。各中医医院、乡镇卫生院中医馆结合自身实际在门诊走廊和候诊区设立宣传栏，宣传中医药防治知识和中医特色疗法。年内，全市访问民族医生 20 名，记录秘方、验方 24 条，选派 29 人参加自治区中医优势病种推广培训班。

基层卫生

【新型农村合作医疗】 2016 年，全市新农合筹资标准进一步提高，人均筹资标准 540 元，全市参合人数 198.32 万人，参合率 99.69%。新农合报销比例进一步提升，乡镇卫生院为 90%，定点县级医疗机构为 75%，定点市级医疗机构为 60%，定点自治区级医疗机构为 50%，区外定点医疗机构为 50%。大病保险直报工作有效推进，全年出险累计 25606 件，补偿金额 5729.78 万元，其中定点医疗机构现场直报 12846 件，补偿金额 1524.02 万元。

【卫生管理】 2016 年，全市基层卫生服务网络健全，所有乡镇设有卫生院、街道设有社区卫生服务中心、行政村设有政府办的卫生室(其中，江州区设有社区卫生服务中心 5 个;凭祥市设有社区卫生服务中心 1 个、社区卫生服务站 1 个)，基层卫生服务实现全覆盖。基本药物制度规范运行，全市 91

个乡镇卫生院、3 个社区卫生服务中心全部配备使用国家基本药物目录及自治区统一增补目录药品，所用药品全部实行网上集中招标采购，实行零差率销售，大幅度降低患者就诊费用，实现国家基本药物制度在全市基层医疗机构的全覆盖。推进村卫生室实施基本药物制度工作，进一步扩大基本药物制度实施范围，让农民群众享受更多实惠，全市 756 个政府办的村卫生室均实施了基本药物制度。根据《广西乡村卫生服务一体化管理实施方案(试行)》要求，全面推进一体化管理工作，全市 756 个政府办的村卫生室全部纳入卫生服务一体化管理。

【卫生服务】 2016 年，全市开展"建设群众满意乡镇卫生院"、全市基层卫生岗位练兵和技术竞赛活动，全面实施家庭医生签约服务和乡村医生签约服务，加强重点人群和贫困人口卫生服务，提高卫生服务能力、质量和效果。开展社区卫生服务提升工程，抓好"四个提升"(提升服务能力、提升服务质量、提升管理水平、提升保障条件)，组建由二级以上医院医师与中心医

人员组成的全科医生服务团队，健全社区卫生服务网络，提高社区卫生服务水平和质量，增进居民对社区卫生服务感受度和认同感。

爱国卫生

【卫生城市创建】 2016 年，全市积极开展自治区卫生城市复审迎检工作，召开全市创卫复审工作推进会，出台《崇左市迎接自治区卫生城市复审工作实施方案》《关于印发〈崇左市迎接自治区卫生城市复审环境卫生综合整治方案〉的通知》《关于印发〈崇左市迎接自治区卫生城市复审灭鼠灭蟑工作实施方案〉的通知》《关于印发〈崇左市迎接自治区卫生城市复审资料档案工作指引〉的通知》等文件，大力推进创卫复审各项工作。落实创卫复审经费，大力开展创卫宣传、"灭害"及环境卫生整治工作。指导大新县、凭祥市开展迎接自治区卫生城市复审工作，有序推进创建各项工作。继续开展卫生系统无烟环境创建工作，深入实施"城乡环境卫生整洁工程"。年内，全市创建自治区卫生乡镇 2 个、自治区卫生村庄 16 个、自

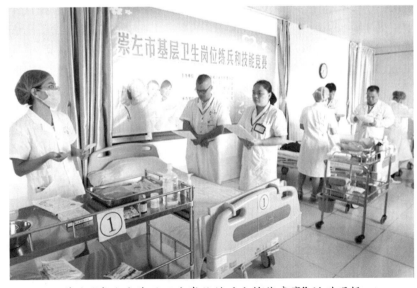

举办"崇左市基层卫生岗位练兵和技能竞赛"活动现场

治区卫生先进单位 8 个。

【农村改厕】 2016 年,全市继续推进农村改厕各项工作。至年底,全市农村卫生厕所普及率 81.75%。其中,凭祥市普及率 91.32%,江州区普及率 88.42%,宁明县普及率 86.6%,大新县普及率 89.19%,扶绥县普及率 79.36%,龙州县普及率 82.91%,天等县普及率 79.35%。

医教科研

【医学教育】 2016 年,全市选派 21 人参加全科医师培训。作为自治区住院医师规范化培训基地,广西民族医院全年招收 126 人参加规范化培训,主办区级继续医学教育项目 17 期。各县(市、区)卫生局和医疗机构有组织、有计划,分期、分批选派卫生技术专业人员到上级医院或外地进修,定期或不定期邀请上级专家、学者来讲课、指导,不断提高卫生技术专业水平。

【科研成果】 2016 年,全市卫生系统科研立项 41 项,其中省部级项目 1 项,厅级自筹项目 10 项、专项资助 10 项,市级自筹项目 9 项、专项资助 11 项,主要开展医疗技术应用方面的研究。年内,获广西卫生适宜技术推广奖 3 项,其中一等奖 1 项,三等奖 2 项;获崇左市科技进步奖 4 项,其中一等奖 1 项,二等奖 1 项,三等奖 2 项。

人口和计划生育

【概况】 2016 年,崇左市全面落实中共中央、自治区调整完善生育政策《意见》精神,坚持计划生育工作"三个不变",以诚信计生为总抓手,统筹解决人口计生问题,全面完成各项工作任务。全市 2016 年区间(2015.10—2016.9)出生人口 27866 人,同比多 2313 人,人口自然增长率 6.41‰,出生人口性别比 108.29;政策外多孩 718 人,政策外多孩率 2.58%;全市数据库变更及时率 100%,数据库信息准确率 100%;产前筛查率 85.39%,贫困计生家庭扶贫覆盖率 47%。年内,扶绥、龙州县获新一轮全国计划生育优质服务先进单位称号,崇左市卫生计生委、江州区卫生计生局获广西人口计生工作先进单位称号,宁明县获广西人口计生工作优质服务示范单位称号。

【宣传教育】 2016 年,崇左市加强主流媒体正面宣传,充分发挥《中国人口报》、自治区卫生计生委网站、《广西人口报》《左江日报》崇左电视台、崇左广播电台等新闻媒体作用,大力宣传全面二孩、婚育新风、关爱女孩、性别比综合治理工作、诚信计生、孕前优生健康检查、优质服务等方面的工作成就,树立良好形象,提升广大群众对卫生计生工作的满意度。加强卫生计生宣传日作用,强化宣传,策划大型宣传服务活动,充分发挥宣传日的宣传时效性。组织发动全市各级卫生计生机构,在春节、中国预防出生缺陷日、世界卫生日、世界人口日、世界艾滋病日、全国高血压日、全国爱牙日、全民健康生活方式日、世界肝炎日等重大节假日和活动日,开展声势浩大的广场宣传活动 30 多场,通过文艺演出、知识问答、发放宣传资料、健康义诊等方式,宣传卫生计生惠民便民利民政策措施、健康科普知识,增强群众自我防范意识和防护能力,提高群众健康素养,深受群众喜爱。创新运用新媒体,着力构建全媒体全方位宣传阵地,改造升级市卫计委门户网站,在广西壮族自治区 14 个地市中第一个开通微信公众号,打造提升市卫计委门户网站服务功能、微信公众号"双管齐下"的宣传格局。至 11 月底,微网站公布通信 600 多条,编发微信 500 多条。

【诚信计生】 2016 年,全市按照"政府诚信、群众守信、村民互信"工作机制,创新活动载体,推动诚信计生持续深入开展。组织育龄群众学习全面两孩新政策,签订诚信计生协议,落实违约退出和激励机制,提高工作质量,全年主动加入诚信计生的已婚育龄妇女 21.53 万人,全市 841 个村(社区)基本实现计划生育群众自治工作。实行诚信计生与精准扶贫工作相结合,强化扶贫创业示范基地建设,优先帮扶诚信计生贫困家庭发展生产,年内提前实现脱贫致富的贫困诚信计生家庭 3000 多户。积极开展诚信计生示范单位创建活动,进一步提高全市诚信计生工作水平,扶绥、龙州县获自治区示范县称号,获崇左市示范乡镇称号 13 个,获县级示范村(社区)称号 103 个。

【技术服务】 2016 年,崇左市全面实施国家免费孕前优生健康检查项目,全年完成免费孕前优生健康检查夫妇 10291 对,占目标人群总数的 100.89%。其中,查出风险人群 4655 人,占检查人数的 22.62%,分别做出风险评估和优生优育指导,有效降低出生缺陷风险。

【综合治理】 2016 年,崇左市深入实施综合治理出生人口性别比工作,进一步规范医疗、保健机构超声等技术检查,严厉打击非法人工终止妊娠行为,保持打击"两非"行为高压态势,强力震慑不法分子。年内,全市立案查处"两非"案件 16 起,罚款 5.8 万元,案件比上年增加 7 起,增长 78%。其中,龙州、扶绥县各 3 起,宁明、凭祥、江州、天等县(市、区)各 2 起,市本级、大新县各 1 起。

【流动人口计生服务管理】 2016 年,崇左市将流动人口纳入基本公共卫生和计划生育服务范围,落实流动人口服务均等化,免费提供各项卫生和计划生育公共服务 3 万多人次。组织开展流动人口关怀关爱服务活动和"三留守"家庭关爱专项服务活动,发放关爱贴心夏凉被及各种宣传品 7 万多份。全面完成流动人口动态监测调查,抓好国家在天等县开展贫困地区农村留守儿童健康教育项目,开展留守儿童健康状况调查,强化对留守儿童健康宣传教育。积极开展区域协作,与深圳光明新区召开区域协作区联席会议,巩固完善流动人口信息互通、服务互补、管理互动工作机制。抓好网上信息核查和共享,做好流动人口在居住地的生育登记服务,办理生育登记 1350 份,提高了流动人口基本公共卫生计生服务的可及性和便利性。

【贯彻落实《自治区农村计生家庭奖励扶助办法》】 2016 年,崇左市全面落实国家、自治区人口计生奖扶政策,全市计划生育奖励扶助政策应兑现 35392 人,已兑现 35392 人,其中国家奖扶 6140 人,广西壮族自治区奖扶 5313 人,享受独生子女保健费 23939 人,兑现率 100%。年内,全市各级计生协会为农村计划生育家庭免费办理爱心保险 24293 份,投保金额 121.47 万元,办理计划生育爱心保险理赔案件 179 件,理赔金额 130.14 万元;办

理农村计划生育家庭贴息贷款 790 户,贷款金额 1623.88 万元,财政贴息 112.64 万元。配合自治区计生协会及杭州微笑行动慈善医院,为 8 名唇腭裂患儿实施修补手术。

(葛雅静)

疾病预防控制

【概况】 2016 年,崇左市疾病预防控制中心(以下简称"市疾控中心")贯彻"预防为主"工作方针,把实现好、维护好、发展好广大人民群众的身体健康作为出发点和落脚点,依据有关法律、法规、标准和规范,开展传染病预防与控制等业务工作,持续为全市消灭天花、血吸虫病、丝虫病、白喉和基本消灭疟疾、麻风病、脊髓灰质炎等传染病做出努力,保障全市人民身体健康。市疾控中心有各种仪器设备 130 多台件,其中 10 万元以上仪器设备 21 台件,拥有原子吸收仪(火焰和石墨炉)、原子荧光仪、离子色谱仪、气相色谱仪、液相色谱仪、气相色谱质谱联用仪(含吹扫捕集仪)、等离子体质谱仪(ICP—MS)、贾第鞭毛虫、隐孢子虫检验设备、低本底 α、β 测量系统、流动注射分析仪、X 线数字成像机、原子吸收分光光度计、全自动酶标仪、洗板机、梯度 PCR 仪、生物安全柜、电子分析天平等一批先进精密仪器设备,能够开展各种监测检验 223 项。

【疾病防控】 2016 年,全市加大疾病防治知识宣传工作力度,强化疾病防控措施,持续推进各种疾病的防控与救治。

疾病防治知识宣传 市疾控中心按照业务宣传计划,结合文化、科技、卫生"三下乡"、"健康中

国行"巡回宣讲、"3·24"世界防治结核病日、"4·25"儿童预防接种日、"5·15"防治碘缺乏病日、"12·1"世界艾滋病日等宣传活动,深入乡镇(社区)、单位、学校、工厂等地,多渠道、多形式开展各类传染病、地方病、慢性病防治知识宣传活动,印制宣传材料近 10 万份,制作各种宣传板报和宣传横幅,设立咨询台,为群众解答健康问题咨询;开展健康知识巡回讲座,受益群众 1500 人次。年内,在市电视媒体播放公益广告累计 5600 秒,在《左江日报》刊登疾病防治知识报道 20 余篇,通过手机短信发送疾病防治知识 65000 余条,在 5 辆市公交车上投放公益广告,营造了良好社会氛围,进一步提高全市人民防病治病意识和防病治病能力。

免疫规划 全市常规免疫工作扎实开展,按时上报免疫规划疫苗使用进度报表,确保每种免疫规划疫苗损耗系数维持在国家的指标要求内。年内,全市管理和安全发放生物制品 30 余种、160 多个批次,其中入库一类疫苗 530600 份,二类疫苗 183355 份,发放一类疫苗 465992 份、二类疫苗 147975 份,累计出入库疫苗和注射器 2000 余件,没有出现意外损失,有力保障全市免疫规划疫苗供给,全市 114 个接种单位做到每月运转一次,全年出生儿童上卡人数 33286,上卡率 13.10‰(上卡率 = 上卡人数 / 全市人口),各种免疫规划疫苗接种率均达 95% 以上,超过国家指标要求。

艾滋病防控 按照艾滋病攻坚工程要求,全市转变防控工作方式,大力开展"教、套、阻、治、管、助"防艾六招术工作,建立艾滋病病毒初筛实验室并通过自治区认证 23 家,不断加强实验室初筛和确证能力建设。年内,新报告数比

上年同期下降 4.14%。

结核病防治 按照防治分开原则,全市逐步推进结核病"三位一体"管理模式。年内,全市有 5 个县(市、区)实现"三位一体"管理模式,各项防治指标均达到或超过国家和自治区要求。全市将结核病随访工作纳入基本公卫规范化管理,肺结核病人全疗程系统管理率达 95% 以上。

传染病防控 依托传染病网络直报信息系统,快速准确地监测各类传染病疫情信息,并做到每月及时完成疫情月分析和风险评估等工作,为分析和预测传染病疫情提供科学依据。年内,全市报告未分级突发公共卫生事件 1 起,无重大突发公共卫生事件报告。全市传染病疫情报告率、报告及时率、准确率、及时处理率、及时审卡率均达到国家要求。继续把人禽流感、不明原因肺炎、流行性感冒、手足口病等传染病作为防控重点,全年无人禽流感、不明原因肺炎及甲类传染病发生。

【公共卫生】 2016 年,全市加强公共卫生工作,保障公众安全。

地方病防治 全市加大碘缺乏疾病防治工作,辖区 7 个县(市、区)全部开展碘盐监测工作,无监测"盲区",各指标完成并达到国家要求。年内,全市检测居民户盐样 1800 份,合格 1710 份;非碘盐 8 份,合格率 95.4%。

生活饮用水监测 全市城市供水监测 298 份,合格 284 份,合格率 95.3%,比上年提高 3.17%;农村监测水样 544 份,合格 309 份,合格率 56.8%。

食品安全风险监测 全年计划监测食品 25 类 1661 份,完成采样检测 1661 份,完成率 100%。其中,食品化学污染物及有害因素完成监测 685 份,合格 647 份,合格率 94.5%;食品微生物及致病因子完成监测 976 份,合格 921 份,合格率 94.4%。

职业病信息收集和从业人员健康体检 市疾控中心督促各县(市、区)及时开展职业病信息的审核、上报工作,全市审核用人单位信息卡 34 张、职业中毒报告卡 9 张、有毒有害作业工人信息监护汇总表 12 张。年内,全市没有新增职业病病例,无人享受工伤保险待遇;从业人员体检 7078 人,体检合格 7073 人,合格率 99.92%。

(邱志诚)

卫生计生监督

【概况】 2016 年,全市卫生计生监督系统围绕卫生计生综合监督工作重点,依法履职,扎实工作,全年查处卫生计生违法案件 171 件,比上年增加 6 件,案件处罚总数名列全区第四。其中,公共场所卫生处罚案件 47 起,生活饮用水案件 1 起,消毒产品处罚案件 16 起,餐饮具集中消毒案件 16 起,传染病防治案件 8 起,放射卫生处罚案件 2 起,医疗卫生处罚案件 57 起,无证行医案件 29 起。按案件来源分类,卫生监督检查发现 153 起,上级卫生行政机关交办 5 起,社会举报 12 起,有关部门移送 1 起;按处罚程序分类,简易程序 36 起,一般程序 135 起(其中组织听证 5 起);按行政处罚决定分类,警告 81 起、罚款 128 起、金额 61.19 万元,没收非法所得 8 起、金额 0.92 万元。

【卫生计生行政许可】 2016 年,全市设有卫生计生服务窗口 8 个,全年 241 个法定工作日接待群众咨询、办事 7035 人次,日均 29 人次;受理事项 4387 件,办结 4387 件,日均受理 18 件,按时办结率 100%。受理办结事项全部提前或按时办结,无延期办结和延期未办结现象,群众满意率 100%。年内,市卫计委服务窗口分别在 3—4 月、7—8 月双月考评中获"流动红旗",并获 2016 年度"崇左市巾帼文明岗"称号,其中 1 人获 2016 年度"广西五一巾帼标兵"称号、1 人获 2016 年上半年"政务服务之星"称号;龙州县卫计局服务窗口获 3 月份"流动红旗";凭祥市卫计局服务窗口 1 人获第一季度服务窗口优秀工作人员。

【公共场所卫生监督】 2016 年,市、县两级卫生监督所全力开展监督执法工作,对辖区公共场所 1477 家经营户进行监督检查,覆盖率 100%。对存在问题的经营单位下达卫生监督意见书 2665 份,对存在违法行为的 47 家公共场所经营单位进行立案查处,给予警告并罚款 47 家,罚款金额 5.9 万元。认真开展公共场所卫生监督量化分级管理工作,全市住宿场所 623 家,实施量化评级 623 家,实施量化率 100%;全市美容美发场所 730 家,实施量化评级 558 家,实施量化率 76.43%;全市游泳场所 15 家,实施量化评级 15 家,实施量化率 100%。

【集中消毒单位卫生监督】 2016 年,市县两级卫生监督所高度重视"餐桌上的卫生"监督工作,对全市 16 家餐饮具集中消毒中心随机抽取样品 1232 份,检验结果合格 1232 份,合格率 100%。针对餐饮具集中消毒单位存在的各种问题,下达卫生监督意见书 48 份;对存在违法行为的 8 家集中餐饮具消毒单位进行立案查处,给予警告并罚款 2.6 万元。

【生活饮用水卫生监督】 2016 年,

为保证全市饮水卫生安全，避免生活饮用水污染事件的发生，保障人民群众健康权益，全市卫生监督系统加强对辖区供水单位的监督检查，监督检查供水单位67家，下达卫生监督意见书70份。

【学校卫生监督】 2016年，崇左市卫生和计划生育委员会下发《崇左市卫生计生委关于印发2016年崇左市实施国家监督抽检计划的通知》，全市卫生监督系统结合学校重点监督检查工作，对辖区学校的传染病防控、饮用水卫生等进行监督抽检，监督抽检学校143所，其中大学6所、高中9所、初中44所、小学84所。

【放射诊疗机构监督】 2016年，全市出动监督员192人次，出动车辆48车次，对57家放射诊疗工作单位进行监督检查，其中市直5家、县级24家、乡镇级21家、私营医疗机构7家，监督覆盖率100%，下达卫生监督意见书46份，并责令限期整改，对存在违法行为单位立案查处2起，罚款0.4万元。

【医疗卫生监督】 2016年，全市强化日常监管和巡回监督检查，将打击非法行医工作常态化。全市查处未取得《医疗机构执业许可证》擅自开展诊疗活动的"黑诊所"36起，罚款23起、金额21.3万元，没收违法所得7起、金额0.79万元；取缔并没收药品及医疗器械3起；医疗卫生处罚案件73起、警告29起、警告并罚款44起，罚款金额29.18万元，没收违法所得3起、金额0.59万元。

【传染病卫生监督】 2016年，全市对21家二级医疗机构、7家CDC、3家采供血机构、89家卫生院和346家其他医疗机构传染病防治情况进行监督检查，下发卫生监督意见书118份，查处传染病防控违法违规案件24起。其中，查处医疗废物处置不规范19起，罚款4起、金额0.8万元，警告15起；查处违反《疫苗流通和预防接种管理条例》规定5起，均给予警告。

【打击"两非"工作】 2016年，全市继续采取集中打击与经常性监督相结合的措施，深入开展打击"两非"专项整治工作。全年立案查处"两非"案件16起，比上年增加7起，增长78%。"两非"案件查处总数居全区第五。其中给予警告并罚款5.8万元、没收违法所得0.58万元。年内，全市启动"边境卫生监督执法长廊"联动执法机制，市卫生计生监督所深入各县指导查找案源，联动查处案件13起；四家公立医疗机构首次对6起"两非"案件的7名涉案人员及4名直接责任人员给予行政处罚——警告，为全市开展打击"两非"工作以来对个人处罚的首批案例。

【加强与越南边境卫生监督执法对接】 2016年，全市以联动执法为推手，进一步深化"边境卫生监督联动执法长廊"工作，着力完善与越南边境卫生监督执法的无缝衔接机制。8月24日—25日，市卫计委与越南高平省卫生代表团开展卫生执法交流活动，双方在互访、信息互通、重大传染病和突发公共卫生安全事件防控监督、打击非法行医、打击"两非"、打击非法采供血、公共场所防控艾滋病、双边外来务工人员服务管理等八个方面工作达成合作共识，并签署《中国崇左市和越南高平省卫生执法合作交流会谈纪要》，实现与越南边境卫生执法的无缝对接。

（罗丹丹）

妇幼保健

【概况】 2016年，崇左市有妇幼保健院8家，即市本级1家，7个县（市、区）各1家，编制床位数470张，实际开放床位数544张。在职在岗职工1352人，其中在编328人、编外1024人。卫生专业技术人员1130人，其中执业（助理）医师274人，执业护士437人，其他卫生技术人员300人。

【国家重大公共卫生项目】 "降消"项目 2016年，全市活产数29621人，产妇总数29473人，住院分娩活产数29617人，全市住院分娩率99.99%；全市孕产妇死亡4例，死亡率13.5/10万，无新生儿破伤风发生。全市农村户籍活产26561人，获住院分娩补助26791人，补助率100.87%。

叶酸补服项目 2016年，全市加大叶酸补服项目宣传工作力度，不断提高育龄妇女服用叶酸的自觉性和依从性。年内，孕前和孕早期应服叶酸30391人，补服叶酸29989人，服用率98.68%；增补叶酸知识知晓率99.54%，服用依从率95.72%。全市发生出生缺陷268例，出生缺陷率9.01‰。

艾滋病、乙肝、梅毒母婴阻断项目 2016年，全市婚检HIV、乙肝、梅毒检测人数24460人，检测率100%；孕产妇HIV检测人数30957人，检测率100%；梅毒检测30957人，检测率100%；乙肝表面抗原检测30957人，检测率100%。年内，乙肝阳性产妇所生新生儿3230人，注射乙肝免疫球蛋白新生儿3219人，注射率99.66%。

【广西医改妇幼卫生项目】 地贫防治工作 2016年，全市接受免费婚检地贫筛查 24460 人，筛查出地贫阳性 6568 人，阳性率 26.85%，双阳 863 对，已孕双阳 267 对。全市孕妇建卡 31699 人，接受地贫筛查及免费咨询 31551 人，筛查出地贫阳性 9276 人，阳性孕妇丈夫筛查 8558 人，双阳 1800 对，阳性孕妇丈夫筛查率 92.26%；孕期地贫筛查双方阳性总数 2067 对，进行地贫基因诊断 2167 对，基因诊断率 104.84%，需要进行产前诊断 543 例，产前诊断 552 例，产前诊断率 101.66%，产前诊断结果患有中、重度地贫 87 人，选择终止妊娠 86 人，干预率 98.85%，进一步降低全市出生缺陷发生率，提高出生人口素质。

"一免二补"项目 一免即免费婚检。全市 7 个县（市、区）全部建成婚育综合服务平台，各县（市、区）妇幼保健院按照项目实施方案要求抓好各项工作，举办项目相关培训，提高业务技术水平。年内，全市结婚登记 24732 人，进行免费婚检 24460 人，婚前医学检查率 98.90%，检出疾病 3206 人，疾病发生率 13.11%。其中，指定性传染病 210 人，HIV 筛查阳性人数 33 人，梅毒阳性人数 164 人，乙肝表面抗原阳性 2799 人。对各种疾病患者，均及时给予婚前医学指导意见和跟踪管理。

"二补"即产妇产前筛查和新生儿听力筛查补助。2016 年，全市产妇数 29473 人，产筛人数 24594 人，产前筛查率 83.45%。其中，农业户籍孕妇建卡 17913 人，获产筛补助 16341 人，补助率 91.22%。年内，全市机构活产数 31038 人，初筛 29973 人，筛查率 96.57%，获补助 23898 人，补助率 98.4%。

【基本公共卫生服务项目】 2016 年基本公共卫生服务项目有孕期保健和儿童保健项目。制定并组织实施《崇左市基本公共卫生服务孕产妇保健项目实施方案》和《崇左市基本公共卫生服务儿童保健项目工作方案》，定期对全市各医疗机构儿童保健、孕产妇保健项目开展技术指导，要求各项目实施单位设立项目公示服务内容；实行免费产后访视制度，告知产妇免费产后家庭访视信息；建立《广西孕产妇保健手册》，开展孕期五次产前检查和产后二次访视服务，社区及乡镇卫生院均免费开展孕期产前检查及产后访视工作，按要求免费为 0~36 个月儿童建册并体检。年内，全市产前检查率 99.50%，产后访视率 99.24%，孕产妇系统管理率 98.09%，出生缺陷发生率 9.01‰；五岁以下儿童死亡 165 例，死亡率 5.57‰，比上年下降 0.63 个千分点。

【宣传教育】 2016 年，全市各级医疗保健机构通过各种宣传途径，广泛宣传各项卫生服务项目，推进项目开展，发放各式健康教育卡、册、单 11.67 万份，展出宣传板报 552 期，开展公众宣传 196 次，张贴固定标语、横幅、宣传标语 877 条，进行电视广播 51 次，组织文艺、山歌、快板宣传活动 1 次；孕妇学校开班 1654 期 23350 人次，入户宣传动员 8947 次，发放母子平安包 7803 只。

（赵杨平）

市级主要医疗机构

【广西壮族自治区民族医院】 广西壮族自治区民族医院（以下简称"广西民族医院"）是集医疗、教学、科研、预防于一体的国家综合性三级甲等医院，以普外科、骨科、神经外科、心血管内科、神经内科、妇产科等重点科室为龙头，设立腹腔镜手术室、导管室、准分子激光眼科视光治疗室、体检科、老年病学科、疼痛科、性病门诊、民族医特色专家门诊、乳腺疾病专科门诊、内镜诊疗室、体检中心等特色专科。全院占地约 5.15 公顷，建筑面积 9.17 万平方米，有 3.0T 磁共振检查设备、大型 64 排 CT、大小 C 臂、SPECT、数字减影血管造影系统、超声胃镜、电子胃肠镜、全自动血液分析流水线、生化仪、药敏分析仪、麻醉工作站、腹腔镜、彩色 B 超诊断仪及高精度 DR 等百万元以上先进设备 150 台（套）、10 万元以上医疗设备 500 余台（套）、万元以上医疗设备 1000 余台（件）。医院除开展常见病的诊疗外，对心脏介入治疗、冠脉搭桥手术、神经血管介入治疗、动脉选择性溶栓治疗、脑血管病因诊断、症状性脑动脉狭窄支架植入治疗技术及各种实体肿瘤、腹腔镜手术、关节腔镜手术、微创手术治疗脑出血、妇科不孕等重症疑难病的研究和治疗达国内先进水平和区内一流水平。

广西民族医院是崇左市临床医学人才小高地、广西医科大学研究生联合培养基地、广西住院医师/专科医师培训基地、广西全科医学教育培训基地、广西中医药大学、右江民族医学院、桂林医学院等多个培训与临床实习基地。技术力量雄厚，拥有一支医德好、医风正、医术精的技术队伍，有一批业内造诣高、临床经验丰富的技术骨干作为各科室带头人，各学科综合水平较高，对各科常见病、多发病及疑难重症等方面具有丰富的临床治疗经验。2016 年，全院职工 2055 人，其中正高职称 43 人、副高职称 183 人、中级职称 575 人、博士 22 人、硕士 353 人。全院设有临床医技门诊科室 60 个，编制病床 1199 张，实际开放床位 1300 张，全年完成门诊诊疗 96.3 万人次，出院 4.96 万人次，住院手术 1.23 万余台次,医疗业务量比上年同期增长10.34%,患者对医院综合满意度99.2%,获"全国百姓放心示范医院"等各级各类奖励11项。

教学科研 2016年,广西民族医院完成广西医科大学本科"外科学"、"内科学"等课程的理论授课以及各医学院校800多名实习生的临床带教任务。在参加各院校举办的教学技能大赛和评先评优活动中,教师组和学生组分别获教学技能和技能操作比赛特等、一、二等奖7项,被评为教育管理、教学工作先进个人27名,内科教研室被评为广西医科大学先进教研室;取得广西医科大学教师资格证105人,获国家级、省级住培师资证31人。年内,接收规培人员126人,参加全区考试考核通过率93.75%,培训各类基层卫技人员434人。全年获批科研立项15项,在研79项,结题5项,获广西医药卫生适宜技术推广奖及崇左市科学技术奖多项,省级和核心期刊发表医学科研论文65篇、SCI收录5篇;举办自治区级继续医学教育培训班14期、全院性学术讲座38次。

人员培养 2016年,广西民族医院加大人员培养工作力度,公开招聘各类专业技术人员99人,选送匈牙利培训2人、援非1人,入选上级机构人才培养2人,选派到上级医院进修44人,参加短期培训和学术交流416人次。

医疗活动 2016年,广西民族医院积极开展对口支援活动,派驻医师126人进驻对口支援的各基层医院进行传、帮、带,促进对口支援医院多个学科发展。在基层、社区组织大型义诊活动26次,派出医务人员276余人,服务群众2500多人次。年内,在市卫计委的主导下,成立"崇左市医疗联合体",广西民族医院为"牵头医院",

全市7家县(市)医院为成员医院,推动医疗资源下沉,促进分级诊疗制度实施。 (黄 琦)

【**崇左市人民医院**】 2016年,崇左市人民医院正式升格,成为一所集医疗、科研教学、预防保健和社区服务于一体的三级综合性医院、国家级爱婴医院。全院员工1092人,其中卫生技术人员850人,高级专业技术职称78名,中级职称223名,博士和硕士研究生58人。拥有德国西门子核磁共振、飞利浦16排螺旋CT、DR拍片系统、飞利浦大C臂等高精尖设备,引进直线加速器,可开展冠状动脉造影+支架植入术,人工临时心脏起搏术,颈内动脉支架置入术,全脑血管造影术,纤支镜、钬激光碎石术,绿激光前列腺汽化术、肿瘤微创介入治疗、放射性粒子(体内伽马刀)肿瘤治疗等多项新技术。与区内外多家三甲医院建立技术协作和共建关系,特邀中南大学湘雅医院、湘雅二医院、湘雅三医院、广东省人民医院、广西医科大一附院、广西壮族自治区人民医院等专家定期指导临床诊疗及科研攻关,与湘雅二医院开通远程会诊、远程教学等。5月25日,该院成立崇左市胸痛中心,急性心肌梗死等危重症患者的救治水平迈上新台阶。年内,全院门急诊量66.8万人次,同比增长19.3%;住院量2.76万人次,同比下降2.4%;手术数6377例(不含介入治疗),同比增长1.13%;治愈人数13945人次,治愈好转率57.6%。

医院管理 2016年,市人民医院注重管理工作,促进医院规范高效运行。一是制定完善《崇左市人民医院人事调配制度》等制度20个,做到管理有章可循。二是以三项活动为契机,开展院容院貌整治,增划车辆停放示意线,增设

停车位;建设新饭堂,把旧饭堂改造为非机动车停放处,方便患者及职工停放车辆。三是强化纪检监督,加强对物资采购、基建项目、招投标程序的规范管理和全程监督。四是修订完善绩效管理方案,将管理质量、医疗质量、服务质量等作为考核重点,调动职工积极性。五是深化干部人事制度改革,实行部分中层领导干部竞聘上岗。

医疗质量 2016年,市人民医院着重质量管理,保障医疗安全。一是强化医疗核心制度落实,建立三级医院管理模式,制定三级医院考核评价标准,每月对医疗、护理、感控、医德医风等进行考核,召开医疗质量及医德医风点评会,对存在问题进行分析、整改,持续改进与提高医疗质量;二是做好医院信息化建设,引进临床路径管理系统、合理用药管理系统、电子签名系统,规范医疗行为;三是开展抗菌药物合理应用专项整治活动,每月对不合格处方进行点评与公示,加大处罚力度;四是深入推进优质护理工作,加强三基理论考核、应急预案、核心制度落实,提高护理服务水平;五是加强医院感染控制管理,强化各科室和重点部门的监测与检查,加强医务人员手卫生管理,防止院内感染及暴发流行;六是开展业务知识讲座与公共突发事件应急演练,全年开展各种培训班和应急演练60余次,承办崇左市食物中毒应急演练、心梗急救体系项目启动会系列活动,提高公共卫生突发事件应急处置能力;七是开展新技术、新项目,提高医院整体实力,全年开展新技术、新项目7项,在省级以上学术刊物发表论文42篇(核心期刊9篇),申报市级项目15项、自治区级项目4项;八是建立广西远程医学中心崇左市分中心基地,实行远程同步会

诊,解决疑难、危重病人病患问题。

病患服务 2016年,市人民医院强化病患服务工作,患者满意度达95.9%。一是加强病患服务团队培训,邀请广西医科大学信息与管理学院院长到院开展人文医学专题系列讲座,提高医护人员服务素养;二是开展"改善服务态度 提升医院形象"专项活动,出台实施《崇左市人民医院职工行为规范、服务用语(试行)》《崇左市人民医院住院患者医患沟通规定》等制度,推进服务规范化;三是开展护理服务之星评选活动,每月每个病区评选护理服务之星,树立标杆,提升护理服务水平;四是开展优质示范岗活动,亮牌服务,接受群众监督;五是引入陪护公司,提高陪护质量。

项目建设 2016年,市人民医院大力推进医院建设二期工程——内科综合楼(崇左市下达的中央预算内投资项目)项目,建筑面积约4.1万平方米。项目建成后,全院编制床位将由原来的500张增加到1000张,进一步满足人民群众的就医需求。 (黎佳鑫 黄伟林)

【崇左市中医壮医医院】 崇左市中医壮医医院是一所集医疗、急救、预防、康复保健、科研教学为一体的二级甲等中医院,融合中医、壮医、西医三种医学技术,设立门诊部、急诊科、内科、外科、妇产科、中医骨伤科、肛肠痔瘘科、针灸推拿科、五官科、口腔科、壮医科等10多个临床科室,其中骨伤科、肛肠痔瘘科、中医妇科、针灸推拿科、壮医风湿病科为重点特色专科。全院开设床位150张,设有内科、外科、妇产科、康复科等6个病区。医院拥有螺旋CT、美国GEB彩超、钛激光手术系统、腹腔镜、CRX光机、全自动血球计数仪、全自动生化检测仪、电子胃镜、血液流变快测仪、心电监护仪、麻醉机、

呼吸机、德国电磁波体外碎石机、除颤仪、胎心监护仪、婴儿抢救台、电子阴道镜、盆腔炎治疗仪、多功能腰椎牵引床、电脑控制自动煎药机等大批先进诊断与治疗设备。全院职工186人,其中技术人员168人,副高级职称9人、中级职称26人、初级职称133人。2016年,医院门急诊量113693人次,比上年同期增加7161人次、增长6.8%;住院量4547人次,同比减少375人次、减少7.6%;全年业务收入3036.14万元,其中门诊收入1196.77万元、住院收入1839.37万元,中药品收入1402.79万元,占比46.2%、同比增长3.9%。

技术协作 2016年,市中医壮医医院加强与广西中医药大学附属瑞康医院、广西中医药大学第一附属医院开展技术协作,借助其雄厚技术力量、高素质人才资源和科学先进管理经验,强化科室建设、技术服务、人才培育等工作。年内,两家协作医院陆续派出专家12名到医院开展坐诊、教学、指导等活动,通过传、帮、带等形式,帮助培养业务骨干,指导特色专科建设。3月初,瑞康医院派出器官移植泌尿外科、妇科、产科等专家技术骨干到医院进行技术交流活动;7月至10月,开展小针刀培训班3期,邀请小针刀发明继承人授课,大大提高全院临床医师的针刀治疗技术,使之成为医院一项中医特色治疗技术,患者治愈率90%;11月至12月,开展中医手法治疗技术培训班2期,邀请瑞康医院推拿科主任授课,增强全院壮医、骨伤、康复等科室的中医药服务能力。年底,医院新增男性科,进一步扩大服务范围,协作医院派专家坐诊指导,增强了服务能力。

中医药文化建设 按照2015年自治区补助中医药部门专项资金项目实施方案,市中医壮医医院获

中医药文化知识普及、民间中医药壮瑶医药挖掘整理、名医名家走基层行动计划等项目资金支持。与江州区卫计局联合,于9月至11月举办"中医名医名家走基层行动计划"培训班3期,到江州镇、驮卢镇、太平社区等12个乡镇(社区)卫生院(卫生服务中心)培训乡村医生133人次,于10月至11月开展"中医药适宜技术推广暨中医药文化知识普及培训班"2期,对176个村卫生室医生进行培训,传授运用中医药"十方五技"(能掌握30~50种中成药或10条常用经验方的使用,掌握应用针灸、拔罐、刮痧、推拿、敷贴等5种以上技法)诊疗方法,并掌握中医适宜技术20多种。年内,选派6人参加第二批广西中(壮瑶)医优秀临床人才研修培养项目,选派137名医护人员参加市以上各种专业医学会和上级医疗单位组织的技术培训、交流、学习、研讨等,进一步提高技术、理论水平;注重中医药文化宣传,多次组织专家医疗队到各乡镇村屯进行义诊,发放宣传资料,方便广大群众就诊的同时,推进中医药文化普及。

质量管理 2016年,市中医壮医医院为提高医疗服务质量,定期组织对各科室开展质控考核,从质控科医疗质量检查、感控科质量检查、护理质量检查、医德医风考评等4个方面对各科室进行考核,考核结果不合格的按规定进行处罚,实行考核结果与绩效及年终评优评先挂钩。同时,客服部每个月都对住院病人进行满意度调查,对出院病人进行电话回访,在门诊大厅以及病区走廊悬挂意见簿,收集病患者的表扬、投诉信息和意见、建议等。对病患及家属提出的中肯意见和建议,在院周会上进行通报,及时整改医疗服务中存在各种问题。年内,发放问卷1870份,电

话回访 3918 人,满意率 96% 以上,患者送锦旗 4 幅。

医疗下乡 2016 年,市中医壮医医院积极开展"千医进千屯服务万家"活动,解决广大群众看病难、看病贵问题,选派优秀医务人员分别到那贞村、木排屯、敬老院、特殊教育学校、广西中国－东盟青年产业园等 20 多个村屯、单位开展义诊活动,服务群众 3000 多人,发放健康科普资料 4200 多份、药品一批(价值 2000 多元),群众足不出户就能享受优质医疗服务,得到广大群众好评,扩大了活动影响效果。

项目建设 为提供更加安全、高效、便捷的医疗卫生服务,进一步满足广大人民群众日益增长的中医医疗保健服务需求,强化基础设施建设,改善医疗条件,市中医壮医医院争取到中央预算内投资项目——崇左市中医壮医医院全科医生临床培养基地和门诊综合楼建设项目,项目占地 11.33 公顷,总投资 5.84 亿元。2016 年 7 月 28 日,全科医生临床培养基地和门诊综合楼项目开工建设。至年底,完成项目一期工程场地清表及土方工程,正在进行一期工程主体建筑的基础开挖施工。 (黄瑜婷)

【崇左市妇幼保健院】 崇左市妇幼保健院是一所集保健、医疗、预防、科研、信息于一体的妇女、儿童专科医院,增挂崇左市儿童医院、崇左市妇产医院、崇左市妇幼保健计划生育服务中心牌子,实行"一套人马,四块牌子"管理体制,承担全市七个县(市、区)妇女儿童的医疗保健工作任务,是全市妇幼保健业务技术指导中心、全市唯一的地中海贫血产前诊断中心。医院占地 5423 平方米,建筑面积 8498.08 平方米,设置科室 15 个,其中重点科室有妇产科、儿科、新生儿科、妇女保健科、儿童保健科、优生遗产科等,编制床位数 102 个,实际开放床位 130 个。2016 年,全院职工 216 人,其中在编 79 人、聘用 137 人,卫生专业技术人员 163 人,执业医师 44 人、注册护士 79 人、药剂师 7 人、检验技师(士)17 人、医学影像技术师(士)5 人、康复治疗技师(士)2 人,学历本科 79 人、大专 85 人、中专 27 人、高中及以下 25 人,职称副高级 7 人、中级 39 人、初级 96 人。年内,全院门诊接诊 108245 人次,治愈好转率 93.52%;收住院 6300 人次,入出院诊断符合率 88.89%;手术 478 台,手术前后诊断符合率 100%;急危重症 101 例,抢救成功率 99.01%;患者对医疗服务满意度,门诊 90.02%,住院 96.01%。全院业务总收入 3628.58 万元,比上年同期增长 12.43%。其中,妇产科(含优生遗传门诊、生殖门诊)业务收入 2042.49 万元,同比增长 21.5%;儿科业务收入 973.77 万元,比上年同期增长 7.14%;新生儿科业务收入 282.2 万元,同比降低 1.32%。

妇幼工作主要指标完成情况 2016 年,市妇幼保健院组织实施妇幼健康服务项目 13 项,涉及监测指标 56 项,部分监测指标排在广西壮族自治区前列。其中,5 岁以下儿童死亡率降至 5.36‰,排全区第二;婴儿死亡率降至 3.85‰,排全区第三;新生儿死亡率降至 2.52‰,排全区第五。年内,该院坚持"以保障生殖健康为目的、保健与临床相结合,面向群体、面向基层和预防为主"的妇幼卫生工作方针,认真组织实施妇幼健康服务项目,全面提升妇幼健康服务工作水平,较好完成各项指标任务。开展全市性督导 4 次,召开培训会 15 次,参加培训 596 人次。全市住院分娩活产数 29617 人,住院分娩率 99.99%;孕产妇死亡 4 例,死亡率 13.5/10 万,无新生儿破伤风病例发生;五岁以下儿童死亡 165 例,死亡率 5.57‰,比上年下降 0.63 个千分点;产前检查率 99.50%,产后访视率 99.24%,孕产妇系统管理率 98.09%,出生缺陷发生率 9.01‰。

地贫诊断 2016 年,市妇幼保健院地贫产前诊断分中心积极开展产前筛查、基因诊断、产前诊断等工作,认真应对全面二孩政策带来的出生缺陷高发挑战,有效降低出生缺陷,提高人口素质。年内,分中心开展产前筛查 10887 例,基因诊断 9424 例,产前诊断 1360 例,查出地贫携带者 4762 人。其中,重度地贫 85 例,需引产 52 例,染色体病 66 例、需引产 25 例。对需引产的重型出生缺陷 77 例全部终止妊娠干预,干预率 100%。全市基因诊断率 104.64%,排名广西壮族自治区第二;产前诊断率 101.28%,排名广西壮族自治区第五。

医疗管理 2016 年,市妇幼保健院坚持以病人为中心、以全面提高医疗服务质量为主题、以建立和谐医患关系为目标,根据法律法规及诊疗规范严抓医疗规范化管理和医疗核心制度落实,认真开展医疗技术服务,加强对各科室核心制度执行情况的督导检查,对基础医疗质量和环节医疗质量进行严格把关,加强临床路径管理,规范医疗行为,切实保障医疗质量与安全。

认真贯彻落实国家卫生计生委《全国抗菌药物临床应用专项整治活动方案》,加强医师对抗菌药物的合理应用,新进人员经过抗菌药物、国家基本药物及特殊管理药品使用知识培训,并举行"抗菌药物合理应用"考试,根据考试结果,依照抗菌药物的分级管理制度,授予医师不同的抗菌药物应用权限,杜绝医师越权限使用及不规范应用抗菌药物,做到合理用药、合理用血。

严格准入,依法执业。组织对2016年新招录医务人员7人进行上班前培训,确保新进人员尽快适应医疗岗位工作。同时,加强继续医学教育管理和人员培训,开展多层次多形式的继续医学教育活动,全年医务人员外出短期培训100多人次,到上级医院进修3人次,通过高级职称评定医师2名,参加全国医师定期考核人员38人,合格38人。

加强病案管理。配备兼职病案管理人员,进行病案的收集、计算机录入、整理归档工作,病案室实行专人管理。各科成立病案质量管理小组,由科主任、护士长直接负责出院病案的科级质量评分工作。全年全院上交病历6358份,无乙级病历发生。

开展"对口支援"和千医进千屯等活动。年内,按照市卫计委工作要求,积极下派主治医师及骨干医师6名对宁明县海渊卫生院进行对口支援,完成相关工作任务;按照市卫计委开展"千医进千屯"活动精神,派遣配备主治以上专科医师及B超等医疗仪器的义诊队伍,分别到海渊卫生院、濑湍敬老院、定点帮扶贫困村屯开展义诊活动,义务接诊病患237人次。

医疗护理 2016年,市妇幼保健院有护理人员66人,其中主管护师10人、护师22人、护士34人,学历方面:本科9人、大专61人、中专6人,年龄方面:40岁以上6人、30~39岁20人、22~29岁50人。护士总数占全院卫生技术人员的46.8%,临床护理岗位人数占护士总数的96.2%。病区实际开放床护比:普通儿科1∶0.23,妇产科病区1∶0.32,新生儿病区1∶0.5。全院优化组织结构,深化优质护理服务,实行院科二级管理,制定完

善《护士岗位制度与职责》《临床护理技术操作标准》《护理常规》等,每月按照《临床护理质量评价及检查标准》进行一、二级护理质控检查。对护理人员进行分层级管理,按不同标准进行理论和操作培训,提高医护水平。妇产科、普通儿科、新生儿科3个病区作为优质护理服务病区,实行APN排班和责任包干制,责任护士对所包干病人全面履行医疗护理。年内,各科室护理工作均较好完成。其中,妇产科门诊42005人次,各种手术7120例,收住院护理病人2638人;儿科门诊输液室治疗护理输液病人26339人次,急诊3270人次,入院人数3720人次;供应室全年高温灭菌468锅次、首发灭菌物品18391个,低温灭菌87锅次、首发灭菌物品548个,高温生物监测52次,低温生物监测71次。

感染管理 2016年,市妇幼保健院严格按照医院感染管理办法及《2014年广西医院感染管理质量评价标准》要求和医院功能任务,开展医院感染管理工作,将医院感染的预防与控制贯穿于所有医疗活动中,切实降低医院感染的发生率和病死率,保障医疗安全。

医院感染病例监测 按照卫生部《医院感染监测规范》开展医院感染病例前瞻性全院性综合监测,监测结果每季度进行分析、反馈,提出预防控制措施。全年监测出院病例6358人,其中妇科809人、产科1602人、儿科3174人、新生儿科546人,发生医院感染3人次,感染发病率0.05%;例次感染3例次,例次感染率0.05%,感染率比上年同期下降58.33%。开展剖宫产手术部位切口感染目标性监测,全年监测剖宫产手术403例,未发生手术部位切口感染,感染率同比下降51%(2015年同期感染率0.51%)。

环境卫生学及消毒灭菌效果监测 每季度对重点部门手术室、产房、新生儿病区、供应室及临床科室的空气、物体表面、医务人员手、消毒剂等进行监测一次,全年采集微生物样品176份,检测合格176份,总合格率98.86%。其中,空气样品55份,合格率98.18%;物体表面样品38份,合格率97.37%;消毒剂样品28份,合格率100%;医护手样品49份,合格率100%;腔镜无菌物品6份,合格率100%。对监测不合格项目进行原因分析、立即整改,再重新采样监测,直至全部合格。

手卫生监测 认真贯彻国家卫生计生委医院感染质量管理与控制中心发布的《清洁的手,呵护健康(2015—2018年)专项工作指导方案》,把手卫生工作纳入重点监测项目之一,进一步推进手卫生工作的规范,有效实施,提升全体人员手卫生的自觉性、主动性和依从率、正确率,全面提高医院感染预防控制的整体能力和水平。年内,开展手卫生依从率调查,对临床科室297名医务人员进行手卫生依从率监测,总依从率66.77%,同比上年增长25.06%。其中,医生144人,依从率49.16%;护士153人,依从率81.51%。妇产科医生、护士依从率分别为16.67%、67.29;儿科医生、护士依从率分别为27.84%、70.48%;新生儿科医生、护士依从率分别为98.11%、100%。开展手消液用量监测,临床科室每床手消液日用量情况:新生儿病区36.59毫升,同比下降12.63%;儿科病区7.72毫升,妇产科病区6.04毫升,均与上年基本持平。

此外,全院注重传染病防控,加强医疗废物管理、医院感染知识培训、医院感染暴发应急处置演练等工作,有效预防和控制医院感染暴发,保障医患安全。 （赵杨平）

社会生活

SHEHUI SHENGHUO

□编辑　李有权

居民生活

【概况】　2016 年,崇左市全体居民人均可支配收入 15897 元,比上年同期增加 1423 元,同比名义增长 9.8%,扣除物价因素实际增长 8.1%;绝对额比全自治区少 2408 元。

【城镇居民生活】　2016 年,崇左市城镇居民人均可支配收入 26605 元,比上年同期增加 1971 元,同比名义增长 8.0%,扣除物价因素实际增长 6.3%;绝对额比全自治区少 1719 元。

【农村居民生活】　2016 年,崇左市农村居民人均可支配收入 9801 元,比上年同期增加 883 元,同比名义增长 9.9%,扣除物价因素实际增长 8.2%;绝对额比全自治区少 558 元。

表 1　2016 年崇左市城镇居民人均可支配收入情况表

指标名称	2016 年	2015 年	增长(%)	构成(%)	贡献率(%)
可支配收入	26605	24634	8.0	—	—
工资性收入	13980	12813	9.1	52.5	59.2
经营净收入	7389	6915	6.9	27.8	24.1
财产净收入	1454	1327	9.6	5.5	6.4
转移净收入	3782	3579	5.7	14.2	10.3

表 2　2016 年崇左市各县(市、区)城镇居民人均可支配收入情况表

县(市、区)名称	2016 年	2015 年	增长(%)
江州区	28384	26064	8.9
扶绥县	27879	25719	8.4
宁明县	23946	22234	7.7
龙州县	24726	22789	8.5
大新县	27722	25716	7.8
天等县	23197	21479	8.0
凭祥市	29772	27541	8.1

表 3　2016 年崇左市农村居民人均可支配收入构成情况表

指标名称	2016 年	2015 年	增长(%)	贡献率(%)	构成(%)
人均可支配收入	9801	8918	9.9	—	—
一、工资性收入	2470	2234	10.6	26.7	25.2
二、经营净收入	6194	5663	9.4	60.1	63.2
1. 第一产业经营净收入	5315	4870	9.1	—	—
(1)农业	4584	4508	8.9	—	—
(2)林业	245	229	6.8	—	—
(3)牧业	425	370	14.9	—	—
(4)渔业	61	63	−3.5	—	—
2. 第二产业经营净收入	105	96	9.4	—	—
3. 第三产业经营净收入	774	697	11.2	—	—
三、财产净收入	108	94	15.1	1.6	1.1
四、转移净收入	1029	927	11.0	11.6	10.5

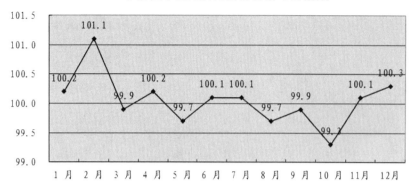

2016年崇左市各月居民消费价格环比指数

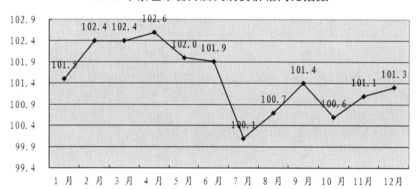

2016年崇左市各月居民消费价格同比指数

【居民消费价格指数(CPI)】 2016年崇左市居民消费价格总水平同比上涨1.6%，低于全国0.4个百分点，与全区持平。按涨幅由高到低排序，在全自治区14个地级市中排第五位。

社会福利

【福利敬老事业】 2016年，市政府出台《崇左市养老服务业综合改革试验区实施方案》《2016年崇左市养老服务业综合改革试验区建设工作要点》和养老服务业综合改革试验区联席会议制度。规划推进崇左市本级综合养老服务示范园区、大新县休闲旅游养生养老示范基地、扶绥县宜居养生养老示范基地、宁明县温泉疗养养生养老示范基地、龙州县边关旅游养生养老示范基地等"一园四基地"建设，

表4 2016年崇左市各县(市、区)农村居民人均可支配收入

县(市、区)名称	2016年	2015年	增长(%)
江州区	10933	9930	10.1
扶绥县	11179	10053	11.2
宁明县	9609	8751	9.8
龙州县	8844	8011	10.4
大新县	10222	9327	9.6
天等县	8691	7908	9.9
凭祥市	9889	8974	10.2

2016年崇左市居民消费价格指数构成及影响程度表

项目名称	指数(%)	对总指数拉动(%)	影响程度(%)
居民消费价格总指数	101.6	1.57	100.0
食品烟酒	103.6	1.12	71.69
衣着	100.9	0.08	4.83
居住	101.0	0.19	12.41
生活用品及服务	99.8	-0.01	-0.81
交通和通信	99.4	-0.07	-4.52
教育文化和娱乐	101.1	0.13	8.53
医疗保健	102.1	0.15	9.63
其他用品和服务	99.1	-0.03	-1.76

(韦长智)

打造面向东南亚的具有地方特色的养老服务基地。福利机构"公建民营"取得新突破。全市有5个公办福利机构实现公建民营,其中宁明县、扶绥县将福利院公建民营延伸辐射到乡镇敬老院,负责对乡镇敬老院管理。宁明县福利院推进医养融合改革,在院内建成宁明县中医医院并开业运营。

【福利彩票发行】 全市加强对中福在线崇左厅、凭祥厅和江州、扶绥、宁明、大新4个刮刮乐即开票中心站的管理,出台激励措施,确保安全运营,开创小卖场,全市共销售福利彩票3976万元,销量增幅及任务完成排全自治区第三。

【殡葬】 2016年殡葬服务机构共接待祭扫群众2.79万人次,车辆5413辆。全市共接运、火化遗体服务1434具,比上年同期增长181具,接待丧属1万余人次。

【收养】 2016年,全市民政部门注重审核把关,依法依规办理收养登记工作,所办理收养登记信息全部录入全国收养登记管理信息系统,全年共办理收养登记143件。

【陆地边境0~3千米边民生活补助】 2016年,全市民政部门严格把好边境0~3千米行政村及其居民准入关,严格把关资金拨付程序,使边境0~3千米边民生活补助工作得到较好落实,边民生活得到较大改善。年内,全市有宁明、龙州、凭祥、大新等4个边防县(市)共2.77万户11.09万名农村居民享受边境0~3千米生活补助,人均月补助130元,累计支出边民生活补助1.72亿元。

【社会救助】 2016年,全市在运行的救助管理机构有市本级、凭祥市、天等县、宁明县,大新县救助管理站已建成并争取到5个人员编制。全国救助管理信息系统及全国救助寻亲网覆盖率达100%,全市在运行的4个救助管理机构均使用系统或网站。"寒冬送温暖"专项行动中,共上街巡查数46次,出动车辆数123车次,出动工作人员数332人次,上街主动救助数383人次,劝导流浪乞讨人员数84人次,接受救助数129人次,发放棉衣91套,发放棉被37床,发放面包、矿泉水等食物562份。全市共有孤儿442名,发放孤儿保障金326.32万元,同时将孤儿纳入重大疾病公益保险。年内,全市落实残疾人"两项补贴"2.25万人,发放补贴1045.83万元,其中落实困难残疾人生活补贴7093人,发放补贴资金327.24万元;落实重度残疾人护理补贴1.54万人,发放补贴资金718.6万元。1月,市政府出台《崇左市临时救助实施办法》,筹措临时救助金2164万元,对因遭遇意外事件、突发重大疾病或其他特殊困难,暂时无法得到家庭支持,导致基本生活陷入困境的城市"三无"人员、五保对象实施临时救助。全年共实施临时救助1058户3792人,累计支出救助金652.24万元,切实解决困难群众的救急难问题。

【创新发展儿童福利机构】 2016年崇左市积极推进儿童福利机构建设,重点推进市儿童福利院建设。6月1日,儿童福利院正式投入使用,结束崇左市无独立儿童福利机构历史。同时,为减轻财政压力、解决人员编制不足问题,为打造成为集孤残儿童养育、救治、教育、康复服务中心和培训示范基地,打造成为儿童福利机构"公建民营"示范性机构,崇左市创新运营模式,推进儿童福利院"公建民营"。

【调查农村"三留守"】 2016年,市民政部门牵头,联合扶贫、教育、公安、妇联、残联、老龄等部门,对辖区内所有农村留守儿童和空巢老人进行全面大排查,彻底查清农村留守儿童和空巢老人数量、构成、特点以及家庭状况,重点排查义务教育阶段辍学、家庭生活困难、监护人缺失、事实上无人抚养、残疾等儿童,以及生活难以自理、经济状况差的空巢老人。全市农村"三留守"人员73941人,其中留守儿童27384人,留守妇女20727人,留守老人25830人。

婚姻登记与管理

【概况】 2016年,崇左市的婚姻登记工作坚持以"依法行政、为民服务"为宗旨,认真贯彻落实《中华人民共和国婚姻法》《婚姻登记条例》《婚姻登记工作暂行规范》等法律法规,严格执法,文明服务,维护当事人的合法权益。全市共办理婚姻登记2万对(例),其中办理结婚登记1.38万对(例),离婚登记0.32万对(例),补发结婚证0.28万对,补发离婚证0.02万对。

(许承斌)

慈善事业

【概况】 1998年11月18日,崇左市慈善总会成立。2012年6月14日第二次会员代表大会进行换届选举,产生第二届理事会。市慈善总会机构设有常务副会长1人,常务理事11人,正副秘书长各1人,常务理事11人,会员81人。辖区内有扶绥、宁明、天等3个县成立慈善会,总会日常工作机构为秘书处。2016年,市慈善总会积极开展慈善

募捐、慈善救助和慈善宣传,取得良好成绩。年内共收到社会各界爱心捐款25.91万元。 （赵迎娣）

老龄工作

【概况】 2016年,市老龄办围绕市委、市政府中心工作,结合开展"两学一做"学习教育,探讨新形势下做好老龄工作的思路和方法,积极贯彻新的发展理念,扎实做好老龄工作,较好完成各项工作任务。

【落实老年优待工作】 2016年3月,崇左市政府下发《关于修订崇左市老年优待规定的通知》,将高龄补贴发放范围扩大到80~89岁老年人,每人每月发放不低于30元标准的高龄补贴,所需经费由县(市、区)财政承担。各县(市、区)结合实际,相应制定了《老年人优待规定的实施方案》。全市已有6个县(市、区)出台80~89岁高龄补贴政策或发放了80~89岁高龄老人补贴。其中扶绥县80~89岁的高龄补贴标准是每人每月60元。至年底,全市共发放高龄补贴742.19万元。办理发放《高龄老人优待证》4562张,其中红卡3200张,绿卡1362张。

【敬老月活动】 市直机关"敬老节"期间开展形式多样的活动。一是慰问市直机关80岁以上420名离退休高龄老人。二是举办市驻邕老年人"游园活动。10月8日,在市驻邕管理处大院中心花园广场举行了有猜迷语、打门球、飞镖、套啤酒、立地投篮等20个项目的游园活动,吸引1500名中老年人参加。三是举办"老年节"文艺晚会。10月8日晚,在市驻邕管理处礼堂举办老年人文艺晚会,晚会共有18个节目,参加演出的演员300余人;四是开展《老年法》宣传活动。10月中旬,在市驻邕中心花园摆摊设点开展《老年法》咨询活动,当场发放《老年法》宣传小册子1000多份,前来咨询《老年法》的老年人达到500多人。五是举办崇左市第一届老年体育运动会,10月下旬举行乒乓球、门球、太极拳(剑)交流赛活动。六是组织专家为老年人免费义诊。10中旬,邀请广西医科大学8名教授、硕士研究生导师等专家到市驻邕管理处大院中心花园为老年人义诊。各县(市、区)老龄办也结合实际,开展形式多样的敬老月活动。全市为老年人志愿服务活动286次,参加人数3536人;老年维权活动112次;开展各类文体活动153次,参加人数12236人。

【基层老年协会规范化建设】 2016年上半年,市老龄组成督查组深入宁明、扶绥、凭祥等县(市、市)对基层老年协会开展"大巡查"、"回头看",进一步加强监督指导,想方设法提升协会法制化、规范化以及自我服务、自我管理能力,强化老年协会造血功能,巩固好规范化建设成果,避免出现"经费停止、项目终止"的现象。在督查中,针对个别地方对基层老年协会规范化建设重视程度不够,协会负责人能力欠缺、"七簿一册"不规范、会员入会把关不严、扶持资金落实监管不到位等问题,要求其采取有效措施加以整改。11月上旬,市老龄办又组成督查组,深入7个县(市、区)对全市2012—2015年期间建立的302个自治区示范性老年协会规范建设工作开展督查,每个县(市、区)抽查4个示范性基层老年协会共28个。督查中坚持问题导向,用好督查成果。11月10日,根据督查情况形成《全市自治区示范性村级老年协会规范化建设情况通报》,对工作比较扎实的宁明等3县(市)在系统内进行通报表扬,总结推广典型经验和做法。

【政府购买基层老年协会养老互助服务试点】 2016年,市老龄办3次深入崇左市试点县扶绥、宁明2县,严格按照自治区要求扎实推进试点工作;指导基层老年协会建立健全服务对象基本信息数据台账以及提供养老互助服务;加强资金监管,确保购买服务资金专款专

2016年10月9日,市老龄办组织开展"老年节"游园活动

用;建立健全综合评估机制,加强督促检查,确保工作成效。扶绥县渠黎镇驮河村等 4 个基层老年协会作为试点单位,资金全部到位,各项工作有条不紊地开展。扶绥县 3 个试点单位服务的老年人达 1001 人,其中空巢老人 26 人,留守老人 129 人。宁明县确定主要服务对象为城中镇珠连村、夏州村和东安乡洞坡村 60 岁以上老人,3 个村人数 270 人。主要是对老年人身体健康状况进行检查,落实宁明县友平中医医院作为老年人医疗服务机构。 (梁彩霞)

灾害·事故

【低温雨雪冰冻】 2016 年 1 月 22 日起,受强冷空气影响,天等县、凭祥市出现寒潮天气,各地降温剧烈。24—25 日各地日平均气温 3.0~5.5℃,出现雨夹雪及大风天气,局部地区道路结冰,其中凭祥市是 1965 年有气象观测记录以来第一次雨夹雪天气,其他地方大部为 1983 年以来第一次雨夹雪天气。寒潮天气给全市农业生产带来不利影响,甘蔗、蔬菜、西瓜及果树等作物不同程度受灾,造成农业及直接经济损失。按照气象灾害评估分级处置标准,属中型气象灾害等级。

【冰雹】 2016 年 4 月 10 日,受高空槽、切变线及地面冷空气南下影响,全市有 1 次冰雹天气过程,其中大新县冰雹最大直径 50 毫米,为有历史记录以来最大冰雹,并伴有 8 级大风(19.3 米/秒)。受冰雹天气影响,大新县农作物、房屋、车辆及太阳能热水器等均不同程度受损,造成农业及家庭财产损失。按照气象灾害评估分级处置标准,属中型气象灾害等级。

4 月 17 日、23 日及 5 月 9 日,受高空槽、切变线及地面冷空气南下影响,天等、大新县和江州区出现冰雹天气,冰雹最大直径 2 毫米~10 毫米。

【大风】 2016 年 4 月 22 日,受高空槽、切变线及地面弱冷空气南下影响,天等县和江州区分别出现 11 级(31.9 米/秒)和 10 级(26.9 米/秒)的大风。

【暴雨】 2016 年 6 月 3 日—6 日,受高空槽、低涡切变线和弱冷空气共同影响,全市出现大到暴雨局部大暴雨天气,强降雨主要出现在大新、扶绥县和江州区,最大降雨为大新县榄圩乡上吉村 197.5 毫米。

6 月 15 日—16 日,受高空槽、切变线和地面冷空气共同影响,全市大部出现大到暴雨局部大暴雨天气,强降雨主要出现在龙州、扶绥县,最大降雨为龙州县城 79.3 毫米。

7 月 4 日—6 日,受高空槽和低涡共同影响,全市出现大到暴雨局部大暴雨天气过程,强降雨主要出现在龙州县和凭祥市,最大降雨为龙州县武德乡 139.2 毫米。

8 月 12 日—16 日,受热带扰动和季风云团的共同影响,全市大部地区出现大雨或暴雨,局部大暴雨天气过程。累计降雨量 100~249.9 毫米的有 42 个乡镇,最大降雨为龙州县武德乡 183.2 毫米。

8 月 26 日—27 日,受切变线和地面弱冷空气影响,全市出现大雨局部大暴雨天气,强降雨主要出现在江州区、宁明县和大新县,最大降雨为江州区江州镇卜驮村 119.0 毫米。

9 月 6 日—7 日,受热带辐合带北抬影响,全市出现大到暴雨局部大暴雨天气,强降雨主要出现在龙州县、扶绥县和江州区,最大降

雨为龙州县水口镇 151.5 毫米。

9 月 9 日—10 日,受高空槽、切变线和地面冷空气共同影响,全市出现大到暴雨局部大暴雨天气,强降雨主要出现在龙州县、凭祥市和大新县,最大降雨为龙州县城 135.1 毫米。

【台风】 2016 年 7 月 27 日—28 日受第 3 号台风"银河"影响,全市普遍出现大雨到暴雨,局地出现 8 级阵风。7 月 27 日 14 时至 28 日 20 时,降雨量大于 50 毫米的观测站有 59 个,最大降雨为宁明县海侨农场 89.1 毫米;25.0~49.9 毫米的观测站有 69 个;10.0~24.9 毫米的观测站有 23 个。台风"银河"对崇左影响较轻。

8 月 2 日—4 日受第 4 号台风"妮妲"影响,全市出现暴雨局部大暴雨,并伴有 8~9 级阵风。8 月 2 日 08 时至 4 日 08 时,降雨量 100~249.9 毫米的观测站有 30 个,最大降雨为江州区濑湍镇 234.9 毫米;50.0~99.9 毫米的观测站有 59 个;25.0~49.9 毫米的观测站有 55 个。江州区、扶绥县出现 8~9 级阵风,最大为崇左市区 21.1 米/秒。受台风影响,全市不同程度受灾,造成直接经济损失。按照气象灾害评估分级处置标准,属中型气象灾害等级。

8 月 18 日—20 日受第 8 号台风"电母"影响,全市普遍出现大雨局部暴雨,并伴有 7~8 级大风。8 月 18 日 08 时至 20 日 08 时,降雨量大于 50 毫米的观测站有 24 个,最大降雨为宁明县桐棉乡 85.5 毫米;25.0~49.9 毫米的观测站有 89 个;10.0~24.9 毫米的观测站有 41 个。台风"电母"未在崇左造成灾害影响,台风降雨有效缓解了全市的前期旱情。

10 月 18 日—20 日受第 21 号台风"莎莉嘉"影响,全市出现暴雨

局部大暴雨,并伴有8级大风。强降雨主要出现在扶绥、宁明、大新、天等县和江州区,18日20时至20日08时,降雨量超过100毫米的乡镇有23个,其中扶绥县东门镇那江村208.9毫米;50~99.9毫米的乡镇有41个,25~49.9毫米的乡镇有13个。宁明、扶绥县出现8级以上阵风,最大风速为宁明县爱店镇19.5米/秒。受台风影响,天等、扶绥县不同程度受灾,造成直接经济损失。按照气象灾害评估分级处置标准,属小型气象灾害等级。

【高温】 2016年6月上中旬、7月下旬到8月上旬全市大部出现≥35℃的高温天气,最高气温为6月3日宁明县39.7℃。

【干旱】 2016年9月中旬到10月中旬全市基本无雨,各地出现不同程度秋旱,对甘蔗等农作物产生不利影响。

【大雾】 2016年全市平均大雾日数为32天,比历年多26天。最多为龙州县69天,最少为天等县5天。 （潘汉海）

【地质灾害】 2016年,崇左市累计发生地质灾害9起,均为小型灾害,造成直接经济损失5.61万元,无人员伤亡。年内发生灾害数量较多的地区为凭祥市和天等县。 （陆升建）

【森林火灾】 2016年全年共发生森林火灾42起,火场总面积296.51公顷,受害森林面积45.37公顷,森林火灾受害率0.04‰,比自治区要求0.8‰低0.76个千分点。全市无重大、特大森林火灾,无因扑救森林火灾致人员伤亡事故。 （宁雪霞）

【道路交通事故】 2016年,全市发生一般程序事故306起,造成236人死亡,214人受伤,直接经济损失114.88万元。四项指数与上年同期相比,事故起数减少44起,下降12.57%;死亡人数增加9人,上升3.96%;受伤人数减少73人,下降25.44%;直接经济损失减少7.79万元,下降6.35%。 （梁明著）

经济社会调查与监测

【概况】 2016年,国家统计局崇左调查队贯彻落实中共十八大和十八届三中、四中、五中、六中全会精神,围绕总队"规范化建设强化年"主题活动和崇左市委、市政府中心工作,扎实开展各项工作,较好地完成全年各项工作。

【调查与监测项目】 2016年开展的主要调查项目有城乡住户调查、农民工监测调查、农村贫困监测调查、农户固定资产投资调查、农民工市民化调查、月度劳动力调查、居民消费价格指数（CPI）调查、商品零售价格调查、城镇低收入居民基本生活费用价格调查、工业生产者价格调查、农产品价格调查、农产品中间消耗调查、规模以下服务

业抽样调查、主要畜禽监测调查、限额以下批发零售住宿餐饮行业抽样与问卷调查、采购经理调查、规模以下工业抽样调查、新设立小微企业和个体经营户跟踪调查、退耕还林（草）监测调查、建筑业小微企业抽样调查等常规调查以及投资环境监测调查、党风廉政建设民意调查、网购用户专项调查等专项调查。此外,还开展崇左市全国第三次农业普查农作物播种面积遥感测量调查工作。

【统计执法培训】 2016年,崇左调查队注重统计执法业务培训工作。3月28日举办崇左辖区调查队系统统计法制培训会,全面培训《中华人民共和国统计法》和《统计违法违纪行为处分规定》。5月26日,邀请广西调查总队法规制度处领导给崇左辖区调查队干部职工统计法治知识专题培训。年内,组织干部职工参加第十届全国百家网站微信公众号法律知识竞赛及国家统计局举办的《中华人民共和国统计法》和《全国农业普查条例》知识竞赛。

【统计法制宣传】 2016年,崇左调查队将统计法制宣传与日常工作相结合,在各专业培训会上宣传

2016年2月23日,崇左调查队到大新县开展农业生产调研

2016年3月30日,崇左调查队到龙州县开展居民收入调研和住户基础工作检查

统计法制知识,并通报有关查处统计违法案件的情况,提醒各调查对象在日常报表上报过程中需要注意的工作要求,提高广大调查对象对统计调查工作的支持配合程度。年内,累计开展4次法制专题宣传工作,培训人次达200人;大力推进统计法制宣传。结合基层走访调研,发放《中华人民共和国统计法》、致调查对象的一封信等相关统计法制宣传资料,累计走访30余次,发放宣传资料110份;在"12·4"法制宣传日及"中国统计开放日"等特殊时间节点,联合市统计局在崇左火车站广场向广大市民发放统计法制宣传及全国第三次农业普查相关资料,向社会公众宣传统计调查工作和统计法律知识。全年累计发放宣传资料600份。

【统计执法检查】 开展统计执法常态化检查工作。制定印发《国家统计局崇左调查队2016年统计执法检查工作方案》《国家统计局崇左调查队执法检查推广随机抽查实施方案》等制度,启动统计执法检查与纪检联动机制。年内,先后开展5次统计执法专项检查,其中纪检监察员参与统计执法检查工作3次。开展统计执法检查"回头看"。结合落实国家统计局专项巡视反馈意见专项整改活动,认真梳理统计执法检查工作发现的问题,对一家企业进行立案调查。

【调查服务】 2016年,崇左调查队围绕党委政府的中心工作和群众关注的热点、难点问题,开展走访调研活动和统计调查分析,撰写上报调查信息和调查报告,为党委政府及有关部门提供决策参考依据。全年撰写调查信息29篇、调查报告12篇,经上级综合采编后直报领导3篇,均得到国务院领导批示;国家统计局采用9篇,国家统计局领导批示4篇;自治区党委采用8篇,自治区党委领导批示1篇;自治区政府采用14篇。其中,撰写的《崇左市做大锰矿业的困难与对策》《崇左市2015/2016榨季甘蔗生产的现状问题和建议》单篇获崇左市委主要领导的批示。全年编发4期《崇左调查季度资料》和12期《崇左CPI月报》。将一些涉及当地经济社会发展的综合性调查信息和相关工作动态编制成刊物报送给市委、市政府领导和相关职能部门。

【投资环境调查】 2016年企业对崇左市投资环境的总满意度为80.97,比上年下降0.24,比全区平均水平81.23低0.26。

2016年企业对崇左市投资环境满意度情况表

	2016年	2015年	同比(+、-)
总体投资环境满意度	80.97	81.21	-0.24
投资硬环境满意度	81.02	80.68	0.34
自然资源环境	83.83	84.03	-0.2
基础建设	80.3	80.5	-0.2
公共设施	79.16	77.58	1.58
投资软环境满意度	80.95	81.44	-0.49
社会环境	82.18	82.65	-0.47
整体政策环境满意度	82.21	82.58	-0.37
整体法制环境满意度	81.95	83.39	-1.44
政务环境	82.21	82.95	-0.74
经济环境	79.3	79.3	0
经营环境	79.63	79.97	-0.34

(韦长智)

县（市、区）

XIAN（SHI QU）

□编辑 李有权 黄朝勇

扶绥县

【概况】 扶绥县位于崇左市东部，湘桂铁路、南友高速公路、322 国道和左江过境，辖新宁、渠黎、渠旧、柳桥、东门、山圩、中东、东罗 8 个镇和龙头、岜盆、昌平 3 个乡，下设 119 个村委会、13 个居民委员会。县政府驻新宁镇，行政区域面积 2841 平方千米。2016 年年末，总人口 46.35 万人。

经济总指标 2016 年全年实现地区生产总值 150.42 亿元，增长 7.2%。其中：第一产业增加值 43 亿元，增长 3.6%；第二产业增加值 63.5 亿元，增长 8.5%；第三产业增加值 43.92 亿元，增长 9.1%。固定资产投资完成 169.76 亿元，增长 19.3%。社会消费品零售总额 22.51 亿元，增长 10.5%。

全社会固定资产投资 全县固定资产投资 169.76 亿元，增长 19.3%。更新改造投资 48.14 亿元。计划总投资万元以上项目 548 个，完成投资 169.76 亿元。

招商引资 2016 年，全县内资实际到位资金 45.6 亿元，完成年度任务的 106%，增长 6%；实际利用外资 2774 万美元，完成利用外资年度任务的 132%。

财政·金融 2016 年，全年实现财政收入 13.71 亿元，同比减少 20.6%；财政支出 34.28 亿元，增长 6.4%；年末金融机构各项存款余额 112.55 亿元，增长 15.7%；各项贷款余额 66.3 亿元，增长 18.8%。

农业 2016 年，全年实现农林牧渔业总产值 69.61 亿元，其中农业产值 56.02 亿元、林业产值 4.10 亿元、牧业产值 4.88 亿元、渔业产值 2.94 亿元、农林牧渔服务业产值 1.67 亿元；粮食播种面积 1.58 万公顷，总产量 6.42 万吨；农业机械总动力 44.46 万千瓦。

工业 2016 年，全年实现工业总产值 168.39 亿元，增长 16.2%；工业增加值 56.40 亿元，增长 8.0%；工业增加值占地区生产总值 37.5%。规模以上工业实现总产值 165.78 亿元，增长 16.4%。新增规模以上企业 8 家，全县规模以上工业企业 46 家。其中，年产值超 1000 万元企业 46 家，超 1 亿元企业 24 家。

交通·通信 2016 年，全年完成农村公路 11 条 101.75 千米；完成农村公路建设投资及固定资产 7568 万元；完成客运量 208 万人次，客运周转量 22978 万人千米；完成货运量 736 万吨，货运周围量 103475 万吨千米。

文化·科技 拥有专业艺术表演团体 1 个，年内演出 80 场次；公共图书馆 1 个，图书藏量 12.5 万册；文化站 11 个；电影放映单位 1 个，放映电影 1436 场次，观众 21.6 万人次。全年申报自治区级科学技术项目项 3 项，总投资 530 万元，共举办种植业、养殖业等科学技术培训班、科普讲座 8 期（场次），培训 650 万人次；培训科学技术示范户 120 户，建立各类科学技术示范基地 3 个。年内共申请专利 151 件。

教育 全县有自治区示范性普通高中 1 所，专任教师 192 人，在校高中生 4050 人。普通高中 2 所，专任教师 341 人，在校高中生 6703 人，中等职业学校 1 所，专任教师 51 人，全日制在校生 425 人。初级中学 14 所，专任教师 1091 人，在校初中生 13373 人。小学 101 所（含教学点、民办学校），专任教师 1642 人，在校小学生 33093 人。特殊教育学校 1 所，专任教师 39 人，在校学生 177 人，小学适龄儿童入学率 100%。

卫生·体育 全县各级各类医疗机构床位 1049 张，其中妇幼保健院床位 85 张。卫生技术人员 1517 人，其中执业医师 692 人，注册护士 660 人。全县参加新型农村合作医疗农民 33.7593 万人，参合率 99.04%。

计划生育 全年全县出生人数 4986 人，符合政策生育率 84.28%，其中二孩符合政策生育率 100%，政策外多孩率 2.61%。出生男女性别比为 109.35。人口自然增长率 6.65‰。

居民生活 全县在岗职工年

平均工资52936元，增长16.1%。城镇居民人均可支配收入27879元，增长8.4%，农民人均可支配收入11179元，增长11.2%。

旅游 全年接待国内外游客161.09万人次，同比增长16%。其中，国内游客160.86万人次，入境游客0.23万人次。旅游总消费15.9亿元，同比增长22.69%。

中共扶绥县委员会

书 记 蓝大煌（ —2016年5月）
　　　黄云革（2016年5月— ）
副书记 罗 彪（ —2016年5月）
　　　孙国梁（2014年8月— ）
　　　张卫东（ —2016年5月）
　　　苏 勇（2016年5月— ）
常 委 蓝大煌（ —2016年5月）
　　　黄云革（2016年5月— ）
　　　罗 彪（ —2016年5月）
　　　孙国梁（2014年8月— ）
　　　张卫东（ —2016年5月）
　　　苏 勇（2016年5月— ）
　　　张加兵（ —2016年10月）
　　　许家恺（ —2016年5月）
　　　黄德隆（ —2016年5月）
　　　甘有潭（ —2016年5月）
　　　黄海瀚（2011年6月— ）
　　　何黎明（ —2016年5月）
　　　程文荣（ —2016年5月）
　　　陈 英（女，2013年6月— ）
　　　覃万宁（ —2016年8月）
　　　吕 雄（2016年5月— ）
　　　邓文杰（2016年5月— ）
　　　黄建辉（2016年5月— ）
　　　冯精敏（2016年5月— ）
　　　吴 乔（2016年5月— ）
　　　李 超（挂职，2016年
　　　　　11月— ）

扶绥县人大常委会

主 任 石 岗（ —2016年8月）
　　　黄剑克（2016年8月— ）
副主任 曾 光（ —2016年8月）

梁 媚（女，—2016年8月）
玉植保（ —2016年8月）
程文荣（2016年8月— ）
李玉英（女，2016年8月— ）
饶桂胜（2011年8月— ）
黄民志（2016年8月— ）

扶绥县人民政府

县 长 罗 彪（ —2016年5月）
　　　孙国梁（2016年8月— ）
副县长 许家恺（ —2016年8月）
　　　黄海瀚（2016年8月— ）
　　　陈 英（女，2013年6月— ）
　　　黄信佩（ —2016年8月）
　　　冯艺刚（2016年8月— ）
　　　梁 媚（女，2016年8月— ）
　　　谢耀勋（2016年8月— ）
　　　周开克（2014年6月— ）
　　　黄 深（ —2016年8月）

政协扶绥县委员会

主 席 李桂奇（女，—2016年8月）
　　　李奇芳（2016年8月— ）
副主席 李增生（ —2016年8月）
　　　何国忠（ —2016年8月）
　　　汪周艺（女，—2016年8月）
　　　李玉英（女，—2016年8月）
　　　甘有潭（2016年8月— ）
　　　玉植保（2016年8月— ）
　　　凌德重（2016年8月— ）
　　　陈春红（2016年8月— ）

【乡镇】 2016年，扶绥县辖新宁、渠黎、渠旧、柳桥、东门、山圩、中东、东罗8个镇和龙头、岜盆、昌平3个乡。

新宁镇 新宁镇是扶绥县委、县政府所在地。2016年管辖5个社区委员会和8个村委会31个自然屯，全镇行政区域面积144.78平方千米，耕地总面积3060.1公顷，其中水田1489公顷，旱地1571.1公顷；有林面积1555.2公顷，其中速丰桉面积1238.7公顷；总人口30643户90137人。全年农作物播

种面积7880公顷，其中：粮食种植面积2173公顷，总产量9388吨；甘蔗种植面积2146.67公顷，总产量（社会产量）136025吨；蔬菜种植面积902公顷，总产量25157吨；果园种植面积1348公顷，总产量8417吨；农村固定资产投资完成1.6亿元；农林牧渔业总产值3.97亿元，其中农业总产值2.84亿元；农民人均纯收入9420元。

渠黎镇 渠黎镇位于扶绥县西南部，2016年辖17个村（居）委会48个自然屯，全镇土地总面积380.38平方千米，耕地总面积19158.74公顷，其中水田1916.62公顷，旱地17242.12公顷。有林面积21849.33公顷，其中速丰桉面积140公顷。总人口16672户58422人，其中农业人口15124户54400人，非农业人口1548户4022人；全年农作物种植面积19863公顷，其中：粮食作物面积927公顷，粮食总产量3954吨；甘蔗种植面12891公顷，总产量96.68万吨；蔬菜面积488公顷，总产量11863吨；果园种植面积5557公顷，总产量22801吨。肉类总产量2988.29吨；水产品总产量1936.8吨。农林牧渔业总产值8.48亿元，其中农业总产值7.52亿元；全社会固定资产投资1.97亿元，农民人均纯收入10956元。

渠旧镇 渠旧镇位于扶绥县西南部，2016年全镇辖11个村（居）委会31个自然屯。行政区域面积186.8平方千米，耕地总面积10398.13公顷，其中水田480.79公顷，旱地9917.34公顷。有林面积475.73公顷，其中速丰桉面积14.27公顷；全镇总人口9761户2.93万人，其中农业人口8964户2.63万人，非农业人口797户3011人；全年农作物总面积10831.13公顷，其中粮食种植面积153.87公顷，粮食总产量1154吨；甘蔗种植

面积 8207 公顷,甘蔗总产量 45.43 万吨;经济作物种植面积 284.67 公顷,总产量 10717 吨;蔬菜种植面积 159.53 公顷,总产量 598.25 吨;水果面积 2026.4 公顷,总产量 30396 吨;肉类总产量 2040.58 吨;水产品产量 30 吨;农林牧渔业总产值 3.67 亿元,其中农业总产值 3.06 亿元;固定资产投资 1.009 亿元;农民人均纯收入 9885 元。

柳桥镇 柳桥镇位于扶绥县西南部,2016 年全镇辖 13 个村(居)委会 87 个自然屯,行政区域面积 299.42 平方千米,耕地总面积 13156.67 公顷,其中水田 1203.86 公顷,旱地 11952.81 公顷;有林地面积 6020.7 公顷,其中速丰桉面积 2600.83 公顷;总人口 10849 户 35563 人,其中农业人口 8960 户 32515 人,非农业人口 1889 户 3048 人。全年农作物播种面积 13016 公顷,其中粮食种植面积 829 公顷,总产量 3415.9 吨;甘蔗种植面积 10230 公顷,总产量 50 万吨;蔬菜种植面积 523 公顷,总产量 14449.98 吨;果园种植面积 989 公顷,总产量 2259.6 吨;肉类总产量 1355 吨;水产品产量 1318 吨;农林牧渔业总产值 5.81 亿元,其中农业总产值 4.87 亿元;固定资产投资完成 1.41 亿元;农民人均纯收入 9650 元。

东门镇 东门镇位于扶绥县南部,2016 年全镇辖 15 个村委会和 1 个居委会,188 个自然屯,行政区域面积 377.53 平方千米,耕地总面积 16002.12 公顷,其中水田 13122.66 公顷,旱地 2879.46 公顷;有林面积 15693.92 公顷,其中速丰桉面积 8614.5 公顷;总人口 11894 户 44744 人,其中农业人口 10798 户 39937 人,非农业人口 1096 户 4807 人。全年农作物播种面积 19555 公顷,其中粮食种植面积 1818 公顷,总产量 0.75 万吨;甘

蔗种植面积 10386.67 公顷,甘蔗总产量 48.5 万吨;蔬菜种植面积 1977 公顷,总产量 54453 吨;果园种植面积 692 公顷,总产量 12135 吨;肉类总产量 1812 吨;水产品产量 1598 吨;固定资产投资完成 3.13 亿元;农林牧渔业总产值 8.07 亿元,其中农业总产值 7.23 亿元;农民人均纯收入 10363 元。

山圩镇 山圩镇位于扶绥县城东南部,2016 年,全镇 12 个村(居)委会 108 个自然屯,行政区域面积 283 平方千米,耕地总面积 1.19 万公顷,其中水田 0.12 万公顷,旱地 1.07 万公顷;总面积 0.67 万公顷,其中速丰桉面积 00.47 万公顷。总人口 9180 户 38800 人,其中农业人口 7550 户 30733 人,非农业人口 1630 户 8067 人。全年农作物播种面积 1188.27 公顷,其中粮食种植面积 1316.67 公顷,总产量 4924 吨;甘蔗种植面积 9173.33 公顷,总产量 632700 吨;蔬菜种植面积 846.73 公顷,总产量 24368 吨;果园种植面积 515 公顷,总产量 12094 吨;肉类总产量 0.16 万吨;水产品产量 1452 吨;固定资产投资完成 25000 万元;农林牧渔业总产值 5.97 亿元,其中农业总产值 2.5 亿元;农民人均纯收入 9729 元。

中东镇 中东镇位于扶绥县北部,2016 年辖 15 个村委会 104 个自然屯,行政区域面积 388.9 平方千米,总人口 12322 户 40367 人,其中农业人口 11574 户 39080 人,非农业人口 748 户 1287 人;有林面积 12000 公顷,其中速丰桉面积 4666 公顷;耕地总面积 8666 公顷,其中水田 1733 公顷,旱地 6933 公顷;农作物种植面积 9900 公顷,其中粮食种植面积 2753 公顷,粮食总产量 2400 吨;甘蔗种植面积 5040 公顷,甘蔗总产量 25 万吨;蔬菜种植面积 796 公顷;果园种植面

积 472 公顷;水果总产量 10644 吨;肉类总产量 1461 吨;水产品产量 2000 吨;农林牧渔业总产值 3.9 亿元,其中农业总产值 2.5 亿元;全社会固定资产投资 1.13 亿元,农民人均纯收入 9365.9 元。

东罗镇 东罗镇位于扶绥县西南部,2016 年全镇辖 9 个村委会 40 个自然屯,行政区域面积 213.69 平方千米,耕地总面积 14800 公顷,其中水田 135 公顷,旱地 14665 公顷;有林面积 687 公顷,其中速丰桉面积 23 公顷;总人口 10665 户 40800 人,其中农业人口 6269 户 23800 人,非农业人口 4396 户 17000 人。全年农作物播种面积 400 公顷,其中粮食种植面积 135 公顷,总产量 1230 吨;甘蔗种植面积 8000 公顷,总产量 49 万吨;蔬菜种植面积 68 公顷,总产量 1300 吨;果园种植面积 68 公顷,总产量 1020 吨;肉类总产量 2070.6 吨;水产品产量 38 吨;固定资产投资完成 1.04 亿元;农林牧渔业总产值 3.85 亿元,其中农业总产值 4.58 亿元;农民人均纯收入 11179 元。

龙头乡 龙头乡位于扶绥县东北部,2016 年全乡辖 9 个村委会 56 个自然屯,行政区域面积 173.5 平方千米,耕地总面积 3900 公顷,其中水田 1733.33 公顷,旱地 2166.66 公顷;有林面积 4866.66 公顷,其中速丰桉面积 3200 公顷;总人口 11838 户 34900 人,其中农业人口 10250 户 29000 人,非农业人口 1588 户 5900 人。全年农作物播种面积 7723 公顷,其中粮食种植面积 1815 公顷,总产量 12187 吨;甘蔗种植面积 1000 公顷,总产量 32318 吨;蔬菜种植面积 2477 公顷,总产量 1784 吨;果园种植面积 164 公顷,总产量 3847 吨;肉类总产量 14060 吨;水产品产量 1926 吨;固定资产投资完成 12900 万元;农林

牧渔业总产值 2.43 亿元，其中农业总产值 1.74 亿元；农民人均纯收入 8848.2 元。

岜盆乡 岜盆乡位于县境中部，2016 年全乡辖 8 个村委会 41 个自然屯，行政区域面积 182.77 平方千米，耕地总面积 7844 公顷，其中水田 1260 公顷，旱地 6584 公顷；有林面积 640 公顷，其中速丰桉面积 530 公顷；总人口 8249 户 29633 人，其中农业人口 8126 户 28268 人，非农业人口 123 户 1365 人。全年农作物播种面积 14583 公顷，其中粮食种植面积 8685 公顷，总产量 1208 吨；甘蔗种植面积 4461 公顷，总产量 354689 吨；蔬菜种植面积 632 公顷，总产量 17236 吨；果园种植面积 203 公顷，总产量 2638 吨；肉类总产量 1360 吨；水产品产量 1583 吨；固定资产投资完成 1695 万元；农林牧渔业总产值 4.26 亿元，其中农业总产值 3.96 亿元；农民人均纯收入 8881 元。

昌平乡 昌平乡位于扶绥县北部，2016 年全乡辖 9 个村委会 41 个自然屯，行政区域面积 195.52 平方千米，耕地总面积 5480 公顷，其中水田 613.33 公顷，旱地 4866.67 公顷；有林面积 800 公顷，其中速丰桉面积 133.3 公顷；总人口 7295 户 26465 人，其中农业人口 6970 户 25652 人，非农业人口 813 人。全年农作物播种面积 8490 公顷，其中粮食种植面积 1187 公顷，总产量 4892 吨；甘蔗种植面积 4615 公顷，总产量 35.64 万吨；蔬菜种植面积 1273 公顷，总产量 35173 吨；果园种植面积 1399 公顷，总产量 11559 吨；肉类总产量 1365 吨；水产品产量 1359 吨；农村固定资产投资完成 0.95 亿元；农林牧渔业总产值 3.73 亿元，其中农业总产值 3.14 亿元；农民人均纯收入 7660 元。

（何耀杰）

大 新 县

【概况】 大新县位于广西壮族自治区西南部，崇左市北部。与越南社会主义共和国接壤，边境线长 43 千米，有国家二类口岸——硕龙口岸和岩应、硕龙、德天 3 个边贸互市点。县人民政府驻桃城镇，行政区域面积 2747 平方千米，辖 5 个镇 9 个乡和 1 个华侨经济管理区，17 个社区、129 个行政村，1340 个自然屯。2016 年年末，全县总户数 10.24 万户，总人口 38.34 万人。有壮、瑶、苗等少数民族 15 个，35.4 万人（2010 年人口普查数）。林地面积 17.66 万公顷，森林覆盖率 65%。耕地面积 6.89 万公顷（2015 年国土资源局数），农田有效灌溉面积 1.63 万公顷，农作物播种总面积 7.02 万公顷。社会用电量 4.08 亿千瓦时，水能蕴藏量 27.75 万千瓦。有锰、铅、锌、铜、金、朱砂、重晶矿等 20 多种，其中锰矿储量 1.29 亿吨，居全国首位，有"中国锰都"之称。著名地方产品有苦丁茶、龙眼等，是中国苦丁茶之乡和全国六大龙眼生产基地之一。境内有恩城国家级自然保护区。主要旅游景点（区）有德天瀑布、沙屯叠瀑、绿岛行云、明仕田园、黑水河、龙宫仙境、恩城山水、乔苗平湖、老木棉、安平仙河等 40 多个，其中德天瀑布景区、明仕田园景区、老木棉景区为国家 4A 级旅游景区；德天瀑布为亚洲第一大跨国瀑布、"广西十佳旅游景区"、"中国最美的地方"、"中国最美的六大瀑布之一"、"中国最受欢迎的景区景点"、"中国西部最受公众喜爱的旅游景区"、"全球最美的 14 个瀑布之一"、"国家生态旅游示范区"、"中国国际特色旅游目的地"；明仕田园景区为"旅游市场秩序最佳景区"。人文景观有养利古城、靖边炮台、中越 53 号界碑、德天银盘山炮台、恩城岜字山摩崖石刻、全茗穷斗山摩崖石刻、安平土司衙门、安平会仙岩摩崖造像、宝圩碧云洞革命旧址、硕龙地下长城等。民族风情有宝圩上甲"短衣壮"和龙门三联高腔"诗蕾"山歌。大新县先后获评"全国十佳生态休闲旅游城市"、"中国最具原生态景区"、"国家级生态示范区"、"最值得向世界推荐的旅游县"、"中国长寿之乡"、"广西特色旅游名县"等。

经济总指标 2016 年全县地区生产总值 109.38 亿元，同比增长 7.2%。其中，第一产业增加值 23.17 亿元，增长 4.0%；第二产业增加值 48.76 亿元，增长 5.5%；第三产业增加值 37.45 亿元，增长 11.7%。人均地区生产总值 35921 元；财政收入 4.95 亿元；社会消费品零售总额 12.93 亿元，增长 9.7%；城镇居民人均可支配收入 27722 元，增长 7.8%；农村居民人均可支配收入 10222 元，增长 9.6%。

固定资产投资 2016 年全县固定资产投资 118.12 亿元，同比增长 20.5%，其中项目投资 110.91 亿元，房地产投资 7.21 亿元。投资千万元以上重点项目共 398 个，年度完成投资 107.92 亿元。

招商引资 2016 年全县新增项目 12 个，总投资额 78.66 亿元，其中在建项目 3 个。区外到位资金 38.14 亿元，完成任务数的 100.37%，其中区外境内到位资金 36.44 亿元，外资到位资金 2600 万美元。

财税·金融 2016 年全县财政收入 4.95 亿元，其中地方公共财政预算收入 3.27 亿元；上划中央增值税和消费税、企业所得税 9254 万元，上划自治区四税（增值税、营业税、企业所得税、个人所得税）6185万元。公共财政预算支出23.29亿元，增长2.5%。年末，金融机构存款余额81.45亿元，增长7.6%，其中住户存款余额63.65亿元，增长13.9%；各项贷款余额47.26亿元，增长19.6%。

交通·通信 G358（原316省道）、G359（原532县道）、G219（原325省道）、G243（原213省道）4条国道和S311省道（硕龙、那岭、桃城、榄圩往崇左方向）过境。崇靖高速公路、驮卢至大新二级公路、环城东路、环城南路建成通车，大新桃城至龙州科甲二级公路开工建设，隆安至硕龙高速公路、县城至那岭一级公路、全茗至雷平一级公路、大新至硕龙二级公路等前期工作稳步推进。全县公路总里程994.6千米，其中高速公路45千米，二级公路219.8千米，三级公路62.8千米，四级公路649.7千米，等外路17.3千米。农村公路里程580.83千米。公路密度为36.27千米/百平方千米，比"十二五"期间增加2.36千米/百平方千米，增幅为6.96%。年内新完成建制村公路硬化工程3个18.2千米，总投资922万元。全县14个乡镇129个行政村全部实现通等级公路。全年客运量166万人次，客运周转量1.90亿人公里；货运量504万吨，货运周转量64520万吨千米。邮路总长1470千米，年内业务总收入149.23万元。全县有固定电话19789台、手机用户344054部、宽带27020户。

农业 2016年全县农林牧渔业总产值38.51亿元，同比增长4.03%，其中农业产值26.22亿元、林业产值1.41亿元、牧业产值8.93亿元、渔业产值1.18亿元、农林牧渔服务业产值0.77亿元。粮食播种面积2.7万公顷，总产量12.3万吨；经济作物种植面积3.7万公顷，其中甘蔗种植面积2.73万公顷，2016/2017年榨季入厂原料蔗168.89万吨。全年上山造林1066.66公顷，完成珍贵树种种植166.67公顷，全民义务植树55万株。农业机械总动力56.03万千瓦。落实甘蔗"双高"基地74片3101.27公顷。

工业 2016年全县工业总产值121.31亿元，同比增长5.6%；工业增加值42.6亿元，增长5.0%；工业增加值占地区生产总值38.94%。规模以上工业总产值118.72亿元，增长5.6%；规模以上工业增加值41.62亿元，增长5.0%。全县规模以上工业企业21家，其中年产值超10亿元企业4家。

教育 2016年全县有完全小学22所〔县直小学2所，乡（镇）中心小学14所，村完全小学6所〕，九年一贯制学校1所，特殊教育学校1所，教学点152个，初级中学10所，普通高中2所，中等职业技术学校1所，公办幼儿园15所，私立幼儿园58所。在校小学生21487人，初中生8947人，高中生4781人，中职生1577人（含在职成人培训班人员1233人、全日制在校生344人），在园幼儿12020人。有教职工2646人，其中幼儿园教职工102人，小学教职工1613人，初中教职工587人，普通高中教职工284人，县职业技术学校教职工48人，县进修学校教职工5人，县特殊教育学校教职工13人，县教育局教职工42人（不含行政在编人员）。年内，荣获崇左市中考综合成绩评估二等奖。

文体·科技 2016年全县有专业艺术表演团体1个，演出场次33场；公共图书馆1个，图书藏量10.2万册；文化体育和广播电影电视站14个；电影放映单位1个，公益电影放映1548场，观众16.3万人次。完成村级公共服务中心项目11个、乡镇农民体育健身工程1个、贫困村村级篮球场项目9个；建成乡镇广播电视无线发射台站1座；完成县博物馆业务楼扩建工程。大新电视台、电台分别播出《大新新闻》《大新壮语新闻》稿件1387篇、1130篇，制播《我会说壮语》《德天文艺》《大新传说》等自办节目340多期，滚动播放各类公益广告2000多条。全年培训基层文化骨干200余名、辅导编排文艺节目6个、免费送春联500多幅、送图书550余册。县博物馆接待参观16万人次。组织开展元旦迎新文艺晚会、春节联欢晚会、迎新春民俗活动、"边境大舞台天天演"暨"我们的中国梦"文化进万家文艺演出、"唱响八桂中国梦艺术精品到基层"文化惠民演出等系列文化活动，丰富人民群众的业余文化生活。组织开展城乡万人气排球赛、"万人健步走"全民健身日活动等，并组队参加全区各类体育比赛，男子组荣获广西2016年"拔群杯"篮球比赛第三名、第二届广西全民健身运动会篮球比赛三等奖。全年申报自治区级科技项目1项，获立项1项，总投资100万元（获科技经费支持30万元）；举办种植业、养殖业等科技培训班、科普讲座30期（场次），培训1915人次；培训科学技术示范户25户，建立各类科技示范基地8个。年内完成发明专利申请量74件；完成发明专利授权量12件。

卫生计生 2016年全县各级各类医疗机构有床位1196张，其中妇幼保健院床位111张。卫生技术人员1339人，其中执业（助理）医师457人，注册护士594人。参加新型农村合作医疗30.21万人，参合率99.96%；获新农合补偿39.29万人次，补偿金13256.84万元。疫苗种类有26种可预防23种疾病，各类疫苗接种率97%以上。无偿献血1683人次，献血量58.92万毫升。卫生监督检查公共场所421家次，学校30所，各类医疗机构224家次，下达卫生监督责令限期整改意见书681份，立案46起，已结案39起，行政处罚案件罚款15.60万元。食品安全检测190份，合格率98.9%。出生人数4517人，自然增长2094人，自然增长率5.50‰。政策外多孩率1.88%。出生人口性别比107.16。完成免费孕前优生健康检查任务118.75%。奖扶计生家庭4111人，金额484.49万元。

居民生活 2016年全体居民人均可支配收入1.48万元，增长9.7%；城镇居民人均可支配收入2.77万元，增长7.8%；农村居民人均可支配收入1.02万元，增长9.6%；发放农村低保人口低保金39.25万人次，共5251.6万元；发放城镇居民低保金1.41万人次，共420.13万元；陆地边境0~3千米边民生活补助12.33万人次，共1602.56元；城镇新增就业2293人，城镇登记失业率3.67%；农村劳动力新增转移就业5423人，劳务收入1.35亿元；职业技能培训4326人，开发公益性岗位153个。

中共大新县委员会

书 记 赵 丽(女,—2016年5月)
　　　 罗 彪(2016年5月—6月)
　　　 赵 丽(女,2016年6月—　)
副书记 黄 巧(　—2016年5月)
　　　 玉明金
　　　 徐忠民(挂职,—2016年9月)
　　　 秦义敏(2016年5月—　)

常 委 赵 丽(女,—2016年5月)
　　　 罗 彪(2016年5月—6月)
　　　 赵 丽(女,2016年6月—　)
　　　 黄 巧(　—2016年5月)
　　　 玉明金
　　　 徐忠民(挂职,—2016年9月)
　　　 秦义敏
　　　 李本福(　—2016年8月)
　　　 农鹏辉(　—2016年5月)
　　　 赵恒镇(　—2016年5月)
　　　 张儒聪(　—2016年5月)
　　　 何群先(　—2016年5月)
　　　 赵泽海(　—2016年5月)
　　　 黄炳忠(挂职,—2016年3月)
　　　 黄家生(挂职,—2016年10月)
　　　 龙志锋(女,挂职,—2016年10月)
　　　 黄信佩(2016年5月—　)
　　　 黄洪燕(2016年5月—　)
　　　 农志夫(2016年5月—　)
　　　 黄 伟(2016年5月—　)
　　　 黄 轩
　　　 徐 钊(2016年5月—　)
　　　 农建敏(2016年5月—　)
　　　 梁业章(挂职,2016年10月—　)

大新县人大常委会

主 任 黄增生(　—2016年8月)
　　　 吕光哲(2016年8月—　)
副主任 吕光哲(　—2016年8月)
　　　 张志军
　　　 岑天洲
　　　 赵曼利(女,2016年8月)
　　　 赵泽海(2016年8月—　)
　　　 韦金红(女,2016年8月—　)

大新县人民政府

县 长 黄 巧(　—2016年5月)
　　　 玉明金(2016年8月—　)

副县长 农鹏辉(　—2016年5月)
　　　 农志夫(挂职,—2016年5月)
　　　 黄炳忠(挂职,—2016年3月)
　　　 黄家生(挂职,—2016年10月)
　　　 龙志锋(女,挂职,—2016年10月)
　　　 农艺梅(女,—2016年5月)
　　　 吕 雄(　—2016年5月)
　　　 黄勤勇(　—2016年5月)
　　　 黄信佩(2016年5月—　)
　　　 黄 轩
　　　 梁业章(挂职,2016年10月—　)
　　　 马林春(2016年5月—　)
　　　 梁俊刚(2016年6月—　)
　　　 张春强(挂职,2016年4月—　)
　　　 赵小凤(女,2016年6月—　)
　　　 黄宏武(2016年6月—　)

政协大新县委员会

主 席 许斌吉
副主席 韦金红(女,—2016年8月)
　　　 蒋诗捷(　—2016年8月)
　　　 零佩英
　　　 黄大强
　　　 农艺梅(女,2016年8月—　)
　　　 农武强(2016年8月—　)

【**特色农业**】 2016年,大新县继续抓好大新县德天水果产业(核心)示范区建设,投入资金1.5亿元,建设水、电、路、通讯及智能温室、避雨棚、机械化耕作、高效节水灌溉系统等基础设施,连片种植各类优质水果223.33公顷,建成温室大棚3.6公顷,引进台湾凤梨释迦、金钻凤梨、台湾番石榴等10多种台湾新品种和新技术,建成标准种苗选育基地 4 公顷，发展农家乐、农家旅馆等 18 家。2016 年 12 月 19 日，大新县德天水果产业（核心）示范区获评"广西现代特色农业（核心）示范区（四星级）"。与此同时，整合资源建成 4 个县乡级现代特色农业（核心）示范区，其中桃城镇宝贤万头养猪示范区、万礼村浓沙屯休闲农业示范区获评"广西县级现代特色农业示范区"，恩城乡维新村新胜屯葡萄示范区、宝圩乡上甲肉牛生态养殖示范区获评"广西乡级现代特色农业示范区"，为崇左市最多的县份。

【口岸经济】 2016 年，大新县加快口岸基础设施建设，硕龙边检站监护中队新营区即将完工，水口检验检疫局硕龙综合业务用房综合楼即将完成主体工程，《岩应边民互市区修建详细规划》通过专家评审，正在征收 33.33 公顷土地建设岩应互市区。大力发展边贸扶贫，采取"边民 + 合作社"的形式，引导 3 个边境乡镇 2487 户 3730 名贫困边民参与边贸活动，每户平均每月可增收 300~500 元，边民从原来的最高每天 800 人增加到 1700 人，口岸经济逐步从初级通道经济向产业经济转变。年内，岩应互市点进出口商品交易量 3.4 万吨，同比增长 47.8%；边民互市贸易额 9.3 亿元人民币，增长 31%；全县外贸进出口总额 4.55 亿美元。

【文化旅游】 2016 年，大新县加大旅游产业发展和南国边疆民俗文化品牌打造，《中越德天·板约国际旅游合作区（中方）规划》通过自治区评审，合作区建设有序推进；德天瀑布景区资源质量通过国家级专家评审，列入创建国家 5A 级景区预备名单；广西特色旅游名县创建工作顺利通过验收，被自治

区人民政府评定为第三批广西特色旅游名县，德天瀑布景区、明仕田园景区分别被国家旅游局认定为"国家生态旅游示范区"、"中国国际特色旅游目的地"和"旅游市场秩序最佳景区"，明仕田园景区、老木棉景区通过 4A 级景区评定，新增 3 家 3A 级旅游景区、3 家三星级乡村旅游景区、1 家四星级酒店、6 家星级农家乐；宝圩"2·19"观音诞入选自治区级非物质文化遗产代表性项目名录，成功举办龙眼嘉年华、音乐啤酒狂欢节、"边关风情旅游"霜降文化节等系列活动；中央电视台、广西电视台连续入驻大新现场直播元旦、清明节、"三月三"山歌对唱、抛绣球、春糍粑、制作五色糯米饭、烤猪烤鸭、福寿宴、舞狮舞龙、蹬荡舞、铜钱舞、竹竿舞等民俗文化活动，浙江卫视等地方卫视也到大新开展"真人秀"综艺节目摄录。全年共接待游客 584.28 万人次，同比增长 29.78%；旅游综合收入 44.01 亿元，增长 32.32%。

【精准扶贫】 "十三五"期间，大新县共有贫困村 48 个，贫困户 16815 户，贫困人口 64961 人，全县贫困发生率为 21.73%，是全区脱贫攻坚主战场之一。2016 年，大新县围绕脱贫攻坚工作任务，严格对照自治区"九有一低于"、"十一有一低于"及"八有一超"的脱贫摘帽标准，制订出台脱贫攻坚帮扶行动方案 23 个，大力实施"八个一批"、"十大行动"等帮扶举措，全力抓好建档立卡贫困户"一帮一联"、"一户一册一卡"、"双承诺、双认定、双确认"等工作，扎实推进基础设施建设，切实做好产业、边贸、电商、旅游、医疗救助、教育扶贫和低保政策兜底保障。积极探索脱贫攻坚新路子，在实践中以旅游带动型、移民就业型、入股分红型、产业帮

扶型、电商联网型、产业帮扶型、企村联姻型等"六型模式"为主轴，促进贫困农户当期能脱贫、远期能致富、未来可持续。整合涉农资金 4.18 亿元投入扶贫攻坚，年内 3271 户 13612 名贫困人口脱贫销号、2 个贫困村脱贫出列，全面完成自治区下达任务，先后获评"2016 年全国电子商务进农村综合示范县"、"自治区国土资源改革支持精准扶贫试点县"、"2016 年广西扶持村级集体经济发展试点县"，堪圩乡农宿协会获得全国"公司 + 农户"旅游扶贫示范项目。

【城乡建设】 2016 年，大新县加快推进特色县城建设，完成县城总体规划和给排水、交通、照明专项规划编制，融资 10 亿元推动总投资 53 亿元的养利学校、星光和乐城、呗侬创业园、亿春食品厂、东盟建材商贸城、冠林大酒店、展鹏商务酒店等 23 个城建项目相继建成和完成主体，美化亮化特色化进一步彰显，获评自治区"2016—2020 年新型城镇化示范县"创建县。注重特色小城镇建设，雷平镇和下雷镇"百镇示范"工程、堪圩乡"书记工程"建成显效，硕龙镇被住建部认定为"全国美丽宜居小镇"。加快推进城乡生态文明建设，建成自治区级生态乡镇 4 个、生态村 9 个、崇左市"魅力村庄"20 个，建成崇左市首条生态乡村旅游示范带。1 月 19 日，崇左市"美丽崇左"生态乡村示范带建设现场会暨 2016 年乡村建设工作会议在大新县举行。

【义务教育均衡发展】 2016 年，大新县继续加大教育基础设施建设，有效推动县域义务教育均衡发展创建工作。一是实施农村中小学校舍维修改造、农村义务教育薄弱学校改造计划、中西部农村初中

校舍改造、农村学前教育推进工程、民族地区教育基础薄弱县普通高中建设、边境转移支付补助项目等单体工程27个，计划总投资9000.71万元，总建筑面积7.34万平方米。年底竣工5个。二是实施边境农村学校教师周转宿舍建设项目42个，计划总投资1424万元，总建筑面积7595平方米。年底竣工19个。三是完成养利学校一期工程项目建设，秋季学期已投入使用。组织实施养利学校二期工程项目单体工程7个，计划总投资6368.89万元，总建筑面积3.07万平方米。四是组织实施33所义务教育学校校舍维修、围墙建设、道路建设等工程，计划总投资3984万元。至年底，33所义务教育学校维修改造工程全部完工。五是实施48个义务教育学校沿途教学点校园建设项目工程，计划总投资885万元。至年底，48个教学点维修改造工程基本完工。年内，全县义务教育均衡发展和大新中学自治区示范性普通高中复查评估顺利通过自治区验收，县直属机关幼儿园成功创建自治区示范幼儿园。

【平安大新建设】 2016年，大新县深入实施平安大新建设，通过采取打击违法犯罪行为、维护社会安全稳定，狠抓反恐防恐工作、守牢南疆国门，精准排查不稳定问题、精细化解矛盾纠纷，协调推进审判检察工作、维护社会公平正义，突出司法为民、破解执行难题，坚持从严治警、加强政法队伍建设等措施，全力营造良好发展环境。年内，县法院获评"全国模范法院"，县司法警察大队获评"全国法院先进集体"，县政法队伍满意度连续两年排名全区第一；全县没有发生影响安全稳定的重大事件、案件，实现了"五个不发生"和"双零"工作目标；全县平安校园、平安市场、平安医院、平安家庭等平安创建覆盖率100%。举全县之力开展"毒品走私入境通道"问题重点整治工作，获自治区禁毒委认可并向国家禁毒委申报将大新县由"通报警示地区"降为"重点关注地区"。持续开展"神剑"专项行动，重拳整治社会治安，群众安全感在全区111个县市区中位列第九名。

【崇靖高速公路建成通车】 由广西交通投资集团有限公司与广西荣湘投资有限公司投资建设的崇靖高速公路于2013年4月正式开工，主线全长147.6千米，连接线合计60.7千米，批复概算投资118.51亿元。主线采用双向四车道高速公路标准，设计速度100千米/小时，途经崇左市江州区、大新县、天等县和百色市靖西市，连接友谊关、爱店、水口、龙邦4个国家级一类口岸及硕龙、靖西—茶岭2个国家级二类口岸，18个边民互市贸易点，沿线分布着白头叶猴保护区、德天跨国大瀑布、通灵大峡谷、古龙山漂流区、明仕田园、恩城山水等一大批丰富的旅游资源，有桥梁109座、隧道33座，桥隧比例超过22%，被中央电视台誉为"中国最美边关风情"高速公路。崇靖高速公路大新段，于江州区新和镇新村入境，于那岭乡好胜村出境，主线全长34.5千米，路基宽度26米（桥梁与路基同宽），主要工程量有路基土石方820万立方米，大桥3座共861米，中桥5座共312米，涵洞85道，互通立交2座，分离式立体交叉4处，通道59座，天桥5座，大新西连接线4.8千米，隧道1座（左洞长659米，右洞长672米，洞身段为分离式、洞口段为小净距隧道），分离式路基宽度13米。大新西连接线采用二级路标准建设，设计时速60千米/小时，路基宽度10米，重（难）点工程为路基借方、逐内屯隧道、大新立交、大新西立交、那望屯大桥、那义村分离式立交和那义村大桥，建设工期24个月，投资8.47亿元。2016年5月30日，崇左至靖西高速公路竣工并正式通车。崇靖高速公路的建成通车，结束大新县不通高速公路的历史，为沿线旅游资源开发和增加群众收入注入强劲动力。

【乡镇与经济管理区】 2016年，大新县辖桃城、全茗、雷平、硕龙、下雷5个镇，龙门、五山、昌明、福隆、那岭、榄圩、恩城、宝圩、堪圩9个乡和1个大新华侨经济管理区。

桃城镇 位于大新县中部，是县城所在地，是全县政治、经济、文化活动中心。2016年，全镇辖3个社区11个行政村，136个自然屯；年末总户数21767户，总人口77250人，其中城镇人口55342人，乡村人口21908人。行政区域总面积254平方千米。耕地总面积8545.41公顷（2015年县国土局数，含农场642.01公顷、新江苗圃1.66公顷），其中水田2597.79公顷（含农场0.38公顷），旱地5947.62公顷（含农场641.63公顷、新江苗圃1.66公顷）。林地面积12533.6公顷。境内有新开发的浓沙、新屯等观光农业和休闲旅游景区。全年农作物播种总面积7775.27公顷，其中粮食作物播种3588.53公顷，总产量16233吨；甘蔗种植2134.75公顷，2016/2017年榨季入厂原料蔗11.16万吨；蔬菜种植590公顷，总产量9171吨。水果总产量11746吨，肉类产量5268吨，水产品产量2955吨，农民人均纯收入10006元。

全茗镇 位于大新县北部。2016年，全镇辖1个社区7个行政村，108个自然屯；年末总户数

7460 户, 总人口 28282 人, 其中城镇人口 5080 人, 乡村人口 23202 人。行政区域总面积 187 平方千米。耕地总面积 4169.97 公顷(2015 年县国土局数, 含农场 5.73 公顷、上湖林场 55.03 公顷), 其中水田 1652.23 公顷(含上湖林场 15.55 公顷), 旱地 2517.74 公顷(含农场 5.73 公顷、上湖林场 39.48 公顷)。林地面积 11635.8 公顷。盛产果蔬、八角、指天椒等, 主要特色产业是辣椒加工和青皮果蔗种植。全年农作物播种总面积 4099.33 公顷, 其中粮食作物播种 2085 公顷, 总产量 9055 吨; 甘蔗种植 1086 公顷, 2016/2017 年榨季入厂原料蔗 50.2 万吨; 蔬菜种植 451 公顷, 总产量 7447 吨。水果总产量 7403 吨, 肉类产量 1930 吨, 水产品产量 416 吨, 农民人均纯收入 8705 元。

雷平镇 位于大新县南部。2016 年, 全镇辖 1 个社区 22 个行政村, 201 个自然屯; 年末总户数 14877 户, 总人口 54051 人, 其中城镇人口 7235 人, 乡村人口 46816 人。是甘蔗生产大镇。主要旅游景点有黑水河、安平仙河等。行政区域总面积 381 平方千米。耕地总面积 16703.12 公顷(2015 年县国土局数, 含农场 319.45 公顷、中军林站 56.02 公顷), 其中水田 3387.49 公顷(含中军林站 0.69 公顷), 旱地 13315.63 公顷(含农场 319.45 公顷、中军林站 55.33 公顷)。林地面积 15650.4 公顷。全年农作物播种总面积 15847.33 公顷, 其中粮食作物播种 4061.93 公顷, 总产量 21516 吨; 甘蔗种植 10126.52 公顷, 2016/2017 年榨季入厂原料蔗 51.47 万吨; 蔬菜种植 714.93 公顷, 总产量 13127 吨。水果总产量 12213 吨, 肉类产量 4777 吨, 水产品产量 2637 吨, 农民人均纯收入 9808 元。

硕龙镇 位于大新县西部。西面与越南隔河相望, 边境线长 30 余公里, 有 7 个行政村 42 个自然屯与越南高平省下琅县、重庆县接壤。有硕龙国家二类口岸和德天、硕龙、岩应 3 个边贸互市点。境内旅游资源丰富, 主要旅游景点(区)有德天瀑布、沙屯叠瀑、绿岛行云、地下长城、老木棉等。2016 年, 全镇辖 1 个社区 9 个行政村, 72 个自然屯; 年末总户数 3650 户, 总人口 13537 人, 其中城镇人口 3156 人, 乡村人口 10381 人。行政区域总面积 169 平方千米。耕地总面积 1733.87 公顷(2015 年县国土局数, 含隘江林场 11.42 公顷), 其中水田 603.55 公顷(含隘江林场 9.07 公顷), 旱地 1130.32 公顷(含隘江林场 2.35 公顷)。林地面积 13348.6 公顷。全年农作物播种总面积 2479.87 公顷, 其中粮食作物播种 1554.2 公顷, 总产量 7128 吨; 甘蔗种植 575.55 公顷, 2016/2017 年榨季入厂原料蔗 1.83 万吨; 蔬菜种植 335.93 公顷, 总产量 6793 吨。水果总产量 2808 吨, 肉类产量 1284 吨, 水产品产量 67 吨, 农民人均纯收入 8098 元。

下雷镇 位于大新县西北部。西南部与越南毗邻, 边境线长 10 余公里。2016 年, 全镇辖 2 个社区 12 个行政村, 120 个自然屯; 总户数 6927 户, 总人口 27236 人, 其中城镇人口 8106 人, 乡村人口 19130 人。境内锰矿资源丰富, 储量约 1.2 亿吨。特色水果有腊月柑、李果等。行政区域总面积 253 平方千米。耕地总面积 2773.84 公顷(2015 年县国土局数, 含锰矿 18.32 公顷), 其中水田 1272.62 公顷, 旱地 1501.22 公顷(含锰矿 18.32 公顷)。林地面积 18154.5 公顷。全年农作物播种总面积 3568 公顷, 其中粮食作物播种 2098.53 公顷, 总产

量 9333 吨; 甘蔗种植 410.55 公顷, 2016/2017 年榨季入厂原料蔗 5.36 万吨; 蔬菜种植 343.13 公顷, 总产量 6302 吨。水果总产量 3876 吨, 肉类产量 1932 吨, 水产品产量 77 吨, 农民人均纯收入 8315 元。

五山乡 位于大新县东北部。境内石山叠嶂, 为全县干旱地区之一。2016 年, 全乡辖 1 个社区 8 个行政村, 54 个自然屯; 年末总户数 5483 户, 总人口 21650 人。行政区域总面积 144 平方千米。耕地总面积 2131.89 公顷(2015 年县国土局数), 其中水田 460.07 公顷, 旱地 1671.82 公顷。林地面积 10978.8 公顷。盛产玉米。土特产品有龙骨花、金银花、八角等。全年农作物播种总面积 3293.2 公顷, 其中粮食作物播种 2093.67 公顷, 总产量 8554 吨; 甘蔗种植 166.88 公顷, 2016/2017 年榨季入厂原料蔗 1.53 吨; 蔬菜种植 409.8 公顷, 总产量 5102 吨。水果总产量 1365 吨, 肉类产量 2485 吨, 水产品产量 68 吨, 农民人均纯收入 8383 元。

龙门乡 位于大新县东北部。2016 年, 全乡辖 1 个社区 7 个行政村, 62 个自然屯; 年末总户数 5063 户, 总人口 19161 人。境内苦丁村有一棵树龄 400 多年的苦丁茶树王。民族风情有三联的"高腔诗蕾"山歌。行政区域总面积 150 平方千米。耕地总面积 2837.65 公顷(2015 年县国土局数, 含小明山林场 54.66 公顷), 其中水田 1168.83 公顷(含小明山林场 32.80 公顷), 旱地 1668.82 公顷(含小明山林场 21.86 公顷)。林地面积 8288.1 公顷。全年农作物播种总面积 3783.47 公顷, 其中粮食作物播种 2104.6 公顷, 总产量 9612 吨; 甘蔗种植 439.81 公顷, 2016/2017 年榨季入厂原料蔗 3.77 万吨; 蔬菜种植 2188 公顷, 总产量 3543 吨。水果

总产量3399吨,肉类产量1118吨,水产品产量637吨,农民人均纯收入7768元。

昌明乡 位于大新县东北部。属半干旱地区,有派林、上先和律况3座小型水库。2016年,全乡辖1个社区7个行政村,54个自然屯;年末总户数5197户,总人口20385人。行政区域总面积137平方千米。耕地总面积2667.74公顷(2015年县国土局数,含小明山林场37.57公顷),其中水田749.90公顷(含小明山林场13.13公顷),旱地1917.84公顷(含小明山林场24.44公顷)。林地面积7685.7公顷。东风村盛产苦丁茶、八角,主要分布在板扭、板梦、腊屯等自然屯,腊屯素有"八角屯"之称。全年农作物播种总面积2812.47公顷,其中粮食作物播种875.67公顷,总产量3558吨;甘蔗种植1051公顷,2016/2017年榨季入厂原料蔗14.39万吨;蔬菜种植145.6公顷,总产量2184吨。水果总产量983吨。肉类产量1661吨。水产品产量214吨。农民人均纯收入6998元。

福隆乡 位于大新县东北部。地貌呈喀斯特类型,以大石山为主,属干旱地区。2016年,全乡辖1个社区5个行政村,62个自然屯;年末总户数4367户,总人口17208人。行政区域总面积144平方千米。耕地总面积2085.53公顷(2015年县国土局数,含小明山林场11.76公顷),其中水田396.03公顷(含小明山林场8.76公顷),旱地1689.50公顷(含小明山林场3.00公顷)。林地面积10244.3公顷。全年农作物播种总面积2571.2公顷,其中粮食作物播种1471.8公顷,总产量5938吨;甘蔗种植424.8公顷,2016/2017年榨季入厂原料蔗6.04万吨;蔬菜种植185.93公顷,总产

量3416吨。水果总产量1615吨,肉类产量2024吨,水产品产量121吨,农民人均纯收入7098元。

那岭乡 位于大新县西部。2016年,全乡辖1个社区9个行政村,98个自然屯;年末总户数4646户,总人口17404人。主要旅游景点(区)有龙宫仙境、黑水河等。行政区域总面积180平方千米。耕地总面积3576.51公顷(2015年县国土局数),其中水田1254.89公顷,旱地2321.62公顷。林地面积13271.8公顷。全年农作物播种总面积3182公顷,其中粮食作物播种1215.13公顷,总产量5020吨;甘蔗种植1106.84公顷,2016/2017年榨季入厂原料蔗10.58万吨;蔬菜种植176公顷,总产量3070吨。水果总产量3354吨,肉类产量1335吨,水产品产量452吨,农民人均纯收入8233元。

榄圩乡 位于大新县东南部。2016年,全乡辖1个社区14个行政村,121个自然屯;年末总户数8455户,总人口33680人。行政区域总面积362平方千米。耕地总面积10519.38公顷(2015年县国土局数,含小明山林场26.22公顷),其中水田面积1461.79公顷(含小明山林场10.53公顷),旱地9057.59公顷(含小明山林场15.69公顷)。林地面积20338.1公顷。盛产三华李、酸梅、龙眼等,被誉为"水果之乡"。全年农作物播种总面积8507.73公顷,其中粮食作物播种2283.93公顷,总产量10448吨;甘蔗种植4100.58公顷,2016/2017年榨季入厂原料蔗27.18万吨;蔬菜种植663.87公顷,总产量11227吨。水果总产量12759吨,肉类产量2908吨,水产品产量1234吨,农民人均纯收入9318元。

恩城乡 位于大新县中部。

2016年,全乡辖1个社区7个行政村,65个自然屯;总户数4204户,总人口16174人。恩城国家级自然保护区主要坐落在境内,有国家重点保护动物蟒蛇、黑叶猴、林麝、蛤蚧、猕猴、小灵猫等28种和珍贵植物蚬木、金丝李、擎天树等。主要旅游景点有恩城河、恩城岛、岜字山摩崖石刻、小玲珑山、九峰山壁画等。行政区域总面积145平方千米。耕地总面积4403.51公顷(2015年县国土局数,含农场197.82公顷),其中水田1153.23公顷,旱地3250.28公顷(含农场197.82公顷)。林地面积8586.9公顷。全年农作物播种总面积3605.73公顷,其中粮食作物播种783.33公顷,总产量3426吨;甘蔗种植2028.63公顷,2016/2017年榨季入厂原料蔗10.26万吨;蔬菜种植227.87公顷,总产量4579吨。水果总产量3357吨,肉类产量1720吨,水产品产量902吨,农民人均纯收入9916元。

宝圩乡 位于大新县西南部。2016年,全乡辖1个社区5个行政村,75个自然屯;年末总户数4649户,总人口18729人。有板价民族风情村、上甲"短衣壮"、板六天然金花茶园、碧云洞革命旧址等旅游资源。农特产品有酸菜、黑皮果蔗、鸡皮果、云片糕、天然彩棉等。行政区域总面积113平方千米。耕地总面积3225.77公顷(2015年县国土局数),其中水田1556.37公顷,旱地1669.40公顷。林地面积7343.9公顷。全年农作物播种总面积4017公顷,其中粮食作物播种1335.87公顷,总产量6367吨;甘蔗种植1425.46公顷,2016/2017年榨季入厂原料蔗9.28万吨;蔬菜种植411.6公顷,总产量9266吨。水果总产量4471吨,肉类产量1542吨,水产品产量592吨,农

民人均纯收入 7351 元。

堪圩乡 位于大新县西南部。2016 年，全乡辖 1 个社区 6 个行政村，114 个自然屯。年末总户数 4707 户，总人口 18675 人。境内有著名的明仕田园旅游景区。土特产品有砂姜、珍珠鸭、明仕香米等。行政区域总面积 128 平方千米。耕地总面积 3486.80 公顷（2015 年县国土局数），其中水田 1863.07 公顷，旱地 1623.73 公顷。林地面积 8381 公顷。全年农作物播种总面积 3796.2 公顷，其中粮食作物播种 1276.07 公顷，总产量 6404 吨；甘蔗种植 1873.33 公顷，2016/2017 年榨季入厂原料蔗 9.15 万吨；蔬菜种植 276.13 公顷，总产量 5777 吨。水果总产量 1381 吨，肉类产量 1528 吨，水产品产量 1350 吨，农民人均纯收入 9445 元。

大新华侨经济管理区 总部位于大新县城北郊，与县城城区相连。2016 年，管理区辖 9 个农业分场；总户数 1623 户，总人口 5253 人，其中在职职工 1034 人，退休职工 1063 人，家属 3156 人。总面积 45.57 平方千米。耕地总面积 1165.03 公顷（2015 年县国土局数）。全年农作物播种总面积 1116.4 公顷，其中粮食作物播种 130.67 公顷，总产量 447 吨；甘蔗种植 389.8 公顷，2016/2017 年榨季入厂原料蔗 1.89 万吨。蔬菜种植 35.4 公顷，总产量 892 吨。水果总产量 8908 吨，肉类产量 150 吨，水产品产量 29 吨，职工人均纯收入 9420 元。
（覃文学 张如茵）

天 等 县

【概况】 天等县位于广西西南部，处左右江两个流域分水岭地带。辖天等、龙茗、进结、向都、东平、福新 6 个镇和都康、宁干、驮堪、进远、上映、把荷、小山 7 个乡，有 6 个社区 118 个村委会。2016 年年末，全县总人口 45.64 万人，其中农村人口 37.56 万人，城镇人口 8.08 万人。有壮、瑶、苗等少数民族 45.08 万人。人口自然增长率 5.93‰。县人民政府驻天等镇。行政区域面积 2164.9 平方千米，耕地面积 4.68 万公顷，农田有效灌溉面积 1.04 万公顷，粮食播种面积 3.78 万公顷，经济作物种植面积 1.86 万公顷。林地面积 12.98 万公顷。社会用电量 3.32 亿千瓦时。农业机械总动力 39.95 万千瓦。等级公路里程 946.5 千米，其中二级以上公路 250 千米。主要旅游景点有 29 处，其中岩林山庄、田园牧歌为广西三星级乡村旅游区。重要矿产资源有锰矿、磷矿等，锰矿储量 2000 多万吨，远景储量 1 亿多吨，是中国冶金锰基地。著名地方产品有指天椒、苦丁茶等，是中国指天椒之乡、打榔艺术之乡、长寿之乡和苦丁茶生产基地。

经济总指标 2016 年，实现地区生产总值 56.13 亿元，比上年增长 4.4%。其中，第一产业增加值 14.13 亿元，比上年增长 1.8%；第二产业增加值 18.18 亿元，比上年增长 0.8%；第三产业增加值 23.82 亿元，比上年增长 8.8%。人均地区生产总值 12302 元。财政收入 2.65 亿元，其中一般预算收入 1.82 亿元，财政一般预算支出 22.25 亿元。全社会固定资产投资完成额 68.53 亿元，社会消费品零售总额 10.99 亿元。城镇居民人均可支配收入 23197 元，农村居民人均可支配收入 8691 元。

固定资产投资 2016 年，执行项目建设考评机制，突出抓好交通、城建等重大项目，逐步完善天等基础设施，进一步增强经济发展后劲，交通、城建等方面的重大项目建设取得新成效。全年完成固定资产投资 68.53 亿元，同比增长 7.9%。

财政·金融 2016 年，全县完成财政收入 2.65 亿元，其中公共财政预算收入 1.82 亿元；公共财政预算支出 22.25 亿元。年末，金融机构各项存款余额 74.09 亿元，同比增长 9.8%，其中城乡居民存款余额 56.33 亿元，同比增加 7.17 亿元，增长 14.4%；各项贷款余额 41.2 亿元，同比增加 8.2 亿元，增长 24.9%。

农业 2016 年，全县实现农林牧渔业总产值 24.16 亿元。全年种植粮食 3.78 万公顷，粮食总产量 15.36 万吨；种植甘蔗 5340 公顷、指天椒 2506 公顷；种植水果 1200 公顷，其中葡萄 233 公顷，柑橘 358 公顷；新发展桑蚕 266 公顷，完成秋冬种 1.08 万公顷。创建"田园牧歌"农业示范区、上映桃永水果产业示范基地、都康穿龙岩指天椒种植示范园、宁干豪源生态农庄、扬翔生态养猪扶贫、向都镇富盈山羊养殖基地等一批特色农业示范基地和园区，推广实施"公司＋基地＋农户"等经营模式，推动辣椒、葡萄、芋头、种桑养蚕、养猪、养羊等特色种养产业有序发展，形成"一乡多品"、"一村多品"的特色农业产业发展新格局。

招商引资 立足"241"交通工程和园区开发合作平台，主动开展"走出去、引进来"活动，积极参加各类经贸合作活动，多次到北京、上海、广东等地招商考察；举办驻粤天等老乡恳谈会，参会人员 71 人；借助东盟博览会契机，举办"返乡创业与产业扶贫"天等站专场推介会，邀请到天等在外创业人士及外地企业代表 143 人；年内到天等参观考察客商 203 人。成功签约金鸡产业扶贫、九十九岭风电场等 7 个合作项目，总投资 12.57 亿元；年内共实施区外境内招商引资项目 26 个，其中新开工项目 12 个，完成区外境内到位资金 30.01 亿元，完成任务数 100.06%；外资项目 2 个，完成投资 1600 万美元，完成任务数 102.56%。

工业 2016 年，天等县工业更新改造投资居全市第二，广西沙钢锰业公司克服困难恢复生产，2 条新建生产线投入运营，东泥日产 4000 吨新型干法水泥生产线项目建成投产；2015/2016 年榨季入厂原料蔗 15.83 万吨；新建成工业园区标准厂房 2 栋 9400 平方米，在建 2 栋 7800 多平方米，6 栋 18000 多平方米标准厂房全部出租，入驻企业建成投产 12 家。全县实现工业总产值 26.61 亿元，同比增长 4.6%，工业增加值 12.26 亿元，同比增长 5.6%；全县规模以上工业总产值完成 24.85 亿元，增长 4.8%；规模以上工业增加值完成 11.59 亿元，增长 5.7%。

扶贫工作 2016 年扶贫工作扎实推进，实行"15431"制度，动员全县 6982 名干部职工与 21835 户贫困户结对帮扶，全县 8 个贫困村按计划脱贫摘帽，减贫 5497 户 24813 人；投资 21704.7 万元建成 279 条村、屯级道路、32 处人饮工程，实施 21 个生活用电项目和 55 个公共服务设施项目建设，解决 341 户贫困户住房安全问题；引进扬翔集团、北京德清源农业科技股份有限公司、广西国本农牧、广西大众农业、广西大琪农业等种养殖专业公司，发展生态养猪、构树养猪养羊、秸秆养羊养牛、中草药种植等特色种养项目，带动 5700 多户贫困户发展特色养殖产业；狠抓易地扶贫搬迁，落实幸福里、思

源、仕民、向都、龙茗等 10 个扶贫安置点，投入资金 7759.61 万元；发放"以奖代补"资金 2492.43 万元，扶持 9706 户贫困户；发放扶贫小额贷款 3.51 亿元，引导 500 多户贫困户与企业合作入股分红；实施"雨露计划"，有 1052 名贫困生享受补助资金 245.25 万元。

交通·通信 2016 年，着力抓好交通基础设施项目，"241"交通工程已基本建成通车。全县公路总里程达 946.5 千米，其中二级公路 250 多千米，天等县实现了与周边县全部通达二级公路，100% 乡镇通三级以上公路，100% 行政村通沥青或水泥路，95% 自然屯通水泥路。"通边达海连首府贯三市"交通格局基本形成。全年营运客车 182 辆，客运量 190 万人，旅客周转量 2.04 亿人千米；营运货车 1496 辆，货运量 526 万吨，货运周转量 6.04 亿吨千米。全年邮政、电信业务总量（含电信、移动、联通）4.13 亿元，全县固定电话用户 1.92 万户、手机用户 16.7 万户、宽带用户 1.63 万户。

文化·科技 2016 年，全县有专业艺术表演团体 1 个，演出场次 30 场；县级公共图书馆 1 个，图书藏量 10.5 万册；有乡镇文化站 13 个，电影放映单位 1 个，放映电影 150 场次。获得自治区级科学技术项目 1 个，发明专利授理量 52 件，发明专利授权量 10 件；举办种植业、养殖业科学技术培训班 40 期次，培训 1.25 万人次；举办科普展览 30 场次，参观群众 1 万多人次；开展科技咨询 16 场次，咨询量 0.24 万人次。

教育 2016 年，天等县中小学校共有 100 所，其中普通高中 2 所、职业学校 1 所、初级中学 14 所、九年一贯制学校 1 所、特殊教育学校 1 所、中心小学 17 所、村小学

64 所，教学点 100 个。在校中小学生总人数 51406 人。其中，在校小学生 30969 人，在校初中生 13617 人，在校高中生 4666 人，在校职业高中生 2154 人。有公办幼儿园 6 所、社会力量办幼儿园 19 所，学前在校幼儿 9753 人。小学专任教师 1493 人，师生比 1：21；初中专任教师 679 人，师生比 1：20；高中专任教师 260 人，师生比 1：18；中等职业技术学校专任教师 48 人，师生比 1：45。

2016—2017 学 年 度，小学学龄儿童入学率 99.98%，普通初中入学率 97.52%；小学生辍学率 0.00%，初中生辍学率 2.46%；小学升学率 99.8%，初中毕业升学率 91.8%。

卫生计生 2016 年，全县有卫生机构 144 个，村级卫生室 122 个，各类医疗机构拥有病床数 1446 张，其中县人民医院床位 553 张、妇幼保健院床位 98 张；卫生技术人员 1375 人，其中执业医师 408 人、注册护士 601 人。全年参加新型农村合作医疗农民 38.96 万人，全县参合率 99.63%。

全县出生 4814 人，政策外多孩率 3%，出生人口性别比为 106.2，人口自然增长率 5.93‰。年内，成立诚信计生小组 124 个，参加诚信计生育龄妇女 37349 人，参与率 94.93%；实施孕前优生健康免费检查 1998 对 3996 人，完成"爱心保险"4270 户，完成率 89.7%。在广东、北京、上海、海南建立流出人口计划生育服务管理联络站 4 个、31 个联络点，加强对流出人口计划生育服务管理。

居民生活 2016 年，全县在岗＋劳务职工年平均工资 56350 元，同比增长 8.6%；城镇居民人均可支配收入 23197 元，人均生活消费性支出 13573 元；农民人均可支

配收入 8691 元,人均生活费支出 5942 元。全县城乡居民参加基本养老保险总人数为 18.26 万人。年内,城镇新增就业 1882 人,城镇下岗失业人员和就业困难人员实现再就业 330 人,城镇登记失业率在 3.2% 以下;农村劳动力新增转移就业 8189 人,全县外出务工创业人员 13.3 万人,劳务经济收入突破 20 亿元。

中共天等县委员会

书 记　吴　强(—2016 年 5 月)
　　　　陈光恩(2016 年 5 月—
　　　　　　　　2016 年 6 月)
　　　　吴　强(2016 年 6 月—)
副书记　陈光恩(—2016 年 5 月)
　　　　麦成柱(2016 年 5 月—)
　　　　潘　滔
常 委　吴　强(—2016 年 5 月)
　　　　陈光恩(—2016 年 6 月)
　　　　吴　强(2016 年 6 月—)
　　　　麦成柱(2016 年 5 月—)
　　　　潘　滔
　　　　赵东方(—2016 年 5 月)
　　　　许中央(2016 年 5 月—)
　　　　赵德庆
　　　　黄海光(—2016 年 7 月)
　　　　何新成(2016 年 5 月—)
　　　　张雪奎(女)
　　　　黄春宁(女,—2016 年 5 月)
　　　　郭　强(2016 年 5 月—)
　　　　龙　诚
　　　　农科良(2016 年 5 月—)
　　　　梁院干(2016 年 8 月—)
　　　　刘　明(挂职)

天等县人大常委会

主 任　李利民(—2016 年 5 月)
　　　　赵东方(2016 年 5 月—)
副主任　闭桂妹(女)
　　　　农如苏(2016 年 5 月—)
　　　　赵　斌(女,2016 年 5
　　　　　　　　月—)

李日泽(2016 年 5 月—)
邓耀京(—2016 年 5 月)
钟　英(女,—2016 年 5 月)
农元奀(—2016 年 5 月)

天等县人民政府

县 长　陈光恩(—2016 年 5 月)
　　　　麦成柱(2016 年 8 月—)
副县长　赵东方(—2016 年 5 月)
　　　　许中央(2016 年 5 月—)
　　　　张雪奎(女)
　　　　黄永川
　　　　麻成邦(—2016 年 5 月)
　　　　农元奀(2016 年 5 月—)
　　　　农　钊(—2016 年 5 月)
　　　　梁　克(2016 年 5 月—)
　　　　李红兰(女)
　　　　蒋三成(—2016 年 6 月)
　　　　瞿道航(挂职)
　　　　程　峰(挂职)
　　　　蒋才云(挂职)
　　　　刘　明(挂职)
　　　　曹宗全(挂职)
　　　　李仲科(挂职)

政协天等县委员会

主 席　黄保全(—2016 年 8 月)
　　　　潘　滔(2016 年 8 月—)
副主席　苏日志
　　　　苏光林
　　　　麻成邦(2016 年 5 月—)
　　　　朱妹珍(女,2016 年 5 月—)
　　　　邓元花(女,—2016 年 1 月)
　　　　农如苏(—2016 年 5 月)

【城镇化建设】 编制城乡建设总体规划,完成旧城区、仕民新区、城北区控制性详细规划及城区排水、节水等 8 个专项规划;创新旧城改造方式,446 户棚户区改造实行"以购代建";实施环城大道、进城大道、隆罕路、丽川滨江风雨桥等项目建设,建成县城公交停车场(站)和中山广场;投资 3081 万元完成

天宝路、和平路等街道 1.28 万平方米人行道提级改造及道路亮化;完成丽川文化森林公园沿岸及独秀峰灯光音乐背景扩容工程建设,完成滨江广场、派替湖广场建设及广场绿化、长廊灯、舞台等工程建设;有序推进县城管道燃气、污水管网二期工程等项目建设。

【基础设施建设】 全力抓实"241"交通工程建设,建成崇靖高速公路天等段和天等—隆安、天等—田东、天等—德保、天等—硕龙 4 条二级路,开通城区公交路线 4 条,添置公交车 9 辆,完成驮堪乡新合屯、进远乡那班屯等 11 个屯屯内道路硬化,完成水库除险加固 6 座,开工建设进结镇、龙茗镇和向都镇污水处理厂 3 座,实施农村饮水提级改造 32 处,解决 17 个贫困村 32815 人饮水困难。实施宽带天等行动,完善县、乡、村通信网络设施,无线网络覆盖率和农村宽带家庭普及率高。

【民生工作】 实施文化惠民工程,建成 10 个村级公共服务中心,完成向都镇、东平镇、宁干乡 3 个乡镇广播电视发射台站建设,扩建县妇幼保健院,搬迁县中医医院,改造提升乡(镇)卫生院,投入使用县人民医院综合住院楼,惠及 15976 名病人;新农合参合率 99.63%,38.96 万人次受益新农合报销补偿;建档立卡贫困人口 31580 人,重合率 94.3%,城乡低保基本实现应保尽保;完成农村危旧房改造 1040 户,其中建档立卡户 341 户,建设 200 套保障性住房,完成保障性住房分配入住任务 272 套。

【美丽乡村和文化旅游建设】 扎实推进"美丽广西·生态乡村"建设,小山、上映、宁干等 3 个生态乡

（镇）和8个生态村（社区）通过自治区检查核验；完成福新镇黎亮村土农新村、驮堪乡孔民村东等屯、龙茗镇三北村那造屯3个市级示范点和天等镇稻香村逐上屯、小山乡胜马村百布屯、上映乡桃永村伏桃屯3个县级示范点建设。打造"三月三文化艺术节"、"壮族霜降节"等具有天等特色的"节日"文化品牌，利用文化搭台，加强"壮族打榔舞"、"拜囊海"等民族、民俗文化和非物质文化遗产的保护、传承和宣传展示，开通"天等广播电视台"微信公众号，与靖西、德保、那坡县联合开设《西德那天》壮语新闻栏目，提前4年编纂出版《天等县志(1986—2005)》。大力发展乡村旅游项目，引进都康岩林庄、永隆休闲山庄和龙茗玉女峰等生态文化旅游项目，进结"田园牧歌"初显成效，龙茗大自然农家乐、金不换水上乐园、都康绿源果场、宁干豪源生态农庄、龙角天池亲水休闲娱乐中心等农家乐旅游规模不断扩大。

【乡镇】 2016年，天等县辖天等、龙茗、进结、向都、东平、福新6个镇和都康、宁干、驮堪、进远、上映、把荷、小山7个乡。

天等镇 为天等县城所在地，辖12个村委会，3个居委会，128个自然屯146个村(居)民小组，2016年年末，全镇总人口75327人，耕地面积3959公顷，其中水田538公顷，旱地3421公顷。年内完成新征土地面积52.6公顷，建成洪岭村伏农屯24.73公顷指天椒示范基地、山旦屯23.33公顷玉米套种指天椒示范点，种植甘蔗面积1640公顷，农村劳动力转移就业25050人，劳务经济收入3.38亿元。建档立卡贫困人口10165人，脱贫出列3302人，宏魁村实现整村脱贫

出列，发放小额扶贫贷款5110万元、"以奖代补"347.85万元、"雨露计划"补助资金29.3万元、农业支持保护补贴584万元、退耕还林补助10万元、粮食直补订单补贴32万元。2016年全镇地区生产总值完成11.68亿元，比上年增长17%；固定资产投资完成4440万元，比上年增长20%；财政收入完成8395万元，比上年增长13%；城镇居民人均可支配收入27472元，比上年增长17%；农民人均可支配收入8515元，比上年增长13%。年内，入选全国重点乡镇；被评为广西县乡级统计工作规范示范(优秀)单位、崇左市2015年人口和计划生育工作先进(乡)镇。

龙茗镇 位于天等县西南部，距天等县城18千米，处天等、大新、靖西、德保交汇处，辖1个社区和6个村、97个自然屯、120个村民小组，2016年年末，总户数6331户，人口24315人，贫困户862户3498人，发放"以奖代补"资金98.77万元、"雨露计划"补助5.32万元，参加新型农村合作医疗16625人，参合率98.38%。全镇耕地面积1788公顷，宜林面积3656公顷，主要农作物有稻谷、玉米，主要土特产有八角、茴油、生姜、指天椒、苦丁茶等。国道20311、崇靖高速公路二级路引线、小山至德保二级路横穿龙茗境内。全镇绿化覆盖率95%，人均公共绿化面积5.76平方米。2016年，全镇地区生产总值完成3.16亿元，比上年增长6.5%。其中，工业总产值1446万元，比上年增长6.3%，农业总产值2829万元；完成全社会固定资产投资4200万元，比上年增长400%，农民人均可支配收入8530元，比上年增长13%。年内，被评为广西乡镇(街道)统计工作规范优秀单位、崇左市纪检系统先进集体。

进结镇 位于天等县东北部，辖12个村委会、1个社区、103个自然屯，2016年年末，总户数12316户，人口42932人，参加新农合37136人，全镇耕地面积1994公顷，其中水田607.26公顷，旱田362.8公顷，畲地1023.94公顷。经济作物有甘蔗、指天椒、桑树等。年内贫困户脱贫出列739户2773人，发放"以奖代补"项目补助230.88万元、小额扶贫贷款3281.2万元，2016年，全镇完成地区生产总值3.85亿元，比上年增长10%；农民人均可支配收入5735元，比上年增长12%。年内被评为广西乡镇(街道)统计工作规范优秀单位；"田园牧歌"农业示范区被评为广西4星级现代农业示范区、三星级乡村旅游区；天南村、爱乐村被评为崇左市生态乡村。

向都镇 位于天等县西北部，辖13个村委会、1个社区居委会127个自然屯239个村民小组，2016年年末，总人口5.37万人，居住瑶、壮、汉等民族，向都镇民族村是天等县瑶族的主要居住地。主要农作物有稻谷、玉米、甘蔗，主要土特产有生姜、荞头、八角、指天椒、苦丁茶等。全镇种植超级稻463公顷，玉米1200公顷，甘蔗360公顷。2016年，贫困户建档立卡3087户、13369人，脱贫出列616户2908人，发放扶贫鸡苗4.54万羽、猪苗320头、坚果苗6400株、贫困村集体经济发展奖补资金12.27万元、"以奖代补"235.28万元、小额扶贫贷款3170万元。完成固定资产投资5100万元，比上年增长70%，农业生产总值1.9亿元，比上年增长8%，农民人均可支配收入6868元，比上年增长12.99%。

东平镇 位于天等县北部，辖8个村委会61个自然屯，2016年

年末，总人口 2.7 万人。东平镇锰矿资源丰富，是冶金锰矿重点生产矿区，储藏量 1622 万吨。全镇耕地面积 1300 公顷，年内完成征地 7.43 公顷、种植指天椒 253.33 公顷、铁皮石斛 1.73 公顷、香蕉 33.35 公顷、甘蔗 222.53 公顷。2016 年贫困户脱贫出列 252 户 1099 人，发放"以奖代补"补助 147.63 万元、小额扶贫贷款 2800 万元、"雨露计划"补助 16.32 万元。2016 年，农业总产值 7841.53 万元，比上年增长 6.8%；农民人均可支配收入 7970 元，比上年增长 11.6%。

福新镇 位于天等县西南部，距崇靖高速天等出口 10 千米。辖 13 个村委会、234 个自然屯。全镇林地面积 1.99 万公顷，森林覆盖率 73%，耕地面积 2510 公顷，主要土特产有八角、指天椒、苦丁茶等。全镇种植优质杂交水稻 800 公顷、玉米 1146 公顷、指天椒 88 公顷，生猪出栏 27269 头，存栏竹鼠 8000 只。2016 年年末，总人口 34396 人，参加新农合 29295 人，建档立卡贫困户 2524 户 9466 人，脱贫出列 735 户 3248 人，发放小额扶贫贷款 2484 万元、"以奖代补"补助 437.31 万元。2016 年，全镇实现地区生产总值 3.89 亿元，比上年增长 4.1%；农民人均可支配收入 7003 元，比上年增长 11.3%；完成全社会固定资产投资 2000 万元，比上年增长 25%。人口自然增长率 2.4%。

都康乡 位于天等县西南部，辖 10 个行政村、109 个自然屯、117 个村民小组，2016 年年末，全乡总人口 35255 人，参加新农合 30135 人，参合率为 91%。全乡耕地面积 1910 公顷，其中水田 1000 公顷，旱地 910 公顷，以"天映彩卷"现代特色生态农业核心示范区、十里生态农业跨廊为主轴，连接都康田

园风光景区、寿河风光和岩林庄景区，建设辣椒博览园、生态大棚区、指天椒种植区，实现产业与乡村互动，农业与旅游业融合，带动沿路村、屯种植指天椒 267 公顷、硒香米 27 公顷、苦丁茶 140 公顷。2016 年，全乡地区生产总值实现 3.03 亿元，比上年增长 11%；固定资产投资完成 1000 万元，比上年增长 25%；农民人均可支配收入 8006 元，比上年增长 11.9%。年内贫困户脱贫出列 453 户 2136 人，发放"以奖代补"项目补助 179 万元、小额扶贫贷款 1814 万元。

宁干乡 位于天等县城西北部，距县城 17 千米，辖龙盛、黎明、宁干、永乐、台利和东仪等 6 个村、50 个自然屯，59 个村民小组，2016 年年末，全乡总户数 5396 户、总人口 23607 人。耕地面积 955 公顷，林地面积 4980 公顷，全年全乡粮食总产量 7147 吨，比上年增长 4.7%，建设豪园农业生态核心示范区和黄栀子种植示范基地，带动周边群众种植水果 200 公顷，种植指天椒 100 公顷，黄栀子种植面积 134 公顷；全乡有贫困户 1117 户 4707 人，年内脱贫摘帽贫困户 208 户 997 人，扶贫产业项目库申报各类扶贫项目 143 个、金额 5195 万元，发放小额扶贫信贷 2100 万元。2016 年，农民人均可支配收入 8280 元，比上年增长 13%，全社会固定资产投资完成 1200 万元。全乡交通便利，境内矿产资源丰富，有石灰石、辉绿岩、水晶矿、锰矿、磷矿、金矿、铁矿及大理石等，其中锰矿储量 500 万吨，磷矿储量 43 万吨。

驮堪乡 位于天等县东北部，辖 11 个行政村 108 个自然屯 186 个村民小组，2016 年年末，总人口 4.2 万人。全乡耕地面积 2703 公顷，其中水田 248 公顷，旱地 463 公顷，

畲地面积 1992 公顷。年内种植甘蔗 280 公顷，坚果 5700 株。发扬立屯艰苦奋斗教育基地精神，做好立屯天梦景区规划设计工作，创作《天梦》纪实情景剧，推进立屯游客集散中心项目建设，年内完成新征土地面积 4.6 公顷，投入 150 万元改造立屯村容村貌，夯实"现代农业、乡村建设和乡村旅游"融合发展基础，打造精品观光旅游路线，全年接待游客、考察团 5000 多人次。2016 年全乡完成地区生产总值 3.59 亿元，比上年增长 7.5%，全社会固定资产投资 1020 万元，完成农村危房改造 70 户；农民人均可支配收入 7725 元，比上年增长 12%。年内贫困户脱贫出列 518 户 2228 人；发放"以奖代补"项目补助资金 232.09 万元；小额扶贫贷款 3196 万元。2016 年被评为崇左市委、市政府做好"两篇大文章"打好"四大攻坚战"先进集体。

进远乡 位于天等县东北部，辖进远、岩造、和平、政洲 4 个行政村、25 个自然屯、80 个村民小组，年末全乡总人口 1.3 万人，水田面积 862 公顷。2016 年积极发展特色种、养殖业，走"一乡一品"道路，年内在政州村、和平村建成 17 公顷旱藕、20 公顷油茶种植示范基地，推广龟鳖、黑山羊养殖，发展黑山羊养殖协会成员 40 户，存栏 3000 多头，产值 300 多万元。2016 年贫困户脱贫出列 151 户 653 人，发放"以奖代补"资金 60.48 万元、小额扶贫贷款 1643 万元，全年全乡完成全社会固定资产投资 1311 万元，完成任务 100%；农民人均可支配收入 8479 元，同比增长 18%；人口自然增长率 1.87%。

上映乡 位于天等县西部，辖 10 个行政村、122 个自然屯、169 个村民小组。2016 年年末，全乡有 9228 户，总人口 4.03 万人，有 3.55

万人参加新农合，参合率96.81%。全乡耕地面积2135公顷。特色经济作物有葡萄、桂花梨、高山柑橘、花心红薯和西瓜等，2016年以现代农业特色示范区为示范点，新种高山柑橘27公顷、旱藕8公顷、柿子树13.4公顷、八角66.7公顷、种桑养蚕10公顷、甘蔗20公顷。矿产资源有锰矿、重晶石等。2016年，全乡地区生产总值完成3.2亿元，比上年增长8.2%，固定资产投资完成301.6万元；农民人均可支配入7577元，比上年增长11.9%。年内发放贫困户"以奖代补"补助229.14万元、小额扶贫贷款2807万元；实施农村危房改造76户，补助资金73.92万元。2016年，优质巨峰葡萄现代农业科技示范基地被评为"全国巾帼农业示范基地"；现代特色（农业）核心示范区被评为"广西县级现代特色农业示范区"称号。

把荷乡 位于天等县西北部，辖8个行政村、88个自然屯、149个村民小组。2016年年末，全乡总户数6125户、人口28173人，耕地面积1518公顷。特色经济作物有芋头、茶叶、西瓜、荞头等，全年全乡种植芋头467公顷、茶叶80公顷、西瓜100公顷、荞头67公顷、葡萄13.4公顷、沃柑8公顷、构树8公顷。2016年，贫困人口脱贫出列416户1936人，发放"以奖代补"资金125万元、小额扶贫贷款250万元。年内，全乡完成地区生产总值1.37亿元，比上年增长8%；固定资产投资完成1076万元，比上年增长7.3%；农民居民人均可支配收入7312元，比上年增长11.87%。

小山乡 位于天等县南部，东南与大新县相接，东北与天等镇为邻，西部与龙茗镇相连。辖5个行政村、58个自然屯。2016年年末，

全乡总户数3941户、人口15536人。全乡耕地面积1329公顷，其中水田217公顷、旱地352公顷、畲地760公顷，林地面积1979公顷，全乡森林覆盖率达69.5%。主要经济作物有甘蔗、苦丁茶、柑橘等，种植甘蔗面积653公顷、苦丁茶204公顷。年内全乡贫困户脱贫出列139户596人，发放"以奖代补"资金88.86万元、小额扶贫贷款1222万元，2016年，全乡地区生产总值完成1.42亿元，同比增长8%，农民人均纯收入8113元，同比增长12%。

（黄　铸）

宁明县

【概况】 宁明县位于北纬21°35′~22°22′、东经106°54′~107°40′，地处广西壮族自治区西南部、崇左市南部，东界上思县，东南与防城区相邻，南及西南与越南交界，西接凭祥市，西北与龙州县毗连，北连江州区，东北与扶绥县接壤。全县总面积3704平方千米，县域东西距73.85千米、南北距72.02千米。全县边境线长212千米，境内爱店口岸为国家一类口岸，是广西通往越南的重要陆地口岸、全国最大的中草药边贸市场。境内资源比较丰富，有中国优良马尾松松种桐棉松、八角林等，被林业部命名为"中国八角之乡"；有膨润土、煤、铁等矿藏，其中膨润土矿储量世界最大。境内旅游资源丰富，花山风景名胜区为国家级重点旅游景区，其中的花山岩画已列为世界文化遗产；陇瑞国家级自然保护区是中国保存最好的喀斯特热带季雨林保护区。全年完成供电量3.21亿千瓦时，同比增长5.24%；累计售电量3.03亿千瓦时，同比增长5.29%。2016

年末，全县耕地保有量83386.47公顷，基本农田保护面积66725.54公顷；全年组织实施土地开垦项目8个，新增耕地1200多公顷。全县辖7个镇、6个乡，2016年年末，总人口44.27万人，其中农村人口36.45万人，有壮、汉、瑶等民族15个，其中壮族人口占总人口的83.83%，人口自然增长率7.24‰。

经济总指标 2016年，全县实现地区生产总值117.42亿元。其中，第一产业增加值30亿元，第二产业增加值51.24亿元（其中工业增加值43.73亿元），第三产业增加值36.18亿元。财政收入6.74亿元，其中公共财政预算收入5.27亿元，公共财政预算支出31.21亿元。边贸进出口额16.04亿美元，全年实际利用外资1856.75万美元。完成社会消费品零售总额15.27亿元，同比增长9.82%。城镇居民可支配收入23946元，农村居民人均纯收入9609元。

固定资产投资 2016年，全县完成固定资产投资120.92亿元，同比增长25.1%。其中，完成房地产投资额9.72亿元，同比增长68.1%；全年商品房销售总面积24.74万平方米，同比增长8.7%。

招商引资 2016年，宁明县实行"走出去"和"请进来"的招商举措，先后组织招商小分队9批次赴云南、广东、山东、上海、浙江、香港、宁夏等地开展招商考察，推出现代农业、林产工业、口岸产业、文化旅游、矿产开采加工、能源电网建设、新城镇建设、中草药基地建设等重点项目，邀请客商200多批次800多人到该县考察投资置业，全年签约落户项目22个，计划总投资80.46亿元。年内，全口径利用外资项目到位资金1741万美元，区外境内项目到位资金34.44亿元。

财税·金融 2016 年，全县实现财政收入 6.74 亿元，完成年度调整预算的 115.28%，比上年完成数减少 1.93 亿元，下降 22.26%。全县完成一般公共预算支出 31.21 亿元，同比增长 13.45%。其中，农林水支出 5.52 亿元、同比增长 58.89%；教育支出 5 亿元、同比增长 13.92%；社会保障和就业支出 4.87 亿元、同比增长 12.73%；医疗卫生与计划生育支出 3.72 亿元、同比增长 12.88%；交通运输支出 1.53 亿元、同比下降 2.42%；住房保障支出 2.21 亿元、同比增长 43.22%。年内，争取自治区财政厅支持该县"1234"工程项目资金 1.46 亿元。全年组织国家税收收入 1.37 亿元。其中，边贸税收 980 万元、同比增长 212.97%；地方税收入库 3.5 亿元，同比下降 3.06%。

2016 年，全县城乡居民年末储蓄存款余额 63.28 亿元。其中，农村商业银行各项存款余额 43.01 亿元，同比增长 16.5%；各项贷款余额 25.97 亿元，实现经营利润 8779 万元。

交通·通信 2016 年，全县公路总里程 1432.47 千米，其中：高速公路 42.33 千米、一级公路 2.17 千米、二级公路 138.76 千米、三级公路 223.71 千米、四级公路 839.63 千米、等外公路 183.1 千米、国道 111.12 千米、省道 238.46 千米、县道 386.71 千米、乡道 291.4 千米、村道 404.78 千米，公路密度 38.81 千米 / 百平方千米。全县 13 个乡镇全部通水泥（沥青）硬化路面公路，161 个行政村（社区）全部通等级公路。地方农村公路列管总里程 832.21 千米，其中县道 153.35 千米，好路率 66%；乡道 274.19 千米，好路率 70.88%；村道 404.67 千米，晴雨通车率 100%。全年总客运量 390 万人，旅客周转量 35000

万人千米；货运量 500 万吨，货运周转量 35600 万吨千米。年内，全县新增出租汽车 20 辆，新增营运货车 106 辆。

2016 年，中国电信宁明分公司完成收入 3153 万元，天翼放号 9218 户，其中融合 5639 户、非融合 3579 户，宽带发展 3051 户，其中融合 2612 户、非融合 439 户，IPTV 新增 3768 户，4G 套餐发展 3892 户，智能手机发展 9792 户。中国移动宁明分公司有营业服务网点 216 个，其中自营营业厅 13 个、社会渠道 203 个，家庭宽带有效客户 7501 户，4G 客户渗透率 47.2%，全年运营收入 1.2 亿元。

农业 2016 年，全县粮食种植面积 1.85 万公顷，粮食总产量 8.16 万吨，同比增长 3.56%，其中水稻种植面积 1.33 万公顷、总产量 6.7 万吨、同比增长 0.75%；经济作物种植面积 7.16 万公顷，其中甘蔗种植面积 4.19 万公顷、2016/2017 年榨季入厂原料蔗 260.31 万吨，蔬菜种植面积 1.36 万公顷、总产量 21.6 万吨。全年推广农作物间套种面积 1.32 万公顷，实施秋冬种面积 1.95 万公顷。年内，全县农资综合补贴耕地面积 1.54 万公顷、资金 2878.79 万元，落实农机补贴 1686 台、资金 803 万元，拥有农业机械总动力 42.6 万千瓦，各种拖拉机 14254 台、水稻联合收割机 325 台、水稻插秧机 182 台、甘蔗联合种植机 52 台，完成水稻机耕面积 1.38 万公顷、甘蔗机耕面积 1.83 万公顷、甘蔗机械化种植 1.15 万公顷、水稻联合机械化收割 1.28 万公顷。

林业 2016 年，全县林地面积 22.39 万公顷，森林覆盖率 60.4%，活立木蓄积量 1530 万立方米，同比增长 9.3%。全年林业总产值 94.12 亿元，同比增长 4.6%；完成林业固定资产投资 11 亿元，同

比增长 2.9%；完成植树造林 3380 公顷，同比增长 9%，完成义务植树 60 万株；完成林下经济产值 26.42 亿元，同比增长 3.6%；完成木材综合加工产值 13.15 亿元，同比减少 12.4%；人造板产量 42.2 万立方米，同比减少 23.8%；木材产量 54.2 万立方米，同比增长 8.4%。

工业 2016 年，全县规模以上工业总产值 130.98 亿元，规模以上工业增加值 40.91 亿元，工业固定资产投资 19.63 亿元，更新改造 38.08 亿元，制造业投资 11.74 亿元，规模以上工业企业综合能源消费量 30.36 万吨标准煤，规模以上工业万元增加值能耗比上年下降 5.31%。2016/2017 年榨季全县入厂原料蔗 260.31 万吨，同比减少 21.76 万吨、减幅 7.71%；混合产糖 37.11 万吨，同比减少 6.91 万吨、减幅 15.70%，混合产糖率 12.77，同比增长 0.59 个百分点，平均蔗糖分 14.65，同比增长 0.67 个百分点。

文体·科技 2016 年，举办宁明县 2016 年骆越王节——"三月三"系列文化活动，内容包括百人齐唱《迎客歌》骆越歌王山歌大赛、花山原创歌曲大赛、群众广场舞大赛、抢花炮比赛、徒手捕鱼比赛等活动。年内，认真开展文艺下乡工作，春节期间全县组织开展舞龙舞狮、民俗游演、举办江滨广场山歌演唱表演等活动，组织文化馆及县内多名书法家、书法辅导员到车站、乡镇村屯，为群众义务书写春联 1000 多幅；指导、组织 13 个乡镇群众业余文艺团队在乡镇、社区举办文艺晚会；组织践行"两学一做"、助推"精准扶贫"2016 年"三下乡"文艺巡回演出，开展 2016 年"唱响八桂中国梦·艺术精品到基层"惠民演出活动下乡演出 30 场。组织《花山拳》表演队参加崇左市"壮族三月三"民族体育欢乐节，排

练节目参加 2016 年崇左市第七届山歌擂台赛、唱响崇左——崇左人唱崇左歌原创歌曲大赛、全市民俗文化大汇演以及东盟情歌会等活动。加强对世界文化遗产——花山岩画的监测巡查，进行 24 小时不间断实时监测，及时向崇左市左江花山岩画监测中心汇报岩画本体、岩画所在山体、崖壁、岩画区域的天气温湿度、风速等监测数据；整理编撰花山申遗资料，为相关宣传刊物提供专题稿件《骆越钩沉，梦圆花山——左江花山岩画文化景观申遗之路》及大量信息、照片。年内，全县按标准（一栋综合楼、一个舞台、一个篮球场、一支农民文艺队、一支农民篮球队）建成村级公共服务中心 10 个；组织、开展、举办广西宁明"花山杯"山地自行车邀请赛、"花山杯"六人制足球赛、"广西体育彩票共享杯"宁明县篮球赛与气排球赛、2016 年全民健身健康广西"百万群众健身走活动及广西跳绳王"民间争霸赛宁明赛区活动、花山"泊泉杯"五人制足球比赛等。

2016 年，全县年度发明专利受理量 51 件，年度发明专利授权量 17 件。年内，实施"崇左左市甘蔗优势特色产业高效生产技术集成应用示范"课题，引进桂糖 29 号、37 号、40 号等新品种 9 个和新台糖 22 号脱毒健康种苗，建立甘蔗良种繁育示范基地 23.67 公顷，建立甘蔗标准化高效生产技术示范基地 142 公顷，辐射带动 2170 公顷；举办农村适用技术培训 18 期，受训人数 1630 人，发放宣传资料 3500 多份；通过宁明县电视频道"农村科技新视界"栏目进行科技培训，播出 54 期，播出主导产业相关视频 121 部，播出节目总时长 1620 分钟，电视频道培训覆盖行政村 87 个，覆盖农业人口 24 万人，受训农业人口 13 万人。全年被认定为广西农村科技特派员的科技人员 10 人，全县共有科技特派员 52 人，覆盖全县贫困村 52 个，科技特派员引进、推广新品种 18 个，引进、推广新技术 12 项，建立科技示范基地 11 个。

教育 2016 年，全县中小学、幼儿园 382 所，在校（园）生 6.1 万人。其中，幼儿园 162 所，学前教育学生 13529 人；小学 207 所，在校学生 32185 人；初中 10 所，在校学生 11583 人；普通高中 1 所，在校学生 3570 人；特殊教育学校 1 所，在校学生 29 人；中等职业学校 1 所，在校学生 191 人。全县公办专任教师 2696 人，其中幼儿园 64 人、小学 1656 人、初中 715 人、普通高中 187 人、中等职业学校 74 人，师生比例：小学 1∶19、普通初中 1∶16、普通高中 1∶18。每万人口在校（园）生：幼儿园 335 人，小学 732 人，普通初中 284 人，普通高中 80 人；基础教育普及程度：学前教育三年毛入学率 92.6%，九年义务教育巩固率 89.1%，高中阶段教育毛入学率 82%；占地面积及生均情况：小学 91.78 万平方米、生均 27.92 平方米，普通初中 28.5 万平方米、生均 19.82 平方米，普通高中 7.34 万平方米、生均 24.41 平方米，中等职业学校 8.04 万平方米、生均 1786 平方米；校舍面积及生均情况：小学 18.69 万平方米、生均 5.69 平方米，普通初中 9.58 万平方米、生均 8.44 平方米，普通高中 2.62 万平方米、生均 8.7 平方米，中等职业学校 1.01 万平方米、生均 223.73 平方米。教育经费投入与支出：教育经费总收入 55362 万元，同比增加 9353 万元、增长 20.32%；教育经费总支出 55362 万元，同比增加 9353 万元、增长 20.32%，其中人员经费支出 34257 万元，公用经费支出 19191 万元。年内，全县大力推进义务教育均衡发展工作，通过自治区督导评估验收，累计投入资金 16273 万元，新增教学及教学辅助用房 21410 平方米，实现小学生均教学及辅助用房面积 4.46 平方米、初中生均 5.17 平方米，达到自治区评估标准；添置多媒体设备 493 套、配置学生电脑 1841 套、配备教师备课教室 25 间、采购图书 55.68 万册，各种教学仪器设备配备均达到自治区标准；县域义务教育小学差异系数均值 0.31、初中差异系数均值 0.19，分别小于自治区规定的指标值（0.65 和 0.55）。

卫生·计生 2016 年，全县有新型农村合作医疗管理中心 1 个（下辖 13 个经管点）、公办医疗卫生机构 22 个（其中乡镇卫生院 15 个）、村级卫生室 155 个及民营医院、门诊部和诊所 65 个，医疗机构床位数 1147 张（县城区床位数 824 张，乡镇、农场卫生院床位 323 张），在岗职工 1081 人（卫生技术人员 933 人，执业医师和执业助理医师 447 人，注册护士 482 人），其中乡镇卫生院在岗职工 567 人（卫生技术人员 458 人，执业医师和执业助理医师 139 人，注册护士 133 人）。全县卫生机构房屋总建筑面积 10.6 万平方米，其中业务用房面积 5.4 万平方米。万元以上设备 542 台，总价值 5226 万元，其中 100 万元以上 9 台、50 万~100 万元 1 台、50 万元以下 61 台。全县医疗机构总诊疗量 71.93 万人次，住院人数 4.19 万人，病床使用率 87.50%；门诊平均诊疗医疗费用 74.60 元/人次，住院病人人均医疗费用 4012.5 元。

2016 年，全县出生人口 4560 人，人口自然增长率 7.24‰，符合政策生育率 88.07%，出生人口性别比 108.28。年内，全员人口信息平台数据库信息准确率96.28%，变更及时率98.53%；完成产前筛查孕妇3270人，产前筛查率82.70%，完成免费孕前优生健康检查1542对；全县范围流入已婚育龄妇女202人，享受免费技术服务202人次，流动人口免费技术服务率100%。全年发放农村计划生育家庭小额贴息贷款95户、金额189.5万元，发放农村计划生育家庭当年到期贷款贴息104户、金额12.51万元，免费办理农村计划生育家庭爱心保险2000户、投保金额10万元，贫困计生家庭脱贫801户3194人。

居民生活 2016年，全县城镇居民可支配收入23946元，同比增长7.97%；农村居民人均纯收入9609元，同比增长15.4%。全县销售原料蔗收入15.4亿元（按普通原料蔗收购价格500元/吨计算），比上榨季多4.21亿元，农民人均种蔗收入5924.4元，同比增加1445.3元。年内，全县城镇新增就业2050人，下岗失业人员再就业337人，就业困难对象再就业91人，农村劳动力转移新增就业5006人，累计在外务工人员7.26万人，劳务经济收入约9亿元。全年财政筹措资金200万元设立农民工创业担保基金，发放农民工创业担保贷款91笔、金额837万元，直接扶持自主创业91人，带动就业253人。全县电压合格率98.05%，城镇供电可靠率99.71%，农村供电可靠率99.08%。

2016年，全县通过审核进入社会保障数据库的单位408个，参保人数10577人，其中在职人员6795人，退休人员3782人，基金征缴收入12515.91万元，自12月起全县财政全额拨款单位退休人员养老金转由社保局社保基金发放。年内，抓好扩面征缴工作，城镇职工养老保险、城乡居民养老保险、城镇居民医疗保险、失业保险、工伤保险、生育保险参保人数分别达到22560人、162386人、62661人、11242人、15810人和12610人，征缴收入分别为6711万元、1152.8万元、4891万元、613万元、257万元和176万元；抓好城乡低保救助工作，新增符合条件建档立卡贫困户纳入农村低保24275人，累计发放城镇低保金744.2万元、农村低保金2827.57万元、因病因灾等原因临时救助金91.77万元、0~3公里边防居民补助金6271.2万元，累计支出五保供养经费359.04万元、医疗救助资金734.92万元。

旅游 2016年，宁明县以花山岩画文化景观申遗为良好契机，围绕创建广西文化旅游名县目标，整合旅游资源，加快旅游基础设施配套建设，优化旅游发展环境，完善和丰富特色旅游产品，承办以骆越根祖文化传承与发展为研讨主题的第十九届全国省市社科院文化（文学）研究所所长论坛暨联席会议，举办富有宁明特色的三月三骆越王节、九月九骆越感恩节、花山大丰收节等文化活动；开通"花山旅游"官方微信公众平台和旅游网站，与携程网等电商开展线上旅游服务合作，积极打响"骆越根祖·岩画花山"文化旅游品牌。在第四届旅游业融合与创新论坛暨2016最美中国榜盛典活动中，该县登上"2016最美中国榜"，同时获"文化魅力·特色魅力旅游胜地"和"民俗（民族）旅游胜地"称号。在第二届"全面小康暨美丽乡村建设发展论坛"活动中，该县被评为"中国最美乡村旅游目的地"。年内，该县花山岩画文化景区获评国家AAAA级旅游景区，派阳山森林公园、狮子山森林公园获评国家AAA级旅游景区。全年全县接待游客200.43万人次，同比增长48.14%。其中，国内游客193.86万人次，同比增长50.07%；入境过夜游客6.57万人次，同比增长7.35%。旅游总消费22.27亿元，同比增长73.04%。其中，国内旅游消费20.63亿元，同比增长6.8%；旅游外汇收入2464.06万美元，同比增长6.8%。

中共宁明县委员会

书　记　刘　勇
副书记　黄剑克（—2016年5月）
　　　　黄一碧（2016年5月—）
　　　　黎志华（—2016年5月）
　　　　黄定颖（2016年5月—）
常　委　刘　勇
　　　　黄剑克（—2016年5月）
　　　　黄一碧（2016年5月—）
　　　　黎志华（—2016年5月）
　　　　黄定颖
　　　　刘宝同
　　　　陆文崇（—2016年5月）
　　　　黄灿升
　　　　黄剑平（—2016年5月）
　　　　何新成（—2016年5月）
　　　　徐　毅（—2016年5月）
　　　　韩日辉（2016年5月—）
　　　　赵新颜（女）
　　　　陆由庚（挂职）
　　　　杨志玲（女，—2016年5月）
　　　　韦统斌（挂职，2016年5月—）
　　　　黄　民（2016年5月—）
　　　　方向阳（2016年5月—）
　　　　岑小耿（2016年5月—）
　　　　农铖荫（2016年5月—）

宁明县人大常委会

主　任　姚广华（—2016年8月）
　　　　陆伟宁（2016年8月—）
副主任　郭秀峰（—2016年8月）
　　　　陈相猛（—2016年8月）
　　　　周　雁（女，—2016年8月）
　　　　钟清文
　　　　凌卫宏（2016年8月—）

廖树晶（女，2016年8
月—）

张　肇（2016年8月—）

宁明县人民政府

县　长　黄剑克（—2016年5月）

黄一碧（2016年8月—）

副县长　陆文崧（—2016年5月）

黄灿升（2016年8月—）

徐　毅（—2016年5月）

韩日辉（2016年8月—）

史朝阳（2016年8月—）

陆由庚（挂职）

韦统斌（挂职，2016年5
月—）

林　莉（女）

孟立荣（—2016年5月）

梁　政

黄志良

杨志玲（女，—2016年
5月）

李　京（挂职，2016年
11月—）

政协宁明县委员会

主　席　陆伟宁（—2016年8月）

姚广华（2016年8月—）

副主席　廖树晶（女，—2016年8月）

韦贵宗（—2016年8月）

黄庆林（—2016年8月）

凌卫宏（—2016年8月）

郭秀峰（2016年8月—）

陈相猛（2016年8月—）

周　雁（女，2016年8月—）

王仕林（2016年8月—）

【口岸经济】　2016年，宁明县抓住崇左市启动建设凭祥—宁明贸易加工区、凭祥国家重点开发开放试验区获批等机遇，加强口岸经济发展，全面提升开放型经济水平。继续推行"边建设、边完善、边运行"工作机制，全面加快爱店一类口岸通关运行项目建设步伐，口岸旅客

联检楼、验货场扩建、报关报检楼、检验检疫实验室等项目累计完成投资8300多万元，口岸隧道工程、联检部门非现场业务办公用房等项目扎实推进。按照"五个同步"要求，快速推进凭祥—宁明贸易加工区建设，边合区扩区调整材料上报商务部，总规已完成中期成果文本编制，土规调整获自治区国土资源厅同意，完成征地85.33公顷，加工区16公里产业大道、日处理2万吨污水处理厂、5万平方米标准厂房、日供水5万吨第二水厂等项目开工建设。投入资金800多万元推进边贸互市点基础设施建设，北山互市点升级改造项目（一期）竣工，板烂互市点建设项目已开工建设；投入资金310万元建成爱店和北山边民互市通关作业无纸化信息系统。加强开放合作，与越方有关县市保持经常性会晤交流，签订《中国宁明县与越南禄平县开通旺英—那刚边贸互市点谅解备忘录》和《中国宁明县与越南禄平县开通1232号界碑通道为爱店—峙马口岸的附口岸谅解备忘录》。中越边境中药材商贸物流中心项目（续建）加快推进，建成云天东盟物联港大门及办公区，云天大道800米建设竣工使用，一期17栋楼全部封顶，完成停车场（2万平方米）与A1地块（2.67公顷）及A2地块（6.67公顷）硬化、交易货场建设（1万平方米）。湘桂国际农机物流商贸城项目（续建）完成土地平整及一期工程9个主体工程的基础建设。年内，全县完成外贸进出口总额136.56亿元，红木企业销售额入统60.39亿元，同比增长71.23%，均超额完成年度工作目标任务。

【产业升级】　2016年，宁明县加大产业升级工作力度，进一步提高经济发展效益。实施《宁明县工业转

型升级三年发展计划》，促进工业提质增效，全年完成工业固定资产投资21亿元、更新改造投资38亿元、制造业投资12亿元，新增东亚生物质发电厂、撒阳肥料厂2家上规模企业，宁糖、海糖技改项目全面完成，东亚公司对才源公司进行重组。祥盛木业公司年产刨花板33万立方米，产品质量、效益继续居全国行业前列，与索菲亚、欧派、维尚等国内家居巨头签署战略合作协议，获宁明县人民政府县长质量奖，成为"中国板材行业最具影响力品牌制造企业"。大闸煤矿年产10万吨露天开采项目竣工验收，科茂松香脂完成产品研发，引进天之湘贴面板加工项目、凯迪生物质能发电项目，完成酒厂等国有企业改制5家，解决历史包袱。年内，全县第二产业增加值48.91亿元，同比增长10.8%，增速排名全市第二。现代农业稳定发展，花山田园现代特色农业（核心）示范区初步建成，获市级示范区称号；宁明县驮排亚热带特色水果（县级）示范区、城中镇高岭有机茶产业（乡级）示范区获自治区命名。糖料蔗"双高"基地建设加快，2014年2333.33公顷任务全面完成；2015年2933.33公顷任务全部完成测绘设计并开工建设；2016年及2017年共6000公顷任务正在抓紧组织实施。生态养殖产业有新发展，建成"稻+蛙养殖"、"稻+鱼养殖"等稻田综合种养示范基地、八角香鸡养殖示范点、东安六审村绿兴养猪专业合作社示范点等一批生态养殖项目，正邦集团肉猪养殖循环产业园初具规模。现代服务业持续发展，社会消费能力水平进一步提升，全年完成第三产业增加值36.99亿元，同比增长9.9%。

【基础设施建设】　2016年，宁明

县把握国家实施《左右江革命老区振兴规划》等有利政策,统筹各方资源,补好交通、水利、电力等方面基础设施短板。交通方面,骆越大道、高岭至山寨二级公路(一期)建成通车,322国道扩建二级路宁明段建成通车62千米,荷城大桥建设项目完成投资9300万元,东安至板棍三级公路建设完成投资3500万元;实施行政村通沥青(水泥)路项目8个,完成建设3条,那堪至峒中公路开工建设,新龙至天西公路、珠连至耀达公路扩建工程完成前期工作。水利方面,总投资近67亿元的驮英水库及灌区工程项目于10月27日开工建设,那党水库项目完成投资2100多万元,投资1200万元的思陵河小流域国家水土保持重点工程竣工,派连灌区节水改造配套工程、思州河海渊镇河段右岸整治工程、板棍水闸工程等3个项目完成投资2650多万元,那堪、亭亮等4个乡镇抗旱应急供水工程完成投资980多万元。电力方面,加快实施电力设施改造工程,县城城南35千伏变电站和北江至县城城东35千伏送电线路投入运营,农网改造工程投资完成7400多万元,10千伏项目完成33个。年内,《宁明县城市总体规划》完成报崇左市审批,组织修编桐棉、那堪、亭亮3个镇控制性详细规划,开展县城控制性详细规划、县城内涝排涝专项规划、板棍乡总体规划等工作,实施城镇基础设施及绿化亮化工程建设项目32个,总投资约1.75亿元,其中1000万元以上重点项目8个,完成投资1.5亿元。完成兴宁大道东段路面改造、平垒街道路改造、明阳小区基础设施改造等工程项目20个,江滨公园项目、冠师街延长线工程、县法院至蓉峰路污水管网工程、明江镇综合整治工程

等项目正在实施。推进生态乡村建设,实施村屯道路硬化111条,里程187千米;种植绿化树苗1.7万棵,完成38个示范村屯及504个一般村屯的绿化任务;实施农村饮水净化工程,建成"饮水净化"示范项目3个。全县列入自治区级生态乡镇3个,列入自治区级生态乡村11个,被评为自治区"绿色村屯"4个,被评为崇左市"魅力村庄"11个。

【花山岩画申遗成功】 2016年7月10日,第40届联合国教科文组织世界遗产委员会会议(简称"世界遗产大会")在土耳其伊斯坦布尔开幕,审议包括中国湖北神农架、广西左江花山岩画在内的29个申遗项目。7月15日,左江花山岩画文化景观顺利通过审议,成为中国第49项世界遗产,填补了中国岩画类世遗项目的空白。左江花山岩画具有原创性、典范性与稀缺性。它以"蹲式人形"为主题,风格高度统一,在世界范围内属于独创;蹲式人形图像在岩画中的比例高达82%,在世界岩画中首屈一指;它的绘制者在万仞崖壁上持续、有意识地作画,作画位置之奇险、难度之大,举世无双;多达2600多个的图像数量,也让它成为"世界上最大的岩画画板"。

【凭祥—宁明贸易加工区建设】 为抢抓国家"一带一路"战略机遇,充分发挥边境口岸优势和沿边优惠政策,做大做强贸易加工产业,2016年年初,崇左市委、市人民政府做出决策部署,在凭祥边境经济合作区友谊关工业园的基础上,进行扩区扩容,建设凭祥—宁明贸易加工区。该贸易加工区地跨凭祥市和宁明县两个行政区,总体规划72.6平方千米,其中城市建设用地

面积37.6平方千米,重点打造农林精深加工、先进制造和现代服务业三大产业集群,逐步打造成为中国－东盟进出口加工贸易核心基地、广西沿边开发开放重要示范平台和产城融合宜业宜居的生态型示范园区。该区叠加享受国家边境经济合作区、凭祥国家重点开发开放试验区、北部湾经济区相关优惠政策以及国家西部大开发、左右江革命老区振兴规划等政策,是优惠政策最为富集的地区之一。12月23日,凭祥—宁明贸易加工区产业大道项目开工建设,产业大道贯穿凭祥—宁明贸易加工区,西起友谊关工业园(凭祥市夏石镇),东至宁明县城,建设等级为城市主干路,全长16.4千米,宽50米,总投资约13.6亿元。

【精准扶贫】 2016年,宁明县组建9个扶贫专责小组和6个脱贫攻坚突击组,划分蔗区、林区、景区、边贸区、现代农业区等"五大战区",建立"一票否决"、"红黑榜"通报等机制,实行挂图作战,清单管理,举全县之力打好脱贫攻坚第一战。落实干部精准帮扶机制,全县5000多名干部职工进村入户与贫困户结对子,建立"一户一册一卡"精准帮扶台账。推行"企业＋合作社＋基地＋贫困户"扶贫模式,新成立农民专业合作社121个,带动周边农户近4000户;发放小额信贷2.43亿元,受益贫困户5355户。加大培育扶贫产业,安排以奖代补资金3400多万元,全年贫困户新增养殖鸡、鸭、猪、牛、羊等禽畜5.9万羽(只),种植水果、茶树、中药材等300多公顷。加强贫困村屯基础设施建设,改善生产生活条件,多方筹资资金1.95亿元建设贫困村屯级水泥硬化路182条409千米,投资5500多万元实施饮水工

程项目 169 处,实施建档立卡贫困户危房改造 1450 户。做好农村低保与扶贫政策有效衔接工作,充分发挥农村低保政策对脱贫兜底的作用,年底全县建档立卡贫困户享受低保人数 29639 人。加快推进易地扶贫搬迁工程,爱店镇安置点完成投资 5000 多万元,城中镇安置点完成选址工作。年内,对照贫困户脱贫销号"八有一超"和贫困村脱贫摘帽"十一有一低于"标准,全县 4502 户贫困户 19600 人和 5 个贫困村实现脱贫出列,全面完成自治区下达的工作任务。

【乡镇、农场】 2016 年,全县辖城中、爱店、海渊、明江、那堪、桐棉、亭亮 7 个镇和东安、北江、那楠、峙浪、寨安、板棍 6 个乡及宁明、天西、海渊 3 个华侨农场,其中 4 个乡镇与越南接壤,边境线总长 212 千米。

城中镇 县城所在地,镇域面积 245 平方千米,辖 11 个行政村、7 个社区,共 189 个村民小组 79 个自然屯,年末总人口 75639 人,其中农业人口 26737 人。全镇耕地面积 7347 公顷,农田有效灌溉面积 1730 公顷,林地面积 10637.9 公顷。全年甘蔗种植面积 3467 公顷,2016/2017 年榨季原料蔗入厂 17.86 万吨,完成甘蔗"双高"基地建设 927 公顷。2016 年,全镇地区生产总值 3.60 亿元,其中农业产值 2.34 亿元,工业产值 5826.23 万元,林业产值 1563.74 万元,牧业产值 4503.25 万元,渔业产值 749.04 万元;农民人均纯收入 8922 元,同比增长 9.2%。

海渊镇 全县重要商品集散地,行政区域面积 224 平方千米,辖 15 个行政村、2 个社区,共 55 个经联社 142 个自然屯,年末总人口 4.46 万人,其中农业人口 39948 人。全镇耕地面积 9843.43 公顷,农田有效灌溉面积 800 公顷,林地面积 7533.33 公顷。全年甘蔗种植面积 5692 公顷,2016/2017 年榨季原料蔗入厂 35.94 万吨,完成甘蔗"双高"基地建设 1170.12 公顷;水稻种植面积 2399 公顷,产量 1.51 万吨。年内,新建海渊镇污水处理厂项目,完成投资 1095 万元;海渊镇水厂改扩建项目开工建设,总投资 2800 万元;自治区层面推进重大项目——海渊农副产品集散中心开工建设,项目占地 23.3 公顷,总投资额 8 亿元;海渊镇新型综合市场开工建设,项目占地 15.3 公顷,总投资 1.5 亿元。2016 年,全镇地区生产总值 4.48 亿元,其中,农业产值 3.15 亿元,林业产值 4270 万元,牧业产值 7464.4 万元,渔业产值 1603 万元;农民人均纯收入 8429 元。

爱店镇 行政区域面积 65.79 平方千米,镇域西南部与越南谅山省禄平县接壤,边境线长 25.5 千米。全镇辖 3 个行政村(社区),共 20 个自然屯,2016 年年末,总人口 9269 人,耕地面积 560 公顷,农田有效灌溉面积 196 公顷,林地面积 3868 公顷,森林覆盖率 58%。年内加快推进那党水库、爱店口岸货场二期改扩建、爱店口岸隧道、云天项目扩建、新天源等工程项目建设,完成征地 40.88 公顷。2016 年,全镇完成地区生产总值 2.23 亿元,爱店口岸进出口贸易总额 136.51 亿元,实现各种税费收入 3024.46 万元。城镇居民可支配收入 23315 元,农民人均纯收入 9367 元。

明江镇 全县最重要粮食和蔬菜生产基地,行政区域面积 188 平方千米,辖 12 个行政村、1 个社区,共 58 个经联社、68 个自然屯,2016 年年末,总人口 40310 人,其中农业人口 39067 人。全镇耕地面积 8111 公顷,农田有效灌溉面积 1325 公顷,林地面积 7495 公顷。全年甘蔗种植面积 3467 公顷,2016/2017 年榨季原料蔗入厂 17.66 万吨,完成甘蔗"双高"基地建设 334.3 公顷;粮食种植面积 2367 公顷,总产量 2 万吨;宁明花山田园现代农业(核心)示范区(208 公顷)通过自治区级专家验收,引进龙头企业入 3 家。2016 年,全镇实现地区生产总值 3.8 亿元,其中农业产值 2.78 亿元、渔牧业产值 5734.5 万元;农民人均纯收入 9293 元。

那堪镇 行政区域面积 291 平方公里,辖 18 个行政村(社区),共 119 个自然屯、171 个村民小组,2016 年年末,总人口 43236 人。全镇耕地面积 9759 公顷,农田有效灌溉面积 251 公顷,林地面积 12806.4 公顷。全年甘蔗种植面积 6415 公顷,2016/2017 年榨季入厂原料蔗 32.88 万吨,建设甘蔗"双高"基地面积 605 公顷。2016 年,全镇实现地区生产总值 4.69 亿元,其中农业产值 2.62 亿元、林业产值 9859.57 万元、牧业产值 9320.76 万元、渔业产值 1486.13 万元;完成社会固定资产投资 2.32 亿元;农民人均纯收入 6666 元。

桐棉镇 为两国(中国、越南)、三市(崇左市、防城港市、越南谅山省)、三县(宁明县、防城区、越南亭立县)交汇处,全镇有 9 个行政村 30 个自然屯与越南交界,陆地边境线长 122 千米,是广西边境线最长的乡镇。行政区域面积 664 平方千米,辖 16 个行政村、1 个社区,共 153 个自然屯,2016 年年末,总人口 41794 人,其中农业人口 39933 人。全镇有林地面积 60046.67 公顷,森林覆盖率 85%,其中用材林 50180 公顷、八角林 9866.67 公顷,年木材可砍伐量 5 万立方米、松脂产量1.5万吨,年产八角干果750吨,年造林533.3公顷。木材、松脂、八角是全镇经济支柱产业,林下种植渐成规模,山油茶、牛大力等种植业成为农民收入新渠道。2016年,全镇实现农林牧渔业总产值3.14亿元,其中林业产值2.41亿元、农业产值1428万元、畜牧水产产值5961万元,农民人均纯收入7525元。

亭亮镇 南友高速公路、湘桂铁路和宁明崇左公路穿境而过,境内有亭亮、天西两个火车站。行政区域面积390平方千米,辖12个行政村、1个社区,共100个自然屯,2016年年末,总人口35918人。全镇耕地面积15348公顷,农田有效灌溉面积350公顷。全年甘蔗种植总面积7733.3公顷,2016/2017年榨季原料蔗入厂48.25万吨,实施甘蔗"双高"基地234.4公顷;新建村级人畜饮水抗旱工程13个;亭亮社区抗旱人饮工程正在建设,受益人口3.4万我。2016年,全镇实现地区生产总值5.16亿元,其中农业产值4.22亿元、畜牧水产产值5230万元,农民人均纯收入8150元。

东安乡 行政区域面积108平方千米,辖7个行政村、1个社区,共45个自然屯、77个村民小组,2016年年末,总人口20039人。全年甘蔗种植面积2833公顷,2016/2017年榨季原料蔗入厂15.12万吨;联合宁明高岭茶叶有限公司在六审村创建生态绿茶种植基地,年内已种植29.3公顷。2016年,全乡实现农村经济总产值1.6亿元,其中农业产值1.48亿元、牧业产值1209万元;城镇居民人均可支配收入6683元,农民人均纯收入6404元。

北江乡 行政区域面积174平方千米,耕地面积6060公顷,辖10个村、1个社区,共77个自然屯、118个村民小组。2016年年末,总人口27778人,其中农村人口27278人。全年甘蔗种植面积5796公顷,2016/2017年榨季原料蔗入厂31.44万吨,实施甘蔗"双高"基地320公顷;北明村种桑养蚕总面积106公顷,年产鲜蚕茧75吨,产值540万元。2016年,全乡完成地区生产总值3.61亿元,其中农业产值2.77亿元、林业产值2810万元、渔牧业产值6062万元;农民人均纯收入7583元。

那楠乡 行政区域面积560平方千米,辖12个行政村、1个社区,共95个自然屯,2016年年末,总人口24546人。全乡耕地面积2460公顷,农田有效灌溉面积390公顷,有林面积4.9万公顷,森林覆盖率88%,其中八角林约1.2万公顷、松林3.7万公顷,林业用地绿化率96%。地方特色产品有八角、松脂、木材、蜂蜜、黑灵芝、茯苓等。全年种植牛古大力种苗24.9万株、石榴油茶1.94万株、种植茯苓310多公顷、黑灵芝60.2公顷。2016年,全乡实现农林牧渔业生产总值2.51亿元,其中林业产值1.95亿元、农业产值3100.4万元、牧业产值1927.11万元、渔业产值631.74万元;农民人均纯收入8003元。

峙浪乡 境域南部与越南接壤,边境线长12公里,行政区域面积210平方千米,辖8个行政村、1个社区,共66个自然屯、99个村民小组,2016年年末,总人口24381人。全乡耕地面积3334公顷,农田有效灌溉面积230公顷,林地面积14854公顷。主要农林特产品有木材、松脂、砂仁等。全年松脂产量13526吨,八角产量225吨,砂仁种植面积2000公顷,其他中草药种植面积54.33公顷。2016年,全乡实现农林牧渔业总产值1.16

亿元,其中农业产值5327万元、林业产值3272万元、牧业产值1987万元、渔业产值978万元;完成固定资产投资11375万元,农民人均纯收入6129元。

寨安乡 境域南部与越南接壤,边境线长37公里,行政区域面积236平方千米,辖13个行政村、1个社区,共51个自然屯,2016年年末,总人口24113人。全乡耕地面积7343公顷,农田有效灌溉面积533公顷,林地面积6834公顷。全年甘蔗种植面积5600公顷,2016/2017年榨季原料蔗入厂23.31万吨,甘蔗"双高"基地建设287公顷。2016年,实现地区生产总值2.52亿元,城镇居民人均可支配收入26680元,农民人均纯收入8515元。

板棍乡 行政区域面积237平方千米,辖7个行政村、1个社区,共62个自然屯、124个村民小组,2016年年末,总人口22480人。全乡耕地面积4256公顷,农田有效灌溉面积567公顷,林地面积1.15万公顷。全年种植甘蔗1447.8公顷,2016/2017年榨季原料蔗入厂8.36万吨,甘蔗"双高"基地建设面积231.6公顷。2016年,全乡完成农林牧渔业总产值2.7亿元,其中农业总产值1.15亿元、林业产值7613.65万元、牧业产值7565.43万元、渔业产值360万元;完成固定资产投资2.23亿元,农民人均纯收入7486元。

宁明华侨农场 行政区域面积33.11平方千米,划分为1个总场部、11个农业分场,耕地面积942.4公顷。2016年年末,总人口5265人,其中归侨侨眷3039人(归侨1717人、侨眷1322人)。全年甘蔗种植面积696.5公顷,2016/2017年产原料蔗3.59万吨,完成甘蔗"双高"基地建设41.7公顷;完成凭祥—宁明边境贸易加工区标准厂房项目等征地工作。2016年,全场实现地区生产总值4512万元,人均纯收入8225元。

天西华侨农场 行政区域面积70平方千米,场部设在天西村,下辖11个分场。2016年年末,总人口2489人,其中归难侨及子女1880人。全年甘蔗种植面积433.33公顷,2016/2017年榨季原料蔗入厂3.24万吨,完成甘蔗"双高"基地建设面积87.33公顷。2016年,全场实现地区生产总值7073万元,其中农、林、牧、渔业生产总值3183万元,工业生产总值3890万元,第三产业总值225.5万元;完成社会固定资产投资7039万元,人均纯收入6319元。

海渊华侨农场 行政区域面积3.4平方千米,下设5个分队,2016年年末,总人口908人,其中越南归侨、侨眷695人。全场耕地面积181公顷,主要种植甘蔗、龙眼、柑橘等作物。全年甘蔗种植面积140公顷,2016/2017年榨季原料蔗入厂1.41万吨,实施甘蔗"双高"基地建设133.3公顷。年内,引进广西世佰龙商贸有限责任公司投资1500万元建设库容量300立方米液化气储配站、总投资额约5亿元规划总容量120 MWp光伏电场、投资2000万元年产10万立方米商品混凝土搅拌站等项目。2016年,全场完成地区生产总值2825万元,人均纯收入8759元。

(黄柳健)

龙 州 县

【概况】 龙州县是红八军的故乡,是中国天琴艺术之乡,是中国长寿之乡,是世界花山岩画文化遗产地。位于广西崇左市南部,东临江州区,东南接宁明县,南靠凭祥市,东北连大新县,西南和西北与越南社会主义共和国接壤,边境线长184千米。境内有国家一类口岸水口口岸、国家二类口岸科甲口岸,有水口、科甲、那花、布局4个边民互市区(点)。左江上游河流过境。全县辖5个镇和7个乡,117个村委会、3个居委会、7个社区,居住着壮、汉、瑶等13个民族。县人民政府驻龙州镇,全县行政区域面积2311.19平方千米。2016年年末,总人口27.2万人,其中农村人口20.4万人。

经济总指标 2016年,全年实现地区生产总值103.88亿元,其中第一产业24.61亿元,第二产业42.02亿元,第三产业37.25亿元。人均地区生产总值46024元。完成固定资产投资105.97亿元。社会消费品零售总额19.16亿元。

固定资产投资 全年固定资产投资完成105.97亿元,增长19.4%。

招商引资 全年招商引资签约项目共19个,项目总投资59.62亿元,区外境内项目资金到位35.66亿元,全口径实际利用外资1682万美元,超额完成目标任务。

财政·金融 全年实现财政收入6.74亿元,下降23.7%。其中地方一般预算收入4.8亿元,下降23.8%。财政一般预算支出24.9亿元。外贸进出口总额44亿美元。年末金融机构各项存款余额84.1亿元,增长23.3%;贷款余额52.3亿元,增长20.4%。

交通·通信 全年等级公路里程962千米,其中二级以上公路120千米;完成客运量180万人次,旅客周转量20516万人千米;完成货运量542万吨,货物周转量73381万吨千米。邮路总长468千米,邮政业务运营收入2584.05万元。全县固定电话用户12821户,手机用户165438户,宽带用户19821户。

农业 全年实现农林牧渔业总产值40.09亿元,增长4.54%。其中,农业(种植业)产值30.78亿元,增长3.45%;林业产值1.97亿元,增长9.66%;牧业产值2.78亿元,下降0.64%;渔业产值1.07亿元,增长20.74%;农林牧渔服务业产值3.49亿元,增长11.29%。全县总耕地面积6.49万公顷,农田有效灌溉面积0.82万公顷。粮食作物播种面积1.24万公顷,粮食总产量5.1万吨。经济作物种植面积5.32万公顷。糖料蔗大宗经济作物种植面积3.91万公顷,入厂原料蔗195.06万吨,产糖量23.16万吨。林地面积13.2万公顷,森林覆盖率57.31%。农业机械总动力25万千瓦。

工业 全年实现工业总产值105亿元,增长21.3%。规模以上增加值完成33.1亿元,增长7.4%。社会用电量3.08亿千瓦时。

教育 2016年,全县各级各类学校共112所,其中普通高中1所,县职业教育中心1所,九年一贯制学校1所,初级中学4所(县城2所,乡镇2所),小学55所(公办54所,民办1所),乡镇中心小学11所,完全小学13所,教学点31个),幼儿园50所(公办幼儿园12所,民办幼儿园38所;县城20所,乡镇30所),普通高中在校生2818人,中等职业技术学校在校生1552人(其中全日制学生321人),初中在校生6281人,小学在校生14863人;在(园)班)儿童8548人(在园幼儿6537人,学前班2011人)。全县小学适龄儿童入学率100%,小学辍学率0,小学毕业生升学率100%;初中阶段毛入学率99.1%,

初中辍学率2.21%,初中毕业生升学率90.32%,高中毛入学率85.1%。2016年全县九年义务教育巩固率为91.2%,完成崇左市下达的指标任务。全年全县教育财政拨款收入40536万元,比上年少收入9829万元,下降19.52%;教育财政拨款支出34040万元,比上年少支出11953万元,下降25.99%。

文化·科技 2016年有专业艺术表演团体1个,共演出75场次,观众13万多人次;公共图书馆1个,图书藏量8万册,全年读者28573人次;举办7场民俗文化活动;完成1个村级公共服务中心项目建设,实现全县村级公共服务中心全覆盖目标;农村电影公益放映1466场。年内科技部门举办各种科学技术培训班、科普讲座12期(场次),培训人数800多人;发布科技信息100多条;全县专利申请量75件(发明47件,实用新型27件,外观设计1件),专利授权量49件(发明40件,实用新型9件)。

卫生·体育 2016年,全县各级政府办医疗机构有138个,有床位1091张,其中妇幼保健院床位40张;卫生技术人员1288人,其中注册护士539人;全县农民参合率为100%,共筹集资金1.19亿元;全年共有284644人次享受到新农合补偿,补偿金额为8356.94万元,资金使用率达70.23%,其中普通住院补偿23931人次,补偿金额为6482.58万元;门诊补偿245952人次,补偿金额为586.09万元;慢性病等其他补偿14761人次,补偿金额为1288.27万元;新农合政策范围内住院补偿比为75.89%。2016年新建3个村级篮球场,3条健身路径;完成体育固定资产投资3000万元;还举办了万人气排球赛、跳绳王赛、"身体素质全能王"比赛和太极拳、舞蹈、暑假青少年篮球等赛事和培训班;体彩销售额达1661万元,完成率170%。

人口计生 2016年区间(2015年10月—2016年9月)全县出生人口3077人,人口出生率为11.49‰;死亡人数1886人,死亡率为7.04‰;全县区间人口自然增长率为4.45‰,控制在崇左市下达的责任指标8.5‰以内。出生人口性别比为100∶106.71。全县政策外多孩率为0.97%,控制在责任指标4%以内。产前筛查率为93.86%,比责任指标65%以上高出25.49个百分点。全员人口信息平台出生人口录入3004人,信息变更及时率为97.47%,比责任指标95%以上高出2.47个百分点。荣获2016年全国计划生育服务先进单位以及自治区2016年诚信计生示范县。

居民生活 全县城镇居民可支配收入完成24726元,增长8.5%;农村居民人均可支配收入8844元,增长10.4%。城镇新增就业人数1632人,城镇登记失业率2.0%,比上年度任务指标低2.2个百分点。城乡居民社会养老保险累计参保人数为111845人,基本实现乡镇居民参保全覆盖。累计发放社会养老金3416.79万元。水口镇共宜新村建成一期100栋安置房,安置贫困群众100户共371人;全县城镇化率达到35.93%,比上年提高0.94个百分点。

旅游 全县主要旅游景区(点)有龙州起义纪念馆、小连城景区、左江景区、胡志明展馆、发现·弄岗生态旅游度假区、水口中越边关旅游区、红八军军部旧址、陈勇烈祠、法国驻龙州领事馆旧址、中山公园、金龙美女村等。2016年共接待游客309.24万人次,同比增长54.41%,旅游总收入32.77亿元,同比增长68.69%。

中共龙州县委员会

书　记	秦　昆（　—2016年5月）
	黄　巧（2016年5月—6月）
	秦　昆（2016年6月—　）
副书记	王方红（　—2016年4月）
	钟　磊
	刘加义（挂职，　—2016年7月）
	刘德智（2016年5月—　）
常　委	秦　昆（　—2016年5月）
	黄　巧（2016年5月—6月）
	秦　昆（2016年6月—　）
	王方红（　—2016年4月）
	钟　磊
	刘加义（挂职，　—2016年7月）
	刘德智（2016年5月—　）
	傅　俊（　—2016年7月）
	甘增宝
	刘德智（　—2016年5月）
	黄洪燕（　—2016年5月）
	张儒聪（2016年5月—　）
	韦　院（　—2016年5月）
	韩日辉（　—2016年5月）
	何子才
	李　想（女,2016年5月—）
	谢国志
	黄华基（2016年5月—）
	苏俊沄（2016年5月—）
	凌毅俊（挂职，　—2016年4月）
	伍善旺（挂职,2016年11月—）

龙州县人大常委会

主　任	黄集精
副主任	农英才
	张权壮（—2016年5月）
	邓军平
	曾海春（女）
	周　兰（女,2016年5月—）

龙州县人民政府

县　长　王方红（—2016年4月）
　　　　钟　磊（2016年8月—）
副县长　甘增宝
　　　　韩日辉（—2016年5月）
　　　　何子才（2016年5月—）
　　　　凌毅俊（挂职，—2016年4月）
　　　　伍善旺（挂职，2016年4月—）
　　　　何如坚（—2016年5月）
　　　　周　兰（女，—2016年5月）
　　　　李　婧（女，—2016年5月）
　　　　黄学坚（2016年5月—11月）
　　　　许光文（2016年11月—）
　　　　姚　杰（2016年5月—）
　　　　陆　芳（女，2016年5月—）
　　　　李峥玄（2016年5月—）
　　　　周秀海（挂职）
　　　　陈君夫（挂职，—2016年11月）
　　　　赵　昕（挂职，2016年11月—）

政协龙州县委员会

主　席　何卫存
副主席　冯荣孙（—2016年5月）
　　　　叶建军（—2016年5月）
　　　　赵　霞（女，—2016年5月）
　　　　李　扬
　　　　张权壮（2016年5月—）
　　　　李　婧（女，2016年4月—）
　　　　黄　萍（女，2016年5月—）

【现代农业】　2016年，全县实施"双高"基地建设0.46万公顷，完成澳洲坚果种植0.32万公顷。整合资金4385.8万元，完善龙州县水㙁果蔗产业（核心）示范区基础设施建设，引进广西旭超农业发展有限公司、北部湾食用菌有限公司等3家企业进驻示范区，广西现代农业科技园区项目落户示范区。山水弄岗生态农业示范区通过市级验收。

【工业经济】　全县规模以上工业增加值完成33.1亿元，增长7.4%。2016/2017榨季入厂原料蔗195.06万吨，产糖23.16万吨，产值9.75亿元。龙州江南食品（二期）、龙州龙億食品、中恒万华公司铁产品等项目竣工。龙州年产100万吨氧化铝（一期）、龙州鑫石顺年产50万吨碳酸钙加工项目基本完成各项前期工作。成功举办中国食品工业协会坚果炒货行业2016年度理事会，引进馋鱼儿等近10家企业。民之天、力禾粮食加工和江南食品等3家企业入规，全县规上工业企业达到15家。

【现代服务业】　全县第三产业增加值完成37.25亿元，同比增长9.9%。占地区生产总值比重达到35.86%。全年社会消费品零售总额完成19.16亿元，增长10.03%。批发和零售业增加值、住宿和餐饮业增加值分别增长11.3%、6.7%；全年接待游客量达309.24万人次，旅游业总收入32.77亿元，分别同比增长54.41%、68.69%。全县金融机构人民币存贷款余额分别为84.1亿元、52.3亿元，分别增长23.3%、20.4%，增幅分别排在全市第1、第2位。

【口岸经济】　2016年，国务院批复设立广西凭祥重点开发开放试验区覆盖龙州，水口口岸升格为国际性口岸并扩大开放至二桥；水口国检试验区、水果进境指定口岸获国家质检总局批复建设，科甲口岸获南宁海关同意启动复关，龙州边境经济合作区申建工作加快推进。水口二桥口岸监管区项目、那花、布局互市监管区项目正在修改完善规划设计；科甲互市区项目4栋联检楼主体工程竣工验收，正加快装修；罗回农贸市场完成主体工程建设，水口互市监管区扩建改造工程、横罗互市点完成规划设计。年内，全县投入4000多万元扶持外贸企业发展，帮助解决出口退税、融资难等实际困难。全年对外贸易进出口总额完成296.75亿元，同比下降26.7%。全年互市贸易完成162.8亿元，增长8.4%。

【项目建设】　全县固定资产投资完成105.97亿元，增长19.4%。全县统筹推进重大项目193项。其中，新开工120项，完成投资58亿元；续建项目73项，完成投资47.9亿元。全县列入自治区层面统筹推进的重大项目有6项，列入市级层面重大项目有18项。崇左至水口高速公路项目完成招标工作；水口—驮隆中越界河二桥项目完成设计审查，移交越南有关部门核准；叫堪至那花至布局二级公路实现全线贯通。龙州通用机场正在开展选址等前期工作。区外境内项目资金到位35.66亿元，完成全年目标任务35.02亿元的101.82%。

【扶贫攻坚】　2016年龙州县被列为全自治区统筹整合财政涉农资金试点县，整合3.72亿元资金投入47个贫困村产业项目、村屯道路等建设，其中基础设施建设2.82亿元、产业发展0.9亿元。发放扶贫小额贷款6448户2.65亿元，为2476户贫困户发放边贸小额贷款1.27亿元。"易地搬迁＋驻边守疆＋边贸扶贫"模式获国务院脱贫攻坚督查组作为督查成果上报国务院扶贫开发领导小组；"易地搬迁＋"模式获自治区领导肯定批示，龙州县在2016年自治区易地扶贫搬迁暨村屯道路建设现场推进会上作典型发言;自治区2016年边贸扶贫现场推进会在龙州县召开;在2016年自治区扶贫专项资金绩效考评初评中龙州县排全自治区第5位。年内,全县减贫2405户9559人,贫困发生率降低至16.8%。

【乡镇】 2016年,全县辖龙州、下冻、水口、金龙、响水5个镇和八角、上降、彬桥、上龙、武德、逐卜、上金7个乡。

龙州镇 位于龙州县中部,2016年全镇辖10个村委会,79个自然屯,7个社区,25条街道,年末总户数17925户,总人口53361人,其中乡村人口13598人,城镇人口39763人。行政区域总面积142.13平方千米,耕地面积7280.31公顷,其中水田723.16公顷,旱地6557.15公顷。有林面积4050.83公顷。农民人均纯收入达到8196元,同比增长9%;城镇居民人均可支配收入达到25292元,同比增长9%。全年农作物播种面积8295公顷,其中粮食种植面积1875公顷,总产量7030吨;甘蔗种植面积4062.73公顷,入厂原料蔗194762.77吨;蔬菜面积1120公顷,总产量23339吨;果园种植面积617公顷,总产量18300吨;肉类总产量1581吨;水产品产量2512吨。

下冻镇 位于龙州县西部,2016年全镇辖9个村委会,1个居委会,85个自然屯,其中有那花、两庄、布局3个行政村12个自然屯与越南接壤,边境线长41.5千米,有那花、布局两个边贸互市点。年末总户数4286户,总人口19046人,其中乡村人口17816人,城镇人口1230人。行政区域总面积127.87平方千米,耕地面积1896.7公顷,其中水田1314.2公顷,旱地582.5公顷。有林面积6105.1公顷。

农民人均纯收入达到8164元。全年农作物播种面积4322.76公顷,其中粮食种植面积1173.3公顷,总产量5208吨;甘蔗种植面积2955公顷,入厂原料蔗134770.82吨;蔬菜面积128.86公顷,总产量1800吨;果园种植面积66.6公顷,总产量2500吨;肉类总产量2000吨;水产品产量800吨。

水口镇 位于龙州县西北部,2016年全镇辖10个村委会、1个居委会,120个自然屯。其中,有4个村委会,1个居委会,20个自然屯与越南复和县毗邻,边境线长达56千米,境内水口口岸为国家一类口岸。年末总户数5726户,总人口22521人,其中乡村人口21057人,城镇人口1464人。行政区域总面积193.37平方千米,耕地面积2657.3公顷,其中水田1438.9公顷,旱地1218.4公顷。有林面积9333.5公顷。农民人均纯收入达到8180元,同比增长10%。全年农作物播种面积1199公顷,其中粮食种植面积1199公顷,总产量5510吨;甘蔗种植面积3690.33公顷,入厂原料蔗199851.89吨;黑皮果蔗种植面积241.67公顷,产量21948.11吨;蔬菜面积478公顷,总产量9629吨;果园种植面积336公顷,总产量10667吨;肉类总产量567.8吨;水产品产量1522吨。2016年,贸易进出口完成48.2亿美元,同比增长22.9%。出入境人次达77万人次,同比增长160.45%。互市贸易130.26亿元,同比增长26.1%。现有桂企实业、江南食品、龙億食品、民之天等项目进驻,总投资20多亿元。主要进出口货物有药材、海鲜、干果及日用品等。

金龙镇 位于龙州县北部,北与越南接壤,边境线长43.5千米。2016年全镇辖15个村委会,

128个自然屯,年末总户数6771户,总人口29982人,其中乡村人口29325人,城镇人口657人。行政区域总面积197.35平方千米,耕地面积3138.66公顷,其中水田1117.33公顷,旱地2021.33公顷。有林面积17万公顷。农民人均纯收入达到7138元。全年农作物播种面积4699公顷,其中粮食种植面积1306公顷,总产量4881吨;甘蔗种植面积2904.2公顷,总产量160117.61吨;蔬菜面积350公顷,总产量6940.53吨;果园种植面积387公顷,总产量8981吨;肉类总产量932.2吨;水产品产量962吨。

响水镇 位于龙州县东北部,2016年全镇辖9个村委会,1个居委会,53个自然屯,年末总户数3884户,总人口15271人,其中乡村人口12754人,城镇人口2517人。行政区域总面积200.7平方千米,耕地面积5525.12公顷,其中水田397.81公顷,旱地5127.31公顷。有林面积4250公顷。农民人均纯收入达到7728元。全年农作物播种面积5667.67公顷,其中粮食种植面积846.7公顷,总产量4219.87吨;甘蔗种植面积3880.87公顷,入厂原料蔗202768.58吨;蔬菜面积51.7公顷,总产量1163.25吨;果园种植面积42公顷,总产量1102.5吨;肉类总产量822.6吨;水产品产量1500吨。

八角乡 位于龙州县南部,2016年全乡辖7个村委会,47个自然屯,年末总户数2791户,总人口11433人,其中乡村人口11206人,城镇人口227人。行政区域总面积90.1平方千米,耕地面积830公顷,其中水田320公顷,旱地510公顷。有林面积2532公顷。农民人均纯收入达到6565元。全年农作物播种面积810公顷,其中粮食种植面积550公顷,总产量4100吨;

甘蔗种植面积291.2公顷,入厂原料蔗12065.03吨;蔬菜面积65公顷,总产量280吨;果园种植面积60公顷,总产量360吨;肉类总产量214.5吨;水产品产量15吨。

上降乡 位于龙州县南部,2016年全乡辖8个村委会,46个自然屯,年末总户数3292户,总人口11944人,其中乡村人口11650人,城镇人口294人。行政区域总面积77.06平方千米,耕地面积1579.06公顷,其中水田627.32公顷,旱地951.74公顷。有林面积2656.9公顷。农民人均纯收入达到8398元。全年农作物播种面积1642公顷,其中粮食种植面积529公顷,总产量2319吨;甘蔗种植面积404.6公顷,入厂原料蔗17239.4吨;蔬菜面积183公顷,总产量3617.05吨;果园种植面积162公顷,总产量3392吨;肉类总产量373吨;水产品产量954吨。

彬桥乡 位于龙州县西南部,西与越南接壤,边境线长18千米。2016年全乡辖12个村委会,81个自然屯,年末总户数4987户,总人口19348人,其中乡村人口17883人,城镇人口1465人。行政区域总面积104.64平方千米,耕地面积3577公顷,其中水田1025公顷,旱地2552公顷。有林面积2560公顷。农民人均纯收入达到8098元。全年农作物播种面积5024公顷,其中粮食种植面积1099公顷,总产量4690吨;甘蔗种植面积3702.73公顷,入厂原料蔗171321.28吨;蔬菜面积40公顷,总产量3400吨;果园种植面积413公顷,总产量8450吨;肉类总产量636.85吨;水产品产量1327吨。

上龙乡 位于龙州县西北部,2016年全乡辖8个村委会,70个自然屯,年末总户数4808户,总人口17860人,其中乡村人口17860

人。行政区域总面积77.06平方千米,耕地面积2658公顷(不含开荒),其中水田176公顷,旱地2482公顷。有林面积61公顷。农民人均纯收入达到8984元,同比增长16.6%。全年农作物播种面积7998公顷,其中粮食种植面积939公顷,总产量3058吨;甘蔗种植面积4141.87公顷,入厂原料蔗182654.19吨;黑皮果蔗种植面积448公顷,产量60756吨;蔬菜面积373公顷,总产量7470吨;果园种植面积516公顷,总产量14476吨;肉类总产量495吨;水产品产量1056吨。

武德乡 位于龙州县西北部,北与越南接壤,边境线长25千米。2016年全乡辖8个村委会,71个自然屯,年末总户数4446户,总人口20261人,其中乡村人口19986人,城镇人口275人。行政区域总面积212.84平方千米,耕地面积3867公顷,其中水田134公顷,旱地3733公顷。有林地面积2316公顷。农民人均纯收入达7953元。全年农作物播种面积5007.3公顷,其中粮食种植面积977公顷,总产量3890吨;甘蔗种植面积3698.53公顷,入厂原料蔗185378.38吨;蔬菜面积319公顷,总产量6462.71吨;果园种植面积394公顷,总产量11769吨;肉类总产量8306吨;水产品产量892吨。

逐卜乡 位于龙州县东北部,2016年全乡辖11个村委会,121个自然屯,年末总户数4702户,总人口18587人,其中乡村人口17279人,城镇人口1308人。行政区域总面积221.57平方千米,耕地面积5733公顷,其中水田53.3公顷,旱地5679.7公顷。有林面积12666.7公顷。农民人均纯收入达到7910元,同比增长6.5%。全年农作物播种面积4313公顷,其

中粮食种植面积686公顷,总产量3698吨;甘蔗种植面积3538.67公顷,入厂原料蔗193320.36吨;蔬菜面积20公顷,总产量382.5吨;果园种植面积1434公顷,总产量64530吨;肉类总产量720.4吨;水产品产量130吨。

上金乡 位于龙州县东南部,2016年全乡辖10个村委会,86个自然屯,年末总户数5810户,总人口21278人,其中乡村人口21098人,城镇人口180人。行政区域总面积228.35平方千米,耕地面积3820公顷,其中水田726公顷,旱地3094公顷。有林面积3716公顷。农民人均纯收入达到7375元。全年农作物播种面积4606公顷,其中粮食种植面积823公顷,总产量2782吨;甘蔗种植面积4183.2公顷,入厂原料蔗213351.55吨;蔬菜面积298公顷,总产量6101吨;果园种植面积390公顷,总产量12520吨;肉类总产量472吨;水产品产量1723吨。

(黄革忠 吕 毅)

凭祥市

【概况】 凭祥市位于北纬21°57′37″~22°16′27″,东经106°40′08″~106°59′55″,地处崇左市西南部,境域西、南两面与越南接壤,边界线97公里。全市行政区域总面积645平方千米,下辖4个镇。2016年年末,总人口11.4万人。境内有国家一类口岸2个(凭祥铁路口岸、友谊关公路口岸)、国家二类口岸1个(平而关水路口岸),边民互市点4个:弄尧(含浦寨)、凭祥(叫隘)、平而、油隘,是中国最靠近东盟国家、广西口岸数量最多、种类最全、规模最大的国际化边境口岸城市,素有"国门城

市"之称。

经济总指标 2016年,全市实现地区生产总值65.35亿元,同比增长12.6%。其中:第一产业增加值5.31亿元,同比增长3.7%;第二产业增加值18.72亿元,同比增长11%,其中工业增加值10.14亿元,同比增长7.5%;第三产业增加值41.32亿元,同比增长14.6%。完成全社会固定资产投资112.51亿元,财政收入8.26亿元,社会消费品零售总额23.14亿元、同比增长10.3%,外贸进出口总额114.08亿美元、同比增长8.9%,万元地区生产总值能耗下降0.87%。城镇居民人均可支配收入29772元,同比增长8.1%;农民人均纯收入9889元,同比增长10.2%。全市银行机构年末各项存款余额78.3亿元,各项贷款余额35.5亿元。

固定资产投资 2016年,全市完成固定资产投资112.51亿元,比上年增长21.3%,其中更新改造完成投资24.6亿元,同比增长394.3%。

招商引资 2016年,全市实现招商引资项目38个,到位资金45.08亿元,其中区外境内项目36个、到位资金43.31亿元,全口径利用外资到位资金2716万美元。年内,新引进传化物流综合服务中心、越南酸奶加工、练江漂流休闲旅游、跨境电商产业园、叫隘商贸物流综合开发等项目22个。

财税·金融 2016年,全市财政总收入8.26亿元,其中一般公共财政预算收入6.68亿元,上级补助收入8.42亿元(包括返还性收入0.48亿元、一般性转移支付收入5.53亿元、专项转移支付收入2.41亿元),转贷财政部代理发行地方政府债券收入1.83亿元,上年结余收入1.43亿元。全市财政总支出17.45亿元,其中地方财

政一般预算支出16.87亿元、上解上级支出0.29亿元,年终滚存结余0.18亿元。全市银行机构年末各项存款余额78.3亿元,同比增加7.52亿元、增长10.64%,各项贷款余额35.5亿元,同比增加2.22亿元、增长6.67%。全市银行金融机构实现中间业务收入4720.48万元,同比增加14.48万元、增长0.31%;完成边贸结算35665笔,金额930.37亿元,同比增长5.06%。全市保险机构各项保费收入7856万元,同比增加1150万元、增长17.14%。年内,凭祥市证券营业部证券投资者新开户185户,同比下降88.64%;托管资产4.9亿元,同比下降14.4%;成交量161亿元,同比减少26亿元、下降13.9%。基金及理财产品累计销售3290万元,证券业实现利润405万元、同比下降72.16%。

交通·通信 2016年底,凭祥市公路总里程1072.05千米(管养里程323.6千米)。其中,高速公路43千米,占总里程的4%;二级公路90.4千米,占总里程的8.4%;三级公路102.5千米,占总里程的9.6%。年内,全市公路运输完成客运量150万人次、货运量431万吨。

全年完成邮电通信业务总量1.74亿元。其中,邮政业务总量1340.47万元,同比增长4%;中国电信业务总量2729.8万元,同比增长5.5%;中国移动业务总量1.06亿元,同比增长7.41%;中国联通业务总量2769万元,同比增长20.7%。

农业 2016年,全市粮食作物种植面积4687公顷,总产量2.03万吨;甘蔗种植面积5166公顷,总产量39.95万吨;水果果园面积1609公顷,产量1.2万吨,产值6005万元。全市林业用地面积

473.98平方千米,占土地总面积的73.28%;森林面积451.2平方千米,森林覆盖率69.78%。水产品总产量0.32万吨,同比增长6.3%;肉类总产量0.57万吨,同比增长1.62%。年内,全市肉猪出栏4.97万头,存栏4.85万头;肉牛出栏0.32万头,存栏0.68万头;山羊出栏0.35万头,存栏0.24万头;家禽出栏81.66万羽,存栏34.6万羽;龟鳖养殖户1500多户,斗鸡出栏8万多羽。

工业 2016年,全市工业总产值32.42亿元,同比增长13.1%,其中规模以上工业增加值31.54亿元,同比增长13.41%。在规模以上工业中,水泥产量60.69万吨、同比增长36.6%,酒精产量34964千升、同比下降67.5%,人造板产量36.56万立方米、同比增长16%。年内,全市新增规模以上口岸加工业企业7家,总产值5.07亿元,其中农产品加工企业1家,红木加工企业6家。

教育·科技 2016年,全市有幼儿园47所(其中公立13所、私立34所),教职工776人(其中公立幼儿园260人、私立幼儿园516人),在园儿童6853人;小学38所,教学点28个,专任教师657人,在校学生10293人;普通初中2所,专任教师294人,在校生3620人;普通高中1所,专任教师101人,在校生1503人;中等职业技术学校1所,专任教师42人,在校学生413人(其中全日制在校学生208人)。全市小学校园面积31.47万平方米,生均面积30.57平方米,校舍面积11.71万平方米,生均面积10.89平方米;普通初中校园面积14.37万平方米,生均面积39.96平方米,校舍面积4.82万平方米,生均面积13.31平方米;普通高中校园面积6.93万平方米,生均面积46.12平方米,校舍面积3.44万

平方米,生均面积 22.91 平方米;中等职业技术学校校园面积 7.91 万平方米,生均面积 191.53 平方米,校舍面积 1.51 万平方米,生均面积 36.57 平方米。全市教育经费总收入 2.43 亿元,同比增长 21%。其中,财政拨款 2.42 亿元、同比增长 22%;教育经费总支出 2.54 亿元,同比增长 28%。年内,全市学前教育三年毛入园率 95.93%,九年义务教育巩固率 92.22%,高中阶段教育毛入学率 85.77%;全市中考九年级报考人数 754 人、八年级报考人数 904 人,参加全国普通高考 418 人、面向中等职业学校对口高职考试 4 人、全国成人高考 186 人。

2016 年,全市城镇单位各类专业技术人员 1676 人。其中,按专业技术职务分,高级技术职称 135 人,中级技术职称 811 人;按专业类别分,工程技术人员 83 人,农业技术人员 35 人。

文化·体育 2016 年,全市有文博事业机构 2 个(其中县级博物馆 1 个),图书馆、文化馆各 1 家,文化经营单位 56 家,其中网吧 9 家、歌舞娱乐 KTV13 家、电子游戏 1 家。全市有田径场 3 个,用地面积 6.38 万平方米,场地面积 4.83 万平方米,建筑面积 1440 平方米;篮球场 143 个,用地面积 8.45 万平方米,场地面积 8.4 万平方米;排球场 8 个,用地面积 4102 平方米,场地面积 3022 平方米;室外游泳池 10 个,用地面积 1.42 万平方米,场地面积 7959 平方米,建筑面积 1184 平方米;综合房(馆) 4 个,用地面积 3370 平方米,场地面积 4132 平方米,建筑面积 4201 平方米;篮球房(馆) 3 个,用地面积 3801 平方米,场地面积 2726 平方米,建筑面积 3550 平方米;羽毛球房(馆) 3 个,用地面积 1321 平方米,场地面积 932 平方米,建筑面

积 1066 平方米;乒乓球房(馆) 1 个,用地面积 304 平方米,场地面积 209 平方米,建筑面积 280 平方米;室外五人制足球场 2 个,用地面积 5311 平方米,场地面积 4496 平方米;室外七人制足球场 1 个,用地面积 5600 平方米,场地面积 4002 平方米。年内,全市有等级裁判员 56 人、教练员 2 人。

卫生计生 2016 年年末,全市卫生机构 79 个,其中医院 2 家(综合医院和中医医院各 1 家)、疾病预防控制中心 1 家、卫生监督所 1 家、妇幼保健院 1 家、社区卫生服务机构 2 家、乡镇卫生院 4 个、门诊部和诊所 35 个、村卫生室 33 个。全市卫生用房面积 5.55 万平方米,其中业务用房面积 3.25 万平方米;万元以上设备 204 台,总价值 2516.7 万元,其中 50 万元以下 135 台、50 万元至 99 万元 15 台、100 万元以上 42 台。全市医疗机构床位数 291 张,比上年增加 11 张、增长 3.93%,每千人口医疗机构床位数由 2014 年的 2.21 张提高到 2.47 张,其中医院床位数 181 张、同比增加 21 张、增长 11.6%。全市卫生人员 880 人,比上年增加 33 人,同比增长 3.75%。其中,卫生技术人员 713 人,比上年增加 11 人,同比增长 1.56%,每千人口卫生技术人员 6.16 人,比上年增加 1.2 人;执业医师和执业助理医师 264 人,比上年增加 10 人,同比增长 3.93%,每千人口执业医师和执业助理医师 2.25 人、注册护士 2.43 人,同比增长 2.4%;乡镇卫生院卫生人员 109 人,同比增长 9%,其中卫生技术人员 90 人、执业医师和执业助理医师 31 人、注册护士 24 人。年内,全市医疗机构总诊疗 66.47 万人次,比上年增加 3.95 万人次,同比增长 6.3%;全市医疗机构住院人数 8068 人次,比上年增

加 294 人次,同比增长 3.78%;全市病床使用率 73%,医师人均每日担负诊疗 12.6 人次,门诊平均诊疗医疗费每人次 95.09 元,住院病人人均医疗费 100.1 元。新农合人均补助标准 540 元,个人缴纳部分全部由政府代缴,全市参加新农合农民 79926 人,参合率 100%;城镇医疗保险人均补助标准 420 元,个人缴纳 150 元,全市参保率 54.56%。

2016 年,全市出生人口 1905 人,出生率 16.7‰;死亡人口 437 人,死亡率 3.83‰,人口自然增长率 12.87‰。

居民生活 2016 年,全市在岗职工年平均工资 53770 元,比上年增加 6924 元,增长 14.8%,其中企业在岗职工年平均工资 38516 元,比上年增加 1121 元,增长 3%。农村居民年人均纯收入 9889 元,增长 10.2%;城镇居民年人均可支配收入 29772 元,增长 8.1%。全市城乡居民社会养老保险参保率 90% 以上,待遇人数发放率 100%,其中新型农村养老保险基础养老金 135 元,为广西区最高。全市参加城镇职工基本养老保险 1.28 万人,同比增加 251 人,其中参保职工 8984 人,参保离退休人员 3820 人;参加失业保险 6930 人,同比增加 1900 人;参加工伤保险 10462 人,同比增加 924 人;参加生育保险 9356 人,同比增加 767 人。全市参加城镇职工基本医疗保险 13034 人,参加城镇居民基本医疗保险 18660 人。全市城市居民最低生活保障 2213 人,同比减少 112 人;农村居民最低生活保障 4620 人,同比增加 1329 人。年内,全市有福利院 1 所,床位 80 张,完成安居工程保障性住房建设 170 套。

旅游 2016 年,全市接待游客 605.4 万人次,同比增长 9.21%。其中,国内游客人数 589.51 万人

次,同比增长7.9%;入境过夜游客人数15.89万人次,同比增长10.53%。全年旅游总消费46.42亿元,同比增长8.86%;旅游外汇消费5900.6万美元,同比增长8.63%。

中共凭祥市委员会

书 记 邱明宏
副书记 孙睿君(女)
　　　　苏 勇(—2016年5月)
　　　　凌焕忠(—2016年5月)
　　　　黄绍西(2016年5月—)
常 委 邱明宏
　　　　孙睿君(女)
　　　　苏 勇(—2016年5月)
　　　　凌焕忠(—2016年5月)
　　　　黄绍西(2016年5月—)
　　　　唐伟刚(—2016年9月)
　　　　何少伟(—2016年5月)
　　　　潘少芳(女)
　　　　黄 苓(女,—2016年5月)
　　　　赵忠民(—2016年5月)
　　　　韦 阳
　　　　农国华
　　　　郭 强(—2016年5月)
　　　　卢业青(—2016年5月)
　　　　覃万宁(2016年5月—)
　　　　周海深(2016年5月—)
　　　　覃文吉(2016年5月—)
　　　　夏高峰(2016年5月—)
　　　　张志文(挂职,2016年8月—)
　　　　罗征荣(挂职)
　　　　宁 斌(挂职,2016年5月—)

凭祥市人大常委会

主 任 陈健(女)
副主任 龙运勇(—2016年8月)
　　　　李 坤(—2016年8月)
　　　　梁超君(—2016年8月)
　　　　凌星高(—2016年8月)
　　　　赵忠民(2016年8月—)
　　　　李有发(2016年8月—)

周 平(女,2016年8月—)

凭祥市人民政府

市 长 孙睿君(女)
副市长 何少伟(—2016年5月)
　　　　郭 强(—2016年5月)
　　　　卢业青(—2016年4月)
　　　　罗征荣
　　　　苏福华(—2016年5月)
　　　　周远明
　　　　李有发(—2016年8月)
　　　　周 平(女,—2016年8月)
　　　　甘华杰(—2016年5月)
　　　　朱厚岩
　　　　覃万宁(2016年5月—)
　　　　覃文吉(2016年5月—)
　　　　张志文(挂职,2016年9月—)
　　　　宁 斌(挂职,2016年4月—)
　　　　凌星高(2016年8月—)
　　　　凌小将(2016年8月—)

政协凭祥市委员会

主 席 李民忠
副主席 禤培广(—2016年8月)
　　　　黄秀芳(女)
　　　　罗少民(—2016年8月)
　　　　张 勇(—2016年8月)
　　　　李 坤(2016年8月—)
　　　　梁超君(2016年8月—)
　　　　邓素清(女,2016年8月—)

【沿边开发开放】 2016年,凭祥重点开发开放试验区获国务院批复实施,成为全市新的重要国家级开放平台;中越凭祥—同登跨境经济合作区上升到国家层面推进,与越南同登—谅山口岸经济区管委会建立定期会晤机制,两个国家战略平台均纳入国家"一带一路"总体规划,进一步提升凭祥沿边开发开放水平。另外,国务院批复同意友谊关公路口岸扩大开放至浦寨、弄怀,形成口岸扩容提质开放发展

新格局;凭祥综合保税区体制机制改革有效推进,规划面积1.4平方千米的综合保税区二期开工建设,"区市一体化"融合发展步伐加快,全年入区企业完成进出口总额221.43亿元,增长49.8%,在全国46个封关运行的综合保税区中排名第13位;凭祥边境经济合作区扩容扩区加快推进,友谊关工业园和宁明工业园区实现一体化建设,标准厂房、污水处理等项目开工建设。年内,现代化国际口岸建设成效显著,国务院批准友谊关口岸签证业务,投资8.5亿元的凭祥边境贸易货物监管中心建成使用,货物监管初步实现"一线放开、二线管住"的监管模式,吞吐能力增长3倍,通关效率平均提高1倍以上,贸易成本平均降低45%以上;全国首个国检试验区——中国–东盟边境贸易凭祥国检试验区揭牌运行,给予以农产品为代表的边境贸易产品"快验快放"和"优进优出";油隘、叫隘互市点升级改造及综合开发项目全面启动,中越友谊关—友谊口岸国际货运专用通道基本建成,中越浦寨—新清国际货运专用通道加快推进,东盟水果冷藏集装箱专列成功试运行,东盟进口水果专列上北京用时缩短近30个小时;中国(广西凭祥试验区)东盟货币服务平台顺利运行,全年交易额316.04亿元,增长149.79%,卖出人民币总额178.15亿元;跨境人民币结算业务领跑广西,全年跨境结算841.01亿元,占广西壮族自治区结算总额的49.13%(居广西壮族自治区第一),个人跨境人民币结算金额249.53亿元,增长213.28%;积极开展个人本外币兑换特许业务试点,设立崇左首家本外币兑换特许机构并获准开展业务;设立广西县域首家产业发展

基金——中国－东盟(凭祥)沿边开发开放产业发展基金,完成一期募集工作;与越南文朗县新清乡那楼村等5个边境村屯缔结为友好村屯,出台《凭祥市跨境务工管理暂行办法》,积极推动劳务派遣中介公司开展跨境劳务业务,全市10家劳务派遣公司获聘用跨境务工人员用工资格,全年办理跨境劳务6.7万人次。

【口岸经济】 2016年,凭祥市优化升级"口岸＋对外贸易",对外贸易逆势上扬,全市外贸进出口总额114.08亿美元,同比增长8.9%。其中,出口额70.51亿美元、同比增长2.9%,边境小额贸易额57.42亿美元,外贸进出口总值占广西壮族自治全区的23.88%、崇左全市的61.51%,外贸进口、出口,边小进口、出口,对越进口、出口,对东盟进口、出口等八项指标位居广西壮族自治区第一。水果进出口贸易量在2015年超过深圳跃居全国第一的基础上加快增长,全年进出口货量203.5万吨,同比增长44.3%。年内,全市大力培育市场采购贸易,边境贸易综合服务平台"广贸通"上线运行;稳步推进互市贸易改革,引导边民组建边贸合作社8家参与互市贸易,建成边民互市贸易信息服务平台和结算中心,带动边民增收效益明显。加快培育"口岸＋专业市场",依托外贸特色商品,谋划建设"五城",打造面向东盟的进出口商品集散地。年内,中国边贸第一城一期开业运营,形成纺织服装、汽摩配件边贸采购基地;中国－东盟水果城专业市场一期建成试业,与北京新发地公司合作打造东盟水果交易集散中心。升级发展"口岸＋现代物流",凭祥综合保税区集装箱年吞吐量10.05

万标箱,增长86.8%;富士康准时达、深圳捷递国际物流、海丰国际陆路集装箱等项目进驻综合保税区,加快培育中国－东盟陆路集装箱集拼分拨中心;引进浙江传化集团建设智慧物流信息平台,全面提升物流效率。大力发展"口岸＋边贸加工",打好加工贸易攻坚战,以贸易带加工、以加工稳贸易。加快推进自治区层面统筹推进的千亩农产品加工物流项目,凭祥综合保税区轻工产业园、机电产业园和东盟特色资源加工产业园开工建设,新建标准厂房4.39万平方米,杂粮、坚果、酸奶、高档手表、小家电、电动车等8家加工企业进驻友谊关工业园和凭祥综合保税区,边贸农副产品落地加工、越南独资加工企业实现零的突破。年内,全市新增规模以上口岸加工业企业7家,占崇左全市的36.8%;口岸加工业总产值10.07亿元,占崇左全市的31.8%。

【特色产业】 2016年,凭祥市注重推进红木产业发展,"红木凭祥"品牌影响力不断提升,全年新增"广西名牌产品"5家、"广西著名商标"1家,红木文化创意产业园一期开工建设。年内,红木文博城销售额突破50亿元,获"广西服务业品牌"称号;"凭祥红木工匠"获"广西优秀劳务品牌"称号,《红木干燥》《红木雕刻》《红木涂饰》《红木家具质量等级》等4个广西地方标准完成编制并通过评审。红木诚信联盟正式启动,红木市场诚信体系进一步完善;创新开展红木"转贷通"业务,为企业解决上亿元资金续贷问题。强力做好文化旅游大文章,打造军事探秘游、红木文化游、边关风情游、东盟跨境游四大"名片",全面推动全域旅游示

范区、边境旅游试验区、跨境旅游合作区"三区"联创,被评定为第二批广西特色旅游名县,列入首批"国家全域旅游示范区"创建名单,成为广西旅游"双创"工作典型。年内,宝岛美人椒现代农业(核心)示范区获评四星级乡村旅游区,红木文博城被列为"全国旅游服务质量标杆培育试点单位";加快推进红木文博城创5A级景区、大连城创4A级景区等旅游项目,全年接待游客突破600万人次大关,游客数量和旅游总消费居崇左全市第一。积极打造电子商务产业,连续三年上榜"中国电子商务百佳县",全市电商企业超过300家,年营业总额超过50亿元。年内,中国－东盟(凭祥)水果电商供货平台成功运营,跨境电子商务项目落户凭祥综合保税区,日处理4万件的跨境电商快件监管中心顺利开工,农村电商网点实现行政村全覆盖。深入推进现代特色农业(核心)示范区建设,万亩沉香种植基地加快创建自治区现代林业核心示范区,边关牧歌生态示范项目成功落地。做大做强特色养殖产业,充分发挥"凭祥石龟"作为崇左市养殖业唯一国家农产品地理标志的品牌效应,制定发布《凭祥石龟》和《凭祥石龟养殖技术规范》两个广西地方标准,大力发展龟鳖养殖业,全市龟鳖养殖户1500多户,年产值5.8亿元;积极发展特色斗鸡养殖,形成新兴产业,年出栏8万多羽,总产值8000多万元,发展成为全国最大的斗鸡交易集散地。

【城市建设】 2016年,凭祥市城镇化率70.89%,位居广西壮族自治区各县(市)之首。年内,全市加快推进全国中小城市改革试点工作,获国家专项建设基金6.2亿元。加

强规划,基本完成城市总体规划、土地利用总体规划修编等。补齐市政设施短板,全面启动城市供水提升工程、城市及口岸片区排水排污工程,平而河水厂供水工程(二期)、友谊关片区供水管网以及友谊关工业园、友谊镇平而互市区、上石镇污水处理工程开工建设,建成生活垃圾分选资源化利用处理中心。优化提升城市功能,投入1200多万元对金象大道、南北大道等23个节点进行亮化改造,完成城市美化提升改造工程建设;开工建设群众期盼多年的白云山生态公园,实施"I-PingXiang"城市免费WIFI工程,新建热点400个,实现市区主要公共区域全覆盖。进一步优化公共交通服务,增加在营公交路线至18条,覆盖主城区及各镇。

【精准扶贫】 2016年,凭祥市大力推进精准脱贫各项工作,全面完成552户2270名贫困人口、2个贫困村脱贫摘帽任务,贫困发生率由2015年的9.2%下降到7.2%。年内,全市实施产业扶贫带动贫困人口增收致富9100多人,边贸扶贫工作成为广西典型,广西壮族自治区边贸扶贫现场推进会在该市召开;全市完成一批饮水净化、饮水安全、饮水提质增效项目,累计投资7568万元;深入实施2016年中央财政小农水项目县项目,帮助贫困农户增收脱贫;率先在广西壮族自治区实现镇镇通二级公路、村屯通水泥硬化路,改善农村居民居住条件,完成农村危房改造823户。

【乡镇】 2016年,全市辖凭祥、友谊、上石、夏石4个镇。

凭祥镇 凭祥市政府所在地,区域面积65.58平方千米,辖5个社区、5个行政村,共40个自然屯,2016年年末,总人口47631人。2016年,全镇完成社会固定资产投资58.63亿元,同比增长22.2%;一般财政预算收入1749.61万元,同比增长23.47%,农林牧副渔业总产值6000万元,同比增长3.1%;农民人均纯收入10118元,同比增长10.4%;城镇居民人均可支配收入31481元,同比增长8.9%。

友谊镇 区域面积163.34平方千米,边境线长约79千米,沿线有国家一类口岸1个(友谊关)、国家二类口岸1个(平而口岸)、边贸互市点2个(浦寨、叫隘),联通越南的南友高速公路、中越国际铁道联运线贯穿全镇,素有"南疆国门第一镇"之称。全镇辖9个行政村,共62个自然屯,2016年年末,总人口19242人。2016年,全镇完成社会固定资产投资23.6亿元,同比增长25%;一般财政预算收入2083.43万元,同比增长37.81%,农林牧副渔业总产值1.08亿元,同比增长3.5%;农民人均纯收入8992元,同比增长12.8%。

上石镇 区域面积181.69平方千米,边境线长约10千米,沿线有边贸互市点1个(油隘)。全镇辖1个社区、8个行政村,共67个自然屯,2016年年末,总人口19797人。2016年,全镇完成社会固定资产投资1.49亿元,同比增长25.6%;农林牧副渔业总产值2.04亿元,同比增长8.1%;农民人均纯收入9196元,同比增长10%。

夏石镇 区域面积233.91平方千米,辖1个社区、9个行政村,共97个自然屯,2016年年末,总人口27374人。2016年,全镇实现地区生产总值18.8亿元,同比增长9%;农民人均纯收入8699元、同比增长5%,城镇居民人均可支配收入27648元、同比增长5.3%。

(韦有群)

江州区

【概况】 江州区为崇左市委、市人民政府所在地,行政区域总面积2918平方千米,下辖6个镇、2个乡、3个街道和2个华侨农场(华侨经济管理区),共19个社区、98个行政村、871个自然屯、945个村(居)民小组。2016年年末,江州区总户数10.98万户,总人口372474人,人口自然增长率7.66%。有壮、汉、瑶、回、苗、侗等10多个民族,少数民族人口占总人口的80%以上。2016年,江州区先后获全国科普示范县(区)、全国"平安农机"示范县(区、市)、全国双拥模范城等称号,被列为全国首个甘蔗种植综合标准化示范区,被评为"全国2016年度社科组织先进单位",石景林街道的丽金社区获"全国最美志愿服务社区"称号。

经济总指标 2016年,江州区完成地区生产总值159.67亿元,同比增长8.3%,人均地区生产总值47264元。其中,第一产业增加值26.43亿元,同比增长3.2%;第二产业增加值70.81亿元(其中工业增加值60.9亿元),同比增长8.4%;第三产业增加值62.43亿元,同比增长10.4%,三次产业比例为16.6∶44.3∶39.1。社会消费品零售总额27.33亿元,同比增长9.8%。城镇居民可支配收入28384元,同比增长8.9%。农民人均纯收入10933元,同比增长10.1%。外贸进出口总额1.32亿美元,实际利用外资1657万美元。年内,江州区地区生产总值、规模以上工业总产值、规模以上工业增加值、社会消费品零售总额、固定资产投资、城乡居民收入等7项主要经济指标总量和增量居崇左市前列。

固定资产投资 2016年，江州区完成固定资产投资135.59亿元，同比增长23.6%。

招商引资 2016年，江州区推进的自治区外招商引资项目33个，总投资额150.44亿元，其中新开工项目13个、续建项目20个。年内新签约重大项目11个，合同总投资额51.04亿元。全年自治区外项目招商引资到位资金38.51亿元。

财政·金融 2016年，江州区完成财政收入5.58亿元。一般预算收入3亿元，一般预算财政支出1.89亿元。年末，金融机构各项存款余额699.48亿元，同比增长15.3%。其中，储蓄存款余额453.17亿元，同比增长12.9%；各项贷款余额390.23亿元，同比增长4.6%。

工业 2016年，江州区实现工业总产值174.63亿元，同比增长11.8%。规模以上工业总产值171.68亿元，同比增长12%。其中，制糖业95.8亿元，同比增长19%；水泥制造业13.49亿元，同比增长168%；发电业1.02亿元，同比增长3.5%；锰加工业13.49亿元，同比增加17.7%；松香加工业1.13亿元，同比减少47.6%；酵母工业11.45亿元，同比增长9.9%。规模以上工业增加值59.78亿元，同比增长6.1%。工业销售率71.8%，同比减少10.8%；销售产值123.3亿元，同比减少2.7%。利润总额26.6亿元，同比增长12.5%；利税总额31.2亿元，同比增长11.2%。糖、锰、水泥、酵母等主要产品产量577万吨，同比增长88.5%。

农业·林业 2016年，江州区实现农业总产值42.93亿元，同比增长3.22%。其中，农业产值35.94亿元，同比增长2.39%；林业产值2.09亿元，同比增长29.08%；牧业产值2.6亿元，同比减少3.89%；渔业产值1.35亿元，同比增长5.15%；农林牧渔服务业产值0.95亿元，同比增长3.79%。全年粮食播种面积1.06万公顷，粮食总产量4.38万吨；甘蔗种植面积7.14万公顷，2016/2017年榨季入厂原料蔗452.65万吨，蔗糖产量55.86万吨。年内，江州区大力发展现代农业，以合作社为主体，完成甘蔗"双高"基地建设6066.1公顷；罗白乡益兴甘蔗良繁基地发展成为崇左市唯一的集一、二、三级为一体的甘蔗良繁基地，"火红左江"自治区级现代特色农业(核心)示范区通过验收授牌，益兴甘蔗良繁种养循环现代农业(核心)示范区通过市级验收授牌，大华肉牛养殖示范区、"桃花岛"休闲示范区被评为县级现代农业(核心)示范区，那隆镇橘祥如意沃柑产业示范区、江州镇"山李人家"农业示范区被评为乡级现代农业(核心)示范区，实现区、市、县、乡四级现代农业(核心)示范区全覆盖。另外，全区投资1.1亿元，实施耕地"旱改水"项目片区11个；兑现农资、农机等补贴3853万元，农业机械总动力45.17万千瓦，有力提升农业产业化水平。全年完成各类人工造林面积3769公顷，林地面积13.39万公顷，森林覆盖率44.86%。

交通 2016年，江州区建成"村村通"公路34.2千米，完成投资4897万元。境内公路里程680千米，铁路里程44千米。全年公路完成客运周转量27894万人千米，完成货运周转量118141万吨千米。

文化·体育 2016年，江州区有业余文艺队139个，综合性文艺队66个，组织开展"文化下乡"和广场文艺演出活动34场次，观众20万多人次；有文化站(馆)12个，电影放映单位1个，公益放映电影1193场次，观众20.28万人次；投资525万元建成村级公共服务中心21个。年内，举办"左州金山抢花炮节"、"驮卢龙舟赛"等活动；将《驮卢水上婚礼》《左江花山壮拳》向自治区申报非物质文化遗产。争取到自治区体育专项资金40万元，建设乡镇农民体育健身工程1个，贫困村级篮球场1个，健身路径1条，村级篮球场2个。成功举办"金山花炮节"，组织一年一度的"龙舟赛"，有二十多个龙舟队参加比赛。组织男子篮球队参加在扶绥县举行的广西"拔群杯"篮球赛崇左赛区的比赛，获第四名。组织男、女气排球队参加崇左市全民健身气排球选拔赛，男队获冠军，代表崇左市男气排球队参加在钦州市举行的全区全民健身运动会。年内，组织开展江州区跳绳王比赛、江州区素质全能王比赛等赛事。

教育·科技 2016年，江州区有小学53所，教学点1个，普通初中学校10所，九年一贯制民办学校1所，特殊教育学校1所。在校中小学生40753人，其中小学生28987人、初中生11766人。小学专任教师1343人，初中专任教师677人。小学适龄儿童少年入学率99.9%，初中毛入学率114.05%，普通初中年辍学率2.35%，小学毕业生升学率100%，初中毕业升学率87.84%。全年筹措资金7894万元，推进教育专项工程38个，其中全面改善义务教育薄弱学校基本办学条件(简称"全面改薄")项目24个、学前教育项目14个。年内，举办"甘蔗套种西瓜栽培技术"、"甘蔗健康种苗种植技术"、"火龙果秋冬管理技术"、"蔬菜培训"等培训班6期,参加培训农民群众200多人次。完成发明专利申请受理量244件,占全年发明专利受理目标任务量156件的156.41%;完成发明专利申请授权量43件,同比增长95.45%,占全年发明专利授权目标任务量15件的286.67%。

卫生·计生 2016年,江州区有乡镇卫生院和社区卫生服务中心14个,各类医疗卫生单位设有住院病床436张。全区乡镇卫生院和社区卫生服务中心有卫生技术人员513人,执业医师和执业助理医师223人,注册护士176人,其中副高职称5人、中级职称72人、初级及以下职称436人。全区98个行政村(社区)均配有2名至5名乡村医生,共有乡村医生324人,建立村(社区)标准卫生室98个,村卫生所覆盖率100%。全区参加新型农村合作医疗农民26.99万人,参合率99.5%。年内,全区出生人口4846人,人口出生率12.96‰,出生婴儿男女性别比为112∶100,人口自然增长率7.66‰。年内,江州区人民医院门诊综合楼建设完成8层主体建设,建成卫生监督所、江南社区卫生服务中心。

居民生活 2016年,江州区城镇非私营单位在岗职工年平均工资60561元,同比增长13.27%;城镇居民人均可支配收入28384元,同比增长8.9%,人均消费性支出16594元;农民人均纯收入10933元,同比增长10.1%。年内,江州区大力推进精准扶贫各项工作,至年末,完成脱贫摘帽贫困村4个、实现脱贫1816户6924人。

旅游 2016年,江州区接待国内外游客总数143.49万人次,同比增长10.77%。其中,国内游客143.24万人次,国内旅游收入11.84亿元,同比增长18.16%;入境过夜游客0.25万人次,同比增长4%,旅游外汇收入112.58万美元,同比增长4.8%。境内主要旅游景点有崇左白头叶猴生态公园、石景林—园博园(4A级)、雨花石景区(3A级)、桃花岛生态旅游休闲度假区(广西四星级乡村旅游区)、新和国际·如意岛生态景区(3A级)、左江斜塔等。

中共江州区委员会

书　记　黄云革(—2016年5月)
　　　　农　化(2016年5月—)
副书记　赵　波(—2016年5月)
　　　　黄　芩(女,2016年5月—)
　　　　王耀雷(2016年7月—)
常　委　黄云革(—2016年5月)
　　　　农　化(2016年5月—)
　　　　赵　波(—2016年5月)
　　　　黄　芩(女,2016年5月—)
　　　　王耀雷
　　　　黎庆儒
　　　　韦学平
　　　　罗孟平
　　　　李奇芳(—2016年5月)
　　　　王建华(—2016年5月)
　　　　冯丹萍(女,—2016年5月)
　　　　黄　民(—2016年5月)
　　　　冯江华(2016年5月—)
　　　　黄剑平(2016年5月—)
　　　　徐　毅(2016年5月—)
　　　　黄春宁(女,2016年5月—)
　　　　周春科(2016年5月—)

江州区人大常委会

主　任　农大珍(—2016年3月)
　　　　李利民(2016年8月—)
副主任　黄立宁
　　　　梁葵枝

吴凌超(—2016年8月)
陆玉娟(女,—2016年8月)
邓瑞福(2016年8月—)
花小东(2016年8月—)

江州区人民政府

区　长　王耀雷(2016年8月—)
副区长　王耀雷(—2016年8月,
　　　　　其中2016年5月—8月代区长)
　　　　冯江华
　　　　王建华(—2016年5月)
　　　　徐　毅(2016年5月—)
　　　　刘前程(挂职,—2016年11月)
　　　　刘新国
　　　　赵　斌(女,—2016年5月)
　　　　盘和林(挂职,—2016年11月)
　　　　卜国雄(2016年5月—)
　　　　黄颜菊(女,2016年5月—)
　　　　农克堂(挂职,2016年3月—)
　　　　梁国华(2016年5月—)

政协江州区委会

主　席　黄宝权
副主席　滕若宙
　　　　邓瑞福(—2016年8月)
　　　　花小东(—2016年8月)
　　　　黄颜菊(女,—2016年8月)
　　　　吴凌超(2016年8月—)
　　　　陆玉娟(女,2016年8月—)
　　　　王桂楠(2016年8月—)

【项目建设】 2016年,江州区推进重大项目建设188个,同比增加80个,完成投资50.8亿元。其中,列入自治区层面重大项目3个,完成投资4.3亿元;列入市级层面重大项目9个,完成投资7.76亿元。惠利甘蔗"双高"器材设备生产、江州花山玫瑰种植示范园、益兴现代生态农业生产示范基地等37个重大项目实现开工建设；大华肉牛二期、江州区人民医院等36个续建项目有序推进；大唐年产30万吨微生物肥料和秸秆料厂试业运行。

【城乡建设】 2016年，完成太平路、壶关路等4条主干道升级改造，滨江路、太平路延长线、新华路延长线等3个项目建设加快推进，象郡御品、宏湖一品(一期)、丽江明珠(二期)等4个房地产项目竣工。驮卢"广西百镇建设示范点"建设加快推进，集镇综合整治项目开工建设989户。新和镇"广西特色工贸名镇"通过自治区验收。投资3300万元实施那隆、左州、罗白、板利4个乡镇集镇主干道升级改造。左州、那隆、濑湍等乡镇污水处理厂项目和板利、罗白、江州(板崇村)等11个乡镇(村屯)垃圾处理项目扎实推进。驮卢镇红山屯、花梨屯"自治区乡土特色村庄示范点"开工建设，花梨屯列入第二批广西传统村落名录。

【生态建设】 2016年，江州区完成植树造林2060多公顷，治理石漠化面积138公顷，森林覆盖率44.86%。开展左江流域生态环境整治，依法拆除养鱼网箱2471箱、面积7.12万平方米，整治沙场16处，整治非法采砂船22艘，为花山岩画申遗成功营造了良好自然环境。继续推进黑水河旅游综合开发、桃花岛生态休闲度假区等生态旅游项目建设。扎实推进"美丽崇左·生态乡村"建设，创建"村屯绿化"自治区级示范村20个，完成一般村落绿化378个，板利、左州、驮卢3个乡镇被命名为自治区级生态乡镇，江南街道那渠屯、驮

卢镇渠独屯、新和镇那糯屯、那隆镇群黎屯获2016年度广西"绿色村屯"称号，板利乡渠妈屯、太平街道岜念屯等13个村屯获崇左市"魅力村庄"称号。年内，完成自治区、崇左市下达的主要去污染总量削减目标任务、重点减排工程建设任务，全年完成化学需氧量减排量653.1吨，氨氮减排量13.94吨，氮氧化物减排量179.59吨，二氧化硫减排量4.42吨，城区环境空气质量和集中式饮用水质均达标。

【精准扶贫】 2016年，江州区整合资金4330万元，大力推进扶贫村屯基础设施建设，完成村屯道路建设67条、村屯绿化9处、危房改造414户。投资610万元完成甘蔗地产田改造、特色种植肥料补助项目，扶持贫困农户5262户。新培育发展合作社24个，参与贫困户368户。打造罗白乡扶贫综合示范区，受益贫困户800户。发放"以奖代补"资金176万元，惠及贫困户1208户。发放扶贫小额贷款1.13亿元，惠及贫困户2444户。投资2000万元推进易地扶贫搬迁项目，江州区兴和家园安置性综合体项目完成一号至五号楼一层主体建设，项目展示中心建成并交付使用；那隆镇易地扶贫搬迁工程(一期)项目完成一层主体建设200户。年内，完成脱贫摘帽行政村4个，实现脱贫贫困户1816户6924人。

【民生工程】 2016年，江州区一般公共预算民生支出15.79亿元，占一般公共预算支出的83.51%。建成"村村通"公路34.2千米；实施人饮工程11处，受惠群众0.25万人。推进丽江幼儿园、丽江小学、麦水桥中学等教育项目建设，新

建、扩建农村学前教育项目14个。推进精准扶贫工作，全年减少农村贫困人口6924人。推进江州区人民医院建设，门诊综合楼完成8层主体建设，外科楼、康复楼、传染楼、医养结合老年人护理中心等储备项目前期工作加快。江州区卫生监督所、江南社区卫生服务中心已完工。全年基本建成保障性住房614套，分配入住312套。农村危房改造开工建设1557户，竣工977户。棚户区改造开工建设955户，完成货币化安置930户，综合整治改造项目989户。年内，发放城市低保保障金494.8万元，发放农村低保保障金1258.2万元。

【乡镇、街道、农场】 2016年，江州区辖新和、江州、濑湍、驮卢、左州、那隆6个镇，罗白、板利2个乡和太平、江南、石景林3个街道，以及国营新和华侨农场(崇左华侨经济管理区)、国营左江华侨农场(左江华侨经济管理区)。

新和镇 崇左—靖西高速公路过境，总面积265平方千米，辖1个社区、8个行政村，共69个自然屯、80个村(居)民小组。2016年年末，总户数4971户、总人口24170人，其中集镇人口约10000人。全镇耕地面积8579.47公顷，有林面积7979.9公倾，森林覆盖率36.33%，粮食作物种植面积700公顷，甘蔗种植面积8266.67公顷，2016/2017年榨季入厂原料蔗58.33万吨。2016年，全镇完成固定资产投资5.54亿元，同比增长14.26%；农民人均纯收入11391元，同比增长9.26%。

江州镇 南宁—友谊关高速公路过境，总面积279.11平方千米，辖1个社区、12个行政村，共

138 个自然屯、138 个村(居)民小组。2016 年年末,总户数 13969 户、总人口 49265 人。全镇耕地面积 9730 公顷,有林面积 7233.3 公顷,森林覆盖率 74.3%,粮食作物种植面积 1823.4 公顷,甘蔗种植面积 8800 公顷,2016/2017 年榨季入厂原料蔗 53 万吨。2016 年,全镇实现农业总产值 4.3 亿元,同比增长 1.84%;完成社会固定资产投资 0.74 亿元;农民人均纯收入 9341 元,同比增长 12.5%。

罗白乡 崇左—钦州高速公路过境,总面积 158.36 平方千米,辖 1 个社区、8 个行政村,共 61 个自然屯、61 个村(居)民小组。2016 年年末,总户数 7151 户、总人口 28883 人。全乡耕地面积 8344 公顷,有林面积 3333 公顷,森林覆盖率 30%,全年粮食作物种植面积 744 公顷,甘蔗种植面积 7633 公顷,2016/2017 年榨季入厂原料蔗 54.23 万吨。2016 年,全乡农民人均纯收入 10933 元,同比增长 10.1%。

板利乡 总面积 104.21 平方千米,辖 1 个社区、5 个行政村,共 41 个自然屯、41 个村(居)民小组。2016 年年末,总户数 4841 户、总人口 15412 人。全乡耕地面积 3846 公顷,有林面积 2287.7 公顷,森林覆盖率 22.54%,甘蔗种植面积 4133 公顷,2016/2017 年榨季入厂原料蔗 25.57 万吨。2016 年,全乡实现农业总产值 1.43 亿元,同比增长 8%;完成社会固定资产投资 0.16 亿元,同比增长 8%;农民人均纯收入 7903 元,同比增长 8%。

濑湍镇 左江、湘桂铁路及南友、崇钦、崇靖 3 条高速公路贯穿全境,水陆交通便利。全镇总面积 175 平方千米,辖 1 个社区、10 个行政村,共 91 个自然屯、91 个村

(居)民小组。2016 年年末,总户数 6923 户、总人口 27565 人。全镇耕地面积 7694.2 公顷,甘蔗种植面积 7154 公顷,2016/2017 年榨季原料蔗产量 55 万吨。2016 年,全镇实现地区生产总值 6.42 亿元,同比增长 11.8%;完成全社会固定资产投资 0.8 亿元,同比增长 7.8%;农民人均纯收入 9096 元,同比增长 7.86%。

驮卢镇 总面积 443.1 平方千米,辖 3 个社区、17 个行政村,共 106 个自然屯、114 个村(居)民小组。2016 年年末,总户数 18523 户、总人口 62650 人,其中城镇人口 8640 人。全镇耕地面积 12200 公顷,林地面积 6891.1 公倾,森林覆盖率 47.3%,甘蔗种植面积 10833 公顷,2016/2017 年榨季原料蔗产量 70 万吨。2016 年,全镇实现工业总产值 19.61 亿元,同比增长 6.2%;实现农业总产值 5.9 亿元;完成固定资产投资 7.96 亿元,同比增长 31%;农民人均纯收入 10466 元,同比增长 10%。

左州镇 总面积 388 平方千米,辖 1 个社区、12 个行政村,共 93 个自然屯、95 个村民小组。2016 年年末,总户数 10160 户,总人口 40069 人,其中集镇人口 6889 人。全镇耕地面积 12200 公顷,有林面积 12667 公顷,森林覆盖率 32.6%,甘蔗种植面积 10433 公顷,2016/2017 年榨季原料蔗产量 62.6 万吨。2016 年,全镇实现农业总产值 5.13 亿元,同比增长 1.45%;完成社会固定资产投资 0.75 亿元;农民人均纯收入 11214 元,同比增长 9%。

那隆镇 总面积 367.4 平方千米,辖 1 个社区、14 个行政村,共 149 个自然屯、149 个村(居)民小组。2016 年年末,总人口

37734 人。全镇耕地面积 6480 公顷,林地面积 2.08 万公顷,森林覆盖率 64.5%,甘蔗种植面积 3533 公顷,2016/2017 年榨季原料蔗产量 21.3 万吨。2016 年,全镇规模以上工业总产值 5.05 亿元,同比增长 12.5%;实现农业总产值 5.41 亿元,增长 6.2%;完成固定资产投资 1.69 亿元,同比增长 5.08%;农民人均纯收入 6752 元,同比增长 7.9%。

太平街道 总面积 337 平方千米,辖 2 个社区、9 个行政村,75 个自然屯,共 13 个居民小组、75 个村民小组,2016 年年末,总户数 9979 户,总人口 4.82 万人,其中城区人口 2.34 万人。辖区耕地面积 5050 公顷,林地面积 0.68 万公顷,森林覆盖率 43%,甘蔗种植面积 5700 公顷,2016/2017 年榨季原料蔗产量 34.65 万吨。2016 年,辖区实现农业总产值 3.03 亿元,完成社会固定资产投资 7.1 亿元,同比增长 8%;居民人均纯收入 11240 元,同比增长 9%;农民人均纯收入 10980 元,同比增长 8%。

江南街道 江州区人民政府所在地。总面积 68.6 平方千米,辖 4 个社区、3 个行政村,28 个自然屯,共 24 个居民小组、28 个村民小组,2016 年年末,总户数 16128 户,总人口 56450 人,其中城区人口 46702 人。辖区耕地面积 2200 公顷,林地面积 1993.7 万公顷,甘蔗种植面积 2000 公顷,2016/2017 年榨季原料蔗产量 11.33 万吨。2016 年,辖区实现农业总产值 1.31 亿元,同比增长 7.7%;完成全社会固定资产投资 24.9 亿元,同比增长 64%;农民人均纯收入 10908 元,同比增长 10.8%。

石景林街道 崇左市委、市人

民政府所在地。总面积 53.33 平方千米，辖 3 个社区、1 个行政村，20 个自然屯，共 34 个居民小组、22 个村民小组，2016 年年末，总户数 12100 户，总人口 42600 人（流动人口 27300 人），其中城镇人口 38260 人。2016 年，辖区实现农业总产值 6261 万元，完成社会固定资产投资 84.43 亿元，同比增长 110.6%；人均纯收入 11692 元，同比增长 9.07%。

国营新和华侨农场（崇左华侨经济管理区） 位于新和镇境内，总面积 4652 公顷，有耕地面积 4014.7 公顷，林地面积 531.3 万公顷，下辖 2 室 5 部、10 个农业分场、1 个水厂、14 家企业。2016 年年末，总户数 1668 户，总人口 4993 人，其中户籍人口 3510 人，归侨侨眷 3064 人（归难侨 1555 人，侨眷 1509 人），在职职工 459 人（归侨职工 282 人），离、退休职工 741 人。农业以种植甘蔗、水果、木薯为主；工业有制糖、酵母、酒精、手袋、塑胶、锰铝加工、生物肥料等。2016 年，实现地区生产总值 31.74 亿元，其中第一产业 0.29 亿元、第二产业 31.39 亿元、第三产业 0.06 亿元；完成社会固定资产投资 5.39 亿元，同比增长 0.4%；完成税收 6200 多万元，职工人均纯收入 15030 元。

国营左江华侨农场（左江华侨经济管理区） 位于驮卢镇境内，总面积 4097.47 公顷，有耕地面积 3000 多公顷，下辖 1 室 4 部、11 个农业分场、8 家企业。2016 年年末，总户数 2192 户，总人口 7668 人其中归侨侨眷 5072 人，在职职工 958 人，离、退休职工 1352 人。农业以种植甘蔗、木薯、剑麻、龙眼、荔枝为主；工业产品主要有蔗糖、木薯淀粉、剑麻纤维及其制品和生活系列用纸等。2016 年，实现农业总产值 0.68 亿元，同比增长 7.6%；完成固定资产投资 0.67 亿元；职工人均纯收入 14560 元，同比增长 6.7%。

（颜春扬）

人物

RENWU

□编辑 李有权

先进个人名录

全国五一劳动奖章获得者

梁华瑞 大新县雷平永鑫糖业有限公司

许雪海 大新县地方税务局德天税务分局

全国实施《中国妇女发展纲要》、《中国儿童发展纲要》先进个人

罗 琳 市委组织部青年干部科科长

全国维护妇女儿童权益先进个人

苏艳红 大新县堪圩乡统战委员、副乡长、堪圩司法所所长

全国优秀共青团员

张婉王 中国南方电网广西崇左供电局变电管理所继电保护班初级作业员

广西五一劳动奖章获得者

辛树广 广西崇左东亚糖业有限公司

郭益山 扶绥县渠黎镇

许惠萍 广西民族师范学院附属小学

李润司 广西驮卢东亚糖业有限公司

广西三八红旗手

曾 慧 宁明县人民法院审判员、明江法庭庭长

杨西宁 广西民族医院副院长、护理部主任(兼)

谢卓辰 广西电网有限责任公司崇左供电局设备管理部变电运行管理专责

广西优秀共青团干部

林华光(壮) 市公安局交警支队民警(原大新县公安局团委书记)

林晓云(女) 市人民检察院政治部教育培训科副科长、团支部组织委员

曾 静(女) 市中级人民法院团支部书记

罗松元 凭祥综合保税区总支部委员会副书记

张 平 凭祥市高级中学团委书记

赵日文(壮) 天等县民族中学校团委书记

任丽群(女,壮) 扶绥县昌平乡人民政府党政办秘书、团委负责人

百岁老人

2016年,崇左市在世百岁老人共190人,其中男性27人,女性163人。

张尧芬,女,壮族,1907年5月18日生,扶绥县山圩镇平天村渠心屯人。

韦小送,女,壮族,1909年10月11日生,扶绥县东罗镇镇客兰村渠那屯人。

唐光凤,女,汉族,1909年12月20日生,扶绥县山圩镇平搞村米记屯人。

吴福钦,女,壮族,1910年2月28日生,扶绥县渠旧镇中原村叫艾屯人。

王芝胜,女,壮族,1910年8月20日生,扶绥县柳桥镇柳桥村叫堪屯人。

卢成华,女,壮族,1911年2月15日生,扶绥县东罗镇东罗村姑隆屯。

黄新带,女,壮族,1911年4月7日生,扶绥县渠旧镇渠吞村人。

邹正英,女,壮族,1911年6月24日生,扶绥县柳桥镇柳桥街1队人。

沈大姐,女,汉族,1911年8月10日生,扶绥县山圩农场三联分场人。

邵秀英,女,壮族,1912年2月13日生,扶绥县岜盆乡弄洞村姑辽屯人。

邓现仁,女,壮族,1912年6月7日生,扶绥县柳桥镇岜留村岜历屯人。

凌宽忠,女,壮族,1912年11月18日生,扶绥县柳桥镇西长村渠苳屯人。

吴日新,女,壮族,1912年11月20日生,扶绥县东罗镇东斗村东陇屯人。

陆其生,男,壮族,1913年2月15日生,扶绥县渠黎镇汪庄村南片2队人。

李茂盛,女,壮族,1913年4月5日生,扶绥县柳桥镇扶岜村扶岜屯人。

刘玉连,女,壮族,1913年4月18日生,扶绥县东门镇东门村逐那屯人。

吴云石,女,壮族,1913年8月17日生,扶绥县渠黎镇渠新村7队人。

潘生杏,女,壮族,1913年8月27日生,扶绥县东门镇自尧村三科屯人。

张玉英,女,壮族,1914年5月16日生,扶绥县渠旧镇驮迓村人。

甘清新,女,壮族,1914年10月7日生,扶绥县东罗镇客兰村贯学屯人。

甘月菜,女,壮族,1915年3月14日生,扶绥县渠旧镇竹琴村人。

汪　超,女,壮族,1915年3月27日生,扶绥县山圩镇渠透村岑大屯人。

黄丹影,女,汉族,1915年4月15日生,扶绥县新宁镇城厢居委会西街人。

刘福七,女,壮族,1915年7月21日生,扶绥县渠黎镇大陵村大陵屯人。

黄世金,女,壮族,1915年8月4日生,扶绥县东罗镇东斗村东陇屯人。

陆生秀,女,壮族,1915年10月3日生,扶绥县山圩镇渠透村百敢屯人。

陆二妹,女,壮族,1916年1月10日生,扶绥县渠黎镇联绥村渠仔屯人。

陈结心,女,壮族,1916年1月10日生,扶绥县山圩镇渠透村弄浪屯人。

李淑娥,女,壮族,1916年2月3日生,扶绥县昌平乡木民村人。

陆洪彬,男,壮族,1916年2月8日生,扶绥县渠黎镇碧计村三哈屯人。

黎国林,男,壮族,1916年2月8日生,扶绥县岜盆乡那坡村那关屯人。

黎美金,女,壮族,1916年2月16日生,扶绥县东门镇东门街人。

黄梅礼,女,壮族,1916年3月5日生,扶绥县新宁镇长沙村1队人。

方新妹,女,壮族,1916年3月6日生,扶绥县渠黎镇碧计村碧计屯人。

卢源深,女,壮族,1916年3月8日生,扶绥县山圩镇渠透村那余屯人。

黄启洋,女,壮族,1916年3月9日生,扶绥县柳桥镇扶岜村岜陇屯人。

李云香,女,壮族,1916年4月4日生,扶绥县渠黎镇笃邦村岜邦屯人。

潘秋邦,男,壮族,1916年5月3日生,扶绥县柳桥镇渠齐村岜耿屯人。

甘彩凤,女,壮族,1916年6月15日生,扶绥县柳桥镇柳桥村咘透屯人。

黄正香,女,汉族,1916年6月15日生,扶绥县昌平乡八联村弄状屯人。

吴廷忠,男,壮族,1916年8月6日生,扶绥县渠黎镇联绥村弄勤屯人。

农金花,女,壮族,1916年8月15日生,扶绥县东门镇自尧村自尧屯人。

甘彩中,女,壮族,1916年8月30日生,扶绥县渠旧镇驮弄村人。

杨润香,女,壮族,1916年11月22日生,扶绥县东罗镇东罗村东陇屯人。

农的权,女,1909年6月12日生,宁明县桐棉乡派时村人。

卢记黄,女,壮族,1910年11月生,宁明县东安乡板桂村人。

梁宏保,女,壮族,1912年8月生,宁明县那堪乡崎内村崎内屯人。

黄玉华,男,壮族,1913年6月生,宁明县爱店镇人。

陆的林,女,壮族,1913年7月生,宁明县崎浪乡思陵村坤洞屯人。

张世凤,女,壮族,1914年2月生,宁明县北江乡那春村新什屯人。

黄的爱,女,壮族,1914年3月生,宁明县桐棉乡那么村那么屯人。

梁德珍,女,壮族,1914年3月生,宁明县北江乡良安村三叉田屯人。

欧桂梅,女,壮族,1914年3月生,宁明县板棍乡板棍村英明屯人。

农的细,男,壮族,1914年7月生,宁明县那楠乡那陶村腾留屯人。

陈秀英,女,壮族,1914年7月生,

宁明县海渊镇海思大道人。

黄秀英,女,壮族,1914 年 7 月生,宁明县寨安乡立门村板宙屯人。

农的娘,女,壮族,1914 年 8 月生,宁明县桐棉乡桐棉村念力屯人。

王利勤,男,壮族,1915 年 2 月生,宁明县桐棉镇琴清村琴清屯人。

冯的赵,女,壮族,1915 年 12 月生,宁明县桐棉镇那么村枯桐屯人。

黄的钦,女,壮族,1916 年 2 月生,宁明县桐棉镇那马村停松屯人。

韦东北,女,壮族,1916 年 7 月生,宁明县爱店镇那党村那党屯人。

龙佩书,女,壮族,1916 年 9 月生,宁明县明江镇北街人。

李林香,女,壮族,1905 年 8 月 16 日生,大新县龙门乡西宁村那贯屯人。

赵婷浓,女,壮族,1907 年 12 月 27 日生,大新县下雷镇信孚村巴里屯人。

李 连,女,壮族,1910 年 10 月 2 日生,大新县雷平镇公益村邓桐屯人。

周绍兰,女,壮族,1910 年 10 月 18 日生,大新县桃城镇黎明村内屯人。

赵建荣,女,壮族,1910 年 12 月 12 日,大新县五山乡其山村万山屯人。

李月兴,女,壮族,1911 年 3 月 11 日生,大新县宝圩乡板价村板统屯人。

赵 氏,女,壮族,1911 年 7 月 20 日,大新县昌明乡五榕村贝屯人。

韦桂花,女,壮族,1911 年 8 月 5 日生,大新县昌明乡新民村新民街人。

玉爱琼,女,壮族,1912 年 5 月 1 日生,大新县桃城镇民主街人。

赵光荣,男,壮族,1912 年 6 月 7 日生,大新县宝圩乡宝西村外乙屯人。

许善业,男,壮族,1912 年 9 月 12 日生,大新县雷平镇安民村新安屯人。

陆以宣,男,壮族,1912 年 9 月 27 日生,大新县雷平镇布龙村同重屯人。

农青月,女,壮族,1913 年 4 月 8 日生,大新县全茗镇乔苗村新力屯人。

吕劳丁,女,壮族,1913 年 9 月 27 日生,大新县昌明乡新民村龙掌屯人。

陆惠连,女,壮族,1913 年 10 月 3 日生,大新县雷平镇怀阳村大克屯人。

李含香,女,壮族,1914 年 2 月 28 日生,大新县桃城镇民生街人。

赵宦卓,男,壮族,1914 年 7 月 13 日生,大新县全茗镇配偶村新偶屯人。

冯金标,女,壮族,1914 年 7 月 25 日生,大新县桃城镇社隆村绿屯人。

黄爱新,女,壮族,1914 年 12 月 6 日生,大新县昌明乡新民村新民街人。

梁贵英,女,壮族,1915 年 5 月 10 日生,大新县宝圩乡景阳村陇一屯人。

农启挥,男,壮族,1915 年 7 月 10 日生,大新县恩城乡陆榜村榜屯人。

李美连,女,壮族,1915 年 9 月 18 日生,大新县堪圩乡芦山村人。

冯超雄,男,壮族,1915 年 11 月 24 日生,大新县龙门乡武安村新兴屯人。

许氏立,女,壮族,1915 年 12 月 12 日生,大新县下雷镇仁益村布榜屯人。

农美红,女,壮族,1915 年 12 月 13 日生,大新县宝圩乡尚艺村隘秘屯人。

赵姑春,女,壮族,1916 年 3 月 22 日生,大新县五山乡文化村岜化屯人。

张美青,女,壮族,1916 年 4 月 3 日生,大新县雷平镇振兴村那岜屯人。

陈有群,女,壮族,1916 年 4 月 11 日生,大新县恩城乡和平村伏王屯人。

农姆赦,女,壮族,1916 年 4 月 15 日生,大新县宝圩乡板价村板价屯人。

赵夕杰,男,壮族,1916 年 4 月 22 日生,大新县全茗镇顿周布土屯人。

何春兰,女,壮族,1916 年 6 月 29 日生,大新县龙门乡西宁村中况屯人。

赵时章,女,壮族,1916 年 7 月 13 日生,大新县榄圩乡新球村陇念屯人。

赵新深,女,壮族,1916 年 9 月 1 日生,大新县榄圩乡新球村咘堪屯人。

黄秀梅,女,壮族,1916 年 10 月

9日生,大新县宝圩乡景阳村板良屯人。

农棉政,女,壮族,1903年4月5日生,天等县东平镇利益村含柳屯人。

零金方,女,壮族,1904年1月生,天等县福新乡松山村品外屯人。

张桂新,女,壮族,1909年10月生,天等县驮堪乡爱权村坛内屯人。

闭德安,男,壮族,1910年2月生,天等县都康乡永隆村更放大屯人。

农春龙,女,壮族,1910年5月生,天等县向都镇汉洞村伏隆屯人。

卢青元,女,壮族,1910年5月生,天等县进结镇民元村那孟屯人。

龙金桂,女,1910年7月生,天等县进结镇高州村那安屯人。

凌美对,女,壮族,1911年8月生,天等县天等镇天福路人。

潘受绿,男,壮族,1911年9月4日生,天等县东平镇平贯村那贯屯人。

许金连,女,壮族,1911年9月3日生,天等把荷乡吉兰村多花屯人。

张玉爱,女,壮族,1911年10月20日生,天等宁干乡永乐村永宁屯人。

赵月娥,女,壮族,1911年12月26日生,天等县福新乡福星村布农屯人。

李荣春,女,壮族,1912年1月生,天等县进结镇龙凤村绿马屯人。

朱玉凤,女,壮族,1912年1月8日生,天等县向都镇中和村东胜街人。

黄美玉,女,壮族,1912年1月生,天等县驮堪乡贤民村大屯人。

农正丰,男,壮族,1912年5月生,天等县福新乡康苗村布锥屯人。

梁美金,女,壮族,1912年6月26日生,天等县东平镇平贯村那贯屯人。

黎新民,女,壮族,1912年7月24日生,天等县向都镇中和村红卫街人。

农氏妹,女,壮族,1912年11月15日生,天等县都康乡安康村安保屯人。

赵桂芳,女,壮族,1912年12月生,天等县天等镇朗明村裔屯人。

何方成,女,壮族,1913年4月,天等县都康乡伏德村那荡屯人。

张克坚,男,壮族,1914年1月生,天等县驮堪乡驮堪村大屯人。

农春教,女,壮族,1914年3月生,天等县进结镇进结社区新街人。

凌秀春,女,壮族,1914年5月生,天等县宁干乡黎明村玉龙屯人。

赵连,女,壮族,1914年8月生,天等县福新乡福星村把榜屯人。

黄善朝,男,壮族,1914年9月生,天等县向都镇乐久村巴庞屯人。

玉秀美,女,壮族,1914年9月,天等县进远乡政洲村训外屯人。

何凤眉,女,壮族,1914年11月生,天等县进远乡岩造村5组人。

周仁美,女,壮族,1914年12月生,天等县驮堪乡孔民村上买屯人。

黄婆比,女,壮族,1915年4月生,天等县向都镇贵合村那必屯人。

农杨芬,女,壮族,1915年8月生,天等县都康乡多信村上孔屯人。

龙秀月,女,壮族,1915年10月生,天等县天等镇和平街人。

农华爱,女,壮族,1915年11月生,天等县进结镇品力村龙大屯人。

闭氏,女,壮族,1915年11月生,天等县天等镇宏魁村叫表屯人。

农青月,女,壮族,1915年11月生,天等县天等镇母村村新屯人。

农秀铭,女,壮族,1915年12月生,天等县进远乡政洲村龙审屯人。

龙玉弯,女,壮族,1916年7月生,天等县驮堪乡南岭村六罗屯人。

许秀青,女,壮族,1916年8月生,天等县驮堪乡孔民村孔翁屯人。

农春鸟,女,壮族,1916年9月生,天等县进结社区那庄屯人。

韦秀禄,女,壮族,1916年12月生,天等县进远乡进远村龙坚屯人。

农美娇,女,壮族,1904年3月20日生,龙州县上龙乡武权村板止屯人。

吕凤春，女，壮族，1907 年 2 月 15 日生，龙州县下冻镇扶轮板旦屯人。

覃秀全，女，壮族，1909 年 9 月 9 日生，龙州县金龙镇金龙村金龙街人。

何仙桃，女，壮族，1910 年 6 月 7 日生，龙州县武德乡武德村告内屯人。

黄国忠，男，壮族，1911 年 11 月 12 日生，龙州县响水镇棉江村人。

黄爱琼，女，壮族，1912 年 1 月 4 日生，龙州县响水镇图强村舍坝屯人。

黄连英，女，壮族，1912 年 11 月 10 日生，龙州县逐卜乡弄岗村派母屯人。

潘月仙，女，壮族，1912 年 12 月 13 日生，龙州县上龙乡上龙村弄农屯人。

农合花，女，壮族，1912 年 12 月 14 日生，龙州县武德乡武德村板急屯人。

黄爱连，女，壮族，1913 年 1 月 2 日生，龙州县逐卜乡广合村上额屯人。

李美霞，女，壮族，1913 年 1 月 28 日生，龙州县龙州镇城北路人。

黄建群，女，壮族，1913 年 5 月 3 日生，龙州县彬桥乡红岭村老元屯人。

农日三，男，壮族，1913 年 3 月 7 日生，龙州县金龙镇金龙村内排屯人。

梁秀东，女，壮族，1913 年 5 月 10 日生，龙州县上龙乡民强村大陇屯人。

黎凤梅，女，壮族，1913 年 5 月 12 日生，龙州县彬桥乡念读村陇芽屯人。

农美琼，女，壮族，1913 年 5 月 13 日生，龙州县逐卜乡三叉村长塘屯人。

梁凤兰，女，壮族，1913 年 6 月 14 日生，龙州县彬桥乡清明村板谭屯人。

欧青莲，女，壮族，1913 年 9 月 4 日生，龙州县水口镇康宁村谷里屯人。

谭达帮，男，壮族，1913 年 9 月 9 日生，龙州县水口镇合平村下塘屯人。

陆景红，男，壮族，1913 年 9 月 13 日生，龙州县武德乡精威村谷龙屯人。

雷美球，女，壮族，1913 年 9 月 28 日生，龙州县上龙乡弄平村江那屯人。

冯梅英，女，壮族，1913 年 10 月 8 日生，龙州县逐卜乡三叉村社二屯人。

吴秀梅，女，壮族，1913 年 10 月 28 日生，龙州县龙州镇北门街人。

王志新，男，壮族，1913 年 12 月 18 日生，龙州县武德乡三联村坡那屯人。

苏水琴，女，壮族，1914 年 1 月 4 日生，龙州县龙州镇北门街人。

黄锦华，女，壮族，1914 年 1 月 10 日生，龙州县金龙镇敢赛村古肥屯人。

冯金梅，女，壮族，1914 年 5 月 17 日生，龙州县上降乡呼咬村呼咬屯人。

黄氏任，女，壮族，1914 年 6 月 18 日生，龙州县金龙镇双蒙村板内屯人。

凌彩荷，女，壮族，1914 年 11 月 5 日生，龙州县上金乡上金村驮思屯人。

谭秀兰，女，壮族，1915 年 8 月 23 日生，龙州县下冻镇布局村加伦屯人。

农金兰，女，壮族，1916 年 3 月 8 日生，龙州县上金乡云江村云江屯人。

农美莲，女，壮族，1916 年 10 月 7 日，龙州县下冻镇下声屯人。

凌荣莲，女，壮族，1916 年 10 月 20 日，龙州县金龙镇民建村弄匡屯人。

李素荣，女，汉族，1905 年 8 月 29 日生，凭祥市屏山路人。

闭月楼，女，汉族，1914 年 10 月 24 日生，凭祥市狮子山路人。

张秀珍，女，壮族，1915 年 6 月 10 日生，凭祥市北大路人。

邓桂英，女，汉族，1906 年 7 月 10 日生，江州区罗白乡罗白社区哴旺屯人。

何贵石，女，壮族，1908 年 2 月生，

崇左市 2016 年度健在百岁老人情况

单位	总人口（人）	百岁老人			每万人中百岁老人占比 %
		总数（人）	男性（人）	女性（人）	
江州区	372474	18	2	16	0.48
扶绥县	463503	44	5	39	0.95
宁明县	442708	18	3	15	0.41
龙州县	272884	33	5	28	1.21
大新县	383422	34	7	27	0.89
天等县	456361	40	5	35	0.88
凭祥市	114044	3	0	3	0.26
合计	2505396	190	27	163	0.76

江州区濑湍镇板兰村大卜屯人。

罗美丽，女，壮族，1911 年 2 月 6 日生，江州区新和镇新和社区科派屯人。

陈茂华，男，壮族，1912 年 6 月生，江州区太平街道办南街人。

韦美太，女，壮族，1913 年 3 月生，江州区濑湍镇板兰村卜内屯人。

黄玉超，女，壮族，1913 年 9 月生，江州区驮卢镇渠邦村江贯屯人。

黄　仙，女，壮族，1913 年 11 月生，江州区江南街道办沿山社区水口屯人。

何玉花，女，壮族，1914 年 11 月生，江州区驮卢镇岑豆村更新屯人。

滕怀秀，女，壮族，1914 年 11 月生，江州区驮卢镇岑豆村岑豆屯人。

梁　春，女，壮族，1915 年 3 月生，江州区濑湍镇渠凹村渠楼屯人。

何秀清，女，壮族，1915 年 4 月生，江州区江州社区六板屯人。

何应兰，女，壮族，1915 年 7 月生，江州区驮卢镇农里村横龙屯人。

覃四妹，女，壮族，1915 年 7 月生，江州区太平街道办壶兴街人。

黄　善，女，壮族，1915 年 8 月生，江州区罗白乡渠姆村渠姆屯人。

蒙元梅，女，壮族，1915 年 9 月生，江州区濑湍镇岜羊村陇畏屯人。

陈广才，男，壮族，1915 年 11 月生，江州区太平街道办新庆街人。

陆月孙，女，瑶族，1916 年 6 月生，江州区那隆镇群黎村兴旺屯人。

李桂兰，女，壮族，1916 年 9 月生，江州区左州社区新街人。

（廖线光）

逝世人物

刘　敏（1926.10—2016.02）　原南宁地区直属机关党委书记，享受副厅级待遇离休干部。汉族。河北唐山人。1947 年 7 月参加革命工作，1946 年 4 月加入中国共产党。历任河北省唐山市郊区武装部干事，县突击队队员，冀东军区教导团学员，补训师三团四营二连排长，补训师政治部政治队学习学员，师部组织科检查干事，武鸣七区组委，武鸣县四区区委代书记，武鸣县六区区委书记，武鸣县五塘区委书记，武鸣县公安局局长、县常委，自治区党校学习学员，南宁冶金矿山机械厂人事科长，自治区党委工交部干部处干部科长，柳州空压机厂党委副书记，任武鸣县公安局局长，崇左县公安局局长，崇左糖厂革委主任、总支书记，南宁地区工交组副组长、轻工业局副局长，南宁地区直属机关党委书记。1985 年 6 月离职休养。2016 年 2 月 10 日因病在南宁逝世。

黄英强（1925.08—2016.12）　原南宁地区科委办公室主任、巡视员，享受厅局级待遇离休干部。壮族。广西宾阳人。1947 年 1 月参加革命工作，1948 年 6 月加入中国共产党。历任宾阳县三王中心校教导主任，在宾阳、横县、贵县、来宾等地工作，历任支书、大队长、教导员等职务，宾阳芦圩政府镇长，宾阳北区公所区长，宾阳邹圩区委书记，宾阳人民政府科长，宾阳县委委员、县政府副县长代县长，南宁专属工业局副科长、科长，黎塘公社副主任，芦圩镇副镇长，宾阳手工业局、县联社局局长、主任，宾阳县百货公司副经理，宾阳县矿产站副站长，宾阳县黎塘化肥厂党总支书记，南宁地区科委办公室主任、巡视员；1985 年 5 月离职休养。2016 年 12 月 5 日因病在南宁逝世。

（陆秀华）

统 计 资 料

TONGJI ZILIAO

□编辑 李有权

2016 年崇左市主要经济指标完成情况（快报数）

指标名称	单位	总 量	增速(%)
土地面积	平方千米	17332	
常住人口	万人	206.92	0.7
年底总人口	人	2505396	0.7
＃男	人	1322472	0.6
女	人	1182924	0.8
出生人口	人	35641	-12.4
死亡人口	人	12324	0.3
年末总户数	户	710943	0.3
地区生产总值	亿元	766.20	8.2
＃第一产业	亿元	167.69	3.4
第二产业	亿元	310.69	7.9
第三产业	亿元	287.82	11.5
农林牧渔业总产值	亿元	275.60	3.5
规模以上工业总产值	亿元	747.06	12.8
规模以上工业增加值	亿元	251.97	7.1
固定资产投资	亿元	831.41	20.2
＃项目投资	亿元	766.97	18.6
房地产投资	亿元	64.43	43.7
工业投资	亿元	213.01	-1.2
财政收入	亿元	58.20	-22.6
＃一般公共财政预算收入	亿元	40.76	-18.7
住户存款余额	亿元	453.17	12.9
社会消费品零售总额	亿元	131.34	10.0
外贸进出口总额	亿元	1230.82	-0.6
＃出口总额	亿元	719.31	-17.0
城镇居民人均可支配收入	元	26605	8.0
农村居民人均可支配收入	元	9801	9.9

2016 年崇左市及各县(市、区)主要经济指标完成情况表(快报数)

指标名称	单位	崇左市		江州区		扶绥县		宁明县	
		总量	同比增长(%)	总量	同比增长(%)	总量	同比增长(%)	总量	同比增长(%)
土地面积	平方千米	17332		2918		2841		3704	
常住人口	万人	206.92	0.7	33.94	1.0	39.85	0.7	35.08	0.8
年底总人口	人	2505396	0.7	372474	1.2	463503	0.7	442708	0.6
#男	人	1322472	0.6	199844	1.1	247254	0.6	236036	0.6
女	人	1182924	0.8	172630	1.3	216249	0.8	206672	0.6
出生人口	人	35641	−12.4	5967	2.5	6636	−15.2	6340	−16.6
死亡人口	人	12324	0.3	1412	33.7	2213	1.7	1899	−5.5
年末总户数	户	710943	0.3	109821	1.0	151353	0.1	113913	0.1
地区生产总值	亿元	766.20	8.2	159.66	8.3	150.41	7.2	116.90	8.4
#第一产业	亿元	167.69	3.4	26.43	3.2	43.00	3.6	31.00	2.9
第二产业	亿元	310.69	7.9	70.81	8.4	63.50	8.5	48.91	10.8
第三产业	亿元	287.82	11.5	62.42	10.4	43.92	9.1	36.99	9.9
农林牧渔业总产值	亿元	275.60	3.5	42.93	3.2	69.61	3.5	51.79	2.9
规模以上工业总产值	亿元	747.06	12.8	171.68	12.0	165.78	16.4	130.98	11.3
规模以上工业增加值	亿元	251.97	7.1	59.78	6.1	55.41	8.1	40.91	9.6
财政收入	亿元	58.20	−22.6	5.58	−42.6	13.71	−20.6	6.74	−22.3
#一般公共财政预算收入	亿元	40.76	−18.7	3.00	−48.1	10.52	−2.3	5.27	−16.0
固定资产投资	亿元	831.41	20.2	135.59	23.6	169.76	19.3	120.92	25.1
#项目投资	亿元	766.97	18.6	122.65	21.5	149.55	18.2	111.21	22.4
社会消费品零售总额	亿元	131.34	10.0	27.33	9.8	22.51	10.3	15.27	9.8
外贸进出口总额	亿美元	185.74	−7.7	1.32	−8.8	0.19	−44.0	20.65	−15.7
城镇居民人均可支配收入	元	26605	8.0	28384	8.9	27879	8.4	23946	7.7
农村居民人均可支配收入	元	9801	9.9	10933	10.1	11179	11.2	9609	9.8

续表

指标名称	单位	龙州县		大新县		天等县		凭祥市	
		总量	同比增长(%)	总量	同比增长(%)	总量	同比增长(%)	总量	同比增长(%)
土地面积	平方千米	2311		2747		2165		645	
常住人口	万人	22.57	0.5	30.53	0.5	33.20	0.6	11.75	1.3
年底总人口	人	272884	0.5	383422	0.6	456361	0.4	114044	1.3
男	人	139894	0.3	198274	0.5	242047	0.5	59123	1.4
女	人	132990	0.7	185148	0.7	214314	0.4	54921	1.3
出生人口	人	3668	−7.2	5137	−18.0	5988	−17.9	1905	−2.3
死亡人口	人	1786	18.6	2166	−11.3	2411	−8.6	437	−6.0
年末总户数	户	80207	0.3	102352	0.5	119574	−0.1	33723	1.0
地区生产总值	亿元	103.88	7.5	109.40	7.3	56.15	4.4	65.35	12.6
#第一产业	亿元	24.61	4.1	23.19	4.2	14.16	2.0	5.31	3.7
第二产业	亿元	42.02	7.4	48.76	5.5	18.18	0.8	18.72	11.0
第三产业	亿元	37.25	9.9	37.45	11.7	23.82	8.8	41.32	14.6
农林牧渔业总产值	亿元	40.09	4.5	38.54	4.2	24.16	2.0	8.47	3.7
规模以上工业总产值	亿元	103.51	21.6	118.72	5.6	24.85	4.8	31.54	13.4
规模以上工业增加值	亿元	33.07	7.4	41.62	5.0	11.59	5.7	9.81	7.6
财政收入	亿元	6.74	−23.7	4.95	−38.2	2.65	−36.5	8.26	−9.9
#一般公共财政预算收入	亿元	4.75	−23.8	3.27	−34.6	1.82	−37.3	6.68	−10.5
固定资产投资	亿元	105.97	19.4	118.12	20.5	68.53	7.9	112.51	21.3
#项目投资	亿元	103.33	22.3	110.92	18.0	64.05	9.6	105.27	15.1
社会消费品零售总额	亿元	19.16	10.0	12.93	9.7	10.99	10.0	23.14	10.3
外贸进出口总额	亿美元	44.95	−31.0	4.55	−12.4			114.08	8.9
城镇居民人均可支配收入	元	24726	8.5	27722	7.8	23197	8.0	29772	8.1
农村居民人均可支配收入	元	8844	10.4	10222	9.6	8691	9.9	9889	10.2

附　录

FULU

□编辑　李有权　吴　梦

文件特辑

崇左市国民经济和社会发展第十三个五年规划纲要指标体系和指标目标

——摘自崇左市人民政府关于印发崇左市
国民经济和社会发展第十三个五年
规划纲要的通知（崇政发〔2016〕7号）

崇左市经济社会发展"十三五"规划纲要指标体系共四大类30项指标，"十三五"时期经济社会发展要努力实现以下主要目标。

——综合实力显著增强。地区生产总值突破1000亿元，年均增长速度8%以上，人均地区生产总值基本达到自治区平均水平，经济增长质量和效益明显提高。地方财政一般预算收入稳步增长，质量进一步改善。

——经济结构显著优化。产业结构更加优化，规模以上工业总产值达到1250亿元，三次产业结构进一步优化。要素驱动和创新驱动并举，科技进步对经济增长贡献不断提升。投资保持较快增长，投资结构不断优化，居民消费率稳步提高，消费结构优化升级。

——改革开放显著加快。重点领域和关键环节改革取得新突破，政府职能加快转变，体制机制更加完善。全方位开放合作格局基本形成，外贸进出口总额持续上扬，到2020年，外贸进出口总额达到2312亿元（含互市贸易），年均增长13%。招商引资质量进一步提高，合作广度和深度进一步拓展延伸。

——城乡面貌显著变化。城镇化步伐明显提速，城镇空间结构和功能布局更趋完善，城镇优势更加突出，城乡统筹发展进程加快，基本公共服务均等化程度进一步提升，到2020年，城镇化率达到46%，其中户籍人口城镇化率达到30%。

——社会民生显著改善。城乡居民人均可支配收入年均增长9%以上，较2010年实现翻一番以上。社会保障体系进一步完善，实现贫困人口如期脱贫。文化事业和文化产业加快发展，市民文明素质不断提高，民主法治更加健全，社会更加和谐稳定。

——生态文明建设显著提升。国土空间开发格局不断优化。生产和生活方式低碳、绿色水平上升。能源资源开发利用总量有效控制，单位国内生产总值能源、水资源、建设用地、二氧化碳排放强度进一步降低，主要污染物排放总量继续减少。"山青水绿天蓝"生态宜居品牌进一步打响。

专栏1-2　　　　　　　　　　"十三五"时期崇左市经济社会发展主要指标

类别	指标	2015年预测	2020年目标值	2016—2020年年均增长(%)	属性
经济发展	1.地区生产总值(亿元)	682.8	1000	8	预期性
	2.人均地区生产总值(元)	33355	46730	7	预期性
	3.财政收入(亿元)	75.15	105	7	预期性
	4.规模以上工业增加值(亿元)	221.8	370	11	预期性
	5.服务业增加值比重(%)	37.0	40	—	预期性

续表

类别	指标		2015 年预测	2020 年目标值	2016—2020 年年均增长(%)	属性
经济发展	6. 固定资产投资(亿元)		691.6	1515	17	预期性
	7. 外贸进出口总额(亿元)		1255.1	2312	13	预期性
	8. 社会消费品零售总额(亿元)		119.4	192	10	预期性
	9. 城镇化率	常住人口城镇化率(%)	36.28	46	—	预期性
		户籍人口城镇化率(%)	19.6	30	—	预期性
创新驱动	10. 互联网普及率(%)		38	51	—	预期性
	11. 研究与试验发展经费支出占地区生产总值比重(%)		0.36	1.5		预期性
	12. 每万人口发明专利拥有量(件)		0.45	3.5		预期性
民生福祉	13. 全市常住人口(万人)		205.45	214	0.9	预期性
	14. 城镇新增就业人数(万人)		[8.9]	[7.68]		预期性
	15. 居民人均可支配收入(元)		14150	21770	9	预期性
	16. 每千人口执业(助理)医师数(人)		1.6	1.74		预期性
	17. 城镇保障性住房建设和棚户区改造(万套)		—	[2.328]		约束性
	18. 每千名老人养老床位数(张)		24.7	35	7.2	预期性
	19. 基本养老保险参保率(%)		80	85		约束性
	20. 农村贫困人口脱贫(万人)			[34.18]		约束性
	21. 人均预期寿命(岁)		75.7	77		预期性
资源环境	22. 耕地保有量(万亩)		774	774		约束性
	23. 新增建设用地规模(公顷)		755.65	—	按自治区下达目标任务数确定。	约束性
	24. 单位地区生产总值能源消耗降低(%)		[13]	—		约束性
	25. 万元地区生产总值用水量(吨)		190	—		约束性
	26. 单位地区生产总值二氧化碳排放降低(%)		[38.35]	—		约束性
	27. 市区空气质量优良天数比例(%) 其中：PM2.5 浓度下降(%)		97 —	—		约束性
	28. 主要污染物减排	化学需氧量排放减少(%)	[29]	—		约束性
		二氧化硫排放减少(%)	[4.08]	—		约束性
		氨氮排放减少(%)	[7.6]	—		约束性
		氮氧排放减少(%)	[4.0]	—		约束性
	29. 地表水质量	达到或好于Ⅲ类水体比例(%)	90	—		约束性
		劣Ⅴ类水体比例(%)	0	—		约束性
	30. 森林增长	森林覆盖率(%)	54.7	55		约束性
		森林蓄积量(万立方米)	3620	3950		约束性

注:地区生产总值和居民人均可支配收入绝对值按 2015 年价格计算,速度按可比价计算;[ ]内为五年累计数。

中共崇左市委办公室　崇左市人民政府办公室关于印发《"十三五"时期崇左市贫困县脱贫摘帽、贫困村脱贫出列倒排工期计划》的通知

各县(市、区)党委、人民政府,市委各部委办局,市级国家机关各单位,各人民团体,各大中专院校,中区直驻崇左各单位:

为做好"十三五"期间我市贫困县脱贫摘帽、贫困村脱贫出列工作,确保按时完成脱贫攻坚战任务,实现同步进入小康社会,由各县(市、区)党委、政府确认上报,经市委、市政府同意,全市贫困县脱贫摘帽时间安排如下:2017 年,大新县;2018 年,天等县、龙州县;2019 年,宁明县。

同时,将《"十三五"时期崇左市各县(市、区)贫困村脱贫出列倒排工期计划表》印发你们,请各县(市、区)、各定点帮扶责任单位、扶贫开发领导小组各专责小组、贫困村党组织第一书记要进一步提高思想认识,切实把精准帮扶、实现精准脱贫目标作为当前的最大政治任务、最大民生工程和最大的发展机遇来抓,要充分运用精准识别成果,围绕各年度贫困县脱贫"摘帽"、贫困村脱贫出列目标,加强政策研究,落实"挂图作战、清单管理、滚动集成、精准摘帽"的精准管理模式,加大扶贫宣传力度,创新扶贫工作方式,整合各方资源,科学安排项目资金,逐县逐村突破,一户一户脱贫,确保全市 2019 年全面实现脱贫目标。

附件:"十三五"时期崇左市各县(市、区)贫困村脱贫出列倒排工期计划表

中共崇左市委员会办公室
崇左市人民政府办公室
2016 年 2 月 28 日

附件

"十三五"时期崇左市各县(市、区)贫困村脱贫出列倒排工期计划表

县(市、区)	年度	脱贫出列贫困村名单
扶绥县	2016 年	新安村　坡利村　六头村　百域村(4 个)
	2017 年	那宽村　那坡村　驮河村　三合村　都充村　坡龛村　卜莴村　平搞村　中华村　思同村(10 个)
	2018 年	滕广村　塘岸村　那勒村　弄卜村　那练村　渠齐村　蕾大村　那巴村　板包村　玉柏村　那白村　赛仁村　旧县村　新灵村(14 个)
	2019 年	林旺村　上洞村　那标村　大陵村　崇边村　客兰村　那加村　那江村　江边村　那派村　四和村　维旧村(12 个)
大新县	2016 年	配偶村　正隆村　护国村　谨汤村　上利村　板价村　后益村　先力村　武姜村(9 个)
	2017 年	联山村　宾山村　文应村　其山村　上育村　如龙村　拔浪村　尚艺村　文明村　新湖村　钦联村　五兆村　芭伏村　上湖村　仁益村(15 个)
	2018 年	东风村　新育村　苦丁村　奉备村　平良村　三湖村　三合村　营旺村　门村　志兴村　五榕村　巴兰村　新丰村　德立村　龙贺村　信孚村　念典村　好胜村(18 个)
	2019 年	仁化村　吉门村　礼贤村　中山村　信隆村　义宁村(6 个)
天等县	2016 年	宏魁村　巴龙村　把兰村　平典村　宝贯村　江岸村　南岭村　龙布村　福宁村(9 个)
	2017 年	道念村　龙桥村　江龙村　佩光村　南务村　黎明村　和平村　东南村　理进村　那样村　苗利村　洪岭村　把孔村　万秀村　结留村　印勇村　福赖村　万合村　康苗村　台利村(20 个)
	2018 年	黎亮村　爱乐村　盛典村　松山村　选解村　连加村　福利村　定明村　贵合村　进远村　吉兰村　龙哨村　乐久村　平贯村　廷罗村　东仪村　启新村　贤民村(18 个)
	2019 年	天南村　孟养村　品力村　孔民村　民族村　祥龙村　显鲁村(7 个)

续表

县(市、区)	年度	脱贫出列贫困村名单
宁明县	2016 年	下间村　岑岳村　东什村　安阳村　洪江村(5 个)
	2017 年	那练村　峙内村　垌中村　百泉村　迁隆村　芭晓村　梅湾村　北宁村　林芬村　法奎村　那潭村　南执村　利江村(13 个)
	2018 年	堪爱村　立门村　那才村　驮象村　逢留村　洞坡村　那陶村　那禄村　那密村　友福村　那功村　驮英村　那兵村　思陵村　上松村　叫隘村　板墩村　那敏村(18 个)
	2019 年	三台村　耀达村　珠连村　夏州村　馗塘村　那却村　桐骨村　那么村　琴清村　板枯村　国华村　派台村　六审村　六丈村　林贴村　康峙村(16 个)
龙州县	2016 年	扶伦村　峡岗村　武权村　新联村　三叉村　崇德村　高峰村　红阳村　武德村　三联村　敢赛村　板梯村　康宁村　中山村　梓丛村(15 个)
	2017 年	贯明村　镇秀村　安民村　安镇村　绕秀村　青山村　驮江村　洞埠村　北胜村　罗回村　思奇村　独山村　群合村　近梅村　农干村　保卫村　卷逢村　新旺村　两岸村　侵笔村　高山村　光满村　鸣水村　屏案村　菊埂村(25 个)
	2018 年	武联村　双蒙村　民建村　上降村　江村村　陇均村　龙边村(7 个)
凭祥市	2016 年	夏桐村　平而村(2 个)
	2017 年	浦门村　浦东村　那楼村(3 个)
	2018 年	板任村　英阳村　柳班村(3 个)
	2019 年	板旺村　宋城村(2 个)
江州区	2016 年	孔甲村　那颜村　板备村　蒙井村　群黎村　叫城村　(6 个)
	2017 年	那忙村　合卢村　卜花村　屯村村　那么村　大村村　盆垌村　枯隆村　龙合村　旧街村　那练村　仁里村(12 个)
	2018 年	保安村　那贞村　那模村　六京村　强胜村　芭萌村　福厚村　果坡村　拾义村　王沙村　必六村　仁良村(12 个)
	2019 年	那涩村　发明村　那内村　陇念村　咘农村　板兰村(6 个)

注:标注"＿＿＿"的贫困村为区、市四家班子成员扶贫联系点。

中共崇左市委办公室　崇左市人民政府办公室关于印发《崇左市 2016 年脱贫攻坚行动实施方案》的通知

各县(市、区)党委、人民政府,中泰产业园(市城市工业区)党工委、管委会,市直各单位,中区直驻崇左各有关单位,崇左军分区政治部,武警崇左市各支队:

经市委、市人民政府同意,现将《崇左市 2016 年脱贫攻坚行动实施方案》印发给你们,请认真组织实施。

中共崇左市委员会办公室
崇左市人民政府办公室
2016 年 8 月 9 日

崇左市 2016 年脱贫攻坚行动实施方案

为深入贯彻落实市委《关于打好脱贫攻坚战的决定》精神,紧紧围绕"八个一批"、"十大行动"精准帮扶工作要求,根据 2016 年脱贫攻坚倒排工作方案,整合资源,强力推进,确保全面完成今年脱贫摘帽攻坚任务,特制定本方案。

一、目标任务

(一)贫困人口脱贫销号目标。到 2016 年年底,全市脱贫销号 28644 户 116100 人(其中承接自治区任务指标 23684 户 90000 人)。

(二)贫困村脱贫摘帽目标。到 2016 年底,全市脱贫摘帽 71 个贫困村(其中承接自治区任务指标 41 个村)。

二、重点工作

围绕贫困人口"八有一超"、贫困村"十一有一低于"脱贫摘帽标准和要求，按照缺什么补什么的原则，整合资金、项目，精准管理、精准帮扶、精准脱贫，确保贫困对象如期全面脱贫。

（一）精准识别，动态管理。

1.精准识别，精准管理。按照自治区统一的贫困识别、脱贫标准和要求，做好贫困对象识别核实、脱贫认定和信息动态管理工作。及时对年度预脱贫对象进行识别和标识，完善帮扶对象基本情况、生产生活条件、家庭经济状况、发展状况、帮扶需求以及帮扶成效等信息采集、更新和发布工作。对照脱贫标准，加强预脱贫对象脱贫摘帽评估，对符合脱贫标准的，按照规定程序分别认定脱贫摘帽。

2.强化监测，动态管理。加强对贫困家庭收入监测统计指导和培训，统一制作贫困户收入支出登记台帐、统一统计口径和方式方法。帮扶责任人要指导贫困户按月、按季度记录各项收入及支出情况，每季度或每半年对贫困户收入记录情况进行核实，确保贫困户收入的真实性、准确性，为贫困户、贫困村脱贫摘帽提供决策参考和验收依据。

（二）精准施策，精准脱贫。

1.因户因人施策。针对贫困户致贫原因、帮扶需求，精心组织实施基础设施扶贫、产业扶贫、教育扶贫、转移就业扶贫、社会保障扶贫、医疗救助扶贫等帮扶工作。按照贫困户"八有一超"脱贫销号标准，围绕缺什么补什么的原则，精准帮扶列入2016年脱贫计划的28644户116100人重点解决好危旧住房、饮水困难、不通生活用电、不通路、因学致贫、未纳入新农合或城镇居民基本医疗保险、因病致贫、没有电视机等问题，以及解决无劳动能力、需要通过低保政策兜底和贫困户增收等问题。

2.因村因地施策。针对贫困村实际情况，完善基础设施条件和社会事业发展。按照贫困村脱贫摘帽"十一有一低于"的标准，重点抓好列入2016年脱贫计划的71个贫困村的贫困发生率不达标、通村硬化路、饮水难、危房、公共服务设施、农户参加新农合或城镇医疗保险、村没有集体经济收入等问题。进一步巩固和完善网络宽带、生活用电、广播电视信号、特色产业发展以及村有好的班子等指标。

（三）2016年度争取扶贫小额信贷资金11.56亿元，投放到企业、合作社、贫困村、贫困户，实现产业项目增收约0.9亿元。

三、资金投入测算

根据11.61万贫困人口和71个贫困村脱贫摘帽任务，初步测算，共需投入各类资金8亿元左右。具体如下：

（一）贫困人口脱贫销号资金测算。

（1）解决住危房户2453户8357人、无房户1394户4569人和人均住房面积未达13平方米36户108人的住房问题：按照户均补助2万元计算，需投入7766万元。

（2）解决2087户8528人饮水困难问题：受益总人口11492户4.696万人，按人均补助1000元计算，需投入4696万元。

（3）解决73户241人用电问题：需投入40万元。

（4）解决189个自然屯（20户以上）通屯级道路210公里：按照水泥硬化路每公里35万元计算，需投入7350万元。

（5）解决3515户15693人因学致贫问题，由于贫困家庭学生上学小学、初中、高中、中高职、大学等资助标准不统一，按年均资助5000元的最高资助标准，需投入7847万元。

（6）解决2307户4200人未纳入新农合或城镇居民基本医疗保险问题。解决4314户、17869人因病致贫问题。按照现行财政补贴每人每年420元，个人自筹120元，对尚未参加新农合或城镇居民基本医疗保险的4200人自缴部分由政府全额代缴，确保今年预脱贫116100人全部纳入新农合或城镇居民基本医疗保险，需投入227万元。

由于医疗救助没有统一的救助标准，初步按照每人资助5000元测算，需投入8935万元。

（7）解决10647户39657人没有电视机问题。按照每户投入1200元标准，需投入1277万元。

（8）解决有劳动能力的21748户68428人通过产业开发、务工创业等增加收入。需要通过产业扶持、技能培训及转移就业等方式增加收入，投入资金14306万元。

（9）解决家庭无劳动能力需要通过低保政策兜底的6896户21755人，纳入低保范围。按现行年人均2500元计算，即达到国家扶贫标准3100元尚有600元差额，需补贴6744万元。

（二）71个贫困村脱贫摘帽资金测算。

（1）解决136.58公里村通硬化路问题，需投入4363万元。

（2）解决53处饮水工程建设，需投入922万元。

（3）解决产业开发198个，需投入9600万元。

（4）解决298户危房问题，需补助725万元。

（5）解决68个公共服务设施建设，需投入1353

万元。

(6)解决7个村农户参加新农合或城镇医疗保险问题。

(7)解决27处通网络宽带建设问题,需投入资金1300万元。

(8)解决38个村没有集体经济收入问题。通合作社带动村集体经济收入,按每个村扶持20万元计,需要投入760万元。

四、保障措施

(一)落实扶贫工作领导责任制。构建市抓协调,县为主体、乡村落实、部门配合的工作机制。各县(市、区)、乡(镇)党政主要领导和各有关行业部门主要领导作为脱贫攻坚工作第一责任人,统筹抓好辖区和行业部门脱贫攻坚工作。严格执行中组部和国务院扶贫办关于"不脱贫不调整、不摘帽不调离"的纪律,贫困县党政正职在完成脱贫任务前原则上不得调离;脱贫摘帽后,仍要保持稳定一段时间;贫困乡镇的党政正职,也要保持相对稳定;脱贫攻坚期间,表现优秀、实绩特别突出的贫困县党政正职,可提拔担任上一级领导职务,但仍要继续兼任现职。市直各行业部门、各专责小组主要负责人作为行业扶贫第一责任人,要切实履行领导责任,统筹抓好行业部门脱贫攻坚工作。各级定点帮扶单位要切实担负起脱贫摘帽的政治责任,全力支持本单位扶贫工作队员的工作,成为脱贫帮扶的坚强后盾,强化帮扶投入,确保帮扶村、帮扶户脱贫摘帽认定有序开展、如期脱贫。

(二)"一挂两包",定点帮扶。充分发挥各级机关各有关单位的人员优势、资金优势、信息优势等资源优势,从落实帮扶工作责任、落实具体帮扶措施、实现脱贫目标任务等方面,抓好领导挂点、单位包村、干部包户的定点扶贫工作。要切实落实"4321"结对帮扶和"四抓、五帮、六落实"的定点帮扶工作机制。即厅级领导、处级领导、科级和其他干部分别结对帮扶4户、3户、2户、1户贫困户;确保每个贫困村都有定点帮扶单位,每个贫困户都有结对帮扶干部,实现市、县区、乡镇、村四级干部结对帮扶扶贫对象的全覆盖。建立结对帮扶工作台账。结对帮扶工作台账要有帮扶责任人、帮扶措施、年度目标、帮扶投入、实施过程、实施结果和扶贫对象户收入变动等内容和指标。

(三)建立四步管理模式。从市到县、乡、村,逐级建立"挂图作战、清单管理、滚动集成、精准摘帽"四步精准管理模式,倒排脱贫工期,下单作业,滚动集成脱贫成果和工作经验,确保如期精准脱贫。

(四)从严督查考核。强化督查力量,紧盯脱贫摘帽的任务目标、时间节点,采取随机抽查、专项检查、联合督查等形式,定期不定期对各地脱贫攻坚进行跟踪问效,动态掌握工作进度,强力推动工作落实。认真贯彻落实自治区有关激励政策和考评办法,委托第三方对精准扶贫、精准脱贫成效进行评估,坚决杜绝"被脱贫"、"假脱贫"、"数字脱贫"等现象发生。对提前脱贫摘帽的贫困县、贫困村给予奖励;将脱贫摘帽作为贫困县党政领导班子、领导干部评优、提拔使用和绩效考评的重要依据;对不能按时脱贫摘帽的贫困县将采取通报批评、警示约谈、组织调整等惩戒措施,以严格的督考倒逼脱贫攻坚工作落到实处。

附件:1.崇左市2016年脱贫摘帽任务表

2.崇左市2016年预脱贫贫困村重点项目表(略)

3.崇左市2016年脱贫攻坚重点工作清单(略)

附件1

崇左市2016年脱贫摘帽任务表

县(市、区)	脱贫贫困村		脱贫人口	
	乡镇	村	户数	人数
崇左市		合计	28644	116100
		一、71个预脱贫村	8023	32113
		二、其他村	20621	83987
天等县		小计	7204	31702
		一、17个预脱贫村	2618	11300
	天等镇	盛典村	344	1488
		洪岭村	186	889
		宏魁村	280	1218
	都康乡	龙布村	254	1166
	驮堪乡	南岭村	181	709

续表

县(市、区)	脱贫贫困村		脱贫人口	
	乡镇	村	户数	人数
	龙茗镇	东南村	96	400
	小山乡	龙桥村	73	301
		龙哨村	59	236
	福新镇	江岸村	308	1423
		福宁村	83	294
	进远乡	进远村	291	1170
		和平村	120	459
	向都镇	民族村	31	146
	上映乡	平典村	67	304
		宝贯村	99	425
	把荷乡	巴龙村	49	228
		把兰村	126	553
	二、其他村		4586	20402
大新县	小计		7380	29983
	一、20个预脱贫村		2515	9895
	桃城镇	德立村	273	1070
	全茗镇	配偶村	139	560
	五山乡	联山村	52	155
	龙门乡	上育村	57	238
	昌明乡	奉备村	93	355
	榄圩乡	武姜村	197	812
		正隆村	146	497
		先力村	214	883
	恩城乡	如龙村	44	165
		护国村	75	299
	那岭乡	邑伏村	62	271
	雷平镇	上利村	168	664
		钦联村	91	353
		后益村	219	834
	宝圩乡	尚艺村	107	437
		板价村	202	841
	堪圩乡	谨汤村	218	878
		拔浪村	59	213
	硕龙镇	门村村	62	223
	下雷镇	仁益村	37	147
	二、其他村		4865	20088
龙州县	小计		4866	18000
	一、15个预脱贫村		1559	5585
	上降乡	梓丛村	99	334
	下冻镇	峡岗村	201	721
		扶伦村	215	812
	水口镇	康宁村	49	172
	上龙乡	新联村	111	385

续表

县(市、区)	脱贫贫困村		脱贫人口	
	乡镇	村	户数	人数
		武权村	169	610
	武德乡	武德村	160	597
		三联村	37	146
	金龙镇	板梯村	99	380
		敢赛村	60	207
	逐卜乡	崇德村	77	277
		三叉村	47	159
	响水镇	高峰村	26	75
		红阳村	72	213
	上金乡	中山村	137	497
		二、其他村	3307	12415
宁明县		小计	4502	19600
	一、5个预脱贫村		750	3146
	明江镇	岑岳村	318	1355
		洪江村	130	558
	寨安乡	安阳村	93	372
	北江乡	东什村	106	436
		下间村	103	425
		二、其他村	3752	16454
扶绥县		小计	1966	7010
	一、6个预脱贫村		129	474
	渠黎镇	驮河村	40	150
	柳桥镇	坡利村	22	83
	东门镇	六头村	15	54
	中东镇	百域村	36	132
	东罗镇	都充村	8	33
	山圩镇	玉柏村	8	22
		二、其他村	1837	6536
江州区		小计	2066	7185
	一、6个预脱贫村		336	1262
	罗白乡	蒙井村	64	262
	新和镇	那颜村	18	59
	江州镇	那么村	101	377
	濑湍镇	叫城村	28	96
	那隆镇	群黎村	97	385
	太平街道	孔甲村	28	83
		二、其他村	1730	5923
凭祥市		小计	660	2620
	一、2个预脱贫村		116	451
	夏石镇	夏桐村	63	251
	友谊镇	平而村	53	200
		二、其他村	544	2169

左右江革命老区振兴规划(崇左市)实施方案(摘录)

——摘自崇左市人民政府办公室关于印发左右江革命老区振兴规划(崇左市)实施方案的通知(崇政办发〔2016〕4号)

2015年2月9日,国务院正式批复颁布《左右江革命老区振兴规划》(2014—2025年)(以下简称《振兴规划》)。紧紧抓住国家支持革命老区发展这一重大历史机遇,将加快我市经济社会和各项事业的发展,根本改变我市贫困落后面貌。为深入贯彻落实《振兴规划》,现制定《左右江革命老区振兴规划(崇左市)实施方案》(以下简称《实施方案》)。

一、发展目标

(一)近期目标(2015年—2020年)

全面实施左右江革命老区(崇左市)三年行动计划,适应我国经济发展新常态。到2020年,实现《振兴规划》提出的"地区生产总值等主要经济指标比2013年翻一番左右;对接东盟、联通国内的综合交通运输网络初步形成,区域枢纽作用得到发挥;以有色金属、糖业等精深加工、林产加工、边贸进出口加工、清洁能源开发利用、红色文化、花山文化和边关文化旅游等为核心的特色优势产业初步形成,产业结构不断优化;生态建设和环境保护取得显著成效;新型城镇化水平和质量稳步提升,城镇承载能力不断加强。基本公共服务均等化总体达到国家平均水平,实现经济增长和城乡居民人均收入增长高于全区的平均水平,城乡居民收入增速高于地区生产总值增速,贫困发生率不高于全区和全国的平均水平,全面建成小康社会"。

(二)远期目标(2021年—2025年)

到2025年,实现《振兴规划》提出的"综合经济实力大幅提升,安全高效的综合交通运输体系全面建成,现代产业体系基本确立,工业化、信息化、城镇化、农业现代化实现同步发展,兼容并包的开放型经济新体制基本建成,生态文明建设取得重大进展,活力崇左、美丽崇左、幸福崇左、文化崇左和开放崇左全面建成"目标。

二、扎实实施《振兴规划》的重点任务

(一)加强基础设施建设

建设以铁路和高速公路路为陆路交通主干线,左江航道为水路交通干线,构建铁路、公路和水运相互高效衔接、水公铁联动的立体交通运输网络,构建我市成为中国与东盟国家的公路、铁路和水运互联互通、内外通达、通边达海、覆盖城乡的综合交通枢纽,同时,统筹水利、信息通信、电力等基础设施建设,到2025年,我市基础设施建设基本全面完成。

1.进一步完善铁路网络。

争取尽快开工改造扩容提速湘桂铁路南宁—崇左—凭祥铁路,争取2020年开工建设崇左港扶绥将军岭作业区专线。启动凭祥(铁路)口岸通往凭祥综合保税区二期暨跨境经济合作区出口加工区铁路专用线工作,规划建设崇左港中心港濑湍作业区专线;2020年建成南宁—机场—崇左城际轨道交通、南宁至扶绥轻轨5号线、崇左—龙州—水口铁路专线;2025年建成防城港—崇左—大新—天等—德保—百色铁路,规划防城—宁明—凭祥—龙州—大新—龙邦—那坡—云南文山沿边铁路。〔责任单位:市发展改革委、交通运输局、财政局、国土资源局、商务口岸委、北部湾办、凭祥综合保税区,各县(市、区)人民政府〕

专栏1	重点铁路建设项目
加快湘桂铁路南宁—凭祥扩能改造项目。规划建设防城港—崇左—大新—天等—德保—百色、防城—宁明—凭祥—龙州—大新—龙邦—那坡—文山沿边铁路。加快推进南宁—机场—崇左城际轨道交通建设。	

2.继续强化公路网络建设。

积极构建"中国-东盟陆路大通道",建设以崇左市为中心,以高速公路为主干、以二级以上公路为骨架、辐射各县及各边境口岸、连接周边县市、层次分明、四通八达的"八射三环"公路网络。加快建设崇左—靖西高速公路,重点建设崇左—水口、隆安—硕龙、崇左—爱店、崇左—防城港高速公路,规划建设河池—天等—大新—龙州—凭祥、百色—德保—天等—大新—崇左、独山—凤山—田东—凭祥、苏圩—柳桥—板烂等高速公路;升级改扩建南丹—巴马—田东—龙州—凭祥(口岸)、凭祥—龙州—大新—靖西—那坡—富宁、靖西—东兴、东兴—宁明—凭祥等沿边公路(崇左段)为高等级公路;新建和续建南宁新江经吴圩到扶绥、东兴—凭祥—靖西—文山沿边一级公路、大新县城—那岭一级公路等一批一级公路;新建和续建坛洛—崇左、大塘—渠黎、江州—北江—板烂、江州区—左州—驮卢—那隆、龙州—友谊关、大新(桃城)—龙州(金龙)、大新—硕龙等一批二级公路;升级改造崇左—那坡、巴马—田东—天等、凤山—田东—凭祥等省道国道;继续

推进自然村屯道路硬化建设,进一步完善乡村公路网络。2020年前力争实现"100%县城通高速公路,100%乡镇通二级公路",中心城区与各县市实现"一小时交通圈",一类口岸通高速公路,二类口岸、3A级以上旅游景点、内河港口、火铁路站场和重点产业园区通二级及以上高等级公路,村村通水泥或沥青公路。2025年前力争实现普通国省道建成二级及以上高等级公路,自然村(屯)通硬化道路率达100%。[责任单位:市交通运输局、发展改革委、扶贫办、工业和信息化委、财政局、商务口岸委、民族宗教委,各县(市、区)人民政府]

专栏2	重点公路建设项目

高速公路建设:崇左—靖西、崇左—水口、隆安—硕龙、崇左—爱店。

一级公路建设:南宁新江经吴圩到扶绥、宁明—凭祥工业大道、青年产业园—崇左城市工业区、大新(雷平)—天等(小山)、大新县城—那岭、南宁石埠—扶绥

沿边高等级公路建设:东兴—宁明—凭祥—龙州—大新—靖西—富宁。

国省道升级改造:田东—天等、龙州(八角)—凭祥、大新—硕龙。

二级公路建设:坛洛—崇左、隆安—天等、德保—天等、驮卢—大新、大塘—渠黎、龙州至科甲、那桐—大新—硕龙、江州—北江—板烂、崇左—龙州、崇左—宁明、龙州—凭祥、大新(桃城)—龙州(金龙)、龙州叫堪—那花—布局、渠黎—东门、北江—在妙、天等—靖西、平果果化—进结、进结—那样、北江—峙浪、南宁—扶绥疏港大道、中东—扶绥、扶绥西长—厚寨、武鸣—扶绥、扶绥—渠黎、东罗—雷州、天等(上映)—大新(下雷)、大新全茗—五山—昌明、江州区—左州—驮卢—那隆、新和工业大道、黄村—那隆—那淂、驮柏—左州、濑湍—工业大道、龙州响水—金龙、江州(新和)—大新(揽圩)、江州(驮柏)—隆安(屏山)、宁明亭亮—北江、宁明(那楠)—上思(南屏)。

3. 加快口岸(边民互市点)基础设施和出边通道建设。

完善口岸和边民互市点基础设施。以一类口岸标准建设硕龙、平而和科甲口岸基础设施。建设边民互市点监管和建议设施,确保14个边民互市点全面开展交易业务。重点完善凭祥铁路口岸监管设施,扩建爱店、硕龙口岸设施,开工水口二桥监管区和平而口岸查验设施。提升出边通道等级,按一类口岸通高速公路、二类口岸通二级公路、边民互市点通三级公路标准,重点建设崇左—水口、崇左—爱店和隆安那桐—硕龙高速公路,加快实施南友高速崇左—凭祥段提速改造工程;尽快开工建设水口界河二桥;加快推进友谊关—友谊口岸国际货运专用通道和浦寨—新清货运专用通道建设,实现人货分流;同时加大建设通往各边民互市点道路提级改造。[责任单位:市交通运输局、商务口岸委、财政局、发展改革委,各相关县(市)人民政府]

4. 全面提升左江黄金水道航运能力。

加快左江水运航道及通航设施建设,建设平而河、水口河国际航道,力争早日实现崇左1000吨级船舶直通粤港澳。至2020年前,将龙州至南宁宋村三江口建成为Ⅲ级航道;加快龙州至崇左旅游航道工程,启动左江崇左(冲塘村)至龙州Ⅲ级航道工程建设,将上金河口至宁明、宁明至在妙、龙州至水口、龙州至平而河河段全部建成五级航道;新建左江、先锋船闸,改建左江山秀、美亚等水电站船闸;建设崇左港中心港区、江州濑湍,扶绥港区、龙州港区、宁明港区和凭祥港区一批作业区和旅游码头,左江及上游支流的水电站全部建设开通船闸,形成以左江水运干线和平而河、水口河、明江河三支线的内河航道网以及平而河、水口河国际航道网。推进黑水河旅游航道建设。完善航道规划保护及管养队伍建设,理顺法规障碍,养护资金列入当地财政预算。[责任单位:市交通运输局、发展改革委、财政局、水利局,有关县(市、区)人民政府]

专栏3	左江—西江黄金水道建设

航道项目:左江崇左至南宁宋村三江口Ⅲ级航道、左江崇左(斜塔)至龙州115千米Ⅲ级航道,龙州至崇左旅游航道工程。

船闸项目:左江电站船闸工程、先锋电站船闸工程、山秀电站船闸工程。

港口及作业区:崇左港驮卢一号作业区1000吨级泊位、崇左港驮卢二号作业区1000吨级泊位、崇左港濑湍作业区1000吨级泊位及作业区、新环港口作业区一期工程、红狮1000吨级码头及作业区、宁明港区新工业作业区1000吨级泊位、龙州港区主城作业区500吨级泊位及作业区、凭祥港区平而边贸作业区500吨级泊位、南方水泥1000吨级码头、崇左港扶绥将军岭作业区(二期工程)、扶绥邑桑作业区以及金钟山作业区、江州旅游码头、龙州上金旅游码头、宁明山寨旅游码头。

5. 加快产业园区基础设施建设。

全面推进各重点园区和各县工业集中区的水、电、气、路和污垃处理基础设施建设,优先建设重点园区的污水处理厂,吸引更多的企业和项目入园。〔责任单位:市工业和信息化委、交通运输局、住房城乡建设委、发展改革委、城市工业区管委会、中国－东盟青年产业园管委会、凭祥边境经济合作区管委会,各相关县(市、区)人民政府〕

6. 推进机场建设。

做好宁明机场改扩建前期准备工作;规划新建崇左、扶绥、龙州、宁明、大新、凭祥等通用机场或直升机起降点。〔责任单位:市发展改革委、交通运输局、旅游发展委、财政局、国土资源局,各县(市、区)人民政府〕

7. 加快信息通信基础设施建设。

完善我市信息网络基础设施,建设综合信息平台,推进电信网、广播电视网和计算机通信网"三网融合",实施三网"村村通"工程;重点建设城乡宽带网络、无线通信、下一代互联网等。推进电子政务、社会公共服务平台建设,加快建设崇左市电子政务外网统一平台,发展电子商务,实施"电子商务进万村工程";建立科技教育领域信息化管理系统,推进远程教育;建立公共医疗卫生信息服务平台,开展远程医疗服务。力争到2020年行政村基本通宽带,通信信号全覆盖。强化邮政基础网络,完成空白乡镇邮政局所补建,推进村邮站和信报箱建设。〔责任单位:市工业和信息化委、发展改革委、财政局、文新广电局、商务口岸委、卫生计生委、邮政局、旅游发展委,各相关县(市、区)人民政府〕

专栏4　　　信息基础设施建设重点项目

新一代信息通信网络的建设

建设电信网、广播电视网和计算机通信网"三网融合"

建设电子政务专网平台

建设跨境公共信息服务平台

三网"村村通"工程项目

商贸电子商务平台

社会公共服务平台

公共医疗卫生信息服务平台建设

科技教育领域信息化管理系统

---

8. 加强水利工程建设。

统筹做好我市重点水源、城乡供水、防洪排涝、灌区改造、水土保持等工程建设,重点建设驮英水库及其灌区工程、渠珠水利枢纽、黑水河灌区工程、201万亩甘蔗双高基地节水灌溉项目、180万亩高标准基本农田建设和10万亩"旱改水"耕地提质改造,宁明、扶绥、龙州等县城防洪排涝工程;加快中小型水库除险加固及灌区改造、山洪灾害防治工程、抗旱应急水源工程和饮水安全工程建设。加强明江等中小河流的综合治理,统筹做好中心城区堤防工程建设及左江两岸综合治理,逐步实现"洪畅、堤固、水清、岸绿、景美"目标,推进水电新农村电气化县和小水电代燃料生态保护工程建设,建设一批绿色能源示范县和示范村。〔责任单位:市水利局、住房城乡建设委、发展改革委、财政局、农业局、城投公司,相关县(市、区)人民政府〕

9. 完善能源基础设施建设。

加快能源基础设施建设,重点推进崇左火电厂和垃圾发电项目建设,支持企业自备电源建设;支持水口、那派、七里滩等有条件的小型水电站进行扩建,推进风电项目和光伏发电项目;建设一批500 kV、220 kV、110 kV输变电及城乡配农网项目。加快建设南宁—扶绥—崇左—凭祥天然气管道,以及县县通天然气工程、CNG母站、城区管网及附属设施等项目。〔责任单位:市发展改革委、工业和信息化委、住房城乡建设委、商务口岸委、国土资源局,各相关县(市、区)人民政府〕

(二)发展特色优势产业

结合我市的资源优势和区位优势,有重点地落实《振兴规划》提出了特色优势产业发展的八大产业方向。

1. 推进新能源产业基地建设。

大力发展生物质能、风能、太阳能、沼气、非粮燃料乙醇等清洁能源和可再生能源。依托崇左丰富的蔗渣资源,在江州、扶绥、宁明等地布局生物质发电项目,加快推进以大新雷平永鑫30 MW生物质发电、崇左东亚30 MW生物质发电以及宁明东亚二期30 MW生物质发电项目等一批生物质发电项目;发展燃料乙醇,推进江州区新泽年产10万吨燃料乙醇项目。发展风能、太阳能利用项目建设,重点推进天等牛头岭、扶绥县光伏农业项目、江州区那隆风电场项目和江州区农业光伏大棚项目。依托新技术加强左江盆地油气勘探开发。大力促进天然气在民用、工业、交通等领域的利用,提高天然气在能源消费中的比重。〔责任单位:市发展改革委、工业和信息化委、国土资源局、环境保护局,各相关县(市、区)人民政府〕

| 专栏 5 | 重点能源建设项目 |

电厂：崇左电厂、龙州热电联产项目、中信大锰布东 30 万千伏余热发电自备电厂。

新能源和再生能源：崇左江州区、扶绥县、大新、宁明生物质能发电项目；崇左江州区、天等、宁明、大新等风能发电项目；江州区光伏农业项目、扶绥光伏农业项目。

2. 推动资源型产业向精深加工产业发展。

依托我市糖、锰、铝、稀土、膨润土等资源优势，推动资源型产业向科技含量高、节能环保、附加值高的精深加工产业以及产业链高端发展。到 2017 年，实现锰业总产值超过 200 亿元，铜循环超过 110 亿元，生态铝超过 60 亿元，稀土加工超过 30 亿元。到 2020 年，锰业总产值超过 300 亿元，有色金属产业（铜、铝、稀土等）总产值超过 500 亿元。

建立生态型锰业示范基地。强化锰矿资源供给保障，力争锰矿资源 100% 就地加工增值；推进锰电结合，支持大型锰矿企业建设自备电源，积极争取国家、自治区对锰业实行优惠电价或给予电价补贴。重点布局在市城市工业区、天等、大新生态锰工业园和江州区锰铝科技集中加工区，尽快形成现有电解金属锰、电解二氧化锰、锰系铁合金行业产能；进一步壮大以四氧化三锰、动力型锂离子电池正极材料为主的中级锰加工业；积极发展以锰酸锂、钴酸锂、电子元器件、动力电池、锰锌软磁铁氧体、200 系列不锈钢等为主的高级锰加工业。推进大型锰加工企业自备电源、崇左新能源汽车用锂离子动力电池组装线、大新布东生态锰深加工及综合利用、大新中低碳锰铁合金项目建设，构建完整产业链和产业体系。［责任单位：市工业和信息化委、发展改革委、北部湾办、商务口岸委、环境保护局、国土资源局、城市工业区管委会，各相关县（市、区）人民政府］

建立铜循环经济示范基地。重点发展电解铜、以铜为原料的下游产品加工、贵金属综合回收等。重点推进广西南国铜业年产 15 万吨电解铜冶炼项目，辐射带动扶绥空港经济区和市城市工业区发展铜精深加工产业，打造以铜为原料的下游产品："电解铜—铜合金粉—铜合金零部件"、"电解铜—特种铜管—铜合金管"、"电解铜—铜箔—覆铜板（又名基材）—印制电路板"、"电解铜—铜带—集成电路引线框架"。［责任单位：市工业和信息化委、发展改革委、商务口岸委、环境保护局、国土资源局、中国－东盟青年产业园管委会，扶

绥县人民政府］

延伸糖产业链。加强甘蔗新品种、糖食品和以甘蔗为原料的新产品的研发，抢占糖业经济科技制高点。着力发展以食糖及副产品为原料的食糖深加工、生物化工、生物饲料、生物肥料以及纸制品工业。加快发展甘蔗食醋及甘蔗果醋、木糖醇、阿拉伯糖、酵母、朗姆酒、伊代欣糖、三氯蔗糖等新产品，以及糖果及休闲食品生产，推动糖业转型升级。［责任单位：市工业和信息化委、农业局、发展改革委、环境保护局、食品药品监管局，各相关县（市、区）人民政府］

建设建材循环经济示范基地。以宁明为重点，建设膨润土产业园。适时建设水泥熟料生产线项目，采用新型干法水泥生产技术和大型化装备，实施节能改造工程，支持水泥企业对废锰渣、赤泥等进行综合利用，降低能耗。推进 120 万吨赤泥利用项目、天等东泥水泥日产 4000 吨水泥熟料生产线、江州区 4500t/d 新型干法水泥、龙州年产 50 万吨碳酸钙项目、凭祥纳米碳酸钙深加工项目、扶绥日产 1.2 万吨水泥生产线、龙州日产 4500 吨氧化铝配套水泥厂项目。培育发展绿色环保、生态、环保、节能的新型建筑材料。［责任单位：市工业和信息化委、发展改革委、环境保护局、住房城乡建设委，各县（市、区）人民政府］

林化与木材深加工产业示范基地。利用我市和周边国家丰富的木材资源，加快发展松香深加工，开发高性能树脂新材料，高档家具生产展销等产业，重点推进崇左—龙赞东盟国际林业循环经济产业项目。［责任单位：市林业局、工业和信息化委、发展改革委、城市工业区管委会、环境保护局、住房城乡建设委，各县（市、区）人民政府］

大力发展坚果加工业。利用我市的边贸优势，将从凭祥、龙州口岸进口的坚果进入市城市工业区坚果产业园生产加工，实现"过境贸易"向"口岸加工贸易"转型，将口岸资源优势转变为产业经济优势。［责任单位：市工业和信息化委、发展改革委、城市工业区管委会，有关县（市、区）人民政府］

建立崇左低品位铝土矿生态循环经济综合利用示范基地。重点围绕发展生态型铝产业链，打造从铝土矿采选到氧化铝、直供铝水和铝加工以及配套热电联产机组的完整铝产业链和生态型铝产业基地。氧化铝项目，以崇左铝土矿为主要资源基础，规划建设总规模为年产 160 万吨氧化铝生产线；电解铝项目，规划建设总规模为年产 80 万吨直供铝水。铝加工项目，重点建设高密度铝型材加工、高精度的铝板带箔热连轧、工业及交通运输用铝型材、汽车发动机缸体、汽车缸盖等

一批铝下游产业链。加快龙州年处理 120 万吨赤泥综合利用及配套项目建设，形成铝土矿绿色开采→氧化铝→赤泥综合利用→赤泥提铁→生铁铸件→自备发电→煤渣制水泥循环产业链；推进铝配套产业发展，重点规划建设总规模为 3×35 万千瓦热电联产机组项目，大力发展液碱、石灰、碳素等作为铝工业重要生产辅料的配套产业。[责任单位：市工业和信息化委、市发展改革委、市环境保护局、城市工业区管委会，有关县〈区〉人民政府]

3. 积极培育战略性新兴产业。

根据我市的资源条件和市场需要，重点培育和发展稀土新材料、中药材加工等战略性新兴产业。

（略）

建设宁明膨润土产业园。大力推进宁明膨润土综合开发利用，加快发展膨润土钻井泥浆、铸造和铁矿球团、防水、建材、医药等材料，重点打造宁明膨润土产业园。[责任单位：市工业和信息化委、发展改革委、国土资源局、环境保护局、宁明县人民政府]

发展中药材加工业。依托我市药材资源和边贸中草药市场发展中医、壮医产业，建立特色医药产业园，建立生物制药基地，推进天等县中草药种植加工、江州区中草药种植加工、宁明中草药种植加工和中药材贸易加工业项目建设，重点开发七叶一枝花、金钱草、砂仁等道地药材等植物提取型药品、半合成型药、中药保健品等。引进有实力的制药企业落户我市，推进中药西制和生物制药产业化、规模化发展。[责任单位：市食品药品监管局、发展改革委、工业和信息化委、卫生计生委、环境保护局、农业局、林业局，各县（区）人民政府]

发展节能环保业。加强采选矿技术和冶炼废渣、尾矿综合利用，推进选矿无害化排放技术开放、应用和装备制造。加快推进崇左铜业循环经济高新科技园、江州区绿色静脉产业园建设。[责任单位：市工业和信息化委、发展改革委、科技局、环境保护局，各县（区）人民政府]

专栏 6　　　战略性新兴产业重点项目

一、铝产业

崇左市低品位铝土矿综合开发利用项目、崇左铝电结合项目、铝合金建筑模板、蜂巢板、阳极氧化板、彩图铝板等项目、年产 200 万套汽车铝合金精密铸件生产线。

二、新能源产业

无汞碱锰型电池、锂离子动力电池生产项目、锂离子动力电池正极材料锰酸锂项目、锂离子动力电池正极材料磷酸铁锂项目。

微藻生产生物柴油项目。

江州新泽年产 10 万吨燃料乙醇

三、民族（生物）药业和健康产业

扶绥中国乐养城项目。

天等县中草药种植加工项目、江州中草药种植加工项目、宁明县中草药种植加工和中药材贸易加工业项目、龙州国家级龙岗自然保护区珍稀动物药养殖项目、七叶一枝花、金钱草、砂仁、铁皮石斛等中药种植示范基地及重点加工龙头项目。

生物制药项目。

中国－东盟南宁空港扶绥经济区伊代欣糖生产项目、广西桂和堂中药集团扶绥健康食品项目、养生长寿健康食品项目和健康食品项目、葫芦娃制药项目。

四、节能环保产业

新型墙体建材项目、节能环保设备生产项目。

中国－东盟南宁空港扶绥经济区绿色环保节能新型材料、新型节能及环保电气设备项目、新能源汽车配套项目。

综合利用酒精废液及糖厂滤泥变废为宝生物有机肥项目。

商品混凝土制品生产项目。

扶绥生态节能环保产业示范园、江州区绿色静脉产业园项目。

五、新材料产业

宁明膨润土产业园。

---

4. 大力发展特色农业。

根据我市农业资源的特点，重点发展四大扶贫关系密切的特色种养业：

巩固发展蔗糖业。推行"小块并大块"土地整治，稳定甘蔗种植面积，推进"双高"糖料蔗示范基地建设，提高优质高产高糖糖料蔗种植规模和效益。重点建设 201 万亩优质高产高糖糖料蔗示范基地和现代特色农业（核心）示范建设项目。[责任单位：市工业和信息化委〈糖业局〉、农业局、发展改革委、国土资源局，各县（市、区）人民政府]

发展特色种植业。大力发展木薯、有机茶、姑辽茶、指天椒、八角、坚果、双季葡萄、油茶、苦丁茶、砂糖橘、西瓜、柑橘、龙眼、香蕉、荔枝、美国红提、良种竹、有机蔬菜等特色优势种植业，因地制宜探索扶持发展中草药、火龙果、芋头、小番茄、柠檬等新兴特色产业，建

设油茶、澳洲坚果生产基地。[责任单位:市农业局、林业局,各县(市、区)人民政府]

发展特色养殖业。稳定生猪、家禽等传统优势产业;推进牛、羊等规模食草畜牧业的发展;发展龟鳖、蛇类、竹鼠、肉鸽、蚕等特种养殖;利用山塘、水库发展罗非鱼、鳗鱼等水产养殖。建设一批优质肉牛、黑山羊产业化基地。[责任单位:市水产畜牧兽医局、农业局、发展改革委,各县(市、区)人民政府]

发展林下经济。依托丰富的林地资源,采取林禽、林畜、林菜、林药等模式,建设林下经济示范基地,引进和培育龙头企业,通过"龙头企业 + 专业合作组织 + 基地 + 农户"运作模式,带动农民发展林下养鸡、鹅、猪等;种植食用菌、中草药,推动林下经济成为农民增收致富的新路子。[责任单位:市林业局、农业局、扶贫办,各县(市、区)人民政府]

农产品加工基地建设。依托我市农业资源和边境贸易,大力发展粮食、油茶、水果、蔬菜(含指天椒)、木薯、剑麻、中药材、有机茶(含苦丁茶)、桑蚕等加工业,打造一批具有较强带动能力的龙头企业农产品加工园区,培育一批国内外公认的知名品牌。[责任单位:市工业和信息化委、商务口岸委、林业局、农业局,各县(市、区)人民政府]

专栏7　　　　现代特色农业基地重点项目

一、甘蔗业

201 万亩优质高产高糖糖料蔗示范基地建设。

广西甘蔗高产高效现代化集成技术推广中心项目。

小块并大块土地整治项目。

崇左市甘蔗研究所建设。

二、特色种植业

双季葡萄、砂糖橘、西瓜、柑橘、龙眼、香蕉、荔枝、火龙果水果种植项目。澳洲坚果种植。

茶叶种植:扶绥姑辽茶、大新苦丁茶、龙州乌龙茶、宁明高岭有机茶。

指天辣椒种植。

种桑养蚕项目。

油茶高产示范区。

扶绥县甜蜜之光农业示范区示范园及各县现代农业示范区。

南菜北运基地项目。

商品竹林种植。

凭祥市宝岛美人椒生产示范区、凭祥现代特

色农业示范区。

大华现代农业旅游示范园。

三、特色养殖业

3 万头优质肉牛产业化基地。

扶绥、龙州肉牛肉羊养殖示范基地及优质种羊繁育基地项目。

龟鳖蛇特等种养殖、凭祥龟鳖蛇特色养殖科技产业园、龙州黑山羊产业化项目、江州工厂化养殖鳗鱼示范项目、蔗海养鸡项目。

种桑养蚕项目。

四、林下经济

八角林下养鸡:宁明、江州区、凭祥、龙州。

食用菌种植。

---

5. 大力发展边境旅游和特色文化旅游业。

高水平建设一批红色旅游精品景区。打造邓小平足迹之旅、胡志明足迹之旅等红色旅游经典线路,构建左右江革命老区红色文化旅游圈。重点建设龙州起义纪念园等项目。[责任单位:市旅游发展委、发展改革委、文新广电局,各县(市、区)人民政府]

加快建设国际旅游目的地和休闲养生基地。借助花山岩画文化景观列入 2016 年我国申报世界文化遗产目录,打造民族文化旅游经典景区。依托原生态山水资源,建设国际生态旅游目的地和休闲养生基地。依托边境旅游资源,大力发展跨国旅游。继续推进"五个 100 千米"旅游线路建设,加快实施一批重点景区建设:大新"大德天景区"升级改造,龙州天琴谷旅游开发和龙州起义纪念公园,宁明花山风景区生态休闲度假区和宁明爱店公母山边境风情旅游区,天等丽川森林公园,扶绥龙谷湾旅游休闲度假区,江州区黑水河旅游产业综合开发、"灰姑娘"旅游开发和桃花岛生态旅游岛,凭祥红木文博城(二期),友谊关大连城景区,宁明狮子头森林公园,江州白头叶猴生态公园,中国 – 东盟(崇左)旅游集散中心,扶绥中国东盟龙湖体育休闲园。努力推进一批重点景区和旅游区建设:中越德天—板约瀑布和中越友谊关国际旅游合作区,大新明仕—恩城—安平国家旅游度假区群,龙州上金万达医疗养生城和"发现·弄岗"生态旅游开发。规划建设若干汽车自驾游营地。争取建设大型旅游免税购物综合体。[责任单位:市旅游发展委、发展改革委、文新广电局、林业局、商务口岸委、财政局、交通运输局,各县(市、区)人民政府]

全力抓好"创特、创 A、创星"工作。大力推进大新、凭祥、龙州三个特色旅游名县创建县和宁明特色旅游名县创建县备选的创建工作,实行"一个项目,一个责任单位,一套班子,一个领导,一抓到底"的工作机制,加强旅游基础和公共服务设施建设,重点推进一批游客中心、旅游公厕、停车场、自驾车营地、旅游导览标识系统建设,建设一批星级酒店,创建一批乡村星级旅游区和星级农家乐,推进特色旅游小镇建设。完善景区基础设施建设,促进景区创A工作再上新台阶,重点抓好大新德天瀑布、凭祥友谊关、凭祥红木文博城、崇左石景林创建国家5A级旅游景区。抓好宁明花山岩画景区、大新明仕田园和龙州红八军旧址景区创建国家4A级景区工作。抓好浦寨边贸城创建国家3A景区工作,启动龙宫仙境景区创建国家3A级景区工作。〔责任单位:市旅游发展委、发展改革委、农业局、林业局、住房城乡建设委、商务口岸委,各县(市、区)人民政府〕

扎实推进旅游扶贫。依托丰富的旅游资源,结合生态乡村建设活动,建设"农家乐",开发乡村旅游、民俗风情游、农业观光旅游、休闲度假旅游等,使贫困地区群众在旅游发展中增加就业机会,获得直接经济利益。〔责任单位:市旅游发展委、发展改革委、扶贫办、农业局,各县(市、区)人民政府〕

专栏8　　边境旅游和特色文化旅游业重点项目

一、重点红色旅游地。龙州起义纪念公园、龙州起义纪念馆、龙州起义(红八军军部旧址)红色旅游景区建设(二期)、龙州胡志明故居、凭祥镇南关大捷遗址、凭祥大连城景区开发建设项目、扶绥左江革命历史纪念园、天等向都苏维埃政府旧址、扶绥左江革命历史纪念馆、中法战争战场旧址、大新宝圩碧云洞(红八军会议旧址)。

二、重点民族文化旅游区。崇左宁明花山岩画、宁明花山风景区、龙州天琴谷文化旅游度假区、上金古城旅游开发、江州区左州镇金山文化旅游开发、黑水河文化旅游综合开发。

三、重点生态旅游区。崇左市石景林提升改造和五星级万景健康城综合开发项目、中国－东盟龙湖体育休闲园、大新明仕田园、崇左德天跨国大瀑布、大新"大德天景区"升级改造(创5A景区)、大新恩城国际山水主题度假区、大新黑水河湿地生态公园、大新安平养生国际旅游度假区、龙州发现·弄岗生态旅游度假区、扶绥龙谷湾旅游休闲度假区、扶绥白头叶猴生态旅游景区(九重山生态旅游区)、扶绥白虎岭体育公园、江州黑水河文化旅游产业综

合开发、江州区客兰湖生态旅游区、江州桃花岛生态旅游休闲度假区、江州弄官生态公园、凭祥红木文博城景区、天等丽川文化体育森林公园、宁明爱店公母山边境风情旅游项目。

四、长寿养生旅游。扶绥中国乐养城、龙州上金医疗养生城项目。

五、国际旅游合作区。中越德天·板约国际旅游合作区、友谊关中越国际旅游合作区。

---

6. 大力发展以现代物流为基础的现代服务业。

围绕服务中国－东盟陆路大通道和中国西南出海大通道,大力发展国际贸易、现代物流、金融、信息等现代服务业。依托交通设施网络,建设一批大宗商品集散地、物流园区、专业市场,构建物流通道。依托凭祥综合保税区,打造具有边疆特色的国际物流集散和分拨中心,重点构建广西—越南—柬埔寨(老挝)—泰国—马来西亚—新加坡的国际物流通道。建设信息综合平台,大力推进跨境电子商务。推进金融综合改革工作,创新人民币拓展业务,组建农村商业银行,筹建村镇银行和跨境经济合作区金融服务中心,完善中国－东盟货币服务平台。〔责任单位:市发展改革委、商务口岸委、工业和信息化委、金融办,各县(市、区)人民政府〕

专栏9　　现代服务业重点项目

一、重点物流设施。崇左(东盟)国际商贸物流园、龙州东盟物流交易中心、龙州水口物流园、水口二桥物流园、中国－东盟(崇左)供销物流园、凭祥中国－东盟农副产品物流加工中心、中国－东盟自由贸易区凭祥物流园二、三期工程、凭祥市边境贸易货物物流中心、中越(凭祥)直通国际物流基地、扶绥空港物流园、宁明爱店东盟物流园、中国－东盟(宁明)国际农产品进出口物流中心、大新硕龙口岸(岩应)物流中心、江州区罗白物流园、中国－东盟青年产业园物流产业园。

二、重点专业市场。凭祥红木文化产业城和跨境电子商务基地、中国东盟汽摩配专业市场、中越(宁明)边境中药材商贸物流中心、龙州中越小商品商贸物流、龙州水口(东盟)农产品交易中心、龙州水口东盟国际商贸城、中国－东盟(凭祥)农副产品专业市场、中国－东盟(凭祥)水(海)产品专业市场、崇左市中国－东盟矿产品集散中心、宁明湘桂国际农机商贸城、江州区上亿集团城市商贸综合体、泰国(崇左)农产品交易中心和崇左(东盟)农产品交易中心。

7. 大力发展特色边贸和边境加工业。

推动边境贸易转型升级,凭祥市和龙州县开展边民互市贸易转型升级试点工作并适时推广,推动边贸扶贫工作,支持边境地区贫困群众直接参与边境贸易,落实边民小额贴息贷款等边民互市贸易支持政策,支持边民互市贸易合作社组发展等边贸扶贫模式。将边境贸易和加工业结合起来,建设一批边境加工产业基地,发展保税加工和贸易加工。[责任单位:市商务口岸委、发展改革委、工业和信息化委、扶贫办、有关县〈市〉人民政府]

8. 培育健康产业发展。

整合我市优势生态资源、医疗资源、特色保健资源等,面向国内国际市场,重点发展养生、养老、体育、医疗健康、健康食品等产业。充分发挥中医药以及壮、苗、瑶等民族医药优势,开发特色药品、保健产品和服务。实施差异化发展模式,建设一批绿色康体养生、特色养生保健、民族传统医疗保健基地。推进医疗机构与养老机构加强合作,建设一批养老机构、老年护理院、康复医疗机构等,提升养老服务水平。重点建设扶绥中国乐养城、龙州上金万达医疗养生城等。[责任单位:市卫生计生委、发展改革委、旅游发展委、食品药品监管局、民政局,各县(市、区)人民政府]

(三)推进城乡协调发展

按照以人为本、科学规划、合理布局、完善功能、以城带乡、工农互惠的原则统筹推进城乡协调发展。

1. 提高特色城镇承载能力。

建设各具特色的城镇体系。全力推进南崇城镇带和沿边村镇建设示范带建设,推进南宁—崇左、宁明—凭祥、龙州—凭祥经济一体化。按照"三点三带"的格局,逐步建立市级中心城市—市级副中心城市—县级中心城市—重点镇——般乡镇的市域城镇体系;集中力量发展崇左中心城市成为集聚度高、辐射力强的经济中心;重点发展凭祥、扶绥成为两个市级副中心城市;重点建设中心城区基础设施,完善城区功能,产城协同发展,支持江州区旧城改造。着力打造一批经济强镇、特色小镇,壮大扶持东门镇、山圩镇、硕龙镇、爱店镇、夏石镇、新和镇、驮卢镇、水口镇、龙茗镇8个特色小镇,推进凭祥、扶绥开展城乡统筹试点。重点将龙州镇、宁明城中镇、天等县进结镇、江州区驮卢镇和罗白乡建设成为商贸物流型城镇;将大新县雷平镇、天等县天等镇、向都镇、江州区新和镇、扶绥县渠旧镇、龙州县上金乡、响水镇建设成为旅游文化型城镇;将扶绥县渠黎镇、江州区濑湍镇建设成为产业集

聚型城镇;将宁明县爱店镇、桐棉镇、峙浪乡,凭祥市友谊镇、夏石镇,龙州县水口镇、武德乡(科甲),大新县硕龙镇建设成为沿边开放型城镇;争取国家、自治区大力支持崇左市保障性住房建设和城市棚户区改造,到2020年基本完成棚户区改造任务。[责任单位:市住房城乡建设委、规划局、发展改革委,各县(市、区)人民政府]

专栏10　　　　　中心城市与特色城镇建设

崇左市:中国—新加坡经济走廊重要节点,参与泛北部湾合作的区域中心城市,面向东盟开放合作的桥头堡、战略性新兴产业示范城市、区域性国际商贸物流中心。到2020年,城区人口达到50万人。

建设一批特色城镇:

建设江州区罗白、板利,凭祥夏石镇成为交通枢纽型城镇、扶绥县新宁成为"首府后花园"交通枢纽型城镇。

建设凭祥市凭祥镇,龙州县龙州镇、水口镇,宁明县城中镇,江州区驮卢镇,扶绥县东门镇为商贸物流型城镇。

建设凭祥市凭祥镇,大新县雷平乡,龙州县龙州镇、水口镇、响水镇、上金乡,扶绥县巴盆镇,天等县天等镇,江州区新和镇,大新县硕龙镇为旅游文化型城镇。

建设江州区濑湍镇、新和镇,扶绥县渠黎镇、渠旧镇为产业集聚型城镇。

建设宁明县爱店镇、桐棉镇、峙浪乡,凭祥友谊镇、夏石镇,龙州县水口镇、武德乡(科甲),大新县硕龙镇为沿边开放型城镇,重点发展边境贸易、贸易加工业。

崇左中心城区。面向东盟开放合作的区域性新兴城市。2020年城市人口按50万人规划,城市建设和产业发展用地按50平方公里预留。远景城市人口按80万~100万人规划,城市建设和产业发展用地按120平方公里预留。强化城市空间南拓东进,推进与崇左市城市工业区一体化发展。建成以资源精深加工、进出口加工制造等产业为特色的区域性现代化中心城市。[责任单位:市住房城乡建设委、规划局、财政局、发展改革委,江州区人民政府]

扶绥。打造扶绥成为对接南宁都市区,工商贸、科教等综合发展的新兴城市。2020年县城人口按30万人规划,远景城市人口按50~60万人规划。推进扶绥—

南宁同城化发展,打造"首府后花园"、南崇经济带"绿色产业"基地。[责任单位:市住房城乡建设委、规划局、发展改革委,扶绥县人民政府]

凭祥。以凭祥列入国家中小城市综合改革试点为契机,支持凭祥加快推进产城融合、城市投融资、土地要素、民生保障、城市治理等重点领域改革,尽快构建促进凭祥健康发展的体制机制,为凭祥探索发展一条具有边境特色的中小城市发展新路子给予意见指导和政策资金支持。2020年城市人口按25万人规划。按照城乡规划一体化、产业布局一体化、基础设施建设一体化、公共服务一体化、环境保护一体化要求推进城乡一体化发展。完善口岸基础设施和园区生产服务功能,建成以跨境经济合作区为特色的国际性现代化口岸城市和广西城乡一体化示范区。[责任单位:市住房城乡建设委、规划局、发展改革委,凭祥市人民政府]

宁明。发展以边境贸易、贸易加工、特色旅游等产业为主的县域中心城市。2020年县城人口按25万人规划。加强与凭祥以及各口岸联系,探索宁明与凭祥一体化发展各项措施,加快产业、交通、基础设施等方面对接与协调。[责任单位:市住房城乡建设委、规划局、发展改革委,宁明县人民政府]

龙州。以资源加工、贸易加工、特色旅游等产业为主的县域中心城市。2020年县城人口按18万人规划,城市建设与产业发展用地按17平方公里预留。加强与凭祥以及水口口岸的联系。作为远景凭祥边境经济合作区用地拓展的主要方向,加强产业上下游协作及生产性配套服务。[责任单位:市住房城乡建设委、规划局、发展改革委,龙州县人民政府]

大新。重点发展以高附加值产品为主的新型生态锰业;抓好糖业综合利用,发展以糖为主要原料的食品工业和食糖精深加工产业;着力打造德天跨国瀑布和绿色生态旅游品牌,将大新县建设成为中国面向东盟的区域性国际旅游集散地和主要目的地,成为中国旅游强县。[责任单位:市住房城乡建设委、规划局、发展改革委,大新县人民政府]

天等。以工业园区建设为基础、工业重点项目建设为抓手,加快建设"广西锰三角"重要一极。围绕建设广西劳务输出示范县,积极打造劳务输出"天等模式",有序转移农村富余劳动力。认真实施主体功能区规划,加强石漠化治理,建设生态文明示范县。[责任单位:市住房城乡建设委、规划局、发展改革委,天等县人民政府]

口岸城镇。包括硕龙、水口、爱店、武德(科甲)等口岸城镇。硕龙以矿产品进出口及出入境跨国旅游为主,兼具边境小额贸易及互市贸易;水口主要发展矿产品进出口、加工、商贸和旅游;爱店主要发展边贸、中草药产品出口加工、旅游;武德镇镇内有科甲口岸,主要发展边境贸易、农副产品加工。2020年每个口岸城镇人口按1万~3万人规划,城市建设和产业发展用地按1~3平方公里预留。实施凭祥口岸城市片区化工程,争取把浦寨、弄怀纳入友谊关口岸范围,加快凭祥浦寨—弄怀的互通工程和一体化建设。加强口岸城镇与经济带中心城市、重要节点城市,以及口岸城镇之间的联系,打造边境口岸城镇带。加强口岸城镇与经济带中心城市、重要节点城市,以及口岸城镇之间的联系,打造边境口岸城镇带。[责任单位:市住房城乡建设委、商务口岸委、规划局、发展改革委,各县〈市〉人民政府]

其他重点城镇。包括桃城、天等、濑湍、驮卢、渠黎、东门、上石、夏石、海渊、明江、堪圩、下雷、雷平、东平、龙茗、新和、罗白等一批重点镇。做好规划统筹,引导资源合理开发和城镇集约建设,打造特色小城镇。依托交通区位和资源特点,加强基础设施与公共服务配套,与经济带的中心城市、重要节点城市和重点园区形成良好的上下游协作,成为推动城乡统筹发展的基础力量。[责任单位:市住房城乡建设委、规划局、发展改革委,各县(市、区)人民政府]

加强城镇基础建设。实施城市河流水污染防治工程,加大城镇集中式饮用水水源地水质保护措施;加强城市园林绿化建设,提高人居绿化率;加快推进包含37个镇38个乡的集镇基础设施建设、农贸市场升级改造和环境综合治理。[责任单位:市住房城乡建设委、规划局、发展改革委、财政局、交通运输局,各县(市、区)人民政府]

2.建设美丽幸福乡村。

依据《振兴规划》和"美丽广西"乡村建设重大活动规划纲要,推进我市农村水路电气房和优美环境"六到农家"工程,以及"美丽崇左"乡村建设。

加强农村交通基础设施建设。加快推进村屯道路建设,改善农村群众出行条件。加快制村通水泥(沥青)路建设,争取实现屯级道路全部硬化,同步推进村庄内部道路硬化。[责任单位:市交通运输局、扶贫办、发展改革委、民族宗教委,各县(市、区)人民政府]

抓好农田水利等农业基础设施建设。加快推进驮英水库及灌区工程项目前期工作并实现2016年年初开工,加快病险水库、水闸除险加固工程进度,加快小型农田水利和中小河流治理项目建设。继续实施农村民生水利、石漠化重点水源工程、高效节水灌溉工程,小渠道、小泵站、小山塘、小水池、小堰坝"五小"水利工程,解决用水"最后一公里"问题。〔责任单位:市水利局、发展改革委、财政局、扶贫办、民族宗教委,各县(市、区)人民政府〕

加快解决农村饮水安全问题。争取国家加大投入建设农村饮水安全工程。解决因各种客观原因新出现的饮水不安全人口;对已建饮水工程进行巩固改造提升建设;支持有条件的农村地区发展规模化集中供水,扶持城镇供水管网向农村延伸;对农村集中式饮用水源的水质进行监测,确保饮用水安全。〔责任单位:市水利局、发展改革委、扶贫办、民族宗教委,各县(市、区)人民政府〕

提高农村用电安全保障。实施新一轮农村电网改造升级工程,到2020年建立起安全可靠、节能环保、技术先进、管理规范的新型农村电网。争取电网企业加大投入,2025年年底前实现户户通电,全面解决农村不通电或电压低问题。〔责任单位:崇左供电局、水利电业公司,市发展改革委、扶贫办、民族宗教委,各县(市、区)人民政府〕

加快推进农村危房改造工作。重点解决全市农村贫困群众最基本的住房需求,优先实施农村革命烈士遗属、在乡退伍红军老战士子女及失散红军遗属危旧房改造,确保2020年完成农村危旧房改造任务。〔责任单位:市住房城乡建设委、发展改革委、财政局、民政局、扶贫办、民族宗教委,各县(市、区)人民政府〕

加强农村人居环境和生态环境建设。结合开展"美丽广西·清洁乡村"行动,建设村级垃圾处理等公共服务设施;结合发展农村沼气、太阳能、生物质能、分布式光伏发电等可再生能源,实施改水、改厨、改厕、改圈等项目,实现绝大多数以上农户建有合格的沼气池或卫生厕所;开展农村生活污水收集处理示范项目;绿化村旁、路旁、宅旁、水旁,改善村屯人居环境;继续扩大珍贵树种种植面积,打造珍贵树种培育示范县、示范乡镇、示范屯、示范林场;全面落实国家和自治区石漠化治理、防护林、造林补贴、森林生态效益补偿等生态林业政策,提高农村绿化率、森林覆盖率。〔责任单位:市乡村办、发展改革委、住房城乡建设委、林业局,各县(市、区)人民政府〕

专栏11　　　　民生水利工程

重点水利工程:驮英水库及灌区工程,左江河两岸综合治理、病险水库除险加固工程,龙州金龙水库扩容等中小水库建设,宁明亭亮、大新新华、扶绥渠芗、扶绥昌平、扶绥新安、江州那颜、江州古坡、江州那何、江州那模灌区配套改造工程,左江水利枢纽工程,13.4万公顷糖料蔗高效节水灌溉,市级及县城防洪工程,客兰水库备用水源建设及"引渠入城"配套工程,抗旱应急供水工程。

供水工程重点项目:崇左市丽江水厂二期及配套管网工程、中越跨境经济合作区供水工程(一期)、凭祥明江引水工程。

3. 推进城乡一体化。

建立城乡规划协调机制,重点加快推进凭祥、扶绥开展统筹城乡试点。

推动城乡公共服务设施一体化。加大公共交通发展投入,推进城镇公共设施网络向乡村延伸,促进城乡基础设施共建共享。建设覆盖城乡、方便快捷的公交客运网络,实行路、站、运输的统一规划建设,避免站、运、路建设脱节,实现城镇公交和农村客运互联互通;科学布局线路网络,方便群众出行乘车。重点提高大新县、扶绥县、天等县、宁明县、龙州县、江州区行政村客运班线。建设城乡一体化的应急联动中心系统。〔责任单位:市交通运输局、发展改革委、工业和信息化委,各县(市、区)人民政府〕

加快推进公共服务和社会事业建设。建设城乡统一的就业服务、社会保障、社会救助等公共服务设施,争取新型农村社会养老保险制度覆盖到村;实现新型农村社会养老保险制度覆盖;加强农村最低生活保障制度和扶贫开发政策的有效衔接,对无劳动力或丧失劳动能力的特殊困难家庭人口,全部纳入社会保障体系。〔责任单位:市人力资源社会保障局、市发展改革委、民政局、扶贫办、残联,各县(市、区)人民政府〕

探索建立农业转移人口市民化机制。重点探索建立农业转移人口市民化成本分担、多元化城镇建设投融资等机制,建立政府、企业、个人成本分担机制。政府主要承担农业转移人口在义务教育、就业服务、社会保障、医疗卫生、保障性住房以及市政设施等方面的公共成本。企业落实好农民工与城镇职工同工同酬制度,依法为农民工缴纳职工养老、医疗、工伤、失业、生育等社会保险费用。加强农业转移人口职业技能培训,提升素质融入城市。为农业转移人口子女提供均等教育服务。[责任单位:市公安局、人力资源社会保障局、住房城乡建设委、财政局、卫生计生委、民政局、教育局、农业局,各县(市、区)人民政府]

加快户籍制度改革。健全农业转移人口落户城镇制度,把有能力、有意愿并长期在城镇务工经商的农民工及随迁家属逐步转为城镇居民;以合法稳定就业和合法稳定住所(含租赁)为户口迁移基本条件,有序放开崇左市市中心落户限制;全面放开其他城市、县城和建制镇落户限制;把崇左市列入广西北部湾经济区,实现户籍同城化,享受户籍同城化待遇。[责任单位:市公安局、人力资源社会保障局、发展改革委、住房城乡建设委、财政局、扶贫办,各县(市、区)人民政府]

4.实施脱贫攻坚工程。

围绕习近平总书记提出的"四个切实"、"六个精准"和"四个一批"的总体要求,围绕产业扶贫、教育扶贫、边贸扶贫、劳务扶贫、生态文化旅游扶贫、扶贫生态移民等六项扶贫重点工作,整合资源力量,广泛调动社会各界参与脱贫攻坚,不断加大扶贫工作力度和投入力度,改善贫困地区发展条件,分类扶持贫困家庭,提升贫困村和贫困群众自我发展能力。到2019年,全市现有40.28万贫困人口全部脱贫,287个贫困村全部出列,4个扶贫重点县全部完成"脱贫摘帽"工作,到2020年与全国同步进入小康社会。[责任单位:市扶贫办、发展改革委、财政局、工业和信息化为委、交通运输局、教育局、民族宗教委,各县(市、区)人民政府]

推进贫困地区基础设施建设。加快发展贫困地区村屯道路硬化、农田水利、饮水安全、水土保持、危房改造、农村污水处理等基础设施建设。新建村屯硬化路5000公里以上,到2020年,通屯路硬化率达到90%以上;农田水利设施较"十二五"有明显改善;全面解决贫困村饮水不安全问题;所有贫困户住上稳固住房。[责任单位:市扶贫办、交通运输局、发展改革委、财政局、水利局、卫生计生委、环境保护局,各县(市、区)人民政府]

推进产业扶贫。加快甘蔗"双高"建设,巩固发展甘蔗支柱产业。发展特色种植业,壮大坚果、辣椒、茶叶、山油茶等传统特色优势种植业,因地制宜扶持发展竹子、中草药、火龙果、芋头等新兴特色产业。发展特色养殖业,稳定生猪、肉鸡等传统养殖业,推进桑蚕、牛、羊等规模食草畜牧业的发展,扶持发展龟鳖、竹鼠、蛇类等特种养殖。发展林畜、林菌、林药等林下经济。到2020年年底,全市建成一批具有

较大影响力的产业化扶贫示范村、连片示范区,每个县(市、区)有特色鲜明、效益明显的扶贫产业示范点(村)或广西"十百千"产业化扶贫示范工程项目等全区示范性产业项目2个以上。[责任单位:市扶贫办、农业局、水产畜牧兽医局、财政局、林业局,各县(市、区)人民政府]

推进教育扶贫。按照"扶贫"重"扶智"的思路,充分运用2015年精准识别成果,加强基础教育,抓好职业教育和劳动技能培训;构建定户、定人的教育精准资助扶贫脱困体系,落实干部帮扶责任制;落实好"两免一补"、普通高中免学费、中等职业教育免学费和助学金等各项资助政策,实现家庭经济困难学生资助全覆盖。[责任单位:市教育局、财政局、扶贫办,各县(市、区)人民政府]

推进特色扶贫工程。实施生态文化旅游扶贫,依托全市特色旅游资源优势,打造旅游文化品牌。发挥精品景区的辐射作用,大力发展与贫困农户关联度大的乡村生态文化旅游和农家乐。到2017年底,每个县(市、区)均建有乡村旅游开发扶贫示范点,到2020年,每个县(市、区)均建有广西四星级以上乡村旅游区(点),带动贫困劳动力就业,促进贫困农户增收脱贫致富。实施边贸扶贫,充分发挥我市沿边靠边优势,组织、引导、扶持贫困便民参与边贸扶贫,拓宽增收渠道,把边贸扶贫工作打造成为崇左脱贫攻坚一个新的亮点。实施劳务扶贫,积极促进农民工就业,使劳务扶贫成为贫困户增收的重要途径。实施电商扶贫,加强电商扶贫物流配送、通信网络、冷库储藏等基础设施建设,建设农村电商扶贫运营中心,引进优质电商企业进行合作;开展电商扶贫试点,引导和支持试点地区贫困群众开办各类网店,让电子商务在贫困地区遍地开花,打造一批"电商扶贫村",争创一批在全区甚至全国叫得响、口碑好的特色电商扶贫品牌。到2017年年底,实现县有电子商务服务中心,乡有电子商务服务站,村有电子商务服务点,电子商务对扶贫产业发展、贫困群众增收起到明显的促进作用。[责任单位:市扶贫办、旅游发展委、商务口岸委、人力资源社会保障局、农业局、水产畜牧兽医局、财政局、林业局,各县(市、区)人民政府]

抓好扶贫生态移民工作。根据"自治区统筹、市推进、县负责、乡落实"的工作机制实施易地扶贫搬迁的扶贫开发重大战略和重点工程。市财政部门确保对扶贫移民工程的资金投入;各县(市、区)要加大扶贫移民工作的投入力度。加快开展移民区住房,以及移民区交通、供水、供电、排污等基础设施建

设。以移民的住房、就业和社会公共服务进行"三合一"整体谋划、整体部署,推进扶贫生态移民工程。到2020年,完成搬迁安置10万人左右;每个县(市、区)建设1个以上集中安置点、示范点,市级在工业园建设三个安置示范点,每个点人数10000人。[责任单位:市发展改革委、扶贫办、财政局、交通运输局、林业局、住房城乡建设委、教育局、规划局,各县(市、区)人民政府]

完善和创新扶贫资金管理使用机制。积极争取上级更多的资金支持。利用财政专项扶贫资金、行业部门资金、信贷资金、群众自筹和社会帮扶资金等开展整村推进攻坚项目建设;县级要统筹、整合各类涉农资金用于贫困村建设;积极引导定点扶贫、社会帮扶资金投向贫困村;积极利用"一事一议"财政奖补资金引导贫困村群众投工投劳参与村级公益事业等建设。[责任单位:市扶贫办、财政局、发展改革委,各县(市、区)人民政府]

(四)推进生态文明建设

创建我市成为国家生态文明示范区,美化我市城乡人居环境,建设"生态崇左",构建珠江上游重要的生态安全屏障。

1.实施重点生态工程。

实施左江流域治理和水土保持工程。大力推进生态林业、生态农业、生态工业、生态城市、绿色基地为主的生态环境建设,加强退耕还林工程、防护林工程等统一管护,加快实施坡改梯、水保措施、小流域治理、生态能源等生态综合治理。采取"造、封、管、节"等措施,开展珠江防护林、退耕还林、重点公益林生态效益补偿、石漠化治理、森林抚育补贴等林业重点工程建设,重点推进龙州左江、扶绥皓月湖湿地公园及大新黑水河国家湿地公园等湿地保护工程,加大大新恩城自然保护区保护和建设。[责任单位:市林业局、环境保护局、水利局、发展改革委、国土资源局,各县(市、区)人民政府]

开展生态林保护与建设。继续实施自然林生态保护、森林公园建设、退耕还林工程,因地制宜建设经济林基地、苗木育种基地,把林业经济与建设生态工程相结合,保护生物多样性,提升生态系统功能。加大实施珠江防护林工程力度,开展生态保护与建设。继续实施自然保护区生态保护、森林公园建设。重点推进崇左龙峡山森林公园、江州白头叶猴生态公园、扶绥凤凰山森林公园等森林公园建设。[责任单位:市林业局、环境保护局、水利局、国土资源局,各县(市、区)人民政府]

继续推进石漠化综合治理。重点治理列入全国滇桂黔石漠化片区综合治理重点区域的宁明、龙州、大新、天等,同时,加强对江州区、扶绥县的石漠化地区的治理。实施生态移民、易地扶贫搬迁、保护扩大林地、退耕还林、退牧还草,积极推进石漠化治理,重建岩溶地区生态系统。[责任单位:市发展改革委、水利局、国土资源局、林业局、财政局、农业局、水产畜牧兽医局,各县(市、区)人民政府]

实施生活垃圾和工业固废终端处理工程。全市统筹推进生活垃圾和工业固废终端处理项目,逐步淘汰一般焚烧和填埋等落后处理方式和项目,实现产业转型升级。[责任单位:市住房城乡建设委、市工业和信息化委、市环境保护局、市发展改革委,各县(市、区)人民政府]

2.做好实施生态补偿制度的基础工作。

严格执行环境准入和实施污染减排,确保左江下游城市水环境的安全。推动建立生态补偿机制。做好我市生态保护价值评估基础工作,建设生态文明示范市,争取将我市开展国家生态补偿示范区试点。[责任单位:市环境保护局、林业局、财政局、市发展改革委、水利局、各县(市、区)人民政府]

3.发展低碳循环经济。

重点推进节能减排。加快构建资源节约、环境友好的生产方式和消费模式。重点对锰、铜、铝等产品结构宏观调控,利用污染物排放标准及总量控制、市场价格杠杆等市场手段和环保政策,严格节能减排考评。[责任单位:市发展改革委、工业和信息化委、环境保护局,各县(市、区)人民政府]

积极发展循环经济。结合重点支柱产业,建设糖、锰、铝、稀土、铜等循环基地,形成"资源—产品—再生资源—产品"的循环经济系统。重点发展一批循环经济园区。[责任单位:市工业和信息化委、发展改革委、环境保护局,各县(市、区)人民政府]

专栏12　　　　低碳循环产业园区

糖业循环经济园区:崇左市城市工业区、龙州糖业循环经济产业园、湘桂循环经济区、广西糖果休闲食品产业园。

锰循环经济园区:崇左市城市工业区中信大锰生态锰产业园、大新布东生态锰产业园、天等生态锰产业基地。

铜循环经济园:广西中国－东盟青年产业园、崇左市城市工业区。

生态型铝业示范区:龙州、扶绥氧化铝基地,崇左市城市工业区铝深加工基地。

稀土循环经济园区:中铝广西有色崇左稀土高新产业园。

剑麻—林产循环科技产业园:崇左市城市工业区龙赞林业循环产业园、广西剑麻—林产循环科技产业园。

江州区绿色环保静脉产业园、崇左市污泥处理、崇左濑湍污水处理厂、中泰产业园新寨污水处理厂、红狮一般固体废弃、危险固体废弃处理。

4. 建设边境生态安全屏障。

加强矿山生态环境治理。争取国家加大资金和技术的投入,以加强重金属污染防治历史遗留项目建设为重点,多方面治理矿山生态环境。重点整治6个历史遗留项目:大新县五山乡三合村重金属污染农田修复治理工程、岜落山矿段采空区地下涌水重金属污染治理工程、大新铅锌矿区废石综合治理工程、大新铅锌矿区废弃尾矿综合治理工程、大新矿区地表水体重金属污染治理生态恢复工程和扶绥县铅锌矿废弃尾矿综合治理工程;加强锰、铁矿开采的常态化生态治理。〔责任单位:大新县、扶绥县人民政府,市环境保护局、工业和信息化委、国土资源局、发展改革委〕

加大落后产能淘汰力度。加快淘汰有色、水泥等重污染行业落后产能,压缩过剩产能,为新建项目腾出环境空间。〔责任单位:市工业和信息化委、环境保护局,各县(市、区)人民政府〕

加强城乡水环境保护。开展饮用水水源保护工作。争取国家的建设资金支持城乡饮用水备用水源及其供水设施和供水管网配套建设;加强农村垃圾和污水处理,减少农业面源污染;开展"清洁水源"专项活动,继续进行农村生活污水收集处理示范项目;遏制农业源污染高发态势,治理养殖业污染,防止农村面源污染,确保农村水环境安全。〔责任单位:各县〈市、区〉人民政府,市水利局、环境保护局、发展改革委、住房城乡建设委、农业局、水产畜牧兽医局、国土资源局〉

提高我市对中越边境环境监管能力。争取国家的资金、项目、装备等各方面的支持,提高边境地区入境河流水质常规监测和自动监测能力。加强对从越南入境的主要国际河流——水口河和归春河的监测,加强崇左八角电站水质自动监测站和崇左市归春河德天水质自动监测站的管护利用,加快县级农村饮水安全水质检测中心建设,以提高对边境地区水资源的实时监

控能力和突发水污染事件的应急处置能力。〔责任单位:市环境保护局、水利局,各县(市、区)人民政府〕

专栏13　　　　　　生态工程重点项目

湿地保护工程:龙州左江国家湿地公园、大新黑水河国家湿地公园、扶绥皓月湖湿地公园。

自然保护区:崇左恩城国家自然保护区。

森林公园:江州区白头叶猴生态公园、扶绥县凤凰山森林公园。

矿山修复工程:大新县三合村重金属污染农田修复治理工程、岜落山矿段采空区地下涌水重金属污染治理工程、大新铅锌矿区综合治理及生态恢复工程、扶绥县铅锌矿废弃尾矿综合治理工程、渌井溪流域重金属治理及生态修复项目、左江河综合整治及生态修复、农村户用沼气池建设、崇左红狮水泥处置5万吨/年一般工业固废和10万吨/年工业废弃物项目。

(五)构建现代公共服务体系

实施一批民生工程,重点发展教育和医疗事业,提高我市基本公共服务的质量和水平,促进我市城乡基本公共服务均等化。到2020年,实现教育、医疗、文化设施、养老保障等基本公共服务全覆盖,达到全国平均水平(详细请参考崇左市左右江革命老区民生工程建设方案)。

1. 优先发展教育事业

坚持"百年大计,教育为本,城市建设,学校优先"的理念,优先发展教育事业。

开展学前教育全覆盖行动计划。加强农村幼儿园建设,重点建设45所乡镇中心公办幼儿园,实现每个乡镇都有一所中心公办幼儿园。推进城镇幼儿园和城市普惠性民办幼儿园建设,新建城区公办幼儿园、小区配套建设普惠性民办幼儿园一批,扩大学前教育资源。〔责任单位:市教育局、财政局、发展改革委,各县(市、区)人民政府〕

全力推进义务教育均衡发展。争取上级支持义务教育薄弱学校改造和农村学校教师周转宿舍建设,到2020年全面完成校舍危房改造,基本解决小学、初中寄宿生住宿问题,努力使每一所学校达到自治区办学标准。消除小学城镇学校"大额班"、农村寄宿制学校"大通铺"现象。重点推进小学、初中学校标准化建设,改扩建一批小学和初中学校。加强特殊学校建设,提高残疾少年儿童受教育程度。建立健全农村留守儿童教育

和关爱服务体系。加强教学技术基础设施建设,提升信息化教学支持服务水平。加强教育信息化建设、教学技术装备标准化。逐步提高农村义务教育阶段家庭经济困难寄宿生生活费补助标准。实施名师工程,重点引进和培养名师、名校长;争取东中部发达地区对口支持我市建设学校、培养教师,争取知名高校向我市定向培养计划;完善教师激励机制,逐步提高我市教师工资待遇,对长期在农村基层工作的教师,在职称评定等方面实行倾斜;补齐配足教师,争取更多免费师范毕业生到崇左中小学任教;加强业务培训,重点安排骨干教师进入自治区级重点院校进修学习。[责任单位:市教育局、财政局、发展改革委、民政局、各县(市、区)人民政府]

深化普通高中办学体制改革,普及高中教育。鼓励名校办分校、高校办高中,社会办高中,引导区内外名校到崇左办分校或联合办学。提高教育质量,普及高中阶段教育,加强特色高中、综合高中建设,在扶绥二中、大新民族高中、天等民族高中等探索普通高中多样化发展试点。争取上级支持把崇左高中、扶绥中学、广西民族师范学院附属中学打造成南宁周边名校,广西民族师范学院附属中学建成自治区示范性普通高中。支持改扩建普通高中,消除普通高中"大额班"。按照普通高中课改要求,支持普通高中"一校一室"建设通用技术实验室。争取国家加大化解普通高中债务力度,对普通高中改造计划等项目倾斜。[责任单位:市教育局、财政局、发展改革委、民政局、各县(市、区)人民政府]

实施边境国门职业教育攻坚行动计划。建设以初等职业教育为基础、中等职业教育为重点、职业培训为补充,与产业发展相匹配、与扶贫富民相适应的现代职业教育体系。重点完成边境国门职教园区二期工程建设,争取各县办好1所职业学校;优化职业学校专业设置,支持东盟学院和行业龙头企业牵头组建职业教育集团。[责任单位:市教育局、财政局、发展改革委、民政局、扶贫办、各县(市、区)人民政府]

大力发展高等教育,引进高等院校落户我市。加强和完善院校基础设施,提高教学质量。重点完善广西民族师范学院设施建设,迁建南宁地区教育学院;加大高等院校国际合作交流力度,扩大留学生规模;积极引进社会资本发展高等教育,扶持广西城市职业学院、广西理工学院等民办高校升本工程;申报成立广西东盟职业教育学院;重点引进广西外国语学院、国土资源职业技术学院、广西体育专科学院等院校等入驻建设新校区。[责任单位:市教育局、发展改革委、规划局、住房城乡建设委、各县(市、区)人民政府]

专栏14　　　　　　教育重点工程

一、学前教育

56所乡镇中心幼儿园、县城(城区)幼儿园建设、县乡镇幼儿园园长与教师集中交流培训项目、开展幼儿义务教育试点。

二、中小学教育

新建(迁建)48所义务教育标准化学校、扩建11所普通高中、中小学教育技术装备标准化建设。重点建设崇左市高中扩建、广西民族师范学院附属中学示范高中评估项目、崇左城南实验学校、崇左市麦水桥中学、宁明花山民族中学、宁明实验学校、扶绥县中小学、扶绥县民族小学、扶绥县民族小学天等第一中学、扶绥二中改建、天等第一小学、大新城南民族希望中学、大新县城南九年一贯制学校(二期)等项目。

三、职业教育

广西崇左东盟国际职业教育学院二期工程建设、龙州东盟职业技术学院建设、县级中等职业学校达标建设。

四、大学教育

迁建南宁地区教育学院,广西民族师范学院基础设施续建工程,重点建设广西民族师范学院、广西外国语学院空港校区、国土资源职业技术学院、崇左(龙州)青年干部学院、广西体育专科学院,申报广西理工职业技术学院专升本项目。

五、其他

乡镇中小学教师周转房。

2.提升城乡医疗卫生服务水平。

完善医疗服务体系。完善医疗卫生基础设施,加快江州区县级医疗机构建设,健全县、乡、村三级和城市社区医疗卫生服务网络,提高各级各类医疗卫生机构服务能力,全面铺开县级公立医院改革,建成一所市级儿童医院,推进市人民医院创"三甲"工作。加强基层医疗卫生队伍建设,开展专业技术人员培训,积极培养基层全科医生,建立城镇医生下乡轮岗交流制度。同时,争取医学院校向我市定向培养医学生计划,争取国内知名医院、自治区内三级甲等医院与我市、县级两级医院建立对口帮扶机制。争取国家支持化解基层医疗卫生机构新产生的债务。发展中医药和民族医药事业。[责任单位:市卫生计生委、发展改革委、财政局、各县(市、区)人民政府]

健全公共卫生服务体系。加强市、县疾控、妇幼、精神健康、急救、采供血机构体系建设,加强卫生执法监督、食品药品监管,努力提高应对公共卫生突发事件防控、应急处置能力。完善食品药品检验检测体系,健全医药卫生监管和疾病防控机制,建设食品安全风险监测中心、食品药品检验检测中心、县级食品药品快检室和边境疫病防控阻隔带,加大地方病、传染病防治力度。[责任单位:市卫生计生委、发展改革委、食品药品监管局,各县(市、区)人民政府]

加强医疗保障体系和救助制度建设。成立市新农合管理中心,完善城乡医疗救助制度,推行城乡居民大病保险,适当提高基本医疗保障补助标准,加大城市基础医疗保障覆盖面,提高新农合筹资标准和报销水平,进一步巩固新型农村合作医疗覆盖面,保持参合率在97%以上,实现新农合"一卡通"全覆盖。强化疾病防控力度,防止无重大疫情发生,重大传染病、地方病得到有效控制。[责任单位:市卫生计生委、发展改革委、财政局,各县(市、区)人民政府]

加强人口和计划生育服务能力建设。加大力度综合治理出生人口性别比偏高问题,使出生人口性别比趋于正常,提高农村计划生育家庭奖励扶助和城乡计划生育家庭尤其是失独家庭特别扶助标准,提高独生子女父母奖励费标准,支持建立计生女儿户家庭特殊帮扶制度。以着重提高人口素质为重点开展计划生育服务工作,全面开展国家免费孕前优生健康检查,争取国家配备相关计生设备,提高农村妇女住院分娩率。到2020年全面完成县乡计划生育服务站(所)标准化、规范化、信息化建设。[责任单位:市卫生计生委、发展改革委、财政局,各县(市、区)人民政府]

专栏15　　　　　医疗卫生重点项目

崇左市卫生计生信息化建设、市卫生监督所、市艾滋病防治中心、市食品药品信息化建设。

市中医壮医医院综合楼、市疾病预防控制中心业务综合楼、市住院医师规范化培训基地建设、市人民医院内科综合楼、市全科医生临床培养基地项目。

市儿童医院建设、市精神病医院改建及设备采购、市中心血站业务用房建设、市妇幼保健院、市妇产医院。

江州区人民医院(含急救中心)、龙州中越友好医院(暂定名)、县级医院建设、县级妇幼保健院、县级疾病预防控制中心实验室、乡镇卫生院标准化建设、村级卫生室标准化建设、乡镇卫生院职工周转房建设和危房改造。

中草药种植和中医药适用技术研发。

---

3. 加快食品药品监管能力建设。

完善食品药品安全社会治理体系。落实"地方政府负总责"责任机制。落实各级各部门的监管责任。进一步厘清相关部门的监管职责,消除监管空白。充分发挥食品安全办的统筹规划、综合协调、监督指导作用。落实"企业第一责任人"责任机制。加强生产经营主体的社会责任、职业道德、法律和诚信教育,督促企业依照法律、法规、规章和食品安全标准从事生产经营活动,承担食品安全的主体责任。落实社会组织行业自律机制。进一步健全行业自律性管理制度、惩戒机制和救济制度,探索建立业内企业诚信评价体系。建立食品安全群众性队伍协管监督、企业专业人员内控检举等治理体系。落实社会信用体系建设。开展崇左食品药品安全社会共治与诚信体系大数据平台建设,实行食品药品安全经营诚信分类监管,建立红黑榜制度。全面发挥食品药品安全诚信体系的规范、引导、督促作用。[责任单位:市食品药品监管局、农业局、水产畜牧兽医局、公安局、商务口岸委、工商局、质监局,各县(市、区)人民政府]

健全食品药品监管体制。加快崇左市食品药品检验所建设,完善市食品药品安全应急实验室质量认证工作;推进大新县、凭祥市食品药品监督管理局行政办公楼建设;为基层配足、配齐车辆、快速检测仪等行政执法装备配备。建立7个县(市、区)"四品一械"(食品、药品、保健品、化妆品、医疗器械)检验所;完善78个乡镇食品药品监督所及行政服务窗口建设,建立乡镇级食品药品快检实验室;建立健全市、县、乡(镇、街道)和村(社区)、屯五级食品安全管理工作机构,构建分片包干负责的监管责任网和监督网,实现食品药品安全基层监管网格化管理。积极探索食品安全督评考查机制,落实食品安全工作督评考查人员。与公安部门探索建立市、县两级专业的食品药品刑事侦查机构,健全食品药品行政执法与刑事司法衔接工作机制。[责任单位:市食品药品监管局、农业局、水产畜牧兽医局、卫生计生委、编办、人力资源社会保障局、发展改革委、财政局,各县(市、区)人民政府]

加快食品药品监管科技支撑体系建设。推进食品药品检验检测资源整合。整合各相关部门现有食品药品检验检测资源,建立统一的检测机构。推进检验检测重点实验室,市、县(市、区)检验所建设。推进企业、基地、市场和超市等自检体系建设。建立中药材专门检验检测实验室。推进第三方食品药品安全检验检测服务业的发展。[责任单位:市食品药品监管局、发

展改革委、农业局、卫生计生委、质监局、财政局，各县（市、区）人民政府〕

加快食品药品信息化体系建设。建设全市统一、全面、综合的食品药品安全信息平台。推进食用农产品质量监控信息平台、食品安全风险监测信息平台、食品药品行政服务信息平台、食品药品监管信息平台、食品药品检验检测数据交互信息平台、食品药品稽查信息平台、食品药品信用信息平台、食品药品社会举报投诉信息平台等建设。形成市、县食品安全信息网络，逐步实现食品药品安全信息平台与地方执法机构、消费终端的实时链接。建立和完善食品药品自动化办公系统、食品药品电子监控系统、行政审批管理系统、稽查办案网络系统、生产经营企业安全信用分级管理系统、基本药物质量配送信息系统、食品药品监管信息资源库和信息交换系统等。建立重点企业食品安全要素直报网络，实现对食品生产加工企业信用分类识别管理以及不合格产品退市、召回、销毁、公布制度的可追溯。〔责任单位：市食品药品监管局、农业局、卫生计生委、商务口岸委、财政局，各县（市、区）人民政府〕

加强食品药品安全监测评估体系建设。建立农产品质量安全风险监测评估、食品安全风险监测评估、药物滥用监测、药品、医疗器械不良反应、事件监测、保健食品化妆品风险监测、食品药品认证审评、食品药品安全应急处置体系建设。〔责任单位：市食品药品监管局、农业局、水产畜牧兽医局、卫生计生委，各县（市、区）人民政府〕

推进食品医药产业化、规模化、规范化发展。推进绿色有机农业种植基地、禽畜养殖基地、绿色蔬菜种植合作社、家庭式规模养殖户、标准化规模养殖基地、小作坊食品加工园区等建设。推进无公害农产品产地认定，淘汰无奶源基地乳制品小企业，鼓励企业开展无公害农产品、绿色食品、有机农产品等产品认证和农产品地理标志登记。推进中药民族药发展，推动中药民族药材种植 GAP 基地建展。〔责任单位：市农业局、食品药品监管局、水产畜牧兽医局、发展改革委、财政局，各县（市、区）人民政府〕

4.加快文化体育事业发展。

加快推进文化公共基础设施项目建设。推进市级图书馆、文化馆和县级文化馆、图书馆、档案馆、博物馆以及乡镇街道综合文化站、村及社区文化室、农家书屋等城乡文化公共基础设施建设。突出抓好四个层次的项目建设。村级项目，全力配合自治区文化厅，继续做好村级公共服务中心建设项目，实施村村通广播电视有线网络覆盖项目，推进广播电视"进村入户"工程；乡镇项目，配套全市各个乡镇文化站设备，基本实现乡乡通光纤；县级项目，主要抓好文化馆、图书馆、博物馆建设，更新改造电视采编播设备，新建江州区书画艺术中心、中广国际新农村院线项目、扶绥恐龙博物馆、宁明花山博物馆、龙州中法战争纪念馆、凭祥边关博物馆，完善天等县图书馆、天等县文化馆、大新县博物馆设施设备，新建龙州县文化馆、扶绥县文化馆、江州区文化馆，改造宁明县文化馆和凭祥市文化馆，维修扶绥、大新、凭祥等图书馆以及维修扶绥剧场；市级项目，新建崇左市图书馆业务楼、非物质文化遗产传承展示中心、凯旋门、改造或扩建广播电视安全播出机房等项目。加快推进广播电视村村通等文化惠民工程，支持加强高山无线发射台站建设，"十三五"期内实现户户通广播电视。〔责任单位：市文新广电局、发展改革委、住房城乡建设委、财政局，各县（市、区）人民政府〕

推动文化艺术作品繁荣发展。打造一批具有鲜明地域文化特色具有影响力的文艺精品、广播电视节目、民族特色文化项目。加快构建科学的文艺创作生产体制机制，着力培育优秀文艺创作人才队伍。努力打造文化艺术精品，安排专项资金优先扶持具有地方民族特色、广西民族文化的文艺精品的创作生产和演出。积极组织重大文艺活动，形成崇左品牌。继续办好崇左市"三月三"祭壮祖赶歌坡赏木棉活动月、宁明花山文化艺术节、骆越文化节、大新德天国际文化旅游节、凭祥边关国际贸易旅游节、龙州天琴艺术节、江州区左州镇金山节等重大文化活动。〔责任单位：市文新广电局、发展改革委、旅游发展委、财政局，各县（市、区）人民政府〕

着力抓好历史文化遗产的保护与传承。实施大小连城要塞遗址保护工程、左江花山岩画保护工程、太平府故城保护维修、江州区罗白乡陈荣廷公馆、龙州起义纪念公园、左江斜塔、丽江书院、扶绥延陵国遗址及延陵文化保护项目等文物景观修复、保护工程。加强物质和非物质文化遗产保护利用工作：一是全力抓好左江花山岩画文化景观申遗工作，围绕左江花山岩画文化景观申遗工作，完善相关配套设施，加强左江花山岩画的保护与修缮，争取2016年花山岩画景观成功申报世界文化遗产；二是加强非物质文化遗产保护与传承，加大对列入国家级、省级、市级非物质文化遗产名录项目的保护、研究和传承，建成一批民间艺术之乡；三是加强对民间文学、民俗文化、民间音乐舞蹈、少数民族史诗等若干非物质文化遗产项目的抢救；四是建立健全非物质文化遗产名录体系；五是发现和培养非物质文化遗产项目代表性传承人。积极发展文化旅游,组织开展"一地一节"民族民间文化活动。[责任单位:市文新广电局、发展改革委、财政局,各县(市、区)人民政府]

建设完善四级公共体育服务设施。积极争取国家资金和社会投入,大力支持推进城乡公共体育设施建设。重点建设崇左市体育中心、广西五环星光体育园、中国－东盟(凭祥)会展(体育)中心、中国－东盟龙湖体育休闲园、大新明仕户外运动基地、中国－东盟南宁空港经济区文化体育交流中心、凭祥市中国－东盟跨国旅游暨跨境自驾游总部基地。[责任单位:市文新广电局、发展改革委、财政局、体育局,各县(市、区)人民政府]

<table>
专栏16　　　　文化事业和体育项目
</table>

一、文化事业项目

市图书馆、市非物质文化遗产传承展示中心大楼,中国－东盟青少年交流活动中心项目、崇左市园博园、龙州小连城维修保护工程、崇左连城要塞遗址保护工程、广西中国糖文化博物馆、扶绥恐龙博物馆、左江花山岩画保护工程、宁明花山博物馆、龙州天琴大剧院、龙州中法战争纪念馆、凭祥边关博物馆、龙州博物馆、江州区国际书画艺术中心、县级图书馆、县级文化馆、街道综合文化站、村级公共服务中心。

二、体育项目

崇左市体育中心、广西五环星光体育园、中国－东盟(凭祥)会展(体育)中心、中国－东盟龙湖体育休闲园、扶绥白虎岭体育公园、大新明仕户外运动基地、中国－东盟南宁空港经济区文化体育交流中心、凭祥市中国－东盟跨国自驾游暨跨境自驾游总部基地、村屯篮球场建设。

三、民族节庆品牌

驮卢端午赛龙舟、左州金山抢花炮节、龙州天琴文化艺术节、大新宝圩短衣壮民俗风情节。

四、民族技艺

骆越根祖文化产业基地、江州区壮绣生产基地、龙州天琴艺术中心。

5.加强就业和社会保障。

抓好就业促进与劳动力转移工作。重点做好高校毕业生、农村转移劳动力、城镇就业困难人员就业工作。加快建立农村富余劳动力、返乡高校毕业生就业意向、城镇失业人员就业失业情况统计调查监测体系,做好重点产业园区、重点企业用工需求信息监测工作,建立和完善动态的劳动力供需资源数据库。积极拓宽就业渠道,完善和落实促进劳动者自主创业的小额担保贷款、税费减免、场地安排等政策,设立创业基金和孵化基地,促进以创业带动就业。继续深化与珠三角、长三角等沿海发达地区劳务合作,有序组织劳务输出,实现转移就业与就近就地就业相互促进。加大市、县级人力资源和社会保障服务中心建设力度,完善就业合同、用工制度、工资待遇、劳动保障争议处理等有关方面的政策措施,保护劳动者合法权益。[责任单位:市人力资源社会保障局、市发展改革委、工业和信息化委、财政局、教育局,各县(市、区)人民政府]

努力提高劳动力素质。加强基层人力资源和社会保障公共服务平台建设,依托现有资源建设综合性职业技能实训基地,加强劳动力技能和劳动力转移的就业培训,提高贫困群众劳动就业和实用技术应用能力,努力增加贫困地区群众的工资性收入。强化职业教育工作,争取大部分"两后生"(全村初中毕业后没有考上高中的、高中毕业后没有考上大学的学生)接受职业教育。免除中职(和技工院校)涉农专业及农村家庭经济困难学生学费。[责任单位:市人力资源社会保障局、发展改革委、工业和信息化委、财政局、教育局,各县(市、区)人民政府]

建立以基本养老、最低生活保障、基本医疗为重点的多层次社会保障体系。扩大基本养老、医疗、失业、工伤、生育保险覆盖面;逐步提高城乡居民基本养老保险基础养老金标准以及企业退休人员基本养老金水平;扩大城乡低保覆盖面,实现应保尽保,构建以最低生活保障、五保供养、医疗救助、流浪乞讨人员救助为主要内容的城乡社会救助体系,以孤寡和残疾服务为基本内容的社会福利体系,争取实现无劳动力或丧失劳动能力的特殊困难家庭人口,全部纳入社会保障体系,逐步提高保障标准和补助水平。重点推进崇左市卫生信息化建设、卫生监督所业务用房、艾滋病防治中心、中医壮医医院业务综合楼项目建设。[责任单位:市人力资源社会保障局、民政局、发展改革委、工商局、财政局、卫生计生委,各县(市、区)人民政府]

6.加大社会养老服务体系建设。

建立健全居家养老服务管理网络。通过政府购买服务、财政补贴、项目支持、政策优惠等扶持措施,扶持居家养老服务社会组织和市场主体的发展,不断开发和完善服务内容和项目。重点建设老年人日间照料中心、托老所、老年人活动中心等社区养老设施，在社区新建改建一批具有住养、精神慰藉、入户服务、助残助医、文化活动等多功能的社区日间照料设施。［责任单位：市民政局、人力资源社会保障局、发展改革委、财政局，各县（市、区）人民政府］

加强养老服务机构建设。将各类养老服务设施建设用地纳入城镇土地利用总体规划和年度用地计划，分区分级规划设置养老服务设施。凡新建城区和新建居住（小）区，要按标准要求配套建设养老服务设施，并与住宅同步规划、同步建设、同步验收、同步交付使用。公办养老机构要坚持政府托底作用，推进保障型养老服务机构建设，满足三无老年人、低收入老人、失能老年人、贫困老年人、空巢老年人、高龄老年人等特殊群体无偿或低偿的专业照料服务需求。采取新建、改扩建、购置等方式整合现有养老资源。重点推进崇左市社会福利院老人养护楼二号楼项目、市社会福利中心、市老年公寓、市社会福利医院、市老年人活动中心及县级福利机构建设。加快发展民办养老服务业。落实土地供应政策、税费优惠政策、金融融资政策等各项优惠扶持政策，引入市场化运作机制，大力推进投资主体、投资方式多元化，鼓励和支持企事业单位、集体组织、民间组织、慈善机构及个人等社会力量，以独资、合资、合作、联营、参股等方式兴办养老机构。依托崇左扶绥—大新—龙州长寿带，建设龙州上金万达医疗养生城、社会养老院、示范性敬老院等项目。鼓励通过整合、置换或转变用途等方式，将闲置的医院、企业、个人用房、农村集体闲置房屋以及各类公办培训中心、活动中心、疗养院、小旅馆、小招待所等设施资源改造用于养老服务。［责任单位：市民政局、人力资源社会保障局、发展改革委、住房城乡建设委、财政局，各县（市、区）人民政府］

加强农村养老服务基础设施建设。加大乡镇敬老院改造力度，争取将有条件的乡镇敬老院建设成为集供养、寄养、社区照料和居家养老服务组织管理及其他社会福利功能于一体的农村综合福利中心，逐步实现敬老院向区域性养老服务中心转型。［责任单位：市民政局、发展改革委、财政局，各县（市、区）人民政府］

7. 完善殡葬公共设施及管理服务建设。

2015年重新规划崇左市各级火化区，重点规划推进崇左市本级殡仪馆搬迁新建和公墓建设。到2020年，力争实现全市县城以上殡葬公共服务设施全覆盖；2020—2025年，力争实现全市殡葬公共服务设施全覆盖。［责任单位：市民政局、发展改革委、财政局，各县（市、区）人民政府］

专栏17　　　　就业和社会养老服务体系重点项目

一、就业服务体系重点项目

各县、乡劳动就业培训项目，县级公共就业和社会保障综合服务中心。

二、社会养老服务体系重点项目

县级残疾人托养康复服务中心、乡镇养老服务中心、乡镇（街道）社区服务站、农村幸福院建设、县级民政综合福利园区、乡镇（街道）中心敬老院、县级民政救灾服务中心、县级老年公寓。

城乡社会救助体系建设。

（六）深化开放合作

1. 加快口岸体系建设。

加快"大口岸"、"大通关"建设，优化口岸通关环境，扩大口岸开放范围和拓展新业务，打造我市查验设施齐全、联检装备和水电路等配套设施完善、通关便利快捷的口岸体系。

加大对边境口岸及配套设施的投入力度。加快边境口岸的交通基础设施建设，同时还要加大口岸的检验检疫设施、电子通关设施、安检系统、口岸监控设施等配套设施建设的投入。［责任单位：市商务口岸委、发展改革委、交通运输局、财政局，凭祥、水口海关，凭祥、水口出入境检验检疫局，凭祥、水口边检站，有关县（市）人民政府］

创新口岸管理机制。推进在口岸海关特殊监管区建立"一线放宽、二线管住、人货分离、分类监管"的分线管理模式。加快电子口岸建设，推动简化海关、检疫和边检查验流程，推进海关检验检疫边检合作"一次申报、一次查验、一次放行"的"三合一"、"单一窗口"、"一站式"通关便利化模式，积极探索"两国一检"，2015年与全国海关实现通关一体化。加强各口岸之间的联动及与越南交通基础设施的互联互通，主动加强与越南高平、谅山的交流沟通，完善双方边境合作机制。［责任单位：凭祥、水口海关，凭祥、水口出入境检验检疫局，凭祥、水口边检站，市商务口岸委、发展改革委，有关县（市）人民政府］

提升凭祥口岸综合服务功能。依托凭祥铁路、友谊关两个国家一类口岸，完善凭祥铁路、友谊关口岸基础设施建设，加快中越友谊关—友谊口岸国际货运专用通道建设，尽快实现人、货通道分离；加快完善口岸电子通关建设，提高口岸通关效率；支持扩大友谊关开放范围,探索凭祥铁路、友谊关口岸联动发展模式,提升凭祥口岸设施水平和综合服务功能,把凭祥建设成为面向东盟开放合作的口岸城市。[责任单位:市商务口岸委、发展改革委、交通运输局、财政局,凭祥市人民政府]

完善提升水口口岸功能。加快水口口岸基础设施建设,推动龙州边境经济合作区规划建设和申报工作,提升口岸管理与服务水平。努力将水口口岸建设成为中越间以矿产品原料、坚果类产品为主导的边贸市场,推进口岸由商贸型向加工贸易型转换,扩大向第三国人员开放。[责任单位:市商务口岸委、发展改革委、交通运输局、财政局,龙州县人民政府]

推进爱店、硕龙口岸建设。进一步完善爱店、硕龙口岸基础设施建设。结合爱店一类口岸建设,加强与爱店镇总体规划协同,统筹报关、联检、边检、验货场、监管仓库、国际贸易城与综合贸易区等用地,形成一个布局合理、功能齐全的口岸经济区。发挥硕龙口岸区位优势和旅游资源优势,积极发展边境贸易和旅游业,对口岸基础设施进行改扩建,争取将硕龙口岸升格为国家一类口岸;以德天跨国瀑布为核心,建设跨境旅游合作区。[责任单位:市商务口岸委、发展改革委、交通运输局、财政局,宁明县、大新县人民政府]

加强科甲、平而两个国家二类口岸基础设施和功能建设。重点推进联检查验、商品交易等基础设施建设,积极推进科甲和平而口岸升格为国家一类口岸。加强科甲口岸与水口口岸的联动发展,积极发展边境贸易、农副产品加工等产业。整合平而口岸物流区域资源,积极发展边境小额贸易、旅游及边民互市贸易。[责任单位:市商务口岸委、发展改革委、交通运输局、财政局,龙州县、凭祥市人民政府]

扶持边贸互市点建设。加强德天、硕龙、岩应、科甲、水口、那花、平而、凭祥、弄尧(含浦寨)、油隘、北山、爱店、板烂、布局等14个边贸互市点的基础设施和查验监管等配套设施建设,优化互市点交通网络。开辟更多的边贸互市点,创新边境贸易模式,争取自治区批准在条件成熟的沿边乡镇都能设立边贸互市点。[责任单位:市商务口岸委、发展改革委、交通运输局、财政局,相关县〈市〉人民政府]

2.建设国际经贸交流合作平台。

在凭祥、龙州水口、宁明爱店建设若干专业性的国际贸易市场,在凭祥建设跨国电子商务基地,建设我市成为中国－东盟区域性国际贸易集散地。

建设区域性国际物流基地。建设凭祥、中国－东盟青年产业园、水口、爱店国际物流园区和凭祥国际邮包快递分拣中心,重点建设崇左(东盟)国际商贸物流园、中越边境中药材商贸物流中心一期(宁明爱店)、广西凭祥农产品加工物流项目、凭祥综合保税区配套区(二期)、中国－东盟南宁空港扶绥经济区、空港电子商务配送中心、中国－东盟青年产业园产业物流园等重点物流园;推进国际道路运输便利化,构建广西—越南—柬埔寨(老挝)—泰国—马来西亚的国际陆路物流线路,打造我市成为中国－东盟的陆路国际物流集散和分拨中心。[责任单位:市商务口岸委、发展改革委、工业和信息化委、交通运输局、财政局,凭祥、水口海关,凭祥、水口出入境检验检疫局,凭祥、水口边检站,有关县〈市〉人民政府]

建设国际旅游集散地。重点建设友谊关国际旅游合作区、德天—板约瀑布国际旅游合作区、花山文化申遗项目、中国－东盟国际旅游医疗区、中国－东盟大新生态旅游公园、崇左桂台东盟文化旅游产业园,建设陆路跨国自驾游基地,把我市建设成为我国与中南半岛国家区域性国际陆路旅游集散地。[责任单位:市商务口岸委、发展改革委、交通运输局、财政局、旅游发展委,有关县〈市〉人民政府]

建设金融产业发展高地。落实细化《云南、广西建设沿边金融综合改革试验区总体方案》。大力推进沿边金融改革试验区,重点在凭祥开展进出口贸易、开展人民币离岸业务、使用人民币在境外投资,打造我市成为有中国－东盟特色的国际金融交易和结算中心。一是打造凭祥沿边开放金融示范区,加快金融对外交流与合作,设立次区域离岸人民币金融服务中心。加强货币与信贷合作,逐步开展双边贷款。加大资本市场合作。推进与东盟国家人民币资本项目可兑换,开展个人境外直接投资试点。创新发展配套试验区内三大服务体系(小微企业金融服务体系、农村金融服务体系和保险体系)。加快发展村镇银行、小额贷款公司、农村资金互助社等新兴农村金融机构或组织,并积极引导社会资本和民间资金进入金融领域。建立地方金融监管中心,推动地方新型金融机构差异化管理,完善地方新型金融机构监管模式,健全地方金融管理监测预警机制,鼓励民间金融合法规范发展,切实防控风险。二是设立北部湾商品交易所。三是成立跨境人民币清算中心。支持鼓励老区跨境贸易人民币流通结算,推进人民币对外直接投资试点,提升老区企业对外竞争能力,推动老区金融改革开放水平。[责任单位:市金融办、发展改革委、商务口岸委、财政局、人民银行崇左中心支行、崇左银监分局,相关县〈市〉人民政府]

建设产业合作平台。对外商在我市投资试行准入前国民待遇,改革创新外商投资管理模式,推进实行负面清单管理模式。以凭祥—同登跨境经济合作区、凭祥综合保税区、凭祥边境经济合作区、市城市工业区〔中泰(崇左)产业园〕、中国－东盟青年产业园、中国－东盟南宁空港扶绥经济区、龙州边境经济合作区、爱店口岸经济区为产业合作平台推进中国与东盟的投资合作和产业合作。争取国家批准凭祥重点开放开发试验区建设,争取中泰(崇左)产业园上升到中泰两国国家层面并实施建设。[责任单位:市发展改革委、北部湾办、商务口岸委、工业和信息化委、金融办、城市工业区管委会、中国－东盟青年产业园管委会、崇左银监分局,相关县〈市〉人民政府]

3.创新开放合作政策。

争取国家及时调整边境地区边民互市贸易免税额度,以及适当放宽边民互市贸易商品目录和国别的限制;争取上级赋予边境县自主管理境外劳动力输入的一定权限,促进边境人、货自由往来。[责任单位:市商务口岸委、发展改革委、公安局、交通运输局、财政局,凭祥、水口海关,凭祥、水口出入境检验检疫局,凭祥、水口边检站,有关县〈市〉人民政府]

专栏18　　　　开放合作工程重点项目

一、国际贸易交流合作平台重点项目

凭祥跨境电子商务基地建设、凭祥国际邮包快递分拣中心。

二、国际金融重点项目

凭祥国际金融结算系统结算、中国－东盟货币交易市场。

三、国际旅游重点项目

中越德天·板约瀑布国际旅游合作区、中越友谊关国际旅游合作区、龙州中越跨国红色旅游区。

四、产业合作平台重点项目

凭祥重点开放开发试验区、中越凭祥—同登跨境经济合作区、中越水口—驮隆跨境经济合作区、凭祥边境经济合作区、龙州边境经济合作区、爱店口岸经济区、中泰(崇左)产业园、广西中国－东盟青年产业园、中国－东盟南宁空港扶绥经济区。

崇左市领导机关及中直、区直、市直单位名录

中共崇左市委员会

办公室	7968001
组织部	7969816
宣传部	7969788
统战部	7969310
台办	7969300
民族和宗教事务委员会	7968936
政法委	7969179
全面深化改革领导小组办、政策研究室	7969195
编制办	7969010
直属机关工委	7969601
信访局	7969096
老干局	3133702
党史研究室	7969363
机要局	7968848
保密局	7968018
督查室	7968019
绩效办	7969639
档案局	3938709
市委党校(行政学院)	7830606
文明办	7969111

崇左市人民代表大会常务委员会

办公室	7968095
研究室	7968337
选举联络工作委员会	7968691
法制工作委员会	7968696
法制委员会	7968690
财政经济委员会	7969226
农业与农村委员会	7968028
城乡建设环境保护委员会	7968082
教育科学文化卫生委员会	7968080
民族外事华侨宗教委员会	7968090

崇左市人民政府

办公室	7968266
督查室	7968289
法制办	7968886
调处办	7968499

发改委	5035168	水利局	7835563
北部湾经济区和东盟开放合作办	5035131	水库移民工作管理局	5035218
物价局	7868612	农业局	7965691
应急管理办(应急指挥中心)	7821881	蚕种场	5688782
金融工作办公室	7968499	农科所	4085295
铁路建设办公室	7964268	商务局(口岸办)	7832918
社会保险事业局	7965086	文化新闻出版广电局	6266002
就业服务中心	7965066	体育局	7968126
市容环境卫生管理处	7834152	卫生监督所	7835808
民族经济发展资金管理处	8621443	疾控中心	7837555
非税收入征收管理局	8538566	审计局	7968395
政府性投资审计办公室	7968381	环境保护局	7836108
工业和信息化委员会	7968596	环境监察支队	7835536
糖业发展局	7969202	统计局	7968156
信息化工作办公室	7969255	调处土地山林水利纠纷办	7968498
科技局	7968759	卫生和计划生育委员会	7969212
教育局	7835759	凤凰山林场	7685025
民族事务委员会	7968936	林业局	7834868
公安局	7836259	安全生产监督管理局	7968114
交警支队	7833662	食品药品监督管理局	7843082
司法局	7968444	旅游发展委员会	7968161
财政局	7836166	粮食局	7968576
民政局	7826857	水产畜牧兽医局	7835523
老龄办	3934733	国资委	7968601
人力资源和社会保障局	7968338	外侨办	7968525
市建设投资有限责任公司	7837020	人防办	7847567
国土资源局	7836126	边防办	7969031
住房和城乡建设委员会	7827217	扶贫办	7968585
规划管理局	7968652	地方志办公室	7969136
房改办	7968321	供销合作联社	7968326
综合设计院	3142755	地震局	7837826
广西建设工程造价管理总站崇左分站	7837991	政务服务中心管理办公室	5025006
园林绿化管理处	7840891	农机局	7836068
城市建设投资有限责任公司	7837718	机关事务管理局	7968868
建卓资产经营有限公司	3129895	市委、市政府接待办	7968173
房产管理局	7828100	驻南宁管理处	3132693
环卫处	7836559	投资促进局	7969003
自来水公司	7821366	中泰产业园(城市工业区)管委会	7824201
工商局	7836315	凭祥边境经济合作区管委会	8572769
质量技术监督局	7841578	东盟青年产业园管委会	7563978
交通运输局	7836333	二轻(工业)联社	7969163
公路管理处	7829386	广西崇左花山国家级风景名胜区管理局	7830966
港航管理处	7834023	广西弄岗国家级自然保护区管理局	8812612

崇左市驻北京联络处	(010)87792218	**中直、区直驻崇左单位**	
住房公积金管理中心	7840628	广西凭祥综合保税区管委会	8555618
蕾雨宾馆	3132379	国税局	7966698
		地税局	7835868
政协崇左市委员会		供电局	7962883
办公室	7968258	气象局	7871868
提案法制委	7968286	邮政管理局	7968091
经济人口环境委	7968268	国家统计局崇左调查队	7968218
教科文卫体委	7968263	自治区桂西公路管理局	3904036
外事侨务民族委	7968279	广西交通投资集团崇左高速公路运营	
文史和学习委	7968255	有限公司	5960076
委员联络工作办公室	7968200	广西广播电视技术中心崇左分中心	
研究室	7968930	（广西广播电视南宁二四三台）	7832243
		中国银行业监管委员会崇左监管分局	7827705
中共崇左市纪律检查委员会		中国人民银行崇左市中心支行	7842382
办公室	7969681	中国工商银行崇左分行	7842529
市监察局办公室	7969682	中国农业银行崇左分行	7936050
		中国银行崇左支行	7828660
军、警、法院、检察院		中国建设银行崇左分行	7820237
崇左军分区	7847600	崇左桂南农村合作银行	7831605
武警崇左市消防支队	7964805	中国邮政储蓄银行崇左分行	7833453
武警崇左市支队	7966301	广西北部湾银行崇左支行	7833852
武警崇左市边防支队	7967777	中国农业发展银行崇左分行	7969298
中级人民法院	7848388	崇左保险行业协会	7884538
人民检察院	7835818	中国人民财产保险股份有限公司崇左分公司	7831988
		中国人寿保险股份有限公司崇左中心支公司	7826296
群团组织		中国电信股份有限公司崇左分公司	7842255
总工会	7835871	中国移动通信集团广西有限公司崇左分公司	5969026
职工技术交流服务站	7835871	中国联合网络通信有限公司崇左分公司	5037006
妇联	7969238	广西广播电视信息网络股份有限公司	
团市委	7969055	崇左分公司	7837658
科协	7969296	崇左市烟草专卖局	7826710
科技咨询服务中心	7969296	广西盐业公司崇左分公司	7821416
工商联	7969082	广西工业和信息化委员会崇左市	
文联	7969158	无线电管理处	7827588
残联	7969085	崇左市水文资源局	7830939
残疾人劳动就业服务管理站	7969282	中国邮政集团公司崇左分公司	7833313
侨联	7969026	平安财险崇左中心支公司	7835296
红十字会	7836630	北部湾财险崇左分公司	7967001
计生协会	7968248	华安财险崇左中心支公司	7831556
贸促会	7835560	大地财险崇左中心支公司	7960697
人民对外友好协会	7968079	安邦财险崇左中心支公司	7867815
社科联	7969778		

中国太平洋人寿保险股份有限公司崇左中心支公司
　　　　　　　　　　　　　　　　　　　　7822818
人保寿险崇左中心支公司　　　　　　　　7822202
泰安人寿崇左中心支公司　　　　　　　　7843999
平安人寿崇左中心支公司　　　　　　　　7967609
太平洋人寿崇左中心支公司　　　　　　　5969466

大中专院校、中学

广西民族师范学院　　　　　　　　　　　7870769
南宁地区教育学院　　　　　　　　　　　7832186
广西理工职业技术学院　　　　　　　　　7847258
广西城市职业学院　　　　　　　　　　　7515030
广西科技职业学院　　　　　　　　　　　7519012
广西崇左东盟国际职业教育学院　　　　　7962008
广西民族师范学院附属中学　　　　　　　7928800
崇左市高级中学　　　　　　　　　　　　7828006

新闻单位

广西人民广播电台驻崇左记者站　　　　　7834723
《广西日报》驻崇左记者站　　　　　　　7830680
左江日报社　　　　　　　　　　　　　　7965051
市广播电视台　　　　　　　　　　　　　7825398

医疗单位

广西壮族自治区民族医院　　　　　　　　3133128
市人民医院　　　　　　　　　　　　　　7821080
市妇幼保健院　　　　　　　　　　　　　7821633
市复退军人医院　　　　　　　　　　　　4910848
中医壮医医院　　　　　　　　　　　　　7821302

县（市、区）人民政府

扶绥县政府办公室　　　　　　　　　　　7530010
天等县政府办公室　　　　　　　　　　　3521197
龙州县政府办公室　　　　　　　　　　　8812634
江州区政府办公室　　　　　　　　　　　7820027
大新县政府办公室　　　　　　　　　　　3622271
宁明县政府办公室　　　　　　　　　　　8620610
凭祥市政府办公室　　　　　　　　　　　8538719

2016年先进单位名录

全国工人先锋号

中铝广西有色崇左稀土开发有限公司矿山管理部

全国维护妇女儿童权益先进集体

扶绥县人民法院
凭祥市人民检察院

全国最美家庭

广西军区75485部队卫生队李良家庭
大新县榄圩乡康合村三合屯马坡彩家庭

全国五好文明家庭

广西军区75485部队卫生队李良家庭

广西五一劳动奖章

广西祥发工贸有限公司
中国林业科学研究院热带林业实验中心

自治区劳模创新工作室

广西国有东门林场林科所唐再生劳模创新工作室

广西工人先锋号

崇左市湘桂糖业有限公司压榨车间
中国移动通信集团广西有限公司崇左分公司城南营业厅
龙州县水利电业有限公司龙州供电营业所配电线路维护班
中铝广西国盛稀土开发有限公司生产车间
崇左市天等县人民医院急诊科
崇左市桂南农村商业银行股份有限公司营业部
广西祥盛木业有限责任公司生产技术部

广西五四红旗团委

共青团扶绥县渠黎镇委员会
共青团大新锰矿委员会
共青团凭祥市委员会
共青团广西民族师范学院附属中学委员会

广西五四红旗团（总）支部

南宁地区教育学院文化传播系团总支
崇左市大新县国家税务局团支部
崇左市公安局交通警察支队团支部
武警崇左市消防支队天等中队团支部

广西三八红旗集体

宁明县水利电业有限公司客户服务中心
天等县国家税务局纳税服务股

广西五好文明家庭标兵户

龙州县公安局禁毒大队赵菊家庭

广西五好文明家庭

江州区城南派出所梁世军家庭
宁明县城中镇明阳小区周雪荣家庭
龙州县水口关边防检查站官鑫瑞家庭
天等县向都镇中和村坡州屯何兰芬家庭
中国人民解放军75181部队周业华家庭

索　引

SUOYIN

一、本索引是《崇左年鉴·2017》的内容分析索引。正文（包括条目、文献、表格等）中凡具有独立检索意义的完整资料都可以通过本索引进行检索。

二、本索引按汉语拼音字母顺序排列,类目、分目、条目作索引款目用黑体字排列,其余款目均用宋体字排印。

三、索引款目后的数字表示内容所在的页码,数字后的拉丁字母(a、b、c)表示栏别(即版面的1、2、3栏)。空2字起排的款目为上一主题的"附见"。

四、内容有交叉的款目,为便于读者检索,在本检索中重复出现。

五、阿拉伯数字开头的款目排在索引的末尾。

K

L

M

N

P

T

W

广西民族医院

查房

医务人员

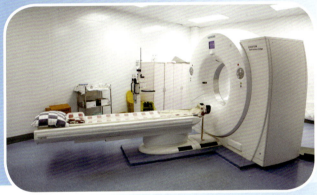

CT 检查

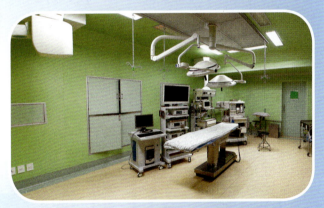

手术室

志愿服务

新内科住院大楼

宁 明 县 人 民 医 院

宁明县委书记刘勇（前中）到县人民医院检查工作

宁明县县长黄一碧（前中）到县人民医院现场办公

宁明县人民医院领导班子

宁明县人民医院始建于 1944 年 6 月 1 日。截至 2016 年，已发展成为一所集医疗、预防、保健、康复、教学和科研为一体的国家二级甲等医院、爱婴医院，担负着宁明县 43 万人口及周边县市群众的医疗保健任务。2016 年，医院占地面积 25584.40 平方米，建筑面积 49380.40 平方米，在职员工 627 人，其中卫技人员 510 人，正高级职称 2 人、副高级职称 21 人、中级职称 130 人。开设一个住院部和两个门诊部，设有临床、医技、职能、后勤等 41 个科室，开设病床 450 张，住院病房安装中央空调、中心供氧、中心吸引，手术室安装层流空气净化装置，功能齐全，环境舒适。拥有德国西门子 16 层 24 排螺旋计算机断层扫描装置（CT）、DR、中央监护系统，奥林巴斯电子胃镜、肠镜、腹腔镜，阿波罗 400 彩色多普勒超声仪，高压氧舱，全自动生化分析仪，血液透析机，无创电脑眼压计等一大批国内外先进医疗设备，成功开展外科、妇产科、眼科、耳鼻喉科等各种常见手术，对临床各科疾病的诊疗技术达到崇左市先进水平，部分达到领先水平，是广西医科大第一附属医院及广西壮族自治区人民医院技术协作医院、宁明县医疗技术指导中心，与广西壮族自治区人民医院、广西民族医院结成医疗联合体，2017 年 3 月病理科开通与广西壮族自治区人民医院、南方医科大学华银病理诊断中心远程诊疗，促进了诊疗技术水平不断提高。

宁明人民医院一贯坚持以病人为中心，以质量为核心，坚持公立医院的公益性质，深化医院内部改革，加强内涵建设，探索基于员工幸福的医院发展新模式，建立了一套高效的运营机制和科学的管理制度，建立宁明及周边区域最完善的疾病诊疗体系和健康管理体系，不断提高医疗服务质量，着力打造百姓信赖、员工幸福、社会尊重的医院，有效地缓解了基层群众"看病难，看病贵"的问题。年门诊量 27 万多人次，住院 25000 多人次。历年来荣获县、市级"文明单位""双拥先进单位"、社会治安综合治理"模范单位"，市级、自治区级"文明庭院"以及县级"诚信文明行业先进单位"等荣誉称号。

宁明医务人员

重症医学科

手术

无痛电子胃肠镜检查

CT 检查

院内环境

凭 祥 市 财 政 局

2016年，凭祥市财政局紧紧围绕"稳增长、促发展、惠民生"总体要求，多点发力，亮点纷呈。一是克难攻坚抓主线，财政收支再上新台阶。2016年，全市财政收入完成82551万元，完成调整预算的100.06%，增速排名位居崇左市第一，总量位列崇左市第二名。全市公共财政预算支出完成168718万元，完成年度调整预算170506万元的98.92%，同比增加8532万元，增长5.33%。二是千方百计筹资金，确保重点工程建设顺利推进。2016年申请上级资金调拨96000万元，同比增加25600万元，确保重点工程项目顺利推进和全市机关事业单位人员增资及绩效奖金补发到位。三是优化支出结构，助推产业转型升级。投入7449.86万元，支持口岸基础设施建设。投入2166.89万元，支持旅游项目建设。投入1531.45万元，扶持红木文化产业发展。投入5049.98万元，扶持企业提升经营力。四是落实民生保障，促进社会和谐发展。完善城乡救助体系，社会保障资金支出16797万元，同比增长7.91%。推进教育均等化发展，教育支出26491万元，同比增长6.08%，学前教育公用经费高于自治区标准。开展脱贫攻坚，扶贫支出3293万元。推进村级公益事业建设一事一议财政奖补工作，投入建设资金886万元，建设项目49个。五是强化财政监督职责，提高资金使用效益。开展全市资产专项清查，规范国有资产管理，资产清查盘亏资产3875.38万元。强化评审风险防控，全年审核项目490个，送审金额86768.71万元，核减工程费用9492.96万元。进一步加强采购监督，全市采购883批次，采购预算资金为47065.34万元，实际采购支出46685.55万元，节

约预算资金379.79万元，节约率为0.8%。有效地降低了财政支出，最大限度地发挥了资金使用效益。六是推进财政管理改革，完善公共财政管理体系。加强预算绩效评价，实现项目绩效全覆盖。推进预决算信息公开，主动接受社会监督。完善预算执行动态监控机制，突出强化"三公经费"和公务卡强制结算目录的监控，"三公"经费下降了14.29%，公务卡结算大幅提升。七是开展"两学一做"学习教育，财政队伍展示新活力。开展工作谈话制度，端正干部工作态度，加强队伍工作风；执行中层领导干部任职前廉政约谈，筑牢防腐拒变底线。选优配强支部班子和带头人队伍，履行服务基本职责，推行工作下移，下沉基层，深入工地，执行财政监督检查职能。

2016年11月14日，市财政局党组书记、局长农向阳陪同市长孙睿君到上石镇协调推进凭祥市宝岛美人椒现代农业（核心）示范区创5星级乡村旅游区项目

2017年5月24日，崇左市财政局党组书记、局长孙建书到凭祥市财政局召开扶贫资金调研座谈会

2016 年 8 月 19 日，局党组书记、局长农向阳到上石镇练江村练屯开展扶贫入户调查

2016 年 11 月 18 日，局党组书记、局长农向阳到上石镇检查 2016 年自治区立项农业综合开发治理项目

2017 年 6 月 16 日，市财政局党组书记、局长农向阳陪同市委书记邱明宏到崇左市协调推进"八大区"凭祥小区建设后续工作

2016 年 11 月 17 日，凭祥市财政局召开机关党支部全体党员大会

2016 年 10 月 18 日，在市财政局召开财税联席工作会议

2016 年 11 月 22 日，在市行政中心召开凭祥市 2017 年部门预算布置工作会议

龙州县财政局

龙州县财政局局长农静琳在龙州县第十六届人大常委会第三次会会议上做预算草案报告

积极整合、管好、用活扶贫专项资金（自治区资金）

组织召开加快上级转移支付资金进度工作会议

组织召开局领导班子"两学一做"专题民主生活会

龙州县财政局扶贫工作会议

龙州县财政局积极开展固定党日＋活动

深入贫困户进行帮扶活动

深入学习贯彻中共十八届六中全会工作会议

2016年，龙州县财政局在上级党委、政府的正确领导和上级财政部门的大力支持帮助下，以开展"两学一做"学习教育活动为契机，认真贯彻落实中央、自治区和崇左市的稳增长重大决策部署，围绕全县强力落实"富民兴边、生态立县、贸工强县、旅游旺县、文化兴县"五大定位，全力打造"东盟商务港、产业桥头堡、生态长寿乡、世界遗产地、富裕新边城"五大目标，主动适应经济发展新常态，全面贯彻落实新预算法，严格依法理财，深化财税改革，强化资金监管，切实保障和改善民生，全县财政经济继续保持平稳发展的良好势头。龙州县财政局被广西财政厅评为2016年度全区财政宣传工作先进单位；龙州县财政局党支部被中共崇左市委员会授予崇左市先进基层党组织，被县委评为龙州县先进基层党组织。

龙州县财政局、审计局联合承办龙州县"道德讲堂"家庭美德教育专场

2016年，全县组织财政收入完成67416万元，完成年度调整预算数70600万元的95.5%，同比减收20930万元，下降23.7%。主要原因是：2016年5月1日起全面实施税收"营改增"税制体制改革，有利于中小企业减轻税负，但同时也影响到财政收入增长；另外，按照上级财政工作决策部署，对税收和非税收入结构进行调整，优化地方财政收支结构，进一步提高全县财政收入质量。

被自治区财政厅评为2016年度全区财政宣传工作先进单位

2016年，全县不断强化支出管理，优化支出结构，支出有序进行，重点项目、民生方面支出得到有力保障。2016年，全县一般公共预算支出249451万元，完成年度调整预算数254444万元的98.04%。同比增加809万元，增长0.33%。其中一般公共服务、公共安全、教育、科学技术、社会保障和就业、医疗卫生与计划生育、节能环保、城乡社区支出等8项支出累计完成141377万元，同比减少4820万元，下降3.30%。

扶绥县财政局

2016 年，扶绥县县长孙国梁到扶绥县财政局开展联审联批工作调研

2016 年，扶绥县财政局召开"两学一做"第二专题总结暨第三专题布置会

2016 年，面对经济下行压力不断加大的严峻挑战，扶绥县财政局紧紧围绕全县发展总体思路，大力培育财源经济，不断加强收入征管，突出抓好资金争取，加大财政监督力度，优化财政支出结构，深化财税体制改革，提升财政管理绩效，为推动全县经济社会又好又快发展提供了坚实的财力保障，并获得落实有关政策措施成效明显地区通报表彰（区财政厅给予 500 万元奖励）、财政扶贫资金支出进度在全区排名第七位（区财政厅给予 697 万元奖励）等奖励。局

2016 年，扶绥县财政局组织召开典型违纪案例专题学习会

机关先后荣获了"区财政厅 2016 年度财政重点调研课题三等奖""全区财政国库管理改革工作量化考核评比（县级）先进集体二等奖""全区财政宣传工作先进单位""广西工人先锋号""县级财政管理绩效综合评价全国前 200 名、全区第三名"等荣誉和称号。

财政收支稳居第一 县财政局始终把服务发展放在工作的首位，努力做大财政"蛋糕"，持续推行"联审联批"工作机制加快财政支出进度，2016 年，全县组织财政收入 13.71 亿元，全县一般公共财政预算支出 34.28 亿元，收支总量继续保持全市第一。

全力改善民计民生 县财政局始终把保障和改善民生作为财政工作的出发点和落脚点，2016 年度民生支出达 28.72 亿元，同比增长 10.37%，占一般公共预算支出 83.77%。其中，累计兑付各项惠农补贴资金 2699 万元，农村生产生活条件得到极大改善；投入教育经费 6.77 亿元，强力推进"双百工程"，改善办学条件；提高基本养老金标准、城市和农村低保人员补助标准和机关事业单位工资标准等，人民群众的工作生活

2017 年 2 月 13 日，扶绥县财政局召开财政工作暨县财政系统反腐倡廉建设工作会议

2017 年 3 月 14 日，扶绥县财政局局长卜国光到挂点村开展春耕帮扶活动

得到显著改善；支持建立了城乡医疗救助制度和棚户区改造，为困难群众生活"兜底"；大力发展涉农建设项目，进一步提高财政惠农水平。

加大财源培植力度　县财政局高度重视财源建设，投入前期工作经费5000万元，全力支援加快项目进度；筹集资金3.8亿元，支持产业园区、南国铜业、海螺水泥、将军岭码头等一大批重点财源项目建设；累计筹集3.75亿元，用于建设"两园一路"等一大批城市基础设施，城市辐射带动作用明显增强；投入9454.86万元用于"创城"建设，进一步实施大县战略、塑造城市特色；累计投入龙谷湾、乐养城、鼎龙国际旅游度假区等重点旅游发展项目资金9360万元，树立我县旅游项目新招牌。

综合财力显著增强　县财政局充分发挥财政部门的牵头抓总作用，主动对接、积极协调，财政资金统筹能力效果明显。2016年，扶绥县共争取上级专项资金、一般性转移支付补助等各类资金达24.05亿元，同比增加1.95亿元，增长8.8%。通过融资平台为棚户区改造项目、空港经济区基础设施建设、扶贫生态移民工程、城镇化道路建设等项目信贷融资超50亿元，确保全县重点领域、重点项目资金需求。

杠杆作用充分发挥　县财政局努力发挥财政资金"四两拨千斤"的作用，投入中小企业技术改造、专项发展等资金2917万元，支持中小企业建设，进一步增强企业发展活力，提高企业竞争力及创税能力；合力争取精准扶贫专项资金8720万元，帮助全县1656户贫困户5710人实现脱贫；落实小额信贷风险资金2200万元，引导金融机构对贫困户进行评级授信并发放小额信贷共2.2亿元，惠及2998户贫困户，其中，1457户委托企业经营，每户每年可获得分红收入4000元。

深化改革激发活力　县财政局推行部门中长期预算改革，完善预算绩效管理机制；推行国库管理制度改革，全县应纳入的171个预算单位全面实行了国库集中支付，办理公务卡1672张；推行"营改增"试点全覆盖，进一步减轻企业负担；将政府采购审批制改为备案制，累计节约资金1613万元，节资率3.4%；推行评审备案制，评审中心累计完成审核项目233个，审减各项不合理资金1.015亿元。

财政管理提质增效　县财政局以监督为根本，向管理要效益，2016年扶绥县共清理回收存量资金6915万元，已陆续调整安排用于扶贫项目以及民生支出，资金使用效益不断提高；持续加强政府债务管控，2016年获得地方政府债券资金36381万元，进一步缓解了项目建设资金压力，优化债务结构。建立完善预算执行动态监控机制，有效防范财政资金支付风险，开创了财政监督管理新模式。

2017年3月28日，扶绥县财政局到挂点村开展植树活动

2017年5月2日，扶绥县财政局召开创城攻坚动员部署会

2017年5月31日，扶绥县财政局开展"六一献爱心送温暖"活动

2017年6月16日，扶绥县财政局到龙州开展重走红军路活动

龙州县地方税务局

2016年4月26日，自治区地税局调研员唐必能（中）、崇左市地税局副局长赵卫东（右一）一行到龙州县地税局开展税收工作调研

2016年1月12日，自治区地税局副巡视员梁玉涛（右二）、人事处处长陆敏（右一）和崇左市地税局局长李临福（左二）到龙州县地税局慰问退休职工

2016年"七一"红色传统主题教育活动

2016年，龙州县地税工作在上级局和县委、县政府的正确领导下，在党政部门和社会各界的大力支持下，地税事业获得新提升。

地税收入质量提升。 全县地税系统努力克服经济下行、营改增试点全面推行、税收减免面广量大，特别是营改增后主体税种和以票控税手段"双缺失"的严峻挑战，始终坚定信心，部署措施、落实责任，把握税收主动权。2016年组织区级税收收入38262万元，组织县级税收收入（含四项基金）38276万元。

征管改革动能提升。 积极推进全面"营改增"，向国税移交"营改增"试点纳税人信息1305户，代开增值税发票377份。与国税局共同推进15项联合举措，在口岸设立国地税联合办税厅，2016年征收边贸个人所得税188.16万元。做好残疾人就业保障金征收工作，全年征收残疾人就业保障金234.6万元。

纳税服务质效提升。 国地税共驻政务服务中心，互设办税窗口，实现"前台一家受理、后台分别处理、限时办结反馈"服务模式。启用自助办税终端，与县国税共建24小时自助办税服务。结合小规模纳税人增值税、企业所得税预缴按季申报，落实附征税费按季申报，减少纳税人申报次数。落实二维码一次性告知制度，认真做好行政审批工作，全年受理先批后审事项12笔。

党建工作水平提升。 开展"两学一做"学习教育，组织党员干部踊跃参与冬修水利建设、支持县域义务教育均衡发展工作、捐资助学等实践活动。开展"固定党日+"活动，开启"6+x"模式努力写好"+"文章，树立党员干部良好形象。多名党员被县直机关工委评为优秀党务工作者和优秀共产党员，2016年先后有党员被评为崇左市优秀党务工作者、全区财贸系统"最美服务员"和全区扶残助残先进个人。

精准扶贫力度提升。 制定结对帮扶措施，严格开展扶贫领域监督执纪问责，落实扶贫政策和扶贫领域"两个责任"，严格扶贫资金管理和项目落实，为打赢脱贫攻坚战提供坚强纪律保障。组织养蜂技术培训、发放危房改造补助、资金支持甘蔗"双高"基地建设等，切切实实为挂点村贫困户寻找脱贫致富道路。

2016 年 4 月 21 日，"聚焦营改增试点　助力供给侧改革"主题税收宣传月

2016 年 8 月 13 日，国地税水口联合办税厅成立

龙州县营改增试点全面推开成功

龙州县地税局党总支"精准扶贫·养蜂培训"主题党日活动

龙州县地税局党总支"两学一做"学习教育工作座谈会

扶绥县地方税务局

扶绥县地方税务局局长陈小兵（右一）参加国地税委托邮政代开发票代征税款启动仪式

扶绥县地税局党员固定活动日·精准帮扶

2016年，扶绥县地方税务局共组织区级考核口径税收收入62890万元，完成市局下达的区级考核口径任务60000万元的104.82%。共组织县级口径税收收入63283万元，完成县政府下达的63000万元任务的100.45%。同时积极改进作风，不断探索、开拓创新，在税制改革、思想党建、脱贫攻坚和国地税合作方面打造四大亮点，推动全局各项工作迈上新台阶。

一、全力推进税制改革，保障改革顺利过渡

遵照国家税制改革方面的部署，严按时点推进以"营改增"为代表的税制改革工作持续深化，建立国地税沟通协商机制。全年共代征增值税22.43万元，销毁"营改增"发票1160349份，征收入库资源税4261.06万元。

二、推进党建规范化建设，增强党建工作生机和活力

按照规范化基层党组织建设要求，通过三级联动机制，全面实施"5951"创建工作路线图，完成2016年自治区地税局基层党建规范化单位建设工作。

三、深入基层搞扶贫，脱贫攻坚工作力度大

全年共组织全局干部职工到挂点村开展精准扶贫工作385人/次，完成了落实宣传政策、"双承诺、双认定、双确认"、与贫困户商讨致富项目、制定帮扶计划等多项工作，出资64420元为贫困户购买彩色电视机、禽苗，解决出行难、饮水难等问题。

四、深化国地税合作，加强社会综合治税

通过互派人员、窗口，联合委托邮政代征，加大征管合作等措施，深化与国税部门的合作，开展联合核查3次，涉及纳税人56户，完成2015年度纳税人信用等级评价484户。与相关涉税部门紧密合作，根据第三方提供涉税信息组织入库税收1447.63万元。

地税开放日

重阳节扶绥县地税局共青团到贫困村慰问困难老人

帮扶干部到贫困村开展扶贫项目验收工作

天等县地方税务局
多措并举 推动地税工作全面开展

2016年6月15日，自治区地税局局长关礼（左）到天等县调研营改增和资源税改革工作推进情况

不断深入开展"两学一做"专题教育活动，提高党员干部的党性修养。图为时任崇左市地税局局长李临福在给天等县地税局党员上党课

2016年，天等县地税局在崇左市地税局和天等县党委、政府的领导下，扎实有效推进年初制定的各项工作目标任务的落实工作。全力抓好组织收入工作：组织各项收入1.63亿元，同比下降24.19%，组织县政府口径收入1.55亿元，同比下降23.27%，剔除营改增因素，2016年的组织收入与2015年基本持平。全力抓好征管改革工作：全面推开营改增工作，共向国税部门移交纳税户996户，开设代征代开发票窗口4个，并稳妥抓好后续工作；抓好资源税改革工作，着重对企业进行宣传和辅导，加强资源税清理核查；全力抓好国地税合作工作，国地税合作示范区建设工作中，在联合办税方面实现了9个联合，办税服务厅纳税人满意率达100%，合作事项的落实稳步推进。全力抓好纳税服务工作，继续开展便民办税春风行动，为纳税人提供多元化办税形式，实行办税事项二维码一次性告知，实行导税岗服务等，不断创新优化服务措施，为纳税人提供更优质高效的服务。队伍建设方面，切实增强以人为本、与人为善的理念，全面提升干部职工素养能力。通过思想政治教育一系列活动，切实增强地税干部政治意识、大局意识、核心意识、看齐意识；抓好干部理论学习和业务培训工作。党风廉政建设方面，以加强党建来促进"两学一做"活动的开展，通过坚持强化责任、坚持教育引导、坚持正风肃纪来强化党风廉政建设工作。

积极抓好精准脱贫帮扶工作，助力贫困村早日脱贫致富。图为县委书记吴强（前中）到县地税局帮扶联系村——福新镇福宁村检查指导村级公共服务中心建设

全力抓好全区国地税合作县级示范区建设工作。图为2016年8月11日，在天等县召开崇左市国地税合作工作现场会

2016年5月1日，天等县营改增试点全面推开成功启动

宁明县地方税务局

2016年，宁明县地方税务局有干部职工52人。县地税局下设6个分局，内设办公室、人事股、法规税政股、征管和科技发展股、收入规划核算和财务管理股、监察室、征收服务股7个职能股室，负责全县13个乡镇地方税费的征收管理，主要负责个人所得税、企业所得税、资源税、土地增值税、城市维护建设税、车船税、房产税、城镇土地使用税、印花税、房产税和教育附加费、残疾人就业保障金的征收管理，代征文化事业建设费、工会经费、水利建设基金等。

2016年，宁明县地税局荣获崇左市地税系统年度绩效考评二等奖、宁明县年度绩效考评一等奖、崇左市地税系统党风廉政建设责任制考评优秀奖。

2016年8月4日，崇左市地方税务局副局长蒋宁到爱店指导工作

宁明地税局"两学一做"精准扶贫再行动

2016年，宁明地税局"八一"建军节慰问共建单位

宁明地税局干部职工廉政教育警示活动

江州区国家税务局

2016 年，江州区国税局面对经济下行压力和税源萎缩困境，不泄气、强征管、抓收入，累计组织税收收入73968 万元。其中，崇左市本级税收收入 40465 万元，同比增收 6322 万元，增长 18.52%；江州区税收收入 33503 万元，同比减收 10018 万元、减幅 23.02%，完成江州区政府、市国税局调整任务的 100%。2016 年江州区国税各税种税收收入为：增值税 15822 万元，消费税 7 万元，企业所得税 17674 万元。全年四大行业营改增收入 7222 万元。

江州区国税局大力宣传税收，通过税务网站、报纸电视、营改增板报、税企座谈会、LED 显示屏、免费发放办税指南、税务微信、"壮族三月三"等途径，大张旗鼓进行全面推开营改增试点宣传，主动为试点纳税人提供政策咨询、纳税辅导，让营改增各个细项不断渗透各纳税对象，确保营改增新政策、新税制横向到边，纵向到底，为改革顺利推进营造良好的舆论氛围。与此同时，继续搞好小微企业、西部大开发等税收优惠政策，助力地方经济发展。

江州区国税局切实开展帮扶结对工作，根据对挂村点新和镇作字村和新村的贫困户的实际需求及发展意愿，分别发展养鸡、养鸭、养猪、养羊和养蜂，增加家庭收入。向新村村赠送 13 辆手推清洁车，助力搞好农村环境卫生。为方便群众出行，投入 7000 元给作字村进行屯内道路硬化，改善贫困村屯的生产生活环境。扶持 5000 元，帮助新村维修供水设备，解决人畜饮水问题。

入企业税收宣传

扶贫辅导

企业走访

进入民族师范学院宣传

大新县工商行政管理和

2016 年，大新县工商行政管理和质量技术监督局共有核定公务员编制数 61 名，实际在编干部 53 名；机关后勤人员控制数 6 名，实有工勤人员 5 名。局机关内设办公室、人事教育股、产品质量监督管理股、企业与个体私营经济监督管理股、市场与合同监督管理股、经济执法与商标广告监督管理股、特种设备安全监督管理股、标准计量监督管理股、法规与行政执法督察股、消费者权益保护股（12315 消费者投诉举报中心）、财务股、行政审批办公室 12 个职能股室；设经济检查大队，使用基层工商所编制。下辖桃城、全茗、龙门、五山、昌明、福隆、那岭、榄圩、雷平、宝圩、硕龙、下雷12 个工商质监所。

2015 年 12 月 15 日，大新县政府下文将大新县工商行政管理局、大新县质量技术监督局合并组建为大新县工商行政管理和质量技术监督局，2016 年 2 月 16 日举行揭牌仪式。两单位的合并组建是市场监督管理体制的重大改革，是建立规范有序安全的市场经济秩序、推进经济持续健康发展的迫切需要。监管职责集中到一个部门后，不仅畅通运行机制，更利于强化和落实监管责任，打破"分段管理"模式，构建一体化、专业化、高效率的市场监管体系，更好地服务群众、维护群众的切身利益，1+1>2 服务更便捷。

大新县工商和质监局开展两学一做学习教育专题讲座

大新县质量技术监督局

2016 年农村党员经纪人、贫困户培训班

大新县工商和质监局干部职工观看《榜样》专题节目

大新县工商和质监局特种设备电梯安全管理人员培训

开展"3·15"宣传活动

2016 年大新县工商和质监局"诚信经营放心消费"宣传活动

江州区工商行政管理局

2016年3月15日，崇左市工商局副局长黄志文（前右一）、江州区工商局局长苏爱鲜（前右三）陪同崇左市副市长雷海良（前右一）检查活动开展情况

江州区工商局领导班子。左起：副局长肖为国，副局长赖志红，局长苏爱鲜，副局长陆海强，纪检组组长卢文明

江州区工商局执法人员开展农资市场专项整治工作，图为执法人员检查经营户证照办理情况

2016年5月，崇左市、江州区工商局组织执法人员联合开展流通领域成品油抽查检验工作

崇左市江州区工商行政管理局（以下简称江州区工商局）位于崇左市江州区城南九路，局机关内设8个股室，设监察室，1个经济检查大队，下辖11个工商所；编制人员67人，其中公务员编制61人，工勤人员编制6人；实际在编共58人，公务员54人，工勤4人；在职党员32人；具有大专以上学历56人。

2016年，在江州区委、区政府和崇左市工商行政管理局的领导下，江州区工商局领导班子带领全体干部职工，认真学习贯彻落实中共十八大和十八届三中、四中、五中、六中全会精神，围绕改革、发展、稳定的大局，以职能工作为抓手，按照江州区做好"五篇文章"、实现"五个建成"的工作思路，推进工商登记制度改革，强化市场监管和消费维权，积极配合江州区委、区政府开展各项中心工作，确实履行工商职能，为促进江州区经济持续健康发展和社会和谐稳定作出应有的贡献。一是抓好市场监管服务，推动市场经济持续健康发展。截至2016年12月底，江州区登记在册各类市场主体共16009户，分别为企业2253户、个体工商户13244户、农民专业合作社512户。市场主体数量比2014年国家提出商事制度改革以前增长了51.5%，两年时间增加了5439户，增速十分明显。其中，2016年新发展内资企业19户；新发展私营企业343户；新发展个体工商户3090户；新发展农民专业合作社197户。二是认真开展整顿和规范市场秩序工作，开展反不正当竞争执法、打击"傍名牌"等商标侵权行为、"红盾护农"行动、查处制售假冒伪劣商品的违法行为、查处利用合同格式条款侵害消费者合法权益、查处医疗药品保健食品医疗器械虚假违法广告等专项整治行动，2016年共立案查处经济违法案件128件，涉案金额2008万元，罚没款1974万元。三是做好消费纠纷调解化解群众之急。2016年共受理消费者投诉148件，消费投诉调解率100%，回访率100%，为消费者挽回经济损失12.96万元；受理举报46件，对举报反映的问题全部进行了调查取证并查处。

2016年度，在江州区工商局领导班子和全体干部职工的共同努力下，江州区被认定为2014—2016年广西无传销县（市、区）；江州区工商局荣获2016年度全区工商行政管理系统政务信息工作先进单位，企个股荣获江州区巾帼文明岗荣誉称号，城关工商所、驮卢工商所继续被认定为广西壮族自治区工商行政管理系统广西青年文明号；局长苏爱鲜荣获崇左市三八红旗手荣誉称号。

凭祥市工商行政管理局

凭祥市工商行政管理局位于凭祥市北环路 193 号，占地面积 12940 平方米。2016 年，内设机构有：办公室（法规与行政执法督查股）、财务股、人事股、市场与合同规范管理股、企业与个体私营经济监督管理股、反不正当竞争执法与商标广告监督管理股、消费者权益保护股（12315 消费者申诉举报中心）、监察室、经济检查大队；派出机构 7 个：市区工商所、交易场工商所、友谊工商所、夏石工商所、上石工商所、浦寨工商所、弄怀工商所。凭祥市工商行政管理局有公务员 55 人，工勤 4 人。其中研究生学历 2 人，本科学历 38 人，大专学历 18 人，中专学历 1 人；35 岁及以下 17 人，36 至 45 岁 25 人，46 岁及以上 17 人。设有中共总支部 1 个，下设 4 个党支部：机关党支部、市区所党支部、友谊所党支部、浦寨所党支部，在职党员 39 名，退休党员 15 名。

崇左市"小个专"党（团）建经验交流会在凭祥召开

凭祥市工商局在礼茶村成立农村消费教育基地

为获得广西著名商标企业颁发牌匾和证书

凭祥市召开推行六证合一、二证合一推进制度改革工作协调会

2016 年"3·15"宣传活动现场

凭祥市工商局开展红木市场专项检查

江州区太平街道办事处

2016年12月13日，自治区审计厅党组书记、厅长到太平街道宣讲自治区第十一次党代会精神

2016年9月1日，自治区安全监管局党组副书记、巡视员、副局长李明凤（左三）率队到太平街道开展乡镇"四所合一"建设工作调研

2016年11月16日，崇左市委书记、市人大常委会主任刘有明（中），市长孙大光（前左二）率队到太平街道指导棚户区改造工作

太平街道地处江州区城区北端，居左江北岸，于2012年10月26日正式挂牌成立。面积337平方千米，与江南街道以左江河为界，西连新和镇、龙州县响水镇，北连左州镇、驮卢镇。管辖9个行政村2个社区，村民小组75个，居民小组13个。总人口4.82万人，其中农业人口2.48万人，城区人口2.34万人。聚居着壮、汉、瑶、回、苗、侗等10多个民族，壮族占90.1%。2016年，实现农业总产值3.03亿元，完成社会固定资产投资70953万元，同比增长8%。

交通　通信　太平街道具有良好的交通区位优势，水陆交通十分便利，距首府南宁铁路里程120千米、公路里程160千米。崇靖高速公路、省道213、省道315、省道319跨境而过，目前正推进崇水高速公路项目征地拆迁工作，多条公交线路与崇左中心区域及周边乡镇连接，构建了30分钟经济圈。

农业　耕地面积5050公顷，全年气候温暖，雨量充沛，盛产甘蔗、水稻、玉米、木薯等作物，甘蔗是主要的经济作物。每年甘蔗种植面积8万亩，产蔗量36万吨。2016年完成甘蔗"双高"基地建设2792.5亩。特色养殖业得到较快发展，培育特色种养殖业，打造乙古黑山羊、冲登香猪、教场草莓园、盆峒草菇、古坡茂谷柑等一批特色农业品牌。

工业　2016年太平街道实现经济继续保持稳定、较快增长态势。辖区内有崇左糖厂、崇左南方水泥厂、中信大锰、安琪酵母等企业单位以及卜寨工业园区、崇左城市工业园区等。

旅游　旅游资源丰富，主要旅游景点有自治区级重点保护单位太平古城墙，世界八大斜塔之一的左江斜塔、雨花石等景区，2016年积极配合江州区打造太平古城、左江夜游等系列工程。利用自然生态资源，积极发展乡村旅游，辖区内有孔甲怡情山水、驮逐山庄、乙古哂定码头等农家乐。

文化　教育　建设孝道文化品牌，打造壶兴社区党建孝道一条街、大榕树课堂，建成以传播孝道文化为中心主题的江北文化休闲广场。成功开展"孝道文化大讲堂""孝道之星"评选等系列主题活动。辖区内有广西理工学院、崇左高级中学、江北中学、太平小学、马安村小学、卜寨村小学、太平幼儿园等学校。

征地拆迁和项目建设 2016年完成崇水高速公路、城西片区、市城区防洪排涝工程、渠珠工业区渠园路项目等多个项目征地任务共203.67公顷。棚户区改造项目完成江州区文化馆、江北电影院房地产评估工作，拆除文化馆房屋建筑面积2650平方米。崇糖生活区个人产权住房签订协议651户，江北西角（旧汽车总站）片区测量登记评估54户。

精准扶贫 2016年完成贫困户脱贫销号"双认定"验收87户281人，孔甲村达到"十一有一低"的脱贫标准，通过自治区核验。整合资源发展特色产业，孔甲村充分发挥农村党员先锋模范作用，成立大众养殖专业合作社，通过养殖基地发展带领贫困户实现增收。

2016年11月11日，市长孙大光（中），副市长陈锋（前左二）率队到太平街道调研古城墙项目建设

2016年7月22日，江州区委书记农化（中）到孔甲村渴星屯现场调研扶贫旅游开发

2016年10月20日，江州区区长王耀雷（左三）到太平街道现场办公指导项目建设

2016年10月8日，太平街道举办"孝在我心 共建和谐太平"孝道大讲堂活动，图为"孝道之星"颁奖仪式现场

2016年6月30日，太平街道组织党员干部到崇左市人民会堂参加廉政警示教育图片展

2016年10月8日，太平街道举办"孝在我心 共建和谐太平"孝道大讲堂活动，图为"孝道之星"颁奖仪式现场

2016年6月30日，太平街道组织"弘扬孝道文化、争当两学先锋，做合格党员表率"主题党日活动

江州区江南街道办事处

自治区政协领导到江南街道那渠屯调研指导乡村建设工作

崇左市江州区江南街道为江州区人民政府所在地。2016年，辖区总面积68.6平方千米，辖4个社区、3个行政村，28个自然屯，总人口16128户56450人。设有中共总支部3个，党支部10个，党员512名。辖区耕地面积2200公顷，林地面积1993.7万公顷，经济作物以甘蔗为主。设有1所高等院校、3所公立初级中学、6所公立小学、4所公立幼儿园和1所民办初级中学、15所民办幼儿园，教育资源较为丰厚。有左江、湘桂铁路、崇靖高速公路过境，水陆交通便利。

江南街道区位、资源优势突出，三大产业又好又快发展。农业健康发展，粮食年均产量1000吨，年产肉类1242吨，水产品产量845吨；工业蓬勃发展，辖区内有红狮水泥有限公司、五威水泥有限公司、穗宁好肥有限公司等二十多家知名企业，初具集轻工、化工、建材、冶炼和农副产品深加工为一体的工业发展模式；第三产业发展蒸蒸日上，城区居民利用城市建设发展的大好商机，大力发展批发零售、住宿餐饮、交通运输及其他服务业，目前辖区内有百家惠、新西洋、百货大楼等大型百货超市，有长城电器、左江电器、国宁电器等大中型家电超市，有崇左最大的农贸市场——江南市场，以及3800多户私营个体工商户。2016年，辖区实现农业总产值1.3116亿元，同比增长7.7%；完成全社会固定资产投资24.8986亿元，同比增长64%。农民人均纯收入10908元，同比增长10.8%。

2017年7月5日，市委书记刘有明（右三）、市长孙大光（左三）等市领导到江南街道沿山社区参加"优生态、惠民生、共建美丽家园"主题植树造林活动

江南街道始终秉承以经济建设为目标、以项目建设为抓手、以城市管理为重点、以夯实"三农"为基点、以乡村建设为契机、以强化社会管理为保障、以基层党建和党风廉政建设为驱动的发展理念，围绕崇左市、江州区的科学发展布局，抢抓机遇，全力推动江南街道社会经济持续健康发展。

2016年11月11日，崇左市江州区委书记农化（左三）到江南街道木排屯"火红左江"现代特色农业（核心）示范区调研指导发展特色产业工作

崇左市江州区江南街道领导班子成员深入项目现场点指导开展征地拆迁工作

崇左市江州区江南街道致力精准扶贫工作，图为江南街道为建档立卡贫困户发放化肥

凭祥市公路运输管理局

凭祥市交通运输局系凭祥市人民政府正科级工作机构，2016年内部设置办公室、综合股、财务室、交通战备办公室。下辖凭祥市道路运输管理所、凭祥市公路管理所、凭祥市航务管理所、凭祥市公共汽车公司等4个事业单位。全局在职干部职工共43人。

2016年，凭祥市交通运输系统始终围绕市委、市政府工作部署，积极实施以下交通基础设施建设。（1）友谊关工业园至油隘（叫册）公路完成投资7000多万元，其中，国道322线夏石至凭祥公路至上石镇政府路段建成通车标志着凭祥市实现了镇镇通二级公路的任务目标。（2）凭祥市边境贸易货物物流中心（中越跨境）货物专用通道于2016年3月开工建设，计划于2017年12月底完工；（3）（中国）友谊关—（越南）友谊口岸国际货物运输专用通道硬化工程于2016年3月开工建设，计划于2017年12月底完工；（4）平而河大桥引道与越南平宜口岸公路实现无缝衔接。

（中国）友谊关—（越南）友谊口岸国际货物运输专用通道试运行

加强安全生产和运输市场管理，提高道路运输能力和服务质量。开展公交满意度调查，进一步完善公交网络，优化整合市区公交线路，调整和更新市区公交站牌100多块，公交线路布局和站点设置趋向合理；查处道路运输违规经营行为97起，出租车整治工作深入开展，有效维护了道路运输市场秩序，实现交通在建项目、道路运输、农村公路、水上运输安全生产零事故。

交通运输部副部长李建波到凭祥市调研中越边境交通基础设施建设情况

凭祥市边境贸易货物物流中心（中越跨境）货物专用通道开工仪式

国道322线夏石至凭祥公路至上石镇政府路段建成通车标志着凭祥市实现了镇镇通二级公路的任务目标

平而河大桥建成通

凭祥海关及缉私分局

2016年，是凭祥海关以建设"一流基层海关"为引领，主动适应新常态下全面深化改革和创新，全面提升把关服务效能的一年，各项工作卓有成效。

党建引领作用充分发挥。认真执行民主集中制等各项议事制度，严肃党内生活。结合"两学一做""四讲四有"等主题教育活动，围绕贯彻学习六中全会精神，组织召开中心组学习讨论。强化"三会一课"和"四个本子"制度，不断完善基层党建基础工作。开展一系列党建活动，引导党员做"四讲四有"合格党员。落实"一岗双责，一手抓业务，一手抓党建"要求，完善支部组织结构。年内关局5人被评为南宁海关优秀共产党员、2人被评为优秀党务工作者，1人被海关总署党组评为全国海关优秀共产党员。

服务地方发展成效显著。积极参与地方发展重大战略部署。研究用好凭祥国家重点开发开放试验区先行先试系列政策；复制推广上海自由贸易试验区14项海关监管创新制度。以"互联网＋""保税＋"为推手，助推供给侧改革，支持广西边境贸易综合服务平台上线运行，积极探索具有口岸特色的跨境电子商务模式在凭祥综保税落地，组织撰写多篇政研文章助推保税区产业转型升级，积极指导支持地方研究推动市场采购模式在凭祥落地。采取行政审批"单一窗口""5＋2"上班制度、进口旺季主动延长通关时间、免费开放海关数据端口等多举措提高通关效率，降低企业通关成本。2016年，在全国全区外贸总体形势不容乐观的情况下，凭祥外贸继续保持两位数增长，八项外贸指标位列全区第一，为广西外贸企稳作出贡献。

关长彭程深入龙州县武德村告内屯开展扶贫帮扶工作

凭祥海关关警员进行准军事化队列训练

凭祥海关关员和缉私警察正在清点查获的涉嫌走私玳瑁制品

凭祥海关积极落实"谁执法谁普法"责任制 认真开展知识产权宣传活动

凭祥海关及缉私分局继续积极开展"12·4"国家宪法日暨全国法制宣传日宣传活动

凭祥海关向总关涉案财物精品仓库移交一批重点敏感涉案财物

大新县发展和改革局

　　2016年，大新县发展和改革局紧紧围绕年初确定的目标任务，抢机遇、再开放、强落实，重点抓好投资、重大项目建设、改革开放、节能减排、社会建设等工作，全县发展改革工作取得新成效。

一、项目资金争取成果显著

　　2016年，积极争取到中央预算内投资项目60项，项目年度总投资20376万元，其中中央预算内投资15939万元，大大超过全市平均数，获得中央预算内投资资金全市居首。整合2016年以工代赈示范项目、兴边富民项目资金710万元用于昌明乡奉备村备屯至全茗镇乔苗村山屈屯全长10千米道路建设，缓解县城交通压力，有效改善了周边群众生产、生活、出行难问题。整合兴边富民、以工代赈、土地整治项目资金800万元，建设大新县水源保护工程、大新县昌明乡五山乡排涝工程，有效缓解了五山乡、昌明乡、福隆乡内涝问题，深得群众好评。

二、易地扶贫搬迁工作扎实推进

　　确实抓好易地扶贫搬迁工作，全力推进星光和乐城安置点建设，共建设住房10栋1592套可安置6399人，建设商铺1.2万平方米980个停车位。目前2016年1099户4358人的搬迁对象已全部落实。周边布局建设了养利学校、妇幼保健院搬迁工程、贝侬创业园等配套项目，确保搬迁农户"搬得出、稳得住、能就业、可致富"，有效解决贫困搬迁户就业、就医和子女上学等问题。

三、改革工作稳步推进

　　一是全力推进公务用车制度改革。大新县符合参改范围的人员全部参加该次改革，大新县参改人员总数1764人，司勤人员171人，涉及车辆329辆。目前正在与上级部门对接积极推进事业单位公务用车改革工作；二是全面推进医药卫生体制改革。继续巩固完善国家基本药物制度和基层医疗卫生机构运行新机制；强化全民医保制度建设，新农合、城镇居民和城镇职工等三项基本医疗保险参保率稳定在97%以上，持续推进县级公立医院综合改革，医药卫生体制改革工作稳步推进。

2016年2月14日，市委常委、县委书记赵丽到县发改局看望全体职工

2016年2月18日，市委常委、县委书记赵丽在返乡农民工参观星光小区走会现场介绍易地扶贫搬迁政策

2017年1月4日，县发改局局长许拓陪同市移民搬迁专责小组常务副组长、移民工作管理局局长黄精强（右二）视察星光和乐城

2016年1月4日，大新县发展和改革局全体人员观看"四风"教育警示图片

2016年2月2日，大新县发展和改革局慰问组深入新民和五榕村开展春节慰问困难党员群众活动

龙州县旅游发展局

2017年7月13日，崇左市委常委、龙州县委书记秦昆陪同泛海控股集团总部考察组到龙州县考察旅游项目

龙州旅游发展局举办农家乐安全生产及旅游管理培训班

龙州县召开旅游产业发展暨旅游创特工作会议

龙州县启动"万人游花山"活动

2016年3月，龙州县组建龙州县旅游发展局，为龙州县人民政府工作部门，不再保留龙州县旅游事业局，内设机构设4个职能股室：办公室、规划发展与产业促进股、市场推广与公共服务股、政策法制与监督管理股。2016年，龙州县紧紧抓住广西加快建设旅游强区、崇左市实施"发现山水崇左·圆梦别样桂林"文化旅游发展战略、做好文化旅游发展"大文章"的机遇，围绕"红色边关·天琴古韵·岩画瑰宝·秀美龙州"主题，深入挖掘生态、边关、红色、文化等优势特色旅游资源优势，着力创建"广西特色旅游名县"，在旅游基础设施建设、旅游景区景点建设、旅游产品规划开发、旅游宣传促销等方面均取得了明显成效，旅游接待人数和旅游总消费继续呈上升趋势。2016年全县共接待游客309.25万人次，同比增长54.41%；旅游总消费32.76亿元，同比增长68.69%。年内新增3A级旅游景区1家，广西三星级农家乐1家，二星级旅游饭店1家。

2016年，龙州县举办"三月三花山文化节"活动月、"上金龙舟邀请赛""疍家水上婚礼""'红色边关·醉美龙州'摩托车旅游文化节"、"龙州县第六届'中国第一路国际自行车公路邀请赛'"等特色旅游节庆活动，凝聚人气，吸引众多游客观光。在第十三届中国－东盟博览会上，分别签约龙州"酒壶山"旅游景区、大青山边关旅游风情项目、龙州县棉江花山岩画观光度假村、龙州县花山谷乡村生态旅游区等四个项目，总投资12.5亿元。

2016年，荣获崇左市左江花山岩画文化景观申报世界文化遗产工作突出贡献单位奖、崇左市成功创建国家森林城市工作突出贡献单位奖。

龙州县举办"疍家水上婚礼"民俗活动

南宁各大旅行社到龙州县进行旅游线路考察活动

江 州 区 驮 卢 镇

驮卢镇位于崇左市江州区北部，自古就是左江流域重要商埠，明代著名旅行家徐霞客称之为"水绕山环，百家之市"，素有"小南宁"美称。全镇总面积 443.1 平方千米，其中林地面积 6891.1 公顷，森林覆盖率达 47.3%；耕地面积 12200 公顷；城镇面积 4.4 平方公里。2016 年年末，总户数 18523 户，总人口 62650 人，其中城镇人口 8640 人。下辖 114 个村（居）民小组；辖区内有政府、企事业单位 57 个，1819 名干部职工。2016 年，全镇完成社会固定资产投资 7.96 亿元，增长 31%；全镇实现工业总产值 19.6119 亿元，同比增长 6.2%；实现农业总产值 5.9036 亿元；农村居民可支配收入 10466 元，增长 10%。甘蔗种植面积 10833 公顷，2016/2017 年榨季原料蔗产量 70 万吨。2016 年，我镇多项工作得到《人民日报》、中央电视台等媒体报道。成功入选 2016 年广西城镇建设百镇示范试点，获得"自治区级生态乡镇""左江花山岩画文化景观申报世界文化遗产突出贡献单位""江州区 2015 年度绩效考评工作先进集体""江州区甘蔗生产'双保'工作先进乡镇"等荣誉。

花梨屯荣获"中国少数民族特色村寨"

花梨屯

驮卢镇"双高"基地甘蔗长势喜人

驮卢镇隆基生态大型现代化养猪场

隆基生态养猪场

驮卢镇全貌

宁 明 县 爱 店 镇

国家一类口岸爱店口岸

爱店互市贸易双创孵化园

爱店镇位于崇左市宁明县南部，坐落在海拔1358米的中越边境公母山南麓，东北邻宁明县峙浪乡，东南连宁明县桐棉镇，西与越南谅山省禄平县接壤，边境线长达25.5千米。镇内主要有金牛潭生态旅游度假村、公母山、爱店起义纪念碑、旧战事遗址、全国乡村旅游扶贫重点村—堪爱村、白马坟等旅游景点。2016年，全镇辖3个行政村（社区）、20个自然屯，总行政区域面积65.79平方千米，总人口11000多人，其中户籍人口9235人，流动人口2000多人，居住有壮族、瑶族等民族。

近年来，爱店镇紧紧围绕崇左市关于做好"两篇大文章"、打好"四大攻坚战"的重大工作部署和建成爱店"商贸大镇、旅游休闲小镇"总体目标，依托国家一类口岸—爱店口岸，充分利用丰富的旅游资源和区位优势，以边贸促旅游发展为理念，以花山岩画申遗成功为契机，创新"口岸＋旅游"发展模式，通过完善口岸基础设施建设、创建"双创"孵化园基地、引进进出口及落地加工企业，推进乡村旅游、全域旅游发展等举措，着力把爱店镇打造成集"商贸、旅游、休闲"为一体的边境重镇。

2016年，全镇地区生产总值完成2.23亿元，同比增长8.5%；城镇居民可支配收入和农民人均纯收入稳步增长；爱店口岸进出口贸易总额达136.51亿元，同比增长9.1%，实现各种税费收入3024.46万元。

2016年爱店社区获全国三八红旗集体荣誉称号，爱店镇人民政府获"自治区优秀乡镇公务员集体二等功"荣誉称号，连续6年荣获宁明县绩效考评一等奖。全镇全年获县级以上荣誉16项。

中越边境公母山

爱店云天项目全景图

宁明县东安乡

东安乡始终围绕"抓特色、建基地、扶龙头、树品牌"的工作思路,扎实推进全乡各项社会事业稳步开展,团结带领全乡人民,创实业,谋实事,改革和发展整体推进。

一、建设"双高"基地,谱好"甜蜜"乐曲

自 2014 年以来,东安乡认真贯彻落实自治区、市、县各级党委、政府决策部署,结合本乡实际情况,制定"双高"基地建设管理细则,累计建设"双高"基地 23 个片区共 13309 亩,其中 2014 年建设 5039 亩,2015 年建设 2169 亩,2016 年建设 3568 亩,2017 年建设 2533 亩,出色完成"双高"基地建设任务,前后 5 次列入县级现场会参观点,成效显著。

东安乡组织全体班子领导、干部职工抢抓农时帮助群众砍甘蔗,推进"双高"基地建设进度

二、发展多元化示范产业,助推脱贫攻坚

采用"合作社＋贫困户"的模式助力脱贫攻坚,鼓励贫困户以流转土地、投资入股等形式加入到合作社,巩固和发展肉猪养殖、蜂蜜养殖、山羊养殖、茶叶种植、百香果种植等特色产业基地。把建设种养殖示范基地和旅游观光有机结合,以打造特色产业促进旅游发展,发挥"旅游扶贫"的效用。不断增加贫困群众收入,助推精准脱贫工作深入开展。

东安乡领导干部(凝心聚力·赢在执行)高效执行力拓展训练营

三、整合资源,乡村旅游协同发展

(一)以"宜居乡村"建设为契机,优化旅游开发环境

一方面在村屯道路硬化、村内外绿化、亮化和美化上下一番"绣花"功夫,不断优化各村屯网路建设,建设办公楼、篮球场、舞台等便民设施,进一步优化旅游卫生环境。另一方面着力开展旅游生态提升工程,陆续规划建设观光区,鼓励发展农家乐、创意农业等。

(二)打造旅游先行示范区,拓宽农民致富路

东安乡以打造百合村瓦尧屯乡村旅游规划示范区带动全乡旅游开发。2017年,瓦尧屯组织成立宁明县亿山花海旅游开发股份有限公司。根据发展规划,在瓦尧屯周围种植 100 亩桃花、樱花 30 亩,建有鱼塘 30 亩。种植 200 亩的牧草和建立 1000 平方米的肉牛养殖场。该屯在政府的指导下,正在共同谋划观光片区、产业片区、特色品牌,实现瓦窑屯旅游资源的连片开发,拓宽农民就地就近就业增收的新渠,力求建成"村庄美、村民富、村风好"的旅游产业屯,达到旅游惠民的根本目的。

东安乡贫困户扶贫资金入股项目分红仪式

东安乡六审村百香果种植基地

广西大华农业发展有限公司

广西大华生态优质肉牛宣传区

广西大华生态优质肉牛宣传区

广西大华农业发展有限公司成立于2012年9月，生产基地位于江州区新和镇。公司是一家集生态农业养殖、种植、加工、旅游、餐饮、销售、产品科研开发及服务于一体的大型农业企业。2016年，公司主要经营两大项目：一是崇左市三万头优质肉牛产业化基地项目；二是江州区龙脉山·山水牧场乡村旅游区项目。崇左市三万头优质肉牛产业化基地项目从三年前开工建设到如今的初具规模，得到了各级领导和科研院所专家的关心和支持，2015年该项目被纳入自治区层面统筹推进重大项目，同时公司被授予广西金融扶贫龙头企业和崇左市农业产业化重点龙头企业、崇左市江州区大华"龙脉山"肉牛养殖现代特色农业（核心）示范区、2016年度广西养牛先进单位的称号。

广西大华生态肉牛——新疆褐牛

广西水产畜牧业产业重点龙头企业

广西金融扶贫先进企业

广西大华生态肉牛——西门塔尔牛

扶绥县壮乡茶叶发展有限公司

2017年7月2日，公司总经理黄培富荣获广西青年企业家协会第八届常务理事

2017年7月2日，公司总经理黄培富正在指导当地村民炒茶制茶

在广西农业洽谈会上壮香红茶得到领导的肯定和赞赏，鼓励八壮香红茶做强做大

在广西电视台第一书记节目中向贫困生资助

在香港贸易发展美食博览会上，壮香红茶得到了领导的关注和赞赏

一级壮香红茶颜色乌润，条索紧结，开汤汤色金黄，滋味浓厚甘醇，香高气远，经久耐泡

茶厂制茶

壮香红茶喜获第三届
亚太茶茗大奖赛银奖

崇左市桂中白蚁防治有限公司

崇左市桂中白蚁防治有限公司是专门从事白蚁防治技术和防治药物的研究与开发、技术服务、咨询、培训的民营科技企业。研制的"白蚁跟踪信息素"和"CO型白蚁诱饵剂"等能有效控制白蚁的行为;"粘药传递"技术为该公司的创新技术,该技术突破了传统落后的防治法,并已成功、广泛地应用到房屋建筑、水库堤坝、园林树木、甘蔗等各方面的白蚁防治工作中。

多年来,承担的项目荣获各级政府嘉奖。2011年"甘蔗白蚁综合防治技术推广示范"项目荣获江州区政府颁发"外地科技专家贡献奖";荣获崇左市政府颁发"金凤凰奖"。公司成立至今,共为广西区内上百座水库堤坝、十余万亩园林果木及甘蔗;上百家机关单位、企业、家庭住户等提供了有效的、让客户满意的白蚁防治技术服务。2014年,公司多名技术员被广西科技厅认定为"广西壮族自治区科技特派员",多次在水利部门举办的水库大坝白蚁防治技术培训班和科技部门举办的甘蔗白蚁防治技术培训班上授课。2016年,荣获广西科技厅授予"优秀科技特派员"称号。

"白蚁跟踪信息素的室内试验":白蚁跟踪信息素对白蚁具有强烈的引诱作用。

白蚁沿着跟踪信息素画线有序前行

白蚁沿信息素画线修筑泥路到达食源区取食

"白蚁跟踪信息素"在房屋建筑白蚁防治中的应用:

在建筑物白蚁危害点安装经白蚁跟踪信息素配制的引诱箱几天后即可诱集大量白蚁进入采食

"白蚁跟踪信息素"在水库大坝白蚁防治中的应用:

利用白蚁跟踪信息素配制的"CO型白蚁诱饵剂"诱杀堤坝白蚁,灭杀彻底,不污染水源,对坝体安全,多年来已成功应用于广西壮族自治区内百余座水库大坝的白蚁防治中

"白蚁跟踪信息素"在甘蔗等农林种植方面的应用：

利用"白蚁跟踪信息素"消除杀虫剂的驱避性，由白蚁带药回巢传播，彻底灭杀蔗地白蚁群体。用药量少，无残留，无污染；确保了甘蔗正常生长，产量和糖分及品质大幅提高

白蚁防治新技术培训：

公司技术员江凤兰多次受邀在广西科技厅、崇左市科技局、江州区科技局、大新县科技局等各地举办的甘蔗病虫害防治技术培训班上为蔗农讲解甘蔗白蚁防治知识

公司负责人、白蚁防治工程师江凤兰获广西科技厅授予"优秀科技特派员"称号

白蚁防治新技术荣获崇左市政府颁发"金凤凰奖"，公司的获奖科技人员与崇左市政府领导合影

广西沙钢锰业有限公司

2016年9月28日，自治区党委书记彭清华到广西沙钢锰业有限公司调研

县委书记吴强与江苏沙钢集团领导洽谈

广西沙钢锰业有限公司位于天等县城北工业区天宝北路540号，于2009年12月正式成立，公司占地面积28公顷，其中新厂区300亩、老厂区4.2公顷、生活区3.8公顷。2016年，由江苏沙钢煤焦投资有限公司、天等县天顺矿业开发有限公司、江苏沙钢集团淮钢特钢股份有限公司共同组建的有限公司。项目计划总投资10亿元，分两期新建8台16500千伏安矿热炉，最终实现年产30万吨锰硅合金的生产规模。目前已投资4.12亿元，第一期新建4台16500千伏安矿热炉和220千伏变电站工程已建成投产。预计可实现年产15万吨锰硅合金的能力，实现工业总产值10亿元左右。主要装备：2×150000kVA-220kV变电站一座；16500千伏安矿热炉4台；除尘系统4套；自动配料系统2套；上料系统2套；水处理系统1套。装备水平位于同行先进行列。

产品区

沙钢新厂大门

出铁现场

新厂厂区

学校领导班子

江北中学老师正在讨论教学问题

江北中学第五届学生运动会开幕式现场

江州区江北中学

江州区江北中学建校已经有五十多年，曾易名太平镇中学，于2012年11月改为现名。它位于左江河畔北岸二桥北侧。学校校园占地面积2.6万多平方米，建筑总面积8035平方米，2016年共有教学班22个，在校生为1192人，教职工78人，取得中学高级职称的有22人，中级职称的有50人，本科以上学历有53人，校医1人，工人2人，其中取得高级工职称的有1人。

2016年，学校有1栋24间教室的教学楼，1栋四层综合楼，教学及教学辅助用房面积4327平方米，基本满足全校师生正常的教育教学活动地开展；一个由四个塑胶篮球场和一个250米长的环形塑胶跑道组成学生运动场，学生宿舍楼前面还有一个灯光篮球场，体育运动场所有11143平方米，满足学生的运动需求。

学校现有功能室24间，有音乐教室、美术教室、书法室、计算机教室、图书室、阅览室、科技活动室、体育器材室、体育活动室、化学实验室、化学实验准备室、化学实验仪器室、物理电学实验室、物理力学实验室、物理实验准备室、物理实验仪器室、生物实验室、生物实验准备室、生物实验仪器室、地理仪器室、多媒体教室、卫生保健室、团队活动室、心理咨询室各一间。实验仪器齐全，总共有数学、物理、化学、地理、生物等实验教学仪器957种，件（套）数达16442件（套），装备已达到一类学校标准。实验管理制度完善，实验教学开展正常。配有一间多媒体教室，其中学生教室已经全部配备了多媒教学设备。

江北中学一直秉承"把真知和灼见交给学生，把思想和方法赋予教师，把经验和荣誉留给学校"的办学理念，"砺志、笃学、自强、严善"的校训，"文明、合作、竞争、创新"的校风，"敬业、精业、乐业、专业"的教风，"健康、乐学、守纪、善思"的学风。学校打造以太平古镇历史文化传承及左江河水精神为依托

的"壶江文化"，紧密结合经典历史传统国学文化和良好习惯养成为抓手，开展丰富多彩的教育教学及文体活动，取得了丰硕的成果，得到社会认可，曾获得"科普示范学校""优美校园""绿色学校""文明庭院""十佳学校"等荣誉称号。这几年学校的教育教学常规管理年年被评为江州区常规管理优秀学校，化学教研组被评为"广西优秀教研组"，2014年、2015年中考取得历史性突破，荣获教育教学质量综合评估江州区第一名，2016年荣获江州区教育教学质量评估第二名，各学科在江州区中考质量评估分别获奖，学校的教育教学质量一年上一个新台阶。

近年来，江北中学在各级政府和主管部门的关心下，投入大量资金开展学校硬件建设，使学校校园硬件建设、教学设施得到很大的改善，校园文化建设内涵丰富，亮点、特色突出，教育意义重大。

在各级政府的领导和教育局领导殷切关怀和支持下，在学校领导班子的带领下，全校师生团结一心、与时俱进、内强素质、外树形象、求真务实、开拓创新，进一步完善教学设施，美化校园环境，稳步向崇左市品牌学校迈进。

江北中学丰富多彩的校园文化 图为学生进行拔河比赛

江北中学学生艺术美食节上学生欣赏学生优秀美食作品

宁明县桐棉镇中心小学

宁明县桐棉镇中心小学是一所农村寄宿制民族班办班学校，地处中越边陲，距国界为10千米，是全县最边远的乡镇中心小学之一。学校创办于1952年初，原校址于桐棉旧屯内的乡公所土角楼。1981年迁至现校址，1985年始办民族高小班。截至2016年，学校占地面积15.08万平方米，校舍面积为9452平方米，教学及教学辅助面积6670平方米。中心小学下辖2个村完小，26个教学点，2所私办小学，10所私办幼儿园。中心小学与村完小、教学点有着路程的距离（最远达50～60千米），各校点分布于高山村落，野林山寨，星落分散。2016年，全镇在校生3045人，多为壮族生，共设138个教学班，寄宿生1335人（多为留守儿童）。全镇专任教师155人，大专以上学历91.8%，教师合格率100%。桐棉中心小学现有在校生1696人，共设32个教学班，其中民族班6个班，学生300人，主要是来自于桐棉镇及相邻乡镇的壮、苗、瑶族学生，住校寄宿生499人。教职工111人，专任教师95人，其中省级优秀教师有2人，市级"优秀教师"2人，县级"优秀教师"9人，县级"先进教育工作者"1人。学校设有图书室、电脑室、档案室、多媒体教室、科学实验室等10余个专用教室，各室设备齐全、管理到位、使用率高。学校坚持"讲卫生、知礼节、爱学习"的教育理念，以"农村义务教育均衡发展"工作为有利契机，积极转变教育教学观念，努力提高教育教学质量，全面实施素质教育，朝着"民族教育特色学校"目标迈进。

2017年7月17日，广西教育厅到学校进行边境教育调研工作

广西壮族自治区寄宿制民族班办班学校

农忠飞县优秀教师

周诗爱获"宋庆龄基金会奖学金"奖章

桐棉镇中心小学校门

江州区板利乡中心小学

2016 年 11 月 6 日，自治区教育厅民教处、广西师范学院教授专家到学校调研

2017 年 7 月 20 日，自治区教育厅民教处领导到学校指导工作

板利乡中心小学创建于 1935 年，学校坐落在国家重点保护珍稀动物白头叶猴繁衍生息的腹地，位于江州区、扶绥县、宁明县三县（区）交汇处，素有"金三角"之美称，322 国道穿境而过，交通十分便利。学校占地面积 1.78 万平方米，2016 年有 18 个教学班，在校学生 832 人，内宿生 418 人；教职工 44 人，专任教师 38 人，本科 16 人，专科 20 人，中师 2 人；小学中级职称 39 人、小学初级职称 5 人；教师平均年龄 38 岁。

学校现有教学楼 3 栋，建筑面积 4349 平方米，设有教室 18 间，教师办公室 6 间，学生宿舍楼 2 栋，建筑面积 1188 平方米，共有 26 间学生宿舍，可容纳学生 500 人。学生食堂 1 栋，建筑面积 420 平方米。

学校两个标准篮球场及其他体育设施；学校大力挖掘校园文化内涵，大力打造校园文化建设，在校园显眼处涂抹出了《君子版》《圣贤版》《习惯养成版》及《校园生活版》为主题的四个版块的校园文化，让师生处处感受到校园文化的气息。

几年来学校取得了可喜的成绩，2008 年学校荣获"两基"工作先进单位；2010 年获江州区教学质量评估三等奖；2010 年学生参加市首届读写能力测评 30 多人获奖，2016 年有 8 篇学生作文入编崇左市中小学生优秀作文集；在本学期，该校派出的 15 位学生参加江州区数学说解题思路比赛中，有 3 位学生获一等奖，12 位学生获二等奖。2011 年荣获江州区十佳学校。

学校以"为学生的进步铺设基石，为教师的发展构建平台"为办学理念；以"精诚团结，共谋发展"为校训；把"文明礼貌，团结奋进"作校风；确立"严谨博学，善教爱生"和"乐学、静思、自主、合作"为教风和学风。以"习惯养成教育"为抓手，促进学风的建设，以常规管理为契机，打造高水平的乡镇级中心小学学校。

2017 年 7 月，江州区委书记、区长等领导到新校建设工地检查指导

2017 年 7 月 20 日，自治区教育厅民教处领导到学校指导工作

广西城市职业学院

广西城市职业学院创办于2005年3月，是一所经国家教育部备案，具有独立颁发国家承认学历文凭资格的综合性全日制普通高校。2016年，有扶绥、崇左两个校区，占地130多公顷，有教师724人，在校生13000余人。

建校12年来，学校始终坚持社会主义办学方向，全面贯彻党的教育方针，为社会培养和输送了30000多名具有专业知识和技能的高素质应用型人才。先后荣获自治区文明单位、广西高校安全文明校园、自治区和谐学校、全国绿化模范单位、全区民办高校突出贡献奖、全国三A景区、崇左市森林公园等荣誉称号。

学校共投入教学仪器设备总值1.2亿元，教学用计算机1907台；多媒体、语言实验室座位数9336个；图书馆藏书96万余册；钢琴130间；广西高校规模最大工业机器人联合实训室，拥有30套工业机器人，占地5000平方米；已建成涵盖53个专业功能齐全、设备完善的校内外实训基地176个。现设有智能工程学院、机电工程学院、建筑工程学院、文化传媒学院、艺术设计学院、教育学院、商学院、信息工程学院、管理学院、外语系等10个院系。学校坚持面向世界，开放办学。先后与日本、新加坡、泰国、越南等国家和地区的9所大学建立了学术交流和学生交流的关系，促进了学院人才培养水平的提高和培养目标的实现。该校自有首届毕业生以来，每年毕业生一次性就业率均在96%以上。

学校以深厚的文化底蕴以及教师强烈的社会责任感展开强势的产、学、商、研校企合作，为学生提高创新、创意、创造、创业、创富的广阔天地。目前，全校师生正同心协力，砥砺奋进，把学校建设成为广受社会喜爱和欢迎的现代职业教育基地，为地方和国家经济的发展作出更大的贡献。

航空机器人实操

校园一隅——逐羊广场

该学院与南京熊猫集团共建的校内机器人实训室

广西城市职业学院大学生创业基地——众创空间

青春激扬，放飞梦想